海口市年鉴

HAIKOU YEARBOOK

2012

海 口 市 人 民 政 府 主办
海口市地方史志办公室 编

南 海 出 版 公 司

图书在版编目（CIP）数据

海口市年鉴. 2012 / 海口市地方史志办公室编. --
海口：南海出版公司, 2012.11
ISBN 978-7-5442-6377-1

Ⅰ.①海… Ⅱ.①海… Ⅲ.①海口市－2012－年鉴
Ⅳ.①Z526.61

中国版本图书馆CIP数据核字(2012)第255776号

HAIKOUSHI NIANJIAN
海口市年鉴（2012）

主　　编：海口市地方史志办公室
责任编辑：梁晓亮
出版发行：南海出版公司 电话:（0898）66568511(出版) 65350227(发行)
社　　址：海南省海口市海秀中路51号星华大厦五楼 邮编：570206
电子信箱：nanhaicbgs@yahoo.com.cn
经　　销：新华书店
印　　刷：海口景达鑫彩色印刷有限公司
开　　本：889毫米×1194毫米 1/16
印　　张：41.5
字　　数：1100千
版　　次：2012年11月第1版 2012年11月第1次印刷
书　　号：ISBN 978-7-5442-6377-1
定　　价：268.00元

编辑说明

一、《海口市年鉴》是海口市人民政府主办的地方综合性年鉴。年鉴记载海口市社会经济发展情况，收录年度重要文献和重要材料，为各级党政机关、研究部门、社会经济各界人士及中外投资者了解、认识、研究海口提供全面、系统、准确、翔实的信息资料，并为海口市的未来发展积累史料。《海口市年鉴》从1995年开始出版，每年1部，本年鉴是第17部。

二、《海口市年鉴(2012)》主要记载2011年海口市各领域、各行业、各部门、各区的基本情况、重大事件、主要发展变化。

三、本年鉴按分类法编排，主体内容分类目、分目、条目三个层次。栏目设置和内容安排参考借鉴了部分省市年鉴，同时力求体现海口市的地方特色，突出反映海口市经济建设的概貌。《海口市年鉴(2012)》共设30个类目：特辑、要闻·大事记、总述、建设国际旅游岛、中共海口市委、海口市人民代表大会、海口市人民政府、政协海口市委员会、纪检·监察、人力资源与社会保障、外事·侨务·对台事务、民主党派·群众团体、政法、军事、城市建设与管理、工业、农业、交通·邮政·信息、保税区·开发区·农场、商贸·非公经济·旅游、金融·证券·保险、经济管理与监督、科技·教育、文化·体育、医疗卫生、社会生活、市区概况、人物、法规与规章、统计资料。

四、领导人收录范围：市委、市人大、市政府、市政协及其工作部门或所属单位(副处级以上，含副处级)领导人，海口警备区、市检察院、市中级法院、各民主党派、人民团体领导人，各区三套班子领导人；对2011年领导人的变动情况也予以反映。除特殊情况，领导人只列行政职务。

五、年鉴中的价值指标，除特殊注明外，均以当年价计算，但与其他年份比较时，则按可比价格计算。

六、年鉴稿件由各行业主管部门和各区编撰人提供，并经撰稿单位领导审核。文章中的主要数据一律以市统计局提供的"社会经济统计资料"的数字为准。

七、本年鉴的编纂出版得到了海口市党政领导和有关部门及社会各界的大力支持和协助，在此，谨表示衷心感谢。由于编辑出版时间紧、编辑业务水平有限，缺点、错误在所难免，恳请批评指正。

海口市地方史志办公室

2012年10月

《海口市年鉴》编纂委员会

《海口市年鉴》编辑部

《海口市年鉴》(2012)撰稿人名单

(按姓氏笔画排序)

丁继刚	万里丹	于　虹	于璟琪	马晓红	文毓锦	王　一	王子华
王汉章	王练鹏	王育娟	王　茅	王　青	王春芳	王润鹏	王基庆
王基辉	邓中华	韦国全	付　良	冯　明	冯　炜	石永靖	邝劲龙
刘学祝	刘美红	孙　武	朱万宪	朱子斐	邢伯壮	阮大良	何春凤
何荣真	劳家丰	吴义虎	吴文娟	吴玉转	吴育苗	吴　俊	吴　威
吴春珠	吴海光	吴　彬	吴淑平	吴　燕	宋兴银	张太成	张肖明
张林杰	张　珲	张　晨	张馨颖	李孔莹	李仕平	李亚非	李华妹
李岁敏	李　苗	李　勇	李洋波	李炳光	李　静	杜子道	杜惠珍
杨碧青	杨　曦	沈国华	肖兆菁	苏晓龙	苏雪兰	陆　勇	陆勇荣
陈少阳	陈少青	陈正敏	陈永侯	陈在民	陈　宇	陈前响	陈娃娜
陈　娜	陈　原	陈晓婉	陈绵俊	陈　雯	陈德壮	麦克和	麦春鸣
冼慧娜	周大兵	周伟春	周经旺	周　锋	周腾芳	周　磊	林日源
林世伟	林师俊	林　兵	林宏军	林诗敏	林继川	林道文	林道炯
林　颖	罗昌华	罗晓宁	苟燕敏	郑　红	郑艳丽	郑艳菇	郑　揆
郑馨凝	姜黎立	柯　俊	段咚咚	洪莉茵	胡炜彬	胡　博	赵龙涛
赵懿春	钟　帅	钟生兵	唐甸德	夏　昊	徐小莲	徐友麟	徐艳容
翁旋奇	郭　涛	高涛日	戚大卫	梁居广	梁鸿鹏	梁毓婧	梁碧华
梅攀峰	符仍彦	符玉金	符佳莲	符裕珍	黄云霞	黄文申	黄永良
黄利颖	黄　鑫	龚晓明	彭　淳	曾　涛	温杰颖	葛　通	董　勇
覃丽君	谢棣倩	韩朋立	韩　林	虞峻峰	詹琼琳	蔡大勇	潘乃明
潘志雯	潘　勇	颜启芬	黎小梅	黎其伟	魏丹丹		

目　　录

特　　载

要闻·大事记

总　　述

建设国际旅游岛

中共海口市委

海口市人民代表大会

海口市人民政府

政协海口市委员会

纪检·监察

人力资源与社会保障

外事·侨务·对台事务

民主党派·群众团体

政　法

军　事

城市建设与管理

工　业

农　业

交通·邮电·信息

保税区·开发区·农场

商贸・非公经济・旅游

金融·证券·保险

经济管理与监督

科技·教育

文化·体育

医疗卫生

社会生活

市区概况

人　物

法规与规章

统计资料

CONTENTS

领导关怀

4月15日，中共中央总书记、国家主席胡锦涛（右二）在海口火车站亲切接见铁路系统劳动模范代表（鞠 鹏 摄）

4月15日，中共中央总书记、国家主席胡锦涛（中）在海南考察铁路工作时与铁路系统劳模代表合影（新华社）

4月16日，中共中央总书记、国家主席胡锦涛（中）在海口市龙泉镇五一村了解蔬菜收购运输和销售情况时和村民们一起给蔬菜装箱 （新华社）

4月16日，中共中央总书记、国家主席胡锦涛（中）在海口市龙泉镇五一万亩田洋向村民刘江丽询问去年洪灾损失和今年种菜收益情况 （新华社）

4月16日，中共中央总书记、国家主席胡锦涛（中）在海南国际创意港同企业员工亲切交谈，鼓励他们发扬创新精神，在创意产业领域取得更大成绩（鞠鹏 摄）

3月17日，全国政协主席贾庆林（右四）视察海口时与省市陪同领导合影（市人大 供）

3月22日，最高人民法院院长王胜俊（中）在省高院院长董治良（右）、副院长田湘利和市委副书记、政法委书记陈军等领导陪同下视察海口中院 （市法院 供）

11月17日，国家发改委副主任解振华（左）到英利集团海南生产基地进行调研

领导关怀

10月16日，国家人社部副部长信长星视察海口市人力资源市场　（市人社局 供）

5月12日，时任省长罗保铭（中）视察永兴镇检察室　（李汉仁 摄）

4月19日，时任省长罗保铭（左三），时任常务副省长蒋定之（右一）在省委常委、市委书记陈辞（左二），市长冀文林（左一）等陪同下，到海口市美兰区大致坡镇文昌鸡标准养殖小区禽肉生产基地和道美“猪—沼—菜”生态循环农业示范基地调研　（杨慧 摄）

领导关怀

12月1日，省委书记罗保铭（右二）到海口离岛免税店视察（海口海关 供）

7月12日，省长蒋定之（右三）到海马汽车制造厂进行调研　（海马厂 供）

12月9日，省长蒋定之（左二）视察海口综合保税区　（综保区 供）

领导关怀

12月31日，省委常委、政法委书记肖若海（中）到海口市调研检查政法综治工作　（市司法局　供）

10月18日，副省长李国梁（右三）考察海口综合保税区　（综保区　供）

2月15日，市领导与海口市劳动模范和先进工作者合影　（市总工会　供）

基层调研

8月24日，省委常委、市委书记陈辞（左一）到海南汉能光伏薄膜太阳能电池厂调研（李汉仁 摄）

9月20日，省委常委、市委书记陈辞（右一）视察镇海村安置房现场（秀英区 供）

5月30日，海口党政代表团到琼中考察　（黄一冰 摄）

基层调研

9月26日，市长冀文林（右一）视察龙华区农业生产情况　（龙华区 供）

5月17日，市委副书记、政法委书记张磊（右）在大接访活动中热情接待上访人员

4月22日，市委副书记、政法委书记陈军(中)到基层调研政法综治工作　（市司法局 供）

基层调研

1月27日，市委常委、宣传部部长刘庆生（右）到龙泉镇永昌村调研（龙华区 供）

3月3日，副市长韩美（右一）在秀英区火山口绿色慢行系统建设现场调研（秀英区 供）

4月27日，副市长丁竹（左二）在镇海村改造项目现场调研 （秀英区 供）

10月18日，市政协副主席林甫肄（左五）视察镇海村改造项目现场 （市政协 供）

主要会议

7月4日，中共海口市委第十一届委员会第九次全体（扩大）会议在海口召开 （李汉仁 摄）

12月28日～29日，中共海口市委十一届十一次全体（扩大）会议召开（韩 林 摄）

12月29日，全市经济工作会议召开 （韩 林 摄）

2月16日，市第十四届人民代表大会第六次会议在海口行政中心综合楼召开 （韩 林 摄）

2月16日，省委常委、市委书记陈辞给新当选的市第十四届人民代表大会常务委员会副主任吴川祝颁发证书 （韩 林 摄）

2月16日，新当选的市长冀文林在市第十四届人民代表大会第六次会议上发表就职演讲 （韩 林 摄）

2月16日，省委常委、市委书记陈辞给新当选的市第十四届人民代表大会常务委员会副主任陈一华颁发证书 （黄一冰 摄）

主要会议

2月12～14日，政协海口市第十二届委员会第五次会议在海口行政中心综合楼召开　（韩 林 摄）

3月3日，市第五次见义勇为表彰大会召开

2月18日，中共海口市第十一届纪律检查委员会第六次全体会议在海口行政中心综合楼召开（韩 林 摄）

3月30日，市社会治安综合治理委员会第41次全体委员（扩大）会议暨全市禁毒工作会议召开

1月28日，2011年海口团拜会劳模表彰会召开
（李汉仁 摄）

5月18日，市政府廉政暨两项治理动员大会召开
（韩 林 摄）

主要会议

6月30日，海口市举行表彰先进党员大会　（李汉仁 摄）

8月11日，市纪委举办预防职务犯罪报告会

11月10日，海口文明大行动动员大会召开　（李汉仁 摄）

11月27日～28日，2011年市委理论研讨会在琼山区田心村举行　（黄一冰 摄）

2012年2月28日～29日，2012年《海口市年鉴》组稿培训班在琼海举办　（韩 林 摄）

1月13日，海口综合保税区验收合格 （李汉仁 摄）

3月16日，海口综合保税区挂牌以及封关运作启动仪式在海口举行（李汉仁 摄）

3月16日，中国共产党海口综合保税区工作委员会、海口综合保税区管理委员会举行挂牌仪式 （李汉仁 摄）

3月17日，海口综合保税区海关挂牌 （海关 供）

12月25日，海口综合保税区举行保税物流基地港航项目暨基础设施二期开工仪式 （综保区 供）

经济平台

1月7日，海口市青少年活动中心举行开工仪式 （李汉仁 摄）

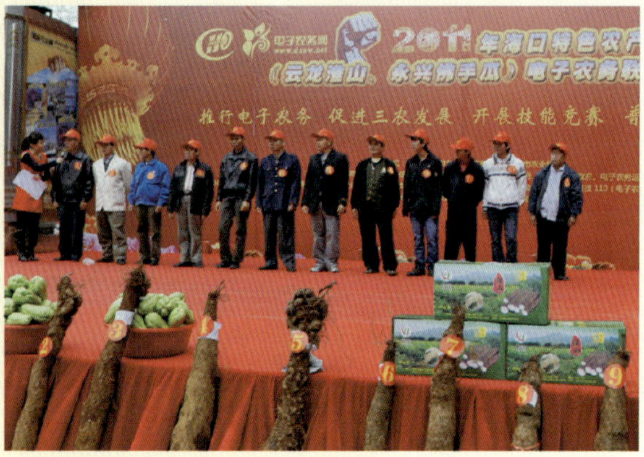
1月25日，2011年海口特色农产品大比拼在海口明珠广场举行 （黄一冰 摄）

2月22日，搬迁到云龙建设的红塔卷烟厂开工场景 （黄一冰 摄）

4月1日，海南省第一个文化创意产业园区——海南国际创意港举行开园典礼 （韩 林 摄）

4月28日，2011重点项目推介会在海口举行 （李汉仁 摄）

5月26日，首届海南红明荔枝文化节（电子农务）荔枝大比拼活动在三门坡镇举行

5月28日，海口港马村中心港区工程开工典礼（李汉仁摄）

经济平台

5月28日，海口垃圾焚烧发电厂投产仪式。副省长李秀领（右一）、省委常委、市委书记陈辞（右二）和华能公司负责人李小琳（左三）、赵建国（左二）出席　（李汉仁 摄）

7月9日，“第一车展”—— 2011年中国海南国际汽车博览在海南国际会展中心举行（韩 林 摄）

9月23日，海口综合保税区与中国银行海南省分行战略合作签约仪式在海口举行，副市长徐敏生（右四）参加　（综保区 供）

10月31日，海口至台北直航航线开通（李汉仁 摄）

10月17日，海口海控小额贷款有限公司开业（黄一冰 摄）

11月22日，中国银行海南省分行授信60亿元支持海口国家高新技术产业开发区企业发展《战略合作协议》举行签字仪式（高新区供）

11月18日，中国森林旅游博览会在海南国际会展中心开幕　（黄一冰 摄）

11月20日，第二届海口市海外智囊团会议在海口召开（李汉仁 摄）

经济平台

11月11日，2011中国体育旅游博览会在海口开幕 （黄一冰 摄）

12月1日，国内首家游艇交易所——海口船舶游艇交易所揭牌 （黄一冰 摄）

12月2日，游艇发展市长对话会在海口举行（黄一冰摄）

12月6日，美兰机场举行荣膺“SKYTRAX四星机场”新闻发布会

12月28日，海口中小企业融资恳谈会在海口召开

社会活动

1月1日，海口骑楼小吃街——大同广场开业迎客（李汉仁 摄）

1月7日，市医院大楼落成开业庆典 （李汉仁 摄）

1月11日，公共自行车项目服务在丘海大道电力村站投入运营（李汉仁摄）

1月24日，中国国家人事人才培训网海口市培训基地、海口市公务员在线学习中心网站在海口市人社局挂牌成立

1月12日，海口市召开"建设国际旅游岛安全畅通文明行"行动动员大会 （李汉仁 摄）

社会活动

3月21日，《椰城纠风热线》广播电视同步直播开播仪式（李汉仁 摄）

3月25日，龙华区打通断头路工程开工仪式

3月31日，在综治委扩大会议上，市委副书记、市长、市综治委主任冀文林与各区区长签订责任书

4月11日，省委常委、市委书记陈辞出席水环境综合整治主体工程开闸通水仪式（李汉仁 摄）

4月23日 海口广播电视台在明珠广场举行“我们向前走”——《热带播报》直播改扩版晚会

5月9日，海口市干部群众参观“预防渎职侵权犯罪”展览

社会活动

5月12日，在市西秀中心小学举行全省爱路护路宣传教育月活动启动仪式

5月14日，市长冀文林(右)参加椰城纠风热线四周年特别节目

5月14日，综治宣传日活动现场

5月14日，美兰区开展综治宣传日活动　(美兰区 供)

5月24日，市政协主席黄行光（中）参观全国检察机关惩治和预防渎职侵权犯罪图片展览　(李汉仁 摄)

5月26日，海口市市举行医疗护理竞赛表彰大会（市工会 供）

社会活动

6月25日，海糖小区保障性住房开工奠基仪式
（李汉仁 摄）

7月1日，海口法院门户网站“椰城法律网”开通
（宋 研 摄）

7月21日，海口第一家慈善超市开业 （李汉仁 摄）

9月30日，第一批331处历史建筑挂牌仪式在得胜沙路著名老建筑五层楼举行

9月4日，海口市公交集团有限公司成立大会 （李汉仁 摄）

社会活动

10月8日，省委常委、市委书记陈辞（中）视察桂林洋海防林受灾情况

10月9日，英国柏斯市市长约翰•胡伯特一行和市领导在万绿园种植友谊纪念树　（李汉仁 摄）

10月11日，英国柏斯市市长约翰•胡伯特一行考察海口电力公司

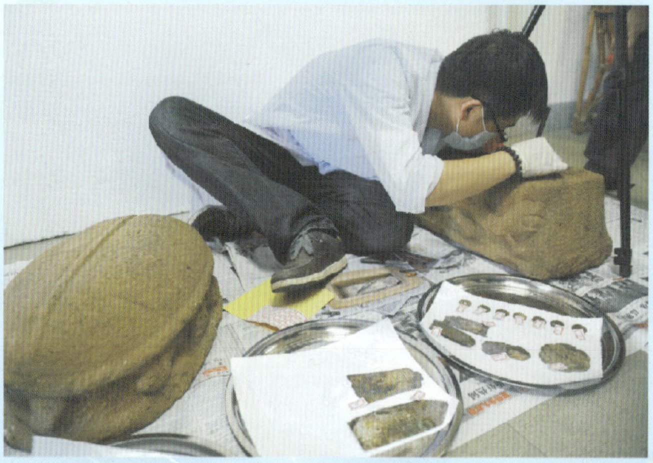

10月17日，国博专家清理儒符石塔文物，图为来自北京的文保专家对儒符石函进行仔细的清理　（黄一冰 摄）

11月1日，省卫生厅厅长白志勤（左）和海口中院党组书记、代院长吴剑平（右）共同为医疗纠纷法庭揭牌

社会活动

11月2日，市第十届“人大代表论坛”在海口举行　（李汉仁 摄）

11月2日，市人民政府举行房地产市场运行及保障性住房建设新闻发布会　（住建局 供）

11月18日，市经济适用住房配售摇号选房正式启动

12月15日，市人力资源市场正式启用　（市人社局 供）

12月22日，海南省暨海口市警示教育基地正式启用，省委书记罗保铭做重要讲话　（李汉仁 摄）

12月30日，市公交集团举行30辆纯电动公交车投放运营仪式（李汉仁摄）

文体活动

1月1日，第六届海口万春会暨名城系列展览在五公祠开幕　（黄一冰　摄）

1月14日，市“红红火火过大年”主题志愿服务活动启动仪式在滨海新村举行（黄一冰　摄）

1月21日，海口广播电视台与鄂尔多斯市电视台合办的“草原风 椰海情 2011春节联欢晚会”获全国春晚评比二等奖

3月16日，海口市、石家庄市、三门峡市书法作品联展在海南省博物馆举行　（黄一冰　摄）

文体活动

3月20日，2011年环海南岛国际大帆船赛启航仪式在海口举行　（黄一冰 摄）

3月20日，2011高尔夫与旅游主题论坛高尔夫联谊赛在海口开赛　（李汉仁 摄）

3月23日，2011年第十届精功(国际)模特大赛在海口举行新闻发布会

文体活动

4月1日，2011年海南黎族苗族传统节日“三月三”海口分会场文艺晚会，在海口经济学院大礼堂举行（韩林 摄）

5月19日，2011海南省“中国旅游日”暨海口绿色慢行休闲系统活动启动仪式在西海岸举行（李汉仁 摄）

6月9日，海口广播电视台热带播报金花进社区活动在市二十五小学举办

文体活动

6月12日，2011第二届热气球旅游婚庆节在万绿园举行　（李汉仁 摄）

6月15日，海口教育系统举行“颂歌献给党”歌咏比赛　（黄一冰 摄）

6月17日，海口市举办《颂党倡廉》文艺晚会

文体活动

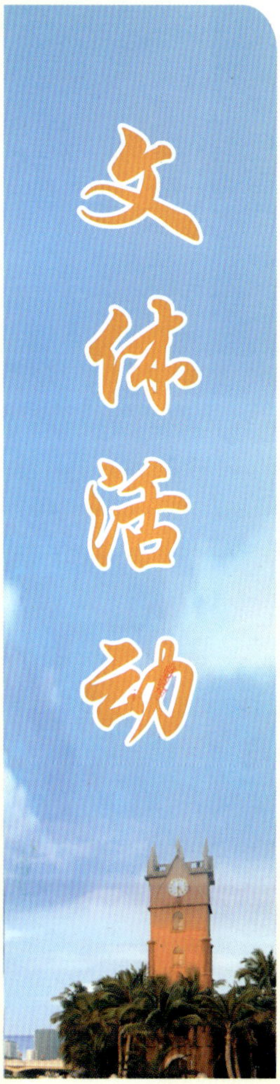

6月12日，一年一度的海口热气球节在万绿园举办　（黄一冰 摄）

6月24日，2011年首届海口（国际）婚庆博览会在海口会展中心开幕（黄一冰 摄）

10月25日，海口广播电视台携手海口数十家高端房地产项目共同在陕西榆林、内蒙古鄂尔多斯两地举办“椰风海韵神州行—海口滨海生活展”。图为参展人员合影

11月20日，第二届海口市海外智囊团成员在万绿园植树（李汉仁 摄）

11月21日，来自全国的网络媒体记者参观雷琼海口火山群世界地质公园　（黄一冰 摄）

数说2011海口

- 总面积：2304.84平方公里
- 耕地面积：45525公顷
- 常住人口：209.73万人
- 户籍人口：162.39万人
- 地区生产总值：712.75亿元
- 第一产业增加值：48.16亿元
- 第二产业增加值：177.91亿元
- 工业增加值：123.56亿元
- 第三产业增加值：486.68亿元
- 第一、第二、第三产业构成：6.8∶25.0∶68.2
- 规模以上工业总产值：504.25亿元
- 高新技术企业总产值：187.45亿元
- 人均地区生产总值：34404元
- 地方财政一般预算收入：60.93亿元
- 地方财政一般预算支出：99.74亿元
- 全社会固定资产投资：404.60亿元
- 社会消费品零售总额：387.18亿元
- 商品出口总额：15.2亿美元
- 实际利用外资：4.07亿美元
- 货物运输量：9306.4万吨
- 旅客运输量：34993.1万人次
- 港口货物吞吐量：5497.6万吨
- 机场旅客吞吐量：1016.79万人次
- 接待过夜旅游者：845.84万人次
- 本外币存款余额：2354.12亿元
- 本外币贷款余额：2461.19亿元
- 个人人民币存款余额：847.69亿元
- 城市居民人均可支配收入：19730元
- 农村居民人均纯收入：7191元
- 城市居民人均消费性支出：14344.4元
- 农村居民人均生活消费性支出：5175元
- 城市居民家庭恩格尔系数：43.5%
- 农村居民家庭恩格尔系数：49.9%
- 居民消费价格总指数：105.4
- 城市居民人均住房建筑面积：29.94平方米
- 农村居民人均住房面积：31.6平方米
- 高等学校在校学生数：11.06万人
- 医院床位数：9850张
- 卫生技术人员：15772人
- 水资源总量：25.39亿立方米
- 森林覆盖率：38.4%
- 市区绿化覆盖率：42%
- 人均公共绿地面积：12平方米
- 用电总量：39.53亿千瓦时
- 供水总量：1.68亿吨
- 天然气供气总量：1万立方米

（杜惠珍）

党和国家领导人在海口

【贾庆林在海口调研】 3月17日～22日，中共中央政治局常委、全国政协主席贾庆林在海南就学习贯彻全国“两会”精神，发挥统一战线和人民政协的优势和作用，促进经济平稳较快发展和社会和谐稳定，为实现“十二五”良好开局进行调研。17日，在海口调研，视察了雷琼海口火山群世界地质公园、省规划展馆、海口白沙门污水处理厂。

【胡锦涛在海口调研】 4月15日～16日，中共中央总书记、国家主席、中央军委主席胡锦涛在海南就贯彻党的十七届五中全会精神、落实“十二五”规划纲要进行调研。15日，在海口调研，视察了五一田洋、省规划展馆、海南国际创意港。

【桑国卫、陈宗兴在海口调研】 11月27日～28日，全国人大副委员长桑国卫、全国政协副主席陈宗兴在海口调研，视察了海南康芝药业股份有限公司、海南奇力制药有限公司、省博物馆、省规划展馆。

【李金华在海口调研】 12月16日，全国政协副主席李金华在海口调研，视察了先声药业（海南）有限公司、南国食品厂、雷琼海口火山群世界地质公园。

（林继川）

地方财政收支(亿元)

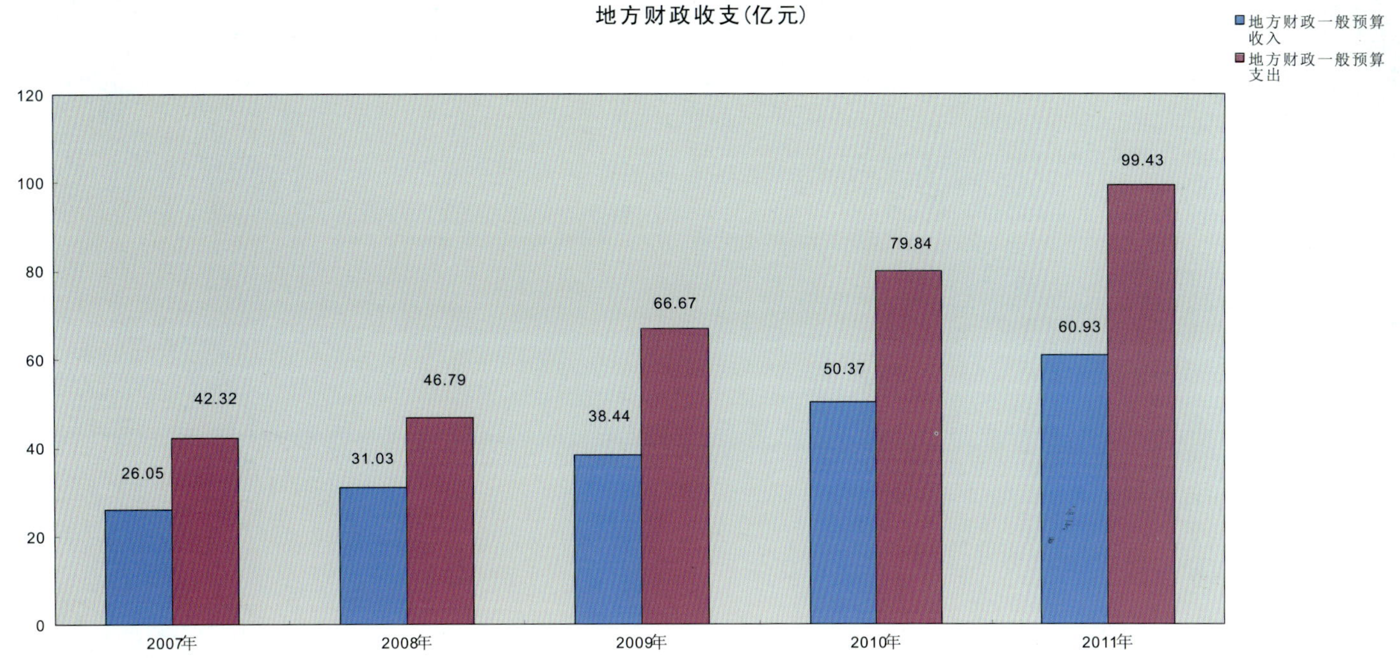

外商直接投资(亿美元)

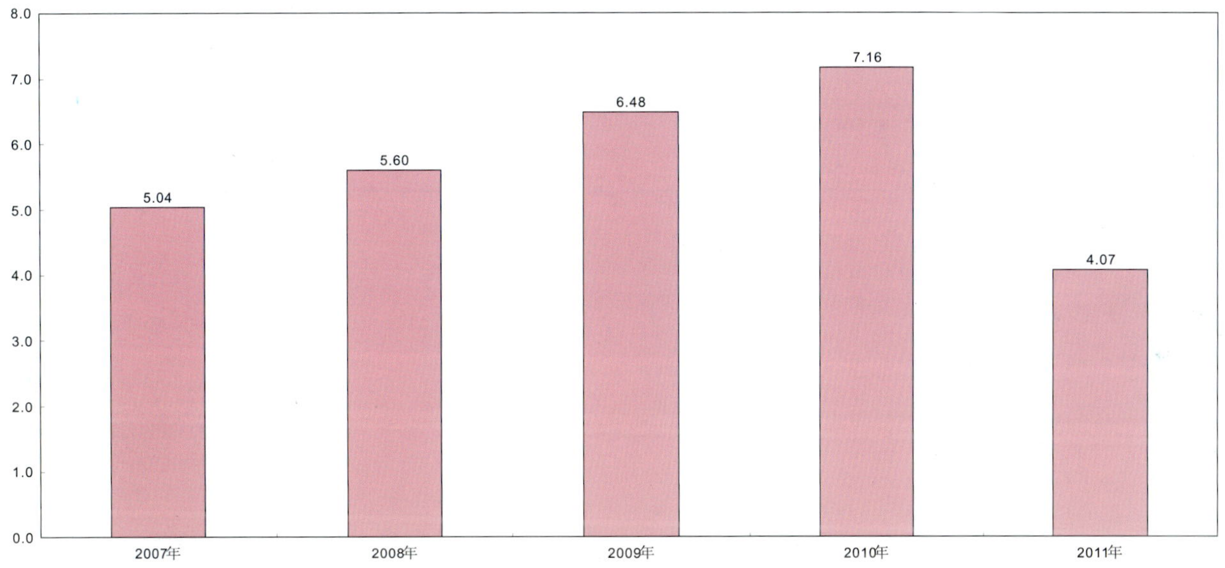

城乡居民储蓄存款余额(亿元)

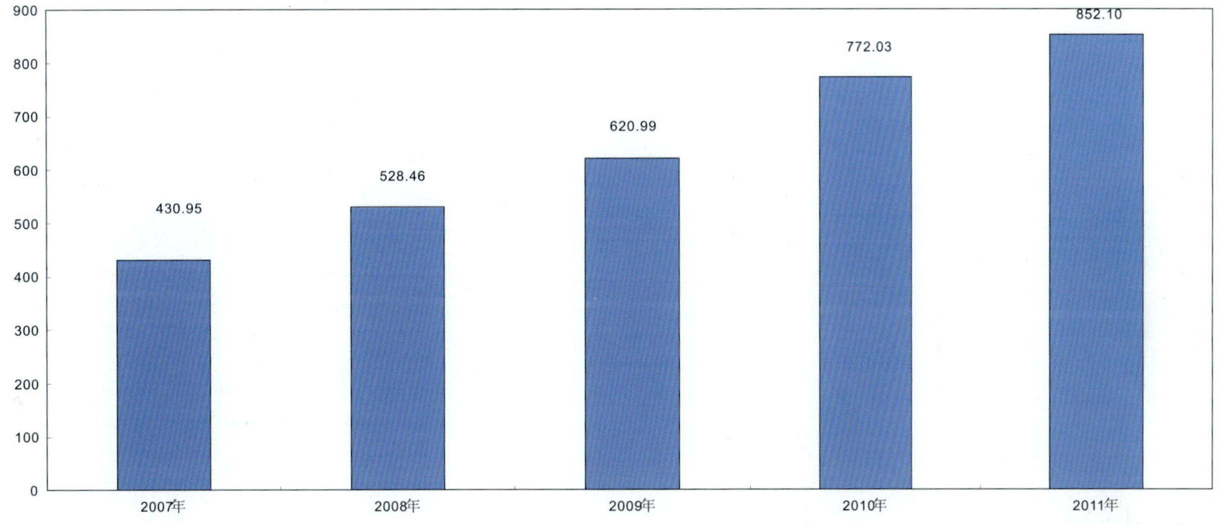

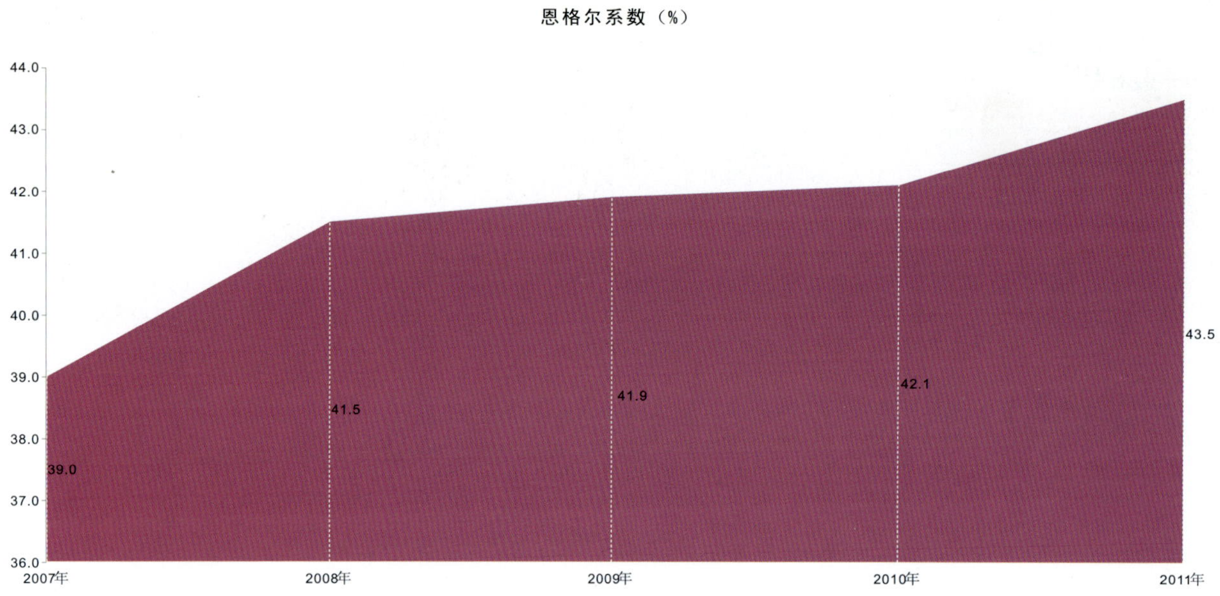
恩格尔系数（%）
44.0
43.0
42.0
41.0
40.0
39.0
38.0
37.0
36.0
39.0
41.5
41.9
42.1
43.5
2007年
2008年
2009年
2010年
2011年

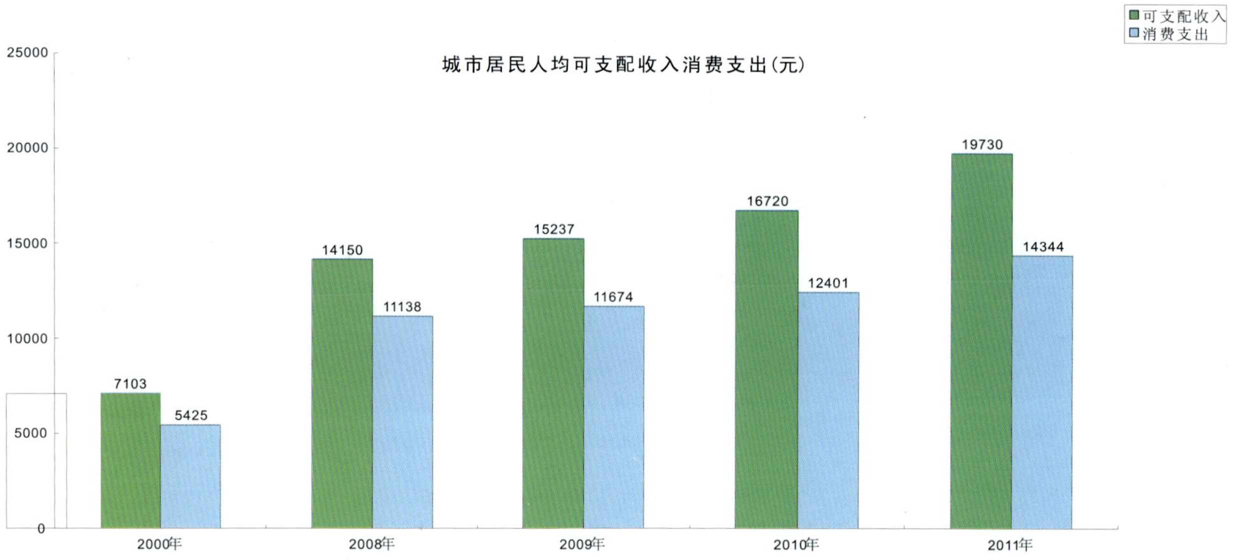
可支配收入
消费支出
城市居民人均可支配收入消费支出(元)
25000
20000
15000
10000
5000
0
7103
5425
14150
11138
15237
11674
16720
12401
19730
14344
2000年
2008年
2009年
2010年
2011年

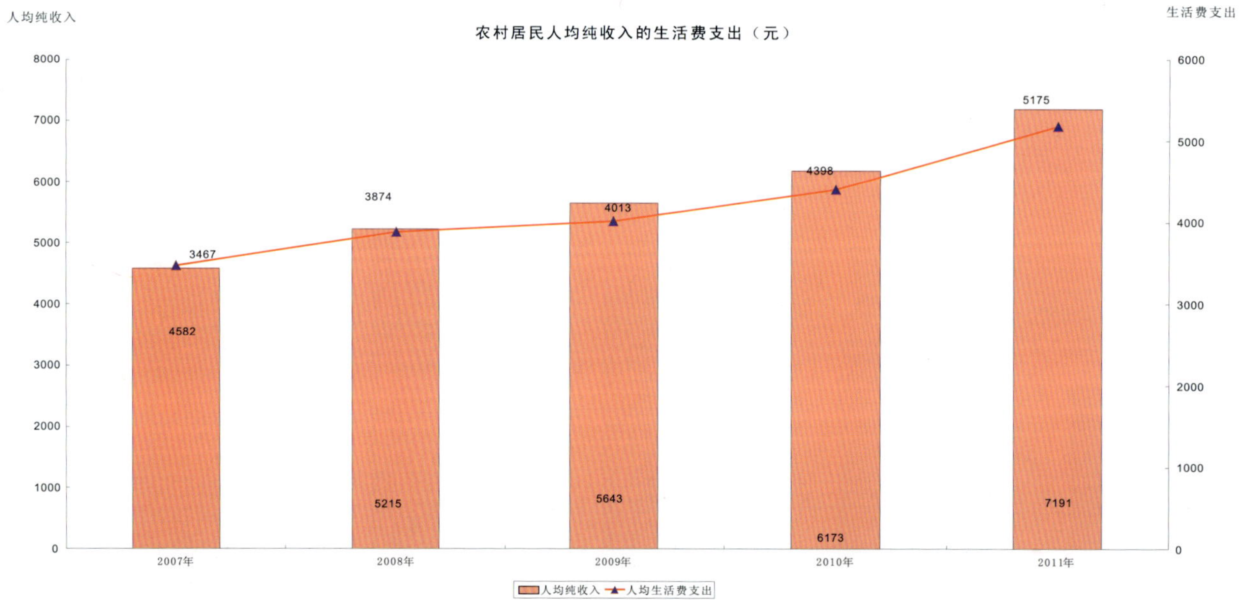
人均纯收入
生活费支出
农村居民人均纯收入的生活费支出（元）
8000
7000
6000
5000
4000
3000
2000
1000
0
6000
5000
4000
3000
2000
1000
0
3467
4582
3874
5215
4013
5643
4398
6173
5175
7191
2007年
2008年
2009年
2010年
2011年
人均纯收入
人均生活费支出

特　载

在市委十一届十一次全会上的总结讲话

（2011年12月29日）

陈　辞

这次全会的主旨是贯彻党的十七届六中全会和省委五届十二次全会精神。在一天半的时间里，我们审议通过了文化发展、干部监督两个文件，印发了有关书面材料，听取了常委会工作报告、第十二次党代会报告和纪委工作报告的起草说明，并进行了热烈而深入的讨论。此外，还传达了省委有关候选人预备人选的文件，为即将召开的第十二次党代会做了充分准备，奠定了坚实基础。可以说，这是在关键时间节点上召开的一次重要会议，开得很紧凑、很成功，达到了预期目的。下面，我结合贯彻这次会议精神，讲三点意见。

一、转型发展是市第十二次党代会报告的主线和灵魂，也是海口未来一个时期的中心任务

在国家加快转变经济发展方式的大背景下，转型发展、创新发展成为主旋律。我们的党代会也把转型发展作为鲜明的主题。但海口的转型发展是有别于东部发达地区的，对此我们要始终保持清醒的头脑。对于东部地区来讲，生产力水平已经达到一定的高度，他们的转型重在调整产业结构，提高三产的比重，而海口的发展水平还没有到那个阶段，我们转型的任务跟他们有很大的不同，转型的重点主要在四个方面：一是城市扩容。就是要按照“东进、南优、西扩、北拓、中强”的思路，优化空间布局，拉开城市框架，适度扩大建城区规模。二是提高二产特别是工业的比重。这是海口产业优化升级的主攻方向，我们就是要旗帜鲜明、大张旗鼓地发展新型工业，园区面积要翻番，工业总产值要跨上千亿元，形成一批具有较强竞争力的产业集群。三是扩大有效投资。作为欠发达岛屿型城市，光靠消费拉动是非常有限的，未来一个时期，投资仍然是经济增长的第一动力，必须保持较高的投资强度，支撑海口经济平稳较快发展。四是加大民生和生态建设，加大统筹城乡发展的力度。党代会报告所提出的建设省会经济圈、构建现代产业体系、统筹城乡发展、改善民生、扩大改革开放、加强党的建设等一系列重大举措，有力地回答了海口如何转型发展这个重大课题。我们要紧紧扭住转型发展这个中心任务不动摇，集中全市上下的智慧和力量，抢抓机遇，攻坚克难，争取早日建成“四宜”最精最美省会城市。

二、做足做活文化这篇大文章，力推海口转型发展

海口的文化在全省的大局中具有比较明显的优势，对我们自身转型发展也具有十分重要的意义。这次全会出台的加快文化产业发展若干政策的意见，含金量比较高，都是实招、硬招，相信会对海口的文化发展起到很好的推动作用。这里我想强调这么几点：一是海口文化发展的任务比改革重。海口转企改制的文化单位没几家，包袱不重，而相对于我们比较丰厚的人文历史资源来说，文化发展是比较滞后的，任务还十分艰巨，要把更多的精力放在文化发展上。二是文化要与产业高度融合。我们不能单纯地就文化谈文化，而是要把文化与旅游业、创意产业、新型工业、观光农业等紧密结合起来，放大文化资源效应，实现文化与产业良性互动、共同繁荣。三是要坚持省市共建、资源共享、市场化运作的原则，推进重大文化基础设施建设。作为省会，海口要巩固提升全省文化高地的地位，将实施一批重大文化项目，我们要始终贯彻这一原则，集约节约用地，最大限度地发挥资源利用效率，完善提升海口的文化综合服务功能。

明年要把会展、节庆活动、重大赛事活动作为文化发展的重头戏来抓。这既是我们扩大消费需求的重大举措，也是营销城市、提高知名度的有效途径。要抓紧建立健全工作机制，落实相关的奖励政策，优化服务环境，精心组织实施，把这些展会活动办出水平、办出特色、办出名气来。特别是会展业，保铭书记非常重视，在省委全会上专门要求海口成立会展局，统筹推动会展业发展。我们要迅速落实这一指示，请政府好好研究，尽快拿出创新性的举措，借力发挥，乘势把会展业做大做强。

三、加强作风和廉政建设，为转型发展提供强有力保证

刚刚结束的省委全会，审议通过了加强干部作风建设的文件，保铭书记用了较大篇幅对作风建设提出了明确要求。我们这次全会通过的加强干部监督的意见，就是贯彻省委精神的具体行动。应该说，过硬的作风是我们缩小与先进地区差距的有效途径，是应对宏观形势、推动转型发展、实现弯道超车的关键因素，是经济持续健康、社会长治久安的重要保证。这里，我就这个问题强调两点：

一是要在全市上下形成敢闯敢干、勇于担当、狠抓落实的良好作风。当前和今后一个时期，是海口发展进程中极为关键的时期。我们的目标任务和战略举措已经非常明确，区镇换届也基本结束，人员配备基本到位，现在的关键就是要一步一个脚印地抓落实，将美好的蓝图变为现实。从这个意义上讲，抓作风就是抓发展，就是抓生产力。首先，要大胆解放思想，敢于担当。应该看到，我们的干部都很想做事，工作热情也很高，但由于种种原因，有些干部遇到一些具体事情时，就畏首畏尾、犹豫不决，不敢拍板决策，导致一些工作耗时又误事。这方面我们有着深刻的教训。究其根源，就是怕担责、怕丢乌纱帽。作为领导干部，你在这个岗位上，就要履行这个职责，负起这个责任，想当太平官、过渡官，你就不要在这个岗位上呆着。这几年的实践充分表明，只要我们不往自己腰包里装，一心一意为了海口的发展、为了海口的老百姓，工作中出现的一些问题和失误，市委、市政府都会包容，都会主动承担责任的。因此，大家一定要放下思想包袱，轻装上阵，大胆地闯，大胆地干，该拍板的时候就果断拍板，定下来的事情就坚定不移地往前推。其次，要优化工作机制，营造高效的办事环境。现在，有些工作老是推不动，就是管的“婆婆”太多，程序和环节过于复杂。一个项目从立项到开工需要180多天，盖几十个部门的印章，让投资者跑断腿；还有一些旧城改造和新片区开发，控规调整、土地征用、基础调查等前期工作做得不扎实，商务模型没法确定，社会资本进不来，导致大项目断档。前两年，我们学习南通经验，实行行政审批大提速，这只是效能建设的第一步。现在的关键是，要下大力气减少审批事项和环节，缩短办事流程，以最快的审批速度、最高的行政效率服务市场主体，努力把海口打造成为全国行政效能最优的城市。第三，要坚持结果是硬道理，以实绩论英雄。说一千道一万，结果是硬道理，是检验干部作风的试金石。今年换届，我们提拔重用了一大批干部，不少都是在旧城改造、征地拆迁、重点项目推进、抗灾救灾等工作中，身处一线，直面矛盾，敢于碰硬，表现突出的优秀干部。这充分体现了市委始终坚持的选人用人理念，即凭实绩用干部，以实绩论英雄，不让老实人吃亏，核心目的就是要真正把那些想干事、会干事、干成事、不出事，实绩突出、群众公认的干部选拔到重要岗位上来，形成崇尚实干、用业绩说话的良好氛围。

二是要廉洁从政，做到干净干事。这是对党员干部最基本的要求，也是我们一直抓得很紧的一件事。但是仍然发生了一些腐败案件，令人深省。说实在的，这些出事的干部，平时工作也很辛苦，也有一定的成绩，而且有的还很年轻，很有前途，但还是没经受住权力、金钱、美色的考验，步入犯罪深渊，令人十分痛心。在这个问题上，党纪国法是无情的，不管你做了多少好事、多少政绩，一旦出了腐败问题，再大的功劳都没有用。所以，对于廉政问题，我们一定要高度重视，切不可掉以轻心、麻痹大意。一方面要坚持用制度管人管事。这次全会通过的加强干部监督的意见，就是力求从制度层面来规范权力运行。其中“一把手不直接分管”、“三重一大”事项“一把手”末位表态、向纪委全会述德述廉评议等制度，都是我们的创举。而且随着形势的发展，制度建设还要进一步加强，制度执行的力度还要进一步加大。另一方面，领导干部要增强廉洁自律意识。大家能够走到现在这个岗位，既是组织培养的结果，更是个人长期不懈努力的结果，很不容易，一定要对权力有敬畏之心，时刻告诫自己，真正把权力用在推动海口发展上，用在为老百姓办实事上；对名利要有平常之心，不去想不该由自己享用的东西，管好身边的人和事；还要注重加强党性修养，自我锻炼，增强定力，守住底线。特别是“一把手”要作出表率，自觉执行各项规章制度，处处以身作则、率先垂范，带动全市上下形成风清气正、干净干事的大环境。

今天我就讲这些。希望各级各部门认真贯彻这次全会精神，扎实做好岁末的各项工作，迎接市第十二次党代会的胜利召开！

中共海口市委
关于加快文化产业发展若干政策的意见

（2011年12月29日中国共产党海口市第十一届委员会第十一次全体会议通过）

为贯彻党的十七届六中全会精神，落实省委关于加快文化改革发展的战略部署，推动文化产业成为我市经济发展的支柱产业，形成具有海口特色的文化产业集群，提升城市文化品位，构建与“宜居、宜业、宜学、宜游”的最精最美省会城市和国际旅游岛中心城市相匹配的现代城市大文化格局，到“十二五”期末，全市人均享有公共文化服务的指标在全国省会城市中处于中上水平，文化产业增加值占全市GDP的比重达5%以上，占全省文化产业增加值的比重达60%以上，把海口建设成为海南国际旅游岛的文化高地。现就深化文化体制改革，支持和促进文化产业发展提出以下意见。

一、海口市级财政从2012年起设立市级文化产业发展专项资金，基数为1000万元，至2015年每年递增不低于财政经常性收入同比增长幅度。专项资金采取贴息、补助、奖励等方式，扶持创意设计业、出版发行业、新闻传媒业、会展广告业、印刷业、演艺娱乐业、影视制作业等优势文化产业项目、产品和文化产业集聚区。文化产业发展专项资金使用管理办法，由市财政局会同市文化体制改革与文化产业发展领导小组办公室（以下简称市文改办）组织制定。

二、支持经营性文化事业单位转企改制，转制前所享受的财政扶持政策在转制后过渡期内继续执行。鼓励文化企业兼并重组，支持建立传媒集团、报业集团、文化产业投资控股集团、演艺集团等。

三、鼓励行业协会和有关组织举办大型文化活动，对我市文化产业发展有重大影响的国际或国家级大型会展、体育赛事和经典演出，市文化产业发展专项资金可给予适当资助。具体奖励办法由市文改办组织制定。

四、从2012年1月1日开始，对新引进的创意策划、演艺娱乐、影视制作、出版发行、新媒体等领域重点文化企业，市文化产业发展专项资金给予奖励。经市政府评审通过，自该企业取得营业收入之日起，按上述领域当年营业收入的2%给予一次性奖励，每家企业奖励金额最高不超过100万元。

五、对于成功上市的文化企业，上市融资规模达10亿元及以上的，一次性给予企业高级管理层500万元的奖励，上市融资规模达10亿元以下的，一次性给予企业高级管理层200万元的奖励。对于上市再融资和重组上市的文化企业，一次性给予企业高级管理层50万元奖励。

六、鼓励申报国家级文化产业示范基地。对被国家部委评定为文化产业示范基地的文化企业，给予一次性奖励20万元。

七、对引进国内外著名文化企业总部（含地区总部）、文化主题公园、文化产业园区（基地）和国际知名品牌的大型文化活动及体育赛事等，采取“点对点”招商方式和“一企一策、一事一议”的政策予以支持。对经市政府审批同意的文化主题公园规划项目中的应税土地，依法按我市土地使用税的最低税额标准征收城镇土地使用税。

八、鼓励结合我市旧城区、旧村、旧工业区改造的实际情况建设文化产业园区（基地），改造涉及的相关地方行政事业性收费，可减收或免收。经市政府认定的文化产业园区，可享受市高新技术产业园区的各项优惠政策。

九、新设立或引进的著名文化企业总部、地区总部（注册和办公地在海口，10年内不迁离海口、不注销企业），注册资本金在2000万元以上，在海口自建办公用房的，由政府收储并以公开招拍挂方式供应土地，政府按照扣除土地一级整理成本和国家法律法规规定的各种税费、基金、专项资金等相关支出后的剩余土地出让净收益50%的标准，由市财政部门对其进行支持。在市政府规划的文化产业园区内购置或租赁办公用房，可以房产成本价购买、租赁。在二级房地产市场购买办公用房，按每平方米1000元的标准给予一次性补贴，最高补贴金额为50万元；租赁的在3年内每年按房屋租金的50%给予补贴，补贴面积不超过500平方米，补贴总额不超过50万元。

十、政府可投资建设一定规模的物业，以租赁方式提供给我市重点鼓励发展的文化产业项目使用。

十一、加大对优秀传统文化的保护力度，鼓励对历史文化、本土文化、非物质文化遗产的挖掘和整理，对相关的节庆活动、文化研究、图书音像出版等，市文化产业发展专项资金给予扶持。加强对椰雕、贝雕、黎锦、花梨木加工等传统民间工艺的保护和利用，对相关的研发、生产企业给予一定的资金支持。

十二、凡国家法律法规未明令禁入的文化产业领域，全部向外资、社会资本开放。积极吸收社会资本和外资参与国有文化企业的股份制改造，培育一批大型民营文化企业，并实行与国有文化企业、内外资、内外地企业同等待遇。

十三、积极争取国家支持，设立文化产业投资基金。财政注资引导，吸收国有骨干文化企业、大中型国有企业和金融机构出资认购，在国有资本控股前提下，也可吸收股份制公司、上市企业和优质社会资本参与。

十四、将文化产业发展规划与城市总体规划、土地利用总体规划有机结合。文化产业重大项目建设应纳入城市建设中长期规划和年度计划，保障文化产业项目的用地需求。新建或改扩建的城市社区、街道、广场及公园等都要增加文化项目，配套安排必要的文化、体育设施，同步规划、同步建设、同步投入使用。

十五、因旧城改造拆迁的文化设施，建设单位应按原面积拆一还一，公益性的文化设施用地可以行政划拨或协议出让的方式供地，用地指标优先安排。

十六、我市认定的重点文化企业享受便利直通车服务，设立“单一窗口”，提供“一站受理，全程服务”。文化企业申办各类业务的办理时限，原则上比国家规定的时限缩减一半；有特殊情况的，特事特办。对文化企业办理法定代表人变更、股东变更登记和注销登记需要到场确认，因特殊原因不能到场签字确认的，国（境）外的自然人、法人，由企业提出申请，经所在地中国驻外使馆（或办事处）确认身份后，可委托内地自然人或法人按有关手续代理；国内的自然人、法人，可由企业提出申请，工商部门提供上门确认服务。

十七、支持鼓励投资者以股权、债权和商标、专利等知识产权或科研成果、技术等无形资产评估作价出资组建文化企业，无形资产作价入股占注册资本的比例不超过70%。

十八、鼓励支持文化企业申请商标注册，推进文化品牌建设。对条件成熟的企业，支持申报国家驰（著）名商标，在申报、认定驰（著）名商标完成后，由市文化产业发展专项资金给予专项补助。

十九、鼓励创意、动漫、体育休闲等新兴产业在不违背国家有关法律、法规的情况下，在企业名称和经营范围中使用体现行业特点，标明其服务内容和服务方式的各类新兴行业用语。

二十、成立市文化产业发展专家咨询评审委员会。通过单位推荐和个人自荐方式征集，市政府核定聘请。委员会成员主要由文化产业领域的专家、学者、行业协会负责人、重点文化企业负责人、中介机构专业人士和相关政府部门负责人组成，负责对我市文化产业重点发展项目提出论证意见，参与市文化产业发展专项资金资助事项的评审评估，参与市重点文化企业认定评审，参与市文化产业园区（基地）认定评审，参与我市文化产业相关行业技术标准和行业规范的制定等。

二十一、加快文化产业人才的培养、引进，建立健全相关的奖励机制。对优秀和特殊文化人才，在户籍、住房等方面给予政策支持，可以采用高薪聘用、兼职等多种方式引进外地人才。

二十二、将文化产业高级人才纳入全市人才安居工程住房保障计划，根据所在企业对海口经济发展的贡献情况，可享受相应的人才引进政策性住房优惠。

二十三、对我市引进的高层次文化产业人才，经市政府有关部门认定，个人所得税地方分享部分，自认定之日起5年内，由市政府全额奖励给个人；对用人单位按照国家统一规定发放的安家补助费，个人所得税地方分享部分，由市政府奖励给个人。

二十四、鼓励和支持民俗（传统）文化的技艺大师、传人收徒授业。以师承关系学习民俗（传统）技艺，取得相应职业资格的，可以享受相应的人才待遇。

中共海口市委办公厅秘书处2011年12月30日印发

政府工作报告

——2012年2月15日在海口市第十五届人民代表大会第一次会议上

海口市人民政府市长 冀文林

各位代表：

现在，我代表市人民政府向大会报告工作，请予审议，并请各位政协委员和其他列席人员提出意见。

一、2011年本届政府工作回顾

过去的一年，在市委的坚强领导下，我们始终以科学发展观为指导，积极应对复杂的经济形势，奋力拼搏，攻坚克难，较好地完成市十四届人大六次会议确定的年度目标任务，实现“十二五”良好开局。实现地区生产总值712.75亿元，增长12.3%；财政总收入188.82亿元、增长15.3%，地方一般预算收入60.93亿元、增长21%；固定资产投资404.6亿元，增长26.2%；社会消费品零售总额387.18亿元，增长18.1%；城镇居民人均可支配收入19730元、增长18%，农民人均纯收入7160元、增长16%；居民消费价格涨幅5.4%；城镇登记失业率0.94%；人口自然增长率8.2‰；全面完成省下达的减排任务。

（一）科学研判宏观形势，采取得力措施，着力提高政府应对复杂局面的能力和水平。一是按照市委“十二五”规划建议，编制“十二五”规划纲要和市16个重点专项规划，储备重大项目，进一步细化、充实和完善未来五年的规划体系。二是实施重点产业发展扶持政策，出台加快工业发展的若干规定以及鼓励航空、会展、金融和资本市场、总部经济、文化产业、航运发展等优惠政策。积极扶持中小企业发展，为700多家企业提供融资贷款27亿元。三是开工建设保障性住房11702套，改造农村危房2036户，分别占省下达任务的147%和100%。探索廉租房和公租房、限价商品房和经济适用房“两个并轨”。严格落实国家楼市调控政策，调整房地产开发结构，产权式酒店管理规定在全国具有开创性。四是狠抓项目建设，25个省重点项目和55个市重点项目顺利推进，竣工33个，超额完成年度投资计划。五是多措并举稳定物价，有效解决猪肉市场价格上涨过快问题，实施“菜篮子”工程，扶持蔬菜生产、流通、储备和农超对接，建立蔬菜基地7048亩，推出一批平价菜超市和农产品直通车。物价涨幅低于全省平均水平。六是取得抗击强台风强降雨重大自然灾害的全面胜利。

（二）谋大局、抓大事，扎实推进重大项目和重点工作，为“十二五”规划的全面实施奠定基础。一是精心谋划和积极争取重大项目。全面启动“十二五”十大攻坚战。南渡江流域30万亩土地整治、南渡江引水工程、南渡江左岸堤防工程、现代农业示范区、“金盾”工程、城市防灾减灾体系能力建设等重大项目列入国家和省“十二五”规划。举办海口“十二五”规划纲要暨重大投资项目发布会，与中石油、大唐电信等企业签订战略合作协议，与中交集团合作推进港区建设。二是着力构建特色现代产业体系。大力发展设施农业、生态循环农业、特色休闲农业，积极推进传统农业向现代农业转变。冬种瓜菜面积达18.9万亩，新增特色花卉基地4500亩，建成2个国家水产健康养殖示范点、12个标准化养殖小区，建成7个大中型、联户型沼气池，创建休闲农业示范点15个，新增造林1.6万亩。加强农业基础设施建设，10座小型水库除险加固和28栋防洪楼建设全面启动，防洪防潮工程加快推进。实现农业总产值76.8亿元，增长6.6%。努力提升工业规模和质量。机电制造、化工化纤纺织、食品和农产品加工等传统产业巩固壮大，海马汽车销售总额超过百亿元，30万箱红塔卷烟易地技改、椰岛保健酒技改等骨干项目加快推进。以新能源、医药制造为重点的战略性新兴产业加快发展，英利二期前200兆瓦建成投产，“海口药谷”新增入园企业13家。筹划布局50平方公里美安科技新城，海口综合保税区封关运行。实现工业总产值539.33亿元，增长14.7%。以旅游业转型升级、现代物流、金融保险为重点，加快发展现代服务业。建成海南国际会展中心，海口船舶游艇交易所正式挂牌，新建游艇泊位140个。成功举办高尔夫世界杯、“海口之春”旅游文化艺术节等重大活动80多个。完成海南国际创意港一期。全国首家机场离岛免税店正式营业，美兰机场进出岛旅客突破1000万人次。实现旅游总收入83.02亿元，增长15.2%。马村港二期和新海港建设顺利推进，海南中商农产品中心市场投入使用，海南国家级水产物流交易中心主体工程基本完工，现代物流平台正在搭建。海口港运送旅客突破850万人次，货物吞吐量突破4300万吨、集装箱突破80万标箱。海口农商银行正式成立，引进2家股权投资基金，协调1家保险公司和1家大型财务公司落户，中信银行、招商银行、民生银行获批在海口设立分行。实现第三产业增加值486.68亿元，增长12.4%。三是以规划为龙头，狠抓城市建设与管理。完成27个片区控规，主城区控规基本实现全覆盖。编制“十二五”棚户区改造规划，完成海甸溪北岸、镇海村安置房建设，完成朱云片区、滨江新城起步区拆迁征收工作。新埠岛起步区、西海岸南片区、金沙湾片区开发建设顺利推进。建成110公里绿色慢行系统。完成滨海大道示范段和滨海西路南侧园林景观改造。丘海大道延长线正式通车，海甸岛环岛路、滨海西路二期、龙昆南路延长线等顺利完工，南海大道整治按进度推进。继续实施“五大工程”，“打违”工作力度空前，全年共拆除违法建筑572宗69.7万平方米。

（三）直面改革与发展中存在的突出问题，深化改革开放，努力增强推动科学发展的内生动力。一是继续深化行政管理体制改革。落实市委关于进一步强区扩权的决定，再次向区级下放行政权项34项，调整市区两级在人力、财政、土地收益等方面的资源配置。深化一般预算资金支出和部门预算审批管理改革。二是大力推进投融资体制改革。组建海口公交集团，设立城市发展基金，参与筹建大宗商品期货交易中心，引入省政府和海南钢铁公司注资市担保公司，筹划建立海口金融区。三是用足用好国家扶持政策。积极争取国家和省的支持，国土资源部在支持海南国际旅游岛建设20项政策措施中单独增加对我市的扶持措施，省政府对我市常年瓜菜基地建设加大资金支持，大唐电信在我市设立2.5亿元的信息产业创业投资基金等。积极解决观澜湖项目用地等问题。四是推进社会事业改革。完成基层医疗卫生机构综合改革，率先在全省农村卫生室实施国家基本药物制度。推进事业单位人事制度改革，新进人员全部实行公开招聘。扩大政府购买服务范围，引入社会组织参与审计、资产评估等工作。五是着力扩大对外开放。组织参加第七届泛珠大会等一系列重大区域性经贸活动。召开第二届海外智囊团年会，新增2个国际友好城市。被确定为唯一代表我国申办2017年世界石油大会的城市。

（四）用情用心用力改善民生，着力解决群众关注的问题，让市民更多地共享改革发展成果。新增财力70%投向民生领域。扎实开展国家创业型城市创建，投入5279万元落实各项就业政策，发放创业小额担保贷款3100万元，启用新的人力资源市场，城镇新增就业人员4万人，农村富余劳动力转移就业1.43万人。大力落实公交优先战略，白沙门、长流起步区公交首末站功能性投入使用，建成公交候车亭99座，优化调整公交线路13条，投放节能环保及新能源公交车230辆，新增出租车300辆，更新出租车516辆，全市小学生实现免费乘坐公交车。在全省率先实施“文明大行动”，集中开展“建设国际旅游岛，安全畅通文明行”活动，实施城市道路交通联席会议制度，出台电动车管理办法，大力整治“三车”，城市交通秩序明显改善。实际投资8.8亿元，打通侨中路、高登东路、和平南路、文明东路、世贸东路延长线五条“断头路”，新建4座人行天桥，有效缓解国贸、海秀、龙昆南等路段交通压力。拉平市与省公务员收入差距，增加环卫、园林、居委会退休人员等较低收入公共服务人群的收入。中小学校安工程三年计划项目全部开工，全面启动8所标准化公办幼儿园建设。完成旅游医疗服务保障中心，改扩建社区卫生服务中心4家，农村卫生室标准化率达70%。企业人均养老金提高到1410元，新型农村合作医疗筹资标准提高到280元/人，城镇居民医保重大疾病医疗费最高报销限额提高到20万元，普通门诊报销比例提高到50%。开展城镇居民养老保险试点工作。筹资1.2亿元，救助城市低保和农村低保对象5.8万人次，改扩建敬老院4家。投入扶贫资金4334万元，贫困村庄和革命老区8万多人受益。开展市领导联合大接访活动，接待信访群众132批次。抓好矛盾纠纷排查调处工作，化解矛盾纠纷4872起。办理法律援助案件6018宗。开展打击“两抢一盗”、“打黑除恶”、“清网”等专项整治行动，命案破获率居全国省会城市前列，社会治安持续好转。安全生产形势保持稳定。食品药品、口岸、统计、气象、人防、档案、史志、外事侨务、民族宗教等工作取得新成绩，工会、妇女、儿童、青少年、老龄、残疾人、慈善等事业取得新进步。

（五）坚持用制度管人管事，加强执行力建设，努力建设法治、民本、高效、廉洁政府。落实重大事项向市委报告制度，定期向市人大常委会报告、向市政协通报工作，畅通政府与市委、市人大常委会、市政协的经常性沟通渠道。人大议案、政协提案办复率100%。制定规范性文件38个。依法行政工作连续三年全省考核第一。建立网络问政平台。出台资源优先配置、环境监督登记等重点项目推进十项制度，对工业、旅游等“三类”建设项目实施联合审批。完善政府工作规则和督办办法，机关办文办会办事水平得到提高。开展公务车专项清理。强化行政监察和审计监察，完善电子监察系统督办平台，政府廉政建设取得新成效。

2011年取得的这些成绩，是在历届政府班子和本届政府前几年打下的良好基础上取得的。市十四届人大一次会议以来的五年，是海口经济社会发展最好、民生投入最多、改革开放力度最大的时期，在全省的龙头引领地位进一步增强，省会中心城市功能不断完善。五年来，我们牢牢把握发展第一要务，积极推进经济结构优化升级，经济发展上了一个很大台阶。高度重视产业的发展和培育，以南渡江流域30万亩土地整治为代表的现代农业和城乡统筹已经破题，以英利为代表的新能源工业开始崛起，以观澜湖为代表的高端旅游业开始出现，以国际会展中心为代表的会展业开始形成。地区生产总值年均增长12.5%，实现翻番；财政总收入年均增长21.9%，增长1.7倍；固定资产投资年均增长22.8%，增长1.6倍。五年来，我们狠抓基础设施建设，大力推进城市化和城乡一体化，城乡面貌发生深刻变化。城市建成区面积五年增长38.3%，城镇化率达到74%。“六纵一横”的对外交通公路体系和“八纵六横”的市区主干道网基本形成。棚户区改造与新区开发成效明显，城市环境综合整治常态化、长效化。人均公共绿地达12平方米，森林覆盖率达38.4%。城镇生活垃圾无害化处理率达100%，城市污水处理率达87.4%。生态环境始终保持全国一流。五年来，我们坚持深化改革开放，不断创新体制机制，发展的动力和活力明显增强。深化政府行政管理体制改革，实施两轮强区扩权，完成新一轮政府机构改革，推进行政审批大提速，行政效能显著提高；财政体制、投融资体制、国有企业、社会事业、林权制度和农村综合改革取得重大进展，海口的知名度和影响力进一步扩大。五年来，我们注重统筹兼顾，加快推进各项民生社会事业，和谐社会建设扎实推进。荣获“国家创新型试点城市”；基础教育均衡发展，职业教育迈上新台阶，新增义务教育和高中学位3万个；市、区、镇（街道）、村（居）四级公共文化服务体系基本建立，群众文化生活进一步丰富；医疗卫生水平明显提升。城镇居民人均可支配收入和农民人均纯收入五年分别增长84.2%和72.4%。新增就业24万人次，连续五年实现零就业家庭动态为零。社会保障制度实现全覆盖，农村医保、职工医保、城镇居民医保和最低生活保障标准大幅提高。开工建设43132套保障性住房，超额完成省下达的任务。市民素质和城市文明程度明显提升，获得“全国文明城市”提名资格。

各位代表，回顾过去五年的辉煌历程，我们深切地感到，之所以能够在复杂多变的形势中，乘势奋进，实现又好又快发展，这是市委科学决策、坚强领导的结果，是市人大及其常委会和市政协支持监督的结果，凝聚着全市广大干部群众和社会各界的心血和汗水，充分展示了海口人民团结拼搏、一往无前、奋发图强的决心、勇气和智慧。在此，我代表市人民政府，向全市人民，向人大代表、政协委员，向各民主党派、各人民团体，向驻市单位、驻市部队、武警官兵和公安司法干警，向所有关心和支持海口建设的社会各界人士，一并表示衷心的感谢！

在看到成绩的同时，我们也清醒地认识到还存在一些突出问题：欠发达的基本市情没有根本改变，综合竞争力不强，抗风险能力较弱，加快发展和产业结构转型升级的任务十分繁重；城市功能不够完善，管理水平有待提高，中心镇建设滞后，省会中心城市的辐射带动作用没有充分发挥出来；经济社会转型中矛盾交织多变，统筹发展的难度加大；历史欠账较多，居民生活水平还比较低，保障和改善民生的任务仍然紧迫艰巨；体制机制创新和对外开放的空间还比较大，与建设国际旅游岛的要求尚有较大差距；有些部门及公务人员的思想观念、服务意识、工作作风、办事效率和执行能力尚不适应工作需要，整体素质亟待提高，等等。对此，我们必须高度重视，在今后的工作中采取有力措施，切实加以解决。

二、今后五年的总体思路和2012年工作重点

根据省“两会”和市第十二次党代会精神，今后五年政府工作的总体思路是：以科学发展观为指导，紧紧抓住国际旅游岛建设重大机遇，牢牢把握经济建设这个中心不动摇，以转变发展方式为主线，以创新体制机制为动力，以保障和改善民生为根本，致力于加快城市转型，致力于发展实体经济，致力于强化省会城市功能，建设全市人民幸福家园，努力打造“宜居、宜业、宜学、宜游”最精最美的省会城市。

未来五年，我们必须更加注重实体经济，坚持以新型工业化带动产业结构的调整，以健全的现代产业体系支撑经济结构的优化和发展方式的转变，强化省会中心城市经济极核地位，在国际旅游岛和环北部湾区域经济发展格局中发挥更大的辐射作用。必须更加注重城乡统筹，下决心完善城市规划，加强城市管理，以城市重点片区的开发建设带动城乡发展，完善城乡基础设施，推进城乡公共服务均等化，促进城乡共同繁荣，建设功能完善的现代化滨海城市。必须更加注重文化建设，坚持科教和人才兴市战略，充分发挥国家历史文化名城资源优势，加快人文资源优势向旅游经济优势转变，推进文化大发展大繁荣，着力提升城市文化软实力，打造国际旅游岛文化高地。必须更加注重民生事业，创新和加强社会建设与管理，千方百计提高居民收入，以办好“润物细无声”的实事好事，赢得人民群众的理解、支持和拥护，促进社会和谐进步。必须更加注重改革开放，直面改革发展中的突出问题，以更大的胆略、更广的视野、更前瞻的思虑谋划好科学发展的路数，当好全省改革创新和对外开放的排头兵。必须更加注重生态文明，坚持生态立市，在保护中开发、开发中保护，严格执行环保准入制，全面落实节能减排等约束性指标，生态环境始终保持一流。

未来五年，我们最重要的任务是全力贯彻落实好海口市“十二五”国民经济和社会发展规划纲要，一张蓝图绘到底，负重奋进促转型，坚持不懈抓落实，抓住机遇快发展。2012年是新一届政府的起始之年，做好全年工作，必须始终把保持经济较快增长作为刚性任务，把扩大投资特别是扩大社会投资作为着力重点，把消费结构调整作为扩大消费和调整投资的重要导向，把全面优化升级产业结构作为政府主导发展的基本思路，把改革开放、完善政策体系作为掌握发展主动权的牵引抓手，把改善和保障民生作为根本目的，切实把“稳中求进”和“逆势上扬”的总基调贯穿到各项工作部署和具体要求中。全年经济社会发展的主要预期目标是：地区生产总值增长13%左右，全市一般预算收入和地方一般预算收入均增长15%左右，全社会固定资产投资增长28%左右，社会消费品零售总额增长19%左右，城镇居民人均可支配收入和农民人均纯收入均增长13%左右，全面完成省下达的节能环保指标和物价调控指标。

为实现今年目标，要重点抓好十个方面的工作：

（一）扎实开展“项目建设年”，全面提升经济管理水平。按照市委确定的发展理念和城市定位，着眼于完善省会城市功能区划，调整和修编城市总体规划、土地利用规划和基础设施规划，以城市空间布局和产业布局为引导，以空间换时间、资源换项目，积极引导各类优质资源向重大项目、重点产业、重点领域集中，确保重点项目“建成投产一批、开工建设一批、谋划储备一批”。一是加大投资力度。把产业强市作为海口当前发展的第一要务，突出抓好21个“十大攻坚战”项目和64个市重点项目，力争全社会固定资产投资突破500亿元，确保重大基础设施建设项目、重大城市功能完善项目、重大民生项目按时间节点开工竣工。英利二期、红塔技改、汉能一期等项目要如期投产，海马三期、狮子岭二期启动征地工作，东海岸人工岛、新海物流园、新海港区汽车客运滚装码头一期、兰桂坊、长影海南世纪影城、东寨港红树林国家湿地公园、热带野生动植物园新区等一批项目要取得实质进展。积极争取政策支持，力争一批重大项目纳入国家和省的规划。在招商引资上项目、政策优惠引项目方面加大力度，成立专业招商团队，完善激励机制，充分激活社会投资。二是做好前期工作。把更多的精力放在项目的前期工作上，在策划包装、勘测设计、资金筹措、土地供应、拆迁安置、人才储备、开发模式等方面做实做细。三是强化推进机制。加强质量和标准管理，完善项目评估评价体系，落实“六个一”责任制，提高项目组织化水平，确保重点项目不超概算、不超工期、不发生质量事故、不发生安全责任事故、不引发重大群体性事件、不倒干部，形成“抓一个项目，成一个亮点，铸一个品牌”的良性机制。

（二）实施工业优先战略，推进工业提速发展。坚持工业向园区集中、园区向西部转移，继续推进“两区八园”功能完善和升级改造，形成综合保税区和高新区“前店后厂”发展格局，力争两区增加值分别增长20%和50%以上。完成美安科技新城产业规划，明确产业定位，加快推进15平方公里起步区建设。投入扶持资金2亿元，落实加快工业发展的各项政策。强化技术创新的支撑作用，着力改造提升机电制造、化工化纤纺织、食品和农产品加工三大传统优势产业。依托海马、英利等骨干企业和“海口药谷”，积极培育壮大新能源汽车、新能源、生物医药、新一代信息技术等战略性新兴产业。新增高新技术企业8家以上。选择1－2个镇作为试点，把产业引入镇域经济中，打造特色专业加工镇。完善适应中小企业特点的担保融资体系，推动中小企业提高协作配套发展水平。力争工业增加值增长17%以上。

（三）以现代服务业为重点，提升第三产业水平。大力开展“城市营销年”活动，精心组织高尔夫、游艇经济两大论坛和“海口之春”旅游艺术节等一批重大活动，唱响“阳光海口、娱乐之都、品位之城”主题。出台新的旅行社奖励政策，鼓励旅行社积极开拓市场。突出机场离岛免税特色，完善配套服务，推进旅游商品研发中心、交易中心建设，鼓励和引导专业商品市场集聚发展，着力把海口打造成为全省和环北部湾区域购物中心。成立专门机构，积极引进和培育一批高水准的会展专业服务企业。力争社会消费品零售总额增长19%以上，旅游总收入增长12%以上。发挥综合保税区物流中心功能，推动大型物流仓储配送中心、口岸物流平台建设，完善城市物流配送体系，加快发展现代物流业。打造专业化团队，兑现扶持政策，优化金融生态环境，引进金融企业3家以上。积极调整房地产结构，促进房地产业健康发展。加快服务行业规范化、标准化建设，强化行业协会管理和从业人员培训，推动诚信体系建设。力争第三产业增加值增长12%以上。

（四）围绕现代农业发展，扎实推进新农村建设。坚持科学规划引领、富民产业支撑、基础设施推动，进一步完善新农村建设推进机制。制定海口市城乡经济社会统筹发展规划，积极申报国家城乡统筹综合改革试点城市。坚持以基础设施建设适度先行推进公共服务向农村延伸，以城市的功能完善和布局调整带动农村产业培育和专业化发展，以战略性新型产业特别是加工业的发展，促进农业的规模化、集约化经营，以第三产业特别是现代服务业的快速增长为务工农民提供更多就业岗位，着力增加农民经营性、工资性、财产性收入。按照“五大示范基地、一大改革示范区”目标，基本完成南渡江流域土地整治一期工程。基本完成罗牛山农产品加工产业园一期建设，启动泉溢2.5万吨水海产品综合加工项目和10里花卉长廊建设。建成4个农产品冷藏保鲜库和17个镇级农村推广服务站，建立健全市、区、镇、村农产品质量安全检测监管体系和农产品流通体系。强化科技对农业的支撑，建好20个农业科技110、电子农务服务点；实施“阳光工程”培训计划，培训农村劳动力1.2万人，转移输出农村劳动力1万人。做好南渡江引水工程前期工作，加快推进龙塘大坝至东山段防洪堤和农村排涝工程，继续改造农村水网、电网、路网、气网和信息通讯网，进一步提高农业综合生产能力。启动计划单列镇试点，扶持发展非农经济，推动镇域经济加快发展。全面启动并完成50%的村庄规划编制。出台鼓励社会资本投资发展农村经济的政策。继续开展镇村环境综合整治，打造一批旅游风情小镇和文明生态村。以畜禽养殖污染治理为重点，控制农业面源污染，优化农村生态环境。适当提高农村“五保五险”水平，扩大覆盖面。加强农村文化建设，积极引导村风民俗文明化，提高农村文明水平。加大扶持力度，全面创新和提升农村社会事业的管理服务水平。深入开展“绿化宝岛”行动，加强生态公益林和景观林建设，提升改造海防林，完成造林1.5万亩。力争农业增加值增长8%以上。

（五）完善中心城市功能，进一步提升城市品位。紧扣城市历史脉承、文明延续、文化底蕴、风土人情，进一步完善城市规划体系，引领建设具有独特产业体系、独特文化品质、独特风貌品牌、独特生态环境、独立精神内涵的“四宜”最精最美城市。完成城市综合防灾规划等5个专项规划编制。加快立体交通体系建设，启动城市轨道交通、海秀路高架桥项目，积极推进美兰机场扩建。大力实施“以港兴市”战略，积极推进与中交集团合作，同步建设马村港三、四期，加快秀英港搬迁步伐。健全大交通体制，完善城市路网，开展“9+1再行动”，海府一横路延长线、美祥东路贯通工程、绿色长廊二期、高登西路等9条断头路实现功能性通车，完成红城湖路延长线工程的全部拆迁安置任务。博义、夏瑶、丁村等城中村改造必须全面启动，落实业主。西海岸南片区建设上半年正式开工。积极推动江东开发建设。完成白沙门污水处理厂一期脱氮除磷改迁项目。抓好沿海防潮工程和市区主要积水点的改造。加强城市精细化管理，逐个破解社会管理难题。以第八届泛珠大会为契机，完成空港、海港和高速公路出入口关键部位和节点的环境整治。完善大城管体制，在行政执法、市政设施、园林绿化、环境卫生等方面形成更大合力，深入开展城市环境综合整治“五大工程”。巩固扩大“打违”成果，确保“零增量、减存量”。坚持有载体、有抓手、有特色，扎实开展“文明大行动”，继续推进创建国家卫生城市活动。

（六）不断深化改革开放，增强科学发展活力。推进城市建设投融资体制改革，完善政府投资项目代建制。规范地方政府性债务管理，设立偿债准备金专户，防范地方政府债务风险。加快财税体制改革，增强区级发展主动性。积极解决琼山历史遗留问题。加快土地管理制度改革，建立土地利用总体规划实施评价体系，启动农村土地产权制度改革和“三旧”改造试点，积极盘活存量用地和闲置用地。加快国有资产战略重组。深化审批制度改革，尽快出台优化流程、减少审批程序、实行并联审批的行政决定。出台鼓励民营企业发展实体经济的政策。稳步推进公立医院改革，全面实施国家基本药物制度。完善政府购买公共服务机制，培育壮大社会中介组织。推进行政事业单位收入分配制度改革。在游艇水域和低空空域开放、竞猜型和即开型彩票等国际旅游岛特殊政策的落实上争取先行先试。积极推动马村港区列入国家汽车整车进口口岸。举全市之力做好申办世界能源大会和世界石油大会工作。加强与琼北市县合作，加快构建省会经济圈。力争实际利用外资增长10%以上，实现出口总值增长12%以上。

（七）促进文化旅游融合发展，提升城市软实力。认真落实市委《关于加快文化产业发展若干政策措施的意见》。设立1000万元的文化产业发展专项资金。全面启动五公祠、海瑞墓、丘濬墓三大人文景点的改造提升，调整完善规划，完成大部分征地任务；探索创新推进模式，骑楼建筑历史文化街区保护与综合整治工程要取得实质性、有形象的进展，为三年内全部完成任务奠定坚实基础。启动五源河文化体育中心项目建设。鼓励地方特色旅游商品的市场开发，培育发展广告设计、演艺娱乐、设计服务、影视制作等创意产业。鼓励社会资本投资旅游演艺产业，扶持民间艺人组建文艺表演团体，推出一批游客和市民喜闻乐见的旅游演艺品牌。

（八）创新和加强社会管理，促进社会和谐。密切关注新情况新问题，把社会管理放在与经济发展同等地位来抓，以项目为载体，以规划为核心，以社区为基本，实施网格状管理，让社会变得更加有序，给群众提供方便、安全、文明的生活环境。落实社会管理的责任主体，明确市、区、镇（街道）、村（社区）职责和分工，努力形成事事有人管、出事有人负责的工作格局。做好群众工作，加强舆情分析，高度重视网络民意，完善常态化的网络问政机制。扎实做好信访工作，完善“大调解”机制，切实把矛盾解决在基层，化解在萌芽状态。加强社会管理综合治理，强化实有人口管理，推进城市监控与报警系统等公共安全项目建设，预防和打击各类违法犯罪活动。规范和加强城乡社区建设，把更多的资源投向基层，提升管理服务水平，打造一批文明和谐社区。突出抓好旅游、交通、施工、建筑消防和食品药品安全监管，坚决遏制重特大事故发生。强化对自然灾害、突发事件的预防、监控和处置，提高城市应急管理能力。加强人口与计划生育工作，稳定低生育水平，统筹解决人口问题。充分发挥工会、共青团、妇联等人民团体以及社会组织在参与社会事务管理中的作用。推进“双拥”共建，巩固军政军民团结。继续做好统计、气象、人防、档案、史志、老龄、外事侨务、民族宗教等工作。

（九）加强政府自身建设，打造人民满意政府。自觉接受市人大及其常委会的法律监督和市政协的民主监督，主动接受社会监督和舆论监督。继续深入推进法治、民本、高效、廉洁政府建设，大力开展“效能建设年”活动。围绕服务企业、服务项目、服务基层、服务群众，切实改善政务环境，转变机关作风。各区各部门要逐级为每一个岗位量身制定科学具体的职位说明书，细化目标、量化责任，切实提高行政执行力。严格依法行政，开展相对集中行政复议权和行政复议委员会试点工作。加强政府信息化建设，进一步扩大政务信息公开范围。更加注重反腐倡廉建设，强化行政监察和审计监督，抓好中央、省、市重大决策部署落实情况和重大支出项目的专项监督检查，切实解决损害群众利益的突出问题。完善绩效考核体系，强化激励约束，真正奖勤罚懒。广大公务人员要切实增强责任心、爱心、公心，拼搏实干、廉洁自律，真正担当起历史赋予我们的使命。坚持维护正义、弘扬正气、鼓励正直，更好地在全市树立实干之风、为民之风、进取之风、清正之风！

（十）办好“十大民生实事”，建设百姓的幸福家园。一是完善城乡统筹创业、就业扶持政策，加强创业孵化基地和创业项目库建设，提高职业技能培训水平，城镇新增就业3.5万人以上，城镇登记失业率控制在3%以内。二是保质保量按时完成省下达的保障性住房建设任务，完善已建保障性住房小区周边路网和基础配套设施；对已售但未办产权证住房，开展集中专项清理办证行动。三是继续加强交通环境综合整治，优化重点片区交通组织，积极缓解交通拥堵；优化和新增一批公交线路，新投放公交车200辆、出租车280辆，新建一批公交候车亭，开工建设6个公交场站。四是切实抓好“菜篮子”工程，新建1万亩常年蔬菜基地、4个冬季瓜菜生产示范工程和15个标准化畜禽生态养殖小区，新开设平价菜超市、商店20家以上，规范降低集贸市场摊位费和超市进场费。五是抓好城乡低保规范化和动态管理，做到应保尽保、分类施保；新改扩建敬老院6家，进一步提高农村“五保”集中供养率；大幅提高扶贫标准。六是加强社会养老服务体系建设，城区社区居家养老实现全覆盖，对80岁以上高龄老人发放长寿补贴；对困难群众基本殡葬服务费用实施减免，抓好公益性公墓建设。七是实施学前教育助学券制度，新改扩建公办幼儿园16所；积极解决城区“麻雀”学校问题，撤并、整合一批小规模学校，推动农村寄宿制学校和乡镇中心学校建设；高度重视校园安全，完成校舍安全工程，完善校车管理与运营模式。八是提高基层卫生服务水平，城镇居民规范化电子健康档案建档完成70%以上，新建64家农村标准化卫生室，村卫生室标准化率达100%，为城乡居民免费提供基本公共卫生服务项目和重大公共卫生项目。九是丰富城乡群众文化生活，启动四个区文化馆建设，组织开展各类文化体育活动4000场次和文化下乡7000场次以上。十是完善城乡商业经营服务网络，改造农贸市场27家，新建城乡连锁超市3家、农资农家店20家。在此基础上，及时解决群众反映强烈的新问题，量力满足群众期盼的新需求。

各位代表，过去的五年，我们经受并战胜了各种严峻考验，更加坚定了我们勇往直前的信心和决心。把海口建设得更加美好，是209万椰城人民的期待和重托。让我们在市委的坚强领导下，以更加昂扬的斗志、更加务实的作风，奋力推进海口在国际旅游岛建设的大潮中凭风借力、扬帆远航，以优异成绩迎接党的十八大和省第六次党代会胜利召开！

2011 年海口市国民经济和社会发展统计公报

海口市统计局　国家统计局海口调查队

2012 年 2 月

2011 年是海口充满挑战、极不平凡的一年。面对复杂严峻的外部经济环境和严重的自然灾害，市委、市政府深入贯彻落实科学发展观，紧紧抓住海南国际旅游岛重大机遇，采取一系列保增长、调结构、控物价、惠民生措施，全面推进各项建设，经济取得较快发展，实现“十二五”良好开局。

一、综合

经济总量

初步核算，全年全市实现地区生产总值 712.75 亿元，按可比价计算，比上年增长 12.3%。其中，第一产业增加值 48.16 亿元，增长 6.5%；第二产业增加值 177.91 亿元，增长 13.5%；第三产业增加值 486.68 亿元，增长 12.4%。三次产业所占比重由上年的 6.4：23.9：69.7 调整为 6.8：25.0：68.2。第一、二、三产业对 GDP 增长的贡献率分别为 3.4%、26.2% 和 70.4%。人均地区生产总值 34404 元，比上年增长 9.5%。

财政收支

财政收入持续较快增长。全年实现财政总收入 188.82 亿元，比上年增长 15.3%。其中，地方财政一般预算收入 60.93 亿元，增长 21%；上划中央和省收入分别为 70.82 亿元和 43.46 亿元，分别增长 20.1% 和 11.3%。在地方财政一般预算收入中，营业税 15.85 亿元，增长 2.8%；企业所得税 7.67 亿元，增长 34.4%。全年财政地方一般预算支出 99.74 亿元，比上年增长 24.9%。

价格

价格总水平高位运行。全年居民消费价格总指数（CPI）为 105.4，比上年上涨 5.4%（详见表 1），增幅比上年提高 1.2 个百分点，其中，消费品价格指数为 106.6，服务价格指数为 102.3；商品零售价格总指数为 105.0；生产者购进价格指数为 108.5；生产者出厂价格指数为 106.2，其中，轻工业产品出厂价格指数 104.3，重工业产品出厂价格指数 106.8。

表 1　2011 年居民消费价格总指数

类别	指数（以上年为 100）
居民消费价格总指数	105.4
一、食品	112.6
其中：（1）粮食	118.2
（2）油脂	110.5
（3）肉禽及制品	116.1
（4）蛋	114.4
（5）水产品	112.8
（6）鲜菜	107.2
（7）鲜果	112.6
（8）在外用膳食品	112.2
二、烟酒及用品	100.5
三、衣着	100.2
四、家庭设备用品及维修服务	100.4
五、医疗保健和个人用品	101.2
六、交通和通信	102.6
七、娱乐教育文化用品及服务	100.7
八、居住	102.8

二、农业

农业生产保持稳定。全年实现农林牧渔业总产值 76.8 亿元，比上年增长 6.6%。其中农业产值 30.8 亿元，增长 4.5%；林业产值 6.0 亿元，增长 11.6%；牧业产值 29.8 亿元，增长 8.3%；渔业产值 6.2 亿元，增长 1.9%。全年农作物总播种面积 73.6 千公顷，比上年下降 4.9%。其中粮食作物播种面积 35.4 千公顷，比上年下降 11.1%；油料播种面积 3.7 千公顷，下降 14.1%；蔬菜种植面积 24.8 千公顷，增长 8.3%；花卉苗木面积 2.6 千公顷，增长 17.3%。全年粮食总产量为12.3万吨，比上年增长3.5%。全年肉产量为10万吨，比上年增长7.4%；蛋产量为0.7万吨，比上年增长7.9%。全市水产品总产量4.9万吨，比上年增长2.8%。其中养殖产量2.7万吨，捕捞产量2.2万吨。

现代农业进一步发展。全年净增有效灌溉面积113公顷，新增机电排灌面积126.7公顷。农业机械总动力54.1万千瓦，比上年增长27.1%。

三、工业和建筑业

工业

工业园区建设快速推进。狮子岭高新区、药谷二期、综合保税区等工业园区建设快速推进，全年全市工业完成投资64.81亿元，比上年增长2.1倍，一批标准厂房相继竣工交付使用，园区内工业企业相继建成投产，综合保税区实现封关动作工业生产较快增长。全年全市完成工业总产值539.33亿元，比上年增长14.7%。全市规模以上工业企业实现产值504.25亿元，增长15.6%。其中轻工业产值222.92亿元，增长12.8%；重工业产值281.34亿元，增长17%。工业对GDP增长的贡献率达到17.5%，直接拉动GDP增长2.2个百分点。

高新技术企业继续领先。全市30家重点高新技术企业共完成工业总产值187.45亿元，占全市规模以上工业总产值的37.2%，比上年增长27.1%，高出规模以上工业增幅11.5个百分点，对全市规模以上工业生产的贡献率为51.3%，拉动全市规模以上工业增长8个百分点。

重点行业发展稳定。汽车、医药、食品、电器机械四个重点行业全年累计完成工业总产值371.47亿元，比上年增长17.9%，占全市规模以上工业产值的73.7%。其中汽车、电气机械、食品是拉动工业增长的主要动力，对规模以上工业生产增长的贡献率为79%，拉动规模以上工业增长12.3个百分点。

产值超亿元工业企业是全市工业发展的主力。全年产值上亿元的工业企业75家，比上年增加5家，共完成产值466.85亿元，占规模以上工业总产值的92.6%，净增产值90.83亿元。全年累计产值超10亿元企业有9家，共完成产值254.41亿元，比上年净增75.1亿元。

全市规模以上工业企业实现主营业务收入481.45亿元，比上年增长17.3%；实现利税总额69.46亿元，增长13.7%，其中利润39.18亿元，增长12.7%。企业资产合计508.68亿元，增长12.6%。

主要工业产品生产情况：全市规模以上工业企业生产汽车15.2万辆，增长11.8%；罐头23.19万吨，增长14.0%；变压器815.70万千伏安，增长49.5%；卷烟95.00亿支，增长8.6%（详见表2）。

表2　2011年主要工业产品产量

产品名称	计量单位	2011年	比2010年增长（%）
售电量	亿度	45.83	9.7
配混合饲料	万吨	82.55	11.7
罐头	万吨	23.19	14.0
啤酒	万吨	10.15	-37.0
软饮料	万吨	41.62	8.4
卷烟	亿支	95.00	8.6
化学纤维	万吨	5.48	8.5
聚酯切片	万吨	25.71	-3.6
塑料制品	万吨	1.17	-48.1
汽车	万辆	15.20	11.8
#轿车	万辆	10.23	10.1
变压器	万千伏安	815.70	49.5

建筑业

全年建筑业实现增加值54.35亿元，比上年增长14.5%。全年资质以上建筑企业完成建筑业总产值190.85亿元，增长34.38%。其中建筑工程产值168.14亿元，增长21.5%。当年建筑企业新签合同价款200.11亿元，建筑企业期末从业人员7.54万人，全员劳动生产率为20.11万元/人。

四、固定资产投资

固定资产投资快速增长。全年全社会固定资产投资完成404.60亿元，比上年净增83.98亿元，增长26.2%。工业投资64.81亿元，增长2.1倍，其中制造业完成投资56.26亿元，增长2.69倍；交通运输业完成投资49.68亿元，增长9.3%；信息传输计算机服务和软件业完成投资21.35亿元，增长25.9%；住宿和餐饮业完成投资28.85亿元，增长85.4%；教育完成投资15.16亿元，增长27.3%。

房地产开发投资快速增长。全年完成房地产开发投资145.14亿元，占全社会固定资产投资的35.9%，比上年增长39.8%。商品房新开工面积433.77万平方米，增长80.2%；商品房施工面积1189.52万平方米，增长36.1%；商品房销售面积225.55万平方米，增长7.5%。

重点项目投资进展顺利。全市共安排55个重点建设项目，年度计划总投资118.35亿元，累计完成投资130.38亿元，占全社会固定资产投资总额的32.2%，完成全年计划的110.2%。

投资主体融资能力不断增强。全年投资资金来源总额为524.91亿元，增长5.9%，其中：国家预算内资金12.89亿元，下降29.1%；国内贷款190.04亿元，增长19.2%；利用外资1.84亿元，增长3.7倍；自筹资金127.87亿元，增长49%；其他资金到位92.52亿元，下降40.4%。

五、国内贸易和会展

国内贸易

消费品零售市场繁荣稳定。全年实现社会消费品零售总额为387.18亿元，比上年增长18.1%。其中，批发零售贸易业实现零售额351.35亿元，增长17.6%，占零售总额的90.7%；住宿餐饮业全年实现零售额35.83亿元，比上年增长23.3%，占零售总额的9.3%。在限额以上贸易企业商品零售额中，体育、娱乐用品类休闲商品实现零售额0.94亿元，比上年增长45%；金银珠宝类、服装类、粮油食品类分别实现零售额3.83亿元、9.1亿元和12.02亿元，分别增长40.8%、28.3%和24.0%；汽车类实现零售额87.52亿元，下降2.7%；石油及制品类实现零售额139.5亿元，增长45.2%；家用电器和音像器材类、通讯器材类、文化办公用品类分别实现零售额17.59亿元、2.54亿元和6.04亿元，分别增长12.7%、33.9%和24.4%。

会展

海南国际会展中心建成并投入使用，会展业发展步入快速发展通道。全年共举办各类展览活动83场，比上年增长29.6%，展览面积50.3万平方米，增长65.5%。

六、对外经济

据海口海关统计，2011年海口市外贸进出口总值39.4亿美元，比上年下降0.3%。在汽车、水海产品等传统特色商品不断开拓新市场，以太阳能光伏组件为代表的机电产品出口大幅增长的带动下，海口市外贸出口呈现良好发展态势。外贸出口15.2亿美元，增长16.4%。

外商投资企业为进出口主力。外商投资企业进出口21.9亿美元，占同期进出口的55.7%。欧盟为第一大贸易伙伴，对欧盟进出口为11.4亿美元，增长39.8%。以一般贸易为主，完成进出口29.3亿美元，增长0.8%，占同期海口市进出口总值的74.4%。

全市新签外资协议合同39宗，新签协议合同总投资0.97亿美元；全年实际外商直接投资4.07亿美元，比上年下降43.1%。其中，合资企业投资0.13亿美元，下降85.4%。

七、交通运输、邮电和旅游

交通运输

海陆空立体交通体系综合服务功能增强。全年交通运输邮电仓储业实现增加值58.97亿元，比上年增长8.5%。全年旅客运输量34993.1万人次，增长10.7%；旅客运输周转量364.95亿人公里，增长19%；货物运输量9306.4万吨，增长14.6%；货物周转量594.88亿吨公里，增长5.3%。至年底，海口港现有生产性泊位43个，其中万吨级以上泊位7个；全年全市港口货物吞吐量5497.6万吨，增长14.6%；港口集装箱吞吐量80.8万标箱，增长31.7%。海口美兰国际机场通航城市已达到75个，在海口机场运营的外国（地区）航空公司6家，开通14个国际城市以及台湾、香港、澳门等地区城市的航线。全年机场旅客吞吐量1016.79万人次，比上年增长15.9%。

邮电

邮政电信业务稳步发展。全年完成邮电业务总量（按2010年可比价计算）45亿元，比上年增长24.8%，其中邮政业务总量1.4亿元，增长5%；电信业务总量43.6亿元，增长25.5%。全市市话（含小灵通）年末用户数71.7万部，移动电话年末用户数324万部，互联网宽带用户总数达47.7万户。

旅游

旅游接待能力进一步增强。全年共接待国内外过夜游客845.84万人次，比上年增长14.9%，其中，接待入境游客14.68万人次，增长10.5%；接待过夜国内游客831.16万人次，增长15.0%。人均逗留天数1.36天/人，延长0.02天；旅游总收入83.02亿元，增长15.2%。

八、金融、证券和保险

金融

金融服务功能不断增强。年末，全市金融机构本外币各项存款余额2354.12亿元，比年初增加115.19亿元，比年初增长5.1%，其中，个人人民币存款余额847.69亿元，比年初增加84.65亿元，比年初增长11.1%；单位人民币存款余额1364.45亿元，比年初增加1.49亿元，比年初增长0.1%。本外币贷款余额2461.19亿元，比年初增加523.57亿元，比年初增长27%。其中，中长期贷款余额1950.58亿元，比年初增加388.61亿元，比年初增长24.9%；短期贷款余额345.54亿元，比年初增加54.58亿元，比年初增长18.8%。

证券

证券市场在规范中稳步发展。年末，全市拥有国内其他证券公司的证券营业部26家。证券投资者A股资金账户数为54.38万户，其中法人资金账户数为0.32万户；B股资金账户数为0.91万户。全年完成证券交易额3241.88亿元，比上年减少1029.53亿元。本地法人期货经纪公司3家，国内其他期货公司期货营业部9家，期货合约年交易额21801.86亿元，比上年增加2169.44亿元。

保险

保险市场主体结构逐步完善。年末，全市拥有保险公司主体20家，其中产险公司10家、寿险公司10家。全年累计实现保费收入36.34亿元，比上年增长12.5%。其中，财产险保费收入为15.73亿元，增长30.5%；人寿险保费收入20.61亿元，增长1.8%。人寿险中，寿险保费收入18.52亿元，下降0.3%，健康险保费收入1.44亿元，增长27.0%，意外伤害险保费收入0.65亿元，增长20.0%。

九、教育和科学技术

教育

推进教育均衡发展。全面实施义务教育阶段“三免一补”政策，加快发展幼儿教育，全面启动8所标准化公办幼儿园建设，继续推进“校安工程”。全市拥有普通高校11所。全年研究生招生1185人，在校研究生3358人，毕业研究生816人；普通本专科招生3.31万人，在校生10.72万人，毕业生2.80万人。各类中等职业教育招生3.74万人，在校生9.64万人，毕业生2.11万人；普通高中招生1.62万人，在校生4.74万人，毕业生1.45万人；初中招生2.64万人，在校生8.16万人，毕业生2.91万人。小学招生2.87万人，在校生17.02万人，毕业生2.73万人。特殊教育招生171人，在校生670人。全市拥有幼儿园347所，在园幼儿6.56万人。

科学技术

我市有34个项目被认定为省以上高新技术项目，有25个产品被认定为省以上高新技术产品。

全市拥有国家级创新型企业4家，国家级创新型试点企业4家，市级创新型企业25家；省级重点实验室22家，市级重点实验室14家；国家级企业技术中心4家，省级工程技术研发中心37家，市级技术研发中心12家，科技创新体系初步形成。全年专利申请量1237件，专利授权量174件。

十、文化、卫生和体育

文化

积极吸引了一批趣味性、娱乐性强的文化活动和品牌赛事落户，培育南洋文化、冼夫人文化、红色文化品牌，拓展琼剧发展市场，策划高品质的定期定址活动，引导发展民俗文化、海洋文化、火山文化，展现了海口文化的底蕴和魅力，让209万城乡居民共享文化发展成果。不断加大历史文化名城保护的投入，抢救、维修了一批国家、省、市级文物保护单位及重要遗迹，开展骑楼建筑历史文化街区的文物保护和综合整治并积极做好非物质文化遗产的抢救保护工作。目前，我市共有国家级非遗项目5个、省级非遗项目14个，公布市级非遗项目16个。文化、新闻、出版和广播电影电视事业取得新成就。年末全市共有文化馆3个，公共图书馆2个，博物馆2个。广播电视台2座，广播综合人口覆盖率和电视综合人口覆盖均达100%。有线电视用户58.55万户。公共图书馆藏书量234.87万册。

卫生

医疗卫生服务水平进一步提高。海口市全面落实卫生基础设施建设，“两院三中心”重点医疗卫生建设工程已经全部完成并投入运行。城乡医疗服务实现了全覆盖，城区社区、农村卫生服务覆盖率达到100%，标准化村卫生室达到70%以上。年末，全市共有各类卫生事业机构660个，其中医院37家、疗养院2个，社区卫生服务站及中心90家、卫生院28个，门诊部56个，妇幼保健机构6个，疾病预防控制中心7个，专科防治机构7个；卫生技术人员15772人，其中：执业医师6370人，执业助理医师848人，注册护士8554人；卫生机构床位9850张，其中医院8553张，疗养院521张，卫生院776张。2011年新型农村合作医疗筹资标准提高到280元/人，全市参加新型农村合作医疗人数60.39万人，参合率达98.66%。全年共计87.05万人次享受新农合补偿，补偿金额为11884.27万元。全市镇卫生院全面实施国家基本药物制度，缓解了农民“看病难、看病贵”问题。

体育

成功组织和参加了海口热气球节、第七届全国城市运动会、环海南岛国家公路自行车赛、亚洲沙滩排球锦标赛、欧米茄观澜湖高尔夫世界杯等品牌赛事。2011年，我市运动健儿参加各种赛事获得金牌28枚、银牌9枚、铜牌4枚，奖牌总数为41枚的好成绩。其中获得亚洲性、全国性运动会金牌数分别为12枚和16枚。

十一、人口、人民生活和保障

人口

2011年，全市人口出生率为12.5‰，死亡率为4.3‰。自然增长率为8.2‰。年末常住人口209.73万人，比上年增加5.11万人。

人民生活

据对全市城乡住户抽样调查，2011年全市城市居民人均可支配收入19730元，预计农村居民人均纯收入7160元，分别比上年增长18%和16%。城市居民人均消费支出14344.4元，比上年增长15.7%；预计农村居民人均生活消费支出5175元，增长17.7%。城市居民家庭恩格尔系数（居民家庭食品消费支出占生活消费总支出的比重）为43.5%，农村居民家庭恩格尔系数为49.9%。

积极推进创业就业工作。全市城镇新增就业3.94万人，农村富余劳动力转移就业1.43万人，超额完成省下达的计划任务。创业小额贷款完成年计划的144%；我市创城工作得到了国家人社部的充分肯定。

保障

民生投入不断增长。2011年，全市一般公共服务、教育、社会保障和就业、医疗卫生、城乡社区服务、农林水事务、住房保障等民生领域财政支出74.10亿元，比上年增长25.9%，占全市地方一般预算支出的74.3%。

保障性住房建设步伐加快。严格落实国家楼市调控政策，积极调整房地产开发结构，大力加强保障性住房建设，按时开工建设保障性住房11702套和改造农村危房2036套。城乡居民居住条件继续改善。城市居民人均住房建筑面积29.94平方米，农村居民人均住房面积31.6平方米。

全力提高社会保障水平。海口市社会保障和覆盖面不断提高，基本上实现了养老保险和医疗保险全覆盖。全市城镇居民基本医疗保险参保率达到98%，城镇居民社会养老保险参保率达到96%，新型农村社会养老保险参保率达到95%。累计救助低保对象5万多人次，基本实现应保尽保。

十二、资源、环境保护和社会安全

资源环境保护

水资源保障状况良好。全市水资源总量为25.39亿立方米，人均水资源量1352立方米。总用水量为6.01亿立方米，其中生活用水1.21亿立方米，生产用水4.78亿立方米，城市环境用水0.026亿立方米。

环境质量继续保持优良水平。2011年，城市环境空气质量优良率为100%，全市城市环境空气质量达到优级标准的天数为264天。区域环境噪声平均值为55.6分贝，交通干线噪声平均值为67.6分贝。全市重点工业企业废水达标排放率100%，重点工业企业二氧化硫达标排放率100%，全市重点工业固体废物综合利用率100%，医疗垃圾和化学危险废物处置率100%。集中式饮用水水质达标率100%。

城市绿化

生态市建设取得明显成效。拥有公园19个，占地面积872.7公顷；建成区绿地面积3672公顷，绿地率达37.5%；绿化覆盖面积4090公顷，绿化覆盖率达42%；公共绿地面积1392公顷，人均公共绿地12平方米；污水集中处理率87.4%；生活垃圾无害化处理率100%。

公用事业

全年全市自来水供水总量为1.68亿吨，其中：生产运营用水0.42亿吨，居民家庭用水0.92亿吨，公共服务用水0.08亿吨。全市用电总量39.53亿千瓦小时，其中，工业用电7.10亿千瓦小时，城乡居民生活用电6.93亿千瓦小时。全市天然气供气总量10000万立方米，其中：居民家庭用量900万立方米，用气人口55万人；液化石油气居民家庭用量4.3万吨，用气人口50万人。

社会安全

全年共发生各类事故773起，比上年增长16.1%；死亡人数112人，下降3.4%；受伤人数793人，增长112%；直接经济损失1152.6万元，上升58%。其中，道路交通事故558起，造成90人死亡、791人受伤，直接经济损失94.7万元；消防火灾事故195起，零受伤和零死亡，直接经济损失92.9万元；工矿商贸事故20起，造成22人死亡、2人受伤，直接经济损失965万元。

说明：

（1）本公报所列各项数据为年度初步统计数据，最终数据以《海口统计年鉴》公布为准。

（2）全市地区生产总值和各产业增加值绝对数按现行价格计算，增长速度按可比价格计算。

（3）全市人均生产总值按年平均常住人口口径计算。

关于海口市2011年国民经济和社会发展计划执行情况与2012年国民经济和社会发展计划草案的报告

——2012年2月15日在海口市第十五届人民代表大会第一次会议上

海口市发展和改革委员会

各位代表：

受市人民政府委托，现将海口市2011年国民经济和社会发展计划执行情况与2012年国民经济和社会发展计划草案提请市十五届人大一次会议审议，并请市政协各位委员和其他列席人员提出意见。

一、2011年国民经济和社会发展计划执行情况

2011年，面对复杂的宏观经济形势和严重的自然灾害，市委、市政府深入贯彻落实科学发展观，紧紧抓住海南国际旅游岛建设重大机遇，采取一系列保增长、调结构、控物价、惠民生措施，经济社会保持平稳较快发展，主要指标完成预期目标，计划执行情况较好，实现了“十二五”良好开局。

海口市2011年主要经济社会发展指标表

指标名称	单位	2011年完成数		2011年预期目标	
		绝对值	增长率	绝对值	增长率
一、地区生产总值	亿元	712.75	12.3%	667	13%左右
第一产业	亿元	48.16	6.5%	42	10%
第二产业	亿元	177.91	13.5%	160	14%
工业	亿元	123.56	13%	109	13%
第三产业	亿元	486.68	12.4%	465	13%
二、工业总产值	亿元	539.33	14.7%	501	13%
三、固定资产投资	亿元	404.6	26.2%	383	23%
四、社会消费品零售总额	亿元	387.18	18.1%	386.79	18%
五、财政总收入	亿元	188.82	15.3%	188	15%
地方一般预算收入	亿元	60.93	21%	57.9	15%
六、出口总值	亿美元	15.21	16.4%	14.2	10%
七、实际外商投资	亿美元	4.07	-43.1%	7.9	10%
八、旅游总收入	亿元	83.02	15.2%	78.6	9%
九、城市居民人均可支配收入	元	19730	18%	18392	10%
农村居民人均纯收入	元	7191	16.5%	6770.5	10%
十、城镇登记失业率	%	0.94%	3%		
十一、人口自然增长率	‰	8.19‰	9.3‰以内		
十二、居民消费价格指数	%	105.4%			

（注：地区生产总值绝对值不考虑价格因素；因国家统计口径调整，固定资产投资预期目标由434亿元调整为383亿元，社会消费品零售总额预期目标由389亿元调整为386.79亿元。）

（一）坚持推动科学发展，主要指标稳定增长

——地区生产总值完成712.75亿元，同比增长12.3%。

——固定资产投资完成404.6亿元，同比增长26.2%。

——社会消费品零售总额完成387.18亿元，同比增长18.1%。

——财政总收入完成188.82亿元，同比增长15.3%；一般预算收入完成175.22亿元，同比增长18.1%；地方一般预算收入完成60.93亿元，同比增长21%。

——旅游总收入完成83.02亿元，同比增长15.2%。

——城市居民人均可支配收入和农村居民人均纯收入分别完成19730元和7191元，同比分别增长18%和16.5%。

（二）坚持优化产业结构，经济发展后劲增强

扶持新兴产业和高新技术产业发展，加快传统优势产业转型升级等措施成效明显，实体经济和现代服务业尤其是工业、金融业对经济发展的拉动作用突出，成为保持经济平稳较快增长的主要支撑点。

一是现代农业基础进一步夯实。尽管受2010年年底特大洪水、2011年年初低温阴冷天气和10月强台风等一系列自然灾害影响，农业仍保持平稳增长，全年增加值完成48.16亿元，同比增长6.5%；农业总产值完成76.81亿元，同比增长6.6%。

农业规模化、标准化、产业化经营水平不断提高，抵御自然风险和市场风险能力增强。畜牧业在69个标准化养殖小区的带动下，总产值完成29.78亿元，同比增长8.3%，成为拉动农业增长的主要动力。种植业在冬种瓜菜等设施农业和水果销售带动下，总产值完成30.81亿元，同比增长4.5%。其中花卉种植面积达5.4万亩，占全省花卉总种植面积近60%，完成产值6.7亿元，同比增长42%。渔业受灾损失严重，完成总产值6.22亿元，较上年略有增长。

二是工业规模不断扩大。工业总产值达539.33亿元，成为拉动经济增长的重要引擎。全年第二产业增加值完成177.91亿元，同比增长13.5%，其中工业增加值完成123.56亿元，同比增长13%。

从园区产业发展情况看，高新区、综合保税区产业聚集效应显现。高新区在新能源产业带动下完成工业总产值67亿元，同比增长43%。综合保税区因汽车产业拉动完成工业总产值155.62亿元，同比增长14.71%。

从重点监测的80家工业企业经营情况看，新能源、汽车、机电等产业总体保持较快增长。新能源产业成为新亮点，英利公司全年产值达18.95亿元，但光伏产品的国际市场需求减少和行业深度调整需要引起关注。汽车制造业完成产值136.64亿元，同比增长25.7%。尤其是海马汽车公司在全行业增长下滑的情况下，通过技术改造和产品创新，实现了逆势增长，产值突破100亿元；汽车零部件生产受海马汽车公司带动，也保持较快增长。食品及农副产品加工业市场需求稳定，椰树、椰岛等公司生产经营情况良好，红塔卷烟公司生产配额落实，全行业产值实现91.39亿元，同比增长13.4%。医药制造业受国家抗生素分类管理办法影响较大，部分企业产值出现较大幅度下滑，但奇力制药等企业生产规模扩大抵消了部分影响，全行业产值实现56.49亿元，同比增长7.6%。机电制造和化工化纤纺织业步入快速增长期，全年分别实现产值63.51亿元和40.83亿元，同比分别增长29%和29.8%。

三是服务业结构持续优化。在房地产及相关产业增长态势低迷的情况下，旅游、高尔夫、游艇、商务会展、金融等现代服务业不断壮大，旅游总收入、金融业增加值增幅均创近年新高，成为服务业增长的主要动力。服务业全年实现增加值486.68亿元，同比增长12.4%，服务业结构优化升级初见成效。

旅游业在高尔夫、游艇、商务会展等现代服务业强劲发展的带动下，旅游淡旺季差距缩小，全年实现旅游总收入83.02亿元，同比增长15.2%，超过预期目标6.2个百分点，为近年最好水平，其中会议和展览两项收入占全年旅游总收入约13%；接待国内外过夜游客845.84万人次，同比增长14.9%；美兰机场进出港旅客突破1000万人次。住宿餐饮业受益于旅游业的发展，增加值同比增长12.9%，其中住宿业增加值同比增长

24.3%，餐饮业增加值同比增长5.9%。批发零售业受房地产调控和部分刺激消费政策退出等关联影响，汽车类、家具类、家用电器和音像器材类等产品消费增速趋缓，全年增加值同比增长8.3%，增幅较上年回落22.6个百分点。交通运输、仓储和邮政业增加值同比增长8.5%，较上年提高1.5个百分点。港口集装箱吞吐量突破80万标箱，同比增长31.7%。房地产业因保障性住房加快建设与销售，出现止跌迹象，全年增加值同比增长7%。全市房屋销售面积同比增长7.5%；房屋施工面积同比增长36.1%，比上年提高6.2个百分点，其中经济适用房施工面积同比增长4倍；商品房新开工面积同比增长80.2%，比上年提高63.4个百分点。金融业在信贷增量较快增长的拉动下，全年增加值同比增长16.6%，较上年提高4.4个百分点。其他服务业增加值同比增长17.4%，一般公共服务支出同比增长26.3%，比上年回落8.2个百分点，是影响服务业快速增长的主要因素。

（三）坚持以消费促投资，经济发展内生动力增强

投资和消费保持快速增长势头，成为拉动经济增长的重要"双驱"。

一是固定资产投资增长保持高位。全年同比增长26.2%，较预期目标高3.2个百分点。若扣除上年飞机购置因素，同比增长36.66%。

从投资动力看，社会事业和实体经济是投资增长主要动力。教育，卫生、社会保障和社会福利业，电力、燃气及水的生产和供应业，以及房地产业投资分别同比增长27.3%、138.5%、49.5%、38.5%，其中经济适用房投资同比增长9.3倍。在英利500兆瓦光伏、汉能250兆瓦光伏、海南国际会展中心配套酒店、香格里拉国宾馆等项目带动下，制造业、住宿和餐饮业投资同比分别增长269.1%、85.4%。

从投资结构看，三次产业投资比例进一步优化。一、二、三次产业投资分别完成2.44亿元、64.81亿元、337.35亿元，占总投资比重分别为0.6%、16.02%和83.38%，三次产业投资结构较上年更加优化。其中，第二产业投资同比增长超2倍，增幅创近年新高，占总投资比重较上年大幅提升10.1个百分点，成为投资增长的亮点。

二是消费需求保持较快增长。社会消费品零售总额同比增长18.1%，略高于预期目标。从消费市场类型看，受家电下乡等国家消费政策和农民收入增加带动，乡村社会消费品零售总额比城镇增幅快12.4个百分点，乡村消费市场比较活跃。从消费形态看，占社会消费品零售总额三分之一强的石油及制品类消费同比增长45.2%，是拉动消费增长的主要动力；占社会消费品零售总额约四分之一的汽车类消费受刺激消费政策退出影响，同比下降2.7%。

（四）坚持培育实体经济，税源结构有所改善

出台支持金融和资本市场、工业、航空、总部经济、航运及文化、会展等产业发展的一系列政策，实现产业扶持政策基本覆盖，政策效应初步显现。在房地产行业税收和基金收入大幅下滑的情况下，其他行业尤其是工业税收实现较快增长，较大程度弥补了房地产调控政策带来的影响。

全年财政总收入完成188.82亿元，同比增长15.3%。地方一般预算收入完成60.93亿元，同比增长21%，较预期目标高6个百分点。除房地产业相关税收受房地产调控政策影响大幅下降外，其他主要行业特别是工业、批发零售业、交通运输业、金融业和服务业税收均保持较快增长，税收收入占财政总收入的88.5%。受益于企业所得税税率调高和清缴力度加大，企业所得税完成42.7亿元，同比增长34.1%，成为财政收入的主体税种。

（五）坚持抓重大项目建设，以项目促发展成效显现

坚持把"抓项目、促投资"作为促进经济发展第一抓手，25个省重点项目和55个市重点项目顺利推进，实现了"一批项目完工、一批项目开工、一批项目前期工作有实质性进展"的目标。

一是"十大攻坚战"项目全面启动。安排骨干项目21个，实行项目领导责任制，以重大项目建设推动经济发展。其中，30万亩土地整治一期、南渡江新坡段防洪工程、马村港区扩建二期、灯塔酒店、金沙湾开发、西海岸南片区开发等9个项目已开工；南渡江调水、美兰国际机场扩建、东海岸如意岛、新型保障性住房生态示范小区、

长影海南世纪影城、红树林湿地主题公园、火山口世界地质公园等12个项目正在抓紧开展前期工作。

二是加快推进重大项目建设。全年共新开工项目109个，同比增长39.7%。76个政府投资项目中，五路四桥、丘海大道延长线、龙昆南路延长线等28个项目已完工或基本完工，镇海村改造、南海大道整治、绿色长廊二期等48个项目按时序推进。55个市重点项目实现投资130亿元，完成年度投资计划110%，为近年较好水平，其中海南国际创意港项目（一期）、中商农产品中心交易市场（一期）等10个项目已完工，其他项目按计划推进。

三是拓宽项目融资渠道。全年共争取国家、省级专项资金24亿元，南渡江调水工程、30万亩土地整治、现代农业示范区、“金盾”工程、南渡江左岸堤防工程、城市防灾减灾体系能力建设等一批重大项目已纳入国家或省重大项目盘子。采用BT（建设-移交）模式建设新东大桥，积极推进融资模式创新。加大招商引资力度，举办“十二五”规划纲要暨重大投资项目发布会、香港招商推介会等，先后洽谈、引入华润置地、大唐电信和中铁建等大型央企，积极引进社会资金参与城市建设与产业发展。

（六）坚持民生优先理念，社会民生大幅改善

将新增财力的70%以上投入民生，深入推进基本公共服务均等化。全年投入30多亿元建设70多个民生项目，解决了一批群众迫切需要解决的问题。

一是城乡居民收入增长创近年较好水平。共投入就业专项资金5000多万元，新增城镇就业4万多人，转移农村富余劳动力1.4万多人，超额完成全年任务。发放创业小额担保贷款3100多万元，带动就业1500多人。推进平价商店建设，补贴低收入困难群体和低保家庭的在校学生，有效遏制了物价过快上涨势头。落实各项惠民、惠农补贴，全年城市居民人均可支配收入增长18%，农村居民人均纯收入增长16.5%，为近几年较好水平。

二是保障性住房覆盖率处于全国较高水平。开工建设保障性住房1.1万多套，完成省下达新开工任务计划的147%。全市保障性住房覆盖率25%左右，超过国家20%的标准，基本形成多层次多渠道的住房保障供应体系。同时，制定廉租住房保障实施办法和“三审核、三公示”等管理制度，规范了保障性住房的准入、退出标准，并将外来务工人员纳入保障范围。

三是促进基础教育均衡发展。制定贯彻落实国家中长期教育改革和发展规划纲要（2010—2020年）实施意见、教育事业“十二五”规划和学前教育三年行动计划等，全面实施义务教育阶段的“三免一补”政策，义务教育阶段毛入学率100%。解决4万多名进城务工农民工子女就学问题。推进规范化学校建设，全市省级规范化学校达到8所，市级规范化学校达到183所。开工建设288个“校安工程”项目，加快推进8所公办幼儿园建设，教育基础设施更加完善。

四是健全城乡医疗卫生服务体系。启动以全科医生为主的基层医疗卫生队伍建设，打造社区医疗卫生“15分钟服务圈”，城市社区卫生服务中心、农村卫生室覆盖率达到100%，农村卫生室标准化率达到70%，城乡基层医疗卫生服务明显改善。国家基本药物制度全面实施，基层医疗卫生机构综合改革基本完成。共与14个省外城市签订异地就医即时结算合作协议。

五是社会保障标准和覆盖面不断提高。基本实现养老保险和医疗保险全覆盖，城镇居民基本医疗保险参保率达到98%，新型农村合作医疗保险参保率达到99.26%，城镇居民社会养老保险参保率达到96%，新型农村社会养老保险参保率达到95%，均超过年度预期目标。连续六年调增企业离退休人员基本养老金，将大病医疗费用报销额度从6万元调高到10万元，将重大疾病医疗费用报销额度从10万元提高到20万元，将新农合住院补偿比例由85%提高到90%，将城市低保标准由2010年的320元/月提高到2011年的352元/月，将农村低保标准由2010年的200元/月提高到2011年的240元/月，累计救助低保对象5.8万多人次，基本实现应保尽保。将破产国有企业退休人员纳入职工医疗保险，社会保险历史遗留问题基本解决。同时率先在全省开展社区居家养老服务工作，积极探索完善现有社保体系。

六是“公交优先发展”得到有效落实。建成99座公交候车亭，以及白沙门公园公交首末站和长流起步区公交首末站。实施全市义务教育阶段小学生免费乘坐公交车政策。组建公交集团，新投入液化天然气（LNG）公交车150辆、汽电混合动力公交车50辆、纯电动公交车30辆、出租车300辆，更新出租车516辆，对13条公交线路进行优化调整，公交出行分担率进一步提高。制定行业考评规定，加强文明出行宣传，开展公交、出租车专项整治行动，服务水平明显提高。

（七）坚持可持续发展，生态环境保持良好

城市综合生态环境质量保持全国领先，被世界卫生组织评为中国空气最清洁城市，在全省主要污染物减排考核中排名第一。

抓好节能降耗工作，基本完成工业企业清洁能源技术改造和公交设施节能改造，推广使用新型墙体材料，大力发展可再生能源，全市工业企业综合能耗处于全国较低水平。扎实推进减排工作，实施水环境综合整治，启动中心区和府城分区污水截流并网三期工程，城市生活污水处理率达到95.66%，主要河段基本实现水清无异味；工业园区企业污染物无害化处理率达到100%；城市生活垃圾无害化处置率达到95%。加强水源保护，完成23个集中式饮用水源保护区的划定工作和水源地污染源拆除工作，加大对违法排污企业整治力度，集中式饮用水源地、近海岸和江河的水质全部达标。加强生态建设，完成植树造林面积16000多亩。

（八）坚持体制机制创新，改革开放取得新突破

紧紧抓住制约海口发展的体制性问题，推进体制机制创新，释放发展内生动力，扩大开放，增强发展持续力。

一是深化行政管理体制改革。加大资源配置改革，制定实施方案，推进城乡建设用地增减挂钩试点工作和农村集体土地产权制度改革试点工作，落实国土资源部支持海南国际旅游岛建设20条政策。出台进一步强区扩权决定，下放34项权项，赋予区级更大的发展主动权。扩大行政审批“大提速”成果，对行政审批服务事项进行全面清理，做到“应进必进”，杜绝“两头受理”；推行网上申报和网上审批制度，减少审批环节，缩短审批流程。加快基层管理体制改革，出台区委书记抓农村（社区）党建工作专项述职办法等8个管理办法，基层组织的战斗力和凝聚力明显提高。

二是加快社会事业改革。完成事业单位岗位设置备案核准工作，建立工作职责与岗位设置相对应的聘用制，新进人员全部实行公开招聘。普及新型农村社会养老保险制度，全面执行基本药物制度，完成基层医疗卫生机构综合改革，开展公立医院改革试点工作。扩大政府购买服务范围，引入社会组织参与审计、资产评估等工作，促进社会组织发展。

三是提高对外开放水平。举办“跨国公司中国行·走进海南”海口专场推介会，积极引进海岛中丝园、益进信息集团等大型企业；加强与文昌、定安、屯昌、澄迈等周边市县合作，努力实现区域优势互补、合作共赢；积极参加“泛珠三角省会城市市长论坛”、广州博览会、天津投资贸易洽谈会等重大经贸活动；举办高尔夫世界杯、“海口之春”旅游艺术节、世界厕所峰会等重大活动，文化与经济交流平台不断完善，海口城市知名度进一步提高。

总体看，2011年通过全市人民的共同努力，在困难比预想大的情况下，取得了比预想要好的成绩。但也必须清醒地认识到，全市经济社会发展还存在一些需要引起重视的问题。一是农业抗风险能力较差，农业规模化、标准化、产业化水平较低的现状没有根本改变；二是工业增加值增幅逐季回落，项目储备不足，缺乏新的增长点；三是产业核心竞争力不够强，受市场变化影响较大，产业优化升级任务繁重；四是省会中心城市地位呈现下降趋势，加快发展成为当前最为紧迫的重要任务；五是加大民生投入，建设全市人民幸福家园，对资金保障能力形成较大压力；六是通过改革创新破解发展难题的能力需要进一步加强。

二、2012年国民经济和社会发展预期目标

2012年是实施“十二五”规划承上启下的重要一年。根据市委、市政府关于“逆势而上、危中求机、加快发展、保势过坎”的经济工作总基调以及抓好“项目建设年”的总体部署，2012年全市经济社会发展的主要预期目标如下：

海口市2012年主要经济社会发展指标表

指标名称	单位	2012年预期目标	
		绝对值	增长率
一、地区生产总值	亿元	805	13%左右
第一产业	亿元	52	8%
第二产业	亿元	208	17%
工业	亿元	145	17%
第三产业	亿元	545	12%
二、工业总产值	亿元	636	18%
三、固定资产投资	亿元	518	28%
四、社会消费品零售总额	亿元	461	19%
五、一般预算收入	亿元	202	15%
地方一般预算收入	亿元	70	15%
六、出口总值	亿美元	17	12%
七、实际外商投资	亿美元	4.48	10%
八、旅游总收入	亿元	93	12%
九、城市居民人均可支配收入	元	22295	13%
农村居民人均纯收入	元	8126	13%
十、城镇登记失业率	%	3%	
十一、人口自然增长率	‰	10.2‰以内	
十二、万元地区生产总值能耗	吨标煤	以省核定和下达为准	
二氧化碳排放总量	万吨		
化学需氧量排放总量	万吨		
二氧化硫排放总量	万吨		
氨氮排放总量	万吨		
氮氧化物排放总量	万吨		
十三、居民消费价格指数	%	105%左右	

（注：地区生产总值绝对值不考虑价格因素）

——地区生产总值805亿元，增长13%左右。第一产业增加值增长8%。随着30万亩土地整治示范项目、万亩常年蔬菜基地、2万亩冬季瓜菜基地、中商农产品中心交易市场（二期）、海南水产品交易中心、罗牛山农产品加工园等项目建设加快推进，畜牧养殖小区规模化、标准化水平不断提高，花卉种植、销售情况趋好，以及水产养殖加快恢复，第一产业保持稳定增长。第二产业增加值增长17%。尽管光伏产业受欧洲市场需求下降、美国反倾销调查及行业调整影响，增长有所下滑，但在英利、汉能等企业的新项目投产带动下，产能将在2012年实现平稳增长；汽车制造、食品饮料等行业发展情况较为稳定；综合保税区封关运作和高新区扩容将释放一定产能；红塔卷烟公司新增1.5万箱指标；加上医药行业产值计算方法有所调整带来的积极效应，第二产业保持较快增长。第三产业增加值增长12%。随着支持金融和资本市场、工业、航空、总部经济、航运及文化、会展等一系列产业扶持政策效应的逐步释放，旅游、航运、金融、会展等产业迎来较好发展机遇期，加上免税店开业，游艇、高尔夫论坛等重大活动举办，第三产业保持持续增长。

——工业总产值636亿元，增长18%。其中高新区工业总产值预计达到100亿元以上，增长

50%以上；综合保税区工业总产值预计达到171亿元，增长10%。

——固定资产投资518亿元，增长28%。随着各项产业政策陆续出台，以消费为引导的社会投资将有较大幅度增长，加上政府投资的撬动效应，将带动固定资产投资快速增长。

——社会消费品零售总额461亿元，增长19%。随着离岛免税店开业，旅游业保持良好发展态势，社会消费品零售总额将保持平稳增长态势。

——一般预算收入202亿元，增长15%；地方一般预算收入70亿元，增长15%（根据省统计口径，2012年起“财政总收入”修改为“一般预算收入”）。受益于2012年企业所得税税率调高的政策因素、工业的持续增长和固定资产投资较快增长带动相关产业的发展，一般预算收入和地方一般预算收入将保持增长势头。

——出口总值17亿美元，增长12%。国家、省一系列扶持外贸发展的优惠政策成效明显，天然气和水海产品等传统产品国际市场需求较为稳定，但光伏产业产品出口受欧债危机和美国反倾销调查影响较大，出口总值平稳增长。

——实际外商直接投资4.48亿美元，增长10%。在国家外商投资政策环境没有大变化和上年基数较低的情况下，实际外商直接投资可望恢复增长。

——旅游总收入93亿元，增长12%。随着海口离岛免税店开业，高尔夫、游艇、商务会展等现代服务业产业的发展，骑楼历史文化街区改造和主题公园建设等加快推进，新航空奖励政策效应释放，旅游经济发展环境将持续向好，旅游总收入将保持较快增长。

——城乡居民收入平稳增长。随着30万亩土地整治示范项目、常年瓜菜基地等重大项目推进，以及政府对民生投入的持续加大，城市居民人均可支配收入增长13%，农村居民人均纯收入增长13%。

三、2012年经济社会发展主要措施

2012年是全省的项目建设年，也是海口市的项目建设年和城市营销年。在宏观经济形势较为严峻复杂的情况下，要充分利用国家更加注重扩大内需、发展实体经济、保障和改善民生，确保经济社会发展“稳中求进”的各项政策，以及海南国际旅游岛一系列重大政策、重大项目落地和海口市近年打下的良好基础等有利条件，采取更加有力的措施，抓好项目建设，加大产业扶持力度，加快产业优化升级，壮大实体经济，扩大消费需求，保持物价稳定，推进民生改善。

一是着力推进重大项目建设。按照“项目建设年”要求，将经济工作指标化、指标项目化，加强项目征地拆迁工作，将各项指标落实到责任领导、落实到部门、落实到项目，层层签订责任状，严格项目责任分工制，完善项目动态管理和考核制度，切实解决项目推进遇到的问题，确保一批项目开工建设，一批项目前期工作有实质性进展。尤其要确保21个“十大攻坚战”项目和64个重点项目建设按时序推进。建设海秀路高架桥等快速干道，启动“9+1再行动”工程，打通海府一横路延长线、向荣路二期、青年路延长线等9条断头路，推动红城湖路延长线建设，完善城市路网；完成南港码头、秀英港码头、美兰机场—琼山大道、美兰机场—滨江西路、疏港大道等5个城市主要出入口通道环境综合整治，提升城市品质；引进一批大型企业，以消费引导投资结构改善，以大投资促大发展。

二是加快产业扶持政策落地。出台相关政策实施细则，推动工业、文化、金融、航运、航空、游艇等产业扶持政策落地，充分发挥产业扶持政策对项目和社会资金的吸聚效应，加快实体经济发展。

三是促进产业结构优化升级。提高农业规模化、集约化经营水平，加快30万亩土地整治、万亩常年蔬菜基地、4个冬季瓜菜生产示范工程、15个标准化畜禽生态养殖小区和罗牛山农产品加工园一期建设，启动泉溢2.5万吨水海产品综合加工项目。创新园区管理机制，完善园区基础设施，推进美安科技新城建设，提高园区单位面积产值；发挥综合保税区保税功能，争取开展整车进口业务，进一步放大综合保税区效应，打造更有吸引力的产业发展平台；大力引进新兴产业，着力推进海马三期、英利二期、红塔技改、椰岛二期等项目，推动产业项目落地，促进优势产业转型升级。提高现代服务业比重，利用产业扶持政策效应，大力发展金融、现代物流、文化、会展等现代服务业；成立专门会议展览管理机构，培育本土会展节庆品牌，加快会展业发展，全力申办世界能源大会和世界石油大会，促进会展与商务、旅游等的融合；加大闲置土地处置力度，促进房地产业健康发展；加快推进东海岸如意岛、海口港马村中心港区、新海港区汽车客运滚装码头一期、海南国际创意港二期、长影海南世纪影城、红树林湿地主题公园、火山口世界地质公园、热带野生动植物园新区等项目建设，构建更多现代服务业项目载体。

四是加大招商引资力度。降低社会投资门槛，完善政府资源配置机制，探索以政府投资贴息、资本金注入和补助等方式，激活民间资本，拓展项目建设资金来源渠道。落实海南国际旅游岛优惠政策，利用新出台的产业政策和省政府即将出台的支持海口发展政策，改善投资环境，全力引进一批国内外知名的大企业和央企，尤其要加快引进一批大型航运企业和金融企业总部，增强经济发展的可持续性。加大工业招商力度，吸引更多社会资本进入新能源、新材料、电子信息、医药、旅游装备制造等工业产业领域。

五是进一步扩大消费需求。加快五公祠、海瑞墓、丘濬墓等景区景点改造，推进五源河文化体育中心、世纪公园市民文化广场等大型文化娱乐设施，以及新海物流园、现代美居物流园等物流园区建设，启动建设海南农垦商业中心等大型购物中心，改善旅游和消费环境；扩大岛外消费需求，启动城市营销活动，积极筹办一批重大论坛、赛事、节庆和会展活动，建设旅游商品研发中心和交易中心，发掘旅游购物潜力，加大对旅游、农产品和房地产的促销，努力扩大海口的知名度和影响力；改造博义、夏瑶、丁村等棚户区和城中村，加快西海岸南片区和金沙湾开发，推进城镇化进程，扩大内需；用足离岛免税政策，推进市内免税店建设，放大海口免税店效应，促进消费经济发展。

六是大力推进民生改善。继续加大民生投入，将更多资源向民生领域倾斜，加快保障性住房、中小学校舍安全工程、公办幼儿园、海南（海口）青少年活动中心、琼山区人民医院门诊楼改造、农村生活垃圾收运工程、农村排涝工程、南渡江防洪工程、敬老院等一批重点民生项目建设，进一步提高低保标准，着力解决交通、医疗卫生、住房、教育、防灾减灾等群众关心的热点、难点问题。加快创业基地和创业项目库建设，完善人力资源市场网络建设，千方百计增加城乡居民收入。

七是下大力气做好节能减排工作。实行目标责任管理，严格目标责任制，把好项目绿色审批关，扶持推广节能减排技术应用，做好新型墙体材料推广，推进长流污水处理厂配套管网工程一期、中心区污水截流并网等项目建设，大力发展循环经济，加强生态建设，全面完成省下达的单位地区生产总值二氧化碳排放量、二氧化硫和化学需氧量排放量、氨氮排放量等各项环保指标。

八是保持物价水平基本稳定。抓好“菜篮子”基地建设，提高供应保障能力。发挥价格调节基金作用，完善对困难群体的动态补贴机制，加快平价商店、乡镇超市、便民店、农资连锁直销放心店和农资连锁加盟店等建设，保持物价总水平基本稳定。

九是推动城乡统筹发展。编制海口市城乡经济社会统筹发展规划。做好全国统筹城乡综合配套改革试验市申报工作。加大对农村的扶持力度，提高扶贫标准，适当提高农村“五保五险”水平。着力增加农民经营性、工资性、财产性收入，推进城乡统筹发展。

十是加快体制机制创新。坚持以体制机制创新释放经济社会发展活力。制定符合“逆势而上、保持经济稳步增长”要求的工作流程和措施，进一步优化审批程序，提高行政服务效率。做好计划单列镇试点工作，确保中心镇建设有新进展。加快投融资体制改革，进一步拓宽融资渠道，多方筹措城市建设发展资金。出台《海口市鼓励和引导民间投资健康发展的实施办法》、《关于简化项目审批的若干意见》，创新有利于鼓励和引导民间投资健康发展的机制，引导更多社会资金投向具体项目和实体经济。统筹推进强区扩权、文化体制改革、医药卫生体制改革、国土资源管理体制改革等，增强发展的内生动力。

我们坚信，在市委、市政府的正确领导下，依靠全市人民的共同努力，解放思想，开拓创新，锐意进取，敢于担当，扎扎实实做好“项目建设年”的各项工作，一定能够圆满完成2012年全市经济社会发展目标。

关于2011年海口市和市本级预算执行情况及2012年海口市和市本级预算草案的报告

——2012年2月15日在海口市第十五届人民代表大会第一次会议上

海口市财政局

各位代表：

受市政府委托，现将2011年海口市和市本级预算执行情况及2012年海口市和市本级预算草案报告如下，请予审议，并请市政协委员和其他列席人员提出意见。

一、2011年海口市和市本级预算执行情况

2011年，在市委、市政府的坚强领导下，各级财政部门坚持以科学发展观为指导，积极应对复杂的经济形势，攻坚克难，圆满完成了全年预算任务，有力地推进了我市经济和社会事业的发展，为实现“十二五”的良好开局奠定了坚实基础。

（一）预算执行情况

全市财政总收入完成1,888,208万元，增收251,063万元（与上年完成数对比，下同），增长15.3%，完成年度预算的100.3%。其中：

1. 全市一般预算收入1,752,160万元，增收268,574万元（与上年完成数对比，下同），增长18.1%，完成年度预算的102.9%。其中，全市地方一般预算收入609,319万元，增收105,658万元，增长21.0%，完成年度预算的105.2%；上划中央和省收入1,142,841万元，增收162,916万元，增长16.6%，完成年度预算的101.8%。

2. 基金收入（原口径，仅指纳入财政总收入统计部分）完成136,048万元，减收17,511万元，下降11.4%，完成年度预算的75.6%。

全市地方一般预算总收入1,087,195万元（预计数，实际数据待决算后略有调整，下同），增收213,507万元，增长24.4%，完成年度预算的115.8%。其中，全市地方一般预算收入609,319万元，省级补助收入370,379万元，上年结余结转收入40,498万元，省级转贷地方债券收入15,000万元，调入资金51,999万元。

全市地方一般预算总支出1,050,126万元，增支217,247万元，增长26.1%，完成年度预算的111.9%。其中，全市地方一般预算支出997,442万元，上解省支出33,925万元，调出资金9,143万元，预算稳定调节基金9,616万元。收支相抵结余结转37,069万元（其中，结转下年支出36,679万元，净结余390万元）。

市本级地方一般预算总收入1,028,436万元，增收218,226万元，增长26.9%，完成年度预算的116.0%。其中，市本级地方一般预算收入468,131万元，增长21.8%，完成年度预算的101.5%；省级补助收入370,379万元，调入资金51,999万元，区级上解收入83,272万元，省级转贷地方债券收入15,000万元，上年结余结转收入39,655万元。

市本级地方一般预算总支出991,567万元，增支221,796万元，增长28.8%，完成年度预算的111.8%。其中，市本级地方一般预算支出671,090万元，增长26.1%，完成年度预算的111.1%；补助区级支出277,409万元，上解省支出33,925万元，调出资金9,143万元。收支相抵结余结转36,869万元（其中，结转下年支出36,679万元，净结余190万元）。

政府性基金收入528,742万元，减收9,102万元，下降1.7%，完成年度预算的77.8%。其中，地方政府性基金收入456,649万元，减收52,741万元，下降10.4%，完成年度预算的70.2%；省级补助收入39,003万元，调入资金12,972万元，上年结余结转20,118万元。国土出让金受国家房地产宏观调控政策影响，收入明显减收，全年完成424,300万元，较2010年完成数减少72,386万元，完成年初预算的69.1%。政府性基金支出466,299万元，减支63,139万元，下降11.9%，

完成年度预算的69.5%。其中，地方政府性基金支出409,885万元，减支74,669万元，下降15.4%，完成年度预算的64.4%；政府性基金补助支出4,415万元，调出资金51,999万元。收支相抵结余结转62,443万元。

（二）2011年一般预算执行亮点

1. 加大财政支农力度，统筹城乡发展。农林水事务支出80,897万元，增加15,355万元，增长23.4%。农业基础设施投入17,358万元，其中：农田水利基本建设支出3,500万元，农业综合开发支出4,293万元，病险水库除险加固支出5,050万元，南渡江流域整治和南渡江调水等重点项目前期工作经费支出3,560万元，中央投资农村公路配套955万元。落实各项惠农补贴政策支出6,885万元，其中：畜牧良种补贴338万元，农资综合直补和粮食直补3,885万元，农业保险保费补贴996万元，能繁母猪补贴1,666万元。促进农业科技成果转化和先进适用农业技术推广支出5,307万元，其中：扶持设施农业建设支出2,000万元，常年瓜菜基地建设支出2,282万元，壮大羊山地区无公害瓜菜产业及扩大优质水果生产支出275万元，支持农民专业合作社支出750万元。支持农村劳动力转移培训支出726万元，其中：农村富余劳动力转移就业支出200万元，安排14,305名农村劳动力转移就业；阳光工程农民工培训支出526万元，培训1.4万人次。

2. 全力保障教育投入，着力加快教育发展。教育支出176,193万元，增加33,352万元，增长23.3%。教育费附加支出17,576万元，主要用于学校布局调整、远程教育、教学楼建设、危房改造、购置教学设备、设立教学基地等方面。中小学义务教育市级配套资金支出5,578万元，其中，全市23万名义务教育学生免除公用经费、杂费、课本费、作业本费市级配套资金4,862万元，1.3万名家庭经济困难寄宿生生活费补贴716万元。中小学校舍安全项目支出11,935万元。加大职业教育和特殊教育投入，中等职业教育经费支出2,076万元、高等职业教育市级配套资金907万元、特殊教育专项资金130万元。

3. 加强社会保障制度建设，促进就业再就业。社会保障和就业支出124,586万元，增加31,752万元，增长34.2%。实现城镇居民和农村居民养老保险全覆盖，全市城镇和农村60岁以上居民均享受基础养老金，共补助9,417万元。提高城乡最低生活保障标准，城镇居民标准从320元/人·月提高到352元/人·月，累计发放3,690万元，农村居民及五保户供养标准分别从200元/人·月和280元/人·月提高到240元/人·月和320元/人·月，累计发放4,180万元。建立低保对象补助和物价上涨联动机制，共计发放物价补贴1,434万元。保障退休人员待遇，事业单位退休人员绩效生活补贴支出12,659万元、“事企差”财政补助资金2,000万元。大力支持自主创业、自谋职业，职业技能培训、职业技能鉴定、社会保险补贴、公益性岗位开发等支出5,520万元，创业小额贷款基金及小额贷款贴息资金625万元。

4. 加大城乡医疗卫生投入，健全医疗保险服务体系。医疗卫生支出75,852万元，增加20,418万元，增长36.8%。建立覆盖城乡居民的基本医疗卫生制度，城镇居民医疗保险补助支出8,837万元，新型农村合作医疗财政补助资金12,203万元，新农合补助标准从130元/人·年提高到250元/人·年。卫生事业专项支出1,203万元，主要用于开展妇科疾病普查、艾滋病防治、免费婚前检查、收治城市流浪乞讨人员医疗费等，着力健全覆盖城乡的疾病预防救治体系。基本公共卫生服务项目支出3,449万元，主要用于计划免疫、健康教育等，筹资标准从15元/人·年提高到25元/人·年。启动医疗卫生体制改革，落实基本药物制度，支持基层医疗卫生机构建设，共支出9,429万元，基本完成乡镇卫生院改革。

5. 加大城市治理力度，提升城市品位。城市治理方面支出57,212万元，增加22,821万元，增长66.4%。其中：城市环境综合治理支出1,484万元，整治环境脏乱差和乱摆乱卖乱建等现象，确保城市整洁有序。城市道路交通整治专项经费1,473万元，着力治理交通拥堵，方便群众出行。打击违法违规建筑支出6,749万元。加大污水垃圾处理力度，严防环境污染，污水处理费支出11,154万元，垃圾处理费支出11,896万元。完善城乡社区公共设施支出12,819万元，旧城改造拆迁人工作经费支出2,177万元，城市棚户区改造支出2,538万元，市政设施管养支出8,195万元，农贸市场改造支出1,080万元，对18家农贸市场进行升级改造，改造面积5.2万平方米。

6. 加大文化事业投入，提高群众生活品质。文化体育与传媒支出21,125万元，增加4,840万元，增长29.7%。其中，文体活动经费支出7,500万元，用于举办建党九十周年、环海南岛国际大帆船比赛、亚洲沙滩排球锦标赛、万春会、第七届城运会，以及冼夫人文化节等系列文体活动。农村公益电影、乡镇文化站、公共电子阅览室、博物馆纪念馆免费开放、农家书屋建设等各项支出470万元。

7. 积极筹措和用好救灾资金，加快灾后重建步伐。积极应对强台风“纳沙”影响，及时启动财政救灾应急预案，确保救灾资金第一时间拨付到位，救灾物资第一时间采购到位。2011年共筹措资金11,062万元，拨付10,149万元。其中，省级资金5,199万元，市级资金4,950万元。主要用于安全转移群众、市政设施修复、水渠修复、水库加固、农产品灾后恢复生产等。

8. 支持强区扩权，对区转移支付力度明显加大。制定强区扩权财政扶持实施方案，从一般性转移支付补助、下放事权专项补助等九个方面，加大对区级扶持力度。2011年市对区转移支付245,873万元，较上年增加64,564万元，增长35.6%。其中，财力性转移支付194,644万元，专项转移支付51,229万元。2011年安排了5,500万元对区一般性转移支付资金，有效缓解了区级财力困难状况。对区级教育、医疗卫生、社会保障等的专项转移支付力度也在持续加大，分别较上年增长40.2%、173.1%、48.8%，支持各区发展民生事业。此外，提高农村“两委”干部补贴标准和加大村级组织运行保障经费投入对区转移支付6,717万元，支持基层组织更好地履行职责。全市财力整体呈下沉态势，基本公共服务均等化成效明显。

回顾2011年工作，财政改革和发展呈现全新的面貌：

一是堵漏洞挖潜力，年度收入预算任务超额完成。2011年，受国家房地产宏观调控政策影响，我市房地产业对税收贡献明显下降，财税部门积极应对，深入分析收入形势，加大税收专项检查和稽查查补力度，查补清欠土地增值税等入库13.3亿元，占税收收入的7.9%，确保了应收尽收。同时，加强非税收入征管等，实现了财政收入平稳较快增长。全市地方一般预算收入突破60亿元，增长21.0%，完成年度预算的105.2%。

二是抓支出破难题，财政支出绩效明显提高。市委市政府高度重视财政支出进度问题，多次召开专题分析协调会议，强化区级政府及各部门支出责任。市效能办将支出进度纳入各单位年终绩效考评范围。财政部门定期通报各部门支出进度，5月份，从难以实施的项目中收回资金指标共计18,300万元，统筹调剂到其他急需的项目。6月份全市地方一般预算支出进度较上年同期快20个百分点，比全省支出进度快4.2个百分点。前三季度完成进度75.9%，比序时进度快0.9个百分点，比全省支出进度快9.5个百分点，比市县平均支出进度快11个百分点。11月完成年度预算支出85%，这是近几年来预算执行最好的。

三是惠民生解民忧，民生状况得到改善。财政支出结构持续向民生领域倾斜，我市民生福祉持续改善，彰显了“取之于民，用之于民”的公共财政特色。全年民生支出457,528万元，增加101,336万元，增长28.4%。市本级新增财力用于民生支出61,735万元，占当年新增财力73.8%。城乡居民低保标准、农村五保户供养标准、新农合补助标准等均得到大幅提高。

四是筹财力保重点，重大项目资金得到较好保障。从省财政争取1.3亿元专项用于南渡江引调水工程、常年瓜菜基地建设和新能源汽车等项目。拨付中央、省基建资金7.94亿元，市级配套13.96亿元，重点推进廉租住房建设、棚户区改造、城市公交补贴、校安工程建设、农业基地水毁设施修复、病险水库除险加固和农村医疗卫生服务体系建设等项目。

五是推改革争创新，财政改革稳步推进。继续压减专项预留，部门预算年初到位率从2011年的52.8%提高到2012年的72.9%；优先消化以前年度结余资金用于新增项目支出；实行支出和预算安排挂钩，根据支出进度扣减2012年项目控制数276万元，部门预算改革步伐加快。国库集中支付、公务卡等改革稳步推进，取得了明显成效。

六是重扶持促发展，实体经济支持力度显著增强。市政府密集出台了支持航运业、金融业、总部经济、工业、会展业、现代服务业等产业发展的政策，政策体系不断配套完善。拨付1.53亿元扶持现代服务业、旅游业、工业、会展业、中小企业等发展。安排应用技术研究与开发经费2,000万元，保障76个科技计划项目实施及创新平台建设，引导企业投入研究及开发经费2.92亿元。

七是严管理强监督，财经秩序明显好转。相继出台了《海口市财政一般预算资金支出管理办法（试行）》、《海口市政府投资项目竣工决算办法》等规章制度。加大"小金库"治理力度。土地储备中心、住房维修基金管理中心等重点单位会计委派陆续到位。规范资金账户管理，撤销48个预算单位账户和43个财政专户。

八是沉财权激活力，转移支付力度明显加大。出台了强区扩权财政扶持方案，从加大对区一般性转移支付补助、征地专项补助、下放事权专项补助等九个方面加大对区的扶持力度，增加区级财力，进一步激发区级发展经济活力。

九是深调研明实情，服务大局的本领得到提高。完成了15篇调研报告，针对性地改革教育经费保障方式，规范了国土出让金、住房维修基金的管理，提高了环卫园林等部门合同制工人工资水平，提出了加快工业发展以及省市区财政体制调整等的政策建议。

十是强服务提效能，机关作风明显好转。强化财政干部牢固树立八种意识，加强干部队伍的培训、交流、提拔力度。提拔任用了17名干部，轮岗交流了108名干部，财政队伍能力、知识、年龄结构进一步优化，机关作风有效转变，工作效能明显提升。

此外，部门决算、社保基金决算、企业所得税税源调查、预算执行等多项工作取得较好成绩，受到省财政厅的表彰，为"十二五"财政事业的发展打下良好基础。

这些成绩的取得，是市委、市政府坚强领导的结果，是市人大及其常委会监督支持的结果，是全市各部门密切配合、辛勤工作的结果。同时，我们也清醒看到，我市财政运行和管理中还存在突出问题：历史欠账很多，社会事业发展资金需求大，财政收支的矛盾仍非常突出；财政支出进度缓慢问题还没有从根本上解决，财政资金的使用效益仍需提高；财政管理制度有待进一步完善，财经秩序有待进一步规范。我们将在今后的工作中，不断深化改革，采取有力措施逐步加以解决。

二、2012年海口市和市本级预算安排

2012年，随着国际旅游岛各项政策，特别是购物退免税、免签入境、游艇旅游管理等的相继落地，将带动投资、旅游、消费较快增长。东环铁路、航空运输、农产品交易中心等交通、物流基础设施的不断改善，光伏、制药等重点项目的推进，国际创意港的正式运营，固定资产投资的较快增长等，将为我市经济发展注入新的活力。同时也要看到，受经济基础薄弱、产业和税源结构欠优、房地产调控政策持续以及增值税、营业税起征点和个人所得税扣除标准提高、查补清欠等一次性收入减少等的影响，财政收入的持续较快增长还存在一些不确定性。对此，我们必须保持清醒的认识。

（一）2012年预算编制指导思想

以邓小平理论和"三个代表"重要思想为指导，深入贯彻科学发展观，紧紧围绕科学发展主题和加快经济发展方式转变，支持解决好经济社会发展中的关键问题。坚持量力而行，科学合理安排资金，确保收支平衡。优化支出结构，优先保障机关运转、法定增长、民生项目资金需求。加大对实体经济的扶持力度，优化产业结构，壮大财源，促进经济平稳较快发展。厉行节约，继续压缩一般性支出，从严控制"三公"支出增长，推进节约型政府建设。加大对区转移支付力度，支持强区扩权和中心镇建设，着力促进城乡和区域之间协调发展。

（二）全市和市本级财政收入目标

综合考虑各种因素，2012年我市一般预算收入（原财政总收入口径包含了部分纳入总收入统计的基金收入，从2012年起不再使用该口径，统一使用一般预算收入口径）和地方一般预算收入均安排15%的增长，分别突破200亿元和70亿元。

全市地方一般预算总收入1,109,005万元，增长2.0%。其中：全市地方一般预算收入700,930万元，增长15.0%；省级补助收入371,006万元；上年结余结转37,069万元。全市地方一般预算总支出1,108,605万元，增长5.6%。其中：全市地方一般预算支出1,056,605万元，增长5.9%；上解省支出33,000万元；消化历年体制欠款支出

7,000万元；调出资金12,000万元。收支相抵结余结转400万元。

市本级地方一般预算总收入1,040,068万元，增长1.1%。其中：市本级地方一般预算收入538,512万元，增长15.0%；省级补助收入371,006万元；上年结余结转36,869万元；区级上解收入93,681万元。市本级地方一般预算总支出1,039,868万元，增长4.9%。其中：市本级地方一般预算支出697,092万元，增长3.9%；补助区支出290,776万元；上解省支出33,000万元；消化历年体制欠款支出7,000万元；调出资金12,000万元。收支相抵结余结转200万元。

政府性基金收入751,883万元，增长42.2%。其中：地方政府性基金收入650,440万元，增长42.4%；省级补助收入27,000万元；调入资金12,000万元；上年结余结转62,443万元。政府性基金支出682,286万元，增长46.3%。其中：地方政府性基金支出669,286万元，增长63.3%；政府性基金补助支出13,000万元。收支相抵结余结转69,597万元。

社会保险基金收入279,130万元，其中，企业职工基本养老保险基金收入124,255万元，居民社会养老保险基金收入13,258万元，机关事业养老保险收入36,309万元，城镇职工基本医疗保险基金收入54,024万元，城乡居民基本医疗保险基金收入35,471万元，失业保险基金收入10,230万元，工伤保险基金收入3,259万元，生育保险基金收入2,323万元。社会保险基金支出268,714万元，其中，企业职工基本养老保险基金支出126,693万元，居民社会养老保险基金支出9,915万元，机关事业养老保险支出36,300万元，城镇职工基本医疗保险基金支出54,021万元，城乡居民基本医疗保险基金支出28,822万元，失业保险基金支出8,456万元，工伤保险基金支出2,207万元，生育保险基金支出2,300万元。

（三）市本级一般预算安排的特点

1. 确保机关事业人员提高津补贴支出，实现“同城同待遇”。安排拉平我市行政事业单位人员和省本级工资水平支出67,950万元，较上年完成数增加11,750万元，增长20.9%（下同），实现“同城同酬”目标。其中：工资改革增支及正常调资12,000万元，规范公务员津补贴支出9,390万元，规范事业单位绩效工资支出22,700万元，规范机关工勤人员津补贴支出3,860万元，事业单位离退休人员岗位绩效生活补贴20,000万元。

2. 加大扶持产业发展力度，壮大财源。安排产业扶持资金35,770万元，同比增加18,470万元，增长106.8%。重点扶持航运业、会展业、金融业、文化产业等现代服务业、新型工业、农业等，增强经济发展活力，壮大财源。其中，工业发展资金20,000万元，扶持金融业及总部经济发展、农业发展等专项资金8,000万元，航空公司及旅行社奖励5,170万元，中小企业发展专项资金800万元，中小企业信用担保体系专项资金300万元，会展业专项资金500万元，文化产业发展资金1,000万元。

3. 夯实农业发展基础，推进新农村建设。安排农业发展资金8,437万元，增加1,917万元，增长29.4%。安排农业综合开发配套资金800万元，农村公路养护专项资金500万元，第一次全国水利普查专项经费400万元，农村富余劳动力转移就业工作经费200万元，阳光工程农民工培训市级配套资金440万元，支持农民改善生产生活条件，促进农业增效农民增收。扶持设施农业发展专项补贴经费2,000万元，能繁母猪补贴508万元，农产品出口补助及供销社反季节农产品运销补贴300万元，农业产业化龙头企业生产经营、农民专业合作社生产经营、保鲜冷藏库建设、标准化养殖建设等农业生产贷款贴息资金300万元，调动农业发展积极性。水稻、能繁母猪、橡胶、香蕉等保险补贴451万元，无疫区防治经费650万元，病害猪无害化处理经费150万元，肉类蔬菜流通追溯系统建设1,738万元，化解农业生产风险，稳定农产品市场。

4. 继续加大教育投入，促进教育均衡发展。安排教育事业支出30,970万元，增加8,072万元，增长35.2%。安排教育费附加支出19,000万元，主要用于公办幼儿园建设、中职实训基地建设、教育基础设施和教学设备改善、教师培训等方面。普通教育资金9,550万元。其中：中小学公用经费及23.2万名义务教育学生免除杂费、课本费、作业本费资金4,900万元，3~6岁在园幼儿学前教育助学券1,200万元，1.1万名寄宿生生活补助经费300万元，0.45万名普通高中家庭经济困难学生专项补助资金450万元，低保户子女、孤儿、残疾儿童、残疾家庭儿童国家助学金600万元，小学生免票乘坐公交2,000万元，市长奖教奖学基金100万元。职业教育资金2,452万元。其中，1.25万名中等职业教育学生国家助学金及免除学费市级配套资金950万元，0.38万名中职涉农专业学生免除学费及0.87万名中等职业教育家庭经济特别困难学生免除住宿费1,000万元，500名高职学生励志奖学金市级配套资金100万元，4,700名高职学生助学金370万元。特殊教育专项资金149万元，扶持特殊教育事业发展。

5. 加大社会保障投入，完善社会保障体系。安排社会保障体系建设投入19,172万元，增加3,142万元，增长19.6%。安排养老保险财政补贴资金6,634万元。其中，城镇居民养老保险补贴资金685万元，新型农村养老保险补贴资金1,833万元，"事企差"补贴资金2,896万元，符合计划生育人员增加养老金1,220万元。扶持困难群体和特殊群体资金9,212万元。其中，城乡居民最低生活保障及五保户供养经费6,200万元；"两节"特困职工生活补助2,310万元，用于统筹解决企业职工和城镇居民等生活困难补贴；企业军转干部生活困难及自主择业835万元；离休干部及遗属生活补助52万元；归侨退休人员生活补助105万元。就业再就业资金3,326万元。其中：就业再就业及培训经费1,880万元；小额担保贷款基金及贴息1,446万元，用于解决下岗失业人员和就业困难人员创业就业问题。

6. 加快发展医疗卫生事业，支持医药卫生体制改革。安排医药卫生事业支出19,174万元，增加993万元，增长5.5%。安排医药卫生体制改革经费10,000万元，推进公立医院和基本药物制度改革。卫生事业建设经费1,374万元，用于流浪乞讨病人救治、免费婚前检查、妇科病普查普治等方面。医疗补助资金6,700万元，用于安排城镇居民基本医疗保险补助，以及离休干部医疗补助等支出。基层医疗卫生机构建设经费1,100万元，提升基层卫生事业保障水平。其中，安排乡镇卫生院化债专项资金1,000万元，逐步化解乡镇卫生院债务；农村卫生人才培养及队伍建设经费100万元，充实农村卫生人才队伍。

7. 加大国际旅游岛建设投入，推进品位之城建设。安排国际旅游岛建设经费44,127万元，增加11,146万元，增长33.8%。安排国际旅游岛建设推广经费7,500万元，增加2,500万元，增长50%。其中：重大节日活动以及旅游促销、招商引资等经费2,000万元；泛珠三角大会、世界石油大会申报、冬交会等重大会议保障经费2,500万元；保障国际旅游岛建设其他各项工作开展经费3,000万元。创建文明城市经费13,000万元，增加2,180万元，增长20.1%。其中：创建国家卫生城市经费5,000万元，用于街景立面整治、户外设置物整治、环境卫生整治以及示范村庄村容村貌整治等；城市环境综合治理经费5,000万元，加大打击违法违规建筑力度，开展城市环境"五大工程"专项整治工作；旧城改造拆迁人工作经费1,000万元，支持城市棚户区改造；文明大行动专项经费2,000万元，支持解决乱吐乱扔、乱闯乱行等八大不文明现象。推进节能减排经费23,627万元，增加6,466万元，增长37.7%。其中：节能与新能源汽车示范推广经费6,800万元，用于新能源汽车购置，充电站、充电桩建设等，推进我市全国节能与新能源汽车示范推广城市项目建设；太阳能热水系统建设应用补贴资金750万元；污水处理专项经费16,077万元。

三、2012年财政主要工作

2012年是实施"十二五"规划承上启下的关键之年，做好今年的财政工作，对促进我市经济社会健康发展具有重要意义。

（一）强化收支管理，确保完成全年预算任务

密切跟踪国家宏观经济政策、财税政策、经济运行态势的变化等因素对我市财政收入的影响。加强对重点税源的监控力度，积极与税收征管部门联系，拓宽税收征管渠道，强化税收征管工作，确保税收入及时入库。规范非税收入管理，重点规范国有资源（资产）有偿使用收入、国有资本经营收入管理，严格执行土地出让金缴库规定，确保完成收入任务。强化预算执行督促工作机制，继续执行好部门支出月通报制度，强化支出进度考核责任，以加快项目实施促财政支出进度，提高财政资金支出的均衡性、安全性和有效性。

（二）全力保障民生，推动发展成果普惠百姓

加大民生投入，着力解决人民群众最关心、最直接、最现实的利益问题。完善从土地出让金

计提保障性住房、水利、教育等专项经费的管理措施，拓宽民生资金筹集渠道。进一步加大教育投入，加强财政教育投入的监测和分析评价，大力发展学前教育，保障中职学校基础能力建设，支持教育资源合理布局，促进教育事业均衡发展。支持实施重大科技项目。强化农业基础设施投入，积极落实各类惠农补贴，推进特色农业发展，帮助农民实现增产增收。巩固和完善城乡社会保障制度，提高财政补助标准。大力促进就业和再就业，支持困难群体自主创业。进一步完善文化事业财政投入稳定增长机制，提高文化事业占财政支出的比例，推动文化事业繁荣发展。

（三）深化财政改革，提高财政科学化精细化管理水平

进一步完善市对区转移支付体系，健全区级基本财力保障机制。支持区域经济协调发展和重点中心镇建设。强化预算管理，推行部门预算项目库管理制度和部门预算编制支出标准化管理，深化预算改革。试行对教育、科技、水务 3 个部门的项目绩效考评工作，推进政府部门预算绩效管理。推行政府采购竞争机制，在政府采购领域引进社会代理机构，提高政府采购效能，加大对集中采购目录以及政府采购执行情况的监督检查力度，规范政府采购行为。继续推进差额拨款单位的集中支付改革，扩大财政资金国库集中支付范围，确保资金安全。规范政府举债融资，构建政府债务规模控制和风险预警机制，积极防范政府债务风险。加强财政法制建设，积极推进财政预决算公开，做好“三公经费”公开工作，提高财政资金支出透明度。加大财政监督力度，保障国家政策的落实和财政资金的安全、有效使用。

（四）转变作风强化素质，着力打造过硬的干部队伍

围绕建设“法治、民本、高效、廉洁”的机关目标，将 2012 年确定为我市财政系统的“作风转变年”和“业务提高年”，力争通过思想教育和业务培训，不断提高财政干部队伍的综合素质。着重加强思想建设，牢固树立正确的权力观、地位观和利益观，从而进一步转变工作作风，增强服务意识，提高服务能力。着重提高业务水平，紧紧围绕能力建设这一核心，加强学习和培训的针对性、实用性，努力打造“业务精、能力强、作风实”的财政干部队伍。

2012 年我市的财政工作任务艰巨、使命光荣。我们将在市委、市政府的坚强领导下，在市人大及其常委会的监督支持下，按照“抓项目、调结构、控物价、惠民生、保稳定”的总体要求，充分发挥财政职能作用，认真完成各项工作任务，继续为建设“宜居、宜业、宜学、宜游”品位之城做出积极贡献！

2011 年海口市海洋环境状况公报

2011 年海口市海洋和渔业局全面履行所辖海域海洋环境监督管理职能，积极贯彻落实海洋环境保护分级管理责任制，了解管辖海域环境质量状况及变化趋势、污染源状况和潜在海洋环境风险。根据2011 年监测结果和相关信息资料，对海口市近岸海域海洋环境状况进行了综合分析与评价，编制了《2011 年海口市海洋环境状况公报》，现予以发布。

通过《2011 年海口市海洋环境状况公报》的发布，让各级政府部门与广大公众全面了解海口市所辖海域的海洋环境状况和存在的主要问题，为促进海口市海洋经济发展，保护海洋环境，合理开发利用海洋资源提供依据。

一、概述

2011 年，海口市海洋和渔业局围绕海口市政府赋予的职责，履行了所辖海域及海岸带的海洋环境监督管理职责，依据相关法律法规，组织开展了海口市海洋环境监测和管理工作。2011 年，海口市海洋环境监测工作主要包括海洋环境质量、陆源污染物排放对海洋环境的影响、主要海洋功能区环境状况和海洋灾害与损害的监测。

2011 年，海口市海洋环境质量总体良好，各入海排污口仍旧对邻近海域造成严重污染，海水养殖区状况较差，海水浴场状况总体优良，海洋灾害给人民生活生产造成较大损失。

二、海洋环境质量状况

（一）海水环境质量状况

●总体状况

2011 年海口市管辖海域海水水质状况总体优良。

近岸海域　海口近岸海域监测面积总计 60 平方千米，2011 年开展了 5 月和 8 月两个航次的监测。监测结果表明海口近岸海域海水水质总体良好。5 月海口近岸海域清洁海水面积约 59. 65 平方千米，占监测海域总面积的 99. 42%；较清洁海水面积约 0. 35 平方千米，占监测海域总面积的 0. 58%，监测海域的污染因子主要是无机氮。8 月海口近岸海域清洁海水面积约 59. 81 平方千米，占监测海域总面积的 99. 68%；较清洁海水面积约 0. 19 平方千米，占监测海域总面积的 0. 32%，监测海域未达一类海水标准的监测指标是溶解氧。

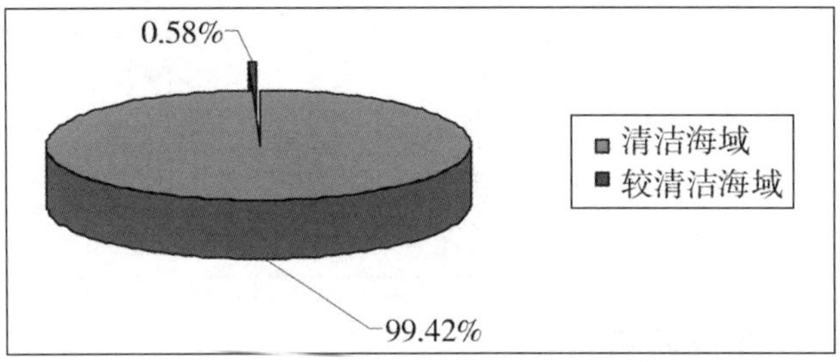

5 月海口市近岸海域海水水质状况分布图

清洁海域：符合国家海水水质标准中一类海水水质的海域，适用于海洋渔业水域、海上自然保护区和珍稀濒危海洋生物保护区。

较清洁海域：符合国家海水水质标准中二类海水水质的海域，适用于水产养殖区、海水浴场、人体直接接触海水的海上运动或娱乐区，以及与人类食用直接相关的工业用水区。

轻度污染海域：符合国家海水水质标准中三类海水水质的海域，适用于一般工业用水区。

中度污染海域：符合国家海水水质标准中四类海水水质的海域，仅适用于海洋港口水域和海洋开发作业区。

严重污染海域：劣于国家海水水质标准中四类海水水质的海域。

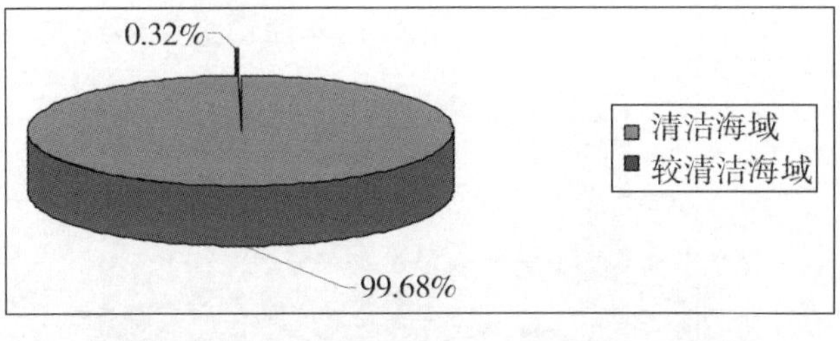

8 月海口市近岸海域海水水质状况分布图

2007—2011 年海口市近岸海域水质状况统计显示，海口市近岸海域清洁和较清洁海水面积呈逐步上升趋势，污染海水海域面积逐年减少。与 2010 年相比，2011 年海口近岸海域清洁海水面积基本持平。

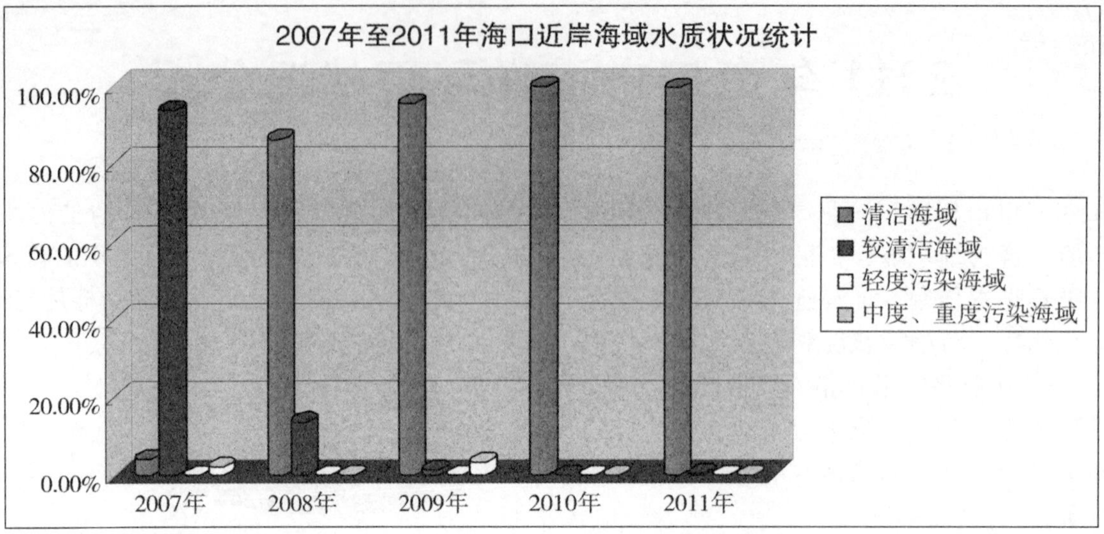

●重点监测海域的海水质量

2011年，对美丽沙附近海域、新埠岛北岸、美源游艇码头、南海明珠人工岛、金沙湾、东海岸如意岛附近海域等重点海域进行监测。

美丽沙附近海域　美丽沙附近海域水质状况总体一般。美丽沙附近海域大部分海水为轻中度污染海水，局部海水为较清洁海水，污染因子为无机氮。

新埠岛北岸海域　新埠岛北岸附近海域水质状况总体优良。新埠岛北岸附近海域海水为清洁海水。

美源游艇码头海域　美源游艇码头附近海域水质状况总体一般。美源游艇附近海域海水大部分为轻度污染海水，局部海域海水为清洁海水，污染因子为无机氮、pH。

●主要污染物含量比较

化学需氧量　2007—2011年海口近岸海域化学需氧量的年平均含量呈波折上升趋势；2008年海口近岸海域化学需氧量年平均含量为五年最低，2009年、2011年海口近岸海域化学需氧量的年平均含量为五年最高。

无机氮　2007—2011年海口近岸海域无机氮年平均含量呈波折下降趋势；2010年海口近岸海域无机氮年平均含量为五年最低，2009年海口近岸海域无机氮年平均含量为五年最高。

无机磷　2007—2011年海口近岸海域无机磷年平均含量呈波折下降趋势；2007年海口湾无机磷平均含量为五年最高，2010年海口近岸海域无机磷年平均含量为五年最低，2011年继续保持在较低的水平。

油类　2007—2011年海口近岸海域油类年平均含量呈基本持平的趋势；2007年海口湾油类平均含量为五年最低，2009年海口湾油类平均含量为五年最高，2011年较2010年有回落。

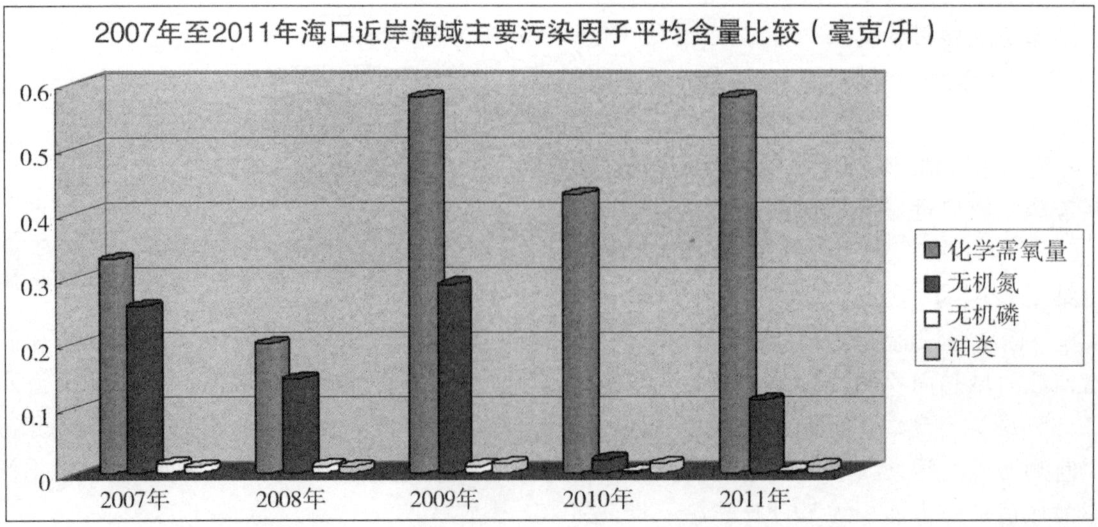

（二）近岸海洋沉积物质量

2011 年，海口近岸海域海洋沉积物质量状况总体优良。

石油类　监测海域沉积物石油类符合国家一类海洋沉积物质量标准。

重金属　监测海域沉积物的铜、铅、锌、镉、汞、砷含量符合一类海洋沉积物质量标准。

硫化物、有机碳　监测海域沉积物硫化物、有机碳含量均符合国家一类海洋沉积物质量标准。

其他有机污染物　监测海域沉积物六六六、滴滴涕、多氯联苯含量均符合国家一类海洋沉积物质量标准。

三、陆源污染物排放对海洋环境的影响

（一）部分入海排污口环境质量

●入海排污口排污状况

2011 年海口市主要对 5 个入海排污口进行监测，其中，除秀英工业排污口外，其余 4 个均为市政排污口。从排污口邻近海域功能区分布来看，主要设置在风景旅游区、养殖区和港口区。

●陆源入海排污口超标排放情况

2011 年 3 月、5 月、8 月、10 月对入海排污口排污状况进行了四个航次的监测，结果显示：全年有 2 个排污口存在超标排放现象，其中演丰西河入海口有 2 个航次在监测时段超标排放，龙昆沟排污口 4 个航次均出现超标排放现象，其他 3 个排污口全年监测均达标排放。

●陆源入海排污口排放的超标污染物

2011 年入海排污口排放的超标污染物是磷酸盐、化学需氧量、粪大肠菌群、悬浮物，其中粪大肠菌群超标率高，磷酸盐的超标频次高。

2011 年海口市主要陆源排污口排污状况统计表

排污口名称	类型	所在地	排污口邻近主要海洋功能区类型	海洋功能区水质要求	2011 年超标排放次数	主要超标污染物
龙昆沟排污口★	市政	海口市	风景旅游区	不劣于第三类	4	磷酸盐、粪大肠菌群
美舍河入海口	市政	海口市	港口区	不劣于第四类	0	—
演丰西河入海口	市政	海口市	养殖区	不劣于第二类	2	化学需氧量、悬浮物
秀英工业排污口	工业	海口市	港口区	不劣于第四类	0	—
福昌河入海口	市政	海口市	风景旅游区	不劣于第三类	0	—

注：★为重点排污口。

（二）龙昆沟邻近海域海洋环境质量

海口市 2011 年 5 月对龙昆沟邻近海域水质实施监测；8 月对其水质、沉积物和生物质量实施监测。结果显示，龙昆沟入海排污口邻近海域为劣四类海水，主要污染因子为无机氮、活性磷酸盐和石油类，水质已不能满足所在海洋功能区水质要求。龙昆沟排污口邻近海域沉积物质量满足第三类海洋沉积物质量标准，生物质量满足第三类海洋生物质量标准。

四、主要海洋功能区环境状况

（一）海水养殖区环境状况

2011 年，海口市海洋和渔业局继续组织开展了对海口市东寨港贝类养殖区水质、沉积物质量和生物质量综合监测，并对我市灵山、塔市部分高位虾池进行了水质监测；对海水增养殖区环境质量进行了监测与评价，对保证养殖区的持续利用及养殖生物食用安全起到了积极作用。

东寨港内生长着茂密的红树林，已设立了国家级红树林自然保护区，也是我省重要的滩涂养殖基地，主要养殖品种为牡蛎、文蛤、血蚶等，监测水域面积为 12 平方千米。

●水质状况　水质监测结果表明：东寨港贝类养殖区水体呈富营养化状态，污染状况依然严重，局部水域为四类或劣四类海水水质，主要超标因子仍为无机磷、无机氮和粪大肠菌群等，特别是无机磷超标严重，含量与 2010 年相比仍然处在较高水平，且有进一步增高趋势；海口市部分高位虾池水质基本为劣四类海水水质，主要污染因子为化学需氧量、无机磷和粪大肠菌群。

●*沉积物状况* 沉积物监测结果表明：东寨港贝类养殖区沉积物质量良好，监测指标均符合第一类海洋沉积物质量标准，满足养殖功能的要求。

●*养殖生物质量状况* 养殖生物监测结果表明：东寨港主要养殖生物质量总体较好，除了石油烃含量略超第一类海洋生物质量标准，其余监测项目均满足养殖功能的要求。

环境质量综合评价结果表明：东寨港海水增养殖区综合环境质量等级为“较好”，一般能满足功能区环境质量要求。导致水体污染的主要原因为陆源排污和渔船作业。因此，应加强对陆源排污监控，严格控制排污量；不断提高环境保护意识，强化环境管理，积极改善养殖环境。

综合环境质量等级：根据海水增养殖区的环境质量要求，综合各环境介质中的超标物质类型、超标频次和超标程度等，将海水增养殖区的综合环境质量等级分为四级。

优良：养殖环境质量优良，满足功能区环境质量要求；

较好：养殖环境质量较好，一般能满足功能区环境质量要求；

及格：养殖环境质量及格，个别时段不能满足功能区环境质量要求；

较差：养殖环境质量较差，不能满足功能区环境质量要求。

（二）*海水浴场环境质量状况*

2011 年，我市继续开展海口假日海滩海水浴场的环境质量监测预报工作，并由中央电视台、国家海洋局政府网、人民网等媒体发布海口假日海滩海水浴场的水质状况及游泳健康指数、游泳适宜度和最佳游泳时段预报。

2011 年海口假日海滩海水浴场环境监测时间共为 189 天，监测时段内游泳健康指数优、良、差的比例分别为 18.5%、63.0% 和 18.5%；适宜、较适宜和不适宜游泳天数分别为 42、112 和 35 天，分别占总监测天数的 22.2%、59.3% 和 18.5%。造成不适宜游泳的主要原因为中等以上降水和风浪偏大等。

与 2010 年相比，海口假日海滩海水浴场水质未有明显变化，监测时段内水质基本保持良好水平；但游泳健康风险有所升高；适宜和较适宜游泳天数比例有所降低；不适宜游泳天数的比例增加了 4.5 个百分点。

2011年海口假日海滩游泳适宜度综合评价

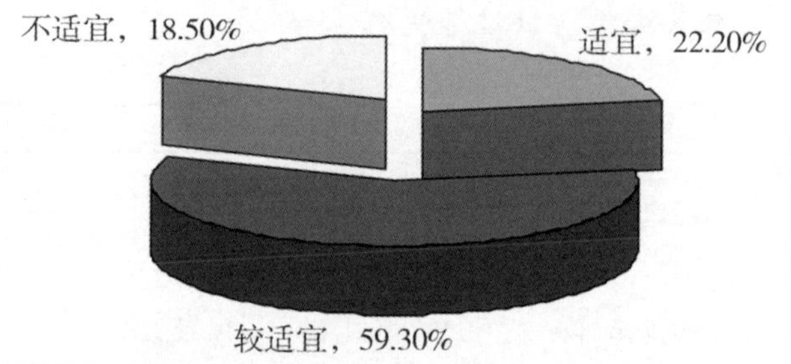

五、海洋灾害与损害

（一）*海浪*

2011 年度海口市沿岸出现波高大于 2 米的日数共 89 天，波高大于 3 米的日数 25 天，巨浪（有效波高大于 4 米的海浪）日数 4 天。

海口市沿岸出现 3 米以上大浪的因素为热带气旋和冷空气。2011 年度因热带气旋产生的 3 米以上大浪日数为 7 天，因冷空气产生的 3 米以上大浪日数为 18 天。本年度的巨浪主要由 1108 号强热带风暴“洛坦”、1117 号强台风“纳沙”和 1119 号强台风“尼格”引发。各月份出现各级别浪高日数见下表。

海口沿海各月出现各级别浪高日数统计表

月份	1	2	3	4	5	6	7	8	9	10	11	12	合计
>2 米（天）	21	4	7	1	—	2	5	—	5	4	16	24	89
>3 米（天）	7	—	3	—	—	—	2	—	3	2	1	7	25
>4 米（天）	—	—	—	—	—	—	1	—	2	1	—	—	4

1108 号强热带风暴“洛坦”于 7 月 29 日 17 时 40 分在海南文昌市龙楼镇沿海登陆，登陆时中心附近最大风力 10 级（28 米/秒）。受其影响，7 月 29 日海口市沿岸出现 3 米以上的大浪，7 月 30 日出现 4 米以上的巨浪 1 天。

1117 号强台风“纳沙”9 月 29 日 14 时 30 分在海南文昌市翁田镇沿海登陆，登陆时中心附近最大风力 14 级（42 米/秒）。该强台风是 2011 年以来登陆我国最强的台风，也是近 6 年来登陆海南岛最强的台风。受其影响，9 月 29 ~ 30 日海口市沿岸出现 4 米以上的巨浪 2 天。

1119 号强台风“尼格”于 10 月 4 日 12 点 30 分在万宁东澳镇登陆，登陆时中心附近最大风力 10 级（25 米/秒）。受其影响，10 月 4 日海口市沿岸出现 4 米以上的巨浪 1 天。

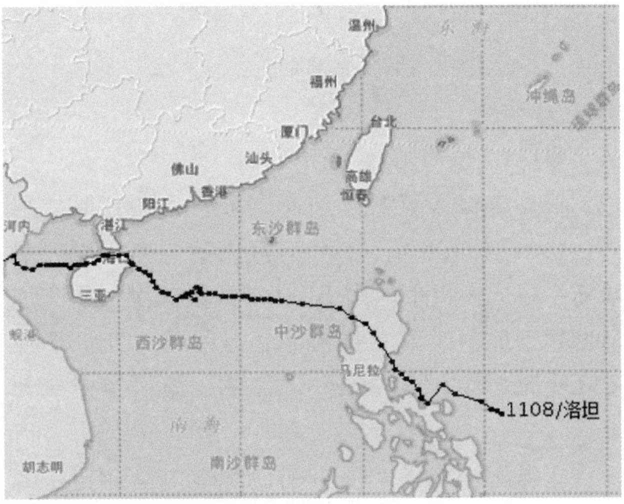

1108 号强热带风暴“洛坦”路径图

7 月 30 日海口西海岸大浪

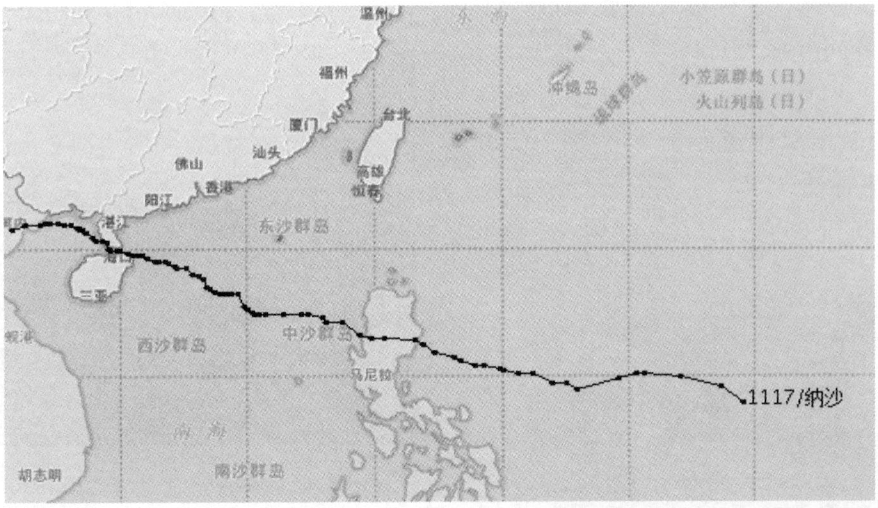

1117 号强台风“纳沙”路径图

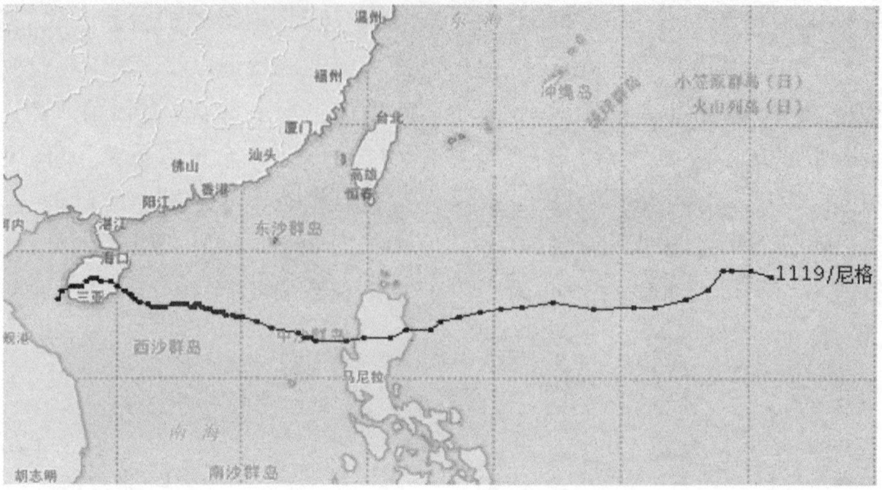

1119 号强台风“尼格”路径图

（二）风暴潮

2011 年，海口市一带沿岸出现 3 次最高潮位超过当地警戒潮位的风暴潮过程，分别由 1108 号强热带风暴“洛坦”、1117 号强台风“纳沙”和 1119 号强台风“尼格”引发。其中“纳沙”台风风暴潮和“尼格”台风风暴潮与近岸浪共同作用，给海口市造成较大的经济损失。

●1117 号“纳沙”台风风暴潮

根据海口秀英验潮站实测资料，强台风“纳沙”影响期间，海口市沿岸 9 月 29 日最高潮位 342 厘米，超当地警戒潮位 52 厘米，过程最大增水 196 厘米。受风暴潮与近岸浪共同影响，海口市受灾严重。

据省海洋与渔业厅资料，海口市渔业直接经济损失 34856. 5 万元。其中道路、防波堤损 1520 米，直接经济损失 1078 万元；养殖直接经济损失 31993 万元；渔船沉没 25 艘，损坏 347 艘。

风暴潮与近岸浪共同作用造成东营镇外墩村养殖塘受损

●1119 号“尼格”台风风暴潮

根据海口秀英验潮站实测资料，强台风“尼格”影响期间，弱冷空气与台风共同作用引发风暴潮，造成海口市沿岸 10 月 4 日最高潮位 332 厘米，超当地警戒潮位 42 厘米，过程最大增水 88 厘米。受风暴潮与近岸浪共同影响，海口市受灾严重。

据省海洋与渔业厅资料，海口市渔业直接经济损失 20832 万元。其中码头、道路、防波堤损 4748 米，直接经济损失 1186 万元；养殖直接经济损失 19355 万元；渔船沉没 1 艘，损坏 3 艘。

台风造成海口市观海台附近部分护岸受损

（三）天文大潮

2011 年，海口市一带沿岸未出现超过当地警戒潮位的天文大潮过程。

六、海洋环境监督管理

（一）相关法规和区划规划编制

2011 年海口市海洋和渔业局组织完成了《海

口市“十二五”海洋与渔业发展规划》和《海口市海岸保护与利用规划》的编制工作，并通过专家评审。

（二）海洋环境机构建设

2011年，海口市海洋环境监测中心全年多次组织相关水质监测人员到省海洋预报中心培训学习；邀请海南大学海洋学院的专业老师到中心讲授实验操作相关的理论知识；派出监测人员参加计量认证内审员培训；安排中心水质监测人员到福建省福州市海洋环境监测中心考察学习。这些培训学习锻炼了监测队伍的能力、提高了监测工作的水平。

（三）公众参与

2011年6月8日，市海洋和渔业局组织全市海洋行政执法人员开展“全国海洋宣传日宣传活动”，工作人员分成四组，深入三江、演丰、曲口、灵山、东营、新埠岛、万绿园、水产码头、灯塔酒店、天利酒店、假日海滩、荣山寮等全市沿海第一线乡镇、渔村、渔港、填海工程工地、旅游景点，向渔民、用海企业、市民、游客宣传海洋法律法规及知识，发放《海域法》、《海环法》、《海洋世界》等法律法规及宣传资料3000份，张贴海洋宣传挂画50张。

2011 年海口市环境质量公报

一、空气环境质量

2011 年海口市空气环境质量继续保持优良水平，空气污染指数为 39，一级优。全年空气质量优良率为 100%，一级天数 264 天，二级天数 101 天，API 一级率 72.3%，优良率（API 指数≤100 的天数）为 100%。PM_{10}、NO_2 和 SO_2 浓度均值分别为 0.041、0.016 和 0.008mg/m^3。

2011 年海口市全年共采集降雨样品 133 个，全年降水 pH 范围在 4.44—6.89 间，酸性最大的一次出现在龙华区海口市监测站测点。全市降水 pH 年均值为 5.65，酸雨率为 29.32%。

2011 年全市降尘平均值为 3.24 吨/平方公里.月，其中清洁对照点的年平均值为 2.15 吨/平方公里.月。评价标准为 5.15 吨/平方公里.月，降尘监测结果达标。

二、地表水环境质量

2011 年海口市地表水和地下水环境质量总体状况良好。河流、湖泊、水库水质总体保持稳定，部分河段水质与上年相比略有改善。集中式地表水饮用水源地水质符合国家饮用水源水质要求。近岸海域海水水质主要指标达到相应的功能区标准，假日海滩浴场水质质量等级为二类，游泳适宜度为良。

河流

全年共监测河流河段四条，长 127.66 公里，达标河段长度百分比为 100%。全市 II 类、III 类水质河长占监测总长度的 58.75%，IV 类、V 类水质河长占监测总长度的 41.25%。主要污染指标为生化需氧量、氨氮和总磷，污染类型属有机污染型。

四条河流河段中，南渡江水系水质最好，其中龙塘段为饮用水源地一级保护区，水质为 II 类水，五源河、美舍河水系水质总体较差。

湖泊

全年共监测湖泊水库 5 个，水面面积 378 万平方米。达标湖泊水面面积百分比为 80.47%，II 类、III 类水质湖泊 1 个，占监测湖泊水面面积的 38%；IV 类、V 类水质湖泊 4 个，占监测水面面积的 62%。重点湖泊水库中永庄水库为饮用水源地保护区，水质为 II 类，水质达标。本市湖泊主要污染物为总氮、总磷和生化需氧量，污染类型为有机污染型。

近岸海域

海口湾近岸海域水质监测设九个监测点，假日海滩浴场点位功能为海水浴场，东寨港为红树林保护区，三连村出海口、桂林洋、环岛海滩、荣山寮均为滨海旅游风景区，秀英港、粤海铁路南港为港口功能区，海口倾废区区域的主要功能为纳污。

2011 年水质现状：东寨港、桂林洋水质现状为一类，三连村出海口、假日海滩浴场、粤海铁路南港、荣山寮为二类，环岛海滩、秀英港、海口倾废区为三类。各点位水质均达到或优于功能区水质要求。

三、声环境质量

2011 年海口市声区域环境噪声保持稳定，交通噪声有明显上升。

功能区环境噪声

全市各类声环境功能区监测结果显示，1 类区（居住文教区）、2 类区（居住、商业、工业混杂区）、3 类区（工业区）和 4a 类区（交通干线两侧区域）昼间等效声级年均值达到国家标准。

区域环境噪声

市区建成区区域环境噪声平均值为 55.6 分贝（A），较 2010 年升高了 0.2 分贝。

道路交通噪声

市区建成区道路交通噪声平均值为 67.6 分贝（A），比上年下降 0.1 分贝（A）。

四、污染物排放

废气

2011 年全市二氧化硫排放量为 2045.1408 吨，比上年增加 123.2808 吨，同比上升 6.03%。烟、粉尘排放量为 2441.2614 吨。污染源监测结果显示，全市主要企业污染物排放浓度达标率为

100%。

废水

2011年全市化学需氧量排放量为7083.334吨，比上年削减2144.306吨，同比下降30.27%。全市重点工业企业废水排放达标率为100%。

城市污水处理集中率分别由2010年的95.8%提高到2011年的96.10%。

固体废物

2011年度工业固体废物产生量总计为4.7676万吨。其中处置量0.4657万吨，综合利用量4.3018万吨，贮存量0万吨，处置利用率为100%。

全市产生的生活垃圾量为51.6万吨，卫生填埋的有25万吨。全年生活垃圾无害化处理率为96.32%。

2011年医疗危险废物产生量为1632.793吨，集中处置量1632.793吨，全部焚烧处理，处置率为100%。工业危险废物产生量为0.1634万吨，处置量为0.1373万吨，综合利用量0.026万吨，处置率为100%。

污染物排放变化趋势：

二氧化硫排放量年均增加6.41%，万元工业增加值二氧化硫排放量年均增加11.96%。

废水排放量和主要污染物排放量呈现出不同的趋势。工业废水排放量年均增加19.43%，化学需氧量排放量年均增加11.7%；生活污水处理率提高至96.1%，化学需氧量排放量年均减少26%。从废水污染物排放强度看，万元工业增加值废水排放量年均减少5.28%；万元工业增加值化学需氧量排放量年均减少。

海口市国民经济和社会发展第十二个五年规划纲要

海口市国民经济和社会发展第十二个五年（2011 年 - 2015 年）规划纲要，是根据《中共海口市委关于制定海口市国民经济和社会发展第十二个五年规划的建议》编制，主要阐明市委、市政府的战略意图，是未来五年我市经济社会发展的宏伟蓝图，是全市人民共同的行动纲领，是政府履行职责的重要依据。

第一章　以海南国际旅游岛建设统揽海口经济社会发展全局

第一节　“十一五”规划实施情况

“十一五”时期，在省委、省政府的正确领导下，市委、市政府全面落实科学发展观，团结带领全市人民，解放思想、真抓实干、克难奋进、开拓创新，紧紧抓住海南国际旅游岛建设重大机遇，有效应对一系列自然灾害和国际金融危机影响，保持经济社会平稳较快发展，夯实了可持续发展的基础。

一、经济总量稳步增长，综合实力显著增强

“十一五”时期，全市经济运行质量向好、效益提升，主要经济指标全面超额完成。2010 年，全市生产总值 590.55 亿元，较“十五”末翻一番；人均生产总值 3 万元，是“十五”末的 1.8 倍；全社会固定资产投资累计 1191 亿元，是“十五”时期的 2.2 倍；财政总收入 163.71 亿元，是“十五”末的 2.7 倍；社会消费品零售总额 326.94 亿元，是“十五”末的 2.4 倍；城市居民人均可支配收入和农村居民人均纯收入分别为 16720 元、6155 元，均是“十五”末的 1.7 倍。

二、三次产业加快发展，产业结构进一步优化

“十一五”时期，我市积极扩大产业规模，着力优化产业结构，2010 年三次产业比例为 6.4∶23.8∶69.8。一是现代农业发展迅速。设施农业、生态循环农业和农产品加工业快速发展，电子农务和农业科技 110 覆盖主要镇、村，农业附加值明显提高。二是工业规模不断扩大。园区基础设施进一步完善，产业关联度提高，产业集聚效应明显；汽车制造、生物医药、食品饮料等优势产业不断壮大，光伏产业成为新亮点。三是现代服务业发展迅猛。以生产性服务业为主导的现代服务业加快发展，现代物流中心初具雏形，商务会展业焕发新活力，商贸圈、专业市场、农村市场稳步发展，景区（点）升级改造加快，高尔夫、游艇等新业态形势喜人，休闲娱乐、金融、保险、中介服务等产业进入加速发展期。

三、城镇化进程加快，城乡面貌焕然一新

基础设施建设加快推进，城市功能不断完善。基本形成较为完善的对外交通体系和城市主干路网，交通状况进一步改善。旧城改造和新区开发成效显著，城市旅游化改造全面推进，骑楼历史文化街区等文物的保护与开发启动，城市形象明显提升。组建市政市容管理委员会，实施“大城管”体制，城市管理更加精细化。生态文明村建设扎实推进，率先在全省实现行政村道路硬化通车，农村人口安全饮水问题基本解决，广播电视“村村通”工程基本完成。建立市、区、镇三级公共安全应急管理体系和四级预警机制，城乡排涝防灾设施大幅改善。

四、社会事业快速发展，人民生活明显改善

每年新增财力的 70% 用于民生事业，五年累计投入超过 250 亿元，一批群众关心的热点问题得到有效解决。就业工作扎实推进，2010 年城镇登记失业率控制在 2% 左右。文化事业改革不断深化，文化设施建设加快推进，文化事业进入快速发展期。市人民医院综合楼等医疗设施投入使用，村卫生室、社区卫生服务网点实现全覆盖，医疗卫生服务体系进一步健全。新型农村合作医疗参合率和城镇居民基本医疗保险参保率保持 98% 以上，城乡低保水平明显提高。义务教育债务和学位紧缺问题基本解决，中小学校舍安全工程加快推进，职业教育快速发展，教师绩效工资改革完成。保障性住房建设加快，共建廉租房 5010 套、经济适用房13757套，部分住房困难家庭居住条件得到改善。

五、生态文明建设出成效，可持续发展水平提高

生活垃圾焚烧发电厂、白沙门污水处理厂二期、长流污水处理厂建成，中心城区污水截流并网基本完成，污水与垃圾处理设施不断完善。循环经济发展良好，高耗能产业基本淘汰；环保汽车、生物制药等产业加快发展；节能建筑业发展迅速。公园、街边绿地、小游园等改造加快，城市生态进一步优化。省下达环保指标全部完成。主要江、河、湖、库、近岸海域和集中式饮用水源地水质基本达标，空气质量优良率100%，森林覆盖率38.38%，人均公共绿地面积10.5平方米，2008年成为全国第一个通过国家环保模范城“十一五”新标准复检的城市。

六、改革开放继续深化，社会发展活力增强

强区扩权、行政审批制度改革深入实施，新一轮政府机构改革完成。促进社会组织发展效果显著，社会组织发展活力增强。事业单位改革扎实推进。农村综合配套、集体林权制度改革等基本完成，农村宅基地确权工作启动。国有企业、投融资和财政体制改革深入推进，国有企业效益提升，城市投融资平台优化。医药卫生体制改革稳步推进，国家基本药物制度全面推行。与东盟、“泛珠三角”、环北部湾等区域的合作明显加强。

七、民主法治建设加强，社会发展更加和谐

学习实践科学发展观活动成效明显，各级党组织建设全面加强。依法治市、依法行政全面推行，“平安海口”建设效果显著，政务公开、村务公开全面落实，社会发展更加和谐稳定。工会、共青团、妇联等群众团体的桥梁纽带作用充分发挥，统战、民族、宗教、侨务等工作取得新进步。双拥工作积极推进，获全国双拥模范城“六连冠”。

专栏一：“十一五”时期经济社会主要指标

指标名称	“十一五”完成情况		“十一五”预期目标	
	2010年完成数	年均增长率%	2010年预期数	年均增长率%
一、地区生产总值	590.55亿元	12.4	508亿元	11
第一产业	38.19亿元	7.6	32亿元	7
第二产业	140.32亿元	10.2	147亿元	12
工业	96.45亿元	10.6	120亿元	14
第三产业	412.04亿元	14.0	329亿元	11
二、固定资产投资	累计1191亿元	20.8	累计920亿	10
三、社会消费品零售总额	326.94亿元	18.8	244亿元	12
四、财政总收入	163.71亿元	21.9	103亿元	11
地方一般预算收入	50.37亿元	23.0	-	-
五、出口总值	13.07亿美元	7.5	7.3亿美元	12
六、实际外商直接投资	7.16亿美元	13.6	6.1亿美元	10
七、旅游总收入	72.09亿元	8.8	76亿元	10
八、城市居民人均可支配收入	16720元	11.4	14200元	8
农村居民人均纯收入	6155元	9.1	5700元	8
九、城镇登记失业率	2		4	
十、人口自然增长率	9.3‰		9.3‰	
十一、万元GDP能耗	下降12%		下降12%	
备注：2010年数据以统计局最后公布为准。				

第二节　“十二五”时期面临的机遇与挑战

海口站在崭新的历史起点，处于难得的发展机遇期。全球经济步入后危机时代，技术创新和产业转移加快，经济发展孕育新突破，有利于我市进一步参与国际分工与合作。我国进入工业化、城镇化加速期，产业结构、消费结构升级发展，区域发展战略加快推进，有利于我市进一步拓展发展空间。海南国际旅游岛战略深入实施，吸聚大量的人才、资金、项目、信息，有利于我市做足省会中心城市文章，在产业培育、城市发展和区域合作等方面谋求更大作为。同时，我市多年扎实基础工作的累积效应日益显现，经济社会的科学发展进入加速期。

但也必须看到，一方面，国际外需环境更加复杂，经济发展不确定性因素增多；劳动力、土地等生产要素成本上升，推动经济结构转型升级难度加大；同时，周边市县的加快发展带来更大竞争压力。另一方面，我市还存在一些亟待解决的突出问题：农业集约化、规模化水平低，抗风险能力弱；工业大项目、大企业少，产业关联度不高，创新能力不足，核心竞争力不强；服务业大而不强，现代服务业比重不高；服务海南国际旅游岛建设的中心城市功能不够完善；促进居民增收和推进基本公共服务均等化任务繁重；社会管理创新还需加强，维护社会稳定的压力比较大；体制机制仍然是制约发展的重要因素。

总之，“十二五”时期，我市既面临难得的历史机遇，又面对诸多挑战，机遇大于挑战；经济社会发展将进入大开发、大建设的关键期，城镇化和工业化进程必然加速。我市必须紧紧抓住发展不足这一主要矛盾，牢牢把握海南国际旅游岛建设带来的重大机遇，通过加快发展解决长期积累的矛盾和问题，实现富民强市的目标。

第三节　“十二五”指导思想和基本原则

以邓小平理论和“三个代表”重要思想为指导，深入贯彻落实科学发展观，紧紧抓住海南国际旅游岛建设重大机遇，坚持生态立市、产业兴市、文化强市、开放活市，以加快转变经济发展方式、推进富民强市为主线，以创新体制机制为动力，以强化省会中心城市功能为支撑，着力壮大实体经济，着力改善民生，着力提升城市形象，着力推动可持续发展，加快建设“宜居、宜业、宜学、宜游”的最精最美省会城市。

根据上述指导思想，未来五年经济社会发展要坚持以下原则：

——坚持统筹兼顾，协调发展。努力做到生态文明建设与经济社会发展同步，居民收入增长与经济发展同步，农村发展与城市发展同步，民生改善与社会和谐同步。

——坚持富民强市，改善民生。把提高人民生活水平和生活质量作为加快我市经济社会发展的出发点和落脚点，着力增加居民收入、促进就业、改善群众生活，努力建设中外游客的休闲乐园和全市人民的幸福家园。

——坚持生态立市，环保优先。把建设生态文明、保护生态环境放在经济社会发展的首要位置，牢固树立生态文明理念，珍惜得天独厚的生态环境优势，形成资源节约型和环境友好型的产业结构、发展方式和消费模式。

——坚持改革创新，先行先试。进一步解放思想、开拓创新，打破体制障碍，破解发展难题，在管理体制、运行机制和发展模式等方面积极探索，争创体制机制新优势。

——坚持争创优势，强化辐射。充分发挥全省政治、经济、文化中心作用，进一步增强海南国际旅游岛建设的综合服务功能，提升省会中心城市集聚效应和辐射能力，率先在全省实现海南国际旅游岛建设的目标任务。

第四节　“十二五”发展目标和主要任务

“十二五”时期，海口要努力打造环北部湾和海南国际旅游岛中心城市、全国生态文明示范城市、全市人民共建共享的温馨城市，全省现代服务业和高新技术产业中心、区域性交通枢纽和经贸文化交流中心，全国一流的热带滨海商务休闲和娱乐目的地、国家南海资源开发服务基地。

——“三市”

环北部湾和海南国际旅游岛中心城市。完善城市公共服务功能，进一步提升全省科技信息、人才教育、文化体育、医疗卫生、金融保险、交通运输等综合服务中心地位；加强环北部湾区域合作与交流，强化环北部湾和海南国际旅游岛中心城市地位。

全国生态文明示范城市。将生态环保理念贯穿于经济社会发展各领域，探索绿色生态的可持续发展方式和消费模式，深入开展环境治理、节能减排、循环利用和生态系统建设，走生产发展、生活富裕、生态良好的发展道路，建设资源节约型和环境友好型城市。

全市人民共建共享的温馨城市。坚持民生优先理念，更加关注农村地区和困难群体，切实解决群众最关心、最急需的民生问题，实现在共建中共享、在共享中共建，打造舒适、和谐的温馨城市。

——“两中心”

全省现代服务业和高新技术产业中心。以国家推进战略性新兴产业发展和海南国际旅游岛建设为契机，加快发展以高新技术产业为支撑的新型工业、以生产性服务业为主导的现代服务业，大力发展文化创意产业，培育特色优势产业，壮大实体经济，建成国家创新型城市、国家创业型城市。

区域性交通枢纽和经贸文化交流中心。加快连接岛内外交通枢纽建设，完善城市出口路和市内主干路网，形成以海口为中心、覆盖全岛、畅通便捷的立体交通网。以国家、省推进文化产业发展为契机，利用落地免签证、水域开放、低领空开放等优惠政策，全方位、多层次、宽领域地参与国际国内经济技术合作与文化交流，构建环北部湾区域经贸、科技、文化交流平台。

——“两地”

全国一流的热带滨海商务休闲和娱乐目的地。打响户外有氧运动和国家历史文化名城两大品牌，加快旅游管理改革，按照国际通行的旅游服务标准，推进旅游要素转型升级，全面提升管理和服务水平，把海口建设成为集休闲度假、商贸会展、康体娱乐、文化体育、购物观光为一体，国内外一流的热带滨海商务休闲和娱乐都市。

国家南海资源开发服务基地。提升马村港、海口港等基础设施水平，推动南海资源开发企业总部入驻，加大人才引进，完善海洋科研、科普和服务保障体系，为南海资源开发提供智力支撑和综合服务。

根据上述总体发展目标，未来五年要努力完成以下经济社会发展任务：

——经济规模实现新突破。地区生产总值达到1000亿元以上；财政总收入达到300亿元以上，全社会固定资产投资累计达到3000亿元以上；社会消费品零售总额完成700亿元以上；人均GDP超过4.5万元，跨入全国中上城市行列。

——结构优化取得新成效。科学研究与试验发展（R&D）经费支出占GDP的比重大于1.5%，创新能力得到较大提升。生产性服务业增加值占GDP的比重达到50%以上，旅游、商务会展、现代物流、体育休闲等成为现代服务业的主导产业；新能源、新医药等新型工业投入大幅提升，成为拉动经济增长的重要支柱；农业规模化、集约化经营成效显著，附加值大幅提高，基本建立具有地方特色和较强竞争力的现代产业体系。

——城镇化建设迈上新台阶。中心城区功能进一步完善；新片区开发出成效，重点城中村改造基本完成，城市形象大幅提升；中心镇建设见成果，镇域经济显著增强；产业布局不断优化；土地资源集约利用，城市价值和品质明显提升，城乡一体化发展取得长足进步，城镇化率达到70%以上。

——民生事业发展达到新高度。城市居民人均可支配收入和农村居民人均纯收入分别提高到30000元以上和11000元以上。努力解决群众关注的热点问题，着重解决重点领域、重点人群的民生问题，在全省率先健全社会保障体系，基本实现公共服务均等化，全面建成小康社会。

——体制机制创新出现新亮点。加快旅游管理、镇（街）管理、社区管理、户籍管理等重点行政改革，创建服务型政府。加快财政体制改革，提高财政支出效益。运用城市经营理念，推进国土资源管理改革，加快城市开发与建设。进一步转变政府职能，完成事业单位分类改革，促进社会组织规范发展。落实海南国际旅游岛建设金融政策，鼓励金融业创新发展。支持非公企业平等参与竞争，扶持中小企业发展壮大。

——生态文明建设达到新标准。文明生态村建设取得新成效，节能减排指标控制在省下达指标以内，主要江河湖库与集中式饮用水源地水质、近岸海域环境功能水质全部达标，森林覆盖率达到42%，城镇人均公共绿地面积达到15平方米以上，生态环境质量保持全国领先水平，成为生态文明发展的区域典范。

——精神文明建设创出新特色。完善公共文化基础设施，推出更多公共文化精品，进一步丰富群众精神文化生活，打造具有海口特色的精神文明品牌，塑造城市精神，全面提高市民素质，建设全国文明城市。

专栏二："十二五"时期经济社会发展主要指标

类别	指标		2015年	年均增长	属性
经济发展	地区生产总值（亿元）		1000以上	13%	预期性
	财政总收入（亿元）		300以上	15%	预期性
	地方财政一般预算收入（亿元）		100以上	15%	预期性
	全社会固定资产投资（亿元）		[3000以上]	19%	预期性
	接待旅游过夜人数（万人次）		1200以上	12%	预期性
	旅游收入（亿元）		120以上	13%	预期性
	生产性服务业增加值占GDP比重（%）		50	-	预期性
	城镇化率（%）		70以上	[2.8%]	预期性
科技教育	九年义务教育巩固率（%）		99	[3%]	预期性
	高中阶段教育毛入学率（%）		90	[7%]	预期性
	研究与试验发展经费支出占地区生产总值比重（%）		1.5	[0.7%]	预期性
	每万人口发明专利拥有量（件）		4.15	25%	预期性
资源环境	耕地保有量（万亩）		103.8	-	预期性
	非化石能源占一次能源消费比重（%）			完成省下达指标	约束性
	单位地区生产总值能源消耗降低（%）				
	单位地区生产总值二氧化碳排放降低（%）				
	主要污染物排放	化学需氧量（吨）			
		二氧化硫（吨）			
		氨氮（吨）			
		氮氧化物（吨）			
	森林增长	森林覆盖率（%）	42以上	[3.62%]	预期性
		森林蓄积量（万立方米）	280	-	
人民生活	总人口（万人）		<223	<3%	预期性
	城镇登记失业率（%）		3.5	-	预期性
	新增就业岗位			-	预期性
	城乡三项基本养老保险参保率（%）		90	[5%]	预期性
	城乡三项基本医疗保险参保率（%）		95	[12%]	预期性
	新增城镇保障性安居工程建设（万套）		5	-	预期性
	城镇居民人均可支配收入（元）		30800	13%	预期性
	农村居民人均纯收入（元）		11800	13%	预期性

注：内为五年累计数；城乡三项基本医疗保险指城镇职工基本医疗保险、城镇居民基本医疗保险、新型农村合作医疗。总人口数及增长率由计生部门按人口出生自然增长率计算。

第二章 科学规划城市布局

利用海南国际旅游岛建设机遇，按照国家主体功能区规划定位，努力打造区域中心城市。立足可持续发展和资源节约利用，优化功能布局，形成“东进、南优、西扩、北拓、中强”的新格局。

第一节 区域布局

充分利用地处中国－东盟自由贸易区前沿和区域生产要素集聚能力强的优势，以及海南国际旅游岛建设的重大机遇，加强与广东、广西、港澳台及东盟的合作与交流，完善产业布局，成为服务海南国际旅游岛建设和环北部湾区域的中心城市。

一、区域重要物流基地

加强交通枢纽点和路网建设，形成对接广东、广西、港澳台、东盟和全省各市县的“水陆空并举、大中小配套、多线连岛外、岛内大畅通”的现代交通体系，大力发展总部经济，加快建设临港、临空物流园区，使海口成为服务海南国际旅游岛建设的综合保税物流基地和枢纽。

二、区域特色旅游产业带

强化琼北－湛江区域旅游合作组织作用，对海上游线路和停靠点进行统一布局规划，统筹保护和开发海口火山群、东寨港红树林、海口湾、海甸岛、新埠岛以及南渡江等旅游资源，并推动与文昌航天城、铜鼓岭和澄迈盈滨半岛等周边市县旅游资源的整合；推出琼北—湛江区域“一程多站”式旅游精品线路，开发互补式特色旅游产品，形成具有滨海、滨江特色的区域旅游产业带。

三、区域高新技术产业聚集区

发挥马村港物流优势，完成综合保税区区位调整，完善“两区八园”（综合保税区：原海口保税区园区、海口综合保税区和临空经济园区〈美兰机场〉；国家高新技术开发区：药谷工业园、海马工业园、狮子岭工业园、云龙产业园、文化创意产业园）基础设施和产业布局，推动工业继续向园区集中、园区向周边拓展，着力发展新能源、新材料、节能环保、电子信息、生物医药、汽车制造、旅游装备制造等产业，打造服务海南国际旅游岛、面向环北部湾的区域高新技术产业聚集区。

四、区域现代高效农业高地

加强与定安等周边市县合作，利用南渡江流域丰富的土地、水系资源，推动农业科技开发、低碳循环经济与旅游观光休闲高度融合，推动冬季瓜菜、水果、花卉、观光休闲农业等热带特色农业集约发展，建设国家现代农业示范区、全国冬季瓜菜基地；深化环北部湾区域的农业合作与交流，科学开发海洋渔业资源，加快发展农产品深加工业，建设热带现代高效农业高地。

第二节 空间布局

突出“宜居、宜业、宜学、宜游”的区域特色，合理规划城市空间布局，提高土地利用效率。

一、东进

利用东寨港红树林、南渡江等岸线资源和高校资源优势及空港优势，突出宜学、宜游特色，建设东海岸国家级旅游度假区和桂林洋高校区，着重发展休闲度假、教育科研、空港物流等产业，打造全省人才培育和产业孵化基地，建设国家级滨海生态旅游示范区。

专栏三：东部组团核心项目

一、江东新区基础设施：包括新东大桥、东寨港大道北段、椰海大道、江东大道、东海岸滨海路、滨江东路等项目，以及桂林洋高校区和文昌航天城的配套设施。

二、东海岸国家级旅游度假区：整合提升南渡江滨江旅游度假区板块，江东体育文化主题公园板块，东寨港红树林湿地公园板块，完善路、水、电、气等配套基础设施，打造国家级度假区。

三、桂林洋高校区：完善桂林洋高校区基础设施和配套生活设施，加快市内高校向桂林洋聚集，积极引进国内外知名高校合作办学，打造人才培育基地。

四、司马坡岛文体基地：包括国际大赛高尔夫球场、游艇码头以及相关配套设施。

二、南优

加强南郊生态保护，适度发展优势产业。重点推进火山群世界地质公园、长影海南世纪影城、观澜湖康体休闲等项目建设，大力发展生态循环农业、观光农业和体育休闲产业，实现产业生态化、生态产业化，打造农民增收示范区，建设环北部湾区域绿色生态休闲首选地。

专栏四：南部组团核心项目

一、火山群世界地质公园：包括古村落旅游的保护与建设、火山博物馆、光影梦幻旅游区等。

二、长影海南世纪影城：建设时空转换站、华夏电影古镇、火山梦想剧场、电影主题商业街、影视区、火山峡谷温泉乐园等，打造集自然与人文于一体的影视公园。

三、观澜湖体育休闲项目：建设高尔夫球场、大型户外运动休憩园、温泉 SPA、酒店会所、娱乐餐饮、商业购物、大型户外表演等。

四、生态休闲旅游小镇：充分利用生态资源、拓展火山文化，发展农业观光体验游和乡村休闲游，打造红旗特色风情小镇等一批特色旅游小镇。

五、龙湾国际休闲旅游区：建设三仙公路、谭甲公路、文长公路以及配套供水工程，建成以运动休闲、文化娱乐为主要功能综合休闲社区。

三、西扩

科学规划建设西海岸新区，加快推进海南国际会展中心、五源河文化体育中心等项目建设，重点发展商务会展、文化创意、科技研发、现代物流等生产性服务业，完善配套生活服务设施，建成聚集高端人才的生态宜居区和全省现代服务业核心集聚区。

专栏五：长流组团核心项目

一、西海岸新片区开发：结合西海岸起步区建设及长流中心镇改造，加快开发金沙湾片区、西海岸南片区，完善医疗、教育、购物等生活服务设施，建设海口新市区。

二、长流商务区：主要建设商务楼、商务酒店及公共配套设施。

三、海南国际会展中心：包括会展中心、五星和七星级酒店、经济总部等，发展会展经济。

四、五源河文化体育中心：包括主体育场、体育馆、音乐厅、游泳跳水馆及附属设施。

五、文化创意产业园：发展广告、策划与咨询、工艺设计、音像出版、动漫、表演艺术、非物质文化遗产展示、网络游戏和网络服务等产业。

六、中商农产品中心市场：主要包括农产品现货交易区、加工配送储运区、总部经济区、综合服务区、国际农业博览中心等。

七、新海物流园：包括园区内土地平整，市政基础设施、批发市场及配送中心建设等。

四、北拓

合理开发海洋资源，大力发展邮轮、游艇、帆板等休闲产业，加快海上人工岛等项目建设，拓展城市空间，有序发展高端旅游地产，凸显海湾旅游休闲城市特色，展现北岸城市的秀美。

专栏六：北部组团核心项目

一、现代有轨电车工程（一期）：西起火车站、东至万绿园，沿滨海大道建设集交通和观光为一体的轨道交通。

二、新埠岛开发：建设五星级酒店、游艇俱乐部、室内冰场、民俗文化展馆、水岸商业街、院景式休闲度假示范区等，打造具有滨江滨海特色、自然生态优美的热带风情休闲度假区。

三、美丽沙开发：建设集文化娱乐、休闲购物、旅游观光于一体的地标性开发区。

四、东海岸人工岛：建成集时尚消费、休闲娱乐、旅游度假等功能于一体的标志性海湾景观区。

五、海口湾灯塔酒店：建设超五星酒店及度假酒店别墅、高档住宅及会议中心、游艇码头等。

六、北岸游艇码头建设：包括秀英港公共游艇码头和海口湾游艇码头，建设游艇码头、风情酒吧街、市民广场、游艇俱乐部、旅游度假酒店等。

五、中强

突出综合特色，合理布局产业和生活空间，完善片区控制性详细规划，提高土地集约利用效益；加强城市路网建设，构建循环有序、畅通便捷的城市路网；加快旧城改造，完善基础设施，提升服务业态；建设舒适和谐的生活居住区和现代化的中心商务区。

专栏七：中心组团核心项目

一、旧城改造：博义村片区、面前坡片区、朱云路起步区、夏瑶新村等片区改造。 二、历史文化街区：五条老街骑楼建筑街区和府城历史文化街区，建成南洋骑楼风格建筑群和民族文化特色的精品展区，以及集游、玩、赏、购、特色餐饮为一体的商业区。 三、大英山商务区：以行政、商务、文化为主，融合大型国际购物中心、免税店、金融保险、文化娱乐、商务和居住等功能，打造现代高端精品购物商圈，建成现代综合型商务区。 四、海秀商业区：进一步提升明珠广场的规模，积极推进海秀商业广场建设，提升海秀商业区业态。

海口市“十二五”空间布局

第三章　构建现代产业体系

转变发展方式，优化产业结构，加快发展以生产性服务业为主导的现代服务业，以新能源、新材料、生物医药等战略性新兴产业为主的新型工业，以绿色、生态、高附加值为特色的现代高效农业，打造支撑海南国际旅游岛建设的现代服务业和高新技术产业中心。到2015年，形成汽车、食品饮料与农副产品加工、光伏、医药、文化创意与休闲娱乐等5个过100亿元产值的产业集群，培育旅游装备制造、新材料等10个过10亿元的新兴产业集群，及一批年产值过亿元的龙头企业。

第一节　现代服务业

加快传统服务业转型升级，大力发展旅游、现代物流、商务会展、文化创意、餐饮购物、体育休闲、金融保险、康体疗养、旅游地产等现代服务业，构建以生产性服务业为主体的现代服务业体系。到2015年，现代服务业占第三产业比重达到70%以上。

一、发展都市商务旅游业

发挥省会城市综合配套完善、服务体系健全的优势，加快旅游资源升级改造和旅游要素国际化改造，推进旅游管理改革和旅游产品创新，着力发展特色都市商务旅游产业。重点建设西部现代商务会展休闲旅游区、南部生态文化和民俗文化旅游区、东部滨海生态休闲旅游区、中部滨海都市风情旅游区等“四大精品旅游片区”、和火山群世界地质公园、东寨港红树林国家湿地公园、长影海南世纪影城等“三大主题公园”，发展观光度假、海上运动、自驾休闲、节庆赛事、乡村生态等“五大旅游业态”，创建1~2家5A级景区，增强旅游产品竞争力。到2015年，实现旅游业增加值占地区生产总值比重达到8%以上，旅游总收入达到120亿元以上，接待旅游人数达到1200万人次以上。

加快基础设施的旅游化改造。新开通一批主要景区、旅游小镇、乡村旅游点的旅游公交和观光巴士线路。扩大开放水域，完善海江航道。依托旅游景区（点），完善自驾车营地、房车营地等配套设施。在交通枢纽和主干道、景区（点）、旅游小镇等设置中英（外）文旅游标识标牌。完成旅游厕所改扩建工程。改造金牛岭公园、万绿园、红城湖公园和海口湾公园、滨海公园和世纪公园。建成100公里以上的绿色慢行休闲系统及配套驿站。建成14个旅游咨询服务中心，以及宣传促销、预订服务等综合信息网络服务平台，提高旅游公共信息服务水平。

推进旅游服务国际化、特色化。对旅游服务要素进行国际化改造，初步建立与国际接轨的服务体系。建立以政府为主导、行业协会和企业为主体、营销代理机构为补充的旅游营销体系。建成海口港国际联检大楼。加快秀英港区国际邮轮码头配套设施建设，鼓励境外邮轮企业来海口设立经营机构，开展邮轮服务业务。推进旅游企业品牌化集团化和业务创新。按照绿色、环保标准，科学规划，大力发展星级酒店和商务酒店，鼓励发展本土文化类主题酒店、家庭旅馆及经济型连锁经营酒店。2015年，高星级酒店达到12家以上。

二、发展现代物流业

加快港口、空港、道路、市场等区域物流基础设施建设；建立由政府职能部门引导、企业运作的统一物流公共信息服务平台，实现园区公共服务信息系统与物流中心、配送中心服务信息子系统兼容共享；完善以口岸大型综合性物流基地为核心，以专业化物流中心为配套，以城乡配送为延伸的现代物流体系；加快发展现代物流、第三方物流、第四方物流尤其是保税物流，成为全省现代物流中心。重点建设“三大物流园区”、“五大物流中心”和“五个专业配送中心”。到2015年，港口货物吞吐量达到1亿吨，集装箱运输达到150万标箱；空港吞吐量达到30万吨。

专栏八：物流业布局

一、三大物流园区：临空物流园区（美兰机场北侧）、马村港保税物流园区和新海物流园区。

二、五大物流中心：府城南北水果蔬菜物流中心、永桂海口钢材物流交易中心、丁村美居生活物流中心、桂林洋水产物流交易中心、中商农产品物流中心。

三、五大配送中心：南站配送中心、金盘配送中心、灵山配送中心、长流配送中心、桂林洋配送中心。

三、发展文化产业

利用历史文化名城效应，推动文化与旅游、工业、体育、会展、娱乐等相融合，使文化产业成为引领海口发展的支柱性产业。到2015年，文化产业增加值占地区生产总值比重达到5%以上，占全省文化产业增加值比重超过60%。

打响历史文化名城品牌。完善历史文化名城规划。完成重点文物保护规划、修缮方案编制。完成对非物质文化遗产的分类和整理，加快历史文化资源市场开发，促进旅游与文化融合发展。重点完成骑楼历史文化街区和府城传统建筑街区的保护与开发，改造海瑞墓、五公祠、丘濬墓、秀英炮台和琼崖一大旧址等重点文物，建设集旅游、观光、展览、休闲于一体的人文旅游胜地。整合红色文化、火山文化、民俗文化、海洋文化资源，加快传统手工艺和表演类非物质文化遗产开发，扶持特色文化精品创作和生产。

加快文化创意产业发展。采用“政府支持、市场化运作、企业独立运营”发展模式，高标准规划建设海南国际创意港，建成文化创意产业园。

打造一站式创意产业运营服务平台，大力发展广播电视业，加快影视、动漫、网游、工业设计、时尚消费等文化创意产业发展，辐射带动工业、旅游产品创新。加强知识产权保护，促进文化创意产业健康发展。到2015年，把海口建成全国知名的创意产业基地。

打造"娱乐之都"。推进大致坡中国戏剧家活动基地等建设，加快琼剧艺术、影视产业发展。扩大现有文体品牌赛事活动成果，鼓励演艺与旅游资源整合，引进各类演艺企业和专业创作团队，在核心景区打造高品质、有特色的演艺精品。创新文化发展平台，开展精品文化娱乐活动，做到每年引进20场国内外一流的文艺表演精品。丰富大众化娱乐产品，建设主题酒吧、不夜城、大型娱乐中心、艺术馆、演艺厅等文化娱乐设施。到2015年，新增3－5个在全国具有影响力的文体活动品牌。

四、发展商务会展业

制定会展业发展规划，促进会展与商务、旅游等融合，使会展业成为现代服务业发展的新亮点。鼓励国内外会展专业机构和旅游机构在海口设立分支机构。举办、引进全国性、国际性会议，鼓励各类会展企业举办展览和会议，鼓励企业和行业协会来海口召开年会、培训班、全国性订货会，以及泛北部湾区域的各种经济合作会议。重点培育中国热带农产品交易会、中国旅游商品交易会、游艇展览会、水产品及渔业产品交易会、汽车展销会等会展品牌。全力申办2017年世界石油大会。力争每年举办大型商务会展和专业性会展100个以上，其中2～3个国际知名会展品牌定期定址在海口，使海口成为国内外重要的商务会展中心。

五、发展体育休闲业

加快发展户外有氧休闲运动产业和体育赛事产业，推动体育休闲与旅游融合。

加快高尔夫产业发展。编制海口市高尔夫发展总体规划，规范高尔夫旅游发展。把海口高尔夫与旅游论坛办成定期定址具有国际影响力的品牌活动。推进高尔夫精品项目建设，引进一批具有国际影响力的高尔夫球赛事，发展高尔夫培训等关联产业，延伸高尔夫产业链条，努力将海口建设成世界性的高尔夫之都。

加快游艇产业发展。编制海口市游艇经济发展规划，尝试在游艇航行、停泊、出入境、交易、保税、海域开放等方面进行管理创新。把海口游艇经济论坛办成定期定址的具有国际影响力的品牌活动。规划建设游艇交易所、游艇俱乐部。加快游艇配套产品、驾驶培训、维修、会展及赛事等产业发展壮大。到2015年建成900个游艇泊位，初步形成完整的产业链。

同时，利用低空开放政策，探索推动直升机自驾运动，培育直升机驾驶培训与服务等相关产业。

六、发展特色餐饮购物业

充分利用落地免签证、离岛退税等优惠政策，科学规划商业网点、餐饮布局，鼓励创新，推动特色餐饮、购物业加快发展。

打造海南国际旅游岛"美食天堂"。挖掘海南和其他地区美食文化，通过连锁经营、特许加盟等形式，大力发展夜间休闲经济。举办海口美食文化节，建成2～3条特色美食街，培育一批具有竞争力和影响力的餐饮品牌，成为海南国际旅游岛美食首选地。

打造海南国际旅游岛购物中心。优化商业布局，建成美兰机场、国兴大道日月城广场、海秀东路等免税店，充分发挥免税购物政策效应；创新商贸业态，引进新型商业模式，鼓励发展大型购物中心、专业商品交易市场、专卖店、直销店等多种经营模式；提升国贸、大英山等商业片区功能，完成农贸市场升级改造，形成多业态和多功能的综合商业体系。

七、培育特色康体疗养业

制定康体疗养业发展规划。利用南药、黎药和海洋药物资源，以及良好的生态环境资源和海滨温泉资源，引入国际医疗卫生认证标准，引进国内外先进的康体疗养机构，大力发展中医康复疗养、温泉康体疗养、食疗药膳等康体服务；建设西海岸国际康体疗养中心，发展个体化健康体验度假服务，使海口成为集休闲度假、康体保健于一体的康体养生基地。到2015年，力争培育3～5家康体疗养机构，初步建成具有国际先进水平和海南国际旅游岛特色的医疗保健中心与康体疗养中心。

八、扶持金融保险业创新发展

全力支持金融保险机构用足、用活国家赋予的金融保险政策，优化网点布局，完善服务设施，创新服务产品。

鼓励金融业做大做强。支持设立海口商业银行、村镇银行、小额贷款公司等金融服务机构。支持开展跨境贸易人民币结算试点和居民个人本外币兑换特许业务试点工作，在机场、旅游区、中心城区等设立外币兑换窗口；探索设立旅游产业投资基金；支持国际化程度高、融资能力强、特色服务突出的金融机构落户海口。积极培育企业上市资源，形成多层次、多元化的金融市场主体。

支持保险业拓宽服务领域。支持保险业组织创新、保险产品服务创新和管理创新。鼓励发展农业保险、旅游保险、责任保险，以及适应海南国际旅游岛建设的新兴旅游保险、特种旅游保险和综合性旅游保险等保险产品。鼓励开发邮轮游艇保险。支持保险行业完善旅行社责任险，发展旅游意外险、景点等旅游各环节责任险。

九、有序发展高端旅游地产业

完善房地产开发企业、中介机构、物业管理企业资质及房地产业各类执（职）业资格的核准及监管，规范市场秩序；推行房地产开发企业信用评级制度；建立房地产市场信息系统，强化动态监控。坚持高标准、高品质、高端化的开发原则，科学规划旅游地产发展类型、规模和速度，构建高星级酒店、产权式酒店、高端度假休闲住宅等多元化的旅游地产供应体系，打造环境优美、文化魅力独特的高端旅游度假品牌，以旅游地产资源推动产业发展、促进消费、改善人口素质。支持开展房地产投资信托基金（RETTS）试点，逐步建立与国际接轨的房地产投融资机制。

第二节　新型工业

按照“技术先进、规模经营、布局合理、环保高效”的要求，大力培育和发展高新技术产业，形成一批具有国际国内市场竞争力的骨干企业和名牌产品。到2015年，实现工业总产值700亿元以上，高新技术产业产值占全省70%以上。

一、完善工业发展平台

统筹规划园区建设，科学确定园区功能定位，提升园区企业关联度，提高园区土地开发强度，推进工业集约发展，使园区成为产业尤其是高新技术产业的聚集地。到2015年，通过调整城市总体规划，对现有园区扩容，规划建设临空产业园等，较大幅度增加工业用地，实现园区面积达到30平方公里，园区产值占全市工业产值比重超过65%。

（一）综合保税区。下辖“三园”：原海口保税区园区、海口综合保税区和临空经济园区（美兰机场）。围绕保税物流、保税加工、保税服务等三大主要功能，发挥前店后厂作用，重点发展国际转口贸易、国际采购、国际分销配送等业务，带动园区外制造业等产业加快发展，成为海南国际旅游岛及环北部湾区域的重要资源配置中心。

——原海口保税区园区。主要发展汽车（海马一、二期）、电子信息、生物制药、机电加工等产业。

——海口综合保税区。重点发展保税物流产业、出口加工业和现代服务产业，形成以口岸为依托的高度开放的加工贸易和现代物流运营区。“十二五”时期，重点推动综合保税区和马村港物流园区联动，实现综合保税区扩容、增效。

——临空经济园区。以美兰机场为依托，规划建设空港物流园，在周边配套发展农副产品加工、花卉等产业。“十二五”时期，力争提升为临空保税物流园区。

（二）国家高新技术开发区。下辖“五园”：药谷工业园、海马汽车工业园、狮子岭工业园、云龙产业园、文化创意产业园。主要发展生物药业、汽车制造、新能源、新材料、节能环保等高新技术产业、新型工业和创意产业。

——药谷工业园。重点发展生物医药、海洋医药、南药、黎药等，并用现代生物技术改造传统医药产业。

——海马汽车工业园。重点发展汽车研发、制造及相关产业，加快新能源汽车的产业化，引进旅游房车的生产。2015年实现海马汽车30万辆整车产能。

——狮子岭工业园。重点发展太阳能电池、电子极硅材料、储能及光伏并网发电技术等新能源产业，及新材料、节能环保产业。2015年实现英利1000兆瓦太阳能电池产能。

——云龙产业园。承接市区传统产业的转移，实现扩能和技术升级；重点发展食品饮料、农副产品深加工等产业。

——文化创意产业园。重点发展工业设计、动漫游戏、影视和音乐制作等产业，提高工业产品附加值，增强现代服务业核心竞争力。

二、提高自主创新能力

建设科技公共服务平台，建成高新技术产业孵化器和创业服务中心，扶持科技型中小企业发展壮大。支持企业技术创新，鼓励有条件的企业建立国家、省、市重点实验室和国家、省重点工程技术研发中心。加强产学研结合，开展国际技术交流与合作，吸引国内外知名机构和企业到海口设立研发基地。加快科技成果转化，努力在优势特色产业领域形成一批具有自主知识产权的核心技术和知名品牌。到2015年，培育高新技术企业65家，市级以上创新型企业35家，国家级、省级知识产权试点企业45家，建成国家创新型城市。

三、壮大优势产业

做大汽车、机电、高分子材料与化纤制造、食品饮料和农副产品加工等优势支柱产业。

——汽车制造。完成30万辆整车、30万台发动机、50个配套厂的海马汽车工业园建设。扶持、引进零部件生产配套企业。加快新产品研发，提高汽车综合竞争力。拓展汽车金融业务和产品售后服务，扶持汽车商务服务和会展企业发展。

——食品饮料与农副产品加工。充分发挥热带作物资源、海洋生物资源及高校与科研机构集中优势，加快热带果汁饮料、果酒等热带绿色旅游食品，以及特色民族工艺品开发，加快烟草产业易地技改，建设农产品加工园，成为食品加工制造和供应的重要基地。

——机电制造。以机电制造、电子电器、光机电一体化为主攻方向，推进机电产业系统化、网络化、智能化改造，加快新产品开发。引进一批科技含量高的外向型机电企业，规划建设机电产品出口加工区，构建“小而精、小而专、小而优”的配套协作企业群体，形成产业集群。

——高分子材料与化纤制造。紧密对接洋浦、东方油气化工产业，推进丙烯、乙烯等下游高分子材料和化纤制造产业发展，为海南汽车行业、电子信息行业提供原料，促进纺织、服装、建材、包装材料等产业发展。

四、培育战略性新兴产业

大力培育新能源、新能源汽车、生物制药、新一代信息技术、旅游装备制造、节能环保等战略性新兴产业，拓展产业发展新空间。

——新能源。加快英利、汉能等新能源项目建设，推动光伏电站并网，建设与建筑物结合的小型光伏发电示范系统，加快新能源产业发展。

——新能源汽车。借助国家节能汽车试点城市政策，加快电动等新能源汽车技术的开发与应用，争取建设国家新能源汽车产业基地。到2015年，新能源汽车基本实现产业化。

——生物制药。鼓励企业加大研发投入，提升自主创新能力，壮大产业规模。大力发展疫苗、生物芯片与基因诊断等医药产业。支持生物制药企业等在海口建立科研机构，建设南药、黎药和海洋药物研发生产基地，建成中国南方重要的药品研发、教育培训、生产和销售基地。

——旅游装备制造。发展游艇、房车、越野和户外运动装备、潜水设备、高尔夫用具等旅游装备制造业，打造旅游装备制造业基地。

——新一代信息技术。以新一代互联网、物联网等为重点，开发支撑信息产业发展和信息智能岛建设的核心技术和关键产品，强化信息技术应用。

——节能环保。强化政策支持和引导，扶持龙头环保企业的发展壮大，加快发展污水、污泥处理与再利用技术设备产业。

第三节 现代高效农业

以“两区两园两带一中心”和设施农业建设为切入点，推动农业集约化、规模化生产，加快农产品流通和深加工业发展，加强专业市场建设，提高农业附加值，推进农业产业化、市场化、标准化、品牌化，发展现代高效农业。到2015年，全市农产品深加工产值占全省的一半以上。

一、建设现代农业基地

加强土地整理，做好打井治坡等工作，完善农业基础设施；建设七大特色农业产业区，促进优势产业向优势区域集聚；加强“无疫区”建设，打造特色农产品品牌，实现农业增效、农民增收。扶持设施农业发展，推进30万亩土地整治（一期：10.9万亩），探索农业生产规模化、集约化经营新模式；加快1.5万亩池塘改造，大力发展健康水产养殖；推进2万亩花卉基地建设，促进花卉产业加快发展。到2015年，瓜菜面积达到38万亩左右，生态循环农业基地达到15万亩，标准化畜禽养殖小区达到150个，努力把我市建成全国冬季瓜菜基地、全国现代农业示范区、畜禽出岛出口基地、生态循环农业和设施农业示范基地。

二、打造全省农产品集散和深加工中心

建设一批大型热带农产品、水产品、花卉、木材等专业交易市场。扶持农产品冷藏保鲜、加工和配送产业发展，完善农产品物流体系。完成中商农产品中心市场、海南（国家级）水产品交易中心，打造全省农副产品批发交易中心。启动海口农产品加工园区建设，延长农业产业链条，推进农产品加工集约化发展。培育一批具有市场影响力的农业龙头加工企业，打造一批具有热带特色的农产品品牌。到2015年，全市农产品初加工和深加工比例分别达到60%和20%。

三、完善农业服务体系

突出“无疫区”品牌，完善无规定动物疫病区基础设施。健全农产品质量安全监管和检测体系，建设农产品检测中心，全面落实农业投入品监管、农产品例行监测和质量安全追溯制度，推动农业规范发展。支持龙头企业、供销合作社、农民专业合作社、农民经纪人等提供多种形式的生产经营服务，加快开拓农村市场，带动农村服务业发展。加快镇级农资供应中心建设，完善农资供应体系。加强农民电子信息培训，提高农民应用电子信息能力。构建电子农务综合信息服务平台，基本实现农业电子信息进村入户。

四、推进休闲农业发展

科学规划、合理布局，建设一批乡村休闲观光园区和农业示范展示园区，打造火山文化与西部城郊休闲农业、中部南部红色旅游与生态农业观光、东部滨海原生态与特色风味乡村游三大休闲农业产业带。鼓励与引导采摘篱园、家庭农庄等乡村旅游业态发展。

专栏九：两区两园两带一中心

一、两区：省市共建现代生态循环农业示范区、国家现代农业示范区。

二、两园：现代农业展示示范园、桂林洋农产品加工产业园。

三、两带：休闲农业示范带、羊山地区农业结构调整产业带。

四、一中心：海南中商农产品交易中心

专栏十：七大农业产业区

一、文昌鸡产业区：以大致坡、三江等镇为重点；

二、生猪养殖产业区：以海榆东线、海文高速沿线各镇为重点；

三、火山特色瓜果产业区：以永兴、石山等镇为重点；

四、热带花卉产业区：以海文高速、海榆东线、琼文公路沿线等为重点；

五、冬季瓜菜产业区：以南渡江沿岸和羊山地区为重点；

六、热带水果和作物产业区：以三门坡、永兴等镇为重点；

七、水产养殖产业区：以演丰、红旗及周边镇等为重点。

第四节　海洋产业

充分发挥港口和海洋资源优势，大力发展港口物流、海洋资源深加工和休闲渔业，培育壮大海洋经济。

一、壮大港口经济

利用区位优势，实施港区功能分离，完善基础设施，增强港口停泊和中转能力，将海口建成环北部湾区域的重要物流枢纽。把秀英港建设成国际邮轮母港；把新海港建设成客运和商品汽车运输滚装码头；把马村港建设成集装箱、大宗散货运输的重要港口，到2015年力争把海口港区建成亿吨大港。同时，在南渡江入海口建成集渔船避风、渔业集散和加工于一体的国家一级渔港。

二、加快海洋资源开发

科学、合理、依法推进海洋资源开发。加快技术开发力度，大力发展海洋天然气高附加值产品加工、海洋生物医药、渔业深加工等产业。利用北岸优势，大力发展游艇、帆板、海钓等产业。规划建设海洋馆等项目。引导渔民利用现有渔船和渔业设施发展特色渔业休闲游。

第四章　完善中心城市功能

发挥省会中心城市优势，强化交通、信息、商务、科研、人才、医疗、文化体育和南海资源开发的服务功能，为海南国际旅游岛建设提供高水平的综合服务保障。

第一节　区域交通中心

完善交通设施间的衔接，加快综合交通枢纽节点和城市出口路建设与改造，实现港口、铁路与长途汽车运输、城市公交、航空等运输方式的无缝对接。加快美兰机场扩建、新海港等交通枢纽点建设，进一步优化城市交通枢纽点布局，重点完成秀英港搬迁改造，缓解城市交通拥堵。完善城市路网，完成主城区公路市政化改造，探索立交化改造，打通断头路和丁字路。规划新建4个综合客运枢纽、10个农村客运站、5个对外货运枢纽站场。在大型商业设施、新建住宅小区等合理配建停车场，有效化解停车难问题。到2015年，力争主干路网密度达到1.32公里/平方公里，次干路网密度达到2.15公里/平方公里，支路网密度控制在5～7公里/平方公里之间，基本形成以海口为中心、辐射全岛、畅通便捷的立体交通网。

第二节　信息服务中心

加快“数字海口”建设，完善信息基础设施，率先实现电信网、广播电视网和计算机通信网“三网融合”，建成覆盖全市、辐射全省的“大容量、高带宽、技术先进、安全可靠”宽带无线城域网和综合化、宽带化和个性化的旅游信息服务体系。推进物联网、全球定位系统（GPS）等信息技术在生产生活中的广泛应用。完善行政审批电子政务平台，实现政务资源数字化、办公过程无纸化。打造集公安、国土、规划、住建、城市管理等于一体的信息数据共享平台，推进城市管理信息化。加快网络营销等电子商务发展。鼓励综合信息平台网站发展，完善旅游门户网站的宣传促销、咨询、预订、投诉等功能。加强信息人才培养、引进，提高为海南国际旅游岛建设服务的信息水平。

第三节　智力支撑中心

实施科教兴市、人才强市战略，促进职业教育跨越发展，培育科技研发机构，为海南国际旅游岛建设提供智力支撑。到2015年，实现人才总量年均增长5.7%以上，人才总量达到40万左右，人才效能值低于4.5人/百万GDP，人才竞争力达到全国省会城市中等水平。

一、提升人才服务中心水平

打造人才培育基地。力争创建一所市属大学。完善桂林洋高校区配套设施，坚持产、学、研结合，将桂林洋高校区打造成全省人才培育基地和产业孵化基地。建成1～2所全国示范性职业学校，重点打造高尔夫、游艇、保健、旅游等一批具有国际旅游岛特色的品牌专业，培养各类中级应用型人才。鼓励科研机构、大专院校、国内知名大企业与高新区等园区实行技术研发对口合作。鼓励扶持专业化中小型科技企业发展。强化科技扩散，探索建立覆盖全省的高新技术知识产权交易平台。完善教育基础设施，推动优质教学资源集团化办学。到2015年，初步形成具有国际旅游岛特色的高水平职业教育基地，初步建成企业为主体、市场为导向、产学研用紧密结合的科技研发体系。

扩大教育开放。引进优质教学资源，探索引入国内外著名院校在海口设立分校，吸引大企业在海口设立培训基地。探索与境外学校间的课程和学分互认，扩大教育国际交流的规模与渠道。鼓励有条件的学校与国外院校联合办学，建设1～2所示范性国际学校和中外合作办学项目，培养服务海南国际旅游岛建设的应用型人才。探索双语教学，发展多种语言教育。建设面向世界的汉语学习基地。实施“候鸟引智”工程，利用专家、院士等高级人才来琼休闲度假契机，开展短期讲座、培训等活动。引入国际职业资格标准，广泛开展社会培训和资格认证。

二、推进人才建设工程

扎实推进人才队伍建设，深入实施人才优先发展、人才创新创业扶持、鼓励非公经济组织和社会组织人才发展、城乡区域人才流动引导、教育先行、知识性财产保护、更加开放的人才国际化等七项人才开发政策，切实抓好高层次创新创业型人才引进培养、现代服务业人才开发、热带现代农业人才开发、南海资源开发人才集聚、优秀企业家培养、高素质教育人才开发、高素质医疗卫生人才开发等人才建设工程，建立以岗位职责为基础的人才评价体系，完善选人用人的科学制度，形成有利于吸引人才、发现人才、激活人才的体制机制。

第四节　商务服务中心

发挥省会城市生产要素集聚优势，推动商务服务产品创新，促进社会组织发展，打造服务海南国际旅游岛建设的商务中心。

一、建设总部服务基地

提升国贸区域总部服务功能。结合新片区开发，规划建设大英山商务区、长流商务区等新商务区，将大英山商务区打造为中央商务区。发掘综合保税区、国家高新技术开发区的商务服务功能，积极吸引国内外大企业、大集团落户海口，在我市设立地区总部，以总部经济带动旅游、新型工业、航空、金融服务等产业发展。

二、打造全省中介服务中心

大力发展会计、律师、经济鉴证、咨询等中介服务业。借鉴国际新服务方式和经营模式，培育一批在国内外有一定知名度的中介服务企业。建立介于政府与市场主体、市场主体与市场主体之间从事监督、公正、协调、沟通、规范等服务活动的社会组织机构。到2015年，基本形成种类齐全、运作规范、接轨国际的现代中介服务体系。

第五节　医疗服务中心

提升医疗水平，强化旅游医疗保障能力，打造海南国际旅游岛医疗保健中心。到2015年，初步形成结构合理、功能完善的医疗服务体系。

一、健全医疗服务体系

消除体制障碍，鼓励、引导境外资本和民营资本举办营利性及非营利性医疗机构，逐步构建以公有制为主体，多种所有制医疗机构共同发展的医疗服务体系。实施临床路径管理、《电子病历基本规范》和第三方医院评鉴制度等，建立医疗服务诚信体系。完善快速医疗急救体系，提高紧急救援能力。整合卫生系统信息资源，建立区域化医药卫生信息系统，实现电子医务、医保互通、远程医疗、网络健康教育与咨询、医疗服务和卫生管理的一体化，提高医疗服务效率、医疗服务质量，降低医疗成本和医疗风险。

二、提高医疗服务水平

提升市人民医院、妇幼保健院、120急救中心、疾控中心等医疗机构服务水平，将市中医院建设成三级甲等中医院。加强卫生骨干队伍培训，加快重点学科人才引进步伐，实施医疗卫生人才引进培养“百千工程”，全面提升医疗卫生队伍服务水平。积极引进国内外高水平医疗机构和高素质医疗人才，引入国际医疗卫生认证标准，提高医疗水准，规划建设具有地区先进水平和服务特色的医疗保健中心，提高旅游医疗保障能力，为本岛居民和外来游客提供更加优质的服务。

第六节　文化体育中心

完善城乡文化体育基础设施，大力发展体育赛事和训练产业，加快文化资源开发和产业发展，打造全省文化体育中心。

一、加强文化体育基础设施建设

重点推进科技馆、规划展示馆、海口琼剧馆建设；完成海南（海口）青少年活动中心、五源河文化体育中心等项目建设，带动全省文化、体育产业发展。推动省图书馆、大专院校图书馆、市图书馆馆藏资源共享，建立手续便捷、对象广泛的图书借阅机制。建立区级电子图书馆。支持省、市博物馆挖掘海南科学、文化资源，创新展品，开展国际交流。完善市、区、街道和社区四级配套体育设施，积极发展社区体育和农村体育。探索文体场馆面向社会、面向市场的多元化经营，形成良性运行机制。实施全民健身计划，促进群众体育与竞技体育协调发展。

二、加快特色文化体育资源开发

引进国内外重大体育赛事，发展热带滨海特色体育项目。打造好热气球、亚洲沙滩排球锦标赛、高尔夫世界杯、环岛自行车、轮滑等赛事品牌，提升海口城市知名度；推动帆船、帆板、轮滑等基地向市民、游客开放，促进训练产业良性发展；积极探索发展竞猜型体育彩票和大型国际赛事即开彩票。鼓励社会兴办文化产业。设立文化发展扶持基金，培养、引进高层次文化专业人才，加快文化事业发展；创新万春会、冼夫人文化节、椰风文化节、府城元宵换花节等地方特色节会；创办一批特色娱乐节目；申办国际合唱节，形成独具魅力的海口文化。

第七节　南海资源开发服务基地

加强海洋科研、科普和服务保障体系建设，建设国家南海资源开发服务基地。尽快修编海口市海洋功能区划，科学划分海岸和近海基本功能区。提升城市基础设施水平，强化仓储物流能力，为南海资源开发提供基础设施服务。加强商业服务体系建设，做好南海资源开发企业总部服务配套设施，推动南海资源开发企业总部入驻。积极引进和培养海洋、油气科技人才，发展海洋生物工程和海洋能源利用等产业，为南海资源开发提供智力服务。扶持鼓励南海资源产品下游产业发展，延长产业链条。

第五章　加强城乡建设与管理

完善城市科学管理机制，科学规划城镇产业布局；加快旧城改造和新区开发，加强文明生态村和城乡防灾减灾基础设施建设，加快城镇化进程，统筹城乡协调发展。

第一节　旧城改造和新片区开发

运用城市经营理念，强化规划引导，吸引社会资本，加快旧城改造和新区开发，改善城市面貌。到2015年，基本形成“东进、南优、西扩、北拓、中强”的发展格局。

一、大力推进旧城改造

坚持“政府主导、让利于民、市场运作、和谐安置”的原则，积极探索拆迁、补偿、供地新政策新模式，加强策划包装，大力引入社会资本进入城市旧改，实现创造就业、优化环境、改善面貌、完善公共服务和市政基础设施布局的目标。“十二五”时期重点完成南渡江西岸、红城湖周边等重点片区的改造。

二、加快新片区开发

坚持“组团发展、梯度开发、主题鲜明、空间拓展”的原则，加大新片区基础设施投入，完善路网、供水、供气等基础设施，科学布局城市业态发展和生活功能，加快城市化进程。“十二五”期间重点推进长流起步区、金沙湾、美丽沙、新埠岛、西海岸南片区、江东新区等片区开发。

第二节 中心镇建设

抓住国家大力推进城镇化机遇，促进镇域特色产业发展，提高中心镇可持续发展能力，放大中心镇在城市圈发展中的卫星作用和带动农村发展的节点作用，拓展城市发展空间。

一、中心镇功能定位

坚持特色鲜明、差异化发展的原则，按照5条呈放射轴发展布局（即海文高速公路发展轴；海榆东线公路发展轴；东线高速公路发展轴；海榆中线发展轴；海榆西线发展轴），建设一批设施完善、服务配套、环境优美的特色风情旅游小镇。到2015年，每个中心镇形成一个以上主打产业或特色品牌，镇域经济实现新突破。

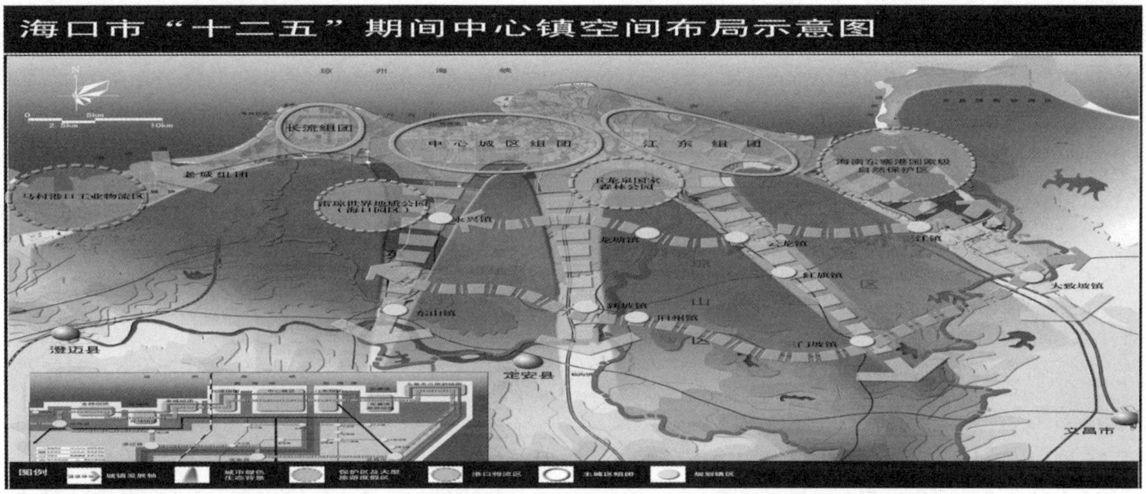

海口市“十二五”期间中心镇空间布局示意图

专栏十一：主要中心镇业态

一、演丰镇：建设热带滨海乡村风情休闲旅游小镇。依托东寨港红树林保护区发展乡村生态游。

二、大致坡镇：建设文化产业示范镇。重点发展琼剧文化产业集群。

三、云龙镇：建设综合服务型小镇。重点发展服务云龙产业园的相关产业。

四、新坡镇：建设民俗文化旅游小镇。依托冼夫人民俗文化、“八仙泉”、“美面溪”、“南黎山”等资源发展民俗文化旅游。

五、永兴镇：建设国际旅游小镇和低碳示范综合镇。依托火山群世界地质公园、狮子岭工业园及高尔夫户外有氧运动，发展火山文化游和工业观光游。

六、东山镇：建设城郊特色小镇。发展服装加工、城郊农家乐旅游等。

七、红旗镇：建设现代农业示范镇和特色文化产业镇。发展热带果菜和花卉、农副产品集散业，建设华文学校、东坡学院、华人论坛，发展特色文化产业。

八、龙塘镇：建设特色产业小镇。发展地区特色雕刻和服装加工业。

九、旧州镇：建设特色农业小镇。发展生态观光旅游、农副产品加工等。

十、三门坡镇：建设特色加工业小镇。发展热作资源加工、商贸物流、生态休闲等。

二、完善中心镇基础设施

把农村基础设施建设纳入城市建设总体规划，统一建设、改造中心镇水、电、路、气、通讯、广播电视“六网”。加快农村“一池三改”工程建设，提高清洁能源消费比重。建设一小时城市路网，加强高速公路、干线公路和乡村公路建设，完善“五纵五横一滨江”公路，形成干支相连、区域成网、城乡通达的交通网络。加快中心镇之间、中心镇至其他镇墟的行政村公路网的建设，改善中心镇对外交通条件。建设一批农村乡镇客运站点、候车亭，争取90%以上乡镇客运线路完成公交城乡一体化改造。

第三节　新农村建设

改善农村生产、生活基础设施条件，推进基本公共服务均等化向农村延伸，强化农村基层党组织凝聚力和战斗力，推动农村加快发展。

一、完善农村公共服务体系

健全村级公益事业“一事一议”制度，深化村务、财务公开，完善村民自治机制。健全农村卫生保洁、公路养护、田洋管理等制度。实施科技进村入户工程，提升电子农务和农业科技110服务水平，提升设施农业、疫病防控、农业标准化等水平。实施农民培训工程，开展农业实用技术、农村劳动力转移就业等培训。实施基层农业技术推广计划，加快推进基层农技机构改革。到2015年，重点农业技术入户率达到100%。

二、改善农村基础设施条件

以生态文明村和绿色小康村建设为载体，推进乡村建设规划许可证制度，科学引导村庄布局调整，集约建设农村基础设施，着力提高农业综合生产能力、农村服务保障能力和农民致富能力。加强水利设施改造、田洋整治和水库渠道防渗工程建设，增加农田、坡地灌溉面积。规划建设一批农村集中供水设施，改善农村居民安全饮水条件。全面完成农村卫生室标准化建设、广播电视村村通工程、中小学校舍安全工程、农村改水改厕，基本完成农村危房改造。

三、推进文明生态村和绿色小康村建设

深化文明生态村创建活动，加快绿色小康村建设，加强农村文化建设，促进村风民俗文明化；引导农民调整产业结构，积极推行“沼气发电、集中供气、绿色农业、治理污染、综合利用”模式，发展农业循环经济；引导农民有序发展农家乐、家庭旅馆、休闲农庄等旅游项目，促进农民增收；继续开展村容村貌整治，推进农村“绿化、净化、美化”，改善农村人居环境。到2015年，文明生态村占全市自然村的70%以上，绿色小康村占全市自然村30%以上。

第四节　城乡重点基础设施建设

统筹规划建设城乡道路、水利水网、电力、燃气、通讯等基础设施，完善城市服务功能。

一、道路建设

加快美兰机场扩建、海口港区等交通枢纽建设。加快环岛铁路海口段配套设施；海榆西线、中线、疏港路拓宽工程；江东大道、新东大桥、绕城高速连接演丰工程（二期）、永兴—龙塘—云龙—三江贯通工程、绿色长廊北段扩建、三仙公路及谭甲大道等区域交通建设。加快现代有轨电车工程（一期）；快速公交（BRT）示范线路；断头路和丁字路打通工程；南海大道、龙华路整治工程；丘海大道、龙昆南路、永万东路和永万西路延长线等城区路网建设。到2015年，形成“一空两铁三港六路”对外交通体系和“七横十二纵”城市主干路网及完善的城市交通微循环系统。

二、水利水网建设

加快推进南渡江调水、水库除险加固等农田水利设施工程，完成南渡江流域等主要农业生产区的土地整治和农业基础设施改造，大力推进农业规模化、集约化经营，提高农业生产效益。完成昌旺水库、高岭水库、永庄水库补给渠防渗加固工程建设，改扩建永庄等老水厂，新建江东净水厂和3座地下水厂，提高水资源保障能力。完成老城区供水管网改造和城市供水管网并网，到2015年实现城区达标供水管网全覆盖。开展中心镇供水工程，实现中心镇自来水供水率100%。推进农村安全用水工程，实现农村人畜安全饮水。加强河道整治，完善城市雨水、污水管网、排涝与泵站设施，实施雨污水分流，到2015年实现城区排涝管网覆盖率95%以上，基本消除城市积水问题。

海口市“十二五”期间交通网建设项目示意图

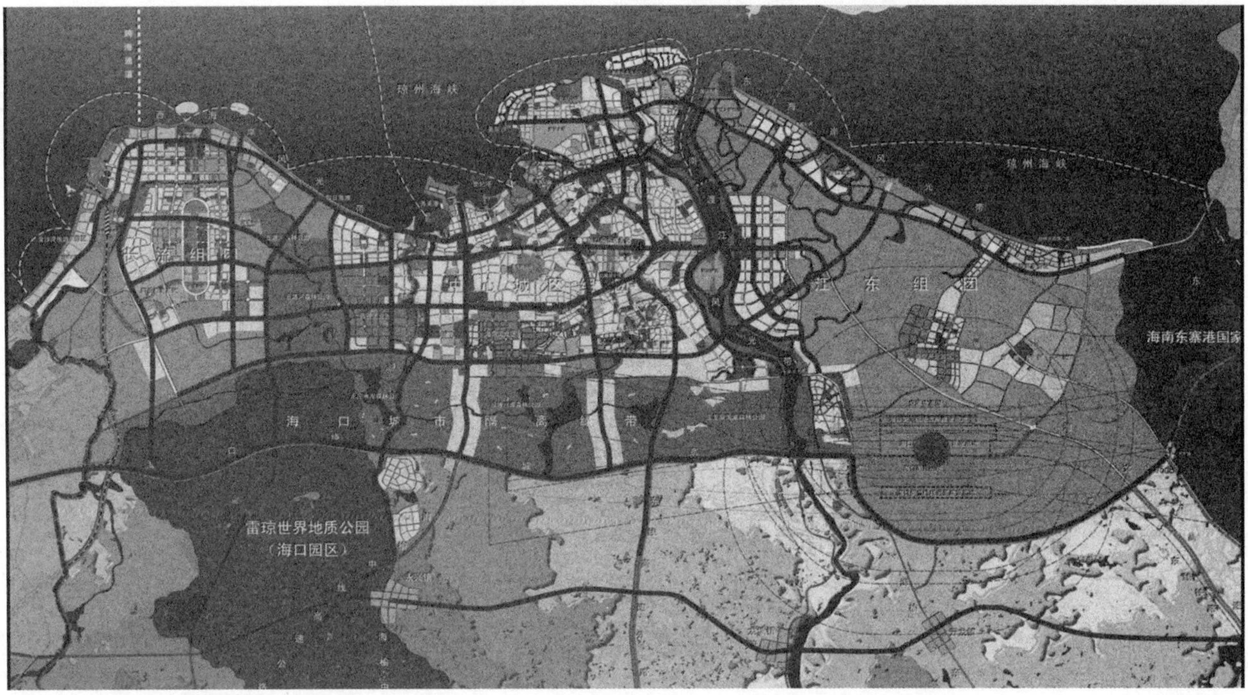

专栏十二：“十二五”重点交通体系构成

一、“一空两铁三港六路”对外交通体系：
“一空”：美兰国际机场；
“两铁”：东环铁路、西环铁路；
“三港”：马村港、秀英港、新海港；
“六路”：绕城高速、海榆西线、海榆中线（中线高速）、海榆东线、东线高速、海文高速。
二、“七横十二纵”的城市主干路网：
“七横”：海甸五路－新海路（延长线为新东大桥－江东大道）、滨海大道、海秀路－国兴大道、南海大道、椰海大道、绕城高速（一期和二期）、永兴－龙塘－云龙－三江公路。
“十二纵”：粤海大道、海港路－海秀大道、丘海大道、龙昆路、和平路－海府路、白龙路－琼州大道、滨江西路、琼山大道、长滨路延长线、绿色长廊二期、永万东路、西路延长线。

三、电力电网建设

完善基础设施，加快现有电网升级改造，实现环网供电。加快推进220kV、110kV和35kV等变电站的新建、扩建工程，基本实现每镇一个变电站。完成B类和C类地区10kV配网建设与改造，实现环网供电；完成D类地区10kV配网建设与改造，实现绝缘化供电；完成农村10kV配网（农网）改造，提高农村供电质量。同时，提高太阳能、水能、生物能等新能源在电能中的比例。

四、天然气管网建设

依托旧城改造和新片区开发，配套建设完善城市天然气管网。完善供气站点，启动美兰气站建设，建成江东及桂林洋高中压调压站，建设6座CNG汽车加气站。完善海口市第二气源厂，在2015年形成120万立方米左右的应急储备能力。试点推进CNG、LNG等分布式供应系统在新市镇、中心村建设中的应用。在分散农村用户推广使用沼气等清洁能源。到2015年，实现天然气用户数占全市用户比例达到49%左右。

五、通讯网络建设

加强信息基础设施建设，重点做好海口—五指山—三亚高速、西环铁路海口段和特色旅游镇的通讯网络建设，实现景区（点）、机场、铁路、公路和沿海区域的通讯网络全覆盖。加快产业信息平台和公共信息平台建设，加强信息田园、电子农务、网络教室等农村信息建设，到2015年，建成15个服务功能齐全的电子社区。

第五节　防灾减灾体系建设

健全应急指挥体系，加强城乡排涝、抗震、防风、防火、防海啸等设施建设，特别是农村防洪（潮）堤坝、防洪楼和排涝设施建设，抓好应急专业人才队伍建设和物资储备，构建反应迅速、运转高效的防灾减灾体系，保障全市经济发展和社会安全。

一、防灾减灾基础设施建设

结合旧城改造、新片区开发、中心镇与新农村建设，以重大防灾减灾基础设施项目为载体，全面完善城乡排涝、抗震、防风、防火、人民防空等基础设施，对现有公共设施安全性能和管理进行科学评价，利用现有防空设施建立市应急救灾物资储备中心，推进海陆两用消防站、防洪楼等急救设施建设，推动GPS等在地震、气象、洪水等灾害监测中的应用，构筑“预警、防护、救助”于一体的应急设施体系。

专栏十三：“十二五”期间防灾减灾建设重点项目

一、市政桥梁、路灯等交通设施的防灾减灾改造。
二、市区主要积水点和排涝泵站设施改造。
三、龙桥镇、龙泉镇、龙塘镇排涝工程建设。
四、小型病险水库，南渡江进水闸等旧水闸、防洪闸和泵站的除险加固，高明、九尾等水库渠道防渗。
五、北港、新埠岛、演丰等防洪（潮）工程建设。
六、现有防洪楼进行改造提升，新建80个防洪楼。
七、南渡江龙塘大坝至东山段防洪防护工程。
八、国家一级渔港（包括渔船避风港）建设。

二、防灾减灾机制建设

完善“一案三制”（一案：应急预案；三制：应急体制、机制和法制），加强行政、专业、社会三类城市应急管理系统建设，努力建立“宽领域、高可靠、速反应”的城市管理应急联动系统。健全市、区、镇、村四级公共安全应急指挥体系，完善四级预警反应机制（一般、较重、严重和特别严重）、应急预案管理，坚持应急管理常态化。加大对重大危险源和高风险点的监控，加强应急专业人才队伍建设和应急救灾物资储备建设，建立救灾应急基金，着力提高应对自然灾害、安全生产事故、突发公共安全事件等能力。完善对重点工程、重大项目和重大活动实施前的安全评价工作机制，加强对地质灾害易发地区的保护和管理，科学规范地下水等资源的开发。加强宣传教育，增强公众危机意识，努力提高群众的自救意识和互救能力。

第六节　城市精细化管理

科学规划城市建设，建立城市管理长效机制，推进城市管理精细化、规范化、常态化，创建全国卫生城市和全国文明城市。

一、完善城市管理机制

完善“大城管”体制，进一步理顺城市管理职能，做到规划科学、建设规范、责任明确、管理到位、养护及时、运转有序。高起点做好城市发展规划，突出城市规划的科学性、前瞻性和地区特色。完善市政基础设施和无障碍设施的建设、养护机制。建立健全查处违法建筑的规章制度及问责机制，推进环境卫生、户外广告、交通秩序、旅游市场、社会治安综合整治规范化，健全“公众参与、社会监督”的城管机制，切实解决人民群众关注的热点问题。

二、推进城市管理工程

建设、完善市政设施维修基地。巩固城市环境综合整治“五大工程”成果，开展规范化、常态化的系列环境整治活动，加强交通和环境卫生整治，改善城市交通秩序和卫生环境；严厉打击违法建筑，实现城乡违建“零新建”目标。健全城市数字化管理信息系统。强化属地管理，推动资源向基层倾斜，发挥公众、街道、社区在城市管理中的基础性作用。到2015年，实现市政设施维修及时率100%、完好率98%以上，城市主干道、出入口和窗口地区市容100%达标。

第六章　建设生态文明城市

坚持生态立市、环保优先，加快发展低碳经济、生态环保产业，实现在保护中发展、在发展中保护，建立资源节约型和环境友好型社会，建设生态文明城市。

第一节 环境治理

实施环境治理“四大工程”，强化环境治理，到2015年，实现城镇生活垃圾无害化处理率100%，城市生活污水集中处理率90%，重点工业企业废水、废气排放达标率100%，工业固体废物处置利用率100%。

一、水环境治理工程

重点实施秀英沟、五源河和荣山河整治工程，启动五源河人工湖泊（清漪湖）水景观建设。继续推进中心城区污水截流并网工程（三期），严格主城区城市污水收集、处理和排放标准，改善中心城区水质。加快建设白沙门污水处理厂（一期）工艺改造工程，妥善处理污泥。建设江东污水处理厂，完成江东地区河道治理。推进海口湾、东寨港两大海湾和海岸线整治，确保水环境功能区水质达标。

二、大气环境治理工程

继续推进天然气加气站建设和公交车燃气汽车改造，到2015年基本实现全市公交车、出租车使用清洁能源。实施二氧化硫排放总量控制，在建成区内禁止使用燃煤、重油燃油锅炉。加大企业治污力度，严格限制高污染、高排放、高能耗的“三高”企业。加强扬尘、烟尘和粉尘控制，强化交通和工程施工中的防尘、抑尘管理。合理引导餐饮业布点，整治餐饮油烟污染。实施严格的机动车排放标准，以及机动车环保标志管理制度，减少尾气污染。

三、噪声治理工程

推动城区环境噪声达标区建设；推行重点路段的降噪工程建设，治理道路、铁路、机场、建筑、餐饮、娱乐等噪声污染源；在人口密集区及学校、医院等敏感对象地点的路段设置隔声屏障，创建安静居住小区。

四、固体废物治理工程

扩建垃圾处理厂，新建医疗废弃物处置中心，规划建设一批垃圾转运站、厨余垃圾生化处理厂等环保设施，加强固体废弃物治理。妥善处置放射性固体废物，实现辐射源的安全监控。到2015年，初步形成功能完善的固体废弃物无害化处理体系。

第二节 节能减排

严格执行国家节能减排计划，认真落实节能减排各项措施和指标，增强可持续发展能力。

一、完善制度体系

出台节能监察有关政策措施，制定用能设备能效标准、重点用水行业取水定额标准、公共机构用能消耗定额标准、主要耗能行业节能设计规范，以及强制性能耗标识、再利用品标识等节能减排的标准规范。推行合同能源管理、电力需求管理和节能自愿协议等市场化节能服务机制，拓展节能服务领域，提高节能技术服务水平。搭建统一节能监测平台，提高节能执法和监测能力。

二、实施减排工程

严格执行环境准入制度，对主要污染物排放进行总量控制，严禁高能耗、高水耗、高排放和产能过剩行业发展，大力推进减排工程设施建设。积极发展循环经济，建设生态工业园，建立物质循环、能量梯级利用、水循环的生态工业链；推广中水循环利用；大力发展“猪（禽）—沼—作物（能源）”生态循环农业；支持“静脉”产业发展，提高废旧汽车、废旧电池、废旧金属、废旧塑料等废弃物的回收、加工和再利用率。严格农药化肥的使用管理，加强水产养殖污染控制，推广健康和生态养殖技术，减少农业面源污染。加强环境监管，完善污染减排统计、监测和考核办法，强化减排目标责任制，确保完成省下达的污染减排任务。

三、优化能源结构

大力推进智能电网建设。探索在酒店、公共服务机构建立太阳能或天然气分布式供能系统。完善城市天然气供应网络，全面解决“用气难、加气难”问题。抓住海口被列为国家第二批节能与新能源汽车示范推广试点城市机遇，加快充电站等配套建设，推广使用新能源汽车。实施“太阳能风力路灯照明示范工程”和“新型发光二极管（LED）照明示范工程”。在各类公共建筑和12层以下民用住宅推广太阳能热水系统。加强蓄能、变频、节能灯等节能技术及产品的推广应用。鼓励建筑物采用新型环保材料、节能技术，到2015年实现全覆盖。大力推广沼气、太阳能、风能等清洁能源，到2015年清洁能源使用率达到95%以上，重大项目和大型公共设施全面实行合同能源管理。

第三节　生态体系建设

严格城市绿线管制，将城市范围内的海岸、河岸、湖岸、山坡、城市主干道等地带作为“绿线”管理的重点部位，完善生态功能规划，科学合理布局区域性生态功能，提升南部片区生态原生性和水源涵养性功能、西南片区水源保护与森林游憩功能、北部和东南部片区海岸森林防护功能。按照“江海岸线绿屏、慢行休闲绿道、乡村绿网、城市绿景”要求，完善城市生态体系。推进森林城市建设，实施城市公园景观工程，推进“公园下乡，森林进城”工程。加强海洋生态保护，制定海洋环境保护规划，严格限制开采海砂，规范海岸线开发。加大生态防护林建设，保护沿海防护林带、红树林、海滨湿地等海洋、海岸带生态系统。加强对南渡江龙塘和永庄等集中式饮用水源地的保护。

第七章　实施民生事业工程

坚持把新增财力的55%以上用于民生事业，着力解决群众反映强烈的实际问题，推动基本公共服务向基层延伸、向农村覆盖、向弱势群体倾斜，让全市人民共享改革发展成果。

第一节　创业就业促进工程

坚持“劳动者自主创业、市场调节就业、政府促进就业”的就业方针，建立多渠道创业、就业体系，建设创业型城市。

一、完善就业创业服务平台

以创业理念宣传为先导，以创业环境改善和创业能力提升为重点，完善组织领导、政策扶持、创业服务、创业培训、创业考评“五大体系”建设，提高创业的成功率和稳定率。统筹城乡就业，促进农村富余劳动力就地就近转移就业，积极引导农村劳动力向城市和发达地区合理有序流动，建立外出就业和返乡创业双向流动机制。加强人力资源市场和基层劳动保障平台建设，形成多层次全方位公共就业服务体系。推动人力资源管理信息化，逐步实现市、区、街道（乡镇）、社区信息资源共享。

二、推进就业创业工程

扩大创业小额贷款担保覆盖范围，支持自主创业，到2015年累计新发放扶持创业小额担保贷款2亿元以上。把项目建设作为扩大就业的根本途径，做好各项目落地跟踪和就业服务跟进工作。鼓励劳动密集型产业发展，加快社区服务业和家庭服务业发展，促进非全日制等灵活就业形式发展。开展政策咨询、就业指导、创业引导，举办各类招聘会，拓宽就业渠道。加大职业技能鉴定力度。完成市高级技工学校搬迁。扩大以职业院校为基础的公共实训基地数量和规模，打造一批高校毕业生就业创业见习基地和培训基地，建设技能人才实训基地。鼓励企业开展技能提升培训。鼓励、支持退伍军人自谋职业。加强对返乡农民工和就业困难人员等重点人群的就业创业援助，确保“零就业家庭”动态清零。

第二节　居民收入增长工程

努力形成企业、职工利益共享机制，建立扩大消费需求和合理的收入分配制度，力争在“十二五”期间实现城乡居民总收入翻番。

一、推动工薪收入合理增长

认真执行企业工资增长指导线制度，建立健全劳动力市场工资抽样调查制度，科学调节和及时公布劳动力市场工资指导价位，积极开展企业工资集体协商，鼓励企业合理增长职工工资。加大劳动保障建设和执法监察力度，规范企业用工行为，督促企业逐步改善劳动环境。扩大工资保证金实施领域，规范企业的工资支付行为。建立科学的机关事业单位职工工资动态增长机制，完善行政事业单位职工福利制度，逐步提高行政事业单位职工工资福利水平。贯彻落实事业单位绩效工资政策，逐步建立重绩效、重贡献、重人才的收入分配机制和激励机制。

二、努力促进农民增收

加强农村信息平台建设，完善市、区、镇和产地批发市场网络系统，提升农产品生产和销售效益。健全“三农”投入的稳定增长机制，制定加快推进农产品深加工和休闲农业优惠政策，完善农业支持保护制度。整合支农资金，综合运用贴息等政策，鼓励企业投资农业，引导农民自主投资农村公益性设施建设，形成多元化投入格局。建立农村贷款风险补偿机制，鼓励农村小额信贷发展。落实良种补贴、农机具购置补贴和农业生产资料综合补贴等政策。大力发展农产品加工和休闲观光农业，促进农民增收。加强农民技能培训，重点加强对被征地农民、转产渔民、农村新增劳动力等的转岗转业培训，鼓励农民自主创业。到2015年，农民人均纯收入达到万元以上。

三、扎实推进脱困工程

做好五保户、城乡低保户最低生活保障工作，实行与居民消费价格指数（CPI）挂钩的动态补贴制度。鼓励生活服务企业减免五保户、城乡低保户的有关费用或价款。全面免除五保户、城乡低保户、城乡低保边缘户的行政性收费。坚持财政向边远贫困地区倾斜，加大农村扶贫综合开发力度，推行产业扶贫，最大限度发挥扶贫资金效益，推动农村尤其是边远农村地区由输血式脱贫向造血式脱贫转变。贯彻落实最低工资标准制度，实现最低工资标准与经济社会发展同步增长。

第三节 保障住房建设工程

建立多层次住房保障供应体系，到2015年全市人均住房使用面积达到25平方米以上，基本解决中低收入家庭住房困难问题。

一、建立多层次住房保障供应体系

落实保障性住房建设用地供应、资金投入，加快廉租房、经济适用房、公共租赁房和限价商品房建设，推进旧城区（城中村）危旧房改造和旧住宅小区综合整治，完善廉租住房租赁补贴制度，构建分层次、多渠道的住房保障体系。探索住房补贴制度、人才聚集区建设，以及为急需高级人才提供高品质限价住房或公共租赁住房模式。到2015年末，新增保障性住房5万套（户），基本解决城镇中低收入家庭的住房困难问题，基本实现低收入困难家庭有一套保障性住房。

二、健全保障性住房管理机制

按照决策、管理、实施相分离的原则，健全市、区保障性住房决策、管理和实施机构，以及目标责任管理制。严格执行国家有关住房建设的强制性标准及规定，确保施工安全和工程质量。完善保障性住房申请、审核、公示、轮候、复核、退出制度，以及社区、街道（镇）和区住房保障部门三级审核公示制度，形成科学有序、公开透明的准入、退出机制。发挥决策、管理、实施的三级机构的协作作用，坚决查处弄虚作假、贿赂等不当手段取得保障性住房的违法违规行为，让保障性住房建设的成果真正惠及广大中低收入住房困难群众。

第四节 教育水平提升工程

加大基础教育投入，提升师资力量水平，扩大优质教育资源，提高教育水平。

一、全面普及学前教育

把发展学前教育纳入城镇、新农村建设规划，建立政府主导、社会参与、公办民办并举的办园体制，制定学前教育办园标准和收费标准，建立幼儿园准入和督导制度，规范办园行为，扩大公办学前教育资源的覆盖面。充分利用布局调整的农村富余校舍和教育资源，大力发展农村学前教育。到2015年，每个镇至少建成1所以财政投入为主的公办中心幼儿园，城区基本普及学前三年教育，农村基本普及学前一至二年教育，全市3–6岁儿童学前三年毛入园率达到80%以上，学前一年毛入园率达到90%。

二、实现义务教育均衡发展

坚持优先发展教育，逐步提高财政性教育经费支出，继续加大教育基础设施建设，建成覆盖城乡的基本公共教育服务体系，促进教育公平。创新帮扶薄弱学校发展新模式，以城带乡，促进城乡教育一体化发展。完善远程教育服务平台建设和未成年人校外活动中心建设。健全进城务工子女就学政策和困难学生资助政策，实现城乡适龄儿童少年和进城务工人员子女平等接受义务教育的权利。完成海南（海口）特殊教育学校改扩建，完善残疾学生的“随班就读”和免费入学制度，提高残疾人口受教育水平。到2015年，义务教育阶段学生毛入学率达到100%，巩固率在99%以上，残疾学生义务教育入学率达到90%以上。

三、推动高中教育优质特色发展

筹建和扩建一批高中学校，完善教育多元投入机制，鼓励社会力量参与办学，到2015年末，高中阶段毛入学率达到90%以上，逐步普及高中阶段教育。实施普通高中优质学校建设工程，建成6所以上省一级甲等普通高中，逐步消除高中学校大班超额现象。完善旅游、信息技术和工业三大职教集团建设和共享型实训基地建设，建设3–5个高标准实训基地，鼓励职业高中办出特色。全面实现中等职业教育免费。探索与国际国内名校合作发展高中教育和职业教育，提升教育国际化程度。

四、加强教师队伍建设

加大培养和培训力度，大力引进紧缺学科师资，完善教师合理流动和激励机制，加强教师职业理想和职业道德教育，提高教师队伍综合素质。制定、完善和落实好教师医疗、养老、住房、绩效工资等政策，改善教师尤其是农村教师工作生活条件。依法保证教师平均工资水平不低于或者高于国家公务员平均工资水平并逐步提高。继续加大公共教育资源向农村倾斜力度，建立城市教师支援农村教育的激励新机制。

五、构建终身教育体系

建立和完善社区教育基地，促进社区教育、职业培训、继续教育、农村教育、老年教育全面发展，逐步形成“人人皆学、时时能学、处处可学”的学习型社会框架，构建以社区教育为基础的终身教育服务体系。到2015年，全市各类继续教育培训量达到40万人次，新增劳动力平均受教育年限提高到13.5年以上，主要劳动年龄人口平均受教育年限提高到11年以上。

第五节　医疗卫生保障工程

加快推进医药卫生改革，强化公共卫生管理，改善农村和社区医疗服务，提高医疗卫生保障能力。

一、提高公共卫生管理水平

健全重点传染病预警机制，加强疾病防治，落实防控措施，确保重点传染病有效预防与控制。建立健全健康教育、妇幼保健、应急救治、采供血、计划生育等公共卫生服务网络。加强流动人口计生服务，继续稳定低生育水平。建立覆盖城乡、功能完善的卫生监督综合执法体系。加强卫生监督管理，确保饮用水、公共场所卫生合格率均达到95%以上。抓好妇女、儿童医疗保健管理，实现孕产妇和0～6岁儿童保健管理率达到95%以上。

二、完善基层医疗服务体系

坚持政府主导、社会参与、预防为主、综合服务原则，建立健全社区卫生服务网络，完善社区卫生服务功能，重点加强社区卫生服务内涵建设和规范管理。转变社区卫生服务模式，提升社区“六位一体”（医疗、预防、保健、康复、健康教育和计划生育技术指导）的综合服务能力，为社区居民提供连续、可及、综合的基本医疗卫生服务。完善农村医疗卫生服务体系，高标准、高起点规划镇村卫生机构，将农村卫生基础设施纳入新农村建设规划，推进区、镇、村卫生服务一体化管理。到2015年，镇级医疗卫生机构全部达到国家规划建设标准，行政村标准化卫生室覆盖率达到100%，农村合作医疗参合率稳定在95%以上。

三、推进医药卫生体制综合改革

大力推进医疗卫生体制改革，认真落实基本药物制度，全面执行国家制定的基本药物目录，完成9类基本公共卫生服务和5类重大公共卫生项目任务，全面落实基本药物零差率销售及相应报销政策和补助措施。积极推进公立医院改革，研究探索公立医院政事分开、管办分开的有效形式，明晰公立医院所有权与管理权，完善医院法人治理结构。

第六节　公共文化推进工程

把文化建设作为重要的民生工程，扎实推进农村和社区公共文化建设。

一、加强公共文化设施建设

加强文化信息资源共建共享，构建完善的市、区、镇（街道）、村（居委会）四级文化基础设施体系。“十二五”期间，确保公共文化投入与地区生产总值增速同步，全市人均享有公共文化服务设施指标达到全国先进水平。到2015年，所有街道办事处都有文化活动中心，90%以上的社区有办公房和文化室、所有行政村都有文化室，各镇已有的综合文化站得到进一步完善，全市23个镇综合文化站实现文化资源共享。

二、引导农村、社区文化和谐发展

坚持贴近实际、贴近群众的原则，推动文化下乡和农村电影放映工程，开展形式多样的社区和农村文化活动，引导、扶持社区文艺演出发展，形成健康、和谐的社区、农村娱乐文化。

第七节　社会保障健全工程

逐步建立社会保险为主，社会救助和社会福利为辅的多层次社会保障体系。

一、完善社会保险制度

推进社会保险异地互通，探索城乡统一的社会保险制度，进一步扩大参保覆盖面。逐步做实养老保险个人账户，规范企事业单位退休人员社会化管理，全面解决早期离开国企人员、流动就业人口的养老保障问题。城镇从业人员参加社会保险人数稳步增长，到2015年城镇从业人员社会保险参保率达到90%。进一步完善城镇居民医疗保险制度，加强基金征缴和待遇支付工作，2015年城镇居民医疗保险参保率达到95%以上。进一步完善新型农村社会养老保险和被征地农民养老保险制度，2015年实现新农保覆盖所有农村，农民参保率达到90%以上，所有60岁以上农村居民享受新型农村养老保险待遇，基本养老、基本医疗保险制度实现全覆盖。

二、健全社会救助体系

科学制定低保标准，建立低保标准与生活水平同步提高的自然增长机制。完善低保配套优惠政策，健全低保信息化管理网络体系。探索建立困难群众社会救助补充制度，完善城乡困难群体医疗救助制度，切实做好城市生活无着落的流浪乞讨人员救助管理工作，不断提高救助工作的规范化、社会化水平。加强对残疾人关怀，发展残疾儿童学前康复教育，逐步提高重度残疾人补贴标准，建设残疾人综合服务中心。建立门诊救助、住院救助、居家救助、临时救助、慈善救助“五位一体”的医疗救助制度，将住院医疗救助年度封顶线提高到1万元。实行住院救助与医疗保险、新型农村合作医疗报销同步结算“一站式”服务。加强敬老院和五保之家建设，到2015年全市敬老院床位总数达2500张以上，“五保”集中供养率达到50%以上。

三、构建社会福利体系

加强以政府兴办的福利机构为示范、社会力量兴办的福利机构为骨干、社区福利服务网点为依托的福利服务体系建设。规范管理制度，加大资金投入，新建一批福利院，改造现有福利院，加强双拥优抚安置工作，健全定期抚恤补助标准自然增长机制，不断提高抚恤补助水平。对社会力量兴办福利机构给予政策扶持。大力发展慈善事业，规范募捐行为，增强慈善理念。全面落实妇女儿童发展规划纲要，切实维护妇女儿童合法权益。“十二五”期间，街道（镇）和有条件的社区要至少建立一个老年、残疾人等特殊群体服务中心。

第八节　公共交通改善工程

坚持公交优先，突出公交公益性，逐步降低百姓出行成本，到2015年，实现公交分担率达到25%以上，公交出行占机动化出行的比重达到40%以上。

一、完善公共交通设施

构建城市轨道交通、快速公交系统、出租车、常规公交、长短途客运等服务不同需求的公共交通体系，努力实现公交零换乘。加强公交营运市场管理，整合系统资源，优化公交线网结构，适当增加出租车和公交车等运力投放，新增一批运营线路，探索推出公共交通车专用道，合理赋予公共交通车更多通行权限，提升公交营运效率。加快公交场站、站牌和加气站等基础设施建设，建设一批城乡公交枢纽站和乡村候车亭。到2015年，出租车规模达到2800辆以上，公交汽车平均等待时间缩短到10分钟以内。

二、健全公共交通服务体系

组建市交通委员会，理顺管理职能，加强交通公共关系管理。健全公交优先政策体系。推动与大型国企的战略合作，推进公交运营体制改革，组建城市公交集团。加强交通法规宣传教育，提高交通安全意识。推进交通智能化管理，加强对人车路的监控和调度，减少迂回运输、重复运输、空车运输，缓解城市交通拥堵。全面完成“智能公交系统”、“公交IC卡”等项目建设和公交站名、报站牌规范工作。推行60岁以上老人、残疾人、小学生、低保户等特殊人群免费乘坐公交车行动。试点“免费自行车”服务。

第九节　社会服务创新工程

健全党委领导、政府负责、社会协同、公众参与的社会管理格局，加强社会管理法律、体制、能力建设，提高社区服务水平，促进社会公平正义，维护社会和谐。

一、支持社区服务业规范发展

坚持“政府引导、市场供给”的原则，完善社区服务制度，改善社区服务设施，健全社区服务网络。大力发展养老托幼、医疗保健、家庭教育等服务，构建现代社区服务体系。支持各类组织、企业和个人开展社区服务。鼓励品牌化连锁企业向社区覆盖。设立社区流动人口服务机构，流动人口凭证依法享受居住、计生、劳动就业、法律援助、教育、民政等方面“一站式”服务。

加强社区工作者队伍建设，探索建立兼职服务制度。

二、健全矛盾纠纷调解机制

完善人民调解、行政调解、司法调解联动的工作体系，完成“一庭两所一室一中心”（人民法庭、派出所、司法所、乡镇检察室、社会矛盾纠纷排查调处中心）建设，完善调处化解矛盾纠纷综合平台，畅通和规范群众诉求表达、利益协调、权益保障渠道，把各种不稳定因素化解在基层和萌芽状态。

三、加强社会治安综合治理

加强基层站、所等基础设施建设。完善社会治安防控格局，加强动态管理，健全覆盖全市的防控网络。加强特殊人群帮教管理和服务工作。建立健全人口动态管理机制，推行居住证“一证通”。健全虚拟社会综合管理机制，促进虚拟社会规范发展。依法加强宗教管理，促进民族团结和社会稳定。加强政法综治信息建设，实现政法综治工作信息一体化。健全考评制、责任制和过错追究制，提高执法质量，维护社会公平、正义。完善社会治安防控体系，加强城乡社区警务、群防群治等基层建设，提高快速反应能力，严厉打击黑恶势力、涉毒、“两抢”等犯罪活动，降低刑事犯罪率，力争群众满意率达到90%以上。

四、加强安全生产和食品药品监管

落实安全生产责任制，健全安全生产监管体制机制；加大安全生产和监管投入，改善生产条件；加强安全生产监督检查，强化安全生产教育和培训，为经济社会发展提供安全保障。实行一把手负责制，健全食品、药品质量追溯，信息发布，责任追究等制度。整合食品药品检验检测资源，建立食品药品监督和检验检测体系。健全农村食品药品“三网”（食品监督网、药品监督网、药品供应网），加强基本药物监管，严厉打击制售假劣食品药品、制作虚假食品药品广告等违法行为。对产地环境、生产过程、包装运输、流通等环节实行全程监管，确保上市食品、药品安全。同时，完善粮食储备机制，确保粮食供应安全。

第八章　加快体制机制创新

继续解放思想，深化改革开放，创新、完善有利科学发展的体制机制，提升对外开放水平，释放发展活力。

第一节　扩大开放

坚持以开放促改革、促发展，全方位、多层次、宽领域的参与国际国内经济技术合作和文化交流，全面提升对外开放水平。

一、建设多层次开放格局

落实航权开放、离岛退税等政策，实行更加开放、更加便利的出入境政策。积极推进海口与泛珠三角区域经济交流与合作，加强与国际友好城市的交流与合作，充分发挥“海口－东盟对话会”平台作用，扩大与“10＋1”东盟各国的经济合作和贸易往来。依托博鳌国际旅游岛论坛，举办更多有影响力的旅游文化交流活动，提升旅游业的对外开放程度和国际化水平。加强海外联谊，充分发挥侨胞在开放中的作用。加强城市形象的对外宣传推介，不断提升海口的知名度、美誉度。

二、加强对外贸易

调整优化出口产品结构，提高支柱产业的外向度和市场竞争力。发挥综合保税区的出口加工、仓储保税功能，大力引进出口型外商投资企业，把保税区建成我市对外经贸合作的重要平台。鼓励和支持光伏、水海产品、食品饮料、机电产品等扩大出口。加大口岸基础设施建设，强化部门联动服务机制，完善大通关体系，提升口岸整体服务水平，帮助企业开拓国际市场。调整和优化利用外资结构，加大对高新技术产业、现代服务业、公用基础设施等领域的招商引资力度。到2015年，全市进出口总额累计达到80亿美元，年均增长20%；其中出口达到28亿美元，年均增长19%。全市实际利用外资累计达到40亿美元。

三、拓宽开放领域

打破行业、地区壁垒，简化审批手续，鼓励社会资本公平参与城市公共基础设施建设。支持各类企业跨行业、跨地区、跨所有制实行兼并重组，着力培育一批具有竞争力的大型企业集团和知名品牌。降低外资进入门槛，拓宽外商投资渠道，积极引进国外有实力的大型旅游企业、知名酒店集团，提升旅游服务水平；积极与国际知名院校、教育培训机构合作办学，与国内外知名医疗机构开展医疗合作，形成投资主体多元化、投资方式多样化的办学办医体制。

第二节 重点领域改革

优化政府治理结构，加快政府职能转变，强化社会公共管理和服务功能，创建服务型政府。

一、深化行政管理体制改革

进一步减少审批环节和审批事项，推行网上审批和联合审批，推进行政审批提速。深化“强区扩权”，增强区级发展活力。深化农村综合改革，增强区、镇社会管理和公共服务职能。推进旅游管理体制改革，建立政府引导、行业自律、企业依法自主经营的旅游管理体制和运行机制。实施户籍制度改革，在城市规划和人口规划的指导下，制定科学的入户政策。推进城市管理综合执法改革，实现市政设施维护等社会化管理、市场化经营。推进行政事业单位收入分配制度改革，完善公务员激励约束机制。加快社区管理体制改革，提高社区服务水平。推动医疗卫生体制改革，深化文化、教育体制改革。推动殡葬改革。探索建立行政复议委员会制，提高依法行政水平。

二、推进财政和投融资体制改革

继续推进部门预算、国库集中支付制度、政府采购和非税收入管理，以及国有资产经营预算和社会保险基金预算编制改革，提高财政支出效益。完善市、区财政分配机制，支持区级财政改善，健全区级财权、事权和责任体系。建立投资主体多元化、资金来源多渠道、投资方式多样化、项目建设市场化的投资体制，充分发挥市场在资源配置中的基础性作用。完善政府投资项目代建制，规范政府投资。进一步减少投资审批、核准范围，提高投资效率。健全资金借、用、还衔接制度，强化债务管理，防范、化解债务风险。

三、推动国土资源管理体制改革

建立土地与项目联动机制，实施建设项目用地分类管理和供地指标差别化管理。开展城镇建设用地规模增加与农村建设用地减少挂钩试点，建立征地补偿安置争议协调裁决制度，开展留地安置、集体建设用地使用权入股、土地股份合作等多种征地安置新模式试点。充分利用国家政策，探索农村土地使用权流转机制。扎实推进土地整治工作，探索现代农业规模化生产新模式。探索旅游项目用地差别化管理新模式，在不改变农用地利用性质、不破坏耕作层的前提下，试点直接由集体经济组织或村民采取出让、转让、出租、承包、联营、作价出资或入股等多种形式参与旅游项目开发。争取更多的建设用地指标用于基础设施、民生、旅游等重大项目建设。依法、科学合理开展填海造地。建立完善节约用地评价体系和考核制度。创设“周转指标”机制，盘活存量用地，增加建设用地流量。

四、加快事业单位分类改革

按照政企分开、政资分开、政事分开、政府与市场中介分开的原则，全面梳理政府行政职能，逐步建立公益目标明确、布局结构合理、投入机制完善、治理结构规范、微观运行高效、监管制度健全的现代事业单位管理体制和运行机制。将行政类事业单位行政职能归位或转为行政机构；将经营服务类事业单位转为面向市场的企业；将公益类事业单位按不同属性和特点分类，明确编制、人员、经费和职能，强化公益服务功能。创新公共产品供应机制，将大量技术性、服务性和经办性职能交给中介组织和城市社区；通过政府购买服务方式，促进更多社会力量参与公共产品和服务的供给。

五、促进社会组织规范发展

坚持政府管理、社会监督、行业自律的原则，完善社会组织发展和管理机制。深入开展行业自律与诚信建设，依法监督、规范行业协会、商会等社会组织活动，推动社会组织发展规范化。到2015年，基本建立与经济社会发展水平相适应的社会组织发展体系。

第九章 强化保障措施

落实“十二五”规划纲要，完成上述各项工作任务，必须做好政策制定、组织协调、服务环境等方面的配套措施，强化责任制。

第一节 政策衔接

一、做好规划衔接

坚持《海南国际旅游岛海口市建设发展规划纲要》的指导地位，以《海口市国民经济和社会发展第十二个五年规划纲要》作为未来五年的进一步行动指南，完善《海口市城市总体规划》和《海口市土地利用总体规划》，实现“四规合一”。

二、编制专项规划

以本规划纲要为指导，组织编制海口市“十二五”期间各专项规划，共30个，其中重点专项规划14个、一般专项规划12个和区域规划4个。

专栏十四：海口市“十二五”重点专项规划

序号	规划名称
1	“十二五”期间旅游业发展规划
2	“十二五”期间服务业发展规划
3	“十二五”期间文化产业发展规划
4	“十二五”期间工业发展规划
5	“十二五”期间“三农”事业发展规划
6	“十二五”期间城市建设规划
7	“十二五”期间综合交通运输发展规划
8	“十二五”期间环境保护规划
9	“十二五”期间中心镇建设规划
10	“十二五”期间人口规模和城市发展规划
11	“十二五”期间节能减排重大项目专项规划
12	“十二五”期间城市福利和社会保障发展规划
13	“十二五”期间重大项目建设规划
14	“十二五”期间民生发展的相关性研究

第二节　精神文明建设

加强领导班子和干部队伍建设，提升城市文明程度，构建社会诚信体系，为“十二五”规划落实提供良好人文环境。

一、提升市民素质和文明程度

深入开展全国文明城市创建活动，总结文明生态村成功经验，加强文明、旅游礼仪知识宣传教育。加强未成年人思想道德建设，把文明礼仪课作为中小学生的必修课。大力倡导志愿者服务活动。开展普法教育活动，引导广大市民依法办事、依法律己、依法维权，理性表达利益诉求。进一步贯彻落实《全民科学素质行动计划纲要（2006—2010—2020）》，提升市民科学素养，形成科学、文明、健康的生活方式和工作方式。

二、构建社会诚信体系

健全市场监管体系，严厉打击假冒伪劣、强买强卖等违法行为。探索建立房地产交易、宾馆、旅行社、出租汽车等重点服务领域的信用公示制度，实行信用等级、卫生等级、服务等级等分类监管制度，严格淘汰等级不达标经营者。加强旅游环境整治，严厉打击黑车、黑导、零团费旅行团等违规行为。完善物价信息调查和公示制度，建立包括酒店价格、旅行团费、房屋成交价格等在内的网上信息集中公示平台。

第三节　基本保障能力

加强组织、财力和土地保障，确保“十二五”各项规划指标落实。

一、加强能力作风建设

深入开展“机关效能建设”和“政府执行力建设”活动，加强机关干部作风建设，完善政府服务中心、效能投诉、服务热线等平台，发挥市区镇（街道）村（居委会）四级服务体系的作用，开展勤廉公示，提高政务服务水平。与知名院校合作，定期开设国内外知名专家学者主讲的讲座、培训班，提高干部管理社会事务能力和依法行政水平。严肃查处执行不力、效能不高、行政不作为、乱作为等行为。

二、强化财力保障

积极争取中央和省财政转移支付，以及省里对我市更加优惠的税收分成。完善市区财政体制，支持区级财力改善。按照本规划纲要的发展目标和工作重点，制订、实施行业奖励和相关税收优惠政策，设立专项资金。加强收入和支出管理，提高资金使用效益。继续加强与金融机构的合作。加大BT、BOT融资力度，拓展信托融资规模，探索产业投资基金融资方式，推动企业债券发行，尝试资产证券化。

三、确保土地有效供给

根据城乡发展实际和土地利用总体规划，制订实施好年度土地供应计划，合理确定土地开发时序。建立节约、集约用地评价体系和考核制度，推进土地集约利用。完善土地征用和补偿制度，推进农村土地整治和旧城改造，盘活存量土地，切实保障国际旅游岛基础设施、民生工程、旅游等用地需求，到2015年实现新增储备土地9万亩目标。

第四节　协调机制

本规划纲要规划期限为2011—2015年，批准后由市政府组织实施。实施期间因特殊原因确需调整的，按有关程序报批。各单位要根据自身实际，研究制定专项规划或细化方案，抓好落实，适时将进展情况向市人大常委会、市政府、市政协报告或通报。发改部门要根据本规划纲要，制订年度国民经济和社会发展计划，做好规划的实施监测和中期评估。宣传部门要动员和引导全社会共同参与并监督规划实施。效能部门要完善考核方法，定期检查督办，严格问责，并把考核情况作为干部考评的重要依据。

第十章　推进重大项目建设

以时不我待、只争朝夕的精神，全力以赴、攻坚克难、锐意进取、开拓创新，切实打好十大攻坚战，着力推进事关全局的重大项目建设，促进经济社会平稳较快发展。

一、实施惠农良田整治

扎实推进30万亩土地整治项目一期工程，在不进行大规模村庄搬迁的前提下，对南渡江片区10万亩土地进行“田水路林村”整治。以土地整治为抓手，加强农田水利设施建设，健全农村卫生保洁、公路养护、田洋管理等制度，提升农业生产效能，改善农民生活环境，建设文明生态村和绿色小康村，促进新农村建设和城乡一体化，打造全国冬季瓜菜基地和国家现代农业示范区。

二、加强江河水系治理

实施南渡江调水工程（全长约41公里）和南渡江龙塘大坝至东山段防洪防护工程，由南向北连通五源河、荣山河等城市水系，完善南渡江流域（海口段）防洪、排涝设施，疏浚南渡江航道，有效解决羊山地区30万农民生产用水和海口西部城区供水问题，优化生态环境，促进农民增产增收。

三、拓展城市发展空间

积极实施人工岛开发项目，重点推进填海总面积约10平方公里的东海岸人工岛开发，形成集时尚消费、休闲娱乐、旅游度假等功能为一体的标志性海湾景观区域。加大新片区开发力度，重点推进金沙湾、西海岸南片等片区开发，建设新市区。

四、打造惠民生态小区

按绿色、低碳标准开工建设100万平方米的新型保障性住房生态示范小区；对一批重点旧城片区进行改造，改善人居环境；引入国内外先进教育、医疗机构，积极开展合作办学、办医，带动教育培训和医疗卫生质量全面提升；提高清洁能源利用率，实现“气化海口”。

五、加快两区八园建设

完善“两区八园”基础设施，使工业园区面积达到30平方公里以上，推动工业集约发展。海口综合保税区实行港区联动，放大保税物流效应；海口国家高新技术开发区努力建设成为高科技产业集聚区。

六、繁荣发展文化产业

完成海南国际创意港和文化创意产业园（一期）建设，高水准建成五源河文化体育中心，推动文化事业和文化产业全面发展，探索成为东西方文化交流的平台。

七、大力提升宜游品质

重点打造长影海南世纪影城、东寨港红树林国家湿地公园、火山群世界地质公园三大主题公园；办好高尔夫和游艇两大论坛，大力发展高尔夫和游艇产业；完善中心镇基础设施，打造重点特色风情小镇；推进绿色慢行系统、旅游公厕、游客到访中心、美食街等建设，改造骑楼历史文化街区，全面提升旅游业发展水平。

八、构建便捷交通体系

打通主城区断头路，建设、改造一批城区支路网和过街天桥，建成一批公交场站，启动现代有轨电车（一期）工程；推动秀英港搬迁，加快新海港区汽车客货滚装码头（一期）起步工程建设，完成马村港（二期）扩建，将海口港区建成亿吨大港；大力推进美兰机场（二期）扩建。

九、加速推进现代物流

重点依托港区、机场、铁路和产业园区，建设马村港物流园、临空经济园、新海物流园等物流园区，以及中商海南农产品中心市场、国家一级渔港、海南（国家级）水产品交易中心等项目。

十、全力申办石油大会

加强会展场馆建设，建成一批五星级以上酒店，深化与国内石油公司、国际能源组织及其成员的合作交流，积极举办各类能源会展活动，大力引入会展业人才，夯实基础、创造优势，以申办2017年世界石油大会为契机，推动会展业加快发展，提升海口国际化程度。

迎战“纳沙” 抗击暴雨

9月24日～10月8日，海口市风、雨、潮“三碰头”，近6年来最强台风13级“纳沙”、强热带风暴“尼格”以及日降水量创60年极值的强降雨连续袭来，海口市平均降水量743.5毫米，市区道路积水平均深度达30厘米～60厘米，南渡江水位均超出十年一遇警戒水位1～3米，其中超防限水位水库6宗。全市共有4个区23个镇、18个街道受灾，受灾面达到100%，124个村庄受淹，倒塌房屋215间，受灾人口达到113万人次，紧急转移人数达到4.26万人次，直接经济损失约24亿元。具体损失如下：农业生产直接经济损失约14.5亿元。三次灾害农作物受灾面积合计36.4千公顷，其中绝收面积达到14.5千公顷，造成粮食减产5.8万吨；731头大牲畜死亡；4.4千公顷水产养殖池塘受灾，7.9万吨水产养殖品受损。水利设施直接经济损失约0.6亿元。三次灾害合计造成303处灌溉设施、24处护岸、68座水闸、106眼机电井、20座电泵站损坏，15座塘坝被冲毁。工业交通运输业直接经济损失1.6亿元。三次灾害合计造成工矿企业停产47个；通讯中断4条次；供电中断406条次、城乡供电较大范围中断；公路中断30条次、城市交通短时较大面积瘫痪，粤海铁路暂时中断，秀英港、南港等港口短暂停航，美兰机场短暂停飞。市政设施及其他直接经济损失7.3亿元，主要是城区部分排水设施、道路及路灯设施、桥梁设备损坏。

在防御强台风和强降雨工作中，海口市强化指挥力量，以“三防”指挥部统筹指挥调度全市防风防洪抗灾工作，以确保人民群众生命安全为中心，以保持城市正常运转为重点，市领导分工负责，分片包点，分赴各区指导防风救灾工作。强化属地管理原则，要求各区、镇领导要亲自抓，一级抓一级，形成全面落实防汛安全责任制的工作机制；依靠全市党员干部群众的共同努力，迅速行动，确保做到“准备工作到位、决策部署到位、领导指挥到位、队伍组织到位、安全防范到位、转移安置到位、资金保障到位”七个到位，努力把灾害损失降到最低程度，防风防洪抗灾工作取得了初步成效，实现了“人员无死亡，城市不瘫痪，灾民安置好，事故不发生”四个工作目标。

“纳沙”台风

【台风影响情况】 2011年第17号热带风暴“纳沙”，9月29日14时30分在文昌市翁田镇登陆，登陆时最大风力14级，登陆后继续向偏西方向移动，穿过海口、澄迈、临高等市县。正面打击海口市，是海口市2005年以来遭受的最大台风。17时，中心位于北纬19.9°、东经110.5°，也就是在海口市境内，中心附近最大风力12级（35米/秒）。受强台风“纳沙”影响，海口市出现强风雨天气过程，陆地有暴雨到大暴雨，局部有特大暴雨，部分村镇出现9～11级大风，2个镇极大风速超过12级，最大为东山镇，出现13级大风（39米/秒）。28日20时至30日8时，全市平均降雨188.5毫米，23个镇总降雨量均超过100毫米，其中20个镇总降雨量超过150毫米，9个乡镇总降雨量超过200毫米，最大降水量出现在东山镇，雨量达247.3毫米。9月30日夜间“纳沙”结束对海南省的影响。

【防范措施】 鉴于第17号台风“纳沙”的强度和移动方向，海口市从9月28日17时起将《海口市防风防洪应急预案》Ⅲ级应急响应提升为Ⅱ级应急响应，全力做好防范应对工作。市三防办根据市委、市政府防风工作部署，及时印发《关于进一步做好第17号台风“纳沙”防御工作的紧急通知》，要求各区、各单位要高度重视，根据各自职能分工，按照Ⅲ级应急响应行动要求，紧急召开会议研究部署防风工作，主要领导、分管领导要亲自部署，亲临第一线组织、检查、督促、指导防风工作，抓好责任落实；加强值班制度和安全巡查报告制度。4个区、市三防指挥部各成员单位以及各中小型水库管理处（所）要24小时值班，加强安全巡查报告。4个区、各个单位的主要领导在防汛防风期间要坚守岗位，靠前指挥，落实防汛防风工作责任制。防风转移工作方面，至9月29日11时，全市2470艘渔船已全部回港避风，渔船人员上岸人数7207人；转移渔排74个，渔排人员上岸131人；全市有水库113宗，平均蓄水70.3%，蓄水80%以上有20宗，经安排紧急泄洪，所有水库运行正常。全市共转移人数13942人，其中：危房转移人数7234人，低洼地转移人数6708人。其中：秀英区危房转移人数2920人，低洼地转移人数2300人；龙华区危房转移人数636人，低洼地转移人数2500人；美兰区危房转移人数540人，低洼地转移人数776人；琼山区危房转移人数3138人，低洼地转移人数1132人。特别是演丰镇北港岛由于9月29日上午潮水较大，全岛60%的房屋浸水，村干部和共产党员组织村民全部转移到安全地带。

【受灾情况】 “纳沙”台风造成全市共有4个区41个镇（街道）受灾，受灾面100%，受灾人口61.8万人次，倒塌房屋165间，紧急转移受灾人口16232人次，没有人员因灾死亡。直接经济损失17.73亿元。农林牧渔业损失11.33亿元。其中农作物受灾38.25万亩，成灾面积29.56万亩，绝收面积16.37万亩；因灾减产粮食2.97万吨；经济作物损失5.32亿；水产品养殖损失6.97万吨。工业交通运输业损失1.43亿元。主要是：工矿企业停产21个，供电中断397条次，公路中断16条次，机场、港口关停4个次，通讯中断4条次。水利设施损失0.28亿元。主要是：损坏护岸22处、水闸68座，冲毁塘坝15座，损坏灌溉设施229处，损坏机井106眼、电泵站18座。市政设施及其他经济损失0.54亿元。主要是：城市园林、环卫等市政设施。全市多个路段出现积水情况，广场路市第11小学门前、红城湖、文明天桥路段、海瑞桥底下、龙华路滨河天桥路段、人民大道海甸二路到五路段、和平大道海甸二路到五路、半山花园等路段积水严重。滨海大道、省党校门口、和平南路工商银行门口、大英天桥旁、得胜沙路、秀华路省医院门口、国贸十字路口等多个路段树木被刮倒，严重影响交通。受积水影响，市区70%的路灯处于关闭状态。此次强台风使得海口市树木受损严重，全市城区共有8.1万余株各类树木在强台风中倒伏或折断，其中包括凤凰木、小叶榄仁、榕树、印度紫檀、非洲楝等树种。此外，在强台风中损失的盆花达12.4余万盆，受雨水浸泡、损坏的绿地面积约26560平方米，经济损失达3550.56万元。29日造成市内30多条公交线路临时停运，全市60多条公交线路不同程度受到影响，其中途经龙华路、和平桥、南沙路、南大桥底等路段的公交线路几乎全部瘫痪。海口美兰机场受第17号强台风“纳沙”的影响，至29日17时30分，机场取消航班155架次，延误航班19架次。从29日13时起，从海口汽车东站、南站、西站发出的省内客运班车全部停运。

强降雨

【强降雨及影响】 受19号强热带风暴“尼格”外围环流和冷空气影响，10月4日夜间开始出现强降雨，从4日08时~6日12时，海口市普降暴雨到大暴雨，局部特大暴雨，23个镇平均降水量236.6毫米，其中22个乡镇超过100毫米，有11个镇降水量超过200毫米，有6个镇降水量超过300毫米，有2个镇降水量超过400毫米，最大降水量出现在海口永庄（478.7毫米）。另外，4日20时至5日20时，海口基准站降雨量333.6毫米（海口永庄），日雨量是有气象记录以来的最大值。5日水位上涨。（1）5日受影响情况。至5日18时，市中心城区共有14条道路严重积水，平均深度约达30~60厘米。具体路段为：义龙路、华海路及金龙路与龙华路交叉口、滨涯路、广场路、海甸三东路与海达路口、琼山大道、南海大道、滨海西路（港务局路口、双拥路口）、海瑞桥下、永万路、红城湖路、龙昆南路、滨江路与凤翔路交叉口、海秀东路（省军区段）。其中，最严重的是：南海大道、华海路、广场路、盐灶路、琼山大道、滨江路与凤翔路交叉口、华海路及金龙路与龙华路交叉口、龙昆南路、义龙路等路段，造成交通中断。至5日22时，南渡江龙塘站水位11.21米，相应流量2520米/秒，水位仍在持续上涨；钟楼潮位站5日10时45分出现2.89米高潮位。5日24时止，没有接到水库出险的报告。超防限水位的水库共4宗，有50宗水库泄洪，其中中型7宗，小（一）型10宗，小（二）型33宗。全市18个镇街，54个村居受淹，紧急转移8363人。（2）6日受影响情况。至6日10时，市区道路积水虽基本消退，仍有5条道路积水，板桥路、广场路、南港火车站、龙桥加油站、丘海大道至绕城高速延长线段，有3条道路不能通车，分别是南港火车站、龙桥加油站、丘海大道至绕城高速延长线段。至6日12时，南渡江水位11.34米，相应流量2640米/秒；全市因受强降雨产生的内涝有27个镇街，150个村庄，已有20663人转移。其中：秀英区7个镇街，22个村庄，已有10855人转移；龙华区9个镇街，43个村庄，已有6854人转移；琼山区5个镇街，37个村庄，已有2096人转移；美兰区6个镇街，48个村庄，已有858人转移。全市水库共蓄水15241万立方米，（正常库容19026万立方米）超防限水位的水库共8宗（沙坡水库、铁炉水库、永庄水库、日富水库、东寨水库、东城水库、羊山水库、保村水库），有50宗水库泄洪，其中：中型9宗，小（一）型10宗，小（二）型31宗。（3）7日受影响情况。受南海辐合带和冷空气共同影响，海口7日再次普降大暴雨，多地受灾严重。7日8时，南渡江龙塘站的水位是11.34米（警戒水位是11.50米），水位已下降。至7日9时，龙华区龙桥、龙泉、新坡、城西等4个镇32个村庄内涝，安置转移787人。琼山区龙塘镇14个村庄内，安置转移826人。7日9时30分，大部分乡镇降雨量在4.0毫米~28.0毫米之间，雨量最大为新坡镇28毫米。7日12时，全市水库共蓄水15094万立方米（正常库容19026万立方米），超防限水位的水库6宗，泄洪水库36宗。7日22时20分，南渡江水位再次上涨11.5米。根据《海口市防风防洪应急预案》规定，市“三防”指挥部从10月7日22时20分起，启动Ⅳ级应急响应，要求各成员单位按职责分工和有关规定做好相关应急处置工作。龙华区、琼山区积极响应，深入一线防洪工作，紧急转移南渡江低洼地带受淹群众。（4）8日受影响情况。受南海辐合带和冷空气共同影响，从7日08时~8日08时，海口市平均降雨量130.9毫米，23个镇累积雨量均超过100毫米，其中3个镇超过150毫米，最大降雨量出现在灵山镇东营乡（179.1毫米）。海口中职校、中小学校、幼儿园在国庆期间已连续放假9天，自10月8日恢复上课。8日10时止，超防限水位的水库共7宗，其中中型3宗，即沙坡水库（超0.41米）、永庄水库（超0.16米）、铁炉水库（超0.3米）；小（一）4宗，即东寨水库（超0.5米）、东城水库（超0.07米）、羊山水库（超0.35米）、保村水库（超0.86米）。排水水库44宗，其中中型8宗，即永庄、岭北、沙坡、铁炉、凤圯、云龙、凤潭、丁荣；小（一）6宗，即保村、东寨、东城、羊山、金牛岭、晋文；小（二）型30宗。至8日15时，南渡江龙塘站的水位12.94米，超警戒水位1.44米。南渡江海口段沿岸受淹4个镇，25个村庄，转移群众17395人，其中龙华区2镇（龙泉、新坡）21个村庄，转移群众17309人；琼山区2镇（旧州、云龙）4个村庄，转移群众86人。内涝村庄受淹情况，全市有4个镇，54个村庄内涝，转移群众3663人。其中：龙华区龙桥、城西等镇内涝村庄32个，安置受灾群众2153人。琼山区龙塘、大坡等镇内涝村庄22个，安置受灾群众1510人。17时10分为海口（秀英）站最高潮位时间，最高潮位是2.12米。

【灾情损失情况】 这次强降雨全市共有4个区20个镇（街道）受灾，受灾人口511898人，124个村庄受淹，65个村庄内涝，其中：受淹相对严重的有秀英区的荣山村、荣山寮，龙华区的昌荣村、太儒村和龙洪村，琼山区的文彩村、多贤村、美味村、富道村、玉成村和永巩村等村庄。倒塌房屋41间，紧急转移受灾人口24057人，没有人员因灾死亡。直接经济损失6.18亿元。其中：农林牧渔业损失3.13亿元。农作物受灾面积15.16万亩，其中粮食作物3.59万亩；农作物成灾面积7.09万亩，其中粮食作物2.53万亩；农作物绝收面积5万亩，其中粮食作物2.01万亩，因灾减少粮食2.77万吨。水产养殖损失1.88万亩、约0.94万吨。工业交通运输业损失0.17亿元，主要是：工矿企业停产19个，供电中断5条次，公路中断13条，桥梁供电设备等损坏。水利设施损失0.35亿元，主要是：损坏护岸2处，损坏灌溉设施72处，损坏机电泵站2处。市政设施、园林、通讯、电力、房屋倒塌、城乡内涝等损失2.53亿元，主要是：城区部分排水设施、道路及路灯设施、桥梁设备损坏，景观道路及美舍河带状公园、苗圃等被雨浸泡，部分道路地栽鲜花及绿地长期被水浸泡，面积约12万平方米，园林绿化损失等。

救灾及灾后重建

【救灾措施】 面对灾情，海口市按照省委、省政府和省防总工作部署，认真贯彻落实确保以人民群众生命安全为中心，重点抓好受灾群众生产生活和城市正常运转工作，实现了“零死亡”目标。同时，扎实抓好灾后恢复生产工作，迅速研究制定《2011年海口市灾后重建工作方案》，并抓好落实。（1）周密部署，措施到位。一是切实抓好渔船和渔民防风安全工作，落实渔船回港、渔民上岸、渔排人员转移工作，防止回港渔船擅自出海作业，妥善安排外地渔船人员的安全转移。二是全面实行水库防汛24小时专人巡查制度，加强监控预警，密切跟踪、掌握水库水位和大坝、堤防安全情况。落实每一宗水库紧急转移群众预案，加大排泄洪并提前转移安置群众。三是认真做好低洼地区和危房人员的安全转移工作，确保群众安全转移，有饭吃、有水喝、有被盖，做到安置、物质供应、卫生防疫三到位。利用防洪楼、学校、村委会、活动板房，扎实做好受淹群众安置工作。市财政紧急调拨800万元给四个区，确保做好受灾群众物资供应保障工作。四是抓好建筑工地防风安全工作，特别是吊塔安全，制定了相应的应急预案，确保了施工工地人员安全。五是及时组织农民开展抢收工作，减少农业损失。六是切实做好城市道路倒塌树木清理、户外广告牌加固、组织抢险应急队伍及时修复毁坏道路和建筑工地防风等城市防风工作。七是根据台风情况，做好学校防风工作，确保师生安全。八是认真做好停航滞留车辆和人员的安置工作，及时清理路障、疏通交通，确保公交交通运输畅通。九是做好旅游防风安全。对已出行的游客，将台风预警通知到团到人，确保游客安全。（2）强化责任，落实到位。强化属地管理责任，充分发挥基层核心作用，紧急部署，层层动员，迅速组织市、区、镇、村各级党员干部进村入户，确保各项措施到位，全力做好应急抢险、转移安置、思想发动、物质供应和卫生防疫等工作。农业、渔业、林业、水务、公安、交通、供电、供水、电信、民政、卫生、新闻、气象、旅游等各个三防成员单位按照防洪防灾预案职责，团结协作，全力投入防汛救灾各项工作，保证了正常供电、供气、供水和供应物资等，保证了正常的生活生产秩序。特别是为确保路面排水畅通和排水设施功能正常运行，市政部门干部职工全部取消国庆休假，投入3万多人次出动到树木清障和排水抢险第一线。驻市各军警部队在海口警备区统筹指挥下积极投入防汛救灾工作，各军警部队共出动官兵8630人次，车辆219辆次，充分发挥了生力军的作用。（3）提前防范，准备到位。一是牢固树立了“预防为主”的指导思想，在“十一五”期间建立了较为完善的防灾救灾体系，认真总结上年防强降雨工作经验，这些都为做好2011年的防汛救灾工作打下了较好的基础。二是预案体系不断完善。修订完善了防汛防台总体预案以及洪涝灾害人员转移预案、小流域洪涝灾害防御预案、水库防汛抢险应急预案、沿江镇（街道）防洪应急预案等各专项预案。各地对预案中划定的洪涝灾害易发区、危房、公路危险区、低洼易涝区等危险区、警戒区等均在醒目位置竖立警示标志。三是基层防汛工作准备比较充分。镇村两级都建立了防汛防台抢险救灾队伍，制定了抢险队伍管理制度，配备了必要装备，并对辖区内的抢险救援力量登记造册、随时待命。

【灾后重建】 海口市高度重视灾后恢复生产、重建家园工作。在防风防洪抗灾的同时，市委、市政府组织力量，迅速研究制定出台了《2011年海口市灾后重建工作方案》。灾后，海口主要从四个方面具体部署灾后恢复重建工作。一是全力加大受淹村庄排涝力度。至10月12日，还有43个内涝村庄，大部分集中在龙桥、龙泉和龙塘三镇。二是全力保障受灾群众的基本生活。及时调拨食品、洁净水、衣服、被褥和药品等，保障群众日常生活供应；搞好蔬菜、肉禽等生活必需品的市场供应，保持物价稳定；加强卫生防疫，稳定社会治安，努力做到灾后零上访、零疫情、零死亡。三是全力加快农业生产恢复。抓紧做好受淹农田的排涝清淤，抓紧抢种扩种补种冬季瓜菜和恢复畜牧水产养殖，做好农资供应和农业技术服务。四是全力修复受损的基础设施。抓好受损干线公路和乡村公路、桥梁涵洞、农田水利水毁工程和水、电、气、通信等公共设施的修复。此外，多方筹措资金，确保灾后恢复生产、生活各项措施迅速落实，并取得实实在在的成效。共拨付资金10149万元。其中，省级资金5199万元，市级资金4950万元。主要用于安全转移群众、市政设施修复、水渠修复、水库加固、农业灾后恢复生产等。同时，还将根据这次灾情中暴露的突出问题，完善相关规划，进一步加强防灾减灾设施和防洪减灾体系建设，切实提升城市防洪抗灾能力。

（符裕珍）

要闻·大事记

海口十大新闻

一、海口限价与补贴相结合，让市民吃上平价菜限价肉。2011 年 4～5 月间，海口选择 53 个销售点向市民供应限价蔬菜，7 月起又推出 49 个定点摊位销售限价猪肉，市首家平价菜超市也在中秋节前开张。海口市政府从价格调节基金中调拨专款，用于补贴城乡低保对象、优抚对象。

二、高尔夫世界杯首次移师椰城，海口打造世界高尔夫旅游目的地。2011 年 11 月 23 日至 27 日，第 56 届欧米茄观澜湖高尔夫世界杯在海口精彩上演，让打造“世界高尔夫旅游目的地”、“中国高尔夫旅游之都”的海口平添新的动力。

三、海口旅游业呈现加快发展态势，美兰机场东环铁路客流量均突破千万。2011 年 12 月 26 日，随着年内第 1000 万名旅客的到来，海口美兰国际机场跻身国内大型客运机场行列。几乎与此同时，东环铁客流量也突破 1000 万人次。

四、海口市南渡江流域整治重大工程获国家批准实施。2011 年 12 月，海口南渡江流域土地整治重大工程获国土资源部、财政部批准实施，估算总投资 33.2 亿元，这项惠农土地整治工程将实现海口农民增收和农村经济转轨。

五、2011 中国（海口）游艇经济论坛暨国际游艇展览会在海口举办。2011 年 12 月 1 日至 4 日，2011 中国（海口）游艇经济论坛暨国际游艇展览会在新埠岛举行，全国首家游艇交易所——海口船舶游艇交易所和全国邮轮游艇媒体联盟也宣告成立。

六、《海口市电动自行车管理办法》公布，地方立法规范城市电动自行车管理。2011 年 9 月 1 日，《海口市电动自行车管理办法》经市人大常委会表决通过，从 2012 年起正式施行。这是全国第一部专门针对电动自行车管理的地方法规。

七、公交惠民新举措，海口小学生免费乘公交。从 2011 年 9 月 1 日起，海口市小学生凭学生证或校服，就能免费乘坐市内所有公交车，受到全社会的普遍好评。

八、众志成城，椰城军民夺取防风防汛救灾工作全面胜利。2011 年 9 月下旬至 10 月上旬，海口连续遭受热带气旋、强台风和强降雨袭击，受灾面积达 100%，直接经济损失约 24 亿元。在海口市委、市政府的坚强领导下，全市军民全力以赴抗击自然灾害，实现零死亡、少损失的目标。

九、“五路四桥”即将竣工，“安全畅通文明行”行动见成效。2011 年，海口开展“建设国际旅游岛·安全畅通文明行”行动。截至年底，“五路四桥”项目的高登东路和侨中路南段实现通车，侨中路北段隧道顺利贯通，世贸东路延长线、文明东路贯通工程竣工，4 座人行天桥投入试用。

十、海口启动医药卫生体制五项改革，居民可享受更好的医疗服务。2011 年 5 月 18 日，海口市正式启动基层医药卫生管理体制和人事、分配、药品、保障制度综合改革，同时提高新农合和城镇居民医保补助标准、城镇居民医保和新农合住院费用支付比例以及人均基本公共卫生服务经费标准。

大 事 记

1 月

1 日

△第六届海口万春会暨名城系列展览启动仪式在五公祠举行，2011 年第六届海口万春会正式拉开序幕。

△海口市日前出台《关于进一步贯彻实施促进房地产市场平稳健康发展政策的意见》明确，从1月1日起，海口市及外省市居民家庭（含购房人、配偶及未成年子女）可在本市新购买1套商品住房。

4日

△海口市被确定为第二批全国人口和计划生育综合改革示范市。

7日

△海口市在市人民医院医疗综合大楼和海南（海口）青少年活动中心两个会场，分别举行2010年竣工项目和2011年开工项目庆典仪式。此次参加海口市2010年竣工项目暨2011年开工项目庆典仪式共有竣工项目37项，总投资近50亿元。开工项目51项，总投资近115亿元，项目涉及社会民生、产业发展、生态环保、基础设施、防灾减灾等方面。37个项目的竣工和51个项目的开工为海口市“十二五”时期加速发展打下坚实基础和提供强有力的支撑。

9日

△全国老龄工作委员会近日下发《关于表彰全国老龄工作先进单位和先进个人的决定》，海口老龄办被授予“全国老龄工作先进单位”荣誉称号，海口老龄办主任武金岭和美兰区老龄办主任曾瑜被授予“全国老龄工作先进个人”荣誉称号。

△海口网旗下的又一子网——“海口爱卫会网”（http：//awh.hkwb.net/）正式开通。

12日

△为期一年的海口市“建设国际旅游岛，安全畅通文明行”行动在市人大会堂正式启动。省委常委、市委书记陈辞在动员会上强调，采取有效措施，争取在一年内一定程度上缓解交通拥堵，防止主要路段、重点区域高峰拥堵向周边路段蔓延、拥堵时段继续扩大。

13日

△位于滨海大道长滨路的海口市新行政中心正式启用，市四套班子机关及部分市直机关部门开始在新址办公。其中1～4号楼是市委办公区，5～8号楼是市政府办公区，9～10号楼是市人大常委会办公区，11～14号楼是市政协办公区，15号楼为建设部门办公区，16号楼为社会部门办公区，17号楼为农林水牧渔部门办公区，18号楼为社会科学部门办公区。

△海口综合保税区通过以海关总署加贸司副司长吕伟红为组长的国务院联合验收组的验收，标志着海口综合保税区具备了正式封关运作的条件。

14日

△海口市燃气集团正式获得ISO体系认证，成为海南省公交行业惟一一家获得ISO体系认证的企业。

19日

△市委副书记、市长、市规划委员会主任徐唐先主持召开海口市城市规划委员会第十次会议，审议通过大同、金牛岭、南渡江西岸三个片区规划。

24日

△中国国家人事人才培训网海口市培训基地、海口市公务员在线学习中心网站日前在海口市人社局挂牌成立。

25日

△市委副书记、市长徐唐先在海口喜来登大酒店会见世界贸易中心协会（WTCA）首席运营官科菲·A·柏腾先生一行。

28日

△市委、市政府举行2011年海口市迎春团拜会暨2010年海口市劳动模范和先进工作者表彰大会。

31日

△市十四届人大常委会召开第三十二次会议，决定任命冀文林为代市长，接受徐唐先辞去市长职务和朱寒松辞去副市长职务。

△省委副书记、省长罗保铭到海口市视察海南国际会展中心等项目进展情况并慰问一线工人。

△海口市中心城区水网动力工程中两条线路之一的东西湖注水工程正式通水。南渡江水、美舍河水进入东湖，冲洗西湖、大同沟、龙昆沟的积水，从海口湾出大海，从而净化地表水。

2月

1日

△副省长李国梁带领省质监、工商、卫生、

食品药品监督等部门负责人组成的食品安全联合检查组，对海口市节日食品消费集中的农贸市场、超市、酒店等进行检查。

8 日

△《海口晚报》报道：2011 年春节黄金周期间，海口市旅游饭店平均开房率达 65.9%，社会旅馆平均开房率为 35.9%。美兰国际机场进港 22728 人次，出港 21110 人次。全市共接待国内外游客 19.65 万人次，同比增长 17.81%；实现旅游总收入 2.52 亿元，同比增长 16.86%。全市星级旅游饭店客房平均出租率 59.2%，同比下降 5.2 个百分点。全市 5 家主要收费旅游景区共接待游客 5.63 万人次，同比增长 83.2%。海口市共组织开展万春会、迎春体育赛事等各种文化体育活动近 200 场，受益市民、游客超过百万人，参观、游览人数比上年翻了一番。

12 日

△政协海口市第十二届委员会第五次会议，在新行政中心第二办公区综合楼多功能厅隆重开幕。共 200 多名政协委员与会，14 日会议闭幕。会议通过了《政协海口市第十二届委员会第五次会议政治决议》、《政协海口市第十二届委员会第五次会议关于常务委员会工作报告的决议》、《政协海口市第十二届委员会提案法制委员会关于政协海口市十二届五次会议提案审查情况的报告》。

16 日

△为期 4 天的海口市十四届人大六次会议闭幕。大会批准了《海口市“十二五”规划纲要》；补选冀文林为市政府市长；吴川祝、陈一华为市人大常委会副主任；刘蔚为市人大常委会秘书长。

17 日

△海航机场集团与仁川国际机场公社合资成立寰亚机场管理公司签字仪式在海口市举行。寰亚机场管理公司的成立，将借助仁川机场在管理区域枢纽机场方面的优势，有力地促进海南省现有国际航线的开拓，加快推动海南航空运输市场开发步伐，提升美兰机场、凤凰机场现有管理及服务水平，繁荣地方航空市场，带动中韩两地的经济和文化交流。

18 日

△中共海口市第十一届纪律检查委员会第六次全体会议召开。出席会议的市纪委委员 28 人，列席 235 人。

△2011 年海口市卫生工作会议召开。2011 年海口市要把新农合、城镇居民医保政府补助标准由每人每年 150 元提高到 200 元；基本公共卫生服务的经费标准由人均 20 元提高到 25 元；新农合、城镇居民医保政策范围内住院费用报销的比例由原来的 60% 多增加到 70% 以上，最高支付限额确保达到 5 万元以上。

24 日

△海口市发布《进一步做好我市房地产市场调控工作的实施意见》。2011 年度建设保障性住房 9733 套，上半年要落实保障性住房用地 300 亩。对推进保障性住房工作不力和执行房地产调控政策不到位的单位和个人，启动问责机制。海口二套房首付不低于 60%，拥有 2 套房本地居民、1 套房非本地居民暂停购房。

26 日

△龙华区在城西镇沙坡村举行了推进诚信计生签订协议书仪式，农村放弃二胎奖励 10000 元政策。

3 月

3 日

△海口市举行第五次见义勇为人员表彰大会，13 名积极参与、全力支持社会治安工作的见义勇为先进个人代表受到表彰。

6 日

△由海口旅游投资控股集团有限公司主办的第二届“海口 2011·二月二龙抬头祭海大典”在西海岸观海台举行，集中向市民展示一场丰富多彩的海洋民俗文化活动。

△全省首批无障碍出租车正式投放海口市场。这是海口市继推行盲文公交站牌后，在创建无障碍城市上的又一新举措。

10 日

△省委常委、纪委书记王为璐到龙华区遵谭镇调研。他强调，学前教育和老年福利问题是重要的民生问题，各级政府要加大投入，将这“一

老一小”问题纳入政府公共服务体系，由政府主导，让椰城居民充分享受国际旅游岛建设带来的实惠。

△省委常委、政法委书记、省综治委主任肖若海到桂林洋高校区对校园及周边治安综合治理进行检查，听取海南师范大学等4所高校和桂林洋农场代表所作的情况汇报。

△副省长李秀领到海南住房公积金管理中心海口分中心检查工作，了解海口分中心目前运行情况和存在的工作难题，并提出海口要进一步提高公积金覆盖率和贷款利用率。

13日

△第十届中国（海口）冼夫人文化节主题纪念活动在新坡镇冼夫人纪念馆举行。省委常委、市委书记陈辞，市人大常委会主任高锦全，市委副书记、市长冀文林，市政协主席黄行光等市领导出席。

15日

△省委常委、市委书记陈辞到琼崖红军云龙改编旧址、冯白驹故居、潭口抗日第一枪纪念园、李硕勋烈士纪念园等红色旅游景点，调研宣传思想文化工作，他对全市宣传思想文化战线提出了“十二五”期间需要破解如何实现城市软实力建设与国际旅游岛中心城市和“四宜”品位城市的定位相匹配的新课题。

△市委副书记、市长冀文林到琼山区云龙镇北庄洋冬季瓜菜生产基地、长泰村坡仑坡千亩种养基地、向北洋及红旗镇盛民瓜菜专业合作社1200吨田头预冷库等地调研。他强调，“十二五”期间，海口要加大设施农业的发展力度，根据自身特点打造瓜果菜特色品牌，完善各项保障措施，提高农业抵御自然风险的能力，确保农户减产不减收。

△市委副书记、市长、市城市规划委员会主任冀文林主持召开海口市城市规划委员会第十一次会议，审议并原则通过《海口市粤海片区控制性详细规划》、《海口市长秀片区控制性详细规划》、《海口市旧城片区控制性详细规划》。

16日

△海口综合保税区挂牌、海口综合保税区海关开关暨海口综合保税区封关运作启动仪式在澄迈老城举行，标志着海口综合保税区的开发建设进入一个新的历史阶段。省委常委、市委书记陈辞，市委副书记、市长冀文林为海口综合保税区工作委员会、海口综合保税区管理委员会揭牌；陈辞，海口海关党组书记、关长李蓝雪为海口综合保税区海关揭牌。

17日

△市政府召开2011年打击违法建筑工作部署会。市委副书记、市长冀文林在会上强调，要切实树立预防为主、以打为辅的核心观念，将打击违法建筑的工作重心放在预防上，切实做到规划在先、发现在先、认证在先、告知在先、自纠在先。

18日

△市十四届人大常委会召开第三十四次会议，电动自行车管理办法首次提交审议。

19日

△2011海口高尔夫与旅游主题论坛开幕，来自国内外政商名人、行业领袖、高尔夫球巨星、社会名流等嘉宾逾600人共同探讨高尔夫的发展与前景。

20日

△“中粮·亚龙湾杯”2011年环海南岛国际大帆船赛在南海救助局海口基地起航，来自世界各地的17艘大帆船和220名选手展开为期7天的角逐。

21日

△海口市重点项目、2012年9+2论坛会议重点配套项目龙昆南延长线美舍河大桥贯通。

22日

△海口市和秀英区举行创建“石山教育示范镇”动员大会。创建秀英区石山“教育示范镇”，旨在以点带面，积累经验，从而推动全市23个镇农村均衡、优质教育大发展，真正让广大农村孩子上得起学，并且能上好的学校。

29日

△市人大常委会和市人民政府领导班子举行2011年工作沟通会，两套班子通过积极主动和坦诚的工作沟通与交流，进一步增进理解，形成合力，共谋发展。市人大常委会主任高锦全和市委副书记、市长冀文林出席沟通会并讲话。

30日

△海口市召开综治委第41次全体委员会议暨

禁毒工作会议，市委副书记、市长冀文林出席。

31 日

△“五路四桥”工程之一的海口侨中路正式开工建设，这是2011年海口市继高登东路断头路开工之后开工建设的第二条断头路，侨中路的建成将很大程度上缓解国贸片区的交通压力，提升城市的形象。副市长袁光平出席了开工仪式。

4 月

1 日

△海南第一个以产业创新、品牌创新、产品创新为核心的文化创意产业园区——海南国际创意港（位于滨海大道原人大会堂）正式开园，这标志着海南通过培育创意设计总部产业集群撬动国际旅游岛产业结构升级取得实质性进展。国际工业设计联合会（ICSID）合作项目、设计领域的“奥斯卡”德国IF机构旅游产品展示体验中心、首尔设计中心中国海南分中心、慕尼黑设计中心合作项目、设计大师纳巴罗老人及儿童旅游产品研发设计中心项目，以及法国朱古力奢侈品设计研发项目等6大国际合作项目与海南国际创意港正式签约。

2 日

△位于秀英港区内的交通运输部南海救助局海口基地新址正式启用，新建成的专业码头开始停靠现代化多功能的大型救助船舶。新址建成使用，对海南建设打造国际旅游岛过程中保障海口和琼州海峡水上交通安全发挥积极作用。

3 日

△光伏自行车亮相海口街头。海口市光伏自行车由海南英利集团自主设计，该车的核心部件太阳能电池板安装在后座储物箱上，箱内置储电单元和控制单元，所发清洁电力既可用于警报器、爆闪灯使用，也可用于夜间照明。

4 日

△清明节期间，海口的四大墓园共迎来16.32万人祭扫。清明节当日，海口市有近10万群众前往各公墓、陵园祭祖。

9 日

△湛江市党政考察团抵达海口市考察。省委常委、市委书记陈辞，市人大常委会主任高锦全，市政协主席黄行光与湛江市委书记、市人大常委会主任刘小华，湛江市政协主席、党组书记李康寿等考察团一行座谈。

10 日

△海口一中庆祝建校60周年。市人大常委会主任高锦全，市政协主席黄行光，市委常委、海口警备区司令员符永健，市人大常委会副主任陈琼玻，副市长韩美，市政协副主席叶霞、谢京，以及省、市教育行政部门负责人和各兄弟学校校长出席了庆典大会。

11 日

△海口市水环境综合整治主体工程通水仪式在水网动力河口泵站举行，这标志着海口江河湖塘基本实现了贯通，增添了动力，也意味着市委、市政府确定的中心城区水体达标的阶段性目标随着工程运行基本实现。

13 日

△海口市公布《海口市国民经济和社会发展第十二个五年规划纲要》。

△丘海大道延长线工程全面完工，实现功能性通车。丘海大道延长线全长5099米、红线宽60米，北起椰海大道，南与海口绕城公路相接，设计时速80公里，延长线与海口绕城公路相接处的丘海立交桥设计为苜蓿叶全互通立交。

14 日

△市政府与中国石油昆仑能源有限公司签署战略合作协议。根据协议，昆仑能源有限公司将斥资2.5亿元从事气化海口，发展和推广低碳环保公交。

15 日

△海口东寨港红树林保护区正式列入国际环保组织瑞尔保护协会在中国耗资2000万元开展的7个湿地保护区之一。

16 日

△中共中央总书记、国家主席、中央军委主席胡锦涛在海南出席金砖国家领导人第三次会晤和博鳌亚洲论坛2011年年会后，15日来到海口市，深入农村、企业，就贯彻党的十七届五中全会精神、落实“十二五”规划纲要进行调查研究，同各族干部群众共商海南改革发展大计。16日，胡锦涛总书记走进海口创意产业园，参观了创意

产品体验区，并与创意港的企业员工面对面交谈；在龙华区龙泉镇五一村万亩田洋，与村民刘江丽一起在田间采摘青椒、闲话家常。

18 日

△由国家税务总局副局长王力率领的国务院督查组对海口市房地产市场政策落实情况和调控成效进行检查。

19 日

△省委副书记、省长罗保铭到海口市调研，实地了解市民的“菜篮子”。

21 日

△海口网又一子网——海口健康网（http：//120. hkwb. net）正式上线。海口网推出这个全新网络平台，旨在打造都市健康门户，为市民提供便捷的健康资讯服务。

23 日

△《海口市基层医药卫生体制综合改革实施方案》通过，《方案》确定海口基层卫生机构实行全员聘用。

24 日

△海口市在海口骑楼小吃街举行“2011 海南特色美食文化节”启动仪式。

26 日

△省委书记、省人大常委会主任卫留成到海口市调研，深入了解海口的城市建设、城市管理、保障性住房、重点工程项目等工作情况。

27 日

△龙华区城管执法局对位于滨涯村海瑞学院后面的一栋小产权房进行强制拆除，由此拉开了该区整治小产权房的序幕。这也是海口市首次强拆小产权房。

28 日

△海口“十二五”规划纲要暨重大投资项目发布会在海口观澜湖度假酒店隆重开幕，发布会以“筑梦海口，赢未来——梦想·机遇·成长”为主题，以“城市推介、项目招商”为宗旨，以“智慧生长”理念来贯彻城市建设和发展，着重展示海口城市发展理念、执政理念、投资环境和机遇。共推出 4 大类、20 个分类、116 个大项目，项目总投资约 2000 亿元。中石化、首创、中国联通、华润、中国英利等 100 余家知名企业的负责人，张汉亚、李保民等国内知名专家学者和金融界人士出席发布会。

△海洋发展学术研讨会暨中国南海研究院落成典礼在海口市举行。前国务委员唐家璇，省委书记、省人大常委会主任卫留成，省委副书记、省长罗保铭等领导出席典礼。

29 日

△由副省长、三亚市委书记姜斯宪，三亚市委副书记、市长王勇带领的三亚市党政考察团一行对海口市进行考察。省委常委、海口市委书记陈辞，海口市委副书记、市长冀文林，海口市委副书记、市委政法委书记陈军陪同考察。

△市十四届人大常委会第三十五次会议举行，会议决定任命邓小刚为海口市人民政府副市长，表决通过了《海口市城乡规划条例》。

△“欢乐海口·扬歌有约”——2011 年度全民红歌汇歌曲大奖赛在万绿园启动。海口市庆祝建党 90 周年宣传文化活动正式拉开帷幕。市领导邓小刚、陈琼玻、叶霞出席活动。

△海口市最大单体违建——17 层小产权房“亿城家园”被强拆。

30 日

△位于龙桥镇的龙华区羊山自行车慢行绿道正式启动。

5 月

1 日

△海口市首辆电动公交车在 4 路投入使用。这是海南省首辆试营运的纯电动公交车，标志着海口公交开始迎来电动汽车时代。

4 日

△世界石油大会中国国家委员会参会委员同意海口市代表中国申办 2017 年第二十二届世界石油大会。

7 日

△2011 年亚洲杯女子拳击赛在海口体育馆开幕。

△海口市召开打击食品非法添加和滥用食品添加剂专项整治动员会，海口市将坚决对食品非法添加剂和滥用食品添加剂行为说“不”，“零容忍”将贯穿今后食品安全工作始终，餐饮服务单位要实行添加剂“五专”管理。

11 日

△海口市公布第六次人口普查主要数据。截至 2010 年 11 月 1 日零时，海口市总人口为 2046189 人。同第五次人口普查 2000 年 11 月 1 日零时的 1508341 人相比，十年共增加了 537848 人，增长 35.66%。平均每年增加 53785 人，年平均增长率为 3.1%。

12 日

△省委书记、省人大常委会主任卫留成到秀英区考察永兴检察室，他肯定了派驻乡镇检察室这项创新之举。他强调，乡镇检察室要不断总结经验，进一步完善，围绕上级党委中心工作，服务三农、服务发展，把法制教育和法律监督的触角延伸到广大农村。

△由四川资阳市委书记、市人大常委会主任李佳，市委副书记、市长罗勤宏率领的资阳市党政考察团来海口市考察。省委常委、市委书记陈辞，市委副书记、市长冀文林，市政协主席黄行光等领导分别参加会见和陪同考察。

△海口市人民医院与德国萨克森州 EPOS 集团正式签署合作协议，这标志着海南省首个国际远程医疗中心正式揭幕。该中心是海南省首个国际合作医疗项目，开创了本省国际远程会诊、学术交流的先河。本省群众和游客足不出岛，就可以享受到国际专家的诊疗服务。

13 日

△市委副书记、市长冀文林做客《椰城纠风热线》4 周年特别直播节目，通过电视和广播与广大市民面对面交流，倾心聆听人民诉求，为百姓解决实际困难。

△海口市电子监察系统正式开通。省纪委常委廖光普，市委常委、纪委书记官宏伟，副市长袁光平，市政协副主席谢京等出席仪式并为系统开通剪彩。

14 日

△海口市交通运输协会成立并举行第一届会员代表大会，杜建能当选会长。

△美兰区举行和平南路贯通工程开拆仪式，标志着和平南路贯通工程正式进入房屋以及地面附属物拆除阶段。

17 日

△海口市开展市委、市政府、市政法系统领导干部联合大接访活动。省委常委、市委书记陈辞，市委副书记、市长冀文林参加接访活动。

△国务院原则同意修订后的《海口市城市总体规划（2011—2020 年）》。

18 日

△位于海口市粤海大道和南海大道交汇处西北侧的海南中商农产品中心市场果蔬交易区正式开业，省委常委、市委书记陈辞，副省长陈成，市政协主席黄行光，市人大常委会副主任钟万荣，副市长蒙国海出席开业庆典仪式。海南中商农产品中心市场于 2009 年底开工，总规划占地 1600 亩，总投资 12 亿元，总建筑面积 75 万平方米。主要建设以瓜果菜为主的农产品现货交易区、加工配送区、10 万吨冷库区、铁路专用货场、电子商务区、总部经济区、综合服务区和展览展销区。

△由省科技厅和海口市政府共建的海南首个创意科技馆在海南国际创意港正式挂牌，该馆成为目前国内第一个将创意产业和高新技术进行融合对接的综合性产业创新和产学研普及平台。

19 日

△2011 海南省“中国旅游日”暨海口绿色慢行休闲系统活动启动仪式在西海岸观海台举行，这标志着全市总长 100 公里的绿色慢行休闲系统一期正式建成并投入使用。省委常委、市委书记陈辞，市委副书记、市长冀文林，市政协主席黄行光出席启动仪式。

23 日

△海口龙华沿江饭店举行“中华老字号”揭牌仪式，这是目前为止国家商务部给予海南的惟一一块“中华老字号”牌匾。

25 日

△为期两天的第九届中国荔枝龙眼交易会暨首届海南红明荔枝文化节在海口开幕，36 家企业和种植大户在交易会上签订 2.8 万吨总价 3.64 亿元的产销订单，荔枝均价达到了每斤 6.5 元。

27 日

△市委常委、副市长邓小刚会见来琼考察的英国驻广州总领事阿拉斯泰尔·摩根一行。双方就贸易投资、生态治理与保护、旅游服务业及可持续发展等领域合作的可能性进行了友好会谈。

28 日

△总投资 15.9 亿元的“十二五”省、市重点

建设项目——海口港马村中心港区工程举行开工典礼。该项目的开工建设，将进一步促进海南经济和环北部湾经济合作圈的发展，也向区域性物流枢纽中心又迈进了一步。

△海南省第一个垃圾焚烧发电项目——海口市垃圾焚烧发电厂正式投产。该项目的建成，标志着本市城市生活垃圾无害化、减量化、资源化处理水平迈上了一个新的台阶，在海南省循环经济建设方面具有很强的示范效应。

29 日

△海口文明网（wmw. hkwb. net）正式开通。

6 月

3 日

△海口市召开网络媒体对外宣传工作座谈会，进一步探讨本市网络文化建设和科学管理工作。市委常委、宣传部长刘庆声参加座谈并讲话。人民网、新华网、中新网、凯迪网、搜狐、新浪、海口网、南海网、蓝网等共 10 多家网络媒体负责人参加了座谈。

7 日

△2011 年高考始日，海口考区有 15032 人参加高考，报考人数比上年减少 500 人。

10 日

△市委副书记、市长、市城市规划委员会主任冀文林主持召开海口市城市规划委员会第十二次会议，审议并原则通过《海口市金沙湾片区控制性详细规划》、《海口市滨江新城南区控制性详细规划》。

12 日

△2011 海口热气球节（旅游婚庆节）暨 H1 中国热气球挑战赛在万绿园开幕。来自全国 23 个省市、自治区、直辖市的 133 对爱侣举行集体婚礼，体验海誓山盟温馨浪漫。

14 日

△海口市召开 2011 年棚户区（城中村）改造动员大会，总结“十一五”期间的棚改工作，安排部署 2011 年棚户区（城中村）改造工作。

△随着 14 日 18 时最后一班轮渡开往海安，海口新港结束 30 多年历史使命，从 15 日起，海口新港所有营运业务全部迁移至秀英港区。

16 日

△海南省人民政府、海口市人民政府、三亚市人民政府与海航集团琼港空中快线合作协议签约仪式在海口市举行。为加快推进海南旅游要素的国际化改造与升级，支持“琼港空中快线”的建设工作，香港航空对现有琼港航班继续加频：其中，海口—香港航班增加至每日 3 班，三亚—香港航班增加至每日 2 班。

17 日

△海口市在市人大会堂举行纪念建党 90 周年“颂党・倡廉”文艺晚会。市领导陈辞、高锦全、黄行光、张磊等出席晚会，与市民一同观看演出。

19 日

△琼山区绿色农产品配送中心暨瓜菜质量安全田头监管 3G 系统举行启动仪式在琼山区红旗镇举行，这是本市首个镇级绿色农产品配送中心启动。

26 日

△市人大常委会首次开展拟任干部任前教育，在琼山区红旗镇岭门村举行市人大常委会拟任干部任前教育座谈会，市人大常委会主任高锦全带领五位拟任干部走访红色革命村庄。拟任干部任前教育活动是海口市继任前法律知识考试之后，市人大常委会人事任免程序的又一新探索。

28 日

△海口市 2011 年拟挂牌土地推介会在西海岸举行，国内外近 90 家用地企业与会。这次海口市推介的土地项目包括西海岸起步区、港湾核心区、海口灯塔酒店等 15 个，面积 2000 多亩。

△海口市纪念建党 90 周年图片展在海口会展中心开幕。省委常委、市委书记陈辞，市政协主席黄行光为图片展揭幕。

△市十四届人大常委会第三十六次会议举行，会议审议通过了《海口市城市绿线管理办法》。该办法是本市继《海口市万绿园保护管理规定》之后制定的第二部专项绿地保护的法规。

△FM95. 4 海口交通旅游广播“交通直播间”在市公安局交警支队正式开播，“交通直播间”的开播是海口市城市道路交通协调联席会议的重要成果。市委常委、宣传部长刘庆声，副市长袁光平参加了“交通直播间”开播系列庆祝活动。

30 日

△海口市举行庆祝中国共产党成立 90 周年暨表彰大会，省委常委、市委书记陈辞出席会议并讲话，市委副书记、市长冀文林主持大会，市委副书记张磊宣读表彰决定。

7 月

1 日

△土耳其安塔利亚市长穆斯塔法·阿凯丁在海口市访问，市委副书记、市长冀文林和阿凯丁先生在万绿园为两市友好关系的象征“友谊之门”雕塑揭幕。

△海口至成都东快速旅客列车首发，从此，海南增加了一趟直达成都的快速旅客列车。

△海口市生活垃圾费正式开始随水费征收，居民用水每吨加收 0.37 元。

2 日

△市委副书记、市长冀文林主持召开市政府专题会议，研究解决保障猪肉市场价格稳定问题。

4 日

△中共海口市委第十一届九次全体（扩大）会议召开。会议审议并原则通过《中共海口市委关于进一步强区扩权的若干意见》和《中共海口市委关于加快推进人才发展的实施意见》。

7 日

△以全国双拥办副主任杨国英为组长的全国双拥模范城考核检查组对海口市创建全国双拥模范城工作进行检查。

8 日

△海南国际会议展览中心正式落成并投入使用。海南国际会展中心的建成，填补了海口市乃至全省大型综合性会展设施的空白，为国际旅游岛建设提供重要的项目支撑、产业支撑和功能支撑。

9 日

△第二十四届中国经济新闻大赛暨 2011 中国低碳发展经济新闻人物颁奖盛典在海南澄迈举行，海南省海口市、安徽省黄山市等 10 个城市被评为新闻传播十强市。

11 日

△在省公安厅主持下，海口市琼山区、文昌市和定安县等 3 个地区公安局领导和三地交界 9 个派出所所长在《琼山文昌定安边界派出所警务协作协议书》上签字，海南省首个跨市县警务协作区设立。

12 日

△海口市农贸市场销售限价猪肉第一天。全市投放在 8 个农贸市场 9 个商场超市和罗牛山 32 家连锁店的限价猪肉共计 15 吨（151 头）。

15 日

△市委副书记、市长冀文林主持召开海口市 2011 年上半年经济形势分析暨工作小结会，分析本市上半年经济运行形势，研究部署下半年经济工作。

18 日

△省人大常委会副主任符兴带领调研组到海口市对“加强和改进我省人大工作”进行专题调研，检查和指导本市人大工作。

21 日

△海口市首家慈善超市在秀英区金鼎社区开业，超市向辖区内的 30 个五保户、低保户、优抚对象等困难群体无偿发放了首批物资。慈善超市作为民办非企业单位，是一种非企业性质、非营利性的服务机构，主要承担单位和个人的日常捐赠接受工作，将单位和个人的捐赠物品，按需求转赠辖区困难群体。

△海口市正式启动电子农务示范镇建设，决定打造一批基础设施完善、信息畅通无阻、政务公开透明的电子农务示范镇。海口永兴、红旗、龙泉三镇成为第一批示范镇，计划发展成为海南首创的电子农务样板镇，为其他乡镇电子农务发展建设提供模范带头作用。

24 日

△海南岛生态地球化学调查，在海口市首次发现大面积富硒土壤，面积达 763 平方公里，占全市总面积的 34.07%。

28 日

△海口市 2011 年保障性住房项目开工仪式在永秀花园项目建设地举行，本批 5 个项目建设保障房共计 10436 套。

△秀英区举行建区 20 周年总结大会，副省长林方略，市人大常委会主任高锦全，市委副书记、政法委书记张磊等出席。

8月

1日

△全省首家智能车库——海口人民公园立体智能车库投入试运营。该车库位于海口人民公园南侧，紧邻省电台，东接公园路、海府路、博爱路，西接大英西路、万国西路，南临海秀路，9月30日前为试运营期，试运营期免费对外开放。

3日

△省政协主席于迅率驻琼全国政协委员、部分省政协常委到海口视察拆除违法建筑工作情况。

4日

△海口市在国兴大道大润发购物广场举行就业失业与《就业失业登记证》发放启动仪式。这标志着海口市正式施行就业失业登记制度。

△海口市人大常委会和山西省忻州市人大常委会举行了缔结友好关系签约仪式，共同推进两市人大工作交流，促进两地经济文化合作。

△市政府举行“印象盛宴·万人相亲海口”活动欢迎晚宴，正式开启历时三个月万人相亲活动。市委常委、副市长邓小刚，市政协副主席郑钢出席晚宴。

5日

△市委副书记、市长冀文林主持召开市政府专题会议，就市政府调查小组对网民反映的20个热点问题报告内容，组织相关职能部门研究部署解决方案。冀文林强调，网络信息时代，全市各级各部门要充分听取民声、采纳民意、解决民困，切实打造以民为本的服务型政府。

11日

△省委常委、组织部长楼阳生到海口市就镇换届工作进行调研和指导。

17日

△经海南省人大常委会批准的《海口市城市绿线管理办法》公布，该法规的施行标志着海口在全国率先形成园林绿化的地方性法规系列。

21日

△海口市城镇居民养老保险工作全面铺开，全市42家服务办理点和参保具体流程率先通过《海口晚报》予以正式公布。

22日

△市政府举行新闻发布会，发布《海口市鼓励航空客运市场开发暂行办法》，通过增加奖励项目、旅游淡季奖励、过夜飞机奖励和对美兰机场的奖励，鼓励执飞国际航班，提高奖励标准，预计2012年奖励金额达到1.5亿元左右。

△省人大常委会副主任陈海波率省人大侨务工作调研组一行到海口市进行调研。

23日

△市政协举行2011年和谐助学行动捐助发放仪式，市政协主席黄行光，副市长韩美，市政协副主席程国林、林甫肄、林道本、林杰、叶霞、谢京出席捐助仪式，并为今年考上本科第一批和第二批的120名优秀贫困大学新生发放了助学金，每人受助5000元。

24日

△海口市市、区、镇人民代表大会换届选举工作会议召开，这标志着全市三级人大换届选举进入全面实施阶段。

9月

1日

△海口三大民生工程——海口市旅游医疗服务保障中心、琼山中学新校区、西海岸第九小学举行竣工落成庆典仪式暨新学期开学典礼。市领导冀文林、黄行光、张磊、林北川、陈毓芬、韩美、叶霞出席庆典。

△市十四届人大常委会第三十八次会议通过《海口市电动自行车管理办法》和《海口市出租汽车客运管理条例修正案》。

△新的《海口市城乡规划条例》正式施行。

△市政府决定从9月1日起全市小学生免费乘坐市区公交。

2日

△“第八届中国金唱片奖（海南）主题系列活动”在海口市新国宾馆海滨景区海景圣城举行启动仪式。该系列活动是海南省政府2011年建设国际旅游岛50件大事之一。

4日

△海口市各界群众在李硕勋烈士纪念亭举行

纪念李硕勋同志英勇就义80周年活动。省委副书记、代省长蒋定之，省委常委、秘书长许俊，省委常委、市委书记陈辞，市人大常委会主任高锦全，市委副书记、市长冀文林，市政协主席黄行光等省市领导参加。

△海口市节能与新能源公共汽车、出租汽车投放暨海口市公共交通集团有限公司成立仪式在市人大会堂广场举行，首批投放了30辆电动公交车、170辆混合动力公交车及27辆纯电动出租车。省委副书记、代省长蒋定之出席仪式并宣布海口公交集团成立。

8日

△海口市在第二办公区综合楼隆重举行庆祝教师节大会。会议对刘跃荣等10名“海口市十佳校长”、黄耀国等10名“海口市中学十佳班主任”、王金花等10名“海口市十佳农村教师”、朱满香等10名“海口市小学十佳班主任”进行表彰。

10日

△2011第三届“欢乐海口·舞动椰城”社区舞蹈大赛在椰子岛广场举行。

11日

△市委副书记、市长冀文林会见参加“世界主要华人媒体行走中国·海南国际旅游岛宣传推介”活动的世界主要华文媒体考察团一行。

12日

△经市政府批准的《海口市基本殡葬服务费用减免补助试行办法》出台，具有本市户籍的低保户和农村五保户等，在海口市殡葬服务机构办理火化给予尸体车辆接运、尸体火化及骨灰寄存1年等基本殡葬服务费用减免，非火化区人员选择火化减免基本殡葬服务费的基础上再补助2000元。

15日

△中共海口市委十一届十次全会召开，会议表决通过了《中国共产党海口市第十一届委员会第十次全体会议关于召开中国共产党海口市第十二次代表大会的决议》。

20日

△省人大常委会党组副书记、常委会副主任符桂花带领省人大常委会换届选举情况调研组到海口市调研，了解本市人大换届选举工作情况，检查换届选举试点工作。

21日

△海口启动排污许可证核发工作，要求排污单位于11月30日前申请办理排污许可证，无证排污可罚万元以上。

23日

△海口综合保税区与中行海南省分行在海口签订战略合作协议，中行海南省分行将向海口综合保税区内企业提供40亿的授信额度支持，在融资及授信、贸易金融、现金管理、“走出去”战略金融、资金业务等领域，为海口综合保税区及区内企业提供全方位的金融服务，实现保税区、银行、区内企业三方合作共赢。

24日

△海口市地方标准《云龙淮山生产技术规程》通过审定。这是继演丰咸水鸭、永兴荔枝等之后的海口第八个地方标准。

26日

△海口市2011年常年菜篮子基地建设启动仪式在龙华区遵谭镇咸谅坡瓜菜基地举行。

28日

△为防御17号台风“纳沙”，海口市启动防风Ⅱ级应急响应。省委常委、市委书记陈辞，市委副书记、市长冀文林均做出具体指示，要求确保人员零伤亡，确保最大限度减少财产损失。副市长蒙国海主持召开了防台风工作会议。

29日

△省委副书记、代省长蒋定之到海口市检查防御台风“纳沙”工作。

△16时30分前后，“纳沙”从海口的东南部进入海口市境内，18时，其中心位于北纬19.9度、东经110.4度，也就是在海口市境内。受其影响，海口市出现强风雨天气过程，7个镇总降雨量超过200毫米，最大降水量出现在云龙镇，达240.0毫米；大部分镇出现9～11级大风，2个镇极大风速超过12级，最大为东山镇，出现13级大风。

30日

△海口市第一批历史建筑挂牌仪式在得胜沙路著名的老建筑五层楼举行，这标志着海口市将进一步加大力度依法保护骑楼街区历史建筑。

△海口市政府召开第84次常务会议审议通过《海口市人民政府关于进一步下放行政权项的决

定》，以政府令形式向各区下放34项行政权项。至此，海口市已以政府令形式向各区下放共计99项行政权项。

10月

1日

△秀英区举行福秀小区一期廉租房钥匙发放仪式，412户特困群众领到廉租房钥匙，市长冀文林出席发放仪式。

5日

△受热带低压“尼格”和冷空气的共同影响，海口市普降暴雨，局部大暴雨，海口24小时降雨量达333.6毫米，超近年来的记录。市委副书记、市长冀文林主持召开“三防”工作会议，部署防汛工作。

8日

△国庆长假期间，全市共接待国内外旅游者13.29万人次，同比增长10.8%，实现旅游总收入1.31亿元，增长19.8%。

△海口市人民代表大会常务委员会第23号公布《海口市电动自行车管理办法》，自2012年1月1日起施行。

△海口市与英国柏斯市结好20周年庆祝活动在海口文华大酒店举行。市人大常委会主任高锦全出席，副市长韩美和柏斯市市长约翰·胡伯特分别致辞并互赠礼物。

13日

△海口市区、镇两级人大代表举行换届选举投票，全市有114万多选民在全市420个选区投了选票，选举产生新一届区、镇人大代表。陈辞、高锦全、冀文林、黄行光等市领导分别在各自选区参加投票或委托他人投票，选举所在地区人大代表。

16日

△以国家人社部副部长信长星为组长的人社部调研组到海口市，对2011年以来的人力资源和社会保障进展情况、典型经验、工作亮点、主要目标完成情况的预测、分析评价及推进工作中存在的突出问题和矛盾进行调研，并重点了解了本市的就业工作。

18日

△市政协组成3个督办组，分别对2011年度3个市政协主席会议督办案进行督办。市政协主席黄行光，副主席林甫肄、林道本、林杰、叶霞参加督办活动；副市长蒙国海、丁竹以及提案办理相关单位负责人陪同。

19日

△市政府召开灾后恢复生产工作会议，会议传达了全省灾后恢复生产工作会议精神，通报全市灾情。市委常委、副市长邓小刚，副市长蒙国海，省灾后恢复生产督导组有关人员出席。

20日

△《海口市人民政府关于加快工业发展的若干规定》正式出台。与2008年发布的相关政策相比，新的规定更加优惠，每年安排给工业发展资金的财政预算增加到2亿元。同时对企业享受扶持政策有前提条件，在安全生产、食品安全、节能、环保等方面实行“一票否决”。

△国家重要热带作物工程技术研究中心在海口市挂牌成立。这是国内唯一的国家级热带作物工程技术研究中心。

21日

△省委常委、市委书记陈辞和市委副书记、市长冀文林到市内部分重点文化单位和企业调研，研究海口文化事业和文化产业的发展。

△海口市召开旅游行业创先争优动员大会，要求在海口市辖区内所有旅行社、旅游饭店、旅游景区、旅游商品生产销售企业、高尔夫球会、旅游餐饮企业、旅游客运企业、乡村旅游点、邮轮游艇企业、旅游文化创意企业等十大类旅游企业深入开展创先争优活动，加强党团组织建设，树立行业标杆，提高旅游服务质量，增强游客满意度，推动海口旅游行业又好又快发展。

△海口市首家平价商店在五指山路试业。

22日

△“欢乐海口·扬歌有约——2011年全民红歌汇歌曲大奖赛总决赛暨颁奖仪式”在万绿园中心广场举行。市人大常委会主任高锦全、副主任陈琼玻等出席并观看了比赛。

27日

△市委副书记、市长冀文林率海口市政府考察团赴屯昌、定安调研，落实省委书记罗保铭的

有关指示，进一步加强海口与周边市县的交流合作，发挥省会城市的辐射带动作用，互相尊重、资源共享、优势互补，实现共同发展。屯昌县委书记江华安，县委副书记、县长范高净，定安县委书记韩勇，县委副书记、县长符立东参加调研活动。

28日

△市长冀文林在市政府会见海口国际友城——澳大利亚达尔文市“达尔文—海口友城委员会”主席菲利普·拉德先生。

30日

△市委副书记、市长冀文林调研罗牛山农产品加工产业园项目，并现场办公解决实际问题。他要求市有关部门和美兰区要与省农垦总局、桂林洋农场一起，为项目的落地做好服务，促成这项惠民工程年底开工建设，早日建成投入使用。

11月

2日

△海口市第十次“人大代表论坛”举行，本次论坛的主题为“推进城乡学前教育均衡发展”，进一步督促和推动各级政府强化发展学前教育的工作，营造全社会关心支持学前教育良好氛围，促进全市学前教育科学、均衡发展。

4日

△海口市与定安县签署南渡江流域环境保护合作协议。根据协议，双方将共同保护南渡江水源，防治南渡江水污染，建立健全生态环境问题联防联治长效机制，确保海口龙塘饮用水源地和定安南渡江饮用水源地水质100%达标。

△海口旅游商品研发中心及海口旅游商品交易中心挂牌成立。

9日

△在日前召开的全国工会创先争优暨推进工会组建工作视频会议上，中国教育工会海口市第一中学委员会被授予全国模范职工之家荣誉称号，市总工会组宣部部长汪安稳同志荣获全国优秀工会工作者称号。

10日

△“海口文明大行动”动员大会在海南国际会展中心召开，大会对全市的文明大行动进行全面部署。

11日

△2011中国体育旅游博览会暨第九届中国（海口）国际旅游商品交易会，在海南国际会议展览中心开幕。

△市委副书记、市长冀文林在海口会见了美国斯科茨代尔市市长吉姆·兰尼一行。在进行友好交流后，双方希望在教育、旅游尤其是发展高尔夫球运动领域加强交流合作。

△万人相亲海口系列活动第三季人与自然——“将爱进行到底”在海口会展中心正式开幕，市委副书记、市长冀文林，市人大常委会副主任陈一华，副市长韩美出席开幕式。

15日

△国土资源部和财政部下文批准同意实施海口市南渡江流域土地整治重大工程。

16日

△2011年“跨国公司中国行·走进海南”海口专场推介会在海口喜来登温泉度假酒店召开。海口市委副书记、市长冀文林，商务部投资促进事务局副局长张迎新，海南省商务厅副厅长王克强，副市长徐敏生，市政协副主席谢京及跨国公司、岛内外150家相关企业代表参加了推介会。在推介会上，海口市向一大批知名品牌的跨国公司代表推介海口重点发展的产业和项目。全市共推介了65个项目，涉及总投资584.43亿元。

18日

△2011中国森林旅游博览会在海南国际会议展览中心开幕。包括海南在内的30多个省、区、市组团参展，集中呈现了全国各地丰富多彩的森林旅游资源和生态文化。

△海口农业网（http：//nongye. hkwb. net）正式开通，成为海口网旗下又一个行业综合新闻网站。该网站将为市民和农民朋友搭建一个及时、全面、权威的海口农业新闻资讯平台。

△海口市企业联合会成立，同时召开第一届会员大会。会议选举海南金鹿投资集团有限公司董事长叶茂为第一届理事会会长，选举张祥平、黄舸、刘成才、羊孟元为常务副会长，刘群等43人为副会长。海口市企业联合会的会员有200多家，涉及工业、农业、房地产、旅游等20多个行业。

20 日

△第二届海口市海外智囊团会议在海口喜来登度假酒店召开。

22 日

△第 11 届世界厕所峰会暨世界卫浴洁具·环卫设备展览会在海口会展中心开幕。本次峰会的主题是“厕所文明：健康、旅游、品质生活”，由世界厕所组织和海南省人民政府共同主办。三天内，与会代表将就生态厕所与生态旅游，绿色制造与厕所文明，国际旅游岛建设背景下的海南公厕建设等议题展开研讨，并发布海口宣言。

23 日

△2011 欧米茄观澜湖高尔夫世界杯在观澜湖海口国际高尔夫度假区开幕。来自 28 个国家代表队的 56 名选手将展开激烈的角逐。

26 日

△世界最大高尔夫球会观澜湖集团与世界顶级酒店管理品牌万豪国际集团在海口签约，观澜湖集团将把在海口观澜湖国际高尔夫度假区即将兴建的两家高尔夫度假酒店，分别交于万豪集团旗下顶级奢华酒店品牌丽思卡尔顿与高端品位生活酒店品牌万丽管理。省委常委、市委书记陈辞出席并见证了双方合作协议的签署仪式。

△在巴西阿雷格里港举行的第十届世界大都市协会（World Association of Major Metropolises）上，海口市被正式吸纳为世界大都市协会会员城市。

△雷琼中国海口火山群世界地质公园与五大连池世界地质公园正式签下合作协议，双方约定将打造世界地质公园的南北品牌。当天，参加 2011 年国土资源科普基地工作研讨会的国家地质专家、省市主管领导及全国 24 家世界地质公园的代表约 250 余人参观海口火山群世界地质公园。

27 日

△2011 年市委理论研讨会在琼山区田心村举行。会议对事关海口发展全局的重大问题进行深入探讨，并为 2012 年 1 月开好党代会做思想和舆论上的准备。市人大常委会主任高锦全，市委副书记、市长冀文林，市政协主席黄行光等市领导出席。

△2011 年第 56 届欧米茄观澜湖高尔夫世界杯落下帷幕，美国队在最后一轮打出 67 杆，低于标准杆 5 杆的情况下，反超赢得冠军，收获 240 万美元奖金。这是美国队第 24 次赢得高尔夫世界杯。英格兰队和德国队 -22 杆并列第二。中国队最终获得了并列第 18 名。

△第九届中国果菜产业发展论坛在海口落幕。海口市被评为中国果菜十强市。

30 日

△在北京召开的第五次全国妇女儿童工作会议上，海口市人民政府被国务院妇儿工委评为全国实施妇女儿童发展纲要规划先进集体。

△海口市四个区举行冬修水利大会战，1 万多名干部群众和驻市部队官兵分别在琼山区红旗镇七水洋、龙华区新坡镇前村洋、秀英区长流镇堂甘田洋、美兰区大致坡镇红星支渠等冬修现场，掀起了全市冬修水利的高潮。

12 月

1 日

△以“全球化的游艇产业与游艇管理政策”为主题的 2011 中国（海口）游艇经济论坛暨国际游艇展览会在新埠岛开幕。60 多艘国内外知名游艇、帆船帆板和摩托艇参与展出。国内首家游艇交易所——海口船舶游艇交易所同时揭牌。

△海口市在 6 家社区卫生服务机构开展国家基本药物制度试点工作，6 家社区门诊实行基本药物零差率销售。

3 日

△第二届中国南方（海口）国际合唱艺术周在海口市人大会堂正式启动。

△市委常委、副市长邓小刚带领海口市代表团启程赴卡塔尔首都多哈，参加第 20 届世界石油大会。

6 日

△海口美兰国际机场在新海航大厦举行荣获 SKYTRAX 四星机场颁奖典礼，该机场成为全球第九家、国内第二家“SKYTRAX 四星机场”，标志着美兰机场正式迈入世界优秀机场行列。

7 日

△2011 年海南（香港）经贸·旅游·文化活动周海口综合推介会在港举行，本次推介会重点

向海内外嘉宾介绍了海口在“十二五”期间围绕“十大工程”实施的21个项目，推介海口这个南海之滨城市。市委副书记、市长冀文林发表主旨演讲，海南省副省长李国梁，全国政协委员、香港工商专业协进会主席朱莲芬出席。

9日

△海南省城镇居民社会养老保险养老金发放仪式在海口市海达社区举行，省委副书记、代省长蒋定之，副省长陈成，海口市委副书记、市长冀文林，副市长韩美等出席发放仪式，并现场给城镇居民发放养老金存折。108名60周岁以上的城镇居民代表现场领取了养老金存折。

△省委副书记、代省长蒋定之在省委常委、海口市委书记陈辞等陪同下到海口市调研港口建设并现场办公。

△海口质监局正式公布海口第一批合格电动自行车销售登记目录，自2012年1月1日起，未列入目录的电动自行车产品，将禁止在海口市行政区域内销售。申报海口第一批电动自行车目录的受委托经销商50家，涉及生产企业61家、65个品牌、410个车型。经审核，共有39家经销商，涉及生产企业49家、52个品牌、356个车型符合要求，被批准列入第一批《海口市合格电动自行车销售登记目录》。

12日

△2011年中国（海南）国际热带农产品冬季交易会在海南国际会展中心开幕。本届冬交会海口市邀请客商235名，14家农产品企业参加海口市展馆。冬交会上，海口市推出各类农业企业招商签约项目6个，总投资17.7亿元。

△省委副书记李宪生在省委常委、海口市委书记陈辞等陪同下到海口市调研，了解本市旅游业与会展经济发展、农产品物流调运、保障性住房建设等事关城市发展、民生建设等方面的工作情况。

15日

△新建的海口市人力资源市场正式启用，标志着本市人力资源服务平台实现了有效整合，人力资源服务水平和服务能力实现了质的飞跃。省委常委、市委书记陈辞出席了揭牌仪式。

△数字海口地理空间框架建设项目设计书通过专家评审，国家测绘地理信息局、海南省测绘地理信息局、海口市政府签署了数字海口地理空间框架共建共享合作协议，数字海口地理空间框架建设进入了实施阶段。国家测绘地理信息局副局长李维森，市委副书记、市长冀文林出席仪式并致辞。

16日

△市委副书记、市长冀文林主持召开海口市第四季度网络问政工作会议。他强调，群众反映的事无小事，各区、各部门、各级干部对老百姓的诉求不能麻木不仁，要积极探索创新社会管理新路子，通过网络问政这一平台为百姓排忧解难，共同努力解决好群众反映的实际困难，使网络问政这项工作科学化、民主化、常态化。

△海口市区镇换届选举全部完成，4个区和23个镇新一届领导班子成员均以满票、高票当选，实现了组织意图和群众意愿的高度统一。

17日

△2011环海南飞行拉力赛在海口湾开幕。

20日

△中央文明委在北京召开全国精神文明建设工作表彰大会，命名表彰第三批全国文明城市、文明村镇、文明单位。海口市琼山区的红旗镇、三门坡镇的龙鳞村荣获全国文明村镇称号。

△由商务部主办的国家外贸转型升级示范基地与交易平台会议日前在北京召开，海口市被授予“水海产品基地—国家外贸转型升级专业型示范基地”牌匾。

△市长冀文林与德国罗斯托克市市长罗兰·梅特灵分别代表两市签署了《海口市与罗斯托克市建立友好关系协议书》。海口市友城总数增至22个。

21日

△中国首家机场离岛免税店——海口美兰机场免税店开业。

△市十四届人大常委会召开第四十次会议，会议决定任命鞠磊为海口市人民政府副市长；审议并批准了海口市人民政府提请审议的《2011年海口市和市本级一般预算调整方案》。

22日

△第七届万春会启动仪式暨2012年海口新年民乐会在万绿园举行。

25日

△海口综合保税区物流基地港航项目暨基础

设施二期开工仪式在海口综合保税区举行。副市长鞠磊，市长助理、海南港航集团董事长李向阳，海口综合保税区工委书记温精华、管委会主任刘辉平出席仪式。

26 日

△市委、市政府举行海口美兰国际机场旅客吞吐量突破1000万人次表彰仪式暨答谢晚宴，对海南美兰国际机场股份有限公司经营班子及驻场单位进行表彰并发放奖金总额500万元。省委常委、市委书记陈辞给海南美兰国际机场股份有限公司经营班子颁发了300万元支票奖励。

28 日

△海南省第一家农村商业银行——海口农商银行正式挂牌开业。省委副书记、代省长蒋定之出席仪式并为海口农商银行揭牌。

△中共海口市委十一届十一次全体（扩大）会议召开，会议号召全市各级党组织和广大党员要解放思想，敢于担当，加快转型发展建设“四宜”城市。会议审议通过了中共海口市第十一届委员会向市第十二次党代会作的报告和中共海口市纪律检查委员会向市第十二次党代会作的工作报告，决定将这两个报告提请市第十二次党代会审议。会议还审议通过《中共海口市委关于加快文化产业发展若干政策的意见》和《中共海口市委关于进一步加强和改进对领导干部监督管理的意见》，听取并讨论了陈辞代表市委常委会所作的工作报告。

29 日

△全市经济工作会议召开。会议提出2012年海口市经济工作的总体要求是深入贯彻中央、全省经济工作会议精神，以科学发展观为指导，结合海口实际落实国家宏观调控政策，紧扣转型发展这个核心任务，保持较大投资规模，扩大消费需求，壮大实体经济，创新体制机制，着力改善民生，确保经济平稳较快增长和物价总水平基本稳定，保持社会和谐稳定。

30 日

△省委常委、省政法委书记、省委群众工作部部长肖若海带领省委群工部、省信访局等部门负责人，到海口市慰问困难群众。

（麦春鸣、黎小梅）

总 述

海口概况

【历史沿革】 海口历史悠久。西汉元封元年（前110）海南开郡置县，地属珠崖郡玳瑁县；初元三年（前46）海南裁郡并县，属合浦郡朱卢县。唐武德五年（622）属崖州颜城县；贞观元年（627）属琼山县；贞观五年（631）属舍城县；贞观十三年（639）属颜罗县；贞元五年（789）设白沙津。宋开宝五年（972）迁津建浦，设海口浦，“海口”一名自此始。明洪武三年（1370）扩浦建都，设海口都；洪武七年（1374）设海口所。1912年置海口镇，属琼山县。1926年12月9日设市（县级），称海口市政厅，属广东省。1929年改为市政局。1931年2月裁撤海口市，复称海口镇，隶属琼山县；1949年复设海口市（县级），属海南特别行政区。1950年4月23日海口解放。1950年6月1日，成立海口市人民政府，为广东省直辖市（地级）。1958年12月，琼山县并入海口市；1959年10月分出琼山县，恢复琼山县建置。1958～1974年，海口市为县级市，1975年11月升为地级市，1983年降为县级市，1986年经国务院批准升格为地级市。1988年，海南建省办经济特区，海口市成为海南省省会，是全省政治、经济、科技、文化中心，交通邮电枢纽。1990年11月，经民政部批准，设立振东、新华、秀英3个市辖区（县级）。2002年10月16日，国务院批复海口、琼山两合并，成立新海口市，设立秀英、龙华、琼山、美兰4个市辖区（县级），海口市的发展翻开了新的一页。

【位置与面积】 海口市位于北纬19°32′～20°05′，东经110°10′～110°41′。地处海南岛北部，北濒琼州海峡，隔18海里与广东省海安镇相望。东与文昌市相邻，南与定安县接壤，西邻澄迈县。东起大致坡镇老村，西至西秀镇拨南村，两端相距60.6公里；南起大坡镇五车上村，北至大海，两端相距62.5公里。地形略呈长心形，地势平缓。海南岛最长的河流——南渡江从海口市中部穿过。西北部和东南部较高，中部南渡江沿岸低平，北部多为沿海小平原。全市除石山镇境内的马鞍岭（海拔222.2米）、旧州镇境内的旧州岭（199.9米）、甲子镇境内的日晒岭（171米）、永兴镇境内的雷虎岭（168.3米）等38个山丘较高外，绝大部分为海拔100米以下的台地和平原。马鞍岭为全市最高点。全市土地面积2304.84平方公里。

【行政区划】 海口市分设秀英、龙华、琼山、美兰4个区，共23个镇、18个街道办事处、159个社区居委会、248个村民委员会、2765个经济社（村民小组），以及4个农垦农场、2个省属农场。其中，秀英区辖秀英、海秀2个街道办事处，长流、西秀、海秀、石山、永兴、东山6个镇，共19个社区居民委员会、70个村民委员会；龙华区辖中山、滨海、大同、金贸、金宇、海垦6个街道办事处，城西、龙桥、龙泉、新坡、遵谭5个镇，共64个社区居民委员会、54个村民委员会；琼山区辖国兴街道办事处，府城、龙塘、云龙、红旗、旧州、三门坡、甲子、大坡8个镇，红明、东昌、岭脚、中税4个农场和新民林场，共23个社区居民委员会、71个村民委员会；美兰区辖白龙、白沙、博爱、海甸、蓝天、海府路、人民路、新埠、和平南9个街道办事处，灵山、美兰、三江、大致坡4个镇，桂林洋、三江2个农场，共53个社区居民委员会、53个村民委员会。

【自然环境】 *地貌* 地表主要为第四纪基性火山岩和第四系松散沉积物，呈较大面积分布，滨海以滨海台阶式地貌为主，西部以典型的火山地貌为主。全市地貌基本分为北部滨海平原区，中部沿江阶地区，东部、南部台地区，西部熔岩台地区。

土壤　主要土壤类型有玄武岩砖红壤、火山灰幼龄砖红壤、沙页岩砖红壤、带状潮沙泥、滨海沙土。土壤土种共8个土类，12个亚类，43个土属，110个土种。

气候　海口市地处低纬度热带北缘，属于热带海洋气候。春季温暖少雨多旱，夏季高温多雨，秋季湿凉多台风暴雨，冬季干旱时有冷气流侵袭带有阵寒。全年日照时间长，辐射能量大，年平均日照时数1954.7小时，太阳辐射量可达11～12万卡；年平均气温23.3℃，最高平均气温28℃左右，最低平均气温18℃左右；年平均降水量1816毫米，平均日降雨量在0.1毫米以上雨日150天以上；年平均蒸发量1834毫米，平均相对湿度85%。常年以东北风和东南风为主，年平均风速3.4米/秒。

水文　海口自来水资源总量19.07亿立方米，水资源总量折合地表径流深为830毫米。海南岛最长的河流南渡江穿过海口市中部入海。南渡江主流在市区长75公里，流域面积1300平方公里，年径流量60.99亿立方米。海口市主要河流有17条，其中南渡江水系7条，南渡江干流从海口市西南部东山镇流入境内，穿过中部，于北部入海，出海口段从西向东主要分流有海甸溪、横沟河、潭览河、迈雅河和道孟溪。支流有铁炉溪、三十六曲溪、鸭尾溪、昌旺溪（南面溪）、美舍河和响水河；独流入海的有9条，分别为演洲河、五源河、荣山河、演丰东河、演丰西河、罗雅河、芙蓉河、龙昆沟和秀英沟，另外有白石溪流从文昌市境内出海。境内还有风谭、铁炉、东湖、风圮、云龙、丁荣、岭北、玉凤、沙坡等水库，总库容量1.5亿立方米。海口市地处南渡江下游河口河网地带和休眠火山口地带，潜水、承压水分布广泛。潜水含水层以南渡江三角洲潜水和玄武岩孔隙裂隙潜水为主，分布范围分别近800、400平方公里，水位单位涌水量分别可达14.6、30升/秒。地下承压水处于雷琼盆地，含水总厚度达200～350米，老海口、秀英两段可采量共27万立方米/昼夜。地下热矿泉水处于琼北自流水盆地东北部新生代厚层，分布面积约200平方公里。

海域　海口市北面临海，海域面积830平方公里，海岸线长136.23公里。海水平均水温25℃，最高34℃，最低17.2℃。透明度1米，最大达2米。浅海盐度29.6%～31.8%。大部分海底平缓，以软泥为主，泥沙次之；靠近沙滩海岸一带海底以细沙为主。近海水质富含有机物质和无机盐。60～100米等深线以内的海域面积约200平方公里，10米等深线以内的浅海、滩涂面积上百平方公里。大部分海岸坡度平缓，岸线开阔连绵，沙岸带沙细洁白，有假日海滩、西秀海滩、粤海铁路通道南站码头海滩、白沙门海滩、东寨港海滨海滩、桂林洋海滩等海滨风景区和游乐区。港湾与近海还有少许岛礁和潮滩。近海海水清澈，常年风轻浪平，有多处较为适宜的傍岸泳区。

【自然资源】　*植物*　海口市野生植物以灌木草丛为主。天然植被群落主要有杂木林群落、稀树灌木群落、稀灌木草原群落、稀树草原群落、滨海红树林群落、热带滨海沙生群落、热带滨海草滩群落。主要有红树、海蓬、木榄、红海榄、榕树、海棠、荔枝、龙眼、菠萝蜜、花梨、苦楝及草根草、竹根草、白茅、竹节草、鸭脚草、麦冬、仙人掌等；主城区以人工植被为主。人工植被由热带区系植物的各种栽培种组成，如桉树、榕树、木麻黄、樟树、槟榔、相思、棕榈、橡胶、油棕、竹子和花卉等经济林和园林树种，以及龙眼、荔枝、椰子、杨桃、香蕉、黄皮、莲雾等热带亚热带果树树种。海口市植物四季常绿，种类繁多。主要的植物种类有粮油类、瓜菜类、水果类、经济作物类、棉麻类、竹类、林木类、草本灌木类、花草类、水生植物类、中草药类。近年来，随着热带高效农业的发展，海口市引种的植物优良品种不断增多，植物种质不断丰富。

动物　海口市陆生动物有野生和人工饲养的两大类。野生动物中，鸟类有麻雀、大山雀、白眼眶、八哥等140多种；兽类有赤麂、鼠类、野兔等；爬行类有蛇类、龟、鳖、坡马等；昆虫类有蜂类、蚁类、蝴蝶类、蜻蜓等，以及青蛙等两栖动物。人工饲养的动物以禽畜类为主，包括猪、牛、羊、狗、猫、兔、鸡、鸭、鹅、鹌鹑、鸽子、蜜蜂等。水生动物中，有马鲛鱼、石斑鱼、带鱼、鲳鱼等100多种海洋鱼类，青鱼、草鱼、罗非鱼等数十种淡水鱼类，对虾、青虾、角虾、青蟹等二三十种虾、蟹类，以及泥蚶、毛蚶、海螺、牡蛎

等贝类。近年来，海口市加快“菜篮子”工程建设，大力发展畜牧业，一批优良动物种质资源陆续在海口落户。

矿产　海口市已探明的矿产主要有煤、硅藻土、泥炭、黏土、高岭土、铝土矿、矿泉水、地热水、石材和河砂等。煤矿为褐煤，分布在甲子镇的长昌煤矿；石材主要分布在永兴镇一带，以玄武岩为主；矿泉水、地热水主要分布在市区北部及永兴镇的火山口地区；河砂主要分布在南渡江东山镇地段和龙塘镇下游的冲积沙洲。

【旅游资源】　海口市傍江临海，环境优美，拥有集自然风光、热带生物、文化古迹和民族风情于一体的热带海岛资源、自然旅游资源、人文旅游资源和社会旅游资源，是一个休闲城市、港湾城市、生态宜居城市、温泉海岸城市、历史文化名城。全长136.23公里的海岸线，沙滩宽阔且坡度小，沙细洁白，多数沙滩岸边绿树成荫，临沙岸海面风平浪静，海水清澈，沿岸是迷人海滨浴场和海上运动的理想之地。在东寨港红树林风景区，区内有明万历三十三（1605）琼州大地震时陷下海底的72个村庄遗址，称为“海底村庄”；港区内生长成片的红树林，被列为国家级自然保护区，划小船游弋其中，观树、观鱼、观鸟，趣味盎然。海口市拥有被联合国评为世界自然遗产的火山群世界地质公园，是中国为数不多的休眠火山，也是世界上保存完好的死火山之一。老城内有5条骑楼建筑老街，形成独特的骑楼文化，2009年被评为中国历史文化名街。会展业、游轮游艇业、高尔夫球业三大引擎将助推海口未来旅游发展。

【历史古迹及旅游景点】　海口较为知名的历史古迹及旅游景点有：始建于明洪武年间（1368～1398年）的古代军事遗址——明代海南卫所在地城门楼的府城鼓楼，为纪念明代琼籍名贤王佐而建于1567年的西天庙，为纪念为维护祖国统一、促进民族团结的历史名人冼英而始建于1602年的新坡冼太夫人庙，为纪念明代琼籍清官海瑞而始建于1589年的海瑞墓园，为传播文化、培养海南子弟而始建于1710年的琼台书院，为纪念被贬谪来海南岛、传播文化推动海南文化发展和交流的唐代名臣李德裕和宋代名臣李纲、李光、胡铨、赵鼎而始建于1889年的“五公祠”，为抵御外侮而于1891年建成、与天津大沽口、上海吴淞口、广州虎门炮台并称中国清末四大炮台的秀英炮台等历史古迹；有始建于1919年的中共琼崖党、政、军主要领导人冯白驹出生地的冯白驹故居，有1926年6月召开的中共琼崖第一次代表大会旧址，为纪念中国民主革命先行者孙中山而始建于1926年的中山纪念堂，为纪念长期坚持琼岛革命斗争和英勇渡海作战解放海南牺牲的2万余名烈士而建于1951年的海南革命烈士纪念碑，为纪念第二次国共合作时期琼崖红军改编为抗日独立大队而始建于1952年的云龙改编旧址，为纪念解放海南渡海作战英雄烈士而建于1957年的金牛岭烈士陵园，为纪念土地革命战争时期赴琼指导武装斗争而英勇就义的中共广东省军委书记李硕勋而建于1986年的李硕勋烈士纪念亭等革命纪念地，此外还有琼州大地震遗址（海底村庄）、雷琼世界地质公园海口园区、东山热带动植物园、东寨港红树林国家自然保护区、西海岸带状公园、万绿园、热带森林博览园以及乡村主题公园等。2007年3月，国务院批复海口市列为国家历史文化名城。

【人口】　2011年底，海口市常住人口209.73万人，比上年增加5.11万人，增长2.5%。其中，秀英区34.95万人，龙华区59.3万人，琼山区48.56万人，美兰区50.23万人。全市户籍509315户，1623884人。其中秀英区89278户，287708人；龙华区139043户，444350人；琼山区119719户，389853人；美兰区161275户，501973人。

【语言】　使用语言包括海南话、普通话、白话、军话、客家话、闽南话与四川、河南、湖南及其他地方话种和各少数民族话种等。以海南话为主，通行普通话，白话、客家话也常见。

【民族】　全市常住人口中，有汉族、黎族、苗族、壮族、回族、满族、瑶族、蒙古族、朝鲜族、土家族、布依族、傣族、侗族、壮族、畲族等48个民族，汉族人口204.46万人，占97.49%，其他民族人口5.27万人，占2.51%。

【宗教】　海口市的主要宗教有佛教、基督教、天主教和伊斯兰教。各宗教分别成立爱国宗教团体，设有宗教活动场所，宗教活动正常开展。2011 年，全市有信教群众 4.6 万人，经批准登记的宗教活动场所有 21 处。

【民俗】 海口市经历千年的发展，在不同历史时期文化熏陶和特定社会环境的共同催化下，逐渐形成自身的一些民风习俗。海南建省后海口市迅速发展，移民日益增多，海口传统文化风俗与外来文化相互渗透与融合。琼剧为海口市主要地方剧种，椰雕、贝雕是海口市的主要地方传统手工艺品。海口原居民民风淳朴，保留了较多的民间习俗。农历正月初九是“老爸”生日，生日过后海口各村（坊）便陆续开始抬神公游村“行符”（海口俗话），驱走村中鬼邪。“行符”日在振东街、水巷口、大兴东街、振龙坊、人和坊、永兴街、盐灶村等多数是固定的，但个别村如白沙坊则由村中父老烧香点烛拜神，请求神灵择定日期举行。“行符”活动为 2 天，第一天晚上为“放灯”，第二天为正式“行符”日。农历正月十五日元宵节，海口人俗称小年，市民集聚府城镇、万绿园等地，相互送花、换花，传递友情，互祝好运，逐渐成为元宵换花节。农历二月九日至十二日，海口市有闹“军坡”、赶“庙会”的传统，祭祀南北朝时期南方女英雄冼夫人。传统的祭祀也逐步演变成为每年农历 3 月在琼山区新坡镇主会场举办的一年一度的海南冼夫人文化节。海口地区“公期”、“婆期”较为繁多，一年四季几乎月月有。公婆期是公祖、婆祖神灵或历史人物的出生纪念日。由于各乡村供奉的神主不同，故其公婆期也不同。每到公期、婆期，以一乡或一村庆祝，家家设宴，款待亲友；晚上还请戏班来演戏，谓“公祖婆祖戏”。海口人有喝“老爸茶”（又称大众茶）的习俗，这种花费 5 元左右，冲上一壶茶，配上一些小点心，边饮茶边叙情谊、谈家常、交流信息商情的大众茶在海口市随处可见。

【市树】 市树——椰子树。1987 年 7 月，海口市第九届人民代表大会第一次会议根据市民呼吁和代表建议，作出以椰子树为市树的决议。椰子树象征着海口市人民坚毅、自信、奋进、求实、奉献的高尚品质，认同椰风海韵、阳光沙滩是热带海岛滨海城市——海口的地方特色。

（杜惠珍）

国民经济与社会发展

【概况】 2011 年，海口市紧紧抓住建设海南国际旅游岛重大机遇，采取一系列保增长、调结构、控物价、惠民生措施，全面推进各项建设，经济社会保持平稳较快发展，实现“十二五”良好开局。全市实现地区生产总值 712.75 亿元，比上年增长 12.3%。其中，第一产业增加值 48.16 亿元，增长 6.5%；第二产业增加值 177.91 亿元，增长 13.5%；第三产业增加值 486.68 亿元，增长 12.4%。三次产业所占比重由上年的 6.4∶23.9∶69.7 调整为 6.8∶25.0∶68.2。第一、二、三产业对 GDP 增长的贡献率分别为 3.4%、26.2% 和 7.04%。财政总收入完成 188.82 亿元，比上年增长 15.3%；一般预算收入完成 175.22 亿元，增长 18.1%；地方一般预算收入完成 60.93 亿元，增长 21%。人均地区生产总值 34404 元，比上年增长 9.5%。

【农业生产保持稳定】 2011 年，海口市大力发展设施农业、生态循环农业、特色休闲农业，国家现代农业示范区、冬季瓜菜生产基地、“菜篮子”基地、羊山特色果菜示范基地、花卉基地建设加快推进。以 33.2 亿元投入南渡江流域 30 万亩农田整治为突破口，大力推动海口传统农业向现代农业加快转变。全年共建成 2 个国家水产健康养殖示范点，12 个标准化养殖小区，7 个大中型、联户型养殖小区，创建休闲农业示范点 1 个，新增造林 1.6 万亩。实施阳光培训工程，培训农村劳动力 1.35 万人；加强农产品质量安全检测工作，建设市级农产品检测中心。畜牧业在罗牛山现代化养殖基地及 69 个标准化养殖小区的带动下，总产值完成 29.78 亿元，同比增长 8.3%，成为拉动农业增长的主要动力。种植业在冬种瓜菜等设施农业和特色农业带动下，总产值完成 30.81 亿元，同比增长 4.5%。其中花卉种植面积达 5.4 万亩，占全省花卉总种植面积近 60%，完成产值 6.7 亿元，同比增长 42%。渔业受灾损失严重，完成总产值 6.22 亿元，较上年略有增长。全市农业总产值

78.33 亿元，同比增长 7.2%。农民人均纯收入 7160 元，同比增长 16%。

【工业规模和质量不断提升】　2011 年，海口市出台《关于加快工业发展的若干规定》，加大对工业企业发展支持力度。筹划布局 50 平方公里的美安工业科技城，海口综合保税区封关运行。海马汽车产量突破 15 万辆，英利二期 400 兆建成投产，汉能光伏、红塔卷烟易地技改、椰岛保健酒技改等一批项目扎实推进。理顺“两园八区”管理体制，促进形成综合保税区和高新区“前店后厂”发展格局，高新区、综合保税区产业聚集效应显现。机电制造、化工化纤纺织、食品和农产品加工等传统产业巩固壮大。全年实现工业总产值 539.33 亿元，增长 14.7%；完成工业增加值 123.56 亿元，增长 13.0%。全市产值超亿元的工业企业 75 家，共完成产值 466.85 亿元，占规模以上工业总产值的 92.6%。汽车、医药、食品、电器机械 4 个重点行业累计完成工业产值 371.47 亿元，比上年增长 17.9%，占全市规模以上工业产值的 73.7%。

【商贸市场繁荣稳定】　2011 年，海口市消费需求保持较快增长。从消费形态看，占社会消费品零售总额三分之一强的石油及制品类消费同比增长 45.2%，是拉动消费增长的主要动力；占社会消费品零售总额约四分之一的汽车类消费受刺激消费政策退出影响，同比下降 2.7%。全年实现社会消费品零售总额 387.18 亿元，比上年增长 18.1%。其中，批发零售贸易业实现零售额 351.35 亿元，增长 17.6%，占零售总额的 90.7%；住宿餐饮业全年实现零售额 35.83 亿元，比上年增长 23.3%，占零售总额的 9.3%。

【服务业结构持续优化】　2011 年，海口市以旅游业转型升级、物流、金融保险为重点，加快发展现代服务业。在房地产及相关产业增长态势低迷的情况下，旅游、高尔夫、游艇、商务会展、金融等现代服务业不断壮大，旅游总收入、金融业增加值增幅均创近年新高，成为服务业增长的主要动力。服务业全年实现增加值 486.68 亿元，同比增长 12.4%，服务业结构优化升级初见成效。建成海南国际会展中心，新建 140 个游艇泊位。成功举办高尔夫、游艇经济两大主题论坛。成功举办欧米茄观澜湖高尔夫世界杯、世界厕所峰会、“海口之春”旅游文化艺术节等重大活动 80 多个。海南国际创意港顺利开园，全国首家机场离岛免税店正式营业，骑楼建筑历史文化街区保护与综合整治、海瑞墓和五公祠改造等项目加快推进。积极推动文化与旅游等产业融合发展，在一系列会展、赛事、文体活动的带动下，全年共接待国内外过夜游客 845.84 万人次，比上年增长 14.9%；旅游总收入 83.02 亿元，增长 15.2%。马村港二期和新海港建设顺利推进，海南中商农产品中心市场投入使用，海南国家级水产品交易中心和桂林洋农产品加工园加快建设，现代物流平台正在搭建。美兰机场进出岛旅客突破 1000 万人次，海口港运送旅客突破 850 万人次、货物吞吐量突破 4300 万吨、集装箱突破 80 万标箱。邮政电信业务稳步发展。全年完成邮电业务总量（按 2010 年可比价计算）45 亿元，增长 24.8%。其中邮政业务总量 1.4 亿元，增长 5%；电信业务总量 43.6 亿元，增长 25.5%。金融保险业有了新发展。海口农商银行正式成立，引进 2 家股权投资基金，协调 1 家保险公司和 1 家大型财务公司落户，中信银行、招商银行、民生银行获批在海口设立分行。年末，全市金融机构本外币各项存款 2354.12 亿元，比年初增长 5.14%；贷款余额 2461.19 亿元，比年初增长 27.31%。全市拥有国内其他证券公司的证券营业部 26 家，全年完成证券交易额 3241.88 亿元，比上年减少 1029.53 亿元。全市 20 家保险公司主体全年实现保费收入 36.34 亿元，增长 12.5%。

【重点项目顺利推进】　2011 年，海口市坚持把“抓项目、促投资”作为促进经济发展第一抓手，确保 25 项省重点项目和 55 项市重点项目的顺利推进，实现“一批项目完工、一批项目开工、一批项目前期工作有实质性进展”的目标。全年共安排 55 个重点项目，年度计划投资 118.35 亿元，全年完成投资 130.38 亿元，占年度投资计划的 110.16%。其中海南国际创意港项目（一期）、海南中商农产品中心交易市场等 10 个项目已完工，其他项目正按时序推进。全面启动海口市“十大攻坚战”项目，安排骨干项目21个，实行项目领导责任制。2011年开工项目共10项，其中30万亩土地整治一期7亿元中央资金已落实到位，龙塘大坝至东山段防洪工程等项目已开工。另外11个项目的前期工作取得实质性进展。海口市在推进重大项目建设中，还不断拓宽项目融资渠道，积极争取中央资金、项目支持，全年共争取24亿元国家各项资金。南渡江调水工程、30万亩土地整治等一批重大项目已纳入国家和省重大项目盘子，加强与大型央企合作，先后洽谈、引入华润置地、大唐电信和国开金融等11家大型央企。

【积极扩大对外开放】 2011年，海口市积极参加泛珠三角“9+2”经贸合作洽谈会、广州博览会、天津投资贸易洽谈会及贵州酒会等重大经贸活动，举办“海口—东盟国家总领事对话会”，推动海口与周边地区和国家的经贸往来。在香港举办海口综合推介会，深化与世界各地在旅游、金融、物流、制造业以及科研技术和人才等领域的合作。密切与海外的交流联系，召开第二届海外智囊团年会，与法国阿雅克肖市、德国罗斯托克市结为友好城市。组织赴文昌、定安、屯昌、澄迈等周边市县调研学习，谋求琼北区域资源共享、优势互补、合作共赢。赴多哈参加世界石油大会，扎实做好各项前期工作，海口成为中国申办2017年世界石油大会唯一的申办城市。全年外贸进出口总额39.4亿美元，比上年下降0.3%。其中出口15.2亿美元，增长16.4%。

【坚持体制机制创新】 2011年，海口市紧紧抓住制约海口发展的体制性问题，推进体制机制创新，释放发展内生动力，扩大开放，增强发展持续力。（1）继续深化行政管理体制改革。落实市委关于进一步强区扩权的决定，再次向区级下放行政权项34项，调整市区两级在人力、财政、土地收益等方面的资源配置。改革财政审批制度，出台《海口市财政一般预算资金支出管理办法》，提高了资金使用效率和支出透明度。（2）大力推进投融资体制改革。改革公交体制，整合国有公交资源，成功组建海口公交集团。设立城市发展基金，积极推动海口信托投资公司复牌重组，参与筹建大宗商品期货交易中心，谋划建立海口金融区。引入省政府和海南钢铁公司注资市担保公司，使市担保公司在增强资本实力的同时实现股权多元化。（3）用足用好国家政策。积极争取国家和省的支持，国土资源部在支持海南国际旅游岛建设20项政策措施中单独增加对海口的扶持措施，省政府对海口常年瓜菜基地建设加大资金支持，大唐电信在海口设立2.5亿美元投资基金促进海口金融业发展。（4）推进社会事业改革。完成基层医疗卫生机构综合改革，率先在全省农村卫生室实施国家基本药物制度。推进事业单位人事制度改革，新进人员全部实行公开招聘。推进政府体制内资源向体制外让渡，扩大政府购买服务范围，引入社会组织参与审计、资产评估等工作。

【社会民生持续改善】 2011年，海口市将新增财力的70%以上投入民生，共投入30多亿元推进70多个民生项目，解决一批群众最迫切、最关注的问题。（1）城乡居民收入增长创近年最好水平。大力实施富民惠民工程，共投入5279万元落实各项就业政策，新增城镇就业4万多人，转移农村富余劳力1.4万多人，均超额完成年度任务。发放创业小额贷款3100多万元，带动就业1500多人。发挥价格调节基金作用，推进平价商店建设，实施临时限价销售，向市场投放大批限价蔬菜和限价猪肉；补贴3600多万元，确保低收入群体、困难家庭及在校学生生活不受大的影响。（2）保障性住房覆盖率处于全国较高水平。把保障性住房作为2011年的一号工程，开工建设10351套，占年度计划的123%，超额完成省里下达的指标任务。保障性住房覆盖率达到25%，超过国家20%的标准，基本形成多层次多渠道的住房保障供应体系。（3）健全城乡医疗卫生服务体系。城乡医疗服务实现全覆盖，城区社区、农村卫生服务覆盖率达到100%，标准化村卫生室达到70%以上。启动以全科医生为主的基层医疗卫生队伍建设，打造社区医疗卫生“15分钟服务圈”。国家基本药物制度全面实施，基层医疗卫生机构综合改革基本完成。共与14个城市签订异地就医即时结算合作协议。（4）社会保障标准和覆盖面不断提高。基本上实现养老保险和医疗保险全覆盖。城镇居民基本医疗保险参保率达到98%，新型农村合作医疗保险参保率达到99.26%，城镇居民社会养老保险参保率达到96%，新型农村社会养老保险参保率达到95%。连续六年调增企业离退休人员基本养老金，将大病医疗费用报销额度从6万元调高到10万元，将重大疾病医疗费用报销额度从10万元提高到20万元，将新农合住院补偿比例由85%提高到90%，将城市低保标准由2010年的320元/月提高到2011年的352元/月，将农村低保标准由2010年的200元/月提高到2011年的240元/月。筹资1.2亿元，救助低保对象5.8万人次，基本实现应保尽保。改扩建敬老院4家。投入扶贫资金4334万元，贫困村庄和革命老区8万多人受益。将破产国有企业退休人员纳入职工医疗保险，社会保险历史遗留问题基本解决。同时率先在全省开展社区居家养老服务工作，积极探索完善现有社保体系。（5）“公交优先发展”得到有效落实。大力落实公交优先战略，白沙门、长流起步区公交首末站功能性投入使用，建成公交候车亭99座，优化调整公交线路13条，投放节能环保及新能源公交车230辆，新增出租车300辆，更新出租车516辆，全市小学生实现免费乘坐公交车。

【社会事业稳步发展】　（1）促进基础教育均衡发展。全面实施义务教育阶段的“三免一补”政策，义务教育阶段毛入学率100%，解决4万多名进城务工农民工子女就学问题。省级规范学校有8所，市级规范学校达到183所。加快发展幼儿教育，新建和扩建8所标准化公办乡镇幼儿园。继续推进“校安工程”，开工建设288个“校安工程”项目，累计完成投资4亿元。西海岸九小、琼山中学高中部新校区如期完工，新增学位近5000个。2011年，全市有普通高校11所，研究生招生1185人，在校研究生3358人，毕业研究生816人；普通本专科招生3.31万人，在校生10.72万人，毕业生2.80万人。各类中等职业教育招生3.74万人，在校生9.64万人，毕业生2.11万人；普通高中招生1.62万人，在校生4.74万人，毕业生1.45万人；初中招生2.64万人，在校生8.16万人，毕业生2.91万人。小学招生2.87万人，在校生17.02万人，毕业生2.73万人。特殊教育招生171人，在校生670人。全市拥有幼儿园347所，在园幼儿6.56万人。（2）科技工作以国家创新型试点城市建设为抓手，推进高新技术企业培育工作。有国家级创新型企业4家，国家级创新型试点企业4家，市级创新型企业25家；省级重点实验室22家，市级重点实验室14家；国家级企业技术中心4家，省级工程技术研发中心37家，市级技术研发中心12家，科技创新体系初步形成。全年专利申请量1237件，专利授权量174件。（3）医疗卫生服务水平进一步提高。海口市全面落实卫生基础设施建设，“两院三中心”重点医疗卫生建设工程已经全部完成并投入运行。城乡医疗服务实现全覆盖。全市共有各类卫生事业机构660个，卫生技术人员15772人，卫生机构床位9850张。（4）文化、新闻、出版和广播电影电视事业取得新成就。积极吸引一批趣味性、娱乐性强的文化活动和品牌赛事落户，不断加大历史文化名城保护的投入，抢救、维修一批国家、省、市级文物保护单位及重要遗迹，开展骑楼建筑历史文化街区的文物保护和综合整治，积极做好非物质文化遗产的抢救保护工作。年末全市共有文化馆3个，公共图书馆2个，博物馆2个。广播电视台2座，广播综合人口覆盖率和电视综合人口覆盖均达100%。有线电视用户58.55万户。公共图书馆藏书量234.87万册。（5）体育事业取得好成绩。成功组织和参加海口热气球节、第七届全国城市运动会、环海南岛国家公路自行车赛、亚洲沙滩排球锦标赛、欧米茄观澜湖高尔夫世界杯等品牌赛事。2011年，海口市运动健儿参加各种赛事获得金牌28枚、银牌9枚、铜牌4枚，奖牌总数为41枚的好成绩。其中获得亚洲性、全国性运动会金牌数分别为12枚和16枚。

（杜惠珍）

重点项目建设

【概况】　2011年海口市共安排55个重点项目，年度计划投资118.35亿元，全年完成投资130.38亿元，占年度投资计划的110.16%，占全市固定资产投资约40%。其中：政府投资项目24项，完成投资51.86亿元，占年度计划投资（39.7亿元）的130.65%；社会投资项目31项，完成投资78.52亿元，占年度计划投资（78.65亿元）的

99.83%。全年在建重点项目44个，占总数的80%，全年新开工项目13个。从全年完成投资情况来看，政府投资项目比社会投资项目高出近31个百分点。在从紧的货币政策影响下，政府项目投资完成情况明显好于社会投资项目，社会投资速度明显较往年放慢。至年底，已完工或试运行项目有10项，全年全市重点项目完工率约占18.2%，为历年重点项目最高完工率。

2011年海口市重点项目分类完成投资情况表

（单位：亿元）

类别	完成投资	年度计划投资	百分比
政府投资项目	51.86	39.7	130.65%
社会投资项目	78.52	78.65	99.83%
合计	130.38	118.35	110.16%

【项目分类完成投资情况】 55个重点项目中，涉及基础设施、城镇化及片区开发、商务旅游、文化产业、现代物流、新型工业、现代农业、民生及社会事业八大类。基础设施、文化产业、民生及社会事业、商务旅游投资完成情况相对较好，基础设施类完成投资49.98亿元，占年度计划的203.59%；民生及社会事业项目完成投资17.22亿元，占年度计划的94.99%；城镇化及片区开发项目完成投资24.19亿元，占年度计划的87.12%。由于2011年海口市加大对社会民生项目的投入力度，特别是在下半年，市政府加大对民生项目的协调与督办，民生及社会事业项目投资较往年明显加快，全年累计完成投资17.22亿元，占全年计划的94.99%。另外，由于市场原因和宏观环境影响，部分社会投资项目投资强度较往年下降。从整体投资完成情况看，第一季度受春节等节假日的影响，投资完成情况较其他月份偏低。但从下半年开始，市领导、各相关部门及市重点办对重点项目加大协调与督办力度，使下半年投资相对较好，始终保持在10亿元左右的水平，并已超额完成海口市重点项目年度投资目标既定计划。

2011年海口市重点项目已完成投资情况表

（单位：亿元）

类别	项数	年度计划总投资	完成投资	百分比
基础设施	12	24.55	49.98	203.59%
城镇化及片区开发	14	27.77	24.19	87.12%
商务旅游	7	12.72	10.97	86.28%
文化产业	2	0.8	0.69	86.35%
现代物流	3	3.5	1.04	29.71%
新型工业	8	27.89	24.2	86.79%
现代农业	2	3	2.08	69.37%
民生及社会事业	7	18.17	17.22	94.99%
合计	55	118.35	130.38	110.16%

2011年海口市重点项目单月投资完成情况表

（单位：亿元）

月份	一月	二月	三月	四月	五月	六月	七月	八月	九月	十月	十一月	十二月	合计
投资额	5.27	3.77	8.23	18.38	6.78	10.2	16.25	16.08	11.68	10.25	13.92	6.56	130.38
占总投资额比例	4.04%	2.89%	6.31%	14.10%	5.20%	7.82%	12.46%	12.33%	8.96%	7.86%	10.68%	5.03%	

2011 年重点项目单月投资额（亿元）

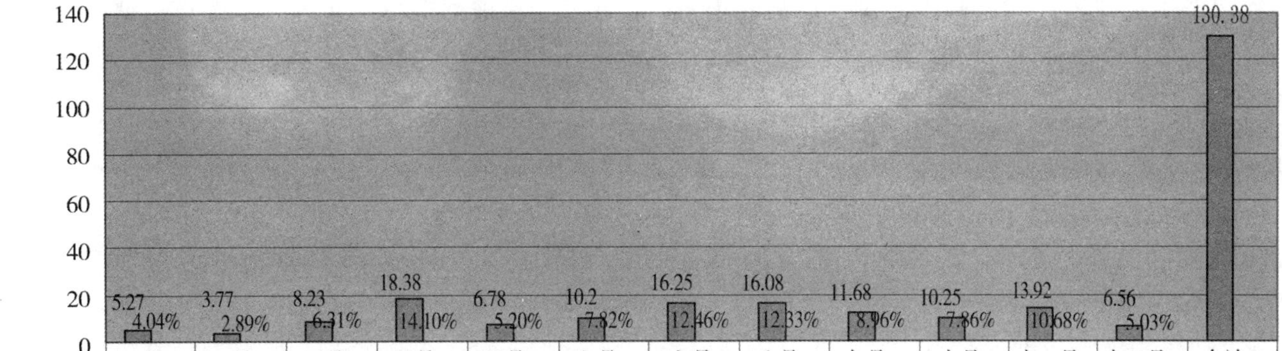

	一月	二月	三月	四月	五月	六月	七月	八月	九月	十月	十一月	十二月	合计
■投资额	5.27	3.77	8.23	18.38	6.78	10.2	16.25	16.08	11.68	10.25	13.92	6.56	130.38
■占总投资额比例	4.04%	2.89%	6.31%	14.10%	5.20%	7.89%	12.46%	12.33%	2.96%	7.86%	10.68%	5.03%	

【项目推进情况】 （1）已完工或试运行项目。2011 年计划完成 4 个重点项目竣工或试运行，全年共计 10 个项目完工或试运行，占年度计划的 250%。丘海大道延长线：项目于 3 月 31 日正式通车；海南国际创意港项目（一期）：项目于 4 月 1 日开园；海南中商农产品中心交易市场：项目一期一标段工程已基本完工，果蔬交易区已于 5 月 18 日正式开业；海南国际会展中心：项目 6 月 28 日举行竣工验收仪式，7 月 8 日正式对外开放；灯塔酒店（护岸及陆域形成）：项目一级回填海工程已完工，完成 100%，7 月 5 日进行竣工验收，但二级开发尚未启动；滨海西路延长线：项目于 7 月 28 日功能性通车；旅游医疗服务保障中心：项目已完成并于 9 月 2 日交付使用；500 兆瓦多晶硅太阳能电池完整产业链项目：累计完成年度工程总量的 116.16%，并投入试生产；海口市新埠岛开发（起步区）：项目已完成，并于 12 月 1 日举办游艇会；“五路四桥”工程：完成年度工程总量的 97.16%，实现功能性通车。（2）超额完成年度投资计划的项目。共有 9 项，分别为海神同洲制药异地技术改造、大英山片区开发、海口经济学院·桂林洋新区、云龙产业园区基础设施及配套（一期）、龙昆南路延长线、海马汽车第三整车工厂建设项目、保障性住房建设、海南维德江东组团低碳型生态居住区、海口国宾馆。（3）按进度正常推进的项目。有 14 项，分别为马村港扩建二期、水环境综合整治项目、海南（海口）青少年活动中心一期、海口美兰国际机场航站楼扩建、海口电网、海南（国家级）水产物流交易中心、朱云路片区棚户改造（一期）项目、镇海村棚户区改造及配套项目、海口旅游咨询服务中心站、东线高速公路龙桥高级旅游服务区、滨江西带状公园（一期）、保税区区位调整二期项目、保健酒技改项目（二期）、海口罗牛山农产品加工产业园。（4）进展相对滞后的项目。有 12 项，分别为中小学校舍安全工程、海口美丽沙、汉能非晶硅锗三结薄膜太阳能电池项目、红塔易地技术改造工程、货运大道（二期）、滨江新城起步区棚户区改造及配套项目、骑楼历史文化街区保护与综合整治项目启动示范区、高级技工学校秀英校区（一期）、玉沙村商住一体发展项目、观澜湖·海口云龙度假、医药卫生体制改革配套项目、长滨路。（5）前期准备项目。有 10 项，分别为海口新海港区汽车客货滚装码头一期起步工程、龙桥旅游商业小镇、中心镇建设、丘濬墓、海瑞墓、五公祠综合保护项目、海口南渡江 10 万亩农业土地整治示范项目、海口港国际客运联检大楼、金沙湾、海口市旧城改造、现代美居生活物流园、西海岸新区南片区一期开发。

【重点项目建设管理】 （1）出台《关于切实做好重点项目推进工作的意见》，制定十项重点项目推进责任制度，将责任分解落实到相关市领导和职能部门，做到每个市领导都有两个以上的责任项目，每个项目都有相关协调服务部门，形成责任领导和职能部门共同推进和齐抓共管的多级联动机制，及时有效地解决项目推进过程中遇到的问题与困难，加快了重点项目建设。（2）率先启用重点项目电子监察系统，对重点项目“建设——协调——督办”实施动态管理，这是海南省首个重点项目管理系统。通过建立重点项目管理系统，实施对重点项目信息化动态管理和网上电子效能监察，实现重点项目网上信息报送、事项督办、信息收集、数据统计和监察督办等工作，有效缩短市领导和有关责任单位对重点项目建设过程中遇到问题的反馈时间，为全市重点项目的信息及时反馈和问题尽快解决节约时间。（3）在市政府服务中心设立重点项目“绿色通道”窗口，对重点项目实行“绿色通道”制度，由专人负责跟踪督办，全年办件73件，办结73件，办结率为100%。有效加快重点项目前期行政审批时间，为重点项目尽早开工建设赢得了时间。（4）采取多种方式加强对重点项目的协调和督办。采取多种工作形式推进重点项目建设，在市领导层面主要包括市长联席会、市领导现场调研会、重点项目专题会等；在市重点办层面，主要采取专题督办会、现场督办、函件督办、电话督办和绿色通道审批跟踪督办等形式，加大督办力度，协调督办重点项目涉及的各类问题，有效推动和加快全市重点项目的建设步伐。

（温杰颖）

体制改革

【概况】 2011年是“十二五”规划的开局之年，也是国际旅游岛建设的重要一年。海口市完成强区扩权、行政机构、审批制度、促进社会组织发展、农村综合配套、文化体制、集体林权制度等一系列体制改革，积极稳妥推进医药卫生体制改革工作，进一步理顺了政府权责关系，增强了政府公共服务职能，改善了投资软环境，释放了社会发展活力。

【综合配套改革】 2011年，海口市进一步深化行政管理体制改革，加快政府职能转变，全力打造服务型政府。完善基本经济制度，大力支持非公有制经济和中小企业发展，并进一步推进公交体制改革。继续深化社会领域改革，教育机制体制创新不断深化，推进医药卫生体制改革，加快文化体制改革，继续加强住房保障制度建设。继续深化要素市场改革，积极发展城乡统一的劳动力市场，积极推进户籍管理制度改革，进一步深化土地市场改革。积极发展外向型经济，提高对外开放水平。

【深化强区扩权】 海口市根据《中共海口市委关于进一步强区扩权的若干意见》的要求，提出“权责统一、重心下移、依法合规、廉洁高效”的原则，进一步依法下放34项权项。至此，已以政府令形式向各区下放共计99项行政权项。加大对区级财政扶持力度，出台《关于贯彻落实市委进一步强区扩权财政扶持实施方案》，深化市、区两级财政管理体制改革；出台《落实强区扩权完善国土资源管理工作实施方案》，赋予区级更多的国土资源配置权，充分激发了区级发展活力。

【行政审批体制改革】 2011年，海口市大力开展行政审批事项清理工作，决定保留行政许可事项260项，非行政许可审批事项67项，调整行政审批主体事项4项，取消行政许可事项46项。实行并联审批，出台三类（房地产开发项目、工业、旅游等企业投资项目和政府投资项目三类）建设项目联合审批流程实施方案，于8月22日开始全面开展“三类”建设项目联合审批工作。建设项目联合审批是按照“一口受理，抄告相关，同步办理，限时办结”和信息共享的工作机制，每个阶段的许可审批事项实行联合同步审批，以达到缩短审批时间的效果。

【公交体制改革】 根据市政府与中石油签订的合作框架协议，2011年海口市在公交车更新投放工作中，加大工作力度，投放150辆LNG公交车和50辆汽电混合动力公交车运营，投放30辆纯电动公交车，用于开通新线路和更换冒黑烟的柴油公交车，进一步推动海口节能与新能源汽车全国示范城市建设。同时，为推进公交公司化经营，加快公交企业体制改革，兼并重组、股份制改造，促进公交资源向优势企业集中，向公交产业集约化发展，在全省率先组建国有控股公交集团——海口市公共交通集团有限公司，并于9月4日在市人大会堂举行挂牌成立仪式。

【事业单位改革】 根据《中共中央国务院关于分

类推进事业单位改革的指导意见》（中发〔2011〕5号）精神，海口市按职责任务将现有事业单位划分为承担行政职责、从事生产经营、从事公益服务3大类别进行改革。2011年共撤并减事业单位22家，其中撤销事业单位13家，整合事业单位5家，改制为企业的2家，精简编制的2家。共收回全额事业编制42名，自筹事业编制377名，圆满完成市级清理规范目标任务。

【财政体制改革】 2011年，海口市积极推进部门预算改革，归并财政专项预留。继续推进国库集中支付、公务卡等项目的改革；稳步推进财政惠民资金“一卡通”改革，进一步完善了“一卡通”系统内部设置及使用。推进政府采购改革。根据《海口市党政机关公务用车配备使用管理办法》，进一步提高公务用车配备使用管理的规范化和制度化水平，积极推进公务用车制度改革。

【立法创新】 为规范产权式酒店管理，促进旅游度假房地产的健康发展，海口市政府2011年出台《海口市产权式酒店管理暂行办法》（下称《办法》），于2012年2月1日起正式施行。该《办法》为国内目前第一部关于产权式酒店管理的规范性法规。《办法》涵盖产权式酒店的立法思路、产权式酒店的定义、产权式酒店的用地性质和期限问题、建设标准、客房预售和产权登记、地役权等一系列问题。

【农村综合改革】 深化农村综合改革，完善农村土地承包经营制度，构建镇、村农村土地承包经营权流转市场。积极发展农民专业合作社，至2011年8月底，全市合作社总数达到773个，占全省合作社总数的18%，其中21个合作社被评为全省示范社。推行农村集体“三资”委托代理服务工作，至2011年12月底，全市254个村（居）委会已有253个完成清产核资并已签订《授权委托书》，将集体“三资”委托镇政府代理，完成率99.6%；2642个村民小组中已有2430个村民小组签订《授权委托书》，完成率92%。

【集体林权制度改革】 2011年，海口市为继续深化集体林权制度改革，从4月起，对规划外的16万多亩林地进行确权发证，并对各区规划外林地林改工作进行检查验收。全市规划外林地林权改革工作已全部完成。

【教育体制创新】 2011年，海口市积极开展学前教育专题研究，启动镇公办幼儿园建设计划，探索学前教育体制改革，在全国省会城市率先探索发放学前教育助学券，从2012年起开始施行。《关于发放学前教育助学券的方案》、《海口市学前教育助学券发放暂行细则》，已于2011年年底正式出台。扎实推进规范化学校建设，全市现有省级规范学校8所，市级规范化学校183所。继续推进教育对口帮扶工作，组织城区骨干教师到农村学校送教、送训下乡。免除城区公办义务教育阶段学校学生作业本费，全面实施义务教育阶段的“三免一补”。采取以奖代投的形式，培育优秀民办中职校。在全市农村学校因地制宜开展学生分流教育，采取2.5+0.5的模式，对学生进行职业培训；继续实行“三教”（基础教育、职业教育、成人教育）统筹，协调发展。

【医药卫生体制改革】 （1）推行基本医疗保障制度，将私营企业、城镇个体工商户和灵活就业人员纳入基本养老保险参保范围；全面开展城镇居民医保和新农合门诊统筹。开展城乡低保对象、农村五保对象、重点优抚对象大病救助。开展异地就医即时结算工作，共与14个省外城市签订异地就医即时结算。（2）推进国家基本药物制度实施，出台《海口市2009—2011年实施国家基本药物制度工作方案》；按照《国家基本药物目录2009版（基层版）》规定使用307种基本药物，印发基本药物临床应用指南和处方集。制定并出台《海口市基层医疗卫生机构综合改革实施方案》及其配套文件；出台《海口市村卫生室落实国家基本药物制度实施方案》，11月16日正式启动实施村卫生室基本药物制度。（3）实施公立医院改革试点，12月1日启动，在公立医院实施国家基本药物制度。制定《市卫生局关于城乡医院对口支援工作实施方案》、起草《海口市公立医院改革工作实施方案》等相关配套文件并报政府审核。选择69种临床路径明确的疾病开展单病种管理、按病种付费试点工作及部分电子病历的试点工作。市属公立医院开展预约诊疗和分时段就诊，缩短看病就医等候时间。为加快形成多元办医格局，出台《区域卫生规划》和《医疗机构设置规划》，进一步优化公立医院布局结构，促进卫生资源合理配置。

【农村基层医药卫生体制综合改革】 4月，海口市首先在龙华区启动基层医药卫生体制综合改革试点。7月1日，又分别启动秀英、琼山、美兰3个区基层医药卫生体制综合改革工作。改革的主要内容是统筹推进基层医疗卫生机构管理体制和人事、分配、药物、保障制度改革，构建以公益性为核心的基层医药卫生体制机制，科学解决基本药物零差率销售后基层医疗卫生机构的财政保障问题，同时避免回归“大锅饭”。至10月底，海口市农村基层医药卫生体制综合改革取得突破性进展，逐步建立起“坚持公益、调动积极性、保障可持续”的充满活力的新体制机制。全市改革工作成效已初步显现：一是基层医疗卫生机构公益性管理机制初步建立，重新核定1179个编制，比改革前增加219个，同时实行全员竞聘上岗制度；在人员、业务、行政、药品、财务等五方面实行“五统一”管理，实行优势互补、利益协调、风险共担的管理机制，基本建成适应农村居民需求的镇村卫生服务体系框架，农民可就近享受到免费公共卫生服务。二是切断以药补医的链条，有效使药品价格平均下降约38.77%，群众“看病难、看病贵”问题得到一定程度缓解。三是灵活用人机制初步建立，医务人员结构优化，专业技术人员占总数的83.55%，医疗质量明显提高。四是绩效考核分配机制初步建立，基层医务人员待遇提高，工作热情和积极性明显提高。五是公共财政保障机制初步建立，保证基层医疗卫生机构正常运转。

【文化事业和产业改革】 抓好经营性文化单位的改革工作，做好文艺院团的转企改制，促进琼剧这一海南地方特色的传统剧种发展壮大。海口戏院、海口市新华书店、海口市电影公司等3家文化事业单位全部转制为企业，按照现代化的企业管理机制进行运营；做好公益性文化事业单位改革，形成多层次的文物管理和非物质文化遗产保护工作网络，进行资源整合，促进精品文化创作的繁荣发展。

（符佳莲）

固定资产投资

【概况】 2011年，海口市深入实施“抓项目、促投资”战略，实现“十二五”时期“大开发、大建设、大发展”的良好开局。全社会固定资产投资完成404.6亿元，同比增长26.2%，增幅与2010年基本持平，高于年度预期目标3.2个百分点。其中，扣除飞机购置因素后，同比增长36.66%，较2010年提高13.03个百分点，是近年来较好水平。从投资动力看，社会事业和实体经济是投资增长主要动力。

【产业投资】 第一产业投资2.44亿元，同比下降19.2%；第二产业投资64.81亿元，同比增长209.2%，是上年增长的2倍，增幅创近年新高，占总投资比重较上年大幅提升10.1个百分点，成为投资增长的亮点；第三产业投资337.35亿元，同比增长13.7%。三次产业投资比重分别达到0.6%、16%和83.4%。

【基础设施投资】 2011年，海口市积极引入资金和项目，加大推进基础设施和基础产业建设力度，电力、煤气及水的生产供应投资8.55亿元，同比增长49.5%；水利环境和公共设施管理业投资23.47亿元，同比下降37%。

【社会事业投资】 2011年，海口市将新增财力的70%以上用于民生。其中，教育投资15.16亿元，同比增长27.3%；卫生、社会保障和社会福利业投资8.49亿元，同比增长1.3倍；文化、体育和娱乐业投资9.13亿元，同比下降18.39%。

【房地产行业投资】 2011年，国家对房地产行业实行了宏观调控，但在国际旅游岛建设效应的影响下，全市房地产投资仍呈现较高增幅。全年完成房地产开发投资145.14亿元，占全社会固定资产投资的35.9%，同比增长39.8%；商品房新开工面积433.77万平方米，同比增长80.2%；房屋竣工面积33.17万平方米，同比下降70.2%；商品房房屋销售面积225.55万平方米，销售总额150.08亿元，分别同比增长7.5%、-10.7%。

【其他行业投资】 交通运输、仓储和邮政业投资49.68亿元，同比增长9.3%；信息传输、计算机服务和软件业投资21.35亿元，同比增长25.9%；批发和零售业投资0.77亿元，同比下降62.4%；住宿和餐饮业投资28.85亿元，同比增长85.4%；金融业投资4.05亿元，同比增长9%；公共管理和社会组织投资3.67亿元，同比下降74.7%。

（符佳莲）

精神文明建设

【全国文明城市创建工作】 组织召开文明委成员单位会议，制定下发《海口市2011年创建全国文明城市工作方案》等一系列方案、行动指南；举办市直各单位创建全国文明城市联络员培训班和社区居委会主任（书记）培训班2期，培训各类创建骨干270人；创新材料收集与整理方法，统一材料报送的标准，开发审核材料管理软件，抽调专门人员进行分类、入库，审核材料管理更加规范、易于查询。积极营造创建氛围，在市电视台和《海口晚报》等媒体开设“做文明市民，建文明城市”专栏，在每天的“海口新闻”播出期间安排滚动字幕广告进行宣传，制作“海口市创建全国文明城市”电视专题片；开展创建文明城市“大家访”活动，共向全市发放8.8万份调查问卷，提高市民对创建全国文明城市的知晓率和支持率。开展“开文明车、走文明路、做文明人”活动，组织道路交通安全有奖知识竞赛和电视知识竞赛。组织开展文明礼仪宣传教育活动，在市、区机关单位举办文明礼仪宣传教育100多场；举办文明礼仪培训活动14场，不断提高广大市民的文明素质。开展实地督查和公共文明指数测评工作，对车站、码头、社区、农贸市场等公共场所进行督查。邀请国家统计局海口调查队对海口市城市公共文明指数进行2次模拟测评。向全市发放调查问卷共800份，随机抽取各种调查样本800个，实地考察内容48项。

【市民思想道德建设】 一是开展道德模范评选和宣传活动。海口市推荐的邱宏锐等2人荣获“海南省第三届十大道德模范”称号。二是组织开展“道德的力量——道德模范故事汇”文艺演出。把李忠定等道德模范的事迹编排成文艺节目，在海口广播电视台演播厅进行展演，组织机关干部、学生代表共400多名观看，并利用黄金时段在电视上播出，较好地发挥道德模范的引领作用。

【未成年人思想道德建设】 大力加强未成年人思想道德建设。一是组织开展“童心向党”歌咏活动。制定下发《海口市“童心向党”歌咏活动方案》，全市中小学校迅速行动，掀起了“唱红歌、心向党”的活动热潮。对市第九小学、海南华侨中学精心排练的优秀合唱节目进行电视录制，参与中央文明办举办的全国“童心向党”歌咏比赛。二是组织开展“做一个有道德的人”主题教育活动。开展“家庭、学校、社区”文明传递活动，举办全市中小学生爱国主义教育影片观后感征文、朗诵比赛活动等，教育广大青少年做一个有道德的人。春节期间，组织中小学生开展“红红火火过大年”志愿服务活动，通过深入社区帮助孤寡老人打扫卫生、到福利院献爱心等实践活动，教育青少年做一个有道德的人。三是联合对网吧、游戏厅等进行专项整治，净化未成年人成长的社会环境。

【全面提升文明生态村创建水平】 2011年，海口市着力在调整农村产业结构、增加农民收入、丰富农村文化内涵、提升农民素质上下功夫，共完成新创建65个文明生态村，巩固提高55个，打造40个精品村创建指标。全市共投入创建资金3395.5万元，其中市级财政共投入1340万元，区级投入1228万元，群众自筹827.5万元。创建工作已经全部启动，重点村庄已经完成硬件建设。

（邓中华）

建设国际旅游岛

打造绿色慢游城市

【概况】 5月19日，2011海南省“中国旅游日”暨海口绿色慢行休闲系统活动启动仪式在西海岸观海台举行，标志着全市总长100余公里的绿色慢行休闲系统一期正式建成并投入使用。自2010年《海口绿色慢行休闲系统规划》获批实施之后，绿色慢行道渐次遍布海口城乡。2010年8月以来，海口市正式开始绿色慢道休闲系统建设，半年时间就基本建成总长达100余公里的绿道一期，为广大市民、游客低碳出行、开展户外休闲运动提供新的空间。其中秀英区建成10公里的火山文化景观绿道、龙华区建成21公里的农家乐生态景观绿道、琼山区建成30.3公里的风情小镇绿道、美兰区建成20公里的红树林生态景观绿道，海旅控股和市园林局建成22公里的西海岸景观绿道。海口绿色慢行休闲系统的建设和运营，标志着海口市旅游业向休闲化、生态化、国际化又迈出重要的一步，对带动琼北地区休闲旅游发展具有重要意义。

【西海岸景观绿道】 以海口西海岸滨海西路为轴线，东起西秀海滩，沿着滨海大道向西延伸，终点至粤海大道，全长22公里。南侧绿化景观工程宽约28.5米，于机动车道南侧依次是4.5米宽的绿化带、3米~3.5米宽的自行车道；再往南侧，还有2.5米宽的人行道。根据不同地形，人行道与自行车道之间有宽度不等的绿化带，并安装石椅等休闲设施。北侧绿化景观工程宽8.5米，于机动车道北侧包括自行车道、人行步道、轮滑道、滨海步道，配套照明、绿化景观带、驿站、广场等休闲设施和市政设施。滨海西路绿化景观道有景点、驿站、公厕和自行车租赁服务网点设施，以及慢行标识系统。滨海西路两旁绿化景观道上，彩色的自行车道和砖铺人行道在绿树草丛中穿行，慢行西海岸可以“慢赏”海景。

【火山文化景观绿道】 秀英区引入旅游元素，因地制宜发展乡村旅游，具体以海口火山口世界地质公园为核心，北起南海大道，南至玉凤水库，已规划建设总长44公里的绿色慢行道路和多个乡村驿站，串联羊山19个火山村寨、20多处自然、人文特色景观。其中火山口公园至美社村段10公里长的绿色慢行道已完工，市民游客可在这里探访万年火山，融入绿色森林。

【农家乐生态景观绿道】 “五一”期间，龙华区羊山自行车慢行绿道举行启动仪式。龙华区羊山自行车慢行绿道北起城西镇椰海大道，南至龙泉镇龙浩生态观光园，沿途展现一万三千年前火山喷发后形成的火山熔岩地貌、自然生态景观、特色的热带水果及植被、人文历史、民俗风情。这次开通的慢行道为龙桥段的21公里，主要建成羊山自行车俱乐部和月茗庄两个驿站。俱乐部是第一个驿站，内有自行车租赁、住宿、餐饮、自助烧烤、垂钓、会议接待等服务项目。慢行该路段可以欣赏独特的火山自然生态景观，体验打铁、椰雕、竹编、榨糖等农村传统工艺。

【风情小镇绿道】 3月，大坡镇多谷屯村“绿野仙踪”20公里的观光慢行道路面硬化、标线、路标、指示牌等设施的施工已全部完成，并投入使用。琼山区风情小镇绿道慢行系统30.3公里的观光道路沿途13村庄已启动文明生态村建设，其中多谷屯村、象村、田心村是海口市文明生态精品村，可以欣赏乡村风景，享受田园式悠然恬静的生活，与自然亲密接触。沿途共设4个主题驿站，每个驿站都提供商品零售服务。

【红树林生态景观绿道】 美兰区绿色慢行系统规划选址在演丰、三江和大致坡镇，总长约100公里。开始迎客的慢行道位于演丰镇红树林保护区一带，全长约20公里，路线途经多个文明生态村和有名的红树林景区，并充分结合原有的旅游资源，沿途设5个主题驿站，包括长宁头、桃园、星辉、演海和林市驿站，每个驿站均配备自行车租赁，兼具商品零售、休闲、餐饮、娱乐等服务功能，其中长宁头为总站，设招待中心。喝椰子水、品咸水鸭、吃红鸭蛋、游红树林，是已投入使用的美兰区演丰镇绿色慢行道名声在外的主要项目。

开展文明大行动

【概况】 为全面推进海口文明城市建设，11月10日，“海口文明大行动”动员大会在海南国际会展中心召开，共1300多人参加了动员大会。大会对海口市的文明大行动进行全面部署。会议由市委副书记、市长冀文林主持。开展海口文明大行动，海口有三个方面的有利条件：一是经过20多年的建设和发展，海口综合实力明显增强，为文明大行动的开展奠定了较好的物质基础；二是海口文化历史深厚，受海洋文化、移民文化和红色文化影响，开放、包容、感恩、创新、尊重生命等价值取向已经成为海口市主流价值观；三是与省内其他市县相比，科研、教育资源聚集，各类人才相对集中，具有一定的人才资源优势。根据部署，从11月10日起连续三年开展“海口文明大行动”，广泛开展文明礼仪、文明环境、文明交通、文明旅游、文明经营、文明机关等创建活动，着重落实7项任务，即打造海口城市精神、抓好文明礼仪宣传实践、抓好文明环境创建、抓好文明交通创建、抓好文明旅游创建、抓好文明经营创建、抓好文明机关创建，努力在2014年底成为全国文明城市。开展“海口文明大行动”，重点解决公共场所大声喧哗、禁烟场所吸烟、乱吐乱扔、损害公物、乱闯乱行、乱停乱放、攀花折枝、占道经营、机关作风和诚信方面存在的突出问题，把海口建设成为公共场所礼让有序、公共环境整洁有序、公共交通安全有序、旅游出行和谐有序、诚信经营文明有序、行政机关高效有序和人的精神面貌昂扬向上的全国最精最美省会城市，全面提升全市人民的文明素质和城市的文明程度，塑造“讲文明、重礼仪、诚信友爱、热情好客”的良好城市形象。

【建立机构，制订方案】 2011年11月，海口市成立了以市委副书记、市长冀文林为组长，市委常委、宣传部长刘庆声，市委常委、副市长邓小刚及副市长韩美、袁光平、徐敏生为副组长的“海口文明大行动”领导小组，成员为4个区区长和市直有关部门的负责人。领导小组下设办公室，办公室设立城市精神宣传组等八个工作组，组长分别由相应职能部门的负责人担任。制定了《“海口市文明大行动”实施方案》，明确了实施“海口文明大行动”的三年工作目标。《方案》还提出将此项活动与创建全国文明城市、创建国家卫生城市、环境综合整治“五大工程”、“建设国际旅游岛，安全畅通文明行”等活动有机结合，相互配合，共同推进。为了加强宣传，营造文明大行动的氛围，海口市还制定了《海口市开展“海南文明大行动”宣传工作方案》，明确了文明大行动的宣传形式和具体责任单位，并已在市内主要交通道路的14面大型户外广告牌发布大型宣传广告，整合海口市5处大型商场和商业广场LED显示屏、6处主要交通路口LED显示屏以及2192辆出租车的后置LED显示屏进行文明大行动口号宣传，在全市大街小巷、社区悬挂横幅1135条，制作宣传专栏397个，组织志愿者上街发放宣传单3200份、宣传品2000件。

【文明大行动五项工作制度】 2011年11月，为保证文明大行动开展的常态化、规范化，“海口文明大行动”领导小组办公室制定五项工作制度，确保文明大行动顺利开展。一是建立工作例会制度。每月召开一次领导小组办公室会议，传达和贯彻省委和省文明大行动领导小组关于文明大行动工作的指示精神，总结上个月工作情况和研究部署本月工作安排，协调解决工作中的困难和问题。二是建立信息报送制度。各工作组、各区、市直各单位确定1名联络员，并及时报送本单位工作信息。办公室编发《海口文明大行动工作通报》，进行工作通报和工作交流。三是建立新闻发布制度。每季度举行一次发布会，向新闻媒体通报上季度的工作情况和下一阶段的工作设想及需要公布的有关事情。四是建立督导检查制度。每季度进行一次工作督查，由“海口文明大行动”领导小组办公室牵头，联合市委督查室、市政府督查室、市效能办对各单位、各部门进行督查。五是奖惩激励制度。将文明大行动工作与年度工作目标考核、效能考核挂钩，每年度评选一批先进单位和先进个人，对没有完成工作任务的部门、单位，按有关文件要求进行处罚。五项工作制度的建立，促进了工作高效、有序运转。

【文明大行动取得成效】 海口市开展文明大行动1个多月来，门前三包责任制落实得较好，路面洁净，电杆上乱张贴现象等大大减少。集中开展的文明交通整治活动、“三车”整治、酒驾查处等也取得了非常好的成效。主要加强了以下三项工作：一是抓制度建设。制定工作例会、信息报送、新闻发布、督导检查、奖惩激励五项工作制度，推进海口文明大行动工作长效开展。二是抓整合资源。结合海口开展的环境综合整治“五大工程”、“建设国际旅游岛安全畅通文明行”、创建国家卫生城市、创建全国文明城市等活动开展创建工作，形成海口文明大行动工作合力。三是抓环境整治。加强路网建设，“五路四桥”海口路网工程项目完工在即，大大改善海口市道路环境。加大交通整治力度，“三车”整治逐步深入推进，共查处各种交通违法行为14.4万起，查扣车辆2600多辆（其中查扣“三车”655辆），查处机动车乱停乱放1.2万多起（其中拍照9385起），查处酒后驾驶违法19起（其中醉酒驾驶14起），刑事拘留人员14名，共查处公交车不按站点停靠等违规行为68起，查处出租车不使用计价表经营、拒载、宰客违规行为为81起，查扣非法营运“黑车”39辆次，发放文明交通宣传资料21万份。开展“争星创优·文明公交”暨“除陋习，争当百佳文明驾驶员”活动，创建文明规范行业。加强市容环境整治，乱扔垃圾、乱吐脏物、乱散发广告宣传单、乱穿马路“四乱”现象得到有效遏制，共没收小广告431259张，教育1018人次。环境卫生进一步改善，“五大工程”办共出动整治人员14431人次，车辆7448台次，清理卫生死角711处，清运生活垃圾121142吨、建筑垃圾6.2万吨，取缔、教育占道经营6012宗，取缔无证经营摊点161个，清除气球、条幅及破损广告画面等户外设置物2019宗，清洗乱张贴63129张，查处道路开挖案件2宗，查处泥头车污染案件105宗。加强城市基础设施建设，在全市23个镇建成25座生活垃圾收集转运站，在城区新建环保公厕72座、固定公厕59座，在村镇新建公厕15座，改造旧公厕12座。

配套措施

【出台新政培育航空市场】 海口市2006年开始出台《海口市进一步鼓励航空客运市场开发暂行办法》。为了继续培育航空客运市场，加大开发海口航空客源市场力度，吸引国内外航空公司增加飞抵海口航班，增强航空运力，2011年8月22日，海口市政府举行新闻发布会，发布更加具有吸引力的《海口市鼓励航空客运市场开发暂行办法》，通过增加奖励项目、旅游淡季奖励、过夜飞机奖励和对美兰机场的奖励，鼓励执飞国际航班，提高奖励标准。与旧的鼓励政策相比，《办法》呈现出六大创新。一是奖励项目多。包括新设基地、新开国内国际航线、原有航线增加航班、旅游淡季新增航班、港澳台地区、亚洲地区和洲际航班奖励等9个项目。其中，基地公司新增注册飞机奖励400万元，新注册基地航空公司除享受基地航空公司的政策外，当年营业税和土地使用税市级留成部分全部返还。二是奖励标准提高。由奖励人次改为奖励架次，新开国内航线每降落一次给予1.5万元。原政策为60元/人，至2011年底，市场上多为150座以下的中型飞机和200座以上的大型飞机。三是增加旅游淡季奖励。每年的4月1日~8月31日，按月同比，每增加1个进港航班给予1.5万元奖励。四是增加过夜飞机奖励。以航空公司上一年度过夜飞机架次为基数，机型为100座以下的每增加1架次过夜飞机，给予1000元奖励；机型为100座（含）至200座之间的每增加1架次过夜飞机，给予2500元奖励；机型为200座（含）以上的每增加1架次过夜飞机，给予3500元奖励。五是鼓励执飞国际航班。亚洲国家航线给予2万元奖励。至2011年底，海口还没有开辟欧洲、非洲、美洲国家的航线，对开拓洲际航线的航空公司，执飞半年以上每降落一次奖励5万元，一年以上奖励8万元，投放200座以上的大型飞机再增加50%的奖励金。六是增加对美兰机场的奖励。2011年，美兰机场旅客年吞吐量超1000万人次给予500万元奖励。2012年始，旅客吞吐量每年递增8%给予300万元奖励，在全国机场旅客吞吐量的排名每上升1个名次给予300万元奖励。办法自2012年1月1日起施行，有效期2年。2010年，海口市政府航空奖励为3000万元，2011年奖励额度将达到5000万元。《海口市鼓励航空客运市场开发暂行办法》正式施行后，2012年预计达到1.5亿元左右。

【海口美兰机场免税店开业】 12月21日开业，省委书记罗保铭和省委副书记、代省长蒋定之等共同为免税店开业剪彩。省委常委、秘书长许俊，省委常委、海口市委书记陈辞，省委常委、宣传部长、副省长、省离岛旅客免税购物政策实施协调领导小组组长谭力，省长助理、省旅游委主任陆志远出席开业典礼。海口美兰机场免税店经营面积2769平方米，主要经营国家批准的首饰、工艺品、手表、香水、化妆品等18类免税商品。首次上架单品1070个，共计1.6万多件，商品总金额达5000万元，其中9成以上免税商品的价格不超过5000元，其中古驰、迪奥、普拉达等国际一线品牌为首次登陆海南。开业首日，免税店销售金额达140万元，入店人数达6000余人。免税店内专门设有总服务台负责协调处理退货和存货事宜。倘若旅客所搭乘的航班被取消或者飞机晚点，公司专门在免税店内为已购买免税商品的旅客设计了一个储物间和仓库，以方便旅客暂时存货，等到航班恢复、旅客登机前再提走。海口免税店与4月20日先期开业的三亚免税店形成南北呼应的格局，为海南旅游业的发展注入强劲动力。海口美兰机场免税店有几个特点：一是国家赋予了海南免税品特许经营权。国务院批准海南设立省免税品有限公司（下称“海免公司”），并允许在全省范围内经营国家批准的离岛免税品、建设离岛免税店等相关业务，是海南在推进离岛免税政策试点过程中在政策争取上的又一重大突破，涉及财政、税收、海关、免税品经营、质量检验检疫等多项国家层面政策的重大突破和创新。如赋予海南省特许经营权需要突破2000年经国务院批准财政部、海关总署、国家税务局、国家旅游局制定的有关免税品特许经营“四统一”原则（国家统一经营、统一组织进货、统一制定零售价格、统一制定管理规定），同时离岛免税特许经营权不同于过去离境免税特许经营权，属于全新的政策性突破；免税品报检和上架销售，需要突破现行一般进口贸易中简化产品行政许可及免税品检验检疫政策；建店资质审批需要突破传统免税店经营管理模式重新进行设计等。二是由海南主导经营。海免公司是海南省属国有独资企业。海口店由海免公司主导、与海航国际旅游岛开发建设有限公司（下称“海岛建设”）合资经营，优势互补。三是引入了竞争机制。海口店的开业，将实现海南免税商品市场的良性竞争态势，对提高免税店服务质量、丰富免税商品种类、改善免税店购物环境将产生积极的促进作用。四是创新试行“店内购物提货一体化”的监管新模式，旅客购物即时提取。海口店设在机场隔离区，旅客购物后可以即时提货出岛；五是一次离岛多店购物。旅客在三亚店购物不足5000元限额时，节余额度可在海口美兰机场离岛时再次购买免税品，旅客有更大的选择范围。

【第一批331处历史建筑挂牌】 9月30日，海口市第一批历史建筑挂牌仪式在得胜沙路著名老建筑五层楼举行，这标志着海口市将进一步加大力度依法保护骑楼街区历史建筑。海口市委常委、副市长邓小刚出席仪式并致辞，市政协副主席郑钢以及相关单位负责人出席仪式。2011年8月12日，海口市政府公布了第一批历史建筑名录331处。这批历史建筑均位于骑楼建筑历史文化街区，集中分布在中山路、振东街、得胜沙路、博爱北路、解放东路、新华北路、水巷口街等街巷，包括第一类历史建筑24处、第二类历史建筑104处、第三类历史建筑203处。

【中国城市海口空气最清洁】 2011年5月，海口市被定为全国26个开展城市环境空气质量监测评价办法（试行）试点监测工作城市。市环保部门增加了 PM2.5 细微颗粒物等的监测，并已陆续出了监测日报、月报。9 月底，世界卫生组织发布的首份全球城市空气污染调查报告显示，在上榜的 30 多个中国城市中，海口的空气是最清洁。11 月，世卫组织对全球 1081 个城市采集的空气质量数据显示，在中国 PM10 年平均值最低的城市为海口（第 814 位）、拉萨（第 891 位）、南宁（第 892 位）。

海口游艇业

【游艇经济论坛暨国际游艇展览会】 12 月 1 日，2011 中国（海口）游艇经济论坛暨国际游艇展览会在新埠岛开幕。这是继 2010 年首届海口游艇经济主题论坛后，中国游艇新兴产业的又一次年度盛会。由中国交通运输协会、海口市人民政府、海南省旅游发展委员会、海南省交通运输厅联合主办，中交协邮轮游艇分会（CCYIA）、海口市旅游发展委员会等单位承办，以“全球化的游艇产业与游艇管理政策”为主题。2011 中国（海口）游艇经济论坛暨国际游艇展览会主要分为游艇经济论坛和游艇展览会两大块。游艇经济论坛举行了游艇发展政策及经济论坛、游艇社会领袖对话会、游艇发展市长对话会、游艇女企业家对话会、游艇发展行业论坛等系列论坛活动。论坛期间还正式发布《2010—2011 中国游艇产业报告》和《中国游艇管理法规汇编》。国际游艇展览会则设有陆地游艇展示区、水上游艇展示区、游艇配套及服务展示区等功能区，共有 60 多艘国内外知名游艇、帆船帆板和摩托艇参与展出。展会在 12 月 2 日 ~3 日进行帆船帆板水上秀、游艇试乘试驾、名流慈善晚宴、2011 国际游艇模特大赛全球总决赛等活动。12 月 2 日晚上，2011 中国（海口）游艇经济论坛暨国际游艇展“航海家之夜”慈善晚宴举行，至此，论坛圆满结束各项议程。晚宴现场，全国游艇发展专家指导委员会聘任厦门游艇行业协会副会长兼秘书长留典芳、青岛银海游艇俱乐部董事长辛华龙、游艇界资深人士马正明和王依欣、游艇经济研究青年才俊华承昌等 5 位新成员，全国邮轮游艇媒体联盟成立，《中国游艇生活杂志》也正式创刊。本次论坛取得了 5 项成果：一是第十届全国人大常委会副委员长、著名经济学家成思危出席大会发表主旨演讲，为游艇新兴产业强力撑腰；二是揭牌成立全国首家游艇交易所——海口船舶游艇交易所；三是首次推出《中国游艇管理法规汇编》，这是国内首部全面系统的游艇管理相关法规和政策文件汇编；四是发布《2011—2012 中国游艇产业发展报告》，这是继 2008 年北京、2010 年海口之后中国游艇产业的第三份报告；五是成立全国邮轮游艇媒体联盟，这是继 2010 年全国游艇俱乐部联盟在海口落地后的又一项成果，这对普及游艇旅游将产生积极影响。

【海口船舶游艇交易所成立】 12 月 1 日，国内首家游艇交易所——海口船舶游艇交易所揭牌成立。交易所由海口市人民政府和中国交通运输协会邮轮游艇分会共同主导，海南港航控股有限公司和北京中交四海邮轮游艇发展中心共同组建，将作为非营利性服务机构，充分利用政策和各方资源，发挥交易和服务功能，为游艇企业和买家提供一个国际化信息交流和一站式综合服务的新平台。

【游艇发展政策及经济论坛】 12 月 1 日，作为 2011 中国（海口）游艇经济论坛暨国际游艇展览会活动内容之一，在海口新埠岛豪生大酒店会议中心，来自世界帆船、航海、房车、跑车、私人飞机组织领袖，国内外游艇、房车、名车、私人飞机俱乐部和著名制造商等近 300 名嘉宾出席了游艇发展政策及经济论坛。与会的国际游艇社团领导及游艇专家围绕“全球化的游艇产业与游艇管理政策”这一主题，各抒己见，畅谈游艇经济发展的现状及前景，提出了普及游艇公共码头，推广游艇水上休闲活动、大规模发展游艇经济，加快制定产业规划的同时，应完善游艇产业的管理体系，让传统文化随游艇业走出去等建议。

【游艇发展市长对话会】 12 月 2 日上午，海口市委常委、副市长邓小刚与珠海市副市长王庆利、天津市旅游局副局长何智能、舟山市旅游委主任干松章开展以游艇经济与沿海城市发展为主题的对话，在积极推介的同时，积极探讨和交流游艇经济的发展和思路。与会代表一致认为，各地大力发展游艇产业，大有后来者居上之势，各地的游艇产业不存在竞争，而是协调发展。

【《中国游艇管理法规汇编》全国首发】 12月2日，由中国交通运输协会邮轮游艇分会、全国游艇发展专家指导委员会编辑出版的《中国游艇管理法规汇编》在2011中国（海口）游艇经济论坛期间举行首发仪式。是国内首部全面系统的游艇管理相关法规和政策文件的汇总，也是2011中国（海口）游艇经济论坛的成果之一。全书收录了2011年9月之前出台、至今仍然有效的游艇管理相关领域法律、法规、部门规章和规范性文件共88部、近50万字。《中国游艇管理法规汇编》的出版，填补了中国游艇管理法规出版物方面的空白，便于从事游艇管理业务的各级行政管理部门和广大企事业单位相关人员阅读使用。

【新埠岛游艇码头正式启用】 11月28日，海口海事局执法人员将《海口海事局关于新埠岛起步区游艇码头通航安全的核准意见》送至新埠岛起步区游艇码头业主手中，标志着从即日起，作为2011年海口游艇经济主题论坛主办地新埠岛游艇码头正式投入使用。新埠岛起步区游艇码头自2010年4月28日由海口市新埠岛开发建设总公司投资兴建，游艇码头是海口地区继美源游艇码头建成后开工建设的第二座游艇码头。工程位于新埠岛横沟河东岸岸线内侧，包括护岸、游艇码头及陆上综合配套设施，规划有40英尺、50英尺、60英尺、60英尺以上4种规格的国际标准游艇泊位200个，年底已完成一期泊位140个，可满足30~76英尺游艇停泊，正在建设3个超百英尺泊位。

高尔夫在海口

【海口高尔夫与旅游主题论坛】 3月19日，为期两天的2011海口高尔夫与旅游主题论坛开幕。论坛的主题为“旅游休闲产业新态势与高尔夫产业发展”。议题包括世界高尔夫产业的发展新趋势与中国的路径选择、亚太地区高尔夫布局及发展、高尔夫旅游对高尔夫产业的带动、中国高尔夫产业的品牌发展之路、高尔夫产业与海南国际旅游岛的发展、高尔夫与奥运战略、从观澜湖模式看中国休闲产业的发展路径等。国内外政商显要、行业领袖、高球巨星、社会名流逾600人以及国内外媒体200多人与会。海南省省长罗保铭宣布论坛开幕。本届论坛由海口市人民政府和骏豪集团主办，是自2010年3月18日成功举办的首届海口高尔夫与旅游主题论坛后再次于海口举行。论坛开幕式、高尔夫品牌展演会和对话论坛均由凤凰卫视主持人陈晓楠主持。本届论坛搭建专业的高尔夫品牌展示营销平台，创立“论坛+赛事+展演”三位一体新模式，特别推出高尔夫品牌展演会，20多家国际顶级高尔夫品牌精彩亮相。同时，由20多家高尔夫媒体出版人、总编辑及资深记者等成立的“高尔夫媒体人联盟”，经投票评出年度十大奖项。论坛期间，还举行高尔夫联谊赛暨观澜湖高尔夫马拉松大赛启动仪式、高尔夫大师中国百佳球场评选启动仪式、国际高尔夫旅游经理人协会新闻发布会。3月20日，2011海口高尔夫与旅游主题论坛落下帷幕。

【全球高尔夫旅游协会办事处设立】 3月20日，全球高尔夫旅游协会（IAGTO）总裁兼行政总裁彼得·沃尔顿在2011海口高尔夫与旅游主题论坛上宣布，全球高尔夫旅游协会在海口观澜湖设立办事处，这是IAGTO在英国本土之外，设立的第一个海外办事处。国际高尔夫旅游协会成立中国办事处，其目标之一是汇集所有中国的高尔夫度假村、高尔夫球场和高尔夫酒店力量，创造一个充满活力的组织，将中国建成世界一流的高尔夫旅游目的地之一。同时，协同中国的高尔夫企业开拓市场，让更多的人享受到高尔夫的乐趣，也通过协会的丰富资源，打开中国通向世界高尔夫文化的大门。中国IAGTO的目标是集合中国的高尔夫旅游业界，以便它可以用一种声音说话，并有效和国际同业交流。中国IAGTO的首要职责是联络所有的高尔夫球场、高尔夫度假村、酒店、地接服务商和全国区域旅游局，以确定他们的高尔夫旅游目标，并邀请他们积极参与制定和实施国家高尔夫旅游策略。

【海口高尔夫马拉松大赛】 3月20日，高尔夫联谊赛暨海口高尔夫马拉松大赛在观澜湖举行了开幕仪式这是此项久负盛名的全民高尔夫球盛宴首次跨越琼州海峡来到海口。赛事于4月1日正式开始，一直持续到9月30日。观澜湖于2004年发起并创办了高尔夫马拉松大赛，所有年龄和水平的球手都可以报名参加这项赛事，至2011年已经在深圳、东莞成功举办了7届，吸引了超过2万名海内外高尔夫球爱好者。独特的赛制一直是区别于其他比赛的亮点之一。常规高尔夫赛事是在同一球场，几轮过后决出名次，但高尔夫马拉松大赛用多个不同球场的成绩来决定最后的总冠军归属。海口高尔夫马拉松大赛分为常青组、男子组、女子组以及青少年组4个组别，采取个人双贝利亚差点比杆赛，届时根据成绩将有100位晋级者参加10月份举行的总决赛。本届马拉松参与人数由上届的2700人增加到近5000人，球手涵盖全球20多个国家和地区，其中，年龄最小的选手年仅6岁，年龄最大的选手已达80岁高龄。同时，本届赛事得到了包括BOSS眼镜、太子珠宝、奥迪、ECCO等9家赞助商提供的大力支持，是有史以来赞助商数目最多的一届。10月23日，2011观澜湖高尔夫马拉松决赛在海口观澜湖举行。最终，来自海南的12岁小球手韩雨廷以总杆67杆的成绩夺得总冠军，并获得2011年欧米茄观澜湖高尔夫世界杯配对赛名额。徐青刚、林凌、吕政、利祖毅、黄开文分别获得嘉宾组、常青组、女子组、少年组和男子组冠军。

【高尔夫世界杯海口】 11月23日，2011欧米茄观澜湖高尔夫世界杯在观澜湖海口国际高尔夫度假区开幕。开幕式包括升国旗、唱国歌，28支参赛队入场、第二届朱树豪奖颁奖、大型歌舞表演等重要环节。本次比赛由世界职业高尔夫球联盟和中国高尔夫球协会联合主办，观澜湖高尔夫球会承办。这是1953年高尔夫世界杯创立以来，第一次到海南岛举行。2011年的赛事奖金更是达到了历史新高750万美元，成为亚洲地区奖金最高的赛事。参赛队伍共有28支，其中18支通过世界排名自然获得参赛资格，另外9支分别从欧洲、亚洲和南美的资格赛中诞生。而只要世界杯在中国举行，中国队都将自动获得参赛资格。世界杯是一场72洞团体比杆赛，每支参赛队由两人构成。比赛的第一轮和第三轮以四人四球赛形式（最佳杆数赛）展开，第二轮和第四轮以四人二球赛形式进行。24日举行第一轮比赛四人四球赛，25日举行第二轮比赛四人二球赛，26日举行第三轮比赛四人四球赛，27日举行第四轮比赛四人二球赛。11月27日，2011年第56届欧米茄观澜湖高尔夫世界杯落下帷幕，美国队在最后一轮打出67杆，低于标准杆5杆的情况下，反超赢得冠军，收获240万美元奖金。这是美国队第24次赢得高尔夫世界杯。英格兰队和德国队－22杆并列第二，中国队获得并列第18名。本届比赛中，共有500多名媒体记者、150多个国家和地区的媒体通过电视、网络、报纸对比赛进行报道，影响力巨大。

【海口杯旅游高尔夫邀请赛】 5月30日，2011海口杯旅游高尔夫邀请赛在海口观澜湖正式挥杆。国家旅游局原副局长、中国高尔夫联谊会会长张希钦以及海口市委常委、副市长邓小刚等岛内外的嘉宾代表共120余人参加了开球仪式。本次邀请赛由海口市旅游发展委员会、市旅行社协会、酒店协会主办，来自台湾地区旅行商、航空公司、旅行社协会代表以及国内客源地旅行商、酒店协会，旅行社协会、旅游媒体等旅游业界代表共144人参赛。比赛分两天进行，30日进行个人赛，31日进行团体赛，设总杆冠亚季军、净杆冠亚季军、最远杆奖、最近洞奖、一杆进洞奖、团体冠军奖、最佳风尚奖、最佳组织奖等多个奖项。与以往单纯参赛打球不同的是，打球嘉宾还兼有海口高球旅游志愿信使的身份，肩负“宣传员”、“体验员”的特殊使命，除共同切磋高尔夫球艺外，各界嘉宾还将聚首交流，为海口高尔夫旅游业的发展建言献策，并在赛后通过各自广泛渠道传播海口高尔夫旅游文化。5月31日晚，2011海口杯旅游高尔夫邀请赛颁奖晚会在海口火山口景区举行。海口市旅游商品协会会长、海南锦绣织贝实业有限公司董事长郭凯荣获“最佳风尚奖”、台湾2队荣获“最佳组织奖”、谢胜聪荣获“最远杆奖”、北京天伦国际酒店管理集团总裁吴晓燕荣获“最近洞奖”、中国国旅（海南）国际旅行社总经理鲁新建荣获“净杆季军奖”、林海龙荣获“净杆亚军奖”、三亚银泰董事长王立新荣获“净杆冠军奖”、台湾三益旅行社董事长林逸群荣获“总杆季军奖”、中国旅游业高尔夫联谊会上海分会秘书长王和清荣获“总杆亚军奖”、海南双鹰旅行社总经理胡刚荣获“总杆冠军奖”、海南旅行社代表队荣获“团体冠军奖”。

第11届世界厕所峰会暨世界卫浴洁具·环卫设备展览会

【第11届世界厕所峰会】 11月22日，第11届世界厕所峰会暨世界卫浴洁具·环卫设备展览会在海口会展中心开幕，来自国内外的专家学者、嘉宾500多人出席会议。本次峰会的主题是“厕所文明：健康、旅游、品质生活”，由世界厕所组织和海南省人民政府共同主办。与会代表就生态厕所与生态旅游，绿色制造与厕所文明，国际旅游岛建设背景下的海南公厕建设等议题展开研讨，并发布海口宣言。峰会还集中展示了全球公共厕所设施的最新科研成果和科技产品，将国际公共环卫领域的最新理念呈现在海南人民面前。开幕式由副省长李秀领主持，沈锐华在开幕式上宣读了美国前总统克林顿给本次峰会发来的贺信。盛会除了举办峰会和展览会外，还举办7项配套活动，主要有：颁布《世界公共厕所通用标准》，世界厕所设计决赛及颁奖，优秀参展商国际评选及颁奖，最洁净酒店厕所投票与评选，中国公共厕所清洗技能大赛，世界优秀公厕实例征集活动，参展商旅游岛参观考察活动。盛会为中外卫浴洁具和环卫设备企业展示形象和品牌、交流信息、寻求合作、实施全球营销战略提供了舞台。开幕式上，世界卫生组织公布《世界公共厕所通用设计准则》，并为旅游景区公厕设计大赛、城镇街区公厕设计大赛、低成本公厕设计大赛、世界厕所实例大赛等获奖者以及最有特色公厕、最洁净厕所酒店等颁奖。第11届世界厕所峰会会议议程于23日结束。11月24日，随着世界厕所峰会暨展览会的代表们进入海口市实地考察阶段，峰会正式宣告结束。在这次峰会上，来自世界各国和国内兄弟省市的专家学者、业界人士共商世界厕所发展大计，交流了各自国家和地区的厕所建设、管理经验。

【2011年世界厕所设计大赛及优秀公厕实例】 11月22日，世界厕所设计大赛、优秀公厕实例的获奖名单揭晓。2011年世界厕所峰会举办前夕，世界厕所组织（WTO）、中国城市环境卫生协会和海南省住建厅联合举办2011年世界厕所设计大赛及优秀公厕实例征集活动。其中，世界厕所设计大赛包括城镇公共厕所设计类、旅游景区厕所设计类、低成本公厕设计类3个类别，共收到应征方案115件（国内94件，国外21件），采取网络投票对应征集方案进行民意测评，并组织相关国内外专家评审。由王佳帅和雷信设计的旅游景区公厕方案获得旅游景区厕所设计类一等奖，由熊力等设计的作品《亭》获城镇公厕设计类一等奖，一等奖奖金3万元。在世界优秀公厕实例征集活动中，陕西省站立小便厕所、海南海口火山口公园景观公厕、海南昌江霸王岭山水卫生间等10家单位的厕所被评为第11届世界厕所峰会最具特色公共厕所。北京奥运水上公园公厕、海南洋浦泓洋路公厕、海口万绿园公厕（西侧）等10家单位的厕所被评为第11届世界厕所峰会最洁净厕所。海南文华大酒店、皇马假日酒店等10家单位被评为第11届世界厕所峰会最洁净厕所酒店。

【世界卫浴洁具·环卫设备展览会】 2011年第11届世界厕所峰会的重要组成部分。展览会设在海口会展中心。本次展会办展规模15000平方米，其中：产品展销区面积7300平方米，文化展区面积3600平方米，外场展区面积4100平方米，参展标准展位510个。区域划分厕所主题文化展区、卫浴洁具·环卫设备展区、世界厕所峰会及展览会开幕式/会场，设有国际与国内展区、特装与标准展位。厕所主题文化展区对世界厕所文化、厕所科技、世界厕所设计大赛、中国各省市公厕成果等进行介绍与展示。卫浴洁具·环卫设备展区给国内外一线卫浴洁具、环卫品牌一个国际展示平台，对高端产品及技术进行推荐，为参展企业和采购商搭建一个交流与贸易的桥梁。共有70余家国内外知名卫浴厂商前来参展，参展的品种包括卫浴洁具256个，环卫设备200个，相关品牌54个。除了传统的卫浴洁具，参展商们还带来了太空马桶、芳香公厕等新奇独特的产品，其中一座由纯黄金打造、售价为128万的马桶吸引了无数人的眼球，成为本次展会最昂贵的展品。11月23日晚，海口市政府举行第11届世界厕所峰会和展览会“海口之夜”晚宴。在晚宴上，世界厕所峰会组委会对本次参展的众多品牌进行评定，最终评定恒洁卫浴为“卫浴洁具节水产品金奖”。

【世界厕所组织在海南开展保洁员培训】 22日～24日在海口市举行。作为本次峰会的一个重要内容，世界厕所组织与新加坡厕所文化协会在海口市举办保洁员培训班，为首批20名来自海南的保洁员进行为期3天的实地授课，并以国际标准，对学员进行专业的保洁培训，进一步提高海南省公厕保洁员职业技能，促进公厕管理工作规范化，提升海南省公厕管理水平。参加本次培训的20名保洁员来自海南海口市、三亚市等市县、美兰机场等窗口单位、三亚南山文化旅游区等旅游系统，学员大多是本单位的保洁管理人员。培训内容共分理论培训和实际演练，理论培训内容包括公厕服务质量标准、专门清洗、日常清洁、小型维修等，实际演练主要进行公厕清洁、维护现场操作。

中国(海南)国际热带农产品冬季交易会

【概况】 12月12日，2011年中国（海南）国际热带农产品冬季交易会在海南国际会展中心开幕。分会场设在海南现代农业展示示范园。本届冬交会以“建基地、保供应、促增长”为主题，以订货展销、合作共赢为宗旨。由中华人民共和国农业部、中华全国供销合作总社、中国国际贸易促进委员会、海南省人民政府联合主办，由省农业厅、海口市人民政府共同承办。本届冬交会重点展示国家冬季瓜菜生产基地、热带水果基地、南繁制育种基地、渔业出口基地、天然橡胶基地、海洋渔业基地和国家无规定动物疫病区“五基地一区”的发展成果，及加快推进海南农业集约化、精细化、设施化、品牌化、生态化“五化”的现代农业发展成效。冬交会总体布展面积25万平方米，分主会场和分会场。主会场首次设在海南国际会展中心，展示面积5万平方米，比上年增加2万平方米。共分10个展区，除综合展区、供销展区、市县展区、休闲农业展示区、销售区、现代农业装备展区六大展区外，还新设农产品品牌展示区、项目招商推介展区、省外境外展示销售区、特色美食一条街。首次有外省政府借冬交会推介名优产品，吉林省政府组团，组织全省与人参相关的企业30多家，在冬交会上举办吉林“长白山人参”产品推介活动。有德国、巴西、巴基斯坦等国的企业进入展区展销，台湾企业首次组织经销团参展。本届冬交会活动主要有海南省政府与广西壮族自治区政府签订南繁合作框架协议、岛内外瓜果菜客商表彰、瓜果菜订单集体签约、供销社推介农产品订单、农产品加工园区项目招商、海南现代农业“五化”论坛、农产品品牌建设与现代营销论坛等18项。为让优质农产品脱颖而出，冬交会组委会首次对参展农产品进行综合评选，着力推动品牌农业发展。经过企业申报或市县推荐，共有225个特色农产品参与评选，通过多项指标评审，共评出金奖展品26个、银奖展品23个、优秀奖展品46个。2011年冬交会打破惯例，应岛内外客商和广大市民要求，把会期从历年3天增加到4天，原定14日闭幕改为15日闭幕。本届冬交会创下订单量、客商量、招商量、参会观众量、省外境外企业参展量、参会名牌产品量等六宗“最”。（1）订单量创历届之最。本届冬交会共签订农产品订单574.3万吨，比上一届增加9.27万吨，成交金额254.4亿元，比上届增长10.6%。其中合同订单432万吨，金额194.4亿元，分别占总订单的75.2%和76.4%。在合同订单中，瓜菜280万吨，金额80亿元；水果130万吨，金额60亿元；水产品8万吨，金额25亿元；畜禽产品14.14万吨，金额28亿元；花卉7600万枝，金额1.35亿元。超亿元订单有15个，海南（谭牛）文昌鸡股份公司和绿食科技（新加坡）有限公司签下5亿元的文昌鸡订单、海南鑫雨科技投资有限公司和松德丰（清远）食品公司签下3亿元的麻竹笋干订单、海胶集团签下20.52万吨的橡胶订单。现场销售火爆，共销售2057万元，比去年增长21%。（2）参会客商创历届之最。本届冬交会参会客商达6543人，比去年增加64%，其中境内6018人，境外525人。组团参展的有41个，包括吉林、安徽、天津、重庆4个政府团，北京新发地市场、上海江桥市场、武汉白沙洲等16家大型农产品批发市场团，全国供销系统21个代表团，特别是新疆组织了170多人的庞大代表团参会。（3）招商引资创历届之最。本届冬交会引进招商项目78个，总投资额达118.7亿元，同比增长25%。其中已签合同项目44个，投资金额达65.2亿元。突出以加工园区招商为主，海口、儋州、万宁、昌江、定安、临高6个市县参展，126个项目进场招商，如海口市重点推介罗牛山农产品加工园区、万宁市突出推介槟榔深加工项目、临高县主推（台湾）农产品加工创业园等，效果显著。（4）参观人数创历届之最。参观冬交会主会场、分会场的客商、市民突破40万人次，比上年增长15%。（5）省外境外企业参展创历届之最。本届冬交会吸引了300多家省外境外企业参展，其中台湾企业首次组织90多家企业参展，还有德国、巴西、巴基斯坦等国的企业进入展区展销。90多家台湾企业由省台办和省贸促会邀请，冬交会组委会给予特别优惠措施，让台湾企业集中在一起布展。台湾企业带来的多数是特色农副产品，有农家手工香皂、楚锦高山茶、各种鱼松、速冻食品等数百个品种，从包装到口味都显得独特，受到市民围观关注。（6）名牌产品数量创历届之最。本届冬交会展出农产品6000多种，比上届增加了20%。省内有春光、椰树等25家龙头企业700多个品牌产品参展。省外有吉林省“长白山人参”品牌系列100余种，新疆吐鲁番葡萄等200多个品种，分会场上有1000多种新品种瓜菜、2万多盆活植株，令人耳目一新。组委会还组织了名优产品评选，95家企业120件产品获奖。

【省农产品加工园区项目招商推介会】 12月12日举行。在推介会上，共有23个项目签约，签约项目投资金额达25.05亿元，其中投资1亿元以上的项目有8个，如儋州市畜牧饲料综合加工项目投资8亿元、万宁口味王槟榔加工项目投资3亿元。2011年，全省农业招商硕果累累，各市县招商引进农业及加工项目78个，总投资金额达118.7亿元，签订合同项目44个，合同总投资达65.2亿元，其中农产品加工项目30个、投资规模20.2亿元；有意向签约项目34个，投资金额约53.5亿元。本届冬交会的签约只是其中一部分。

【海口市举行优秀运销商表彰会、农产品订单签约仪式】 12月12日下午举行。会上，海口群绿种养专业合作社理事长郭义群等14名成绩突出的农产品运销商被授予“2010—2011年度冬季农产品优秀运销商”。海口农产品产销订单签约仪式上，签约订单为12份，金额9.18亿元，主要包括水产品订单和瓜果菜购销合同。如海南蔚蓝海洋食品有限公司与北京北水食品工业有限公司签订的水产品鱼片；海南鑫山源热带园林艺术公司与美国西雅图亚太园艺公司签订的盆景合同，计划投资1.06亿元；海口秀顺香蕉产销专业合作社与西宁市海湖路蔬菜批发市场签订的瓜果菜购销合同，涉及金额3824万元。此外，南渡江土地整治项目中5个重点农业项目成功签约，涉及金额8.25亿元。其中海南龙华开发建设有限公司与海南鑫安泰实业有限公司签约海口羊山蜜蜂园休闲驿站项目，计划总投资5000万元。龙华区政府与海口富瀚农业开发公司签约农产品加工物流中心，涉及金额8500万元；琼山区政府与海南柏盈实业投资公司签约海南国家兰花产业园，计划投资5600万元；龙华区政府与广东东升农场有限公司签约3000亩富硒瓜菜示范基地项目，计划投资3000万元；秀英区政府与武汉广地农业科技公司签约1万亩菜篮子标准基地建设。

【桂琼两省区签南繁合作协议】 12月12日，海南省政府与广西壮族自治区政府签订加强南繁工作合作框架协议。双方约定：加强南繁政策协调，统筹协调双方资源和人才优势，加强交流与合作，实施研究南繁工作面临的共性问题、难点和热点问题及战略性问题，探索有效的解决渠道和措施，完善南繁政策，提高农业执法管理水平；建立重大种植物疫情防控联动机制，加强重大动物疫情、植物疫情监测与防控技术的交流、协作，互相通报动物疫情、植物疫情信息，实现南繁育种基地动植物种子（种苗）产地检疫和调运检疫信息共享；促进两省区种子贸易流通，共同构建产业服务平台，定期通报种子（种苗）生产、供需、质量、价格信息，促进种子市场健康发展；推动两省区南繁育种基地建设，支持广西农业科研机构和种子企业在海南省建立稳定的南繁育种基地，开展新品种选育、繁殖及种子质量鉴定，为两省区农业生产提供优良新品种，提升农业生产安全水平；支持广西在海南省三亚、陵水、乐东、东方、昌江和临高等市县建立5万亩杂交水稻、杂交玉米制种基地，共同完善南繁育种相关基础设施，协调与当地民众的关系，依法打击侵权和种子套购行为，确保制种基地的稳定与发展，促进南繁事业发展；海南支持广西建设海南南繁管理工作站，在土地征用、规划设计以及工程建设等方面提供支持。为确保协议落到实处，双方还决定建立联席会议制度、联络员制度和南繁工作小组制度。海南省政府副省长陈成和广西壮族自治区政府副主席陈章良代表两省区在框架合作协议上签字。

【海口展馆】 在本届冬交会上，海口展馆突出了“田园海口，都市农业”主题。有立平野菜公司推出的野菜系列，信泰实业推出了海南椰子饭，卓津蜂业推出了蜂胶蜂蜜，海口兴旺佛手瓜合作社推出的佛手瓜，海口秀美巾帼菠萝蜜产销专业合作社推出的菠萝蜜等，近百盆椒类、茄类等活植株，把海口展馆妆扮成现代农业的大观园。同时，海口展馆还突出了农产品深加工业主题，展示的加工产品主要包括椰子系列、胡椒系列、咖啡系列、茶系列、畜产品系列等，包装精美的各种深加工农产品，受到了外地客商的广泛关注。展馆内海口所有的瓜果菜产品都有产地和联系人电话，还有二维码等溯源体系。本届冬交会海口市邀请客商235名，参展的农产品加工企业有近30家。

中国体育旅游博览会暨第九届中国（海口）国际旅游商品交易会

【概况】 11月11日，2011中国体育旅游博览会暨第九届中国（海口）国际旅游商品交易会，在海南国际会议展览中心开幕。本届交易会由国家体育总局、国家旅游局和海南省人民政府主办，由海南省文化广电出版体育厅、海南省旅游发展委员会、海口市人民政府和中国国际体育旅游总公司联合承办。本届博览会分序厅、A厅、B厅、C厅、D厅等展厅及室外美食嘉年华展区，展览总面积约6万平方米，其中，馆内展览面积3.5万平方米，馆外展览面积2.5万平方米。第九届旅交会展区设在海南国际会议展览中心B厅。参展单位和参展企业（包括参展项目）720多个，其中境外有美国、德国、意大利、泰国、越南、老挝、缅甸、墨西哥、澳大利亚、智利等10个国家的近80个企业参展，展览面积达2500平方米。本届博览会为期四天，除各展厅展区每天举办的特色活动以外，还有推介2012年重大体育赛事、举行体育旅游发展论坛、2011中国体育旅游形象大使总决赛暨博览会参展项目颁奖仪式。11月12日～17日，还在海口市西海岸举办全国帆板冠军赛。12日，“我是清水湾之星”2011中国体育旅游形象大使总决赛在海口国际会展中心落幕，来自沈阳的刘晓智从30名选手中脱颖而出，荣获本次赛事冠军，来自北京的高云飞和来自湖南的海南大学服装表演系本科学生秦琳分获亚、季军。11月14日，2011中国体育旅游博览会暨第九届中国（海口）国际旅游商品交易会落幕。本届体博会现场交易金额1231.60万元；达成意向成交金额22032.00万元；一个房车露营经营项目意向落地，投资金额达4000万元，总共成交和意向成交金额达2.73亿元，这是中国体育旅游博览会自创办以来现场成交额最多的一次，创下历届体博会之最。4天展期吸引观展人次达18万人次。

【2011中国体育旅游发展论坛】 11月11日在海口举行，全国各省市自治区体育系统和旅游系统代表、来自全国40多所高校的专家学者、中外体育旅游产业界的代表等300多人出席论坛。与会嘉宾围绕加快体育和旅游融合发展的探索与创新展开深入讨论。国家体育总局党组成员、局长助理晓敏发表了题为《把握我国体育旅游发展繁荣的光明前景》的主旨演讲，强调要进一步深入贯彻国务院关于加快发展体育产业、加快发展旅游业等重要文件精神，协调推进体育和旅游的复合经营、体育和旅游的融合发展，因地制宜发展特色体育旅游产品，进一步优化旅游产品结构，更好地满足人民群众多元化的体育需求。结合海南实际，晓敏建议要把在本省举行的各项体育赛事作为一种旅游资源开发，把体育赛事作为一种旅游产品经营，把体育赛事作为一种文化进行策划和运作，通过举办体育赛事使举办地获得良好的经

济效益、社会效益和环境效益。在论坛上，国家体育总局发布了2011年中国体育旅游精品推荐项目入选名单，其中海南有7个项目入选。7个项目是：海南儋州国际象棋特级大师超霸赛、五指山大峡谷漂流、中国龙舟公开赛（澄迈站）、海口帆船帆板训练基地、三亚海棠湾奥林匹克湾项目、环海南岛国际公路自行车赛、海口观澜湖旅游风景度假区。

【乌克兰克里米亚自治共和国来琼推介经贸】 11月11日，来琼参加2011中国体育旅游博览会暨第九届中国（海口）国际旅游商品交易会的乌克兰克里米亚自治共和国，在海南国际会议展览中心举行专场经贸推介会，意在加强交流与合作，吸引外国投资者共同开发该国大型项目。乌克兰克里米亚自治共和国相关部门负责人还分别向海南介绍了准备发展的7个重点项目，即娱乐项目迪诺乐园、农业综合体包括粮仓及饲料厂建设项目、晓尔基诺工业园建设项目、辛菲罗波尔国际机场扩建与改造项目、叶夫帕托里亚港工业物流综合体扩建项目、克里米亚半岛西部地区发展改造项目。推介会上，乌克兰克里米亚自治共和国相关部门负责人介绍了克里米亚地区的投资政策，该政策规定了主要投资来源、投资地区及投资结构，以及规定了推动发展投资的有效措施实施办法，致力于打造有效机制以吸引和利用投资，力求对经济的稳定发展起到重要作用。

【全国帆板冠军赛在海口开赛】 11月12日，2011年全国帆板冠军赛在海口市帆船帆板训练基地开赛，来自山东、四川、浙江、福建、辽宁、内蒙古、广东、江苏、广西、海南等10个代表队105名运动员参赛。此项比赛是2011年中国体育旅游博览会的一项重要活动，由国家体育总局水上运动管理中心、海南省文化广电出版体育厅主办，海南省高级体育运动技术学校、海南省体育赛事中心、海口市帆船帆板训练基地承办。比赛设男子、女子RS：X级、男子、女子米氏级以及男子、女子T293级六个竞赛项目。2010年全国帆板锦标赛、全国翻波板锦标赛男子各级别前15名、女子各级别前20名的运动员有资格报名参赛，获得2010年全国青少年帆板锦标赛场地赛甲组前15名的运动员也可报名参赛。作为承办单位，海南省派出了10名男运动员和11名女运动员参赛。各项目分别进行场地赛、障碍赛（或长距离赛），取前八名给予奖励。本次比赛为期6天，于11月17日结束。本省选手在场地赛中获得一银二铜，长距离赛中获得三枚铜牌。福建队获得五枚金牌，四川、广东、江苏各获得两金，内蒙古队也收获一金。

【中泰拳王对抗赛】 11月10日，2011中泰拳王对抗赛在海口体育馆上演巅峰对决，此项比赛为体博会系列配套活动和比赛之一。本次比赛实行5回合制，每回合打2分钟，除了膝、肘不可击打头部外，其他部位将全面放开。如果一方没有KO或者TKO（技术性击倒），就算双方打平，不再加赛。中国国家散打队出战队员分别是：60公斤级亚军王方坤、65公斤级擂主徐吉福、70公斤级擂主董文飞、75公斤级擂主孙瀚和80公斤级擂主白近斌。代表泰国出场的泰拳国家队队员分别是：60公斤级春拉提·菲那特、65公斤级尼空·普威查、70公斤级巴猜·撒察、75公斤级蓬拉瓦·塔撒那、80公斤级撒农·森蓬舍。5个级别的中泰顶尖选手，展开五场精彩对决，结果中国选手取得4胜1负的战绩。

重大活动

【第三届中国（海口）国际武术交流大会】 12月9日，在海口会展中心4号馆开幕。本届大会有20多个国家和地区的50余支代表队近千名武术好手参赛。外国选手来自美国、俄罗斯、伊朗、法国、爱尔兰、南非等20余个国家和地区，是历史上参加海口武术大会国外选手最多的一次。大会由海口市人民政府、海南省文体厅、共青团海南省委和世界搏击协会主办，海口市文体局、中国国际贸易促进委员会海口市支会、海口旅游文化投资控股集团有限公司和海南省武术协会承办，海南省青少年希望基金会、海口国际会展中心经营管理有限公司和海口市散打协会协办。本届大会比赛分三大项：武术套路交流赛、跆拳道邀请赛和拳王争霸赛。武术套路有拳术、器械、太极拳术和太极器械等，跆拳道分成年组和少儿组，散打有男子四个级别以及女子无差别级，六合八法拳剑为特设项目。从9日~11日，每天上午和下午在海口会展中心均有比赛。12月11日，2011年第三届中国（海口）国际武术交流大会在海口会展中心圆满落幕，在散打各项目比赛中，深圳代表队的李庆磊、顾辉、张文胜包揽了男子组次轻量级、中量级的冠军，来自南非的吾迪摘得了重量级的冠军，女子组的冠军则由来自海南政法职业学院的谢海娇获得。

【环岛大帆船赛】 3月20日，2011年环海南岛国际大帆船赛在海口举行启航仪式。起航仪式结束后，在海口湾进行了场地赛，亚派号和瓦萨号分别获得公开A组（赛船组）和公开B组（休闲组）的冠军。本届比赛历时7天，从海口经洋浦、东方，25日最终抵达三亚，总航程约269海里。这是海南连续第二年举办环岛大帆船赛，2010年沿东部航行，2011年沿西部航行。共有来自世界各地的17艘大帆船和220名选手参赛。本届环岛国际大帆船赛由国家体育总局和海南省人民政府共同主办，中国帆船帆板运动协会、海南省文体厅、海南海事局承办。本次比赛分两个组别进行，公开A组为赛船组，公开B组为休闲组，这是在上年的基础上进行赛制的革新，使得比赛更为合理公正。公开A组（IRC）冠亚季军奖金分别为：8万元、3万元、1万元；公开B组（ARCH）冠亚季军奖金分别为：3万元、2万元、1万元。不同于上届的是每艘船都安装了北斗星卫星导航系统。21日，17艘大帆船从海口湾起航前往洋浦，进行第一赛段的拉力赛，全程83海里。24日，由于风高浪急，环岛大帆船赛组委会决定取消东方至三亚赛段的比赛。26日下午，2011年环海南岛国际大帆船赛在三亚湾结束了最后两场场地赛的争夺，最终亚派号夺得赛船组总冠军，瓦萨号获得休闲组总冠军。至此，为期7天的第二届环岛大帆船赛落幕。

【亚洲沙滩排球锦标赛】 12月8日，2011（海口）亚洲沙滩排球锦标赛在假日海滩开幕，这是海口连续第三年举办这项亚洲顶级沙排赛事。由于本届比赛是伦敦奥运会的积分赛，亚洲高手悉数到场，有来自亚洲14个国家和地区的52支代表队参赛。奖金高达10万美元。2011年的沙排亚锦赛取消了以往的售票进场制度，市民球迷均可免费观看。比赛由亚洲排球联合会、国家体育总局排球运动管理中心和海口市人民政府联合主办，海口市文体局承办，佳友国际冠名赞助。12月11日，比赛落幕。女子头号种子薛晨/张希2：0轻取小师妹张常宁/马圆圆，取得三连冠。男子头号种子吴鹏根/徐林胤被伊朗组合法尔洛基/萨拉赫2：1翻盘，屈居亚军。伊朗队的法尔洛基和中国队的薛晨分获最佳男、女运动员。

【亚洲杯女子拳击赛】 5月7日，2011年亚洲杯女子拳击赛在海口体育馆开打，来自12个国家和地区的38名运动员角逐10个级别的冠军。中国队派出9名选手参加9个级别的角逐。本届比赛每个级别指定4名亚洲顶尖选手参赛。比赛由亚洲拳击联合会主办，国家体育总局拳跆运动管理中心、中国拳击运动协会、海南省文体厅、海口市人民政府、海南五指尊拳实业有限公司承办，澄迈县人民政府、海南省体育赛事中心和海南五指尊拳俱乐部有限公司协办。5月8日，2011年亚洲杯女子拳击赛落幕，中国队有7名选手入围各自级别的决赛，最终任灿灿、董程、杨婷婷、李金子、王艳蕊、李云飞分获51公斤级、60公斤级、69公斤级、75公斤级、81公斤级、81公斤以上级冠军。朝鲜选手获得54公斤级和64公斤级冠军，57公斤级和48公斤级金牌分别归属于泰国和印度选手。

【第二届中国南方（海口）国际合唱艺术周】 12月3日，在海口市人大会堂开幕。共有来自全国各地的41支合唱团体近3000人参加。期间举办4场合唱比赛及合唱专家讲座（合唱指挥大师班），知名合唱团体专场音乐会，合唱进校园、进社区活动，“天籁之声唱响国际旅游岛”，第二届中国南方（海口）国际合唱艺术周闭幕式暨颁奖典礼等活动。第二届中国南方（海口）国际合唱艺术周由海口市人民政府、中国合唱协会、海南省文学艺术界联合主办，海口市文体局和海南省合唱协会承办。本届合唱艺术周设置老年组、成人组、少儿组三个组别，分为混声合唱、男声合唱、女声合唱、童声合唱等类别，形式多样，曲目丰富多彩。本次活动各组别在评出金、银、铜奖等传统奖项的同时，还特设“椰城”奖。12月6日，2011第二届中国南方（海口）合唱艺术周闭幕。本届合唱艺术周经过了两天4场比赛，由专家现场打分并最终评选，共决出了多个大奖。其中获得金奖的团体有：内蒙古呼和浩特市群艺馆哈布林都合唱团、上海市普陀区教工合唱团、贵州省红十字会侗族大歌爱心合唱团、海南师范大学蓝韵合唱团、华中科技大学大学生艺术团男声合唱团、海南华侨中学合唱团、浙江省温州市少年艺术学校男童合唱团等7个团体。本次大赛评奖的标准采取“达标制”（即金奖水准的颁发金奖，否则轮空），因此老年组女声合唱和成人组女声合唱两个组别的金奖空缺。本次大赛特别表彰了一批新作品。获得新作品一等奖的是由小耿作曲林北平填词的《爱满天涯》，二等奖是海南黎族民歌《各族人民一家亲》，三等奖为《美丽的康定溜溜的城》。海南省合唱协会、贵州省合唱协会、湖北省合唱协会、重庆市合唱协会还获得了“椰城奖”。

【海口热气球节（旅游婚庆节）】 6月12日，2011海口热气球节（旅游婚庆节）暨H1中国热气球挑战赛在海口万绿园开幕。本次活动期间共有喷火巡游、夜间系留表演、空中婚礼、热气球飞越琼州海峡等项目。作为国内首个以热气球为特色元素的旅游婚庆节，吸引来自全国各地的133对新人，通过参加喷火巡游、“海誓山盟”婚庆活动、婚庆节星月沙滩派对和“低碳环保”行动及海口“6个1”特色旅游线路等体验活动，展开一次难忘的旅游婚庆之旅。本次婚庆节还专门制作了以市委市政府名义馈赠的“爱之章”。热气球节较往年规模更大，除了有全国各地的30支热气球队30部喷火车、6部花车，还增加了10辆从山东运来的哈雷摩托车参与12日晚举行的喷火城市巡游表演。15日，飞越琼州海峡挑战赛开赛，参赛的热气球队有15支。本次比赛是指定目标飞行，要求飞行员降落在指定的GPS定位点的附近，根据准确度来评定比赛成绩，看的是选手如何以最准、最近的路程到达目的地。8时50分，15只热气球成功飞越琼州海峡，全部降落徐闻，2011海口热气球节（旅游婚庆节）暨H1中国热气球挑战赛随之圆满落幕。杨海军以误差6米的成绩获得冠军，冯玉东、李勇军、周志琪、马友全、刘翔分获2~6名。

【首届海口婚庆博览会】 6月24日，为期3天的2011首届海口（国际）婚庆博览会在海口会展中心开幕，数十家婚庆商展出了知名影楼、个性摄影、婚庆策划、酒店婚宴、喜酒喜糖、化妆造型、蜜月旅游等节目，为新人打造了一站式结婚购物平台。展会由海南省会展协会、浙江中博展览集团主办，海南省商务厅、海口市旅游发展委员会、海口市会展协调办公室支持，海南万博展览有限公司及天涯社区共同承办。展会共设计5000余平方米的展出面积，展会共有11大婚庆展区，包括：婚纱摄影、珠宝首饰、婚庆用品、婚庆服务、新婚家居、婚品制作、新婚化妆、婚用汽车、新婚购房、婚宴服务、蜜月旅游。婚博会结合各展区特色推出11大主题活动，包括海口婚庆喜宴推介会、“海誓山盟”热带海洋时尚婚礼秀品鉴会、“婚纱见证幸福时刻”、中西婚纱真人秀表演及现场抽奖等。展会期间还有八大主题活动现场秀：鑫禧缘·玛雅“海誓山盟”热带海洋时尚婚礼秀、三菱翼神团购“秒杀”特卖会、文华酒店婚宴推介会、金日台北·中国画报主题拍报现场真人秀、尚花梨·个性红酒推广会、豪门世家婚礼秀、世界顶尖婚纱品牌－巴黎婚纱·2011新款发布会、宝发幸福酒店推介会。6月26日，2011首届海口（国际）婚庆博览会圆满落幕。展会三天共迎来人流量约1.3万人次，现场成交566笔订单，总成交额达936万余元。

【第十一届航线航班商务洽谈会】 8月22日在海口开幕。海口市委常委、副市长邓小刚，及中国民用机场协会、中国航空运输协会负责人等出席会议。本次洽谈会由中国民用机场协会、中国航空运输协会、海口市政府联合主办，海口市旅游发展委员会、海口美兰国际机场承办，国内22家航空公司和51家民用机场的199名代表参加了会议。本届洽谈会就航线、航班的开发进行有针对性的沟通和了解，通过集思广益、共同谋划、广泛交流，探索新形势下国内航空市场发展的新途径、新方式。洽谈会期间，海口发布重新修订的奖励范围广、奖励项目多、奖励标准高的《海口市鼓励航空客运市场开发暂行办法》。像这样大范围、高标准的奖励航空公司开发航线航班，是历年来海口所没有的，主要目的就是增加海口航线航班。在两天的会期中，除商务洽谈外，与会代表们还赴海口火山口世界地质公园、海口观澜湖度假区等地考察，观看印象·海南岛。

【央视寻宝走进海口】 经过近一个月的报名、海选，由中央电视台与海口市政府共同主办的《寻宝走进海口》大型活动在5月30日晚揭晓，经过专家们的复选，28日入围的60多件宝贝经过淘汰，只剩4件，分别代表瓷器、书画、青铜器和杂项角逐海口“民间国宝”。这4件候选宝物是南宋建阳窑黑釉六角佛塔、清代包世臣楷书手卷、明代青铜佛像一组以及明代海南黄花梨大供桌。其中具有本土特色的海南黄花梨大供桌最终夺得海口“民间国宝”的称号。海口市委常委、宣传部部长刘庆声，海口市委常委、副市长邓小刚到场观看了节目录制，刘庆声为海口“民间国宝”颁发证书。

（杜惠珍）

中共海口市委

中共海口市委员会书记、副书记、常委、秘书长、副秘书长名单

书　记　陈　辞

副书记　徐唐先（1月止）

冀文林（2月任，兼市人民政府市长）

陈　军（5月止）

张　磊（6月任，兼市委政法委书记、市委党校校长）

常　委　刘庆声（兼宣传部部长）

邓小刚（5月任，兼市人民政府副市长、党组成员，海口市政府服务中心主任）

王云霞（兼市委统战部部长）

宋顺勇（兼海南省公安厅党委委员，市公安局局长、党委书记，中共海口市委政法委副书记）

陈宏芬（9月止）

杜立文（9月任，10月兼任市委组织部部长）

吴川祝（9月任，10月兼任市委秘书长、市委办公厅主任、市直属机关工委书记）

官宏伟（9月止）

李　湖（9月任，兼市纪委书记）

杨土金（6月任，兼海口警备区政委）

许　云（9月止）

林北川（9月止）

符永健（5月止）

秘书长　林北川（9月止）　吴川祝（10月任）

副秘书长　王小军（12月止）

吴　琼（11月止）

陈际阳（5月止）

刘川海（11月任）

陆来浩

市委工作部门领导人名单

办公厅主任：林北川（9月止）吴川祝（10月任）

市委党校校长：张　磊　**常务副校长：**欧阳卉然

党史研究室主任：陈纯英

政策研究室副主任：陈　芳

机关事务管理局局长：吴仁武

组织部部长：杜立文

老干部局局长：农世权

宣传部部长：刘庆声

海口广播电视台台长：彭铁林

海口晚报社社长：刘志力

统战部部长：王云霞（兼市委常委）

政法委员会书记：陈　军（6月止）

张　磊（6月任）

市综治办主任：冯少雄

市直机关工委书记：林北川

市编办主任：庄儒勇

市台办主任：冯　琳

综　述

【概况】　2011年，中共海口市委认真贯彻落实中央、省委的各项决策部署，深入践行科学发展观，带领全市广大党员干部真抓实干，推动经济发展，强化城乡建设和管理，大力改善民生，扩大改革开放，加强民主政治建设、精神文明建设和党的建设，各项工作取得显著成效。全年，完成16个重点专项规划；抓好市区镇三级换届；成功抗击海口市60年来遭遇特大强台风的袭击。全市经济平稳较快增长，实现地区生产总值712.75亿元，增长12.3%；完成工业总产值539.33亿元，增长14.7%；社会消费品零售总额387.18亿元，增长

18.1%；固定资产投资404.6亿元，增长26.2%；地方一般预算收入60.93亿元，增长21%；城镇居民人均可支配收入19730元，增长18%；农民人均纯收入7191元，增长16.5%。

【“十二五”开局工作】 坚持高起点、高质量建立和完善规划体系，指导编制“十二五”规划纲要，修编城市总体规划、土地利用总体规划并获国家批准，完成16个重点专项规划，为海口未来发展提供科学、系统的依据。完善项目落实机制，强力推进“十二五”十大攻坚战中的重大项目建设。引导各级各部门开拓思路，创新举措，咬定目标，全力冲刺，确保完成全年任务。

【市区镇三级换届】 根据中央和省委的部署，成立市、区、镇三级换届工作领导小组，制定工作方案，细化程序，明确责任。严格按照“5个严禁、17个不准和5个一律”的要求，严明纪律，强化监督，加大宣传，确保换届环境风清气正。区镇换届工作圆满成功，换届风气测评满意度均达95%以上。通过换届进一步优化区镇领导班子结构，提升干部素质，增强班子整体合力。特别是作为省委试点推行“公推直选”的三江镇，成功选出党委班子，为全省积累了经验。海口市区镇换届工作获得省委的高度评价。市级班子换届筹备工作也平稳、有序推进。

【抗击特大自然灾害】 9月下旬，海口市遭遇特大强台风的袭击，降雨量为60年来极大值。市委紧急部署，举全市之力抗风救灾，各级干部靠前指挥，基层党组织、党员干部奋战在一线，实现“零死亡”的目标，城市运转正常，社会大局保持稳定。灾后重建工作加快进行，指导相关部门抢修水毁设施，加强技术服务，恢复农业生产，扩种冬季瓜菜。全年实现农业总产值76.8亿元，增长6.6%；农民人均纯收入7191元，增长16.5%，实现大灾之年农业增效、农民增收。

【经济发展】 深入贯彻中央关于科学发展、转变经济发展方式的要求，结合海口实际落实宏观调控政策，加快产业结构调整，支持实体经济做大做强，保持快速健康发展的良好势头。（1）加大政策扶持力度。指导政府采取有效措施，为企业营造宽松的发展小环境。出台落实国土部支持国际旅游岛建设的20条政策措施等优惠政策。（2）保持投资的强劲拉动。进一步丰富融资手段，保持政府投资的高强度，同时放大国际旅游岛政策效应，引导社会资本大幅进入。全年固定资产投资404.6亿元，增长26.2%，成为拉动经济增长的第一动力。（3）加快实体经济发展。推动工业向园区集中、按产业集聚，理顺“两园八区”管理体制，实现工业总产值539.33亿元，增长14.7%；推动服务业高端化、现代化，商务会展业跨上新台阶，文化创意产业成为新亮点，娱乐之都内涵得到丰富，现代物流平台不断夯实，金融保险业有了新发展；推动农业转型发展，大力发展生态循环农业和特色休闲农业，南渡江流域土地整治项目获国家批准，国家现代农业示范区等基地建设加快推进。全年实现地区生产总值712.75亿元，增长12.3%；地方一般预算收入60.93亿元，增长21%；社会消费品零售总额387.18亿元，增长18.1%；城镇居民人均可支配收入19730元，增长18%。

【城乡建设和管理】 进一步加大力度解决城乡建设和管理中长期积累的、群众反映强烈的问题，城乡面貌明显改观。（1）大力整治城市环境。深化“五大工程”成果，集中开展“建设国际旅游岛，安全畅通文明行”活动。对违法建筑始终保持高压态势，严肃查处备受关注的西海岸片区、亿城家园等商业违建项目，产生很大的震慑作用和社会反响。启动创建国家卫生城市街景立面示范点改造，城市绿化美化取得新进展。着力推进水环境综合整治，中心城区水体质量明显改善。（2）加快棚户区改造和新片区开发。完成海甸溪北岸、镇海村安置房建设和朱云片区、滨江新城起步区拆迁征地，启动上贤村、面前坡村改造。长流起步区、新埠岛起步区初具规模，西海岸南片、金沙湾等片区开发和一批特色中心镇建设顺利推进，海口整体形象有了新变化。（3）推进城乡基础设施建设。加快完善路网，“5路4桥”投入使用，丘海大道延长线正式通车，海甸岛环岛路、海新大桥顺利完成，龙昆南延长线建设和南海大道整治按进度推进。建成颜春岭垃圾焚烧发电厂，一批旅游公厕投入使用。加大农田水利基本建设投入，农业灌溉、排涝、安全饮水等设施条件进一步改善。

【改革开放】 不断创新体制机制，激发发展的内生动力。（1）深化行政管理体制改革。做出进一步强区扩权的决定，向4个区和综合保税区、高新区再次下放34项行政权项，赋予更大的发展自主权，并促进强区扩权向镇一级延伸。进一步巩固和扩大行政审批“大提速”成果，提高行政效能。（2）推进社会事业改革。深化医药卫生体制改革，稳步实施国家基本药物制度，完成基层医疗卫生机构综合改革。推进事业单位人事制度改革，建立工作职责与岗位设置相对应的聘用制，新进人员全部实行公开招聘。推进政府体制内资源向体制外让渡，引入社会组织参与审计、资产评估等工作，发挥社会组织在社会管理中的积极作用，取得了良好的效果。（3）积极扩大对外开放。举办海口“十二五”规划纲要暨重大投资项目发布会，吸引超过300家国内外知名企业参加。积极推动海口与周边地区和国家的经贸往来，密切与海外的交往，深化与世界各地在旅游、金融、物流、制造业以及科研技术和人才等领域的合作。

【保障和改善民生】 用一系列惠民的举措，践行执政为民宗旨，把新增财力的70%以上用于改善民生，切实解决一大批民生问题。（1）加大保障性住房建设。把保障性住房作为2011年的一号工程，开工建设11702套，占省下达任务的147%。（2）努力平抑物价。发挥价格调节基金作用，向市场投放大批限价蔬菜和限价猪肉，补贴3600多万元。（3）促进创业就业。实施更加积极的就业政策，城镇新增就业人员4万人，农村富余劳动力转移就业1.4万人，均超额完成年度任务。城镇登记失业率为0.95%，低于年度控制水平。（4）推进教育均衡发展。全面实施义务教育阶段“三免一补”政策，解决4万多名农民工子女就学问题，继续推进“校安工程”，累计完成投资4亿元。（5）加强公共卫生体系建设。启动以全科医生为主的基层医疗卫生队伍建设，建成旅游医疗服务保障中心，农村卫生室、社区卫生服务中心覆盖率达100%。（6）大力改善公共交通。组建公交集团，调整和增辟公交线路20条，投放环保公交车80辆，新增出租车300辆，人民群众对公共交通的满意度大幅提高。（7）提高社会保障水平。社会保障基本实现全覆盖。提高城镇居民医保重大疾病支付标准和城乡低保标准，试行城镇居民医保总额预付制。全年发放1.2亿元，救助城市低保和农村低保对象共54万人次。发放廉租住房补贴81.6万元，惠及2851户。率先在全省开展社区居民养老服务工作。

【维护社会稳定】 （1）开展市领导联合大接访活动。5月17日进行，有4名市领导及32名部门领导参加接访活动，共接访群众132批次，一些困扰群众的难题现场得到解决。（2）发挥市、区、镇（街）、村（居）“四级”矛盾纠纷排查调处网络作用，缓解、化解矛盾纠纷4872起，妥善处置到省委和省政府群体性上访事件88起，最大限度地消除不稳定因素。（3）开展各类专项整治行动，及时侦破一批有广泛社会影响的案件，命案破获率居全国省会城市前列，社会治安持续好转。在全国“两会”、“博鳌亚洲论坛”“金砖国家首脑会议”等重大活动期间，实现“零”上访，全市社会大局保持稳定。

【民主政治】 （1）推进人大工作。指导人大常委会依法履职，及时批复人大常委会关于地方立法、重大监督项目、人大系统换届选举等事项。推动人大在加强立法、监督、代表工作等方面取得新进展。（2）支持政协工作。支持政协协商讨论政府工作报告、全市国民经济和社会发展计划，开展“国际旅游岛中心城市建设”、“‘十二五’规划实施”等专题议政，开展“四宜”城市建设、“民生监测体系”、“创新社会管理”等专题调研，形成一大批高质量的调研报告，积极参政议政，为市委决策提供有价值的意见和建议。（3）做好统战工作。严格按照有关程序指导各民主党派换届工作，夯实多党合作基础。认真做好工商联换届工作，贯彻落实党的民族、宗教、侨务政策，推进与港澳台的交流合作。重视和加强党外干部的培养使用，推荐使用党外干部15人，其中副厅级2人、正处级2人、副处级11人，还有3人交流到其他市县担任班子领导。积极发挥工会、共青团、妇联等群众团体参与社会管理和公共服务的重要作用。

【市委十一届九次全体（扩大）会议】 7月4日召开，主题是深入贯彻落实党的十七届五中全会以及胡锦涛总书记视察海南时的重要讲话和省委五届九次全会精神。会议提出要抢抓机遇，乘势而上，进一步强区扩权，加快人才队伍建设，为推进国际旅游岛中心城市建设、打造“宜居、宜业、宜学、宜游”最精最美省会城市增强体制保障和智力支持。会议审议通过《中共海口市委关于进一步强区扩权的若干意见》和《中共海口市委关于加快推进人才发展的实施意见》。

【市委十一届十次全体会议】 9月15日召开，会议主题是做好市第十二次党代会各项准备工作。会议审议通过《中国共产党海口市第十一届委员会第十次全体会议关于召开中国共产党海口市第十二次代表大会的决议》。

【市委十一届十一次全体（扩大）会议】 12月28日～29日召开。会议书面传达省委五届十一次、十二次全会精神，通报《中共海口市委关于落实国际旅游岛建设战略加快海口发展的若干意见》、《中共海口市委关于贯彻落实省委〈2010—2020年深化干部人事制度改革规划纲要实施意见〉的实施意见》、《中共海口市委关于制定国民经济和社会发展第十二个五年规划的建议》、《中共海口市委关于进一步强区扩权的若干意见》、《中共海口市委关于加快推进人才发展的实施意见》的落实情况和《关于市管党费收缴、使用和管理情况的报告》，审议通过《在中国共产党海口市第十二次代表大会上的报告》、《中共海口市纪律检查委员会向中共海口市第十二次代表大会的工作报告》、《中共海口市委关于加快文化产业发展若干政策的意见》、《中共海口市委关于进一步加强和改进对领导干部监督管理的意见》。

【党的建设】 坚持党要管党、从严治党的方针，以开展创先争优活动为契机，扎实推进党的各项建设，为加快海口发展提供坚强的组织保证。（1）强化领导班子自身建设。坚持市委中心组学习制度、市委常委会重点课题调研制度和市领导联系重点项目、贫困村、维稳督办点制度。严格执行民主集中制，凡重大决策、重大项目、重要人事任免、大额资金使用等都召开常委会集体研究。出台《中共海口市委重大决策事项事先征求意见暂行办法》，进一步提高市委重大决策的透明度和公众参与度。（2）加强干部和人才队伍建设。加快推进干部人事制度改革，实现票决干部的常态化，常委会票决干部273名，全委会票决重要干部2名；面向全省和全国竞争性选拔行政机关专业技术领导干部6名。加强干部培训，举办各类专题培训班，对全市科级及以下干部进行在线培训。坚持“不求所有，但求所用”，出台加快人才发展的实施意见，推进25项重点人才工程和人才计划，为海口又好又快发展提供智力支撑。（3）落实各项基层党建措施。把创先争优活动融入基层党建，建立农村基层党组织创先争优示范点，召开全市非公企业和新社会组织创先争优工作现场会，实施领导公开点评和群众公开评议。深入开展机关党组织与农村党组织结对帮扶，拓展帮扶工作覆盖面。完善农村基层党组织建设督查工作机制，开展“强核心工程”和基层党建工作情况大检查。全面推进村务公开和民主管理，发挥党组织在村民自治中的领导作用，在全市行政村推行“四议两公开”制度。（4）推进党风廉政建设和反腐败工作。加强对转变经济发展方式等重大决策部署落实情况的监督检查。继续推进工程建设领域突出问题和国土领域腐败问题专项整治工作，在全省率先启动工程建设领域信息公开和诚信体系建设。深入开展反腐倡廉教育，筑牢思想道德防线。深化机关效能建设，正式投入运行电子监察系统，强化政风行风建设，纠正行业不正之风。强化对重点领域、重点部位、重点环节领导干部权力运行的监督，推进廉政风险防控机制建设，加大行政问责和违纪违法案件查处力度，严肃处分一批违纪违法人员。

市委办公厅工作

【概况】 2011 年，市委办公厅紧紧围绕市委中心工作，以提高党务、政务服务水平为重点，扎实做好“三服务”工作，在保证市委工作高效运转过程中充分发挥“参谋助手、综合协调、枢纽沟通、后勤保障”的作用。全年，办理全市各单位来文 4127 件（份），核发市委及市委办公厅文件 309 件，整理归档文字档案 5200 余件，印制各类文件资料 70 万张，收寄各类信函 12043 封；办结 31 件中央、省领导批示件、28 件提案，印发《海口督查专报》（专刊）54 期，向省委办公厅上报《海口督查专报》23 期，编发《陈辞书记批办件督查情况》14 期；完成各种讲话文稿 126 篇。年内，被评为 2007—2010 年海南省文明单位、2009—2010 年度全省党办系统督查工作先进单位、2006—2010 年海口市法制宣传教育先进集体，被省国家保密局评为 2006—2010 年度全省保密工作先进单位。

【办文办会】 圆满完成市委十一届九次、十次、十一次全会文件的核校、印制、分发工作，完成《海口市第二办公区办公电话号码簿》和《内部电话号码簿》大小 2 个版本的编印工作。共承办协办全市性会议 153 次，安排、协调市领导参加调研、会议活动 273 次，配合有关部门做好上级领导来海口视察检查、兄弟省市来海口参观考察等有关政务服务工作 40 次。积极配合省委做好基础性工作，顺利迎接胡锦涛总书记、贾庆林主席等党和国家领导人视察海口活动，得到省里的肯定。

【督查工作】 督办汇总 2010 年市委常委会工作要点落实情况，将市委 2011 年市委常委会重要工作进行责任分解并逐项安排督查。对国际旅游岛近期行动计划任务事项、省市重点项目、民生均等化工作落实情况实行动态跟踪督办。加强对中央、省、市领导的批示件以及政协提案的督办；对全市各单位绩效考评共性目标完成情况进行数据采集；对党群口 24 个单位的绩效考评职能目标完成情况进行检查考评。全年有 31 件中央、省领导批示件、28 件提案按要求办结，印发《海口督查专报》（专刊）54 期，向省委办公厅上报《海口督查专报》23 期，编发《陈辞书记批办件督查情况》14 期。

【综合文稿】 拟定市委全年 12 个重点调研课题，确定各由 1 名常委牵头负责完成调研报告，并积极推动调研成果转化，有 1 篇调研报告转化为市委文件。撰写市委主要领导在市委十一届九次全会、全市经济工作会议上讲话等文稿 126 篇，撰写情况汇总、上报材料近 12 篇，整理录音讲话文稿 23 篇，印发《内部通报》39 期、《调查与研究》9 期。

【机要保密】 构建完成并试运行全市党政系统“党办网”和中办信息“直报网”，安全运行率 100%。办理明码电报 878 份、密码电报 480 份、密码随行服务 466 份。承办和维护全市党政电视电话会议 38 场次，安装维护机要电话 180 部。制定 2011 年度保密工作要点及目标管理标准；组织观看窃密泄密展览和警示教育宣传片 30 多批次 1600 人次，组织全市各类保密培训 4 期 350 人次、涉密督促检查 7 次。

【信息工作】 编辑信息 1279 条，其中被中办采用信息 45 条，被省办采用信息 56 条；编印《海口要情》39 期、《专题汇编》13 期、《媒体摘要》30 期。

【后勤保障】 抓好全市公共机构节能工作，“十一五”期间公共机构能耗下降10%；加强安全保卫工作，制定并严格执行《第二办公区管理暂行办法》；加强车辆使用服务，为市四套班子机关安全提供交通服务7000多车次，行车里程数百万公里，无重大行车安全事故；抓好公共设施建设和管理，加强对物业公司的指导和监督；积极推进市第二办公区A区、五源河新区综合楼项目配套运营和B、C区建设。

【机关建设】 加强干部教育和培训，先后组织干部参加理论培训班、进修班35人次；组织全厅干部参加公务员在线学习，按要求完成全部必修课程和选修课程，必考课程考试通过率100%。优化干部队伍结构，调整选拔任用科级干部3人次，交流轮岗3人次。共有8人次分别被评为2010—2011年度市先进个人、优秀党员和优秀党务工作者，8人被推荐为全市处级后备干部。加强党风廉政建设，制定落实《海口市2011年党风廉政建设和反腐败工作实施意见》的实施方案，将责任事项落实到各处、室、局，任务明确，责任到人。开展机关效能建设、违规违纪收送款物等专项治理；健全制约监督机制，开展反腐倡廉“制度执行巩固年”活动。关心干部职工工作生活，安排干部职工217人次进行健康体检。丰富干部职工精神文化生活，积极开展“最佳党日”活动和群众性文体活动，第一支部获评市优秀基层党组织，管理局党总支获评市“最佳党日”活动主题单位；在市直机关的文体交流比赛中，获得男子篮球赛第三名、羽毛球团体赛体育道德风尚奖等成绩。

（林继川）

组织工作

【概况】 2011年，市委组织部以提高组织工作科学化水平和组织工作满意度为主线，突出做好区镇党委集中换届这一中心工作，重点抓好创先争优活动、深化干部人事制度改革、加强各级干部学习培训、落实人才发展规划4件大事和加强基层组织建设等各项工作，改革创新，狠抓落实，为海口市“十二五”时期开好局、起好步，加快国际旅游岛中心城市建设提供坚强组织保证。

【干部教育培训】 贯彻落实《2010—2020年干部教育培训改革纲要》，下发《海口市贯彻〈2010—2020年干部教育培训改革纲要〉实施意见起草工作方案》，成立专门课题组和起草工作领导小组，组织开展调研活动，草拟《海口市贯彻落实〈2010—2020年干部教育培训改革纲要〉的实施意见》（征求意见稿）和《海口市干部学习培训登记与量化管理办法》（征求意见稿）。建立干部培训档案管理制度，对处级领导干部的培训教育情况归档管理，将干部培训情况纳入干部提拔使用的考核体系。紧扣国际旅游岛中心城市建设主题，举办“清华大学城市管理与发展高级研修班”、“海口市‘十二五’规划专题培训班”等11个重点主体培训班，共培训处级干部2038人次；分32批次选派126名领导干部参加上级安排的省内外、国（境）外各类培训；推广“菜单式”的自主选学制度，全市8287人参加在线学习培训。通过大规模培训，全市干部队伍的整体素质明显提高。

【干部监督】 贯彻落实中纪委、中组部《关于严肃换届纪律保证换届风清气正的通知》精神，联合有关部门下发《关于印发〈严肃换届纪律保证换届风清气正工作实施方案〉的通知》，组织实施《关于开展干部选拔任用工作政策法规暨换届纪律学习教育“六个一”活动工作方案》，采取举办培训班、专题讲座、印发学习手册、制作宣传栏、媒体专访和知识测试等形式，组织党员干部学习中央“5个严禁、17个不准、5个一律”换届纪律要求。聘请换届纪律特邀监督员、派出换届风气督导组，加强对区镇换届工作的全程督导。实行违反换届纪律问题举报限时办理和案件查核专办制度，坚持举报电话和举报邮箱24小时专人值守，及时受理群众举报。继续抓好“科学规范和有效监督区委书记用人行为”工作，指导龙华区对城西镇、新坡镇和龙桥镇等3个镇长职位进行差额选拔。加强干部选拔任用工作的离任检查，对市发改委等9个单位的原党委（党组）书记履行干部选拔任用工作职责情况进行了检查。坚持从严管理和重点管理领导干部，全市800多名市管干部报告了个人有关事项。在4个区及44个市直单位开展"一报告两评议"工作，有效监督干部选拔任用工作情况。做好"12380"举报电话和群众来信来访的受理工作，积极为来访群众解决实际问题。全年接到群众来电来信来访举报100件，办结94件，接待来访78多人次。

【人才队伍建设】 完善人才工作的政策体系，制定出台《中共海口市委关于加快推进人才发展的实施意见》、《海口市人才工作目标责任制实施办法（试行）》、《海口市人才资源开发专项资金管理办法》、《海口市委市政府直接联系重点专家办法》和《海口市领导联系专家制度》等人才政策制度。组织开展首批市委市政府"特聘专家"、"重点专家"的评选工作，共评选5名"特聘专家"和42名"重点专家"。积极沟通协调新闻媒体，进一步加大人才工作宣传力度，举办1期全市人才工作管理者专题培训班，不断提升党管人才科学化管理水平。做好迎接全省人才工作目标责任制考核工作，完成全市2010年度人才发展状况监测，进一步掌握全市人才资源基本状况。积极协调落实"海南省中西部市县人才智力扶持行动计划"工作任务，选派18名同志到本省中西部市县挂职工作。扎实推进海口市承接省校合作关系前期启动的"青年就业创业见习"、"学生社会实践"和"博士生服务团"等项目。

【基层党建】 围绕落实"强核心工程"，在全市298个行政村中推行"四议两公开"工作法。研究制定海口市农村基层党建示范点创建标准，对结对帮扶工作成效显著的13个市直机关单位进行转点帮扶。成立两个党建工作巡查组，督促检查党建工作的任务落实。启动实施"农村党建示范点精品工程"，在全市创建13个省级农村党建示范点。完善党建工作管理机制，制订出台《海口市区委书记抓农村（社区）党建工作专项述职办法（试行）》、《海口市开展农村（社区）基层党建工作巡回检查办法（试行）》、《海口市镇干部驻村工作办法（试行）》等管理办法。加大农村党员干部的培训力度，选派87名农村党员干部参加大专学历教育、64名新任农村（社区）党组织书记、村（居）委会主任和295名农村（社区）"两委"班子成员参加省级部门的各类培训班。扩大村干部月固定补贴范围，启动离任村干部2011年第一季度物价上涨动态生活补贴机制，提高离任村"两委"干部补贴标准。关心关怀困难老党员，"七一"前夕，从市财政和市管党费中拨出230多万元组织慰问447名解放海南岛前入党的老党员和1928名生活困难的党员，并组织110名解放海南岛前入党且未享受离退休待遇的老党员进行免费体检。

【"七一"表彰】 在庆祝建党90周年之际，组织做好全市先进基层党组织、优秀共产党员和优秀党务工作者表彰工作，评选表彰50个全市先进基层党组织、80名优秀共产党员和50名优秀党务工作者。认真做好海口市先进基层党组织、优秀共产党员和优秀党务工作者推选工作，1名同志被评为全国优秀党务工作者，10个基层党组织、12名党员、10名党务工作者分别被评为全省先进基层党组织、优秀共产党员和优秀党务工作者。

【自身建设】 坚持从严治部、从严带队伍，深入推进讲党性、重品行、作表率活动。加强组织部机关内部管理和制度建设，制定出台《关于进一步加强和规范区委党建工作机构及设置区委组织部部务委员的意见》、《中共海口市委组织部部务会议议事规则》等规章制度，规范部务会议议事规则和办文程序。推行每月工作例会制度，着力提高组织部门和组工干部的执行力和工作效率。加强组工干部队伍素质能力建设，组织举办2期全市组工干部业务培训班，选派15名机关干部参加干部教育培训主体班次或跟班学习。建立健全组织部门基层联系点制度，继续深化"组工干部下基层"和"联村进企"活动。推行谈心谈话、定期体检等制度，帮助组工干部解决实际困难。认真落实信访责任制，切实帮助信访群众解决实际困难。

【电教调研信息】 继续加强全市远程教育工作的管理，建设完成区级远程教育培训示范基地4个，村级远程教育示范点8个，对90个基层站点进行整改检查，76个站点进行抢修，确保各基层站点网络的畅通。组织指导完成《继业》、《农村经济发展的引路人》、《一个泥腿书记的人生答卷》、《铸山海脊梁》等11个电视专题拍摄制作，总长度达120分钟。其中，《继业》荣获“2011年全国党员教育电视片观摩交流活动最佳作品奖”，《一个泥腿书记的人生答卷》、《农村经济发展的引路人》获得“省第五届党员教育电视片观摩评比二等奖”。规划全市177个街道、社区党员干部现代远程教育工作站及终端站点建设。加快组织部门信息化建设步伐，创办《部内情况通报》，采编70多篇信息报送省委组织部及市委信息处等信息部门。完善海口“大组工网”网络，开通海口党建网站，为扩大组工宣传和推进党务公开开辟了新阵地。利用海口党建手机信息平台向全市党员发布换届工作纪律方面信息33万余条次，编制9期部机关学习宣传专栏，提升组织部门的“窗口”形象。研究制定2011年海口市组织系统课题分配方案，组织重点调研课题开展调研活动，对2011年组织系统重点调研课题和组织工作创新成果进行表彰。

（石永靖）

老干部工作

【概况】 2011年，海口市共有离休干部516名，平均年龄84.6岁。市委老干部局结合实际，按照“老有所养、老有所学、老有所乐、老有所为”的要求，围绕全市工作大局，以扎实推进“创先争优”活动为载体，突出“四个坚持”：即坚持以理论学习、参政议政活动为抓手，进一步抓好老干部思想政治建设；坚持以生活上关心照顾老干部为重点，进一步落实老干部生活待遇；坚持以精心组织各种活动为依托，进一步丰富老干部文化精神生活；坚持以强化基础建设为支撑，进一步加强老干部活动中心场地建设。通过各级老干部职能部门的共同努力，全市老干部工作活力增强，特色明显，成绩突出。

【落实老干部政治待遇】 （1）组织学习。市委老干部局组织全市离退休干部党支部书记培训班，学习转发全国、省离退休干部党组织和党员创先争优活动推进会精神，并参观考察海南炼油化工有限公司、金海浆纸业有限公司等重点工业项目。全市各单位积极开展向杨善洲同志学习活动，涌现出一批先进典型，李金云、陈起贤2名老同志被省委、市委表彰为优秀离退休干部党员，杨达长分别被评为全国先进老干部工作者、全省老年人体育工作先进个人。（2）加强思想政治建设。全市各单位认真落实老干部学习、阅文、通报情况等制度，通过辅导上门、理论宣讲、专题报告、座谈研讨等方式，组织老干部深入学习“十二五”规划和中央、省市领导重要讲话和重要会议精神等，使老干部坚定了政治立场，始终与党和国家同心同德。市委组织部、市委老干部局坚持为老干部送报、送书、送学，从市管党费中为厅级老干部征订《人民日报》，免费为全市离休干部征订《中国老年报》和有关健康书籍。举办全市老干部理论学习专题讲座。各单位先后组织老干部348人次分别参加了迎春团拜会、全市各级换届会、市区建设征求意见会、情况通报会以及推选党代表等各种重要会议。（3）组织参观考察。组织部分厅级离退休干部到省内和岛外参观考察，激发了老干部参政议政的热情。市委办公厅、市中级法院和琼山、秀英、龙华、美兰四个区定期召开情况通报会，全市各单位先后组织老干部参观考察市、区重点工程项目900多人次，使老同志开阔了视野，更加热心地支持和参与全市各项建设。

【落实离休干部生活待遇】 2011年，老干部局积极主动地与人劳、财政、卫生等部门搞好协调，确保了“三个机制”运行良好。上半年核对全市由财政发放工资和社保发放工资人员名单，把增发生活补贴全额发放到全市离休干部手中。报送3名符合享受省级医疗费报销标准离休干部材料到省委组织部。明确将军队移交海口市安置享受副师级医疗待遇5名离休干部纳入市级保健对象。加强离休干部健康休养工作，分三批组织全市160名老干部乘坐海南东环高铁到琼海参加健康休养。春节前由市主要领导带队，分组走访慰问了10名厅级离退休干部；市委老干部局上门慰问老干部50多人，发放全市离休干部慰问金约36万元。“七一”前夕，市委老干部局随同市领导慰问了8名老干部，还分成三组慰问了14名生活困难的离休老干部党员。全年全市各级共为老干部解决实际困难187件（次）。

【“四就近”服务工作】 2011年，市委老干部局整合社区涉老资源，坚持让老干部“就近学习，就近活动，就近得到关心照顾，就近发挥作用”，把亲情服务老干部工作深入到社区、融入到社区、服务在家门口。在继续抓好龙华区滨海新村社区试点基础上，扩大秀英区海口港社区、美兰万福社区试点工作。通过召开协调会、座谈会，使全社会重视利用社区资源做好离退休干部服务工作。通过协调关系，使各职能单位履行职责，明确分工，给予试点社区在人力、物力、财力上一定的支持。通过老年文艺队、老年协会、老年大学等老年组织，使老干部走出家门，融入社区，真正地“动”起来、“乐”起来。至2011年底，居住在社区的大多数老干部都愿意通过社区服务中心、文化活动室等提供更多更好的服务。在2011年11月底全省召开“利用社区资源服务老干部工作座谈会”上，市试点工作受到好评和推广。

【发挥老干部优势作用】 2011年，各区、各单位以纪念中国共产党成立90周年为契机，充分发挥离退休干部中文艺人才众多的优势，组织离退休干部开展了书画、乒乓球、门球、钓鱼、红歌大家唱等各种活动，参观活动的离退休老干部达12万多人次。开展“与党同呼吸、同命运、心连心”征文活动，全市老干部积极投稿，共收到77篇征文稿，其中有51篇征文被新闻媒体采用，有10篇获奖。同时还组织市老干部合唱团参加建党90周年红歌合唱决赛等活动，丰富了老干部晚年生活。

【关心下一代工作】 2010年8月，市关工委正式启动“五老”网吧监督工作。至2011年，全市各级关工委共建立“五老”网吧志愿监督员队伍248人，在监督过程中分成51个小组，坚持每月至少开展一次网吧检查监督统一行动。全年共开展网吧检查监督600多次，制止未成年人上网吧，举报打击了30家黑网吧，为净化社会文化环境做出了贡献。至2011年底，全市共建立关工委组织788个，成员5000人，其中大多数为离退休“五老”，形成了市、区、镇（街道）、村（居）委会四级关工委以及教育系统、卫生系统关工委组织网络。

【市老干部活动中心改建】 2011年，市委、市政府决定将原市委办公楼改建为市老干部活动中心和老年大学。为此市委老干局成立了改建领导小组，对改建工作具体研究部署。2011年完成了勘测、规划、概算、立项和改造项目填报等工作，计划于2012年将原市委大楼建成集综合性、多功能、开放式的老干部活动基地，向全市老干部开放。

（劳家丰、韩朋立）

宣传工作

【概况】 2011年，全市宣传思想文化系统坚持以深入贯彻落实科学发展观为主线，围绕市委市政府的中心工作，积极融入海口“宜居、宜业、宜学、宜游”最精最美省会城市建设，扎实推进海口“十二五”规划各项宣传工作。全年举办5场市委中心组（扩大）学习会暨“海口科学发展论坛”专题报告会，参加学习2300多人次。开展各类理论宣传200多场次。《椰城纠风热线》实现广播和电视同步直播累计播出131期。举办各类文化活动4692场，组织文化下乡30多批次，公益电影放映活动4200场次，送书进社区、进农村10000册，完成3个镇综合文化站、272个文化信息资源共享工程基层服务点建设。2011年，海口市获中宣部、文化部、国家广电总局、新闻出版总署表彰的“全国文化体制改革工作先进地区”称号。

【理论学习】 市委理论中心组用制度管学、导学、督学，注重把学习的“软任务”变成“硬约束”，举办5场市委中心组（扩大）学习会暨“海口科学发展论坛”专题报告会，参加学习者达2300多人次。召开市委理论中心组理论研讨会，收到有关建设最精最美省会城市意见和建议、调研报告和论文等120多篇。海口港社区、市城投公司建设学习型党组织成效明显，分别被列为全省首批学习型党组织创新基地。组织专家学者推出“建设国际旅游岛，打造宜居、宜业、宜学、宜游品位城市”、“抢抓历史机遇加快海口发展”和

“推动文化大发展大繁荣，建设国际旅游岛文化高地”等热点理论专栏，积极办好“海口讲坛”、“琼州学堂”等名家讲坛，邀请海口地区著名专家为机关、社区提供菜单式宣讲服务，全年共开展各类理论宣传200多场次，有力提高党员干部群众的政策水平和理论素养。

【新闻宣传】 市委宣传部围绕中心工作和重大活动积极开展新闻宣传工作。（1）围绕胡锦涛总书记“七一”讲话、党的十七届六中全会及2011年省市召开“两会”等重大主题进行宣传。在市属媒体开辟“基层委员代表心声”、“辉煌90年”、“走基层”等专栏138期（篇）。通过专题报道、热线跟踪报道、深入基层报道和现场连线等互动方式，报道社会和民生关注的热点问题，营造舆论氛围。（2）在博鳌亚洲论坛年会和“金砖会晤”、胡锦涛总书记视察海南、中国（海口）游艇经济论坛暨国际游艇展览会和第十三届中国国际高新技术成果交易会等重大活动中加强报道，营造氛围。针对每项活动的主旨意义，开展专版报道。（3）围绕纪念建党90周年开展主题宣传活动。根据市纪念活动的总体方案，配套制定新闻宣传方案，组织指导海口晚报、海口广播电视台、海南日报社海口分社、海南广播电视总台海口记者站充分发挥主流媒体的作用，组织推出大型《品红色·看发展》、“红旗飘飘”等专栏，开展全方位、多角度的宣传报道，纪念建党90周年的各项活动报道共68篇（条），在市民中引起了广泛反响。（4）围绕市委中心工作，开展海口“十二五”规划、创建文明城市、离岛免税、“海口文明大行动”、市区镇换届选举、抗击台风“纳沙”和灾后重建等40多项专题宣传，特别是集中力量、集中版面、集中时段对“建设国际旅游岛，安全畅通文明行”行动进行深入宣传和报道，取得了良好的社会效果，有力促进了市道路交通整治工作。（5）充分发挥媒体舆论监督作用。把广大市民关注的热点、难点问题作为舆论监督的焦点，组织新闻媒体采编人员扎实开展“走转改”活动，深入基层、报道基层，推出涉及交通管理、城市管理、机关效能建设以及民生问题等多领域的宣传报道。继续发挥《海口监督在线》和《椰城纠风热线》栏目聆听民意、解决民生难题的平台作用，《椰城纠风热线》实现广播和电视同步直播，全年累计播出131期，7位市领导和23个市、区部门及行业“一把手”共计871人次走进直播间与市民直接交流，共受理群众咨询、投诉1223件，办结率96%，群众满意率达92%以上。该栏目被中国广播电视协会评为2011年度“全国十佳优秀栏目”。（6）完成市新闻工作者协会和新闻学会的换届工作。

【社会宣传】 市委宣传部围绕中心工作开展社会宣传，营造良好的社会氛围。（1）运用宣传声势，为各项主题活动营造气氛。以建党90周年、《国防教育法》颁布施行10周年、体博会、冬季征兵、双拥模范城创建、观澜湖高尔夫球世界杯、环岛自行车赛、“海南文明大行动”、十七届六中全会精神宣传等为主要内容，在市区主要路段制作发布大量户外宣传广告，共制作发布大型户外公益广告95面、候车亭灯箱广告30块、海报20000份，市属单位的七块电子显示屏在各项活动期间滚动播出相关标语口号。（2）加大国防教育工作力度，提高全民国防观念。举办《国防教育法》颁布施行10周年征文活动和“九·一八”80周年纪念暨第十一个“全民国防教育日”大型公益图文展览。贯彻落实《关于进一步加强国防教育工作的实施意见》，组织国防教育相关职能单位进行学习培训，进一步统一思想，明确工作目标。继续发挥《椰城军旅》栏目和《椰城子弟兵》专版的宣传教育作用，增强国防教育的渗透力和影响力，在全社会形成崇军尚武、富岛强兵的浓厚氛围。（3）积极打造精品文化活动，弘扬时代主旋律。举办“辉煌90年”全国10城市大型美术书法摄影作品邀请展、“激情唱和谐、颂歌献给党”椰城红歌季、“九十红旗飘，万人健康跑”等纪念建党90周年大型主题文化系列活动及节庆体育活动，举办第六届“万春会”等民间文化节庆活动，开展“党的光辉照我心”有奖征文活动，组织引进《天鹅湖》、丁建中幻像魔术秀等国内外一流专业剧团和有重大影响的演出剧目，丰富了市民的文化生活。（4）推进城乡文化一体化发展。全年共举办各类文化活动4692场，组织文化下乡30多批次，公益电影放映活动4200场次，送书进社区、进农村10000册，完成3个镇综合文化站、

272 个文化信息资源共享工程基层服务点建设。

【对外宣传】 （1）城市形象宣传影响广泛。建立海口市委、市政府部门及各区新闻发言人队伍，进一步规范新闻发布会的管理、审批、发布和媒体邀请等事项，推进新闻发言人制度建设和新闻发布工作常态化。结合工作重点和社会热点，召开海口市水环境综合整治等新闻发布会 60 多场次。参与并借助对观澜湖高尔夫世界杯赛等国际重大活动的宣传报道进一步宣传海口形象。举办“畅游国际旅游岛——2011 全国重点网络媒体海南行”海口专场大型采访活动，接待东盟七国新闻官员及各国主流媒体经贸记者来海口参观考察。策划举办“椰城海韵神州行”走进塞北活动，通过滨海生活展实现城市推广、旅游宣传、楼盘展示、海岛文化、媒体资源“五位一体”城市整合营销，扩大海口的知名度和影响力。（2）网络舆情引导正确有力。建立畅通的舆情互通机制，进一步完善网络舆情收集和报送渠道，对网上出现的《海口拟废除“限购令”》等不实报道和炒作进行客观分析、研判和妥善的舆论引导。对“海口椰林渔村拆迁”等不真实、尚未引起炒作的事件，及时与相关网络媒体进行沟通，并与网监部门合作，对失实报道进行妥善处置，有效避免煽动性信息在网络上进一步扩散和炒作，较好地引导了网上舆论。积极助推网络问政，协助制定《海口市网络问政方案》、《海口市网络问政督查工作制度》，起草《海口市网络发言人制度》、《海口市舆情信息报送制度》。发动各大网络媒体广泛收集市民反映的热难点问题，以及对政府工作提出的意见和建议，进行分类、筛选后报送市政府。

【文化体制改革】 （1）文化体制改革取得新突破。基本完成市艺术团的转企改制、已转制单位建立现代企业制度等工作。积极推进事业单位内部人事、分配和社保制度改革。划拨专项资金 616 万元用于开展文化体制改革工作，解决海口市五公祠管理处、海口市电影公司、海口戏院等单位拖欠职工社保、住房公积金和事企差问题，以及海口网建设、发行公司改制的经费问题，保证各项改革工作的顺利进行。2011 年，海口市获中宣部、文化部、国家广电总局、新闻出版总署表彰的“全国文化体制改革工作先进地区”称号。（2）文化产业进一步壮大。制订出台《关于加快文化产业发展若干政策的意见》，扶持和鼓励发展文化产业，海南国际创意港开园不到半年接纳项目 100 多个，海南国际会展中心投入使用不到半年连续举办 17 场大型会展，接待参展商 2689 家。

（邓中华）

统战工作

【概况】 2011 年，中共海口市委统战部按照全国、全省统战工作的总体部署，围绕不断推进海口市民主政治建设，服务经济社会发展，维护社会和谐稳定、凝聚人心、汇集力量等方面开展工作，为海口市实现“十二五”良好开局，做出积极贡献。年内，推荐使用党外干部 18 人，考察第十三届海口市政协委员提名人选中非中共党员 182 人，协助市 8 个民主党派做好市委会换届工作，组织 75 家企业共 81 名代表参加市政府召开的海口市“十二五”规划暨重大项目投资发布会，调研课题《探索从“体制外”选拔培养优秀党外干部新机制》论文被中央统战部评为“2011 年度全国统战工作实践创新成果奖”。

【民主党派工作】 （1）根据《中共海南省委办公厅转发〈省委统战部关于协助各民主党派做好市县及组织换届工作的意见〉的通知》精神，市委统战部制定《关于协助各民主党派做好市级组织换届工作实施方案的请示》和《关于新一届海口市各民主党派市委会主委、副主委候选人人选建议名单的请示》报请中共海口市委批准，协助民革海口市委、致公党海口市委等 8 个民主党派做好市委换届工作。12 月 23 日 ~27 日，市 8 个民主党派相继完成换届选举工作，分别产生新一届领导班子成员。经过各民主党派大会选举，丁竹（女）当选民革海口市委主委；厉春当选民盟海口市委主委；叶霞（女）当选民建海口市委主委；刘心红（女）当选民进海口市委主委，张玉霞（女）当选农工党海口市委主委；邢愚（女）当选致公党海口市委主委；覃碧霞（女）当选九三学社海口市委主委；符之冠当选台盟海口市委主委。

（2）加强对市各民主党派及相关成员的信息管理。市委统战部将各民主党派、台联的市委委员（理事）、总支正副主委、副科以上干部以及各民主党派总支成员等情况分别汇总，进一步掌握各民主党派的基本情况。（3）组织各民主党派、有关人民团体的领导和有代表性的党外人士参加市委统战部举办的统一战线恳谈会。（4）召开各民主党派专职副主委参加的基层组织换届座谈会。做好各民主党派基层总支主委人选的考察和协助召开总支换届选举大会工作。

【推荐特邀监察员、检察员】 （1）推荐海口市特邀监察员。根据《关于推荐海口市特邀监察员的函》，按照特邀监察员规定的条件，3月7日，市委统战部部长会议研究，同意推荐丁孟芳、王子健等23人为海口市特邀监察员。（2）推荐海口市特约检察员。根据市检察院《关于商请推荐特约检察员人选的函》的要求，经市委统战部研究决定推荐麦小建、邓爱军等8人为海口市特约检察员人选。

【党外及非公经济人才工作】 （1）做好全市的中共党外归国留学、博士、高级职称人才的统计工作，成立高级人才之家，进一步做好服务和教育引导工作。（2）做好非公有制经济管理重点专家推荐。根据《关于对市委市政府“重点专家”（非公企业经营管理人才部分）评审工作的函》，市委统战部会同市工商联组织专家研究，建议评选张劲梅、莫灏才、王向东、陈良刚、马冰峰、王肃强、刘文民、王成栋、徐自力、叶茂、白敬端、符史钦12人为海口市“重点专家”。（3）制定海口市“非公经济组织高级经营管理人才队伍培养计划”实施方案。多次征求市有关职能局的意见，最终通过市人才工作协调小组会议审定。

【促进非公经济发展】 2011年，市委统战部组织开展非公有制企业调研，协调有关部门帮助解决企业发展过程中遇到的困难和问题。市长冀文林、副市长徐敏生和政府多个相关部门的主要领导与市民营企业家进行面对面的讨论和交流。召开市知名女企业家“三八”妇女节座谈会，市四套班子女性领导与商界妇女精英欢聚一堂，相互交流。继续推进政、企、银合作机制。组织75家企业共81名代表参加市政府召开的海口市“十二五”规划暨重大项目投资发布会。

【民族宗教事务管理】 市委统战部认真抓好中央统战部、国家宗教事务局《关于进一步制止乱建寺庙和露天宗教造像的通知》的贯彻落实，对乱建寺庙和露天宗教造像情况进行一次全面的调查和清理，并协调政府相关部门研究解决仁心寺易地重建选址、灵山寺重建和天主教房产等问题。成功举办海南黎苗族传统节日“三月三”活动海口分会场文艺晚会。广泛开展民族团结宣传活动，发放宣传书籍1000多册，推荐市教育局作为市民族团结进步教育基地。

【海外联谊】 市委统战部根据中央、省委统战部关于继续加强港澳专项联谊工作指示精神，继续采取“走出去、请进来”的方法，加强与港澳有关社团、海南乡亲的联谊，做好年初“两会”期间省、市政协及港澳委员的接待工作，举办海口市台商迎春联谊会和中秋联谊会，与驻市台商共度传统佳节。积极推动两岸交流活动，年内分别组织2个考察交流团赴台湾进行交流，尤其是与屏东市及其乡镇的交流活动，取得了明显成效，建立了交流交往的新渠道。为促进两岸民间往来，经市委统战部牵线搭桥，台湾和大陆80余名台湾慈济慈善基金会员工自费到海口市甲子镇举行冬令物资发放捐赠活动，向该镇“五保户”、低保户和生活困难户发放粮油、棉被、毛毯等物资价值120万元。

【课题调研】 完成《对新时期统一战线依托社会组织服务社会管理的思考》论文撰写工作。《探索从“体制外”选拔培养优秀党外干部新机制》课题调研成果被中央统战部评为“2011年度全国统战工作实践创新成果奖”，是全省唯一获得此殊荣的调研成果。做好全省统一战线理论研究成果评选活动的论文收集和选送工作，共向省委统战部选送参选论文30多篇。

【统战信息工作】 2011年，市委统战部总共向省委统战部报送简讯180多篇，根据省委统战部的信息采用情况通报，海口市得分130分，位列全省各市县第一。将海口市统战工作中的重大活动和具有影响力的事件报送中央统战部“点对点”共30多篇。做好《海口统战简报》的编辑工作，全年共编发《海口统战简报》9期。做好市委统战部网站的更新和维护工作，运用网络这一平台及时宣传和报道统战工作动态和信息，全年共在市统一战线网站上发布统战信息100余篇。

【结对帮扶】 （1）引进项目帮扶。根据市委的安排，市委统战部的帮扶点是琼山区甲子镇青云村。市委统战部根据青云村的地理位置、土壤环境和生态等条件，帮助村委会通过公司加农户的形式，引进沉香种植项目。协调林业部门向青云村免费提供8000株槟榔树苗，尝试发展槟榔产业，增强该村“造血”功能。（2）科技下乡帮扶。全年组织4次医疗队为村民送医、送药，开展义诊活动，协调企业赞助5000元药品。捐助2万元用于青云村基础建设。春节、中秋等重大传统节日，王云霞常委带领部班子成员及8个民主党派、3个有关人民团体领导为青云村150多户村民送棉被、冬衣、粮油、月饼等物资，看望慰问“五保户”和贫困户；七一前夕，为老党员、革命烈士遗孀送去慰问金每人500元。多次为村民送琼剧、送电影，丰富村民的文化生活；出资1万元帮助村民组建腰鼓队；完善村文化室建设及设施，赠送55寸电视机一台。

（苏雪兰）

政策研究工作

【概况】 2011年，市委政策研究室围绕市委中心工作，组织起草市委重要文件，服务市委主要领导，按时保质保量起草讲话稿，发挥智库优势，统筹推进调研工作，为市委和市委主要领导决策提供参谋服务。全年共起草和修改包括中共海口市第十二次代表大会报告在内的200多篇文稿近100万字，较好地履行了职责，圆满完成了各项任务。

【调研工作】 结合市委常委会重点调研课题，做好调查研究，全年完成海口人工岛建设、海口城镇化进程等重点调研课题。督促市委常委完成年初确定的重点调研课题任务，形成《加快构建海口现代产业体系研究》、《文明生态村建设研究》、《探索公安信息化管理新模式》等9篇高质量的调研报告，其中一篇还转化为市委文件。收集各个领域好的做法和经验，编印成《调查与研究》刊物，供全市各级各部门学习参考。

【《调查与研究》】 全年编印《从海口地方税收看海口经济》、《关于挖掘资源优势打造海口富硒品牌的调查报告》、《关于中部市县学习考察的体会》、《海口市三轮车管理暂行规定立法后评估报告》等调研报告共9期5万多字。

【文稿起草】 起草市委十一届九次、十次、十一次、十二次党代会及全会文件，如市委关于进一步强区扩权的意见、市委常委会工作报告、陈辞书记在全会上的总结讲话等。撰写市委常委会工作要点、市委半年和全年工作总结、市委换届以来的工作总结、向上级的各类汇报材料，如向卫留成书记的工作情况汇报，向省委巡视组的全面工作汇报、整改落实方案，罗保铭书记和蒋定之代省长到海口调研的汇报材料，向省委汇报的海口市委加强政协工作情况、党建工作情况等。参与修改市委一些重要文件，如市委关于推进人才发展的意见、市委关于加快文化产业发展若干政策的意见等。

（韦国全）

党校工作

【概况】 2011年，市委党校根据《党校工作条例》精神，坚持正确的办学方向，认真贯彻中央、省委、市委工作会议精神，围绕市委、市政府的中心工作，服务市经济社会建设大局，求真务实，创先争优，卓有成效地完成干部培训、理论研究、校园建设等工作任务。全年，累计举办处级干部进修班、全省两委村干部等各类培训班9次，培训各类干部1286人次；在公开刊物上发表《海口公共服务发展研究》等文章11篇。

【干部培训】 2011年，市委党校认真执行海口市2011年干部培训计划的安排，注重联系海口实际。在培训中解读十七届六中全会精神，进一步深入学习科学发展观，开设主题为加强党性修养、以打造海口“宜居、宜业、宜学、宜游”品位之城为内容的课程以及调研活动，使学员从各方面深入理解、领会十七届六中全会精神。全年累计举办处级干部进修班、全省两委村干部等各类培训班9次，培训各类干部1286人次。

【科研成果】 市委党校以应用对策研究为方向，把中国特色社会主义理论提到突出位置，加强对共产党执政规律、社会主义建设规律、人类社会发展规律的研究，加强对海口政治、经济、文化、社会等研究的力度。一年来，围绕国际国内出现的新情况、新问题开展理论研究，在公开刊物上发表《海口公共服务发展研究》等文章11篇。坚持重点调研课题调查研究，围绕市委、市政府中心工作，为市委市政府提供决策参考，提供咨询报告10篇。组织省、市级课题申报工作，申报课题数3项；组织纪念建党九十周年有关征文工作，撰稿3篇。编写市委中心组学习参考材料8期；编辑出版校内《干部论坛》10期。

【信息化建设】 结合市委党校发展实际，以信息化工作服务于教学科研为方向，以硬件建设为基础，以资源整合及推广应用为重点，进一步加大信息化工作力度，致力于加快基础设施建设，逐步改善现代化办学条件。（1）加大投入，筹备新建多媒体教室，配置多媒体教学设备，至2011年底，建设工作已进入设备采购阶段。（2）为便以教师教研信息收集、查询文献资料等各类知识资源，给每位校委委员及教师配备知网阅读卡共25张。（3）根据工作需要，完成部分办公电脑、打印机更新等工作，进一步改善办公条件。

【校园建设】 （1）旧校园建设。完成室外环境配套工程施工，包括教工宿舍楼的屋顶防水补漏工程、校园绿化等项目；完成综合楼楼梯加固及避雷针更换工作；继续探索物业管理的新办法，确保校园安全；抓好学校的国有资产管理，并对损坏的国有资产进行报废处理。（2）新校区建设。市政府已经批准在龙塘镇划拨5.22公顷的土地给党校作为新校区建设用地。党校对新校区建设所涉及的各项对接工作，积极主动做好协调工作，已完成《海口市委党校新校区可行性研究报告》，并报市发改委申报建设立项。

【宣教工作】 市委党校积极参与市委及相关部门开展以“庆祝建党90周年”为主题的大型图片展活动，充分发挥党支部的战斗堡垒和党员的先锋模范作用，利用市委讲师团的平台，结合国际旅游岛建设、十七届五中、六中全会精神和“十二五”规划等内容专题，深入到海口市各职能部门、4个区进行10场理论宣讲活动。通过联系北京市委讲师团，将其优秀宣讲成果制成学习材料，为海口市4个区及市直机关单位中心组学习提供服务。

【教职工培训】 市委党校通过中心组学习、开展“讲正气、守纪律、重责任”三项学习教育活动、召开全校教职工大会及党员支部会议等形式，组织教职工深入学习十七届五中、六中全会精神、《反对自由主义》、《加强党的领导，整顿党的作风》等相关书籍、文件及规章制度等内容。利用处级干部培训班邀请高层次专家来校授课的有利契机，组织教研人员开展听课以及其他相关的教研活动，努力提升教研人员的业务能力和教学水平。采用“请进来与走出去”相结合的办法，不断加强对教研人员的培训。有重点地选派相关教研人员参加国家或区域组织的有关学术研讨活动。全年共选派8位同志参加“海南省党校系统骨干教师能力提升专题研修班”等培训班的培训。

（梁居广）

市直机关工委工作

【概况】 2011年，市直属机关工委围绕市委中心工作，全面加强思想、组织、作风、制度和廉政建设。全年，共组织2400人参加党员学习培训。在全市70多个直属党组织和700多个基层组织中开展领导点评活动，点评书记580人，点评党员

9870人。开展最佳党日评选活动，评选最佳党日49个，较好地完成各项工作任务。

【理论学习】 市直属机关工委以创建学习型机关为契机，加强机关干部学习教育，提高思想政治素质。印发《中共海口市直属机关工委创建学习型机关工作方案》，对学习目标、方法、考评、奖惩做出规定，进一步建立健全学习制度。坚持理论中心组学习，每月组织一次集中学习，并采取上党课、座谈讨论、撰写心得等形式带动全体干部职工深入学习社会主义核心价值体系、科学发展观、党的十七届六中全会精神和省委书记罗保铭在全省领导干部大会上的讲话、国际旅游岛建设等相关理论知识。全年共组织理论中心组、党支部集中学习20余次。

【教育培训】 认真抓好市直属机关党员教育培训工作，印发《关于在市直属机关开展创建学习型党组织和学习型机关工作活动的意见》。举办科级干部培训班2期、科级理论骨干培训班1期、入党积极分子培训班1期、党务干部培训班2期，共有2400人参加学习培训，党员队伍素质和党务干部履职能力得到提高。

【信访工作】 市直属机关工委对群众的来访来信由领导亲自接待、亲自阅批及组织调查核实，并及时反馈调查处理情况。2011年，共受理群众来信来访5件，已办结5件，办结率100%。处理科级以下违纪党员3名，其中撤销党内职务1名，开除党籍2名。

【党组织规范化建设】 市直属机关工委认真修订并下发《市直机关基层党组织规范化建设达标细则》，对市直属机关党组织规范化建设进行检查。在大部分市直属机关党组织迁入新行政办公区后，要求按照"一室六有"的标准，加强党组织活动场所建设，营造浓郁的党建工作氛围。2011年基层党组织规范化建设达标率为89.5%。在市直机关所有党组织中推行"公开推荐班子候选人，直接选举班子"的工作属全省首次，受到媒体的高度关注。

【创先争优】 2011年，制定下发《2011年市直属机关党组织创先争优活动要点》，在全市70多个直属党组织和700多个基层组织中开展领导点评活动，点评书记580人，点评党员9870人。扎实开展创先争优"两周一报"制度，推荐市检察院公诉一处党支部等作为中央和省委表彰开展创先争优活动事迹突出的单位对象，推荐市纪委监察局直属机关党委等12个党组织、韩强等14名党员、周力等9名党务工作者为市委表彰对象。与市广播电台合办"椰城党旗红"节目，宣传报道市直机关在创先争优活动中涌现的先进单位和优秀个人。开展网上投票评选全国优秀党员活动。开展最佳党日评选活动，评选最佳党日49个。

【市直属机关代表会议】 市直属机关工委认真落实市委《关于中国共产党海口市第十二次代表选举工作的通知》精神，制订《市直属机关（含西海岸）出席中国共产党海口市第十二次代表大会选举办法》。12月1日组织召开中共市直属机关（含西海岸）代表会议，选举产生120名代表出席中共海口市十二次党代表大会。并做好省第六次党代会代表推选工作和海南省出席党的十八大代表候选人推荐人选工作。

【建党90周年活动】 市直属机关工委举办庆祝中国共产党成立90周年系列文体活动：开展市直属机关篮球比赛、"颂歌献给党，激情唱和谐"歌唱活动；组织市直属机关党员干部参加海口市"90红旗飘，万人健康跑"活动、参观"海口市纪念建党90周年图片展"等。

【机关文明大行动】 根据市委宣传部关于印发《海口市开展"海南文明大行动"宣传工作方案》，制定市直属机关工委宣传工作方案，精心组织，狠抓落实，大力营造文明大行动的良好氛围。组织350名市直属机关干部职工参加市委"海口文明大行动"动员大会，市直属机关工委代表全体市直属机关作"加强机关作风建设，争做文明大行动排头兵"的发言，倡议市直机关争做文明大行动的实践者、传播者、捍卫者。配合有关部门做好海口市创建全国文明城市测评材料收集、整理、报送工作和全市"道德模范"推荐评选工作。

组织市直属机关开展“开文明车、走文明路、做文明人”道路交通安全知识宣传教育活动、春季群众性义务植树、冬修水利等活动。

【结对帮扶】 （1）市直属机关工委党支部的帮扶点是美兰区演丰镇的山尾村党支部。七一期间，市直属机关工委深入山尾村共同开展党日活动，帮助山尾村党支部做好五年发展规划，多方筹措资金50多万元修建村委会办公楼（党员活动中心）。（2）组织帮扶村支部书记参加市直属机关工委举办的党务干部培训班。（3）市直属机关工委与市结对帮扶办协调召开市、区、镇、村联席会议，调动机关充分利用各自的资源优势，解决帮扶村生产生活难题。组成4个检查组，抽查市粮食局等32个单位结对帮扶工作情况，为市效能考核提供共性目标考核依据。

（王练鹏）

党史研究工作

【概况】 2011年，市委党史研究室创建出版《海口党史》（月刊）杂志，开展纪念建党90周年系列活动，进行一系列党史专题研究工作，编纂出版《海口党委工作纪事》（2010年卷）及其他党史书籍、拍摄党史专题片、进行历史资料收集等资料成果汇编。年内，市委党史研究室被海口市社会科学优秀成果评奖办公室授予优秀组织奖。

【《海口党史》】 2010年12月5日创建，月刊杂志，由市委办公厅主管，市委党史研究室、党史学会主办。杂志设立卷首语、重要言论、领导专稿、本刊特稿、特别关注、专题研究、文件选登、市区发展、部门动态、基层连线、实践思考、他山之石、党建视野、基层风采、时代先锋、工作研究、廉政在线；党史研究、地方党史、史海钩沉、红色记忆、口述历史、人物春秋、海口快讯、每月回眸（海口大事记）、报刊集萃、东西湖畔、大英山下，共28个专栏，每期根据实际使用7到10个专栏。2011年1月起正式发行第一期。全年出刊12期，共260多篇文章、95万多字、180多张照片（不含内文插图），每期发行1000多份。

【《海口党委工作纪事》】 2009年，《海口大事》更名为《海口党委工作纪事》后，每年编纂出版一次，并列入海口市党史资料丛书系列，编纂工作由市委党史研究室负责。《海口党委工作纪事》（2011）以“三个代表”重要思想及科学发展观为指导，坚持实事求是的原则，全面、系统地反映该年度海口政治、经济、文化及社会事业等方面的发展状况。

【建党90周年系列活动】 （1）市委党史研究室与市委宣传部等部门一起策划研究“关于全市纪念建党90周年活动总体方案”，方案以市委名义印发。（2）与市委宣传部、海口广播电视台等联合举办大型纪念展览。完成展览第一、二部分的图片与文字收集编纂等工作任务，共完成照片400多张、文字编纂7万多字。（3）全体人员和党史学会专家学者积极参加中央、省委举办纪念建党90周年征文活动。共有12人撰写论文14篇（市委党史研究室有5人撰写文章），超额完成征文任务。有3篇刊登在《海口党史》月刊，1篇收录在海南日报社编辑出版的《纪念建党90周年大型图书画册》。（4）与海口晚报社、海口电视台联合开展纪念建党90周年宣传活动。在海口晚报社开辟专栏，先后刊登7个版面，全方位介绍海口革命斗争历史情况。与海口广播电视台联合拍摄《红色印记》、《血色摇篮》等电视专题片。（5）组织部分党史专家到机关、各区讲授党史专题报告。5月31日邀请海南师范大学副教授唐若玲到海南港航控股公司以《学好党史，做个合格的共产党员》为题讲授中国共产党光辉的历史。七一前夕，组织党史专家到龙华区、市国土局等单位举办党史专题报告讲座，参加讲座的干部职工达2000多人次。

【党史研究和资料汇编】 （1）编纂出版《2010年海口党委工作纪事》（年卷）；完成《中国共产党海口历史（第二卷）》初稿；完成《中国共产党海口市组织史资料（1987.06—2009.12）》送审稿，报市委审批。（2）积极配合海口旅游文化控股集团公司举办的云龙改编旧址“琼崖抗战历史展览”，完成文字编纂3万余字，图片200余幅。

配合冯白驹故居“冯白驹生平历史陈列展览”工作，完成文字编纂1万余字，图片100余幅。（3）协助龙华区武装部收集编纂“苍东、苍西村革命斗争历史陈列展”和革命历史陈列馆的图片文字大纲工作，共完成文字编纂2万余字，图片100余幅。（4）继续征集编写海口、琼山社会主义时期各项专题资料，已基本完成历次党代会、人代会、政协会议等各类文献资料的收集。（5）开展抢救“活资料”工作，先后发出100多封函件，走访老同志30多次，广泛收集抢救社会主义时期党史资料。同时，开展以历任海口市市级领导为重点的“口述史”资料征集工作。

（王一）

机构编制工作

【概况】 2011年，市编办认真落实全省机构编制工作会议精神，积极稳妥推进事业单位改革，加强机构编制管理和监督检查，加快机构编制法制化进程，提高机构编制系统自身建设水平，求真务实，开拓创新，较好地完成全年各项工作任务，为推动市行政管理体制改革，提高行政效率，减轻财政负担，建设“宜居、宜业、宜学、宜游”的最精最美省会城市提供有力的体制机制保障。全年完成综合保税区和高新区机构调整，市委办公厅第二秘书处等6个单位的机构编制调整，追加事业编制240名给市属各中小学，追加事业编制共2341名给市、区、镇三级医疗卫生机构，撤并减事业单位22家，清理出7类在编不在岗人员162人。12月，市编办被授予“全国机构编制工作先进集体”。

【综合保税区和高新区机构调整】 按照全省工业园区和开发区管理机构“三定”工作会议精神，结合市委关于赋予开发区“更充分的经济发展自主权”的要求，市编办拟定综合保税区和高新区2个开发区的“三定”规定，按程序报告市编委和市委，并按时上报省编办审批并获通过，是全省7个工业园区中第一个获批通过单位。年内，圆满完成2个开发区的机构调整工作，赋予了2个开发区充分的经济发展自主权。

【增设专业技术领导职务】 市编办积极开展在专业性较强的政府部门设置专业技术领导岗位的专题调研，拟定议题经市编委会议和市委常委会议研究通过，在政府部门增设专业技术领导职数14名，相应增加行政编制14名。加上原有的3名，市政府部门设置专业技术领导职数共17名。

【部分机构编制调整】 2011年，市委办公厅第二秘书处更名为中共海口市委常委办公室，主任高配为副处级；市政法委政治处更名为政治部，升格为副处级，增设执法监督协调处；市委宣传部增设网络新闻管理处；海口市委台湾工作办公室（海口市人民政府台湾事务办公室）升格为正处级（列入市委序列）；设立财政监督检查局、市中院环保法庭等。市编委办下达各区机关调整使用乡镇预留行政编制共48名，每区12名，主要用于单独设置区食品药品监督管理局以及适当补充行政编制不足5名的区委、区政府工作部门，同时下达市森林公安局政法专项编制，增加市森林公安局政法专项编制2名。

【事业单位改革】 2011年，市编委办针对各部门事业单位履行职责的不同特点，根据行业实际和经济社会发展要求，积极稳妥地完成食品药品监督管理体制调整、住房保障和规划编审机构调整、教育系统和残联系统下属事业单位改革、商务综合执法机构设置、统计和粮食事业单位改革等工作。同时，最大限度将有限的编制资源向教育、卫生领域倾斜。启用预留事业编制240名追加给市属各中小学，保证秋季开学后的正常教学秩序。追加市、区、镇三级医疗卫生机构事业编制共2341名，为推进市医疗卫生体制改革工作提供机构编制保障。

【事业单位清理规范】 市编委办成立事业单位清理规范工作领导小组，主任庄儒勇负责领导和协调全市的事业单位清理规范工作，明确“一把手负总责，分管领导具体抓”的工作责任制。全年共撤并减事业单位22家，其中撤销事业单位13家，整合事业单位5家，改制为企业的2家，精简编制的2家。共收回全额事业编制42名，自筹事业编制377名（含教育系统改革和撤销市委招待所），圆满完成市本级的清理规范目标任务。

【事业单位登记管理】 市编委办制定网上登记、网上办公的实施方案，抓好事业单位法人登记工作人员培训，完成原始数据检查、数据上传和整理工作，在年内基本实现全市登记机关使用网上办公系统、事业单位在网上办理各登记事项。利用网上登记系统，进一步加强信息管理，拓宽服务渠道，实现网上公布、网上查询。全年共办理初始登记2家，变更登记29家，注销登记5家，在《海口晚报》刊登公告共3期。在事业单位法人年检工作中，应年审219家，已年审217家，年审率99.1%，合格率100%。

【机构编制法规学习宣传】 市编委办加强对机构编制重要法规制度的学习宣传，邀请专家分2期对市、区两级国家机关、事业单位的分管领导和相关工作人员共494人进行机构编制监督管理培训，普及机构编制知识，宣传机构编制管理法规制度，增强市各级机关、事业单位严格执行机构编制政策法规的意识。

【在编不在岗专项检查】 市编办联合市委组织部、市委纪委、市财政局和市人社局5家单位对全市事业单位开展在编不在岗专项检查。通过单位自查和实地抽查调研相结合，清理各类在编不在岗现象，制定整改意见并形成调研报告，责成存在问题的单位限时进行整改。专项检查行动共清理出7类在编不在岗人员162人，按有关规定责令一批人员立即回单位上班，办理一批人员的辞退、退休手续，补齐一批人员的调入、调离手续。

【区级政府机构改革检查】 市编委办组成调研小组深入4个区检查区政府机构改革和强区扩权执行中职责调整、机构设置和定岗定员情况，与区领导和相关部门领导就改革中遇到的新情况新问题进行交流和探讨，总结机构改革所取得的主要成效，查找存在的问题和困难，针对部分单位改革后工作中职能和关系仍不顺畅的问题进行研究，提出整改意见和建议并监督整改措施的执行，同时形成调研报告及时反馈意见，并向市编委汇报，确保区级政府机构改革顺利完成，为进一步深化区级政府机构改革，推行“大部门制”改革打下良好基础。

【信息宣传成果】 市编办被中央编办刊载和转发反映海口市机构改革成果的事业单位整体改革、乡镇机构改革、文化体制改革、行政审批制度改革、创新卫生医药管理体制、加强和创新社会管理工作等12篇材料，在全省排名第一，全国省会城市中排名第二。

【机关文化建设成果】 市编办主任庄儒勇参加中央编办开展“我与机构编制工作”主题征文活动，创作反映海口市乡镇机构改革、市政府机构改革的纪实性小说《在路上》被评为一等奖，是海南省唯一获奖的参赛作品。

（林宏军）

（编辑：吴钟宝）

海口市人民代表大会

市人大常委会主任、副主任、秘书长、副秘书长名单

主　任　高锦全

副主任　陈琼玻、钟万荣、陈毓芬、邢建良、吴川祝（2月16日～10月28日）、陈一华（2月16日任）

秘书长　刘蔚

副秘书长　谢汉金、刘川海、王孔家（12月21日任）、陈业胜、覃俊（12月21日任）

市人大常委会各工作部门负责人名单

财经工委：欧阳飞

法制工委：符史山

城建工委：符儒明

教科文卫工委：郭俊山

华侨工委：王爱松

内务司法工委：邓爱军（3月18日任）

农村工委：王小军（12月21日任）

选举任免联络室：陈世富

依法治市办：张扬鸿

重要会议

【市十四届人大六次会议】　2月13日～16日，在海口市第十四届人大第六次会议在市行政中心综合楼三楼多功能厅举行。出席会议代表296名。省委常委、市委书记陈辞作重要讲话。会议听取审议市人大常委会、市政府、市法院和检察院工作报告；审查、批准海口市国民经济和社会发展第十二个五年规划纲要、海口市2010年国民经济和社会发展计划执行情况与海口市2011年国民经济和社会发展计划、2010年海口市和市本级预算执行情况与2011年海口市和市本级财政预算。大会选举冀文林为市人民政府市长，吴川祝、陈一华为市人大常委会副主任，刘蔚为市人大常委会秘书长，王爱松、田丽霞、张百炼、欧阳飞、郭俊山为海口市第十四届人民代表大会常务委员会委员。表决通过以上4个工作报告决议。

【人大常委会会议】　2011年，海口市第十四届人大常委会（以下简称常委会）共召开10次常委会，共审议地方性法规草案5件，通过并颁布实施5件，依法修改1件。听取审议计划、预算、审计和“一府两院”专项工作报告等13项，依法任免和批准任免国家机关工作人员124人次。1月20日、1月31日、2月12日分别召开第31次、第32次、第33次会议，审议人事议案；3月18日召开第34次会议，审议《海口市人民政府提请审议〈海口市城市绿线管理办法（草案）〉的议案》、《海口市人民政府提请审议〈海口市电动车管理办法（草案）〉的议案》和人事议案；4月29日、6月28日、7月26日分别召开第35次、第36次、第37次会议，审议人事议案；8月31日召开第38次会议，会议审议《海口市人民政府关于提请审议<海口市出租汽车客运管理条例修正案（草案）>的议案》；10月28日召开第39次会议，会议审议《海口市人民政府关于提请审议〈关于进一步加强法制宣传教育的决议（草案）〉的议案》；12月21日召开第40次会议，会议审议《海口市人民政府关于提请审议〈2011年海口市和市本级一般预算调整方案（草案）〉的议案》。

主要工作

【概况】 2011年，市人大常委会认真履行法定职责，保障重点、注重实效、扎实工作，积极推动“十二五”规划起好步、开好局，推进“宜居、宜业、宜学、宜游”最精最美省会城市建设，促进民生持续改善与社会和谐稳定。

【配合执法检查】 3月21日，配合省人大常委会对《海南省经济特区律师执业条例》开展执法检查，了解律师依法履行职责、执业环境、执业保障和队伍建设等情况，督促法律实施主管机关加强和改进这部法律的执法工作。5月9日，市人大常委会配合省人大常委会对《老年人权益保障法》开展执法检查，了解省老年人权益保障法实施情况，积极应对人口老龄化问题，维护老年人合法权益，促进老年人权益保障法修改工作。

【监督重大决策落实】 市人大常委会再次审议《海口市人民政府关于强区扩权工作有关问题整改措施的报告》，推动市政府和各职能部门解决强区扩权中事权、财权对应对接和相关政策配套问题，进一步释放各区的发展活力。5月，市人大常委会为进一步督促市政府加大对违法建筑和违法占地的整治力度，对市政府落实《海口市人大常委会关于<整治违法建筑的专项工作报告>的审议意见》情况进行跟踪监督，重点检查市政府及各职能部门对审议意见三个“加大”的要求研究处理及落实情况，有力地支持、推动整治工作的深入开展。

【监督热点民生问题】 （1）关注教育事业。3月~5月，市人大常委会组织部分市人大代表、教科文卫工委委员及审计专业人员组成检查组，通过听取汇报、座谈询问、查阅有关资料等形式，以资金流向为主线，依据法律规定，对市教育费附加专项资金的分配、管理、使用和在均衡教育资源配置方面的作用，认真开展专项监督检查，撰写检查情况报告，指出存在问题，提出改进工作的建议，并向主任会议报告。（2）加强环境保护工作监督。积极开展“环保世纪行”活动，听取城市环境综合整治工作的报告，作出了加强城市环境综合整治的决议，并先后对全市的水环境保护、“五大工程”整治工作等进行监督，促进“宜居、宜业、宜学、宜游”最精最美省会城市建设。（3）召开涉侨台案件督办协调会，促进相关问题的合理解决。

【审议计划财政报告】 市人大常委会把计划和财政预算执行情况作为审议决定重大事项的重点，审议市政府《关于2010年海口市预算执行和其他财政收支的审计情况的报告》；审议《2011年上半年海口市国民经济和社会发展计划执行情况报告》和《2010年海口市本级财政决算和2011年上半年财政预算执行情况的报告》，审查批准2010年财政决算。

【加强司法监督】 5月上旬至6月初，市人大常委会组织部分市人大常委会委员、市人大常委会内务司法委员会委员和市人大代表对市区两级检察院立案监督和公安局立案工作情况开展调研。检查组通过听取工作汇报、实地察看、座谈了解、查阅资料等方式，对检察和公安立案工作进行全面了解，并提出具体的意见和建议。

【信访工作】 市人大常委会领导高度重视信访工作，认真督办涉及社会稳定和司法公正的重点信访件，督促解决侵害群众利益的问题。一年来，共受理来信来访1130件，其中办理群众来信383件，接待群众来访747人次。实施每两个月一次的常委会主任会议成员接访制度，重视并妥善处理集体上访案件，通过分析研究群众来信来访所反映的问题及信息，及时发现带有倾向性的社会问题。对市政府解决天后宫遗留问题进行跟踪督查，推动了“天后宫”的收回工作。

【推进“六五”普法】 市人大常委会审议市政府关于第六个五年普法规划的报告，并就“六五”普法作出《海口市人民代表大会常务委员会关于进一步加强法制宣传教育的决议》，推进市“六五”普法深入开展。

【法制建设】 市人大常委会审议通过地方性法规5件，其中新制定法规4件、修订法规1件。法规涉及经济建设、社会管理、城市建设、环境保护等各个领域。（1）市人大常委会于2011年4月30日通过《海口市城乡规划条例》，为统筹省会城市城乡发展，强化规划管理和实施提供法制支持。（2）为缓解全市近30万辆电动自行车给交通环境带来的巨大压力，加快电动自行车管理的立法。法制委员会根据常委会组成人员的审议意见，广泛征求社会各界的意见，召开论证会、听证会和实地调研，及时提出草案修改稿和审议结果报告，提请市人大常委会审议通过《海口市电动自行车管理办法》。（3）针对出租汽车客运管理中出现的一些新情况、新问题，适时对《海口市出租汽车客运管理条例》进行修改完善。（4）为保护海口市良好的环境优势，法制委员会认真做好有关法规案的审议和修改工作，提请市人大常委会制定发布《海口市城市绿线管理办法》，有效保护和管理城市绿地，创造良好的宜居宜游环境。（5）为改善城乡卫生环境，防止疾病传播，保障公民身体健康，将制定《海口市病媒生物预防控制管理办法》列入市人大常委会立法计划，及时出台了相应法规。

【人大代表工作】 围绕发挥人大代表主体作用，密切与代表的联系，支持、保障代表依法履行职责和行使权力，发挥代表在经济社会发展中的积极作用。拓宽代表知情知政渠道，为市人大代表订阅、邮寄《中国人大》、《海南人大》和《市人大常委会公报》等刊物，组织代表108人次参加各类座谈会、执法检查、民主评议等活动，加强代表与“一府两院”的沟通和联系。

【服务代表工作】 积极服务代表履职，制定闭会期间代表工作意见，积极开展代表小组活动。邀请32名代表（主要是基层代表）列席常委会会议，了解常委会工作情况。会同办公厅、教科文卫工委举办第十次“代表论坛”，围绕“推进城乡学前教育均衡发展”的主题，聚焦学前教育的热点难点问题，积极建言献策学前教育的科学发展。

【督促落实代表建议】 市十四届人大六次会议期间及大会闭幕后，代表共提出208件建议，市人大常委会认真督办代表建议的落实，已全部办理完毕并答复了代表，办结率和答复率均为100%；落实率不断提高，为34.1%；代表对办理态度满意或基本满意率为99.5%，对办理结果满意或基本满意率为98.6%。对主任会议督办案《关于尽快采取有效措施，依法打击乱占农用地的违法用地行为的建议》、《关于进一步加强“三车”整治的建议》，以及《关于立法保护海南东寨港国家级自然保护区的建议》等15件重点建议进行重点办理、重点督促、重点落实。

海口市人大常委会办公厅关于2011年市十四届人大六次会议代表建议、批评和意见办理情况的公告

（统计截止日期：2011年12月21日）

承办单位（指书面答复）	主办件数	答复率%	办结率%	落实率%（以主办件为基数）	代表满意率%（以收到代表反馈意见为基数）	
					工作态度	办理结果
市发改委	11	100%	100%	已经解决或基本解决3件27.3% 正在解决或列入计划解决8件72.7%	满意10件90.9% 基本满意1件9.1%	满意8件72.7% 基本满意3件27.3%
市科工信局	5	100%	100%	已经解决或基本解决2件40% 正在解决或列入计划解决3件60%	满意5件100%	满意5件100%
市财政局	13	100%	100%	已经解决或基本解决6件46.2% 正在解决或列入计划解决2件15.4% 留作研究参考5件38.4%	满意13件100%	满意12件92.3% 基本满意1件7.7%
市人社局	6	100%	100%	已经解决或基本解决6件100%	满意6件100%	满意6件100%
市教育局	10	100%	100%	已经解决或基本解决3件30% 正在解决或列入计划解决7件70%	满意10件100%	满意9件90% 基本满意1件10%
市文体局	2	100%	100%	正在解决或列入计划解决2件100%	满意2件100%	满意2件100%
市卫生局	4	100%	100%	已经解决或基本解决4件100%	满意4件100%	满意4件100%
市公安局	4	100%	100%	正在解决或列入计划解决4件100%	满意4件100%	满意2件50% 基本满意2件50%
市司法局	1	100%	100%	正在解决或列入计划解决1件100%	满意1件100%	满意1件100%
市环卫局	4	100%	100%	已经解决或基本解决4件100%	满意4件100%	满意4件100%
市林业局	2	100%	100%	已经解决或基本解决1件50% 正在解决或列入计划解决1件50%	满意2件100%	满意2件100%
市海洋和渔业局	3	100%	100%	已经解决或基本解决1件33.3% 正在解决或列入计划解决2件66.7%	满意3件100%	满意2件66.7% 基本满意1件33.3%
市水务局	17	100%	100%	已经解决或基本解决4件23.5% 正在解决或列入计划解决12件70.6% 留作研究参考1件5.9%	满意16件94.1% 基本满意1件5.9%	满意13件76.5% 基本满意4件23.5%
市国土资源局	6	100%	100%	已经解决或基本解决1件16.7% 正在解决或列入计划解决5件83.3%	满意6件100%	满意5件83.3% 基本满意1件16.7%

续上表

承办单位（指书面答复）	主办件数	答复率%	办结率%	落实率%（以主办件为基数）	代表满意率%（以收到代表反馈意见为基数）	
					工作态度	办理结果
市法制局	1	100%	100%	正在解决或列入计划解决 1 件 100%	满意 1 件 100%	满意 1 件 100%
市环保局	4	100%	100%	正在解决或列入计划解决 4 件 100%	满意 4 件 100%	满意 1 件 25% 基本满意 2 件 50% 不满意 1 件 25%
市规划局	10	100%	100%	已经解决或基本解决 6 件 60% 正在解决或列入计划解决 3 件 30% 留作研究参考 1 件 10%	满意 10 件 100%	满意 10 件 100%
市住建局	4	100%	100%	已经解决或基本解决 1 件 25% 正在解决或列入计划解决 3 件 75%	满意 4 件 100%	满意 4 件 100%
市市政市容管理委员会	5	100%	100%	已经解决或基本解决 1 件 20% 正在解决或列入计划解决 4 件 80%	满意 4 件 80% 基本满意 1 件 20%	满意 2 件 40% 基本满意 3 件 60%
市城管局	4	100%	100%	正在解决或列入计划解决 4 件 100%	满意 4 件 100%	满意 3 件 75% 基本 1 件 25%
市交通港航局	17	100%	100%	已经解决或基本解决 5 件 29.4% 正在解决或列入计划解决 11 件 64.7% 留作研究参考 1 件 5.9%	满意 17 件 100%	满意 14 件 82.4% 基本满意 3 件 17.6%
市商务局	3	100%	100%	正在解决或列入计划解决 3 件 100%	满意 3 件 100%	满意 2 件 66.7% 基本满意 1 件 33.3%
市旅游委	2	100%	100%	正在解决或列入计划解决 2 件 100%	满意 2 件 100%	满意 2 件 100%
市国资委	2	100%	100%	正在解决或列入计划解决 1 件 50% 留作研究参考 1 件 50%	满意 2 件 100%	满意 2 件 100%
市民宗局	1	100%	100%	正在解决或列入计划解决 1 件 100%	满意 1 件 100%	满意 1 件 100%
市委组织部	2	100%	100%	正在解决或列入计划解决 2 件 100%	满意 1 件 50% 基本满意 1 件 50%	基本满意 2 件 100%
市物价局	1	100%	100%	正在解决或列入计划解决 1 件 100%	满意 1 件 100%	满意 1 件 100%
市交巡警支队	2	100%	100%	已经解决或基本解决 1 件 50% 正在解决或列入计划解决 1 件 50%	满意 2 件 100%	满意 1 件 50% 基本满意 1 件 50%

续上表

承办单位（指书面答复）	主办件数	答复率%	办结率%	落实率%（以主办件为基数）	代表满意率%（以收到代表反馈意见为基数）	
					工作态度	办理结果
市编委办	3	100%	100%	已经解决或基本解决 1 件 33.3% 正在解决或列入计划解决 2 件 66.7%	满意 3 件 100%	满意 3 件 100%
市委宣传部	2	100%	100%	正在解决或列入计划解决 2 件 100%	满意 1 件 50% 未反馈 1 件 50%	基本满意 1 件 50% 未反馈 1 件 50%
市综治办	1	100%	100%	正在解决或列入计划解决 1 件 100%	满意 1 件 100%	未反馈 1 件 100%
市重点办	1	100%	100%	正在解决或列入计划解决 1 件 100%	满意 1 件 100%	基本满意 1 件 100%
市工商联	3	100%	100%	正在解决或列入计划解决 3 件 100%	满意 3 件 100%	满意 3 件 100%
团市委	3	100%	100%	正在解决或列入计划解决 3 件 100%	满意 3 件 100%	满意 3 件 100%
市城发公司	1	100%	100%	已经解决或基本解决 1 件 100%	满意 1 件 100%	满意 1 件 100%
高新管委会	2	100%	100%	已经解决或基本解决 1 件 50% 正在解决或列入计划解决 1 件 50%	满意 2 件 100%	满意 2 件 100%
旧改指挥部	2	100%	100%	已经解决或基本解决 1 件 50% 正在解决或列入计划解决 1 件 50%	满意 2 件 100%	满意 2 件 100%
秀英区政府	15	100%	100%	已经解决或基本解决 5 件 33.3% 正在解决或列入计划解决 10 件 66.7%	满意 15 件 100%	满意 15 件 100%
龙华区政府	4	100%	100%	已经解决或基本解决 3 件 75% 正在解决或列入计划解决 1 件 25%	满意 4 件 100%	满意 4 件 100%
琼山区政府	17	100%	100%	已经解决或基本解决 5 件 29.4% 正在解决或列入计划解决 10 件 58.8% 留作研究参考 2 件 11.8%	满意 17 件 100%	满意 16 件 94.10% 基本满意 1 件 5.9%
美兰区政府	5	100%	100%	已经解决或基本解决 2 件 40% 正在解决或列入计划解决 3 件 60%	满意 5 件 100%	满意 4 件 80% 基本满意 1 件 20%
市中院	1	100%	100%	已经解决或基本解决 1 件 100%	满意 1 件 100%	满意 1 件 100%
市人大常委会	2	100%	100%	已经解决或基本解决 2 件 100%	满意 2 件 100%	满意 2 件 100%

说明：市十四届人大六次会议开会和闭会期间共收到代表建议 208 件，经市政府进行责任分解，由 43 个主办单位办理。

【代表视察活动】 常委会始终关注和支持代表工作，发挥代表主体作用，丰富代表活动形式，不断提高代表履行职务的能力，创造代表工作新特色。年内，常委会组织代表对市公交场站建设情况、渔业和农民专业合作社发展情况等问题开展集中视察，为人大代表监督“一府两院”提供机会和平台。帮助代表们通过视察深入实际，广泛听取人民群众的意愿和要求，较好地了解市经济建设和社会发展等情况，从而更好地发挥人大代表在监督工作中的主体作用，增强人大代表的履职积极性。

【人事任免】 市人大常委会始终坚持党管干部的原则与人大依法任免的有机统一，对提请的任免材料、法定程序、任职条件等进行审核把关，坚持进行任前法律知识考试、任前供职发言、颁发《任命证书》和就职宣誓，细致把握每个工作环节，无一错漏。全年共任免国家机关工作人员124人，其中任命78人，免职46人。主要人事任免决定有：决定任命冀文林为市人民政府副市长、代理市长，接受徐唐先辞去市人民政府市长职务；决定任命邓小刚、鞠磊为市人民政府副市长，接受朱寒松、张磊辞去市人民政府副市长职务；决定任命林海宁、龙卫东为市人民政府秘书长，王业天为市人口和计划生育委员会主任，盛林为市国土资源局局长，林一民为市旅游发展委员会主任，徐伟为市科学技术工业信息化局（知识产权局）局长，李燕仪为市教育局局长，冯本彦为市水务局局长，高树生为市政府国有资产监督管理委员会主任，陈益君为市民政局局长，张志坚为市农业局局长，谭忠庭为市人力资源和社会保障局局长，文日坤为市海洋和渔业局局长；任命王孔家、覃俊为市人大常委会副秘书长，邓爱军为市人大常委会内务司法工作委员会主任，王小军为市人大常委会农村工作委员会主任；任命吴剑平为市中级人民法院副院长，决定吴剑平为市中级人民法院代理院长，任命李顺华、黄胜春为市中级人民法院副院长。任命苟守吉为市人民检察院副检察长，任命简万成、许波为海口海事法院副院长；批准张晖、林静、陈振生、秦瑞静分别为秀英、龙华、琼山、美兰区人民检察院检察长。

（吴春珠、郑艳婼、杨碧青、谢棣倩、陈娜、林颖、钟帅）

（编辑：吴钟宝）

海口市人民政府

海口市人民政府市长、副市长、秘书长、副秘书长名单

市　　长：徐唐先（1月止）　冀文林（2月任）

副 市 长：朱寒松（1月止）　邓小刚（5月任）　蒙国海　韩　美　袁光平　丁　竹　徐敏生　鞠　磊（12月任）

秘 书 长：陈一华（3月止）　林海宁（3月～11月）　龙卫东（11月任）

副秘书长：苏长文（3月止）　林一民（3月止）　李蔚春（3月止）　林芳泽（3月止）　张　霁（9月任）　吴成贵　冯玉英（11月任）　李运文（6月任）　李春明（8月任）　林道坚（6月任）　李世高（6月任）

海口市人民政府各部门负责人名单

办公厅主任：陈一华（3月止）
林海宁（3月～11月）
龙卫东（11月任）

信访局局长：苏长文（3月止）
冯玉英（3月－11月）
吴　琼（11月任）

民宗局局长：蔡信强

档案局局长：张小敏

政府服务中心主任：张磊（兼）

常务副主任：詹尊南

政府研究室主任：王善来

粮食局局长：陈　信

供销合作社主任：王铁云

地方史志办主任：陈泽汉

发展和改革委主任：谢　京

物价局局长：吴健林

科学技术和工业信息化局局长：朱东海（4月免）
徐　伟（4月任）

财政局局长：庞革新

人力资源和社会保障局局长：谭忠庭

教育局局长：李燕仪

文化广电出版体育局局长：徐　涛

文物局局长：王大新

卫生局党组书记、副局长：周文雄

爱卫办主任：廖卫红

食品药品监督管理局局长：符之冠

公安局局长；宋顺勇

司法局局长：李传芳

民政局局长：陈益君

农业局局长：甘运明（8月免）张志坚（8月任）

林业局局长：林　劲

海洋和渔业局局长：郑道英（11月免）
文日坤（11月任）

水务局局长：郑国建（6月免）
冯本彦（6月任）

三防办主任：陈　辉

国土资源局局长：盛　林（3月任）

环境保护局局长：陈　超

规划局局长：吴剑川

住房和城乡建设局局长：杜海鹰

市政市容管理委员会：王　飞（10月免）
李学文（10月任）

环境卫生管理局局长：李永胜

园林管理局局长：江长桥

市政管理局局长：吴　杨

民防局局长：朱崇伦

交通运输和港务管理局局长：王　东

商务局局长：朱韶雄

旅游发展委员会主任：龙卫东（5月免）
林一民（5月任）

外事侨务办主任：韩　斌

法制局局长：杨卫国

审计局局长：孙　芬

人口和计划生育委员会主任：王业天

统计局局长：郑　峰
海口调查队队长：叶宝安
安全生产监督管理局局长：林　明
国有资产监督管理委员会：徐　伟（4月免）
高树生（4月任）
国家税务局局长：孙太雄
海口地方税务局局长：王　冀
工商行政管理局局长：王挺雄
海口质量技术监督管理局局长：高　平
烟草专卖局局长：赵江波
电信局局长：张文义
邮政局局长：陈　奋
气象局局长：高　峰

市政府办公厅工作

【概况】　2011年，市政府办公厅围绕市委、市政府中心工作，完善工作制度，规范工作流程，加强自身建设，充分发挥桥梁纽带和参谋助手作用。年内，共处理各类公文20000多件，制发各类公文3254件，编写会议纪要300余份，接收电子邮件2320件，受理群众来信来访来电总量为8748件，较好地完成各项工作任务，为推进海南国际旅游岛中心城市和“四宜”品位之城建设发挥了积极作用。

【公文办理】　按照“办文有质量”的要求，进一步完善“一口进、分口办，谁分管、谁负责，运用网络、自动督办”工作流程，坚持退文制度、收文分送审核制度、短信通知制度、中央和省市领导批示件办理“绿色通道”制度，做到随收随办、急事急办、特事特办，进一步提高公文流转效率。年内共处理各类公文20000多件，登记建卡17000余件，其中密件468件。严格按照《国家机关公文处理办法》规定和省、市有关要求，从严控制发文数量、规格，认真把好公文格式关、内容关、程序关、文字关，力求短而精，切实解决问题，指导工作。在推进海南国际旅游岛中心城市和“四宜”品位之城建设的大背景下，在政府实行精细化管理的目标要求下，年内制发各类公文3254件，比上年的2731件增长19.2%。组织举办全市政府系统文秘人员培训班，500多人参加培训，全面提高了政府系统公文处理水平。每日编印《政务知情》，向四套班子领导通报市政府工作情况，受到了市政府领导的充分肯定。

【会务工作】　遵照市委、市政府精简会议、科学办会的精神，强力推进办会项目化、流程化、规范化、标准化。统筹协调全市重要会议，严格执行会议审批制度，从严控制会议数量，认真抓好会议筹备、上会材料准备、会场安排、人员通知、时间衔接、会中服务、会后纪要整理、新闻发布、议定事项责任分工、跟踪推进督办等环节工作，全年协调召开各类重要会议无差错，市政府常务会议议题通过率达到95%以上。会后及时认真整理会议材料，编写会议纪要，明确责任分工和完成时限，将具体工作分解到各单位、各负责人，并认真抓好督查督办，推进工作落实。年内共编写会议纪要300余份，其中市政府常务会议纪要18份；市政府专题会议纪要193份。

【调研活动】　市政府办公厅围绕市委、市政府中心工作中的重点、难点、热点问题和市领导批交办事项，随同市政府领导或组织有关单位和市政府办公厅人员开展“双深入”调研活动。全年共调研400余次，形成一批有分析、有建议的高质量调研报告，提出了一些新的工作思路和举措；对一些事关全局的战略性、前瞻性问题超前进行研究和预测，形成比较成熟的意见和建议，为市政府和领导科学决策、民主决策提供可靠的依据。

【政务督办】　根据《海口市机关绩效考评目标制订工作细则（试行）》要求，按照突出重点、高点定位，坚持定量与定性相结合的原则，3月协同市机关效能建设办公室对全市57个效能单位年度职能目标进行审核把关，与各单位签订目标责任书并汇编成册印发各单位。站在全局的高度，突出中心抓大事，围绕市政府重大决策和领导关注的重大问题、《政府工作报告》中重点工作、市政府常务会议和市政府专题会议决定事项、全市重点项目、市领导批示交办事项，创新督查督办新思路、探索新途径、完善新机制，充分发挥班子成员、政府督查议案室和各业务处室的作用，形成督查督办合力。特别是对《政府工作报告》任务进行责任分解，明确责任单位和完成时限，进行专项督办；对市政府常务会议决定事项逐一跟踪督办；对55个重点项目、与省政府签订的4项责任状推进督办；对省市领导的重要批示件实施公文“绿色通道制度”，进行重点督办。编印《督查通报》26期，督促责任单位按时间节点要求推进工作落实。

【建议提案办理】 按照分级负责、归口管理的原则，分解、交办人大代表建议和政协委员提案，编印《海口市政府系统承办省市人大建议工作责任文件目录汇编》和《海口市政府系统承办省市政协提案工作责任文件目录汇编》；召开政府系统承办省市人大建议、政协提案座谈会；举办人大代表建议、政协委员提案办理工作培训班，取得实实在在的工作成效。年内，协调政府部门承办的194件建议均按规定时限完成书面答复，办结率100%，办理工作态度满意率98.45%，比上年提高1.55个百分点；办理结果满意率85.05%，比上年提高8.75个百分点。

【政务公开】 研究制定并印发《海口市2011年政务公开工作要点》，对2011年政务公开工作明确重点、区分责任、提出要求。在市政府督查议案室设立政务公开协调领导小组办公室，进一步组织协调推进政务公开工作。4月，认真做好迎接省政府政务公开考核的各项准备工作，印发关于认真做好考核工作的通知，召开协调会议进行专题研究部署，精心准备考核汇报材料，陪同考核组成员到各区和有关单位进行实地检查考核，海口市的政务公开工作受到了省考核组的高度评价。在8月召开的全省政务公开工作会议上，韩美副市长代表海口市作经验交流发言。

【信息公开】 年初，对2010年政府信息公开进行全面的认真总结，形成《2010年政府信息公开年度报告》，并适时通过政府门户网站向外发布。组织专人对海口市近年来信息公开中的保密工作情况进行专项检查，对存在的问题及时进行整改，形成《海口市人民政府办公厅关于做好我市政府信息公开保密审查工作的报告》报省政府办公厅。下半年，通过广泛的调研论证和征求各方面的意见建议，制定出台《海口市政府信息依申请公开工作规程》、《海口市政府信息发布协调制度》、《海口市政府行政机关向政府信息查阅场所提供主动公开政府信息工作制度》、《海口市政府信息公开工作考核办法》等5项政府信息公开配套制度，并印发各区和各单位。市政府门户网站在全国评比中获第七名；在“第五届中国特色政府网站评选”活动中，获“服务创新奖”；被省政府办公厅评为2010年度省政府门户网站信息工作先进单位。

【新闻信息】 积极协调媒体对市政府党组中心组学习会议、市政府常务会议、全市性经济会议、市长活动等重要性活动进行宣传报道。协调省市媒体策划“十一五”回眸和“十二五”规划全面解读和美好愿景的系列报道。协调媒体对2011年海口市招商推介会、南渡江调水工程等重要工作、重点项目跟踪报道，为城市形象的宣传推广做了大量工作，提高海口的知名度和美誉度。协调市信息中心每天收集报刊、网络等媒体关于海口市的信息、报道，编纂《每日新闻摘要》、《网议海口》，送呈市政府领导参阅。牵头在武汉大学组织举办海口市首次区、镇街道领导积极应对媒体培训班，40多人参加培训。进一步建立健全新闻发布和新闻通报制度，协调召开市政府新闻发布会和通报会，公开发布重大政策法规、工作部署、公告公示等政务信息，保障人民群众知情权、参与权和监督权，促进政府科学决策、民主决策、依法决策。进一步加强与驻市和市属新闻媒体的联系沟通，协调组织召开迎中秋、庆国庆记者招待会，进一步加强与媒体的联系沟通，市政府主要领导、各有关单位负责人参加会议，获得广泛的好评。

【信访工作】 市信访局始终坚持用群众观点做好信访工作，真正把来访群众当家人，把群众来信当家书，把群众反映的问题当家事。（1）编印《信访通报》，定期向有关领导、有关部门通报信访维稳情况。（2）深入开展矛盾纠纷排查工作，对各类信访问题分门别类进行排查归集，分类化解。（3）深入扎实地协调各级领导做好接访工作，尤其是协调组织开展市（区）党委、政府和政法系统领导“5·17”大接访活动。通过活动，各级领导共接访338批、1038人次，接访问题1000余宗。对接访问题，均按照《市委书记大接访活动明细表》进行登记造册，跟踪督办、协调落实，一批人民群众关心的热点、难点问题，困扰多年的重信、重访问题和难度较大的“钉子案”、“骨头案”得到较好解决。（4）认真做好信访值班工作。安排专人值守市长电子信箱，做好网络舆情的接收、承办工作。全年共接收电子邮件2320件，办结920件。市长专线坚持24小时值班，及时受理群众各种访求；协调各区和有关单位加强节日值班，确保联络畅通。年内共受理群众来信来访来电总量为8748件，同比下降9.4%，其中受理群众来信2034件，同比下降13.3%；受理群众来访5650人次，同比下降10.9%，为维护社会和谐稳定发挥积极作用。市政府办公厅被省委办公厅、省政府办公厅评为2007～2010年度全省信访工作先进集体。

【网络问政】 市政府办公厅积极适应信息化时代的要求，启动网络问政，主动收集舆情。与市委宣传部携手编印《网议海口》、《每日新闻摘要》，聚焦社会热点和民生问题，为市领导决策工作提供参考。经过筛选整理，从中归集20个热点问题报告市政府。市政府对此高度重视，召开专题会议研究解决。这一举措受到省政府的好评，在9月全省“大接访、大化解、促和谐”工作经验交流会上，海口市作了经验交流发言。

【制度建设】 2011年，市政府组织专门力量修订《海口市人民政府办公厅公文办理规程》、《海口市人民政府会议工作规程》和《海口市人民政府督查工作规则》等一系列工作制度和工作规程，起草《海口市人民政府关于进一步加强政务督办工作的办法》和《海口市人民政府关于加强执行力的决定》；制定各类会议模板，进一步完善办会流程，并将全部制度规程编印成《海口市人民政府办公厅工作手册》，发至全体工作人员，使办公厅的公文处理更加科学，会议组织更加规范，极大地提高了工作效率，取得了良好效果。

【党的建设】 精心组织，科学筹划，周密准备，广泛发动，于5月上旬召开了党员代表大会，审议上届党委会工作报告，选举产生新的党委会。根据人员的调整变化，对基层党支部的人员构成进行了优化调整，经选举补充了新的支部委员。举行方式多样、内容丰富、注重实效的纪念中国共产党成立90周年的各项活动，积极参加市直机关工委组织的“万人长跑”和球类比赛活动；“七一”前夕表彰一批优秀党员和优秀党务工作者；开展“踏寻红色足迹，缅怀革命先烈”主题党日活动，组织党员到定安县母瑞山纪念馆和琼海“红色娘子军纪念园”参观学习，弘扬党的优良传统，讴歌党的丰功伟绩，使广大党员进一步提高思想认识，坚定理想信念，自觉做到讲党性、重品行、作表率，不断推进各项工作落实，全面提高服务科学发展水平。加强党风廉政建设，按照市委《贯彻落实建立健全惩治和预防腐败体系2008—2012年工作规划实施办法》和《2011年党风廉政建设和反腐败工作实施意见》要求，专题研究党风廉政建设和反腐败工作，逐项分解各项牵头任务。各级领导按照职责分工，认真落实“一岗双责”要求，坚持秉公用权，廉政勤政，以自身模范行动带动和影响部属，各处（室）、局都能够严格按照要求，自觉遵守党风廉政建设有关制度规定。深入开展“廉政宣传教育月”活动，主要领导亲自上党课，组织观看警示片，着力提高党员干部的廉政勤政意识，规范行政行为。

【干部队伍建设】 市政府办公厅把加强干部队伍建设放在重要位置来抓，使干部队伍处在不断学习、不断创新、不断提高的良性循环之中。引导和组织干部多读书、读好书，为每个处室购买了《科学发展主题案例》系列丛书，促使各级干部丰富知识储备、完善知识结构，提高业务水平和文化素养。实行导师带学制，加强对年轻同志、新进人员的传帮带，着力培养业务精兵，锻炼业务新兵。积极为全体干部提供学习提高的机会，聘请专家教授进行授课辅导，组织开展各种形式的培训，选派人员外出调研考察，进一步拓宽视野，增长才干，提升能力素质。分批安排处级干部参加市委组织部举办的短期培训；周密组织科级干部参加市直机关工委主办的业务培训；组织2010年提拔的正科领导职务人员及新录用的2名公务员参加市人社局举办的任职培训。严密组织12名同志参加中央人才网在成都市举办的办公室工作人员业务培训。精心选派人员参加清华大学专业培训；适应信息时代时间碎片化、工作移动化、沟通多元化等新趋势，充分运用新的网络手段和技术开展在线培训；组织开展为期2天的拓展训练，着力提高团队协作意识；购买《细节决定成败》等书籍人手一册，强化“小事不小”观念，提高从大处着眼、小处着手的能力素质。

【政风行风建设】 市政府办公厅按照建设“为民、务实、清廉、高效”的目标要求，大力加强政风行风建设，不断改进工作作风，提高工作效率。开展政风行风自查自纠，成立领导小组，召开动员大会，广泛动员全体党员干部开展自查自纠。在不同服务对象中聘请100名评议代表，围绕信息公开、依法履行职责、办事效率、服务态度、廉洁自律、制度建设等几个方面的内容，精心设计评议问卷调查表，广泛征求评议代表的意见，找准存在问题，制订切实可行措施认真加以整改。12月23日召开民主评议政风行风大会，邀请市政府特聘政风行风评议员、市人大代表和政协委员代表、市直各单位代表等120余人出席会议。市政府秘书长、办公厅主任龙卫东同志作政风行风自查自纠工作报告，与会代表对政府和办公厅工作提出意见建议，进行政风行风民主测评，进一步找准存在问题，明确改进方向。在2011年度政风行风建设中，市政府办公厅在参加评议的53个部门单位中综合排名第6名。

（张林杰）

行政服务中心工作

【概况】 2011年，海口市政府服务中心（以下简称“中心”）进一步深化行政审批制度改革，积极推动三类建设项目实行联合审批，全面清理行政审批事项，有序推进政务服务体系的规范化建设，完善审批信息系统和12345政府服务热线信息系统，引入标准化管理体系，提升服务质量和效能。在全省率先把政府服务中心建成百姓身边的“政务超市”、民众生活的重要帮手。全市37家行政职能部门进驻服务中心，为社会提供504项政务服务；“海口12345政府服务热线”共有61家成员单位，24小时为市民服务。全年，市政府服务中心窗口共受理办件378077件，比上年增加139574件，办结378283件（含遗留件）。12345政府服务热线共接受市民来电270223个，受理咨询、求助、投诉、建议等各类办件99441件，比上年减少596件，办结99049件，办结率99.6%，比上年提高0.86个百分点，回访市民满意率96.2%，比上年增加2个百分点。市民投诉的重点问题主要包括：占道经营、违章建筑、公交拒载、司乘服务、噪音扰民、路灯不亮、拒开发票、土地纠纷、拖欠工资、购房入户等。

【服务大厅运行与管理】 3月29日，政府服务中心向各进驻部门下发《关于制作行政审批服务事项示范文本的通知》，要求各进驻部门制作本部门的行政审批服务事项申请表格示范文本，以方便群众办事及提高窗口的办事效率。服务大厅坚持落实“日巡查、月通报、季评比、年表彰”制度。全年，共协调处理各职能局之间、申办人与职能局之间等各种业务纠纷40件，基本做到每件都能圆满解决，每次都能让申办人满意。受理投诉48件，开展新进驻人员岗前谈话18次，训勉谈话6次，组织人员培训8场，400多人次。开展窗口人员季度考核4次及月度纪律情况通报12次。

【行政审批事项清理】 5月31日，行政服务中心与市效能办联合印发《海口市进驻市政府服务中心行政审批服务事项应进必进工作方案》，对进驻政府服务中心单位的所有未进驻行政审批服务事项进行对照整理，做到“应进必进”，杜绝“两头受理”。行政服务中心将各进驻单位报送的自查情况汇总，与市效能办对286项新进驻的行政审批事项有关事宜进行确认，并再次征询各进驻单位意见。12月底，将新进驻的行政审批事项录入行政审批系统，并于2012年1月1日正式对外受理。

【实施三类建设项目联合审批】 6月15日，市政府批准市三类（即房地产开发，工业、旅游等企业投资和政府投资）建设项目联合审批实施方案。经过2个多月的准备，8月22日，开始试行三类建设项目联合审批。市建设项目联合审批按照“一口受理，抄告相关，同步办理，限时办结”和信息共享的工作机制，由联合审批受理窗口统一受理申报材料，统一发放相关证、照，全程为申办人提供代理服务，从机制上解决过去群众办事“满楼跑”、“满楼找”的现象。申办人只需面对联合审批受理窗口就能办完建设项目所涉及的10多个单位的多个许可审批事项，相同材料只需一次申报，避免反复申报的麻烦。同时联合审批各阶段的许可审批事项实行联合审批，通过集中同步审批缩短审批时间，提高审批效率。如“方案审查”阶段，涉及4个职能部门的4个许可审批事项，过去要经过4个职能部门，累计审批时间50多个工作日，现在只需10个工作日。至12月31日，共受理审批建设项目355件，其中，房地产开发项目280件，工业、旅游项目20件，海口市政府投资建设项目55件。

【网上申报系统开发】 为进一步方便申办人，行政服务中心借助党政办公集成环境和互联网等平台，逐步推行网上申报工作。7月完成网上申报的调研工作，8月完成网上申报方案的制定，12月，基本完成网上申报系统的开发，并进行调试、改进。

【网上审批全面实施】 行政服务中心于2009年初开始推进网上审批试点工作。至2011年底，进驻中心的37家单位中，除市工商局及市住建局房产登记相关事项办件量较大、国安局及民防局审批事项因涉及保密暂不实施外，其他符合条件的单位和事项已全部正式实施网上审批。通过推进网上审批试点工作，海口市已进入全国首批全面实施网上审批的城市之列。

【政务服务体系工作交流会】 10月13日～15日，行政服务中心组织召开由市效能办、各区政府服务中心、市信息中心及市政府服务中心相关人员参加的政务服务体系工作交流会。会议就《关于加快完善我市四级政府服务体系建设的意见》进行研究讨论。会上各单位依次就《关于加快完善我市四级政府服务体系建设的意见》具体情况进行阐述，提出不同的意见。会议提出规范海口市政府服务体系的思路：在巩固、完善原有成果的基础上，创建推行全市四级政府服务体系标准化建设。11月，中心与市效能办联合向各区下发《关于加强我市四级政府服务体系建设管理的指导意见》。

【12345与社会各界联动】 （1）3月14日下午，一位居住在琼海的东北“候鸟”老人因患肺纤维化，急需带着氧气由医护人员护送前往广州救治，老人的女儿无助之下向海口市12345政府服务热线求助。为了帮助这名重病“候鸟”老人尽快出岛求医，海口12345热线展开42次琼粤跨省紧急电话协调“接力”。在12345政府热线工作人员的努力协调和各相关单位的积极配合下，终于将老人安全护送到广州市医院。（2）8月7日，12345政府服务热线联合南国都市报开展“12345热线便民服务活动”，邀请住建、人劳、社保、工商、卫生、药监、质监、妇联、供水供电燃气等职能单位现场接受市民咨询、投诉。同时，配合山东大学学生暑期实践，开展糖尿病咨询活动。（3）8月10日，就“黑网吧”问题再次召集工商、公安、文体、网络运营商等6家单位召开协调会，就“黑网吧”查处取缔工作进行分工，明确任务。会后形成会议纪要，并由工商部门起草查处取缔工作责任状，联合整治。（4）9月19日，将中心内部原设的咨询、投诉电话“60812345”、“68522111”、“68522136”和“65822115”进行整合，统一并入“12345”政府服务热线，原有的咨询、投诉电话停止使用。

3月14日，热线工作人员协调解决危重病人所遇到的困难。

【“12345 热线进社区” 系列活动】 （1）2011 年，海口 12345 政府服务热线联合海口晚报共同开展“12345 热线进社区活动”，多次在水云天小区、明珠广场、上邦百汇城、琼山三角池等地开展以“赶走油烟污染、还您洁净安宁”、“身边不文明，欢迎您投诉”、“12345 热线走进 4 个区” 等为主题的 10 场活动，邀请住建、城管、医疗、社保、交通、民政等职能单位代表现场办公，现场受理市民诉求 400 余件，派发宣传材料 20000 余份，着重解决“长滨路脏乱差”、“南沙路阳光三无早餐店”、“美舍河漂浮垃圾”、“福安路摊贩占道经营”等典型问题，联合新闻媒体跟踪职能部门现场查处及督促业主整改。（2）10 月 22 日，12345 政府服务热线和南国都市报联合开设的“南国 12345 服务站”与市民面对面，也是第五届“南国记者编辑进社区”大型公益活动首站走进海口米铺社区，在米铺社区文化广场现场接受市民的投诉和咨询。（3）10 月 23 日，海口晚报携手海口市政府服务中心打造的“12345 为您办实事”第七期主题活动“走进美兰区”设立在海口海秀路明珠广场举行，并邀请美兰区政府服务中心、区综合执法局、区环卫局、区住建局、区民政局、区水务局等相关职能单位到场。解决了一批困扰市民多年的烦心事与难题，对市民反映的问题认真记录并跟踪处理。

【招募热线监督观察员】 5 月 31 日，首批面向社会招募的 11 名监督观察员正式上岗，履行监督职责。12 月 29 日，由民建海口市委推荐的第二批 9 名监督观察员也正式上岗，成为热线的“智囊团、督察员、宣传队”，共同监督 12345 热线为民服务。热线多次组织监督观察员深入城管、住建、环保等职能单位开展调研活动。

（张肖明）

政府采购

【概况】 2011 年，海口市政府采购项目预算金额 54476 万元，比上年增加 6016 万元，增长 12.4%，实际采购金额 52425 万元，增加 6146 万元，增长 13.3%，节约资金 2052 万元，节约率 3.77%。从采购项目情况看：货物类实际采购金额 34532 万元，增加 1541 万元，增长 4.7%；工程类实际采购金额 3450 万元，增加 1286 万元，增长 59.4%；服务类实际采购金额 14443 万元，增加 3319 万元，增长 29.8%，三类项目分别占采购总额的 65.9%、6.6%、27.5%。从采购组织形式看：全市政府集中采购金额 47334 万元，增加 6546 万元，增长 16%；部门集中采购金额 747 万元，减少 209 万元，下降 21.9%；分散采购金额 4343 万元，减少 192 万元，下降 4.2%，三种形式分别占采购总金额的 90.3%、1.4% 和 8.3%。从采购方式看：全市实际公开招标采购金额 39255 万元，增加 7423 万元，增长 23.3%；邀请招标 2339 万元，增加 2136 万元，增长 105.2%；竞争性谈判采购金额 624 万元，减少 4011 万元，下降 86.5%；询价采购金额 7893 万元，增加 1328 万元，增长 20.2%；单一来源采购金额 2313 万元，减少 732 万元，下降 24%，五种方式分别占采购总金额的 74.9%、45%、1.2%、15.1%、4.4%。

【拓展采购领域】 2011 年，市各级财政部门围绕“扩范围、上规模、建制度、抓规范” 的要求，积极采取措施不断扩大政府采购范围，采购单位级次由一级预算单位逐步扩展到二级、三级直至基层预算单位。采购主体项目基本涵盖货物、工程和服务 3 大类，并且工程和服务类的比重在逐年增加。采购资金范围也从改革初期单纯的预算资金，扩大到以财政性资金为还债来源的借贷款（包括开行贷款和外国政府贷款等）、中央和省级补助专款和其他部门专项资金。

【创新采购方法】 针对政府采购工作中普遍存在的问题，市财政部门提请市政府出台《关于加强政府采购管理工作的意见》，强化政府采购协议供货管理，探索引入社会代理机构竞争机制，完善政府采购审批管理措施。（1）推进协议供货管理改革。与省级共享协议供货招标结果，避免协议供货商品出现“同城不同价” 的尴尬局面，节省了协议供货公开招标过程中的人力物力，有效实现资源共享、缩短时限、提高效益。（2）积极探索并适度引入竞争机制。打破完全按行政隶属关系委托行政区域内集中采购机构办理采购业务的格局，对专用采购目录里的部分专业性较强的项目，允许项目业主单位在本区域内择优选取采购代理机构办理政府采购。采购项目招标过程在省政务中心综合评标室全程监控下进行，形成项目业主单位全程参与，财政、纪检相关人员全程监督的良好监督制约机制。（3）不断完善采购方式审批程序。市政府财政管理系统（GFMIS）基本实现政府采购预算管理、采购项目实施和资金支付三大模块有机衔接的网上审批程序。同时结合工作实际，针对无法运行网上审批程序的非国库集中支付单位，制订非国库集中单位采购协议供货商品的内部审批程序。

【规章制度建设】 认真贯彻《政府采购法》及《海南省实施〈中华人民共和国政府采购法〉办法》，在实践中不断规范市政府采购的基本工作流程，出台《海口市财政局关于规范协议供货政府采购工作的通知》、《海口市财政局关于规范不可预见紧急情况实施单一来源政府采购流程的通知》和《海口市财政局关于印发海口市2011年政府集中采购目录及标准的通知》等规章制度，尽可能使采购项目申报、审批、立项、招标整个过程都置于有效监督之下。同时，结合市采购工作实际情况，财政部门草拟了相关涉密采购项目的采购规程，并将中央、省和市出台实施的相关法规政策和规章制度装订成册，编印《海口市政府采购法规文件汇编》，发到各预算单位，便于执行。

（胡炜彬）

政府研究工作

【概况】 2011年，市政府研究室坚持“高标准、高质量、高效益”的工作准则，认真起草各类文稿，扎实开展调查研究，充分发挥以文辅政的参谋助手作用，较好地完成各项工作目标任务。全年共起草综合文件、领导讲话、理论文章、工作汇报、典型发言等各类文稿65万余字。

【调研工作】 坚持把调查研究作为立室之本，围绕市委、市政府中心工作和重大决策部署，抓住经济社会发展中的热点、难点问题，围绕产业发展、城市建设、文化旅游、教育科技、社会保障等方面开展调研，先后撰写《海口失地农民问题调查研究》、《海口海域开发利用研究》、《海口城乡一体化发展战略研究》、《海口绿色交通建设》、《海口构建现代产业的思考研究》等10余篇调研报告，近25万字，多篇调研成果被市委、市政府主要领导转化为实际工作决策。

【决策咨询】 着眼于为市领导提供多角度的服务，新创办《咨询与决策》、《领导参阅》等刊物，不定期摘录上级最新政策、经济动向等方面的资料编辑成刊，供市“四套班子”领导参阅。全年，共编印《领导参阅》、《咨询与决策》12期近8万字，对每期文章市政府主要领导都阅批，其中《集全力把“火车头”做大做强》（《咨询与决策》2011年第3期）一文得到市委主要领导好评。

【文稿起草】 正确领会领导意图，认真起草市委、市政府重要文件、各类汇报材料、会议主题发言、领导署名文章及各类致辞，努力为领导提供优质的文稿服务。积极参与起草市第十二次党代会报告，撰写《2011年政府工作报告》、《报告修改情况的说明》、《政府换届以来工作总结和未来五年工作目标任务报告》、《中共海口市委关于进一步强区扩权的若干意见》、《关于落实〈中共海口市委关于进一步强区扩权的若干意见〉的情况报告》、《关于推进海南国际旅游岛建设的相关情况汇报》等重要文件报告，共26篇近15万字。撰写全市经济工作会、省委理论研讨会、全市道路交通管理综合整治行动动员大会等会议领导讲话材料，以及2011年海南（香港）经贸·旅游·文化活动周海口综合推介会、“跨国公司中国行”海口专场推介会等各类活动致辞，共102篇近30万字。

【信息报送】 根据海南省政府办公厅2011年信息报送要点，通过电话点题、约稿及筛选等方式，积极向省政府办公厅上报政务信息，完成省政府办公厅下达的年度目标任务，被评为2011年度全省政务信息工作先进单位。全年上报政务信息200条，编发内部《政务信息》120期。

【编辑《海口经济》蓝皮书】 完成约30万字的2011年《海口经济》蓝皮书的通知、组稿、编撰、校对、出版等工作。蓝皮书主要记载2010年海口市经济运行进行全面、深入、细致的回顾与评价，对海口宏观经济环境和影响经济运行的主要因素进行分析研究，并对新一年经济发展趋势和主要国民经济指标作预测，提出确保海口经济持续、快速、健康发展的政策取向和对策建议。

（王育娟）

档案工作

【概况】 2011年，全市各级档案部门广泛开展“创先争优”活动，采用学习交流、业务培训等形式，增强档案干部的知识水平和业务素质，为全市档案事业的持续健康发展提供组织保障，档案工作取得了可喜的成绩。市委办公厅等5个单位、张小敏等6人分别被评为“省档案工作先进集体和先进工作者”。至12月，市档案馆馆藏档案137个全宗，共58462卷，36447件；市城建档案馆馆藏档案88.91万卷；市房屋档案馆馆藏档案69.1卷（宗）；市教育局档案馆馆藏档案9176卷。

【档案征集】 （1）市档案馆贯彻《市重大活动照片音像档案管理暂行办法》，继续关注全市重大活动，派员深入市重大会议、重大活动现场，对四套班子领导的重要公务活动以及市里重大活动进行摄像拍照工作，完成大量照片资料的拍摄收集工作。（2）开展社会民间档案的征集工作。琼山区档案馆征集了涉及琼山社会、历史、人文等书刊资料80多册，图片资料150多张。该馆还征集到琼崖纵队老战士陈其美生前的诗文手稿和革命史料手稿共计146件（篇）。

【档案接收】 （1）全年，市档案馆接收市农业局等9家单位的档案219卷和218盒6837件，图书资料59册；市国库支付局托管的251家单位2009、2010年度会计档案13948卷；中国生命人寿和平安人寿2家企业新增寄存档案89盒。（2）秀英区档案馆接收区委、区政府档案118件，婚姻档案152件；龙华区档案馆接收公证档案2922件；琼山区档案馆在库房饱和的情况下，仍接收区委办1998—2007年档案149盒。（3）市城建档案馆共接收149个建设工程项目（其中市政工程项目59个），竣工档案6763卷，燃气项目90个，供水管线工程52卷，招投标业务管理档案2006—2011年762个工程项目，接收整理归档建设系统建设工程施工报建审批及招标业务管理相关资料档案和人防工程、拆迁项目报建审批资料档案5100卷。（4）市房屋档案馆全年接收房产档案26576宗，整理、核对、入库管理80530宗，接收抵押档案12144宗，整理、核对、入库管理18770宗。（5）市教育局档案馆接收新调入教师及毕业生人事档案392袋入馆，办理19名调出人员人事档案的传递工作；收集人事档案材料8652份。

【社保档案工作】 为贯彻落实国家人力资源和社会保障部、国家档案局要求力争用3年时间，使社保经办机构“落实制度措施、落实场地设施、落实专业人员、落实经费保障”的精神，10月，市档案局与市人力资源和社会保障局、市地方税务局联合制发《海口市社会保险业务档案管理办法》，对市社会保险业务档案的规范归档与管理做出具体的规定。在市档案局具体指导下，市社会保险事业局已整理归档医疗保险与工伤保险两类保险案卷1000多卷。

【“创城”档案工作】 近年来，海口市开展创建“园林城市”、“卫生城市”、“文明城市”等活动，“创城”机构及相关活动成为常态。为配合“创城”工作的顺利推进，从5月开始，市档案局跟进指导市“创城”档案的归档工作，并派员到广东东莞学习。根据“创城”文件材料的“属专题性文件”、“印证作用”、“来源广泛”等特征，结合迎接中央文明办检查的需要，制定“创城”文件材料归档的分类方案与整理流程，设计专门的档案装具，档案文件目录格式等，并多次派员现场指导，帮助市文明办完成创城文件材料231盒3000多件的归档工作。

【机关档案工作】 市档案局严格执行文件整理归档备案制度，保障文书档案质量，不断促进机关档案工作。（1）至11月30日，全市94个机关、事业单位中88个单位完成文书档案归档任务，归档率达94%。秀英区41个正科级区机关单位归档率为95%，基本符合归档标准和要求。(2) 琼山区档案局将日常的业务指导和年度检查结合起来，边指导边检查边整改，对8个镇和国兴街道办以及48个机关单位的档案整理归档进行全面考核检查，检查结果显示，全区各单位文件归档率从上年的85%提高到96.5%。

【档案管理达标定级】 1月，市公安局秀英区公安分局通过“海南省二级机关综合档案室”的考核。7月，琼山区人民检察院通过“海南省一级机关综合档案室”的考核。

【档案验收和档案资料监销】 中国印钞造币海南华森实业公司工程项目，是省、市的重点工程项目。11月，市档案局派员参加省档案局组织的中国印钞造币海南华森实业公司项目档案验收工作。10月，市档案局派员前往澄迈海南美俐达实业有限公司，对市政府采购中心需销毁的档案资料进行全程监销。

【档案利用】 (1) 市档案馆以接待利用和开展档案咨询、函电代查、代复等多种形式，共接待利用者809人次，调阅档案4677卷（件）次，利用档案4404卷（件）次，复印、打印、摘录档案、资料7585张，提供档案证明470份次。秀英区档案局全年接待查档利用68人次，查阅档案783件。琼山区档案局共接待档案利用人数994人次，比上年增加369人次，查阅利用各类档案889卷宗，165盒，215件，比上年增加164卷，为利用者复印档案资料2412页，比上年增加196页，为查阅档案者出具证明464张；帮助原琼山的超龄下岗职工共218人查找相关原始招工档案231卷，复印资料586件（页），使这部分下岗职工能够顺利办理社会养老保险。龙华区档案局全年接待查档人数300多人次，查阅档案142件。市城建档案馆接待利用查档单位156个238人次，调阅档案1116卷，复印文字及工程图纸8193张，利用照片407张。其中为政府投资工程项目提供服务6次，配合提供给公、检、法及主管局有关部门查询美源日月城、北大青鸟、南航西路整治工程、海口湾海岸线景观工程等重要项目档案32人次，调档218卷，复印资料3084份；提供地下管线利用的管线数据15份，出图6张。市房屋档案馆为银行提供房产证或土地证借用122本，对内提供房产档案利用34144宗。受理司法部门查、解封、判过户房产法律文书共1425份，涉及房产共5873宗（办理房产查封2007宗，办理房产解封、判过户3866宗）。对外提供房产登记信息查询85689宗次，共为65748人（单位）出具房产情况说明21936份，印签房产档案证明7685宗，其中为公、检、法、纪检等部门提供房产登记信息查询9877宗次，出具房产情况说明1366份，印签房产档案证明1330宗；为各区房管局提供房产登记信息查询3829宗；为学校提供房产登记信息查询4530宗；为市国土局调查房产复函件254份。市教育档案馆接待查阅档案326人次，复印970页，借阅利用档案586卷。(2) 提供照片。市档案馆为省、市庆祝建党90周年系列活动提供照片档案；为市政府办公厅、市政府研究室、市人大办公厅、市国土局、市地志办、省摄影家协会、海口晚报社、海南电视台、海口电视台、南国都市报社等单位部门及媒体，提供照片档案1250张。

【档案信息化建设】 (1) 市档案馆完成市委党校等4个单位903卷10.8万页档案数字化加工处理，约占馆藏量的5%，并将处理好的档案挂接数据库中，实时为利用者提供查阅。至10月，已完成馆藏文书档案数字化加工约149万页，占馆藏量的75%，刻录备份光盘约230盒。(2) 市城建档案馆结合市政府“海口城建基础数据平台”的建设，配合做好城建档案及综合管线普查工作提供相片管线数据。同时加快建设项目工程案卷条目著录，完成建设项目工程档案目录入126896条。(3) 琼山区档案局录入区人事局等单位的机读档案目录2050条。

【海口微记录】 市档案局（馆）官方微博，微博号 http：//weibo.com/u/243539362，10月1日开通。宗旨：从档案文化的角度推广海口城市形象，架构政府信息公开新桥梁，沟通档案业务资讯，推广档案宣传，普及档案知识。开通以来，拥有“粉丝”2802名，与政府部门、新闻传媒、文化宣传等95家机构微博建立互相关注关系，发布（转发）微博324条。其开通填补了海南省档案部门官方微博的空白，是档案工作借助互联网进行宣传和推广的一次有益尝试。

【档案信息资源开发】 （1）市档案局编发2011年《海口市人民政府公报》12期；汇编32万字的《1987—2011年海口市人民政府工作报告》；撰写3.3万字的《2011年海口大事记》；配合省、市做好修志工作，完成《海口市档案志》第二轮相关内容的撰写。（2）琼山区档案局从征集的150多张图片资料和80多册涉及琼山社会、历史、人文等书刊资料的图片中，精选采集，制作1期琼山重大事项图片纪实专栏。秀英区档案局向区政府网站、区“三大办”报送信息18篇，撰写调研论文4篇。

【业务培训】 （1）3月，市档案局在澄迈举办为期三天的以“档号的编制”和“档案统计工作”为专题的海口市档案工作培训班，全市各单位分管档案工作的领导及档案干部共140多人参加了培训。5月，市档案局与市文明办联合举办1期内容为“创城材料收集与报送”的创建文明城市档案工作培训班，由市档案局派员授课，全市共70多名有关工作人员参加培训。此次培训，为市创建文明城市材料归档工作的统一、规范奠定了基础。（2）5月，琼山区档案局召开全区各镇（街道）办公室主任档案工作座谈会，以会代训，直接进行业务学习、指导交流。市房屋档案馆全年组织18人次参加省、市举办的档案专业培训班、执法培训班等各种培训班，并获得上岗证。市教育局档案馆组织直属学校档案资料管理人员参加省、市档案局举办的档案业务培训班，进一步提高基层档案干部的理论水平和业务素质，为局直属学校档案工作健康持续发展储备了人力资源。

【档案执法考核】 11月，市档案局开展海口市2007—2011年档案工作检查评比活动。经过一个月的检查评比，评出市委办等15个先进单位，苏燕等23名先进工作者。根据市法制局《海口市进一步规范行政处罚自由裁量权工作方案》的要求，市档案局依据《档案法》、《海南省档案管理办法》等5个法规，制定《海口市档案行政处罚自由裁量权标准表》，对海口市的档案行政处罚进行了细化量化，进一步提高市档案行政执法水平。

（麦春鸣）

史志工作

【概况】 2011年，海口市史志办编纂出版《海口市年鉴》（2011），第二轮《海口市志》完成初稿80%，指导4个区完成《区志》初稿90%，编辑出版《海瑞研究文集》，全面完成年初制定的工作目标。《海口市年鉴》（2010）获得第五届全国年鉴编校质量检查评比二等奖；市史志办党支部被市直属机关工委评为“2011年度机关党组织规范化建设先进基层党组织”。

【第二轮《海口市志》编纂】 第二轮《海口市志》承编单位92个，计划要求2011年底必须完成“送审稿”。4月25日，市史志办与市政府督查室联合发文，对市、区修志工作情况进行通报。截至12月31日，第二轮《海口市志》完成并送交稿件单位29个，完成初稿单位29个，完成部分初稿单位33个，正在收集资料单位3个，尚未开展工作单位1个。举办第二期修志培训班。为加快速度，提高市志、区志编纂质量，8月17日~19日，在琼海举办第二轮《海口市志》及各《区志》编修业务培训班（第二期），参加培训的有市、区志承编单位的撰稿人共80多人，特请江苏省志办市县处处长陈华、原海南省志办市县处处长邢维雄主讲。8月31日，在市行政中心7号楼，对未参加17日培训班的部分单位编修人员进行补课培训。

【年鉴编纂】 2011年3月，为确保年鉴质量，市史志办举办年鉴撰稿人培训班，参加培训班104人，对上年度年鉴优秀撰稿人进行了表彰，并对2011年《海口市年鉴》编纂工作进行布置。《海口市年鉴》(2011）如期出版发行。年鉴主要记载2010年海口市行政区域内的自然、政治、经济、文化、社会等基本情况、重大事件及主要发展变化，共设特辑、要闻等29个类目，120多万字，图片116张。完成《中国经济年鉴》、《海南年鉴》相关海口市部分的文字稿约2万多字、图片7张的组稿工作。

【指导《区志》编纂】 市史志办指导督促各区推进区志编修工作，切实做到“一纳入、五到位”，即把修志工作纳入本单位经济社会发展计划，做到领导到位、机构到位、经费到位、人员到位、条件到位。至年底，《秀英区志》完成初稿；《龙华区志》完成初稿，共80多万字；《琼山区志》完成初稿，约40万字；《美兰区志》完成初稿，约170万字。

【制订《海口市2011—2015年地方志工作规划》】 按照相关要求，市史志办结合实际，按时制订《海口市2011～2015年地方志工作规划》，于2011年8月，由市委办、市政府办联合行文下发。内容包括指导思想、基本要求、目标任务和保障措施。目标任务：（1）地方志编修工作。①2011年，第二轮《海口市志》交送审稿，2012年总纂，2013年出版；②2011—2012年，《秀英区志》、《龙华区志》、《琼山区志》和《美兰区志》编修任务全面完成，并出版发行；③2011—2015年，市史志办组织编修《琼山市志》（续志），完成资料收集、编纂和出版等工作；④2011—2015年，出版10部专业志或部门志。（2）年鉴编纂出版工作。（3）加强地方历史文化的研究。（4）加强资料征集、整理汇编和管理工作。（5）信息化网络建设。（6）方志馆（室）建设。（7）开展读志用志活动。

【编辑《海瑞研究文集》】 由副市长徐敏生作序，海口市地方史志办公室主编，南海出版公司出版发行，10月付印。共收集论文34篇28万字，图片38张。作者遵循独立之精神，自由之思想，透过海瑞的出生、家庭、家族、生活、工作、故事、祖谱、文章、文献、遗存、文物等，从不同角度、用不同方式勾勒、概括、展示了海瑞的品格、精神和思想，并赋予现代的解读和时代的升华。坚毅、执着、忠诚、廉洁、直谏，浓缩了海瑞性格乃至人类社会的价值规范，附会于论文之中。

（韩林）

（编辑：吴钟宝）

政协海口市委员会

政协海口市第十二届委员会主席、副主席、秘书长、副秘书长名单

主　　席：黄行光
副 主 席：程国林、林甫肄、黄礼忠、林道本、林　杰、叶　霞（女）、郑　钢、谢　京（女）
秘 书 长：黎义荣
副秘书长：罗志勇、符　中、单保申、符敬浓（11月止）、戴国镇（10月任）

政协海口市委员会工作部门领导人名单

提案法制委员会主任：戴国镇（专职，10月止）周　威（专职，10月任）
经济委员会副主任：黄慈龙（专职）、唐丽英、董敬军、王成栋、杜文锋、徐自力、覃世斌
教文卫委员会主任：陈文说（专职）
港澳台侨委员会主任：关金生
督查研究室副主任：李　明

主要工作

【概况】　2011年，市政协牢牢把握民主和团结两大主题，围绕市委中心工作，切实履行政治协商、民主监督、参政议政职能，充分发挥人民政协协调关系、汇聚力量、建言献策、服务大局的作用。全年，完成湿地保护、植树造林、环境建设3个调研报告，移交委员提案322件，为海口市经济社会平稳较快发展作出了积极贡献。

【专题调研】　（1）根据全国政协主席贾庆林在视察海口时的指示，按照市委的部署，市政协将生态城市建设作为重大调研课题，主席会议成员分头带领30多名专家学者，经过2个多月的视察、调研、考察，完成湿地保护、植树造林、环境建设3个调研报告。召开常委会，围绕“加快推进海口生态环境建设”专题议政建言，形成《优化海口生态环境，加快“四宜”城市建设》的常委会建议案，从完善生态环境保护体系、巩固生态环境质量、提升城市绿化品位、解决湿地保护问题、提高生态资源利用效益5个方面，提出26条具体建议。市委高度重视，专门召开常委会议听取汇报，对生态环境建设工作进行研究部署，出台市绿线管理条例。（2）针对市产业升级、学前教育、旅游风情小镇建设、城市建设等问题进行调研，并撰写关于增强市科技创新能力促进产业优化升级、关于加强市学前教育发展、关于加强市旅游风情小镇建设、关于学习借鉴合肥、南昌等地城市建设经验加强海口城市建设的调研报告，供市委、市政府在决策中参考。

【委员视察】　（1）年初，对海口市物业管理行业发展进行视察，先后听取市住建局、物价局等部门的汇报，并与社区居委会、物业管理协会、物管企业和小区业主进行座谈，并实地察看部分小区，对进一步提高市物业管理行业发展水平提出意见和建议，供市委、市政府以及党政有关部门决策时参考。（2）对海口市生态循环农业发展情况进行专题视察，听取市农业局关于加强市生态循环农业发展情况报告，并实地视察国家现代农业示范点和休闲农业观光园，提交关于加强市生态循环农业建设的视察报告供市委参考。

【提案工作】　召开提案集中交办会，共移交提案322件，并对提案办理提出要求。将《关于加大海口市农田水利基本建设力度的建议》、《关于拓展社会投资渠道，推动海口公共建设和城市开发的建议》、《关于加大我市城中村改造工作力度的建

议》作为重点提案，由主席会议成员牵头进行督办。召开提案工作表彰大会，对十二届市政协优秀提案、提案组织工作先进单位、提案办理工作先进单位进行表彰。

【捐资助学】 2011 年，市政协办公厅开展“和谐助学”活动，发动委员捐款 66.5 万元，资助市 120 名贫困家庭的大学新生，使他们顺利跨进大学校门。

主要会议

【市政协十二届五次会议】 2 月 12 日～14 日召开。会议听取和审议市政协十二届常委会 2010 年工作报告、市政协十二届四次会议以来提案工作情况的报告；听取和讨论市政府工作报告《海口市国民经济和社会发展第十二个五年规划纲要（草案）》等报告；通过市政协十二届五次会议政治决议、关于市政协十二届常委会工作报告的决议、关于市政协十二届五次会议提案审查情况的报告。会议期间，举行分组议政座谈会，市委、市政府、市法院、市检察院领导应邀参加会议。

【常委会议】 2 月 14 日，召开十二届二十次常委会议，听取各小组召集人汇报小组讨论各项决议（草案）情况，审议市政协十二届五次会议政治决议（草案）、关于常委会工作报告的决议（草案）和提案审查情况的报告（草案）。3 月 24 日，召开十二届二十一次常委会议，传达学习全国政协第十一届四次会议精神；学习贯彻市委书记陈辞和冀文林市长在市政协十二届五次会议议政座谈会上的讲话精神；传达学习中共海口市常委会 2011 年工作要点；审议通过政协海口市委员会 2011 年工作要点（草案）；邀请廖逊教授作民生利益与社会和谐稳定专题讲座。6 月 10 日，召开十二届二十二次常委会议，传达学习省委书记卫留成视察海口时的讲话暨陈辞书记的讲话；审议通过市政协常委会关于《优化海口生态环境加快“四宜”城市建设》的建议案。8 月 4 日，举行十二届二十三次常委会议，学习贯彻胡锦涛总书记“七一”重要讲话；传达学习全省政协工作会议精神、省政协五届十八次常委会精神和学习贯彻《中共海南省委关于加强人民政协政治协商制度建设的意见》；传达学习市委第十一届第九次全体（扩大）会议精神；贯彻市委经济分析会精神，邀请市政府韩美副市长通报海口市 2011 年上半年经济社会运行情况；审议通过《政协海口市委员会优秀提案、先进提案单位和先进承办单位评选表彰办法》；围绕加强和创新社会管理问题建言献策。10 月 28 日，召开十二届二十四次常委会议，学习贯彻中共十七届六中全会精神、省委有关会议和市委十一届十次全会精神；审议通过市政协十二届委员会常务委员会工作报告（草案）和提案工作情况的报告（草案）；通报十二届市政协优秀提案、先进提案单位和先进承办单位及优秀课题报告表彰名单；协商通过关于召开市政协十三届一次会议的决定及会议议程（草案）；通过人事任免事项。

【主席会议】 2 月 13 日，召开十二届三十二次主席会议，审议市政协十二届五次会议政治决议（草案）和关于常委会工作报告的决议（草案）。3 月 2 日，召开十二届三十三次主席会议，学习市委书记陈辞和市长冀文林在市政协十二届五次会议议政座谈会上的讲话精神；学习中共海口市常委会 2011 年工作要点；审议政协海口市委员会 2011 年工作要点（草案）；研究确定市政协 2011 年主席督办案和重点提案；研究确定市政协十二届二十一次常委会议时间及建议议程。4 月 7 日，召开十二届三十四次主席会议，学习贯彻全国政协主席贾庆林在海南调研时的重要讲话精神；传达学习海南省政协五届十七次常委会议精神；研究市政协 2011 年有关工作；研究关于加快推进海口生态城市建设课题调研的有关工作。5 月 30 日，召开十二届三十五次主席会议，专题研究“推进海口生态城市建设”课题调研有关事宜。会议决定就“优化海口生态环境，加快‘四宜’城市建设”搞一个政协常委集体建议案，经政协常委会通过后报市委，供市委决策参考。7 月 8 日，召开十二届三十六次主席会议，专题学习贯彻胡锦涛总书记“七一”重要讲话精神，传达学习全省政协工作会议精神；传达学习市委第十一届第九次全会精神；讨论《政协海口市委员会优秀提案、先进提案单位和先进承办单位评选表彰办法（修订案）》（草案）；协商决定市政协十二届二十三次常委会议时间及建议议程。8月10日，召开市政协十二届三十七次主席会议，审议同意王德自动辞去市政协委员资格的请求。8月26日，召开市政协十二届三十八次主席会议，学习讨论《党政领导干部交流工作规定》等文件。9月29日，召开市政协十二届三十九次主席会议，听取各位副主席汇报工作情况以及下一步工作打算。10月13日，召开市政协十二届四十次主席会议，传达市委十一届十次全会精神；审议市政协十二届委员会常务委员会工作报告（草案）和提案工作情况的报告（草案）；审议通过十二届市政协优秀提案、先进提案单位和先进承办单位及优秀课题报告表彰名单；协商通过召开市政协十二届二十四次常委会议的时间及建议议程以及人事任免事项。10月27日，召开市政协十二届四十一次主席会议，审议市政协十三届委员人选名单、市政协十三届一次会议日程（草案）和主席团、主席团会议主持人、秘书长和提案审查委员会名单（草案）及有关事宜；审议市政协十二届二十五次常委会议议程（草案）和日程（草案）及市政协十三届一次会议筹备工作方案。

（杜子道）

（编辑：吴钟宝）

纪检·监察

中共海口市纪委书记、副书记、常委、监察局局长、副局长名单

书　记：官宏伟（10月免）
　　　　李　湖（10月任）
副书记、监察局局长：隋夕岭
副书记：张百炼、刘　文
常　委：冯　明（兼职）、陈全能、潘朝辉、
　　　　王孔家（兼职，10月免）、林道诗、
　　　　吴　优（10月任）
副局长：陈全能、黎　雅

纪检工作

【概况】　2011年，市纪委监察机关强化监督检查，加强反腐倡廉宣传教育和对领导干部的监督，加大查办案件工作力度，继续保持惩治腐败的高压态势。深入推进专项治理和纠风工作，着力解决群众反映强烈的突出问题；加强效能建设，大力推进廉洁、高效、文明的服务型机关建设；深化重点领域体制机制改革，进一步推进源头治腐工作；严肃换届纪律，确保全市各级换届工作的顺利开展；积极探索新方法新途径，加强基层党风廉政建设；加强纪检监察机关自身建设，不断夯实反腐倡廉建设组织基础；继续深入推进惩治和预防腐败体系建设，不断取得反腐倡廉建设新成效，为顺利实施“十二五”规划、加快海南国际旅游岛建设提供有力保证。2011年，全市纪检监察机关受理信访件824件，办结798件。立案59宗，涉及人员81人；处分违纪人员88人，其中处级干部6人，科级干部37人；移送司法机关处理7人，挽回经济损失767.61万元。6月26日，海口市纪委常务副书记、市监察局局长隋夕岭同志被授予“全国纪检监察系统先进工作者”称号。

【加强对重大决策部署落实情况的监督检查】　认真抓好加快转变经济发展方式监督检查工作，成立以市委常委、市纪委书记为组长，市相关职能部门为成员单位的市加快转变经济发展方式监督检查工作领导小组，印发海口市实施意见，将省里部署监督检查的10项具体任务落实到相关部门。各区、各牵头成员单位都相应成立监督检查领导小组，制定监督检查方案。继续深化对扩大内需项目和重点项目的监督检查，对9个政府投资规模在5000万元以上的新开工项目进行检查，发现并督促整改问题43个，通报批评责任单位7个。将重点项目统一纳入电子监察系统进行督查，55个重点项目总体进展顺利，完成投资130.38亿元，占年度计划的110.16%。监督检查新开工建设保障性住房11702套，督促市国土、住建、财政等部门及时向社会公布住房用地年度供应计划、保障性安居工程建设计划、建设进度和资金使用等情况。对南渡江30万亩土地整治项目全程介入监督，重点对项目前期调研规划、项目配套资金及制定完善重大工程项目管理相关制度等工作开展监督，推进项目顺利实施。对“五路四桥”等五个市政重点工程项目全程监督，下达整改指令书3份，责令整改。

【加强反腐倡廉宣传教育】　大力开展反腐倡廉宣传教育，组织全市26500多名党员干部开展以“廉洁从政、勤政为民”为主题的反腐倡廉宣传教育月活动，各单位主要领导讲廉政党课170场次。分批组织参观省、市共建的反腐倡廉警示教育基地，各级党员干部撰写阅读《高墙铁窗内的忏悔》心得体会3290篇。组织举办“颂党·倡廉”文艺演出，作品《廉之·莲之》、《旗帜》分别获得全省一、二等奖，市纪委获得全省文艺汇演活动优秀组织奖。开展纪念建党90周年征文和反腐倡廉

知识竞赛，全市机关、企事业单位党员干部，村居“两委”干部共6800余人参加活动，扩大了反腐倡廉宣传教育的覆盖面。组织创作的《惊醒篇》获全国廉政公益广告创意创作三等奖。深入推进廉政文化“六进”活动，21家单位被省纪委命名为第二批廉政文化“六进”示范点。开展公职人员岗位廉政教育试点工作，探索构建从源头上预防和治理腐败的制度体系。

【海南省海口市暨反腐倡廉警示教育基地启用】 12月22日，由海南省纪委和海口市纪委共同建设的省、市反腐倡廉警示教育基地正式启用，省、市四套班子成员，省高院、省高检及省直机关各单位主要领导，省、市纪委领导等近200人参加启用仪式。省委书记罗保铭、代省长蒋定之共同为警示教育基地揭牌，共同敲响警钟，并分别写下观感留言。基地位于海口监狱院内，设有警示教育展厅和多功能报告厅。警示教育展厅通过图、文、物等载体和声、光、电等手段，综合展示65个在全国及海南省内有重大影响的反腐败案例。多功能报告厅可观看警示教育片、召开警示教育会议、听取服刑人员现身说法。

【强化对领导干部的监督】 加强对贯彻落实《廉政准则》等有关规定情况的监督检查，深化领导干部廉洁自律工作。继续开展领导干部违规收送礼金问题专项治理，“廉政账户”已收到93人次主动上缴收受礼金281.79万元。认真贯彻厉行节约有关规定，审查处级干部因公出国212人次，因私出国90人次。严格落实“三谈两述”等规定，市、区纪委负责人同下级党政主要负责人谈话231人次，领导干部任前廉政谈话580人次，诫勉谈话174人次，领导干部述职述廉776人次。探索加强对党员领导干部监督管理新机制，市委全会审议通过《关于进一步加强和改进对领导干部监督管理的意见》。

【开展公务用车专项治理】 按照中央的统一部署，成立公务用车专项治理领导小组，下设办公室，负责指导全市公务用车专项治理工作。治理办采取分解下发通知、编发简报、到点指导等形式，提出工作要求，解释政策规定，通报进展情况，推动工作有序开展。一是完成3轮公车摸底自查工作，及时纠正一些单位漏报、重报、错报问题，摸清各单位公务用车状况。二是建立起公务用车信息库，完成公车信息录入、核对补登及上报工作。三是清退违规用车33辆，将112辆超编一般公务用车就地封存。年底，全市公车治理工作已进入纠正处理阶段。

【落实党风廉政责任制】 （1）及早谋划部署年度工作任务。年初召开市纪委十一届六次全会，部署全年的党风廉政建设和反腐败工作任务，将党风廉政建设和反腐败工作任务细化为4个方面68小项，分别落实到56个牵头和协办单位，做到任务具体、责任明确。对《2011年党风廉政建设和反腐败工作实施意见》委、局承担的任务进行再分工，进一步明确部门职责和完成时限。5月，召开市政府第三次廉政暨清理规范庆典、研讨会、论坛活动和党政机关公务用车问题等两个专项治理工作会议，对2011年政府系统廉政建设和两项专项治理进行动员部署。全市各单位和各级纪检监察机关按照部署，认真抓好任务分工和责任落实，为反腐倡廉各项任务落实打下坚实基础。（2）认真落实党风廉政建设责任制。组织学习中央新颁布的《关于实行党风廉政建设责任制的规定》，将学习贯彻新《规定》作为2011年反腐倡廉“教育月”活动的主题内容。根据新《规定》内容要求和近年来落实责任制工作实际，修订完善责任制考核办法、责任追究办法等。组成9个检查考核组，对4个区、69个市直单位责任进行考核，向市委作专题报告，并将考核情况通报全市，进一步推动责任制“一岗双责”的落实。

【加强基层党风廉政建设】 （1）全面推进党务公开工作。组织全市各基层党组织代表到龙华区城西镇现场观摩学习试点单位党务公开工作的经验做法。制定海口市党务公开工作方案，分层次、分类别编制党务公开基本目录，在全市基层党组织全面推行党务公开工作，加快党务公开工作规范化、常态化进程。积极推进龙华区委权力公开透明运行试点工作，研究制定12项规章制度、11项重点和热点工作流程，实行“九会”群众旁听制等，积极探索区委权力运行程序化、公开规范化、办公透明化、监督全面化的新路子，取得良好成效。（2）积极探索加强农村基层党风廉政建设新途径。研究制定《海口市2011年农村党风廉政建设工作安排意见》，部署、督促、指导各区抓好农村党风廉政建设工作。在行政村党组织设纪检委员，首次组织举办农村基层党组织纪检工作培训班，全市农村基层党支部纪检委员256人参加培训。全面推进农村集体“三资”委托代理服务工作，全市已有253个村委会、2430个村民小组实行“三资”托管。开展村务监督委员会试点工作，在4个区分别选取2～3个条件成熟的村委会，试点建立村务监督委员会，探索建立农村村级民主监督管理制度。（3）加强国有企业党风廉政建设。督促落实《国有企业领导人员廉洁从业若干规定》，把执行“三重一大”决策制度、党风廉政责任制的情况列入年度考核内容。

【严肃换届纪律】 2011年是换届年，海口市加强对换届工作纪律的监督检查，制定《关于换届期间信访举报工作的规定》，建立“12388”信访快查机制，优先办理涉及换届工作的信访举报件。对各区、镇学习宣传换届纪律情况进行专项检查；派出工作组分驻各村镇指导村级组织换届工作；与4个区三套班子成员、区直属单位、镇（街道）主要领导进行集体谈话，认真落实“5个严禁、17个不准和5个一律”的要求，营造了风清气正的换届环境。

【查处违纪违法案件】 2011年，全市纪检监察机关受理信访件824件，办结798件。立案59宗，涉及人员81人。处分违纪人员88人，其中处级干部6人，科级干部37人；移送司法机关处理7人，挽回经济损失767.61万元。查办的主要案件有：市国土资源局原局长林明勇受贿案；市城市管理行政执法支队原支队长陈言受贿案；龙华区城市管理行政执法局原局长符海曼受贿案；美兰区商务局原局长陈江受贿案等。树立正确的办案政绩观，为233名党员干部澄清了是非，维护他们的合法权益。强化办案机制建设，研究出台《关于建立全市纪检监察机关办案联动机制的规定》、《关于跨室（组）统筹安排信访举报件的暂行规定》、《关于违纪违法案件移送处理和协作配合工作的暂行办法》等制度，有效整合办案资源。研究制定《关于换届期间信访举报工作的规定》，建立“12388”信访快查机制，优先办理涉及换届工作的信访举报件，确保换届工作顺利开展。协助中央纪委专案组做好“1.04”专案清查相关工作，配合省纪委推进“两规”办案点建设。继续认真贯彻落实“两规”措施使用和解除报备、办案安全事故每月零报告等制度，确保依纪依法安全文明办案。

【加强自身建设】 认真抓好中纪发［2009］9号、10号文件和中央纪委《关于加强乡镇纪检组织建设的指导意见》的贯彻落实工作，为区级纪检监察机关增加行政编制8个、办案办公经费80万元，各区纪委常委的级别设置都达到正科级。加强镇级纪检组织建设，23个镇纪委基本实现有独立办公室、有职责制度等“十有”要求。严格干部考察任用工作，完成市、区两级纪委换届考察工作。深入开展创先争优活动，1人被授予“全国纪检监察系统先进工作者”荣誉称号，4人获省纪委记功嘉奖。积极推进学习型机关建设，选送335人次参加各级各类培训，较好地提升了纪检监察干部队伍的政治思想素质和业务能力。

监察工作

【加强执法监察】 （1）继续抓好工程建设领域突出问题专项治理。对2011年立项、在建和竣工的政府投资和使用国有资金在200万以上的107个工程项目进行滚动排查，全程跟踪限时整改。受理举报20件，立案15件，给予党纪政纪处分11人，移送司法机关处理10人；对1家施工单位和1家监理单位分别作出不良行为记录。在全省率先搭建信息公开共享平台，建立以纪检监察机关统筹主导、科工信局牵头主抓、政府信息中心提供技术支撑，职能部门落实主推的工作机制，得到省治工领导小组的充分肯定。（2）深入推进国土资源领域腐败问题治理，严格落实国土资源部“两整治一改革”专项行动方案，督促市国土部门针对近年来发生的案件，围绕行政审批、土地和矿业权出让、土地发证、大额资金使用、地价评估等核心业务和关键岗位，深化岗位廉政风险点大排查活动，制定防控措施 2256 条，优化完善现行工作制度 34 项，研究制定新制度 21 项。（3）组织开展全市农村集体土地流转问题专项调研，推动相关制度建设，形成“镇村调解，区级仲裁”的农村土地承包、流转纠纷调处机制，进一步规范农村土地的流转秩序。（4）加强对节约用地、环境保护、安全生产、环境整治等方面的执法监察。会同市国土部门对海口市 2010 年度土地卫片开展专项执法检查，重点对 121 宗 1023.83 亩违法用地进行查处和整改。会同环境保护等部门开展违法排污企业保障群众健康环保专项行动，继续开展重金属污染企业专项整治，加强对环境影响评价审批工作的监督检查。会同相关部门对全市重点违法建筑进行调查处理，强行拆除全市最大的违法建筑“亿城家园”等违法建筑；严肃查处东寨湾防潮堤一期工程沉箱质量事故案件，对 5 名相关责任人和 2 家事故责任单位予以党政纪处罚。

【纠正不正之风】 （1）开展医疗卫生、教育等领域专项治理，市区所属 5 家医院网上集中招标采购药品金额近 2.9 亿元，占采购总金额的 90.08%；严肃查处教育违规收费案件，投诉率较上年下降 10%。（2）加强对强农惠农等政策落实情况的监督检查。取消 3 项涉农行政事业性收费；责令补发农民工工资 172 万余元，办理工资保证金 1.1 亿余元，退还工资保证金 5032 万元。（3）坚决纠正违法违规强制征地拆迁行为。认真执行《国有土地上房屋征收与补偿条例》，督促相关部门严格依法征收，慎用强制拆迁手段，妥善解决纠纷，实现人性化拆迁。全市依法依规拆迁 40.1 万平方米，完成征收土地 7173 余亩，3.4 亿余元征地补偿款全部拨付到位。（4）继续开展庆典、研讨会、论坛过多过滥问题专项治理，巩固和深化清理规范评比达标表彰活动，制止取消活动 19 项，节约经费 410 万元。（5）加强保障性住房配置、管理等环节的监督检查。建立完善《海口市公共租赁住房管理暂行办法》等相关管理制度，进一步完善住房保障工作管理体系。（6）加强政风行风建设。组织开展基层站所“优质服务巩固年”和民主评议政府部门活动，实现在全市政府部门全面开展民主评议活动。其中，对市公安局、市国土局等 11 个具有执法职能的单位进行重点评议。全市评议单位共收到群众工作建议 2474 条，整改完善规章制度 672 项，投诉反映问题 9196 件，已调查处理 9147 件；纠正和处理存在问题 15 件，涉及金额 832.64 万元。年初完成对 26 个“窗口”行业开展行业风气满意度测评，及时向社会公布测评情况，省纪委及市委、市政府主要领导先后对此项工作作出重要批示。认真办好政风行风热线，《椰城纠风热线》栏目顺利实现广播电视同步直播，全年共播出 124 期，有 7 位市领导及 136 个部门、行业“一把手”参加直播，受理群众咨询、投诉 1190 件，办结 1183 件，办结率 99.41%，被中国广播电视协会评为全国“十佳”优秀栏目。《海口监督在线》集中报道教育、医疗卫生、公共交通、城市建设与房产开发、噪音污染等群众关心、社会关注的民生问题，推动解决一大批关系到群众切身利益的热点难点问题。

【全面开展机关绩效考评】 完成 2010 年机关绩效考评工作，57 个参评单位中 15 个评为优秀，32 个评为良好，10 个达标。对 10 个达标单位反馈考评情况，指出存在问题，责成整改。研究制定 2011 年效能方案，将 23 个党群口单位纳入考评范围，实现绩效考评范围全市覆盖。研究制订海口市绩效考评经济奖励方案，进一步完善绩效考评机制，扎实有效推进机关效能建设。

【加强效能日常督查】 深入开展机关效能建设宣传，加强机关作风纪律日常督查。开展日常督查 285 次，对违反“六不准”规定的 112 名工作人员进行效能问责。效能投诉热线投诉受理量比上年同期下降 25%，群众满意率达到 90% 以上。

【电子监察系统正式开通运行】 5 月 13 日，海口市电子监察系统举行开通仪式，筹建一年多的电子监察系统一期正式投入运行。一期的建设内容包括视频监控与软件系统开发，视频监控部分已实现对全市 15 个主要办事服务大厅的实时监控；系统软件开发部分已建成“一平台四系统”，即包括监察数据共享交换平台和行政审批服务电子监察系统、行政投诉服务管理系统、重点项目管理信息系统、工程招投标监察系统，实现对全市所有行政审批服务事项和重点建设项目建设进行全方位、全过程、精细化监管。

【加大网上监察力度】 扎实推进电子监察系统建设，实现对市、区两级行政审批服务事项及服务流程的全方位、全过程监察和两级督办，办件逾期率从上年的4.8%下降到0.6%；停止计时件同比减少近8成。依托电子监察系统，建设重点项目管理信息系统和工程招投标监察系统，实现对市重点项目建设和工程招投标全过程监察。综合督办系统共督办113个部门和单位，督办件总数为747件，办结率为99.3%；市、区各部门公开的政府信息量比上年增加5403件，增加率为28.8%；公文主动公开率由上年的48.4%，提升至63.6%，提高15.2%。全年群众对窗口服务工作人员的投诉共18件，比上年降低近8成。

【开展专项效能监察】 派出专人常驻市城市道路交通环境综合整治、“五路四桥”等市重点项目建设机构，对项目建设开展效能监察，加强监督和服务，积极推动项目建设；组织对市政府投资环境监督专员进行走访，征求对政府工作的意见和建议；组织对群众反映的突出问题进行调查，较好解决昌导的士公司驾驶员招聘等问题；组织对市校安工程开展专项督查，有力推进项目建设，校安工程开工率从年初的不足33%提升到年底的90.8%。

【聘请第四批特邀监察员】 5月18日，海口市举办市政府第四批特邀监察员聘任仪式，市委副书记、市长冀文林为新聘任的15名特邀监察员颁发聘书并讲话，市委常委、市纪委书记官宏伟主持仪式。

【深化源头治腐工作】 （1）推进体制机制改革。深化行政审批制度改革，进一步清理和规范行政审批服务事项，积极推进实施并联审批制度，进一步推行完善网上审批，缩短了审批时限。在全市所有具有行政处罚权的部门（包括双管单位）开展进一步规范行政处罚自由裁量权工作。财政管理、司法、投资、国有资产经营管理体制改革稳步推进。（2）推进完善惩防体系建设。加强对全市落实惩防体系建设《工作规划》的《实施办法》进展情况的监督检查，对进展完成情况进行盘点，分别上报市委和省惩防体系建设领导小组办公室，并向全市通报各责任单位落实情况，对下步惩防体系建设工作提出具体要求，进一步推动了海口市惩防体系建设各项任务落实。至年底，市委《实施办法》部署要求持续性开展的工作122项，已全部开展；要求完成的阶段性工作共有94项，86项已启动，72项已经完成；未启动的8项任务中，有5项任务暂停止启动，其他3项任务待上位法出台后即可启动。（3）推进政务公开、厂务公开、村务公开和公共事业单位办事公开工作。加大监督检查力度，推动全市政务信息公开工作。加强对企业事务、农村村务及公共事业单位办事公开工作的指导，进一步扩大公开范围，规范工作程序，扩大群众的知情权。

重要会议及活动

【市纪委十一届六次全会】 2月18日召开。全会深入贯彻落实科学发展观，认真传达学习中央纪委十七届六次全会和省纪委五届六次全会精神，回顾总结2010年党风廉政建设和反腐败工作，研究部署2011年工作任务，审议通过市委常委、纪委书记官宏伟代表市纪委常委会作的题为《深入推进反腐倡廉建设，为实施海口“十二五”规划提供有力保证》的工作报告。省委常委、市委书记陈辞出席会议并讲话，市委常委、市人大常委会主任、市政协主席、市政府党委副市长、市中级法院院长、市检察院检察长等领导参加会议。4个区、市直机关各部门、市属企事业单位的主要领导和纪检监察组织负责人、市投资环境监督专员、市政府特邀监察员、市委巡查员列席会议。

【政府廉政建设暨两项治理工作会议】 5月18日，海口市召开政府廉政建设暨清理规范庆典、研讨会、论坛活动和党政机关公务用车问题专项治理工作会议，贯彻落实国务院第四次廉政工作会议、2011国务院纠风工作会议和全省廉政工作会议精神，总结部署海口政府系统廉政工作，对开展清理规范庆典、研讨会、论坛活动工作、开展党政机关公务用车问题专项治理工作等两项治理工作进行部署和动员。市委副书记、市长冀文林到会并做重要讲话。

【纪检监察宣教工作座谈会暨廉政文化活动推进会】 5月20日，各区纪委、市直各纪检监察组织领导、廉政文化“六进”牵头单位及市反腐倡廉宣传教育工作联席会议成员单位领导参加会议。会议组织参观滨海新村居委会、市国家税务局、海南港航控股有限公司等3个省廉政文化“六进”示范点单位，以现场观摩的方式展示工作成果和典型示范作用，感受开展廉政文化“六进”活动的成果；组织召开座谈会，传达省纪检监察宣传教育工作会议精神，明确2011年全市纪检监察宣教工作和廉政文化“六进”工作重点，并对全年工作进行部署。

【举办新任处级干部任前集体廉政谈话活动】 6月1日，全市近期新任56位处级干部参加。参加谈话的人员集中观看中纪委廉政党课电教片《敬畏、感恩、知足—抵御腐败的内在素质》；3位新任职干部代表围绕“领导干部如何加强内在修养，提高拒腐防变意识和能力，做到廉洁从政”谈个人体会与认识；市委常委、纪委书记官宏伟做主题为修身、勤学、敬业、自律的廉政讲话，对新任处级干部提出要求及希望。

【举办纪念建党90周年“颂党·倡廉”文艺晚会】 6月17日在市人大会堂隆重举行。省委常委、省纪委书记王为璐，省委常委、市委书记陈辞，省纪委副书记彭晓新，省纪委常委、省监察厅副厅长陈楷，省纪委常委宋健，市人大常委会主任高锦全，市政协主席黄行光，市领导张磊、官宏伟、陈宏芬、许云、林北川、宋顺勇、刘庆声、邓小刚，以及市中级法院、市人民检察院负责人等出席观看晚会。晚会分《难忘峥嵘岁月》、《红心永向党》、《我爱这片热土》上、中、下篇，通过歌舞、朗诵、情景歌舞表演等多种形式，隆重纪念中国共产党成立90周年，大力弘扬尊廉、倡廉、崇廉的时代主旋律。

【开展严肃换届纪律专题谈心谈话活动】 7月8日，海口开展全市中层领导干部严肃换届纪律专题谈心谈话活动，市委常委、纪委书记官宏伟主持，省纪委副书记罗志军到会指导。活动对严肃换届纪律工作提出了具体要求。要求各级领导干部以身作则、率先垂范，带动本地区、本单位的党员干部严格遵守换届纪律，自觉抵制各种不正之风，正确对待换届中的人事变动，用铁的纪律保证换届工作顺利开展。

【预防职务违纪犯罪教育专题报告会】 8月11日，海口市纪委举办预防职务违纪犯罪教育专题报告会，邀请省政协常委、社会和法制委员会主任张发给党员干部作报告。报告会由市委常委、市纪委书记官宏伟主持，市纪委、市国土、规划、建设等有关部门全体党员干部400多人聆听了报告。

【举办十七届六中全会精神宣讲报告会】 12月9日，海口市纪检监察系统举办贯彻学习十七届六中全会精神宣讲报告会，市委常委、市纪委书记李湖主持报告会并提出要求，省委党校党委书记、常务副校长彭京宜做《学习贯彻十七届六中全会精神，推动我国文化大发展大繁荣》的专题报告，全市纪检监察系统200多名干部参加。

（周腾芳、周大兵）

（编辑：杜惠珍）

人力资源与社会保障

人事工作

【概况】 2011年，全市已完成岗位设置备案核准的事业单位751家，核准各类岗位25906个，“三年设岗”计划任务完成率为100%。事业单位人员聘用制推行工作与岗位设置工作基本同步，共有731家事业单位24869名干部职工签订聘用合同，分别占应推行聘用制单位总数的97.2%和人员总数的95.7%。推进事业单位公开招聘工作，事业单位新进人员已全部纳入公开招聘。放宽职称申报评审范围，人才评价的所有制界限、身份界限、系列界限和户籍界限已逐步打破。全市已实行岗位设置和岗位聘用确定工资待遇的薪酬制度；义务教育学校、公共卫生及其他事业单位的绩效工资制度得到有效落实，逐步建立起规范有序的绩效工资管理运行体系。逐步推广企业工资集体协商和工资支付保障制度，企业职工每月最低工资标准为830元。进一步完善工资福利待遇正常调整机制，及时调整海口市机关单位津贴补贴和事业单位绩效工资标准，完成机关工勤人员津贴补贴的规范工作，开展遗属供养人员情况调查和调整生活补助费工作。创办公务员网络在线培训，参训率达98%。

【人才队伍建设】 2011年，《中共海口市委关于加快推进人才发展的实施意见》出台实施，启动“高技能人才培养工程”、“专业技术人才知识更新和综合素质提升工程”、“中高级技能人才培养计划”、“人力资源市场网络体系建设工作计划”4个重点人才工程（计划），以及“海口市人才流动管理办法”、“海口市专业技术人才认定办法”、“海口市技能人才认定办法”3个重点人才工作制度（办法）实施项目的编制工作。贯彻落实国家和省关于进一步规范事业单位公开招聘的有关文件精神，制订出台《海口市事业单位公开招聘人员实施意见》，事业单位新进人员全部纳入公开招聘。年底，全市包括卫生系统、教育系统和龙华区、美兰区在内，共有41家事业单位实行公开招聘制度，招聘岗位数416个。公开招聘的政策精神基本在全市各事业单位达成共识，公开、平等、竞争、择优的招聘原则在部分事业单位得到积极体现，事业单位进人行为在制度和程序上基本得到有效约束和规范管理。

【人力资源市场建设】 12月15日，位于蓝天路南侧嘉华路2号金桃苑小区的海口市人力资源市场建成并投入使用，建筑面积8000平方米，总投资4500多万元。市场一楼为现场招聘服务大厅，设有“一台八区”的功能模块（即：总服务台、信息发布区、职业介绍区、职业指导区、就业和失业管理服务区、毕业生和人才服务区、培训和创业服务区、人事劳动保障事务代理区、辅助功能区），固定招聘展位83个，活动招聘展位20个，可容纳100家用人单位和2000人同时进场；市场二楼为公共就业和人才服务大厅，由培训和创业服务区、就业和失业管理区、人才服务区和辅助功能区组成，设有24个服务窗口。同时，开发海口市人力资源市场信息管理网络系统，覆盖公共就业和人才服务各项业务，实现与省、市、区、街道（乡镇）、社区五级联网。

【高校毕业生就业】 2011年，全市高校毕业生总人数为10379人，高校毕业生就业人数为9985人，就业率为96.2%。其中，选择在省外城市就业的毕业生人数为5151人，占总人数的49.6%，选择考研或者出国留学继续深造的人数为103人，占总人数的0.9%。全年共接收返回生源地报到的毕业生5125人，其中已与用人单位签订劳动合同或就业协议的有4731人，占返回报到总人数的92.3%；省外毕业生到本市就业的毕业生1111人。对《海口市高校毕业生就业见习工作实施意见》进行修改，对海口市生源高校毕业生放宽申请条件，就业见习待遇由原市财政承担40%提高到60%，由原见习单位承担60%降低到40%，极大调动了企业吸纳高校毕业生见习的积极性。全年高校毕业生就业见习基地45家，比上年新增19家，组织599名毕业生参加就业见习，共拨付就业见习补贴72.7万元。

【公务员招录】 全市共组织65个职位向社会公开招考，按照公开、公平、竞争、择优的公开招录原则，圆满完成公开招考公务员的报名、资格审查、面试复审、体检、录用审批等工作。全年共审批录用2010年下半年和2011年公开招录的公务员248人，其中公安系统录用139人，市、区两级部门审批录用109人；录用的公务员平均年龄25岁，其中33人具有硕士学历，占录用总人数的13.52%。

【公务员培训】 加强对新提拔科级公务员的任职培训，全年组织公务员培训5批次502人，其中初任培训67人，任职培训192人，优秀科级干部（人事干部）培训35人，乡镇公务员培训48人，公务员管理业务培训160人。建成公务员教育培训网络平台，制订《海口市公务员在线学习管理暂行办法》和《海口市公务员培训学分制管理办法》，自2011年5月1日起在全市科级以下（含科级）公务员队伍中开展在线培训工作。全市共有88家单位参加培训，科级（含科级）以下公务员应参训人数8155人，实际参训人数8093人，参训率99%；完成学分人数7750人，学分完成率95%；考试通过人数8003人，考试通过率98%。

【公务员奖惩】 根据《公务员奖励规定（试行）》，印发《关于落实公务员年度考核奖励标准的通知》，进一步完善公务员考核奖励机制。2011年，共有10家单位获得年度考核奖励，17人获三等功，15人得到嘉奖；严格审批权限，全年共审核推荐全国公务员先进集体5个，先进工作者4名；组织120名公务员代表参加海南省第二届“人民满意的公务员”和“人民满意的公务员集体”表彰大会。

【军转干部安置服务】 制订全市2011年军队转业干部安置工作实施意见和营级以下军转干部安置操作规程，实行“从高分到低分”的考核结果分配与个人志愿、用人单位需求相结合的阳光安置办法，顺利完成48名军转干部（含技术干部）的接收安置任务。同时，认真做好企业军转干部解困维稳工作，全年共为困难企业军转干部发放节日慰问金60.6万元，缴纳保险金74.6万元，发放生活补助金329万元。

【引进优秀人才】 2011年，市教育系统面向全国各重点师范院校选录优秀毕业生93人（本科生71人，硕士研究生22人），招聘优秀教师153人；市卫生系统面向全国招聘高层次医疗专业技术人员41人，其中硕士研究生32人、博士9人；市公安交警系统面向全省招聘文职人员20名。同时，依托人才市场平台为人才与用人单位搭建“双向选择、自主择业”的沟通桥梁，全年共为企业引进人才133人，其中本科学历99人、研究生学历7人、中级职称27人。

【工资福利】 全年共审批152家市级机关单位6231人，月增资总额23.8万元；审批189家事业单位10356人，月增资总额36.5万元。做好非企业化管理的事业单位工作人员（含社会团体从业人员和机关工勤人员）“事企差”审核工作，共审核“事企差”185人。审批公务员退休人员68人、特殊工种279人。开展机关事业单位遗属生活困难补助费执行情况的检查清理工作，进一步规范遗属生活困难补助的发放与管理。

【专业技术人员管理】 共认定大中专毕业生起点资格433人，审核确认外省流动人员专业技术资格91人，组织中小学教师、农业、工业、建设系列中、初级专业技术资格评审1040人。开展专业技术人员和管理人员继续教育工作，全市共有19020

名专业技术人员和4538名管理人员参加继续教育。

劳动管理

【概况】 2011年，海口市落实各项就业优惠政策，完善公益性岗位开发、职业技能培训、农村富余劳动力转移、人力资源招聘等就业援助机制，促进城乡统筹就业。通过落实创业小额担保贷款、创业孵化，成立创业指导服务中心和创业指导专家志愿团，建立创业项目库，举办创业项目推介，提供创业咨询等系列举措，促进创业带动就业。依托社区劳动保障服务平台，重点对各辖区的大中专毕业生、农民工和就业困难人员进行调查摸底、分类登记，积极采取有效措施做好重点群体就业服务工作。依托各社会力量办学机构，对城镇登记失业人员、下岗失业职工、高校毕业生、农村劳动者等各类人员进行“定向式”、“订单式”职业技能培训，注重培训的针对性和实用性，不断提高劳动者的就业能力和创业水平。加强劳动保障监察执法和劳动争议调解仲裁，积极落实劳动合同制度，顺利完成全国劳动保障监察“两网化”管理试点工作，基本建立“两网化”管理体制，较好地发挥“两网化”管理监控企业劳动用工的作用。对人事劳动争议案件实行“快立、快调、快审、快结”，全年无本级或上级纠错案件。从总体看，全市呈现就业局势、劳动关系“两稳定”的良好态势。

【工资宏观调控】 （1）促进机关、全额拨款事业单位工资发放录入从微观向宏观转化。全市机关、全额拨款的事业单位已由原来统发户录入改为用人单位工资专办员录入，对统发户人员实行单位录入、人社审批、财政经费保障、统发系统监督、银行支付的“五体合一”网络系统相连接的宏观管理方法。（2）建立健全“工资增长指导线”和“劳动力市场价位指导”等企业工资分配指导和宏观管理机制，工资总额调控转化为工资水平调控。2011年，根据省人社厅发布的工资指导线，海口市对市属75家企业工种（岗位）工资水平进行普查和抽样调查，在上年度543个工种（岗位）工资指导价位基础上新增67个通用性、可比性较强的工资指导价位，为各类企业制定内部工资收入分配制度提供宏观指导和管理依据。

【劳动合同管理】 贯彻落实《劳动合同法》和《劳动合同法实施条例》，进一步推进实施小企业劳动合同制度和集体合同制度，加强劳动用工备案和劳动保障监察工作，妥善处理劳动合同纠纷，切实维护劳动者合法权益。2011年，共责令补签劳动合同1.6万份，办理劳动用工备案手续326家，涉及职工2万人；举办全市企业劳动合同制度实施业务培训班和区域性行业性工资集体合同签订现场观摩会，编制并向企业发放《海口市劳动合同管理操作指南》2万册。至年底，全市共有27万名职工签订劳动合同，规模以上企业劳动合同签订率达95%以上，小企业劳动合同签订率达80%以上；共有1997家企业签订工资集体合同，覆盖职工10多万人。

【劳动保障监察】 以贯彻实施《劳动合同法》为主线，通过开展全市性专项执法大检查、日常监察检查、书面审查以及投诉举报案件查处等手段，不断整顿规范人力资源市场秩序和用人单位用工行为。2011年，全市共执法检查各类用人单位4754家，涉及用工人数3.8万人；举报投诉案件结案数615件，结案率达95%。全年共为5430名劳动者追回拖欠工资245万元，为1368名劳动者清退押金525万元，责令229家用人单位为2092名劳动者补办社会保险登记。组织招聘138名劳动保障监察协管员，制订《海口市劳动保障监察协管员管理办法》，进一步完善劳动保障监察两网化管理工作。

【劳动人事争议调解与仲裁】 全市各级劳动人事争议调解组织和仲裁机构共受理劳动人事争议案件2027件，结案1926件，其中通过调解方式结案578件，占30%；仲裁机构立案受理劳动人事争议1955件，结案率95%；调解组织受理（含仲裁机构案外调解）72件，结案率为95%。各级仲裁机构立案受理劳动争议1990件，比上年增加67%，其中集体劳动争议3件，涉及劳动者150余人；当期共审结劳动争议案件1890件，比上年增加60%。

【就业工作】 全市共投入就业专项资金5501万元，落实灵活就业“4050”人员社保补贴、公益性岗位补贴、企业社保补贴等优惠政策。组织实施“就业援助月”、“春风行动”岗位对接现场招聘会等专项服务活动，全年共举办全市性各类人才劳动力招聘会37场，提供招聘岗位27398个（次）。全年城镇新增就业40028人，完成省下达年任务的138%，其中下岗失业人员再就业15096人，完成年任务的126%；就业困难人员实现就业再就业4279人，完成年任务的134%。城镇登记失业率为0.94%，低于年度控制线；基本实现零就业家庭动态清零的目标。农村富余劳动力转移就业14548人，完成年任务的145%。开展“创业培训进社区、进乡镇、进校园、进农场、进军营、进高墙”活动，组织创业培训8958人，完成年任务的149%，其中1579人成功创业，带动就业7834人。全市已建立各类创业孵化（示范）基地24个、创业见习（实训）基地45个。

【农民工管理服务】 实现市、区、街道（乡镇）、社区四级劳动力资源信息联网，畅通农民工就业信息收集、发布、求职登记、培训、招工、跟踪服务等就业服务绿色通道。在人力资源市场服务大厅专门设立农民工免费服务窗口，积极为农民工提供求职登记、职业介绍、职业指导、培训申请、档案托管、社会保险接续等“一站式”服务。2011年，全市农村富余劳动力转移就业14548人，其中省内转移就业10967人，省外转移就业3581人。继续落实建设、水利和交通运输行业农民工工资保证金制度，全年共办理农民工工资保证金存入手续339笔共计1.5亿元，因工程竣工未发生工资拖欠已办理退还手续124笔共计0.6亿元。

【职业技能培训】 面向广大城乡失业人员、农村富余劳动力和失地农民等群体，开设了计算机办公自动化、网页制作、电子商务、平面图制作、标志设计、图形绘制、图像处理、三维设计、动画制作、美容师、美发师、保健按摩、服装裁剪、服装缝纫、中式烹调（厨师）、中式面点师、串珠工艺品制作、汽车驾驶、电脑维修、家电维修、维修电工、电动车维修、创业培训和创业实岗培训等24个培训项目，广泛开展各类职业技能培训和创业培训。全年共组织职业技能培训15790人，完成年任务的144%；组织创业培训8958人，完成年任务的149%。

【职业技能鉴定】 组织全市农民工、职业院校毕业生和机关事业单位工勤人员等群体参加职业技能鉴定考核，开展对市属企业技术工种从业人员的持证上岗情况检查，全面推行职业资格证书制度。2011年，共组织职业技能鉴定考核52场次，鉴定职业（工种）28个，完成鉴定人数7378人，有6976人通过考核并获得证书，获证率为94.6%，其中初级工838人，中级工3014人，高级工284人，2840人获得专项职业能力证书。

【就业失业登记制度】 海口市于2011年8月4日正式启动就业失业登记与《就业失业登记证》发放工作，按相关规定给个体经营人员、灵活就业人员等劳动者办理发放《就业失业登记证》，除公务员和事业在编人员外，市辖区内的企业（不包括中央和省属企业）、个体（私营）经营组织、事业单位、社会团体等，都要进行就业或失业登记，办理《就业失业登记证》。制度正式施行后，用人单位与劳动者建立、终止或解除劳动关系，应当到公共就业服务机构办理备案，为劳动者办理就业或失业登记手续。年底，通过市人力资源市场信息管理系统进行就业登记37080人次，失业登记2834人次。

【人力资源市场管理】 2011年，市人社局进一步完善机制健全、运行规范、服务周到、指导监督有力的人力资源市场体系，加强对人力资源服务机构的管理。制订人才中介专营服务机构申请举办人才交流会的审批程序，规范人力资源市场活动，优化人才资源配置。及时开展对辖区内18家人力资源服务机构的年度检查工作，其中12家机构通过年检，新增核准人力资源服务机构3家。

【法制建设】 加强人力资源和社会保障政策法规的宣传教育和学习培训，营造依法行政的良好社会氛围。举办《社会保险法》培训班，组织市直机关、企事业单位和社团组织等参加培训。在全市范围内开展《社会保险法》宣传周活动，编印政策法规宣传册（单），并依托广播、电视、报纸、网络等媒体，广泛开展理论宣讲、政策解答、主题访谈、知识竞赛等学习宣传活动，引导社会各界全面、准确了解和实施政策法规。做好“五五普法”回顾总结工作，制定“六五普法”实施计划。市人社局被国家人社部评为“五五普法”先进领导小组。

【创业小额贷款工作】 积极推进创业小额担保贷款工作，将所有创业群体和农村劳动者纳入小额贷款贴息范围。市人社部门先后与两家金融机构联合开展小额贷款业务，采取信用保证、联保、抵押、质押等多种担保方式，为创业人员获取创业资金提供便利。至年底，市、区财政部门共安排扶持创业的小额贷款担保基金2000万元，发放贷款522笔共计3152万元，带动2563人就业。

社会保障

【概况】 海口市2011年启动城镇居民养老保险工作后，不断完善城乡社会保险体系，按照先城镇从业人员后城乡居民，先养老保险后医疗保险等险种的模式，已实现基本养老、医疗保险制度覆盖所有从业人员和城乡居民的目标。各项社保的参保率和待遇水平不断提高，城镇从业人员参加基本养老保险、医疗保险人数分别达33万人和32万人，按时足额发放离退休人员养老金和支付各项社保待遇。新农保和城镇居民养老保险参保率分别为95%和96%，基础养老金发放率达100%；连续7年调增企业离退休人员基本养老金，2011年月人均养老金达1410元，同比2006年增加652元。城镇居民医保参保率为99%，住院报销最高支付标准达10万元，重大疾病患者住院最高支付标准达20万元；普通门诊报销比例从20%提高到50%，年最高支付限额从100元提高到300元。此外，采取有力措施，妥善解决群众反映强烈的社会保险历史遗留问题，使从业人员受益程度不断提高。如采取一次性缴纳医疗补偿金的方式，将关闭破产国有企业退休人员全部纳入职工医疗保险；启动实施超龄人员参加基本养老保险工作，真正做到“政策制度全覆盖、工作措施全到位”。

【养老保险】 2011年，海口市城镇从业人员基本养老保险收入168092万元，比上年增长51%；支出136103万元，比上年增长16%，历年累计结余71207万元。全市新增退休人员5210人，共有离退休人员7.6万人。根据省政府办公厅《关于解决未参保超龄人员参加基本养老保险有关问题的通知》，共受理超龄退休6638人。普遍调整56729名企业退休人员基本养老金，月调整增加金额共计1187万元。做好财政全额拨款事业单位退休人员的“事企差”发放工作，发放人数458人。做好独生子女、无子女人员计划生育奖励金发放工作，发放人数13166人。继续推进新农保工作，全市参保人数27.5万人，参保率95%，基础养老金发放人数75855人，发放率100%。自4月1日起实施城镇居民社会养老保险试点工作至年末，共有46971人参保，参保率96%，基础养老金发放人数11849人，发放率100%。

【医疗保险】 2011年，海口市城镇从业人员基本医疗保险收入54802万元，比上年增长46%；支出48111万元，比上年增长19.89%，历年累计结余17626万元。及时审批各项医疗保险待遇，共审批门诊特殊病种5354人，住院4.1万人次，按时按月审核拨付个人账户370.6万人次。做好不足参保年限退休人员的医疗保险费补缴认定及待遇支付工作，审核退休人员基本医疗保险待遇4079人。做好医疗保险付费方式改革前期工作，加强对定点医疗机构的分级管理和考核监管，扣除不合理医疗费用349万元。做好医疗保险异地结算和医疗保险关系转移工作，其中省转入1766笔，转出1092笔。完成2012年度城镇居民医保参保费征收工作，共有50万人缴费参保。实施城镇居民医保大病救助方案，进一步减轻重大疾病患者医疗负担。海口市连续4年获得全省城镇居民医保制度建设一等奖。

【失业保险】 2011年，海口市城镇从业人员失业保险收入14214万元，比上年增长108%；支出4884万元，比上年减少5.77%，历年累计结余

29446 万元。失业保险参保单位 8372 家，参保总人数 31.6 万人。当年申领失业保险金人数为 4861 人，年末领取失业保险金人数为 5174 人。

【工伤保险与劳动能力鉴定】 2011 年，海口市城镇从业人员工伤保险收入 3324 万元，比上年增长 121%；支出 1418 万元，比上年增长 63.55%，历年累计结余 10351 万元。全年工伤认定 541 例，劳动能力鉴定 159 例。海口市工伤认定劳动能力鉴定机构获得全国“为民服务，创先争优”工伤认定劳动能力鉴定机构称号。

【生育保险】 2011 年，海口市城镇从业人员生育保险收入 2400 万元，比上年增长 135%；支出 2051 万元，比上年增长 143%，历年累计结余 3813 万元。全市参保总人数 18.1 万人，享受生育保险待遇 8790 人次。支付各项生育保险待遇 2051 万元，其中生育医疗待遇支出 1304 万元，计划生育待遇费用 75 万，其他待遇支出 83 万元，生育津贴支出 589 万元。

【调整企事业离退休人员养老金】 根据《海南省人民政府关于 2011 年调整海南省企业退休人员基本养老金的通知》，从 2011 年 1 月 1 日起，海口市普遍调整 56729 名企业退休人员基本养老金，其中退休人员 55837 人、退职 892 人；特殊调整 19427 人次；月调整增加金额共计 1188 万元，月人均增加 207 元。

【离退休人员社会化管理】 做好离退休人员年度养老金领取资格认证工作，做好 2000 多名异地居住离退休人员管理工作，启用新的认证管理系统“远程人脸识别系统”，为居住在国外、港澳地区及农村边远地区、行动不便的退休人员提供就近认证。及时停发 885 名已死亡离退休人员养老金，杜绝养老金冒领。全年投入 300 万元对 10 个社区平台进行了重点建设改造，投入 165 万元建设档案数字化管理服务系统，共为 1.3 万名退休人员提供档案查询及补办退休证等服务。筹集资金 100 多万元，为 3500 多名孤寡困难退休人员发放慰问金和慰问品，并对 100 多户孤寡特困退休（养）人员家庭进行走访慰问。组织琼剧团下社区为离退休人员演出 30 多场。投入 30 多万元组织 8000 多名离退休人员参加老年游园活动。

【社保基金管理】 健全和规范社保基金管理的一系列内控监管措施，加强基金各个环节的规章制度建设，健全内部审计稽核制度，使之形成相互制约、相互监督内部管理的约束机制，财政、地税、社会保险经办机构均按国家规定征收、管理、支付各项社会保险基金，特别是严格执行基金支付规定，确保社保基金按时足额支付和支出账务零错误。完成 2012 年社保基金预算编制、2011 年社保基金决算年报上报工作并获全省一等奖。完成事企差和独生子女、无子女人员的计划生育奖励金等项目在财务系统中单独列支发放工作。对社保基金财务软件系统进行改造，开发自动储存备份系统，确保基金财务数据的安全。

（王基庆）

（编辑：吕书萍）

外事·侨务·对台事务

外事工作

【概况】 2011年，外事部门全年共接待来访外宾团组48批600余人（次）。参与世界城市和地方政府联合组织（UCLG）、世界大都市协会活动、各国驻穗使领馆举办的第四届“海口—东盟驻华总领事对话会”等重要活动。协助举办各种会议、会展10次。先后与法国阿雅克肖市、德国罗斯托克市结好，国际友好城市增至22个。办理因公出国（境）团组77个、268人（次），拒批团组20个、49人（次）。为39家民营企业人员申办商务旅行卡，共办理签发19份《被授权单位邀请函》，被邀请人31人次，被邀请人国家包括美国等7个。申报2011年引智项目7个，拟引进国外专家11人次。

【圆满完成对南非总统代表团的接待工作】 4月14日~16日，金砖国家领导人第三次会晤和博鳌亚洲论坛2011年年会相继在海南三亚市和琼海市博鳌成功举行（简称“两地两会”）。根据外交部和省外事侨务办的部署，出席金砖国家领导人第三次会晤和博鳌亚洲论坛的南非总统祖马代表团在海南访问期间的各项活动由海口市外事侨务办负责。在接待规格高、人数多、任务重、活动密集、信息变动频繁的情况下，市外事侨务办按照外交部的要求和国宾接待标准，精心制定接待方案，充分做好各项接待准备工作，圆满完成金砖国家领导人第三次会晤南非总统代表团的接待工作。同时还牵头做好博鳌亚洲论坛年会海口市服务保障工作；协助国务院侨务办公室做好在论坛框架下举行的“华商圆桌会议”接待工作。

【来访接待】 2011年共接待来访外宾团组48批600余人（次）。主要有：（1）外国政要团组。除接待出席金砖国家领导人第三次会晤和博鳌亚洲论坛的南非总统祖马代表团外，还接待了新加坡前外交部部长杨荣文代表团和塞内加尔部长代表团。（2）友好城市代表团。加拿大纳奈莫莱迪史密斯学区教育局代表团、加拿大纳奈莫省学区教育局代表团。澳大利亚查尔斯·达尔文大学代表团、澳大利亚达尔文市海口友城委员会主席Philip Rudd、澳大利亚达尔文低碳培训国际中心主任格伦·戴维森、土耳其安塔利亚市市长代表团、英国柏斯市市长代表团、美国斯科茨代尔市市长代表团、美国斯科茨代尔市友城委员会教育委会主席乔伊斯·陈、韩国东海市和谐号邮轮公司代表团、韩国东海市交流公务员金东林先生。（3）各国驻华大使、驻穗总领事、国外著名企业负责人及知名人士的友好访问团。印度驻华大使苏杰生、瑞士驻广州总领事洪立焜代表团、新加坡驻广州总领事洪齐全先生、东盟国家总领事馆代表团、澳大利亚驻广州总领馆总领事杜恪然代表团、法国驻广州总领事馆文化领事傅鸿轩先生、美国驻广州总领馆高来恩、奥地利商务领事伍峻霆、英国驻广州总领事阿拉斯泰尔·摩根，法国驻华大使馆代表、以色列驻广州总领事倪·亚伯拉罕、俄罗斯驻广州总领事米哈伊尔·维克托洛维奇·梅德韦杰夫代表团、荷兰王国驻广州总领事馆新任总领事罗安怡女士、澳大利亚驻广州总领馆商务领事刘冰代表团、英国驻广州总领事馆商务领事郭嘉毅、国际旅游联合会副主席孙双西先生代表团、德国钒动力电池发明人本·科普林教授。（4）国内外友好交流访问团。中国外交部卢沙野司长、2011年东盟国家经贸记者研修班暨中国——东盟博览会合作媒体代表团、越南《经济时报》代表团、世界贸易中心协会首席运营官科菲·A·柏腾代表团、美国德克萨斯州托马斯杰斐逊高中代表团、日本灾区儿童代表团、新加坡企业发展局中国司华南区广州办事处主任陈泗棕代表团、新加坡国际企业发展局饶忠明司长和新加坡裕廊国际、新工集团代表。

【对外交流】 （1）参与世界城市和地方政府联

合组织（UCLG）、世界大都市协会活动。3月24～25日，派员参加在广州举办的2011年世界城市和地方政府联合组织中国大陆会员工作会议。12月9日～11日，派员参加在意大利佛罗伦萨举办的2011世界城市和地方政府联合组织（UCLG）世界理事会会议。11月23～26日，以市外事侨务办吴陟副主任为团长的海口代表团出席在巴西阿雷格里港举办的第十届世界大都市协会（UCLG的会员单位）年会。此次会议，海口市被正式吸纳为世界大都市协会会员城市。（2）参与各国驻穗使领馆活动。派员参加了科威特、荷兰、波兰、意大利、墨西哥、美国等国驻广州总领事馆举行的国庆招待酒会。（3）12月，成功举办第四届“海口—东盟驻华总领事对话会”，新加坡驻广州总领事洪齐全、印尼驻广州总领事余树富、老挝驻南宁总领事潘坎·尹他波里、越南驻昆明副总领事武氏银芳等出席。（4）协助举办各种会议、会展。协助做好金砖国家领导人第三次会晤和博鳌亚洲论坛2011年年会、2011中国体育旅游博览会、2011中国（海口）游艇经济论坛暨国际游艇展览会、2011世界厕所峰会和展览会、2011海口高尔夫与旅游主题论论坛、2011欧米茄高尔夫世界杯的接待工作。协办第六届“中法文化之春”艺术节系列活动。协助参与法国墨西哥驻广州总领馆在海南省博物馆举办的墨西哥摄影作品展“玛雅·记忆空间”活动。

【友好城市工作】 （1）开拓新友好城市。2011年海口市先后与法国阿雅克肖市、德国罗斯托克市结好。至2011年，海口市与外国22个城市结好。（2）务实交往。积极利用友城渠道，促进经贸、旅游、教育、体育、医疗等领域与国外城市的交流与合作。2月，加拿大纳奈莫莱迪史密斯教育局负责人伦达·贝尔（Ronda Bell）女士来访海口，与市教育局进行了座谈并签署教育合作备忘录。5月中旬，海口市体育代表团赴友城澳大利亚达尔文参加两年一度的阿拉夫拉运动会，与来自45个国家和地区的2700多名运动员同台竞技，并夺得5金3银的优异成绩。5月底，省委书记、省人大常委会主任卫留成率团访问土耳其安塔利亚市，考察当地旅游资源，冀文林市长随团访问。其间，冀文林市长与安塔利亚市市长穆斯塔法·阿凯丁（Mustafa Akaydin）共同签署了两市建立友好交流关系的协议书。6月，以海口旅游商品协会会长郭凯为团长的一行3人赴塞舌尔维多利亚市考察访问，双方就为当地工人提供椰壳及贝壳工艺品加工方面的培训、开展旅游商品市场开发及投资进行了探讨。随后海口市选派3名技术员赴维多利亚市为当地工人进行椰壳及贝壳工艺品加工培训。6月底至7月初，土耳其安塔利亚市长穆斯塔法·阿凯丁（Mustafa Akaydin）率团对海口进行了回访，省委书记、省人大常委会主任卫留成，省委常委、市委书记陈辞，市长冀文林等会见了客人一行。其间，冀文林市长和阿凯丁市长在万绿园为海口与国际友城友好关系的象征——“友谊之门”雕塑揭幕，并共植了友谊树。7月，市委常委宋顺勇率团访问美国斯科茨代尔市，达成海口市人民医院与当地著名的梅奥医院建立友好关系的共识。8月，由市国有企业、酒店管理经营公司和教育机构组成的海口市经贸代表团访问加拿大纳奈莫市和美国檀香山市，推动海口市与两友城在旅游开发、热带作物产品开发和教育交流等领域的合作。10月上旬，英国柏斯市市长约翰·胡伯特（John Hulbert）率团访问海口，与海口市共同举行两市结好20周年庆典，并与市相关部门就加强双方在教育、旅游等领域的实质交流与合作进行座谈。10月中旬，加拿大纳奈莫莱迪史密斯教育局负责人伦达·贝尔（Ronda Bell）女士访问海口市，与海南国科园实验学校就开展在教学、合作办学及夏令营等方面的交流与合作进行深入会谈，并签署合作备忘录。11月，美国斯科茨代尔市市长吉姆兰尼先生率团访问海口，被应邀出席2011中国体育旅游博览会并设展台。其间分别与海南省、市文体、旅游、商务、教育等部门座谈，探讨开展交流与合作的可能性。（3）实施公务员交流项目。根据海口市与韩国东海市签署的协议，两市互派公务员项目从2011年11月1日开始执行，东海市公务员金东林先生作为首位交流公务员于2011年11月～2012年4月在海口市进行为期6个月的工作和学习，标志着两市之间互派公务员项目正式实施。

【因公出国（境）审批和护照签证】 2011年共办理因公出国（境）团组77个、268人（次），拒批团组20个、49人（次）。重要出访团组有：3月，省委常委、市委书记陈辞率海口市代表团对瑞士、英国和新加坡进行友好访问。5月，省委书记、省人大常委会主任卫留成应邀率团访问南非、荷兰和土耳其三国，市长冀文林随团出访。在土耳其安塔利亚期间，卫留成还出席了海口市与安塔利亚市建立好友交流城市关系签字仪式。7月，市委常委、组织部长陈宏芬率团访问法国阿雅克肖市，与阿雅克肖市市长雷努西先生签署了两市结为友好交流城市协议。同月，市委常委、市公安局长宋顺勇率团赴美国、加拿大进行友好访问，期间，拜会了国际大都市管理研究院（IIMMM）院长阿马拉·奥吉（Amara Ouerghi）先生，商讨有关海口申请加入国际大都市协会的事宜，并递交入会申请。9月，副市长袁光平率团赴国际友城俄罗斯弗拉基米尔市和美国檀香山市，其间，参加俄罗斯弗拉基米尔市的城市日活动；出席在美国檀香山市举行的首届“夏威夷国际友城会议”暨“亚太清洁能源峰会和博览会”，实地考察该市在发展建设有轨电车方面的有效模式，为推进海口市城市交通建设提供经验借鉴。12月，市长冀文林率团参加2011海南（香港）经贸·旅游·文化活动周海口综合推介会。同月，常务副市长邓小刚率团赴卡塔尔参加第20届世界石油大会，向世界石油理事会各成员国展示海口健康、生态、活力的城市形象，表明海口市代表中国申办2017年第22届世界石油大会的强烈愿望。

【申办APEC商务旅行卡】 2011年，市外事侨务办重点在海口市和海南省优势企业榜中的企业推介APEC商务旅行卡，在“海口市工业企业产值十强”、“海口市工业企业纳税十强”和“2011年海南百强企业”中甄选可能符合申办条件的企业，并向这些企业发放《关于推广申办APEC商务旅行卡的通知》。5月，市外事侨务办向外交部领事司上报第五批22家民营企业人员申办旅行卡材料。9月，再次向外交部领事司上报第六批17家民营企业人员申办旅行卡材料。全年共为39家民营企业人员申办商务旅行卡，其中第五批22人于11月全部获批。

【签发签证邀请函】 经外交部授权，海口市外事办公室可以签发最长申请1年有效签证的《被授权单位邀请函》。2011年办理签发19份《被授权单位邀请函》，被邀请人31人次，被邀请人国家有美国、澳大利亚、韩国、泰国、印度、加拿大、西班牙等。

【公务出访管理】 在因公出访审批工作方面，进一步完善审批工作流程，建立公务出访审批各处室会签制度，严把出国（境）经费审核 。坚持面见制和签定因公出访团组（人员）承诺书，巩固市、区两级联审机制，始终贯彻访前、访中、访后全程监督机制。坚决制止无实质性内容的一般性考察和重复考察，对确有实质内容和任务的公务出访团组，压缩团组人数，控制出访天数，不准擅改行程，严禁绕道旅游。2011年公务出访各项指标均与去年相持平，达到了中央所要求的公务出访各项指标不突破2010年的要求。

【引智项目和外国专家管理】 2011年海口市拓宽引智工作领域，申报引智项目7个，拟引进国外专家11人次。其中，海口旅游控股集团的“海口骑楼建筑历史文化街区保护与综合治理项目”、海南兰地高科技有限公司的“日本制茶技术的引进与应用”、市人民医院的“全科医学住院医师规范化技术引进”和海南汇埔新技术合作有限公司的“固体氧化物燃料电池节能技术”4个引智项目获得国家外国专家局资助，同意资助引进国外专家6人次。同时积极组织申报2012年引进国外技术管理人才项目计划11个（其中示范项目1个），拟引进国外专家32人次。此外，积极为海口市企事业单位引进的8名外国专家办理《外国专家证》。按照海口市《关于加快推进人才发展的实施意见》，市外事侨务办负责牵头实施海口市海外高层次人才引进工作，草拟《海口市引进海外高层次人才计划实施方案》和《海口市引进海外高层次人才暂行办法》。

【出国培训工作】 2011年，市外事侨务办加强和规范出国（境）培训归口管理工作。组织申报2011年出国（境）培训团组共7个（参训人数124人），其中市教育局的“赴加拿大教育管理干部培训班”、市人民医院的“赴法蒙道尔医院专业研修及培训”、市第一中学的“优秀教师到英国柏斯学院学习培训”3个项目获得国家外专局批准审核类立项。积极选派海口市优秀干部赴出国（境）学习国外先进技术和管理，全年共审核上报、选派赴国（境）外培训团组15批65人，培训内容涵盖城市建设、小城镇规划与管理、现代企业管理与创新、现代服务业、新农村建设、旅游营销与管理、会展信息管理、生态环保与旅游开发、价格调控与监督、渔业病害防控技术和教育管理等。

【外国友人农家乐及与我同行活动】 （1）体验海口农家乐活动。4月28日下午，举办庆“五·一”外国友人体验海口农家乐活动，组织外国友人前往海口市琼山区三门坡镇龙鳞村，参观海口文明生态村建设，体验农村文化生活。来自美、英、德、韩等国30多名外国友人暨志愿推广员参加了体验活动。（2）“海口文明大行动·外国友人与我同行”系列活动。12月17日，市外事侨务办举办“海口文明大行动·外国友人与我同行”活动。活动内容涉及“关爱无国界，爱心暖椰城”、“文明签约活动”、“我为文明献一策”和“迎新联欢会”等，来自美国、英国等10多个国家的代表以及在海口地区学习和工作的外国友人、留学归国人员170多人参加了此次活动。此次活动收到了外国友人60多条关于加强文明建设方面的意见和建议，得到省、市文明办的充分肯定。

【协调处理涉外案件】 进一步加强与口岸、公安、检察、法院等部门的沟通与联系，协调处理好外国人在海口市发生的有关口岸、刑事、民事案件等涉外案件。全年协助处理6件涉外案件，有效地帮助化解了各种涉外矛盾。主要案件有：协助处理越南籍“福新”（Phuc Tan）号轮船2名遇险落水船员出境回国案件、俄罗斯籍公民AYSHAT ABDULVAGABOVA与其雇主的经济纠纷案、英国籍公民Alice Elizabeth Rose Manning在万绿园意外死亡案后续调查、1名疑似越南籍交通事故受伤人员就医治疗等。

海口市国际友好城市一览表

序号	名　称	关系类别	结好时间
1	澳大利亚达尔文市　Darwin, Australia	友好城市关系	1990年9月5日
2	英国柏斯市　Perth, U. K.	友好城市关系	1992年2月3日
3	法国圣纳泽尔市　Saint – Nazaire, France	友好城市关系	1992年6月27日
4	美国俄克拉荷马市　Oklahoma City, U. S. A.	友好城市关系	1992年11月20日
5	坦桑尼亚桑给巴尔市　Zanzibar City, Tanzania	友好城市关系	1997年10月30日
6	韩国东海市　Donghae City, Korea	友好交流城市关系	2006年4月1日
7	波兰格丁尼亚市　Gdynia City, Poland	友好城市关系	2006年4月24日
8	塞舌尔维多利亚市　Victoria, Seychelles	友好城市关系	2007年7月25日
9	俄罗斯弗拉基米尔市　Vladimir City, Russia	友好交流城市关系	2007年9月26日
10	葡萄牙法鲁市　Faro City, Portugal	友好交流城市关系	2008年5月12日
11	乌克兰伊利乔夫斯克市　Ilyichevsk City, Ukraine	友好交流城市关系	2008年9月19日
12	巴西库里蒂巴市　Curitiba City, Brazil	友好交流城市关系	2008年9月22日
13	埃及法尤姆　Faiyum City, Egypt	友好交流城市关系	2008年11月13日
14	菲律宾大雅台市　Tagaytay, The Philippines	友好交流城市关系(意向书)	2009年11月21日
15	美国檀香山　Honolulu, U. S. A.	友好交流城市关系	2009年12月21日
16	美国斯科茨代尔市　Scottsdale, U. S. A.	友好交流城市关系	2010年3月22日
17	泰国甲美市　Krabi City, Thailand	友好交流城市关系(意向书)	2010年4月7日
18	加拿大纳奈莫市　Nanaimo, Canada	友好交流城市关系(意向书)	2010年9月20日
19	土耳其安塔利亚市　Antalya City, Turkey	友好交流城市关系	2010年11月22日
20	意大利比萨省　Pisa, Italy	友好交流城市关系(意向书)	2010年11月25日
21	法国阿雅克肖市　Ajaccio, France	友好交流城市关系	2011年7月
22	德国罗斯托克市　Rostock, Germany	友好交流城市关系	2011年12月

侨务工作

【概况】 2011年，侨务工作取得新的突破。第二届海口市外智囊团会议在海口成功召开；成功接待73个海外侨务团（组）700多人（次）；组织侨务出访6次；组织申报2011年出国（境海）培训团组共7个（参训人数124人）；组织申报2012年引进国外技术管理人才项目计划11个（其中示范项目1个），拟引进国外专家32人（次）。全年依法依规办理侨商、归侨侨眷和海外华侨、港澳同胞来信来访136件（次），办结132件（次），办结率95%以上。

【第二届海口市海外智囊团会议】 11月19～20日在海口召开。省委常委、市委书记陈辞、市长冀文林出席会议，并发表重要讲话。国侨办经科司巡视员张健青莅临指导。来自17个国家和地区的46名第二届海口市海外智囊团成员和53名海外华侨华人出席会议。会议就如何提升海口国际影响力、如何彰显省会城市的作用促进经济社会发展等方面深入探讨，与会人员提出许多宝贵的意见和建议，并纷纷表示将发挥自身的特点和优势，为海口发展出谋献策。

【海外联谊】 （1）侨务接待。除接待第二届海外智囊团会议成员及嘉宾外，还接待73个海外侨务团组700多人次。主要团组有：加拿大捷达集团董事会主席李玮一行；东方财富集团（亚洲）投资有限公司总裁李明头一行；澳门琼州联谊会考察团；智囊团成员、世界对华交流协会会长李平；世界主要华文媒体海南国际旅游岛宣传推介团；香港嘉华（国际）集团有限公司主席吕志和一行；泰国艺宝集团公司董事长吴多祯先生一行；智囊团成员吴建平先生一行；马来西亚侨领陈群川先生一行；新西兰海南同乡联谊会会长陈长材一行；加拿大蒙特利尔海南同乡会会长陈婧；马来西亚发林集团总裁林玉唐先生一行；CVC大中华区主席梁伯韬一行；第十三届世界海南青少年冬令营营员等。（2）侨务出访。利用侨务团组出访时机，积极开展海外联谊工作。1月，市外事侨务办韩斌主任率团出访菲律宾，期间，拜访了海口市海外智囊团成员洪鸿泽先生及宿务市黄添生等当地侨社和侨领。3月底至4月初，副市长韩美率团出访印尼、文莱、泰国，旨在进一步加强海口市与海外琼籍社团在华文教育方面的交流与合作。代表团先后走访印尼海南总会、巴厘海南联谊会、文莱斯市海南会馆、泰国海南会馆等8家琼籍社团，拜会华侨华人100多人，参观华人企业2家。7月，市委常委陈宏芬率团出访法国期间，拜访了法国海南会馆，进一步增进与该馆的了解和友谊。9月上旬，市外事侨务办龙源胜调研员和郑定发处长赴香港参加旅港海南同乡会举办的“庆祝中华人民共和国成立六十二周年暨第二十一届会董会就职典礼”庆典活动。（3）华文教育。应泰国呵叻府横色令县公立敬德学校的请求，5月海口市挑选2名华文教师前往该校进行为期2年的任教。

【第十二届世界海南乡团联谊暨海口市综合推介会】 第十二届世界海南乡团联谊大会·第三届世界海南青年大会暨2011海南（香港）经贸·旅游·文化活动周，12月4日～8日在香港举行。其间，市长冀文林随省政府代表团，副市长徐敏生和市政协副主席谢京随省经贸代表团，市外事侨务办陈明新副主任和陈安妮处长随省“联谊两会”代表团分别赴港参加大会及相关活动。此次“三会”合一，盛况空前，共有来自25个国家和地区的5000多名琼属乡亲参加。大会期间，海口市政府举行“海口市综合推介会”，市长冀文林在推介会上发表主旨演讲，重点向海内外嘉宾介绍海口在“十二五”期间围绕“十大工程”实施的21个项目，并提出将在5个重点领域加强琼港间的交流合作。副省长李国梁、省政府副秘书长倪健、副市长徐敏生、市政协副主席谢京以及300多名海内外各界嘉宾出席了推介会。

【服务侨资企业】 （1）组织由海口市侨资企业发展促进会会长陈明谦为团长的海口市华商代表团一行8人赴新加坡参加于10月5日～7日举行的第十一届世界华商大会，加强海口市华商与世界各地华商的交流与合作。（2）9月26日，市外事侨务办与市侨资企业发展促进会在文华大酒店共同举行“海口市侨资企业庆祝国庆招待晚宴”，市长冀文林、市人大常委会副主任陈一华、副市长韩美与海口地区近百名侨资企业家、海外侨领代表、归侨侨眷代表欢聚一堂，迎国庆、叙侨情，谋发展。（3）协调处理侨资企业反映的困难和问题。经市外事侨务办多方协调，马来西亚侨领、市政府海外高级顾问陈群川先生在江东投资的3块共50亩土地遗留问题的置换和办证问题获得市政府批准办理；泰国侨商欧茂昌先生在红城湖投资的土地开发项目获得市规划局同意开发建设；港商郭振辉先生反映的新奥斯罗克酒店出入通道堵塞问题得到妥善处理。

【侨法宣传】 7月，市外事侨务办在海口火山口地质公园内设立侨法宣传栏，扩大侨法宣传的覆盖面。不定期更换万绿园、假日海滩等原有的侨法宣传栏内容。元宵节、中秋节等传统节日前夕，在各区侨友活动中心举行侨法宣传活动，邀请律师为归侨侨眷讲解侨法有关知识。

【侨务扶贫与慰问救济】 继续组织实施“关爱工程”和“侨爱工程”，解决涉侨民生问题。（1）侨生服务。市外事侨务办依法为10名报考全国普通高校和19名报考高等中学的学生出具“三侨生”考学证明，为60名考上大学的“三侨生”和侨眷生颁发“潘黄教育基金”奖（助）学金。8月，选派5名学生和1名老师参加省外事侨务办承办的2011年“关爱工程－海南省归侨侨眷子女夏令营”活动。9月，推荐4名归侨子女到省华侨商业学校参加由省安置印支难民办公室组织的为期1个多月的专业技能培训。（2）归侨帮扶。为146名符合条件的退休归侨职工办理每月100元的生活补贴；为7户困难归侨发放侨眷“侨居工程款”。（3）慰问救济。由市外事侨务办牵头，市“五侨”（侨民、侨胞、侨属、侨眷、侨领，下同）部门联合开展春节送温暖活动。市、区侨务部门春节期间，共筹集资金约15万元慰问救济离（退）休归侨、困难归侨侨眷1000多人。（4）创建“侨爱村”。加快组织实施“侨爱工程”，将旅泰侨胞捐款打井的美兰区大致坡镇栽群村树立为海口市“侨爱工程”示范村，市外事侨务办于12月在该村举行海口市首个“侨爱村”揭牌仪式。

【社区侨务】 2月，琼山区高登社区侨友活动中心揭牌成立。该中心的成立，标志着海口市社区侨务工作全面铺开。端午节前夕，市外事侨务办分别在秀英区长流镇传桂村侨友活动中心和美兰区白沙坊社区侨友活动中心举行“迎端午暖侨琼剧慰问演出”活动。组织医疗专家到到龙华区滨海社区侨友活动中心和琼山区高登社区侨友活动中心开展“关爱工程—送温暖医疗队”义诊活动，为广大归侨侨眷送医送药、提供医疗义诊以及健康咨询服务。中秋节、国庆节前夕，市外事侨务办分别在龙华区滨海新村社区“海口市侨友活动中心”和美兰区白沙坊社区“侨友活动中心”举行“迎中秋、庆国庆”座谈会暨侨法知识讲座，邀请律师为归侨侨眷讲解侨法。

（陆平）

对台工作

【概况】 2011年，开通台北往返海口直航航班，大大方便了两地人员和经贸往来，台湾来琼观光旅游与从事经贸活动人员比上年同期增加两倍。全年海口市共有5个团约100多人赴台考察交流，同时成功接待台湾多批次来海口市的考察团。利用媒体和网络平台，涉台宣传取得新的成果，扩大了两地文化和信息交流。服务台商台胞台属工作取得新的成绩，新增两家台资企业落户海口市。同时，经琼编办［2011］241号文的批复，以及市委办，市政府办［2011］35号文的通知，市台办升格为正处级单位，列入市委机构序列，人员编制增加到9人。

【琼台两岛直航与经贸活动】 市台办积极牵线搭桥，促成了台湾长荣航空和中华航空两家航空公司于10月31日开通台北往返海口直航航班，至2011年两岛往返直航航班达到每周18个。2011年台湾来琼观光旅游与从事经贸活动人员达15万人次，约比上年增加两倍。新增两家台资企业落户海口市，注册资金31.5万美元，涉及建材与休闲娱乐行业。

【两岸交往】 （1）全年共有5个团约100多人

赴台考察。(2)全年接待台湾成功大学企业管理协进会考察团、台湾“国立”戏曲学院考察团、台湾长荣航空考察团、台湾屏东市民代表议会考察团、台湾富士康科技集团考察团、台州市台协考察团等。(3)元旦、春节等节假日期间,市台办给台湾各界新老朋友及在琼台商寄发贺年片计300多张;与市台协举办迎春联谊会、台协创会周年大会和台资企业中秋联谊会。(4)举行台湾慈济慈善事业基金会冬令物资发放捐赠仪式活动,积极配合省台办以及来自台湾和大陆80余名台湾慈济慈善基金会志愿工,在海口市甲子镇向“五保户”、低保户和生活困难户发放大米、食油、棉被、毛毯及包含牙膏牙刷香皂毛巾的生活包等冬令物资。(5)9月和10月,分别组织由市政协副主席、市民建会主委叶霞为团长和市委统战部副部长、市工商联党组书记李小平为团长的考察交流团赴台进行交流和开展专项工作,尤其是与屏东各乡镇的交流活动比较丰富,其间成立海口屏东乡亲联谊会。

【涉台宣传】 (1)成功与台湾中时文化传媒集团合作完成涉台宣传“魅力城市系列—海南海口”专题片的拍摄工作,并在台湾各有关媒体上进行宣传。这对促进海口与台湾两地的交流合作具有积极的作用。(2)利用网络和内刊及时报道宣传涉台信息。以“南海明珠—海口”网页为窗口和载体,坚持每天从各大新闻媒介中摘录关于海口及相关新闻发送到“南海明珠—海口”网进行宣传,同时大力宣传海口概况、海口各产业政策、招商项目、办事指南、服务指南等信息,力求达到消除两岸同胞之间的误解,增加相互了解,促进友谊,扩大海口影响力的效果。

【服务台商台胞台属】 (1)全年收到台商台胞来访信件13件次,均及时进行处理,全年没有发生重大的台商纠纷上访闹事事件。(2)通过省台办争取到农业部于1月给海口在2010年10月初受灾的34家台资企业的救灾补助款,共计120万元。(3)妥当解决海南台资企业金凯三汇实业有限公司因上游海口市三江农场三江湾水域泄洪闸年久失修,洪水经常侵扰公司水产养殖基地问题。(4)协调好桂林洋养殖观赏鱼7家台资企业与高校有争议的问题。做好台资企业土地使用情况调研和开展海外侨胞、台胞及港澳委员参政议政调研工作。(5)继续做好台胞、台属慰问工作。在元旦、春节、端午、中秋等重要节假日,以发送贺卡、节日慰问品,上门拜访等形式给在海口的老台胞及其遗孀、生活困难台属送去节日的问候和美好的祝福。元月25日下午,海南省副省长符跃兰在省台办主任徐刚、副主任刘耿和海口市委常委王云霞等陪同下,专程来到海口市人民医院慰问87岁的第一代老台胞陈坤泉先生。

(周锋)

(编辑:李达文)

民主党派·群众团体

海口市各民主党派、群众团体领导人名单

民革海口市委主委：丁　竹

民盟海口市委主委：厉　春

民建海口市委主委：叶　霞

民进海口市委主委：刘心红

农工党海口市委主委：张玉霞

致公党海口市委主委：邢　愚

九三学社海口市委主委：覃碧霞

台盟海口市委主委：符之冠

市工商联主席：魏　铁

市台联会长：符之冠

市总工会主席：林道本

共青团海口市委书记：符明全（9月止）

市妇联主席：肖惠珠

市文联主席：陈素珍

市侨联主席：黄宏雁

市社科联党组书记：廖小平

市科协主席：李小华

市残联理事长：李兰芝

贸促会会长：吴家宏

市红十字会会长：韩　美

民革海口市委

【参政议政】　2011年是海口市各民主党派换届之年，至11月，4个区总支换届已经顺利完成。（1）提案工作。在2011年的政协会议上，民革海口市委20名政协委员参加了会议，共提交36份个人提案，5份集体提案。提案内容包括：经济建设、城市管理、社会民生和纪念辛亥革命100周年等。获得民革海南省委表彰的2011年提案有：《关于成立海南律师调解中心的建议》、《切实落实领导批示加强东寨港红树林保护》、《关于开通海南少儿英语教育频道的建议》。在政协海口市十二届委员会提案工作表彰大会上，民革海口市委被评为“提案先进单位”，林青等10位党员提案被评为优秀提案。（2）加强基层参政议政指导。民革海口市委历来重视对基层支部的参政议政工作指导，对党员的调研给予经费支持，物质奖励，还有各种形式的表彰，激发了基层支部参政议政积极性，产生了美兰二支部、三支部等先进的“参政议政支部”。

【开展纪念辛亥革命100周年活动】　（1）召开座谈会。为纪念辛亥革命100周年，民革海口市委召开座谈会，专门邀请同盟会及辛亥革命时期的海口民革党员后裔参会。会上，大家缅怀孙中山先生伟大精神，表达对辛亥革命功绩的崇敬。（2）为更好地宣传辛亥革命，民革海口市委与海南时代东方文化传媒有限公司等单位共同举办以武昌起义为背景的大型喜剧《一枪拍案惊奇》演出。本次演出由武汉说唱团倾力打造，被列入海南省海口市纪念辛亥革命100周年系列活动之一，并列入“阳光海口、娱乐之都、品位之城”精品文艺演出。民革海口市委共有100多位党员和上千名海口市民观看了演出。

（魏丹丹）

民盟海口市委

【概况】　12月23日，民盟海口市委召开海口市第十四次代表大会，民盟海南省委主委康耀红，中共海口市委常委、统战部长王云霞出席会议。大会选举产生了民盟海口市委第十四届委员会委员23名，在民盟海口市委第十四届委员会第一次全体会议上，厉春当选主任委员；黄玲玲（专职）、陈建军、陈洪、陈学博当选副主任委员。民盟海口市委组织盟员积极参加统战部门组织的各种学习研讨及征文比赛活动，在中共海南省委统战部组织的纪念中国共产党建党90周年书画摄影作品展征集活动中，民盟海口市委盟员丁孟芳选送的绘画作品《海唱晨晖》、盟员柯景童选送的摄影作品《激情的港湾》，分别获得绘画类一等奖、摄影类二等奖。2011年，民盟海口市委获民盟中央“纪念中国民主同盟成立七十周年优秀集体”称号；盟员黄玲玲、丁孟芳、厉春被授予先进个人称号。

【参政议政】 2011年，民盟海口市委新成立了法律专门委员会。“两会”期间，民盟海口市委共提交集体提案3件，委员个人提案21件，人大建议案2件。其中方慧玲《关于加强海口市政府投资项目管理的建议》、蔡铁《关于提高海口城市雕塑文化品位的建议》、覃世斌《关于从严治理海口非法超限超载行为的建议》等提案被选为市政协重点提案。2011年，通过选拔参政人才等渠道，民盟海口市委推荐的陈建军任海口市公交集团总经理、颜紫燕任澄迈县副县长、方慧玲任海口市琼山区人大副主任；黄玲玲、张品成、李杰被市纪委聘为特邀监督员，张品成受中国作家协会委派，到江西省赣州市信丰县挂职副县长定点体验生活。

【发展新盟员】 2011年民盟海口市委共发展新盟员29名，在册盟员总数为671人，其中博士1人、硕士9人，本科以上学历占到总人数的88%，中级以上职称的占总人数47%。

（林日源）

民建海口市委

【概况】 12月24日，中国民主建国会海口市第十一次代表大会召开，顺利完成换届工作。叶霞等23人当选为民建海口市第十一届委员会委员；在民建海口市第十一届委员会第一次全体会议上，叶霞同志当选为民建海口市第十一届委员会主任委员，李爱国、邓爱军、吴承敏、谢源博当选为副主任委员。2011年，民建海口市委会企业家会员尚晓被授予海口市劳动模范，民建海口市委会被市委统战部授予“统一战线帮扶奖”，会员詹汉钦被授予“统一战线爱心奖”，陈朝霞被评为年度“优秀信息员”，詹汉钦被评为2007—2011年度全国社会服务工作先进个人；民建海口市委、民建海口市秀英区总支、龙华区总支被评为2007—2011年度全省社会服务工作先进集体，谢源博等8名会员被评为2007—2011年度全省社会服务工作先进个人。

【参政议政】 （1）2011年海口“两会”期间，民建海口市委的人大代表和政协委员共提交建议8份、提案33份、社情民意3份。其中集体提案《关于拓展社会投资渠道，推动海口公共建设和城市开发的建议》被确定为市政协主席督办案，《关于解决城市交通拥堵问题的几点建议》被确定为重点提案；李爱国委员提交的提案《关于进一步加强社区管理，完善我市基层社区组织建设的建议》和梁振义提交的《关于提高乡村生态旅游档次和品位的建议》被确定为重点提案。（2）4月，副主委李爱国调研并撰写的《关于进一步加强我省城镇社区建设的建议》一文，被作为民建省委的大会发言及提案提交2011年海南省政协五届四次会议，并受到省委会表彰。（3）5月，副主委邓爱军被海口市检察院聘为特约检察员，副主委李爱国和会员王子建被海口市人民政府聘为特邀监察员。6月，张叶柳等10位会员被聘为海口12345政府服务热线监督观察员。（4）10月，在海口市政协副主席叶霞的带领下，民建海口市委会驻会副主委李爱国等参加对民建海口市委提交的主席督办案——《拓展社会投资渠道推动海口公共建设和城市开发》的督办活动。民建海口市委被评为海口市政协“2007～2011年度提案组织工作先进单位”，由民建海口市委提交的《拓展社会投资渠道推动海口公共建设和城市开发》等4篇集体提案被评为海口市政协2007～2011年度优秀提案，邓爱军、顾贫、李运全等提交的14篇个人提案被评为海口2007～2011年度优秀提案。

【自身建设】 （1）完善基层组织建制。5月，经与民建海南省委、市委统战部、琼山区委等部门协商，撤销民建琼山区委筹备组，成立民建海口市琼山区总支，陈奋当选为琼山总支主任。同时对龙华区总支进行改选，宋美云当选为龙华总支主任。（2）发展新会员。民建海口市委按照“注重质量，注意数量”的原则，全年共发展新会员13名，转入会员2名，其中硕士1名，大专以上学历13名；高级职称1人，中级职称7人；平均年龄37.9岁。（3）完善海口民建网站。5月，改版后的海口民建网站得到广大会员的充分肯定。民建海口市委充分利用海口民建网站、《海口民建》会刊等平台，宣传中国共产党的路线方针政策及民建海口市委会在民主监督、参政议政、自身建设、社会服务等方面所开展的工作和取得的的成绩，展示会员风采，树立民建海口市委会的良好社会形象。（4）加强后备干部队伍建设。民建海口市委会积极配合民建海南省委、中共海口市委统战部做好推荐党外后备干部工作。4月，在民建海南省四届七次会议上，董敬军增补为民建海南省委副主委，李爱国增补为省委委员。5月，主委叶霞到中国浦东干部学院参加海南省女领导干部培训班。6月，主委叶霞参加省委组织部举办的海南省领导干部《旅游城市规划建设与经营管理》专题培训班。

【对外交流】 10月中旬，主委叶霞率民建海口市委会骨干会员一行6人，参加由民建中央和河北省政府在石家庄共同举办的2011中国（河北）非公有制经济发展论坛。11月中旬，民建海口市委会机关干部戚大卫出席在温州举办的民建地方组织交流协作年会，并向大会递交了会议交流材料——《创新形式，全心尽力做好社会服务工作》。

【公益活动】 6月，在海口市政协“和谐助学”活动中，民建海口市委会号召企业家会员为贫困学子捐款10万元。10月14日，民建海口市委在龙华区遵谭镇儒全村举行“儒全村文化体育广场”挂牌仪式。海口市政协副主席、民建海口市委主委叶霞，副主委李爱国，机关专干及会员企业家等20多人参加了此次挂牌仪式，并给村文化室配备了电视机、音响设备、书柜、办公桌、窗帘、乒乓球桌等设施，还发动会员送去了大量书籍，总投入30多万元。

（戚大卫）

民进海口市委

【参政议政】 海口市“两会”期间，民进市、区人大代表、政协委员撰写建议、意见、议案、提案共16件，其中集体提案4件：《关于加快我市中小学教师群体住房建设的建议》、《关于妥善处理我市义务教育学校实施绩效工资工作中存在问题的建议》、《关于出台中小学校教师礼仪规范的建议》、《关于逐步提高中小学校男教师比例的建议》。吉军个人撰写的提案《关于挖掘和发展民间游戏的建议》、《关于对严重危害社会精神病人和严重传染病人强制治疗的建议》、《关于改正“儿童酌减”用药方法》和民进琼山区委上交的《关于规范少年儿童课外读物印刷字号的建议》均被列为全国政协提案。反映的社情民意《文昌毛泽东塑像被摧毁应引起关注》引起民进中央的高度关注并得到相应的处理；《尽快处理海口永庄水库的污染问题》引起市政协的高度重视并得到相关部门进行调查处理。《关于控制海口市城市管理成本的建议》被列入2011年政协会议议政发言。

【换届选举】 12月24日，民进海口市第七次代表大会召开，选举产生中国民主促进会海口市委员会第七届委员会。刘心红当选主委，史玉敏（驻会）、符约明、郭晓波、林杰当选副主委，选举民进市委委员23名。

（吴玉转）

农工民主党海口市委

【换届选举】 11月，农工民主党海口市委完成市医院总支、秀英总支、龙华总支、美兰总支、琼山总支的换届工作，并于12月25日顺利召开农工党海口市第十一次代表大会，选举产生新一届领导班子，圆满地完成换届工作。

【参政议政】 2011年“两会”期间，农工党海口市委副主委、省人大代表张玉霞在省人大四届四次会议上提交议案2件，4名市人大代表在市人大十四届五次会议上提交议案及建议共7件；农工党海口市委会17名政协委员在政协海口市十二届五次会议上提交集体提案2件、个人提案共23件，这些提案均得到市政府有关部门的采纳。农工党海口市委被市政协第十二届委员会评为提案组织工作先进单位。

【自身建设】 （1）参加培训学习。农工党海口市委有计划有目的地分批选送党员骨干参加各级社会主义学院培训学习，推动政治学习教育活动的深入开展。（2）后备干部队伍建设。农工党海口市委会分类建立市委委员、各级人大代表、政协委员、总支领导班子、科级干部、高级职称人员为主的人才数据库，并采取动态管理模式，及时补充、调用相关信息，向中共海口市委及统战部推荐干部。（3）抓好组织发展。农工党海口市委严格按照《中国农工民主党章程》和《组织发展规程》发展新党员，2011年共发展新党员11人，其中大学以上学历与中级以上职称占85%以上。

【社会服务与扶贫帮困】 积极开展送医送药、义诊咨询活动。农工党海口市及各总支多次组织医疗专家先后到琼山区甲子镇青云村、云龙卫生院等地，开展义诊、法律与健康咨询、学术讲座、送医送药等活动共6次，参加义诊的专家及工作人员50多人次，受益群众1000多人次，发放健康宣传资料500多份，派出一辆农村医疗巡回车下乡为群众免费进行B超检查30多人次，心电图检查20多人次，捐赠药品及医疗器械价值1万多元。积极参与海口市统一战线帮扶基地—琼山区甲子镇青云村帮扶工作。在2011年“七一”前夕，组织本党医疗专家到村里进行义诊及慰问中共老党员、五保户和优抚人员，党员刘阳捐送慰问金5000元。极力配合林杰主委做好秀英区长流镇富教村的帮扶工作，引导村民利用征地款150万元投入生态文明村建设。2011年农工党海口市委会被中共海口市委统战部授予“统一战线帮扶奖”。

（王茅）

致公党海口市委

【概况】 2011年，致公党海口市委发挥“侨”、“海”特色，加强与海口市“五侨”单位的联系，做好与华裔新生代、新兴主要侨社的领军人物、传统侨团新一代接班人、侨胞中的精英人士和往来于国内和海外之间的创业人士、留学人员和投资者的联谊、联络和服务工作。全年致公党海口市委会成员共接待“三胞”人员15人次，接待各国华侨136人次。先后顺利完成致公党海口市直属第一支部、秀英区总支部、琼山区总支部、美兰区总支部、龙华区总支部及致公党海口市委的换届工作。海口“两会”期间，致公党海口市委党员中的人大代表、政协委员共写提案36件，其中集体提案8件，个人提案28件；社情民意6件。致公党海口市委撰写的《关于加大我市农田水利基本建设力度的建议》被评为主席督办案；《关于加强我市违法建筑监管工作的建议》被评为重点提案；党员孙永望撰写的《借国家光伏政策之力，创国际低碳旅游之都》被评为重点提案。致公党海口市委被海口市政协评为2007—2011年优秀提案撰写先进单位。

（陈在民）

九三学社海口市委

【概况】 12月27日，九三学社海口市召开第五次代表大会，选举产生九三学社海口市第五届委员会。覃碧霞当选九三学社海口市第五届委员会主委，林银燕、王俊刚、黄健、顾建中当选副主委。在2011年海口市“两会”上，九三学社海口市委共提交人大代表议案3件，政协委员提案27件，其中集体提案9件；集体提案中的《关于加大我市城中村改造工作力度的建议》被市政协列为2011年主席督办案，《发展社区卫生事业，服务国际旅游岛建设》和个人提案中的《关于加强我市乡村公路管理的建议》，被市政协列为重点提案。继续在琼山区甲子镇卫生院“九三学社海口市委医疗专家服务基地”开展社会服务活动。一年来共开展专家门诊、专题讲座培训、业务查房、手术指导及护理指导等活动6次，对乡镇卫生院给予支持和帮助，为当地农民提供优质的医疗服务。

（蔡大勇）

台盟海口市委

【概况】 2011年，琼山总支、秀英支部、美兰支部三个基层组织分别举行了盟员大会，选举产生新一届领导班子成员。龙华支部完成了民主推荐、干部考察工作。年底，台盟海口市委召开第五次盟员大会，经过民主选举产生台盟海口市第五届委员会领导班子：符之冠任主任委员（兼），周朝东（驻会），文飞燕，陈雯任副主任委员。2011年，台盟海口市委被盟省委评为参政议政先进集体、盟务工作先进集体，符之冠等7名盟员被评为参政议政先进个人，周朝东等17名盟员被评为盟务工作先进个人。台盟海口市委的主要领导经常参加市委、市政府、市政协举办的各种形式的座谈会、通报会、议政会、社情民意座谈会，参与重大问题的讨论与协商，并发表意见。台盟海口市委共有省政协委员2名，市政协委员5名，市人大代表2名，区人大代表两名。他们立足于本职工作岗位，积极参加市人大、市政协组织的视察、调研活动，提出合理化的意见和建议。市人大会议期间，谢明三等代表递交《关于亟待解决原琼山市国有企业遗留问题的建议》、《关于重新修建府城振发东路的建议》等13件议案。政协会议期间，台盟界别的市政协委员共提交提案7件，其中集体提案2件，个人提案5件。符之冠委员和周朝东委员的《关于成立心理咨询行业协会的建议》引起媒体的关注。台盟、台联的《关于打造美兰区风情小镇的提案》被列为重点提案。

【组织建设】 台盟海口市委积极配合中共海口市委统战部做好政协委员、人大代表的推荐工作。盟员符之冠、周朝东、陈雯、洪川当选为第十三届海口市政协委员，谢明三当选为第十五届人大代表，文飞燕当选为秀英区人大代表，李海川当选为龙华区人大代表。副主委、海口市台联副会长周朝东被海口市政府聘为海口市特邀监察员，增补为省台盟常委。全年发展新盟员2名。

【联络工作】 发挥台盟优势，做好对台联络工作。利用台资企业协会平台，对海口的台商进行走访，配合统战部做好联谊、招商、引资工作。召开海口市台籍人大代表、政协委员、台商代表恳谈会，围绕“建设国际旅游岛”探讨发展新机遇。组织台胞、台商、盟员参加春节和中秋的节日慰问联谊。

（陈雯）

市工商联

【概况】 1月13日，市工商联召开十三届五次执委会议，增选李小平同志为第一副主席，秘书长符强为执委会副主席，李有骨副调研员、美兰区工商联专职副主席林波2名同志为执委会常委，经济联络部部长文小清、会员权益部部长罗美琴2同志为市执委会执委；免去了6名因长期不参加工商联活动、违法及年龄原因不适合工商联工作的成员。2011年市工商联被省工商联评为2010年度“海南省商会系统先进单位”和“信息工作先进单位”；被市委统战部授予“统一战线帮扶奖”。企业会员——海南沿江旅业有限公司的“海口龙华沿江鸡饭店”被中国商务部认定为第二批次“中华老字号”，成为目前海南省唯一的“中华老字号”企业。企业会员——海南龙泉集团有限公司8月在北京召开的全国构建和谐劳动关系先进表彰暨经验交流会上，获评“全国模范劳动关系和谐企业”称号，这是海南省2011年4家获此殊荣的企业之一。海南双成药业股份有限公司等市工商联3家企业会员在11月15日召开的全省“构建和谐劳动关系先进表彰暨经验交流会”上获“海南省模范劳动关系和谐企业”称号。

【参政议政】 海口“两会”期间，市工商联向市政协提交《关于成立海口市中小企业局的建议》等6件团体提案，其中《关于建立我市促进非公有制经济发展政府联席会议制度的建议》被市政协列为重点提案。会员企业中的政协委员提交政协提案47件，其中林贵营委员撰写的《关于平抑物价保障民众生活的建议》、廖文川和黄舸委员的《关于扶持我市流通业加快发展的建议》、詹道文和张泰超委员的《关于加强海口综合保税区建设的建议》、刘文明委员的《关于建设企业职工保障性住房的建议》4件提案被市政协列为重点提案。

【非公经济调查】 3月中旬至4月下旬，市工商联抽调专人组成非公经济调研小组，历时近1个半月，深入国税、地税、统计、人力资源、工商等部门和部分非公企业，对海口市2010年度非公经济发展情况进行了一次专题调研。初步掌握和了解海口市非公经济发展的现状和基本情况，并将调研的情况撰写成《海口市2010年非公经济发展情况调研报告》，上报到省工商联与市主要领导和相关职能部门。

【宣传和信息工作】 充分利用商会网站做好会员企业及工商联建设的宣传工作，全年共向省工商联、市委统战部、市效能办、市机关工委等单位报送各类信息128篇，其中向市委统战部上报信息42篇，采用16篇；向市效能办上报效能简报39篇；向市机关工委报送信息16篇，采用3篇；向省工商联报送了41篇，采用38篇，全国工商联网站采用3篇。全年更新工商联商会网站及图片资料或信息360多篇次。

【服务企业】 (1)全年共为企业会员组织各种培训与服务8场次，培训各类人员700多人次。规模较大的是7月28日邀请中国战略与管理研究院首席专家刘红松教授在海口市蓝天路锦鸿温泉酒店为会员企业家们举办首届“海南企业商学院EMBA管理论坛”，论坛以《国际旅游岛背景下的企业战略选择》为主题，各企业董事长、总裁、总经理、副总经理、部门经理等中高层管理人员，及媒体记者共300余人参加了此次论坛。(2)充分发挥与市科工信局、财政局共同管理使用“海口市政府扶持民营中小企业专项资金”职能作用，为全市19家中小企业发放500万元政府资金扶持。(3)积极为企业融资牵线架桥。1月21日，市工商联携手邮政银行海口市分行小企业贷款中心在海口市海秀路鑫源温泉酒店共同主办《关于破解海口市中小企业融资难新春茶话会》。组织30多家企业负责人和财务人员50多人参加这次茶话会，有5家企业会员与邮政银行海口分行之间达成了合作意向。5月，分别带领邮政储蓄银行海口支行信贷中心主任到美兰、琼山2个区工商联进行融资对接。(4)联办民营企业家与市长对话座谈会。8月30日，市工商联和市委统战部联合举办“海口市民营企业家与市长对话座谈会”，组织邀请50多位在海口具有代表性的民营企业家与冀文林市长进行面对面的交流。(5)协助做好非公经济人才工作。向市委组织部推荐符史钦等6名民营企业家作为市委市政府“重点专家”人选。协助市委组织部完成“海南省产学研项目情况调查”和“海南省高层次人才需求调查”，共上报2个产学研项目和4家企业高层次人才需求情况。另还协助市委统战部做好对非公经济人才的培训、培养和人才信息库建设。(6)引进总部经济落户海口。利用自身的服务平台，积极与各方面联系，在短时间内引进华安财产保险股份有限公司海南分公司落户海口，并积极配合该公司办理相关手续。(7)走访与发展企业会员。市工商联全年走访企业48家，新发展直属会员42家，发展团体会员一家。至年底，市工商联有企业会员2117家，直属会员648家，团体会员为8家。(8)法律服务和维权服务。2月，市工商联向250家企业寄发《劳动合同法》、《农民工劳动保障维权手册》、《劳动合同法实施条例》、《职工带薪休假条例》、《劳动合同指南》等法律手册。全年为企业会员协调和解决在生产经营过程中遇到的各类困难40多件次。

【对外活动与交流】 2011年，市工商联共接待外地商会和客商150多人次，组织到外地考察或商贸交流5批共23人次。全年共组织开展了2次企业间相互观摩学习。11月18日，组织50多名企业家到海口市美兰区灵山镇预备役高炮团过“军事活动日”，市工商联（总商会）主席魏铁、海南德天环保科技有限公司董事长曾友意等企业家参加了活动。

【扶贫帮困】 市工商联党支部和驻村帮扶人员积极协助定点帮扶村琼山区云龙镇长泰村委会党支部搞好支部建设，落实和完善各种规章制度。组织一批村干部和农村致富能手到海口东山镇紫罗村养鸡场参观学习。在长泰村开办一期山药种植班培训，培训28名种植能手。“七一”前夕，协助村委会培养4名农村党员，增强村党支部的力量。在春节、建党节、中秋节期间共慰问农村“三老人员”和生活困难人员110多人次。春节期间，向海口市200多名80岁以上原工商业者进行慰问，发放慰问金6万多元。引导非公企业向社会献爱心。5月，市工商联党组书记李小平带领海南栋梁实业有限公司董事长黄承坤等一行10人深入长泰村视察谭连三队、四队村民吃水难问题，黄董事长现场承诺出资20万元帮助村民解决吃水问题。中秋节前夕，市工商联会携会员企业——海南新大食品有限公司到美兰区灵山镇新岛村委会的本吟、本利两个自然村，为58位年龄60岁以上的老人都送上一盒月饼和一箱椰子汁。据不完全统计，2011年市工商联及会员企业在捐资助学、支持新农村建设、慰问、救灾等各种形式参与社会献爱心和光彩事业活动中捐款捐物总值达400多万元。其中仅捐资助学资金就有110多万元。

（龚晓明）

市总工会

【概况】 2011年，市总工会按照“党政所需、职工所急、企业所求、工会所能”的要求，团结带领全市职工围绕建设国际旅游岛，为把海口打造成“宜居、宜业、宜游、宜学”的品位之城，做出了积极的贡献。获“全国劳动竞赛先进组织单位”、“全国工会系统‘五五’普法先进单位”、“全国工会‘职工书屋’建设组织先进单位”等称号。全年新建净增法人单位3043家，发展会员37737人。到年末，全市基层工会累计达7327家，会员248533人。2011年新增登记基层工会142家，全市累计登记基层工会708家。2011年海口市总工会获“全国劳动竞赛先进组织单位”、“全国工会系统‘五五’普法先进单位”、“全国工会‘职工书屋’建设组织先进单位”、财务工作全国先进单位、海南省工会工作先进市县、海南省工会组建工作先进单位特等奖、海南省工资集体协商工作先进单位特等奖、海南省劳动竞赛工作先进单位一等奖、海南省经审工作规范化建设考核先进单位一等奖。海口市排水管理养护所获得全国五一劳动奖状，李润合、林孝鉴获全国五一劳动奖章。海南罗牛山肉类食品有限公司屠宰车间被评为全国工人先锋号。东山镇服装加工业工会联合会获海南省工会工作创新奖。

【职工素质建设】 （1）举办多种培训班。以深入开展“创建学习型组织，争做知识型职工”活动为抓手，进一步加强“培训提素质”的工作力度，全年举办工会干部、职工就业培训和农民工岗位能力素质培训班共12期，涉及人数分别为工会干部1000人，职工就业培训2340人，农民工岗位能力素质培训2850人。（2）“职工书屋”建设。至2011年，共建成“职工书屋”42家（全国示范点10家、自建点32家），共有藏书36000册、报刊3200份、音像资料1160张、书架56组、可上网电脑17台，书屋面积达1620平方米。（3）开展文娱活动。分别组织职工参加“万名职工看海南”、千名农民工和职工“游海口、观巨变”活动、与市委宣传部和市教育工会联合举行“椰城职工心向党”读书演讲比赛，举办“劳动者之歌”大型文艺汇演，选送4个节目参加省总工会与省文体厅联合举办的“百万职工心向党”“五一”文艺汇演并获得一等奖。（4）举办“工会杯”技能竞赛。以“劳动竞赛年”为推动，以“创建工人先锋号”为载体，着力打好“工会杯”劳动竞赛品牌。6月开始，先后分别举办全市性的“工会杯”医疗护理岗位技能竞赛、“工会杯”海口市职工美容美发技能大赛等20多项技能竞赛，直接参与的职工达1万余人。较好地营造学技术、练本领、赛技能的良好氛围。

【职工生活保障】 （1）帮扶解困。以“扶贫济困解难事，温暖和谐进万家”为主题，开展“春送岗位、夏送清凉、秋送助学、冬送温暖”等活动，推动帮扶工作从单纯的生活救济向医疗救助、技能培训、就业服务、助学帮扶、法律援助等领域拓展。2011年元旦、春节期间，全市各级工会筹集慰问金395.38万元，慰问困难企事业单位49家，慰问劳动模范、困难职工、困难农民工共6117人，慰问人数覆盖全市所有建档的困难职工。

向劳模发放全国劳模“三金”（春节慰问金、特殊困难帮扶金、低收入补助金）、省级劳模“二金”（春节慰问金、特殊困难帮扶金）、市级劳模援助金，共慰问劳动模范399人次，发放慰问金额80万元。（2）深入开展“金秋助学”活动。2011年市总工会共筹集资金77.8万元，资助困难职工家庭子女上大学265人。（3）开展“四送”活动。积极开展送政策、送文化、送技能、送岗位等活动，向职工提供政策宣传5102人次，向41个基层工会职工书屋赠送1万多册各类书籍。多次上街设点，宣传《劳动合同法》，解答职工的咨询；先后4次开展送法进工地活动；帮助647名职工落实惠民政策；协助配合有关部门，为1459名困难职工提供就业岗位。（4）开展“送清凉进工地，慰问一线农民工”活动。给市重点工程项目侨中道路工地、海甸保障房工地等建筑工地农民工送去价值2.5万元左右的清凉饮品和降温防暑日用品，让在高温下坚持作业的一线职工倍感关怀。

【创建和谐劳动关系】　（1）继续推行厂务公开民主管理制度。结合《海口市2011年党风廉政建设和反腐败工作实施意见》，制定2011年海口市厂务公开工作意见，对全市厂务公开民主管理工作进行部署和指导。帮助企业坚持企务公开制度，做好企务公开监督工作，主动接受职工监督，真正做到职工拥有知情权、参与权，较好地促进企业和员工和谐，为创建“劳动关系和谐企业”、模范“职工之家”发挥主导作用。2011年市直属企业双汇药业、齐鲁药业被全国总工会评为“劳动关系和谐企业”，海口市第一中学工会被评为“全国模范职工之家”。（2）积极开展走访调研活动。分别在琼山区总工会、保税区工会联合会和太阳城大酒店举行3场劳动关系调研座谈会；深入基层工会和企业开展企业劳动关系调研，发放劳动关系状况调查问卷约6000多份；深入到15家建筑工地，开展高温补贴规定落实状况调查。（3）工资集体协商取得新突破。积极探索不同规模、不同所有制、不同经营状况企业开展工资集体协商的特点和规律，通过6次近千人次参加的“劳动合同法、集体合同专题培训班”辅导，不断提高工会干部“懂、能、会”协商能力。东山镇制衣行业工资专项集体合同和海口南北通货运市场区域性工资集体协商的成功签订，使工资集体协商从个体协商向区域性、行业性集体协商推进。全年签订集体合同1998家，涉及职工10万人。（4）组织企业参加全国“安康杯”竞赛活动。评选10个安康杯竞赛优胜单位。在6月“安全生产月”活动期间，与有关部门一起在明珠广场设立安全生产知识宣传点，接受职工工伤预防、事故处理方面的咨询150余次；与港航控股有限公司联合举行“安全生产和安全健康知识竞赛”，港航控股下属9个单位参加，涉及职工近万人。（5）维护职工合法权益。共办理职工来信50件，接待来访职工90人次，与人社局等部门一起开展“整治非法用工打击违法犯罪”用工检查，为635名职工追讨欠薪110万元。

【劳福事业】　（1）加大工人文化宫合作改造建设步伐，积极协调职工活动中心用地，重视发挥产业工会、工人文化宫和海员俱乐部的作用，积极稳妥地对效益较差的工会宾馆、职工学校进行改制。（2）做好职工来信来访工作，加大职工安全生产劳动保护工作力度。（3）继续做好女职工安康互助工作，实行职工大病住院救助活动，配合省总工会做好工会会员“大海惠工卡”的发放工作，为劳动模范提供免费体检，组织劳模进京观光。

（胡博）

共青团海口市委

【概况】　2011年，按照胡锦涛总书记提出的“两个全体青年”的政治目标，团海口市委紧紧围绕党政中心工作，立足海口实际，在基层团组织建设、志愿服务、青年就业创业、未成年人思想道德建设、团的自身建设等方面真抓实干，各项工作取得了显著的成效。全年重点工作综合排名从2010年倒数第二名跃居于全省市县第五名，并获得“非公团建单项奖”，团海口市委还被评为“海口市综治工作先进集体”、“海口市禁毒工作先进集体”、“海口市结对帮扶工作先进集体”等。2011年末海口市共有团员73986名，团组织921个，专职团干240名。

【基层团组织建设】　（1）党团共建创先争优活动初显成效。结合海口市团工作实际，团海口市委从“基层团组织建设、非公企业团建、基层团组织格局创新、青少年成长成才、志愿服务工作”等5个方面精心挑选16个项目，建立健全团建创新试点工作机制，设立16个创先争优团建工作示范点，并出台相应的考核办法，定期召开现场工作会和推进会，总结工作经验逐步向全市推广，不断扩大试点工作的范围和成果。（2）稳步推进基层团建工作。重点面向酒店、餐饮行业、旅游景点、高新技术企业、工业企业、商贸企业等领域推进两新组织的团建工作。全年新建非公企业团组织118家、新社会团组织3家、务工青年团组织8家、农村专业合作社团组织32家和学校团组织5家，进一步夯实基层团建基础。9月，团中央城市青年工作部副部长鲁亚一行到海口检查非公企业团建工作，对海口市非公企业团建工作取得的成绩予以了充分的肯定。（3）全面推进团的基层组织格局创新工作。积极争取市委组织部的支持，将海口市基层团的组织格局创新工作纳入基层党组织换届工作的总体布局。全市23个镇、18个街道严格按照要求完成团的基层组织格局创新工作。新的班子呈现出年轻化，多元化，知识化和专业化的特点，全市23个镇团委书记平均年龄为30岁，18个街道办团工委书记平均年龄为29岁，大专以上文化水平达75%。同时各镇（街道）积极选配编制外团委副书记和委员，占全部委员人数的30%，重点把那些热爱党、对共青团和青年工作有热情、有一定影响力的青年代表吸收充实到基层团的领导班子中来。大力实施团干部教育培训计划，对新任基层团干部进行岗前培训，进一步提高基层团干部队伍的综合素质，全面提升海口市基层团组织的吸引力、凝聚力和战斗力。

【志愿服务活动】　持续开展“爱他就去陪他”等一系列关爱志愿服务活动，筹集物资总价值15万余元，把温暖送给了3000余名孤寡老人、农民工子女、贫困大学生等弱势群体。建立“关爱农民工子女志愿服务基地”17家，建成爱心图书室10家。已有18所农民工子女比较集中的学校和18个团组织完成结对，结对农民工子女5181人。全面启动“吹响青年集结号共创全国文明城”主题志愿服务活动，组织志愿者4000余人次开展“文明出行你懂的”等系列文明交通志愿者行动。组织20000多名志愿者开展“三下乡”、“学雷锋”、“高考送水”等志愿服务。组织600多名志愿者开展以“植绿护绿”为主题的生态环保活动，种植了2000多棵绿化树。组织5000人次志愿者为第56届“欧米茄”观澜湖高尔夫世界杯等大型赛事提供服务，得到主办单位和社会各界的一致好评。

【服务青年就业创业】　（1）大力开展电信营销、电焊工、面点师等免费技能培训，与相关单位和社会培训机构合办各类培训班16期，培训2655人次，有效提升了广大青年的个人综合素质和就业创业技能。（2）加强与市农信社和市创业小额贷款担保中心的合作，制作并发放城乡青年创业小额贷款服务卡4100张，联合相关部门争取重点解决城乡青年普遍反映的贷款利息偏高的问题，帮助创业青年申请创业小额贷款525宗，发放贷款1161万余元。（3）巩固完善青年就业创业见习基地，保有见习基地35家，到岗见习728人，其中240人在上岗见习期间或见习期结束后被正式录用。选树宣传青年就业创业典型，推荐海口市琼山区青少年农业科技体验教育基地申报全国青少年农业科普基地。广泛宣传占符村创业青年王家维的花梨树苗基地、龙鳞村团总支的农家乐合作社等青年就业创业先进典型，起到了良好的示范引导作用。（4）抓好青年文明号创建工作。组织开展“千号共建、争创双百”、“旅游服务热线”创建、“微笑窗口”、“微笑使者”等一系列活动，引导青年文明号集体主动开展优质服务活动、倡导诚信经营，努力提高青年文明号服务海南国际旅游岛建设的水平。

【加强未成年人思想道德建设】　（1）深入开展形式多样、内容丰富的主题教育活动。抓住重大活动、重大事件、重大节庆纪念日等契机，开展以“高举团旗跟党走我与椰城共奋进”、“党的光辉照我心”庆建党90周年系列活动，引导青少年坚定不移地跟党走。组织19所中小学校2000多学生参加“颂扬建党九十载传承革命精神”清明系列扫墓活动，缅怀革命先烈，弘扬爱国主义精神。

举办海口市少先队鼓号队展示活动，共有10支鼓号队、1500余名少先队员参加，充分展示了当代少先队组织和少先队员朝气蓬勃、斗志昂扬、勇于拼搏、健康向上的风采风貌。（2）开展形式多样的青少年品牌活动，丰富青少年的业余文化生活。组织开展庆“六一”晚会、万名少儿户外广场文化活动、首届“南婷杯”青少年车辆飞机模型大赛等。以“椰城少年心向党”为主题的“六一”系列活动，共有上万名少年儿童参与，得到了社会各界的好评。开展为期3个月“知识产权维权，学生志愿者在行动”活动，组建知识产权维权志愿者服务队，招募5000名学生志愿者，通过进校园举办主题讲座、专题报告会、图片展、知识竞赛等宣传教育活动，在知识产权咨询、自觉抵制盗版等方面发挥积极作用。（3）开展青少年海陆空模型运动，提高青少年科学素质。选定市25小、美舍学校、海口九中等15所学校作为海口市第一批海陆空模型运动试点学校。依托设在海口市青少年宫的海陆空模型运动基地进行教学普及，引导广大青少年树立讲科学、学科学、爱科学、用科学的意识，不断提高自身的科学素质。（4）加强校外活动阵地建设。跟踪推进海南（海口）青少年活动中心建设，及时协调处理项目建设中出现的问题。该中心已建成，目前正在进行设备安装。对全市35家基地进行标准化梳理，统一标识和活动记录册，开展各类校外体验教育活动。

【问题青少年群体帮教试点工作】 扎实推进全国重点青少年群体教育帮助和预防犯罪试点工作，优化青少年成长环境。发挥市综治委预防青少年违法犯罪工作领导小组办公室的中枢协调作用，协调公、检、法、司、教育等部门共同推进试点工作。与市综治办在全市选取8个镇（街道）为试点，成立由社区综治办、团委干部、社区民警和司法工作人员组成的帮教小组，对辖区内有不良行为和严重不良行为青少年进行跟踪帮教。邀请清华大学博士生实践服务团到海口市开展课题调研，借助高校专业研究力量为海口市推进试点工作提供智力支撑。海口市社区帮教工作和未成年人法制教育中心、少年法庭的工作模式，得到了团中央权益部部长刘涛和中央综治委试点工作中期评估考核组的充分肯定。

【海口市青少年宫】 发挥市青少年宫阵地作用，服务青少年健康成长。坚持公益原则，全年开设书法、绘画、棋艺、声乐、器乐、舞蹈等10种类型150个兴趣特长班，培训学员6000多人次。组织开展公益特色主题活动、参演参赛以及学期教学展示活动达40多项，参与活动学员达20000多人次，活动亮点频出，赢得社会的广泛赞誉。

【团市委十六届三次全委（扩大）会议】 5月4日在海口市行政中心隆重召开。市委常委、统战部部长王云霞，市人大常委会副主任邢建良，市政府副市长韩美，市政协副主席程国林出席，共青团海口市十六届委员会委员、候补委员、市直属团组织和乡镇街道团组织负责人共计100人参加了会议。市委常委、统战部部长王云霞代表市委充分肯定了一年来海口市共青团工作所取得的成绩，对海口市共青团组织和广大团员青年寄予厚望。会议总结2010年海口市共青团工作，部署2011年市共青团工作，审议通过共青团海口市十六届委员卸职递补确认案，并对2010年先进青年集体和个人进行表彰。

【共青团与人大代表、政协委员面对面座谈活动】 1月27日，团海口市委举行2011年“共青团与人大代表、政协委员面对面”座谈活动。活动主题为“新生代农民工的社会融入与问题青少年帮教”，海口市人大常委会副主任陈琼波出席会议。团市委书记符明全介绍开展“面对面”活动的目的、意义以及当前海口市新生代农民工、问题青少年的现状、存在问题及原因，为新生代农民工融入城市与如何帮教问题青少年提出了许多可行性建议。与会代表、委员们围绕主题展开热烈讨论，不少农民工代表表示，虽然同样为海南的经济发展做贡献，同样交税，但却得不到同样的社会公共服务，例如保障性住房、子女入学等，这也让在城市里工作生活的新生代农民工有种“漂泊感”。会后，团海口市委将座谈会收集到的带有共性、有价值的意见建议，通过议案、提案或向有关部门提出意见、建议，代表新生代农民工、问题青少年反映呼声诉求，为新生代农民工解决实际困难、为问题青少年维护利益。

【“我们是共产主义接班人”六一主题晚会】 5月31日晚，团市委联合市少工委、市青少年宫等单位在市人大会堂举办。市人大常委会主任高锦全、共青团海南省委副书记盖文启、市关工委主任李金云、海口市委常委许云、市政府副市长韩美、市政协副主席叶霞等领导及1500多名少年儿童代表出席观看了演出。这是一台完全由海口市少年儿童上演的精品晚会，分为红色记忆、金色童年、放飞梦想3个篇章，通过歌唱、舞蹈、情景剧等形式，共同回首建党90年来走过的艰苦奋斗历程和取得的丰功伟绩，讴歌当代幸福生活，歌颂祖国和海口的腾飞发展，展现椰城少年朝气蓬勃的精神面貌，受到了与会领导、嘉宾的赞许和小朋友的欢迎。

【“青春携手，爱心圆梦”活动】 8月31日，由团市委、市教育局、市广播电视台和市青联共同举办的“青春携手，爱心圆梦”2011年海口市资助贫困学生爱心行动助学金发放仪式在海口市城建集团1楼会议室举行。市政府副市长韩美等领导和主办单位负责人出席仪式，并为优秀高考特困生发放助学金，向热心捐助的爱心企业颁发奖牌和证书。全年的助学活动共筹得各类助学款项37.8万元，帮助126名大学生圆了大学梦。

（万里丹）

市妇联

【概况】 2011年，市妇联认真贯彻胡锦涛总书记建设“坚强阵地”和“温暖之家”的重要讲话精神，坚持服务大局、服务妇女、服务基层的工作宗旨，尽心尽责为妇女群众排忧解难，团结带领广大妇女在参与经济社会发展、维护社会和谐稳定中作出新的贡献。市妇联获第三期中国妇女社会地位调查海南省优秀组织奖、海口市社会治安综合治理工作先进集体等。海口市被评为全国实施妇女儿童发展纲要（2001—2010年）先进集体。

【“三八”节庆活动】 （1）开展“农家巾帼展英姿”健身舞大赛。12支由农村妇女组成的代表队参加比赛，充分展现当代农家妇女的精神风貌和文化风采。秀英区妇联选送的舞蹈《洗鱼篓》和龙华区妇联选送的藏族舞蹈《情满拉萨》获得一等奖。原省妇联主席王琼珠、省妇联副主席李幼伍出席活动并为获奖的舞蹈队颁奖。（2）举办家庭时装表演赛暨“三八”表彰颁奖仪式。有12个家庭组队参赛，每个家庭进行了旗袍、环保、时尚等主题的服装表演，最终黄庆萍家庭和刘勤家庭获得一等奖。会上还表彰了一批妇女工作先进集体和个人。市委副书记陈军，省妇联副主席李幼伍，市人大常委会副主任陈毓芬，市政协副主席叶霞，省妇联副巡视员符惠蓉等领导出席仪式并为获奖者颁奖。

【“双学双比”竞赛活动】 （1）加大实用技术培训。2011年，市、区两级妇联共举办种植、养殖、帮扶农村贫困单亲母亲增收等各类培训班11期，1100多名妇女得到培训。（2）组织开展“黄皮大比拼”，为广大农村妇女提供政策、技术、信息等服务，活动现场还签订黄皮购销100万斤的协议书。（3）推动农村妇女小额贷款工作。通过举办农村妇女小额贷款培训班、专场宣讲会、现场咨询、媒体宣传、入户宣传等形式，大力宣传小额担保贷款财政贴息政策。加强与相关部门沟通协调，帮助妇女解决贷款难、担保难等问题，帮助农村妇女创业。1～11月，共帮助1117名农村妇女获得贷款3757.95万元。

【“巾帼建功”活动】 不断创新“巾帼建功”活动内涵，召开创建巾帼文明岗现场观摩推进会，命名市道路交通运输管理处运政服务大厅等20个海口市“巾帼文明岗”。2011年，全国妇联授予市人民检察院秦瑞静“全国三八红旗手”称号，授予市美兰区环卫局美兰队白龙南清扫班“全国三八红旗集体”称号；椰树集团八分公司配料班组、市中心幼儿园和市计划生育服务站3家单位被评为“全国巾帼文明岗”；市公安局莫桑莉被评为“全国巾帼建功标兵”，市妇联唐军被评为“全国巾帼建功活动先进工作者”；市妇幼保健院贾雁平等7人被评为“海南省三八红旗手”，市第一中学数学组等4家单位被评为“海南省三八红旗集体”；秀英区妇联等30个单位被评为“海口市先进妇女组织”；符燕才等65位同志被评为“海口市先进妇女工作者”。

【妇女就业创业行动】 （1）举办女大学生就业培训班和政府补贴的巾帼励志中专班，帮助女大学生和家庭经济困难、享受低保家庭、孤儿、单亲家庭学生掌握一定的创业知识，增强创业意识，提高其就业创业能力。（2）举办“巾帼英姿”女性就业创业洽谈会。活动通过现场、网络招聘的形式，向广大女性提供了万余个适合女性就业的岗位，近千名女性前来参加招聘。（3）举办“一起舞动激情创业”迎新晚会，由参加创业培训及再创业的人员策划并参加晚会演出。晚会展示广大妇女在推动海口市创建创业型城市工作中敢于创业、善于创业、勇于创业的精神面貌，鼓励和支持能人创企业、百姓创家业、妇女创事业。

【维权宣传】 组织开展“三八”维权周、“11.25”反家暴日、“12.1”防艾宣传日、“12.4”法制宣传日、“文化三下乡”等大型法律宣传咨询活动，为妇女群众送政策、送法律知识、送维权服务，推动法律进社区、进乡村、进家庭，进一步提升妇女的法治素养和维权能力。全年共发放宣传资料4万多份，法律知识宣传手册2万多份。

【“五好文明家庭”创建活动】 （1）组织开展“文明大行动从家庭做起”活动。向全市妇女发出积极参与“文明大行动，从家庭做起”的倡议书。（2）举办家庭文明礼仪专题讲座。利用各种会议和公共场合，举办多层次、新样式、大范围的礼仪培训，共举办12场次。（3）创建各类文明家庭。深入开展“五好文明家庭”、“平安家庭”、“低碳家庭”创建等活动，选树了一批先进典型。美兰区的黄丽琴和琼山区的吴庆全2户家庭被评为全国低碳生活创新明星家庭，龙华区的王亚次和秀英区的陈金妹2人被评为全国低碳生活创新明星个人。市检察院邓兴国家庭和海南港航控股公司张陈慧家庭被评为海南省“廉政文化进家庭示范点”。2011年海口市评选出“五好文明家庭”10户、“五好文明家庭”标兵10户、“优秀读书家庭”10户、“优秀环保家庭”8户、“平安家庭”创建活动先进集体12个、“平安家庭”创建活动示范社区20个。

【妇女权益保障】 健全维权网络。在全市23个镇、18个街道综治中心创建“妇女维权服务站”，将律师志愿者和心理咨询师志愿者分派到各社区站点，零距离面对社区群众，基本形成了妇女维权网络的立体体系。畅通诉求渠道。在市原有12338妇女维权热线的基础上，增加了4个区的12338妇女维权热线，倾听、了解广大妇女的心声。认真处理来电、来访、来信。重大案件及时报告，积极协调公安、法院、法律援助中心等单位，处理好妇权信访案件。注重发挥律师志愿者服务中心的作用，为来访妇女提供专业法律服务和帮助。全年共接待来信、来访、来电共376件次，处理多个难点案例。

【关爱行动】 （1）开展节日慰问。元旦、春节、母亲节、儿童节、中秋节等节日期间，市、区妇联共慰问了796户（名）特困家庭、贫困母亲、留守儿童、孝老爱亲模范，把慰问品、慰问金送到他们手中。（2）开展公益活动。“母亲节”期间，组织100个亲子家庭开展“感恩母亲，从脚开始”大型公益活动，孩子们通过为母亲洗脚、捶背的方式，表达对母亲的感谢。开展“中华粉红丝带女性健康管理中国巡游活动走进海口”和“关爱女性健康”千人体检春风行动。分别到龙塘镇、石山镇、演丰镇及龙泉镇开展“送温暖、三下乡”活动。（3）撑起妇女“健康保护伞”。组织力量开展农村妇女“两癌”免费检查工作，开展以“保家人健康，促家庭平安”为主题的社区防治子宫颈癌义诊宣教惠民活动。2011年，共组织发动6403名农村妇女进行乳腺癌检查，给9039名农村妇女进行宫颈癌检查。同时开展“两癌”贫困母亲救助活动，争取全国妇联救助资金111000元，救助42名贫困“两癌”患者。

【儿童工作】 （1）加强家庭教育。在秀英区的石山镇、永兴镇、东山镇，龙华区的龙桥镇、新坡镇、龙泉镇、遵谭镇，琼山区的甲子镇、旧州镇建立了家庭教育指导中心，不定期举办家庭教育讲座，指导家长科学教子，健全家庭教育服务体系。举办“妈妈伴你琴声飞扬”钢琴音乐会、“开心妈妈、快乐孕期”大讲堂、“献给宝宝的第一场音乐会”等，营造科学育儿、以德育人的良好氛围。（2）关爱农村留守、流动儿童。做好留守儿童信息采集工作，登记造册，动态管理。2011年，在永兴镇的美孝村、东山镇的卜冲村、琼山区旧州中心小学、美兰区灵山中心小学新建4所留守流动儿童书屋（留守儿童之家），全部共计已达26所。组织开展系列“迎中秋·送温暖”关爱农村留守（流动）儿童活动，为农村留守儿童的健康成长营造良好氛围。（3）组织开展“六一”系列活动。举办海口市庆“六一童心向党”幼儿文艺演出、第三届海口市小学生国际象棋联赛、开展“六一”慰问等活动。

【禁毒防艾帮教】 （1）“6.26”期间，开展以“依法禁毒、构建和谐”为主题的“妇女禁毒社区行”活动，授旗成立书场村等巾帼禁毒志愿者队伍，发放“致妇女姐妹的一封信”，共同唱响“远离毒品、人人平安、家家幸福”的和谐社会主旋律。现场举办禁毒知识有奖问答和法律咨询服务活动，发放妇女维权知识手册、宣传折页、环保袋、防艾滋病等各类宣传资料10余种共计5000份。（2）开展“妈妈帮教”、“大家访”亲情帮扶、帮教活动。上门帮教和慰问吸毒人员家庭和患病困难妇女，鼓励亲人通过亲情、母爱关怀帮教，巩固戒毒成果。（3）举办“防艾”知识培训班。有目标、有计划的培训妇女骨干，扩大“防艾”知识的知晓面。有404名村、居妇代会主任接受了培训。（4）参与看守所安全管理工作。在“12·1”艾滋病宣传日、“12.4”法制宣传日期间，组织疾病预防控制中心的专家和心理咨询师到海口市第二看守所开展“送服务、助帮教、促回归”帮教活动，对高危人群举办防治艾滋病知识讲座和法制知识宣传及心理辅导帮教工作。

【基层组织建设】 新组建14个基层妇女组织，扩大妇联在妇女群体中的组织覆盖、工作覆盖和服务覆盖。坚持党建带妇建、妇建服务党建，扎实推进强基固本工程，创造性地开展基层妇女组织示范创建活动。2011年，龙华区城西镇被评为全国妇联基层组织建设示范乡镇，秀英区西秀镇博养村委会等8家单位被评为全国妇联基层组织建设示范村（社区）。做好妇女之家示范点的创建工作，完善秀英区西秀镇新海村、琼山区府城镇高登社区等妇女之家建设，给4个区各配备2名妇女之家专职工作人员，进一步加强和促进基层“妇女之家”工作的开展。秀英区西秀镇荣山村委会、龙华区大同街道大同里社区、琼山区府城镇府城社区、美兰区白龙街道千家社区被评为省级创先争优社区妇女之家示范点。

【妇女干部培训班】 为提高妇女参政议政能力，举办女处级、科级干部培训班，机关、企事业单位妇女骨干培训班和区、镇（街道）妇联干部培训班、村（社区）妇代会主任培训班等，全年共培训600多人，使海口市各级妇女干部的综合素质得到明显提高。

【妇儿工委工作】 （1）2001—2010年妇女儿童发展纲要规划实施工作通过终期评估。市妇儿工委办协调各有关部门和四个区妇儿工委，进一步完善2001—2010年文档材料及音像图片资料，并进行分类调整，充实数据库，撰写了《海口市实施2001—2010年妇女（儿童）发展规划终期评估报告》等材料，制作成PPT、专题片，编印成画册。省政府检查评估组对海口市实施工作及取得的成果给予充分肯定。海口市实施妇女儿童发展纲要规划工作顺利通过了海南省的检查评估。（2）认真开展新一轮海口市妇女儿童发展规划编制工作。在2001—2010年海口市妇女儿童发展规划终期评估的基础上，根据全国、海南省新一轮的妇女儿童发展纲要规划，组织力量编制海口市妇女儿童发展规划（2011—2020年）。

（潘志雯）

市科协

【概况】 2011年，市科协坚持科学发展观，贯彻落实《科普法》，以《全民科学素质行动计划纲要》为依托，把提高全民科学文化素质作为总体目标，积极开展“科技月”、“全国科普日”、科普惠农等活动、组织实施科普活动站建设项目、举办市青少年科技创新大赛，学会工作与学术交流等方面都取得了优异成绩。10月，开展全市公务员科普知识测试。市直各单位、四个区及相关部门100多个单位3000多人积极参加测试活动，平均成绩为98分。

【全民科学素质工作领导小组会议】 1月，市全民科学素质工作领导小组办公室组织召开海口市全民科学素质工作领导小组第四次会议，市四套班子领导出席会议。会议通报2010年全市全民科学素质工作情况和《2011年全民科学素质工作要点》执行完成情况，修改《海口市科学技术普及条例》（草案）；增补市安监局、市民防局、市水务局、市旅游委、市气象局、市环保局、市人口计生委、市社科联、市残联为海口市全民科学素质工作领导小组成员单位。

【第七届海口市青少年科技创新大赛】 大赛由市科协、市科工信局、市教育局、团市委共同举办。6月12日大赛落幕。本届大赛共有40所学校1452名学生参赛，收到各类科技创新作品1139件，比上一届增加34%；获奖作品334项，比上届增加12.8%。同时，在选送参加海南省第23届青少年科技创新大赛的142件作品中，有133件获奖，获奖率高达94%，其中30件作品获得省级一等奖。本届大赛共评出发明创造项目一等奖26项、二等奖36项、三等奖48项；科学论文一等奖8篇、二等奖23篇、三等奖30篇；信息技术应用成果一等奖2项、二等奖5项、三等奖5项；少儿科学幻想绘画一等奖17幅、二等奖54幅、三等奖80幅。

【开展“科技月”、“全国科普日”活动】 围绕“节约能源资源、保护生态环境、保障安全健康”主题，市科协协同全市各单位开展科普大集市、科普讲座、报告会、科普咨询培训、参观科普场馆、基地、图片展、赠送科普书籍等活动，全市科协系统共组织开展各个层面的重点科普活动40多次，组织送科技下乡40场次，科普大篷车进校园10多场次，社区科普宣传活动20场次，举办科普展览50余场，大手拉小手科普报告会10场次，参与的科技工作者、科普工作者、科普志愿者5000余人。

【科普惠农】 开展“四送一训”科普惠农活动。组建由20名农业专业技术人员组成的“科普惠农讲师团”，组织15辆“科普惠农直通车”，结合实际情况深入乡镇、村小组送科技入户，送技术到人，配合组织省内农业专家在各镇开展科技咨询和服务，受益农民1万多人次。开展农业实用技术培训。市科协根据海口市农村的种植、养殖状况，在四个区有针对性地在各村、镇进行农业专业技术培训，开展农村实用技术培训20余个项目、100余场次，受训2万余人次。组织开展“科普惠农兴村计划”。2011年海口市共选出先进农村专业技术协会3个，农村科普示范基地5个，农村科普带头人4名，共奖励和补助金额近11万元。

【科普活动站建设】 组织实施“一站、一栏、一员”建设项目。市科协会同四个区科协对各区街道、镇部分“科普活动站”建设情况进行检查调研工作，于4月18~22日分别对琼山区国兴街道、红旗镇、云龙镇、三门坡镇，龙华区金宇街道、金贸街道、新坡镇、遵谭镇，秀英区秀英街道、海秀街道，长流镇、西秀镇、美兰区白龙街道、蓝天街道、和平南街道、演丰镇等16个“科普活动站”的挂牌及组织机构情况、场地安排及周边环境情况、设备配置现状及所需增配设备与资料、开展活动的情况等进行检查调研，建立长效工作机制，使科普活动站充分发挥科普功能和作用。

【海口市“科普小先生”演讲比赛】 比赛在海口市第一中学高中部进行。选手们围绕“我的低碳生活——珍爱生命之水”展开演讲，宣传低碳理念、提倡低碳意识、争当低碳标兵。比赛由全市37所学校选送96名优秀青少年参加。经过初赛和决赛，大赛分别评出小学、初中、高中组前3名共9人；优秀奖28名；优秀指导老师9名；优秀组织奖2个。

【学会工作与学术交流】 （1）以各行业学会、协会、科技社团、厂矿协会、农村专业技术协会等为主要场所，开展“科技工作者之家”活动，切实为广大科技工作者的生活、工作、学习等方面提供全方位的服务，开展各种学术交流，促进各行业学科的发展。全年开展“讲思想、比贡献”活动项目5项，参加人次160人次，完成科技创新项目8项，提供合理化建议16条，开展学术交流4次，达112人次，提供学术论文28篇。开展各种科技文化沙龙活动4次，150人次参加。同时，利用海口科普网和中国科协科协网以及省科协网为平台，发动广大科技工作者投稿4篇。（2）以各行业学会、协会、厂矿科协会、农村专业技术协会为基础建立海口市人才库，在行业间与行业外进行广泛交流，形成人才网络系统。全年在册科技工作者会员581人，有各种民间科协组织73个，科普志愿者2281人。

【帮扶工作】 结合生产季节实际，与华南职业技术学校联办海水养殖培训班，设点美兰区三江镇茄芮小学，常年开展海水养殖培训。多次邀请省农技推广中心专家到实地调研并现场讲解，针对性地解决生产过程的实际问题。完善茄芮村科普活动站建设。为科普活动站配备了电脑、桌椅、电视等设备。

（王润鹏）

市文联

【概况】 2011年，市文联加强和八大协会（市作协、市美协、市摄协、市音协、市书协、市剧协、市舞协、市影协）、琼山区文联的联系和沟通，大力开展文艺服务活动。争取市委、市政府的重视以及市有关部门的支持，会同八大协会成功举办海口市迎春大型文艺晚会、庆祝建党90周年等重大宣传教育系列活动、“辉煌90年”全国10城市大型美术书法摄影作品邀请展等活动。坚持上下联动，会同各协会会员深入开展一系列面向基层、服务群众的文化惠民活动，努力满足人民群众多方面、多层次、多样性的精神文化需求。全年共开展60项活动，其中大型纪念活动19项，下乡惠民活动35项，“走出去”国内外交流活动15项，观众达28000多人次。文学创作也成绩喜人，作协会员共创作30多部颇有分量的作品。

【文艺活动与交流】 1月，海口市文联精心策划海口市音协承办的“劳动者之歌”海口市迎春大型文艺晚会在市人大会堂成功演出，《海口晚报》专版宣传及海口电视台锁定频道专场转播。3月，举办海口市与石家庄市、三门峡市书法作品联展活动，联合展出作品200件，参展代表150人。4月～6月，由市委宣传部指导，海口市文联、《椰城》杂志社主办“党的光辉照我心”庆祝建党90周年征文活动。共收集到来自全国各地的作品1106篇，评出一等奖一名、二等奖二名、三等奖三名和30名入围奖。6月，组织40余位海口市文艺家举办“走进五指山采风活动”，与当地宣传部、文联和艺术家们开展研讨、笔会，并深入村镇和村民联欢。通过采风活动，引导文艺工作者和文艺家深入生活，积累创作素材，增强创作厚度。6月9日～20日，市剧协会员参加在法国贝尔福城市举办的2011年国际贝尔福音乐节，受到当地观众的好评和热情的欢迎，并获得4个个人国际奖项以及1个国际团体奖。7月28日～8月1日，市委宣传部、市文联主办“辉煌90年”全国10城市大型美术书法摄影作品邀请展活动。南京、福州、郑州、长春、南宁、贵阳、兰州、安阳、太原、海口10城市参与，共收集参赛作品281幅，其中中国画91幅、书法100幅、摄影90幅，“书画摄影艺术和城市旅游发展”论文8篇，参会代表50余人。

【文艺下乡】 （1）1月9日，组织海口市戏剧家协会40多人送戏下乡活动，为龙泉镇椰子头村群众送去丰富多彩的琼剧。1月11日～14日，组织书法家10人进行一年一度的“送春联下乡”，分别赴琼山区龙塘镇、美兰区演丰镇、秀英区东山镇、龙华区龙泉镇以及龙泉镇椰子头村为农民义务书写春联近万幅。（2）2月，市文联与秀英区共同举办“见证秀英20年”老相片征集暨摄影大赛，以秀英建区20年来经济、社会发展为主题，从不同的视角反映秀英区的历史变迁、风土人情、特色文化等。（3）6月，市文联组织市剧协响应市委市政府的号召送戏下乡，在海口市人民西里为海甸人民献上一台精彩的节目并受到观众的一致好评。（4）继续开展《文化椰乡行》系列活动。以书画、摄影、琼剧等形式送文化进文明生态村，提升和丰富文明生态村的文化内涵。同时还把创建“书画之村”活动作为建设社会主义新农村的新载体，用书画艺术促进城乡文艺事业的发展。10月11日由市文联主办，秀英区、市书协、市美协协办的“书画之村”在秀英区的美社村启动活动仪式。

【椰城杂志社】 （1）杂志编辑出版工作。共出版《椰城》杂志12期，发行量上升，发行范围遍及全国各地，全年累计发表各类作品500多篇，尤其是从2011年第七期开始，《椰城》进行了改版，从原来的文学综合期刊，改为纯文学，专发小说、散文、诗歌，也约了一些名家的稿，力图提高杂志的品质，扩大为本地作者和广大的文学爱好者提供发表原创文学作品园地。刊物的编校、印刷等出版质量，符合国家标准和期刊管理标准。（2）为庆祝“中国共产党成立90周年”，椰城杂志社举办全国性的征文比赛，在从全国各地征集来的几千篇作品中，经过几轮筛选，评出一、二、三等奖和30名入围奖，并颁发证书和奖金作为鼓励。

【琼山区文联】 琼山区文联下辖7个协会，共有会员144人。其中，国家级会员11人、省级会员71人、市级会员62人。2011年新发展会员16人。全年完成《文化琼山生态家园》专题宣传片摄制工作；完成大水村文化资料及大水村战斗故事的采写，写成《大水村故事集》；组织琼山区书法美术两个协会的艺术家20多人在府城三角公园举行纪念建党90周年笔会活动，共为群众现场献上精美书画作品近百幅；2011年春节至元宵节期间，在府城三角公园举行迎春书画展，共展出作品60多幅。（1）文艺创作。陈黄阶在省博物馆举办个人影展，出版个人作品集。陈亮创作的歌曲《太阳恋》被编入《颂歌献给党——全国优秀原创词曲作品精选》、《颂歌献给党——百首艺术家演唱特辑》，与王文清等共同创作的剧本《海瑞罢官》由中国古籍文献出版社出版。王钰涛等人创作的历史故事集《印象大水村》、冯所海编的连环画《激战椰子岛》、吴书生主编的《海南省老年大学书法作品集》等也相继出版。摄影家林言《日新月异海甸溪》等6幅作品分别获“滨江海岸杯影像海甸溪”、“税收发展民生”摄影大赛三等奖、优秀奖等。王仁好作品《屋顶晒场》等获网络新闻报道三等奖。黄克勤油画《劳动者》等入选十一届省青年美术家作品展。云为英油画作品《老街遗韵》入选第十七届BESETO美术节（东京展）。（2）主要获奖作品。陈黄阶的摄影作品《饮水思源》获中央对外宣传办公室庆祝建党90周年“伟大的历程”网上作品大赛全国银奖。陈亮的歌曲《腾飞的中国》获中国音乐家协会、中国广播电视台全国歌曲评选金奖。龙泉的摄影作品《新车出炉》、《出海》获第五届海南摄影艺术展艺术类金奖，《彩票迷》入选第23届全国摄影艺术展获纪实类优秀奖、编入北京摄影函授学院教材。云为瑛的美术作品《隶》获第二届“羲之杯”全国诗书画家邀请赛一等奖，《趣》获第十届全国师生美术作品展铜奖。杨丽燕舞蹈《荞麦花》获第十五届香港世界金紫荆花青少年艺术大奖赛金奖，《红红的中国结》获海口市中小学文艺汇演三等奖。

（李亚非）

市侨联

【概况】 2011年，市侨联通过各种形式向广大归侨侨眷和海外侨胞广泛宣传海口市巨大成就和“十二五”时期的宏伟蓝图，积极开展创先争优活动，在自身建设、参政议政、维护侨益为侨服务、创建文明和谐侨乡（社区），开展国内和海外联谊活动等方面取得了新的成绩。至年底，海口市已形成市、区、镇街、居（村）委会和机关、企事业单位的四级侨联组织网络，共有侨联组织228个，其中2011年增加12个，使得各级侨联组织自身建设更加规范，履行职责更加充分，发挥作用更加突出。

【参政议政】 （1）开展“我为海口经济社会发展献一策”活动。认真贯彻落实《中国侨联关于进一步加强侨联参政议政工作的意见》，开展“我为海口经济社会发展献一策”活动等方式，了解侨情，倾听侨声，汇集侨意，在各级侨联和侨界人大代表、政协委员中收集到意见和建议50多条，稿件28篇。（2）发动侨界人大代表、政协委员撰写建议和提案130余件，其中人大代表建议60余件，政协委员提案70余件。市侨联机关撰写的《关于给予海口市无固定收入的归侨发放生活补贴的建议》和《关于在海口发展世界华人华侨寻根旅游文化的建议》两篇集体提案，得到市政协的重视。市侨联被评为市政协2007～2011年度提案优秀单位。（3）做好侨界各级人大代表和政协委员的推荐工作。2011年，十三届市政协中就有9名侨联界别的政协委员，巩固和壮大了侨联参政议政的队伍和力量。

【维护侨益】 （1）组织慰问小组会同四个区侨联深入乡村、街道、企业慰问病、残、贫、困及五保户归侨侨眷400多户；会同市“五侨”单位慰问全市90多位离退休的老归侨；陪同省侨联、中国侨联慰问组慰问海口市部分特困归侨侨眷，深受侨胞的赞扬。（2）组织人员到侨乡美兰区大致坡镇、琼山区红旗镇和秀英区长流镇开展“四下乡”服务月活动，组织琼剧和电影下乡惠及群众5000多人，送去各种书籍1000多册，发放《中国侨联章程》和侨务法律法规宣传资料500多份。（3）切实按照《关于认真做好海口市涉侨农村宅基地确权登记发证工作普查的通知》，做好涉侨农村宅基地确权登记发证普查工作。至2011年，95%的归侨侨眷和海外侨胞的农村宅基地都进行了合法登记。（4）举行普法宣传暨侨法知识讲座。授予海南昌宇律师事务所、海南东方国信律师事务所为海口市涉侨法律咨询点，帮助归侨侨眷运用法律武器保护自己的合法权益，并为侨界群众提供了法律咨询服务。（5）召开侨资企业调研座谈会，在全市开展为侨资企业服务月活动，动员侨商和海外侨胞积极参与海南国际旅游岛建设。（6）受理来信来访来电。全年受理侨界关于政策法律咨询、侨房政策落实、土地房产纠纷、房屋拆迁、工资福利待遇及一些历史遗留等问题的来信来访来电50多件（次），做到件件有答复。

【“文明和谐侨乡（社区）”创建活动】 坚持以“崇尚文明、爱护环境、团结互助、热心奉献”为主题，继续抓好“文明和谐侨乡（社区）”创建活动。2011年授予美兰区大致坡镇美篆村、秀英区长流镇传桂村和琼山区府城镇高登社区居委会为“海口市文明和谐侨乡（社区）”称号。

【国内和海外联谊活动】 6月，积极组织侨联系统干部参加在江西南昌召开的全国省会城市暨部分大中城市侨联工作经验交流会，加强与全国各兄弟城市侨联之间的学习与交流。全年先后接待美国、英国、法国、马来西亚、新加坡、泰国及港澳等十多个国家和地区回乡探亲、寻根问祖与侨情交流的侨社团和侨领100多人次。组织派员参加第十二届世界海南乡团联谊大会、第三届世界海南青年大会暨2011海南（香港）经贸、旅游、文化活动周活动。

【组织参加“世界华侨华人学生作文大赛”活动】 7月，下发《关于认真做好“第十二届世界华人学生作文大赛”征稿工作的通知》。经各区侨联和各中、小学的认真组织和发动，全市共有12所小学选送168篇作品参加比赛，有65名学生获奖，其中一等奖11人，二等奖25人，三等奖29人，美兰区侨联获得优秀组织奖。

（陈德壮）

市社科联

【概况】 2011年，市社科联密切联系全市哲学社会科学工作者，在课题研究、编辑、出版工作、社科优秀成果评奖、社科普及工作、学术活动及社团发展等方面均取得新的成绩，为市委、市政府宏观决策提供智力支持，为海南国际旅游岛建设营造文明和谐的人文环境。

【举办学习胡锦涛总书记视察海南重要指示精神座谈会】 4月胡锦涛总书记考察海南并发表了重要讲话。为学习贯彻总书记的指示精神，市社科联举办海口市各社会科学界学习贯彻胡锦涛总书记视察海南重要指示精神座谈会，相关部门领导、专家学者、社科协会代表共30多人参加会议，市委常委、宣传部长刘庆声出席会议并做重要指示。海口电视台对此做了专门报道，《海口晚报》在5月27日以《抢抓历史机遇加快海口发展》为题，用半版的篇幅刊登了代表们的发言摘要。

【召开纪念建党90周年座谈会】 根据市委关于《海口市纪念中国共产党成立90周年活动方案》的要求，6月23日，市社科联与市委宣传部联合召开海口市纪念建党90周年座谈会，驻市部队领导、相关部门领导、民主党派、人民团体、专家学者、劳动模范、优秀共产党员、老干部代表等60多人参加了座谈会。

【组织学习胡锦涛同志在建党90周年庆祝大会上重要讲话】 7月1日上午，胡锦涛同志在中国共产党成立90周年庆祝大会上发表了重要讲话。市社科联除组织机关干部收听收看大会实况、集中学习讲话全文外，还精心策划了社科专家对胡总书记重要讲话精神的研究、宣传活动，遴选10位专家撰写论文，从不同角度深入解读和阐述讲话精神。7月31日海口晚报用一个版的篇幅刊登了专家学者的体会文章。

【配合全市学习党的十七届六中全会精神】 党的十七届六中全会通过《中共中央关于深化文化体制改革推动社会主义文化大发展大繁荣若干重大问题的决定》。市社科联及时组织社科专家、机关干部认真学习《决定》，撰写理论文章，畅谈学习体会，探讨如何加快海口市文化的大发展大繁荣。11月4日海口晚报以《学习贯彻六中全会精神打造国际旅游岛文化高地》为主题，刊登了12位专家及文化工作者的理论文章。

【课题研究】 （1）完成市委《文明生态村建设研究》课题。《文明生态村建设研究》是2011年市委重点研究课题，由市委常委刘庆声牵头，市社科联合会具体承担。在长达3个月的调研过程中，课题组深入市内各区及省内外著名的新农村建设示范点进行实地考察，在此基础上经过研究和探讨，形成了调研报告，提出海口市文明生态村建设必须“促进一个融合，实现两个转变”的新思路。（2）启动《海口市全面提升软实力专题研究》课题。为深入贯彻市委书记陈辞“如何实现城市软实力同国际旅游岛中心城市的定位相匹配”的指示精神，市委常委、宣传部长刘庆声指示由市委宣传部牵头、市社科联负责协调，组织开展《海口市全面提升软实力专题研究》。该项研究工作12月底完成。（3）2011年社科重点资助课题研究。一是结合市委重点课题《文明生态村建设研究》工作，委托四个区委宣传部开展《文明生态村建设研究》的子课题研究，二是委托市发改委、市旅发委等单位开展《海口旅游与文化相结合对策研究》、《海口历史文化的主线研究》、《海口南洋骑楼历史文化寻踪》、《城市管理的对策研究》、《海口投资软环境对策研究》及《海口中小企业发展现状研究》等10篇关于海口经济文化社会发展的专题研究。

【编辑工作】 （1）编辑《海口城市发展史》。市社科联与市委党史研究室共同编撰《海口城市发展史》。该书由市委书记陈辞作序，中共党史出版社出版，是海口市第一部全景式展示海口城市历史巨变，特别是建省办特区20多年来的丰硕成果，系统总结海口市城市建设和发展经验的著作。（2）编辑、出版《海南国际旅游岛海口问题研究》。市社科联将2010年社科资助课题以《海南国际旅游岛海口问题研究》为书名集结出版。该书共收集18篇论文，25万字，内容涉及海口产业结构调整、房地产纠纷法律问题研究、海口环境卫生综合整治、市民文明素质等。（3）编发简报《社科成果要报》。市社科联及时把握社科界专家学者的研究动态，深入挖掘各类具有决策参考价值的研究成果，编发了《海口乡村旅游发展研究》、《拨开历史迷雾重现琼岛文脉——海南国际旅游岛建设亟须清理珠崖历史文化基因》、《国际旅游岛建设与当前形势探讨》等5期《社科成果要报》并呈送市委、市政府有关领导以及相关部门，发挥了重要的决策参考作用。

【社科优秀成果评奖】 根据《海口市社会科学优秀成果评奖办法》（海办发〔2007〕25号）文的规定，海口市第三届社科优秀成果评奖活动于8月16日启动，面向社会征集2009年1月～2010年12月发表、出版的各类社科作品，共收到各类作品81部。所有作品经过选题、学术水平、影响力等方面的综合打分，评选出各类获奖成果36项，其中编著奖10项，专著5项，论文21项。《海口城市发展史》获专著类一等奖；《海南农村基层民主建设与社会发展研究》获编著类一等奖；《关于我省农村征地补偿款分配纠纷案件的审理现状及处理对策的调研》、《以国家公园的理念建设海南国际旅游岛》等2部作品获论文类一等奖。

【礼仪教育】 市社科联除组织协调海口地区的礼仪教师做好礼仪教学外，还邀请国内知名礼仪专家中国人民大学教授、博士生导师葛晨虹教授在市交通系统、市政市容系统做2场大型文明礼仪讲座，有效地提高了文明礼仪教育的声誉和影响力。

【学术活动及社团发展】 （1）加强协（学）会规范化管理。2011年共审核通过4家社团年检，新批复成立2家社科协会。（2）组织开展协（学）会活动。在市社科联组织推动下，各学会通过举办座谈会、文化沙龙、研讨会等多种形式开展主题鲜明、质量较高、具有一定影响力的学术活动。（3）开办学术沙龙。2011年市社科联举办6场文化沙龙。一是“国际旅游岛海南文化魂”活动策划讨论会；二是收藏学会举办“收藏文化艺术”文化沙龙；三是冼夫人文化学会举办“冼夫人文化研究”文化沙龙；四是市社科联与江西财经大学海南校友会联合举办“国际旅游岛建设与当前形式探讨”学术沙龙；五是举办礼仪老师学术座谈会沙龙；六是与江西财经大学海南校友会联合举办“南洋骑楼文化”学术探讨沙龙。

（彭淳）

市台联

【服务台胞工作】 （1）关注第一代老台胞及其遗孀的健康状况，探望生病住院的台胞，送去组织的关怀和慰问。面对部分困难台胞的下岗再就业、住房困难、低保待遇等问题，市台联及时到相关部门了解情况，加强沟通协调，认真细致地做好服务工作。（2）做好元旦和春节等传统佳节的慰问工作。2011年两节前夕，市台联与省台联、台盟市委、市台办前往海口市第一代老台胞、部分第一代台胞遗孀以及部分特困及特殊台胞家中进行慰问，为他们送去组织的关怀和温暖。（3）2011年市台联继续配合省台联做好全市60岁以上老台胞生活补贴金登记发放工作。此项工作今后将作为长期的动态管理模式进行，形成全市老台胞工作的关怀机制。

【参政议政】 （1）积极参加市委、市政府及市政协举办的各种形式的座谈会、通报会、议政会；积极参加市人大常委会、市政协组织的专项视察活动，多方面了解海口市建设情况。通过一系列的考察活动为参政议政打下了坚实的基础。（2）依据各项调研发现的存在问题，积极转化为提案和建议。2011年两会期间，市台联人大代表、政协委员共提交人大议案8件，政协个人提案6件，集体提案1件，其中《关于打造美兰风情小镇的几点建议》被列为市政协重点提案。（3）积极参与提案督办活动，提高参政议政水平。市台联积极参与提案督办活动，接待并听取了相关单位提案交办单位负责同志就办理提案情况的答复意见。市台联对提案办理情况非常满意。

【联系台商台属工作】 （1）海口市“两会”期间，市台联与市台盟联合召开市台籍人大代表、政协委员、台商代表座谈会。会议围绕海口市中心工作展开深入探讨，增强台商在岛内投资的信心，同时了解他们的投资情况。（2）积极参与台情研究。市台联密切注意台湾地区领导人与“立法委员”选举，关注台湾岛内政情况及经济社会发展状况，积极做好在大陆台胞的思想工作。（3）联合市台盟机关干部在海口市两会前夕走访海南永丰美食城有限公司、海南东泰农业开发有限公司、万年蕈野生灵芝研究所、海口东亚艺品贸易有限公司等几家台资企业，就台商的投资环境、维权、生产经营情况、传统文化传承等方面与台商进行了沟通交流，并就存在问题整理作为提案素材。

（邝劲龙）

市残联

【概况】 2011年，市残联紧紧围绕《中共海口市委海口市人民政府关于促进残疾人事业发展的实施意见》（海发［2009］1号），结合机关效能建设，重点抓好残疾人组织建设、康复、维权、救助、就业、社会保障等工作，完成了《海口市残疾人事业“十二五”发展纲要》的起草工作，超额完成了年初制定的各项残疾人工作任务。

【组织建设】 （1）加快海口市残疾人综合服务中心建设。市残联已完成残疾人综合服务中心第二期工程“海口市残疾人康复中心”项目的可行性研究报告，并向市发改委报送，争取尽早获批并动工建设。（2）基层残疾人组织规范化建设得到加强。市残联于5月完成全市41个镇（街道）残疾人专职委员的选聘工作。镇（街道）残疾人专职委员上岗后，市残联积极协调人社局、财政局等相关部门，为他们申请公益岗位补贴和社保补贴，确保他们能按时、足额地领到工资。4个区残联也依照镇（街道）选聘残疾人专职委员的方法，制定招聘标准和方法，完成全市408个村（社区）选聘专职委员的工作。镇（街道）、村（社区）专职委员的配备，为海口市残疾人组织建设奠定了坚实的基础。

【残疾人维权】 全年共接待残疾人来信来访1052人，其中电话信访758人，主要涉及残疾人生活救助、社会保障、就业安置、房屋动迁、劳动保险、大病救治和残疾人机动车辆被扣等问题，结案率达90%以上。积极协助政府调解五大工程整治中出现的残疾人三轮车主上访，主动做好疏导、教育和劝解工作，并做好全市残疾人三轮车运营情况的调查，摸清情况，防范风险，化解矛盾，维护稳定。

【无障碍建设】 继续巩固2010年完成的无障碍设施建设成果，配合主管部门开展公共场所无障碍设施的监督检查工作，加强对无障碍设施的管理和维护，引导人们爱护无障碍设施，为残疾人创造“平等、参与、共享”的文明和谐环境。对2010年23户残疾人家庭无障碍设施改造和4名重度残疾人无障碍家庭提高型改造的使用情况进行跟踪，了解到使用效果良好，受到残疾人好评。

【扶残救助】 （1）重度残疾人生活特别救助工作。市残联积极协调财政等部门，及时落实重补资金到位，全年共给3077名重度残疾人发放生活补助，每人每月100元，减轻了重度残疾人的生活负担。（2）残疾人危房改造工作。市残联认真做好海口市贫困残疾人家庭危房改造对象的筛查、建档立卡和资料的上报工作，积极组织实施危房改造和检查监督工作，全年完成残疾人危房改造70户，组织人员进行了检查验收，确保残疾人搬入安全房。（3）残疾人机动轮椅车燃油补贴。2011年共为512名残疾人发放残疾人机动轮椅车燃油补贴，共发放补助金额102400元。（4）走访慰问残疾人贫困户。元旦、春节期间，市残联积极向市委、市政府报送走访慰问工作方案，将贫困残疾人“两节”期间走访慰问活动纳入全市走访慰问活动的大盘，市四套领导班子分8个组走访慰问残疾人特困户。两节期间，全市共走访慰问残疾人贫困户6000户。（5）对残疾学生及残疾人子女进行资助、奖励。全年对15名符合条件的残疾学生及41名考上大专院校的残疾人考生和残疾人子女考生进行奖励，奖励金额为103000元。（6）第二代残疾人证核发工作。2011年市残联开展第二代残疾人证换发工作的宣传、残疾人基本情况调查、信息录入、残疾程度鉴定及发证工作，核发残疾人证1926份。

【残疾人康复工作】 （1）全面实施“贫困残疾儿童康复计划”等救助项目，先后分2期对27名残疾儿童家长开办孤独症、脑瘫、智力培训班，收到良好的效果。（2）免费为30名肢体残疾儿童实施矫治手术。分批次对海口市40名孤独症残疾儿童进行免费救助，对40名精神病患者进行免费住院的医疗救助，对100名精神病患者进行免费门诊服药的医疗救助。免费发放辅助器具320多件。（3）精心实施“阳光家园计划”，全年共对65名智力残疾人开展日间集中照料服务，免费实行救助，聘请专门人员，为他们提供免费的饮食、住宿和康复治疗训练。同时，对243名智力残疾人提供居家托养服务，免费实行救助，每人每年发放1800元的补助。（4）开展残疾预防工作。市残联认真组织开展“全国爱耳日”、“精神卫生日”“防碘缺乏病日”等活动。免费为新生儿听力筛查，并对未通过听力筛查的新生儿进行早期干预。

发放宣传资料，宣传残疾预防知识。

【残疾人就业】 （1）开展残疾人就业保障金征收工作。2011 年顺利实施由地税部门代收残疾人就业保障金工作，实现“六统一”（统一征收主题，统一征收文件，统一征收软件，统一征收比例标准，统一征收时间，统一工作流程）和“六阶段”（1～3 月为宣传期，4～6 月为年审审核期，7～9 月为征收期，10～11 月为催报催缴期、12 月为补缴期和督查期），有力地保障海口市残疾人就业保障金征缴工作的开展。（2）举办海口市首次残疾人“专岗”招聘。市残联 11 月 30 日在新落成的海口市人才市场举办海口市首场残疾人“专岗”招聘会，组织 10 多家用人单位进场招聘残疾人，提供 50 多个适合残疾人工作的岗位。现场参加招聘的残疾人近 150 人，20 余名残疾人现场与用人单位达成就业意向。（3）完成残疾人按比例安排就业工作。市残联全年共完成 188 家用人单位的按比例安排残疾人就业年审工作，巩固和新增按比例安排残疾人就业 385 人，其中新增 40 人。（4）为帮助有劳动能力和就业愿望的残疾人就业和创业，市残联全年共开展 5 期残疾人技能培训班，共培训残疾人 200 人。（5）开展创建创业型城市工作。市残联全年共扶持吴运赵等 50 名残疾人个体创业，扶持标准为每户 5000 元，扶持经费以小额信贷（免息）方式发放，贷款期限为 3 年。

【助残日活动】 5 月 15 日是第二十一个全国助残日，市残联开展多种助残活动。在海口市广场路举行海口市第二十一个“全国助残日”助残服务一条街活动，开展残疾人就业、法律咨询服务、残疾预防、残疾人创业咨询等服务。发放宣传小册子 5000 多册；开设全市残疾人事业图片展，宣传海口市残疾人事业；盲人为过往市民义务按摩，受到了广大市民的热烈欢迎。此外，还组织 76 名残疾人代表开展“海口一日游”活动，参观东山野生动植物园等景点，使他们走出家门，融入社会，感受社会主义新风貌，进一步增强残疾人自强自立的信心。

【爱耳日活动】 2011 年 3 月 3 日是第十二个全国“爱耳日”。市残联在海口市广场路举行“爱耳日”义诊宣传活动，邀请市人民医院、市中医院、琼山医院、府城医院的医务人员免费为残疾群众提供耳科方面的宣传、咨询和检查服务，并邀请医生为聋儿进行义诊，举行聋儿游园类游戏活动。

【世界精神卫生日活动】 2011 年 10 月 10 日是第二十个“世界精神卫生日”。市残联在海口市广场路举行“世界精神卫生日”咨询心理宣传活动，邀请市人民医院、省安宁医院、琼山人民医院的医生免费为残疾群众提供心理健康方面的咨询，活动现场悬挂横幅，放置展板，并配以生动的图画及文字说明，发放宣传资料，向市民宣传心理健康知识，让更多的人关注心理健康。

【聋人节活动】 2011 年 9 月 25 日是第五十四届聋人节。市残联组织海口市部分聋人举行座谈会，聋人们互相交流工作、生活和交际的经验，增强了市残联、聋人协会和聋人之间的交流和沟通。

（黄鑫）

市红十字会

【概况】 2011 年，市红十字会认真贯彻《海南省红十字会条例》，扎实工作，弘扬“人道、博爱、奉献”的红十字精神，充分发挥红十字会在政府人道救助领域的助手作用，在开展“博爱”宣传活动、人道救助、救灾备灾、救护培训、预防艾滋病、无偿献血工作、志愿者队伍建设等方面都取得了较好的成绩。2011 年海口市获得国家卫生部、总后勤部、中国红十字总会颁发的 2008—2009 年度全国无偿献血先进市称号，海南省卫生厅、海南省红十字会联合颁发的 2008—2009 年度无偿献血先进组织奖称号。

【“博爱送万家”活动】 2011 年春节前夕，市红十字会开展“红十字博爱送万家”活动。在副市长、市红十字会会长韩美的带领下，慰问龙华区龙桥镇博潭村，向贫困的村民发放价值 4.3 万元的慰问品。市红十字会还组织 13 名红十字志愿者到遵潭镇为贫困村民和孤寡老人送去共 580 件，价值 4.8 万元的服装。并自筹资金，购买了价值 1.8 万元的大米，送给遵潭镇泳潭村贫困户。同时还慰问遵潭镇敬老院，红十字青少年会员还为孤寡老人张贴对联并帮他们打扫清洁卫生，充分体现“帮老爱幼、扶危济困”传统美德，让孤寡老人和困难群众过上一个欢乐祥和的新春佳节。

【“五·八”红十字日活动】 5月8日是世界红十字日，市红十字会在海口市明珠广场开展5·8世界红十字纪念日宣传活动，组织市人民医院、市中医院、市保健院、市疾病防治控制中心及红十字志愿者共100多人开展健康咨询、医疗咨询、体检等活动，为市民提供300多人次的免费医疗服务。当天，市红十字会还组织红十字志愿者共50多人，开展“天来泉·夕阳暖”老人关爱活动，给老人们送去价值5100元的日用品和食品。

【人道救助】 2011年，市红十字会共接受由幸福天使基金捐赠价值100万元的贝因美奶粉，有1000个贫困儿童因此受益。在开展红十字“天来泉·夕阳暖”老年关爱救助项目活动中，市红十字会积极组织红十字志愿者深入社区，了解孤寡老人需要帮扶情况，开展“二对一”的老年关爱救助活动，先后组织85位红十字志愿者参与“天来泉·夕阳暖”老年关爱救助活动，共有174名孤寡老人和空巢老人得到救助，省武警总队医院还为22位孤寡老人进行了全身免费体检。市红十字会还为18位白血病患儿申请小天使基金，为白血病患儿治疗提供有力的保障。这些救助项目的顺利开展，充分发挥市红十字会人道主义救助能力，也使海口市的贫困家庭得到了真正的受益。

【群众性卫生救护知识普及培训活动】 市红十字会根据2011年的工作目标，积极开展卫生救护知识普及和培训工作。先后为琼山区教育局、市公安局防暴支队、大润发超市连锁店等开展急救员培训活动，共培训救护员1150人次，救护知识普及17000人次。8月，市红十字会还与海南电视台共同制作少儿急救小知识三集，在学生及家长中产生了很好的影响。

【备灾救灾工作】 2011年，市红十字会的备灾救灾工作得到了市委、市政府的大力支持，从财政中拨款1030万元支持市红十字会综合办公楼的建设，使搁置了8年之久的半拉子工程得以复工，年底该工程的主体工程已全部完工，2012年初即可投入使用。该楼的建成将缓解海口市的备灾救灾工作压力。

【预防艾滋病工作】 2011年，市红十字会积极参与艾滋病防治工作，宣传艾滋病防治知识及相关国家政策精神，并开展艾滋病防治知识的宣传及普及工作，组织艾滋病预防知识讲座5期，培训人数170人。2011年“世界艾滋病日”的宣传活动中，市红十字会共组织红十字志愿者15名参加活动，发放宣传资料约14800份。

（海口市红十字会办公室）

（编辑：李达文）

政 法

地方法制建设

【概况】 2011年，市法制局以建设法治政府为目标，积极推动立法内容与方式创新，将年度立法计划改为年度制度建设计划，在全省率先将规范性文件的制定纳入制度建设（立法）计划，改变原来的单纯立法项目计划，使海口市的制度建设更具科学性、系统性、完整性和包容性。充分发挥政府法制机构的职能作用，为建设海口提供有力的法制保障。全年共审查政府规范性文件240件（次），制发规范性文件54件，办理行政复议案件46件，对至2011年有效的35件政府规章、347件市政府规范性文件以及行政强制实施主体进行全面清理，修改规章6件、废止1件，修改规范性文件4件、废止39件，拟保留25家行政强制实施主体。市法制局先后获得全国行政复议工作先进单位、海南省“五五”普法先进集体、海口市“五五”普法先进单位、海口市依法行政工作先进集体等称号。

【地方立法】 （1）遵循“成熟、急需先立”、“立改废”并重及“科学立法、改革创新”原则，围绕市委、市政府的工作重心，贯彻落实海口市“十二五”规划，全面加强和改进立法工作。全年完成《海口市电动自行车管理办法》等6件地方性法规和《海口市行政执法监督办法》等7件政府规章的审查工作。其中，《海口市电动自行车管理办法》、《海口市病媒生物预防控制管理办法》、《海口市出租汽车客运管理条例（修正）》、《海口市产权式酒店管理办法》、《海口市土地交易管理办法（修正）》、《海口市行政执法监督办法》已经市政府常务会审议通过并颁布实施。（2）围绕“交通安全文明行”活动，着重开展交通法规和规章的立、改、废，先后完成《海口市电动自行车管理办法》、《海口市出租汽车客运管理条例（修正）》、《海口市三轮车管理暂行规定（修订）》等一系列交通类法规、规章及规范性文件的审查。（3）在全国率先制定《海口市产权式酒店管理暂行办法》，创新旅游地产模式，规范管理产权式酒店。

【规范性文件审查备案】 （1）全年共审查《海口市公共租赁住房管理暂行办法》、《海口市政府投资项目招商引资管理暂行办法》、《海口市展览业管理办法》等240件次政府规范性文件，比上年增加了40%。（2）受理各区政府、市直属各单位报请市政府备案登记的文件38件。向省政府备案登记以市政府和市政府办名义制发的规范性文件共54件，报备率100%。（3）根据国务院关于贯彻实施中华人民共和国行政强制法的通知要求，市法制局制定《海口市行政强制清理工作方案》印发给各单位，对海口市现行有效的政府规章、规范性文件涉及行政强制的规定以及行政强制实施主体清理进行部署和安排，并积极组织力量，在各单位自行清理的基础上，采取集中审查审核以及征求意见等方式，对海口市现行有效的35件政府规章、347件市政府规范性文件以及行政强制实施主体进行全面清理，修改规章6件、废止1件，修改规范性文件4件、废止39件，拟保留25家行政强制实施主体。

【政府法律事务】 （1）做好市政府重大项目的合同以及有关规范国有土地上房屋征收与补偿、政府投资、扶持产业、住房保障及环境综合整治等方面的规范性文件法核工作。全年共完成重大行政事务及合同的法核工作157件次，同上年相比增加了21.4%。（2）进一步理顺市政府法律顾问机制。加强市政府法律顾问的使用和管理工作，研究制订市政府法律顾问室有关经费管理和绩效考核奖励办法，使市政府法律顾问机制运作更加顺畅，管理更加科学合理。（3）加强应诉工作。全年共代理了76宗市政府作为当事人的诉讼案件，已审结54宗，胜诉46宗，胜诉率由上年的75.4%提高到85%。（4）在全省率先建立行政败诉案件通报和过错责任追究制度。起草并提请市政府下发《海口市行政败诉案件过错责任追究办法》、《海口市人民政府关于行政赔偿案件有关情况的通报》，并积极组织编写印发《海口市行政败诉典型案例汇编》，加强对各区、各部门依法行政、行政应诉等相关工作的监督，总结指导应诉实践，着力增强领导干部依法行政和主动应诉的意识。（5）积极配合全市集中“打违”、“三车”整治工作。认真落实行政和司法良性互动机制，提前主动和法院沟通，理清执法部门在执法过程中的一系列疑问，保障了“打违”及“三车”整治工作依法有序推进。（6）全力协助市委、市政府做好重大专项工作的法律事务。如“1·04”土地项目专项清查工作持续数月，先后派2人全程参与，对所有涉案土地、项目以及市政工程从法律的角度进行认真审核，提出许多具有建设性的法律意见。

【行政复议】　2011年，市法制局主要采取重要情况通报、重点案件协调等方式，依法及时作出不予受理或维持的决定，并向申请人宣传有关政策和法律法规，避免当事人因行政争议而阻挠重点工程项目的进展，确保省市重点工程项目的顺利进行。全年共办理行政复议案件46件，其中涉及791工程、琼山区朱云片区旧城改造、秀英区镇海村改造、海屯高速公路征地等省市重点工程项目案件，件数占案件总数的22.3%，比上年增加12个百分点。

【行政调解】　2011年，市法制局起草并提请市委、市政府出台《中共海口市委、海口市人民政府关于进一步完善人民调解、行政调解、司法调解相衔接的“大调解”工作机制有效化解社会矛盾纠纷的意见》、《海口市人民政府关于建立健全行政调解机制的意见》，搭建“三大调解”联动平台，推动社会矛盾化解机制与体制的创新。为配合落实上述意见，市法制局起草并提请市政府印发《关于成立市行政调解联席会议领导小组的通知》、《关于印发我市行政调解程序暂行规定的通知》，在全市建立健全行政调解组织机构，细化行政调解工作程序，规范调解文书格式，为下一步行政调解工作的有序开展奠定了坚实的基础。

【行政执法监督】　（1）起草并报请市政府下发《海口市人民政府关于贯彻实施国务院加强法治政府建设意见的意见》等14件依法行政的制度规范和指导性意见，指导和推动依法行政工作的纵深开展，规范全市各级行政机关的行政行为。（2）组织开展迎接省政府依法行政考核工作。省依法行政考核组对海口市依法行政工作给予了高度肯定，海口市的依法行政工作考核在全省市县政府中得分第一，连续三年蝉联全省第一名。（3）加强依法行政考核工作。起草并报请市政府出台《海口市2011年度依法行政考核评分体系》，把考核评分纳入政府绩效目标考核体系。11月，海口市法制局牵头成立四个检查组，对全市各单位推进依法行政工作进行监督检查、量化打分，有效促进全市各单位依法行政工作的深入开展。（4）全面开展行政执法案卷评查工作。共抽查行政执法案卷615宗，重点对交通、交警、城管等行政执法部门的执法案件进行检查。（5）组织开展规范行政处罚自由裁量权。在全省率先出台《海口市规范行政处罚自由裁量权规定》，组织对4个区政府（含区政府各职能部门）及46个政府部门的依法行政工作进行考核，共量化细化行政处罚条款14000多项。（6）抓好行政执法人员培训工作。10月，组织完成对全市录用行政执法人员310多人的法律知识培训及资格考核工作。（7）建立副处级以上领导干部任前法律知识测试制度。在全省率先将领导干部任前法律知识测试范围，由人大任免的干部扩大到全市副处级以上领导干部和部门中层正职，并与市人力资源和社会保障局一起成功组织7批57名市委研究通过的市政府副处级以上领导干部任前法律知识测试，在增强新任领导干部依法行政意识方面做出了新尝试，得到了社会各界的广泛认同，被《人民日报》、《海口晚报》等多家媒体宣传报道。（8）认真做好全市行政执法投诉举报工作。全年共受理群众投诉15件，办结15件，都在规定时间内办结，办结率达100%。

（9）对市各部门的审批事项进行重新清理。经过清理，最终清理出保留行政许可事项 265 项，非行政许可审批事项 67 项，取消行政许可事项 46 项，调整行政审批主体事项 4 项。（10）根据市委办和市府办《关于印发〈中共海口市委关于进一步深化强区扩权的意见〉起草工作方案的通知》要求，梳理下放行政权项 34 项。

【出版《海口市法规规章规范性文件汇编》】 2011 年，市法制局为切实增强海口市各级领导干部的法治意识，于 8 月正式编辑出版 100 多万字的三卷本《海口市法规规章规范性文件汇编》分送到各区领导及市政府各部门领导手中，实现了海口市领导干部、部门一把手每人一套。同时委托市政府信息中心，将该汇编的电子文本分门类地发布在市政府门户网站以供查询，为市民系统查阅海口市现行有效的法规规章提供了便利。

【调研成果】 （1）开展“专题调研月”活动，形成《海口市区级政府法制工作开展情况调研报告》等 20 多篇调研文章，先后近 10 篇被国家、省、市刊物采用，有 2 篇受到市领导的批示肯定。（2）加强法制信息交流，落实信息公开。共采集上报 140 多（篇）条法制信息，其中 40 多篇（次）被《调查与研究》、《海口要情》、《政务信息》采用，有 90 多篇（次）被国务院法制办、省法制办、市效能网等采用。信息工作总分排名由上年全市的第 24 名上升到第 17 名。

【建议提案办理】 2011 年，市法制局对人大代表、政协委员建议、提案十分重视，做到件件有答复。全年共办理人大建议、政协提案 9 件，（市人大建议 4 件，市政协提案 4 件，省政协提案 1 件），其中，主办件 2 件，市人大提案和市政协提案各 1 件。全部建议、提案都在规定时间内办结，办结率达 100%。

（王子华）

政法委工作

【概况】 2011 年，全市政法系统坚持以化解社会矛盾、创新社会管理、公正廉洁执法三项工作为切入点，健全机制，强化基础，着力化解社会矛盾，为维护社会稳定，构建和谐社会，顺利实施“十二五”规划，促进经济社会发展创造良好的社会环境。全年共排查各类矛盾纠纷 5900 件，调处成功 5709 件，调处成功率 97%。妥善处置各类群体性上访 156 起，同比下降 3.7%；妥善处理群体性聚集闹事 4412 人次，同比下降 7.9%。集中矫治失足青少年 364 名，采集重点青少年信息 2691 条。累计接收社区服刑人员 1465 人，接收衔接刑释解教人员 487 名，衔接率 100%，帮教率 100%；安置 372 人，就业安置率 76%。破获各类刑事案件 5994 起，查处治安案件 20186 起。共受理各类案件 20797 件，结案 19764 件，结案率 95.1%。破获毒品案件 1053 起，抓获毒品犯罪嫌疑人 1083 人，收戒吸毒人员 2867 人，创建无毒社区 12 个、无毒社区先进单位 7 个。查处赌博违法犯罪案件 1448 起，同比增加 32.5%。1～11 月，共接到交通报警、投诉 51139 起，同比下降 22.54%，交通事故死亡 90 人，同比上升 2.27%。集中清理涉法涉诉信访积案 144 件，成功化解积案 131 件，化解率 91%。

【排查化解不稳定因素】 按照《中共海口市委海口市人民政府关于进一步完善人民调解、行政调解、司法调解相衔接的“大调解”工作机制有效化解社会矛盾纠纷的意见》和《海口市人民政府关于建立健全行政调解机制的意见》，明确维稳工作任务和措施，结合重大活动、重要节日和敏感时期，开展矛盾纠纷排查摸底，及时掌握影响稳定的苗头性和倾向性问题，对有具体线索表明可能进京、赴省上访的重点人员，逐一摸清底数。对排查出的维稳突出问题，按“五个一”（一个问题、一名领导、一套班子、一个方案、一抓到底）工作机制，逐个抓好落实。建立健全重点项目和重大事项社会稳定风险评估机制，对 15 个重点项目进行社会风险评估，落实分组调控干预和化解稳控措施，从源头上预防和减少社会矛盾产生，确保省、市重点项目顺利实施。2011 年，共排查各类矛盾纠纷 5900 件，调处成功 5709 件，调处成功率 97%。

【群众信访】 2011年，市政法系统认真落实领导大接访、大走访活动制度，拓宽群众诉求表达渠道。在市委、市政府领导和市政法系统领导干部联合大接访活动中，省委常委、市委书记陈辞，市委副书记、市长冀文林等市领导和部门领导亲自接访，共受理群众来访338宗，1038人次，现场解决群众诉求22宗。2011年，共妥善处置各类群体性上访156起，同比下降3.7%；妥善处理群体性聚集闹事4412人次，比上年下降7.9%。

【维稳工作】 2011年，市政法各部门和各区坚持打整体仗、主动仗，建立完善维稳工作机制，强化情报信息搜集、研判和上报工作，及时掌握敌对势力和敌对分子渗透破坏活动的新特点、新变化。注重防范和打击敌对势力插手人民内部矛盾、炒作热点问题等干扰破坏活动，切实加强重要时段、重点部位和重点路段的巡查和防范控制工作，确保海口市无境内外敌对势力煽动非法聚集活动。深化与“法轮功”等邪教组织斗争，严格落实防范控制、教育转化和警示教育工作措施，组织开展“天网战役”和“天鹰战役”等专项行动，打击“法轮功”邪教组织的违法犯罪活动，实现了“零聚集、零进京、零插播”工作目标。2011年，海口市反邪教工作受到中央610办公室的表彰。

【法律宣传】 2011年，市政法系统深入机关、学校、企业、农村开展法制讲座18场次，出动宣传车300余台次。加大法律服务工作力度，组织法律工作者积极参加“12348”法律服务热线、妇女维权热线等公益性服务活动。2011年，海口市被国家司法部评为全国法制宣传教育先进城市，龙华区普法办被评为全国普法工作先进单位，市法律援助中心、龙华区法律援助处被授予全省法律援助工作先进集体。

【严打整治】 2011年，政法各部门严厉打击各类违法犯罪活动，全市共破获各类刑事案件5994起，查处治安案件20186起，其中立命案36起，侦破33起，破案率91.7%。经审查批准逮捕刑事案件1794件2500人，经审查提起公诉2117件3012人，其中批捕积压命案6件6人，起诉10件14人。全年受理各类案件20797件，结案19764件，结案率95.1%。

【打黑除恶】 2011年，市政法系统深入开展打黑除恶斗争，打掉各类犯罪团伙199个，抓获犯罪嫌疑人3780名，其中，打掉黑社会性质组织2个，抓获犯罪嫌疑人176名；打掉黑恶势力团伙17个，抓获犯罪嫌疑人125名。

【打击“黄赌毒”】 2011年，市政法系统积极开展禁毒斗争，全年共破获毒品案件1053起，抓获毒品犯罪嫌疑人1083人，收戒吸毒人员2867人。全市创建无毒社区12个，无毒社区先进单位7个。琼山区被海南省授予2011年度“禁毒优秀市县”称号。及时整治社会丑恶现象，先后2次开展打击赌博违法犯罪专项行动，查处赌博案件185起，抓获涉赌人员534人，打掉团伙4个，刑拘18人，行政拘留275人，收缴赌资69万元。查处赌博违法犯罪案件1448起，同比增加32.5%。

【打击“两抢一盗”】 全年共破获“两抢一盗”案件1319起，同比增加2%。其中，破获“两抢”案件294起，同比增加51.5%，打击破案效能明显提升。

【校园安保】 按照“深入排查、落实责任、突出重点、综合整治、完善制度、健全机制”的要求，开展学校及周边治安环境、学生寄宿站（点）、校园“高利贷”问题等3项专项综合整治行动，建立校园专业保安队伍1100多人，确保了学校及周边环境的安全稳定。开展校园平安创建活动，平安校园创建达标率达到90%。

【交通整治行动】 2011年，大力整治交通不文明行为，创新交通管理手段，优化交通组织，城市道路交通拥堵路段、时段明显减少。共接到交通报警、投诉51139起，比上年下降22.54%；交通事故死亡90人，比上年上升2.27%；查处违章17万多次，查扣违法车辆1.5万辆次，城区主要路段交通状况明显好转。

【开展经济犯罪领域专项打击】 2011年，市政法系统严密组织“亮剑”行动，打击侵犯知识产权犯罪，打掉犯罪团伙13个，破获制假造假重特大案件13起，涉案金额超亿元。严厉打击诈骗等涉众型犯罪，共破获诈骗案件671起，为群众挽回经济损失上亿元。深入开展“打四黑、除四害”专项行动，捣毁“黑作坊、黑工厂、黑市场、黑窝点”9个。严厉查处走私、偷税骗税等严重破坏社会主义市场经济犯罪活动，批捕63人，起诉92人。受理贪污贿赂、渎职侵权案件线索270件，立案72件66人，其中，查办贪污贿赂案件68件62人，渎职侵权案件4件4人，为国家挽回经济损失1498.65万元。配合市委、市政府开展打击违章建筑专项行动，查办违章建筑背后职务犯罪案件3件10人。加大查办涉农职务犯罪力度，深入查处农村干部在土地转让、出租过程中收受贿赂等职务犯罪案件6件21人。

【综治平安建设】 2011年，完善社会治安防控体系建设，把警力摆在易发案时间、地点和路段，实施24小时值班巡逻。加强技防体系建设，实施“天网工程”，加强重要部位、复杂公共场所视频监控。加大整治社会治安力度，对重点人群、重点区域及重点地区进行排查，对排查出的问题，采取针对性措施进行全面治理，改变了重点地区治安混乱状况。加强群防群治工作，在巩固“五级联防”体系的基础上，开展村（居）治安联防互助活动，建立治安联防互助组5884个，设置街面店铺治安联防联勤组965个，125977名村（居）民参与治安联防互助。以点带面推进基层平安创建，扩大平安创建覆盖面，提高创建质量，创建平安镇（街、农场）32个，平安村（社区）、平安景区、平安边界、平安渔船、平安校园、平安家庭达标率86%。2011年，海口市被评为全省社会治安综合治理先进市。

【公正廉洁执法】 2011年，市政法各部门把落实“一岗双责”廉政建设责任制纳入部门中心任务和工作大局。围绕提高执法质量，细化工作流程，收集固定审查证据，落实上下级制约监督机制，推进“阳光执法”，自觉接受群众监督，防止和纠正政法队伍官僚习气和霸道作风。认真开展警示教育活动，通过剖析正反典型案例，端正执法理念和服务态度，增强政法队伍拒腐防变的思想意识和抵御风险能力。围绕群众反映强烈的信访问题和执法司法案件，认真开展案件评查，对评查出的瑕疵案件，及时督促办案单位及责任人整改，对评查出的错案，坚决予以纠正。对公、检、法机关661件已结案件进行评查，集中清理涉法涉诉信访积案144件，成功化解积案131件，化解率91%。

【量刑规范化试点】 2011年，市政法系统进一步巩固和扩大量刑规范化试点成果，认真做好量刑规范化试行工作。全年一审适用量刑规范化审理毒品犯罪案件3起、诈骗案件3件、抢劫案件4件；二审受理区法院上诉的十五类适用量刑规范化审理案件177件，审结121件，其中维持101件，改判和发回重审20件，发改率仅16.52%，改判案件17件中的4件诈骗案件，因法律的适用出现新的司法解释而改判。

【预防未成年人重新犯罪】 大力抓好重点青少年预防犯罪全国试点工作，完善不良行为青少年教育帮助机制，先后建立重点青少年集中矫治、未成年人被告帮教、重点青少年社区帮教3项帮教体系，开发建成重点青少年帮教工作信息系统，联接市、区、镇（街）150个数据终端，采集重点青少年信息2691条，形成综治、司法、共青团、妇联、关工委、社区干部和民警等共同参与的重点青少年帮教工作格局。全年集中矫治失足青少年364名。海口市重点青少年帮教工作经验，得到中央综治委试点中期考核组的充分肯定。

【刑释解教人员帮教安置】 扎实开展刑释解教人员帮教安置工作，创新刑释解教人员帮教、安置、管理和社区矫正工作方法，落实“五个及时、三个延伸”工作要求，努力为刑释解教人员顺利回归社会创造良好环境。至12月，全市累计接收社区服刑人员1465人，在册652人，无脱管漏管；接收衔接刑释解教人员487名，衔接率100%，帮教率100%，安置372人，就业安置率76%，无重新犯罪，社会效果明显。

【青少年法庭建设】 按照“教育为主、惩罚为辅”的原则，2010年底，海口市青少年法庭挂牌设立，2011 年正式启用。青少年法庭大胆探索出圆桌审判、社会调查、分案审理、单独关押、跟踪帮教等针对未成年被告人的特色审理模式，把“爱心、细心、耐心”贯穿到未成年人案件审理的全过程，在诉讼领域建立未成年被告人帮教工作体系，社会效果明显。共审理未成年被告人刑事案件 134 件，审结 106 件，涉及未成年被告 218 人。

【队伍培训教育】　2011 年，市政法委加强政法干警集中培训教育，举办“海口市政法系统领导干部执法能力提升高级研修班”、基层综治维稳干部专题培训班等一系列学习培训活动，全面提升政法干警的业务素质。认真贯彻落实中央和省部署，3 月至年底，在全市政法系统开展“发扬传统、坚定信念、执法为民”主题教育，组织开展“千名干警下基层、百个村庄建和谐”等系列活动，4100 名政法干警参与了活动，全市 90% 以上村庄达到和谐村庄的基本要求。省政法委推广了海口市主题教育活动的经验做法，海南法制时报等媒体宣传报道海口市做法和经验材料 33 篇。

【见义勇为表彰】　2011 年，全市共表彰见义勇为人员 13 人，其中 3 人被评为见义勇为先进分子，10 人被评为见义勇为积极分子。积极开展见义勇为宣传和向见义勇为奖励基金会募资宣传活动，共收到社会各界公募资金 84 万多元。推选表彰并宣传黄明同志见义勇为先进事迹。

【抗洪抢险救灾】　9～10 月，海口市连续遭受 3 个热带气旋的袭击，引发了十年一遇的洪涝灾害。广大政法干警积极响应市委、市政府的号召，全力参加抢险救灾，奋战在抗洪救灾的第一线，全力维护灾区人民群众的生命财产安全。12 个单位被评为抗洪救灾先集进体，67 人被评为先进个人，市检察院被省检察院记集体一等功。

（丁继刚）

社会治安综合治理

【概况】　2011 年，海口市围绕“社会矛盾化解，社会管理创新，公正廉洁执法”三项重点工作，着力解决影响社会和谐稳定的源头性、根本性、基础性问题，为海口市建设营造良好的治安环境。全市成功调处各类矛盾纠纷 4872 宗，调处成功率 94%，防止群体性事件 222 宗，防止因民事纠纷引起自杀案件 66 宗，处置群体性上访事件 108 起。创建无毒社区 8 个、无毒社区先进单位 3 个。查处私彩销售点 389 个，抓获私彩销售人员 376 人；查处私彩印刷点 24 个，缴获私彩印刷品 36194 份，抓获非法经营私彩印刷品人员 33 人。2011 年，海口市被评为全省社会治安综合治理工作优秀市、全省“平安铁路示范市”。

【完善工作机制】　2011 年，市委、市政府始终坚持把综治和平安建设作为“民心工程”、“基础工程”和“一把手工程”，结合实际不断完善综治工作机制和措施。（1）把综治工作纳入海口经济社会发展“十二五”规划，与经济建设同规划、同部署。省委常委、市委书记陈辞多次主持召开市委常委会，研究综治和维稳工作，与各区主要领导签订《综治目标管理责任书》。市委副书记、市长冀文林亲自担任市综治委主任，主持召开综治委全会，为综治工作的发展把关掌舵。（2）加强综治工作机制建设。进一步完善各级综治委及其办公室工作制度、综治委成员单位工作制度、综治委 5 个专门工作领导小组和基层综治组织工作制度，以及综治委成员单位平安建设联系点制度。根据综治委成员单位的不同职责，为每个成员单位量身定制年度综治目标责任书，提高成员单位开展综治工作的主动性和针对性。将综治工作纳入各级党政领导干部的政绩考核内容，市委组织部、市人社局、市科工信局、市计生委、市妇联、市信用联社等单位在干部评先、受奖、晋级时，先后书面向市综治办征求意见。针对学校寄宿点、流浪乞讨、街头流动小广告、交通秩序、赌博吸毒、重点地区排查整治等问题，较好地发挥了综治委成员单位的齐抓共管作用，有效解决了影响社会稳定的热点难点问题。（3）推动综治工作措施全面落实。市综治委组织由五部委、政法各部门派员参加的综治工作检查督导组，深入基层实行不间断检查督导，与基层的同志查找问题、研究办法，推动工作。全年先后组织 7 次专项检查，下发督办整改通知书8份。

【社会矛盾化解】（1）认真贯彻中央综治委等16部门《关于深入推进矛盾纠纷大调解工作的指导意见》，加强“大调解”工作平台建设。各区、各镇（街）、各村（居）相继建立由党委政府主导，各职能部门联动，与各级综治组织相衔接的“大调解”工作平台，按照提高效率、便民利民的原则，对矛盾纠纷实行统一管理、集中梳理、归口管理、依法处理、限期办理。特别是各镇（街）矛盾纠纷排查调处中心、村（居）矛盾纠纷排查调处工作站的建立，拓宽了群众表达诉求意愿的渠道，受理并化解了90%以上的矛盾纠纷，进一步巩固了维护社会稳定的第一道防线。（2）拓宽化解矛盾纠纷渠道。按照市委《关于建立维护社会稳定长效工作机制的意见》，进一步建立健全维护稳定重大项目社会风险评估机制、国有土地房屋征收社会稳定风险评估暂行办法、社情民意收集与研判机制、重大矛盾挂牌督办和“五个一”责任机制、领导定期接访机制、群体性事件处置“五个到位”工作机制。先后对15个重点项目进行社会稳定风险评估，落实分级调控干预和化解稳控措施，从源头上预防和减少一大批矛盾纠纷。（3）拓展人民调解工作领域。进一步完善人民法庭诉前诉中引入人民调解、轻伤害刑事案件委托人民调解、旅游纠纷快速反应调解等行业性、专业性调解工作机制，促进了人民调解、行政调解、司法调解的有效衔接。（4）打击和防范境内外敌对势力渗透破坏活动的基础不断加强。坚持把防范和处理邪教问题纳入社会治安综合治理，加强国家安全信息搜集，加强“法轮功”人员的稳控和转化工作，加强对境内外“法轮功”网站及“重点人”的监控，加强国家安全教育，强化人民群众的国家安全意识，防范和处理邪教问题工作继续实现了“零聚集、零进京、零插播”的工作目标。

【预防重点青少年犯罪试点帮教】 2011年，市综治办建立未成年人法制教育中心，完善重点青少年集中教育矫治帮教体系。市未成年人法制教育中心坚持“践行使命、求实创新、矫治育人、追求卓越”的工作理念，积极探索重点青少年行为矫治机制、社会联动矫治机制、矫治成效评估机制，取得了明显成效。未成年人法制教育中心共接收学员885名，结业回归社会789名，重新犯罪率为1.69%。注重点与面的结合，在社区和农村建立集综治、共青团、妇联、关工委、社区干部、社区民警等部门力量为一体的重点青少年群体帮教体系，强化重点青少年帮教工作的系统性和有效性。建立重点青少年帮教工作信息系统，该信息系统以海口市政法综治工作局域网为依托，对市、区、镇（街）共150个终端进行联接。使重点青少年群体帮教工作实现网上查询、网上分析、网上检查、网上管理和多层次、多部门的信息共享。

【重点人群服务管理】 2011年，市综治办建立和完善流动人口服务管理领导机构和队伍，健全镇（街）、村（社区）“一站式”服务工作平台，为流动人口提供居住、计生、劳动就业、法律援助、教育、民政等方面的贴身服务。全市共登记流动人口230871人，全部实现信息化管理，做到“底数清、情况明、管得住”。

【铁路护路联防】 针对铁路沿线涉路矛盾纠纷和突出治安问题，先后开展违法违规废品收购站（点）、加油站、采石场专项整治和涉路矛盾纠纷集中排查调处工作，消除一批影响铁路运输安全隐患，确保金砖国家领导人峰会和博鳌亚洲论坛年会期间铁路运输安全；组织开展“知路、爱路、护路”征文活动和以“迎接建党九十周年，保铁路平安畅通”为主题的“爱路护路宣传教育月”活动，铁路沿线广大群众“知路、爱路、护路”意识进一步增强。2011年海口市铁路沿线治安稳定，无重大事故发生，海口市被省综治委评为“平安铁路示范市”。

【涉军维权工作】 2011年，海口市大力推进军地共建平安建设，将涉军维权工作纳入综合治理目标管理中，并纳入到年度综治考核中。及时调整涉军维权工作领导小组，健全涉军维权专门工作机构，完善工作制度。各成员单位以贯彻落实涉军维权八项任务为目标，把涉军维权工作纳入本部门职责范围，积极开展工作。全年，市各级涉军维权机构开展法制宣传教育70多场次，受教育的群众达5万人次；向驻市部队官兵赠送法律书籍8000多册，解答部队及军人军属各种法律咨询200多人次，受理并解决涉军维权案件1件，切实维护了海口市国防利益和军人军属的合法权益，为促进全市军政军民团结、维护部队安全稳定发挥了积极作用。

【防控体系建设】 2011年，市综治办按照“人防抓落实、物防抓巩固、技防抓提高”的总要求，进一步巩固社会面巡逻防控、社区治安管控、重点部位防范、内部单位安全保卫、农村治安防控、边际应急查控、科技防范报警监控的社会治安防范体系。（1）社会治安综合治理的情报信息工作进一步加强。建立了市、区、镇（街）综治部门社会治安形势研判机制，定期对社会治安动态进行定量分析，及时把握社会治安动向，指导协调有关部门采取有力措施，解决治安突出问题。（2）社会面巡防体系进一步加强。有效整合公安巡控队伍和2500人的治安联防队，把警力最大限度地摆在易发案时间、地点和路段，24小时公开武装巡逻，街面见警率和管事率进一步提高，“五级联防”体系进一步巩固。（3）社会治安群防群治进一步加强。各级综治部门在社区、农村、街面店铺开展以防盗、防火、防破坏、防事故、防矛盾纠纷激化为重点的家庭联户联防互助和店铺联防联勤活动，广泛发动群众开展群防群治。全年，各村（居）委会建立的村（居）治安联防互助组有5884个，参与治安联防互助的村（居）民有125977人，覆盖82635个家庭，建立街面店铺治安联防联勤组965个，覆盖11486间店铺。同时，各区积极探索市场经济条件下的群防群治新路子，美兰区灵山镇和三江镇开展“村企联防”，龙华区组织单位保安和治安积极分子，组成“哨子队”、“袖章队”130多支2500人，坚持义务巡逻。由公安部门指导成立的“飞鹰队”、“飞龙队”等群防群治组织，协助公安机关抓现行、打“两抢”，为遏制街面犯罪发挥了积极作用。（4）技防体系建设进一步加强。实施“天网工程”，加强重要部位、复杂公共场所视频监控设施建设；加强企业、小区等单位内部视频监控设施建设，条件成熟的纳入了全市视频监控系统；推进学校报警监控系统建设，实现学校报警监控系统与公安局指挥中心、各派出所的实时联动。（5）以点带面推进基层平安创建。坚持平安创建与文明和谐社区建设相结合，与文明生态村建设相结合，与妇女维权活动相结合，与无毒社区、无毒村庄创建活动相结合，与和谐校园创建活动相结合，进一步丰富了创建形式和内容。树立平安创建典型，重点推进了琼山区百里百村平安长廊、秀英区石山镇美社村平安家庭、龙华区城西镇四季华庭平安小区创建活动，以点带面，不断扩大平安创建的覆盖面。年底已创建平安镇（街、农场）32个；平安村（社区）、平安景区、平安边界、平安渔船、平安校园、平安家庭达标率均达到86%以上。

【基层组织建设】 进一步健全各级综治组织机构和工作制度。建立健全镇（街）综治委，调整充实各镇（街）综治委成员单位，吸纳辖区内重要企事业单位、学校、部队等参加综治工作。进一步落实各级综治办机构和人员编制，各级综治队伍建设得到加强。坚持整合资源，权责对应，优势互补，协调联动的原则，在全市41个镇（街）建立综治工作中心，推行矛盾纠纷联调、社会治安联防、重点工作联动、突出问题联治、平安建设联创、社会管理联抓的工作机制，努力构建“党委领导，综治牵头，部门参与，便民高效”的一站式社会治安综合治理协作联动工作平台。建立政法综治工作局域网和6个综治工作信息系统，实现市、区、镇（街）综治工作网络管理和信息共享。严格落实市综治委《关于规范基层综治工作台账的规定》，统一建立10类28卷工作台账，促进综治工作的规范化。进一步加强综治工作保障。2011年市、区落实政法综治工作经费4.63亿元，较上年增长5%；追加市综治办专项综治工作经费200多万元，综治工作专项经费达到全市人均2元标准。投入近120万元，为基层综治办添置一批办公设备，镇（街）综治办达到“八有”〔有机构编制、有专门办公室、有机构印章、有文件档案室（柜）、有办公设备、有工作报刊（杂志）、有交通工具、有宣传阵地〕要求。加强基层综治干部培训，3月举办镇（街道）基层综治干部和综治信息员培训班；9月组织4个区的综治办专职干部到山东考察学习；10月组织90多名基层综治干部到琼海举办学习培训班。各区综治部门也先后举办村（居）治保主任、综治工作站主任培训班。

（付良）

公安工作

【概况】 2011年，海口市各级公安机关紧紧围绕建设海南国际旅游岛大局，全力服务中心工作。配合各区完成旧城改造170万平方米；协助推进“078”工程、云龙产业园等55个重点项目建设，没有一个重点项目出现阻工事件。开展“命案必破”、“打黑除恶”、“打四黑除四害”、“亮剑”、“清网”等专项行动20多个，破获各类刑事案件5994起，抓获犯罪嫌疑人4124人，打掉各类犯罪团伙199个，其中涉黑犯罪团伙2个、涉恶犯罪团伙10个。坚持“什么问题突出就重点解决什么问题，哪里治安混乱就重点整治哪里”的原则，积极开展专项整治，全市共查处治安案件20186起，比上年增加192%。创新社会管理，建设民生型警务，推进“民调”进派出所，打造“网上公安局”。以深入推进“四项重点工作”和“三项建设”为载体，以警务创新和机制建设为动力，以加强能力素质和纪律作风建设为保证，坚持从严治警，着力提升公安队伍凝聚力、执行力，为海口社会持续稳定和经济社会发展创造安全稳定的社会环境。2011年，市公安局技侦支队被授予省先进基层党组织称号，市公安局特警支队、交警支队第一车辆管理所被授予2007—2010年度海南省文明单位，市公安局被评为全省公安教育训练工作先进集体。

【人事调整】 2011年，市公安局共组织2次竞争上岗，调整任用正副科级干部57名。完成竞岗任用干部试用期满考核工作，并对3名民警实行行政问责，取消任用资格，对2名民警实行转岗，重新计算试用期，较好地解决“干好干坏一个样”的问题。进一步加大干部调整力度，轮岗交流领导职务31名，提拔33名领导干部，其中副处级18名，正科13名。补充配齐12名综治副镇长任职，改任、提拔非领导职务64名，其中调研员2名；副调研员11名；主任科员25名；副主任科员26名。招聘公安交警文职人员到非执法岗位，置换机关部分警力充实到一线，为全局警力优化配置提供了经验。充实基层警力，将市局和分局机关超配警力调整到派出所，将33名新警全部安排到基层所队。

【提升民警素质】 2011年，组织4批共4人赴公安部参加“全国执法规范化教官培训班”。组织全局派出所民警开展基层基础工作培训，参训民警1640人次。累计组织各警种业务部门共167名领导和骨干参加省厅执法大培训业务培训班，培养了一大批执法业务教官。按照省厅的要求，组织政工干部及基层所、队教导员136人次，参加省厅心理辅导员培训班，为民警心理健康保护工作提供了人才基础。启动2011年度南京—海口警务合作素质强警行动，互派民警开展跟班学习交流工作，已组织3批共38名业务骨干进行跟班学习交流。先后组织全局处级干部参加“十二五”规划专题培训、市委中心组（扩大）学习会暨“海口科学发展论坛”专题报告会、赴人民大学参加政法系统执法能力高级研修班和全国县级公安局长培训班。先后完成2011年度司晋督培训、新录用公务员初任培训、军转干部的送培任务，送培率和合格率均达到100%。

【立功受奖】 先后开展“十佳女警”、“优秀基层党组织”、“优秀共产党员”和“优秀党务工作者”评选活动，并结合公安业务工作，相继开展专案、专项考察评奖工作，及时表彰奖励。开展评选业务能手和先进个人活动，发现、树立和宣传一批先进典型，充分调动民警工作积极性。2011年，共有74个集体和429名个人受到公安部、省厅、市委市政府和市局的表彰。

【从优待警】 开展困难民警调研，走访全局各基层所队212个，走访民警1658人次，基本掌握全局困难民警情况，为做好帮扶特困民警工作提供依据。做好慰问优抚工作，为负伤、疾病、生活困难和因公牺牲民警申领救助基金20人次，申领救助金16万余元；在重大节日期间，慰问烈士（因公牺牲）遗属、离退休民警以及困难民警200人次，发放慰问金近30万元。看望慰问困难和因病住院的老干部30人次。投入经费5万元改造市公安局老干部活动中心，购置电视、娱乐器械和书籍等一批设备，丰富老干部业余文化生活。为民警送生日蛋糕和安排民警每年一次体检已成为全局各单位的一项长效机制。

【警备监督】　围绕胡锦涛总书记来琼考察安保工作、博鳌论坛安保工作、信息化建设、“大走访”开门评警活动等重大警务部署的落实，开展各类监督检查496次，出动警力1984人次，检查单位2480个次，发现并纠正问题992个，发出督察通知书73份、督察建议书7份，有力地保障政令、警令畅通。查处违纪违法案件7起，涉及民警6人、工勤1人。截止2011年已结案5起，给予5名民警纪律处分。

【宣传工作】　先后召开“海口警方摧毁建省以来最大制贩假酒团伙”、“海口警方快速侦破‘5·18’出租车女司机被害案”等10余场新闻发布会、新闻通气会，围绕“开门评警”、“走近110”等开展专题系列报道，对市局侦破命案、打击“两抢一盗”、“亮剑”、“天网——2011”、打击“黄赌毒”、“交通大整治”、“清网行动”等专项行动进行了广泛深入的宣传报道。全年在各大媒体发稿3000多篇（条），国家级媒体发稿200多篇（条），省级媒体发稿1800多篇（条）。

【审计整改工作】　集中整改2008年以来审计发现的重大问题，梳理出81个需要整改的问题，整改到位77个，基本整改到位4个，整改率为100%，整改到位率为99.2%。各单位进一步规范涉案财物管理，健全内部管理制度。10月25日，公安部“审计整改年”活动检查验收组对海口市公安局“审计整改年”活动评分95.5分，为优秀等级。

【“大走访”活动】　坚持多警联动，把组织开展“大走访”开门评警活动作为拉近警民关系的“连心桥”。市公安局以走进营区、管区、监区为主题，定期开展“警营开放日”活动，交警、特警、监所以及城区主要派出所等单位累计“警营开放日”活动65次，接待群众达10万人次。设计《社区民警开门评警调查卷》、《窗口服务单位开门评警调查卷》，要求每名民警在走访时发放，并注明走访对象的联系方式，不定期回访，共发放问卷调查表60000余份，收集群众意见和建议561条，答复群众咨询2820余人次，为群众解决实际困难1159起，群众对184项整改完毕工作的满意度达到99.2%。

【基层党建】　按照“五个好”、“五带头”的要求，加强基层党组织建设，通过竞争上岗和干部交流，建立健全10个基层党组织，配齐配强市公安局212个基层党支部，在提拔、选任、交流干部的过程中，基本实现“无举报、无投诉”的目标。对工作打不开局面、战斗力不强的基层党组织，启动问责程序，对领导班子进行了调整。还组织专业临时班子对全市派出所进行走访考察，考察班子工作情况，了解辖区群众反映，推动基层派出所党支部建设。

【维稳工作】　2011年，按照“情报主导警务”，实施情报信息量化考核、每月情报信息工作通报以及建立健全情报信息评估奖励机制。共搜集各类情报信息1104条，完成全年任务的110.4%。较好地掌握涉军群体、工商分流人员、金融系统、南方航空公司劳工等多个不稳定群体重要情报，为党委、政府正确决策，为专案侦查、重点人控制、群体性事件处置和大型活动的安保工作提供强有力的情报支持。针对“两会”、“论坛年会”、大接访等重大安保工作及敏感节点开展风险评估，保证防控有重点，措施有区别，实现面稳点安。

【网络安全工作】　2011年共发现99个网络不稳定因素，都及时采取相应措施，避免了不稳定因素在网上发端和引发重大舆情事件，确保海口市网络舆情平稳。共完成公安部部署的205个互联网专项处置任务、296个重点监控项目，屏蔽过滤各类有害信息29万余条，处置各类敌情、政情、社情的有害信息5128条。搜报网上反映政情、社情的情报1239条，被省公安厅采用656条，公安部十一局采用143条，公安部采用10条。编报涉及海口市和海口市公安局各类涉政、涉稳和涉警情报96期，编报《互联网信息摘报》218期，确保省市重点工程、换届人事安排和涉警负面信息的网上舆情平稳，多次受到公安部、省公安厅表扬。

【打击违法犯罪】 2011 年，市公安局开展“亮剑”行动，重点打击侵犯知识产权犯罪，打掉犯罪团伙 13 个，破获制假售假重特大案件 13 起，涉案金额超过亿元。深入开展“清网行动”，抓获在逃人员 663 名，行动前网上在逃人员下降率 87.8%，受到公安部、省公安厅的充分肯定。打击诈骗等涉众型犯罪，共破获诈骗案件 671 起，为群众挽回经济损失数亿元，消除了引发重大群体性事件的隐患。打击“两抢”、盗窃等多发性犯罪，共破获“两抢一盗”案件 1319 起，同比增加 2%，其中破获“两抢”案件 294 起，同比增加 51.5%。

【命案必破】 2011 年立命案 35 起，侦破 33 起，破案率 94.3%。相继侦破“5.18”持刀抢劫案，“1.20”故意伤害致死案、“3.26”绑架杀人案、“4.14”杀人碎尸案、“5.26”持枪杀人案、“10.2”故意伤害致死案等一批有影响的现行命案。

【打黑除恶】 2011 年，市公安局开展打黑除恶专项斗争，打掉各类犯罪团伙 199 个，抓获犯罪嫌疑人 3780 名，其中黑社会性质组织 2 个，抓获犯罪嫌疑人 176 名；恶势力犯罪团伙 10 个，抓获犯罪嫌疑人 125 名。先后打掉龙泉镇龙某等人为首的恶势力犯罪团伙，彻底摧毁王某益、王某传黑社会性质组织，成功瓦解梁某成黑社会性质组织。省打黑办对 2011 年度海口打黑除恶工作给予了充分肯定和高度评价，并颁发奖金 13 万元。

【社会管理创新】 创新对外国籍人员管理手段。在全市设置 67 名专职外事民警，组织落实外管协管员 1440 名，建立起专群结合的外管工作队伍。创新维稳工作方法。推进“民调”进派出所，参与群众矛盾纠纷排查化解 3600 余起，把各类不安定因素和苗头解决在基层、消除在萌芽状态。创新公安行政服务方式，打造“网上公安局”。在互联网上向群众公示出入境、户政、车管等办事流程、收费标准等办事指南，并提供业务表格供群众下载。2011 年共办理户政业务 10 多万人次，办理出入境业务 9 万多人次，办理新车入户 4 万余辆，车辆车检 10 万余辆，旧车业务 9 万余辆。

【执法规范化建设】 制定《海口市公安局执法手册》，规范各警种、各岗位执法执勤的操作规程。完成 41 个派出所基层执法场所功能区改造，规范派出所内观标识，基本做到全市派出所统一标识、统一办公设备、统一台账资料。规范社区民警配置，重新划分警务区 332 个，派驻社区民警 425 名，设立警务室 281 间。改进派出所勤务工作机制，规范治安案件统计，解决治安案件长期“倒挂”的问题。规范各执法岗位的工作流程，开展执法资格大考试，民警执法水平明显提高。全年批捕率为 90.7%、起诉率为 99%，办案质量明显提高。

【基础设施建设】 2011 年，新建成龙桥、红旗、长流、西秀、铁桥 5 个派出所办公室；第一看守所、治安拘留所迁建项目开工；市局警务综合指挥中心大楼奠基；完成交警综合服务中心项目综合楼、驾管、车管办公建筑主体施工及考场设施、车管检测线建设；特警营区项目办公楼、训练楼、宿舍楼及其他训练场地的主体和墙体建设已完工。

【禁毒斗争】 2011 年，市公安局保持对毒品犯罪严厉打击的高压态势，开展“护城一、二号”禁毒专项行动，加大禁毒堵源截流工作和毒患重点地区挂点整治力度。共破获毒品案件 950 起，完成全年任务的 105.6%；收戒吸毒人员 2867 人，完成全年任务的 105%。破获特大毒品案件 41 起，其中部级目标案件 3 起，完成全年任务的 100%；省级目标案件 5 起，完成任务的 83.3%；市级目标案件 10 起，完成任务的 125%。共缴获毒品海洛因 1893.76 克、各类合成毒品 17615.757 克、枪支 1 支、子弹 100 发、机动车 3 辆、毒资 74.81 万元。全年共有 552 名吸毒人员参加社区戒毒、368 名吸毒人员参加社区康复。

【打击经济犯罪】 2011 年，市公安局严厉打击涉众型、侵犯知识产权等方面的经济犯罪，加大预防经济犯罪力度。共受理经济犯罪案件 134 起，比上年同期下降35.4%。立刑事案件98起，比上年同期下降76.4%。破案57起、不予立案或撤案117起，案件破结率58.1%；无当年积压案件，挽回经济损失6000多万元，避免经济损失3亿多元。（1）打击涉众型经济犯罪。先后侦破受害人高达100多人、涉案金额高达近6亿元的曾某荣集资诈骗案，受害人高达10余人、涉案金额1000多万元的杜某霞集资诈骗案。（2）打击侵犯知识产权经济犯罪。共打掉侵犯知识产权违法犯罪团伙13个，摧毁违法犯罪窝点28个，破案15宗（秀英分局、经侦支队各侦破省厅督办案件2起），抓获违法犯罪嫌疑人50人，刑拘28人，行政处罚6人。

【出入境管理】　按照“谋求发展、推动跨越、做好国际旅游岛建设的排头兵”工作目标，做好出入境证件签发工作，提升涉外管理水平。全年共受理、审批公民出国（境）证件92720份，同比增长35%。其中护照25792份，同比增长46%；内地居民往来港澳证件63518份，同比增长33%；赴台证件3410份，同比增长15%。规范签证管理工作，共受理、审核、制作、签发各类签证6842件。制定出台《海口市公安局涉外单位备案和信誉等级评定办法》，将原有的申请签证、居留许可涉外单位备案材料全部重新整理，进行信誉等级评定，确定一级12家、二级210家、三级3家、失效246家，并在公安出入境管理系统中进行维护。共查处“三非”案件142起，警告66人次，罚款76人次，拘留审查8人，遣送出境13人，将12名非法居留人员列入不准入境人员名单，并监护其出境。

【遏制赌色活动】　2011年，保持对“黄赌”违法活动的严打高压态势，共查处“黄赌”案件1429起3010人，分别比上年下降27.2%和上升4.8%。其中，查处赌博案件1334起2814人，查处涉黄案件95起196人。收缴赌资150余万元，捣毁老虎机380台、牌机527台、啤酒机296台，扣押电脑板89块、牌九162副及其他赌具一批。1月31日和3月28日，公安部和省公安厅先后刊发简报，对海口公安局“零容忍”禁赌的做法给予表扬。

【警务建设】　（1）娱乐业治安管理信息系统建成并投入使用。全市共完成娱乐场所治安信息系统安装91家，采集场所信息91家，信息采集率100.0%；采集场所人员信息5658人，发放信息卡5341张。（2）保安管理服务稳步推进。开展保安服务市场专项行动，严肃查处保安服务企业违规行为。3月，依法对保全世纪（北京）保安服务有限公司海南分公司违规经营罚款1万元，开出了海口市依据《保安服务管理条例》行政处罚第一单。（3）犬只管理工作不断上台阶。全市共办理养犬登记总数为2830只，年审登记总数为935只；共接处涉犬警情357起，限期责令整改272起，受理群众养犬投诉和举报281起。

【监所管理】　2011年，市各监管场所积极配合“清网行动”，仅上半年就获取和转递刑事犯罪线索227条，累计破获刑事案件57起，抓获网上逃犯1名、在逃人员1名。把深化“大走访”、开门评警活动和“对社会开放”工作有机地结合起来，邀请人大代表、检察机关、法院、律师、院校师生、被监管人员家属参观和座谈，主动征求群众意见，自觉接受群众评议与监督。共举办恳谈会、座谈会4场次，对社会开放21场次，没有发生一起因为监所安全引发舆情的事件。4月26日起，海南电视台新闻频道《说法》栏目连续4天专门对监管部门的开门评警工作进行跟踪报道，社会效果良好。

【校园安保】　贯彻落实公安部“4.19”、“4.21”会议精神和省市综治委、省公安厅系列工作部署，先后组织开展学校（幼儿园）及周边治安秩序专项整治活动，主动联系综治、教育、文体、工商、城管等部门联合开展打击整治校园高利贷专项行动，共检查学校1139所，清查中低档旅馆1887家、超市和小卖部3211家，其他部位663处。5月中央联合检查组对海口市开展校园安保工作情况进行检查评估后给予了高度的评价。

【信息化建设】　2011年，完成警备综合信息平台、警用地理信息平台和城市报警与监控系统（一期）等6大工程。开展信息大会战，共录入警情63007起，刑事案件17519件，治安案件20075起，违法行为人8113人，涉案物品32115件，基础单位信息47545条。整合国土、住建、社保、民政等社会信息100多万条，初步建立起与公安信息化相适应的警务工作机制，实现了“公安工作信息化、信息工作基础化”的目标。通过网上作战，破获刑事案件3000余起，缉控在逃人员851名，抓获网上逃犯828人，并在“6.28”、“10.2”命案侦破过程中发挥了关键作用。

【道路安全畅通管理】 以“建设国际旅游岛，安全畅通文明行动”为契机，围绕“保秩序、保畅通、压事故”总体目标，认真抓好各项工作。共查处交通违法行为572740人次，其中非现场执法纠违335450辆次，查扣违法车辆31905辆次（汽车850辆、摩托车24958辆、三轮车4165辆、电动车1932辆），报废机动车10220辆（汽车351辆、摩托车9563辆、三轮车306辆）。完成“两论坛”、铁人赛、博鳌论坛等交通警卫、保卫任务353个次。适用普通程序处理508起，死亡77人，受伤725人，经济损失872240元，与上年同期相比起数上升88.85%，死亡人数下降8.33%，受伤人数上升121.04%，经济损失下降25.14%。四项指标两降两升。

【消防安全管理】 2011年，开展“清剿火患”战役，共检查单位4655家，发现火灾隐患2316处，督促当场整改火灾隐患2036处，下发责令改正通知书1075份，临时查封66家，责令“三停”72家，拘留53人，罚款265万元。市政府挂牌督办重大火灾隐患单位18家，其中1家消除隐患已摘牌。在明珠广场、宜欣广场组织开展“119”宣传日、国家“防灾减灾日”等大型消防宣传活动，在全市所有社区、党政办公楼、酒店、商场等1050个场所的楼宇视频播放消防知识宣传片，开展直观、生动、受众面广的消防知识宣传。尤其是“119”消防周期间，积极配合消防总队在省歌剧院开展消防宣传周启动仪式海口主会场的各项活动。全年设计印制16万份消防宣传资料并在各大型广场商场设咨询台向市民发放，把消防安全知识送到千家万户。在中央级媒体发稿27篇，部级258篇，省级567篇，省行业级692篇，市级166篇，总队级信息3009篇。

【特警工作】 （1）省内维稳工作。2月4日，根据省公安厅的布置，130名特警队员紧急出动，赴昌江参加“2.4”事件处置工作，完成了处突待命、甘蔗砍收护卫、押解犯罪嫌疑人辨认现场和提取证据、武装巡逻等任务。为维护昌江七叉地区社会治安秩序、群众正常的生活生产秩序，共出动警力1440人次，车辆125辆次。省公安厅于4月18日发来《中共海南省公安厅委员会致昌江县七叉镇“2.4”事件处置工作全体参战单位的感谢信》，充分肯定了海口特警为昌江维稳做出的贡献。（2）维护政府首脑机关稳定工作。共出动警力2000多人次，处置省委、省政府各种异常上访和突发群体性事件120多起，劝退涉访人员7600多人次，没有发生因处置不当而影响省委、省政府正常办公或致使矛盾激化的情况，确保了省委、省政府正常的办公秩序。

【情报工作】 2011年，市公安局通过省厅情报平台共接收预警信息146003条，占全省48%，日均400余条，其中部级预警信息35657条，省级预警信息110346条，签收、反馈、发现、处置重点人员全省评比排名第一。直接指挥抓获在逃人员272人，在逃人员抓获数占全省51%。

【海上管控】 2011年，市公安局认真贯彻落实《沿海船舶边防治安管理规定》，加大“人、船、证”的检查力度，严格船舶进出港签证制度，共检查各类船舶3814艘次，渔民4227人次，处理违规船舶92艘，人员92人。针对全省海上维稳的复杂局势，积极组织边防官兵深入辖区开展“送法上渔船”活动，采取挂横幅、贴公告、发传单以及召开渔民大会等形式，广泛宣传《海南省沿海边防治安管理条例》、《沿海船舶边防治安管理规定》等法律法规。共散发宣传资料2514份，教育渔民4218人次。为切实解决船舶管理中存在的底数不清、船证不符等问题，在伏季休渔期间联合海口市海洋与渔业局共同开展船舶整顿工作，共对2144艘船舶进行核对核实。

【打击“酒驾”】 2011年，海口市公安局严厉查处酒后驾驶交通违法行为。(1) 在市区酒吧、烧烤园、娱乐场所等易涉酒场所周边路段、路口设卡，逐车检查过往车辆，严厉查处酒后驾驶交通违法行为。(2) 邀请新闻媒体随警现场采访，对酒驾整治进行专题报道，营造酒驾严查高压声势。(3) 按照省交警总队全国整治酒后驾驶集中统一行动日的工作部署，会同省内兄弟单位开展异地交叉执法行动，严厉打击酒后驾驶行为。全年，出动警力2000人次、警车700辆次，开展35次酒后驾驶专项整治行动，共查处酒后驾驶290起，行政拘留醉酒驾驶108人、刑事拘留醉酒驾驶70人，整治效果初显成效。印制100万份《醉驾入刑等法律知识宣传手册》，先后会同各公安分局、派出所向全市群众广泛发放，力争使醉驾入刑等法律规定家喻户晓、人人皆知。

【破获“5.18”抢劫杀人案】 5月18日，海口市发生一起持刀抢劫并杀害女出租车司机的恶性案件，该案在社会上造成了极为恶劣的影响。海口市公安局抽调精干警力成立专案组展开侦查。5月23日，专案组在浙江省温州市将犯罪嫌疑人张某扬抓获，成功侦破此案。

【破获“9.23”跨国电信诈骗案】 市公安局于9月协助公安部、台湾警方破获一起跨国电信诈骗案。9月23日，市公安局接到转来的相关线索后，组织精干警力围绕涉案线索开展侦控工作，查找犯罪窝点，在短时间锁定犯罪嫌疑人。9月28日在公安部的统一部署，省厅、市局领导的指挥下，出色完成抓捕等收网行动，一举捣毁犯罪窝点，抓获涉案的违法犯罪人员27人，扣押作案工具、资料一批。

【破获“2011－412”部督案件】 5月15日，市公安局经缜密侦查，周密部署，成功破获“2011－412”公安部督办毒品目标案件，一举摧毁禤某毅、何某兰特大跨国贩毒网络，抓获网络成员7名（其中越南籍涉案人员2名），缴获毒品海洛因1500克、涉案轿车2辆、毒品加工工具、通讯工具一批。

【破获“2011－413”部督案件】 6月9～10日，市公安局侦破“2011－413”公安部毒品目标案件，摧毁一特大跨区域家族式贩毒团伙，抓获犯罪嫌疑人邢某定等6名，缴获毒品氯胺酮11.5千克，冰毒83克，“神仙水”2瓶，毒资7万，切断了一条由广东通往海南省的贩毒通道。

【破获“5.7”谢某等人制贩假酒案】 5月7日，市公安局根据群众举报线索，一举摧毁在海口市蓝天路、秀英新村等地设立的一个建省以来最大的专门制贩假中高档酒团伙，捣毁11个制假窝点，打掉销售网络5个，抓获“文华酒行”老板、调酒师等犯罪嫌疑人17人，缴获各类中高档假酒10000余瓶、制假设备6台、假商标标识3万枚及其他制假工具、原料一大批。

【破获“2.16”特大非法网络期刊诈骗案】 2月16日，市公安局出动40余名警力，一举摧毁全国性非法期刊诈骗团伙，抓获犯罪团伙成员9名，当场缴获各类违法报纸期刊23种共万余册。经查，该团伙自2005年起，在海南省多个市县组织在互联网上发布虚假信息，利用非法期刊骗取全国各地受害人钱财，涉案金额超过1000万元，受害人多达2万人，是至2011年底止国内查获的同类案件中最大的一起。

【打掉以梁某成为首的黑社会性质犯罪组织】 7月19日晚，在省公安厅的指导下，市公安局抽调300名警力成立4个行动小组分别在海口、三亚、文昌和定安实施抓捕，打掉了一个以梁某成为首的黑社会性质犯罪组织，共抓获涉案人员165人（移交文昌市公安局处理96人、刑警支队处理69人），捣毁地下赌场1个、吸毒窝点2个，缴获涉案汽车15辆，枪支5支，日本刀、砍刀、棒球棍及钢管等凶器一批，人民币50余万元，港币9万元。

【打掉以王某益为首的黑社会性质组织】 6月20日，市公安局成功打掉一个以王某益为首的长期盘踞在海口市新港、秀英两地开设“地下售票点”的黑社会性质犯罪组织，抓获犯罪嫌疑人12人，缴获小汽车1辆、开山刀1把、砍刀6把、钢管10根及非法经营省际长途客运“地下售票点”工具一批。

【破获邢某平特大合同诈骗案】 12月26日，市公安局成功破获一起涉案金额达1200余万元的特大合同诈骗案，抓获涉嫌合同诈骗的犯罪嫌疑人邢某平，追回赃车63辆，并发动车主自行追回车辆38辆，共挽回经济损失约1000万元。经查，2009年6月以来，犯罪嫌疑人邢某平以租车为由，先后在海口一岛商务咨询有限公司和海口自由海商务有限公司租赁小轿车119辆，全部抵押借高利贷，所得款项均用于购买私彩、个人挥霍、支付租金及高利贷利息。

【侦破“9.08”网络诈骗案】 市公安局在工作中发现一个以游戏币充值作诱饵实施犯罪大型网络诈骗团伙案。经缜密侦查，9月22日，海口市公安局抽调百余名警力，分成11个抓捕小组和3个机动组赴澄迈县金江镇实施抓捕行动。各抓捕组在成都、海口、澄迈分头出击，悉数抓获周某、林某科、王某任等22名主要骨干团伙成员。

【破获王某明等人制售假药案】 11月17日，根据公安部及省公安厅的统一部署，市公安局与省公安厅经侦总队近百民警联合行动，破获海南省建省以来最大制售假药案件。摧毁王某明、张某等人特大制售假药团伙，现场抓获涉案人员20名，捣毁制假地下加工厂5个、销售储存窝点7个、制假生产设备24台，缴获假冒的各种胶囊、颗粒、药丸500多万粒，以及大量未包装的半成品和原材料10余吨，商标标识、防伪标识及包装材料等20余万件，涉案金额8000多万元。

（吴彬、郑搀）

检察工作

海口市人民检察院检察长：李铭

【概况】 2011年，海口市人民检察院认真履行法律监督职责，为维护海口社会和谐稳定提供了有力的司法保障。全年共受理贪污贿赂、渎职侵权案件线索316件，立案47件71人；受理提请批准逮捕刑事案件1943件2805人，经审查批准逮捕1794件2500人；受理移送审查起诉刑事案件2554件3714人，经审查提起公诉2117件3012人。依法妥善处理群众来信来访1214件。在2011年度全省检察机关分市院、基层院业务、综合工作考核中，市检察院17项考核12项获得第一，总分名列第一。

【惩治贪污贿赂渎职犯罪】 2011年，市检察院共受理贪污贿赂、渎职侵权案件线索316件，立案47件71人。其中，查办贪污贿赂案件42件66人；查办渎职侵权案件5件5人。通过办案，为国家挽回经济损失1770.85万元。坚决查处大案要案，立案查处大案36件、处级干部要案6件，大要案比例占78.72%。积极配合市委、市政府开展打击违章建筑专项活动，查办违章建筑背后的职务犯罪案件3件10人。龙华区检察院主动跟踪深挖新闻媒体曝光的海口市“富景苑”、“亿城家园”违建项目背后的职务犯罪线索，查办了海口市城市管理行政执法支队原支队长陈某、龙华区行政执法管理局原局长符某等人受贿案，促进了“打违拆违”工作顺利推进。加大查办涉农职务犯罪力度，深入查处农村干部在土地转让、出租过程中收受贿赂等职务犯罪案件6件21人，维护了农民的切身利益。

【预防职务犯罪】 2011年，市检察院加强法制宣传和警示教育活动，组织“法律进机关、进企业、进乡村”活动，开展预防职务犯罪专题讲座157场次，受教育人数达2万多人。成功协办高检院主办、省检察院承办的全国检察机关惩治和预防渎职侵权犯罪展览海南巡展，全省28000名党政机关、企事业单位干部参观接受教育。加强工程建设领域专项预防，深入海南红塔卷烟厂技改、琼山中学高中部扩建、海口市第九小学分校等市重大建设项目，通过提供法律咨询、提出检察建议等形式，帮助建设单位建立完善内控机制，促进“工程优质、干部廉洁”。深化涉农职务犯罪预防工作，编印2500册《农村干部警示教育读本》发放给农村干部，使广大农村干部引以为戒、警钟长鸣。完善市行政审批、重大项目建设等重点领域相关单位权力运作情况向检察机关报送备案机制。海口市工程建设招投标中心、市政府采购中心向海口市院报送招投标项目、采购项目共计280项，涉及金额60亿多元。加强行贿犯罪档案查询，接受查询117人次。

【打击刑事犯罪】 全年市检察院共受理提请批准逮捕刑事案件1943件2805人，经审查批准逮捕1794件2500人；受理移送审查起诉刑事案件2554件3714人，经审查提起公诉2117件3012人。根据海口市社会治安形势和刑事案件的发案规律、特点，重点打击杀人、绑架、强奸等严重暴力犯罪、黑恶势力犯罪、黄赌毒犯罪，以及“两抢一盗”等严重影响群众安全感的多发性侵财犯罪，共批捕上述四类犯罪1883人、起诉2062人，起诉人数较上年同期上升8.1%。对社会关注的犯罪嫌疑人张某扬故意杀害“的姐”黄某一案，提前介入引导公安机关侦查，提出补充完善证据建议11条，协助公安机关查清犯罪事实，对犯罪嫌疑人快捕、快诉。依法打击走私、偷税骗税等严重破坏市场经济秩序的犯罪活动，共批捕63人，起诉92人，维护了市场经济秩序稳定。

【诉讼监督】 2011年，市检察院进一步强化监督意识，加大对群众反映强烈的执法不严、司法不公等问题的监督力度。强化立案监督和侦查活动监督，要求公安机关说明不立案理由156件，监督公安机关立案103件，发出纠正违法通知书115份。依法不批捕254人、不起诉61人。建议侦查机关撤回案件37人，纠正漏捕49人，追诉漏罪152宗。加大刑事审判监督，二审程序提出刑事抗诉8件。深化刑罚执行和监管活动监督，审查各监管单位呈报罪犯减刑1760件、假释71件，纠正减刑不当671件、假释不当32件，纠正监管活动违法110件。海南省第一劳教所发生一劳教人员非正常死亡事件，市院深入调查，分别以涉嫌玩忽职守罪和虐待被监管人罪对两名责任民警立案侦查。民行监督工作，受理当事人不服民事、行政判决的申诉案件441件，立案149件，抗诉2件，提请省院抗诉6件。加强民事督促起诉工作，共立督促起诉案件757件，发出民事督促起诉书757份，涉案金额12188万元。为拓宽民事督促起诉的案源渠道，深入到国有资产管理部门和国有企事业单位摸排线索。通过走访，发现用户拖欠海口供电局电费的情况严重，按照先易后难，先大后小的原则，向海口供电局提出2份民事督促起诉书，涉案金额达1000多万元。

【化解社会矛盾】 2011年，市检察院建立案件处理风险评估、信访案件公开听证等机制，依法妥善处理群众来信来访1214件。深入开展“信访积案化解年”活动，对上访时间长、处理难度大的涉检信访案件，由两级院检察长亲自督办、包案负责，积极排查化解，实现案结事了，已全部成功化解了所有的涉检信访积案。在办案过程中高度关注刑事被害人特别是弱势群体的实际困难，通过司法救助或相关法律服务，维护当事人的合法权益，最大限度化解社会矛盾，促进社会和谐。全年市检察机关办理涉法涉诉救助案件13件13人，发放救助资金近21万元。

【创新未成年人刑检模式】 探索建立符合未成年人身心特点的办案模式，在秀英区院率先设立全省首个未成年人刑事检察科，集中审查起诉全市未成年人刑事案件，提高办案效率和质量，保护未成年人合法权益。市院派驻海口市第二看守所检察室针对4名初三年级学生因涉嫌抢劫被采取强制措施，造成中考可能被耽误的情况，根据案情建议办案单位变更强制措施，使4名未成年在押人员如期参加中考。事后，4名未成年人家长给检察室送来了感谢信和锦旗表示感谢。认真贯彻落实对轻微刑事犯罪依法从宽政策，积极探索平和宽缓的执法方式，对初犯、偶犯、过失犯、未成年人犯罪及亲友、邻里纠纷引发的轻微犯罪，决定不捕63人，不诉26人，减少社会对抗，增加和谐因素。加强息诉服判工作，对217件不符合抗诉条件的民事行政申诉案件进行息诉，维护审判权威，化解诉讼纠纷。市、区两级院认真贯彻市委关于做好区镇换届选举服务工作的通知，成立了工作领导小组，全程介入换届选举工作。深入摸排了解各镇的换届选举工作动态，及时发现影响换届选举工作的苗头性、倾向性问题，向区、镇党委、人大提出对策建议5件次。加强对换届选举各环节监督，排除干扰、操纵和破坏选举的违法行为5件。10月发生少数企业军转干部集体上访事件，市院根据市委的部署，深入摸排了解上访人员的详细情况，对重点人员有针对性地开展释法说理和宣传教育工作，使事态取得有效控制。

【乡镇检察室建设】 全年4个镇检察室深入农村走访194次，接待群众来访55人次，化解各类矛盾纠纷18起，配合自侦部门查办涉农职务犯罪嫌疑人11人，监督公安派出所立案13件。4个检察室农村干部警示教育基地全部落成投入使用，开展教育培训班33期，对新当选的1250名农村“两委”干部和村民小组长进行轮训，切实提高农村干部廉洁自律意识。制定《海口市人民检察院关于加强公诉部门与乡镇检察室协作配合实现工作职能对接的指导意见》、《与辖区乡镇党委政府信息互通工作制度》、《涉农轻微刑事案件调解处理机制》等制度，修改完善《海口市人民检察机关派驻乡镇检察室工作制度汇编》，编印《海口市人民检察机关派驻乡镇检察室经验材料汇编》，乡镇检察室规范化建设取得了明显成效。10月，高检院在海口召开全国检察机关派驻基层检察室建设工作座谈会，与会代表参观永兴、云龙、灵山3个检察室，对海口乡镇检察室服务三农、保障民生、化解矛盾所取得的成效给予了高度评价。罗保铭、肖若海、陈辞等各级领导相继视察海口乡镇检察室，充分肯定了海口乡镇检察室工作。

【创先争优】 在2011年度全省检察机关分市检察院、基层检察院业务、综合工作考核中，市检察院17项考核12项获得第一，总分名列第一，秀英区检察院、龙华区检察院、琼山区检察院总分分别列第一名、第二名、第五名，琼山区检察院被评为先进基层检察院，秀英区检察院派驻永兴检察室、龙华区检察院反贪局被省检察院荣记集体二等功，市检察院侦查监督处、控告申诉处被省检院荣记集体三等功。海口市检察院被授予第四届“全国检察机关基层检察院建设组织奖”称号。在全国第三届规范化检察室评选中，市检察院派驻海口市第二看守所检察室被评为一级规范化检察室。在全省检察机关纪念建党90周年、人民检察院创立80周年红歌大合唱比赛中，市检察院获第一名。龙华区检察院在执法规范化、队伍专业化、管理科学化和保障现代化建设方面成效显著，被授予第四届“全国先进基层检察院”称号；在抗洪救灾中成绩突出，被高检院荣记集体一等功。秀英区检察院纪检组、监察室被授予全国检察机关纪检监察工作先进集体称号。秀英区检察院被省委、省政府授予“2007—2010年度海南省文明单位”称号，被中央文明委评为全国文明单位。该院派驻永兴检察室获“海南省2009—2010年度社会治安综合治理先进集体”。龙华区检察院、琼山区检察院被评为2010年度全省先进基层检察院。市检察院李润合同志获全国五一劳动奖章、周力同志被评为全国政法系统优秀党员。

（苏晓龙）

审判工作

海口市中级人民法院院长： 张韵声（10月免）、吴剑平（10月任）

【概况】 2011年，全市法院坚持“三个至上”指导思想和“为大局服务、为人民司法”工作主题，围绕“社会矛盾化解、社会管理创新、公正廉洁执法、治安环境整治”四项重点工作，全面抓好审判和执行工作，为海口市的经济发展和社会和谐创造了良好的司法环境。全市法院共受理各类案件20797件，同比上升7.46%，审（执）结19764件，结案率95.03%。其中，市中院受理各类案件6125件，同比上升15.48%，审（执）结5827件，结案率95.13%。

【刑事审判】 （1）严厉打击严重刑事犯罪。积极参与打黑除恶、处置“积压命案”、打击“两抢一盗”、禁赌禁毒、“清网行动”等专项斗争，依法严惩暴力犯罪和毒品犯罪以及盗窃、抢夺、诈骗等多发性侵财犯罪。成功审结被告人张某扬杀害“的姐”案件、外籍被告人龙某妮走私毒品等一批有重大影响、媒体关注的刑事案件，维护了社会安定和人民群众生命财产安全。（2）认真贯彻“宽严相济”刑事政策。对具有自首、立功等法定或酌定从轻情节以及初犯、偶犯，社会危害不大、主观恶性不深的刑事被告人依法从宽，对认罪伏法、改造表现良好的1532名服刑罪犯依法予以减刑、假释。(3) 认真贯彻执行“两高三部”出台的“两个证据”规定。严格执行刑事案件特别是死刑案件的证明标准，遵循非法证据排除程序审理案件，加强侦诉审沟通协调，形成常态的三级沟通协调和联席会议机制，建立限期补查和通报反馈机制，进一步统一证据标准，确保刑事案件的审判质量和效率。(4) 依法妥善审理新类型犯罪案件。审结了酒托诈骗、电信诈骗、走私物品、贩卖毒品“快活水”等新类型犯罪案件。加强危险驾驶犯罪案件的审判指导，初步规范了危险驾驶犯罪的受理标准、强制措施、刑罚适用、判后释明等审判活动。(5) 加大刑事和解调解力度。把调解作为审理附带民事诉讼案件的必经程序，将化解社会矛盾贯穿刑事审判各个环节，促使被告人认罪悔罪、争取被害人及其亲属的谅解。全年全市法院共受理刑事案件2381件，审结2369件，结案率99.50%。中院本级受理刑事案件330件703人，审结324件，结案率98.18%。

【民商事审判】 (1) 加强对涉及重点项目案件的审理。妥善审理涉及全市“791”工程、府城镇朱云路旧城改造、滨江新城起步区棚户区改造、秀英区镇海村改造等省市重点项目建设案件，确保了项目建设顺利推进。按照海口市开展“打击违章建筑”专项行动部署，积极做好涉及违章建筑拆除案件的审理，对“打违”行动平稳、迅速的完成发挥了较大作用。(2) 加强对房地产案件的审理。市中院共审结此类案件153件。通过支持诚信，制裁违约，规范交易，有力地保障了海口市房地产市场健康平稳发展。(3) 加强对劳动争议案件的审理。市中院妥善审结劳动争议纠纷909件，制裁故意拖欠工人工资、违法辞退职工的行为，维护劳动者的合法权益。(4) 加强对知识产权的司法保护。市中院共审结知识产权案件146件，其中有一起侵犯著作财产权纠纷案件入选全国知识产权司法保护典型案例。(5) 加强对企业破产案件的审理。认真做好海南省印刷工业公司等企业破产、改制、重组案件的审理，切实维护职工合法权益，规范市场退出机制。(6) 加大对金融证券案件的审理。认真审理各类金融纠纷案件，切实保护金融机构合法债权。妥善审理了我省首例（批）860名股东诉海南华闻传媒投资公司的证券虚假陈述责任纠纷集团诉讼案件，促进了证券市场健康发展。(7) 加强对婚姻家庭案件的审理。认真学习、贯彻新出台的婚姻法解释，准确掌握立法精神，妥善处理夫妻财产分割问题，维护家庭和睦。(8) 加强涉农和医疗案件的审理。切实保护农民合法权益，积极促进医患关系和谐。全年全市法院共受理民商事案件11538件，审结11001件，结案率95.35%。中院本级受理各类民商事案件3456件，审结3212件，结案率92.94%。

【行政审判】 (1) 加强行政案件协调处理。坚持“协调优先、调判结合、以判促调”原则，妥善处理大量群体性行政争议和社会关注的行政案件。通过协调促使当事人主动撤诉结案38件，撤诉率16.74%，同比提高12.2个百分点，行政协调结案数量创历史新高。(2) 深化落实良性互动机制。2月22日，市中院与市法制局召开座谈会，就《国有土地上房屋征收与补偿条例》实施后法院和政府发挥行政调解作用，实现行政调解与司法程序有机对接，达成了共识。8月17日，市中院与市政府联合召开“棚户区（城中村）改造行政与司法互动座谈会”，就规范行政机关房屋征收决定，构建政府与法院稳定的互动平台，形成长期的良性互动机制等问题进行了深入交流和探讨。(3) 加强对下指导。继续做好基层法院行政审判简易程序改革试点的指导工作，提高审判效率。指导美兰区法院积极推进行政协调确认书制度试点工作。全年全市法院共受理行政案件526件，审结515件，结案率97.91%。中院本级受理行政案件231件，审结227件，结案率98.27%。

【执行工作】 (1) 进一步完善“党委领导、人大监督、政府支持、法院主办、社会各界参与配合”的执行工作格局，深入开展分段集约执行、优化执行权配置试点工作，加大财产统查力度，最大限度实现债权人权益。如在海南农垦第一物资供销公司与海南金德信物业发展有限公司借款纠纷案中，在申请执行人未能提供被执行人财产线索的情况下，依职权主动对被执行人的财产进行“四查”，及时控制被执行人的财产，使全案圆满执行完毕。（2）开展反规避执行专项活动。制定和实行执行举报奖励制度、限制高消费制度、新闻媒体公告曝光制度，加大惩处反规避执行行为，成功执结一批“骨头”案和“老大难”案件。11月22日，海口两级法院在《海南日报》刊发反规避执行专刊，发布限制高消费及悬赏举报公告，曝光69个被执行人名单。被执行人慑于法律的威严，纷纷主动履行债务。如被执行人陈某、陈某某被登报曝光后，主动向七十多岁的申请执行人庞某某给付了8.8万元欠款。（3）开展“执行款物清理专项活动”，在清查执行款物基础上建立健全案款台账，建立与财务部门的定期核对机制，完善了款物管理制度。全年全市法院共受理执行案件4396件，执结3931件，执结率89.42%，执结标的额22.45亿元，执行标的到位率64.43%。中院本级受理执行案件394件，执结356件，执结率90.36%，执结标的额11.22亿元，执结标的到位率50.34%。

【审判监督】 全市法院共受理申请再审案件158件，结案155件，结案率98.10%；受理再审案件76件，审结71件，结案率93.42%。其中市中院本级受理申请再审案件131件，结案129件，结案率98.47%；受理再审案件43件，审结39件，结案率90.69%。继续规范减刑、假释案件的审理工作，将减刑、假释案件由原来的听证制度改为开庭审理制度，并进行裁前公示。深入开展中央政法委部署的“百万案件评查”活动，对2009年至2010年间审结的群众反映强烈的信访案件等四类案件共50件认真进行评查，并按省高院的要求，对2008年至2010年间审结的150多宗民商、行政再审案件进行了全面评查，归纳分析查出的问题，提出改进措施，发现错案及时通过监督程序予以纠正。开展长期未结诉讼案件专项清理活动，积极推进积案化解。

【涉诉信访】 坚持院长接待日制度，切实落实首访负责制度，避免出现推诿拖延或矛盾上交，及时解决群众的实际困难，使纠纷尽早化解在初信初访阶段。在5月17日海口市政法系统领导干部联合大接访活动中，市中院领导接待来访37件59人次。在5月20日全省法院集中接访活动中，市中院接待来访34件57人次，对信访人反映的案件问题妥善予解决。开展院领导、庭长及资深法官判后释明听证，并做好当事人的服判息诉工作，有效地促进了信访矛盾的化解。全市法院共处理来信1316件，接待来访801人次。中院本级处理来信957件，接待来访431人次。

【司法为民】 市中院认真落实“司法为民五十条措施”和“加强法庭便民利民工作意见”，为当事人提供热情、文明、便捷、高效的服务。认真研究部署巡回审判推广工作，加大巡回办案、就地解决纠纷力度。积极推动辖区法院实行案件审理繁简分流，依法扩大简易程序适用范围，做好速裁法庭指导工作。认真开展法律“六进”活动，组织法制讲座5场，现场听课人数1500多人，开展法律咨询活动8场，受益群众1000多人次，现场发放法律宣传资料1万多份。加大司法救助力度，拓宽司法救助范围，为当事人缓、减、免诉讼费共25.7万元，向特困申请执行人发放救助金共8万元，向生活困难信访人发放信访救助金5万元。

【司法改革】 （1）继续推进量刑规范化工作。在巩固量刑规范化试点成果的基础上，通过案例研究、庭审观摩、专题研讨、规范量刑表格等多种方式，统一市区两级法院的量刑情节和调节幅度。适用规范化量刑方法审理的刑事案件当庭认罪率、调解撤诉率、退赃退赔率、服判息诉率都得到相应提高。（2）深化多元化纠纷解决机制。充分发挥海口市纠纷调解服务中心的职能作用，做好诉前调解、诉调对接工作。与市司法局共同成立诉讼调解与人民调解对接工作协调办公室，共同派员，组建两级法院、人民法庭与街（镇）、居（村）委会多级联动的多层诉调对接网络。改进调解方法，邀请政府职能部门、企业主管部门，聘请人大代表、政协委员等担任特邀调解员共同参与调解。（3）创新审判工作机制。指导美兰区法院成立了海南省首家医疗纠纷法庭，除集中审理全市医患纠纷外，还运用网络视频等科技手段，对医疗调解协议进行网上审查确认。设立环保审判庭，完善环保审判机制。规范少年法庭审判的程序，强化了庭前社会调查、庭中法庭教育、判后帮教工作，协调解决了未成年犯罪案件由海口市少年法庭统一管辖的问题。（4）推进法院信息化建设。作为全省法院综合管理信息系统样板试点单位，市中院积极推进法院综合管理信息系统试点工作，得到省高院充分肯定。为适应司法公开的要求，市中院于 2011 年 7 月 1 日正式开通运行海口法院门户网站“椰城法律网”。

【队伍建设】　（1）加强思想政治建设。积极开展“人民法官为人民”、“机关效能建设”、“司法作风转变年”、“群众观点大讨论”、“社会主义法治理念再学习再教育”等专项活动。（2）加强法院人才培养。继续做好干部推荐、竞争上岗和干部挂职交流工作，积极解决干部的职级待遇问题。继续抓好教育培训，认真组织推荐干警报考在职法律硕士考试。继续加强法官培训基地建设，多层次开展岗位培训，2011 年组织参加各类培训 982 人次。抓好公务员在线学习，加强司法考试培训工作，除积极组织干警参加省高院举办的司法考试培训，市中院还承办了为期一个月的两级法院司法考试培训班。（3）加强基层法院建设。认真协助党委严格按照法官法的规定选配好基层法院领导班子成员。加强对下审判业务指导工作，做好各业务庭对口包点业务指导工作。积极配合省高院组成联合司法巡查组，分别对美兰区法院和龙华区法院进行了为期两个月的司法巡查，促进了两个区法院各项工作的全面进步。

【廉政建设】　（1）以贯彻最高法院“五个严禁”为抓手，利用正、反典型认真开展警示教育活动，组织干警观看警示教育片，节假日向干警发廉政短信，组织开展反腐倡廉知识竞赛，征订反腐倡廉书籍发给干警学习。（2）深入开展廉政风险排查防控活动。在前两年开展活动取得明显成效的基础上，对排查出来的权力事项和廉政风险点逐个分析研究，调整优化了 61 个各类案件审理和重大事项办理的权力运行图，有针对性地制定了 396 条防控措施，并建立了廉政风险防控责任制。（3）抓党风廉政建设责任制落实。打破常规，将廉政建设内容从由监察室统一拟定改为由各部门结合自身特点分别拟定，签订后交监察室统一保管并对照监督，促使各级领导切实承担起抓党风廉政建设的政治责任。（4）落实廉政监察员制度，完善干部谈话制度，健全配偶、子女从业情况报告制度，试行廉洁公正监督服务卡制度，严格责任考核和责任追究。（5）自觉接受社会各界监督。认真落实与人大代表、政协委员联系和接受监督制度，坚持重要工作部署、重大案件审判及时向人大及其常委会报告。邀请人大代表、政协委员视察法院工作、旁听庭审、现场监督执行、参与案件评查。通过召开新闻通报会、邀请新闻媒体旁听、报道重大、典型案件。建立网络阅评员制度，及时听取、认真办理公众的批评、意见和建议。举办“法院开放日”活动，邀请广大群众代表参观法院工作，增进社会公众对法院、法官的了解。

（杨曦）

司法行政

【概况】　2011 年，市司法局着力推进社会矛盾化解、社会管理创新、公正廉洁执法、治安环境整治“四项重点工作”，充分发挥司法行政法制宣传、法律服务和法治保障三大职能作用。全市共开展矛盾纠纷排查 1653 次，排查各类矛盾纠纷隐患 697 宗。调处各类矛盾纠纷 5900 宗，调处率 100%；成功调处 5709 宗，成功率 97%，比去年提高了 2%。防止群众性事件 234 起，涉及 5046 人次。防止民事转刑事和因民事纠纷引起自杀案件 70 起，涉及 263 人。办理非诉讼法律援助案件 1031 件，为受援人挽回经济损失或争取经济补偿 404.7 万元。成功调处涉及 4 个区“六站”33 名工作人员与当地镇政府劳动争议纠纷案件。法律援助中心先后获得“全省法律援助先进集体”、“市文明单位”。全年，受到省厅以上表彰的先进集体 4 个，先进个人 43 人次；受到市级表彰的先进集体 14 个，先进个人 15 人次；受到本级表彰的先进集体 23 个，先进个人 69 人次，56 名优秀干部被提拔任用。

【人民调解】　2011 年，市司法局在全省率先联合市中级法院进一步规范和完善市区两级人民法院与市、区司法行政系统的诉讼与非诉讼调解工作衔接制度，推动“诉调对接”工作机制（简称诉调机制）建设，将人民调解的简易性、高效性、成本的低廉性广泛应用于司法调解领域。率先与市旅游管理机构联合出台了《关于建立旅游纠纷人民调解工作机制意见》，在市旅游委成立了旅游纠纷人民调解委员会，与市旅游管理部门联动化解旅游纠纷。率先将人民调解引入医患纠纷调处。在市综治办的指导下，与市卫生局联合推动医患纠纷第三方调解机制建设，正在积极筹备成立海口市医疗纠纷调解委员会。研究起草《海口市人民调解员管理暂行规定》，在全省率先建立人民调解员等级培训制度、等级评定制度和等级补贴制度等，突破人民调解发展瓶颈，建立起“大调解”工作体系，充分发挥人民调解工作“第一道防线”作用。深入开展“社会治安重点地区矛盾纠纷排查调处”大排查、大调处、大治理专项活动，指导全市各级调解组织开展矛盾纠纷排查和调处，将各类社会纠纷预防和化解在基层。全市共开展矛盾纠纷排查1653次，排查各类矛盾纠纷隐患697宗。调处各类矛盾纠纷5900宗，调处率100%；成功调处5709宗，成功率97%，比去年同期提高了2%。防止群众性事件234起，涉及5046人次，防民转刑和因民事纠纷引起自杀案件70起，涉及263人。

【社区矫正】 2011年，市司法局以减少重新违法犯罪为标准，建立横向贯通、纵向联合的安置帮教工作网络，筑牢市、区、镇（街）、村（居）“四级”安置帮教工作新格局。认真落实设立监外执行（社区矫正）社会工作者的实施意见，组织指导全市监外执行（社区矫正）社会工作者招聘工作，为全市41个镇（街道）司法所配备监外执行（社区矫正）社会工作者，破解司法所人员严重不足和对社区服刑人员监管不力的难题。全面落实社区服刑人员衔接、管理、教育、考核和奖惩制度，在全省首创组织召开全市社区服刑人员警示教育大会，进一步提高社区矫正质量。全市累计接收社区服刑人员1425人，累计解除789人。2011年底在册636人，其中当年共接收334人，解除247人，没有出现脱管、漏管事件。共接收刑释解教人员487名，安置373名，帮教率100%，安置率76%，实现刑释解教人员重新违法犯罪“零”目标。

【劳教和强制隔离戒毒】 2011年，市司法局建立完善“周安全排查制度、月安全排查制度”和场所安全形势研判工作制度及整改工作机制，及时有效整改和消除影响场所安全稳定的隐患，实现“六无”（无逃跑、无所内重大案件、无重大生产事故、无非正常死亡、无所内吸毒、无重大疫情）工作目标。推行“入所必训，每人必过”的教育改造措施，开展“建立相互信任的良好人际关系”和“树立自信心，澄清价值观”为主题的团体心理辅导，提高劳教（戒毒）人员心理健康矫治工作质量。积极开展职业技术培训，协调海南省农业学校和美兰强洲职业技术学校，采取联合办学的模式，开设了热带花卉种植、淡水养殖和电工操作专业3项职业技能培训课程，组织劳教（戒毒）人员参加培训学习，为劳教（戒毒）人员回归社会提供就业技能和打好基础。截至10月31日，共有劳教（戒毒）人员322名获得海南省农业学校颁发的结业证书，99名获得国家安全生产监督管理局颁发的电工操作上岗证书。

【未成年人法制教育】 2011年，市司法局积极推行“四个转变”（办班由单一型向混合型转变，教育由封闭式教育向开放式教育转变，帮扶由教知识为主向教技能为主转变，后续帮教由政府单独实施向全社会参与转变）教育矫治工作模式，优化和拓展教育学课程，深入系统组织传统文化、法制教育、科学文化和心理辅导等课程教育活动。通过后续帮教活动现场解决学员心理问题和家庭矛盾46人次，帮助20多名学员重回校园、1名学员考上大学、11名学员考上高中、15名学员就读各类职业学校。教育矫治工作经验被中国教育学会工读教育分会向全国工读学校转发，有两篇教育论文入选全国工读教育学术论文集，有3名教官被全国工读系统评为优秀班主任。

【法律服务】 2011年，市司法局通过认真开展律事务所、公证处及主任年度考核工作。对各律师事务所队伍建设、内部十项制度管理、综合实力、日常工作、回馈社会的情况，采取量化打分进行全面考核，强化律师事务所、律师的执业和公证处、公证员的管理，进一步推进律师事务所规范化建设。市司法局直管39家律师事务所有1家被评定为五星级等次，2家被评定四星级等次，8家被评定为三星级等次，8家被评定为二星级等次，6家被评定为一星级等次，未被评定星级的有14家。积极协助、参与海南省第六次律师代表大会及换届选举工作。组织法律工作者深入政府重点建设项目、征地拆迁工作中，开展法律服务，全力保障重点建设项目顺利进行。组织法律工作者参与国际旅游岛建设治安环境综合整治，向全市律师发放建设国际旅游岛百名律师志愿者倡议书，围绕重要敏感的社会焦点、热点问题，提前介入开展法律服务，提升法律服务层次和质量。针对影响政府重点项目建设的敏感区域，组织律师参加“12348”法律服务热线、妇女维权热线、海口广播电台《椰城侬家》在线等公益性服务活动，为群众现场解答一系列涉法问题，实现接访率100%，接线率为100%。年底，市司法局直管39家律师事务所和基层法律工作者共担任法律顾问728家，代理案件5376件，代写法律文书3493件，解答法律咨询11765人次；椰城和椰海两家公证处共办理公证10557件。

【法律援助】 2011年，市司法局在加强市、区二级法律援助中心（处）建设的基础上，依托镇、街道司法所，成立基层法律援助工作站和“青少年法律援助维权岗”41个，依托村、居委会设立法律援助联络点404个，在工、青、妇、老残、信访、劳动、驻军、高等院校、公安、媒体等群体组织和单位设立工作站或者联系点102个，形成了“政府主导，社会参与”的法律援助工作新格局。推行非诉讼法律援助服务工作制度，对简单、紧急、标的小、缺乏证据的一般纠纷和群体性、涉访涉诉矛盾纠纷，实行调解前置、诉调结合新办法，全年办理非诉讼法律援助案件1031件，为受援人挽回经济损失或争取经济补偿404.7万元；成功调处涉及4个区“六站”33名工作人员与当地镇政府劳动争议纠纷案件。开创准法律援助工作机制，联合西安市法律援助中心，为1名西安市下岗工人提供援助，争取35万赔偿款。搭建法律援助服务新平台，与北京、成都等40多个城市建立农民工法律援助工作异地协作机制；开通法律援助“绿色通道”和“66230607”农民工维权热线；深入开展“绿岛法援情系农民工百日实践活动”，帮助农民工维权。全市共受理法律援助案件6018件，比上年增长18.2%；为6047人次提供法律援助，比上年增长13.7%；为当事人挽回经济损失和争取经济补偿1500.6万元，比上年增长25%。法律援助中心先后获得“全省法律援助先进集体”、“市文明单位”称号。

【法制宣传】 2011年，市司法局通过抓“二型”阵地（固定型、流动型），在万绿园、龙丰路、建国一横路、振兴路等地建立百米法制长廊和龙桥中学、盐灶居委会、东山镇政府等人员相对集中场所建立法制宣传栏，加大法制宣传教育工作力度，使全市法制宣传阵地建设形成了全覆盖、有特色的新局面。组建普法讲师团和出动宣传车，深入机关、学校、企业、农村开展法律知识宣讲活动，现场为群众提供法律服务。组织指导全市司法行政系统开展“建设国际旅游岛，安全畅通文明行”道路交通综合整治专题法制宣传教育专项活动。深入开展“交通安全法规进学校、进机关、进社区、进单位、进企业、进乡村”活动，先后共发放《道路交通安全服务指南》、《道路交通行为规范》及宣传挂图4万余册（份），播放交通安全教育片4场，观看人员1000多人，接受群众咨询约80人次。组建以市交警支队民警为师资力量的交通安全学法宣讲团，在社区、学校及机关等单位开展《道路交通安全法》学法宣讲活动，先后在美兰区海府街道办，琼山区国兴街道办等地举办了以社区干部群众为宣讲对象的交通安全学法宣讲进社区活动，扩大道路交通安全法律知识的覆盖面和影响力。积极参与“海口市社会治安综合治理和平安建设宣传月”、“海口市第七届科技活动月”活动，发放宣传资料5000余份，利用各类宣传栏、板报宣传与科技有关的法律法规20多篇，接受群众法律法规咨询400余人次。组织开展以“合成毒品与青少年”为主题的6.26国际禁毒宣传教育活动，先后在沿江中学、市第四中学、石山中学等学校开展现身说法教育活动，参加学生近5000人次；“6.26”国际禁毒日，在市广场路、秀英区万家隆超市、龙华区宜欣广场、琼山区天茂商场、美兰区明珠广场设点开展法律咨询，组织禁毒图片展、发放宣传资料、现场法律咨询、参观禁毒教育馆以及播放广播等，发放《禁毒法》等禁毒法制宣传资料 1.65 万余份、《禁毒法》扑克牌 4000 余副，参与群众 2 万余人次，解答法律咨询 200 多人次。积极参与“3.8”妇女维权周、“3.15”消费者权益日、税法宣传月等法制宣传教育专项活动，共发放法制宣传单 9600 份，法律法规资料 61440 本，张贴宣传标语 890 张，悬挂法制宣传横幅 1525 条，确保了普法教育覆盖面。

【司法所建设】 全面推进司法所规范化建设，采取不定期检查的形式，对全市司法所开展规范化建设大检查活动，对人民调解业务工作台账登记、档案管理、信息录入存在问题进行业务指导。指导美兰区司法局组织司法所干警、部分村居调委会主任进行《人民调解法》专门业务知识、技能培训，提高人民调解员的业务技能。加强人民调解员排查调处矛盾纠纷的能力建设，采取业务轮训、结对帮带、岗位自学自练等多种形式，不断提高基层干部业务工作能力和执法管理水平。

（陈原）

（编辑：吴坤涛）

军 事

海口警备区

司　令　员：彭　军
政　　　委：杨土金
副　政　委：彭建湘
参　谋　长：陈鼎立
政治部主任：方石汉
后 勤 部 长：邹　耀

【概况】 2011年，海口警备区围绕使命强素质，从严治军促稳定，强化作风抓队伍，圆满完成年度工作任务。全年共征集新兵791人，共计派出执勤人员970多人次，车辆500多辆次，检查军人80人、检查军车360辆次，查扣假冒军车3辆。协助交警处理交通事故16起，完成重大勤务保障任务12次。全年全区有1人被广州军区评为优秀参谋，1人被广州军区评为人防工作先进个人，1人被广州军区评为密码管理工作先进个人，12人荣立三等功，纠察连被省军区评为“全面建设标兵连级单位”并荣立集体三等功。

【思想政治工作】 2011年，海口警备区坚持大事大抓，采取常委会、党委扩大会、军人大会等形式，集中组织学习胡主席“七一”重要讲话和党的十七届六中全会精神。认真落实党委中心组带全体干部理论学习制度，完成了党委中心组带全区干部6个专题的理论学习，全年共有30多篇文章被上级报刊登载。开展“战士理论学习之星”演讲评选活动，有1人被省军区评为战士理论学习先进个人。持续推动创先争优活动，1个党支部和2名个人被省军区表彰。认真贯彻落实新修订的《思想政治教育大纲》，针对海南国际旅游岛建设对部队建设带来的新情况、新问题，扎实抓好“四个引导”教育，确保官兵思想道德纯洁和部队集中统一。灵活有效开展纪念建党90周年系列活动，组织官兵到临高角解放海南纪念碑重温军人誓词、新发展党员宣誓仪式，这一活动被《解放军报》和《战士报》进行了专题报道。处理重大敏感事务积极主动，4个区人武部化解部分企业军转干部到省军区上访工作，效果明显，确保了驻地社会秩序的安全稳定。

【军事训练】 2011年，海口警备区认真落实训练制度，严格规范训练秩序，继续突出首长机关、分队和民兵基础性训练，部队训练水平稳步提升。按照“从严要求、全员参训、全员参考”的思路，狠抓首长机关训练，认真组织参加省军区半年考核和司令部考评，分别集中40天、30天时间，严格落实每天7小时技能训练，每天1次理论背记考核，每周2次五公里越野测试，每周1次考核讲评的训练步骤，突出对识图用图、战术标图、通信工具使用、军用文书、军事理论、手枪射击、五公里越野等内容的强化训练，进一步激发机关干部学理论、练技能、强素质的紧迫感，机关军事素质明显提升，司令部考评在省军区3个师级单位中名列第一，参谋长陈鼎立被广州军区评为“优秀参谋长”，司令部参谋陈永侯被广州军区评为“优秀参谋”。继续狠抓分队基础技能和专业技能训练，完成老兵复补训和新兵入伍训练，重点强化警备、游泳、旗语、冲锋舟操作训练，分队遂行多样化军事任务能力得到提升。

【民兵工作】 2011年，海口警备区突出训练重点，注重打牢民兵训练基础。5月，结合抢险救灾任务和广州军区民兵整组交叉检查，对各区人武部的民兵应急分队进行了2~3天训练，对60名民兵进行为期3天的冲锋舟操作训练，重点训练冲锋舟驾驶、水上救生、转移人员物资、封堵受损堤坝等课目，有力推进了民兵抢险救灾能力的提升。各区组建一支125~138人的民兵应急专业分队，用于执行应急维稳和抢险救灾任务，各区认真挑选组成人员，将队伍编在维稳的重点部位和洪涝灾害多发的重点地区附近。协调区政府落实建设经费，购置一大批装备器材，并及时对应急维稳和防汛救灾预案进行修订完善。加强民兵应急专业队伍训练，应急能力得到有效提高。秀英区人武部民兵应急专业分队演示的警棍盾牌操得到省军区首长的高度肯定，在各县市人武部进行推广。

【国防动员】 2011 年，海口警备区认真贯彻落实广州军区《规范国防后备力量组建秩序暂行规定》，与预备役师共同抓好编组试点工作，共对 199 个编兵单位 104 支队伍和 14738 人进行整组，有效解决“任务重叠、组织交叉、一兵多职”的问题。省军区联合工作组对海口市 4 个区整组工作进行检查，秀英区取得第一名，龙华区取得第三名，琼山、美兰区取得第五名的好成绩，广州军区动员部领导对海口市整组工作给予充分肯定，司令部参谋陈维高被广州军区评为“人防工作先进个人”。重点突出人武干部的素质提高，参加省军区组织的人武干部考核，美兰区取得第四名，龙华区取得第六名，琼山区取得第七名，秀英区取得第九名的好成绩。

【征兵工作】 2011 年，海口警备区按照全省征兵工作会议的部署和要求，做好征兵工作。积极开展征兵宣传，共出动宣传车 120 多台次，印发宣传单 2 万余张，宣传画 1500 多幅，张贴公告 60 多份，利用市区户外大型广告牌、各大超市 LED 电子广告屏、公交和出租车显示屏、电视公益广告等传媒，滚动式进行征兵宣传。这一做法被省军区转发。2011 年共征集新兵 791 人。

【城市警备】 2011 年，海口警备区加强军地协作，与地方党政单位签订《军警民共建文明活动协议书》，将《军人军车违纪登记表》发放到全市派出所和交巡警大队。配合海口市开展“建设国际旅游岛，安全畅通文明行”综合整治活动，在狠抓经常性警备纠察检查的同时，开展以整治军容风纪、军车运行秩序和打击“三假”为主的专项治理活动。全年共派出执勤人员 970 多人次，车辆 500 多辆次，检查过往军人 80 人、检查过往军车 360 辆次，查扣假冒军车 3 辆。协助交警处理交通事故 16 起，完成重大勤务保障任务 12 次，较好地维护了驻军形象和声誉。

【行政管理】 2011 年，海口警备区认真贯彻各级关于依法从严治军的指示精神，扎实做好管理教育工作。结合“条令月”和“学条令、守法规、严军纪、正秩序”活动，采取编印下发条令法规知识手册、组织条令法规知识考核、谈心等形式，搞好经常性教育活动，不断强化官兵的条令法规意识。坚持采取机关干部轮流检查的形式，每天夜间对营区进行不少于 1 次的检查，确保部队营区安全稳定。狠抓安全工作责任制度落实，组织人武部、分队和警备区党委签订《安全责任书》，进一步细化各级各类人员抓安全稳定工作的职责和工作标准。

【抢险救灾】 8 月，针对海南季节性气候变化特点，组织召开“三防”联席会议，准确掌握了辖区内抢险救灾重要地段和重要目标情况，修改完善了《海口地区抢险救灾预案》，进一步落实抢险救灾物资储备。按照“三个第一时间”要求，继续强化应急专业力量针对性演练，做好应急处突、参加抢险救灾的各项准备。国庆节期间，海南遭受强降雨灾害，全区按照既定预案，坚持做到“三个第一时间”，共出动官兵 200 多人次、民兵 2400 多人次、车辆 120 台次，冲锋舟 70 多艘次、橡皮艇 20 多艘次，运送救灾物资 3 万多件，转移疏散群众 4400 多人。协调驻市军警部队出动兵力 3000 多人次，车辆 300 多台次。中央电视台新闻频道、七频道和省、市电视台先后播报。发动民兵参加抗洪抢险和支持灾后重建的做法被省军区转发和在《战士报》刊载。

【基层建设】 2011 年，海口警备区认真贯彻落实《军队基层建设纲要》，按照扎实打基础、反复抓落实的思路。狠抓基层党支部建设，着力选准配强党支部班子，继续选送干部骨干参加各级各类集训，“一线带兵人”的能力素质不断增强，党支部“三个能力”提高明显。部队管理正规有序，官兵精神面貌好，站岗值勤演出任务完成出色，各类保障及时到位，全面建设保持了良好的势头。纠察连被省军区评为“全面建设标兵连级单位”，立集体三等功，连长陈长红被省军区评为“标兵连长”。扎实抓好基层人才队伍建设，精心组织学员苗子文化补习和士官考核。尊重官兵主体地位，在事关官兵切身利益的敏感问题上，积极推行办事公开制度，全年选拔学员苗子5名、选调技术学兵3名，选改士官31名，官兵普遍反映比较好。重视树立和宣扬基层建设先进典型，涌现出了省军区标兵连队纠察连、海南省抗洪抢险先进集体龙华区民兵防风抗洪分队、广州军区团员先锋岗演出队曲艺组、共青团海南省委优秀团干部樊世秋等一批先进单位和个人，营造了学先进、当先进的良好氛围。注重抓好基层人武部正规化建设，基层57个武装部正规化达标率为90%，琼山区人武部连续第二年被省军区评为“两个连续”先进团级单位。

【教育宣传】 2011年共有80多篇稿件在军内外各类媒体上刊发，及时宣扬了好的做法和经验。政治部干事彭子柱被广州军区政治部评为“优秀通讯员”，秀英区人武部被省军区政治部评为“新闻宣传先进工作单位”，政委魏和金被省军区政治部评为“建言献策工作先进个人”，政治部干事彭子柱和秀英区人武部政工科科长蔡舒怀被省军区政治部评为“业余报道先进个人”，警备纠察连公勤班班长张同贺被省军区评为“优秀通讯员”。

【拥军爱民】 2011年，海口警备区主动协调驻市部队支持驻地城区改造、环境美化和重大工程建设活动。星辉村、南畴湖村、洽教村、美社村、仙山村、卜创村等文明生态建设示范村建设得到巩固，龙华区苍东村的创建，得到军、地领导高度肯定。上半年，先后完成海口市和龙华区行政办公楼的搬迁。坚持把协调地方党委、政府为部队解难题、办实事作为双拥共建工作的一项重要内容来抓。利用春节、八一等重大节假日，主动协调市委市政府到驻市部队走访慰问，为官兵排忧解难。全年先后协调市、区两级政府，解决了50多名随军家属就业、20多名干部子女入学等问题，妥善安置了11名转业（复员）干部工作。

【后装保障】 全年海口警备投入53万元，对招待所、机关公寓房、停车场等进行整修。严格时间节点，组织专人清理排查机关公寓住房，清退公寓住房18套，被广州军区评为“清房工作先进单位”。继续深化资金集中支付改革，规范4个区人武部的报账制度，在迎接广州军区财务部和省军区年度财务管理检查中，均得到高度评价。坚持党委集体理财和军政首长联签审批制度，全年集中采购各类物资21批次，总计金额93万元，都能严格按规定程序和要求办理，有效确保了经费的利用率。严格落实行车管理制度，全年累计行车43万公里，安全无事故。严格实行油料使用审批和定量管理制度，安全收发油料31吨，为部队战备、训练和生活用油提供了有力保障。按照“两成两力”要求抓好装备工作。全年共保障1200支次训练用枪，发放弹药20000余发，押运报废弹药14万发（枚），无一差错。以车炮场日规范化落实为抓手，着力搞好各类武器装备的预防性维修和强制性保养，先后完成各类车辆保养130余台次，维修车辆162台次，车辆大中修2台次，确保了武器装备的完好率。

（陈永侯）

武警海口市支队

支　队　长： 黄宏春
政　　　委： 杨国春
副支队长： 张彬元　罗江民
副　政　委： 袁辉祥
司令部参谋长： 张永胜
政治部主任： 游光军
后勤部长： 项瑞庆

【概况】 中国人民武装警察部队海南省总队海口市支队组建于1988年7月，2005年6月1日与原一支队合并组建海口市（旅级）支队，6月15日正式挂牌成立。下辖6个大队、29个建制中队。主要担负警卫、守卫、看押、看守、城市武装巡逻及处置突发事件等任务。支队机关驻地海口市澄迈县老城开发区盈滨岛。2011年，海口市支队抓基层、打基础，抓安全、保稳定，不断夯实部队根基。党委班子坚强有力，官兵思想稳定，中心任务完成圆满，基层建设稳中有升，全年实现“四无”，部队全面建设呈现良好态势。年内，完成海南省“两会”、博鳌亚洲论坛年会及“金砖国家”领导人会晤等重大临时勤务。全年完成临时勤务672起，出动兵力24605人次，与上年同期相比，执勤兵力数增长52%。市支队先后被总队评为新闻工作先进单位，参加总队后勤岗位练兵考核获得团体第一名，被装仓库被总部评为“红旗仓库”、十九中队被武警总部评为执行深圳世界大学生运动会安全保卫任务先进单位、三大队十四中队被总队评为基层建设标兵中队等。

【开展主题教育】 2011年，市支队坚持把践行核心价值观教育作为政治任务来抓，不断打牢官兵思想政治基础。开展文化工作试点，倡导“六种文化”（传统、网络、战斗、休闲、安全、竞赛），召开“提振部队精气神”暨文化工作现场会；9月底举办主题为“凝神聚气铸忠魂”的文艺调演晚会。开辟学习先进事迹专栏，宣扬总队创先争优活动先进典型和“海南省道德模范”肖耀泉先进事迹；继续开展评选“双十佳”活动，引导官兵立足本职践行核心价值观。

【思想政治工作】 2011年，市支队将思想政治工作融入执勤处突一线，在“金砖国家”领导人会晤、亚运会环粤安保、昌江处突维稳等重大任务中，主题教育集中，经常性教育和思想工作见缝插针，宣传典型事迹，开展立功创模活动，激发官兵参战热情。先后涌现出缉毒尖兵孙勇、带兵爱兵典型王鑫东、海南省道德模范肖耀泉等先进人物，有45名同志受到记功嘉奖。市支队坚持每季度分析官兵现实思想状况，利用政工例会专题研究。注重抓好个别人转化管控，把人文关怀贯穿始终。组织年度先进大（中）队主官及家属旅游疗养，重大病号送出总队治疗，开展“战酷暑、送关爱、保安全”、“内部关系专项教育整顿”等活动，部队内部和谐融洽。

【设施建设】 2011年，支队四防一体化建设成绩显著。3月8日，召开“议警会”向地方党委政府汇报工作，将执勤隐患治理、“四防一体化”和反恐装备建设纳入地方平安建设体系。2011年，支队争取执勤设施建设经费1460余万元，推动13个涉及搬迁及改、扩建单位的“四防一体化”建设。市支队采取常委分片包干，支队、大队、中队三级定人挂钩限时治理的方法进行综合治理。6月，总队在“三个一遍”检查鉴定的执勤中，解决隐患16处。

【强化处突能力】 2011年，市支队注重反恐应急分队训练。组建快反小分队，加强机动中队特勤排组建和装备建设，选派12名官兵参加总队特战预备队培训，其中6名同志进入总队前十名。协调地方政府将县（市）中队应急班建设纳入地方财政预算，屯昌、澄迈、定安等中队已配备反恐和特战装备，部队遂行任务能力得到提升。始终把临时勤务作为阶段性的中心工作，圆满完成等级警卫、昌江维稳处突、省“两会”、“金砖五国”领导人会晤、大运会、缉毒抓捕等重大临时勤务。

【强抓基础训练】 （1）加强“两官”训练。5月中旬，集中10天时间，组织基层官兵对重点难点科目轮训，并结合纲要考评和基层警官集中考核，推动两官自觉训练。（2）严格首长机关训练。3月在总队组织的两级机关会操中取得第二名；5月，围绕“卫士－11”演习，采取部门分训和集体研练相结合的方法，模拟演习环境，严密组织综合演练，提高首长机关组织指挥和正确决策能力。（3）认真组织专勤专训。新兵专勤专训考核一次性合格率达到91%。7月，参加总部军事考核，成绩总评优秀。8月，参加总队军事训练尖子暨反恐小分队比武取得第二名，涌现出二中队排长耿星、十二中队班长欧先昌等总队十大训练标兵。

【部队正规化建设】 2011年，市支队继续推进“两化”工作。8月5日，市支队组织全体机关干部赴二支队参观学习，明确机关及直属队正规化建设标准。8月，开展“机关、直属队专项整治月”活动，并投入近20万元对机关硬件环境进行整改落实。8月底，在琼山中队召开装备“三化”管理现场会。采取“争取上级支持一点、协调地方支援一点、支队节约投入一点”的办法，对六、十三、十九、文昌、儋州、屯昌中队进行改建，部队正规化建设进步明显。

【做好安全预防工作】 2011年，支队结合全国开展的严惩酒驾专项行动，对机关干部驾驶地方车辆情况进行重新排查，组织驾驶员复训和开展安全行车专题教育整顿。年内出动车辆5800余台次，行车80余万公里安全无事故。对枪弹管理和密码保密安全进行隐患排查和专项整顿。对军械库、保密室、作战室、机要室等核心要害部位进行技术升级管控。9月，开展“百日安全竞赛”活动和密切内部关系教育整顿，通过开展爱兵知兵为兵排忧解难等活动，确保内部安全稳定。

【士官教育管理】 2011年，围绕“从能力素质入手抓士官”的工作思路，狠抓士官队伍培养管理使用。第一季度，开展士官岗位培训，提高士官工作能力和业务水平。9月，组织士官升级培训考核，结合年终纲要考评对士官进行普考，增强了士官队伍紧迫意识和职责意识。11月，开展优秀士官、标兵士官评选表彰活动，促进士官队伍健康发展。

【干部队伍建设】 （1）帮建支部。坚持关口前移抓帮建，制定“一队一案”。盯着问题抓帮建，把“发现了什么问题，解决了哪些困难”作为衡量帮建绩效的标准，先后派出常委带队工作组3批90余人次，帮助基层解决5大项56个问题和困难。实行“分层次竞争，按比例升降”评比机制，解决争先创优氛围不浓问题，使连续3年未进入先进的十中队跨入先进层次，2010年滑坡较大的二中队，一直靠后的十一中队、临高中队进步明显并进入中间层次。（2）帮带干部。年初，采取授课辅导、经验交流、答疑解惑等形式，举办为期1周的基层干部培训。借助季度纲要考评，对干部进行“六项基本功”考核。先后8次召开政工例会，集中解决部队建设中的一系列新情况新问题。机关各部开展大练基本功活动。9月，司令部开展岗位帮带活动，政治部举办“五会一能”评比竞赛，后勤部开展“岗位大练兵”比武。通过集中培训和经常性应用性培训，使基层、机关干部开阔视野，掌握方法，积累经验。（3）帮解难题。全面实施减压解困工程，关注干部压力大、部队伤病人员增多等情况，帮助官兵解决现实问题。先后3次召开转业干部座谈会，了解安置意向，为专业干部和用人单位牵线搭桥。2011年，安排干部休假181人，占干部总数82.3%；开展送法服务到基层活动，为官兵解决涉法问题3起；先后解决6名干部子女入学入托问题。

【后勤规范化管理】 （1）四项设施建设稳步推进。2011年，市支队从申请到位地方建设经费690万元中拿出300余万元继续投入基层四项设施建设。为新搬迁的5个中队配发制式营具2600余件。2个中队（文昌中队、洋浦中队）已迁入新营区，开工建设的有8个中队（三中队、九中队、十六中队、琼海中队、万宁中队、澄迈中队、临高中队、儋州中队）。新机关建设已奠基。（2）后勤队伍建设得到加强。7月底，组织103名基层后勤专业兵考核评比。8月，参加总队后勤专业岗位练兵考核评比，取得团体第一名。一中队司务长刘旺在总部后勤专业岗位练兵集中考评第三片区抽考中，获得第五名。

【装备“三化”管理现场会】 8月30日，海口市支队在琼山区中队召开装备“三化”管理现场会。总队警务装备处刘军副处长、李笑亮参谋，支队黄宏春支队长及机关相关科室、基层大中队军事主官和军械员参加了此次现场会，与会人员观摩了授枪仪式、防毒面具佩戴、防暴枪使用和手中武器分解结合等操场课目的规范演示。

【重大勤务】 4月~11月，海口市支队出动兵力3000余人次，完成海南省“两会”、博鳌亚洲论坛年会及“金砖国家”领导人会晤、昌江驻训维稳、深圳大运会环粤“安保圈”、海南岛国际公路自行车赛、第56届欧米茄观澜湖高尔夫世界杯赛、驱逐出境武装押解等重大临时勤务。

【参与执勤交通治理行动】 11月5日~2012年2月4日，海口市支队根据海口市公安局统一部署，作为海南文明大行动的一部分，参加在全市范围内开展为期3个月多警种、多部门综合治理交通乱象活动。执勤官兵始终坚持依法执勤、文明执勤的原则，在完成现场机动处突和看管被扣车辆人员任务的同时，还积极向市民宣传文明交通大行动和学雷锋做好事，确保了治理行动的顺利进行。

（文毓锦）

海口预备役师

师　　长： 毕重峰
政　　委： 符显辉
副 师 长： 詹光明
政治部主任： 黄建清
后 勤 部 长： 饶时山

【党委班子建设】　2011 年，师领导班子认真学习新修订颁发的《军队党委工作条例》，规范了党委议事决策程序，严格落实民主集中制“十六字”方针，深入查找存在的薄弱环节并积极落实整改，提高党委班子科学决策、民主决策、依法决策水平。师党委学习《条例》抓整改的经验做法被省军区转发。认真组织团以上领导干部报告个人重大事项，扎实开展思想作风教育整顿，进一步增强了新形势下领导班子拒腐防变的能力。班子成员在经费使用、干部调整、士官选改等方面严格自律，树立了良好形象，得到了官兵的认可。

【思想政治建设】　2011 年，海口预备役师深入开展培育当代革命军人核心价值观主题教育，采取师团同步、网上授课的方法抓好理论教育。同时通过组织主题演讲、群众性大讨论、参观学习等配合活动，深化教育效果。全师先后有 5 篇经验做法被省军区转发，1 篇经验做法稿件被军区《政工简报》刊载，高炮一团战士刘海波被省军区评为“践行当代革命军人核心价值观十大标兵”。结合纪念建党 90 周年，认真抓好“学党史、知党恩、颂党情、跟党走”系列活动，开展党史知识竞赛、读书演讲、影视展播、歌咏比赛等活动，营造了浓厚的知党爱党氛围，进一步打牢了官兵高举旗帜、听党指挥、履行使命的思想基础。结合组织参加阅兵点验、集训等时机，创造性拓展预备役官兵思想政治教育的路子方法。师领导带头给预备役官兵上国防教育课，组织预备役官兵座谈，安排预备役军官、学生参观师史馆，邀请专家教授作国防专题讲座，增强官兵使命感责任感。全师结合部队重大演练活动，积极探索加强预备役官兵思想政治工作的经验做法被省军区转发。

【基层建设】　2011 年，海口预备役师以提高党组织建设科学化水平、深化“兴垦强军”和开展创先争优活动为契机，狠抓基层党组织建设和营连部建设。师部依托驻地红色资源抓建的红色娘子军连、依托海南农垦系统抓建的龙江连、依托驻地高校抓建的政法连、依托驻地旅游资源抓建的南山连等，均各具特色，产生较好的反响和辐射效应。海口预备役师基层党组织建设的做法在全军政工网上刊载。

【文体宣传】　2011 年，海口预备役师先后开展春节游园活动、球类比赛、读书演讲等活动，丰富了官兵的业余文化生活。以阅兵点验、抗洪救灾和演练演习为契机，先后筹划创作了师歌《我们是天涯后备军》、制作《跨越 18 年》录像片和精装画册，举办全师全面建设成果展，摄制阅兵点验活动纪实资料片等 10 项宣传报道活动。全年全师在军内外杂志、报纸、电视台共刊发（播）新闻稿件 169 条（篇），其中中央（总部）级刊发 100 余条（篇）。

【训练改革】　（1）积极探索预备役部队加快战斗力生成模式转变问题。全师集中开展学习胡主席主题主线重大战略思想活动，在作战理论研究上，着眼南海军事斗争形势，重点学习研究了预备役部队南海支援保障问题；结合使命任务和部队战斗力建设实际，加强对“加快转变战斗力生成模式”课题的研究，论文《加快预备役部队战斗力生成模式转变的几点思考》，在全军性研讨活动中获得三等奖。（2）积极探索预备役部队在新形势下大规模动员集结和整体训练的方法路子。6 月 29 日，海南省委、省政府、省军区在海口市联合举行庆祝建党 90 周年预备役部队大检阅活动。海口预备役师以阅兵式、点验、军事课目演练、建设成果图片展等形式接受总参动员部领导、军区首长和省委、省政府、省军区领导检阅，为海口预备役师组建 18 年来集中人数最多、训练时间最长、演示课目最全的一次大型演训活动。检阅受到各级首长的高度肯定和赞扬。(3)积极探索海南特色的编组模式。年初，海口预备役师高炮一团承担军区编组改革试点任务，把试点工作作为年度工作的重点来抓，紧贴部队担负的使命任务、紧贴海岛作战特点规律、紧贴海南省行政区域少、人口基数小的实际情况，牢固确立“编组出战斗力”的思想，以提高“两率”来提升战斗力起点，重点研究兵员编组、组训方式、领导体制、保障机制和部队能力建设等五个方面问题，找准满足战时需求和利于平时建设之间的最佳平衡点和结合点。通过抓试点，制定了一个关于加强预备役部队建设政策性文件，汇编了一套抓好预备役部队建设的理论成果，拍摄了一部预备役部队退伍军人和地方军事专业对口人员编组试点录像片，探索了一条适应大规模作战准备和海南“国际旅游岛”建设实际的预备役部队编组、使用新路子。

【后装保障】 2011 年，海口预备役师围绕提高“两个能力”，采取自我保障与争取上级和地方支持相结合的方法，不断提高后装保障能力。后勤工作：按照军事斗争准备和完成多样化任务要求，进一步修订完善各类后勤应急保障预案，并搞好各级保障计划的配套衔接。结合财务改革试点工作要求，制定完善了《预备役师财务管理实施细则》，进一步规范了资产预算、构建、处置程序和办法，完善资金收付与经费预算相分离改革流程，对接待费、办公费、车辆用油等 9 类行政性费用制定限额标准。大力推行公务卡支付结算，实行刷卡消费，强化了公务消费的监督。装备工作：以“两成两力”建设为中心，按照“整体筹划、加强战备、强化管理、狠抓训练、完善配套、提升能力”的思路，突出阅兵点验和兵种团实弹射击等重大活动的装备保障，不断促进了部队装备快速动员和应急作战装备保障能力的提高。

（李炳光）

海南省公安边防总队海警第一支队

支　队　长：丁文刚
政 治 委 员：魏书豪
副 支 队 长：黄凯晶
副 支 队 长：黄　路
副政治委员：郭　超
参　谋　长：张　军
政治处主任：吴阳雄
后勤处处长：肖　焱

【概况】 2011 年，支队以深入开展创建模范党组织活动为载体，狠抓班子队伍建设；以正气正规为导向，大力推进正规化建设；以化解社会矛盾为主线，全面实施爱民固边战略，圆满完成以海上执法执勤为中心的各项重大任务。全年派艇执行北部湾巡逻监管任务 113 艘次、航时 2218 小时、航程 21995 海里。共破获刑事案件 2 宗，行政案件 101 宗，行政处罚 121 人。积极履行“海上 110”接处警承诺，实施海上救助 19 次、救助群众 6 人。支队纪委被总队作为唯一支队级纪委推荐参评部局“纪检工作先进集体”，支队被部局通令嘉奖，海警 46001 艇、摩托艇中队先后被部局记集体三等功。

【开展创建模范党组织活动】 2011 年，海警第一支队坚持落实每周一次党委中心组学习扩大会，共集中组织学习 33 次。党委常委主动深入基层调研，共撰写理论文章 80 余篇，提高“三学”活动质量。坚持从党委自身抓起，规范会议程序，落实基本动作和基本环节。修订完善《党委常委双重组织生活制度实施细则》，从“组织活动提前预告、工作冲突事先请假、缺席会议及时传达”及发言程序等细节入手，规范双重组织生活制度。举办党支部书记、委员培训班，围绕落实七项组织生活制度课题组织实操演练，从操作层面澄清模糊认识，促进党组织生活规范化。制定《重大事项票决制实施细则》、《党代表任期制实施细则》，先后 5 次对年度经费预算、干部任免、奖励表彰等议题进行票决，并充分发挥党代表参政议政作用。16 个党支部均设立“党务公开栏”，及时公开支队党委、支部决议及执行情况、班子建设、涉及官兵利益的事项，保障官兵的知情权和监督权。

【正规化建设】 2011 年，海警第一支队投入 30 多万元进行正规化硬件建设，高质量、高标准组织392名干部、士官进行正规化集训，圆满完成总队两期领导干部正规化集训队共560人到支队示范观摩的任务，在总队正规化建设暨安全工作大检查中获得第一名。部队正规化建设得到部局、总队首长的肯定，在年度兵员选退工作中，严格按照程序抓好个人申请、组织推荐、考察审核，加大安全管理力度，确保了部队高度平稳。

【思想政治工作】 2011年，海警第一支队定期开展评教议教和"优秀教员"评选活动，打造锚地、甲板、广播等课堂，开辟网络"党史大讲坛"、"课件展播"等栏目，对理论灌输进行有效补充。建成支队警史馆，拓宽警营绿色网吧、电脑室、球艺室、健身室等文体场所的功能作用，深入开展"五三二一"活动，引导"十组十队"兴趣小组开展形式多样的文体活动，提升文化生活品质。落实岗位练兵工作机制，在总队政工干部岗位练兵比武中荣获一等奖。积极为官兵成长成才创造条件，共有10名士兵被部队院校录取。加大宣传报道工作力度，全年共在各级媒体发稿937篇，其中中央级99篇；省级838篇，在全总队支队级单位中名列前茅。

【党风廉政建设】 2011年，海警第一支队深入开展反腐倡廉主题教育和集中整治活动，采取观看教育片、听取服刑人员现身说法、参观全国反腐专题展览等形式拓展警示教育，加强重大基建工程、大宗物资采购、油料运输、执法办案、干部任免、兵员选退等环节的监督。全年共开展督察700余次，查纠各类问题42个。

【爱民固边活动】 2011年，海警第一支队在大走访"开门评警"活动中，采取"走出去"和"请进来"的方式，开展了灵活机动的海上执法宣传活动，成功举办了警政警民联席座谈会，发放宣传资料1600余份、民意调查问卷1000余份。坚持开展"驻村护渔"活动，跟进收集上报有价值的海上情报信息41条。5月中旬，成功救助3名海上作业中毒昏迷渔民。

【科学组训】 海警第一支队开设科学组织舰艇基础、战术应用科目训练，结合一系列海上安保任务，有针对性地开展岸上推演、海上实作、游泳、潜水等9个内容的训练，采取"小比武"、"小竞赛"等方法提高训练的积极性，并在任务中检验和提升训练效果。推动机关干部"训练日"制度常态化，不定时组织紧急集合和拉动演练，培养令行禁止、紧张快速、严守时限的作风。

【海上执勤维稳】 2011年，海警第一支队根据北部湾指挥部的统一部署，派艇执行北部湾巡逻监管任务113艘次、航时2218小时、航程21995海里。2月初，派遣64名警力历经56天驻扎昌江七叉镇执行驻防维稳任务。在执行博鳌亚洲论坛年会海上安保任务中，投入直接警力338人，出动舰艇90艘次，总航程6374海里、航时629小时，驱赶各类船只82艘。在深圳"大运会"期间，派艇进驻文昌铺前加强琼州海峡的巡逻检查，检查各类船只65艘。此外，出色完成海口"万春会"、元宵焰火晚会及省市重大文化交流活动海上安保任务。由于完成任务比较突出，支队被部局通令嘉奖，海警46001艇、摩托艇中队先后被部局记集体三等功。

【执法规范化建设】 2011年，海警第一支队按照"杭州样本"标准推进执法规范化建设，完成执法办案场所改造，安装视频监控装置，加固防护措施，引进"警务鹰"现场执法记录仪。定期举办"法制夜校"，开展模拟办案、个案分析、法制小讲坛20多次，培训执法民警317人次。全年共破获刑事案件2宗，行政案件101起，行政处罚121人。

【信息化建设】 2011年，争取总队支持为舰艇配备配齐通导设备，改造视频会议室，在会议室、办公楼安装LED显示屏，改版支队局域网主页，提升通信保障水平。逐步建立一体化平台无纸化办公模式，形成规范有序的网上办公、数据录入工作机制，提升部队信息化整体应用水平。全年共登录办公应用平台6159次，录入通用办公平台数据1714条、干部信息管理2021条、海警勤务管理369条、通信技术业务管理2607条、通用台账管理1474条、组织业务管理701条、兵员信息管理284条。

【后勤保障】 2011年，海警第一支队主动争取海口市财政局、市发改委及洋浦财政局等地方政府部门的支持，共争取经费490余万元，使部队后勤得到保障。开展“审计整改年”、“小金库”清理等专项活动，严肃财经纪律。加强审计监督，开展财务收支审计、军粮、军需和油料物资管理专项审计调查。完成支队公寓楼改造工程和新经济适用房工程的主体工程，启动洋浦海警保障基地一期码头、营房建设工程，项目的招投标工作进展顺利，计划年底开工。抓好装备日常维护保养，抢修故障100多项，保证了舰艇装备技术状况良好。严格落实车场日制度，开展驾驶员练兵和红旗车驾驶员评比，年内安全行车9500多台次，行驶50多万公里。加强军械日常管理，重新配置了1套报警器，严格落实枪弹管理制度，加强维护保养，确保武器装备状态良好。

【全国首起海上“三非”案件】 2011年9月13日，支队接群众举报：洋浦港附近海域某艘中国渔船（船名号不详）上有越南籍船员。鉴于案件线索不够具体，赖增程支队长亲自指挥海警46013艇前往搜索，认真查询进出港渔船报关记录，分析近期北部湾天气海况和港口渔货交易情况，将目标锁定在“桂北渔62898”、“桂北渔62899”号2艘广西籍渔船。经依法检查，发现在“桂北渔62898”号渔船中部隐蔽处找到一个仅容一人出入的暗舱门，成功查获了藏匿在暗舱内的8名越南籍成年男子。经现场询问检查，8名越南人未携带任何证件，并初步承认了在两艘广西籍渔船当船员的事实。支队从未办过的海上涉外行政案件，在将查获情况报告总队、通报外事部门的同时，专门就案件定性以及海警支队能否自行办理此案的问题进行了请示，并明确提出了海警支队可比照县级人民政府公安机关行使相关管理职权的意见，积极争取管辖该案。经总队请示，公安部法制局相关处、部边防局政策法规处均给予了肯定答复，确认了支队对案件的管辖权。经审讯，8名越南籍船员交代了违法事实：他们于2011年7月26日取道越南芒街与广西东兴交界的北仑河，偷越国境进入广西北海市侨港镇，并分别被“桂北渔62898”和“桂北渔62899”渔船船长范某、黄某非法雇佣为船员务工至今。在多次对8名越南籍船员的询问笔录后，民警又对船上10名广西船员、3名知情人作为证人进行了调查取证。2名船长交代了全部违法事实，并自觉接受调查处理。支队依据《外国人入境出境管理法实施细则》第三十三条之规定，对私自雇佣外国人的2名船长分别处以人民币25000元的罚款。同时，海警一支队依据《外国人入境出境管理法》第二十七条，《公安机关办理行政案件程序规定》第一百九十二、一百九十三条以及公安部《关于调整对延长外国人拘留审查监视居住期限审批权限的通知》规定，报请总队审批后，以支队名义先后对非法入境、非法务工的8名越南人作出了拘留审查、延长拘留审查和遣送出境的决定。

（徐友麟）

武警海口边防支队

政治委员：朱荣欣
支队长：杨楚升
副支队长：翁丹松
司令部参谋长：杜　成
政治处主任：余晖宇
后勤处处长：任先锋

【概况】 2011年，海口边防支队党委在海南公安边防总队党委和海口市委、市政府的坚强领导下，围绕国际旅游岛建设大局，以深化爱民固边战略为中心，牢固树立“正气正规”导向和安全稳定的发展理念，强化部队正规化管理，扎实推进以执法执勤为中心的各项工作圆满完成，为构建平安海口、和谐海口做出了积极贡献。全年，支队有1个单位被公安部边防管理局记集体三等功；22人荣立个人三等功；1人被公安部边防管理局评为“优秀共产党员”；1人被总队评为“优秀党组织书记”，3人被总队评为“优秀共产党员”；16人被海口市公安局评为安保先进个人。

【勤政执法】 2011年，海口边防支队共破获刑事案件113起，查处治安案件255起，抓获各类违法犯罪人员461人，化解各类矛盾纠纷30余起。圆满完成了“金砖国家”领导人会晤、博鳌亚洲论坛年会、深圳大学生运动会、“1131”、“101”等多项重大安全保卫工作任务。为加大对各类违法犯罪活动的打击力度，支队针对辖区治安问题突出部位，组织专门力量开展巡逻布控，先后开展了“猎鼠”行动、“护城一号”等专项行动，相继破获“12.7”系列盗窃诈骗案、“2.16”特大入室盗窃案、“7.18”跨境诈骗案等重特大案件，抓获“2009.12.26”特大贩毒案在逃主犯，缴获仿军用手枪2支。切实增强了对社会治安的驾驭能力，提高人民群众的安全感和满意度。在全国公安机关开展的“清网行动”中，支队共抓获网上在逃人员21名，行动前逃犯数量下降率95%，支队“三类六种案件”自行立案逃犯数量下降率达100%。在执法规范化建设方面，支队认真总结长堤边防派出所执法场所规范化建设的成功经验，迅速在全支队范围内进行推广。支队13个派出所中，除2个派出所因营房改造暂时没有开展之外，其余11个派出所均已完成执法场所改造。

【队伍建设】 年内制定了《海口边防支队党委议事规则》、《党委议事决策流程》等规章制度，确保党组织生活执行规范、落实到位。在选人用人上，支队党委严格执行“双考”选拔领导干部，坚持公开、公平、公正的用人原则，推行“阳光作业”。在基层党支部建设上，支队党委从维护部队发展的大局出发，坚持把思想过硬、作风优良、业务精湛的同志调整到支部班子。2011年，共增补大队党委委员19名、基层党支部委员6名，使基层党支部班子配备率达到了100%。为凝聚警心，打牢官兵思想基础，支队党委紧密结合部队实际，创新举措开展了“发扬传统、坚定信念、执法为民，践行军人核心价值观”主题教育。支队先后举办了主题教育演讲比赛、板报评比、参观建党90周年成果图片展、组织官兵唱革命歌曲、读经典原著、看红色影片、讲励志故事、举办“没有共产党就没有新中国”主题歌咏比赛、组织优秀党员开展红色之旅、举办“庆八一”系列文体活动，极大地激发了队伍活力。6月～7月，支队分批对全体官兵进行封闭式正规化集训，共完成了182课时的军事训练、90课时的理论学习，先后组织专题授课11次，理论考试8次，军事会操5次，有力增强了官兵的军事素质，确保队伍管理更加精细、科学、高效。

【服务群众】 各基层派出所民警深入开展“开门评警”活动，主动接受群众的评议监督，共走访辖区群众17662户，69443人，帮助农民工讨薪30多万元，化解各类矛盾纠纷30余起，解决群众实际困难和问题23件，收集意见建议5大类120余条。在深入走访的基础上，积极开展警地共建活动，先后组织机动分队官兵为省华侨商业学校和实验中学军训学生800余人。在执行抢险救灾等急难险重任务中，2011年，支队党委带领全体官兵先后完成抗击第1108号强热带风暴“洛坦”、17号强台风“纳沙”和19号强热带风暴“尼格”等防汛救灾工作，成功转移渔船22艘次、群众4000余人，救助遇险群众18人，挽回经济损失50多万元，得到地方党委政府和人民群众的高度赞扬。

（吴威）

（编辑：吴坤涛）

城市建设与管理

综　述

【概况】　2011年，市住建局围绕国际旅游岛和最精最美省会城市建设为目标，出台《关于进一步做好我市房地产市场调控工作的实施意见》，确保中央的房地产调控措施（新国八条）得到切实落实。严格审查政府投资项目设计和概算，审查核减28.45亿元，核减率24%。在全省率先对政府投资项目实行电子招投标和工程量清单计价招标，应招标工程招标率和应公开招标工程公开招标率均达到100%。超额完成省下达推广太阳能热水系统建筑应用任务，建筑节能工作得到省住建厅的通报表彰。依法开展房屋征收，确保海口市无发生拆迁群发性上访事件，实现了和谐征收的目标。完成农村危房改造2036户，获全省农村危房改造一等奖。编制的《海口市"十二五"保障性住房规划》已经市政府审定印发。开展对居民住房情况抽样调查，对中低收入家庭住房探索实施动态管理，健全保障性住房的准入、退出和分配机制，组织实施好全市住房保障的相关具体工作。完成建筑工程报建项目共248个，总面积752.14万平方米，总投资178.06亿元。建设工程招投标项目286个，总造价134.03亿元。房屋登记8.45万宗，面积1472万平方米。核发商品房预售许可422.3万平方米。市住建局完成当年清欠工作任务及相关维稳工作。全年海口市已累计偿还政府工程欠款数额约4500万元，涉及偿还工程欠款项目56个。超额完成省下达的保障性住房建设任务（任务9733套，实际完成11702套）。市住建局被省住建厅授予全省保障住房建设工作先进单位称号。

【依法行政】　2011年，市住建局为健全行政决策机制，规范行政执法行为，开展法制教育4次、局务会议学法8次，起草地方性法规1件、政府规章3件，制订部门规范性文件5件，颁布实施行业管理制度23项，涵盖了从工程招标、工程造价、房屋征收、现场施工、质量安全、房屋预售到物业管理等重点环节。清理地方性法规4件、政府规章5件、政府规范性文件95件。对6类11件涉及行政处罚权的法规、规章进行了自由裁量权的量化、细化，并结合违法情形确定裁量档次，进一步缩小自由裁量权空间。全年共核发行政许可513件、实施或协助行政执法局实施行政处罚86宗、下达限期整改通知书1639份。积极运用调解、和谈等办法，办理各类案件116宗，化解社会矛盾56起。市住建局依法行政工作得到省、市依法行政领导小组的肯定。

【编制行业发展规划】　根据海口市"十二五"规划编制部署，市住建局组织编制《海口市十二五城市建设发展规划》、《海口市十二五保障性住房建设规划》及《海口市建筑节能十二五专项规划》。至2011年底，《海口市建筑节能十二五专项规划》已经市政府批准实施，其余2个规划已完成编制并上报市政府。

【法规建设】　完成《海口市城市房屋拆迁管理办法》、《海口市公共租赁住房管理暂行办法》、《海口市限价商品房管理暂行办法》等4件规章制定上报市政府。完成《海口市物业管理优秀、示范住宅小区（大厦）考评暂行办法》等5件规范性文件的制订工作。共清理地方性法规4件、规章5件、规范性文件5件，均已按相关要求进行梳理上报。完成5件规范性文件的备案工作。处理行政诉讼案件68宗、行政复议案件12宗（结审2宗）、信访投诉案件12件。完成《海口市政府投资项目建筑工程概算综合价格》和《海口市政府投资项目安装工程概算综合价格》定额修编工作。

完成2010年依法行政的考核验收工作。

【廉政建设】 制定和完善党风廉政建设责任制实施方案、机关效能建设方案、优质服务年活动方案、反腐倡廉“制度执行巩固年”活动实施方案、反腐倡廉宣传教育月活动方案、违规违纪收送款物问题专项治理工作方案，明确工作要求和责任分工。全年共组织政治理论学习6场次，反腐倡廉教育2场次，党组书记和局长分别为党员领导干部上党课，开民主评议大会。开展“七一”评优表彰活动，全局3个先进基层党组织、19名优秀党务工作者、26名优秀共产党员受到表彰。

【机关效能建设】 全年共受理行政许可事项60725件，已办结53340件，办结率88%。办理12345政府热线597件，办结率100%。收到人大建议、政协提案共计63件，其中人大建议15件；市政协提案41件；省政协会议提案7件，全部在规定时间内办结，按时办结率和直接走访率100%。

城乡规划

【概况】 2011年，市规划局认真履行规划职能，依法行政，强化管理，提升效能，全力服务城市建设和发展大局，规划管理工作取得新成效。完成《海口市总体规划（2011—2020）》编修并获国务院批复。完成府城片区、金贸片区、粤海片区、大同片区、城西片区、金沙湾片区、滨江新城区、南渡江西岸片区等控规并获市政府批复。年底，已完成主城区27个片区控规的编制工作，实现了控规全覆盖的目标。市规划局围绕国际旅游岛建设，开展城市旅游化升级改造、绿色基础设施、海口海域开发利用、海口市绿色交通发展战略、海口城乡一体化发展战略5个规划专题研究工作，提交的5个研究报告均已通过专家论证评审。

【规划编制】 2011年，已全面完成主城区27个片区控规的编制工作，实现了控规全覆盖的目标，结束了海口市十多年无控规的历史。并开展专项规划编制工作，《海口市历史文化名城保护规划》于6月2日经省政府批复，《海口绿色慢行休闲系统规划》于8月1日经市政府批复。组织召开了《海口市轨道交通专项规划》编制单位评选会和《海口市“十二五”期间棚户区改造和片区开发规划》、《海口市南部生态绿带控制性详细规划》、《海口江东南片概念规划》专家评审会。市规划局对海口市17个建制镇的镇区控制性详细规划已编制，除甲子镇外，其余16镇区控规已获批复。永兴、三江等2镇启动了镇区控规调整。

【海口市城市总体规划（2011－2020）】 2011年5月获国务院批复。总体规划区为海口市行政辖区，总面积2304.8平方公里；主城区为绕城高速公路以北与海口市东、西行政界线围和的区域，包括市区18个街道办事处和外围7镇（长流、西秀、海秀、城西、府城、新埠、灵山）以及桂林洋农场，面积562.4平方公里。总规明确海口城市发展总目标、城市性质、城市空间发展策略。提出远期（2020年）人口规模为：市域总人口245～255万人，其中主城区常住人口控制在180万以内；市域城镇常住人口192～200万人，城镇化水平为81%左右。主城区用地规模为：建设用地209平方公里，人均建设用地116平方米，其中中心城区组团远期建设用地控制在112平方公里，长流组团控制在44平方公里，江东组团控制在53平方公里。

【府城片区控制性详细规划】 3月14日获市政府批复。规划范围东起琼州大道、西至龙昆南路、北起红城湖路、南至货运大道，总用地面积约8.3平方公里，人口规模12.5万人。片区功能定位为以居住和商业服务为主导，兼有名城保护、城际交通枢纽和教育功能的综合型片区。规划功能结构为“一带两核八个居住片区”。其中“一带”是指沿美舍河周边控制的带状公园，以及开敞地段布置3个绿化公园，形成片区内的主要绿化带，同时沿绿化带周边规划一类居住；“两核”是指历史文化名城保护街区、东环铁路站及周边综合服务区两个核心；“八个居住区”是指由主次干道划分出的相对独立的八个居住片区。

【金贸片区控制性详细规划】 9月26日获市政府

批复。规划范围为北临滨海大道、东临龙昆北路、南至海秀路、西至双拥路，规划总用地面积约5.82平方公里，人口容量约为12万人。片区功能定位为：海口市商务中心之一，集居住、商贸金融、都市娱乐休闲服务为一体的综合性城市功能片区。规划功能结构为“一轴、四廊、四区”。其中“一轴”是指沿国贸路、金贸路和丘海一横路，从东向西贯穿整个片区形成的区内主要交通轴；“四廊”是指联系滨海大道与海秀路而形成的4条交通走廊，分别指秀英大道、丘海大道、世贸南北路和玉沙路；“四区”是指规划范围内形成的国贸片区、世贸片区、侨中片区和东方洋片区。

【粤海片区控制性详细规划】 10月13日获市政府批复。规划范围为东起长流起步区、粤海大道，南至海榆西线、海口火车站用地边界，西和北至海边。规划总用地面积为11.77平方公里，人口规模为11万人。片区功能定位为：依托滨海自然资源与交通门户优势，大力拓展旅游及相关产业，完善旅游服务体系，发展游艇经济、文化创意、旅游度假服务、滨海居住等特色功能，建成以旅游为核心的综合型产业服务城区。规划功能结构为“一带、六区”。其中“一带”是指沿粤海大道的宽阔绿化防护带；“六区”是指西部游艇产业区、北部的综合服务区、中北部的居住生活区、中南部的创意商务区以及南部的车站港口区和生态保育区。

【大同片区控制性详细规划】 10月18日获市政府批复。规划范围东北至海府路、西以龙昆北路和龙昆南路为界、西北以龙华路、大同二横路、广场路为界；南以西沙路、蓝天路为界形成的围合地块，总用地面积约336.44公顷，人口规模为8.8万人。片区功能定位为：以商贸、居住、文化功能为主的综合型片区。规划功能结构为“一心、一园、一轴、四片区”。其中“一心”是指以明珠广场、第一百货、DC商城为主的商业中心；“一园”是指以海口公园为主的“一园两湖”城市公园；“一轴”是指沿海秀东路的城市商业主轴；“四片区”是指规划范围内的4个商住片区。

【城西片区控制性详细规划】 10月18日获市政府批复。规划范围东至龙昆南路，西到丘海大道，南至货运大道以南600米处，北临南海大道，总用地面积13.83平方公里。片区功能定位为：集高新技术产业、高等教育产业为主导，居住、物流、生活服务相配套的新型综合区。规划结构布局为“三轴、多组团”。“三轴”指沿苍峄路—城西路设置公共服务设施形成的综合产业发展轴、沿中央大道串联整个工业区形成高新技术产业发展轴、沿货运大道形成的交通联系轴；“多组团”指工业组团、教育科研组团、军事用地组团、医疗服务组团、居住组团和物流组团。

【金沙湾片区控制性详细规划】 10月18日获市政府批复。规划范围东起粤海铁路，南至南海大道、盈滨半岛，西至海边，北至新海港，用地面积为14.18平方公里（不包括海域），人口规模6.88万人，其中常住人口2.41万人。片区功能定位为：以创建国家级旅游度假区为总体发展目标，依托滨海自然资源优势，发展精品旅游度假和时尚海岸居住，建成旅游度假与城区相融的滨海旅游新区。规划布局为7个功能分区：海湾度假区、商务社区、养生度假区、游艇社区、安置社区、风情小镇区和生态旅游区。

【滨江新城南区控制性详细规划】 10月24日获市政府批复。规划范围南临玉龙泉国家森林公园，北以南渡江大道为界，西接响水河，东抵南渡江岸，用地总面积156.35公顷，其中居住用地53.78公顷，可容纳2.0万人。片区功能定位为滨江新城生态居住组团的重要组成片区。规划结构为“一轴、两区、三带”。其中“一轴”是指南渡江大道公共服务发展轴；“两区”是指东西两个居住小区；“三带”是指响水河生态湿地公园、龙塘河滨水公共休闲带及南渡江滨水公共休闲带。

【南渡江西岸片区控制性详细规划】 10月28日获市政府批复。规划范围东临南渡江，西至白龙路、琼州大道，南临凤翔东路以北30米规划路，北至新埠桥，包括司马坡岛，总用地面积为1277.16公顷，人口规模为16万人。片区功能定位为：海口主城区重要的滨江居住生活组团，南渡江滨江休闲产业重点发展区域。规划功能结构为“一轴两片”、“两带一园”。其中“一轴”是指依托国兴大道城市空间主轴形成的城市公共服务轴和空间景观轴；“两片”是指以国兴大道为轴线的南北两个居住生活片区；“两带一园”是指依托南渡江、美舍河两条城市河流打造的滨水城市景观休闲带和司马坡岛体育运动与旅游度假休闲园。

【海口市历史文化名城保护规划】 6月2日获省政府批复。规划明确了海口市历史文化名城保护指导思想和总体目标，提出了“保护历史真实载体，历史环境保护，合理利用、永续利用”的保护原则。规划确定海口旧城和府城旧城两片历史文化保护街区。保护规划体系分为市域历史文化环境保护、历史城区保护、历史文化街区保护和文物古迹保护4个保护层次，重点是府城传统民居历史文化街区、海口骑楼建筑历史文化街区以及65处各级文物保护单位。

【规划审批】 2011年，市规划局严格按照城市用地规划管理，科学合理安排建设项目用地，认真做好建设项目用地规划条件的提供和选址意见书、用地规划许可证的核发工作。全年为285个单位用地提供了规划意见；核发《建设项目选址意见书》65宗，用地面积440.02公顷；核发《建设用地规划许可证》42宗，用地面积296.52公顷。核发建筑类建设工程规划许可证202宗，建筑面积673.88万平方米；核发市政类建设工程规划许可证109宗，道路管线长度221.98公里；核发34宗用地规模超过4公顷的建设项目修建性详细规划批复。

【市规委会会议】 2月18日，海口市召开市规委会第十次会议，对大同片、金牛岭片和南渡江西岸片控规进行审议，3项控规均获原则通过。3月31日，召开市规委会第十一次会议，对粤海片、长秀片和旧城片控规进行审议，3项控规均获原则通过。6月29日，召开市规委会第十二次会议，对金沙湾片、滨江新城南区和灵山西片控规进行审议，前2项控规获原则通过。

【重点工程服务】 2011年，市规划局完成37个校安工程项目的报建审批，批建面积8.65万平方米。完成永秀花园等12宗保障性住房项目的报建审批，批建面积110.56万平方米。完成海口市规划展示馆、青少年活动中心等重点项目、滨江新城起步区棚户区改造安置小区及配套市政工程项目的报建审批。做好“建设国际旅游岛安全畅通文明行”中“五路四桥”项目的规划审批工作，核发了侨中路、世贸东路工程规划许可证和文明东、和平南、高登东用地规划许可证，核发了龙昆南路道客村、面前坡、海南师范大学、滨海大道秀英港4座人行天桥工程规划许可证。

【规划批后管理】 2011年，市规划局严格执行规划批后管理制度，从放线、±0.0验线、主体工程封顶、竣工测量和规划总体验收5个环节对建设项目进行监督管理，确保建设项目按批准的规划实施。全年共核发《建设工程规划核实意见书》108宗，验收面积地上217.91万平方米，地下34.05万平方米。

【规划法规建设】 《海口市城乡规划条例》于5月31日经省人大常委会第二十二次会议批准，9月1日起正式实施；《海口市主城区个人住宅规划建设暂行管理规定》已经市政府常务会审定，择机发布实施。《海口市主城区范围已批准建设单体建筑规划调整管理办法》按法核意见进行了修改，已上报市政府审议。完成《海口市控制性详细规划编制与管理办法》的修订，已上报市政府审定。完成2011年批准的府城等8个片区控规和《海口市绿色慢行休闲系统规划》成果验收，其中府城片、金贸片、滨江新城南区和绿色慢行休闲系统规划已上报人大备案。

【议案办理】 2011年，市规划局共承办省、市人大代表建议和政协委员提案118件，其中主办39件协办79件。主办的市人大、政协34件议案，所提问题已经解决6件，已经采纳列入计划逐步解决26件，尚待解决而予以解释2件。议案人对承办工作态度表示满意的有25件、基本满意8件，对办理结果表示满意21件、基本满意12件，满意率为100%。

（李华妹）

市政建设

【五路四桥建设】 “五路四桥”项目为侨中路工程、和平南路贯通工程、世贸东路延长线工程、高登东路工程、文明东路延长线工程及面前坡人行天桥、道客村人行天桥、海南师范大学人行天桥、侨中路隧道口人行天桥工程。项目道路规划红线宽40米，总长约3.8公里，总投资约11.13亿元。“五路”分别于2011年3月1日、4月1日、5月1日、6月1日、7月1日正式开工建设。2011年底，高登东路和侨中路南段实现功能性通车，侨中路隧道贯通，世贸东路延长线、文明东路及4座人行天桥投入试用。

高登东路工程　东起滨江西路，西至琼州大道与府城高登路交叉口，全长1240米，规划红线宽40米，是连接琼州大道与滨江西路两条南北向交通干道的城市次干道之一，该项目的建成有效改善了区域交通条件，完善路网功能，缓解周边交通压力。项目于3月1日正式开工。

文明东路延长线工程　西起现状文明东路与敬贤路交汇处，东至滨江西路，长532米，宽40米，是连接滨江西路及白龙路的一条重要道路。它的修建对发挥滨江西路的交通功能、完善该区域道路交通网以及海口市污水干道系统的建设具有十分重要的意义。项目于5月1日开工。

侨中路工程　为2011年海口市重点项目“五路四桥”工程项目之一，位于海口市国贸片区，是该片区南北向最重要的一条规划次干道，道路红线宽40米，北起金龙路与玉沙路交叉口，南至金垦路，道路全长约987米。该项目的建成改善了国贸片区出行条件，完善路网结构，增强交通通行能力，缓解滨海大道、龙昆北路和海秀西路等现状干道交通压力。项目于4月1日开工。侨中路分为三段建设，其中北段自金龙路至侨中路学校界边，道路长220米，概算批复总投资1103万元；中段是横穿侨中的400米隧道，南段自海秀中路至金垦路，道路全长357米，中段和南段概算审核总投资约2.7亿元。

和平南路贯穿工程　北起海府路和平天桥，南至五指山路，路宽40米，长400米。工程建成后使海府路、和平南路、五指山路、国兴大道交通连成一片，改善周边的交通条件，完善城市道路路网工程以及沿线市政设施。项目于6月1日正式进场。

世贸东路延长线工程　北起金贸西、世贸东、金贸中及文华东交叉口，南至海垦路，规划红线宽40米，道路全长约1300米。规划的世贸东路延长线北段道路长约685米，自世贸东至海秀中路；世贸东延长线南段道路长约615米，自海秀中路至海垦路。项目的建设将缓解国贸、世贸到海秀中路的交通压力，改善金贸片区出行条件，完善城市道路网功能。该项目是“五路”中唯一就地安置的项目，在海钢小区就地安置。世贸东路延长线北段（炮台路）为整治工程，于5月7日开工，6月20日完成该段现状整治工程施工。世贸东路延长线南段于7月1日进场施工。

四桥工程　4座人行天桥采用轻铝合金制造，在工厂定制完成后，可拆成多个部件运到现场，在已建成的桥桩的基础上，快速组装成实用的人行天桥。道客村天桥、面前坡天桥、海南师范大学天桥已于9月开始进行基础开挖和基坑建设。4桥于2011年底投入试用。海南师范大学人行天桥桥址位于琼山区板桥路口与海南师范大学校门之间，往北距离板桥路口约100米，往南距离海师校门约80米的位置，桥长76米、桥面宽度4.5米。道客村人行天桥位于龙泉花园—道客村集贸市场人行横道处，桥长65米、桥面宽度4.6米。面前坡人行天桥位于龙昆南路调头处现状人行横道南侧约125米的位置，桥长72米、桥面宽4.5米，12月4日零时开始架设。侨中路隧道出口人行天桥位于侨中路与海秀中路交叉口附近，长37.22米，工程创造了多项国内国际领先，是本次“五路四桥”工程的点睛之作。其中，天桥上部结构采用全铝合金结构，天桥单跨跨度为国内第一、国际前列；是世界首座带雨棚铝合金天桥；是国内首座带绿化的铝合金天桥；天桥的建设周期在国内同类工程建设中最快，实现“一夜成桥”的神话，对周边交通实现了零干扰。

【政府投资项目初步设计技术与工程概算审查】 2011年，市住建局共受理建设工程项目初步设计137个，其中建筑工程项目109个，市政工程项目

28个，审结134个。工程概算审查共受理市政工程项目35个，完成审查30项，其中：送审投资21.46亿元，审定投资17.33亿元，核减投资4.13亿元，核减率19.25%。共受理建筑工程项目132个，完成审查128个，其中：送审投资89.68亿元，审定投资70.43亿元，核减投资19.25亿元，核减率21.47%。

【市政工程项目管理】 2011年，全市核发施工许可项目39个，总投资约为16.66亿元，按时办结率达100%。组织竣工总验收项目9个，合格率为100%。对在建的58个市政项目加大监管力度，基本上做到全程监管，并对其中40个项目进行重点抽查，对存在问题的项目下发了12份整改通知书。继续加强对在建市政项目的指导和监督，在相关职能部门及业主（代建）单位的大力配合和具备法定前置条件下，完成“五路四桥”初步设计及概算审查，施工、监理招标，施工报监、施工许可、拆迁等工作，加快推进项目建设。高登东路、文明东路延长线、和平南贯通、桥中路、世贸东路延长线等，于上半年相继完成了施工许可发证，项目正在开工建设，各项目依据时间节点顺利推进；龙昆南路道客村、面前坡、海南师范大学、侨中路隧道出口等4座人行天桥已完成立项、可研、选址及方案设计的审核工作，施工、监理招标已完成，并已办理施工报建手续。丘海大道延长线3月完成通车。长流起步区路网、滨海西路改造工程、环岛路一期（二三标）项目基本完成施工建设，正在进行收尾工作。龙昆南路延长线已完成道路工程的80%、立交工程的65%。滨海西路二期完成工程量的95%。货运大道（二期）完成工程量的20%。南海大道整治工程已完成立项、可研、初步设计方案的批复，施工、监理招标正在办理施工报建手续。编制新港路贯通工程、向荣路二期、美祥东路、海府一横路延长线、高登西路等5个市政项目实施计划任务。

【旧城区改造房屋征收】 2011年，市住建局做好市政项目房屋征收工作，制定年度房屋征收计划报市政府批准，组织房屋征收风险评估，形成风险评估报告，拟定房屋征收通知报市政府批准发布，组织对房屋征收补偿方案进行审核，并征求房屋被征收人意见，形成征收补偿方案，报市政府批准执行。监督房屋征收实施机构，依法进行房屋征收调查和按时完成房屋征收工作，加强对房屋征收资金使用管理，依法向人民法院申请房屋强拆工作。市政道路建设项目房屋征收25项，已完成高登东路、侨中路等13项征收项目，服务旧改项目3项，监管服务其他市政项目6项，征收房屋面积约40万平方米，房屋征收户数1623户，安全划转补偿资金约6.1353亿元。

【招投标监管】 （1）由市住建局负责起草的《海口市建设工程电子招标投标实施细则》（试行），于2011年4月完成了报审工作。政府投资工程5月1日起试行电子化投标，年底，共计完成了65个项目的电子化招投标。（2）完成海口市建设工程专家库的扩容和电子化评标的培训工作。年底市建设工程评标专家库共有专家686名，全年新增81名。5月起，已委托海口市建设工程招投标服务中心举办了5期评标专家计算机辅助评标培训班，使在计算机辅助评标过程中，大多数评标专家可以独立进行评标。（3）完成对建设单位、招标代理公司、建筑施工企业、招标造价咨询企业等电子化评标的培训工作。全年共委托海口市建设工程招投标服务中心先后举办了7期电子招投标班，对施工单位、监理和设计单位、造价咨询机构、招标代理机构等400多家单位、近2000个相关人员进行了电子招投标培训，并办理和制作了电子标书生成器及数字认证电子印章。全年全市累计完成建设工程招投标项目286项，总造价134.03亿元，其中招标项目286项，招标项目中公开招标项目206项，邀请招标80项，应招标工程招标率和应公开招标工程公开招标率均达100%。

【五路四桥建设项目房屋征收】 至6月30日，按照市委、市政府规定的时间节点完成了“五路四桥”房屋征收工作，所有安置户分别安置在凤翔花园、海甸溪北岸、民安小区、水滨花园、海钢小区，安置房总建筑面积约6.6万平方米。房屋征收费用为3.95亿元，比原测算费用减少2.65亿元，实现了“零上访、零诉讼、零强拆”。（1）侨中路完成房屋征收面积9800平方米，征收户数13

户，补偿安置资金6051.7万元。(2)高登东路完成房屋征收面积10891.52平方米，征收户数222户，征收土地面积33776.45平方米，补偿安置资金6065.69万元。(3)文明东路完成房屋征收面积24566.76平方米，征收户数92户，征收土地面积26055平方米，补偿安置资金8567.5217万元。(4)和平南路完成房屋征收面积17674.59平方米，征收户数203户，征收土地面积18774.59平方米，补偿安置资金8229.0304万元。(5)世贸东路完成房屋征收面积29980.4平方米，征收户数102户，征收土地面积23229.77平方米，补偿安置资金1.03亿元。

【城市建设征收补偿安置】 2011年，为推进规划建设项目实施，完成房屋征收约40万平方米1623户，安全划转补偿资金约6亿元。除按时确保“五桥四路”的征收外，先后完成东环铁路美兰站新增贵宾通道的房屋征收工作，房屋征收面积1772.45平方米，户数6户，征收土地面积700平方米，补偿资金122.64万元；龙昆南延长线房屋征收面积242.3平方米，户数70户，征收土地面积17904.78平方米，补偿经费资金22.08万元；龙桥立交房屋征收面积15391.66平方米，户数82户，征收土地面积46822.33平方米，补偿资金1734.91万元；海甸五西路片区路网房屋征收面积4593.42平方米，户数19户，补偿资金265.30万元；环岛路二、三标段征收土地面积5090.81平方米，户数55户，补偿资金317.06万元；向荣路填土方及管线迁移补偿资金15.36万元；朱云片区房屋征收面积3000平方米，征收户数9户，补偿安置资金530万元；镇海村房屋征收面积42200平方米，征收户数70户，补偿安置资金1680.07万元；滨江新城房屋征收面积1600平方米，征收户数2户，补偿安置资金156.17万元。完成市青少年活动中心房屋征收补偿方案的审核及报批工作；完成滨海西路工程项目房屋征收补偿方案的审核及报批工作；完成美兰区廉租房周边路网（敬贤路）和琼山区廉租房周边路网（博雅路）房屋征收方案批复工作；完成桂林洋高校区6#、7#路，078工程，海口至屯昌高速公路海口段征收补偿安置方案审核。

【工程变更审查】 2011年，市住建局依据《海口市政府投资项目管理暂行规定》和《海口市建设局道路桥梁工程变更管理办法（试行）》的规定，全年共受理工程变更11件，工程变更送审金额2545.06万元，审定结果为2027.14万元，核减金额517.92万元，核减率为20.35%。

（虞俊峰）

市政管理

【概况】 2011年，市政市容管理委以构建“大城管”为主线，以提升城市管理水平为目的，深入开展环境综合整治“五大工程”和“海口文明大行动”，为各区落实“五大工程”整治经费900多万元，解决拆违经费1000多万元。在打击违法建筑、依法行政、组织建设和队伍管理等方面取得了明显的成效，先后被评为海口市直属机关党组织与农村党组织结对帮扶先进单位、2009—2010年度全市党委督查工作先进单位、2011年政协提案办理工作先进单位、2011年度海口市直属机关单位计划生育先进单位。海口市数字化城市管理信息系统平台被授予2011中国城市信息化管理创新奖。

【城市整洁工作】 2011年，市政市容管理委加强对城乡结合部、小街小巷、住宅小区的整治，将全市303条道路、46个农贸市场、153个社区居委会、20个景区景点、200个住宅小区、273座公厕和63个移动公厕、20个墟镇纳入检查考评。出动人员131032人次、车辆73920台次，清理卫生死角6941处，清运生活垃圾11万吨、建筑垃圾43万吨，清洗乱张贴79万张；教育、取缔占道经营70734宗，拆除气球、条幅等临时户外设置物13310宗。制定并提请市政府发布了《关于从重处罚乱扔垃圾乱吐脏物乱散发广告宣传单乱穿马路等不文明行为的通告》，组织城管支队、城管公安大队、各区城管部门，出动整治人员18900人次，抓获发放小广告违法人员270人，行政拘留87人，收缴各类小广告、卡片790万张。

【打击违法建筑】 2011年，市政市容管理委明确各区对违法建筑从发现、控制到处罚等各个工作环节中的职责，规定对新建、加建、续建的违法建筑，一经发现，必须在3天内查清违法事实，5天内拆除。打击违法建筑的控制区域从97平方公里扩增为633.47平方公里，违建面积总存量57万多平方米（不包含国土部门的数据）。全市共拆除框架、砖瓦、简易等结构的违法建筑484宗，拆除面积57万多平方米（含国土部门的数据）。

【海口最大单体“违建”亿城家园被强拆】 4月29日，备受市民关注的违法建筑亿城家园被龙华区强拆，这是海口市有史以来拆除的最大面积的“违建”小产权房。拆违行动由龙华区政府牵头，共出动了600人参与拆除工作。该违建位于城西横路，近邻四季华庭小区，已建成的有两栋独立建筑，每栋高17层，建筑面积达到32700平方米。该违法建筑地块属于仁里经济社。此前，龙华区城管部门除多次下发通知书外，还采取了强制没收施工工具、破坏基础、没收原材料、停水停电等手段，全力阻止该工程施工。但是，违建业主一意孤行，仍然将违建盖到了17层。6月13日，亿城家园A栋整体被拆倒。7月中旬前，“亿城家园”全部被拆除完毕。

【大规模拆除西海岸违法建筑】 被海口市列为第二季度重点拆除目标的西海岸违法建筑共计19处，48个点，总面积14897.36平方米。4月22日政府发出拆违公告后，业主已完成自拆5436平方米，占沿岸违建面积36%。5月4日，海口市城市环境综合整治“五大工程”领导小组办公室、市城管执法局、秀英区联合组织300多人，分成两个组对西海岸违法建筑进行了大规模助拆，此次行动主要是针对业主缺乏工具设备，需要提供技术援助而采取的，当天共有15个点1440.2平方米已拆除完毕，包括喜来登酒店工具间，海南贵族游艇会巴西烧烤吧、商场，海岛海鲜舫办公室、宿舍、食堂等相关违建物，余下6个点在5月22日之前彻底拆除。既拆民屋又拆官庙是此次西海岸拆违的一个显著特点，也是海口近几年拆违工作的新突破。在“违建名单”上，除了个体房地产、股份制酒店、外资酒楼，还有政府投资建设的海滩配套设施、市属国有企业、公安警务室。

【安静工程】 2011年，市政市容管理委联合环保部门，共出动整治人员5676人次，接受并查处噪音投诉案件4387宗，下发噪音督办通知书110个，对6个违法施工工地进行行政处罚，还安静于市民。

【规泊工程】 2011年，市政市容管理委累计清理停车场473个，停车位47479个。完成设置并投入运营使用的咪表路段30条，增加泊车位1388个。联合市交警支队、各区城管执法局有关单位，对海口市42家农贸市场周边的车辆乱停放和占道经营开展专项整治，规范摩托车、电动车、自行车停放315辆次，规范停车点18处，教育300人次，清理占道摊点10个；查扣违法“三车”1056辆、两轮板车158辆，查处人行道乱停放行为41.94万辆次，有效改善市区40条主要道路的交通秩序。

【户外广告招牌整治】 2011年，市政市容管理委制定实施《关于继续开展户外广告和招牌设置专项整治工作的方案》及《关于开展户外设置亭类专项整治工作方案》，重点拆除了东线高速海口段以及南大桥、大英、文庄等6座桥梁违章广告牌，拆除户外广告和招牌1477块（组），面积31432.5平方米；拆除条幅、喷绘、灯杆旗2190条，面积为12369平方米；拆除违法设置亭类23个，为“博鳌论坛”、“金砖五国峰会”、“环岛自行车赛”、“2011年游艇经济论坛”等重大活动营造良好的市容环境。

【户外促销活动及疏导点管理】 2011年，市政市容管理委组织15次专项整治，加强夜市大排档管理。全年新设10个便民疏导点，年底累计建成165个便民疏导点，为2万多名特困户、下岗人员、退伍军人、零就业家庭创造了就业岗位。

【市政设施维护】 2011年，共投入养护经费2160万元，维修养护道路180597平方米，检修路灯14770杆，检修检查井1280座，检修涵洞387座（次）。清理市政下水道878公里，清运淤泥30123立方米，更换修复井盖3503个，封油加固井盖1825个，完成中小修项目22个。市政桥梁安全巡查 12236 次，处理桥梁病害 200 余件，对 5 座大桥全桥钢栏杆进行防腐涂装，对 21 台大桥塔楼观光电梯进行管理维护，制作、维修安装限高架 9 个，对 16 座天桥 45 块限高牌进行改造加固。

【专项整治】 2011 年，市政市容管理委开展市政道路挖掘专项整治。制定并实施《海口市市政市容管理委员会占用和挖掘城市道路诚信管理制度》，建立并执行每周三检查制度，对在建施工项目检查率达到 100%，有效地杜绝了乱开挖的现象，确保了开挖的安全和交通的畅通。开展“四乱”专项整治。制定并提请市政府发布了《关于从重处罚乱扔垃圾乱吐脏物乱散发广告宣传单乱穿马路等不文明行为的通告》，组织城管支队、城管公安大队、各区城管部门开展整治工作，有力地维护了社会秩序和交通秩序。开展“泥头车”专项整治。制定《关于建筑垃圾运输管理暂行规定》及《海口市建筑垃圾运输专项整治实施方案》，采取专项整治和平时治理的方法，集中人力 24 小时上路巡查，从严从重打击重要路段、重点时段泥头车违规行为。全年查处违法“泥头车”791 辆，有效地遏制了道路污染现象。

【编制市政设施管养维修规划】 为落实好国际旅游岛建设对市政管养与维修方面提出的新要求，2011 年，组织编制了《海口市主城区市政公用设施“十二五”期间管养与维修规划》，市政府已经批准实施。规划摸清了海口市市政设施的家底，对今后 5 年市政维修、管养工作进行了科学安排，得到省内外专家、学者及海口市 10 余个相关部门给予高度评价。

【市政设施应急演练】 为有效应对突发性公共危机事件的应急处理能力，由省住房城乡建设厅、海口市政府组织，市政市容委承办，海口市市政管理局具体策划实施，市委宣传部、市安监局、市消防局、市交警支队、市卫生局、市民防局、海口质监局等 9 个部门参与的燃气和桥梁应急救援联合演练，于 6 月 16 日上午在新埠桥桥头举行。省消防总队、省质监局、省安监局莅临现场观摩指导，三亚、儋州、文昌、琼海、万宁、东方、洋浦等市县的燃气、桥梁主管部门和运营管理单位也派员前来观摩交流。由于筹备工作充分，组织实施严密，各参与单位积极配合，顺利完成此次应急演练任务，得到省建设厅和市领导以及广大市民的好评。

【行政许可审批】 2011 年，市政市容管理委在进一步明确审批事项、流程、时限的基础上，将行政许可审批事项全部派驻进入市政府服务中心办理。全年共受理户外广告招牌等行政许可申请 2639 宗次，批准许可 2149 宗次；受理服务事项（临时促销和公益审批）606 件，同意 505 件，受理便民疏导点备案 10 宗，按时办结率 100%，无一宗投诉。在原下放各区管理权限的基础上，2011 年下放 4 项执法权限，实现“强区扩权”。制定并印发《2011 年执法检查实施方案》，对市城管执法支队、各区城管执法局每季度开展一次执法检查，并顺利通过市政府依法行政检查，确保执法的规范性和准确性。

【数字化平台建设】 2011 年，借助数字化城市管理信息系统平台，推行了“一格六员”（每个网格配备领导员、城管员、巡查员、环卫员、社区员、志愿员）管理模式，进一步明确市、区、街道（镇）、社区在城市管理中的职责及权限，将城市管理延伸到社区、小区和城郊结合部。将 31 家职能部门数字化管理处理情况纳入机关绩效考评范畴。市数字化城管监督指挥中心全年共受理派发有效办件 22 万多件，结案 21 万多件，结案率 97.2%。原省委书记卫留成，现省委书记罗保铭，省长蒋定之，省委常委、海口市委书记陈辞，市委副书记、市长冀文林等领导先后亲临指挥中心视察，给予高度评价。省住建厅向全省推广海口市数字化城市管理经验。9 月被国家信息协会授予“2011 中国城市信息化管理创新奖”。

【抗洪救灾】 2011 年 9 月下旬至“国庆”期间，受“海棠”、“尼格”、“纳沙”等强台风和连续强降雨的影响，海口市政道路、排水管道、路灯、桥梁等市政设施受到严重的影响，部分路段交通中断，严重影响市民出行。面对这突击其来的灾情，市政管理系统全体职工，积极投入到抗洪抢险第一线。共出动人员 3000 多人次，车辆 500 多台次，放置安全警示牌400多个，打开排水井盖600多座次，基本保障了城市基础设施正常运转。灾后，千方百计抢修、抢建，仅用半个多月时间，共修复路灯灯具及灯臂757套、灯杆121杆，电缆500多米，修复车行道7730平方米，对裂缝路面灌缝1400米，修复人行道1500平方米，修复水毁、下沉检查井等105座，补加井盖425个，为灾后重建提供了强有力的支撑。

【城管宣传】 （1）开展宣传教育活动。在《海口晚报》上开辟了“聚焦大城管”栏目、在人民网海南视窗开设“海口城管网”网站，与海口电视台合作重新改版《城管时空》栏目等，全方位、多渠道地展示海口城管系统的各项工作，反映市民心声，曝光不文明行为，加强城管与市民沟通，为提升城市管理水平营造良好的舆论氛围。（2）开展征集“金点子”活动。联合海口晚报社向社会公开征集城市管理“金点子”活动，进一步扩大市民参与城市管理的互动范围，活动共收集到“金点子”100多条。

【建议提案办理】 2011年，共收办人大建议、政协提案62件，其中省政协委员提案8件（主办3件，协办5件），市人大代表建议15件（主办9件，协办6件），市政协委员提案39件（主办15件，协办24件）。这些建议提出的问题针对性强、范围广，涉及到城市管理的方方面面，均按规定时间进行了办理及答复，代表满意和基本满意率达100%。

【安全管理】 2011年，市政市容管理委为确保城镇燃气安全生产，联合消防等部门联合组成整治小组，共出动40多人次对全市的燃气经营企业、加气站、大排档、火锅城等公共场所进行安全隐患全面排查。重点检查6家二级气站、25家三级网点和占压管道线路进行重点检查。成功举办了海口市燃气和桥梁安全生产事故应急救援联合演练，做好重大危险源和高风险点及天然气长输管道安全监督。在台风“纳沙”、“尼格”袭击海口市期间，组织相关工作人员对全市户外广告招牌进行巡查，及时拆除有安全隐患的广告招牌185块，确保在大灾期间无一例安全事故发生。

【信访工作】 2011年，市政市容管理委根据城市管理工作特点，制定完善了信访案件查办、群众来访接待等各项制度。针对群众反映的问题，认真分析、查找原因，及时处置。对批转到各区城管局的信访问题，要求及时给予书面答复，做到“来访有记录，来信有答复，处理有反馈”。全年共接待群众来访120人次、受理各级领导批转及群众信访案件350件，行政调解3宗，切实保障了当事人的合法权益。

【建章立制】 2011年，市政市容管理委先后制定了《关于建筑垃圾运输管理暂行规定》、《关于加强我市夜间餐饮大排档管理的通告》、《占用和挖掘城市道路诚信管理制度》、《关于餐厨废弃物餐厨弃油脂整治的通告》等4个规范性文件，并报市法制局备案。对城管职责范围内的297项行政处罚权中的自由裁量权进行细化量化，编制《城管行政处罚自由裁量权细化量化标准表》，为基层执法队员提供业务指导，统一各区城管和支队的行政处罚标准。

（苟燕敏、刘学祝、陈绵俊）

水　务

【概况】 2011年，市水务局按照“科学谋划、城乡统筹、注重民生、创新机制”的工作思路，扎实推进《海口市“十二五”水务发展规划》修编、农田水利基本建设、水环境建设、污水处理厂、排水管网建设、城乡供水建设等37个年度在建项目。加大城乡水质监测力度，提供有效监测数据19164个，与上年同比增加19%。全年征收城镇污水处理费9406万元，完成年计划任务7000万元的134%。完成农田水利基本建设投入3606万元，清淤维修及加固配套渠道679条597公里，新增旱涝保收面积0.28万亩，新增灌溉面积0.41万亩，恢复灌溉面积0.79万亩，改善灌溉面积2.84万亩，新增节水灌溉面积1.34万亩，新建饮水安全工程16处，新建小型水源工程20处。海口市获得全省农田水利基本建设先进市（县），市水务局获全市提案办理工作先进单位、全市督查工作先进单位、全市信息先进单位等称号。

【水土保持】 2011年，市水务局积极开展房地产开发建设项目水土保持方案编制审批、水土保持设施补偿费和水土流失防治费的征收工作。全年共受理和审批水土保持方案共89宗，依法征收水土保持设施补偿费530万元，治理因建设项目开发而引发的水土流失面积3553公顷。

【抗旱防风防汛工作】 （1）利用省下拨资金和三防工作经费建设云龙水库永久性溢洪道，加固双根水库、洋六水库、文策岭水库溢洪道等。投入100万元资金，修建20宗小型水库管理用房和备料池，切实改善小型水库管理条件。（2）继续做好防汛物料储备。共投入103万元资金储备防汛物资。对防汛用的块石、砂料、碎石、编织袋等主要物料进行清点，对中型水库有缺失的防汛物料安排资金购买补充。同时为了确保编织袋抢险急用，在汛期向企业租赁30万个编织袋备用，对超过使用年限的防汛物资及时进行更换。（3）加强“三防”办能力建设。抓好防汛指挥系统建设，包括屏幕系统建设，对市、区和中型水库电话、电台、计算机、指挥管理网络、电源设备等进行全面检查和维修，对建好的6宗中型水库水位、雨量测报系统进行调试运行。安装调试卫星云图。委托专业部门编制市“三防”指挥系统设计方案，委托市信息办更新制作市防洪防潮地图及电子软件。（4）落实水库防汛责任人和防汛抢险队伍。中型水库、小（一）型水库都制定防汛责任人和水库防汛抢险队伍，全市中型水库共有防汛抢险队伍10支共1318人，小（一）型水库共有防汛抢险队伍23支1395人，中、小型（一）型水库防汛责任人、抢险队伍领导人、技术责任人都已落实，小（二）型水库各区都制定防汛责任人和抢险队伍。（5）修订各项防汛防风预案。认真抓好区级防风防洪预案和辖区中、小型水库防洪预案的修订和补充完善，组织专家对预案评审后报区政府批准执行，同时上报市三防办备案。各区编写的《防风防洪应急预案》和各水库编写的《水库防洪抢险应急预案》全部完成。进一步完善小型水库管理及防洪预案的编制工作，切实把小型水库防洪预案做实，具有可操作性。（6）加强防汛抢险队伍培训，强化抢险实战演练及举办防汛防台风培训班。市三防办与海口警备区积极筹备组织开展抗洪抢险救灾的培训工作，由民兵预备役和海口警备区官兵组成的抢险队伍，5月22日～25日在海口马村港完成培训160人。11月10日～11日在文昌市东路镇举办防汛防风业务培训班，共培训88名各区镇水管工作人员，使其基本掌握防汛防台风抢险知识及灾情统计技能。（7）积极做好全市中、小型水库基础资料收集工作。按照省三防办在2月下发的通知要求，市三防办集中力量，开展水库基础资料收集工作，通过四个区对辖区水库原有的水库基础资料收集填报，参照《海南省大、中型水库汛期调度运用计划》（1998年版）、《海口市小型水库大坝基本资料登记表》（2004年版）等为依据，收集水库加固后的基本资料进行核对，初步完成了113宗水库基础资料收集上报。同时结合海口市防汛防风防洪工作需要，积极收集危房、低洼地基础资料，水库下游村庄人口分布情况，制定防汛防风期间群众转移方案。（8）做好2011年防洪楼建设和水毁修复项目工作。2月28日至3月3日，市三防办对各区建设防洪楼的选址进行调查摸底，并确定建设28栋防洪楼，工程投资3657.74万元。防洪楼前期工作按照建设程序基本完成，各项工作正在抓紧建设当中。2010年省三防办安排24个项目资金800万元用于海口市水毁工程修复，2011年已全部完成水毁工程修复工作。

【农田水利建设】 2011年，海口市农田水利基本建设计划完成投资29483万元，其中：中央资金9017万元；省资金1525万元；市配套资金17585万元；乡镇配套资金365万元；群众及其他投入991万元。一是完成七水洋、水路洋、高书洋等12个田洋整治。实施铁炉水库灌区末级渠系、凤潭水库灌区末级渠系卫林支渠、丁荣西干渠等渠道防渗配套工程。二是完成农村饮水安全工程41宗，55个村庄饮上安全卫生水，受益人口2.9万人。三是完成羊山地区仁里坡、大桥坡、美福坡、龙合坡等13个高效节水灌溉工程。至年底已完成农田水利基本建设投入3606万元；清淤维修及加固配套渠道679条597公里，新增旱涝保收面积0.28万亩，新增灌溉面积0.41万亩，恢复灌溉面积0.79万亩，改善灌溉面积2.84万亩，新增节水灌溉面积1.34万亩，新建饮水安全工程16处，新建小型水源工程20处。9月起，开展海口市第一次全国水利普查，全面摸清全市水利发展状况，落实水利普查专项经费700万元，确定水利普查人员486人。至年底，已收集清查表17046张，经抽查、审核、汇总形成海口市水利普查对象清查成果并上报国普办审定，正在开展水利普查数据采集和台账建设。

【小型农田水利重点县项目】 2011年，海口市小型农田水利重点县项目共投入2195万元，其中中央资金800万元，省级配套资金800万元，市级配套资金400万元。主要建设铁炉水库灌区末级渠系节水改造工程、凤潭水库灌区末级渠系节水改造工程、海口市红旗镇小型农田水利工程、仁里坡高效节水灌溉工程等四个项目。至年底已完成工程总投资的50%。该项目的建成可改造渠道51公里、配套建筑物358宗，发展低压管道灌溉800亩。

【羊山地区农业用水工程】 2011年，海口市羊山地区农业用水工程计划总投资1964万元，用于遵谭镇大桥坡高效节水灌溉工程、遵谭镇龙合坡高效节水灌溉工程、石山镇美福坡高效节水灌溉工程等13个项目建设。涉及羊山地区2个区4个镇，打机井21口，建100吨水塔21座，铺设管道89公里，新增节水灌溉面积8930亩。年底，对总投资200万以上的3个项目进行公开招标，200万以下的9个项目进行邀请招标。

【农村安全饮水工程】 2011年，海口市农村饮水安全工程共投入645万元，其中中央预算内投资345万元，共建演丰镇农村饮水安全工程、北庄饮水工程、博养村供水工程等3宗饮水工程。北庄饮水工程、博养村供水工程2011年底完工，受益村庄4个、8169人。演丰镇农村饮水安全工程建设方案改变，资金不闭合，需与相关部门沟通协调，重新确定方案后再进行设计；市级财政预算农村饮水安全专项资金300万元，共建洋溶村、昌文村等17宗饮水工程，受益村庄18个，受益人口6670人。

【长流污水处理厂工程】 长流污水处理厂近期配套管网工程（一期），建成后将覆盖海口市长流组团，使片区内的生活污水集中入厂进行处理。项目建设规模为污水管道25.6公里，中水管道11.3公里及污水提升泵站两座，概算批复总投资21089.74万元，配套管网项目分为15个子项进行建设。前期为保证达到污水处理项目通水运行的目标，已完成3#泵站、秀英泵站、玉琼北路污水管线、秀英沟压力管线、长怡新村污水管线、长滨路原有污水管线清淤等6个子项的建设。至2011底，项目建设累计完成投资额7000万元。

【江东污水处理厂及配套管网一期】 海口市江东污水处理厂及配套污水管网项目已纳入《海南国际旅游岛海口市建设发展规划纲要》中，是海口市重点项目。海口市江东污水处理厂及配套污水管网一期项目的污水处理厂选址在琼山大道东侧、海南科技职业学校用地西南边。服务范围包括东营片区及沿南渡江生活片区两大区域，总面积为2134.39公顷。一期（2015年）服务人口4.17万人，二期（2025年）20.5万人。一期（2015年）工程规模为：2.5万米^3/d，二期（2025年）工程规模为：10.0万米^3/d。建设内容包括新建2.5万米^3/d污水处理构筑物，配套污水管网22.3千米，污水提升泵站1座，泵站设计规模2.5万米^3/d。污水处理厂采用二级处理工艺，处理后的水质执行《城镇污水处理厂污染物排放标准》（GB18918－2002）中的一级A标准。工程总投资为19495.76万元，其中工程费用16294.12万元，工程建设其他费用1639.61万元，预备费1434.70万元，铺底流动资金127.33万元。项目前期工作已完成了设计招标、立项、规划选址、地质灾害评估、节能审核和用地预审的初审，已获得立项批复。

【城市排水】 海口市排水泵站管理所下属的海甸、疏港、美舍河、金贸、滨海、新埠岛等6座泵站担负着全市的污水提升与输送和排涝工作。2011年，清理地下水道878公里，清运淤泥30123立方米，更换修复井盖3503个，封油加固井盖1825个。共提升污水15760万立方米，比上年同期增加3148万立方米，增幅为22%。其中海甸泵站共提升污水12649万立方米，疏港泵站共提升污水1536万立方米，美舍河泵站共提升污水1448万立方米，金贸泵站共提升污水82万立方米，新埠岛泵站共提升污水9万立方米。上述泵站共清理栅渣垃圾1024立方米。2011年6月1日开始现状接管海口市水网动力工程中的东风桥、河口路泵站，半年内共向东西湖、红城湖等市内湖沟输送清水3974万立方米，使得红城湖、东西湖、龙昆沟的水质有了明显改善。全年共完成潜水泵、格栅机、输送机、闸门等大型设备大、中修58台次；更换叶轮、耐磨环等易损件10套；完成设备防腐23台次；更换海甸、疏港泵站直流屏2台，使设备完好率达100%。

【城市供水】 2011年，市水务部门认真做好水质检测工作，通过完善实验室化验，生物现时观测等手段，加大无害化处理力度，确保供水安全。做好供水生产调度，加强管网压力监测和分析，确保供水稳中有升。年底，全市供水量15152.9万吨，同比增长11%，销售量12691.6万吨，同比增长13%。自来水费回收率：威立雅自来水公司99.05%，永庄自来水公司为98%，海口开源自来水公司为99.5%。出厂水水质综合合格率为100%。管网水综合合格率为：威立雅自来水公司为99.5%，永庄自来水公司为100%，海口开源自来水公司为100%。

【城乡水质监测管理】 全年，对海口市排水河沟湖水质、水网动力工程水质、市政污水提升泵站水质、污水处理厂进出水水质、饮用水水源地水质、供水企业出厂水水质、城市供水管网水质、农村饮水工程水质与市水务局管辖中型水库水质等进行检测与监测，共取得有效数据19164个，比上年增长19%。

【排水例行监测】 对海口市排水河沟湖31个水质监测断面进行采样监测，监测项目14项，采样频率：每个点位每2个月采样1次，逢单月进行。2011年4月，按照市水环境综合整治领导小组办公室下发的《关于市中心区水网动力工程分工监测管理的通知》文件精神，及时调整有关监测点位设置，从4月下旬开始将原来的“城区河、沟、湖水质监测”调整为“水网动力工程地表水体水质监测”。设置12个监测点位，监测频率：上半年每月采样监测2次，下半年每月采样监测1次，监测项目6项。对海口市市政污水提升泵站5个点位进行监测，监测频率：每月采样监测1次，监测项目13项。

【供水水质监测】 加强对海口市城市供水企业米铺水厂、永庄水厂、儒俊水厂、秀英地下水源厂出厂水和管网水水质的监督监测。出厂水每月监测一次31项常规检测项目，每季度监测一次3项非常规检测项目，每半年监测一次22项非常规检测项目。管网水每月抽查8个点位监测一次10项常规检测项目。

【城镇污水处理费征收管理】 1月~10月，征收污水处理费7445万元。其中：桂林洋开发区代征收污水处理费98万元，占总金额1.3%；永庄水厂代收污水处理费445万元，占总金额6.0%；琼山工作站实征收污水处理费639万元，占总金额8.6%；大同工作站实征收污水处理费1008万元，占总金额13.5%；龙华工作站实征收污水处理费1832万元，占总金额24.6%；秀英工作站实征收污水处理费618万元，占总金额8.3%；海甸工作站实征收污水处理费734万元，占总金额9.9%；美舍工作站实征收污水处理费641万元，占总金额8.6%；文明东工作站实征收污水处理费555万元，占总金额7.5%；海口威立雅水务有限公司代收现金591万元，占总金额7.9%；自备水源部分实征收污水处理费284万元，占总金额3.8%。全年，共征收污水处理费9406万元，完成年计划任务7000万元的134%；追回欠款3662万元，比上年同期增加1569万元。

【污水处理监管】 完成对市白沙门污水处理厂1期和2期、长流污水处理厂、桂林洋开发区及高校新区污水处理厂以及龙塘污水处理厂等5座污水处理厂的污水处理量实行监管及水质监督监测工作，其中白沙门污水处理厂1期和2期每周随机抽查二次，其他的每周随机抽查一次，每周随机抽查的监测项目13项；每月监测一次的项目12

项。全年对市白沙门污水处理厂等5座城镇污水处理厂处理水量与水质进行监管，全年共开展巡查与抽查795次，有效监管污水处理出水量16930万立方米。全年共完成管网铺设4070米、总投资额1635万元。

【病险水库加固】 2011年，海口市开展实施加流、南洋、晋文、美备、石堀、东湖、美崖、三队、福湖和南任10座小（一）型病险水库除险加固工作和纳入2012年~2015年实施计划的73座小（二）型病险水库除险加固项目前期工作。列入全国重点小型病险水库除险加固规划的10座小（一）型水库已完成安全鉴定。并通过省水务厅核查，2011年9月省水务厅已完成工程初步设计及概算审批。2011年11月完成施工招投标工作，年底已全部开工建设，总投资5778.31万元。列入全省小（二）型病险水库除险加固规划的高明等73座小（二）型水库，总投资约17520万元，已完成安全鉴定，至12月底省水务厅已批复9座重点小（二）型水库初步设计及招标。

【节水管理】 2011年，海口市坚持以提高水资源利用率为核心，加强节水科研和技术改造，推广应用节水新技术，通过有效地开发、利用与保护水资源，用水结构得到有效调整。（1）实行计划用水管理。除居民生活用水外，工业、商业及企事业单位都纳入计划用水管理，按照用水定额核定企事业单位的用水计划并进行建档归类。根据本市用水特点，稳步推行计划用水“定比法”，实行计划用水管理，同时还促使用户自觉安装节水设施，加强内部节水管理。（2）节水宣传。5月15日~21日是第二十个全国节水宣传周，海口市围绕“建设节水型城市，改善城市水生态”的主题，海口晚报、海口电视台、国际旅游岛商报等新闻媒体跟踪报道；制作节水专题片，与海口市电影公司合作开展公益电影放映活动，共放映200场，观影人数达到10万人；在海口市明珠广场开展现场节水知识宣传咨询、节水产品推荐及万人签名活动；全市1400辆出租车车载电子屏幕，向市民宣传2011年节水宣传口号。（3）开展高耗水服务业用水专项检查行动。11月，对全市高耗水服务行业的118家年用水量超过1000立方的洗车场所、年用水量超过10000立方的10家洗浴场所、7处高尔夫球场的用水情况进行了检查。对检查中发现的问题，联合水政执法部门提出了整改意见并督促相关单位进行整改落实。年底，共完成节水建设项目规划报建54宗，节水施工报建71宗，节水竣工验收84宗，推广节水器具10万多套。全年节水量达1700万吨。

【水政监察执法】 2011年，海口市开展专项执法行动，加强对无证取水、侵占河道、恶意拖欠水费等行为依法治理，重点查处市内建筑工地、洗车场、大排档、酒店等乱排放污、废水及南渡江河道违规、违法采砂等突出问题。全年共查处各类水事纠纷、案件413宗。下达《海口市水行政管理执法责令限期改正通知书》110份、《水行政处罚决定书》87份。出动执法人员983人次、执法车辆521台次，查处未办理排水许可洗车场90家，宾馆、酒家、排挡59家。查处溢洪道违章设障案19宗，侵占排水、水利工程设施64宗。取缔违建鱼塘3处，没收渔网16张；取缔非法采砂场47家；查处自备水源井72口，封闭非法采取地下水机井25口，对170家自备水源井用水户进行了取水许可证年审，核发新《取水许可证》35个。追缴拖欠污水处理费97万元。征收超计划加价水费52.8万元，水资源费220万元，代征地下水资源税245万元。从9月起，市水政监察支队分4个全国水利普查小组，分布在市属4区，完成全市河湖取水口、入河湖排污口、地表水水源地、河流治理保护情况等水利普查工作。

【市松涛灌区水利工程管理】 2011年，灌区水利工程全年完成了7176万立方米供水工作。其中农业用水2938万立方米（秀英区1738万立方米、龙华区1200万立方米）；永庄水库生活用水1300万立方米，沙坡水库生态用水1183万立方米，保证了灌区的春耕农业灌溉用水、生活用水、生态用水的正常供给。（1）加强水利工程设施建设，建造排洪闸，确保灌区安全度汛。争取专项资金分别在黄竹分干渠的于茅、群力、榜文村建造3个排洪闸和大连分水闸，同时在白莲东分干渠1.5公里处建造一个排洪闸，工程全部于8月完工，确保灌区在10月强降雨中安全度汛。（2）做好龙桥镇排涝昌荣、七洞桥排水应急工程建设管理工作。于6月初龙桥工程项目开工，至年底已完成进水闸、桥涵等配套建筑物的建设，完成总投资的25%，总工程量25%。（3）做好病险水库除险加固工程管理工作。5宗小（一）型病险水库除险加固工程于11月中旬全面开工，同时积极与相关部门做好项目用地与青苗补偿等协调工作，确保工程年底完成主体工程建设任务。（4）做好灌区水毁工程修复与市级实施冬修建设工作。加快2011年强降雨面上水毁工程的修复工作，并按计划做好灌区的冬修工作，确保灌区春耕生产用水的正常。同时完成对灌区渠道多处损坏的排水闸进行修复。

【市堤防工程建设管理】 （1）堤段执法管理。2011年，市堤防工程建设管理中心联合市水政监察支队、市环卫局和市美兰区等相关部门，对有问题堤段进行强化执法管理。联合执法共计4次，参与堤防执法38人次，处理在河道内乱挖鱼塘（琼州大桥下）乱建（北冲村及上岛村堤段）和乱倒垃圾（二号闸门流水坡堤段）、建筑泥渣（北冲村及上岛村堤段）8桩。（2）堤防工程安全度汛。在汛期到来之前，成立堤防工程汛前检查领导小组，对管辖的海甸岛一、二号闸门等堤防工程进行安全大检查。确保堤防闸门、启闭机、通讯设备等设施正常运作，防汛物资储备到位。9～10月，海口市连续受到17、18、19号3个热带气旋影响，特别是强台风“纳沙”的正面袭击带来强降雨，使海口遭受了10年一遇的洪涝。市堤防工程建设管理中心管辖的南渡江左右岸、海甸岛防潮堤的水位均面临超警戒水位。面对严峻的汛情，市堤防工程建设管理中心制定周密的工作部署，领导严格执行领导干部24小时带班制，干部职工实行24小时值班制度，全体职工坚守在防汛救灾第一线。使管辖的防潮堤和水库在强降雨中安全运行，确保了群众的生命和财产安全。（3）南渡江左岸堤段白蚁防治。5月初，市堤防工程建设管理中心委托白蚁防治所对南渡江左岸堤坝新埠桥至铁桥段进行白蚁防治工作。通过对发现的蚁害采用灌药、挖巢、喷药等措施，消除了大量蚁害隐患。共消除白蚁主巢117个，副巢654个，喷药面积约46320平方米。（4）东寨湾防潮堤工程。2011年，市堤防工程建设管理中心重新组建项目部和委托监理公司，于3月28日对项目进行复工建设。12月底，完成迎水面防护面板砼浇筑及土堤填筑，完成投资100%。（5）北港防潮堤工程。12月底，完成全部沉井预制、沉井抽沙下沉、砼灌缝及封底、沉井回填砂、挡土墙基础砼浇筑，完成挡土墙砼浇筑及迎水面防护面板砼浇筑工程量的50%，完成投资约75%。（6）南渡江左右岸修复工程。2011年3月4日完成南渡江左右岸防潮堤水毁修复工程招投标，3月18日开工，总投资91.73万元。工程建设进展顺利，5月24日完成竣工验收。（7）南渡江防洪海口段排涝泵站工程。12月底开工建设。（8）南渡江海口市综合治理新坡段防洪工程。12月底开工建设。（9）5座小（一）型水库除险加固工程。南洋、美备、东湖、三队、福湖五座小（一）型病险水库除险加固工程已完成前期工作，完成水库腾空库容及进行白蚂蚁防治工作。

【南渡江引水枢纽工程管理】 （1）抓好灾后重建项目及在建工程的实施。受10月连续强降雨影响，南渡江水位达到14.43米高程，灌区灵山总干渠和新旧沟出口护坡严重滑坡，特别是灵山总干渠多处受堵，无法正常通水。对此，市政府非常重视，及时投入资金进行修复。经过1个月的施工，完成了灵山总干渠的修复工作，保证了灌区生产的正常用水。（2）抓好电站的安全生产。1月～4月是枯水期，组织运行工人进行业务培训及事故处理模拟试验，组织检修人员对设备进行定期检查，对东岸电站1号机组进行大修，对输电线路进行养护。保证设备的正常运行。至10月，已完成发电量1800万度。发电收入470万元。（3）做好防洪防汛工作。在汛期到来之前，制订《南渡江管理处防洪应急预案》，组织人员轮流巡查，对相关设备检测、维修，发现问题及时处理。受17号台风“纳沙”的影响，9月29日下午5点，值班人员在对枢纽工程进行巡查过程中，发现进水闸进口左岸护坡出现小面积的坍塌，及时将情况向市水务局和市三防办报告。为了防止险情继续扩大，经市局领导和专家现场分析研究，决定对该塌方地段采用土工布和沙袋进行压顶抢险。立即组织40余名职工，经过2个多小时的摸黑冒雨奋战，最终排除了该处的险情。（4）做好用水计划，保证灌区正常用水。南渡江灌区灌溉面积5.8万亩，为科学用水，节约用水，制定全年的用水计划，做到有计划、有安排的灌溉。（5）安全供水。龙塘水源厂是负责向海口市居民提供生活用水的主要取水点，市水务部门指派专人负责，每天分早、中、晚3次在一级保护区范围内进行巡查。发现问题及时处理，处理不了的及时向有关部门汇报，保证了居民的安全用水。

【长流起步区给水管道工程】 主要建设内容：包括海口市长流起步区17条市政道路给水管道工程，管道总长约33182米。2011年底，工程已基本完工。

【永庄水厂改扩建及配套工程】 永庄水厂一期工程改造规模为5万米^3/d，二期工程新建规模为5万米^3/d，使水厂供水规模达到10万米^3/d，并建设与之配套的供水管网。厂区改造项目在第一季度已完工，并在4月永庄水库水质出现问题时发挥了应急供水的作用。一期管网工程初步设计及概算已获省发改委批复，规划许可已获批，施工图设计、审查已完成，工程量清单编制已完成，正在开展施工及监理招标工作。二期管网工程已完成勘察、设计招标，正在开展勘察、初步设计及概算工作。

【云龙产业园供水工程】 工程总规模为2.5万米^3/d。近期规模0.5万米^3/d，主要建设内容包括水源井，输水管、净水厂工程等。工程于2010年11月1日开工，至2011年底，累计完成投资约909万元，完成工程形象进度约70.5%。

【龙湾项目配套供水工程】 工程规模为近期1.5万米^3/d，远期3万米^3/d。建设内容包括取水泵站工程、净水厂工程、清水输水管道工程等。整个项目已完成立项、可研批复、项目选址批复。勘察、设计招标已完成。应急供水工程初步设计及概算上报待批。近期工程正在开展规划条件、用地手续、勘察工作。

【羊山路网区输水干管工程】 建设3万吨/日加压泵站一座，建设DN100－600管线总长度约19400米。至2011年底，完成管道安装17484米，完成建安工程投资约5325.8万元，完成总工程进度的84.5%。加压泵站因未完成土地使用及规划手续，尚未开工。

（符玉金）

城乡供电

【概况】 2011年，海口供电局围绕服务海口市社会经济发展大局，完成售电量45.82亿千瓦时，同比增长9.73%；百万客户投诉量70次，同比大幅减少101次；城市供电可靠率99.886%，同比上升0.015个百分点；农村供电可靠率99.511%，同比上升0.362个百分点；全市最高负荷91.66万千瓦，同比增长14.77%。电网建设投资4.565亿元，完成年计划投资的102.46%。累计上交税费总额1.32亿元，同比增长17.15%。全年执行98次共计273天保供电任务，圆满完成博鳌亚洲论坛及国事活动等一系列重大活动保电工作，实现了6个重要场所常态化保电。先后获“海南省用户满意明星单位”，海口市“防风防汛救灾先进集体”，海口市“五星级消费者满意企业”，海口市工业企业“产值十强”和“纳税十强”等称号。

【电网建设】 2011年，成立由海口市政府副市长为组长、海口供电局主要领导为办公室主任、市政府相关部门及各区政府主要领导为成员的海口市电网建设领导小组，加快推进电网建设步伐。全年竣工投产8个35千伏以上省、市重点项目、4批10千伏以下项目，满足了狮子岭工业园、云龙产业园区、药谷产业园区等大型工业园区以及东环铁路等项目用电需求，优化了区域网架结构，增强了区域电网供电的可靠性、安全性、经济性和灵活性。提前启动2012年项目前期工作，完成了永庄、玉洲、滨海增容扩建等一批35千伏及以上项目和城农网10千伏及低压项目的前期工作并开始报建。不断加大电网投资力度，2011年电网建设投资4.565亿元，满足了云龙产业园区、海南国际会展中心等重要项目及海口全社会经济发展的用电需求。顺利完成110千伏丘海至滨海双回输电工程、新琼110千伏变电站增容、东昌35千伏变电站增容及一批10千伏及低压配网工程的投产送电工作。结合省、市政府出台的“十二五”中长期发展战略规划，制定符合海口地区经济发展的电网规划，并对重要区域、重点部位和重要用户提高电网规划建设水平。主动介入海口市各片区控制性详细规划评审会，将电网规划与城市规划有机结合。认真落实国务院关于农村电网升级改造工作部署，完成7200万元农网建设总投资。全年完成电网建设投资4.565亿元，计划投资完成率名列全省第一。

【安全生产】 全年先后完善制定21条应对高温措施，实时监控满负荷、超负荷变压器，合理调整重载、过载线路及台区，安全应对海口电网负荷7次创新高。制定并落实《2011年海口电网风险分析及控制措施》，对重要线路和“三站五变”建立“一站一册”、“一线一册”特维手册。对220千伏变电站户外母线设备加强维护检查及负荷温升监测，发布68次电网安全风险预警，闭环落实防范措施，电网风险得到有效管控。加大消缺及预试定检力度，紧急缺陷消缺率、重大缺陷消缺率及预试定检到期完成率均达100%，设备健康水平明显提升。加强综合停电管理，开展转供电和精细化过程管控，实行“一停多用”、“先算后停”、“能转必转”、“能合必合”，安全实施189次带电作业，增供电量1170万千瓦时，减少客户平均停电时间22小时，提高供电可靠率0.25个百分点。

【电力供应】 按照《2011年有序用电预案》，切实做好有序用电工作。千方百计保障电力供应，及时化解因发电企业机组故障引起的4次用电紧张局面，通过有序用电、错避峰等举措缓解电力缺口13万千瓦，实现全市用电零拉闸，确保居民及重要客户零限电，满足了城乡居民用电需求。加强对重要客户集中安全管理，掌握重要客户电源配置情况，常态化且周期性地开展用电检查，全面开展用电安全性评价，按户建立用电检查档案，并根据不同情况、不同时期制定相应的保电预案，确保供电万无一失。

2011年海口供电局各供电所售电量情况表

供电所	售电量（万千瓦时）	供电所	售电量（万千瓦时）
龙华所	135705.89	云龙所	1471.07
美兰所	59443.67	红旗所	1212.15
秀英所	137127.82	三门坡所	3654.44
长流所	22518.43	大坡所	1075.26
琼山所	34263.16	旧州所	1475.36
灵山所	14779.38	新坡所	1268.47
演丰所	12270.38	东山所	2205
三江所	5030.05	石山所	14966.14
大致坡所	2758.04	龙桥所	7045.11

【行业用电】 全年完成售电量45.82亿千瓦时，同比增长9.73%。客户总数达28.73万户，总装见容量334.27万千伏安。其中：第一产业，客户数4216户，装见容量2.38万千伏安，全年用电量10690.05万千瓦时，占全局售电量的2.33%，同比增长-8.70%；第二产业，客户数11645户，装见容量79.74万千伏安，全年用电量135796.11万千瓦时，占全局售电量的31.90%，同比增长7.64%；第三产业，客户数23873户，装见容量195.98万千伏安，全年用电量232075.85万千瓦时，占全局售电量的50.64%，同比增长13.11%。居民生活用电，客户数247516户，装见容量56.17万千伏安，全年用电量69331.81万千瓦时，占全局售电量的15.13%，同比增长6.73%。其中，城镇居民76165户，装见容量30.47万千伏安，全年用电量49714.89万千瓦时，同比增长1.60%；乡村居民171351户，装见容量25.70万千伏安，全年用电量19616.92万千瓦时，同比增长22.42%。

【节能减排】 2011年，海口供电部门组织开展“节能宣传进社区、进街道、进校园、进企业”等一系列宣传活动，发放节能减排、低碳生活宣传资料8000余份。通过现场用电咨询、开放节能展示厅等形式，向广大用电客户和学生宣传节约能源的重要性。主动为英利集团、椰树集团等大客户开展用电调查分析和用电测算，引导客户节能改造，推广使用节能、低碳新技术和新产品。积极推动电动汽车充电桩建设，两个电动汽车充电站站址已获规划和国土部门的批复同意，45 座充电桩建成投运。

【电力营销及管理】 2011 年，海口供电部门推进营销精细化管理，以 5 个供电所为试点，推广“五进台区”管理模式，将主要营销指标分解到供电所，细化到台区，落实到人。解决故障关口计量装置 76 台，重新梳理客户档案及签订合同 20 余万份。严查“跑、冒、滴、漏”，追补电量 854.54 万千瓦时。与检察院联合开展专项陈欠电费清理工作，陈欠电费回收率达 47.5%，取得历年来最好成绩。

2011 年海口供电局各供电所电费回收完成情况表

供电所	电费回收率	供电所	电费回收率
美兰供电所	99.987%	三门坡供电所	99.943%
龙华供电所	99.831%	大坡供电所	100.000%
秀英供电所	99.892%	红旗供电所	100.000%
长流供电所	99.720%	旧州供电所	100.000%
琼山供电所	99.522%	龙桥供电所	99.610%
灵山供电所	99.321%	新坡供电所	100.000%
演丰供电所	100.000%	东山供电所	99.876%
三江供电所	99.866%	石山供电所	99.884%
大致坡供电所	100.000%	云龙供电所	100.000%

【服务与行风建设】 2011 年，海口供电局持续提升营销服务品质，规范营业服务行为，推行移动营业厅下乡服务，缩短业务办理时间，实现窗口服务优质到位。全年受理高压业扩报装 530 户，447 户通过审核并接火送电，供电方案审批时间平均缩短 5 个工作日，得到电监会“三指定”专项检查组的肯定。第三方满意度测评居全省最高，被省内社情民意调查机构评价为“非常满意”，客户服务中心获服务国际旅游岛“微笑窗口”称号。制定《2011 年行风建设与纠风工作实施方案》，召开行风监督员、大客户座谈会，认真听取意见。积极参与“椰城纠风热线”栏目，现场受理客户咨询和投诉并认真落实整改，办结率达 100%。至年底，海口供电局累计投资 1.25 亿元，连续 4 年免费为客户进行低压计量装置的改造，免费为客户加装漏电保护开关、更换接户线和部分表后线，解决了 406 个台区“卡脖子”和 81500 户居民用电问题。组织对大工业及设备容量配置不合理的客户进行用电调查分析，主动为客户开展用电测算，引导客户节能改造，推广使用节能、低碳新技术和新产品，加大对战略性新兴产业的供电支持力度，进一步优化海口市产业结构，坚定不移地发挥电力“先行官”作用。

【便民服务】 2011 年，市供电局组建共产党员突击队等 8 支服务小分队，真情服务“六走进”，先后走进社区、医院、学校、企业、农村及困难家庭，发放安全用电和节能服务手册等宣传资料 1.6 万册，收集建议 600 条，答复客户用电咨询 114187 件，办结率和回复率均达 100%。推行“移动营业厅”下乡，为移动营业车设置灵活的营业时间，对于演丰等边远镇，在早晨 6 时左右从市区出发赶往收费点，尽早为客户提供优质服务。对于秀英地区则在上午 11 时就到达收费点等待营业，在村里最热闹的时段开展服务，为更多客户排忧解难。全年先后走进社区、医院、学校、企业、农村及困难家庭 36 次，出动移动收费车 218 次，办理收费业务 45414 笔。另外城区供电营业厅在缴费高峰时段增加收费座席，分流缴费业务与其他业务，缩短客户等候时间，营业时间延长至晚上 21 时。同时推行自助缴费终端，为 18 个供电所安装自助缴费机。开办网上营业厅，为广大客户提供更加便利的服务，让百姓用上了“省心电”。

【玉洲至海甸线路工程塔】 项目位于美兰区灵山镇内，全长 15.474 公里，共 64 基铁塔。其中 N60 塔为跨江铁塔，塔基占地面积 462.25 平方米，塔高为 95 米，采用 110 千伏双回路设计，为海南省供电第一高塔。N60—N61 档距为 713 米，预计放紧线施工完毕后，导线弧垂距离南渡江面为 25 米。2011 年底前组塔完毕，是海口重点项目，建成后将满足海口市江东片区、海甸岛的开发建设用电需求，提高城区供电可靠性。

【农村电网升级改造】 2011年，市供电局以电扶农、以电惠农，全年完成农网建设总投资7200万元，对红旗、云龙等12个乡镇农村配网进行全面升级改造，解决多个村庄万余农户用电“卡脖子”、供电电压质量低、电网设备健康状况差等问题，极大提高了农村电网的供电水平。

【抗风复电】 2011年国庆期间，海口受到10年来最强台风“纳沙”、“尼格”及持续强降雨袭击，海口供电设施遭到严重破坏，海南电网应急响应级别逐步提升到Ⅰ级。海口供电局按照领导到位、责任到位、措施到位“三个到位”和预案落实、运行方式落实、应急物资和队伍落实、检查落实“四个落实”的总体要求，取消国庆休假，成立抢险抢修、物资保障等8个应急工作小组，加强特巡和24小时值班监控，有序、有力、有效地开展抢修复电工作。台风过后第1天恢复了省三防指挥部、省气象局、海南日报社等9个重点用户的正常供电，第2天恢复海口市城区供电，第7天全面恢复郊区供电，实现了“不发生主网安全稳定事故，不发生人身伤亡事故，不发生大面积停电事故”三大目标，确保了国庆期间海口旅游景区及其周边宾馆饭店正常供电。年底，海口供电局获海口市“防风防汛救灾先进集体”称号。

（张晨）

供　气

【基础设施建设】 2011年，海口管道天然气管网及配套工程累计投资9亿元，其中管网资产6亿元，管网总里程已近800公里，基本覆盖了东抵桂林洋高校区（含灵山及美兰机场）、西达海口火车站（含市政府行政中心）、南至狮子岭工业园、北到海甸岛白沙门（含新埠岛）的全部规划城区。

【管道燃气供应】 2011年，海南民生燃气股份有限公司完成燃气管道干支管网建设385公里，发展工商用户1030家，居民用户18309万户，天然气供气能力达1亿标准立方米/年以上。

【瓶装液化气供应】 2011年，全市有液化石油气加气站20座，天然气汽车加气站12座，液化石油气汽车加气站1座，瓶装燃气分销网点99家，液化石油气年销售量4.5万吨。

【瓶装用气安全管理】 2011年4月和12月，市政管理局会同市安监局、市质量技术监督局、市消防局、市工商局、市城管支队等部门开展二次分别为期1个月的燃气行业联合安全大检查。共出动人员500多人次，出动车辆200多台次，检查过程中现场下发整改通知书28份，暂扣了没有粘贴合格证15KG液化气实瓶24个，没收了过期的15KG液化气实瓶32个，暂扣了16台没有经过备案和检测的燃气器具，取缔无证经营网点3家。

（刘学祝）

国土资源管理

【概况】 2011年，市国土资源局研究破解土地资源瓶颈问题，理论创新能力进一步增强。对国土资源部支持海南国际旅游岛建设20条政策进行深入解读，探索推行土地利用总体规划适时评估调整、特色优势产业项目土地差别化管理等，形成海口市贯彻落实政策的报告和实施意见，同时完成农村集体建设用地流转、三旧改造试点改革方案、高尔夫用地管理规定等5个专项工作方案。通过结合实际进行理论创新，切实有效解决海口市经济社会发展中土地资源瓶颈问题。全年完成征收土地7470.86亩。完成新增建设用地报批5480.49亩，其中农用地转用报批5017.82亩。供应土地50宗、3097.79亩。土地出让收益总额52.06亿元。新增建设用地11773.10亩，完成土地出库1276.78亩。完成日常宗地测量2728宗，专题图制作1023宗，宗地图制作9141幅，作业表入库3235宗，打印质量成果3573宗，农村宅基地资料打印5950宗。积极做好耕地后备资源调查和《耕地占补平衡五年规划》编制工作，摸清土地家底，保证“先补后占”制度的执行，确保实现全市耕地保有量104.30万亩、基本农田保有量84.09万亩的目标。完成23个镇土地规划初步方案编制工作，永兴、遵谭、龙泉、龙桥4个镇的土地利用总体规划已于2011年1月获市政府批准实施；成立了土地权属争议调处领导小组，对全市土地纠纷问题进行调处，切实维护稳定和发展。全年上报省国土环境资源厅的土地权属纠纷30宗，面积12301.3亩，已完成调查处理25宗，面积2796.8亩。共办理采矿权延续手续18宗，办理采矿权变更手续5宗，注销采矿权7宗。加大土地、资源违法案件查处力度。全年共立案查处违法案件118宗，其中土地违法案件92宗；矿产违法案件26宗，征收矿产资源补偿费99.541万元。共办理建设项目地质灾害危险性评估备案36宗。全年完成全市23个镇共179311宗农村宅基地地籍调查工作，公告符合发证条件的131725宗，完成制证121713宗。市国土资源局先后被评为市政务服务先进单位、全省国家安全人民防线建设工作先进集体、市信息工作优秀单位等。

【耕地保护】 2011年，完成基本农田保护宣传牌、标志牌的制作、立牌工作，加大耕地保护宣传力度。积极做好耕地后备资源调查和《耕地占补平衡五年规划》编制工作，摸清土地家底，保证“先补后占”制度的执行，确保实现全市耕地保有量104.3万亩、基本农田保有量84.09万亩的目的。抓好南渡江流域30万亩的土地整理项目，完善规划可研资料，确保通过项目审批及年内财政部和国土资源部首期项目7亿元资金下拨。

【地籍管理】 2011年，全面完成海口市建制镇现状测量工作；完成了主城区7万余宗档案的审查工作；第二次土地调查工作取得阶段性成果。农村土地调查数据库建设成果通过国家内业核查，城镇土地调查数据库建设成果通过省厅预检。积极配合做好校安工程等重点项目涉及土地确权、土地纠纷调处、土地登记发证等相关性工作。继续推进农村宅基地确权发证工作，宅基地资料打印5950宗。积极做好农垦系统改革土地资源划分变更登记工作；组织开展2011年度土地变更调查工作。

【土地测绘】 2011年，完成791项目羊山主干道放桩及权属分宗测量工作；完成三江镇茄历湖3800亩、湖东6500亩的土地整理竣工测量；完成海屯高速公路海口段补征地、东环铁路、南渡江（新坡镇）十万亩土地整治项目、2010年土地利用动态遥感监测图斑图制作、农业产业布局图、海口市沿海土地规划利用情况、海马三期等项目专题图编制工作。完成全市农村宅基地调查首级控制测量工作，完成2011年城市批次农用地转建设用地共61宗地块的图件制作，完成2010年度卫片执法检查882个违法和伪变化地块数的外业调查测量工作。全年完成日常宗地测量2728宗，完成专题图制作1023宗，宗地图制作9141幅，作业表入库3235宗，打印测量成果3573宗。完成全市集镇“二调”基础控制点655个，地籍测量成果质量检查44.84平方公里。

【土地整理】 全年完成海口市美兰区三江农场耕地开垦项目等8个已验收项目的新增耕地图纸复核工作。完成新坡土地整理项目（Ⅱ期）工程招标、施工合同签订、工程进场等工作；编制海口市2011年耕地占补方案，为海口市2012年建设项目用地报批工作提供保障。

【土地供应】 2011年，市国土资源局调控土地供应结构，引导产业发展方向。落实“有保有压、保促结合”的差别化供地政策，调整供地结构向基础设施、重点产业、民生项目、社会公共事业及扩大内需项目倾斜。全年供应土地50宗、3097.79亩。其中以招标拍卖挂牌等有偿方式供应土地38宗、2278.99亩，划拨供应土地12宗、818.8亩。确保了海口市年度保障性住房、罗牛山农产品加工园、英利光伏产业配套及红塔集团技改等重点项目和民生项目落地。

【土地储备】 2011年，超额完成土地入库管理工作，全年共新增建设用地11773.10亩，完成年度工作目标117.73%。完成土地出库1276.78亩。

【土地市场管理】 2011年，市国土局规范土地市场运作，坚持通过项目策划、包装、推介，信息公开等方式，科学展现土地资源价值，促进土地价格平稳有序合理上涨。对进场交易的土地进行严格的权属审查、土地勘测，进一步加强土地交易管理的安全性和合法性。全年土地出让收益总额52.06亿元。

【土地利用规划】 2011年，市国土局完成23个镇土地规划初步方案编制工作。成立课题研究小组，研究海口市“十二五”期间144个重点项目的落地保障措施，依据各类项目的不同情况，从规划保障、转用指标安排等方面统筹规划。组织研究海口市国家级开发区增容扩区问题，在梳理开发区用地基本情况、工业发展方向和存在问题的基础上，提出建设美安工业基地，预计“十二五”期间将建成海口市工业用地30平方公里，落实市以上重点项目144个。

【土地遗留问题调处】 2011年，市国土资源局成立土地权属争议调处领导小组，对全市土地纠纷问题进行调处，切实维护稳定和发展。全年上报省国土环境资源厅的土地权属纠纷30宗，面积12301.3亩，已完成调查处理25宗，面积2796.8亩。

【矿产资源管理】 全年共办理采矿权延续手续18宗，办理采矿权变更手续5宗，注销采矿权7宗。制定《海口市新立采矿权出让流程》、《海口市采矿权转让、延续、变更、注销审批程序及办理指南》、《海口市矿业权招标拍卖挂牌管理暂行办法》、《海口市矿业权评估管理办法》、《海口市矿产资源储量评审备案管理办法》等规范性文件。同时加强地质公园管理，委托海口市旅游文化投资控股集团公司编制地质公园控规，按期完成联合国教科文组织中评估整改事项。

【土地及矿产资源执法】 2011年，加大土地、矿产资源违法案件查处力度。全年共立案查处违法案件118宗，其中土地违法案件92宗（卫片立案85宗）；矿产违法案件26宗，征收矿产资源补偿费99.54万元。全年共开展2010年度卫片执法检查、打击非煤矿山违法生产经营建设行为、南渡江海口段内治砂、长昌煤矿矿区砖厂清查、打击杨南岭非法盗挖火山岩行为、货运大道二期项目红线范围内采石场、金沙湾片区违法采砂、南渡江流域采砂场排查等8项专项整治工作。2010年度卫片执法检查顺利通过国家验收，全面清查1830块变化图斑并提出处理方案。经核查发现违法用地121宗，面积1023.83亩。

【农村宅基地确权发证】 全年完成全市23个镇107.6平方公里共179311宗的农村宅基地地籍调查工作，公告符合发证条件的131725宗，完成制证121713宗。

【地质灾害防治】 2011年，制定汛期地质灾害防治方案，启动汛期地质灾害防治预案，全年未发生因地质灾害引发人员伤亡及财产损失情况。开展采空区地质灾害隐患点排查，全年共办理建设项目地质灾害危险性评估备案36宗。

【镇级土地规划方案编制】 2011年，开展《海口市土地利用总体规划（2006—2020年）》及镇级土地利用总体规划数字库建库工作的前期工作。海秀、长流、西秀、石山、东山、城西、新坡、府城、龙塘、云龙、红旗、三门坡、大坡、甲子、旧州、灵山、三江、演丰、大致坡19个镇的土地利用总体规划修编的调研、方案编制、汇报、论证、听证、批前公示已完成，永兴、遵谭、龙泉、龙桥4个镇的土地利用总体规划已于2011年1月获市政府批准实施。

【征地补偿安置】 2011年，落实海口市新的征地统一年产值标准、被征地农民养老保险安置制度，将海口市两项征地补偿标准提高约50%，更好地保障了农民的合法权益。积极探索留地安置制度，赋予失地农民的经营性权益。全年完成征收土地7470.86亩，拨付征地总费用共计38439.45万元。

【保障性住房土地供应】 为确保保障性住房、棚户区改造住房和中小套型普通商品住房用地不低于住房用地供应计划总量70%，特将保障性住房用地指标在年度土地利用计划中单列下达，并明确这部分指标不得用于其他项目，同时将保障性住房用地审批纳入用地审批绿色通道，跟踪服务，积极组织完备的用地报批材料，缩短了审批时间，保障性住房供地达813亩，确保7946套保障性住房供应目标的实现。

【土地法宣传】 利用“4.22世界地球日”、“6.25全国土地日”、“12.4全国法制宣传日”等节日，有组织地开展国土资源法律法规宣传活动，采取法制文艺演出、法制图片展览、法律知识竞赛等多种形式，扩大宣传教育覆盖范围，营造学法用法的社会氛围。

【两整治一改革】 2011年，市国土资源局将“两整治一改革”专项行动与工程建设领域突出问题专项治理、构建国土资源系统反腐倡廉体系建设和提高国土资源管理水平等有机结合，取得了“四提高一降低”的效果，即提高了服务水平、提高了行政效率、提高了审批质量、提高了部门形象、降低了廉政风险。

【课题研究】 成立国土资源部支持海南国际旅游岛建设20条政策研究课题小组，对国土资源部支持政策进行深入解读，探索推行土地利用总体规划适时评估调整、特色优势产业项目土地差别化管理等，形成《海口市贯彻落实国土资源部推进海南国际旅游岛建设发展有关措施的实施意见》。

（梅攀峰）

海洋管理

【概况】 2011年，海口市海洋行政主管部门围绕服务国际旅游岛中心城市建设这个中心，全力推动离岸式人工岛区域建设规划报批，强化海洋综合管理，加大海洋执法力度，加强海洋环境监测能力建设，协调服务重点用海项目建设，促进海洋经济较好发展。全市海洋产业生产总值达131.8亿元，同比增长7.2%，占全市GDP的18.5%，约占全省海洋生产总值的25.2%。海域使用动态监管中心业务化运行工作在省级考核中评定为优秀。

【海洋环境保护】 （1）编制完成《海口市海岸保护与利用规划》，获市政府审议通过，明确全市136公里海岸线划分为15个岸段的开发保护方向和目标要求。（2）启动海洋生态损害赔偿和损失补偿办法立法调研。组织人员赴山东、福建等地调研，草拟《海口市海洋生态损害赔偿和损失补偿管理暂行规定》。（3）加强海洋水质环境监测。在全市沿海岸线设置14个近岸海域水质监测站点，60个监测站位，实施跟踪监测。发布《海洋环境监测通报》21期。监测结果显示，近岸海域环境质量总体良好。同时，组织编制《2010年海口市海洋环境质量状况公报》在《海口晚报》专版公开发布。（4）组织开展近岸海域海洋浮游生物调查监测。选取白沙门污水处理厂深水排污口、龙昆沟入海口、秀英排污口、假日海滩附近海域、东寨港贝类养殖区等5个近岸海域站点，布设15个站位。通过对每个站点的海洋浮游生物来分析其海域水质状况，调查监测结果显示，调查海域共发现海洋浮游生物110种（其中海洋浮游植物78种，海洋浮游动物32种），其中有毒藻类8种，占总浮游植物种类的10.3%；赤潮藻类5种，占总浮游植物种类的6.4%。

【海洋执法】 全年开展海洋执法检查80次，出动执法船艇80航次，共500航时，航程3000海里。出动执法车辆80车次，行程4800公里，派出执法人员550人次，巡视检查各类涉海项目10个。立案查处违规用海、非法采砂案3宗，罚款406.97万元。

【海域管理】 （1）海域使用金征收创新高。依法按程序审批千禧酒店、白沙门污水处理厂应急排污管线用海2宗，面积15公顷。全年批准使用海域67.945公顷，征收海域使用金3388万元，同比增长63.1%。（2）海域使用监管动态化。落实省、市两级海域使用动态监视监测系统业务化运行经费140万元，对海航西海岸人工岛、海口湾灯塔酒店填海工程等在建海洋工程项目进行海域使用动态监测6次，编发监测报告6期。完成628宗历史海域使用权属数据的整理入库经省级验收通过，并及时对7宗新增海域使用权属数据进行入库。

【海岛调查】 2010年9月，海口市海洋和渔业局委托海南海业发展公司开展全市海岛（包括有居民和无居民海岛）的调查、测量和报告编写工作，标志着全市海岛调查工作正式启动。2011年10月调查工作全面完成，形成《海口市海岛调查报告》。调查报告显示，除乡级以上海岛海甸岛、新埠岛外，海口市共有海岛13个，总面积147.1835万平方米。其中有居民海岛1个（北港岛），面积103万平方米，为最大的乡级以下海岛；无居民海岛12个，面积44.1835万平方米，其中最小的是小叶岛，面积为1500平方米。12个无居民海岛中，有7个海岛进行养殖活动（其中2个已经停止），4个海岛无开发活动，1个为自然保护区/公园。根据调查，从事养殖开发的无居民海岛普遍存在资源的低水平利用、对海岛自然环境产生破坏、对周边海域产生污染、权属关系混乱等问题；旅游用海岛开发活动对海岛及周边海域自然环境的保护较好，但人为改造程度也较大，其影响暂未能进行评估。此外，海岛资源普遍存在生态资源脆弱、环境承载能力差及基础条件较差的问题。

【如意岛区域建设用海规划】 2011年12月7日，国家海洋局正式下达《关于海口市如意岛区域建设用海规划的批复》。《海口市如意岛区域建设用海规划》获国家海洋局批准实施，规划期限至2020年，规划填海总面积控制在716公顷以内。规划获批实施，标志着历时4年的海口市东海岸人工岛策划工作取得阶段性成果。

【南海明珠人工岛（一期）填海工程】 南海明珠人工岛（一期）填海工程2010年9月22日经省政府批准使用海域面积49.8公顷，2010年10月19日取得海域使用权证书，估算总投资约12亿元。2011年3月8日正式开工建设，截止2011年12月31日止，完成投资8.5亿元，顺利实现南北护岸合龙，吹填石料75万方，形成陆域约200亩，占总工程量的20%。

【海口湾灯塔酒店（人工岛）填海工程】 海口湾灯塔酒店（人工岛）工程2008年9月1日经省政府批准使用海域面积38.99公顷，其中人工岛围填海面积35.38公顷，交通桥梁用海面积3.61公顷。2009年10月23日取得海域使用权证书。估算总投资约4.2亿元。2010年1月15日正式开工建设，实际投资约5亿元，于2011年9月21日经省海洋与渔业厅组织竣工海域使用验收合格，实际填海面积36.1283公顷。是海口市首个竣工验收的人工岛填海项目。

（李仕平）

环境保护

【概况】 2011年，海口市的环保工作以建设全国生态文明示范城市为目标，以巩固和发展国家环保模范城市工作为载体，以污染减排为抓手，在经济社会快速发展的同时加大环境保护工作力度，加强环境监管，着力解决环境突出问题，进一步提高环境质量，向着“全省领先，全国先进”的海口环保目标稳步推进。全年海口市的环境质量持续保持优良水平，城市环境空气质量优良率均为100%，环境功能区水体达标率为100%，饮用水源地和地下水质达标率为100%，内河湖泊经过整治后水质得到了一定的改善，区域噪声保持稳定，环境质量总体优良，环境保护工作取得了显著成效。五项环保工作考核成绩名列全省第一：主要污染物减排、环境保护目标责任制和城市环境综合整治定量考核等三大环保考核名列全省第一；生态省建设工作考核获优秀；海口市生态保护与建设评价考核获优。

【环境影响评价】 2011年，市环保局推进规划环评，开展云龙产业园区、金沙湾片区的规划环评工作。严把项目入门关，全年共审批建设项目1118个，验收“三同时”项目631个，环评执行率、“三同时”执行率100%。进一步简化办事程序，提高办事效率，建立完善重点项目跟踪服务管理制度，对“五路四桥”、校安工程等重点工程，专人负责，积极主动服务业主单位做好项目环评审批工作。

【生态市建设】 2011年，市环保局把建设生态文明、保护生态环境放在经济社会发展的首要位置，积极探索和落实生态环境保护的新道路。一是开展南渡江流域生态环境保护工作。启动南渡江流域生态环境联合防控工作，开展南渡江流域30万亩土地整治区域的生态环境调查，完成了《海口市南渡江流域土地整治重大工程生态环境调查报告》。二是开展中央农村环保专项资金项目实施工作。大致坡大园村综合整治工程项目通过验收，推进甲子镇和遵谭镇的农村环境综合整治工程建设。完成2011年度中央农村环保专项资金环境连片整治项目的申报工作。三是开展2011年度农村绿色创建工作。海口市秀英区东山镇福寨村、儒黄村，琼山区红旗镇岭门村，美兰区演丰镇桃园村、礼让西村等5个村庄获“海南省小康环保示范村”称号。

【环境质量】 2011年，海口市环境空气质量优良率为100%。达到国家《环境空气质量标准》（GB3095－1996）一级标准（优）264天和二级标准（良）101天。空气中二氧化硫平均浓度为0.008毫克/立方米；二氧化氮平均浓度为0.016毫克/立方米；可吸入颗粒物平均浓度为0.041毫克/立方米。水环境质量总体良好，南渡江龙塘段、永庄水库等城市集中式饮用水源地水质达标率为100%；国控、省控的水质监测断面水质均达到相应的国家标准。近岸海域海水水质优良，主要指标达到相应的功能区要求，假日海滩浴场水质质量均达到三类以上标准。声环境质量符合国家标准，四类噪声功能区均达到相应指标要求，区域噪声55.6分贝，交通噪声67.6分贝，均符合国家标准。

【环境监测】 2011年，市环保局为环境管理提供详实、准确、全面的监测数据，全年共获取各类监测有效数据93856个。在全省率先建成环境质量自动监测站。一是建设环境质量自动监测系统。完成龙塘饮用水源地、南渡江铁桥段水质自动监测站建设，实现水质实时监控。二是开展空气质量评价试点监测工作。在全省率先开展细颗粒物（PM2.5）监测工作，环境空气监测项目从原来的二氧化氮、二氧化硫、可吸入颗粒物等“老三项”发展为“全分析”，共11项指标。

【环境规划】 2011年，市环保局重点完成两项环保规划。一是完成《海口市环境保护“十二五”规划》编制。为“十二五”环境保护管理提供了科学依据。规划在“十一五”19项指标的基础上，新增了10项环境保护指标，共提出了29项指标，其中约束性指标18项，指导性指标11项。二是完成《海口市“十二五”主要污染物总量控制规划》编制。“十二五”海口市将实行突出重点领域和重点区域，以规划带项目，以项目落实资金，通过项目的实施推进总量控制，按照统筹规划、分类指导、重点突出的原则，重点推进水污染防治、大气污染防治、农村环境保护等三个方面的重点工程项目。

【污染源普查动态更新调查】 按照环境保护部和省国土环境资源厅的统一部署，在全市第一次全国污染源普查基础上，以2009年更新调查工作成果为基础，调查统计2010年度工业、集中式污染治理设施、农业、生活、机动车等污染源数据，实现污染源普查数据的动态更新，为核定“十二五”总量减排基数提供基础数据。全市共完成更新调查工业源109家，农业源106家，集中式污染治理设施9家。

【环境综合整治】 一是实施水环境整治。开展集中式饮用水源保护工作，组织开展包括永庄水库饮用水源二级保护区在内的五源河流域建设项目的调查工作。组织拆除集中式饮用水水源地污染源，完成近98%的拆除任务。加大对沿江沿河等违法排污企业的整治力度，对违法排污企业进行处罚。二是实施大气环境综合整治。对机动车实施环保标志（黄、绿标）管理，共发放环保标志106个。联合市交警支队、市交通运输和港航管理局开展机动车尾气路检工作。加强建筑工地等扬尘污染防治，严格要求项目业主落实施工期扬尘污染防治设施和措施。三是实施噪声环境综合整治。严格审批夜间建筑施工作业，加强对建筑施工噪声污染控制，共发放特殊时段施工许可证85个。严肃查处环境违法行为，12369环保投诉电话24小时专人值班，全天候受理噪声污染投诉，共受理噪声投诉8795件次，查处率99%以上。开展“绿色护考”环保行动，给高考考生创造了一个良好的学习、生活、休息环境。

【环保执法】 2001年，市环保局先后开展了“整治违法排污企业保障群众健康”环保专项行动、“地沟油”整治、危险废物“一整治两规范”

专项治理等17项专项工作。全年共受理各类群众投诉9633件次，办结率99%。共拆除或搬迁禁养区内718家畜禽养殖场，对禁养区外的151家畜禽养殖场进行摸底调查。下达行政处罚决定书160宗，申请法院强制执行73宗，罚款306.2万元。

【排污许可证制度】 2011年，市环保局以排污许可证为抓手，把环境执法和规范环境管理有机结合起来。加强对排污单位办理排污许可证的帮助和指导，督促其依法持证排污，进一步规范企业环境管理。在抓重点工业企业环境监管的基础上，服务业等污染源逐步纳入环境监管。全年共为867家单位办理排污许可证，较2010年办理264家增长两倍多。

【集中式饮用水水源保护区划定】 2011年，市环保局完成了全市典型乡镇集中式饮用水源保护区划定工作。至2011年共有龙塘、永庄水库等23个集中式饮用水源保护区，其中城市集中饮用水源保护区2个，典型乡镇集中式饮用水源保护区21个。提前四年全面完成省政府下达的划定集中式饮用水源保护区的工作任务。

【启动南渡江流域生态环境联合防控】 2011年，市环保局按照“预防为主，保护优先”原则，先后与定安、澄迈两县国土环境资源局签署了《南渡江流域生态环境保护合作协议》。在工业污染防治、监察监测、突发事件处置、环境综合整治、环保宣传等方面加强生态环保合作，实现信息共享，共同保护南渡江流域生态环境。协议的签订，有利于全面提升流域的环境管理与污染治理，促进流域、区域的全面、协调、可持续发展；有利于应对区域产业结构和布局调整，以及地区性污染转移带来的环境管理挑战。

【强降雨期间环境安全监管】 坚持“以防为主，防治结合”，全力做好汛期环境安全监管工作。一是加大饮用水源地、地表水国控断面、交界断面等汛期敏感水域水质监测频次，及时发现水质异常情况。二是加强应急值守，12369环保热线24小时值班，安排好相关物质、车辆、仪器设备，一旦发生突发性环境污染事件立即启动应急预案，开展环境应急处置工作。三是加强对重点排污企业、高位企业等的排查，消除环境隐患。

【完成“十一五”主要污染物减排目标】 经核算，海口市2010年度主要污染物化学需氧量排放9991.9吨，二氧化硫排放647吨，全面完成“十一五”主要污染物总量减排任务。2011年初，通过国家核查组验收，为全省减排任务的完成做出贡献。

【宣传教育】 完善环保网站，设立环境质量日报栏、环境信息公开栏，公开各类评先、评优的环境信用记录，依法定期公开上市公司和超标企业的环境行为。强化环境宣传教育，利用“6.5世界环境日”等组织开展形式多样的环保宣传活动。加大信息报送力度，全年编写475篇政务信息，被国家、省、市部门采用276篇。编印42期《海口市环境保护简报》。

【环保目标责任制】 海口市把生态环保作为转方式调结构、惠民生促和谐的重要抓手，加强“城考”和环保目标责任制工作，“十一五”“城考”和环保目标责任制考核成绩连续五年排名全省第一。一是健全体制机制，切实保证了城市环境综合整治目标任务的完成；二是严格环境准入，把环境准入作为优化经济发展的重要措施，从源头防止污染；三是推进污染减排，实现了生产总值增长而污染排放量不增反减的目标，顺利完成“十一五”减排任务；四是实施环境整治，认真做好城市环境综合整治工作，全面提高城市环境质量；五是坚持环保为民，切实解决广大人民群众最关心、最直接、最现实的环境问题；六是加强生态保护，统筹城乡环境保护工作，生态市建设卓有成效；七是强化监督管理，不断健全完善环境保护体制、机制，提高全市环境保护工作的整体水平和效率。

【突发环境事件应急演练】 8月16日，海口市在秀英区东山镇后黎村开展了2011年度突发环境事件应急演练。演练活动模拟在澄迈县金江镇金江大桥上，一辆装载危险化学品的罐车意外翻车，造成化学品泄漏至南渡江，致使南渡江事故点下游的水体受到污染，威胁到海口市龙塘集中式饮用水源地水质安全。接到举报后，海口市立即启动突发环境事件应急预案。在海口市突发环境应急指挥部的领导下，采取应急预警、应急报告、应急监测、污染排查、应急处置等有效措施，用最短的时间控制污染，保护人民群众的生命安全。演练从实战角度出发，选择在饮用水源汇水区进行，具有很强的针对性、实用性和可操作性。通过分步骤演练，强化了市环保局、市水务局、市公安局、市三防办、秀英区政府等各部门对突发环境事件应急响应能力，规范了对应急事件的处理程序和方法，提高了环境监察、环境监测队伍快速反应、上下协调联动的实战能力和处理重大突发环境事件的水平。

（郑红）

建筑业

【概况】 2011 年，市住建局强化建筑市场管理，积极为建筑项目开工建设搞好服务。主动为企业提供跟踪服务，实行分步施工许可，积极为项目早日开工创造条件，办理建筑施工许可项目 248 个，报建面积 752.14 万平方米，同比增长 0.14%，总投资 178.06 亿元，全部建筑项目施工许可审批时间平均 3.5 天左右，比承诺时限提前 50%，比法定时间提前 75%。创新监督管理模式，规范监督工作程序，全面推行监督巡查制度，开展校安工程和保障住房等民生工程的专项检查 12 次，提出整改意见 905 条。监督建筑工程项目 548 个，建筑面积 1726 万平方米，工程造价 279.4 亿元；年内新报监项目 375 个，面积 771.7 万平方米，工程造价 144.1 亿元。累计监督市政工程项目 60 个，工程造价 25.48 亿元；年内新报监项目 35 个，道路面积 198 万平方米，工程造价 13.1 亿元。监督建筑工程竣工验收项目 145 项，面积 362 万平方米；监督市政工程验收 41 项，其中道路面积 208.7 万平方米，桥梁面积 2240 平方米，工程造价 14.06 亿元，竣工合格率 100%。所监督的新海航大厦获中国建设工程最高奖鲁班奖、有 17 个项目荣获“绿岛杯”省优质样板工程、有 24 个项目荣获“椰城杯”市优质样板工程，为科技兴市战略做出新的贡献。

【建筑市场管理】 推进招标有形市场网络信息化建设和招投标电子化建设，在全省率先对政府投资项目实行电子招投标和工程量清单计价招标，办理建设工程进场交易 350 项，实现交易总额 136.87 亿元，其中招标项目 286 项，交易总额 134.03 亿元，直接发包 64 项，交易总额 2.84 亿元。应招标工程招标率和应公开招标工程公开招标率达到 100%。

【安全生产】 2011 年，市住建局组织开展“安全生产月”等一系列宣传教育活动，在重大节假日期间深入开展建设工程安全生产隐患排查，突出对高空坠落、基坑坍塌、物体打击、垂直升降机伤害隐患排查。全年在建项目发生安全生产事故 3 起、死亡 3 人，全市无发生群死群伤安全生产事故，无工程质量事故。

【建筑节能】 2011 年，市住建局编制完成《海口市建筑节能十二五专项规划》，并已经市政府批准实施。完成建筑节能评估备案项目 134 个，通过建筑节能审查项目 96 个。4 月 27 日 ~5 月 6 日及 10 月 8 日 ~9 日，开展建筑节能专项检查 2 次，对 25 个建筑项目的工程质量、施工安全、工程设计、建筑节能等方面进行综合性抽查，及时下发建筑节能整改通知书 20 份。推广太阳能热水系统建筑应用项目 180 个、总面积 286 万平方米，超额完成省里下达的任务。分别向国家和省上报建筑节能示范项目 7 个。联合市财政局将海口市作为 2011 年可再生能源建筑应用示范城市上报住建部和财政部。市住建局建筑节能工作得到省住建厅的通报表彰。结合 2011 年全国节能宣传周活动，制定相关建筑节能宣传方案，在省图书馆、海南亚洲国际大酒店等公众场所开展建筑节能宣传活动，并向在建项目发放建筑节能宣传材料，多渠道宣传建筑节能法规知识，普及推广建筑节能工作。

【校安工程】 市住建局积极指导和配合校安办做

好项目前期工作，采取绿色通道为校安工程办理初步设计、概算审查、招投标、施工报建、质量安全监督等手续，针对校安工程规模小、分布广、时间紧的实际，加强重点环节和关键工序质量安全监管，对发现问题责成相关单位限期整改，为校安工程顺利实施提供保障。

【处理建设工程质量安全投诉】 至2011年底，市住建局共受理建设工程质量安全投诉68起，结案60起，其中政府热线12345转来38起，结案38起，结案率100%。

【太阳能热水系统建筑应用】 2011年，省里下达海口市的太阳能热水系统建筑应用任务190万平方米。全年推广太阳能热水系统建筑应用项目180个，总面积286万平方米，超额完成省下达的任务。

【可再生能源应用试点】 2011年，海口市开展可再生能源应用试点工作，将海南威特电气集团有限公司光电建筑应用一体化示范项目、海南英利办公楼光电建筑应用一体化404.8kwp光伏发电、大唐海南中商3兆瓦太阳能光电建筑应用一体化示范项目上报国家住房和城乡建设部、财政部，争取中央资金支持。将“金泰龙步行街·商厦”、“富力盈溪谷A2区住宅楼”、“富力盈溪谷水岸住宅、水岸联排住宅、F区独立住宅（既有）”、“富力盈溪谷F区独立住宅（新建）”、“富力盈溪谷G1、G2区住宅”5个太阳能热水系统项目作为海口市2011年太阳能热水系统建筑应用示范项目上报省财政厅、省住建厅。

【申报可再生能源建筑应用示范城市】 2011年，为积极争取国家财政资金支持，有效推动海口市可再生能源示范城市在建筑领域规模化应用，市住建局组织对本地区的可再生能源建筑应用进行调查摸底，组织申报了53个示范项目，总建筑面积166.13万平方米。组织编制了可再生能源建筑应用专项规划和实施方案，及《海口市太阳能资源评估报告》等相关资料，并联合市财政局将海口市作为2011年可再生能源建筑应用示范市，于5月4日上报国家住房和城乡建设部、财政部。

【建设领域突出问题专项检查】 2011年，市住建局对2010年以来新开工的179个项目进行排查，对排查出来的突出问题，先后召开建设业主、招标代理单位、施工单位座谈会，积极协调相关责任单位落实整改。并及时出台治理措施，按照边整改、边建制要求，积极推进建设工程招投标、房屋征收、施工许可、房产证办理等环节的廉政风险防范监管，坚决纠正损害群众利益的不正之风，省住建厅在海口市检查工作时对市住建局的治理工作给予较高评价。

【住建部质量安全及建筑市场监督执法检查】 2011年8月22日~24日，住建部建设工程质量安全及建筑市场监督执法检查组深入检查了“南海花园”、“凤翔花园（B地块）”、“水滨花园经济适用房”和“永秀花园C区三标”4个保障性住房项目，指出各项目在勘察、设计、施工质量安全等方面不同程度地存在86个问题。针对存在的问题，市住建局高度重视，及时下达整改通知书，责令相关单位限期进行整改，并跟踪督促落实。年底已整改完毕，整改率100%。

【建筑档案管理】 海口市城建档案馆全年共接收146个建筑工程项目（其中市政工程项目56个），竣工档案7680卷，燃气项目90个，供水管线工程52卷，招投标业务管理档案145个工程项目；共出具建设工程档案受理通知书66份；向在建项目发放《建设工程档案报送告知卡》366份。及时抢救城建系统部分受损业务管理技术档案。接待查档单位156个238人次，调阅档案1116卷。复印文字及工程图纸8193张，利用照片1107张，其中扫描利用相片60张。为政府投资工程项目提供服务6人次。配合供给公、检、法及主管局有关部门查询重要项目档案32人次，调档218卷，复印资料3084份，为纪检部门办案检查参考资料。地下管线提供利用的管线数据15份，出图6张。查档利用服务满意率100%。城市建设声像服务共拍摄照片资料2100多张，录像资料480分钟。完成建设项目工程档案目录入12.6万条。按规定接收整理归档建设系统建设工程报建审批及招投标业务管理相关资料档案和人防工程报建审批档案共4100卷66宗；落实工程档案105个项目整理共6835卷长度71米。完成建设档案专业消毒243架194米。

房地产业

【概况】 2011年，市住建局根据海口市新建住房价格控制目标要求，通过加强新建住房价格监管，采取一房一价、商品房预售方案备案与价格申报等措施，严格监督各房地产开发企业按照申报销售价格对外公开销售，要求房地产开发企业保证现场公示价格与商品住房网上签约系统价格一致，较好地控制了商品住房销售价格。全年海口市房地产开发投资145.14亿元，同比增长39.8%。其中，住宅投资116.7亿元，同比增长41.3%。房屋新开工面积持续增长。总建筑面积731.05平方米，同比增长8.6%。其中，居住类114项、建筑面积642.74万平方米，同比增长9.5%。新建商品房供应量显著增长。批准预售的商品房107项、面积422.3万平方米，同比增长65.35%。商品房销售平稳增长，全市销售商品房222.55万平方米，同比增长7.5%。商品房价格趋于平稳。海口全市商品房均价为9076.23元/平方米，商品住房均价为8764.49元/平方米，新建商品住房均价为8764.8元/平方米，同比增长10.9%，低于海口市城镇居民人均可支配收入增长18%的水平，保障性住房销售价格也低于4000元/平方米，顺利完成海口市制定的新建住房价格控制目标。岛外购房仍占主导地位。登记销售的商品住宅中，岛内与岛外分别占商品住宅登记销售总面积的44%和56%，套数的43%和57%。受限购影响，岛外购房比例同比下降约一成。

【保障性住房建设】 2011年，海口市共筹措各保障性安居工程住房11702套，建筑面积74.76万平方米，总投资约32.7亿元。组织开展全市城镇居民住房和收入状况普查，监督指导各区向符合廉租房保障条件家庭发放租赁补贴755万元，完成廉租住房实物配租1648户，组织完成摇号选房并领取确认书2527户，已签订购房合同约1500户。出台海口市2011年住房保障标准，公布经济适用住房配售价格。编制完成《海口市“十二五”保障性住房建设发展规划》、《海口市公共租赁住房管理暂行办法》、《海口市人才安居住房计划》等一系列发展规划和政策。及时分解和下达2012年保障性住房建设任务，制定完成2012年100万平方米保障性住宅小区建设招商方案，促进住房保障工作可持续发展。市住建局被省住建厅授予全省保障住房建设工作先进单位。

【房地产市场监管】 2011年，海口市及时落实“新国八条”，加大对房地产市场检查、清理和整顿力度，确保中央的房地产调控措施得到切实落实。根据《国务院办公厅关于促进房地产市场平稳健康发展的通知》精神，结合海口市房地产发展的实际，积极引导房地产开发企业发展低碳、绿色、高品质的旅游房地产。2月23日，海口市出台《关于进一步做好我市房地产市场调控工作的实施意见》，在限购、税收、信贷、问责等7个方面予以明确规定，确保国家的调控政策落实。3月24日，制定公布2011年度新建住房价格控制目标，严格落实限购政策。重点对商品房预售行为、买卖合同管理、信息公开、房地产销售代理和房地产经纪等秩序监管。5月1日起，严格执行《商品房销售明码标价规定》，督促开发商严格按照申报价格明码标价对外销售，不得随意提高房价。加强房地产市场监管，全年开展2次执法检查，严厉查处房地产开发企业违法行为，确保房地产市场平稳运行。8月，市住建局与省住建厅工作组一起，对全市房地产进行了检查，重点督促落实住房和城乡建设部、国家发展和改革委员会《关于加强房地产经纪管理进一步规范房地产交易秩序的通知》的精神，10月，市住建局规范了商品房预售方案，对房地产市场秩序与房屋租赁、经纪秩序进行了检查。对6家房地产企业下达了责令整改通知书。2011年，市住建局核发商品房预售许可300万平方米，实行商品房买卖合同网上签约15959套，备案确认15959套，备案率100%。完成房屋安全鉴定79宗、面积3.2万平方米。

【管理体系建设】 2011年，市住建局继续完善包括廉租住房、公共租赁住房、经济适用住房及限价商品住房等的住房保障工作管理体系，制定了《海口市公共租赁住房管理暂行办法》、《海口市限价商品住房管理暂行办法》（待公布）、《海口市政府投资保障性住房配售工作规程》、《海口市保障性住房销售网上签约备案管理办法》、《海口市单位利用自有土地建设保障性住房项目审批工作规程》、《海口市政府投资保障性住房项目引资建设实施办法》（待公布）。

【维修资金管理】 全年审核收缴约10810套商品房维修资金，共收缴商品住宅专项维修资金约9796万元，维修资金建档率达100%。全市已有465个住宅小区（大厦）上缴住宅专项维修资金，累计归集商品住宅专项维修资金9亿元。全年批准使用维修资金12宗，约计金额123万元。公有住房资金累计收缴约22804万元，2011年共收缴138.3万元。公有住房资金用于维修资金使用的5宗，约102万元。对历史账目数据进行清理，共整理录入11194户的维修资金缴存情况。处理业主投诉开发商迟交商品房业主的维修资金违规行为15宗，成功追缴维修资金175万元，有力遏制开发商截留维修资金的苗头。

【处理房产证历史遗留问题】 2011年，市住建局解决房产证历史遗留问题办公室受理申请解决遗留问题办理房屋产权登记项目292个，建筑面积1714505平方米。已解决处理完毕进入登记发证程序的项目有139个，建筑面积1110158.72平方米。

【物业管理】 2011年，《海口市物业管理招投标程序》已拟定待颁布后实施。与4个区住房保障中心召开协调会，物业纠纷处理及物业公司资质年终复核初审意见下放4个区，加大物业管理纠纷处理力度，积极指导各区物业管理及时调解物业管理纠纷，处理率95%以上。共办理物业管理资质审查暂定三级36家，暂定升三级44家，复核163家。开展物业管理市场专项整治工作，取缔无物业管理资质，管理差，用户投诉经确认有违法、违规行为物业管理单位56家，协调解决物业管理纠纷50宗，有效维护企业规范经营、市场秩序。组织从业人员培训，提高业务素质，持证上岗率从73%提高到100%，采用单协议方式选聘物业公司23家、邀请招标18家，处理各种物业管理纠纷60余宗。指导、协调4个区住房保障中心成立业主委员会备案20余宗，指导住宅小区成立业主委员会25家，完成物业公司招标备案41件。

【房屋白蚁防治备案】 全年共完成白蚁防治备案登记的项目共288宗，建筑总面积995万平方米，占应防治面积的78%。其中竣工备案登记项目178宗，建筑总面积462.81万平方米；合同备案登记项目110宗，建筑总面积532.20万平方米。全年办埋建筑工程施工许可登记的项目共175个，建筑总面积602万平方米。至2011年底，在市住建局办理合同备案登记的项目110个，占项目总量的百分之63%；面积471.78万平方米，占应防治面积的百分之78%。

【房屋登记】 加强房屋登记官队伍建设，规范房屋登记及房屋档案管理，在工作量大、人手少、设备简陋情况下，通过强化管理，提高房产管理效率。办理各类房屋权属登记8.45万件1472万平方米。首度推出房产证防伪加密服务，杜绝在房屋权属办理中出现的“假证”现象，有效地保护产权人的合法权益。

【房屋档案管理】 2011年，共接收房产档案26576宗，整理、核对、入库管理80530宗；接收抵押档案12144宗，整理、核对、入库管理18770宗；办理抵押档案注销取房产证5164宗；为银行提供房产证或土地证借用122本。受理司法部门查、解封、判过户房产法律文书共1425份，涉及房产共5873宗，其中办理房产查封2007宗，办理房产解封、判过户3866宗。提供房产登记信息查询85689宗次，共为65748人出具房产情况说明21936份，印签房产档案证明7685宗。完成全市个人住房信息管理系统的初步开发，已完成69.1万宗房屋档案数字化录入工作。

【房屋面积测绘审核】 全年共完成房屋面积测绘审核1372宗，面积691万平方米。其中实测646

宗，面积288万平方米；商品房预测测绘726宗，面积303万平方米。

（虞俊峰）

园林绿化

【概况】 2011年，全市共新增绿地面积164公顷（其中市政绿地面积86公顷），改造市政绿地面积21.4公顷。至年底，共有各类公园20个，面积852.7公顷；街边街心绿地、小游园及单位居住区附属集中公共绿地242处，面积218.19公顷；带状公共绿地23处，面积240.87公顷。全市建成区绿地面积3672公顷，绿地率达37.66%；绿化覆盖面积4096公顷，绿化覆盖率达42%；公共绿地面积1367公顷，人均公共绿地面积达12平方米。11月，市园林管理局被国家住建部评为2010—2011年度中国建设职工政研会风景园林行业分会先进会员单位。

【园林规划设计】 2011年，万绿园总体规划获市政府批复；完成海南科技馆青少年活动中心规划设计；完善金牛岭公园、海秀公园规划方案设计；完成绿线控制规划修编及城市公共绿地信息系统总汇。市园林部门还组织完成了长秀片区路侧绿化带、海甸岛环岛路南侧控制绿化带、创业路、长怡路慢行通道及街边小游园等26项市政绿地设计方案，审查会展中心周边路网、海甸溪北岸路网、南海大道延长线道路绿化等19个项目的绿化初步设计。

【公园及道路绿化】 2011年，滨江西带状公园一期（新埠桥—海瑞大桥段）8.7公里长的慢行休闲景观工程于11月动工建设。完成长流起步区中央公园建设，面积约15万平方米。完成滨海西路12.5公里长的园林景观改造工程。完成滨海大道示范段（滨海立交－世贸北路）整治改造，改造面积11.26万平方米。完成西海岸园林绿化景观恢复（从帆板基地至新国宾馆），恢复绿化面积5.81万平方米。实施海甸岛环岛路滨水绿带及慢行通道7.2公里长的景观工程建设，绿化面积18万平方米。完成侨中路、高登东路贯通工程、和平路贯通工程、文明东路贯通工程、邱海大道延长段、金贸东路延长段、龙昆南延长线、金秀路、学院南路、渡海路、绿色长廊二期及海甸溪北岸路网6条道路、海南会展中心路网、校安工程配套路网等道路绿化工程建设。完成滨海大道、龙昆路、国兴路、南海大道、琼山大道、创业路、长怡路等49条主要景观大道的绿化改造。加强街心街边绿化、小游园建设。市园林部门组织完成疾控中心前绿地、国贸大院绿地、渡海路路侧绿地、海甸二东路街边绿地、文华东路路侧绿地、那梅立交绿地、海口火车东站周边绿地、金盘路路侧绿地、琼山中学高中部前绿地、世纪明珠绿地、英才小学前绿地、海新桥绿地等12块街边街心小游园建设。

【公园环境改造】 万绿园改造468盏节能灯具，安装40个防雷设施，修剪花灌木39.6万平方米，草坪720多万平方米，新增园林小景3000平方米。金牛岭公园新建2块小广场1700平方米，园路100米，修筑斜坡挡土墙170米及堤坝栅栏580米，铺植草皮5000多平方米，设置石凳石椅34张，公厕2座。人民公园全面检测和维修音乐喷泉，对旧厕所进行翻新，更换健身器材15种75件。

【国际园林花卉博览会参展】 第八届中国（重庆）国际园林花卉博览会11月19日在重庆市举行。根据市政府要求，市园林部门在重庆园林花卉博览园内修建“海口园”，面积3029平方米，总投资240多万元，内含骑楼建筑、假山塑石、园林绿化等工程。该园于8月24日进场施工，11月10日交付使用。

【义务植树】 3月12日～4月11日，省市区各级机关干部、企事业单位干部群众、驻市部队官兵、在校师生和青年志愿者6200多人，分别在永桂路、苍西村、儒俊路、灵桂路、丘海大道延长段、永庄水库周边等地开展主题为“2011国际森林年，我为地球家园种棵树”的春季群众性义务植树活动，种植非洲楝、火焰木、桃花心木等各种乔木1280株，椰子树、马占相思12000株，整个春季义务植树活动共完成城区绿化面积39660平方米，郊区造林30亩。3月12日，企业和社会各界青年志愿者以及市民群众900多人在万绿园、人民公园、金牛岭公园开展主题为“奉献一片爱心，呵护一片绿地”的绿地保洁活动和主题为“人人认养一棵树，共建绿色地球家园”的树木认养活动，183株树木被爱心人士认养。11月5日，组织1000名在校大学生环保志愿者在世纪公园开展“保护地球家园，我为地球家园植棵树”为主题的秋季义务植树活动，种植火焰木、大王棕等乔木292株。

【节日摆花】 国庆节、春节等节假日，市园林部门在省政府门前、世纪大桥、观海台，以“大鹏展翅、吉祥如意、观海迎春”为主题摆花造景，在国兴大道、龙昆南路、滨海大道、海府路、人民公园、金牛岭公园等市区主干道、重要景点、各大公园进行摆花，共摆放鲜花130余万盆。

【防汛防风救灾】 2011年9~10月间，强台风“纳沙”、“尼格”相继袭击海口，全市倒伏、折断树木82070株，其中市政道路和公园绿地倒伏大树约7230株，被水浸泡绿地26.5公顷，受损盆花12.48万盆。市园林部门迅速组织全系统干部职工开展抢险救灾工作。成立防汛减灾领导小组，组织15个抢险突击队，启动防风防汛应急预案，实行24小时值班和全员上岗，分片包干，连续几天每天工作16小时以上，共出动约2.1万人次，车辆7540车次，吊车341台班，挖掘机181台班，投入紧张的抗风救灾绿化修整工作，使海口城市园林绿化景观迅速恢复。

【绿化苗木询价】 2011年，市园林部门开展了绿化苗木询价工作，海口市尚属首次。在苗木询价工作中，市园林部门成立绿化苗木价格询价小组，通过对广东珠江三角洲、海南全岛范围内的苗圃进行调研，对全岛范围内的126种的常用绿化苗木的价格有了较详细的了解。经市政府批准，先后出台了2期《海口绿化苗木价格信息》，并在市园林网上发布，以此指导并服务全市绿化苗木的生产管理与园林绿化工程建设。

【病虫害防治及古树名木保护】 2011年，市园林局制定年度园林病虫害防治计划，邀请专家现场指导，推广应用防治新技术、新方法，将各阶段防治工作细化、量化，明确任务。至年底，完成市区约16万株椰子树和5万多株行道树病虫害防治任务。同时落实古树名木及古树后续资源保护措施，组织专家对海南中学抢救病害古树、侨中路4株古树迁移及薛村2株古树清理枯枝等工作提供16次技术指导。

【万春会活动】 根据市政府第六届“万春会”安排，市园林部门在园内栽种各类鲜花12600盆，树杆挂花篮96个，置立造型花篮30个、大型花架一组（3个），造景摆放大宝巾花100盆、一品红2500盆，菊花3500盆和其他各类小盆花13500盆。制作安装主题灯展一组、“万春门”、“和谐门”两座拱门和内湖景观船灯一组。在园内悬挂灯笼50000个、彩色网灯1000多张、射灯、LED管灯10000多米，对园内200多株椰子树、100多株大王棕、100多株其他树木和9座避雨长廊（亭）、内湖中心桥面、西门主道花盆等都进行了亮化装饰，营造浓厚的节日气氛。对园内的变压器及68个配电箱、配电配套设施、5000多米供电电缆线进行检修、保养，安排治安巡逻队员1200人次开展安保工作，确保“万春会”活动顺利开展。

【绿化“110”工作】 市园林部门成立专门队伍、配备专用车辆，负责处理12345热线和数字城管投诉案件，做到迅速行动，第一时间处理相关问题。共接受处理12345热线404件，办结率达到100%；数字城管事件3530件，月办结率均在95%以上，市民满意度高。

【绿化法规宣传】 3月1日~12日，组织人员先后在万绿园、金牛岭公园、人民公园、海秀镇、椰子岛、美舍社区、秀华路、府城三角公园等地设置宣传点，开展全民义务植树和绿化法规宣传活动，现场解答市民的业务咨询，向广大市民和游客发放绿化宣传环保袋3000个、发放《海口市城镇园林绿化条例》、《海口市古树名木保护管理规定》、宣传海报、宣传单等资料12000份（册），悬挂宣传标语120幅。8月26日，组织4个区园林局、万绿园、海口人民公园、白沙门公园和金牛岭公园等8家单位，在各公园、各区街道办、社区开展“爱绿护绿促进文明城市创建”宣传活动，设置8个宣传点，向市民发放各种宣传资料10800份、环保宣传袋7000个。

【《海口市城市绿线管理办法》颁布实施】 6月28日，《海口市城市绿线管理办法》经市十四届人大常委会第36次会议通过，7月22日省第四届人大常委会23次会议批准。8月15日，市人大常务委员会以公告第22号公布，自2011年11月1日起实施。

【建议提案受理】 2011年，市园林局收到人大建议、政协提案18件，通过逐个上门走访的方式与代表、委员进行了面对面的沟通交流，至8月底，18件议案全部办理完毕，办结率100%。

【干部教育培训】 一是抓好局党组（委）中心组理论学习。制定党组中心组学习计划，完成党组中心组集中学习15次。二是抓好教育培训工作。共组织党员干部进行科学发展观专题教育4次，文明礼仪专题教育培训1次，“城市建设与规划管理”专题教育20个学时，廉政建设专题教育1次（3个月）。组织各类培训活动308人次。三是抓好公务员在线学习。组织20名科级以下部人参加海口市公务员在线学习，累计学习680学时。

【机关党建工作】 一是抓好党的阵地建设。投入3万余元，配置图书1000余册，书柜、桌椅、书架数套，做到制度上墙、廉政文化上墙、荣誉成绩上墙。二是抓好规范化建设达标工作。指导海口人民公园党支部的规范化建设和达标申报工作，抓好已达标支部的继续完善和改进工作。三是抓好党务政务公开工作。对重大事项、人事任免、重要经费开支、党费收缴等及时或定期公开。四是抓好优质服务巩固年及民主评议机关工作。召开动员大会5次，座谈会7次，悬挂标语29条，出简报6期，设立意见箱8个，发放调查问卷5000份，征求建议358条。五是抓好农村结对帮扶。市园林局领导深入东谭村委会调研96人次，开展帮扶396人次；指导村党支部发展党员6名，培养入党积极分子4名；投入帮扶资金近20万元，修建牌坊1座，创建党员创业示范基地1个，绿化休闲文化广场2个，慰问困难党员群众156人。

【党风廉政建设】 一是扎实开展廉政教育。开展公职人员廉政教育，参加岗位风险排查94人，共查找廉政风险点265个，签订廉政建设责任书12份，制定防控措施617条，撰写学习心得112篇，废除行政审批事项7项，完善制度11项，新建制度5项。二是开展“反腐倡廉宣传教育月”活动。党政一把手讲廉政党课5场次，参加人数287人次；组织观看警示教育片12场次，参加人数635人次。三是做好公务用车专项治理工作。按要求对占用下属单位的3车辆退还原单位，1辆超编车辆已封存。

（王汉章）

环境卫生管理

【概况】 2011年，全市环卫系统干部职工以提高城市环境卫生管理质量，构建科学长效管理机制为重点，按照海口市“五大工程”环境综合整治的总体部署，精心组织，科学管理，使城区环境卫生整体质量有了明显提高，市民环境卫生意识明显增强，城区“三乱”现象得到有效遏制，环卫发展呈现出管理体制化、作业精细化、考核标准化、监督社会化、保障制度化、管理长效化的崭新局面。全年出动冲洗车辆960车次，共冲洗污染路面405万平方米。完成了59座固定公厕建设并全部投入使用。共转运处理了生活垃圾约50万吨，建筑垃圾4070车次，共计5.9万立方米。

【创建卫生城市】 2011年，市政市容管理委员会把城市环境卫生的管理融入到创建全国卫生城市的工作任务中，加强对小街小巷、城中村、城乡结合部的卫生整治，加大乡镇环卫基础设施的投入，完善居民垃圾投放和收运措施，落实“门前卫生三包”管理责任制。完成了颜春岭垃圾焚烧发电厂的建设，2011年5月正式投入使用，日处理垃圾约1400吨，日发电量约30万千瓦。完成了

59座固定公厕的建设和投入使用，安装72座环保公厕并免费向社会开放。同时加大了道路清扫机械化作业的投入力度，投入2000多万元采购机械设备，提高了作业效率。

【推行片区道路五包责任制】 从2011年11月22日起，海口市推行片区、道路“五包”责任制。“五包”：一包责任区域卫生干净整洁；二包责任区域容貌规范有序；三包责任区域卫生情况监督；四包及时发现、报告、控制、查处责任片区、路段出现违法建筑物；五包责任片区、路段市容环境井然有序，无乱摆摊、乱堆放、乱张贴、乱悬挂、乱涂写等现象。包干期限原则上定为三年。实行“五包”后第一年工作目标：主城区一类道路“门前卫生三包”责任书签订率达到100%，责任制落实率达到90%；二类道路“门前卫生三包”责任书签订率达到90%，责任制落实率达到80%；三类道路“门前卫生三包”责任书签订率达到80%，责任制落实率达到70%；乡镇街道“门前卫生三包”责任书签订率达到80%，责任制落实率达到70%。及时发现、报告、控制、查处违法建筑，新增违建控制率达到100%。采取有力措施规范广大沿街单位和店铺经营者的公共行为，杜绝占道经营、出店经营等违法行为。后两年内，要实现“门前卫生三包”签订率和落实率得到巩固和提升，城市环境卫生整洁，市容秩序井然，违法建筑得到有效控制的目标。

【环卫基础设施建设】 2011年，已落实生活垃圾分类处置经费555万元，设备购置经费814万元，9月已全部完成招标采购工作。通过深入扎实的工作，垃圾分类知晓率在试点单位人群中达90%以上。日中转150吨的长流中型垃圾转运站已完成立项、用地预审，正办理可研环评批复，办理规划选地意见。

【环卫综合整治】 一是完善了《海口市环境卫生质量管理考核实施细则》、《海口市环境卫生质量管理检查评分标准》、《海口市环境卫生管理奖罚规定》、《海口市公共厕所建设和管理实施方案》等一系列制度和管理标准。二是设立环境卫生管理考核基金，严格实行量化管理。对各区在开展“椰城环卫杯”竞赛评比和环境卫生综合整治活动中的环卫管理质量进行评价，适时适度处罚，检查中每扣一分，扣罚500元。通过实行量化管理，使各区政府和各级环卫部门在竞赛评比活动中感到有责任、有压力。

【公厕建设】 2011年，市环卫局共完成了59座固定公厕建设并全部投入使用，并且还安装了72座环保成品公厕并免费向社会开放。新建乡镇公厕15座，改造乡镇旧公厕24座，已全部完成并投入使用。

【环境卫生管理】 2011年，市环卫局不断加强“门前卫生三包”管理，落实门前卫生责任制。要求全市的临街单位、店户签订“门前卫生三包”卫生责任书，按照门前卫生责任书的内容督促履行各自职责。落实“门前卫生三包”管理员制度，实行定人、定点、定时间、定标准、定责任的“五定”办法，加强街面的巡逻，并积极主动地与城市行政执法部门沟通、协调，对乱丢、乱倒垃圾的行为进行教育、劝导。全年共纠正各类违章行为1.5万余起，发放各类宣传教育资料12万余份。同时，市环卫局专门设立了“环卫110”监督举报电话（68725491），及时受理环境整治工作中的各种问题。全年“环卫110”共受理市民群众举报投诉5700件，每一件都得到了及时处理和反馈，没有发生积压不办或延期办理的现象，结案率100%，群众比较满意。

【生活垃圾处理】 海口市颜春岭垃圾处理场采取焚烧发电处理技术对生活垃圾进行处理，由海口中电新能源环保电力有限公司负责运营，每日处理生活垃圾约1500吨，其中海口市约1350吨，澄迈县约150吨，年处理垃圾总量达到54万吨，进场生活垃圾无害化处理率达到100%，年发电量达到1.2亿度。填埋区沼气利用发电项目已于2009年建成运行，2011年沼气综合利用上网发电约1600万度。渗滤液处理厂2011年处理垃圾渗滤液总量达到12万吨。全年完成生活垃圾转运和无害化处理工作，生活垃圾无害化处理率达到100%。完成投资1800万元在农村23个镇建成25座生活垃圾收集转运站，配备一批垃圾运输车辆，农村垃圾收集率达到30%。

【建筑垃圾处理】 2011年，共出动冲洗车辆960车次，共冲洗污染路面405万平方米。增设两处建筑垃圾临时排放场，有效解决全市装饰装修建筑垃圾的消纳难题，并对进场的建筑垃圾及时推平、辗压及洒水压尘。组织清理卫生死角73处，组织清理乱倒的建筑垃圾4070车次，共计5.9万立方米，受理和办结数字城管案件1758宗。

【垃圾焚烧发电项目】 2011年5月28日，海南首个垃圾焚烧发电项目海口市垃圾焚烧发电厂正式投产。该厂位于澄迈县老城经济开发区颜春岭垃圾填埋场内，总投资4.66亿元，建设有两台日处理垃圾600吨的炉排炉垃圾焚烧和2台12MW的发电机组，项目于2010年1月20日正式开工。两台机组投入使用，日处理垃圾约1400吨，日发电量约30万千瓦时，烟气排放等各项指标均达到或优于国家标准，垃圾无害化处理率达到100%。垃圾焚烧发电厂的建成投产，为改善海口周边地区的环境卫生质量，促进垃圾处理无害化、减量化、资源化，收到了良好的经济效益，起到了良好的示范效益。

【颜春岭垃圾填埋场渗滤液处理厂扩建】 2011年，颜春岭垃圾处理场渗滤液处理厂改扩建工程已完成立项，环评审批等前期工作，并已先行实施了渗滤液调节池加盖除臭工程，已按省规定时限按时完成，加盖除臭工作完成后，场区的臭气得到控制，受到周边单位的好评。

【开征生活垃圾处理费】 根据市政府《海口市城市生活垃圾处理费征收使用管理实施办法》和《海口市城市生活垃圾处理收费标准》，从2011年7月1日起，以“水消费系数法”方法开始征收城市生活垃圾处理费。这种办法体现了操作性强、收缴率高、简便、规范等多方面优势。至12月底，完成了海口市生活垃圾处置费征收600万元，核拨生活垃圾运输经费347.52万元。

（郑馨凝）

气象事业

【概况】 2011年市气象局坚持“公共气象、安全气象、资源气象”的发展理念，全力做好气象监测、预报、预警和气象服务工作，在气象保障服务、气象综合观测、气象科研等方面取得显著成效。2011年先后有5个热带气旋影响海口市，市气象局均提前发布气象服务信息，全程进行跟踪服务，取得了较好的社会及经济效益。在10月4日20时~6日08时造成海口严重内涝的强降水天气过程中，及时发布预报预警信息。积极扩展气象服务渠道，年内完成气象服务共享系统的开发与安装使用，开展城市暴雨积涝预报预警科研项目。市气象局被省气象局授予“2011年重大气象服务先进集体”荣誉称号；被市委、市政府授予“防风防汛救灾先进集体”称号，被市政府服务中心授予“2011年度海口市政务服务先进单位三等奖”称号。官满元同志被省气象局授予“重大气象服务先进个人”荣誉称号；市气象台刘霞同志被市委、市政府授予“防风防汛救灾先进个人”称号。

【2011年海口气候特点】 2011年海口气候的主要特点：气温偏低，降水正常，日照偏少，热带气旋影响个数正常。年平均气温23.3℃，比常年偏低1.1℃，年极端最高气温35.9℃，出现在6月12日和7月8日；年极端最低气温7.7℃，出现在1月12日。年降水量2002.1毫米，比历年同期平均值偏多18%，但时空分布比较均匀，其中4月、8月分别偏少83%、73%，而10月、6月分别偏多190%、52%。全年出现6个暴雨日数，其中，10月5日降水量达331.2毫米，突破观测站点历史日降水量记录。雨季开始于5月下旬，比常年略偏晚，结束于10月上旬，比常年略偏早。年日照时数1486.2小时，比历年同期平均值偏少24%。

【热带气旋】 2011年主要受4个热带气旋影响。（1）2011年1104号热带风暴“海马”6月21日02时在南海生成，23日10时10分在广东阳西县与电白县交界处登陆，16时50分再次在广东吴川登陆，之后西行穿越雷州半岛于23时进入北部湾北部海面。24日19时50分，在越南北部沿海地区又一次登陆。受其影响，22日、23日海口市普降暴雨到大暴雨。据全市32个自动气象站的监测：降雨过程从22日06时起，至24日14时结束，整个降雨过程，海口市有26个站累积降雨量超过100毫米，其中15个站超过200毫米，7个站超过250毫米，1个站超过300毫米，即灵山镇智力中心学校站，累积降雨量达322.3毫米。极大风速为15.8米/秒，出现琼山地面站。（2）2011年1108号强热带风暴“洛坦”7月26日08时在菲律宾以东洋面生成，23时加强成为强热带风暴，于27日上半夜进入南海东部海面，29日17时40分在文昌龙楼镇登陆，并继续向西北偏西方向移动，29日下半夜进入北部湾海面，于30日19时50分在越南北部沿海再次登陆。受强热带风暴“洛坦”的影响，据全市32个自动气象站监测：28日08时至30日16时，有31个站点的过程累计降雨量超过50毫米，其中最大为旧州镇，累计降雨量达105.8毫米；极大风统计共有2个站点出现9级大风，1个站点出现10级大风，其他都在9级以下，最大阵风出现在29日15时53分海口东营海蓝椰风小区，风速达25.0米/秒。（3）2011年1117号强台风“纳沙”9月24日08时在菲律宾以东约1520公里洋面上生成，27日凌晨强台风“纳沙”在菲律宾吕宋岛东部沿海地区登陆，27日夜间减弱为台风进入南海东部海面，29日7时再次加强为强台风，29日14点30分前后在文昌翁田镇沿海登陆，登陆时最大风力14级，登陆后西行穿越海口市，减弱为台风后进入北部湾，21时15分前后在广东省徐闻县角尾乡再次登陆，30日11时30分前后在越南北部广宁沿海第三次登陆。自2005年“达维”台风以来，“纳沙”是海口市所遇到的最强台风。受强台风“纳沙”影响，海口市出现强风雨天气过程，部分乡镇出现9～11级大风，2个乡镇极大风速超过12级，最大为东山镇，出现13级大风（39米/秒）。据全市32个自动气象站监测：9月28日20时到30日08时，全市平均降雨量185.5毫米，23个乡镇总降雨量均超过100毫米，其中20个乡镇总降雨量超过150毫米，9个乡镇总降雨量超过200毫米，最大降水量出现在三门坡镇，雨量达247.5毫米。（4）2011年9月28日02时1119号热带风暴“尼格”在距离菲律宾以东约1780公里的太平洋洋面上生成，9月30日23时加强为强台风，10月1日9时前后在菲律宾吕宋岛东北部沿海登陆，11时减弱为台风，17时进入南海东部海面，2日14时减弱为强热带风暴，4日12时30分在海南省万宁市东澳镇登陆，登陆时最大风力10级，经过琼中、昌江、乐东，14时与琼中境内减弱为热带风暴，23时减弱为热带低压并进入北部湾海面。受“尼格”和冷空气的共同影响，据全市32个自动气象站监测：10月2日20时～5日11时，海口市平均降雨量137.7毫米，强降水主要出现在4～5日，过程降雨量最大为三江镇（172.0毫米），并伴有7～9级大风，极大风速最大为灵山镇（26.2米/秒）。

【强降水天气】 10月5日由于受“尼格”残留外围云系、南海辐合带和冷空气的共同影响，5日出现强降水天气。海口国家基准气候站（永庄）5日降水量达331.2毫米、突破观测站点历史日降水量极值。

【气象业务】 2011年气象基础业务质量保持稳定（见下表），土壤湿度观测和水库水情监测运行正常并按时上报观测数据；气象网络运行良好，信息传递正常。

2011年海口市气象局气象测报业务质量

站点	业务种类	错情率	与上年比较
海口地面气象站	地面观测	0.03‰	+0.02‰
	酸雨观测	0.0‰	±0.0‰
琼山气象站	地面观测	0.05‰	+0.04‰
海口高空探测站	地面观测	0.1‰	+0.0‰
琼山农业气象站	农气观测	0.0‰	±0.0‰

【气象服务】 2011年，市气象部门全力做好气象监测、预报、预警和服务工作。各月按时发布中长期预报，先后准确预报“海马”、“洛坦”、“蒲公英”等3个热带气旋。全年共发布中长期天气预报48期、汛期预报、冬春预报各1期、《重要气象信息专报》17期、《重要气象信息快报》70期、发布暴雨、台风、大雾、寒冷预警信号共59

期、发送气象信息70多次15.4万多条，最大限度地减少了损失。

【人工增雨】 2011年6月、7月在三门坡开展火箭人工增雨作业2次，发射增雨炮弹3枚，增雨效果明显，有效地缓解了海口市部分乡镇旱情。

【社会管理】 在市政府服务中心的统一部署下，“防雷装置设计审核和竣工验收”等项目实现网上审批；8月，“防雷装置设计审核和竣工验收”与市住建等部门实行网上联合审批。海口气象审批窗口全部审批件实现零差错、零投诉，受到市政府和客户的好评。1月~11月，对不特定主体开展执法巡查51件，开展防雷安全及气象探测环境和设施保护等专项检查4次，下达责令停止违法行为通知书26份，有效地打击了各类气象违法活动，维护了气象法制环境和社会公共安全。6月8日和8月15日，先后与市安监局开展防雷安全专项检查。

【海南橡胶气象台】 受海南省气象局委托，海南橡胶气象台由海口市气象局管理其各项业务工作。2011年海南橡胶气象台各项业务工作逐步有序展开。3月1日正式开展电子显示屏气象服务业务，每日16：00—18：00时为海南农垦26个农场（所）发布24小时天气预报。3月29日至4月2日，海南橡胶气象台协助省气象局完成了海南农垦文昌所、红明、中瑞、南俸、东平、东和、新中、南林、红光、西庆、西流、八一、龙江、大岭、金波、红泉、红田、中坤、中建、阳江、大丰、保亭所、南滨、南岛、南平、立才等27个农场（所）自建站以来的气象档案资料收缴工作。7月8日，海南橡胶气象台隆重举行揭牌仪式，海南省气象局党组书记、局长王春乙、海南省气象局副局长朱小祥及省局相关处室领导和红明农场场长邹存柏出席。

【气象灾害应急预案】 2月15日，海口市气象局向市政府上报《关于审定海口市气象灾害应急预案的请示》。12月19日，海口市政府印发《海口市气象灾害应急预案》，并自印发之日起施行。《预案》由总则、应急指挥机制、监测预警、应急处置、恢复与重建、应急保障、预案管理及附则等8部分组成，适用于海口市范围内台风、暴雨、寒冷、海上大风、高温、干旱、雷电、冰雹、大雾等气象灾害事件的防范和应对。《预案》按照气象灾害程度和范围，将应急响应分为Ⅰ级、Ⅱ级、Ⅲ级、Ⅳ级4个响应等级，分别应对特别重大、重大、较大、一般4个气象灾害级别。

【海口气象监测预警中心建设】 7月8日，中国气象局下发《关于海南省气象事业发展“十二五”规划建设项目投资安排的意见》，同意实施海口气象监测预警中心工程，并在气象仪器、装备及气象现代化设施建设等方面给予支持。12月8日，海口气象监测预警中心建设工程被列入《海南省“十二五”气象事业发展规划》重点工程项目。同日，海口市副市长蒙国海主持召开市长办公会议，专题研究审议《海口市气象监测预警中心建设方案》，要求将海口市气象预警中心项目列入全市“十二五”防灾减灾体系建设重点项目。

【海口市气象信息共享服务系统】 7月21日，海口市气象信息共享服务系统通过验收并投入使用。系统主要包括重要天气、天气预报、气象监测、灾害防御等9项功能。该系统7月初在各区政府、三防办、23个镇和农业、林业、海洋与渔业、旅游、交通、安监等市相关单位安装使用，率先在全省实现了气象信息在市（县）乡镇级的共享。

（吴文娟）

城市防震

【概况】 海口市民防局2009年成立，同时挂海口市应急管理办公室、海口市地震局、海口市人民防空办公室牌子。2011年，在认真做好应急管理的基础上，逐步完善城市应急管理机制；加大防震减灾宣传教育力度，做好全市地震安全工程工作。2011年，海口市获得广州军区国防动员委员会颁发的“人民防空先进城市”嘉奖。

【应急管理工作】 （1）抓好基层应急队伍建设。自市政府《海口市加强基层应急队伍建设实施方案》出台后，市民防局督促指导4个区政府完成了基层应急队伍的组建，组建了卫生、环保、三防、地震、消防等专业的应急救援队伍，并在海南医学院组建志愿者队伍。（2）加强应急演练。印发《关于开展专项应急预案演练的工作的通知》，要求全市各单位和各区组织开展预案演练。全年指导市政管理局、市环保局等有关应急单位，完成了燃气泄漏和桥梁损坏的应急救援演练、美兰区食物中毒处置应急演练、环境突发事件演练和4个区教育局组织的学校应急演练等。（3）积极开展创新应急机制和综合应急指挥中心建设课题调研。按省委常委、市委书记陈辞和市长冀文林在视察人防指挥所时提出的关于综合应急指挥中心建设的重要指示，由市民防局和海南大学联手组成课题调研组，开展理论调研，调研组赴国内多个城市考察，组织了多次研讨会，完成了调研报告，已提交市有关领导审阅。

【防震减灾宣传】 5月12日上午，在明珠广场举办大型“5.12”防灾减灾日防震减灾科普宣传活动，向市民发放宣传册子和宣传单等近3000份、展览了以汶川大地震经验及教训、防震减灾相关法律法规及科普知识等系列内容的展版。与海口广播电台合作，利用1年时间，通过M95.4交通频道和纠风热线直播间宣传应急和防震减灾科普知识。同时还派出专人深入4个区及街镇，开展防震减灾知识讲座19期，进一步提高广大基层群众的防灾减灾意识。

【地震安全工程】 2011年，市民防局积极开展海口市农村民居地震安全工程工作，举办两期农居工程业务培训班，受训人员60人次。派员深入4个区、50多个村指导农民建设抗震房屋，受理申报农居工程示范户270户，提前完成省地震局下达的任务。

【演丰地震观测台建设】 2011年，市民防局加快演丰地震观测台的建设，年底已完成围墙、设备用房的主体工程，省地震局已通过评审，明确监测手段。该台站为全省唯一在老震区设置的观测点，主要加强对1605年琼州大地震老震区的严密监控。

【万绿园地震避难场所建设】 2011年，市民防局抓紧完成万绿园地震避难场所的建设，已完成规划设计，项目建议书已报市发改委批准，现正在筹备施工前期准备工作，计划在2012年，结合万绿园的改造工程，同步建设地震应急避难场所，主要用于解决周边及国贸片区的人员疏散。

【地震监测预报】 2011年，市民防局为了提高地震监测预报的科学性和准确性，坚持“两手抓”，一手抓地震监测台站建设，一手抓监测预报制度建设。已建好地震动物宏观观测站一个、地下流体台两个、强震台两个、深井摆台一个，演丰地震前兆观测震专业台站正在建设中。在有条件的48个村庄挂牌成立地震宏观观测站，充分发挥群众性的地震宏观观测工作。并制定了《海口市地震群测群防工作管理办法》，明确乡镇助理员、村联络员的工作职责、程序及制度。严格执行“昼夜值班制度、异常零报告、日报告制度以及周、月、季会商制度”，较好地完成了每年365天不间断数据的接收和分析处理工作，保证了观测资料的连续、可靠、准确和及时。

【地震灾害预防】 2011年，为增强震灾防御能力，海口市着重采取四项对策。一是高度重视城市规划中的地震安全问题，已完成了琼北地区活断层探测和长流等新区的地震小区划工作，这两项成果已用于城市规划建设，为避开地震断层、软土地基和沙土液化等不利场地，提供参照，也为一般的建设工程抗震设计提供依据，保证了建筑物的地震安全。二是制定《海口市地震安全性管理办法》，将建设工程抗震设防要求审查纳入基本建设程序，建设、规划等部门协助把好建筑物的抗震设防关。三是制定奖励资金扶持政策、组建了农居工程技术服务中心（协会或站），免费为农村建房提供技术指导服务，扎实推进农村民居地震安全工程。2011年完成试点村镇建设地震安全示范民居270户。四是加大地震科普知识宣传力度。在宣传工作中，注重内容丰富性、方式灵活性、范围广泛性、引导长效性。

【地震应急】 一是修订完善了破坏性地震应急方

案，并将预案落实到各街镇、大企业、学校、医院，扩大预案的覆盖面，进一步明确了应急工作的程序。二是开展地震模拟演练，市、区地震局派出专家经常深入指导学校、企业、居委会等部门，开展以对付地震灾害为目的的应急演练，至2011年，全市68%以上学校和20%以上的社区都进行了演练，基本达到抓好预防，强化意识的目的。三是编制《海口市防震减灾指挥图》。给政府开展抗震救灾指挥工作提供有力的技术和信息。四是建立紧急救援专业队伍和志愿者队伍。充分整合社会资源，组建了一支由消防、公安、地震、通信、卫生等部门60人组成的地震、火山应急救援队伍和由团市委、海南医学院150人组成的青年志愿者队伍。五是抓好地震应急避难场所的建设和物资储备工作。充分利用城市公园、绿地、空地等84处作为地震应急避难场所，面积828.47万平方米，可容纳236.52万人。

【防震减灾“十二五”规划编制工作】 2011年，市民防局组织力量编制的《海口市防震减灾“十二五”规划》已获市政府批准，同时完成《海口市人民防空“十二五”规划》上报市国防动员委员会，协助市规划局完成了《海口市城市综合防灾规划》。

【人民防空】 （1）按市国防动员委员会要求，加强国防后备力量队伍组织整顿工作，协助市警备区和市医院，完成了医疗救护分队的整顿工作，正陆续开展剩余的抢险抢修、防化防疫等六支专业队伍的整顿工作。（2）加快对全市主要民用建筑的防空地下室工程进行标识，至12月底完成了60个人防工程的安装任务。（3）加快人防移动通信指挥所建设，已完成项目可行性研究报告、初步设计方案和概算，并报市发改委批准立项，政府招标采购已结束，现正在抓紧施工。（4）人防通信短波电台系统基本建成，主控设备已在人防指挥所安装完毕。现抓紧在重点镇政府安装警报器和终端设备，以完善人防三级短波通信网，设备采购在12月初已完成，并组织技术人员，于12月15日开始安装，12月底完成安装工作。（5）开展“10.29”人民防空警报试鸣活动。10月29日在海口明珠广场举行大型的人民防空展览，并组织人防警报试鸣和人防通信指挥演练，以检验人民防空的迅速反应能力和设备的完好性。（6）认真做好警报设施社会化管理工作，经报市政府批准，12月9日组织召开海口市防空警报设施社会化管理试点工作会议，4个区人防办以及63家防空警报设施社会化管理试点单位负责人参加了会议。

（林师俊）

（编辑：吴坤涛）

中国石化

海口市人民代表

海口市人民代表大会常务委员会在市委的领导下，深入贯彻落实科学发展观，充分发挥地方国家权力机关作用，围绕海南国际旅游岛建设的总体部署，依法履行职责，开拓创新，积极推动“十二五”规划起好步、开好局，为推进海口经济社会平稳较快发展，建设国际旅游岛中心城市做出新的积极贡献。

2011年，是换届之年，海口市人大常委会按照宪法法律规定，加强指导、精心组织，切实做好市、区、镇三级人大换届选举工作，保障了换届选举工作圆满完成。一年来，常委会加大立法工作力度，拓宽立法渠道，把地方立法与海口市改革发展稳定和推动国际旅游岛建设发展等重大决策紧密结合起来，不断完善立法工作机制，提高立法质量，全年共审议地方性法规草案5件，并根据全国人大的要求对海口市现行地方性法规进行了全面清理。增强监督实效，深化监

市人大主任高锦全视察违法建筑整治工作

市人大主任高锦全视察公交场站建设情况

市人大主任高锦全视察市水环境治理情况

海口市第十四届人民代表大会第六次会议

督内容，综合运用监督法规定的监督形式，不断加大法律监督和工作监督的力度，推动“一府两院”工作，促进海口经济社会全面协调可持续发展，全年共听取和审议专项工作报告2项，审议、计划、预算、审计等报告4项，审议农田水利建设等报告3项。依法行使人事任免权，全年共依法任免和批准任免国家机关工作人员124人次，较好地发挥了地方国家权力机关的职能作用。运用代表约见国家机关负责人等监督形式，跟踪督查群众来信反映的天后宫等问题，促进了相关问题的圆满解决。注重发挥代表作用，丰富代表活动形式，拓宽代表知政渠道，不断提高代表履行职务的能力。认真处理信访，共受理来信来访1130件，进一步加强自身建设，机关的思想、作风、组织和制度建设得到了进一步提高，为常委会依法行使各项职权提供了良好服务。

市人大常委会领导慰问困难群众

市人大常委会领导到美兰区演丰镇南白村帮扶点调研

举办第十次“人大代表论坛”

海口市秀英

美丽西海岸

生态西海岸　黄叶华 摄

区人民政府

秀英区位于海口市的西北部，东起丘海大道，西邻澄迈县，南与定安县接壤，北临琼州海峡，总面积511.5平方千米。秀英区交通四通八达。海南主要客运码头——海口港的秀英港区在辖区内；海榆中线、西线国道和正在建设中的海屯高速公路均以秀英为起点；省际和省内长途客运始发站海口汽车客运西站建在辖区内；粤海铁路通道、东环铁路、海口绕城高速公路、货运大道穿越秀英区，秀英已成为连接省内外的重要交通枢纽。依托交通优势，秀英区逐步建成区域性现代化物流中心，满足商务活动和消费需求。

秀英区是海口的新型工业聚集区，聚集了高新技术开发区、海口“药谷”、狮子岭“飞地”工业园区等工业园区。占地50平方千米的美安工业科技新城前期工作进展顺利，将成为海口市新的经济增长点。电子信息、制药、光伏等新兴产业迅猛发展。秀英区是具有山海特色的休闲度假旅游胜地。区内资源丰富、生态完美、风光旖旎，发展优势得天独厚，有绵延20千米的黄金海岸线；有着深厚的历史积淀和文化蕴藏，有万年火山、千年驿道等；有道教南宗五祖、人称“海南文化史上第一人”南宋白玉蟾的故里，明朝著名政治家、学者、岭南四大儒之一丘濬的墓园；有观澜湖、美视、西海岸、东山湖等高尔夫球场，海口3家4A级景点——海南热带野生动植物园、石山火山群世界地质公园、假日海滩均在秀英，其中占地108平方千米的火山公园是全省唯一的世界级公园；喜来登、新国宾馆等高档酒店星罗棋布在风光秀美的西海岸。秀英区农业资源比较丰富，近14万亩的耕地和23万亩的林地以及广阔的海域，构成了粮食生产、瓜菜种植、水产养殖、海洋捕捞、禽畜饲养、花卉培植、热带水果种植的城郊农业格局。秀英的热带水果如荔枝、龙眼、黄皮、菠萝蜜、番石榴等享誉岛内外，羊山地区的永兴和石山享有水果之乡美称，永兴更是有名的荔枝之乡；西秀龙头国家级无公害蔬菜标准化示范基地、东山马坡洋万亩供港瓜菜基地、永兴镇南蓝省级蔬菜“无公害农产品产地”等生产的各类优质商品菜，是海口市重要的蔬菜来源之一；石山的雍羊、美安的小黄牛、西秀的江蓠菜是闻名的农产品。休闲观光农业蓬勃发展，火山泉、南海等十多个沿南海大道、海榆中线布局的休闲农庄是市民周末休闲的好去处。

滨海椰城　李汉仁摄

2011年，全区实现生产总值113.42亿元，同比增长14%；全社会固定资产投资151.74亿元，同比增长72.5%；农业总产值21.04亿元，同比增长5.9%；工业总产值168.53亿元，同比增长26.1%；社会消费品零售总额130.22亿元，同比增长18.1%。城镇居民人均可支配收入、农村居民人均纯收入分别为18866元和7164元，同比增长17.9%和16.2 %。

2011年是“十二五”规划的开局之年，也是秀英区建大区20 周年。秀英区始终把项目引进和建设作为推动经济工作的重要抓手。2011年共备案、立项项目61个，总投资额达209亿元；落户秀英区的68个省、市重点项目有序推进，尤其是金沙湾、西海岸新区南片区、海屯高速等19个重点项目“冲刺”工作圆满完成预期目标，海屯高速、海榆中线立交匝道等9个项目全面完成征地拆迁工作，西海岸新区南片区、金沙湾等3个项目完成征地签订协议工作，带动了全区固定资产投资的快速增长。

王飞书记深入田间地头调研

王飞书记、田丽霞区长参加文明大行动

海口市琼山区人民政府

琼山区于2003年1月1日设立，位于海口市东南部，东部、北部与美兰区毗邻，南连文昌市和定安县，西邻龙华区。土地面积939.9平方公里，区政府驻府城镇建国路，辖八个镇和一个街道办事处。截止2011年，全区常住人口48.6万人，其中农村人口19万人，占总人口的39%。

琼山自古人杰地灵，是海口国家历史文化名城核心区，素有“琼台福地”的美称。区政府驻地府城镇是古代琼州府所在地，原是海南岛政治、经济、文化和交通中心。琼山区周边有海口美兰国际机场、东环高铁海口东站以及东线高速、绕城高速、海榆东线等，交通非常便利。

田丽霞区长节假日带队检查食品安全

新兴花卉产业

大棚菜篮子基地

传统府城元宵换花节活动

乡村绿色慢行活动

琼山建区以来，全面实施“四区一园”（新兴低碳工业实验区、生态循环农业示范区、生态休闲旅游先行区、历史文化名城核心区和中心城市后花园）发展战略，全区经济保持平稳较快发展，教育、文化、卫生等各项社会事业不断进步。从2003年到2011年，全区地区生产总值由21.8亿元增加到65.6亿元；财政总收入由3.4亿元增加到18亿元；全社会固定资产投资由3.8亿元增加到27.7亿元，9年累计投资157亿元；社会消费品零售总额由10.3亿元增加到32.8亿元；农民人均纯收入由2777元增加到7050元；城镇居民可支配收入由2005年的7732元增加到19542元；三次产业结构由26.5：30.3：43.2调整为22.0：32.2：45.8。

红城湖路延长线及一横路道路工程开工仪式

府城红城湖全景

全国文明村镇——龙鳞村新貌

文明生态村新貌

海南花卉产业园项目现场

区委书记孟励到花卉长廊项目调研

海口市美兰区人民政府

海口市美兰区位于海口市东北部，面积581平方千米，下辖灵山、演丰、三江、大致坡4个镇和白龙、蓝天、和平南、海府路、博爱、白沙、海甸、人民路、新埠9个街道，共53个村委会、53个居委会，常住人口62万人。辖区环境优美，江海交汇、港汊纵横，海岸线绵延100多公里，南渡江、美舍河、海甸溪穿越城区流入大海。

2011年，美兰区全区生产总值完成174亿元，同比增长13%；财政收入达到28.8亿元，同比增长24.4%；固定资产投资完成116.2亿元，同比增长18.1%；社会消费品零售总额95.4亿元，同比增长17.9%；城镇居民可支配收入19567元，同比增长18.3%；农民人均纯收入7100元，同比增长16.4%；城镇登记失业率控制在3%以内。

重点项目建设成效显著。美兰区创新推行“六个一”工作机制，“一个项目、一个领导、一个机构、一个方案、一个倒排工期表、一抓到底”。2011年，32个重点项目完成投资71.6亿元，有司马坡岛、倚能美林湾项目、文明东路贯通工程、和平南路贯通工程、海口罗牛山农产品加工产业园等17个项目新开工。

商贸业发展规模不断壮大。新的物流产业构架和以旅游地产为龙头的现代服务业体系基本形成，产业结构不断优化。2011年三次产业结构比为6.9:11.6:81.5。随着新埠岛起步区等项目推进，独具特色的支柱产业及其产业集群，培育了美兰经济发展的核心竞争力。

乡村文明程度不断提高。完成灵山镇风情小镇概念

明珠广场

骑楼老街

游艇码头

花卉基地

大棚育苗

美兰区生态休闲长廊

①

②

③

④

⑤

⑥

①鸿洲江山埃德瑞酒店
②望海国际广场
③红树林
④东湖三角池
⑤白沙门公园
⑥琼州大桥

规划、三江镇总体规划等修编工作。农村基础设施建设进一步完善，投入150万元，实施农田水利基本建设工程16宗；投入25万元，实施22宗“三防”应急维修加固项目；投入30万元，解决6个村庄、1042人饮水困难问题；投入1130万元，完成15个文明生态村的创建任务，巩固提高旅游化10个文明生态村精品村。

城区面貌焕然一新。城区基础设施不断完善，圆满完成和平南路、文明东路贯通工程和桂林洋高校区7号路征地工作任务。环境综合整治成效明显，清理卫生死角600多处、生活垃圾及建筑垃圾1.4万吨；拆除违法建筑176宗、面积153998平方米；大力开展取缔违章占道行为、户外广告招牌以及非法小广告的专项整治工作，规范设置车辆停放点；新建固定公厕11座，增设果皮箱2500套，增配环卫垃圾运输车8辆。

就业和社会保障继续加强。实现新增就业岗位7219个、下岗失业人员再就业2640人、转移农村劳动力2619人；发放城市低保金1321.97万元、农村低保金610.23万元；实现农民参合12.57万人、参合率100%；完成城镇居民医保征缴12.67万人；新农保征缴38880人，参保缴费率92.5%；城镇居民养老保险征缴9223人，缴费率55.2%。

2012年，美兰区将继续深入贯彻落实科学发展观，围绕海南国际旅游岛建设和海口市打造“宜居、宜业、宜学、宜游”最精最美省会城市的目标，充分发挥优势，努力把美兰打造成中国乃至亚洲最具特色的休闲度假目的地、热带高效农业基地和现代化生态型热带滨海中心城区。

美兰机场

拆迁重建后的海甸溪北岸新貌

胡锦涛总书记视察五一田洋

海口市龙华区人民政府

国家领导视察龙华区

龙华区地处海口市中心繁华地带，东接美兰区，南依琼山区，西邻秀英区，北临琼州海峡，面积300.06平方公里。下辖5个镇、6个街道办事处和三个经济开发区，常住人口59.3万人。区内文化休闲设施完善，有人民公园、滨海公园、金牛岭公园和万绿园等四大休闲娱乐场所。文化底蕴厚重，人文资源丰富，区内有中国四大古炮台之一的秀英古炮台、冼夫人纪念馆等人文景观。是海口市经济、文化中心和重要的交通枢纽，被誉为“椰海明珠”。

省委常委、市委书记陈辞在宁虹雯书记和符革区长的陪同下检查灾民安置点

冀文林市长在宁虹雯书记、符革区长和李会文副区长的陪同下到羊山地区休闲绿道调研

区委书记宁虹雯、区人大主任梁锦武、区政府区长符革慰问企业

符革区长到生态文明村调研

符革区长到打通断头路现场调研

海口市龙华区庆祝建党90周年

2011年，以科学发展观总揽全局工作，推动经济社会发展步入全面、协调、可持续的轨道，着力保障和改善民生，加快构建幸福和谐新龙华，各项事业发展成绩斐然。综合经济实力显著提升。全区实现生产总值326.44亿元，是2006年的2倍，年均增长12.9%；财政收入67.5亿元，是2006年的2.4倍，年均增长19.1%；一般预算收入12.3亿元，是2006年的3.6倍，年均增长29.3%；区级财力9.2亿元，是2006年的2.9倍，年均增长23.5%；社会消费品零售总额119.38亿元，是2006年的2.3倍，年均增长18.5%；城镇居民人均可支配收入24750元，年均增长15.4%；农村居民人均纯收入7649元，年均增长13.1%。

观澜湖

羊山地区休闲绿道

中共海口市委组织部

中共海口市委组织部内设正科级职能机构8个，隶属事业单位3个，现有干部职工41名，其中部务会成员6名。中共海口市委组织部坚决贯彻执行党的路线、方针、政策和省委、市委工作部署，认真履行工作职责，紧紧围绕服务科学发展和国际旅游岛中心城市建设的主题，以提高组织工作科学化水平和组织工作满意度为主线，以市、区、镇党委换届工作为中心任务，以推进创先争优活动、深化干部人事制度改革、落实人才发展规划纲要和干部教育培训改革纲要为工作重点，统筹抓好基层组织建设和组织部门自身建设等各项工作，改革创新，狠抓落实，为海口市“十二五”时期开好局起好步、加快国际旅游岛中心城市建设提供坚强组织保证和人才支撑。2011年，先后被评为“2011年度全市党委系统信息工作先进单位”、“2006—2010年度海口市法制宣传教育先进单位”、“2011年度人口和计划生育工作目标管理先进单位”、“2011年全市党委系统督查工作先进单位”、“先进工会组织”。

▲ 市委常委、组织部部长杜立文参加海口市义务植树活动

市委常委、组织部部长杜立文持召开每月组织工作例会

市委常委、组织部部长杜立文深入各区调研指挥换届工作

市委常委、组织部部长杜立文主持召开“讲党性、重品行、作表率”活动座谈会

HAIKOUSHI ZHENGFU CAIGOU ZHONGXIN

海口市政府采购中心

市政府采购中心全体人员合照

2011年，在市委、市政府、市纪委和财政局党委的高度重视和正确领导下，在市审计局、市监察局等部门的监督和市直各单位的大力支持下，市政府采购中心以科学发展观为指导，紧紧围绕海口市财政工作会议精神和总体要求，以政府采购法为准绳，以规范采购行为为重点，努力提高工作质量和服务水平，努力构建公开、公平、公正、和谐的政府采购环境，较好地完成了政府采购工作任务。

市政府采购中心的主要工作：认真学习政府采购法律法规、继续抓好党风廉政建设和反腐败工作、顺利完成新办公区搬迁的各项工作过渡、配合市财政局党组完成中心科级干部竞争上岗工作、推进市政府采购电子化平台建设工作，充分关心干部职工的生活、撰写《海口市政府采购供应商质疑管理办法》、积极配合处理及回应相关新闻报道事件等。

截至2011年10月底，共完成集中采购业务152笔，预算总金额20794万元，合同总金额为19764万元，节约资金1030万元，资金节约率为4.95%。其中公开招标采购17873万元，所占比重为90.43%；邀请招标采购39万元，所占比重为0.20%；单一来源采购884万元，所占比重为4.47%；询价采购968万元，所占比重为4.90%。

“标准化文件培训”，采购中心全体人员正在聚精会神的听讲

上海市财政局采购管理处副处长王周欢给采购中心全体人员讲课

座谈会上，采购中心主任任彦宽致词

邀请各单位参加“关于慵懒散贪作风建设”座谈会

市政府采购中心“标准化文件培训”讲座

海口市发展和改革委员会

海口市发展和改革系统工作会议

2011年，面对错综复杂的宏观经济环境，市发改委坚决贯彻落实市委、市政府各项工作部署，较好地处理了保持较快发展速度、推动产业结构优化和稳定市场物价三者的关系，实现了经济社会平稳较快发展。

2011年工作，主要有10大亮点：一是高质量编制“十二五”规划纲要，以及16个重点专项规划，为海口市未来五年发展奠定了良好的规划基础；二是完成6份经济分析报告和7个重要课题调研，及时对全市经济运行提出有前瞻性和针对性的对策措施；三是扎实推进重大项目建设，“十大攻坚战”项目全面启动，全年固定资产投资完成395亿元，增幅为近年较高水平；四是多方筹集建设发展资金，全年共融资100多亿元，其中争取中央、省、地债资金24亿元，为历年最多；五是组织海口市历史以来最大规模的综合性招商推介会，推出重大项目116项，合同总金额达800多亿元；六是加快投融资体制改革，出台一系列政策和措施，政府投资效率和效益明显提高；七是牵头制定一系列产业扶持政策，基本实现产业扶持政策全覆盖，为海口市经济结构调整和转型优化打下了坚实基础；八是切实抓好节能工作，顺利完成国家对海口的“十一五”节能目标考核；九是千方百计稳定市场物价，全年物价低于全省平均水平，稳定物价的创新工作和有效措施获得省领导的充分肯定；十是内部管理和廉政教育取得新进展，班子成员高度团结，认真落实民主集中制，着力完善周例会制和重大事项决策程序，全年没有出现一例违规违法案件。

在做好本职工作同时，圆满完成了市委、市政府交办的其他工作，如中纪委、国家审计署、国家发改委、中央第六地方巡视组等的检查，以及东海岸人工岛、新海物流园、长影海南世纪影城等重大项目的商务条件确定和招商谈判等，获得了各级领导的高度评价。

副市长邓小刚视察市发改委工作

2011年全系统拓展活动

省长蒋定之（右二）在市长冀文林（左三）陪同下调研海口超市蔬菜价格

海口市物价局

2011年，市物价局坚持以科学发展观为指导，积极进取、开拓创新，按照“转变思想观念，围绕市委、市政府中心工作和民生价格工作重点”的工作思路，围绕打造“宜居、宜业、宜学、宜游”最精最美省会城市的目标，积极实施价格调控，加强价格监督和服务，在国际旅游岛旅游环境综合整治、平抑盐价异常波动、调控蔬菜和猪肉价格、平抑灾后物价和推进平价商店建设等方面取得了较好的成绩，为“十二五”开好局营造了良好价费环境，冀文林市长在2011年经济工作会议上两次表扬了市物价局，对物价工作给予了肯定。2011年海口市居民消费价格总水平（CPI）12月份同比上涨4.3%，全年同比上涨5.4%（全国平均上涨5.4%，全省上涨6.1%）。因工作出色，市物价局被评为2010~2011年度全国农产品成本调查工作优秀集体、2011年度海南省农产品成本调查工作一等奖、2011年度海口市12345政府热线先进单位、2011年度全国价格鉴证信息直报工作先进单位二等奖。

副市长谢京（中）视察农贸市场平价蔬菜销售情况

省物价局局长吴明月（左二）在市物价局局长吴健林（左一）陪同下深入海口首家农副产品平价商店调研

市科工信局局长徐伟在海口市“8.26”工业日活动会上发发言

市科工信局局长徐伟、总工程师景长军等到企业调研

海口市科学技术工业信息化局

2011年，市科工信局在市委、市政府的正确领导下，认真贯彻落实党的十七届五中、六中全会和省委、市委全会精神，坚持以科学发展观为指导，紧紧围绕建设国际旅游岛战略和市委、市政府中心工作，积极落实各项扶持政策，深入实施“产业兴市”、“科技兴市”战略，坚持以提高自主创新能力为重点，以科技、信息化、知识产权促进海口市工业发展，产业转型升级，强力推进创新型城市建设，科技、工业、信息化、知识产权工作取得新成效，有力支撑全市经济和社会全面发展。

2011年，市科工信局坚持以发展为第一要务，认真谋划在国际旅游岛建设大背景下工业经济发展的思路和措施，积极转变经济发展方式，努力优化产业结构，各项工作顺利推进，全市工业平稳较快增长，经济发展态势良好。2011年，全市规模以上工业累计实现工业总产值539.33亿元，同比增长14.7%；工业增加值123.56亿元，同比增长13%；全市工业环节上缴税收48.3亿元，同比增长29.6%，占全市财政收入的25.97%。其中国税41.01亿元，同比增长22.74%；地税7.28亿元，同比增长89.15%。

市科工信局局长徐伟、总工程师景长军等到企业调研

市科工信局局长徐伟到企业调研

市科工信局局长徐伟、副局长王坚雄、刘心红出席海口市“十二五”工业发展规划及工业扶持政策新闻发布会

海口市“8.26”工业日活动现场

海口市农业综合开发办公室

市委书记陈辞在市政府副市长蒙国海、市农发办主任梁振湘陪同下调研产业化工作

农业综合开发办公室举办的农机安全培训

农业综合开发农田整治工程情况

海口市农业综合开发办公室于2002年成立，隶属海口市财政局，负责统一管理全市农业综合开发工作，为副处级事业单位。

农业综合开发是政府推动农业发展方式转变的有效手段，是发展农业、繁荣农村、富裕农民的重大措施，是加强农业基础建设、提高农业生产力、促进农业现代化的重要途径。近年来，海口市不断加大对农业综合开发的投入，改善农业生产条件，提高了农业综合生产能力和抗御自然灾害的能力，为调整农业产业结构，扶持优质农产品生产，促进农业主导产业发展创造了条件。

2003~2011年，海口市农业综合开发共整治田洋43个，改造中低产田面积27.84万亩，重点整治面积14.67万亩。2005~2011年连续被省人民政府评为农业综合开发农田综合整治工程“一等奖”。

省财政厅副厅长（省农发办主任）唐卓贤、市财政局局长庞革新等领导检查农田整治工程

海口市人力资源和社会保障局

HAIKOU MUNICIPAL HUMAN RESOURCES AND SOCIAL SECURITY BUREAU

时任海南省委副书记、省长，现任海南省委书记罗保铭为海口市农村老人发放新农保养老金

海口市人力资源和社会保障局为正处级政府职能部门，内设市公务员局1个副处级机构以及办公室、组织人事处、政策法规处、综合规划处、就业促进处、人力资源市场处、专业技术人员管理处、工资福利处、社会保险一处、社会保险二处、劳动保障监察处、市公务员局考试录用和职位管理处、市公务员局考核奖惩培训处等13 个正科级职能机构。下属市人力资源开发局、市社会保险事业局、市高级技工学校、市人事劳动仲裁院、市劳动保障监察支队、市农村社会养老保险局等6个副处级单位，以及市职业培训和技能鉴定管理中心、市机关幼儿园、市人事劳动保障信息中心、市自主择业军队转业干部管理办公室、市创业小额贷款担保中心等5个正科级单位。

市人社局紧紧围绕全市“科学发展、绿色崛起”的目标，自觉融入社会发展大局，主动贴近经济建设前沿，全市总体呈现就业局势、劳动关系“两稳定”和社会保障能力、人才创新活力“两增强”的良好态势。海口市荣获首批“全国创业先进城市”称号，市人社局被授予“全国就业先进工作单位”、“全国军民共建社会主义精神文明先进单位”、“全国军队转业干部安置工作先进单位”、“全国金保工程建设示范单位”、“全国民营企业招聘周活动先进单位”、“全国清理整顿人力资源市场秩序专项行动取得突出成绩单位”等国家级荣誉。

市人社局将坚持难点工作求突破、重点工作创特色、基础工作抓规范、整体工作上水平，努力实现社会创业活力更加强劲、就业更加充分、社会保障体系更加健全、人才保证更加有力、人事制度更加完善、收入分配关系更加合理、劳动关系更加和谐、公共服务更加便捷的目标。特别是全力做好转变经济发展方式、促进结构优化升级中的就业工作，特别是努力打造新的就业增长点，积极引进领军式、创新型、高技能人才，进而拓展各类投资项目，拉动就业增长；积极探索城乡居民社会养老保险和医疗保险的统筹问题，逐步扩大社会保险覆盖范围，实现“应征即征、应保尽保”，逐步建立健全同经济发展相适应、相衔接的社保水平动态调整机制，争取缩小城乡居民与从业人员之间的社保待遇差距。

省长蒋定之、副省长陈成等领导出席海口市城镇居民养老保险金发放仪式。

市人力资源市场于2011年12月正式启用。省委常委、市委书记陈辞，市委副书记、市长冀文林等领导视察市场。

定期举办高校毕业生专场供需洽谈会，积极做好毕业生就业指导与服务工作。

市人社局党组书记、局长谭忠庭主持召开局系统贯彻省六次党代会专题学习会。

参加社会保险人员在海口市社会保险事业局服务大厅办理社保业务

每月中旬，市社会保险事业局为全市上月新增退休人员发放养老金存折通知单、退休证，采集指纹、头像等基本信息

海口市社会保险事业局

市社会保险事业局是主管全市社会保险工作的副处级市政府经办机构。内设办公室、养老保险科、医疗保险科、工伤生育保险科、居民医保科、基金结算科、社会保险关系科、社会保险登记管理科、信息统计科、社会化管理科、宣传教育科等11个正科级职能机构，下属市社会保险结算支付中心、市工伤医疗康复中心等2个正科级单位。

2011年，市社保局在市委、市政府和市人社局的领导下，在上级职能部门的指导帮助与支持下，牢固树立科学发展观，紧紧围绕社会保险经办中心工作，突出重点，求真务实，勇于创新，认真贯彻落实《社会保险法》，严格执行社会保险政策和法规，全心全意为参保人员和离退休人员服务。全年获2011年度全省社会保险统计报表一等奖、全省社保经办机构办公室工作及社保宣传工作先进集体、基金决算预算获全市一等奖、省级养老保险统筹工作二等奖、2011年度先进基层党组织。

截止2011年12月底，全市参加养老保险人数40.6万人（其中退休人员7.3万），当年收入168092.33万元，支出136103.14万元，累计结余71207.36万元；参加基本医疗保险人数40万人（其中退休人员6.9万），当年收入54802.24万元，支出48112.7万元，累计结余17625.55万元；参加公务员医疗补助1.6万人，当年收入904.67万元，支出464.13万元，累计结余1380.09万元；医疗离休人员524人，当年收入5948.3万元，支出5918.89万元，累计结余1098.21万元；参加工伤保险人数18.1万人，当年收入3324.31万元，支出1417.86万元，累计结余10351.39万元；参加生育保险人数18.1万人，当年收入2400.29万元，支出2050.99万元，累计结余3812.81万元；参加城镇居民基本医疗保险人数50万人，参保率达99.9%以上，当年收入12933.43万元，支出10273.12万元，累计结余16030.01万元。

5月，市社保局与海口国家高新技术产业开发区管委会、省贸促会、市贸促会联合举办《海南省城镇从业人员基本养老保险条例实施细则》专题培训活动

3月，市社会保险事业局开展“学雷锋献爱心”活动，到市社会福利院慰问孤寡老人

市社会保险事业局工作人员为未参加超龄人员办理参加基本养老保险业务

市委书记陈辞在琼山侨中高中部施工工地听取相关同志汇报工作

市教育局局长李燕仪考察琼山中学新校区

海口市教育局

2011年，市教育局在市委、市政府的坚强领导和教育厅的正确指导下，在各有关部门的密切配合下，按照“优先发展、育人为本、改革创新、促进公平、提高质量”的要求，稳步推进教育改革和创新，圆满完成全年各项工作任务，实现教育“十二五”的良好开局，受到了上级领导部门的充分肯定和广大市民的一致好评。

2011年，经过科学谋划、改革创新，营造海口教育发展的良好环境；加大教育投入，巩固教育基础，确保重点项目扎实推进；规范教育教学管理、发展教育内涵，促进各类教育协调发展；结构优化、加强培训，提高教师队伍整体水平；彰显特色、提高质量，保障素质教育全面实施；加强党建、综合治理，维护教育系统和谐稳定。

2011年，市委、市政府《贯彻落实<国家中长期教育改革和发展规划纲要>的实施意见》、《海口市教育事业发展“十二五”规划》等一系列文件出台，为市教育局明确了教育工作的的总体目标和主要任务。市教育局在今后的工作中将按照相关文件的精神，继续规范学前教育管理，全力推进义务教育均衡发展；扩大普通高中办学规模，不断推动中职教育健康发展；加强教师队伍建设，全面提升教师队伍综合素质；推进素质教育改革，全面提高基础教育教学质量；加强制度建设，大力营造教育发展良好氛围；落实重点项目，着力夯实教育事业发展基础；加大教育经费投入，保障教育事业科学发展；加强机关自身建设，提高领导教育事业发展能力。

①琼山中学新校区

②2011年教师节表彰大会

③化学实验室

④海口市琼山中学开学典礼

环海南岛国际公路自行车赛

中国（海口）冼夫人文化纪念活动

海口热气球节暨H1中国热气球挑战赛

海口市文化广电出版体育局

打造特色品牌 提升整体实力 努力建设海南国际旅游岛文化高地

2011年，市文体局紧密围绕建设国际旅游岛文化高地的目标定位，以建立融合发展为标志的大文化格局为统领，以“强服务促文化惠民”和“抓项目谋产业突破”为抓手，着力于服务基层抓创新，坚持融合求发展，立足特色创品牌，重点打好“六张牌”，推动文化发展繁荣。

一是打好“赛会”牌，大型活动促提升。以高尔夫、游艇、沙滩排球等体育休闲及户外有氧运动为重点，以展示民俗文化、非物质文化遗产为突破口，努力培育提升海口城市形象、拉动城市文化消费、城乡居民踊跃参与的品牌文化体育活动。一年来，成功举办、承办2011年海口热气球婚礼节、2011亚洲沙滩排球锦标赛、第56届欧米茄观澜湖高尔夫世界杯、2011中国体育旅游博览会等多个大型文体赛事和展览活动，参与人数达400多万人次，城市影响力和美誉度显著提升。

二是打好“惠民”牌，公共服务创佳绩。积极打造半小时城乡公共文化服务圈。推出海南首个农民自编自演的“海口市农民迎春晚会”，成功举办海口市农民趣味运动会等10多项主题体育赛事活动。全市文化信息共享工程基层服务点全面建设完成。文化惠民工程全面开展，全年共举办公共文化活动5000多场次，电影放映4200多场，送书下乡1万册，较好地满足城乡居民的文体生活需求，提升了百姓的生活质量。

三是打好“服务”牌，市场管理出成效。发挥“政府监管、行业自律、社会监督”三位一体管理优势，以服务促管理，开展全市文化执法队伍“岗位大练兵”，推进扫黄打非和版权、广电市场管理，加强印刷出版行业监管和文化经营场所执法检查，深化文化场所安全生产工作，义务监督队伍不断完善，文化、公安、工商、消防、媒体等联动机制逐步常态化，立体化监督成效明显。全年取缔关闭店档摊点100多家，收缴非法出版物近15万件、非法音像出版制品8万多张，全市文化市场进一步规范，实现管理与繁荣并举的良好发展格局。

四是打好“精品”牌，文艺创作显实力。全年共有22幅美术作品入选全国性展览和发表，186件在省级展出和发表，出版各类文学小说15部，海口市作者荣获“儿童文学十大青年作家”称号和第24届陈伯吹儿童文学奖。海口市文化艺术代表团首次应邀访问欧洲开展琼剧演出和民俗歌舞展示，应邀在美国举办为期2个月的“丁孟芳-陈学博油画雕塑艺术展览”，以艺术精品传播海南文化，宣传推介国际旅游岛的良好形象。

五是打好“特色”牌，体育事业传佳绩。2011年，海口市体育代表队参加亚洲级比赛获得12金，国家级获得14金、9银、2铜。海口市体育代表团应邀参加澳大利亚阿拉夫拉运动会夺得5金3银的佳绩，参加第七届中国城市运动会夺得2金2铜。以举重、帆船帆板为龙头和以高尔夫、拳击、桌球等为亮点的特色体育运动快速发展。海口市培养的举重运动员陈雄入选中国奥运会举重项目的主要备战队员，竞技体育取得新突破。

六是打好“名城”牌，立足特色创品牌。五公祠、海瑞墓、丘浚墓综合保护项目列入市重点工程项目，确定基本修缮保护模式。全市文化遗产保护水平不断提升，新公布历史文化建筑331处，推出“公仔戏周周演”等系列非物质文化遗产展演活动，政府投入不断加大，保护力度不断增强，名城招牌日益闪亮。积极探索打造精品文化旅游产品，全力打造以骑楼建筑历史文化街区为代表的南洋风格特色文化，以五公祠、海瑞墓为代表的贬官和移民文化，以琼剧为代表的非物质文化遗产，以海南国际创意港为代表的创意文化，以冼夫人文化节为代表的民俗文化，取得了良好的社会效益和经济效益。

市文化广电出版体育局以打造“四宜”城市为契机，围绕建设国际旅游岛文化高地的目标，进一步完善文化事业产业各类平台建设，以实体项目提升经济实力，着力打品牌、促产业、出效益，推动形成文化兴市的整体实力，为海南国际旅游岛建设提供文化支持。

省、市领导出席市人民医院医疗综合大楼等37个项目竣工庆典仪式

省卫生厅副厅长韩英伟，副市长韩美出席市人民医院与德国萨克森州EPOS集团签署远程医疗会诊及JCI认证项目合作协议

市政府副秘书长李春明出席世界防艾滋病日宣传活动

海口市卫生局

2011年，在市委、市政府的正确领导下，全市卫生系统紧紧围绕海南国际旅游岛建设这一总体目标，启动实施“十二五”卫生事业发展规划及其它工作规划，深化医药卫生体制改革，全面推进医疗卫生事业发展。三年医改，做到了“七个全省率先”，实现了“四个根本转变”。全市传染病报告发病率与上年同期相比下降12.54%。免疫规划适龄儿童入册率99.34%、建证率100%；“八苗”全程接种率98.20%。巩固消灭脊灰成果，保持全市连续18年无脊灰状态。2011年，海口市被评为全省免疫规划工作先进市县、艾滋病综合防治工作先进市县、预防和控制梅毒母婴传播项目先进市县、全省卫生应急工作和麻风病防治工作先进市县等。

市卫生局局长周文雄检查指导灾后防疫工作

召开2011年全市卫生工作会议

市委书记陈辞、市长冀文林在全市创卫动员大会上

四套班子领导在全市创卫动员大会上

海口市爱国卫生运动委员会

卫生创建活动。市爱卫办以市委、市政府提出的打造“宜居、宜业、宜学、宜游”四宜之城，建设最精美省会城市为总体目标，把爱卫创建工作纳入重要议事日程。2011年，重新修改完善《海口市创建国家卫生城市实施方案》、《海口市创建国家卫生城市目标管理责任书》、《海口市创建国家卫生城市目标管理责任分工分解表》经市政府常务会议审议通过后，分解目标，召开动员会进行安排部署。各区、市直各部门分别与市政府签订了《海口市创建国家卫生城市目标管理责任书》，明确职责，创建工作有组织、有计划、有步骤地全面铺开。

农村改水改厕。市爱卫办抓典型，以点带面，制定海口市2011年农村改厕方案，召开现场会部署，各区均与市政府签订了《农村改厕目标管理责任书》。截止2011年9月底，完成85个农村生活饮用水集中式供水点水质采样监测，全市新建卫生户厕8675户，完成全年农村改厕任务（8000户）的108.4%，合格率98%以上。在省爱卫办、省财政厅组织的全省农村改厕项目评估中，海口市农村改厕工作被评为优秀。

病媒生物防制。组织群众性病媒生物防制活动和专业队伍相结合，对全市公共场地、机关办公区、居民区进行以灭鼠为重点的除“四害”工作，尤其是对辖区登革热防控的40多个重点村庄内外环境进行消杀，“四害”密度明显下降。尤其是《海口市病媒生物预防控制管理办法》经市人大常委会通过并报四届省人大常务会批准后，于2012年3月1日施行，填补了海口病媒生物预防控制实行法治管理的空白，成为全国仅有天津和海口两市对病媒生物防制工作实施行政许可的省市。

市长冀文林与4个区政府和各职能部门签订创卫目标管理责任书

市长冀文林与4个区政府和各职能部门签订创卫目标管理责任书

市爱卫办主任廖红卫在龙华区检查农村环境卫生工作

农村饮用水水质抽样监测

三格无害化粪池卫生户厕

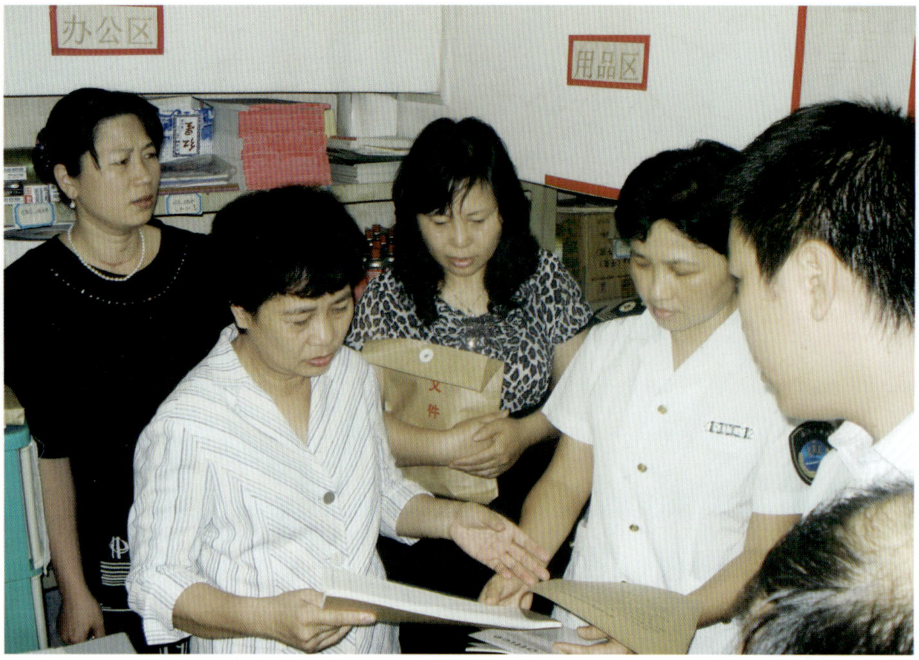

副市长韩美督查食品添加剂专项工作

局领导慰问帮扶点困难村民

局长符之冠、书记卢萍在食品安全周宣传活动中接受市民咨询

海口市食品药品监督管理局

2011年，海口市食品药品监督管理局深化食品药品体制改革，全面落实食品药品安全责任体系，加强基础设施建设和人才队伍培养，强化餐饮服务食品安全、保健食品、化妆品、药品和医疗器械监管，严厉打击违法违规行为，为打造“宜居、宜业、宜学、宜游”的品位之城做出了积极的贡献。

一、落实食品药品监管体制改革。组建海口市食品药品监督稽查支队，将综合协调食品安全及组织处置食品安全重大事故的职能移交市卫生局，接转餐饮服务环节食品安全、保健食品和化妆品监管职能。

二、推进餐饮服务环节食品安全监管。先后开展打击食品非法添加和滥用食品添加剂、食用油、“瘦肉精”等专项整治工作，做好重大活动餐饮服务环节食品安全保障工作，共检查餐饮服务单位4000余家(次)，提出整改意见1442条，确保餐饮服务环节未发现食品安全事故。

三、深入开展药品、医疗器械专项整治。坚持日常监管与专项整治相结合，强化药品、医疗器械生产经营监管，加大对制售假冒伪劣药械、扰乱生产经营秩序行为的打击力度，共对96家(次)的单位给予行政处罚，罚没款总额约8万余元。由于成绩突出，被授予“全省食品药品监督稽查工作先进单位”，在海南省药品安全专项整治检查评比中被评为优秀。

四、探索保健食品、化妆品监管新方式。积极开展摸底调查工作，建立辖区保健食品、化妆品档案和信息数据库，开展保健食品经营企业的备案工作，规范保健食品广告行为，全年共受理保健食品广告 65 宗，其中许可 50宗，切实把保健食品、化妆品监管落到实处。

党员干部在海南苏维埃政府旧址重温入党誓词

局长符之冠、书记卢萍在药厂调研

召开全市旅游餐饮行业创先争优活动暨文明大行动动员大会

市委常委、市公安局党委书记、局长宋顺勇部署公安信息化建设工作

扎实推进信息大会战及派出所执法规范化建设

海口市公安局

2011年，海口市各级公安机关在市委、市政府和省公安厅的领导下，紧紧围绕建设海南国际旅游岛大局，全力服务中心工作。配合各区完成旧城改造170万平方米；协助推进078工程、云龙产业园等55个重点项目顺利建设。开展“命案必破”、“打黑除恶”、“打四黑除四害”、“亮剑”、“清网”等专项行动20多个，破获各类刑事案件5994起，抓获犯罪嫌疑人4124人，打掉各类犯罪团伙199个，其中打掉涉黑犯罪团伙2个、涉恶犯罪团伙10个。坚持“什么问题突出就重点解决什么问题，哪里治安混乱就重点整治哪里”的原则，积极开展专项整治，全市共查处治安案件20186起，比2010年增加192%。创新社会管理，建设民生型警务，推进“民调”进派出所，打造“网上公安局”。以深入推进“四项重点工作”和“三项建设”为载体，以警务创新和机制建设为动力，以加强能力素质和纪律作风建设为保证，坚持从严治警，着力提升公安队伍凝聚力、执行力，为海口社会持续稳定和经济社会发展创造安全稳定的社会环境。

加强公安信息化建设

心系民生·市局领导做客椰城纠风热线

召开新闻发布会通报命案侦破工作

经侦亮剑·破获海南省有史以来最大的一起制售假药案件

快速侦破“5·18”女出租车司机被害案

民警正在执行2011年环海南岛国际公路自行车赛（海口赛段）安保任务

省长蒋定之慰问交警一线民警

支队长林鸿宇

路面调研

海口市公安局交警支队

2011年，海口市公安局交警支队在市委、市政府、市公安局的正确领导下，以“建设国际旅游岛，安全畅通文明行动”为契机，紧紧围绕 “保秩序、保畅通、压事故”总体目标，圆满完成道路各项交通管理工作，促进我市道路交通管理工作上新的台阶。

一是创新勤务模式，提高见警率和管事率，强化路面管控力度。2011年，支队先后开展47个交通秩序专项整治工作，共查处交通违法行为61万人次，查扣违法车辆42744辆次；行政拘留551人，刑事拘留70人；完成交通安保警卫任务 378个。

二是多措并举加强道路交通疏堵保畅工作，提高道路交通通行能力。先后实施了“滨海大道禁左”、“错时上下班、上下学”、“ 货车高峰限行”等11项交通疏堵保畅措施，三位一体加强市区道路的保畅能力。

三是完善交通组织，提高道路交通硬件水平。通过制定实施《海口市重点片区交通组织优化设计方案》，有效优化了我市滨海大道、国贸、海甸岛等主要片区的道路交通组织，道路交通通行能力得到明显提升。全年共排查路段620条，护栏180公里，交通标志2200块，标线22万平方米。增设标志牌130套，施划交通标线6400平方米，维修更换护栏64274米，维修更换标志牌1107块。

四是推进科技强警工作，提高交通管理水平。完成“车联网”试点工程建设工作，提升城市交通管理信息采集能力。充分发挥交警指挥监控中心作用，及时掌握路面车流量交通动态，完成各类交通诱导工作，减轻局部路段交通压力。优化信号配时232个方案，加强灯控路口信号联网控制。

五是抓好机动车、驾驶人管理，加强源头管控工作。主动深入企事业单位开展机动车、驾驶人安全隐患排查治理工作。加快窗口服务改进步伐，提高便民服务水平方便群众办事。全年共对8.3万名学员进行考试，办理新车入户5.2万辆。排查客货运机动车3123辆、驾驶人3219人。

六是加强事故预防工作。加强交通事故发生的原因、特点、规律分析总结，制定道路交通事故预防和处理方案，构筑道路交通事故预防防线。开展“清网行动”，共抓获在逃人员12人。侦破交通事故逃逸案9起，破案率达90%。

七是夯实宣传阵地，增强全民交通安全意识。在各大媒体发表新闻稿件1432篇，省市电视台播发新闻稿件607条；讲授交通安全课600余场，开展交通安全图片展364场次，发放宣传资料近190万份，受教育达百万人次。

八是加强公安交警队伍建设，推进队伍正规化发展。2011年支队加强组织建设，增强领导班子整体合力和一线实力；加强科学用警机制建设，提升警务运行效能；加强能力建设，提升民警队伍执法能力；加强形象建设，建立和谐警民关系；加强“爱警工程”建设，调动广大民警的积极性；加强政工队伍建设，提高政工干部履职能力。

台风冒雨中执勤

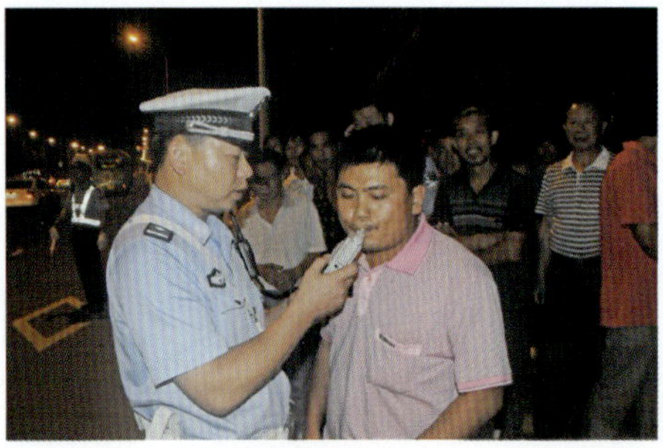

酒驾专项整治

涉牌涉证专项整治

省委常委、市委书记陈辞莅临支队演海派出所辖区录尾村调研

市委副书记、市长冀文林莅临支队新埠所辖区调研指导工作

海口公安边防支队

【概况】 2011年，海口公安边防支队在省边防总队和市委、市政府及市公安局的正确领导下，坚决贯彻落实市委十一届十一次全会和全市经济工作会议精神，围绕建设国际旅游岛和海口经济建设大局，不断深化爱民固边战略，大力开展创建模范党组织生活活动，牢固树立“正气正规”治警导向，确保辖区治安和部队“双稳定”，为构建平安海口、和谐海口，创造“四宜”城市做出了积极贡献。支队1个单位被公安部边防管理局记集体三等功；22人荣立个人三等功；1人被公安部边防管理局评为“优秀共产党员”； 1人被省边防总队评为“优秀党组织书记”，3人被省边防总队评为“优秀共产党员”；16人被海口市公安局评为安保先进个人。

【执勤执法】 2011年，海口公安边防支队共破获刑事案件113起，查处治安案件255起，抓获各类违法犯罪人员461人，化解各类矛盾纠纷和信访案件40余起；圆满完成了“金砖国家”领导人会晤、博鳌亚洲论坛年会、深圳大学生运动会等多项重大安全保卫工作任务；依托“开门评警”活动，突出“执法为民,服务群众”主题，共走访辖区群众17662户、69443人，主动接受群众的评议监督，帮助农民工合法追回拖欠工程款300多万元，解决群众实际困难和问题32件。

【服务地方建设】 2011年，海口公安边防支队带领全体官兵先后完成抗击第1108号强热带风暴“洛坦”、17号强台风“纳沙”和19号强热带风暴“尼格”等防汛救灾工作，成功转移渔船22艘次、群众4000余人，救助遇险群众18人，挽回经济损失50多万元，同时还为驻地学校军训学生800余人，得到地方党委政府和人民群众的高度赞扬。

公安部边防管理局副局长张崇德少将莅临支队
深圳世界大学生运动会安保治安卡点视察

海口边防支队党代表会议

海上辖区执法巡逻

支队官兵救助遇险渔船

召开全市法制宣传教育工作会议

第九届全国城际间法律援助工作会议现场

海口市司法局

2011年，海口市司法行政系统紧紧围绕市委、市政府中心工作，突出人民群众最关心的安全和谐、权益保障、社会公平正义问题，着力推进社会矛盾化解、社会管理创新、公正廉洁执法、治安环境整治四项重点工作，充分发挥司法行政法制宣传、法律服务和法治保障三大职能作用，在预防和化解社会矛盾纠纷、五类特殊人群管理、法律服务保障、法制宣传教育、基层基础建设、队伍建设等方面下功夫，顺利完成了全年各项工作任务，为促进海口经济发展、维护公平正义、保障改善民生、维护社会和谐稳定做出了积极贡献。2011年，共调处各类矛盾纠纷5900宗，成功调处5709件；劳教（戒毒）场所连续9年实现无逃跑、无所内重大案件、无重大生产事故、无非正常死亡、无所内吸毒、无重大疫情“六无”目标；办理法律援助案件6018件，为6047人次提供法律援助，挽回经济损失或争取经济利益1500.6万元；制定出台全市“六五”普法规划，不断强化公民学法用法意识；全市33家司法所达到省级规范化建设标准，7家司法所被评为省级标兵司法所，省级标兵司法所的数量和比例在全省名列前茅，受到省司法厅以上表彰的先进集体4个，先进个人43人次，受到市级表彰的先进集体14个，先进个人15人次，受到本级表彰的先进集体23个，先进个人69人次，56名优秀干部被提拔任用。市司法局被省司法厅授予集体三等功，被市社会治安综合治理委员会授予“海口市2011年度社会治安综合治理工作先进单位”。

群众咨询法律问题和索取材料

9月12日，白龙司法所所长吴玉琼成功调解解除劳教人员林某与其家人房屋纠纷

海口市被评为“五五”全国法制宣传教育先进城市

工 业

综 述

【概况】 2011年，面对国际金融危机和国内各种原材料价格高位运行、中小企业融资困难等诸多不利因素影响，海口工业实施“工业向园区集中、园区向西部转移”的发展战略。采取重点推进工业园区建设，确保重点工业项目建设和投产，推动工业结构调整优化。同时，发展优势产业，加快培育发展新型工业和高新技术产业。编制出台了《海口市人民政府关于加快工业发展的若干规定》，从不同方面和角度对海口市工业经济及工业企业发展的具体扶持鼓励政策作了明确规定，对工业企业从生产、土地、税费、设备等方面给予资金上的扶持、资助和奖励；重点鼓励企业上市融资，鼓励新药研发和自主创新；对新建工业企业给予税收扶持。全市主要工业经济指标实现较快增长，年底，全市累计完成工业总产值523.63亿元（当年价，下同），同比增长17.9%。完成工业增加值123.5亿元，同比增长27.9%，占全市GDP的17.5%，比2010年提高1.2个百分点。实现工业环节税收48.3亿元，占全市税收比重约26%，同比增长30.5%。全市制造业固定资产投资完成56.26亿元，同比增长269.1%。全市规模以上工业企业147家（年主营业务收入2000万元以上），累计完成总产值488.56亿元，同比增长16.9%。完成增加值107.6亿元（收入法，下同），同比增长17%，占全市工业增加值的87.1%；完成销售产值476.31亿元，同比增长17.10%；完成出口交货值40.97亿元，同比增长55.24%；实现利润总额40.06亿元，同比增长14.78%。

2011年海口市规模以上工业总产值和销售产值表

指标名称	2011年		2010年		同比增减 %
	企业数（个）	产值（万元）	企业数（个）	产值（万元）	
一、工业总产值总计（当年价格）	147	4885602	186	4179653	16.9
在总计中：国有控股企业	23	1012950	27	1581280	-35.9
在总计中：轻工业	89	2109187	120	1874447	12.5
重工业	58	2776415	66	2305206	20.4
在总计中：大型企业	6	1723225	1	817208	110.9
中型企业	39	1701670	44	2196975	-22.5
小型企业	100	1452969	141	1165470	24.7
微型企业	2	7739	0		
在总计中：国有企业	9	351959	12	306330	14.9
集体企业	0	0	0	0	0
联营企业	1	3349	2	7270	-53.9
有限责任公司	62	2815919	87	2391077	17.8
股份有限公司	13	404962	9	321935	25.8
私营企业	16	259662	22	157570	64.8

续上表

指标名称	2011 年		2010 年		同比增减 %
	企业数（个）	产值（万元）	企业数（个）	产值（万元）	
其他企业	0	0	4	80814	
外商及港澳台商投资企业	46	1049751	50	914657	14.8
二、工业销售产值总计（当年价格）	147	4763134	186	4067362	17.1
在总计中：出口交货值		409678		263895	55.2
在总计中：国有控股企业	23	984938	27	1579068	-37.6
在总计中：轻工业	89	2044021	120	1784322	14.6
重工业	58	2719113	66	2283040	19.1
在总计中：大型企业	6	1692273	1	818318	106.8
中型企业	39	1618218	44	2098321	-22.9
小型企业	100	1444933	141	1150723	25.6
微型企业	2	7710	0	0	
在总计中：国有企业	9	343817	12	300803	14.3
集体企业	0	0	0	0	
联营企业（国有联营）	1	3349	2	7254	-53.8
有限责任公司	62	2735186	87	2342174	16.8
股份有限公司	13	398084	9	295102	34.9
私营企业	16	263009	22	157148	67.4
其他企业	0		4	80872	
外商及港澳台商投资企业	46	1019690	50	884009	15.3

（市统计局提供）

2011 年海口市工业经济指标统计表

指标年份	2010 年	同比增长%	2011 年	同比增长%
全市工业总产值（亿元）	444	25%	523.63	17.9
全市工业增加值（亿元）	96.45	20.9	123.5	27.9
规模以上工业总产值（亿元）	418	26%	488.56	16.8
规模以上工业增加值（收入法）（亿元）	92	23%	107.6	16.9
规模以上工业销售产值（亿元）	406	32%	476.31	17.3
规模以上工业出口交货值（亿元）	26.39	33%	40.97	55.24
规模以上工业利润总额（亿元）	34.9	90%	40.06	14.79
全市工业环节入库税收（亿元）	37	26%	48.3	30.5
其中：国税（亿元）	33	29%	41	24.24
地税（亿元）	4	0.20%	7.3	82.5
制造业固定资产投资（亿元）	15	219%	56.26	269.1
规模以上企业个数（个）	186	4%	152	
亿元以上产值企业个数（个）	67		75	

注：2010 年规模以上企业为年销售收入 500 万元，2011 年为年销售收入 2000 万元

2011 年各月规上工业总产值运行态势图

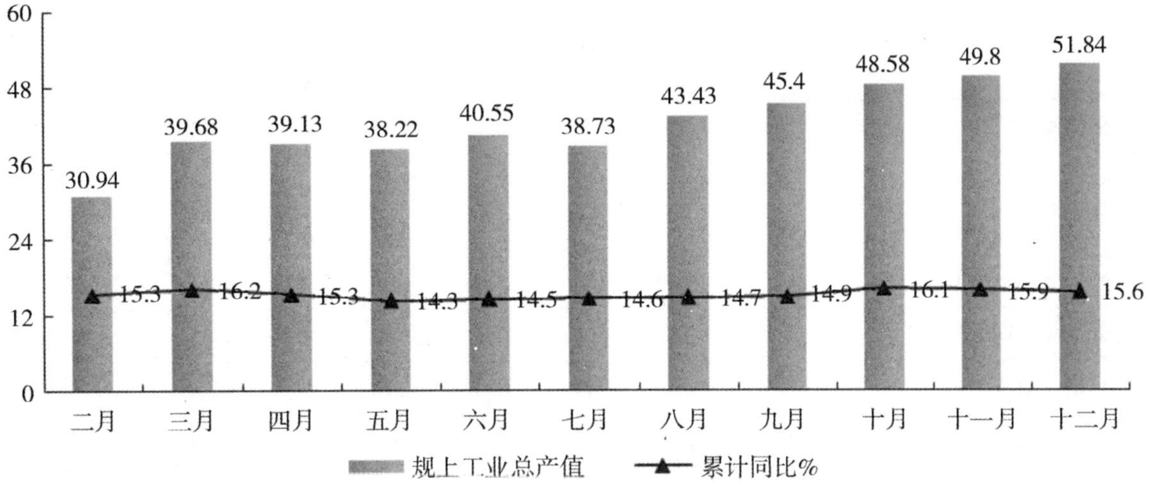

2011 年各月规上工业销售产值运行态势图

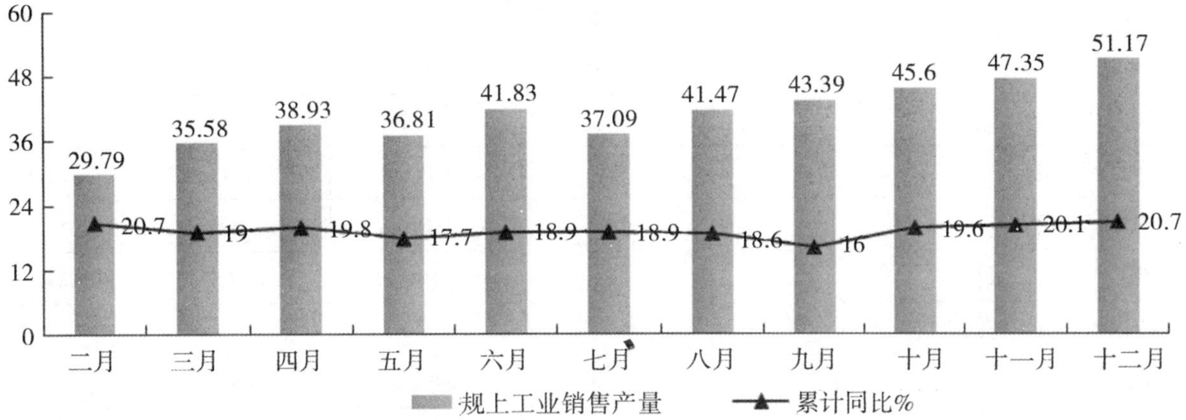

2011 年各月规上工业增加值运行态势图

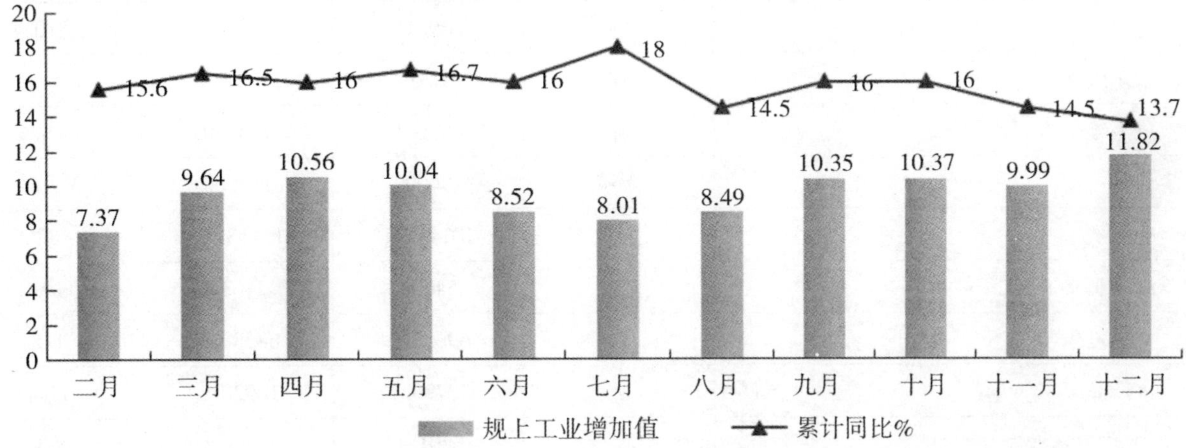

2011年主要工业产品产量表

产品名称	单位	本年累计	去年累计	累计同比%
一、运输设备制造业				
1. 汽车	辆	152018	136022	11.8
2. 汽车座椅	套	145415	126340	15.1
其中：全兴	套	63701	53578	18.9
威昌	套	81714	72762	12.3
3. 车门总成（瑞利）	件	358432	361340	-0.8
4. 天窗总成（明芳）	套	33516	8596	289.9
5. 汽车用发动机	台	130574	98237	32.9
6. 小型拖拉机	台	3461	5055	-31.5
二、机电设备制造				
1. 镀锡板	吨	231631.7	202442.5	14.4
2. 饮料罐	吨	41110.7	36161.6	13.7
3. 变压器	万千瓦	815.7	635.5	28.4
干式变压器（金盘）	万千瓦	491.0	352.0	39.5
电力变压器（威特）	万千瓦	324.7	283.5	14.5
4. 开关柜（威特）	个	5463	4281	27.6
5. 铜塑线（威特）	公里	41610	34872	19.3
6. 钢芯铝绞线（威特）	吨	801.4	659.0	21.6
7. 印刷线路板（正红科技）	万平方米	29.8	35.7	-16.6
8. 光纤	万公里	247.5	108.3	128.5
9. 光缆	万芯千米	274.8	284.5	-3.4
三、食品及农副产品				
1. 天然椰子汁	吨	220093.0	194435.0	13.2
2. 龟鳖丸	吨	19.1	21.3	-10.4
3. 朵尔胶囊	吨	0.0	1.5	
4. 成人维生素	吨	1676.1	1730.0	-3.1
5. 卷烟	大箱	190000	175000	8.6
6. 啤酒	千升	101463.1	151139.0	-32.9
7. 酒（椰岛）	吨	54008	24634	119.2
8. 可口可乐	吨	69628.0	68589.0	1.5
9. 水产品	吨	12790.1	10920.3	17.1
其中：蔚蓝食品	吨	6801.1	6243.3	8.9

续上表

产品名称	单位	本年累计	去年累计	累计同比%
照丰水产	吨	5989.0	4677.0	28.1
10. 饲料	吨	536410	517902	3.6
其中：青牧原	吨	102765	137534	-25.3
裕泰	吨	184733	184185	0.3
恒兴	吨	248912	196183	26.9
11. 大米	吨	19853	22250	-10.8
四、化工化纤纺织业				
1. 聚酯	吨	257136.0	266721.0	-3.6
其中：盛之业	吨	229493.0	225556.0	1.7
浩业	吨	27643	41165	-32.8
2. 涤纶丝	吨	41221.0	23177.0	77.9
浩业	吨	27740	10516	163.8
振业	吨	13481	12661	6.5
3. 针织内衣	万件	952	1047	-9.1
4. 炸药	吨	12000.0	8472.0	41.6
五、医药制造业				
1. 中成药（海药）	吨	446.4	409.0	9.2
2. 快克胶囊	万粒	30990	30652	1.1
3. 颗粒剂（先声）	万包	47479	70365	-32.5
六、印刷包装业				
1. BOPP 薄膜	吨	4070	6581	-38.2
2. 多色印刷品	万对开色令	57.53	52.19	10.2
七、矿物制品业				
1. 非金属矿	吨	121571		
2. 混凝土（瑞泽）	立方米	290060	410174	-29.3
八、水电气				
1. 自来水	万吨	9399.2	9276.9	1.3
2. 售电量	万度	458268	417635	9.7
3. 天然气	万立方米	22939	21396	7.2
九、光伏产业				
太阳能电池组件	千瓦	233170.0	79107.0	194.8
其中：英利	千瓦	224657.0	60841.0	269.3
天聚	千瓦	8513.0	18266.0	-53.4

【主要行业运行情况】 2011年，汽车制造、生物制药、食品饮料及农副产品加工、化纤纺织、机电制造五大优势行业保持较高的增长态势，是海口工业的主力军，光伏制造业成为新的增长点。六大产业产值占全市规模以上工业产值比重达92.5%，工业产值为451.99亿元。

2011年六大行业规模以上企业产值占全部规模以上工业总产值比重

所属行业	代表企业	总产值（亿元）	占全市工业比重（%）	占全部规模工业比重（%）
汽车制造	一汽海马、浙江万向、全兴、瑞利等企业	130.76	24.97	26.76
机电制造业	海宇锡板、金盘电气、威特电气、三星等企业	81.96	15.7	16.8
食品饮料及农副产品加工业	椰树集团、椰岛股份、亚太酿酒、红塔卷烟、恒兴饲料等企业	101.78	19.44	20.83
化纤纺织	盛之业、振业、优美内衣等企业	43.73	8.35	8.95
医药制造业	先声药业、奇力制药、海口制药、海灵制药、通用三洋等企业	74.36	14.2	15.22
光伏制造业	海南英利	19.4	3.6	3.85
	合计	451.99	86.32	92.5

【服务发展中小企业】 （1）融资担保服务。落实2010年海口市中小企业信用担保体系建设资金300万元，对7家信用担保机构2011年信用担保，解决中小企业融资难题。全年全市9家担保机构共为697家企业提供26.57亿元融资贷款，其中担保贷款21.35亿元，完成全年计划的137%，同比增长56%，较好地缓解了中小企业的融资难问题。（2）强化中小企业培训服务。组织开展了全市中小企业行政主管部门业务培训，全年共举办14期培训班，2500余人次参加了培训，利用科工信网站开辟了企业网上培训专栏。（3）落实国家、省扶持中小企业发展相关政策。组织和帮助企业申报国家和省扶持中小企业发展的政策性项目财政专项资金，获得资助资金7831.3万元，促进中小企业发展。

【落实各类中小企业专项扶持资金】 全年组织企业申报并获得各级财政专项资金资助10136.3万元。一是组织企业申报国家及省重点产业振兴项目1个，技术改造项目5个，获得资助资金1624万元；二是组织申报国家中小企业发展资金项目20个，担保机构2家，获得资助资金3000万元；三是组织申报省技术改造和产业升级项目6个，获得资助资金780万元；落实了2010年第四季度海南省中小企业发展专项资金317.3万元；四是组织210家企业、9家担保机构申报2011年海南省中小企业发展专项资金2911万元，已落实第一季度、第二季度省中小企业发展专项资金2890万元；五是落实2010年市级财政安排海口市19家中小企业发展资金项目共720万元，另有2011年海口市中小企业发展资金项目已报市政府审批，已拨付专项资金490万元；六是落实2010年海口市中小企业信用担保体系建设资金300万元，支持海口市信用担保机构2011年信用担保体系建设专项资金项目7家，资助资金294万元。

【兑现工业发展扶持资金】 积极兑现工业发展扶持资金，促进工业企业发展。2011年，兑现扶持工业发展资金6119.47万元，其中企业设备资助用款约3400万元，税收补贴2359.51万元，贷款担保费补助162.9万元，技术创新奖励135万元，土地款奖励62.06万元；兑现医药企业税收补贴款1188.5万元。全年共兑现政策扶持工业发展资金7307.97万元。

【兑现医药产业发展扶持资金】 兑现医药产业发展扶持资金，促进医药产业发展。根据79号令精神，至12月，共受理32项，兑现政策扶持资金

1383万元；其中拨付24家企业创税奖励资金1189万元，8家企业设备投资资助资金194万元，已全部拨付到相关企业。

【节能减排】 一是坚持严禁高耗能、高污染、高排放的项目准入关。二是大力推行和落实工业企业使用天然气等清洁能源生产。积极协调服务，推进民生燃气公司等能源供应企业的项目建设，确保工业企业生产使用清洁能源的需求。三是加强重点耗能企业节能工作管理。确定年耗能在2000吨标准煤以上的企业，按省、市有关企业用能指标，加强对重点工业企业运行质量和能耗情况的监测分析以及节能技术应用的跟踪服务，强化对企业能源消耗、废气、废水排放的预测和把握，强化对企业节能减排的监控和落实。2011年海口市工业固体废物处置利用率、重点工业企业废水排放达标率、重点工业废气排放达标率均达100%。全年万元工业增加值综合能耗0.2545/吨标煤，仅是全市万元GDP综合能耗的44.1%，比2010年下降6.7%。

【安全生产】 2011年，组织培训企业安全生产管理人员300人次，组织企业排查安全隐患115个，整改隐患115个，整改率为100%。开展应急预案演练56批次，参演总人数13804人次，总投入演练资金242多万元，确保企业的安全生产。

【高新技术产业】 2011年全市新增高新技术企业17家，其中16家属工业企业。全市高新技术企业总数63家，占全省高新技术企业总数的84%，其中34家属工业企业，实现总产值230亿元，同比增长64.64%，占全市规模以上工业总产值的45.6%，占全省高新技术企业产值的95%。2011年全市34家属工业的高新技术企业比2010年增加总产值90.3亿元，占全市工业所增加的总产值的95%，成为海口市工业经济增长的主导力量。

【重点工业项目建设】 2011年，全市重点工业建设项目42项，计划总投资额约176.05亿元，累计完成投资额79亿元，其中，续建项目34项，计划总投资160.5亿元，累计完成投资额73亿元；新开工项目8项，计划总投资15.5亿元，累计完成投资额6亿元。在42个项目中，除海南汉能光伏有限公司总投资28.5亿元的一期250兆瓦薄膜太阳能电池生产项目在海口综合保税区建设外，其余41个项目全部在海口高新区。42个项目本年完成投资额56.26亿元，占计划总投资额176.05亿元的32%，占已完成投资额97.19亿元的57%。在42个项目中，竣工18项，其中10个项目已投产；其余24个项目按计划顺利推进。

2011年在建重点工业项目表

金额单位：万元

序号	项目名称及内容	企业名称	计划总投资额	地点	用地（亩）	开工时间	累计完成投资额	本年完成投资额	计划竣工或投产时间	建设概况
1	二期400兆瓦多晶硅太阳能电池完整产业链	海南英利新能源有限公司	461083	狮子岭	413	2010.11	146484	146484		二期项目分两个阶段，前200兆瓦与后200兆瓦。其中前200MW组件车间安装及其他配套设施的施工已接近尾声，硅片与电池车间目前正在进行设备的就位与二次配管、配线；其他配套工程也在紧张施工过程中，预计10月底调试完成并投入试生产。后200MW预计在11月份开始机电安装施工，预计至2012年3月底达到投产试运行条件。
2	一期扩建100兆瓦多晶硅太阳能电池完整产业链	海南英利新能源有限公司	77668	狮子岭	272	2010.10	76257	76257	2011.7	已于2011年7月8日竣工投产。

续上表

序号	项目名称及内容	企业名称	计划总投资额	地点	用地（亩）	开工时间	累计完成投资额	本年完成投资额	计划竣工或投产时间	建设概况
3	一期250兆瓦薄膜太阳能电池生产项目。	海南汉能光伏有限公司	285376	保税区新区	800	2010.12	175000	175000	2012.3	全部厂房已于2011年底建成，计划2012年3月试投产
4	海马第三工厂，年产30万辆整车和30万台1.5升发动机及变速箱项目。	一汽海马汽车有限公司	241400	海马工业园		2009.08	28485	28485		配件车间、试制车间已建好使用；涂装车间年底已投入试生产；配电房、空压站、水泵房、污水处理站等配套建设已完成；2012年第一季度计划启动焊装车间厂房建设。
5	技术改造项目	一汽海马汽车有限公司	44163				44587	29283	2011.12	
6	海南椰岛保健酒厂二期年产保健酒系列产品5万吨项目	海南椰岛（集团）股份有限公司	78194	药谷二期	200	2011.11	35320	22210	2013.3	二期年产5万吨项目已立项，方案论证完成，正在进行施工图设计。计划11月动工建设，计划2013年3月正式投产。已完成一号联合车间基础工作。
7	海南椰岛保健酒厂一期年产保健酒系列产品3万吨项目	海南椰岛（集团）股份有限公司				2009.9			2011.3	已于2011年3月投产
8	海南现代包装工业园二期项目	海南赛诺实业有限公司	38554	狮子岭	114	2009	32272	14946	2011.12	已投产
9	异地技改一期项目（卷烟厂房）	海南红塔卷烟有限责任公司	113000	云龙工业园	435	2009.12	15101	7486	2012.8	正在进行联合工房打桩；片烟存储及中转库、成品辅料库冲孔桩施工完成42%；动力中预制管桩施工完成29%；动力中心和联合工房等项目主体工程预计在2011年底建成。临时道路施工已完成，现进行临时排水沟施工。部分设备和项目招标已完成，并进场准备施工。整个项目计划2012年8月份试投产。
10	年产5万吨钢结构项目	海南共享钢构有限责任公司	32000	云龙工业园			11200	11200		
11	一类新药艾尔力康、倍赛他产业化	海口奇力制药股份有限公司	12040	原保税区	28	2010	6340	6340	2012.12	厂房建设完成，部分设备安装，计划2012年12月投产。
12	多呔药物生产基地	海南双成药业有限公司	27000	药谷一期	86	2011.1	12310	6330		建综合楼和厂房各一幢，总面积1.4万平方米，目前综合楼和厂房已封顶，正在进行装修。年底前完成土建工程。
13	易地新建（药品包装及特种印刷）项目	海南华森实业有限公司	18386	药谷二期	80		21430	6230	2011.6	已竣工

续上表

序号	项目名称及内容	企业名称	计划总投资额	地点	用地（亩）	开工时间	累计完成投资额	本年完成投资额	计划竣工或投产时间	建设概况
14	海南康芝药业儿童药生产基地二期	海南康芝药业股份有限公司	40000	药谷二期	140	2008. 12	30000	5604		一期固体车间2010年9月已投产，粉针车间正在进行GMP认证．二期正在设计，土地平整。
15	齐鲁制药二期项目	齐鲁制药（海南）有限公司	16000	药谷一期	66	2010. 04	4992	4992		项目总规划建5幢厂房，开工建设3幢已封顶，正在进行装修。开始订购设备。
16	药厂搬迁新建	海南壹号药业有限公司	8878	药谷二期	88	2009. 12	9122	3710	2011. 12	已竣工，计划2012年5月投产
17	二期续建	海南海宇锡板工业有限公司	24000				25289	3690	2011. 12	
18	生产研发综合楼	海南森瑞普生命科学药物股份有限公司	3000	药谷二期	15		3321	2780	2011. 10	已竣工
19	新建药厂一期	海南爱科制药有限公司	20000	药谷一期	146		4734	2700	2011. 4	一期竣工投产
20	海南药物研究试验基地	海南省药物研究所	3061	药谷			3250	2400		
21	金澳游艇二期	金澳游艇有限公司	6000	狮子岭	50		2000	2000	2011. 12	
22	新建车间	海南三叶制药有限公司	5500	药谷	33	2011. 5	2501	1919		三层厂房已建成一层
23	新建药厂	海南皇隆制药厂有限公司	23000	药谷二期	96	2011. 2				6层主楼已封顶
24	新建车间	海南中化联合制药有限公司	10000	药谷二期	54	2011. 3	3000			主体车间（3层）已封顶，正在进行外墙装修
25	新建药厂	海南思坦德生物技术有限公司	6395	药谷二期	26	2011. 3				主体厂房已建成一层
26	新建药厂	海南华健药业有限公司	15000	药谷二期	28	2011. 04	4000			已建成4万平方米的自动化厂房
27	药厂扩建项目	海南碧凯药业有限公司	18000	药谷二期	87	2010. 04	5000			1、2幢厂房6月已封顶，9月完工，3号厂房（回元堂药业）7月开工，预计明年2月份投产小部分投产，2013年全部投产。
28	药厂新建项目	海神同洲制药有限公司	12800	药谷二期	58. 3	2010. 09	7000			项目进展顺利，8月全部封顶，预计11年底竣工，2012年投产。

续上表

序号	项目名称及内容	企业名称	计划总投资额	地点	用地（亩）	开工时间	累计完成投资额	本年完成投资额	计划竣工或投产时间	建设概况
29	美亚电缆项目	海南美亚电缆厂有限公司	16000	狮子岭	85		9000			建筑面积6万平方米，厂房钢架已做好，部分设备已开始安装，预计2011年12月完工，2012年2月投产。
30	汽车配件	海南万欣实业有限公司	3000	狮子岭	25	2010.09				厂房已建好，正在安装设备.
31	新建药厂	海灵制药公司	25000	药谷二期	30	2011.04	2000	2000	2013.6	已开工建设，已完成一栋综合楼主体，项目预计2013年6月竣工。
32	新建药厂	益尔制药公司		药谷二期						已开工建设
33	新建印刷厂	海口新明印刷有限公司	2795	狮子岭						
34	医药中间体项目	海南中信实业有限公司	2800						2011	
35	嘉昕实业包装项目	海南嘉昕实业有限公司	8000						2011.06	
36	中药饮片易地改造及新建中药炮制研究所	海南寿南山参业有限公司	5000						2011	
37	合瑞新建药厂项目	海南合瑞制药股份有限公司	20000						2011.10	
38	京润珍珠科技园	海南京润珍珠生物技术股份有限公司	8000						2011.10	
39	汽车配件	海南万欣实业有限公司	3000						2011	
40	生物医药项目	海南天鸿光合生物科技有限公司（收购信邦制药）	5000						2011.12	
41	新建药厂	海南华益泰康药业有限公司	7000						2011.12	
42	德美瑞二期药厂项目	海南德美瑞公司	2300						2011	

2011 年竣工工业项目表

金额单位：万元

序号	项目名称及内容	企业名称	计划总投资额	地点	用地（亩）	开工时间	累计完成投资额	本年完成投资额	竣工或投产时间
1	一期扩建100兆瓦多晶硅太阳能电池完整产业链	海南英利新能源有限公司	77668	狮子岭	272	2010. 10	76257	76257	2011. 7
2	保健酒厂一期年产保健酒系列产品3万吨项目	海南椰岛（集团）股份有限公司	35320	药谷二期		2009. 09	35320	22210	2011. 3
3	海南现代包装工业园二期项目	海南赛诺实业有限公司	38554	猴子岭	180	2009	32272	14946	2011. 12
4	易地新建（药品包装及特种印刷）项目	海南华森实业有限公司	18386				21430	6230	2011
5	药厂搬迁新建	海南壹号药业有限公司	8878	药谷二期					2011. 12
6	生产研发综合楼	海南森瑞普生命科学药物股份有限公司	3000				3321	2780	2011. 10
7	新建药厂	海南爱科制药有限公司	4600	药谷一期			4734	2700	2011
8	金澳游艇二期	金澳游艇有限公司	6000	狮子岭			2000	2000	2011. 12
9	医药中间体项目	海南中信实业有限公司	2800						2011
10	嘉昕实业包装项目	海南嘉昕实业有限公司	8000						2011. 06
11	中药饮片易地改造及新建中药炮制研究所	海南寿南山参业有限公司	5000						2011
12	合瑞新建药厂项目	海南合瑞制药股份有限公司	20000						2011. 10
13	京润珍珠科技园	海南京润珍珠生物技术股份有限公司	8000						2011. 10
14	汽车配件	海南万欣实业有限公司	3000						2011
15	生物医药项目	海南天鸿光合生物科技有限公司（收购信邦制药）	5000	药谷一期	70				2011. 12
16	新建药厂	海南华益泰康药业有限公司	7000						2011. 12
17	德美瑞二期药厂项目	海南德美瑞公司	2300						2011
18	二期	海南海宇锡板工业有限公司	24000				25289	3690	2011

汽车制造业

【概况】 2011年，海口市汽车制造业以一汽海马汽车有限公司为龙头企业，行业规模以上企业24家，比上年减少3家。行业保持19%以上的增速，11~12月增幅又有明显上升，致使行业保持较高的增长幅度，有力地带动全市工业的增长。全年全行业累计完成产值130.76亿元，同比增长24%，累计完成销售产值125.99亿元，同比增长19%，累计产销率为96.4%。

【一汽海马汽车有限公司】 2011年，受多数城市交通拥堵现象日益严重、燃油价格上升、原材料成本上升等多种因素影响，全国乘用车市场产销增幅出现同步下降，自主品牌生产企业出现了负增长。一汽海马汽车公司通过调整产品结构、加大市场销售力度等措施，努力保持了比较稳定的增长，整车生产累计完成152018辆，同比增长11.8%，完成15万辆的年初目标。完成总产值102.63亿元，同比增长25.6%；完成销售产值99.8亿元，同比增长22%，有力带动整个汽车制造业的增长。

【一汽海马动力有限公司】 一汽海马汽车有限公司采用自产发动机比例逐步提高，一汽海马动力公司2011年产销值达到9.4亿元，同比增长约40%。

【汽车零部件配套企业】 2011年，全兴工业、六和机械、华福汽车等零部件配套公司累计增幅上升，整个汽车及零部件制造行业依然保持较好的增长幅度。全兴工业（海南）有限公司完成产值3.41亿元，同比增长59.7%；完成销售产值3.41亿元，同比增长61.8%。六和机械工业（海南）有限公司完成产值2亿元，同比增长66.4%；完成销售产值1.83亿元，同比增长66.4%。海南元创机械有限公司完成产值2.1亿元，同比增长22.1%；完成销售产值2亿元，同比增长28.2%。海南宇龙汽车部件有限公司完成产销值1.25亿元，同比增长37.4%。海南华福汽车零部件制造有限公司完成产值1.38亿元，同比增长47.5%；完成销售产值1.36亿元，同比增长49.7%。

食品饮料及农副产品加工业

【概况】 海口市食品饮料及农副产品加工业以椰树集团、海南红塔、海南养生堂、恒兴饲料、裕泰科技饲料、海南椰岛、海南亚太酿酒、海南中粮可口可乐、海南红牛饮料、海南青牧原、海口清郁工贸等公司为骨干企业。2011年，行业规模以上企业36家，因国家调整了规模以上企业的划分标准，比上年减少12家。全年累计完成总产值101.78亿元，同比增长3.86%，完成销售产值101.01亿元，同比增长6.3%。整个行业产销总值同比增长小的原因除受农副产品价格上涨影响外，主要是由于国家调整了规模以上企业的划分标准，规模企业数比上年减少12家因素的影响。从实际监测比较，其中椰树集团、椰岛公司、红塔卷烟公司等企业保持着较高的增速，而养生堂公司、亚太酿酒公司则下降幅度较大。总体上，行业部分重点企业总产值同比增长在23%以上的幅度，带动了整个行业的稳步增长；规模以上企业若按原划分标准，同比增长达13.4%。

【饮料制造业】 2011年，海口饮料制造业以椰树矿泉水、椰岛股份、海南亚太酿酒、海南中粮可口可乐、海南红牛饮料等公司为骨干企业。行业规模以上企业9家，按规模以上企业新划分标准，比上年减少1家。全年行业完成产值13.95亿元，同比下降4.8%，完成销售产值14.47亿元，同比增长2.3%。总体上饮料制造业受亚太公司销售下滑的影响，增长幅度较小。

【食品制造业】 2011年，海口食品制造业规模以上企业9家，比上年减少5家。以椰树集团海南椰汁、椰树集团海口罐头厂、海南椰国食品等公司为骨干企业。全年行业完成产值31.62亿元，同比下降13.5%，完成销售产值32.21亿元，同比下降7.5%。

【农副产品加工业】 2011年，海口农副产品加工业以海南恒兴饲料、海南裕泰科技饲料、海南青牧原、海口清郁工贸、照丰水产、蔚蓝海洋等公司为骨干企业。规模以上企业17家，比上年减少6家。全年行业完成产值39.48亿元，同比增长19.2%，完成销售产值38.26亿元，同比增长17.7%。

【烟草加工业】　2011年，海口市烟草加工业规模以上企业只有海南红塔卷烟有限责任公司1家。2011年，红塔卷烟公司总资产15.8亿元，设备年综合卷烟生产能力22.68万箱。该公司积极争取生产配额，将全年指标增加到19万箱，比上年增加1.5万箱。销售卷烟18.44万箱，完成销售产值16.1亿元，同比增长19.7%。实现税利10.29亿元。工业总产值16.7亿元，同比增长22.8%。

【椰树矿泉水有限公司】　2011年，椰树矿泉水有限公司因季节和受生产线技改原因的影响，公司年初产值下降较大，后逐月回升，至年底完成产销值1.4亿元，同比增长8.3%。

【海南椰岛股份公司】　2011年，海南椰岛股份公司酒类产品从国庆后开始进入销售旺季，年末进入节日销售高峰期，一期技改项目投产后产能迅速扩大，全年累计生产酒类产品5.4万吨，较上年翻一番，完成产值累计达4.1亿元，同比增长49.9%。

【中粮可口可乐公司】　全年完成总产值2.03亿元，同比增长7.6%，实现销售产值2.3亿元，同比增长24.2%。

【红牛饮料公司】　全年完成总产值1.02亿元，同比增长39.8%，实现销售产值1.06亿元，同比增长5.9%。

【海南亚太酿酒公司】　受年初持续低温天气、酒驾处罚加重及青岛啤酒市场扩张等因素影响，产品销量下滑严重，产值比去年同期下降约40%。

【椰树集团海南椰汁饮料有限公司】　全年由于植物蛋白饮料市场需求稳定增长，其系列产品市场需求较旺，春节期间还出现断货现象，公司随即调整全年生产计划，增加铁罐和利乐软包装生产设备，及时扩大产能，完成总产值19.18亿元，同比增长22.6%，实现销售产值近20亿元，同比增长31.1%。

【椰树集团海口罐头厂有限公司】　保持较好的市场需求，完成总产值7.4亿元，同比增长24.4%，实现销售产值近7.2亿元，同比增长19.5%。

【海南椰国公司】　由于开发具有发明专利的食品添加剂椰果原料产品，在食品行业得到广泛应用，有较好的市场前景和需求，总产值完成2.2亿元；同比增长45.2%；完成销售产值2.1亿元，同比增长41.6%。

【恒兴饲料公司】　完成总产值8.6亿元，同比增长38.2%，完成销售产值8.4亿元，同比增长37.8%。

【裕泰科技饲料公司】　完成总产值5.6亿元，同比增长6.9%，完成销售产值5.6亿元，同比增长5.4%。

【青牧原公司】　由于将一个厂房车间出让，产量减少，完成总产值3.2亿元，同比下降19.7%，完成销售产值3.3亿元，同比下降16.9%。

【海口清郁工贸有限公司】　从事椰果等果类加工，由于市场需求旺盛，销售价格高，总产值、销售产值均完成1.78亿元，同比增长分别为130.2%和127.2%。总体上，该行业仍保持稳步的增长。

医药制造业

【概况】　2011年，海口市医药制造业以海口奇力制药、海灵化学制药、养生堂公司、海口市制药厂、惠普森、通用三洋药业、先声药业、皇隆制药、康芝药业、齐鲁制药、爱科灵康、通用康力、双成药业、中化联合等公司为骨干企业。年底，行业规模以上企业37家，比上年减少3家，整个行业延续了2010年第四季度的高速增长态势，在进入第三季度后增幅有所下降，特别是10月后受2010年同期产值快速增长和本年度第三度生产逐月下滑的双重影响，增速下滑了10个百分点，整体上行业全年高开低走，行业虽然仍在增长但幅度明显收窄。全年行业累计完成产值74.36亿元，同比增长22.5%；完成销售产值68.53亿元，同比增长13%。其中，齐鲁制药、海口制药、海灵、惠普森、皇隆、爱科、灵康、通用康力等企业保持较快增速，而先声、康芝、通用三洋等企业下降幅度较大。

【奇力制药公司】 受国家药监部门实行抗生素分类管理办法的影响，年初虽多条新生产线投产，产能迅速扩大，但未得到充分发挥，累计完成工业总产值7.2亿元，同比增长10.9%，完成销售产值6.6亿元，同比增长4.4%，与第一季度产值翻番相比，产销增速大幅度放缓。

【先声药业】 累计完成工业总产值3.2亿元，同比下降27.2%，完成销售产值3.1亿元，同比下降29.2%。

【通用三洋】 累计完成工业总产值3.96亿元，同比下降14.4%，完成销售产值3.02亿元，同比下降15%。

【海灵制药】 累计完成工业总产值7.4亿元，同比增长33.3%，完成销售产值5.7亿元，同比增长37.3%。

【皇隆制药】 累计完成工业总产值3.5亿元，同比增长23.4%，完成销售产值2.83亿元，同比增长25.4%。

【齐鲁制药】 累计完成工业总产值2.1亿元，同比增长79.5%，完成销售产值1.42亿元，同比增长132.6%。

【海口市制药厂】 实施持股融资，完成产值6.5亿元，销售产值5.2亿元，产销同比分别增长26.8%和25.8%。

【康芝药业】 仍然受到尼美舒利风波持续影响，主导产品瑞芝清销售大幅减少，致使产销大幅下降，全年累计完成产值0.82亿元，销售产值0.86亿元，产销同比分别下降达到42.1%和46.5%。

【养生堂公司】 属海口市保健品龙头企业，由于公司内部调整产品生产布局，朵而胶囊转至杭州生产，完成总产值8.8亿元，同比下降13%。2011年成立销售公司后实行自产自销，产品销售价格也有所下降，完成销售产值8.3亿元，同比下降7.9%。

机电制造业

【概况】 2011年，海口机电制造业以海南海宇锡板、海南椰树制罐、海南金盘电气、海南威特电气集团、海南宝通、海南正红科技、三星（海南）光通信等公司为骨干企业。至年底，行业规模以上企业15家。第二季度后，全行业进入一个较快的发展周期，除正红科技受国外市场影响生产有所下降外，其他企业都保持快速增长。行业规模以上企业累计完成产值81.96亿元，同比增长22%，其中金属制品业产值26.9亿元，同比增长26%；电气机械和器材制造业完成产值48.42亿元，同比增长57%；信息通信设备制造完成产值6.9亿元，同比增长4.6%。完成销售产值80.75亿元，同比增长26 %，其中：金属制品业完成销售产值24.88亿元，同比增长21%；电气机械和器材制造业完成销售产值48.17亿元，同比增长65%；信息通信设备制造业完成销售产值6.03亿元，同比增长1.5%。

【海宇公司】 虽然二季度受到日本地震影响，产销一度出现下滑，但通过调整价格，细分客户，积极开拓低端杂罐市场，努力扩大出口等措施，产销稳步上升，累计生产镀锡板23.2万吨，同比增长14.4%；完成总产值19.9亿元，同比增长30.8%；完成销售产值18.8亿元，同比增长29.2%，其中出口交货值3.1亿元，同比增长76.9%。

【椰树制罐公司】　在椰树集团饮料和食品业的增长需求下保持平稳增长，全年累计产销值完成6.5亿元，同比增长11.6%。

【金盘电气公司】　抓住国内外发展新能源产业的市场机遇，适时研发新产品，风电系列产品已进入产业化批量生产，国内外订单不断增多，产值、产量迅速增长，与上年同期相比增长50%，全年完成总产值14.6亿元，同比增长49%；完成销售产值14.6亿元，同比增长45%。

【威特电气集团公司】　开发生产适应市场多种需求的新产品，产值、产量也迅速增长，全年完成总产值11.2亿元，同比增长39%；完成销售产值9.1亿元，同比增长40%。

【三星光通信公司】　积极调整产品市场，部分产品转为内销，逐步扭转了产值持续下滑的局面，完成产值4.03亿元，同比增长12.9%；完成销售产值4.54亿元，同比增长8.6%．但由于受国际因素影响，完成出口交货值2.34亿元，同比下降30%。

【正红科技公司】　因出口受阻，影响产品生产，全年产值完成2.53亿元，与去年基本持平。

【宝通实业公司】　仍保持增长，但与上年产销累计分别达61%和41%的高增长相比，增长态势放缓，全年完成产值4.1亿元，同比增长11%；完成销售产值3.2亿元，同比增长5.3%。

化工化纤纺织业

【概况】　2011年，海口整个行业包括化学原料及化学制品、化纤制品和纺织服装业三个基本行业，以海南盛之业高新技术有限公司、海南浩业化纤有限公司、海南振业新合纤有限公司、海南优美内衣有限公司、海南云海民爆有限责任公司等为骨干企业。至年底，行业规模以上企业11家。化工化纤纺织业受产品价格回升和市场需求较旺盛等利好因素影响，一直保持在高位增长。全年行业累计完成产值43.73亿元，同比增长15.6%，其中：化学原料及化学制品完成产值27.3亿元，化纤制品业完成产值10.32亿元，纺织服装业完成产值6.04亿元。完成销售产值43.38亿元，同比增长13%。

【盛之业公司】　终端客户市场稳定，加之终端产品销售价格上涨，产销稳步上升，完成产值24.3亿元，同比增长28.2%，完成销售产值24.2亿元，同比增长24.7%，产品出口也基本恢复到上年的水平且略有增长。

【浩业化纤公司】　整合聚酯熔体和涤纶长丝生产资源后，正逢需求快速增长的市场行情，一直保持较好的生产态势，完成产值6.9亿元，同比增长30.1%，完成销售产值6.6亿元，同比增长22.1%。

【振业新合纤公司】　涤纶长丝仍基本保持稳定市场行情，完成产值1.8亿元，同比增长13%，完成销售产值1.7亿元，与上年持平。

光伏制造业

【概况】　2011年，海口光伏制造业主要是海南英利新能源有限公司和海南天聚太阳能有限公司2家企业。行业全年累计完成产值19.4亿元，同比增长123.1%。

【海南英利新能源有限公司】　在2011年面对一些发达国家加大对中国光伏产品出口的限制影响，采取积极应对措施，仍保持较好的国际市场。公司一期扩建投产后，全年累计生产太阳能电池组件224.66兆瓦，实现产值18.95亿元，同比增长172.3%；销售产值实现19.2亿元，同比增长192.5%；出口交货值16.95亿元，同比增长158.2%；实现利润22588万元，增长605.29%；上缴税金共9406.44万元。成为海口工业新的增长点，对全市工业的增长做出了较大贡献。

【天聚太阳能公司】　由于企业生产流程主要是将

硅片加工为太阳能电池片给下游组件生产企业供应原料，与本地企业缺乏产业关联度，加之国内部分组件生产企业出口受国际市场影响而造成企业的生产大幅度下降。另外，因企业在本年度投入8000多万元进行技改而影响生产，全年累计完成产值4574万元，同比下降74%。

工业园区

【概况】 2011年，海口工业园区主要包括海口高新区、综合保税区、港澳、金盘、永桂和桂林洋开发区。至年底，园区规模以上工业企业76家，占全市规模以上工业企业数的50%；累计完成工业总产值300亿元，占全市规模以上工业总产值59.5%，同比增长16.6%；完成销售产值289.85亿元，占全市规模以上工业销售产值的59.5%，同比增长14.5%；完成出口交货值28.82亿元，占全市规模以上工业出口交货值69.8%，同比增长48.3%。

工业园区2011年规模以上工业生产与销售产值总量表

单位：万元

指标名称	企业单位数（个）	本年累计实际	累计同比增减%
一、工业总产值总计（现行价格）	76	3000016	16.6
在总计中：轻工业	44	1130805	13.6
重工业	32	1869211	19.2
在总计中：国有企业	2	8507	-2.2
股份制企业	42	2185069	14.3
外商及港澳台商投资企业	30	708492	21.2
其他经济类型企业	2	97948	40.3
在总计中：国有控股企业	13	1540867	16.0
在总计中：大中型工业企业	17	1900176	13.5
二、工业销售产值总计（现行价格）	76	2898540	14.5
在总计中：出口交货值	10	288208	48.3

（注：市统计局提供。此表产值只包括高新区、保税区、港澳、金盘、永桂开发区）

【海口高新区】 海口国家高新技术产业开发区是1991年经国务院批准设立的海南唯一的国家级高新技术产业开发区，管辖国科园、药谷、海马二期、三期、狮子岭、云龙产业园、国际创意港6个产业园区，规划面积39.5平方公里，实际获得规划面积17.04平方公里（不包括国际创意港），已完成开发建设面积7.58平方公里。经过多年建设发展，一大批技术密集型、高附加值的高新技术项目已在高新区内建成投产。2011年，市委、市政府对高新区实施强区扩权的体制机制创新，全面制定高新区管理条例，逐步向半封闭园区管理体制过度。经省委省政府批准定为副厅级单位，增加编制。2011年全区入园企业达128家（其中32家为创意企业），初步形成以电子信息、汽车配件、生物制药产业、光伏产业为主导的高新技术产业群，已成为海南省发展高新技术产业的重要基地，全区工业经济取得快速增长，在产的规模以上工业21家，完成工业总产值55亿元，同比增长46%，占全市规模以上工业总产值11.3%；完成工业销售产值51.5亿元，同比增长52.3%，占全市工业销售产值10.8%；工业增加值14亿元，占全市工业增加值11.3%；财政收入51492万元，同比增长96.1%，比2010年翻了近一番，占全市工业环节税比重的10.6%；出口交货总值18.8亿元，同比增长103.1%，占全市出口交货总值的45.7%；园区制造业投资28亿元，占全市制造业投资总额比重50%。

科技创新能力　2011年，全区内共有高新技术企业19家，占全市高新技术企业总数39%。全年有6家企业新获高新企业认定，3名人才入选国家千人计划。高新区企业在省高新技术项目和产品数量中的比重大幅提升，高新技术项目13个，占全省总数的31%；高新技术产品9个，占全省总数的33%。全区有3家企业承担的项目入选2011年度国家火炬计划项目，占全省项目总数的25%。

工业招商　2011年，共签约项目12个，合同计划投资总额达9亿元，产值14亿元。引进了国内汽车改性塑料龙头企业中国鑫达公司及海口医药行业龙头企业奇力制药有限公司。引进大唐投资集团设立2.5亿元的海南信息产业投资基金，获国家发改委5000万元资金，成为《海南省支持资本市场发展的若干政策》出台后成功设立的第一支基金。

海口高新区2011年规模以上工业生产与销售产值总量表　　单位：万元

指 标 名 称	企业单位数（个）	2011年累计	2010年累计	累计同比增减%
工业总产值总计（现行价格）	21	549977	376780	46
在总计中：轻工业	11	442723	276507	60.1
重工业	10	107254	95653	12.13
在总计中：国有企业	1	4247	4455	-4.7
股份制企业	9	240058	139305	72.3
外商及港澳台商投资企业	10	219556	160494	36.8
其他经济类型企业	1	86117	66193	30.1
在总计中：国有控股企业	3	21981	22632	-2.9
在总计中：大中型工业企业	3	185113	169091	9.5
工业销售产值总计（现行价格）	21	515164	338339	52.3
在总计中：出口交货值	3	188147	92644	103.1

（注：市统计局提供。此表产值包括国科园、药谷、海马、园狮子岭工业园。）

国际科技工业园　国际科技工业园是海口高新区最早的园区，毗邻港澳工业开发区，规划用地0.67平方公里，实际用地0.67平方公里，入园在产企业共8家，主要行业有生物制药、电子信息。海口市一批高新技术企业如正红科技、长安国际制药、海南赞邦制药、海南九芝堂药业等落户园区。

药谷工业园　药谷工业园是海口重点发展的工业园区之一，位于南海大道南北两侧，总规划面积3.9平方公里，实际可用地面积2.63平方公里。园区重点发展医药生产、医疗器械、医药内外包装、保健品生产等产业，突出医药产品及保健品的生产和研发。其中，一期规划用地0.902平方公里，实际用地0.88平方公里，有33亩是村集体留用地无法征用，入园企业10家，其中投产7家，在建3家。园区主要行业是生物制药；二期规划用地3平方公里，实际用地1.74平方公里，有1884亩为村庄用地及村集体留用地无法征用，入园企业33家，其中投产6家，在建27家。

海马汽车工业园二期、三期　海马汽车工业园二期、三期毗邻原保税区海马汽车整车厂，是海口重点发展园区之一。园区总规划面积1.78平方公里，实际可用规划面积1.68平方公里。其中，二期规划用地0.886平方公里，实际用地0.79平方公里，有152亩为头铺水库及村集体留用地无法征用。入园企业15家，其中，投产13家，在建2家，主要是汽车制造配套企业。三期规划用地0.89平方公里，土地正在办理征用中。

狮子岭工业园　狮子岭工业园是海口重点发展工业园区之一，毗邻海口火山口地质公园，规划用地5.98平方公里，实际用地2.09平方公里，可征用但未征用土地3平方公里，有水库、村庄占1341亩。园区重点发展太阳能电池、电子极硅材料、储能、光伏并网发电技术等新能源产业及新材料、节能环保产业。至2011年，园区基础设施比较完善，入园企业28家，其中，投产企业20家，在建设8家，主要行业有太阳能电池组件制造、饲料加工、轻工、包装。2011年，园区工业主品销售总量28.28亿元，同比增长91.3%。

狮子岭2011年规模以上工业生产与销售总量

单位：万元

指标名称	企业单位数（个）	本年累计实际	累计同比增减%
工业总产值总计（现行价格）	4	282783	91.3
在总计中：轻工业	3	279885	97.2
重工业	1	2897	-11.1
在总计中：国有企业	1	4247	-4.9
股份制企业	2	192419	149.3
其他经济类型企业	1	86117	30.1
在总计中：国有控股企业	1	4247	-4.9
在总计中：大中型工业企业	1	86117	30.1
工业销售产值总计（现行价格）	4	283422	99.2
在总计中：出口交货值	1	169474	143.1

（市统计局提供）

【海口综合保税区】　海口综合保税区包括原保税园区和新保税园区两个园区，规划面积3.86平方公里。2011年全区内企业生产经营保持了快速的发展势头，主要经济指标比上年同期有较大幅度的提高，全年在产规模以上工业企业34家，完成工业总产值183.15亿元（含海汽），同比增长13.9%，占全市规模以上工业总产值的36.32%；完成工业销售产值179.39亿元，同比增长12.3%，占全市规模以上工业销售产值的36.82%；完成产品销售收入148.23亿元，同比增长10.9%，占全市规模以上工业产品销售收入36.11%；完成工业增加值33.54亿元，同比增长26.86%，占全市规模以上工业增加值的29.45%；完成利润总额11.37亿元，同比增长13.54%，占全市规模以上工业的20.94%；完成工商税收9.69亿元，同比增长4.35%，占全市5.04%；完成进出口额14376.7万美元，同比增长13.49%，占全市2.27%。

原保税园区　1992年10月21日经国务院批准设立，位于海口市中心组团南部，规划面积1.93平方公里。经过多年发展，园区基础设施完善，形成以汽车制造、生物制药、电子信息和机电制造为支柱四大产业，已进入实质性发展阶段。2011年园内在产规模以上企业34家，全综合保税区工业总产值基本由该园区完成。

新保税园区　2008年12月22日，国务院正式批复同意海口保税区区位调整至海南老城经济开发区并设立海口综合保税区，规划面积1.93平方公里。2011年1月13日通过了国务院11部委的联合验收，3月16日实现封关运作，园区工委管委会及驻区职能机构随之由原保税区迁进新园区开展服务管理工作。2010年引进海南汉能光伏有限公司薄膜太阳能电池生产项目，至2011年底，一期250兆瓦薄膜太阳能电池生产项目基本建成。

综合保税区2011年规模以上工业生产与销售总量

单位：万元

指标名称	企业单位数（个）	本年累计实际	累计同比增减%
工业总产值总计（现行价格）	34	1831467	13.9
在总计中：轻工业	17	324256	-6.9
重工业	17	1507211	19.7
在总计中：股份制企业	20	1505037	11.8
外商及港澳台商投资企业	13	314599	22.0
其他经济类型企业	1	11831	227.2
在总计中：国有控股企业	3	1126361	18.9
在总计中：大中型工业企业	10	1554916	15.3
工业销售产值总计（现行价格）	34	1793912	12.3
在总计中：出口交货值	4	53133	-1.1

（市统计局提供）

【港澳开发区】 港澳工业开发区，位于海口市秀英区，与国科园毗邻。1988年3月奠基，是海国投集团、海南国际（海外）投资有限公司以成片开发土地的方式兴建的外向型、以轻工业为主的工业开发区。该区面积2平方公里，实际可用地1.28平方公里。园区基础设施完善，形成区内交通路网3万平方米，3万吨/日供水能力及3.15万千伏安供电能力。2011年，在园企业19家，规模以上企业11家，主要有化工、纺织、包装工业，完成工业总产值44.9亿元，同比增长10.6%，占全市规模以上工业总产值的8.9%。

港澳开发区2011年规模以上工业生产与销售总量

单位：万元

指标名称	企业单位数（个）	本年累计实际	累计同比增减%
工业总产值总计（现行价格）	11	448908	10.6
在总计中：轻工业	8	198872	2.0
重工业	3	250036	20.0
在总计中：股份制企业	8	363481	5.7
外商及港澳台商投资企业	3	85427	38.0
在总计中：国有控股企业	5	348618	10.8
在总计中：大中型工业企业	2	88305	-0.2
工业销售产值总计（现行价格）	11	436667	3.7
在总计中：出口交货值	2	44576	-1.6

【永桂开发区】 位于海口市西部，是由海口市秀英工业开发建设总公司负责开发、管理的省级工业小区，规划用地面积1平方公里，实际开发0.65平方公里。自1993年1月设立以来，建设已形成区内交通路网近3万平方米，实现供水、供电、通讯、排水、排污等“五通一平”，建成各类建筑5万平方米，设有标准厂房、国际货运仓库等配套设施。2011年区内主要企业有通用三洋药业，通用同盟药业等8家企业，主要产业有医药、电子、机械、食品加工等。规模以上企业5家，完成7.4亿元，同比增长2.5%，占全市规模以上工业总产值的1.5%。

永桂开发区 2011 年规模以上工业生产与销售总量

单位：万元

指 标 名 称	企业单位数（个）	本年累计实际	累计同比增减%
工业总产值总计（现行价格）	5	73561	2.5
在总计中：轻工业	4	71711	5.0
重工业	1	1850	-16.7
在总计中：股份制企业	4	71046	2.4
外商及港澳台商投资企业	1	2515	4.9
在总计中：国有控股企业	1	39647	2.6
在总计中：大中型工业企业	1	39647	2.6
工业销售产值总计（现行价格）	5	58008	-10.5
在总计中：出口交货值	0	0	0.0

【金盘开发区】 海口市金盘工业开发区是顺应建省办特区和加快海口市经济发展的需要，于 1988 年 3 月 25 日奠基建立的，规划面积 4.8 平方公里，由海南金盘实业股份有限公司负责开发建设和招商管理。实际工业用地面积 4.17 平方公里。金盘工业区具有完善的基础设施。至 2011 年，开发区企业有 12 家，以外资、民营企业居多。主要产业有电子、制药、纺织、建材、家具、仪器、饮料、珠宝加工等。主要产品有电子元器件、特种变压器、高级防化用品、铝合金制品、塑料制品、木工刀具、中西医药、时装等。2011 年金盘工业区规模以上工业企业 5 家，完成总产值 9.61 亿元，同比下降 14%，占全市规模以上工业总产值的 1.9%。

金盘开发区 2011 年规模以上工业生产与销售总量

单位：万元

指 标 名 称	企业单位数（个）	本年累计实际	累计同比增减%
工业总产值总计（现行价格）	5	96103	-14.0
在总计中：轻工业	4	93243	-13.2
重工业	1	2860	22.1
在总计中：国有企业	1	4260	0.7
股份制企业	1	5449	-5.6
外商及港澳台商投资企业	3	86395	-15.1
在总计中：国有控股企业	1	4260	0.7
在总计中：大中型工业企业	1	32195	-31.5
工业销售产值总计（现行价格）	5	94789	-14.0
在总计中：出口交货值	1	2353	66.0

【桂林洋开发区】 桂林洋经济开发区，位于海口市东部，距海口市中心 18 公里，规划面积 41.3 平方公里，原是海南省六大重点开发区之一。区内规划有“旅游度假区”、“工业贸易区”和“农产品基地”，是集工、旅、贸全面发展外向型经济的综合开发区。海口市行政区划调整后，桂林洋开发区的性质及具体规划正在调整，区内基础设施配套完善。至 2011 年，入驻开发区企业 59 家，主

要是以医药、建材、水产品养殖及加工和家具为主导的产业。

【江东开发区】 位于海口市南渡江东面。1995年12月成立，规划总面积64平方公里。西自南渡江，东至桂林洋农场，北达琼州海峡，南抵新大洲大道。2011年，江东片区共有12家企业，其中医药制造企业5家、食品饮料及农副产品加工业3家、机电制造业2家、包装印刷工业2家。在12家企业中有2家高新技术企业（海南天煌制药有限公司、海南立昇净水科技实业有限公司）。

（翁旋奇）

（编辑：吴坤涛）

农　业

综　述

【概况】 2011年，市农业局围绕海口市“十二五”规划的农业发展目标，以“菜篮子”工程、低碳生态循环农业、农产品加工、土地整治、休闲农业等项目为重点，加快现代都市农业发展，农业经济态势平稳，农民收入稳步增长。农业总产值达76.8亿元，同比增长6.6%。其中种植业产值30.8亿元，同比增长4.5%，增加值19.97亿元，同比增长4.4%；畜牧业产值29.8亿元，同比增长8.3%，增加值17.67亿元，同比增长8.8%。农民人均纯收入7160元，同比增长16%。

2011年海口市农业总产值、增加值统计表

单位：万元

分类＼数值	农业总产值			农业增加值		
	2011年	2010年	%	2011年	2010年	%
农林牧渔业总产值	768142	611036	6.6	481639	381901	6.5
1. 种植业	308077	259522	4.5	199730	167548	4.4
2. 林业	59861	44126	11.6	39429	29317	10.6
3. 牧业	297793	217904	8.3	176663	127430	8.8
4. 渔业	62211	56495	1.9	47839	42919	2.1
5. 农林牧渔业服务业	40200	32989	12.9	17978	14687	13.5

【南渡江流域土地整治工程】 11月15日，国土资源部和财政部下文批准同意实施海口市南渡江流域土地整治重大工程。该工程整治规模32.6万亩，估算总投资32.0383亿元，建设工期4年，计划新增耕地5229亩。其项目位于海口市区东南约12公里处（以南区域），南渡江流域、东线高速公路两侧，涉及海口市龙华区龙泉镇、新坡镇、遵谭镇，秀英区的东山镇和琼山区的旧州镇、三门坡镇、甲子镇等7个镇229个自然村。工程建设内容为通过田块、灌溉、排水、道路、农田防护等基础设施配建，提高农业规模化种植水平，提高农田灌排条件；通过扩大耕地面积和提高耕地质量，提高土地生产力，引导农民对土地投入，改善农业产出结构，推动区域由传统农业向现代高效农业转变；通过农居点环境整治和区域环境整治，建设全国土地整治示范区。至12月25日，已下拨该项目年度资金7亿元。市委、市政府专门成立以冀文林市长为组长、相关责任单位为成员的海口市土地整治重大工程领导小组，下设办公室，区、镇和相关部门也成立专门机构，加强领导，上下联动，跟踪落实项目。重大工程领导小组通过深入调研，确定“一江、一带、多点、多片”的土地整治规划构想，科学提出“全域整治”的目标，并组织起草项目工程勘测、规划设计、招投标、监理、验收、资金等12项管理办法。

【农产品加工】 2011年，以海口罗牛山农产品加工产业园项目建设为抓手，大力发展农产品加工及冷链物流业。引导新（扩）建农产品冷藏保鲜库7家，冷库总面积10557平方米，库容量达13182吨，并已投入使用。至年底，农产品冷藏保鲜库建设累计29家，冷库总面积4.66万平方米，库容量达4.5万吨。中商农产品中心市场建成交易大棚和3个冷库并正式开业；海口罗牛山农产品加工项目也已按期开工建设。2011年全市农产品加工企业有630多家，年销售收入45亿元，比上年增长13%。

瓜菜质量安全检测到田头（李维摄）

【休闲农业】 充分利用城郊优势和特色生态农业产业优势，结合文明生态村建设，创建休闲农业示范点15家，其中省级13家。积极引导休闲农业企业推行“公司+基地+农户”等产业化经营模式，规范发展、壮大规模。全市共建成休闲农业园区52家，其中省级休闲农业示范点13家，休闲农业从业人员2000余人，从事与之相关的二三产业从业人员约5000人，农民在离土不离乡的情况下实现增收。

省政协领导参观绿枫庄（王孟洲摄）

【强农惠农政策】 积极落实各项强农惠农政策措施，大力扶持农民发展农业生产，促进农民增收。一是继续加大对农民种粮的补贴力度。完成早稻、晚稻和玉米等作物良种补贴面积上报工作，共计水稻585720亩，玉米5897亩。二是积极落实农机购置补贴。全年完成农机购置补贴1120万元，有效地带动农民生产方式的转变，提高农机化的水平。三是落实农资综合直补和粮食直补。共3885万元，其中农资综合直补3392万元，粮食综合直补493万元，充分调动了农民种粮的积极性。四是落实能繁母猪和仔猪补栏补贴共1665.80万元，其中中央财政365.80万元、省财政800万元、市财政500万元。

【农产品质量安全监管】 启动农产品检测中心项目建设，并建成1个农产品质量安全区域站和1个检测站。全市已累计建成各级质检站点90多个，初步架构起市、区、镇、村、基地“二级四层”农产品质量安全检验检测网络。实行属地管理，层层落实监管责任，健全农业投入品监管、农产品质量检测和质量安全准入、准出及追溯机制，确保全市农产品质量安全。2011年，全市各生产基地、批发市场、农贸超市的果菜平均合格率99%，其中生产基地蔬菜合格率99.8%，水果合格率100%，“瘦肉精”检测合格率100%。

【农业专业合作社】 2011年，全市成立农业专业合作社120个，合作社总数773个，社员总数7560人，带动农户63650户。合作社种植热带水果、蔬菜基地面积达1000亩以上的18个，畜牧存栏千头以上的38个，禽类出栏万只以上的13个，营业额300万元以上的58个，纯利润100万元以上的16个。

【农业科技创新与推广】 通过测土配方、沼液秸秆生物有机堆肥示范和节水灌溉等新科技推广，加快改造海口市热作、水果生产基地。分别在旧州镇、三门坡镇、红旗镇建立测土配方示范点；在三江道学莲雾基地、云龙办内荔枝基地、甲子镇橡胶基地和永兴镇冯塘村橡胶基地辐射区建立沼液秸秆生物有机堆肥示范推广示范点；在云龙办内荔枝基地等果园建立现代农业节水型、高效型喷滴灌水果生产示范基地，2009年—2011年，共建设示范推广水果喷滴灌设施项目107个，总面积19806亩。

【农业信息网络建设】 继续完善海口农业信息网络（网址 http://www.hkagri.gov.cn）建设，及时对农业信息网进行编排、改版，进一步规范完善政府信息公开目录，设有单位简介、农业动态、通知公告、视频展播、政策法规、业务工作、农业科技、农业辞典、农业局主管项目、海口农情等10多项栏目。其中，业务工作下设行政办事、种植业、畜牧业、生态循环农业、农产品质量安全10个分项，还建有党风廉政建设等专题栏目，并设有友情链接模块，可链接24个农业类网站。

【生态循环农业示范区建设】 继续推行“七个一”、“四同步”模式，加速发展低碳生态循环农业，建成畜禽标准化养殖小区16个，引导新（扩）建农产品冷藏保鲜库6家，建成大中型、联户型沼气池15个。全市大中型、联户型沼气池共170处，沼气服务网点94个，发展“猪—沼—作物”生态循环农业面积10万亩。

【沼气工程】 全面落实农村沼气国债项目“一池三改”工作和省下达海口市2010年中央预算内投资大中型沼气建设任务，建成“一池三改”户用沼气388户，总投资147.44万元；完成小型沼气建设38个，投资843.6万元；完成联户沼气建设40个，投资177.6万元；完成大中型沼气工程建设6个，总投资2034万元。沼气获益农户全年每户节本增收2700多元。

建成的演丰茂山大型沼气池（符式彪摄）

【劳动力转移培训阳光工程】 全年累计培训农村劳动力13500人，其中引导性培训6000人，示范性职业技能培训3500人，现代农业培训4000人，转移输出10054人，转移就业人员工资性收入1.14亿元。组织农业科技专家到田间地头，通过“学校+电台+农业基地”等模式，开展农业实用技术培训，向农民传授技术。并带领100名技术指导员，培育了1000户农业科技示范户。

订单式阳光培训开班仪式（王孟洲摄）

【“菜篮子”工程】 为保障农产品市场供应、食用安全、价格稳定等目标的实现，海口市积极推进“菜篮子”工程建设。瓜菜产品：新增露地常年瓜菜生产基地面积7048亩，其中露地瓜菜基地6265亩，瓜菜大棚783亩。完善19个新增常年瓜菜生产基地的基础设施建设。完成冬种瓜菜种植面积17.8万亩，产量35万吨，总产值突破10亿元。畜禽产品：不断扩大畜禽养殖规模，为稳定“菜篮子”价格做出积极贡献。共建成12个畜禽标准化养殖小区和16个与省共建海南猪牛推广示范点项目，可新增存栏生猪2000头、牛604头、禽17.3万只。

东平养殖小区的鹅膘肥体壮（甘凯甜摄）

【农业产业化龙头企业】 2011年末，海口市省级以上农业产业化龙头企业28家。其中国家级农业龙头企业3家，分别是海南椰树集团有限公司、海口农工贸（罗牛山）股份有限公司和海南南国食品实业有限公司，省级农业龙头企业25家。28家农业龙头企业中，农产品加工业14家，畜牧业8家，种植业3家，农药化肥制造与经营业2家，农产品运销流通业1家。2011年，28家农业龙头企业总资产70亿元，固定资产16.5亿元，销售收入35亿元，上缴税金1.2亿元，带动农户7.4万户。

【国家现代化农业示范区】 2010年，农业部认定海口市为国家现代农业示范区，示范区建设期限为2011—2015年，主要建设八大工程，其中包括高标准农田基础工程、“菜篮子”工程、现代种业工程、产业化提升工程、现代农业核心示范工程、循环农业示范工程、职称服务保障工程和观光农业配套工程等，八大项目中又涵盖88个子项目，计划投资81.88亿元，其中申请中央资金46.59亿元，地方配套8.69亿元。2011年，通过加大招商引资力度，助推海口国家现代农业示范区项目建设：一是借助第九届中国（成都）国际农产品交流会等国内农业重大会展活动平台，组织考察团走出去开展市场考察、项目招商；二是借助“冬交会”平台，精心策划、宣传推介海口市农产品加工园区、南渡江流域土地整治重大工程农业产业等6个招商项目，分别与武汉市广地农业科技有限公司、海南博盈兰花产业开发有限公司、广东东升农业集团3家企业签订意向合作协议，达成意向投资6.9亿元。就南渡江流域土地整治重大工程，专门制定对接招商的具体方案，与辽宁方大集团、新乡天地鹅业有限公司等多家企业对接协调，积极为企业落户做好服务。

【罗牛山农产品加工产业园建设】 2011年9月中旬，市政府下发《关于进一步加快推进罗牛山农产品加工产业园项目建设工作的通知》，成立由蒙国海副市长为组长的项目现场工作领导小组。预计2012年1月正式开工建设，建设面积813亩，资金投入15.96亿元，计划完成建设240万头生猪屠宰及深加工易地技术改造项目、8万吨出口标准冷链物流中心项目、力神咖啡厂整体搬迁和技术改造项目以及出口型胡椒、调味品深加工项目。

省灾后恢复生产畜牧防疫服务观摩会海口现场会（甘凯甜摄）

【规划“八大项目”】 2011年，充分利用国际旅游岛的优惠政策，编制《海南省海口市国家热带现代农业示范区总体规划》、《海口市冬季瓜菜生产基地建设规划》、《海口30万亩土地整治项目农业产业规划》、《海口市农业基地及养殖小区发展规划》、《海口市农民就业和增收发展规划》、《海口市农产品集散和加工发展规划》、《海口市休闲观光农业产业发展规划》、《海口市无规定动物疫病区建设规划》8大农业产业建设项目规划，并组织专家进行多次实地考察调研，反复论证。八大项目规划都通过了评审，对海口市“十二五”期间现代农业的跨越式发展具有深远的战略性指导意义。

【抗洪救灾】 2011年，17号强台风“纳沙”和19号强热带风暴“尼格”带来强降雨对海口市农业生产造成巨大损失和严重影响。海口市把灾后恢复生产工作作为年底农业工作的首要任务之一。一是迅速行动，最大限度地降低农民群众损失。迅速成立5个农业技术服务队，分别深入各区、镇、村，组织农民有序开展抢收、抢排和防疫等工作。帮助群众挖排水沟62.5公里，排除低洼地积水7.5万亩，抢收水稻、香蕉等农作物15.6万亩，指导、组织农民加强田间管理的农作物36.3万亩，指导2000多个养殖场（户）加强灾后饲养管理。二是强化服务意识，组织开展农业恢复生产工作。早部署、早谋划，积极以抢防、抢育、抢耕、抢种、抢养“五抢”为切入点抓恢复生产。动员农资经销企业为受灾企业及农户捐赠化肥农药等农资；协调省农技部门的专家和科技人员深入受灾地区指导农民、企业灾后恢复生产工作累计1000多人次；落实农业救灾恢复生产补贴资金1300万元。完成冬种瓜菜整地18.088万亩，抢种补种冬季瓜菜面积11.61万亩，为完成冬种任务打下良好基础。

【农村危房改造】 省政府下达海口市2011年农村（水库移民）危房任务2000户。市住建局于7月开始牵头实施农村危房改造工作，积极为农户提供建筑设计方案和施工图，派出专业技术人员组成服务组分赴各区，为农村危房改造工作提供技术指导和咨询服务，按时完成农村危房改造2036户、总面积14.39万平方米，取得了农村危房改造项目当年100%开工、100%竣工的好成绩，获全省农村危房改造一等奖。

种植业

【概况】 2011年，海口市以促进农业增产、农民增收为中心，抓好种植业产业结构调整，加快发展热带果蔬产业，积极发展无公害生产，提高果蔬产品质量，取得显著成效。全年种植业产值30.8亿元，同比增长4.5%；农作物播种面积73600公顷，同比下降4.9%；蔬菜种植面积24800公顷，同比增长8.3%。

【粮食生产】 2011年，全市粮食作物播种面积53.04万亩，总产量12.31万吨、比上年增长3.2%，其中早稻种植面积22.22万亩，产量7.07万吨，增长4.3%；晚稻种植面积19.38万亩，产量30738吨，比上年增长14.5%；薯类种植面积10.23万亩，产量19.94万吨，下降13.4%；玉米种植面积4117亩，产量1085.05吨，下降0.2%；豆类种植面积6356亩，产量234.2吨，增长11%。同时，积极落实农作物良种补贴工作，补贴标准：早稻10元/亩，晚稻15元/亩，玉米10元/亩，落实早晚稻良种补贴资金87.86万元、早晚玉米良种补贴资金58973元，合计88.45万元。

【瓜菜生产】 2011年，海口市投资9000多万元新增建设常年瓜菜基地7048亩，其中露地基地19个，面积6265亩；瓜菜设施大棚基地11个，面积783亩。分别是：秀英区露地基地2个，面积570亩，瓜菜大棚基地2个，面积140亩；龙华区露地基地3个，面积1435亩，瓜菜大棚基地2个，面积133亩；琼山区露地基地11个，面积2820亩，瓜菜大棚基地3个，面积200亩；美兰区露地基地3个，面积1440亩，瓜菜大棚基地4个，面积310亩。基地建成后，年可增加常年瓜菜产量4.2万吨。抓好冬种瓜菜产销工作。通过扩大种植规模，加强冬种瓜菜基础设施建设和农产品质量监管体系建设，指导农民科学种植、安全生产。全市共完成冬种瓜菜17.8万亩，比原计划种植多1.8万亩，完成任务111%，产量达35万吨以上。2011年，瓜菜种植面积37.86万亩、产量48.94万吨，分别比上年增长7.8%和3.8%，其中，蔬菜种植面积37.25万亩、产量47.88万吨，分别增长8.3%和4.3%；瓜类种植面积6173亩，产量10634.5吨，分别下降12.2%和14.4%。

【水果种植】 一是加快水果标准化生产步伐，建设以海口市裕昌龙莲雾为部级标准化生产示范园和海口云龙莲雾、海口云龙荔枝、海口永兴无核荔枝、海口永兴黄皮4家省级标准化生产示范园。建设永兴野生荔枝资源保护区，为海南省乃至国家种植荔枝地区培育荔枝新品种储备优异基因资源。在永兴镇南岛村建成一个面积1600亩（核心区1000亩，缓冲区600亩）的野生荔枝原生境保护区，使保护区内生长的野生荔枝种群得到恢复与保护，防止野生荔枝种质资源的丢失，为热带水果良种繁育储备优异基因资源，促进农业可持续发展提供必要的种质资源保障。二是落实水果运销补贴，促进水果产品市场营销。7月，对运销香蕉到内地的140车次实行香蕉运销补贴，总运销量3886.1吨，补贴金额共14万元。2011年，水果种植面积27.63万亩，年均新种面积1.86万亩，产量24.9万吨。其中荔枝种植面积3.11万亩、产量1.4万吨，分别比上年增长22.7%和35.8%；香蕉种植面积7.28万亩、产量14.26万吨，分别比上年增长0.8%和-7.5%；菠萝种植面积1.79万亩、产量3.37万吨，分别比上年增长14.5%和分别比上年11.8%；龙眼种植面积4967亩、产量2071吨，增长6.4%和51.4%。

【热带作物及经济作物生产】 加快热作产业结构调整，引导农民发展优势作物，逐步形成以橡胶、胡椒、槟榔等特色作物产业带。加强作物种苗基地建设，开展热作新品种推广。2008年~2011年，海口市共申请国家橡胶良种补贴1万亩，使全市橡胶良种覆盖率达95%以上。同时，加强作物病虫害防治工作，建立热带作物病虫害监测站，在三门坡、旧州、三江等镇开展热作病虫害监测工作，对橡胶病虫害进行定点定时调查，有效防治橡胶病虫害发生，提高产胶质量。2011年，热带作物、经济作物种植面积27.01万亩、产量1.46万吨。其中新种面积4079亩、收获面积18.85万亩，橡胶种植面积19.39万亩，收获面积14.51万亩，产量1.09万吨，同比增长7.1%；槟榔种植面积19169亩，收获面积7235亩，产量1380.3吨，同比增长-13.5%；胡椒种植面积2.69万亩，收获面积1.68万亩，产量2283.2吨，同比增长-0.5%。

【羊山地区特色果蔬产业带项目建设】 羊山地区充分利用松涛水库、南渡江及项目区小河流、中小型水库的水源，沿输水渠道建设小山塘及蓄水池工程，加固或扩建蓄水工程，增强地表水资源供给能力。采用打机井、建水塔水池等方式抽取地下水解决当地农业缺水问题，大力建设特色果蔬产业带。羊山地区水果种植面积共10.13万亩，总产量4.17万吨，分别占全市水果面积和总产量的34.8%和8.34%。主要种类有：荔枝4.54万亩、黄皮2.30万亩、香蕉1.77万亩、龙眼0.44万亩、橄榄0.34万亩、其他果树（菠萝蜜、杨桃、番石榴、番荔枝等）2.03万亩。羊山地区除生产反季节北运瓜菜外，还供应海口城区居民生活用菜。2011年，羊山地区年蔬菜播种面积15.48万亩，其中：瓜类2.89万亩、叶菜类7.75万亩、茄椒类2.08万亩、其他1.42万亩。

【无公害生产基地】 2011年，海口市流水坡等54个种植业生产基地获得无公害农产品产地认定证书，认定面积10.49万亩，其中，新增认定无公害产地面积0.28万亩。通过无公害农产品认证，获得无公害农产品证书的产品共66个，其中2011年新申报认证无公害农产品20个。无公害农产品认证的增加，提升了海口市无公害瓜果菜的质量安全水平，极大地增强蔬菜产品竞争力，带动全市蔬菜生产，真正做到“富裕农民、服务城市”的示范作用，推进本市蔬菜产地化和标准化生产。

【病虫害防治】 一是加强病虫害防治宣传工作。编印《病虫情报》3期，早预报、早发布、早宣传、早预防，把病虫害可能造成的损失降到最低程度。二是根据农时和农民的需要，积极开展农作物病虫害防治指导工作。共培训农民680人，指导农民2600多人次，印发技术资料2万多份。2011年晚造，东山镇等部分地区突发稻飞虱虫害，严重影响水稻生长，市农业部门做到人员、技术、资金三到位，及时帮助农民扑控害虫，有效控制疫情发展。全年病虫害发生面积113.62万亩，防治面积137.05万亩。

畜牧业

【概况】 2011年，巩固动物“无疫区”基础，着力推进畜牧业向设施化、精细化、集约化、品牌化、生态化发展，加快构建现代畜牧业产业体系，促进畜牧业增长方式基本转变，使畜牧业成为农业增效、农民增收的主要支撑点。全年，畜牧业产值29.8亿元，同比增长8.3%；增加值17.67亿元，同比增长8.8%。生猪存栏54.78万头，出栏89.90万头；牛存栏6.7万头，出栏2.1万头；羊存栏7.7万只，出栏11万只；禽存栏342.4万只，出栏1033.7万只；肉类产量10万吨；奶类产量1998吨；蛋类产量7507吨。文昌鸡出岛80万只，其中供港6万只；生猪出岛9.5万头，其中供港0.42万头。

【家禽养殖】 以文昌鸡、鸭、鹅等家禽养殖为主，全市存栏规模2000只以上的文昌鸡养殖场154个，其中存栏2000~4999只的96个，5000~

9999只的37个，10000～19999只的9个，2万～4.9万只的4个，50000～99999只的1个，10万只以上的7个。主要分布在美兰区的灵山镇、演丰镇、三江镇、大致坡镇和琼山区的三门坡镇、红旗镇、大坡镇等地区。全市存栏规模2000只以上的养鸭场212个，其中存栏2000～4999只的183个，5000～999只的19个，1000～1.9万只的6个，2万～4.9万只的2个，5万只以上的2个。全市存栏规模2000只以上的鹅场7个。鸭和鹅等水禽主要分布在秀英区东山镇、西秀镇、长流镇，琼山区云龙镇、红旗镇、三门坡镇、甲子镇，美兰区灵山镇、演丰镇、三江镇等地区。全年，家禽存栏342.37万只，出栏1033.69万只，分别比上年增长10.88%和3.27%；禽肉产量183万吨，同比增长2.94%；禽蛋产量7506.78吨，同比增长11.99%。

【文昌鸡生产基地建设】 文昌鸡产业优势区域主要在美兰区灵山、演丰、三江、大致坡和琼山区三门坡、红旗、大坡镇（牧榕文昌鸡产业基地）及周边地区。文昌鸡产品出口主要以罗牛山文昌鸡育种基地和扩繁场以及“公司+农户”的养殖模式提供。海南（潭牛）文昌鸡股份有限公司下辖有海口罗牛山禽业有限公司、海口潭牛文昌鸡食品有限公司和海南文昌鸡育种有限公司，是集文昌鸡肉鸡与商品蛋鸡的繁育、生产、加工和销售为一体的大型牧业企业。公司拥有80套父母代文昌鸡种鸡及配套孵化厂，年提供优质文昌鸡商品鸡苗3000万只，年育肥文昌鸡400万只；文昌鸡加工厂年加工冰鲜文昌鸡能力为1000万只；饲养商品蛋鸡45万只，生产鸡蛋900万枚。公司先后通过ISO9001质量体系论证、ISO14000环境管理体系论证和GAP良好农业操作规范论证。“潭牛”牌文昌鸡和“罗牛山”牌鸡蛋均通过无公害农产品认证。近年来，公司在文昌鸡育种研究方面取得重大突破，在省市各级政府部门和领导的大力支持下，文昌鸡现已纳入国家级家禽地方品种。海口市文昌鸡产业化发展已初具规模，产业链建设日臻完善，市场开拓也取得较大进展。

【标准化养殖小区建设】 统筹产业发展规划，借助无疫区平台，从整合土地、技术资源，使用先进设施，集中标准养殖，村民自愿参股，优先吸纳区内打工等办法入手，以龙头企业或农村能人为龙头核心及依托，采取“七个一”发展模式和“五统一”管理模式使养殖小区、沼气建设及综合利用配套联动，农村养殖量迅速扩大，产业水平快速提升。至2011年底，全市发展新型养殖小区达69个，年增加出栏生猪26.75万头，文昌鸡等禽类261.8万只，黑山羊1.26万只，成为全市畜牧年产值快速增长的有力支撑。

【其他饲养业】 畜牧业以生猪、文昌鸡为主，兼以黑山羊为发展重点。2011年，全市猪存栏规模100头以上的养殖场1087个，其中1000－2999头的59个，3000头以上的38个，主要分布在琼山区云龙、红旗、旧州镇，美兰区三江、演丰、大致坡镇。全市羊存栏规模200只以上的养殖场6个，其中200～999只的5个，1000只以上的1个，主要分布在羊山地区，包括秀英区的石山、永兴和东山等镇，龙华区的龙桥、龙泉、遵谭等镇。其次是优质肉牛，全市存栏规模50头以上的养殖场9个，其中50～99头的5个，100～199头的1个，200头以上的3个，主要分布在灵山、红旗、三门坡、旧州、甲子、石山和东山等镇及周边地区。2011年全市生猪存栏54.78万头、出栏89.90万头，分别比上年增长7.85%和9.73%；牛存栏6.71万头、出栏2.13万头，分别比上年增长6.5%和6.22%；羊存栏7.72万只、出栏11.01万只，分别比上年增长12.12%和－2.05%。

【无规定动物疫病区建设】 通过建立健全兽医行政管理、动物疫病防控、动物卫生执法监督、动物疫情监测、动物防疫屏障、“无疫区”法规等六大体系建设，扎实推进春秋两防，严抓动物疫病防控，不断巩固“无疫区”建设。全年完成强制免疫畜禽721.83万头（只）、动物疫病采样检测2.29万份，产地检疫250.44万头（只），应免疫畜禽免疫率达100%，免疫抗体合格率全年保持在70%以上，定点检疫率100%，为畜牧业持续健康发展保驾护航。

【兽医兽药管理】 以农业部开展兽药质量安全专项整治省际交叉检查活动为契机，结合“农产品质量安全3.15”等活动，组织开展《兽药管理条例》等相关法律法规宣传活动7次，发放宣传资料3000余份；拉网式开展“瘦肉精”专项整治行动，检查养殖企业800余家，共抽取猪尿4000余份，检测结果全部合格；开展兽药专项整治行动6次，检查兽药经营企业168家、畜禽养殖企业420家、动物诊疗机构3家，共抽检兽药样品31个，兽药残留监测样品10个，检测结果全部合格；高标准推行兽药GSP实施工作，组织专家严格验收，共通过验收兽药经营企业37家，进一步规范兽药市场秩序，提升无疫区品牌含金量。积极配合省农业厅做好2011年全国执业兽医资格考试工作。作为全省唯一考点，海口市组织11名考务人员协助做好考场布置和安全、试卷运送和分发、监考等各项考务工作，确保考试圆满完成。根据省农业厅工作部署，组织开展官方兽医确认工作，共有178人申报，有力推进全市兽医工作全面开展。

（徐小莲）

林 业

【概况】 2011年，市林业局以创建森林城市为目标，继续践行“生态立林，产业兴林、科技强林、依法治林”的理念，深入推进集体林权制度配套改革，稳妥推进造林绿化，全力维护森林资源安全，积极发展热带花卉、林下种养业、野生动植物繁殖、根雕精细加工、家具业、森林旅游等林业产业，全市林业工作创佳绩。全年完成人工造林面积1121公顷，为年度计划任务的112%，比上年增长4%；义务植树156.3万株，育苗193.2万株。全市现有森林面积87430.5公顷，占林业用地面积的92.21%，活立木蓄积量284.6万立方米，森林覆盖率38.4%。2011年全市林业总产值37.96亿元，比上年增加3.99亿元，增长11.7%。其中第一产业为11.02亿元，同比增长13.9%；第二产业为26.77亿元，同比增长10.8%；第三产业为0.17亿元，同比增长27%。全市共接待国内外游客845.84万人次，旅游总收入83.02亿元。按照国家林业局森林旅游按照旅游总收入的1/4的计算办法，则2011年全市共接待国内外森林旅游游客211万人次，森林旅游价值20.75亿元，分别比上年增加27.46万人次、1.7亿元，增长14.9%和9.4%。10月，由海口市林业局新海林场与省林科所合作开展的木麻黄海防林更新改造技术研究项目，获“海南省科技进步三等奖”。

【花卉产业】 （1）继续稳步推进文心兰项目。自2008年以来，市林业局狠抓文心兰项目建设，中央投资2753万元，市政府扶持400万元，采取“龙头企业+花卉合作社+农民+标准化”的发展模式，实行企业化管理和运作，带动花卉合作社及周边农民，扩大种植规模，逐步形成规模化、标准化、产业化的特色花卉产业。至2011年已建成文心兰标准大棚基地102.67公顷和花卉保鲜库8510立方米，该项目为全省乃至全国最大的文心兰项目。2008年5月建立、占地面积1582亩的东山林业产业示范基地，至2011年已形成产、学、研为一体的综合性示范基地，年安排农民工600人次，农民人均月工资1500元。并带动周边农民发展花卉等相关产业300亩。人均年增收1.8万元。其中，由海南博大兰花科技有限公司投资建设的海口市东山镇文心兰标准化生产示范基地200亩，该基地设施大棚等基础设施建设已完成投资1500多万元，共定植文心兰种苗130万株，吸引基地周边的凤凰村、冯塘村等农民50余户加入该专业合作社，开展文心兰种植技术培训10余次，培训农民100余人，以发展花卉产业促进农民增收致富。（2）完成全市“十二五”林业花卉产业发展规划，于10月26日通过专家评审，待市政府批准后正式实施。（3）起草扶持发展花卉产业发展的有关政策，提请市政府尽快出台。（4）办好海南冬交会海口林业花卉展馆。2011海南冬交会海口林业花卉展馆，集聚60多个精品花、叶品种插花构造，综合立体、多层次，艺术感强。2011年海口市花卉种植面积达3600公顷，比2010年增加400公顷，产值达6.7亿元。

【发展林下养蜂产业】 6月22日，市政府召开会议，原则通过《海口市2011年林下养蜂专项资金扶持方案》，决定从市财政局设施农业资金中安排200万元用于海口市发展林下养蜂产业，成立以市财政局、市林业局相关处室负责人及4个区农林局负责人等人员组成的“海口市2011年养蜂业发展扶持资金领导小组”。6月28日市林业局组织召开由4个区分管林业的副区长、农林局负责人以及全市养蜂企业、专业户代表参加的座谈会，研究发展养蜂业的具体措施。6月30日及时向各区农林局下发关于“海口市2011年养蜂业发展扶持资金方案”。全年扶持海口市辖区蜂农发展养蜂2万箱，每箱补助农户100元。市林业局加强监督检察，严格专项资金管理，确保林下养蜂专项资金专款专用，并在养蜂技术、病虫害防治等方面做好技术服务。全年共扶持养蜂户200户，发展蜂群12560箱。

【苗木基地】 兴建333公顷绿化苗木基地。2011年共投入资金420万元，培育木麻黄、马占相思、桉树等良种壮苗193.2万株，无偿供应农民118.6万株用于造林。全市良种壮苗基地已达200公顷。

【根雕加工业】 省根雕文化艺术协会有会员320人，其中该协会落户海口的会员约200人，根雕艺术作品约8万件。海口锦正工艺品有限公司4年来，通过收集各种名贵木材及树根，采取打抷、修光、打磨、上蜡等生产工艺，已生产以海南花梨为主，包括巴西花梨、越南花梨、海南阴沉木等珍贵树种的各种各样根雕艺术作品1000多件，价值约6000万元。

【林业技术培训】 2011年，市林业局结合实际工作，采取多种形式，举办检疫员、热带花卉技术、野生动物经营与驯养、林木采伐作业设计、公益林管护人员、专职信息员、文秘人员、森林防火知识讲座等多种培训班10多期，共培训1000多人次。（1）举办兼职检疫员培训班。4月26日~28日，市森林病虫害防治检疫站在海口赛仑吉地大酒店举办兼职检疫员培训班。参加培训的学员有市、区、镇负责森林病虫害防治检疫工作的人员63人。培训内容包括：《植物检疫条例》、《森林病虫害防治条例》、森林病虫害测报、产地检疫技术知识、常见森林病虫害识别及防治基础知识等。经过3天学习，全部学员考试合格，均取得兼职检疫员证书。（2）举办热带花卉产业管理培训班。5月11日~13日，市林业局在儋州市中国热带农业科学院举办热带花卉产业管理培训班，海口市各区、镇从事林业花卉产业管理的代表共64人参加。培训班采取理论与实际相结合的形式授课。邀请中国热带农业科学院热带作物品种资源所尹俊梅、杨光穗和海南大学宋希强等老师讲课，并组织学员到热带花卉及观赏植物研究中心基地、热带果树研究中心基地、南药研究中心基地、海南儋州中国热带农业科技园观摩学习，现场传授热带花卉栽培与管理技术。（3）举办全市野生动物经营与驯养法人代表业务培训班。8月5日下午，市林业局在海口泰华酒店举办全市野生动物经营与驯养法人代表业务培训班。国际爱护动物基金会项目官员王娟、省林业局原野生动物保护管理局副调研员陈康以及海口市经营与驯养野生动物的法人代表及专业户共60多人参加了培训。会上，省林业局原野生动物保护管理局副调研员陈康、国际爱护动物基金会项目官员王娟、获“中国边境野生生物保护卫士奖”的海南师范大学教授李波分别讲解野生动物保护方面的法律法规及其保护救助等方面的知识。（4）举办全市林业系统信息员培训班。8月16日上午，市林业局在局会议室举办全市林业系统信息员培训班，海口市林业系统干部包括专职信息员共50多人参加培训。（5）举办全市林木采伐作业设计培训班。8月17日，海口市林业局举办全市林木采伐作业设计培训班，市林业局机关全体干部、4个区的林业技术员、各乡镇林业站站长共110多人参加了培训。（6）举办全市重点公益林管护人员培训班。12月1日~2日，市林业局在海南省军区迎宾馆举办全市重点公益林管护人员培训班。市林业局郭清岭副调研员，各区、乡（镇）分管林业的领导及镇林业站负责人，全市重点公益林管护技术人员、专职护林员等100人参加培训。

【林业信息】 2011年，市林业局以2011国际森林年为契机，以全方位做好林业宣传工作为目标，以生态文化建设为引领，切实做好党务和政务信息工作。共收到局机关各处室及局属各单位报送的信息109条，编辑文字信息80条，主动采写林业信息55篇（条）。全年共编辑与采写林业文字信息135篇（条），彩色照片27张，共约10万字，向市委、市政府、市纪委、市机关效能办、市国际旅游岛办公室、市创城办、省林业局等10多个单位分别报送。其中上报市政府研究室135条，采用37条，总分185分，为任务50分的3.6倍，名列全市第10名，比上年提前了13名（2010年位于全市第23名）；上报市委办公厅135条，采用12条（中央办公厅每日快讯采用2条，海南省委办公厅采用1条，海口市委办公厅《海口要情》采用10条），总分167分，名列全市第13名，比上年提前39名（2010年位于全市第52名）；上报市机关效能建设办146条，采用121条，排名第9名，为任务36条的336%；市国际旅游岛建设领导小组办公室采用2条。海南省林业局《海南林业简讯》采用6条，名列全省各市县前茅。全年编辑出版与发行《海口林业信息》23期，135篇（条），每期印刷90份，在发送市四套班子领导、省林业局领导等有关人员后，分别发布在海口市政府门户网、海口市林业局政务网、海口热带花卉网以及10多家新闻媒体，着力宣传海口林业特别是2007—2011年海口林业建设所取得的成就。其中海南省林业局以琼林文［2011］55号文向全省各市、县林业局（农委、农林局）转发《海口林业信息》第9期。同时，加强与各级新闻媒体的沟通与协调。2011年，中央、省市360多家新闻媒体及网站共采用林业稿件约400多篇（条），约10万字。其中海口晚报采用约4万字。

【森林资源管理】　（1）编制《海口市“十二五”林业发展规划》。由海口市林业局、国家林业局中南林业调查规划设计院编制的《海口市“十二五”林业发展规划》，于8月25日顺利通过省林业专家评审。（2）强力推进清理违法占用林地工作。9月20日市林业局召开有关单位人员会议，具体部署全市全面清理违法占用林地工作，各区积极行动。9月26日，海口市人民政府办公厅以海府办［2011］259号文向各区人民政府印发《海口市清理整治违法占用林地的工作方案》。市政府成立以蒙国海副市长为组长，市林业局林劲局长为副组长，各区分管副区长、市国土资源局、市规划局、市林业局、市森林公安局有关领导和专家为成员的海口市清理整治违法占用林地领导小组，领导小组下设办公室，办公室设在市林业局，负责全市清理整治违法占用林地的组织、协调、检查及日常工作。市林业局从各有关部门抽调人员28人，分4个小组，分赴4个区开展工作。内容为2008年1月1日~2011年8月31日期间各类占用林地的工程项目。9月30日完成清理整治违法占用林地的项目自查工作，全面进入清理整治违法占用林地的实地检查阶段。（3）加强林木采伐管理。2011年全年共审批采伐林木33宗，246公顷，蓄积量19242.22立方米，全年资源消耗控制在省下达的采伐限额以内。办理省内木材运输证92本，共计97832立方米。（4）强化项目林地审核、审批工作。2011年市林业局审核、审批林地申请7宗，面积65公顷。（5）着力抓好公益林的管护。各区人民政府林业主管部门认真落实生态公益林管理目标责任制，落实管护责任，签订管护合同，明确责、权、利。市林业部门负责保护管理和建设的组织实施和检查监督，采取补植补种、更新改造等措施，提高生态功能等级。同时，加强生态公益林效益补偿资金的管理，将生态公益林补偿资金及时发放到补偿对象手中。全年在重点公益林区域内竖立边界界桩、界碑1247块，宣传牌15块。

【造林绿化】　2011年，造林绿化稳步推进。市政府拨付营造林资金200万元，全市完成造林1121公顷，为年计划的112%，其中人工造林完成91公顷，更新造林277公顷，义务植树156.3万株。投资420万元，完成育苗193.2万株，完成年计划的100%。（1）2月22日~3月25日，市林业局组织有关人员集中1个月的时间对2003年退耕还林工程进行阶段性检查验收，共检查面积14395亩，涉及海口市20个乡镇1300个地块，以全面掌握全市退耕还林建设情况，完成退耕还林补植补造86公顷，切实巩固退耕还林建设成果。7月23日~26日，国家林业局中南林业调查规划设计院检查组对海口市2003年度退耕还林工程进行核查，共抽查2003年度退耕还林工程的50%。国家林业局检查组对海口市长流等11个镇、6986.8亩退耕地还生态林工程进行实地核查。（2）市林业局检查组检查沿海基干林带造林和管护情况。4月12日下午，市林业局林劲局长带领本局资源管理和政策法规处及市森林公安局、国营新海林场等部门人员组成联合检查组，对西海岸海防林植树造林和海防林保护工作进行自查自纠。（3）组织开展义务植树活动。3月25日上午，市林业局与秀英区政府在秀英区海秀镇永庄村开展义务植树活动。市林业局系统、秀英区机关、海秀镇政府、永庄村、驻军预备役师、海口第十四中学以及志愿者共1000多人参加，种植马占相思1.5万株，完成造林面积38亩。

【森林执法】 2011年，在市林业局统一部署下，市森林公安局通过集中开展春季严打整治行动、林区治安整治行动等执法活动，严厉打击森林违法犯罪行为。全年共出动警力8236人次，车辆5329辆次，接处警各类涉林案件189宗，查处办结202宗，抓获处理违法人员205人，扣押非法运输车辆21辆次，缴获野生动物8169只（条），经检疫后，均放归大自然。没收活立木120株，木材18.2立方米；罚没款752134元，为国家和群众挽回经济损失500万余元。侦破刑事案件40宗，刑事拘留20人，逮捕19人；受理林业行政案件166宗，查处161宗，抓获违法人员165人；受理治安案件1宗，查处1宗，治安拘留1人，查处率100%。超额完成省森林公安局下达2011年侦破案件任务。

【森林防火】 2011年年初，市政府与各区政府签订年度森林防火责任状，市森林防火指挥部通过召开多次会议，贯彻落实省森林防火工作会议精神，加强森林防火宣传、开展经常性森林防火检查、实兵扑火演练等工作，确保全市森林资源安全。全年共发生森林火灾7起，过火面积1.4公顷，其中受害森林面积为0.59公顷，林木损失0.02万株，森林受害率在省控指标0.3‰以下，扑灭率为100%，没有发生重特大森林火灾和人员伤亡事故。与2010年相比，火灾次数减少20起，过火面积减少24.51公顷，森林受害面积减少6公顷。（1）开展春季森林防火检查。3月21日~31日，市林业局分两个检查小组，集中对全市各区镇、各国营林场的森林防火工作开展检查。（2）3月30日市林业局与市气象局签署协议，合作开展森林防火预测预警工作。按照协议约定，市气象局根据最高气温、最小湿度、降水、风速、干旱指数等五项指标，分析测出每日森林火险等级，以市林业局与市气象局联名播报的形式，在海口电视台天气预报栏目对外播发全市23个乡镇森林火险气象等级，以提醒广大市民提高警惕，预防森林火灾。（3）4月14日~16日，2011博鳌亚洲论坛年会在海南博鳌举办，市林业局高度重视，超前部署，切实加强海口至博鳌沿途公路沿线的森林防火工作。4月12日、13日在市防火办会议室召开会议，专题研究，采取分段管理、责任到人、加强巡逻、靠前布防，严防死守等超常规措施。市防火办人员13日~16日驻守在市森防专业扑火队，派出专业扑火队队员10人，分2个小组，全天候不间断地在高速公路和绕城路上巡逻值勤。确保博鳌会议期间森林安全，确保博鳌会议安全举办。（4）6月12日上午，市林业局在海口市万绿园举办2011年森林防火安全知识宣传日活动，现场悬挂有关森林防火的宣传横幅、图片、宣传手册、宣传单等3000多份，现场接收群众咨询80多人次。（5）10月28日，市林业局在市防火办会议室召开海口市2011年森林火灾扑救实兵演练协调会，部署和分解演练任务，进一步明确各参演单位职责。4个区分管林业负责人、市森林公安局副局长、新海新民2个林场场长以及市防火办工作人员、市专业扑火队员共20人参加。12月16日上午，市林业局在秀英区西秀镇祥堂村秋堤坡开展森林火灾实兵演练工作，市林业局有关负责人，各区农林局、林业和园林局局长、各镇主管副镇长、林业站站长，市防火办全体人员共110人参加。11月28日~29日，省森林防火指挥部检查考核组对海口市2011年的森林防火工作进行全面检查与考核。省森林防火指挥部检查考核组视察市森林防火专业消防队工作现场、实地检查市秀英区和永兴镇进行森林防火工作。依据《海南省森林防火百分制考核标准》对海口市森林防火工作进行量化打分，海口市森林防火工作在全省森林防火百分制考核中总分名列全省第一。

【森林旅游】 2011年，市林业局认真贯彻中央和省有关森林旅游工作的文件精神，采取多种有效措施，力推全市森林旅游健康发展。一是结合实际，科学制订并完善海口市“十二五”森林旅游用地发展规划，千方百计增加全市森林旅游用地。

二是强化森林旅游景区、景点的资源保护和旅游安全工作。市林业局通过召开会议、下发文件，在景区内设立森林防火监控点，深入调研、加强指导，引导森林旅游景区、景点管理单位建立资源保护制度和防范措施，强化对全市森林旅游景区、景点的资源保护和安全管理。三是扎实做好森林旅游宣传促销工作。市林业局以《海口林业信息》为主要窗口，介绍海口市森林旅游的主要景区、景点，重点宣传森林的生态价值、经济价值及对人类的重要贡献。2007—2011 年 11 月，全市各森林旅游景区、景点从未发生过森林火灾，从未发生过森林旅游安全事故，全市森林旅游健康发展。四是以公开出版《感恩森林》一书、内部发行《海口古树名木》画册为契机，呼唤人们回归自然，选择森林生态旅游。按照国家林业局森林旅游按照旅游总收入的 1/4 的计算办法，2011 年全市共接待国内外森林旅游游客 211 万人次，森林旅游价值 20.75 亿元，分别比上年增加 27.46 万人次、1.7 亿元，增长 14.9% 和 9.4%。

【规划外林地林改】 2011 年，全市规划外集体林权制度配套改革共涉及 1721 个村民小组，31486 户，13 万人口。通过 3 月召开全市林改工作会议，加强领导，周密部署，全市林改工作快速推进。全市全年共投入林改经费 298 万元，完成规划外林地勘界测量 16.2 万亩，为任务的 100%；发放林权证 12.8 万本，发证面积 16.2 万亩，发证率 100%。集体林权制度配套改革的深入推进，充分调动农民投入林业建设积极性。据统计，全市现有登记在册的林业合作社达 89 家，共有社员 825 人，开展林地、技术、信息、劳动力、资金等生产要素的优化组合，以提质增效，推动农民增收致富，全市林业已形成以政府、私营、个人多元化投资的新格局，林业发展后劲进一步增强。

【木材流通管理】 2011 年，海口市林业局全面加强木材流通管理工作。全年共外出执法检查 2000 人次，检查木材流量 9000 立方米，查处违法运输木材案件 15 宗、违规运输木材 500 立方米，依法罚款 18 万元。

【森林病虫害防治】 （1）做好林业有害生物的预测预报及调查工作，结合实际，开展预测预报。（2）加强以防治椰心叶甲为重点的森林病虫害防治。在全市 400 多个放蜂点释放天敌寄生蜂 7000 万头，挂药包 5500 株，喷洒农药 8300 多株，防治古树名木 1100 多株，薇苷菊 450 亩，取得良好的防治效果。（3）强化检疫调运工作。共办理森林植物检疫 1272 车次，木材 65338 万立方米。依法查处并罚款 1.5 万元。

【野生动物保护】 2011 年，市林业局开展一系列依法打击非法猎捕、收购、出售、运输和走私野生动物及其产品的专项行动，共查处省级重点野生动物 5170 只（条）。经专家鉴定，检疫救护后放归大自然 4600 条，罚款 47 万元。全年扶持野生动物驯养专业户 28 家。

【东寨港自然保护区管理】 （1）组织人员赴香港培训。应世界自然基金会香港分会的邀请，市林业局郭清岭副调研员带领海南东寨港自然保护区管理局、市财政局、市森林公安局、省野生动植物保护管理局等相关部门人员 14 人，1 月 17 日赴香港参加为期一周的湿地管理技术培训班，以提高海口市有关湿地管理人员的工作水平。（2）协助实施美国瑞尔保护协会自豪项目。2011 年，美国瑞尔保护协会在中国保护区的《“自豪促环保”——增强社区对环保的支持》项目落户海南东寨港国家级自然保护区管理局，该项目实施期为 2011 年 ~ 2012 年，项目经费 2 万美元。2011 年，该局项目工作人员多次深入三江等地区，调查了解保护区鱼类及其他野生动植物情况。3 月 19 日 ~ 20 日，该局举办“瑞尔保护协会自豪项目”自愿者培训班，共培训学生和社会工作人员 17 人。制定切实可行的项目实施方案，加强对东寨港保护区鱼类及其他野生动植物资源及其环境的保护。9 月 12 日 ~ 14 日，美国瑞尔保护协会特邀世界自然基金会昆明办专家吴於松到海南东寨港国家级自然保护区进行为期 4 天的指导、调研、座谈及宣讲，以确保该局实施的美国瑞尔保护协会自豪项目稳健运行。（3）3 月 20 日，海南东寨港管理局与海南大学的“绿叶环保协会”共同举办“走进红树林，亲近大自然”大学生志愿者活动，参加人数 57 人。该局有关人员专题讲授红树林生态知识，播放湿地宣传片，让学生们了解红树林在生态环境中的重要作用，以增强环保意识。57名大学生志愿者在红树林滩涂共种植红树3000多株。（4）8月22日组织全局干部职工学习《海南省红树林保护规定》。8月23～31日组织局干部职工10多人分别到演丰、三江、塔市等地宣讲该《规定》，禁止村民在保护区内从事畜禽及水产养殖等违法活动，并张贴宣传单200份，发放该《规定》100份。（5）11月13日，海南东寨港国家自然保护区管理局在三江镇举行“让我们携手保护东寨港红树林”为主题的社区趣味运动会，以融洽社区关系，推动社区共管保护区工作的顺利开展。

【举办爱鸟周活动】 3月21日～26日，市林业局会同省野生动物保护协会、海南热带飞禽世界、动物110网、海南师范大学环保协会等11个单位共同举办题为“创建森林城市，共营人鸟乐园”的海南爱鸟周活动，贯彻落实有关野生动物保护的法律、法规，提高公众爱鸟护鸟意识，构建人与野生动物和谐相处的自然景观。据不完全统计，共有干部群众、学生1万多人参加本次爱鸟周活动。

【国家林业局检查组检查林地保护工作】 7月24日～8月10日，国家林业局检查组一行12人对海口市林地保护、林木限额采伐、退耕还林工程情况进行为期18天的检查。检查结果表明：海口市林地与资源管理工作步入了制度化、规范化、科学化轨道；2003年退耕还林工程保存率、合格率、成材率高，所显示的生态效益明显，实现了生态富民、产业兴林的目标；2010年度林木采伐限额执行情况良好，全市发证合格率100%，凭证采伐率99.4%。

【海口市花卉协会】 11月30日，海口市花卉协会召开会议，总结2009—2011年全市花卉工作，表彰优秀花卉企业，部署2012年花卉工作。省林业局黄金城副局长、海口市政府李世高副秘书长、海口市林业局刘立武总工程师以及省市花卉企业代表共230人参加会议。海口市花卉协会表彰的“2011年度海口市十佳优秀花卉企业”名单：海南博大兰花科有限公司、海南鑫山源热带园林艺术有限公司、海南大信园林有限公司、海南农垦花卉有限公司、海南兆华园景有限公司、海口罗牛山花城农业有限公司、国营新海林场、海口天源叶花卉产销专业合作社、佛山顺德雨林园艺有限公司海南分公司、海口大林兰花产销专业合作社。

【海南凤生香草园】 位于美兰区三江镇，占地面积104亩，由海南凤生香草园农业开发有限公司于2006年3月投资600万元兴建。该园是集香草种植、香草产品开发、旅游休闲观光、芳香医疗保健于一体的森林旅游生态园。在市林业局的大力支持下，该园已引种依兰香、迷迭香、柠檬香茅、罗勒、薄荷、香蜂草、百里香、神香草、留兰香、玫瑰天竺葵、柠檬马鞭草、鼠尾草、花梨木、银斑香妃草、奥勒冈、墨西哥丁香、黄花凤凰木、沉香等乔木和灌木香花树种70多个品种。2011年接待国内外游客2.8万人次，创收100多万元；完成科技部和省科技厅科研项目各1项。

【油棕基地】 海南棕华源实业有限公司在海口市美兰区三江镇投资1500万元兴建的高产油棕基地，占地面积150亩。该基地自2000年以来从马来西亚引进经过优选的油棕能源16号和18号2个新品种共410株。2007年，原公司（百果乐园）与中国热带农业研究院开展科研合作，经过科学栽培实验，2011年年产优质油棕壮苗3万株，定植1～3年生长期的油棕壮苗1000多株，全部实现快速生长和优质高产，表现出抗风、抗旱、抗盐碱、耐瘠薄等优良特性。每亩年产棕榈油1000斤。2011年11月22日，海口市林业局有关人员到三江镇的海南棕华源实业有限公司油棕基地调研，该基地工人现场随意从市林业局扶持该公司引种成功的高产油棕新品种中，一株11年生的能源18号新品种树上摘取1颗鲜果，当即称其重量，单果重为49斤。

【救灾工作】 2011年国庆节前后，受“纳沙”强台风、“尼格”强热带风暴袭击，海口市海防林遭到严重破坏。树龄达20多年的部分木麻黄被连根拔起，风折倒伏，损失严重。全市海防林遭受破坏的面积约3000亩。其中，桂林洋农场遭受破坏的海防林长约6公里，为该农场海岸线总长6.8公里的90%以上，受灾宽度为20米，受灾面积约350亩。(1) 国庆期间市林业局从市森防站抽调专业人员组成的病虫害防治技术指导小组，深入灵山、演丰、云龙、三门坡等镇指导开展花卉苗木等病虫害防治工作，共印发“灾后花卉苗木管理及病虫害防治措施”宣传单5000份、《森林植物检疫宣传手册》300份。对受灾严重的7000亩花卉苗木进行病虫害防治。(2) 10月9日上午，市林业局林劲局长主持召开会议，及时学习贯彻市委书记陈辞10月8日视察林业灾情的讲话精神。会议按照陈辞书记10月8日视察林业灾情的讲话精神，进一步完善全市林业救灾工作方案，并制订详细而周密的近期、中期和远期林业救灾工作计划。市林业局的灾情调查、抢修设施、抢排洪涝、技术指导、病虫害防治、资金帮扶6个小组，继续分赴各受灾点，指导和帮助群众开展各项救灾工作。(3) 市林业局组织专家赴美兰区开展灾后指导工作。10月21日下午，美兰区政府在灵山镇召开由各区镇农林部门、信用联社负责人及花农代表50多人参加的花卉产业工作研讨会。市林业局刘立武总工程师带领局计划和产业科技处、森林病虫害防治站、市花卉协会等有关林业专家到会，开展面对面的灾后恢复生产及技术指导现场解答。

【建议提案办理】 2011年，市林业局承办省、市人大代表和政协委员建议及提案8件，其中，省、市人大代表建议4件；省、市政协委员提案4件，主办件6件，协办件2件。主要涉及古树名木保护、海南东寨港国家级自然保护区的管理、林业综合执法、热带兰花产业、海口湿地公园的建设等方面。与8件建议和提案人进行面商，并以正式文件答复。办理工作得到建议提案人的充分肯定，实现办复率100%，办理结果满意率100%。

【篮球明星姚明等到东寨港种植红树】 4月16日，参加博鳌亚洲论坛2011年年会的中国篮球明星姚明、国际环保组织瑞尔（Rare）保护协会终身荣誉主席温迪·保尔森和瑞尔保护协会总裁兼首席执行官布雷特·詹克斯到东寨港保护区参观考察、种植红树。上午9时，姚明一行17人到达海南东寨港保护区，听取市林业局郭建局长介绍红树林等资源的保护情况；登楼顶视察红树林全景；与演丰镇中学生一起进行互动环保教育；参加红树林保护区的环保一日游活动。13时30分，姚明一行来到海口市美兰区星辉生态村海岸边的滩涂上开展放飞鸟儿和种植红树活动，共种植红树200株，并将保护区原收缴后关在笼中的50只珍贵鸟儿放归自然，以呼唤人们保护珍贵的野生动植物资源。

【香港明星温兆伦任海口林业生态保护形象大使】 香港明星温兆伦，11月应海口市林业局的邀请担任“海口林业生态保护形象大使”。在上任当天，温兆伦即履行起生态保护形象大使的职责，与海南的环保志愿者一道来到海南东寨港红树林国家级自然保护区种植红树。

（罗晓宁）

渔 业

【概况】 2011年，海口市渔业行政主管部门以渔业增效、渔民增收为目标，加大政策扶持力度，着力改善渔业基础设施，积极防御台风和持续强降雨等自然灾害，狠抓渔业灾后恢复生产，促进渔业产业保持平稳发展。尽管遭受“纳沙”强台风、“尼格”强热带风暴和持续强降雨引起的特大洪涝灾害影响，渔业仍保持产量产值“双增长”。全市水产品总产量完成4.89万吨，同比增长3%；水产品总产值6.24亿元，同比增长10.4%。全市渔业人口2.57万人，渔民人均纯收入7016元，同比增长7.4%。

【水产品加工与出口】 2011年海口市水产品加工企业10家，与上年持平；年加工能力11.58万吨，比上年增长3.6%；完成水产品加工产量5.02万吨，比上年增长1.3%；实现水产品加工产值8.45亿元，比上年减少26.7%。据海口海关统计，全市水产品加工出口量5.19万吨，同比下降10.8%，出口创汇额达2.269亿美元，同比增长10.9%，分别占全省水产品加工出口总量和创汇总额的39.9%和46.3%。

【海洋捕捞】 2011年，全市共有海洋捕捞渔船2694艘，海洋捕捞产量2.06万吨，同比增长4.8%；海洋捕捞产值3.12亿元，同比增长11.3%。海洋捕捞作业方式主要以张网、流刺网、拖网为主，捕捞产量分别为7372吨、6880吨、4036吨，分别占海洋捕捞总产量的35.7%、33.3%、19.6%。兼顾围网、钓具、其他渔具等作业方式，捕捞产量为2350吨，约占海洋捕捞总产量的11.4%。海洋捕捞产品种约40种，其中鱼类26种，产量1.52万吨，约占捕捞总产量的73.7%，其中鲻鱼、带鱼、鲳鱼、海鳗、石斑鱼等5个品种产量占捕捞鱼类产量的一半以上；虾蟹类7种，产量2544吨，约占捕捞总产量的12.3%；头足类3种，产量1641吨，约占捕捞总产量的8%；还有贝类、藻类及其他种类，产量1248吨，约占捕捞总产量的6%。为了增加海洋捕捞效益，渔民主动申请报废淘汰、更新渔船6艘，功率837千瓦，总吨位629吨。

【渔船管理】 （1）加强渔民安全意识教育和技能培训。组织召开全市渔业安全生产工作会议2次，开展渔业安全生产宣传教育活动8次，举办职务船员培训暨渔业安全生产知识讲座6期，培训渔民1030人次，929名渔民现场通过考核合格并取得证书；与中国电信海口分公司联合组织渔民参加“渔信E通”救助系统终端培训15期，培训渔民2116人次。（2）加强渔船安全救生设备配置。动员、引导有驾驶台的渔船购买安装海洋渔业北斗船载终端209艘，配备救生筏83个，救生衣1533件，救生圈112个，灭火器176个，信号弹156个。落实政府专项资金160.3万元，为全市2116艘小型渔船配备符合三防标准的安全救助终端，海洋渔业安全救助体系基本建立。（3）开展渔船渔港安全生产专项执法检查行动。组织开展“护渔2011”以及渔港港区安全生产检查专项执法行动，查处违规渔船838艘次，罚款7.28万元。（4）加强伏季休渔管理。休渔期间，开展海上执法16航次，派出执法艇16艘次，执法车辆27辆次，执法工作人员263人次，查处违反休渔规定的渔船30艘，罚款3.9万元。（5）开展琼州海峡碍航渔网清理工作。共出动渔业执法人员156人次，出动车辆55辆次，出动执法船艇33次，动员渔民主动清理琼州海峡碍航渔网177张。（6）开展清理挂靠渔船迁回原籍工作。清查挂靠海口市外籍渔船79艘，其中44.1千瓦以上渔船28艘，小型渔船51艘。（7）实施便民服务。办理渔业船舶进出港签证372艘次。通过“集信通”发布危险信息64次，信息量13万多条。下乡办理渔船年审2203艘，年审率达95.7%；办理渔民人身意外伤害险5500份，61艘大中型渔船购买渔船船险，共收取保费达129.5万元；处理海损事故11宗，调解渔业纠纷8起；发放渔船柴油补助2424.24万元，补助渔船2302艘次。（8）建立海上搜救应急联动合作机制。6月22日，市海洋和渔业局与南海救助局海口基地签订海上搜救应急联动合作协议，建立海上搜救应急联动合作机制。主要包括建立搜救资源保障及通报制度、责任分工制度、险情信息通报制度、搜救应急联动制度、业务交流制度等五项制度。

【海水养殖】 2011年，全市海水养殖面积1322公顷，产量1.16万吨，产值1.44亿元，分别同比增长4.9%、-4.5%、8.5%。主要养殖方式有6种高位池养殖529公顷，产量4037吨；低位池养殖612公顷，产量7057吨；深水网箱养殖水体27万立方米，产量198吨；普通网箱养殖5.3万平方米，产量40吨；工厂化养殖水体6.65万立方米，产量166吨；底播养殖35公顷，产量60吨。主要养殖品种有11种：对虾（南美白对虾和斑节对虾青蟹）养殖面积964公顷，产量6674吨，分别占海水养殖面积和产量的72.9%和57.7%，是海水优势养殖品种；江蓠养殖面积205公顷，产量4076吨，分别占海水养殖面积和产量的15.5%和35.3%；鱼类养殖主要有鲈鱼、石斑鱼、军曹鱼、美国红鱼等，养殖面积34公顷，产量416吨，分别占海水养殖面积和产量的2.6%和3.6%；贝类养殖主要有牡蛎、鲍、泥蚶等，养殖面积69公顷，产量331吨，分别占海水养殖面积和产量的5.2%和2.9%；青蟹养殖面积50公顷，产量61

吨，分别占海水养殖面积和产量的3.8%和0.5%。

副市长蒙国海在2011年海口市渔业安全生产工作会议上讲话（李仕平 摄）

【淡水养殖】 2011年，全市淡水养殖面积2673公顷，产量1.58万吨，产值14997.91万元，分别同比增长-21.9%、7.5%、11%。主要养殖品种有13种，其中罗非鱼养殖2626公顷，产量1.13万吨，分别占淡水养殖面积和产量的98.2%和71.5%，是淡水优势养殖品种。

【水产品质量安全管理】 （1）加强水产品质量安全教育培训。深入养殖基地一线发放、张贴各类水产品质量安全宣传资料2900份（册），悬挂宣传横幅50条。组织专家举办水产养殖质量安全培训班4期，培训人员500多人次。（2）配合开展水产品质量安全抽样检测。配合农业部水产品质量监测中心（广州）对海口市农贸市场、超市、水产品批发市场进行水产品质量安全例行抽样检测4次，抽检样品94个，监测结果合格率97.2%。配合农业部和省海洋与渔业厅对全市水产养殖场和水产苗种场进行抽样检测8次，抽检样品36个，监测结果合格率100%。（3）开展水产品质量专项整治行动4次，出动人员共246人次，车辆107辆次，检查单位128家次，受到影响人数4000多人次，检查发现问题责令限期整改5家。（4）组织申报无公害水产养殖基地。积极引导新海洋、加宝2家养殖场申报并获通过无公害水产品产地认定与产品认证。（5）开展水产病害监测，编发《水产病害测报》8期。

【恢复灾后渔业生产】 “纳沙”强台风和“尼格”强热带风暴及持续强降雨灾情发生后，市海洋和渔业局制定渔业灾后恢复生产工作实施方案，争取并及时下拨渔业恢复生产救助资金1590万元，水产养殖各品种恢复生产15%～70%。

养殖户正开展灾后恢复生产自救（李仕平 摄）

【对虾温棚养殖】 制定《海口市冬季对虾养殖温棚补贴实施方案》，落实补贴资金51.17万元，扶持冬季对虾温棚养殖341.1亩。

【渔业项目建设】 （1）300吨渔政执法船建造项目经农业部2010年5月28日批准立项。落实中央资金1800万元，市政府配套资金300万元，2011年10月完成项目初步设计并获农业部专家评审通过。通过政府采购招标，确定建造中标单位为广东江龙船舶制造有限公司。该船设计总长47.0米，型宽7.6米，型深4.3米，设计吃水2.4米，设计航速18节，续航力1500海里，自持力15天。（2）三江湾万亩罗非鱼健康养殖基地建设项目。2009年经省财政厅、省海洋与渔业厅批准实施，安排中央、省、市三级资金1390万元（其中：中央1000万元，省级100万元，市级290万元），由海南省国营三江农场具体组织实施，新建、改扩建罗非鱼养殖池塘3846.57亩；硬化改造进、排水渠道11.25公里；清淤、勾缝修补等治理中心大排沟2公里。2011年5月27日，经市海洋和渔业局、市财政局组织有关部门对该主体工程竣工验收合格。（3）海南（国家级）水产物流交易中心项目。至年底，已完成1号物流仓储及鲜品交易大厅主体工程、2～6号仓储及办公大楼打桩工程，以及冷库一层主体结构。（4）国家一级渔港项目。经省海洋与渔业厅上报农业部拟立项，但因重大项目建设需要，经市政府专题研究决定拟重新选址于新海村粤海铁路南站北侧海域，由海南港航控股集团有限公司委托中交二航院开展选址方案及平面布置工作。（5）小型渔港维修清淤疏浚工程。共安排资金245万元，维修、清淤、疏浚土尾、亮肚、下厂以及曲口4个小型渔港，竣工验收合格。（6）渔业安全救助系统建设。落实政府专项资金160.3万元，为全市2116艘小型渔船配备符合三防标准的安全救助终端。

【水产种苗】 2011年，全市有规模水产苗种场7家，其中生产罗非鱼种苗5家，面积110亩，产量5.64亿尾；生产鲍鱼苗1家，面积1.27万立方米，产量500万粒；生产石斑鱼和东风螺种苗1家，面积3000立方米，产量石斑鱼苗30万尾和东风螺苗500万粒。

（李仕平）

农业机械

【农机购置补贴】 2011年，省农业厅安排海口市农机补贴资金1120万元，完成补贴大中型拖拉机、收割机、耕整机等农机具3762台，受益农户2684户，补贴冷库设备6526立方，喷滴灌面积1.04万亩。投入农机购置资金2837.2万元，补贴资金1120万元，农机户自筹资金1717.2万元。其中：补贴大中型拖拉机37台，收割机51台，旋耕机184台，耕整机383台，手扶拖拉机240台，喷雾机1956台，脱粒机217台，杀虫灯46台，增氧机316台，金鹿拖拉机和清粪车52台，大地金牛拖拉机和清粪车251台，挖掘机5台，犁5台，平地机和装载机14台，橡胶加工机5台。

【农机生产作业】 为提高农业综合生产水平，促进粮食增产，大力推进农机社会化服务，积极组织农机生产，推广新型农业机械，全市农机装备、农机作业水平明显提高。在春耕、夏收、冬种生产期间，全市共投入各种农机总动力达到32.4万千瓦，拖拉机6473台，其中大中型拖拉机4156台，小型拖拉机2317台，水稻联合收割机303台，耕整机2635台，配套农机具1480台。机耕水平达到72%，机收水平达到69%，综合水平达到47%。全市有8个农机合作社，农机大户201个。完成机耕作业面积5.91万公顷，同比增长49%；机收水稻面积3.61万公顷，同比增长72%。

【农机安全监理】 2011年，围绕优质服务巩固年、平安农机示范创建、农机安全宣传与管理、农机安全专项治理、农机救灾服务等开展农机安全管理工作，效果显著。全年完成新机手培训762人，核发拖拉机、联合收割机（以下简称“两机”）行驶证850本，核发两机驾驶证750本，新增两机上牌率和持证率均达95%，同比增长2%。完成“两机”年检4000台，年检率为57%，同比增长7%。开展安全宣传教育培训活动40场次，同比增加7场次，组织驾驶员及中小学生农机安全教育3000多人次，发放农机节日安全生产等宣传资料3万多份。开展常规及专项整治活动的农机安全生产田查路检69次，检查拖拉机2348台，查处违章机手195人次。以“示范”、“协管”两手抓“平安农机”创建工作，全市共有平安农机示范镇9个、示范村26个、示范户316户。

（徐小莲）

知名企业

【海南照丰水产有限公司】 成立于2002年。有员工1200多人，生产车间面积1.2万平方米，年生产能力10000吨，原料采购采取“公司—基地—标准化”的模式，建成3000亩罗非鱼和1500亩南美白对虾无公害养殖基地。2011年，出口罗非鱼产品5200吨，南美白对虾和面包类产品3000吨，创汇近4000万美元。主要产品有：带头虾、去头虾、虾仁、凤尾虾、蝴蝶虾、拉长虾、油炸面包虾、蝴蝶面包虾、凤尾面包虾、寿司虾、天妇罗虾、串虾、粘粉虾、罗非鱼（片）、马头鱼、海鳗鱼片、安康鱼、军曹鱼、金丝鱼、带鱼、鱿鱼、真鲷片、鲶鱼、七星鲈鱼、贝类等40多种产品。产品出口美国、加拿大、日本、俄罗斯、欧洲、东南亚等国家和地区。全年完成总产值2.1亿元，增长23%；完成销售产值2亿元，增长35.2%。

【海南泉溢食品有限公司】 成立于2000年，主要生产加工罗非鱼系列拳头产品，产品全部出口美国、欧洲、日本、东南亚等国家和地区。2011年出口产量7140吨，创汇3200多万美元，年销售收入2.09亿元，增长50%；收购原料2.01万吨、1.56亿元（不含税），带动农户1640户，增加农民纯收入1570万元，带动劳动就业596人。该公司自创立至2011年底累计出口4.6万吨、创汇1.75亿美元，是海口市出口创汇最多的水产品加工出口企业之一。

【海南蔚蓝海洋食品有限公司】 台资企业，成立于2003年3月，注册资金6000万元，2004年8月建成投产。有员工700多人；厂房面积5.46平方米，其中：加工车间2个，面积6000平方米，拥有罗非鱼生产线9条；货架式冷库4个，冷藏能力2000吨；装货平台8个。2011年，加工原料1.8万吨，加工成品约7000吨，其中出口6500吨，创汇2600万美元，产品主要出口美国、加拿大、欧洲市场；国内销售600吨，产值1800万元，主要销售北京、上海、天津等一线城市。主要产品有深去皮罗非鱼片、浅去皮罗非鱼片、条冻鱼、裹粉鱼片、面包鱼片等。全年完成总产值1.93亿元，增长46.9%；完成销售产值1.45亿元，增长14.1%。

（李仕平）

（编辑：杜惠珍）

交通·邮电·信息

交通综述

【概况】 2011年是“十二五”规划的开局之年，市交通港航局以创先争优活动为契机，坚持依法行政，强化民生优先，深化服务转型，全力以赴推进公交、港航、交通基础设施建设等工作，推动交通工作跃上新台阶。2011年，被省交通运输厅评为港口生产统计单项优秀单位，被省港航管理局评为港航行政管理先进单位、被市政府评为安全生产工作三等奖、被市政府服务中心评为政务服务窗口先进单位二等奖和12345政府服务热线先进成员单位二等奖；“公交惠民新举措，海口小学生免费乘公交”被评为2011年度海口十大新闻之一；市交通智能指挥中心获“2011中国城市信息化技术创新奖”参选资格；中国社科院发布2011年《公共服务蓝皮书》结果显示，在受调查38个主要城市公共交通满意度排名中，海口名列全国第三位。

【《海口市城市公共交通专项规划》】 2011年编制完成并上报市政府。主要内容包括公交线网优化方案、公交场站建设方案、公交车辆发展规划、大容量快速公交发展规划、城乡公交一体化发展规划、旅游公交发展规划、出租车发展规划及智能公交发展规划等。目标是至2020年，建立以快速公共交通（BRT）和轨道交通为骨架，以常规公交为主体，以出租车和其他方式为补充的城市一体化绿色公共交通体系，确立公共交通在城市客运体系中的主导地位，形成集约、可持续发展的城市交通结构。

【现代有轨电车一期工程立项】 编制完成海口市现代有轨电车1号线一期工程项目建议书，并报市发改委批准项目立项。该项目西起火车站，东至新埠桥，途经粤海大道、滨海大道及长堤路，全长24公里，项目建设内容主要有线路、桥梁、车辆、车辆基地、供电、信号等，总投资28.24万元。

【城市道路交通联席会议】 2010年12月，海口市以发改委、住建、规划、国土等部门为支撑，公安、交通为骨干力量，成立海口市城市道路交通协调联席会议制度，根据交通需求、道路交通安全状况和城市发展要求进行交通规划和管理，对全市道路交通问题一揽子协调解决。城市道路交通协调联席会议（简称联席会议）下设建设规划、道路管理、公共交通、宣传教育、保障、专家、综合等7个工作组，共有38个成员单位。2011年，城市道路交通协调联席会议履行交通大整治职能，集中力量主要完成三件大事：一是确保2011年“五路四桥”工程建设按期推进；二是2011年9月完成了公交集团组建；三是组织开展交通环境整治。包括组织开展海口市重点片区交通组织优化，有效缓解市区道路交通拥堵现象；通过“三车”整治、电动自行车规范管理、提高中心城区交通通行效率、交通乱象整治、提高公交出租服务质量等专项行动，加大交通秩序整治力度。（1）建立制度。联席会议制度以“条块结合，以块为主”的管理办法，以联席会议为议事平台，原则上每季度召开1次会议，整合行政资源，集合集体力量解决具体问题。各牵头单位与成员单位建立了工作联络、工作组例会、工作落实、工作协调、新闻发布等制度，发挥各工作组和各成员单位的工作积极性，形成协同作战的合力，有力推进海口市道路交通的发展。（2）开展道路交通综合整治行动。用一年时间开展以“建设国际旅游岛·安全畅通文明行”为主题的道路交通综合整治行动，逐步建立长效机制，推动交通环境综合规范管理转入常态。联席会议将各责任单位开展城市道路交通环境综合整治行动纳入2011年市机关绩效考评职能目标内容，市效能办牵头有关部门进行跟踪督查，并按照市绩效考评制度进行考核。并在2011年财政预算中专门安排整治行动的专项资金，把道路交通设施的项目建设纳入年度计划及“十二五”规划，确保综合整治力度、决心与成效。

【公交集团组建】 9月4日，海口市公共交通集团有限公司正式挂牌成立，这是全省率先组建国有控股公交集团，是海口市委市政府深化公交体制改革，优先发展公交，推进城乡公交服务均等化，真正使公共交通服务产品回归公益，实现公交行业飞跃式发展的重要举措。成立后的公交集团将完善路网建设，扩大乡镇公交覆盖面，实施乡镇公交畅通工程；推广节能、环保与新能源汽车替换尾气超标“黑烟”车辆；同时增加运力，增加班次，努力改善乘车环境，提高公交满意度和公交出行吸引力。海口公交集团组建后，拥有公交巴士、公交总公司两家公交运营企业，公交线路46条、公共汽车1130辆，员工总数约6500人（含出租车司机）；出租汽车约1240辆，占全市总量的40%。总资产规模13亿元。

9月4日，省市领导出席公交集团成立仪式

【市水运公司改制】 配合海口市委、市政府做好海甸溪两岸的旧城改造拆迁，指导市水运公司做好改制工作。2011年该公司制定的《企业关闭方案》和《职工安置方案》已获批准，已有85%职工签订解除劳动合同并领取安置费，改制工作正依法按序进行。

【“三车”整治】 根据海口市政府的要求和部署，专门成立“三车”整治机构，落实整治执法人员，迅速投入“三车”联合整治工作。11月15日~12月31日，共出动交通执法人员1383人次，联合查扣“三车”1143辆。

【机动车维修管理】 严格审批并结合2011年机动车维修行业服务质量信誉考核工作，重新审核清理机动车维修企业场地、人员、设备、制度、服务质量、诚信经营等，组织编制海口市机动车维修工时定额，许可212家维修企业的开业申请，查处83家违规经营企业，并对全市66家二类以上机动车维修企业进行质量信誉考核，考核结果为AAA级企业31家、AA级企业21家、A级企业8家，B级企业6家。

【汽车驾驶员培训行业管理】 开通海口驾驶员培训服务网站，实现网上报名、网上咨询、网上投诉，不断提升驾培服务水平。在驾校训练场、教练车安装视频监控及GPS车载终端，实现对全市各驾校训练情况进行全天候、全方位监管，强化了行业管理手段。对全市42个报名点门面招牌进行改造统一式样，并进行编号管理，市民可通过外观辨别报名点的合法性，进一步规范驾培行业秩序。增设新式主动式模拟器17台，提高海口市驾校培训科技含量。

【交通宣传】 编发交通港航信息60期和工作动态12期，利用出租车LED显示屏滚动播放安全畅通文明行标语，在公交车车载电视播放创建全国文明城市短片，并以“安全月”为契机，精心制作5块展版，印刷2000份宣传小册发放给广大市民，指导、督促局属事业单位在车站、码头、渡口等公共场所宣传安全知识及接受市民咨询。

公路建设与管理

【公路状况】 2011年，全市高速公路有绕城高速、海文高速、海口联络线、机场联络线和环岛高速，境内长129.02公里；省道公路有灵文加线、云文线和隆三线，境内长129.02公里；县乡级公路2255条4330.28公里。

【农村公路建设】　2011年建设2010年中央预算内投资农村公路43条60.06公里，路面宽3.5米，建设内容包括路基工程、路面工程及交通工程等，总投资2615.8万元，年底完工并通车。

【公路养护】　全年农村公路养护里程1041条2774.17公里，其中县道13条124.15公里，乡道62条426.55公里、村道966条2223.47公里。《海口市农村公路养护管理暂行办法》于2011年11月10日印发，使养护管理工作向常态化、制度化、规范化轨道推进。

【水毁公路抢修】　2011年完成2010年国庆期间强降雨灾后修复重建农村公路项目。项目包括49个子项目，工程涉及路面修复、路基修复、桥梁重建、桥梁修复、涵洞重建、边坡修复等建设内容，总投资2350.82万元。

【海口至洋浦一个小时交通圈项目启动】　11月11日，海口至洋浦1小时交通圈重要组成部分——西线高速公路白莲立交至白马井立交段改建工程正式开工建设。海口至洋浦1小时交通圈项目路线总长99.72公里，由四大部分工程项目组成，包括丘海立交、洋浦至白马井跨海通道工程南连接线、洋浦至白马井跨海大桥工程和西线高速公路白莲立交至白马井立交段改建工程。概算投资12.9亿元，预计2012年7月底完工。项目建设单位为省交通投资控股有限公司，项目全线采用SBS改性沥青路面，中面层采用50沥青，大幅提高抗车辙能力；对旧沥青路面铣刨的废料采用就地冷再生和厂拌泡沫沥青冷再生技术，变废为宝，环保节能。这些工艺在全国处于推广阶段，在海南省高速公路建设项目中也是首次应用。作为海南省西部交通大动脉的重点路段建成后，海口至洋浦行车时间从现在近2个小时缩短为1个小时。

【路政管理】　2011年海口市加大对超限超载运输车辆等破坏路产路权行为打击力度，重点对管辖区域内的沙场、石场沿途超限超载车辆进行专项整治。全年共出动路面执法8000多人次，查处牌证6000个，查处挖掘公路、埋设管线案件2例。

【交通安全管理】　加大行业安全监管力度，自上而下落实安全生产责任制，层层签订安全生产责任书，全系统企事业单位签订率达100%。督促道路运输、工程建设落实安全保证体系制度，并制定实施《海口市交通运输和港航管理局安全生产监督管理规定》。举办“首届海口市道路运输安全生产管理工作研讨会”，共收到研讨论文50多篇，大会采纳16篇，有效促进交通安全管理工作开展。开展安全隐患排查治理专项行动，针对春运、“五一”、“安全生产月”活动、“十一”黄金周、夏季高温及汛期和冬季安全生产等重大节日及不同季节的不同安全重点，落实每季度至少1次的检查督导制度。

【运输市场整治】　为严查道路违法违章运输行为，规范海口市运输市场秩序，2011年市交通港航局共出动执法人员21000多人次，查处违法违章运输10168件、机动车维修经营违规行为83起、驾培市场违规行为29起、水路运输市场违规行为7起。在运输市场监管方面，一是进一步加强机场客运市场监管，包括完善通道设施，查处违规出租车122辆次，查处非法营运的“黑车”37辆次；二是加强东环海口火车站的公交出租车营运秩序，包括协调解决完善出租车通道工作，成立运管工作站，实行全天候的监管，查处违规出租车206辆次；三是加强汽车客运站监管，打击“黑车”103辆次；四是重点加强对秀英港“黑票点”和“拉客仔”的打击，成立专门“打击”管理队伍，依法打击。已基本扼制住“黑票点”和“拉客仔”的欺诈旅客行为。查处秀英港、新港周边非法营运和异地经营的出租车100辆次。

公路运输

【公路客运】　全年公路汽车运输完成旅客运输31611万人次，比2010年增长7.1%；旅客周转量800864万人公里，比2010年增长8.1%。

【公路货运】 全年完成公路运输货物3127万吨，比2010年增长32%；货物周转量215571万吨公里，比2010年增长29%。

【车站】 海口市有海口汽车东站、南站、西站、海汽港口汽车站4个主要客运站，拥有客运汽车2264辆67760座位，日均发班1841班次，日客运量2.8万人次。

【货运站场】 2011年全市形成规模的货运站场有海口南北通（罗牛山）货运有限公司、华信物流城、水头村停车场，其中规模较大的是海口南北通（罗牛山）货运站场。该站场每年外省市货运车辆进入量约10万辆次，有货代中介近400家。

城市公共交通

【概况】 2011年全市共有公交企业9家，公交车辆1300辆，公交营运线路75条，其中，常规公交线路67条，旅游公交6条，夜间公交2条。全年运营里程13176万公里，万人拥有量11.02标台，年客运量26352万人次；有出租汽车企业13家，出租车保有量2460辆（含乡镇出租车），万人拥有20.84台，年客运量4073万人次。

【公交出租运营与管理】 制定实施《海口市公交出租车行业考评管理暂行规定》，从车辆违章查处情况、服务投诉情况、责任事故情况和企业维稳情况4个方面对全市公交出租企业进行季度考评，落实企业驾驶员管理主体责任。制定《海口市出租汽车客运经营协议》、《海口市城市公交线路特许经营协议》，加强全市公交、出租车行业监管，推进交通行业健康有序发展。严厉查处公交、出租车野蛮行驶违法违规行为。

【创建文明公交出租车行业活动】 2011年海口市结对北京公交集团，邀请公交明星李素丽老师言传身教，充分挖掘先进事迹。成立海口“小李素丽宣讲团”，深入各公交出租企业宣讲20多场次，以实际工作经验，亲身经历等先进事迹带动身边人共同进步。评选表彰文明行业创建先进单位3个、公交文明线路5条、流动红旗出租车30辆、先进个人100名，激发了交通人员工作热情。活动开展以来，全市公交车、出租车月均交通违章分别为0.026次和0.01次，分别比2010年下降了67.5%和77%。

【公交场站建设】 白沙门公园公交首末站和长流起步区0505地块公交首末站年底完成主体工程，未动工建设的6个公交场站已移交海口市公交场站投资建设有限公司负责建设。

【公交候车亭建设】 2011年全市完成海秀西路11座、滨海西路18座及其他路段70座共99座港湾式公交候车亭建设。

【公交、出租车专项整治】 2011年4月20日~6月30日，市运管处联合市交警支队对海口市公交、出租车交通运营秩序进行专项整治。在为期2个月的整治工作中，市运管处出动730人次、交警出动500人次，共查扣公交车出租车各类违规、违法行为4883辆次。

【新开通线路及公交线路调整】 通过开展“征集市民意见，优化调整公交线网”活动，广纳民谏，优化调整25路、33路、53路、20路、7路、51路、43路、39路、38路、201路、57路、40路、46路等13条公交线路，新开辟58、59、60、61、62、63、64等7条公交线路。公交线路不断向新建道路、车站、旅游景点、景区、新建居民区、工业园区和开发区延伸。

【节能环保型公交车投放】 2011年，海口市公交企业采取合资、合作等方式，大力发展节能环保型公交车，共投放150辆LNG公交车、50辆汽电混合动力公交车、30辆纯电动公交车用于开通新线路和更换冒黑烟的柴油公交车。至年底，全市共有公交车1242辆，其中，节能环保型公交车874辆，占70.4%。节能环保型公交车使用率逐年提高，进一步推动海口市节能与新能源汽车全国示范城市建设。

豪华舒适的环保公交车

【出租车更新和新增运力投放】　7月27日和9月12日，海口市通过摇号方式分两批更新出租车516辆及新增出租车300辆（含27辆纯电动出租汽车），缓解市民“打的”难问题。

出租车指标摇号现场

【公交减免费政策】　制定《海口市扩大公交票价减免范围工作方案》，除对残疾人、低保户、海口市户籍70岁以上老年人等特殊人群减免票外，从9月1日起，实施全市义务教育阶段小学生免费乘坐公交车政策。

【公交IC卡】　2011年全市全部完成47条公交线路IC卡刷卡机安装工作，市民刷“易卡—宝岛通”公交IC卡乘坐公交车可享受9折优惠。自5月21日启动公交IC卡项目以来，售卡4万多张，日刷卡量上万次，售卡、充值金额达500万元。

【海口公交IC卡项目回顾】　2005年初，海口提出开展公交IC卡应用，但由于海口公交线路归属业主各不相同，开通线路较少，加上海口公交运营车辆车况较差，公交中、小巴较多无法接受IC卡业务，项目运行失败。2006年4月，海口市政府作出了启动城市公交一卡通的决定，并由海口市燃气集团公司独家经营和承建此项目，该公司专门成立调研小组赴广州、深圳等地进行考查调研，并于2008年6月启动项目具体运作程序。又因为经营成本太大、补贴机制不完善等原因，最终再次“流产”。2009年6月，海口公交IC卡项目又被提上日程。为提升海口公交一卡通的功能，海口提出建设“宝岛通”的构想，经过多方协商和论证，决定由海口市燃气集团公司、宇信易诚科技股份有限公司、广州盛利鸿泰软件科技有限公司共同投资成立海南宝岛通科技股份有限公司，以承接“宝岛通”项目。该项目经过筹备，不仅制造出公交卡，在公交车上装刷卡机，让市民进行刷卡体验。但此后，市民乘车刷卡不是机器没开，就是司机以各种理由拒绝刷卡，要不就是告知刷卡机坏了。渐渐地，海口公交IC卡又一次淡出人们视线。2011年，海口启动了“建设国际旅游岛，安全畅通文明行”活动，海口公交IC卡项目于5月21日重新露面，由海航集团旗下的全资子公司海南宝岛通科技股份有限公司承建此项目。

【重大活动车辆保障】　制定车辆保障方案，圆满完成2011年海口（国际）游艇经济论坛、2011年海口高尔夫与旅游主题论坛、2011年中国体育旅游博览会、2011年森林博览会等大型活动的免费公交和免费专线巴士交通保障工作。

【节假日公交保障】　制定实施元宵节、清明节、中秋节、国庆节公交保障方案，采取原线路保障、增加公交线路保障和储备运力保障等措施，出动运政管理人员维持公交秩序，满足节假日期间市民出行需求。

【出租车“爱心送考”活动】　2011年高考期间（6月7日~9日），市交通管理部门、市出租车协会联合海南广播电视台、海口广播电视台开展全市所有出租车“爱心送考”活动，考生在高考期间凭准考证，可免费乘坐出租车到达考场。全市近2000辆出租车参与本次活动。

港口建设与水上运输

【概况】 2011年，海口市加强港政航政管理，推进管理规范化建设，组织港口企业年度核查工作，把好港口企业资质关，共核发港口经营许可证2家，年度核查8家。加强港口信息化建设，提高港口管理能力，完成港口设施保安信息系统平台建设，对港口设施实施24小时监控；完成港口管理信息系统建设，实现和交通运输部港口管理信息系统联网；完成危货港口作业申报信息系统，实现危货港口作业申报网上报批。全年全市在册水路运输企业20家，共有机动船舶68艘，总吨59.4万吨位，总载重量82.78万吨，其中客船2艘，客滚船20艘，货船46艘。海口港有秀英港区、新海港区和马村港区，共有生产泊位80个，其中万吨级以上泊位9个。

【港口建设】 2011年，海口市投资3300万元建设海口市新埠岛游艇码头，建成护岸长1498.8米、工作船码头一座长38米、泊位140个。

【水上运输】 2011年全市注册水路运输企业共完成旅客运输825万人次，旅客周转量28669万人公里，分别比上年增长14.4%和16.2%；完成水路运输货物运输5487万吨，货物周转量5613555万吨公里，分别比上年增长5.6%和4.7%。

【水运市场监督管理】 加大力度进行法规宣传教育，严查证件不齐、无货运单及“三无”营运船舶，有效打击违规营运，净化和规范水路运输市场。全年共出动执法人员713人次，检查船舶208艘次，违章罚款10万余元。

【新海港区客货滚装码头项目】 新海港区客货滚装码头建设规模为：一期工程建设5000GT汽车滚装泊位1个，3000GT汽车滚装泊位9个（结构均按10000GT设计），以及疏港道路、综合客运站、相应的供电、给排水、土建等配套设施；二期工程建设8个5000～10000GT汽车滚装泊位，工程总投资估算为24亿元。至2011年，该项目已完成项目核准、工可修编、航道和防波堤立项批复、安全预评价、职业病评价、地灾评估、环评及海洋环评、林地使用、节能减排、招投标备案审批、岸线批复、初步设计批复、施工、监理招投标工作等前期工作，并争取得交通运输部港口基础设施建设补助资金2.2亿元。

【新增航线】 2011年，全市新开通7条航线，分别是：海口—南沙航线，投入600TEU船舶3艘，班期密度为3班/周；海口—洋浦航线，投入150TEU船舶1艘，班期密度为3班/周；海口—防城航线，投入150TEU船舶1艘，班期密度为3班/周；海口—香港航线，投入100TEU船舶1艘，班期密度为2班/周；海口—惠州—蛇口—南沙航线，投入350TEU船舶1艘，班期密度为约10天一班；海口—汕头—泉州—厦门航线，投入350TEU船舶1艘，班期密度为约10天1班；海口—北海支线，投入160TEU船舶1艘，班期密度为3天1班。

【海口港马村中心港区动工】 5月28日，总投资15.9亿元的“十二五”省、市重点建设项目——海口港马村中心港区工程举行开工典礼。海口港马村港中心港区工程前期建设规模为4个2万吨级通用散杂货泊位和3个5000吨级辅助泊位，以及防波堤、护岸、供电、给排水、消防、通信等辅助生产设施，设计年吞吐量390万吨，建设工期3年。业主单位为海南港航控股有限公司。

【海口新港搬迁】 6月14日18时，随着“紫荆6号”客轮作为海口新港客班轮最后一班船驶出港口开往广东海安，标志着新港正式结束历时30多年、曾经为海南最大客运口岸之一的海口新港将结束历史使命。从6月15日起，海口新港所有营运业务全部迁移至秀英港区。近年来，随着海口城市化进程的不断加快，市区渐渐变得拥挤，海口新港逐渐陷入了城市的包围之中。而且，港区与城市区域交叉重叠，港口作业区与城市市区毗邻，彼此共用城市基础设施，如道路交通、水、电等设备。在新港附近，不仅有水产码头市场，各种商店已形成了包围之势，港口前的道路渐渐被商铺摊位及各种货运车辆、三轮车挤占，周边环境越发混乱，其周围发展空间被压缩得越来越小。此外，城市规划等条件也限制老港区港口经济形态进一步发展，新港不具备持续发展空间资源，不能满足港口自身发展要求，其功能将逐渐衰退，而随着城市经济持续发展，港口有逐渐被吞并趋势。不仅港口发展受限制，同样也制约城市发展。搬迁后新港片区将重新规划建设成以商业、休闲、娱乐为主的区域，未来新港片区功能定位为以文体休闲、中高档居住区为主要功能的核心区域。

【海口新港搬迁之路】 2005年，海南省开始推进海口秀英港、新港和马村港“三港合一”，新港陆续将客运业务进行转移。2006年7月1日，海南港航控股有限公司对秀英港和新港的部分航运业务进行重大调整，将从新港发班海口至海安客滚船航班全部移至秀英港发班。同时，随着海口城市不断发展，尤其是大货车中心城区限行政策的实施，对新港码头作业产生巨大影响，该公司也加快新港客滚船调整速度。2008年，新港港区化肥、粮食、饮料等货物装卸转移至秀英港，而从新港发班海口至北海客滚船航班也转到秀英港发班。由于海口港口规划的调整，2011年6月15日，海口新港码头营运的“海口—海安”客轮航线也从此转移至秀英港区营运，海口新港正式告别客运历史，其长达6年的计划搬迁转移之路画上句号。

（王青）

粤海联运

【概况】 粤海铁路有限责任公司成立于1997年6月，是由铁道部、海南省、广东省共同出资，严格按照《公司法》组建的新型合资铁路企业，负责中国第一条跨海铁路——粤海铁路通道的资金筹措、组织建设和运营管理。2010年12月30日，受广州铁路（集团）公司委托管理海南东环高速铁路。公司营业里程1018公里，运营资产284.18亿元，内设管理职能机构10个，生产车间27个，公司党委、纪委、工会、团委等党群组织健全。2011年末，公司员工总数4558人，其中专业技术人员500人。6月10日，粤海铁路有限责任公司被海南省授予“博鳌亚洲论坛2011年年会服务保障工作先进单位”；9月21日，粤海铁路有限责任公司火车安全轮渡管理QC小组获2011年“全国优秀质量管理小组”称号。

【主营指标再创新高】 2011年，粤海铁路有限公司科学优化运输组织，着力提供充足运力，大力开展客货营销，全力以赴增运增收，各项主要运输经营指标逐年攀升，创下历史新高。累计全年完成旅客发送1087万人次。其中，东环高铁旅客发送982.3万人次，完成年计划的148%；旅客发送104.7万人次，同比增加8.5万人次。货物发送695.8万吨，同比增加150.4万吨。轮渡组织散客过海231.35万人次，同比增加27.74万人次；组织车辆过海32.71万辆次，同比增加0.1万辆次，为海南经济社会发展提供可靠运力保障。

【东环高铁运营品质提升】 2011年，粤海铁路有限责任公司始终以管好用好海南东环高铁，逐步建立完善一系列高铁安全保障体系和服务标准体系，实现设备质量可靠、运输秩序良好、运营安全稳定、服务质量优良、社会反响良好。圆满完成博鳌亚洲论坛2011年年会和金砖“五国”元首第三次会晤参会代表运输服务，以安全快捷舒适乘车环境，优质的服务给5位中外国家领导人和96名各国参与会代表留下良好印象。东环高铁从2010年12月30日投入运营一年来，灵活调整运能，先后6次调整列车运行图，动车组开行对数由开通初期每天开行10对，至春运期间日正常开行28对，客流高峰日开行32对。东环高铁采取日常、周末、节日、客流高峰期阶梯式开行方案，正常每日开行22对，周末、节日每日开行25～28对，遇客流高峰期增加运能，以满足方便旅客出行。全年累计安全运行463.6万公里，开行动车组15051列，发送旅客982.3万人次，接待省部级以上考察领导155批1750人次，最高日发送旅客达5.1万人次，平均上座率达90%以上。

【铁路轮渡运能提升】 4月8日，新造火车渡轮“粤海铁3号”正式建成投入运营。10月13日，其姊妹船“粤海铁4号”渡轮正式建成投入运营。两艘姊妹船像“双胞胎”，其外形、构造、性能几乎如出一辙，船总长均为188米，垂线间长178米，型宽23米，总吨位23万吨，航速17.2节，排水量1.56万吨，载重6500吨，抗风能力10级。上层舱室可载运旅客1398人，其中火车客列上人数为1360人。该轮第8层的驾驶甲板，是“粤海铁1号”和“粤海铁2号”都没有的直升机起降平台，标志着粤海铁路轮渡从既有的“两船两港”变成了“四船两港”，铁路轮渡运能进一步提升。

【海口至成都东旅客列车首发】 7月1日，海口—成都东（K486/485次）快速旅客列车正式开行。列车途经广东、广西、贵州、重庆、四川4省1市，最后直达成都东，全程2182公里，运行时间约38小时，开辟了海南与祖国西南地区新的铁路运输通道。

【安全生产实现第六个安全年】 2011年，公司健全完善粤海铁路自身特色的“严管+真管”的安全管理体系，努力推行安全风险源管理，严格落实领导责任制、专业管理责任制和岗位责任制，大力推进安全基础建设，深入开展安全大检查、大整改活动，强化行车行船设备质量整治，确保运输安全持续稳定。至12月31日，连续实现行车安全2326天、行船安全3237天、劳动安全2908天；杜绝了责任一般C类及以上事故、责任行船小事故、责任旅客死亡和责任职工死亡事故，连续实现第六个安全年。

【防洪防风工作】 2011年，针对公司管内地属热带地区，常台风暴雨天气频繁的实际，坚持“科学防洪、全面防洪、全员防洪”原则，认真总结历年防洪经验教训，健全完善各项防洪预案、办法和制度，加大防洪基础投入力度，全年完成9项防洪预抢工程和8项水害复修工程，在管内普速、高速铁路各防洪关键点建立全方位的防洪抗灾监控监测系统，并储备充足的抢险机具、路材路料和抢险劳力，及时做好滞留旅客的疏导工作。全年经受住“海马”、“海棠”、“纳沙”、“尼格”等强台风和热带风暴及持续强降雨等灾害天气的考验，避免7起水害事故发生，确保铁路运输安全畅通。

【改善服务质量】 2011年，公司“以服务为宗旨、待旅客如亲人”的理念，开展“服务旅客创先争优”文明大行活动，打造“环境优美、服务优质、管理优良、旅客满意”的“四优一满意”的铁路运营服务环境。完善系列站车服务标准、流程，强化客运文明服务礼仪业务技能培训，大力整治站容站貌，增加客服设备设施，积极引进新一代高铁动车组列车CRH380A，进一步完善便民利民措施，增设自动售票机30台、代售点34个，实施东环高铁实名制售票、互联网售票、电话订票业务，优化海南东环高铁运行环境，大力推行微笑服务、真情服务和“五小”（小导游、小翻译、小阵地、小册子、小备品）特色服务项目，极大地促进服务质量提升，路风持续稳定。

【重点项目建设】 2011年，完成临高、昌江、水尾三站扩能改造，铁路北港港池疏浚，南北港系缆墩施工，南北港汽车栈桥提升系统改造等重点工程项目；昌（江）八（所）支线大修、西环线“平改立”、两港铁路栈桥油缸大修、海口南港第二货场建设、铁路轮渡南北港码头改造扩建等重点工程项目正在有序推进；新造火车渡轮“粤海铁3、4号”顺利建成，并投入运营。

【提高职工素质】 2011年，围绕“职工素质建设年”三年规划的总体要求，以适应高铁运输安全需求为重点，狠抓职工业务技能培训。全年举办各类培训班435期35224人次；委外培训245期737人次；工班长轮训班3期81人次；举办应急演练22场次参训413人。积极开展职业技能鉴定工作，全年新聘高级技师3人、中级技师74人，公司技师及高级技师高技能人才占技术工人比例由上年的5.4%提高到9.7%。大力开展职工职业技能竞赛，并组织优胜者参与广州铁路集团公司年度职工职业技能竞赛，获得了历史最好成绩，促进职工素质的提高。

【改善职工生活】 围绕构建“粤海职工幸福家园”，着力解决职工住房难、吃水难、用电难、看病难、落户难、洗热水澡难等生产生活问题。积极推进海口、三亚、八所地区1300户职工经济适用房建设；千方百计提高职工工资收入，为正式职工人均每月岗位工资增加410元、劳务工人均增加300元，发放一线岗位安效奖和岗位津贴人均每月增加400元；积极开展“真情送温暖”活动，加大“三不让”帮扶救助力度，发放困难补助金及“五项”补贴39人次，帮困助学56人次，大病补助18人次；大力推进沿线职工“文化线、健康线、体育线、卫生线”建设，先后投入139万元为沿线职工配置了电视机71台、空调198台、热水器48台、电冰箱27台等生活用具，发放保健药箱114个，建饮用水井3口，“流动书箱”41个图书4000多册；为164名员工补办了社保手续；为231名员工办理了落户手续。积极开展主题谈心活动，畅通职工诉求渠道，全年累计处理职工来电来信来访823件，维护职工队伍稳定，营造和谐企业。

（黄永良）

民航运输

美兰机场

【客货运输】 2011年底，美兰机场实现共开通客、货运航线111条，客运吞吐量突破1000万人次，实际达1016.79万人次，比上年增长15.9%；货邮行吞吐量为16.93万吨，比上年增长9.94%。

【安全管理】 2011年，美兰机场对安检部门进行了全方位的架构调整，专门增设安全品质管理机构，进一步加强规章制度建立、人员选拔、培训、岗位危险源识别与风险管理以及岗位监管等安全工作各个流程进行有效的控制，重点梳理补充SMS（安全管理系统）建设的12项要素，健全完善相应的规章制度和业务流程，全力推进SEMS（保安管理体系）建设，确保安全工作品质。出色完成了历次重大保障活动，将安全隐患消灭在萌芽状态，安全工作取得了跨越式成效。自1999年通航至2011年，已实现机场持续安全运营13年。

【机场建设】 2011年，美兰机场新国际航站楼正式开工建设。年底，该楼建筑主体工程已完工，正在装修。此外，还进行了海关监管区、特种车库等驻场单位的保障设施建设，为争创SKYTRAX五星机场称号及美兰机场扩大建设奠定了坚实的基础。

【机场运营】 至2011年底，美兰机场共开通航线111条，其中国内航线97条、地区航线5条、国际航线9条；与75个城市通航，其中国内城市54个，并可实现与香港、澳门、台湾等地区互通。此外，还执飞新加坡、迪拜等13个国际都会。承运美兰机场的航空公司共61家，其中国内40家，国际15家，包括中华、长荣航空等在内的地区航空公司6家。

【SKYTRAX中国区域最佳机场】 3月，在丹麦首都哥本哈根召开2011世界机场奖项大会上，美兰机场凭借2010年度在旅客服务工作中所做出的努力，荣膺SKYTRAX中国区域最佳机场（BEST REGIONAL AIRPORT – CHINA）奖项。

【ASQ资格认证】 11月，在摩洛哥召开的第21届国际机场协会（ACI）全球及非洲区年会上，美兰机场获得“ASQ资格认证”证书，成为国内首家获得此认证的机场。

【SKYTRAX四星机场】 海口美兰国际机场始终秉承优质服务理念，尽心尽力为旅客和航空公司提供至诚、至善、至精、至美的服务，努力树立美兰国际航空港优秀服务品牌。2011年，海口美兰国际机场顺利通过评审，成为国内第二家、全球第九家“SKYTRAX四星机场”，迈入世界优秀机场行列。

【年旅客吞吐量破千万】 随着海南国际旅游岛建设的不断深入，海南旅游、商贸、文化交流日益频繁，客运量不断增长。12月26日，海口美兰机场旅客吞吐量突破1000万人次。这是美兰机场通航13年来首次突破千万大关，由此正式迈入“千万机场俱乐部”行列，成为国内大型客运机场。海口市委、市政府举行海口美兰国际机场旅客吞吐量突破1000万人次表彰仪式暨答谢晚宴，对海南美兰国际机场股份有限公司经营班子及驻场单位进行表彰并奖励总金额500万元。

（李静）

海南航空股份有限公司

【安全运营】 2011年，海南航空安全工作重点是防范关口前移与人员资质建设，通过大力加强全员前置性风险防范意识，开展关键风险管控，开发并上线运行“海航运行风险管控系统（HORCS）”；开展危险品违规运输项目治理，创新设立安全管理微博、设计制作《安全期刊》及安全折页；积极制定并落实安全文化推进方案。安全管理水平得到进一步提高。全年安全飞行约36.85万小时，同比增长5.65%，荣获“安全飞行三星奖”称号。至2011年，海南航空累计飞行18年，飞行326.93万小时。

【品牌服务】 2011年，海南航空提炼形成USMILE服务理念，由服务愿景和U－SMILE服务准则构成。U－SMILE服务准则主要内容为以客为亲、安全正点、东方优雅、创新激情、团队协作、平等仁爱。采取系列措施提升服务品质：调整供餐模式，增加清醒服务，更新茶艺展示服务；统一A330旅客操作界面，改版《华翼－机上娱乐指南》，推进手持娱乐设备上机项目，提升头等舱旅客体验等机上娱乐设施，通过改版《云端》杂志，更换白瓷餐具等措施系统提升机供品质量；完成北京贵宾室动态区及海口贵宾室改扩建工程；开展行李专项整治，引进全球行李查询系统。6月，海南航空在法国巴黎举行的“2011年SKYTRAX年度优秀航空公司评选”活动中获“中国最佳航空公司”与“中国地区卓越服务奖”两项大奖，是继2010年后再次被SKYTRAX评为中国最佳航空公司。12月，海南航空获国际著名杂志GLOBAL TRAVELER“中国最佳航空公司”称号，首次获2011年“BRANDZ中国最具品牌价值50强”。

【圆满完成埃及、利比亚撤侨飞行】 2011年，海南航空坚决贯彻党中央、国务院指示精神，以国家和民族利益为重，圆满完成埃及、利比亚撤侨紧急运输任务。期间共执行38班撤侨航班，共安全保障撤侨人员近5000人，物资约40吨。获多个民航局撤侨航班保障“先进集体”和“先进个人”称号。顺利完成深圳第26届世界大学生运动会、西安世园会、全国“两会”、博鳌亚洲论坛等重要活动保障任务，积极承担企业社会责任，展现良好企业形象。

【生产经营稳步增长】 2011年，海南航空实现总周转量389064.8万吨公里，同比增长10.32%；实现旅客运输量2049万人，同比增长9.98%；运送旅客超过2000万人，平均客座率84.20%，在国内上市航空公司中居首位。

【完善航班应对机制】 2011年，重点完善不正常航班处置和应对机制，重新梳理以01值班制度为核心的相关值班制度，建立协调机制，降低管制因素对航班正常性的影响；通过建立考核制度、系统分解考核指标、开展运行质量审核、组织专项会议等措施，降低公司原因对航班正常率的影响，提高运行品质。

【拓展国际航线】 2011年，海南航空新开国际、地区航线11条，涉及城市有苏黎世、伊斯坦布尔、悉尼、马累、普吉、釜山、冲绳、赤塔等。调整航线网络拓展思路，加频北京始发国际航线，提升首都机场国内与国际航线对接能力。与美国航空（America Airlines）正式签署关于开展代码共享合作的协议，双方将在代码共享、常旅客、时刻协调、优化中转服务等方面展开广泛合作，有效提升北美航线运营水平。

【节能减排】 按照民航局的具体部署，2011年海南航空节能减排工作在继续巩固2010年所取得成绩的基础上，重点推进公司已有节能减排项目的固化、提升。通过对主要项目的过程进行KPI控制，GPU替代APU的使用、二次放行、减少着陆阶段APU使用三个项目较好地完成了年度或全年各月的控制指标。全年公司12个常态化管理的节能减排项目共实现节约燃油2.94万吨，节约运行成本约2.44亿元。

（海南航空股份有限公司）

邮　政

【概况】　2011年，海口市邮政局以满足社会用邮需求和“服务三农”为宗旨，深化改革，加快发展，取得较好成绩，实现物质文明和精神文明的双丰收。邮政业务总收入25846万元，其中市邮政局收入16336万元，邮储银行市分行收入9510万元，较好地完成省邮政公司预算目标。通信质量稳步提高，各项质量指标均达到集团公司的标准。

【通信建设】　2011年全市共有邮政服务网点78处（含邮储银行市分行），基本实现电子化及通存通兑；邮路遍布全市各个角落，市内投递段道160条共3882公里，确保为海口市民提供优质、快捷、方便服务。

【三大板块业务实现快速增长】　2011年，海口市邮务类业务收入同比增长29.43%，是三大板块业务中增长幅度最大的业务。代理金融类业务收入同比增长10.39%，占总业务收入比重达63.95%，是三大板块业务中完成预算进度最好的业务。代理速递物流类业务收入完成年预算目标，保持平稳发展。

【优化核心业务结构】　所有的专业业务均完成了年预算目标；大部分专业业务实现大幅度增长，其中除包裹业务外的9项业务均实现两位数增长，特别是机票业务、集邮业务和机要业务，这3项业务收入同比分别增长144.68%、96.92%、53.49%，创历史新高。

【重点业务和跨年度项目营销】　短信业务收入同比增长15.11%，呈现较快的发展态势；2012年度报刊大收订取得较好成绩，一次性收订流转额同比增长9.43%；函件业务收入同比增长10.98%，在取得突破的同时也较好调整业务结构；在为全省提供“思乡月”月饼专项营销支撑服务同时，月饼销售超额完成省邮政公司预算目标，为全省“思乡月”营销活动作出龙头局应有贡献。

【基础管理】　开展ISO9001：2008质量管理体系年度监督审核工作，较好促进各项工作规范化、制度化；加强各项规章制度完善和修订工作；强化网路运行管理，增强投递网综合能力，通过投递网达标建设、探讨“段道＋社区”的投递网组网模式、优化作业流程和作业组织等，较好增强了投递实物网服务能力。

【人力资源管理】　根据各营业网点的忙闲规律及投递分局的投递业务量情况，推行“交叉排班法”、“梯形排班法”、“区域投递法”等作业模式，提高职工工时利用率和饱满率，优化营业台席及各岗位人员配置；制定《2011年薪酬考核办法（试行）》，体现“效益优先、兼顾公平”的原则，较好地调动职工创收业务积极性；以“促进业务发展和技术进步，提高员工综合素质和基层员工岗位技能、知识水平”为重点展开培训工作，较好地提高职工业务综合水平。

【提高服务水平】　进一步推行“星级服务”实施，提高营业、投递优质服务水平，树立海口邮政新形象；深入开展“为民服务创先争优”和“文明大行动”活动，推动服务工作再上一个新台阶；进一步加强邮件时限管理工作，加大邮件时限监督考核力度，确保通信质量的提高。

【为民服务创先争优活动】　根据省邮政公司统一要求，深入开展“为民服务创先争优”活动，引导广大党员、干部和员工，把为民服务作为海口邮政窗口服务的核心，通过推行“三亮”、“三比”、“三创”、“三评”活动，较好展现海口邮政人的服务水平和工作形象。

（冯炜）

电　信

【概况】　2011年，海口市电信局坚持发展领先原则，在业务发展、服务、管理、企业文化等方面均取得持续进步。业务总收入完成9.1亿元，超额完成省电信公司下达的预算目标，通信服务、通信网络等指标完成情况均列全省前茅。

【业务经营】 2011年，市电信局始终把通信业务规模扩张发展放在首位，重点抓好移动业务、宽带业务及行业应用三大类业务，实现了三大类业务齐头并进的快速发展。一是发挥移动业务稳定性高、应用丰富的优势，全年发展移动用户35万户，同比增长22.6%。二是发挥宽带业务速率高、可靠性高的优势，全年发展宽带用户30万户，同比增长20%。三是宣传推广行业应用新业务，带动集团单位客户集办公、通话、网络为一体的信息化应用，全年发展集团客户1.2万户，同比增长8%。

【网络建设】 2011年，市电信局集中力量推进城市光缆到户建设及无线网络建设，力争协助市政府打造光网城市，并加快无线3G + WIFI网络覆盖。年底，光缆线路总长达221068纤芯千米，同比增长15%；城市地区宽带网络速率基本达4M以上，达到全国中等城市平均水平；WIFI热点超过1000个，基本覆盖学校、娱乐、公共交通等公共领域，有效提供高达54M接入服务。

【信息化建设】 2011年，市电信局加速百兆高速宽带及多媒体新型业务的研发，加快全球眼监控、网络办公、视讯会议、无线宽带、号码百事通等信息化服务，推进各行业的信息化进程。积极配合地方政府，在海口市农村基层医疗健康服务信息化项目、渔信E通、市中法翼机通等多个项目建设中更取得了突破性的进展，积极为社会各界提供了“世界触手可及”的精彩信息生活平台。

【窗口服务】 2011年，市电信局在全市设立153家营业网点，588个便民缴费点，配合10000号、网上营业厅为辅助的立体化营业服务网络，全面为市民提供优质服务，其中，海府路营业厅在同行业中排名第一。宽带装移机开通及时率达97.01%，同比增长7.78%；宽带修复及时率达98.65%，同比增长0.65%，整体服务水平再上新台阶。

（黄利颖）

信息化建设

【概况】 2011年，在推进信息化建设的基础上，海口市始终围绕“十二五”规划，以海南国际旅游岛建设的总体战略部署、海南信息智能岛建设和海口市“智能城市”建设为目标，完善信息基础设施，加强信息资源开发利用，推进信息技术应用，加快信息化和工业化的融合，全面提升社会、经济各领域信息化水平，提高为海南国际旅游岛建设服务的信息化能力，信息化建设取得了很好的成效。

【编制海口市“十二五”信息化发展规划】 2011年，海口市编制了“十二五”信息化发展规划。规划围绕“智能海口”以及国民经济重要支柱产业和高新技术产业的主导地位的战略目标，统筹发展部门电子政务建设，加快发展电子信息产品制造业、软件与信息服务业、文化创意和现代信息服务业、物联网、云计算、电子商务等新兴信息产业，逐步将海口市建设成海南省具有较强研发能力的信息产业重要基地。

【编制“智能海口”建设与发展规划】 在《“十二五”信息化发展规划》的基础上，海口市科学技术工业信息化局委托中国普天北京规划设计院编制了“智能海口”建设与发展规划（2011—2015），规划以全面落实“智能海口”的方针政策为基本目标，将建设国际旅游岛和信息智能岛有机结合，从政府信息化、智能化入手，实现以“服务”为导向的智慧型政府政务智能化，并着力建设和发展以“改善民生”为目标的智慧型公共服务体系，切实加强信息资源开发利用，深入推进信息技术应用，确保网络与信息安全，坚持信息化和工业化的融合，努力实现海南国际旅游岛建设全面信息化、智能化，带动相关产业协调发展，继续推动海口国民经济健康持续快速发展和社会全面进步。

【海口市信息产业孵化园】 3月18日挂牌成立，由海口市科学技术工业信息化局牵头创建。位于新华路5号，是专门培养高新技术和企业需要的信息化人才，孵化有潜力的中小型甚至是微型 ICT 企业。孵化园主要是推进海口市信息产业发展，探讨和制定扶持 IT 人才及 IT 企业的各项政策，帮助企业了解国家政策，为海口的信息企业提供融资咨询和市场推广等方面的支持。总面积 1600 平方米，可同时容纳 30 家 IT 企业入驻。至 12 月，经过审批的进驻的企业共有 15 家，园区管理企业运转正常。

【电子政务】 2011 年，海口市电子政务遵循“统一规划、资源共享、节约成本、按轻重缓急分步实施”的原则，以信息技术推动政府职能转变和政务公开，提高工作效率和服务水平，不断整合完善政府各部分的信息资源，提升政府公共服务职能。市财政拨付 100 万元的电子政务建设专项经费，市科工信局对全市电子政务建设项目进行精心筛选，符合需求的电子政务建设项目给予一定的资金扶持，加快推进一批电子政务建设惠民项目的进程。2011 年信息发布平台投入使用后，进一步完善政务信息公开。尤其重点完善与民生相关的教育、医疗、交通、公共事业、租房住房、社会保障、纳税服务、劳动就业、质量检查及工商管理十大领域的信息公开内容。统筹规划全市电子政务建设，并对全市各职能局上报的电子政务建设项目进行统计与审核，避免了重复建设，实现了资源共享。全年，海口市人民政府网站累计浏览量 435 万人次，独立 IP 超过 110 万个。党政办公内网建设，网站日均 IP 访问量从 1 月的 219 增加到 12 月的 227 人次，网站日均浏览量从 1 月的 1346 增加到 12 月的 1799 人次。

【电子农务】 2011 年，市委、市政府拨出 200 万元用于电子农务体系建设并把该项目列为市委重点督察项目之一。全市选定 3 个优秀镇（永兴镇、红旗镇、龙泉镇）作为电子农务示范镇，并成功举行 2011 信息化创新农民颁奖盛典，在社会上引起很好反响，有力地推动电子农务体系的建设。自主创新开展的“电子农务”体系建设更加完善。为深入贯彻落实“十二五”规划中“三农”信息化（电子农务）指标，已筹建 23 个镇标准化服务站，实现了全市 23 个镇标准化服务站的全覆盖；建设电子农务服务点 30 个；建设电子农务新技术、新品种科技示范基地 25 个；在全市 249 个行政村各培育 1 名电子农务信息员；举办农业实用技术培训 2 万多人次，接受来人来电咨询 4 万人次；举办电子农务农产品大比拼活动 10 场。

【信息产业】 2011 年，全市信息化建设得到快速发展，在基础网络建设、信息产业发展、电子政务、电子农务体系建设及信息化应用等方面均取得了显著成效。海口各类信息企业已达 1126 家，涉及通信、软件开发、系统集成、网络接入服务、信息设备制造等行业，其中通信和网络运营服务业 89 家，电子元器件产品制造业 43 家，软件开发和系统集成企业 223 家，信息产品销售服务业 525 家，网吧经营服务业 246 家。至年底，全市固定电话用户 82.96 万户，比上年减少 33.82%；移动电话用户 324 万户，比上年增长 81.72%；互联网宽带用户 47.7 万户，比上年增长 30.83%。2011 年，全市信息产业实现主营业务收入 71.67 亿元，比上年增长 23.27%；完成增加值 37.3 亿元，比上年增长 19.82%。通信运营业实现主营业务收入 45 亿元，同比增长 15%。

【信息技术应用】 根据海南省委、省政府的统一部署，2011 年海口市农村基层健康信息化项目建设投入 346.6 万元，为全市 228 家卫生室配备健康监护一体机，建立完善居民健康档案，构建市（区）、镇、村三级公共卫生信息网络平台。项目建成后，一是方便群众看病和报销。由于市（区）、镇、村三级网络的建立，群众无论在哪级看病，其健康档案和以往就医情况都能随时调阅，便于确诊病情，避免重复检查。也可通过区域医疗协同平台，实施远程医疗会诊，让患者在基层享受到市级医院的服务，实现“小病不出村”、“急难病及时救治”。同时，还可实现医药费用实时结算。二是方便疾病预防。通过村卫生室健康一体机和健康档案管理系统，免费为城乡居民进行体验和建立医疗健康档案，把疾病治疗关口前移到疾病预防。三是方便了群众监督。通过网络管理，患者病历、处方用药和药品价格可随时查阅。

【启动电子农务示范镇建设】 7 月 21 日，海口市正式启动电子农务示范镇建设，示范镇为永兴镇、龙泉镇、红旗镇。示范镇建设准备活动从3月开始，至7月正式确立。电子农务示范镇建设标准主要为基础设施及示范基地建设，其中，基础设施包括电子农务服务站、村级服务点、信息化基础工程及镇政府网站等建设内容，并要求每个行政村设置1个服务点，要有1名以上的村级信息员，而宽带实现全覆盖。建设期间，工作人员先后下乡走访三镇各行政村村委会50余次，进行宣传沟通，与各镇领导沟通网站修改事宜各4次，为村级服务点发放电脑15部、相机15部、农务通手机48部、电子农务培训手册5000余本、鼠标垫5000余张，张贴电子农务宣传海报300余张，培训农民2000余人。并举办电子农务示范镇启动仪式、走进永兴镇和走进红旗镇活动，创业技能培训班、中学生信息化演讲活动等，从各方面进行信息化基础建设。同时建成三镇政府网站，其中红旗镇网站业已开通，永兴镇和龙泉镇网站也于4月开通。

【农村实用技术培训】 2011年，海口市充分发挥电子农务体系的作用，根据各服务站的实际需要，组织开展农村实用技术培训和信息员培训。全年开展了信息化技术和农村实用技术培训200多期，培训信息员和农民共2万多人次，发放技术资料1.5万余份。

【农产品比拼活动】 2011年，电子农务先后举办了云龙淮山—永兴佛手瓜联合大比拼、海口大致坡农家土鸡大比拼、永兴镇养蜂技能大比拼、三门坡荔枝大比拼、永兴镇黄皮大比拼、三门坡打字大比拼、红旗镇乳鸽大比拼以及海口市农业科技110（电子农务）抗风抢险及灾后重建网上征文大比拼活动等。通过对大比拼进行网络直播、新闻媒体的宣传报道，将各类农产品的有效信息传播到外面世界。大比拼活动推动了农民学习科学技术的积极性，提升了农产品的质量和价格。

【致富评选活动】 2011海口市科技信息化创新农民致富评选活动自8月开始，至12月结束，共有19个镇、206个行政村、355人参加。其间经过报名、审核、网上投票、线下评选层层筛选，最终确定了42名优秀创新农民获奖。其中“市级创新农民”2人、“区级创新农民”8人、“镇级创新农民”32人。12月10日晚举行了联通杯2011海口市科技信息化创新农民颁奖晚会。

（吴俊）

（编辑：陈泽）

保税区·开发区·农场

海口综合保税区

海口综合保税区管委会主任：刘辉平

【概况】 2008年12月22日，国务院正式批复同意海口保税区区位调整至海南省澄迈县老城工业开发区并转型为综合保税区，为第一个省会城市综合保税区，是继国务院批准成立洋浦保税港区后，海南又一个由海关监管的开放层次最高、优惠政策最多、功能最齐全、手续最便捷的特殊经济区域，也是继苏州工业园综合保税区、天津滨海新区综合保税区和北京天竺综合保税区之后设立的第四个综合保税区。海口综合保税区占地面积1.93平方公里，设施、卡口设施及相关配套设施符合《海关特殊监管区域基础和监管设施验收标准》的规定和要求，2010年12月20日，海口综合保税区通过国务院预验收，2011年1月13日，海口综合保税区通过国务院联合验收小组验收，2011年3月16日，挂牌正式封关运行，并于2011年上半年正式进驻办公。海口综合保税区自封关运作以来，综合保税区工委、管委会认真履行职能，对原保税区企业加强管理、拓宽服务，着力综合保税区封关后的配套设施建设、招商选资，园区的主要经济指标比上年同期有较大幅度增长，按预期目标完成各项工作任务。

【主要经济指标完成情况】 2011年，海口综合保税区各项经济指标比上年同期有较大幅度增长。全年完成工业总产值155.62亿元（含海汽），同比增长14.71%，占全市33.56%；完成工业销售产值154.73亿元，同比增长10.36%，占全市37.31%；完成产品销售收入148.23亿元，同比增长10.9%，占全市36.11%；完成工业增加值33.54亿元，同比增长26.85%，占全市32.59%；完成利润总额11.37亿元，同比增长13.54%，占全市20.94%。完成财政收入10.8亿元（不含海马汽车），同比增长14.65%；完成进出口货值1.43亿美元，同比增长13.5%，占全市2.27%。

【园区建设】 海口综合保税区的基础设施由海口市城建集团代建。海口综合保税区管理委员会编制完成《海口综合保税区规划建设实施方案》，先后征求海南省11个厅、局意见，并报送海口海关。海口综合保税区管理委员会积极指导和协调海口市城建集团按照《海关总署关于印发＜海关特殊监管区域基础和监管设施验收标准＞的通知》要求，加快满足海口综合保税区封关运行的各项基础设施建设。至2011年12月30日，园区建设进展情况为：完成31.4公顷配套地及外围隔离带土地附着物清表工作；完成供水接入、降管等基础配套工程；完成联检大楼会议室、办公室装修设计。

【招商选资】 2011年，海口综合保税区管理委员会始终坚持以招商选资工作为重心，认真研究制定具体的招商选资方案，加大招商选资力度，把招商的重点放在新能源、保税物流和高档消费品展示等产业。密切跟踪符合海口综合保税区建设产业导向和功能定位的项目行业动态，关注相关大型国企和世界知名企业的投资动向，积极引进投资强度大、附加值高、具有强大拉动作用的国际、国内知名大企业来园区投资兴业。2011年已注册入驻的商贸物流企业有6家：大新华航空技术有限公司、海南海航保税物流有限公司、海口尹盛进出口贸易有限公司、海南艾瑞克科技有限公司、海南玛斯特新能源电动汽车有限公司、海口综合保税区海伟酒类交易市场有限公司；已开工建设的项目有：新能源电动汽车、公共标准厂房（仓库）、意大利红酒分拨中心、海南港航控股公司保税物流等。

【五大举措服务企业】　2011年，海口综合保税区管理委员会继续加大对新老企业的服务工作力度，竭力帮助企业解决在融资、生产经营和销售过程中遇到的实际困难，化“危”为“机”，成效明显。主要采取了五大举措：（1）加大对保税区企业的扶持力度，帮助企业深挖潜力，提高企业的产值和效益。特别是对区内的规模以上企业要重点跟踪服务，用足优惠政策，及时解决企业生产中遇到的问题，保障企业的正常运作，使产值和效益能持续稳步增长。（2）抓好重点项目的招商和签约项目的动工兴建。力促汉能光伏项目按计划试生产，力促港航物流项目、保税区基础设施二期工程、高尔夫球车项目年内开工建设，使海口综合保税区内尽快形成新的产能。（3）加大招商载体建设力度，提高园区的项目承载力。加快园区周边排水工程等其他基础设施及配套区生活设施的规划建设，为入区企业和驻区机构提供必要的工作和生活保障，创造有利于项目尽快落地的条件。建设不同类型的厂房仓库，满足不同客户群的需求。（4）在优化对原保税区企业的服务工作的同时，加强与上级主管部门、海关、检验检疫、税务、外汇、银行、企业、港口等单位的联系，取得支持和帮助，提高通关效率，享受优惠税收政策，降低企业成本，促进综合保税区的建设和发展。9月23日，海口综合保税区与中国银行海南省分行成功签订了双方合作战略协议。中行海南省分行向海口综合保税区内企业提供40亿的授信额度支持，在融资及授信等多项业务领域，为综合保税区及区内企业提供全方位的金融服务。（5）梳理出台新的综合保税区优惠政策，吸引更多企业入区投资。

【物流基地暨基础设施二期动工】　12月25日，海口综合保税区物流基地港航项目暨基础设施二期开工仪式在海口综合保税区举行。保税物流基地港航项目是海口综合保税区工委与港航集团合作的重要项目，位于海口综合保税区内，占地面积11.99万平方米，年物流处理量140万吨，拟建1座3000平方米的综合办公楼、7个共7.76万平方米的通用仓库、1个1.2万平方米的橡胶期货仓库、1个3500平方米的冷藏仓库、1个1万平方米的集装箱堆场、污水处理站和相应的供电、给排水、消防、通信等配套设施。由海南港航控股有限公司筹资建设，总投资约4亿元，主要包括行政商务区、为入驻海口综合保税区其他企业物流配送、橡胶期货及其他物资仓储、海产品冷藏及加工、外贸集装箱堆存等主要功能。同时动工的还有海口综合保税区物流仓储基地，西区（三层主体仓库）建筑面积13.9万平方米，东区（二层立体仓库）建筑面积7.59万平方米，服务楼建筑面积4419平方米，一层仓库建筑面积5.9万平方米。

【结对帮扶雷虎村、五一村】　2011年，海口综合保税区管理委员会在与秀英区永兴镇雷虎村结对帮扶过程中，坚持把做好帮扶工作作为对执行力的检验，摆上工委领导班子重要议事日程，在人、财、物上提供必要保障，重点解决群众关心的热点、难点问题，努力优化产业结构调整，确保农业增效、农民增收，加强对农民培训，帮助指导农民树立市场意识，重点帮助他们扩大佛手瓜等瓜菜种植规模，加快了新农村建设步伐，受到市委的肯定和表彰。因在帮扶工作中成绩突出，海口综合保税区管理委员会成为市委确定第一批转点单位，下半年转为与龙华区龙泉镇五一村委会结对帮扶。6月8日，海口综合保税区工委、管委会领导带领相关部门到五一村委会进行调研，制定帮扶计划。针对国庆期间洪涝灾害给村民造成的巨大损失，海口综合保税区管理委员会及时对五一村进行灾后重建和慰问工作，派出工作组进村了解情况，并及时送去680袋大米慰问受灾群众。

（冼慧娜）

海口国家高新技术产业开发区

海口国家高新技术产业开发区管委会主任：朱东海

【概况】　海口国家高新技术产业开发区（简称海口高新区），是1991年经国务院批准设立的海南省唯一的国家级高新技术产业开发区，按照“一区五园”的集群化、专业化产业发展思路，下辖药谷工业园、狮子岭工业园、云龙产业园、海马工业园、海南国际创意港和规划中的美安科技新城。海口高新区管委会是海口市政府派出机构，下设党政办公室、纪律检查委员会办公室（监察室）、财政局、经济发展局、科学技术和信息化局、规划建设土地管理局、社会事业局、园区管理执法局8个职能部门。园区的高新技术产业群以电子信息、汽车配件、生物制药、新能源产业为主导，是海南省发展高新技术产业的重要基地和聚集地。

【园区主要经济指标】 2011年高新区经济总量保持平稳较快增长。园区内汽车配件、新能源和食品饮料及农副产品加工等产业较快增长，全年完成总产值68.7亿元，同比增长45.3%；实现工业增加值15.8亿元，同比增长48.5%；完成工商税收5.35亿元，同比增长107.8%，占全市工业环节税11.2%；全年实现出口交货总值17.6亿元，同比增长77.8%，占全市出口交货总值的43%。

【重点项目建设】 （1）海南现代科技集团“现代工业园”建设项目。占地面积11.3公顷，计划投资3.86亿，总建筑面积为7.63万平方米。分为两期进行建设，一期（建筑面积：3.78万平方米）已投产；二期BOPP厂房（建筑面积：1.5万平方米）已竣工，设备安装已完成，并于2011年12月12日进行了开机试产。（2）齐鲁制药（海南）二期项目。占面积约4公顷，计划投资约1.47亿元。2011年底，1#、4#、5#等3栋车间楼已封顶，累计完成投资额约0.676亿元，占总投资额的59%。（3）海南康芝药业新厂建设项目。占地面积10.6公顷，计划总投资2.4亿元。分为两期建设，一期（建筑面积：3.17万平方米）已投产；二期由于工艺要求进行改变，需变更规划，至2011年底已完成地质勘查、土方平整和围墙护坡工作。（4）一汽海马汽车有限公司第三工厂建设项目。占地面积55公顷，计划投资24亿元。试制车间及配件组装车间已建成并正式生产，涂装车间正在进行试产。地下管网施工已完成，污水处理站正在进行工艺设备安装，焊装车间厂房正在进行标书编制。（5）海南红塔卷烟有限责任公司易地技改工程项目。占地面积27.5公顷，总投资11.3亿元，按年产150亿支（30万箱）规模进行设计。至2011年底，联合工房土建工程已完成58%；动力中心土建工程已完成20%；地下管廊工程已完成80%；倒班宿舍及综合楼工程完成35%；成品辅料库、片烟存储及中转库土建工程已完成35%；联合工房网架、钢格栅工程的网架全部安装完成，钢格栅安装完成95%。（6）海神同洲制药异地GMP技术改造项目。占地面积3.3公顷，分两期进行建设，一期所有土建工程已全部完工，设备安装已完成50%，厂区路面施工已完成40%，正在进行管道、电信线铺设及设备调试。

【招商引资】 2011年海口高新区共成功签约项目12个，合同计划投资总额达9亿元，产值14亿元。2011年注册在海口高新区内的海南天能电力有限公司25兆瓦屋顶太阳能光伏发电示范工程获批纳入2011年金太阳示范工程，可获取中央财政补贴2.25亿元。海口高新区成功引进大唐电信科技产业集团发起成立的总额为2.5亿元的海南信息产业投资基金，成为《海南省支持资本市场发展的若干政策》出台后成功设立的第一支基金。

【云龙产业园】 位于云龙镇内，离海口市中心20公里，离美兰国际机场和东环铁路美兰站12公里。2011年初，海口高新区启动与琼山区政府的云龙产业园移交工作，8月30日海口高新区与琼山区政府正式签署移交协议，云龙产业园正式纳入海口高新区管理范围。云龙产业园规划面积5.29平方公里。产业园将按照“局域化布局、专业化生产、集约化经营”的发展模式进行开发，重点引进“两低三高”（低污染、低能耗，高科技含量、高投资强度、高附加值）项目。园区基础设施建设分3个阶段进行。一期项目投资约1.16亿元，2011年底已完成项目立项工作，计划2012年初动工；二期项目投资约6.4亿元，建设内容包括产业园未建14条道路部分及基础设施配套项目，分成南北2个片区分阶段建设，2011年已报市发改委申请立项，计划2013年开工建设。

【海南国际创意港】 4月1日，海南国际创意港开园，成为海口第一个建成并投入使用的创意园区。总体按照“一港三园”的规划进行开发建设，其中，第一园、第二园总投资15亿元。由原海口市人大机关大院改造而成的第一园，4月1日正式投入运营，第二园确定为原海口市龙华区政府大院，采用拆除重建方式进行。海南国际创意港以服务海南国际旅游岛建设为背景，整体输入“灵狮模式”，采取政府支持、企业化运营的方式，迅速培育起海南本土创意设计产业基础，形成以海南全岛为核心，覆盖泛珠三角区域，辐射东南亚的区域性专业化、高端化、国际化创新设计服务接包中心和专利转化中心。同时建立国内第一个品牌创新接包中心、海南第一个产品创新设计技术研发中心、全球第一个弱势群体旅游产品创新设计中心以及国内最大的创意产品体验中心。2011年底，实现园区直接总产值1.63亿元，后端产业带动产值32.6亿元。正式入驻运营的企业达到57家，其中已有32家企业办理工商注册登记手续，正式进港经营，这些企业包括上海木马、东海浪潮等国内著名工业设计企业。共完成专项旅游商品研发项目41项，拟申请专利33项。创意港常驻办公设计师逾400多名，以工业设计为特色的50多家综合性创意产业集群初步形成，并由此带动超过1000名创新型产业人才集群同步集聚海口。园区已接单100多个项目，30多家企业通过园区产业服务平台打开市场，服务半径覆盖省内外，围绕旅游和农业产业创新市场需求，为海南英利、海航、南山景区、上海迪斯尼、中国电信、中国移动等标志性客户都已提供整体解决方案，签订超过1亿元的合同量，提前实现市场化的对接。

【英利光伏二期项目】 英利集团海南产业基地二期400兆瓦项目的前200兆瓦2011年10月投产，至12月产出组件共计23兆瓦；后200兆瓦组件车间已全面启动，正在按照计划有序推进；园区内的配套项目均已进入设计施工图阶段。预计2012年二期后200兆瓦投产后，加上一期已经投产的200兆瓦，海南英利将达到600兆瓦的生产能力。到“十二五”末，英利集团海南产业基地总投资将达150亿元，主要包括晶体硅太阳能电池完整产业链扩建项目、大容量储能、光伏配套材料、国际物流中心、国家重点实验室和光伏产品设计研究院等项目。基地建成后太阳能电池产能将达1000兆瓦，为当地提供1万个就业岗位。

（赵懿春）

西海岸新区

海口市西海岸开发建设管理委员会主任：邓传明

【概况】 2011年海口西海岸管委会根据海口城市化建设的总体目标和城市“西拓”的总体要求，积极推进西海岸新区域的土地整理、基础设施建设、招商引资和项目建设。开发建设规划面积为55.17平方公里。东至长流镇一号路，西与澄迈县交界，南至南海大道，北至琼州海峡。基本思路是：“三个先行”，“五个统一”，即规划先行、基础设施先行、环境建设先行；统一规划、统一开发、统一配套、统一招商、统一管理。大项目带动，以点带面，分阶段实施。

【招商引资】 为完成2011年西海岸新区招商引资10亿元的工作目标，西海岸管委会积极开展招商引资活动，经过市委、市政府及相关单位的通力合作，2011年引进海南恒盛元国际旅游发展有限公司和海口首创投资建设有限公司，分别主导金沙湾片区和西海岸南片区的开发，参与投资西海岸新区建设；并于9月23日与市政府签订开发合同，两个项目总投资100亿元。

【协调服务】 2011年，西海岸管委会针对西海岸辖区内的重大项目，继续加大跟踪服务力度，及时协调解决海南国际会展中心、新国宾馆、中商物流等重大项目存在的影响项目进展的相关问题，确保项目顺利进展。2011年，西海岸新区内报建的项目有10多个，主要有海南日升投资有限公司的中弘西岸首府、海南新海林场建设开发有限公司的海岸塞拉维、海南阳光美基投资开发有限公司的海域阳光一期、海南鑫海房地产开发有限公司的滨海新天地一期等项目。

【片区开发前期工作】 南片区、金沙湾片区土地引资开发建设项目是海口市“十二五”期间进行的区域土地开发的重点项目，市政府在西海岸新区批准设立金沙湾、南片区引资开发建设联席工作小组办公室，负责全面推进两个片区项目联席工作小组工作机制、金沙湾控规和基础设施立项、合同的研究和审议、预征地工作计划等前期工作。西海岸管委会联席办与相关单位对引资合作、项目运作、审计与成本认定、征地拆迁、控规审批和农转用指标等主要问题进行了多次研究，并制定初步预案。完成《联席工作小组工作方式、工作范围和议事规则》、《土地开发成本管理办法》、《土地增值收益分配办法》等工作制度和保障机制的编制工作。2011年市政府已与首创公司和恒盛元公司签订一级开发合同，并按主合同相关约定和主要执行及运作方式，与恒盛元以及首创公司正在完善合同附件制订工作。

【新区控规编制】 西海岸新区南片区控制性详细规划、粤海片区控制性详细规划和金沙湾片区控制性详细规划已通过市规委会评审，粤海片区控制性详细规划和金沙湾片区控制性详细规划已经市政府批复。南片区控制性详细规划，设计单位正按照规委会上专家提出的意见，进行修改完善。

【基础设施建设】 2011年西海岸新区南片长滨路延长线、长秀大道、长流6号路、长流5号路延长段、海涛东路、海涛西路6条道路的立项、选址、项目建议书、可研、地质灾害报告及矿床压覆调研已全部完成；6条道路的环评报告也已编制完成，其中，长滨路延长线、长秀大道、长流6号路的环评已通过评审，长流5号路延长段、海涛东路、海涛西路的环评已召开专家评审会，并针对海涛东路、海涛西路道路红线宽度超标问题正在与省国土环境资源厅进行协调解决。

（温杰颖）

农　场

【海口桂林洋经济开发区】 海口桂林洋经济开发区前身是海南农垦局以直属桂林洋农场为主体组建桂林洋经济开发区，于1991年由海南省人民政府办公厅琼府办函（1991）56号文批准建立。2007年3月，经国土部、建设部、国家发改委联合审核，批准将“海南农垦桂林洋经济开发区”更名为“海口桂林洋经济开发区”。开发区位于海口市美兰区江东组团，距海口市中心10公里，距美兰国际机场、海南东环铁路、海口绕城高速公路4公里，海文高速公路穿境而过，交通十分便利，区位优势明显。2011年，开发区规划面积41.3平方公里，总人口4.7万人，共有外引内联企业100多家。开发区建设发展规划与海口市发展规划相协调，统一规划，成片开发，是一个集工业、农业、旅游业、高等教育园区等全面发展的外向型、综合型开发区，是海南农垦发展工业主要基地和对外开放的窗口。2011年开发区实现工农业总产值15.52亿元。国内生产总值7.51亿元，其中第一产业1.70亿元，第二产业4.88亿元，第三产业0.93亿元。固定资产投资24.45亿元。上缴税金1.23亿元。桂林洋农场实现工农业总产值2.44亿元，增长21.8%；国内生产总值2.24亿元，增长20.6%；劳均纯收入2.96万元，增长20%；人均纯收入1.36万元，增长20%。热带高效农业的质量和效益明显提升，第三产业对农场经济发展的支撑作用逐步增强。

（海口桂林洋开发区办公室）

【海南省国营三江农场】 创建于1965年4月，由当时的琼山县三江人民公社5个生产大队76个自然村整体转制而成，是海南农垦局直属的5个谷物农场之一。农场位于海口市美兰区境内，距市中心32公里、美兰国际机场18公里、文昌卫星城35公里，属于海口市半个小时经济圈内城郊农场，海文高速公路从农场3公里处经过，地理区位优越，交通便利快捷。场内有明朝万历年间（1605）琼北大地震陷落形成的“海底村庄”遗迹、全国面积最大的红树林保护区、312万立方米库容量的南洋水库、全省规模最大的三江湾万亩海淡水产养殖基地、海口市文化遗产重点保护单位冼太夫人纪念馆等多处自然与人文景观。三江农场充分利用土地资源和区位优势，以经济建设为中心，以市场为导向，制定多项优惠政策，大力招商引资，调优产业产品结构，初步构建起以水产养殖为龙头，以反季节瓜果菜为支撑的农业生产格局，职工自营经济不断发展壮大，职工收入和生活水准日益提高。从2011年4月开始，农场采取向农民返租土地，与外来企业合股的方法，建面积40公顷有机瓜菜基地，进行场部小城镇改造，开发旅游及房地产业。按照海南省农垦系统改革实施方案，三江农场整体划归海口市管理，具体手续于2011年底已基本办完。2011年，全场总人口1.48万人，辖有1个社区居委会、8个村委会、102个自然村庄、101个村民小组、10个居民小组。全场土地总面积70.9平方公里，其中水田面积9710亩、旱田3417亩、坡地77828亩，淡水面积3075亩、沿海滩涂4710亩，海岸线长11公里。红树林面积约为7809亩。主要经济作物有水稻、橡胶、花卉、热带水果等。2011年，水果种植面积1.09万亩，产量8731吨，主要品种有香蕉、荔枝、莲雾等，其中香蕉5870吨，荔枝335吨等；畜牧业以生猪及禽畜养殖为主，家禽饲养量40.6万只，畜牧业总产值0.51亿元。农业总产值19350万元，占国内生产总值的92%。2011年末共有商业网点250个，职工783人；城乡集贸市场1个，年成交额2000多万。有企业47家，乡镇企业总产值1303万元。2011年财政总收入0.3亿元，比上年增加17.7%。

（吴育苗）

【红明农场】 创建于1952年5月1日，原名为琼山垦殖所，1954年春更名为东山农场。1957年初更名为红明农场。1960年9月更名三门坡农场，1995年经海南农垦局批准再次更名为红明农场。东临文昌市国营东路农场，南邻大坡镇，西依三门坡镇，北接云龙镇。总面积63.34平方公里。其中陆地面积60.01平方公里，占94.7%；水域面3.33平方公里，占5.3%。2011年4月，农场撤销基层作业区和生产队，设立东山、红旗、云龙3个居民委员会，辖19个居民小组，设3个农管区工作站，保留原场部工建居委会。按照海南省农垦系统改革实施方案，红明农场整体划归海口市管理，具体手续正在办理之中。辖区总人口23250人。2011年末农场拥有土地面积95012亩。其中，耕地土地面积19755亩（含水田），主要分布在农场的各个基层队及并场村队；园地土地面积34869亩，橡胶土地面积11722亩，胡椒土地面积3920亩，荔枝、龙眼土地面积21000亩均分布在农场的3个作业区；年产干胶389吨。2011年产水果17650吨，其中菠萝2300吨；粮食作物总产9383吨，其中水稻6988吨。2011年牛、猪饲养量分别为2070头、22700头；家禽136万只，年总产值32695万元。商贸业以零售业、运输业、服务业等为主，年产值3825万元。2011年实现国内生产总值2.09亿元，职工收入2.8万元，人均居住面积21.98平方米。

【东昌农场】 创建于1952年2月2日，原名为海南文昌垦殖所，1954年春更名为文昌垦殖场。1955年8月更名为东昌垦殖场，1957年初更名为东昌农场。1960年9月更名为国营大坡农场，1995年经海南农垦局批准再次恢复名称为海南省国营东昌农场。东临海南省农垦科学院文昌橡胶研究站、海南省文昌市南阳镇、海南省海口市琼山区地方国营中税热带作物场，南邻海南省文昌市蓬莱镇、海南省国营南阳农场，西依海南省海口市琼山区大坡镇、甲子镇，北接海南省国营红明农场、东路农场。2011年末辖场机关职能科室18个，专业公司2个，直属单位5个，基层生产单位35个。总面积73.89平方公里，辖区总人口13326人。按照海南省农垦系统改革实施方案，东昌农场整体划归海口市管理，具体手续正在办理之中。农场管理体制实行场、区、队三级管理，二级核算。根据实际发展热带农业的产业经营，大力发展第二、第三产业，大力发展民营经济、非公有制经济，在自营经济上采取“公司＋基地＋农户”的合作方式。2011年末农场拥有土地面积11.09万亩。其中，耕地土地面积11650亩，主要分布在农场的各个并场村队；园地土地面积58452亩，橡胶土地面积26042亩，胡椒土地面积15200亩，荔枝、龙眼土地面积8860亩均分布在农场的4个作业区；居民点用地17261亩，水域占地331亩，分布于场部、各区队；外单位争占用地2100亩，主要分布在农场与外单位的交界处。

2011年，农场在外延上实行多元化的投资方式，农场、职工、社会实行股份合作的形式共同投资1.3亿元发展胡椒、荔枝等高效农业，形成了农业继橡胶后的新兴产业。农场的自营经济成了海南农垦产业结构调整的“样板田”和示范区，特别是胡椒成为海南最大的胡椒生产基地。2011年胡椒、荔枝基地被农业部授予“标准化基地示范园”称号。东昌农场所在的白石溪墟，已设立邮电、信用社、税务所、电讯、五金电器、百货农资、陶瓷建材、烟酒副食、饮食服务、学校、保险等门类齐全的具有从东到西长 1.2 公里，宽 30 米的商业街，各类商铺 125 间。至 2011 年，全场共投入资金 1.6 亿元，完成职工保障性住房 1600 余套。2011 年加强招商引资，有东昌农场医院改造项目、东昌农场四季水果产业园项目、东昌农场招待所接待休闲项目、南药（海口）养生园项目 4 个项目参加北京招商会。白石溪风景旅游区项目通过农垦总局立项审批，进入了实质性操作。该项目建设面积 998 亩，规划投资 10 亿元。

2011 年，农场生产的主要作物有橡胶、热带水果、瓜菜等。由于受台风影响，全年干胶生产完成 662 吨，非胶农业受灾减产明显。全年生产总值 23576 万元，第一产业 19405 万元，其中种植业 16310 万元、养殖业 3095 万元；第二产业 2050 万元；第三产业 2121 万元。

2011 年东昌农场主要作物生产情况表

作物名称	种植面积（亩）	收获面积（亩）	单产	总产（吨）	总收入（万元）
橡胶	26042	23098	1.4（公斤/株）	662	2088
胡椒	15200	11400	98.2（公斤/亩）	1120	6272
荔枝	8260	8260	172（公斤/亩）	1425	1282
香蕉	1550	1100	2250（公斤/亩）	2475	445
槟榔	1058	620	42（公斤/亩）	25	18
水稻	13220	13220	133（公斤/亩）	2505	560
瓜菜	1785	1785	1085（公斤/亩）	1818	435

附：防汛救灾

2011 年第 17 号强台风“纳沙”在海南省文昌市翁田镇登陆，致使农场经济损失达 3229 万元。农场投入抗灾人数达 3.3 万人次，投入抗灾资金达 50 多万元。因受“纳沙”的破坏，农场受害达三级以上的橡胶 10.5 万株，受害率达 18.5%，影响干胶产量 130 吨，经济亏损 429 万元；粮食受灾面积 6960 亩，影响产量 445 吨：胡椒受灾面积 1.42 万亩，影响产量 360 吨。此外，香蕉、甘蔗、柑橘、瓜菜等短期经济作物以及鱼塘和部分房屋都受到较为严重破坏。

（陈正敏）

【海南省岭脚热带作物有限公司】 始建于 1952 年 10 月，时称国营岭脚农场，1954 年易名为广东省海南区农业示范场，1956 年改称广东省海南区岭脚良种繁殖示范场，1958 年挂牌海南行政区一级机关干部示范农场，1967 年又名广东省海南区良种繁殖示范场，1969 年改为海南行政区岭脚五·七干校，1973 年转为海南行政区岭脚热带作物场，1988 年升格为海南省岭脚热带作物场。2011 年 8 月改制变更为海南省岭脚热带作物有限公司，是海南华夏文化投资管理有限公司旗下全资子公司，隶属于海南省政府国有资产监督管理委员会。地处琼山区云龙镇境内，毗邻红旗镇与旧州镇，北距省会海口市 28 公里，距美兰国际机场 11 公里。总面积 4488.99 平方公里。2011 年末辖场部、一区、六队、青锋 4 个作业区以及“企业办社会”体制管辖下岭下、永群、叨软、叨创 4 个村民委员会，辖区总人口 2150 人。主要种植橡胶、散尾葵及上百种绿化苗木，是琼北地区热作品类较多的农业企业之一。其中橡胶为企业主要经济作物；散尾葵切叶为职工自营经济收入主要产品。产出的散尾葵切叶有平滑、细长、色泽浓绿、叶片充实、货架期长等特点，产品销往国内的各个大、中城市。公司为此制定散尾葵切叶产品的海南省地方行业标准，并注册了自主散尾葵品牌“岭脚”牌。2011 年主营收入 254 万元（橡胶），其他业务收入 666 万元（对内、对外土地经济承租）。2011 年总营收入比上年同期多 266 万元，同比增长 15%。企业橡胶产值为 254 万元，职工自主经营经济收入（散尾葵及绿化苗木）近 3000 万元，人均年纯收入 2 万元。

（林诗敏）

（编辑：陈泽）

商贸·非公经济·旅游

国内贸易

【概况】 2011年，全市社会消费品零售总额为387.18亿元，同比增长18.1%，占全市GDP总额的54.32%，占全省消费品零售总额的52.2%。全市77家农贸市场中14家完成升级改造。销售家电下乡产品10万件，销售金额2.5亿元，分别比2010年增长22.8%和29.5%。家电以旧换新网点360个，全年总计销售家电以旧换新产品33042件。2011年餐饮收入31.02亿元，同比增长21.6%，占全省餐饮收入的28%。从消费市场类型看，受家电下乡等国家消费政策和农民收入增加带动，乡村社会消费品零售总额比城镇增幅快12.4个百分点，乡村消费市场比较活跃。从消费形态看，占社会消费品零售总额三分之一强的石油及制品类消费同比增长45.2%，是拉动消费增长的主要动力；占社会消费品零售总额约四分之一的汽车类消费受刺激消费政策退出影响，同比下降2.7%。

【农贸市场升级改造】 全市有农贸市场77家，总面积约16万平方米，总摊位1.6万个。其中，城区农贸市场有47家，面积10.6万平方米；乡镇农贸市场有30家，面积5.3万平方米。其中，秀英区农贸市场有13家，城区有4家，乡镇有9家；龙华区农贸市场有19家，城区有15家，乡镇有4家；琼山区农贸市场有25家，城区有14家，乡镇有11家；美兰区农贸市场有20家，城区有14家，乡镇有6家。全市共完成升级改造的市场有14家，其中，城区11家，乡镇3家。改造总面积3.8万平方米，改造摊位4436个，总投入资金4639万元，其中企业自筹2783万元，省、市、区三级财政出资1856万元。

【百货零售品牌建设】 海口百货行业在快速发展的同时，各级商务部门十分重视品牌建设。（1）支持百货零售企业做大做强。一批零售企业规模进一步扩大。海口家乐福有限公司在红城湖路开了第3家店；海南南国超市有限公司在海甸五西路开了第5家店；海南旺佳旺商贸有限公司在凤翔路开了第8家店、在海垦路西岭广场开了第11家店，总门店数达到12家，被商务部确定为生活必需品监测系统和重点流通企业监测系统双料企业；海南民生百货商场通过升级改造华丽转身，更名为海南望海国际广场，成为海南档次最高配套设施最齐全的综合性购物中心。（2）力保品牌企业。海南生生百货商场是海口市经营中高档百货的企业，属海南商业骨干企业，享有较高的声誉。2011年，因其母公司破产而受到拖累。为了保住这一品牌，海口市商务局多方协调，最终同债权人达成和解协议，从而保住海口市百货零售行业的这一著名品牌。（3）大力引进国际一线品牌。2011年，借海南民生百货升级改造的机会，政府有关部门特别是商务部门积极为企业服务，鼓励和支持海南望海国际广场引进国际一线品牌20多个，包括CERRUTI1881、GIVENCHY、RALPH LAUREN等，使海口朝着国际化城市的方向迈出了重要一步，城市档次得到了进一步提升。（4）加强知识产权保护，净化市场环境，维护知名品牌权益。市商务、公安、文化广电出版、工商、质监等部门互相配合，开展保护知识产权和打击假冒伪劣产品的专项行动。全年共出动2040人次，查扣假冒侵权皮包、服装、汽车配件近3000件，收缴非法音像制品37531张、收缴非法图书12233册，有力地打击了制假售假、侵犯合法品牌权益的行为。

【家电下乡】 2011年，家电下乡工作力度进一步加大。（1）大力开展宣传工作。在海口广播电视台《椰城农家》栏目进行20天的家电、摩托车下乡知识宣传报道；在《椰城纠风热线》栏目由市商务部门通过电话与听众互动问答，让农民和农场职工了解家电下乡知识。要求各销售网点悬挂宣传横幅，张贴宣传标语。全年发放和张贴宣传资料7000多份，使家电下乡政策的具体内容家喻户晓。（2）举办家电下乡巡回展销活动。先后在美兰区和龙华区举办两场家电下乡巡回展销活动，壮大了声势，扩大了影响。（3）加强防骗补检查。为防止销售网点冒用农民身份证骗取补贴，根据海南省商务厅转发的《财政部 商务部关于加强家电下乡家电以旧换新监管防骗补等有关问题的紧急通知》要求，市、区两级财政部门抽调人员组成4个检查组，深入各销售网点进行为期15天的检查，重点查验销售发票、户口簿、身份证及产品标识卡等要件，仔细查阅购销台账，特别是对代垫补贴资金的网点、1人购买2台以上（含2台）家电下乡产品以及他人代领补贴资金的情形100%检查，坚决杜绝骗补行为的发生，促进了家电下乡产品销售的增长。2011年共销售家电下乡产品10万件，销售金额2.5亿元，分别比2010年增长22.8%和29.5%。其中：冰箱36123台、电视机34373台、手机94部、洗衣机8469部、计算机5826台、空调10167台、热水器4519台、微波炉181台、电磁炉231台。

【家电以旧换新】 家电以旧换新是党中央、国务院继家电、汽车、摩托车下乡政策出台之后推出的又一项惠民利民政策，开展时间为2011年4月1日～12月31日。用户将旧家电送到指定回收企业出卖（出卖最高价格：电视机400元/台、电冰箱300元/台、洗衣机250元/台、空调350元/台、电脑400/台），购买新家电时可享受购买价格10%的国家补贴。以旧换新种类为电视机、电冰箱（含冰柜）、洗衣机、空调、电脑。补贴对象为海南省境内的单位、团体和个人。同一单位和团体以旧换新的数量限定为50台，每人限定为5台。实施步骤：确定家电以旧换新产品的销售企业和旧家电回收企业。由销售企业和回收企业确定若干销售网点和回收网点，客户到回收网点登记，把旧家电送到回收网点（也可电话联系回收网点上门收购），回收网点向符合条件的客户开具国家统一样式的家电以旧换新凭证，客户凭以旧换新凭证及其他有效身份证件在1个月内到销售企业购买新家电。全市家电以旧换新网点360个，其中秀英区52个、龙华区125个、琼山区56个、美兰区127个。全年总计销售家电以旧换新产品33042件（秀英区446件、龙华区25854件、琼山区1338件、美兰区5404件），其中电视机16284台、冰箱4267台、洗衣机5248台、空调4462台、电脑2781台。

【农超对接】 推动海口五岳腾飞超市有限公司在海口市设立全国农产品特产连锁店1家，中平联合农业发展公司设立6家4S平价店，家乐福与5家合作社设立农超对接点。在罗牛山股份有限公司开设试点，建立5家平价菜店，改造5家平价菜店，与罗牛山蔬菜基地等对接，平价店价格比市场均价低5%至10%。扶持海南中商农产品物流调运平台建设，物流平台建设基本完成。

【海口平价商店开张】 海口市政府高度重视“菜篮子”建设，把积极推进“平价商店”建设作为重要抓手，充分发挥蔬菜平价直销点稳价惠民的积极作用。市物价、财政、商务、工商行政管理等部门印发了《海口市农副产品平价商店管理暂行办法》。至2011年底，已开设11家“平价商店”和“4S平价菜”连锁店，价格低于市场价格5%～10%，社会反响较好，受到市民欢迎。

【市场应急保障】 （1）进一步完善应急保障制度。市商务部门根据情况变化对《海口市生活必需品监测系统》、《海口市重点流通企业监测系统》和《海口市重要生产资料监测系统》等制度进行调整和完善，将市场监测样本企业全部分派到各区，由各区商务部门负责属地监督。市商务部门负责总体协调、监督报送、综合分析，及时发布商务信息，引导生产，促进供求关系平衡，成效显著。在全省市场监测考核排名中，海口稳居前三位。（2）确保应急供应落到实处，积极开展重要生活必需品储备工作，以保障海口市城区常住人口5～7天的供应量为标准，建立重要生活必需品应急储备。主要储备品种为冻猪肉、食糖、矿泉水、方便食品、蔬菜和鸡蛋。其中，冻猪肉已实际储备到位150吨。其他品种的储备方案，市商务部门经过充分调查、集思广益、反复修改，最终形成《海口市重要生活必需品储备方案》报市政府讨论通过。

【酒类流通管理】 （1）加强酒类流通商务执法检查。大力加强诚信体系建设，开展诚信经营活动。利用“双打”工作目标，打击假冒伪劣商品欺诈行为。2011年，根据市双打办工作要求，由市商务局组织市质监局、市工商局、市检察院、市公安局、各辖区商务局组成的联合检查组，对海口龙华勇兴贸易行、兴天泽酒行、海南亮剑贸易有限公司等9家单位进行检查。在该次专项整治行动中，共出动执法人员78人次，出动车辆22车次，查获包括茅台、五粮液、汾酒系列酒、冬虫夏草酒、进口红葡萄酒等问题酒总共40358瓶，货值214.8万元。对勇兴贸易行、琼中贸易行等6家酒行罚款89096元，对存在问题严重的兴天泽酒行、海南亮剑贸易有限公司移交公安机关立案侦查。11月15日，根据群众举报，在省商务厅的指导下，海口市商务局联合4个区的执法人员在国贸大道以及蓝天路查处富成烟酒水果特产、海口蓝天碧云商行、发兴贸易商行，查扣涉假拉菲、马爹利、轩尼诗、五粮液等品种的高档酒约140多瓶，货值约15万元。查获拉菲问题酒730多瓶，查获赖茅问题酒1385箱。（2）积极推进酒类行业协会成立工作。充分发挥行业协会作用，更好地规范酒类市场经营活动，促进诚信体系建设。（3）开展酒类知识宣传培训。利用专项整治活动和重大节假日深入开展食品安全宣传活动，大力宣传《食品安全法》、《酒类流通管理办法》、《流通领域食品安全管理办法》等有关法律法规。在“双打”活动中，组织酒类知识宣传培训活动。邀请专家给市民宣讲酒类知识，特别是鉴别真假酒知识。参加培训的人员有公务员、企业老板、个体户等500人。通过培训，提高了酒类经营者的法律知识，提升酒类经营者业务能力，规范了经营者的市场行为。

【生猪屠宰管理】 加强屠宰日常监管，重点落实屠宰管理制度和规范实行屠宰操作规程和工艺流程，每月定期检查海南罗牛山肉类食品有限公司、琼山肉联厂等生猪屠宰厂，做到及时发现问题，及时整改。2011年，全市生猪定点屠宰厂共检出病害猪2373头，病害猪实行无害化处理2373头，病害猪损失补贴及无害化处理补贴资金169.52万元，通过严格落实病害猪无害化处理工作，提高了生猪屠宰厂生猪肉品的检验检疫水平，从源头上杜绝病害猪肉、注水肉，保证了生猪肉品质量。同时加强对废弃猪油脂的管理，堵塞流向市场的源头，以防被不法分子非法利用加工。处理市民投诉，落实治理生猪私宰问题。秀英区商务局牵头组织公安秀英分局、秀英区综治办、市动检站等部门开展联合执法行动16次，出动人员400多人次，警车32辆次，工具车32辆次，没收活猪12头、猪肉3000余斤，打击取缔4个私宰窝点；美兰区商务局协调动检、工商、公安等部门，对拦海村私宰开展打击行动。在活动中发放生猪屠宰宣传手册100多份，悬挂横幅3条，治理工作有序开展。

【稳定市场猪肉价格】 依据市政府《关于做好促进生猪生产稳定猪肉市场价格工作的通知》精神，海南罗牛山肉类食品有限公司在市场投放平价肉，共投放生猪34036头，888.83吨猪肉，经营亏损共计885.61万元。政府从价格调节基金应给予补贴785.52万元。同时为保障市场猪肉供应，稳定市场猪肉价格，按照市政府通知要求，在罗牛山肉联厂建立生猪肉产品储备库，当年完成150吨产品储备。

【再生资源回收行业管理】 2011年，全市拥有规模较大的再生资源回收企业约21家，其中年回收量10万吨以上的企业有12家。个体经营户约300个，回收网点约450个（其中分拣中心和集散市场21个）。再生资源回收利用行业年产值约60亿元，每年上缴税收约2000万元，解决就业人口约1万人。全市生产总值590.55亿元，人口约202万人，产生的废旧物资约225万吨，可回收的废旧物资约180万吨，其中金属类约70万吨、废纸类约30万吨、玻璃类约30万吨、塑料类约40万吨、轮胎橡胶类约10万吨。2009年10月海口市被国家商务部列为第二批再生资源回收体系试点城市。根据国家商务部对海口市再生资源试点工作要求，本市再生资源管理主要工作是规划编制、项目建设及资金划拨监管等。2011年获得商务部支持建设的项目有集散2个、分拣中心3个、回收站259个、报废汽车升级改造项目1个，计划总投资额12964.5万元，财政支持资金3000万元，实际项目总投入资金6297.8万元。

【商务领域食品安全监管】　（1）开展执法检查。根据《严厉打击食品违法添加非食用物质和滥用食品添加剂方案》和省“瘦肉精”专项整治工作方案，积极部署执法检查活动。在活动中共检查屠宰厂60家次，出动车辆32辆次，出动检查人员148人次，未发现屠宰含“瘦肉精”的生猪，未发现生猪及其产品违法添加非食用物质和滥用食品添加剂的现象。（2）制定食品安全信息报送相关制度。确定专人负责，及时将食品安全信息上报。全年报送商务领域食品安全信息12次，全年未发生过1宗事故迟报、漏报现象。及时处理市民投诉。全年处理12345市民投诉15件，办件结实率100%，市民满意度100%。（3）食品安全宣传。利用专项整治活动和重大节假日深入开展食品安全宣传活动，大力宣传《食品安全法》、《流通领域食品安全管理办法》等有关法律法规。制定关于打击食品非法添加和滥用食品添加剂专项整治行动宣传工作方案，重点在大型超市、农贸市场、生猪定点屠宰厂及酒行张贴《关于严厉打击食品非法添加行为严格规范食品添加剂生产经营使用的公告》，宣传打击食品非法添加和滥用食品添加剂专项整治行动的决心，宣传生猪定点屠宰环节、酒类市场指导领域的工作措施和成效，为专项整治营造良好氛围。全年共发放宣传资料660份，出宣传栏、板报18个，悬挂宣传横幅、条幅26条，张贴宣传标语14条，接受宣传教育的人数达1860人。通过广泛宣传，提高了人民群众自我防范的意识。

【餐饮服务业】　全年实现餐饮收入31.02亿元，同比增长21.6%，占全省餐饮收入的28%。（1）餐饮品牌建设有成效。海口餐饮企业对品牌的认识明显提高，积极向商务部门申报各种等级或字号评定。餐饮企业在品牌建设方面成效明显：海口骑楼小吃街开业以后，注意就餐环境、饮食卫生、口感风味、菜肴质量，并下大力气造声势、广宣传，名声远扬，日平均营业额达10万元；龙华沿江鸡饭店充分利用经营60余年，沿用创始人伍毓葵先生的老技术，特色突出的优势，在省、市商务部门的支持下，积极向国家商务部申报“中华老字号”认定，取得成功，并于5月23日在海口骑楼小吃街举行“中华老字号”揭牌仪式，这是省内首家获此殊荣的企业。（2）各餐饮企业积极促销，拉动消费，促进了海口餐饮业的发展。为了提高经济效益，各餐饮企业结合海口经济发展，推出年夜饭、婚宴、生日宴等促销项目，深受广大市民的欢迎，成为家庭餐饮消费的新时尚。此外，各餐饮企业还在菜肴质量、就餐环境上精益求精。由于促销措施有力，不少餐饮企业如南庄酒店、京豪酒家、华都大酒楼、民航大酒楼、龙泉花园酒店等企业生意红火，在早茶时间和节假日更是热闹非凡，各酒店的散席、包厢经常爆满。（3）餐饮网点向城市新区扩展，布局更趋合理。滨涯路有20家餐饮店开业，还有不少商家正在新建和扩建；金垦路有榕园美食园、湘君府、琼莱王美食村等20多家排档酒家开业；绿园路有板桥美食广场等3家餐饮店开业；永桂开发区内有烧烤园7个，食客通常达3千人，遇双休日或节庆日可达7000～8000人；美华路有7家大排档饭店，以金稻谷酒店规模最大，经营早、中、晚餐；在西海岸有“好百年海景酒楼”等3家酒店落户，由于靠近大海，深受顾客青睐；复兴城美食广场有豪皇酒楼、成都银杏酒楼、鼎品轩酒楼、湘鄂情酒楼、金爵国际会所（中原地区顶级餐饮企业）、海口嘉宾国际酒店（美国“GUSEHOUSE INTERNATIONAL”）、兰州马大胡子清真会所等10余家大型餐饮娱乐服务企业入驻，该处具有欣赏园景、海景和城市轮廓线景观的最佳角度，是高端人士喜好的餐饮消费区。

【海口骑楼小吃街】　位于海口市大同路友谊商场和泰龙商城之间，于2010年12月31日建成开业，经营面积6800平方米，有180个地下停车位，50个经营摊位，可容纳6000多人同时就餐。小吃种类上千种，其中大部分体现海南特色。消费方式采用一卡通“小吃卡”，消费者可根据自己的消费预算进行充值，被消费者评为“四好”：即环境好、卫生好、品种好、价格好。由于经营得当，生意十分红火，日营业额10万元左右，是2011年海口餐饮行业的一个新亮点，名声远传国内众多省市。

2009 年 ~2011 年海口市年贸易零售总额情况表

年份	全市 GDP 总额（亿元）	全市社会消费品零售总额（亿元）	同比（±%）	占全市 GDP 总额（%）	占全省消费品零售总额（%）
2009	489.55	277.19	18.5	56.62	51.85
2010	590.55	326.94	21.2	55.36	52.4
2011	712.75	387.18	18.1	54.32	52.2

经济合作交流

【概况】 2011 年，海口市围绕产业配置优势资源，做好重大项目推介工作，成功举办海口“十二五”规划纲要暨重大项目发布会、海南（香港）经贸旅游文化活动周海口推介会等招商引资活动。精心组织参加第七届“泛珠市长”论坛和第七届“泛珠大会”等重大经贸活动。招商项目投资总额 220.52 亿元，已完成投资额 6.66 亿元。2011 年完成 120 多家各地驻海口办事处的年检工作，新备案登记 30 家驻市办事处，审核通过 3 家新成立的商协会。

【驻市办事处】 海口市共有涉及 33 个省、直辖市、自治区的 379 家外地驻海口办事处，其中政府办事处 54 家，企、事业单位办事处 325 家，2011 年新增办事处 30 家。至年底，已办理年检的有 121 家。

【招商引资活动】 2011 年海口市推出招商引资项目 113 个，已有 66 个项目进行招商洽谈，其中深入对接的项目 46 个，涉及洽谈的招商企业 90 多家，已签订框架协议或挂牌项目 29 个，合同金额超过 1300 亿元。成功举办海口“十二五”规划纲要暨重大项目发布会、海南（香港）经贸旅游文化活动周海口专项活动、跨国公司中国行·走进海南海口专场推介会、鄂尔多斯考察推介会、海口－香港专业服务业合作交流活动，在深圳圆满承办由省政府主办的海南新能源新兴产业展及推介活动。精心组织参加第七届“泛珠市长”论坛和第七届“泛珠大会”、2011 年广州博览会、中国天津第十八届投资贸易洽谈会及贵州酒博会等 10 场重大经贸活动。为促进招商引资工作，贯彻落实招商引资奖励政策，至 2011 年底，海口市政府针对重点奖励项目已有 9 家单位获得奖励，奖励额约 200 余万元。

对外经济

【概况】 海口市在“9＋2”泛珠三角区域经贸合作的框架下，充分利用“第七届泛珠三角区域合作与发展论坛暨经贸洽谈会”、“第七届泛珠三角省会城市市长论坛”的影响，积极开展形式多样的交流与合作，取得了较好的成绩。2011 年全市进出口总值 39.4 亿美元，其中出口 15.2 亿美元，同比增长 16.4%，进口总值为 24.2 亿美元，同比下降 8.6%。新批设立外资企业 39 家，同比增长 8.3%；合同外资 6000 万美元，同比增长 6.2%；外商实际投资 4.1 亿美元，同比下降 43.1%。

【对外经济贸易平稳发展】 外贸工作按照国家提出“稳增长、调结构、促平衡”外贸发展战略要求，积极应对复杂严峻的外贸环境，结合海口市实际情况，抓好出口基地和外贸转型升级基地建设。海口市被省政府评定为省级综合出口基地，水海产品基地被国家商务部评定为国家外贸转型升级专业型示范基地。建立起 13 个外贸公共服务平台，主动争取和有效利用国家、省、市扶持外贸发展的政策措施，为企业争取到各类外贸发展资金约 7000 万元，扶持重点企业发展，帮助企业开拓国际市场，形成水海产品、机电产品、纺织品和高新技术产品等优势产业，较好地实现外贸发展预期目标。据海口海关统计，全年全市进出口总值 39.4 亿美元，与上年基本持平。其中出口 15.2 亿美元，同比增长 16.4%，高出全省 9 个百分点，出口值占全省的 59%，超额完成年度目标任务。外贸依存度为 39%，比上年提升 3 个百分点。进口 24 亿美元，同比略有下降，逆差为 8.8

亿美元，但表明工业化进程加快，内需强劲。

【对外经济合作】 海口市在“9+2”泛珠三角区域经贸合作的框架下，充分利用“第七届泛珠三角区域合作与发展论坛暨经贸洽谈会”、“第七届泛珠三角省会城市市长论坛”的影响，积极开展形式多样的交流与合作，取得了较好的成绩。加强城市之间互动，召开“海口十二五规划纲要暨重大项目发布会”，并利用“第十三届中国国际高新技术成果交易会海南省新兴产业推介会”、“第十二届世界海南乡团联谊大会·第三届世界青年大会暨2011海南（香港）经贸·旅游·文化活动周—海口推介会”、“第八届中国东盟博览会”、“第十二届西部国际装备制造业博览会”、“2011中国国际消费电子博览会”、“第九届中国西部博览会”以及环北部湾经合组织等平台，进一步加强海口市与友好城市、环渤海经济圈、长三角经济圈、珠三角经济圈和环北部湾等区域的经济合作与互动，各成员城市政府和企业共同参与，友好协作，各种经贸活动和互访明显增多。

【外贸出口】 外贸出口商品种类众多，国家出口产品项目中海口出口涉及94个种类，既有高新技术产品，也有劳动密集型和资源型产品，其中年出口超1000万美元的产品有15种，产品出口到60多个国家和地区。2011年，外贸出口实现历史性突破，达到15.2亿美元，同比增长16.4%。有以下特点：一是商品结构和贸易方式进一步优化。光伏太阳能电池板及组件出口的大幅度增长带动了加工贸易出口和机电产品、高新技术产品出口的全面增长，机电产品和高新技术产品分别出口5和3.4亿美元，同比分别增长83.7%和95%。其中，汽车出口0.5亿美元，同比增长1.3倍；加工贸易出口3.9亿美元，同比增长1.3倍，加工贸易出口占全市整体出口的24%，比上年同期高出12个百分点。二是企业基本面较好，民营企业出口呈现快速增长态势。有出口实绩的企业311家，出口值超1000万美元的企业36家，均比上年同期略有增加。出口主体结构得到优化，国有企业出口1.2亿美元，同比增长0.52%；外资企业出口5.4亿美元，同比下降11.6%；民营企业241家，实现出口8.62亿美元，同比增长15%，占整体出口的56.6%，成为出口的主体。三是传统主要出口商品除天然气外，均实现较大幅度增长。水海产品和纺织品分别出口2.3亿和1.87亿美元，同比分别增长11%和25.1%，其中水海产品连续19个月实现两位数的增长幅度。四是出口市场形成多元化格局，主要出口市场进一步巩固。前5位出口市场为欧盟、东盟、美国、日本及中国香港，出口值分别为4.2、3.8、1.4、1.4、0.99亿美元，分别增长91%、－13.89%、－0.22%、13.48%和27.5%。

【外贸进口】 2011年全市进口总值为24.2亿美元，同比下降8.6%。进口主要商品有飞机、成品油、机械设备、钢材、农产品和生活日用品等种类，其中飞机、钢材、农产品、制造半导体用的机器和成品油分别进口12.5、2.2、1.4、1.2和0.72亿美元，分别增长－23.79%、38.19%、1.6倍、1.1倍和－63.9%。飞机进口值占整体进口的52%，支撑做大全市外贸进口盘子，也是海口市外贸逆差8.8亿美元的主要原因，也导致进口值对飞机进口过度依赖。

【利用外资】 （1）新增设立外商投资企业。2011年全市新批设立外资企业39家，同比增长8.3%；合同外资6000万美元，同比增长6.2%；39个项目平均合同外资153万美元。合同外资1000万美元以上的企业2家。新设企业的投资外方分别来自英国、日本、新加坡、英属维尔京群岛、韩国、美国、加拿大、马来西亚、香港、澳门、台湾等国家和地区。其中第一产业8家，占20.5%；第二产业5家，占12.8%；第三产业26家，占66.6%。（2）外商实际投资。2011年全市外商实际投资40729万美元，同比下降43.1%。外商实际投资主要来源地区及国家是：香港22849万美元，占同期全部外商实际投资的（下同）56%；英属维尔京群岛15095万美元，占37%；开曼群岛2056万美元，占5%。2011年全市外商实际投资行业分布：第一产业334.5万美元，占0.8%；第二产业4237.7万美元，占10.4%；第三产业36156.8万美元，占88.7%。（3）外资运行主要特征。新批设外资企业合同外资6000万美元，比上年度略有增长，但也仅占同期外商实际投资40729万美元的14.73%，新增外资企业平均投资规模偏小；外商实际投资下降43.1%，是自2000年以来海口市外商实际投资连续11年二位数增长后首次出现的大幅下降。

2011 年海口市外贸出口主要国家和地区

国家和地区名称	出口	
	1 月～12 月	
	美元值（万元）	美元值（同比）
欧盟（27 国）	42，074.29	91.08%
香港	37，980.97	－13.89%
美国	13，942.37	－0.22%
东盟	13，567.01	13.48%
日本	9，900.49	27.51%

2011 年海口市外贸进口主要国家和地区

国家和地区名称	进口	
	1 月～12 月	
	美元值（万元）	美元值（同比）
欧盟（27 国）	72，176.72	20.85%
美国	59，099.96	－41.57%
日本	30，661.64	48.02%
巴西	27，912.02	－24.60%
东盟	20，307.04	－32.08%

2011 年海口市重点外贸进出口企业名单

企业名称	进出口合计		出口	
	1 月～12 月		1 月～12 月	
	美元值（万元）	美元值（同比）%	美元值（万元）	美元值（同比）%
海南航空股份有限公司	126160.42	－4.55	4.57	－72.94
海南英利新能源有限公司	48933.69	170.00	25640.57	171.46
中海石油（中国）有限公司崖城作业公司	31301.64	－23.13	31301.64	－23.12
海南海宇锡板工业有限公司	22509.55	48.42	1693.04	105.59
海南文盛矿业有限公司	8559.87	393.97	.	.
海南海航航空进出口有限公司	8294.31	－84.10	217.57	5.22
海南东洋水产有限公司	7207.29	105.38	3284.86	78.50
海南中通化工进出口有限公司	7109.50	－72.43	8.26	－3.92
海南优美内衣有限公司	6160.58	14.39	3806.82	11.50
一汽海马汽车有限公司	3803.58	93.83	2086.01	66.22
三星（海南）光通信技术有限公司	3405.98	.	2169.97	.
海南一汽海马汽车销售有限公司	3199.33	190.75	3199.33	190.75
海南照丰水产有限公司	3001.63	40.06	2987.42	39.40
海南泉溢食品有限公司	2955.01	50.05	2955.01	50.05
海南海灵化学制药有限公司	2903.04	66.32	.	.
海南浙经对外贸易有限公司	2830.00	20.61	2826.56	20.67
海南赛诺实业有限公司	2781.00	82.37	1217.04	19.08
海南金盘电气有限公司	2768.94	.	1489.01	.
海南蔚蓝海洋食品有限公司	2510.11	11.61	2481.48	10.37
中国磨料磨具进出口公司海南公司	2168.14	12.20	2168.14	12.21
海南誉盛贸易有限公司	2077.27	13.70	2077.27	13.70
海南中服进出口有限公司	1945.02	64.67	1945.02	64.67
海口清郁工贸有限公司	1927.04	257.69	.	.
海南中信化工有限公司	1896.98	－37.41	1889.35	－30.81
海南五洲四海进出口有限公司	1866.59	.	1866.59	.

2011年海口市重点外贸创新型企业名单

企业名称	进出口合计		出口	
	1月~12月		1月~12月	
	美元值（万元）	美元值（同比）%	美元值（万元）	美元值（同比）%
海南英利新能源有限公司	48933.69	170.00	25640.57	171.46
海南海宇锡板工业有限公司	22509.55	48.42	1693.04	105.59
海南东洋水产有限公司	7207.29	105.38	3284.86	78.50
一汽海马汽车有限公司	3803.58	93.83	2086.01	66.22
三星（海南）光通信技术有限公司	3405.98	.	2169.97	.
海南一汽海马汽车销售有限公司	3199.33	190.75	3199.33	190.75
海南照丰水产有限公司	3001.63	40.06	2987.42	39.40
海南泉溢食品有限公司	2955.01	50.05	2955.01	50.05
海南海灵化学制药有限公司	2903.04	66.32	.	.
海南赛诺实业有限公司	2781.00	82.37	1217.04	19.08
海南金盘电气有限公司	2768.94	.	1489.01	.
海南蔚蓝海洋食品有限公司	2510.11	11.61	2481.48	10.37
海南正红科技发展有限公司	1748.32	-14.62	1499.80	-18.64
海南华绿食品冷冻有限公司	1356.85	33.06	1356.85	33.08
海南佳德信食品有限公司	1169.08	-14.72	1149.85	-15.74
海南兆涛科技发展有限公司	924.84	61.53	924.84	61.53
海南神农大丰种业科技股份有限公司	695.14	347.72	695.14	347.72
海南果蔬食品配送有限公司	546.74	-29.93	546.74	-29.93
海南懿宣源食品有限公司	410.99	-1.89	410.99	-1.89
海南瑞英食品有限公司	392.56	-28.08	392.56	-28.08
海南迪爱生微藻有限公司	383.78	3.27	371.92	1.36
海南海药股份有限公司	239.74	36.86	239.74	36.86
海南大西洋制药厂有限公司	227.03	-1.93	.	.
海南澳美华制药有限公司	184.80	48.53	184.80	48.53
海南金鹿农机发展股份有限公司	158.57	415.36	158.57	415.36

（林兵、陈娃娜、宋兴银、颜启芬、张太成、潘勇、董勇、刘美红、洪莉茵、王春芳）

会展业

【概况】 2011年，海口市会展部门围绕市委、市政府有关加快发展现代服务业的工作部署，坚持以加快发展海口市会展业为抓手，带动其他贸促业务的工作思路，积极组织策划各种会展活动，开展对外联络交流，积极为企业提供优质服务，会展业继续保持快速发展的态势，贸促业务工作取得新成效。全市有专业展馆2个，室内展览面积近10万平方米，专业展馆配套的会议室面积近5万平方米；有40多家常年开展会展业务及从事与会展业务相关的搭建、广告等企业，已初步形成会展产业体系。一些展会活动越做越大，品牌效应逐步显现；一批国际性的、全国性的大型展会、论坛纷纷在海口落地。除冬交会、中国（海口）国际旅游商品交易会等“老”展会继续在海口成功举办外，“第11届世界厕所峰会暨世界卫浴洁具·环卫设备展览会”、“中国森林旅游博览会”等诸多品牌专业展会加盟海口会展业，使得在海口举办的国际性或全国性的展会明显比往年增多。海口市2011年出台《海口市展览业管理试行办法》和《海口市会展业发展专项资金使用管理暂行办法》，规范了海口展览经营活动行为，发挥财政资金在促进会展业发展中的导向和激励作用，促进会展业发展。2011年，海口共举办各种展会活动83个，展会面积超过50万平方米。

【会展业发展】 2011年，海口市会展业持续快速发展，呈现出会展数量多，规模大，品牌展会精彩纷呈，新办展会强劲的态势，会展经济效益明显提高，成为社会经济发展的新亮点。全年共举办展会83个，比上年增长29.6%。其中消费品、汽车15个，占18%；旅游、体育类6个，占7%；房地产、建材、家具类7个，占8%；人才、文化类49个，占59%；其他类6个，占7%。全年展出面积共计50.3万平方米，增长65.5%。规模在1万平方米以上展会有18个，规模在4千平方米至1万平方米的展会有10个。在全年展会活动中，共有9278家企业参展，增长1.46倍；参展人数共计426.6万人次，增长4.8倍；成交金额共计296.9亿元。2011年海口旅游饭店共接待国内外会议15634个，其中100人以上的会议3289个，50人~100人的会议6145个，50人以下会议6200个；接待参会人数84.66万人次，占全市过夜游客的10%；直接营业收入2.39亿元人民币，占全市旅游饭店营业收入的12.3%。从星级饭店分类看，五星级饭店接待会议3943个，占全部会议的25%；四星级饭店接待会议2651个，占全部会议的17%；三星级饭店接待会议892个，占全部会议的5.7%，二星级旅游饭店基本没有承接会议；其他非星级旅游饭店接待8148个，占全部会议的52.1%。抽样调查显示，2011年海口会议团队客源地按接待量排在前5名的省份是：海南、北京、广东、上海、浙江；前5名的国家和地区是新加坡、中国香港、中国台湾、日本和韩国。

【品牌展会培育】 围绕《海南国际旅游岛海口市建设发展规划纲要》，打造地域优势产业会展品牌，采取切实措施，继续增强专业化国际化品牌展会培育力度。市贸促会参与举办“第八届海口年桔花卉年货展”、“第十四届海南冬季房地产展示交易会”、“第十五届海南春季房地产展示交易会”、“第八届海南国际汽车工业展览会”、“2011中国（海南）国际高尔夫运动用品博览会”、“首届海南婚庆博览会”、“2011第7届海南秋季旅游房地产博览会暨第五届家居·装饰·建材博览会”、“第九届中国（海口）国际旅游商品交易会”等展会。其中，市贸促会承办的“第十四届、十五届海南房地产展示交易会”是在国家对房地产业实行新的调控政策下举行的，两次展会共展出面积2万多平方米，参展商130家，成交金额达5.5亿元，取得较好展会效果。配合市政府提出利用5年时间努力把海口打造“世界高尔夫旅游目的地”和“中国高尔夫旅游之都”的战略部署，引进和策划举办“2011中国（海南）国际高尔夫运动用品博览会”，展出面积近2万平方米，美国、英国、澳大利亚等20多个国家190家高尔夫用品生产企业与经销商参展，参观人数达2万多人次，成交金额1200万元，展会规模和效果得到了参展商和参展观众的肯定。在继续举办中国国际（海南）冬季热带农产品交易会、中国国际体育旅游博览会、中国（海口）国际旅游商品交易会等专业化国际化品牌展会的基础上，又增加了“中国（海南）国际高尔夫球博览会”、“第十一届世界厕所峰会暨卫生洁具展览会”、“中国国际电动汽车产业博览会”、“中国森林旅游博览会”等诸多品牌专业展会，全国性或国际性展会明显比往年增多。

【省外境外参展】 市贸促会发挥职能优势，组织企业赴外省参加品牌展会。全年组织企业参加“第二届中国（南宁）国际时尚博览会”、“第十七届中国兰州投资贸易洽谈会”、“中原（邯郸）国际采购经贸洽谈会暨名优产品博览会”、“第十二届西部国际博览会”、“第四届国际旅游与世界遗产旅游博览会”、“第十六届澳门国际贸易投资展览会”6个展会。其中在“第十七届中国兰州投资贸易洽谈会”展会期间，海口展区共零售成交金额91.4万元。农产品、食品饮料、旅游工艺术品等外出参展，不仅帮助企业开拓市场，加强区域间的经贸交流与合作，而且提升了海口市的知名度。

【对外联络合作】 市贸促会领导参加市政府代表团，先后到青岛、南昌、贵阳、南宁等市学习考察，参加经贸招商活动。贯彻落实省、市政府有关工作部署，组织企业参加国内部分城市和港澳台等地的参展招商活动，与当地贸促会和商协会等机构签订友好合作协议，建立友好合作关系，较好地促进双方在信息、经贸合作、办展办会等方面的交流和合作。先后与江苏盐城市贸促会、山东德州市贸促会、临沂市贸促会、安徽淮北市贸促会、甘肃兰州贸促会等签订友好合作协议，建立了良好的合作关系。

【服务企业】 市贸促会领导多次带队下到海南国际会展中心、海南西点会展服务公司等企业开展调研活动，了解工程进展和其他项目开展情况，协调新老展馆之间招展的问题，听取企业对发展会展业的意见，对相关合作项目进行沟通，努力帮助企业解决遇到的困难和问题，促进海口会展业的健康快速发展。以企业需求为导向，联合海口高新区管委会、海口市国税局、海口市财政局为企业开展“企业所得税汇算清缴辅导”、“税收筹划”、“会计管理基本准则”、“会计基础工作规范及企业会计工作准则”等专题培训活动，为企业提高对税法政策法规认识、执行能力、企业管理水准，起到了极大的帮助作用。4次培训活动共有300多家企业、500多人次参加。

【海南国际会展中心】 位于滨海大道长流起步区北侧原热带海洋世界用地范围，2009年11月开始施工。用地771亩，工程建设以海南国际会展中心为主，及其三座配套酒店（三星、五星、七星级各一家）、酒店式公寓、经济总部及商业配套、写字楼、国际游艇码头和游艇俱乐部等建筑群组成，总建筑面积60.33万平方米，总投资约57亿元。海南国际会展中心是该项目中的核心建设内容，建筑面积13.62万平方米，概算总投资13.8亿元，由一个展览中心和会议中心组成。其中展览中心室内建筑面积7.7万平方米，内设有一个5000平方米的室内开幕式大厅及6个展览大厅，可搭建标准展位2227个，可举办各种类型的展览、演示、表演等活动。室外展场2.5万平方米，必要时可搭设室外展位1500个，同时又可进行万人集会或大型开幕式。展览中心内设有单独的海关监管仓、展览展具仓库、高档餐饮、千人快餐服务点等，并设有18个贵宾接待室及业务洽谈中心。会议中心建筑面积4.2万平方米，内设有一个能容纳2000人的多功能会议厅，一个能容纳约1800人的剧场式会议厅，一个能容纳约800人的国际会议厅，以及20多个小型会议室和贵宾接待室等。会议厅均具有声、光、电讯和投影设施，还设有卫星电讯、电视会议、同声传译、电子投票系统等设施，配备贵宾休息室。海南国际会展中心由2008年北京奥运会主会场“鸟巢”的中文设计单位中国建筑设计研究院设计。设计结合了节能、环保、低碳等绿色主题，充分考虑沿海建筑景观、曲线流畅飘逸，在总体布局和功能安排上融入海南独特的热带滨海风情和海洋文化元素，设计新颖独特，在全国120多家会展中心中独树一帜。2011年7月8日建成开馆，为海南举办大型会展活动以及国际化公务和商务活动提供高端平台。先后举办中国海南国际汽车博览会、第五届海南汽车展销会暨海南汽车零部件用相关产品展览会、中国国际（海南）冬季热带农产品交易会、中国国际体育旅游博览会、中国（海口）国际旅游商品交易会、中国森林旅游博览会”、“2011年中国（海南）国际高尔夫产业博览会”等专业化国际化品牌展会。

【《海口市会展发展专项资金使用管理暂行办法》】 7月29日，市政府常委会审议通过。根据该《办法》，市政府设立会展业发展专项资金，规范专项资金的使用管理，并对专项资金使用条件与标准、申请程序与必备材料，资金的监督管理等都作了原则规定。该《办法》明确设立专项资金和管理主体，市财政局是会展专项资金管理的主管部门，负责全市会展专项资金预算的审核、批复，会同市会展业行政主管部门、市会展办对项目资金的使用情况进行管理监督。

【《海口市展览业管理试行办法》】 7月29日，市政府常务会原则通过。该《办法》提出，要进一步明确本市展览业管理体制，明确市商务行政主管部门是海口市会展业行政主管部门，委托市会展办负责全市会展业的日常管理工作；建立展览报备制度，明确举办单位必须在举办展览活动前到市会展办申请备案，依法向有关部门办理相关手续；建立"一站式"服务制度，对于在本市举办的国际性、全国性大型外来展会，市会展办为举办单位提供"一站式"服务；每年的10月，会展办对下一年的展览项目进行登记，合理安排展期，避免恶性竞争、无序竞争。

【中国海南国际汽车博览会】 7月8日在新落成的海南国际会展中心举行。车展为期4天，70多个汽车品牌、400多款车型参展，参展汽车规格和规模均为海南历届车展之最。此次车展以"绿色·影响"为主题，通过"绿色主题秀"、"新能源汽车馆"等系列活动，倡导低碳产业、绿色经济，推动海南新能源汽车产业链的发展。观展人数超28万，成交车辆5000辆，成交额10亿元。

【中国森林旅游博览会】 由国家林业局、国家旅游局、海南省人民政府共同主办，11月18日~20日在海南国际会展中心举行。博览会以"森林生态游，人类健康选择"为主题，参展涉及30多个省、自治区、直辖市，4个森工集团及10多家森林旅游企业，集中呈现全国各地丰富多彩的森林旅游资源和生态文化，也为推介海南省热带森林旅游资源带来千载难逢的机遇。本次博览会共推介67个项目对外招商，海南省吊罗山国家森林公园生态旅游度假村等5个项目现场签约，投资金额约102.38亿元。

【2011年中国（海南）国际高尔夫产业博览会暨商界峰层邀请赛】 12月2日在海南国际会展中心开幕。本届博览会为期3天，包括高尔夫产业博览会、商界峰层高尔夫邀请赛、高尔夫旅游文化与国际旅游岛建设研讨会等内容，其中高尔夫产业博览会在海南国际会展中心举行，设有高尔夫个人用品、球场建设及设备设施、球场及练习场用品、高尔夫服务、高尔夫品味生活5个展区及3个高尔夫体验区，展会展位近300个，参展面积近6000平方米。有国内外近百家高尔夫企业和媒体参展。商界峰层高尔夫球邀请赛在海口观澜湖高尔夫球场开赛。

（潘乃明）

粮油商业

【概况】 2011年，坚持以确保粮食安全、确保粮食供需平衡为中心，抓好粮食调控工作，加强地方储备粮管理，着力夯实粮食管理工作基础，提高管理水平。全年总购进粮食14.29万吨，总销售13.08万吨，超额完成全年任务。

【粮食流通】 （1）粮食购销工作。发挥国有粮食购销企业主渠道作用，全年总购进粮食14.29万吨，总销售13.08万吨；发挥社会粮食经营户的作用，积极开展省际间的粮食购销活动，全年社会粮食经营户从省外购进粮食143万吨，所购进的粮食品种齐全、质量完好。（2）粮食市场保供稳价工作。一是加强对粮油重点企业的监管。全市确定列管的粮油重点企业94家。市粮食局编制粮油重点企业监管名录，落实保供稳价责任。明确要求重点粮油企业必须执行《国家粮食流通统计制度》和《海南省收购许可管理若干规定》，在粮食政策的许可下从事粮食购销活动，维护粮食流通正常秩序。二是督促企业落实报表报送制度。有效地保证监测数据的代表性、连续性和可比性。三是严格执行最低和最高粮食库存量标准规定。全年共核定81家粮油经营企业最低库存量1.88万吨，最高库存量7.5万吨。（3）粮食应急保障工作。一是完善海口市粮食应急销售数据的更新，严格执行《海口市突发公共事件粮食市场应急预案》，做好应急销售网点和加工企业的核实和签订应急协议工作。全市共设有应急销售网点31家，其中乡镇网点23家，主城区网点8家，并且与31家网店法人代表签订"粮食应急代售合同"。二是认真做好粮油价格监测。定期向粮食收购、加工、销售企业（经营户）收集价格、收购量、销售量等方面数据。及时上报粮油价格周报表、月报表。并密切关注粮油购销动态，通过政府办公网、粮食信息网等途径上报最新粮油购销信息。三是加强对粮食应急加工、销售企业的监管，确保全市粮食应急时调得出、供得上。

【粮食防灾供应】 2011年，海口市遭受2次强台风和持续强降雨的影响，市粮食局采取有效防范措施，确保全市粮食供应、价格稳定和储粮安全。（1）做好防汛救灾的储粮安全防范工作。及时部署，成立防范领导工作机构和制订工作方案，全面部署市储粮安全防范工作。实行24小时值班，领导带班和灾情报告制度，积极组织人力、物力投入到储粮安全防范工作。快速做好灾后恢复生产经营。对台风和强降雨造成影响的仓储设施进行全面清理和检查，对受损的和存在隐患的及时进行维修。（2）做好防汛救灾粮食市场供应和救灾口粮供应工作。适时组织开展市国有粮食购销企业和其他粮食重点企业粮食库存盘查。统计库存粮食品质、品种结构、成品粮库存等情况，同时全面摸清省外购进粮食数量，掌握后续粮源补给情况。及时指导国有粮食购销企业加快储备粮的轮换，保证防汛救灾粮食市场供应。（3）维护防汛救灾的粮油市场稳定。防汛救灾期间，粮食局组织人力对全市粮油市场进行检查，加强对粮食市场监管力度。配合工商、技术监督局大力查处和打击因灾而囤积居奇、哄抬物价、掺杂使假等违法行为，维护防汛救灾保供稳价的正常市场秩序。

【粮油储备】 （1）加强地方储备粮的管理，确保数量真实、质量完好、储存安全、轮换正常。（2）加强市级储备粮轮换工作。粮食年末库存为当年粮和上年粮，当年粮达50%以上。（3）充实成品粮储备规模。增加全市成品粮储备量，有效增强政府应对市场紧急情况的调控能力。（4）加强储备粮监管。做好省、市级储备粮秋季粮食普查工作。全年先后两次组织人力分别对省、市级储备粮进行检查，宜存率和合格率分别达到92%和88%，储粮做到“四无”粮仓，安全生产情况良好；抓好储备粮年度考核工作。组织对13家企业2011年度储备粮油数量、质量、轮换、安全储粮、企业盈利等方面进行考核，各承储企业都能按照省级储备粮管理考核办法的有关规定进行管理，达到省粮食局目标考核要求。通过考核，有效地促进储备粮管理上新台阶。做好仓储管理工作；指导企业做好粮食仓储管理，各企业仓储管理都能做到“一符、三专、四落实”并认真运用科学新技术保粮。（5）巩固清仓查库成果。健全完善粮油仓储管理制度，规范仓储业务管理流程。规范仓储保管，做好粮油账本、库存粮油货位管理工作。严格执行国家有关仓房装粮高度规定，规范企业的仓储管理。

【军粮供应管理】 严格执行军粮财务管理制度，坚持落实军粮差价补贴款和其他专项资金、专账管理；严格把好军粮采购、加工、入库和分装质量关，确保军粮安全；提高服务质量，军粮供应工作实行统一配送、二十四小时预约服务、免费送粮上门等制度，所配送的军粮品种多样、质量完好，军粮供应管理工作得到驻琼部队官兵的一致好评。

【粮食市场监管】 （1）加强粮食流通统计工作。一是加强对市粮食经营转化用粮企业的指导，不断扩大粮食流通统计覆盖面，提高统计数字的准确性。二是执行粮食统计台账和统计服务报表制度。按时做好粮食统计周报、月报和年报的汇总上报和统计资料的整理分析预测工作。三是完成2010年度社会粮食供需平衡调查工作，根据省粮食局琼粮调［2011］10号文精神，开展2010年度社会粮食供需平衡调查，共对56家非国有经营企业、16家粮食经营转化用粮企业、65户农户、115户城镇居民等食用粮油企业进行调查，准确掌握海口地区粮食供需平衡关，为政府做好宏观调控提供决策依据。（2）强化依法管粮。一是健全粮食收购管理的各项制度，做好粮食收购资格审核档案管理。二是依法审批粮食收购许可证。三是开展对粮食收购政策执行情况、粮食收购资格的核查，维护市粮食流通秩序。（3）开展粮油检查工作。在全市范围内组织开展粮油库存检查工作，检查结果总体情况良好，全市粮油库存管理及相关工作符合上级要求，管理规范、轮换正常、库存粮油稳定、质量完好、储备安全。（4）做好早稻收购专项监督检查工作。组织人力对粮食局核发的32本粮食收购许可证进行核查，重点检查粮食经营者的收购资格，跨地区从事粮食收购备案情况，执行粮食质量标准情况，粮食收购市场秩序情况等。通过检查，全市32个具有粮食收购资格的粮食收购主体均依法开展2011年早稻收购活动，执行国家粮食质量标准，稻谷质量都达到国家标准，粮食储存安全。（5）做好食品安全工作。认真执行《食品安全法》和《产品质量法》，配合市食品安全做好食品安全监督工作，依法严厉打击滥用食品添加剂违法行为，规范食品市场秩序，保证粮油质量安全。

【粮食基础设施建设】 一是做好市粮油检测项目建设工作。全年利用政策资金约97万元通过市政府采购中心购置粮油检测仪器设备。二是积极争取仓房维修改善资金，改善粮食储存条件。全年共投入227万元抓好三江、红旗、云龙、甲子、市军供站、海口储备有限公司和海口第二粮油储备有限公司7家粮食储备企业仓库仓储的建设维修工作，新建和维修面积4131平方米，超额完成年度任务。

【粮食物流园和军供基地建设】 2011年粮食物流园项目先后三次作为专题上市长办公会议研究讨论，着手落实项目的选址、规划、征地、可研、设计、勘察、环评等前期工作，项目已列入市十二五建设规划重点项目。积极做好军供基地项目建设工作，完成军供基地项目的立项工作，并列入2012年市政府投资项目。

【解决改制企业遗留问题】 认真做好市粮食系统已改制的41家企业的人、财、物整体移交市国有资产经营有限公司管理工作。2011年，按政策和移交规定程序已完成41家已改制企业整体移交对接管理工作，妥善解决了已改制企业遗留问题。

【粮食行业自身建设】 （1）加强机关建设，提高行政效能。认真落实十项制度，简化办事程序，《粮食收购许可证》办结时间从5个工作日缩减为3个工作日；强化政务公开工作，每季度都把行政事务重要工作涉及敏感问题予以公示，打造公开、透明、廉洁政府部门形象；加强干部思想政治教育，增强干部职工爱岗敬业精神。（2）开展党建工作和党风廉政建设。围绕职能目标，抓好党风廉政建设，深入开展反腐倡廉宣传教育月活动和“排查防控廉政风险”活动；抓好基层党组织规范化建设，完成基层党支部“公推直选”换届选举工作、局属4个储备库党组织关系接收管理工作；落实“三重一大”制度，为企业科学发展提供制度保障；抓好换届纪律教育工作，营造风清正气的换届工作氛围。（3）抓好干部职工教育培训工作，提高整体素质。组织机关科级干部积极参加市里举办的理论培训；加强粮食储备从业人员职业技能培训工作，全年有62人取得粮油保管员中级技能职称，23人取得粮油保管员初级技能职称。（4）加强对局属企业管理工作。完善粮食管理考核办法，结合市粮食工作实际，不断完善管理考核办法，使管理考核办法真正做到责、权、利相结合，不断推进企业实行自主经营、自我管理、自负盈亏、自我发展的现代企业制度和科学管理模式；开展对局属企业“小金库”专项整治审计工作，指导和帮助企业做好内部财务工作，规范企业财务工作行为。

（覃丽君）

供销合作

【概况】 2011年，海口市供销社大力发展农村日用品超市，全市范围内新建、改造升级日用品超市共计23家；加快推进农资连锁经营，全市范围新建8家农资连锁直销店；加快发展农副产品现代购销网络，共新建有影响力的农副产品购销点7个；加强再生资源回收利用网络建设，对3个购销点进行升级改造；指导成立8家农民专业合作社；认真落实冬交会订单，与内地客商签订订单5份，总计约11万吨，金额达3.8亿元。全年全供销系统实现购进42623万元，同比增长9.81%；实现销售61776万元，同比增长31.44%；实现利润48万元，同比增长30%。

【原琼山市供销社划归海口】 2003年，海口市行政区划调整，由于海口市供销合作社联合社与原琼山市供销合作联社行政管理体制不同，原琼山市供销合作联社一直没有划归海口市供销合作社联合社管理。2011年8月，海南省编制机构委员会下发《关于调整市县供销合作社机关职责编制和经费渠道等问题的通知》，核定原琼山市供销合作联社机关财政预算管理事业编制12名。9月13日，海口市供销社向市政府提交了《关于要求将原琼山市供销合作联社划归管理的请示》，12月8日，市政府将原琼山市供销合作联社整体划归海口市供销合作社联合社管理，与解决原琼山市供销合作联社机关职责编制和经费渠道问题同时进行。根据12月5日海南省人民政府办公厅下发《关于印发海南省市县供销合作社机关体制调整工作实施方案的通知》精神，市供销社代拟了《原琼山市供销合作联社机关体制调整工作实施方案》上报，12月27日经市政府批准实施。

【瓜菜运销】 （1）充分发挥基层供销社贴近农村和农民的优势，结合农产品运销，积极创办农产品生产基地10700亩。（2）发挥信息和本系统的渠道优势，协调农业、粤海铁路、交通等部门，指导和组织基层供销社、专业合作社和运销企业（户），通过汽车、火车等运输工具，帮助农民销售反季节瓜果菜计10.2万吨。（3）协助市政府组织召开好2011年冬交会。组织市政府有关部门的人员到沈阳、哈尔滨、长春、云南及沿途重要城市进行市场考察，邀请省外客商，积极抓好订单工作落实，与内地客商签订订单5份，总计约11万吨，金额达3.8亿元。（4）按照《关于印发海口市贯彻落实〈海南省人民政府关于稳定消费价格总水平保障群众基本生活的实施意见〉工作方案》的要求，认真做好岛外蔬菜调运、补贴工作，满足市民蔬菜需求，起到基本稳定市场价格的作用。2011年元旦、春节期间，累计调运蔬菜1.15吨供应海口市市场，市蔬菜供应充足，市场价格趋于合理稳定。（5）9～10月，海口市连续遭遇三次强台风及暴雨灾害，农业生产受到较大影响。为了协助市政府做好蔬菜价格的稳定工作，海口市供销社组织农民专业合作社联合为海口市场供应蔬菜，保障灾后海口市场蔬菜供应充足。（6）切实做好瓜菜运销补贴工作，发放市政府拨付的230万元补贴款，严格按规定和程序操作，补贴工作做到公开、公正、公平。

【焰火燃放和烟花爆竹经营管理】 （1）根据市委、市政府的安排，海口市供销社分别在世纪公园组织“万春会”开、闭幕式焰火晚会和海口热气球节焰火晚会。焰火晚会均取得圆满成功。（2）制定海口市供销系统烟花爆竹安全经营管理规定。为提高烟花爆竹经营管理水平，海口市供销社出台《海口市供销社系统烟花爆竹安全经营管理办法》，于4月18日正式向各基层供销社、海口宏利达烟花爆竹专营有限公司下发并要求各单位认真贯彻执行。（3）抓好烟花爆竹的经营，保证产品质量，满足群众的需要。召开海口市2011年爆竹订货会。海口宏利达烟花爆竹专营有限公司根据全市300余家销售商拟定的销售计划，向有生产资质的厂家订购产品，订货会提供的爆竹产品共有70个品种。（4）做好安全管理，确保无安全事故发生。由市安监局牵头，市公安、工商、消防及供销社配合行动，对市烟花爆竹销售市场进行安全检查，排除安全隐患。2011年，海口市供销系统未发生烟花爆竹经营管理安全事故。

【供销合作社农民合作经济组织建设】 （1）海口市供销社充分发挥基层供销社扎根基层的作用，以“基层社推荐项目—市社指导办社—基层社配合具体工作”的模式开展农民专业合作社工作。共指导成立8家农民专业合作社。①海口昌福红瓜果产销专业合作社，入社农户5户，带动农户75户，年助农增收80万元，主要种植和销售椒类。②海口同林衍生养殖专业合作社，入社农户5户，带动农户350户，年助农增收300万元，主要种植和销售椒类。③海口永绿源种养专业合作社，入社农户230户，带动农户560户，年助农增收300万元，种植和销售瓜菜、椒类，养殖和销售鸡、鸭、鱼、猪。④海口好能干养殖专业合作社，入社农户4户，带动农户10户，年助农增收30万元，种植和销售槟榔、花梨树、香蕉、橘子，养殖和销售猪。⑤海口郑华世养殖专业合作社，入社农户4户，带动农户3户，年助农增收4.8万元，种植和销售石榴、木瓜、叶菜，养殖和销售猪、鹅、鸡。⑥海口王俊奇种养殖专业合作社，入社农户18户，带动农户20户，年助农增收30万元，种植和销售芒果，养殖和销售猪。⑦海口岭南和牛养殖专业合作社，入社农户4户，带动农户8户，年助农增收50万元，主要养殖和销售牛。⑧海口石达盛种养专业合作社，入社农户6

户，带动农户32户，年助农增收20万元，种植和销售瓜菜、胡椒、槟榔、橡胶、荔枝，养殖和销售猪。（2）组织农民专业合作社联合经营。为了加大对农民专业合作社的服务力度，增强农民专业合作社的竞争力，海口市供销社组织6家规模较大的农民专业合作社进行联合经营，共联合经营生产基地10700亩，带动农户2379户。6家农民专业合作社的基本情况如下：①海口盛民瓜菜产销专业合作社，生产基地1200亩，成员62户，带动农户1621户，年助农增收6000万元；②海口伍绿果菜产销合作社，生产基地5000亩，成员6户，带动农户500户，年助农增收3000万元；③海口群绿种养专业合作社，生产基地200亩，成员23户，带动农户103户，年助农增收113万元；④海口绿佳果菜产销专业合作社，生产基地400亩，成员7户，带动农户50户，年助农增收56万元；⑤海口市昌奇蔬菜种植专业经济合作社，生产基地1300亩，成员7户，带动农户30户，年助农增收36万元；⑥海口昌福红瓜果产销专业合作社，生产基地2600亩，成员5户，带动农户75户，年助农增收150万元。

【供销合作社农资供应和农产品购销】 （1）加快推进农资连锁经营。根据各基层社的情况，以及现时农资市场的行情，市新建8家农资连锁直销店（即旧州、甲子、谭文、新坡、龙塘、大坡、长流和美安社各1家），有力保障市场供应，方便农民的生产用肥需要。（2）加快发展农副产品现代购销网络。为进一步完善农副产品购销网络，海口市供销社充分利用供销合作社的组织资源和经营网络优势，积极寻求战略合作伙伴，新建农副产品购销点7个，初步构建起以批发市场为龙头、以生产加工基地为基础、以现代物流配送为手段的农副产品购销营销网络。7个农副产品购销点是：①红旗冬季瓜菜收购点，位于海口市红旗镇，年收购量1158吨；②甲子冬季瓜菜收购点，位于海口市甲子镇，年收购量1267吨；③甲子新民冬季瓜菜收购点，位于海口市甲子镇新民墟，年收购量1047吨；④三门坡荔枝收购点，位于海口市三门坡镇，年收购量1369吨；⑤永兴香蕉收购点，位于海口市海榆中线27公里处，年收购量1252吨；⑥大坡胡椒收购点，位于海口市大坡镇，年收购量1024吨；⑦大致坡冬季瓜菜收购点，位于海口市大致坡镇，年收购量1385吨。（3）加强化肥储备管理。为了缓解市化肥供求矛盾，保障农业生产用肥供应，海口市供销社依照市政府指示，深入调研，结合海口市实际情况，制定《海口市化肥商业储备管理试行办法》上报，经市政府同意，顺利出台。2万吨化肥的商业储备具体由海口市供销社所属“海口供销资产运营有限公司”与“海南省农业生产资料有限公司”合作，对化肥实行全年储备，年承储规模为2万吨（其中氮肥0.64万吨、磷肥0.9万吨、钾肥0.24万吨、复合肥0.22万吨）。

（黄文申）

烟草专卖

【概况】 2011年，海口市精心谋划海口烟草“十二五”发展目标，明确重点任务，加快转变发展方式，努力提高经济运行质量和效益，促进海口烟草的持续、稳定、健康、协调发展。全片区共实现商业税利5.02亿元，同比增长31.20%；税金3.49亿元，同比增长29.42%；净利润1.53亿元，同比增长35.45%。全年实现税费（含国有资本收益和所得税）4.16亿元，同比增加0.96亿元，增长30%。

【卷烟经营】 按照国家烟草专家局提出的“532”、“461”品牌发展目标，把品牌培育作为第一要务，加大品牌培育力度，提升品牌价值，有力促进了经济运行平稳较快发展。（1）卷烟销量稳步增长。全片区销售卷烟16.81万箱，同比增长8.29%，实现销售收入（不含税）35.22亿元，同比增长23.03%；实现单箱销售收入2.1元，同比增长13.61%。一至三类烟销量分别增长38.63%、75.07%和11.39%，占总销量的比重为16.50%、9.66%和48.50%；一至三类烟销售收入占总收入的比重为91.03%，同比提高4.48个百分点；四、五类烟销量同比下降21.06%和14.50%。（2）重点骨干品牌培育能力进一步提高。重点品牌卷烟销售12.98万箱，增长30.44%，占总销量的比重为77.23%，同比提高13.11个百分点；销售收入为31.83亿元，增长37.73%，占总收入的比重为90.37%，同比提高7.77个百分点。“中华、红塔山、玉溪、云烟、红河、芙蓉王、白沙、双喜、黄鹤楼、黄山”等销量结构排前10名的品牌共销售11.55万箱，增长29.35%，占总销量的比重为68.71%，同比提高11.19个百分点。（3）低焦油卷烟销售良好。坚持品牌主导，积极配合工业企业，加快低焦油卷烟引进速度，在培育品牌中开拓低焦油卷烟市场。2011年共引进“金圣”、“长白山”等十余个规格卷烟，丰富了市场低焦油卷烟品牌，同时以产品推介为载体，提高一线营销人员和零售客户对低焦油卷烟产品的认知，形成工商共同培育低焦油卷烟品牌的合力。全年低焦油卷烟销量1.17万箱，同比增长81.91%，占总销量的比重为6.97%；其中5毫克以下低焦油卷烟销售440.42箱，占总销量的比重为0.26%。

【专卖管理】 严格按照“端窝点、断源头、破网络、抓主犯”的打假工作要求，严厉打击制售假烟违法犯罪行为。（1）持续深入开展卷烟打假破网。各级专卖局不断完善联合打假长效机制建设，充分发动侦查力量投入案件侦破、处理工作，取得了较好成果。2011年，全片区共查处各类违法案件963宗，其中，符合国家烟草专卖局标准的假烟网络案件2宗，5万元以上案值假烟案件15宗；查获违法“三烟”1093.71万支，其中假冒卷烟385.79万支；刑事拘留17人，逮捕8人，判刑20人；收缴专卖罚没款446.09万元。特别是在公安、工商、边防等部门的大力支持与协助下，联合侦查办案大队主动出击，成功破获“4·11”、“7·7”、“8·24”等一批有影响的重大网络案件。（2）着力推进市场整顿规范。突出对重点地区、重点环节、重点时段的监管，对无证经营卷烟行为以及以“回收礼品”名义经营卷烟的行为坚决查处；对节假日及日常夜间等违法行为高发时段的非法经营活动坚决打击；对宾馆、酒店、娱乐场所以及车站、码头等非法经营卷烟行为的高发区域坚决取缔；积极组织开展“元旦·春节”和“五一”、“国庆”节日长假期间的市场清理整顿专项行动，加大对违规经营户和违法卷烟的查处力度，较好地维护海口片区卷烟市场的稳定，市场净化率达95%以上。（3）严格规范烟草零售许可证管理工作。以合理布局为前提，以依法行政为准则，以网络信息化为依托，严格规范烟草零售许可证新证发放、延续（换证）审查等各项管理工作。建立完整的许可证管理档案，做到一户一档，并根据注销、停业整顿等现实情况变化及时更新信息，做好许可证的动态管理，做好信息更新，确保信息准确。落实合理布局要求，深入开展无证户清理整顿工作，采取针对性措施，缓解农村卷烟零售户持证比例较低、监管不到位等问题。全省持证零售户15441个，持证率为4.5‰，新增1463户，行政村办证率为70%，300人以上自然村办证率为40%。11月22日，海口市全面启动许可证延续（换证）工作。（4）广泛开展法制宣传活动。制定海口市局《2011年法制宣传教育工作要点》、《开展法制宣传教育的第六个五年规划》，召开“‘六五’法制宣传教育动员大会”，全面启动“六五”普法工作。“3·15”期间，组织执法队员深入各乡镇开展法制宣传及真假烟鉴别活动，共出动宣传人员250人次，宣传车辆5辆，现场接受群众咨询3000人次，发放各类宣传资料13000份。同时，根据国家烟草专卖局、省烟草专卖局要求，组织开展有关行政强制规定的调查摸底工作、规范性文件全面清理排查工作，进一步强化了法治建设的规范性和严谨性。

【技术创新】 以“建平台、抓应用、成体系”为主要内容，重点抓好卷烟生产经营数据统计应用、网上订货系统、人力资源管理系统、营销经理“135”工作平台和“银企对接平台”等重点项目推广工作，充分发挥信息技术对管理的支撑和保障作用。以项目研发为着力点，加强管理体制机制创新、营销创新、文化创新、制度创新的创新力度，切实推动一批有利于提高企业技术进步和管理水平提升的项目。参选并获全省行业科技进步奖4项，同时申报科技创新项目计划6个，研发费用合计98.24万元。

【队伍建设】 （1）大力开展教育培训。认真贯彻落实《教育培训工作实施细则》，广泛开展各类教育培训，提高员工队伍的业务技能水平。全年累计举办各种类型的培训班15期，培训干部职工1263人次，教育培训覆盖面达到98%，比上年提高了 12%。专卖岗位持证率 86%，比上年递增 5%；营销岗位持证率 80%，比上年递增 2%。（2）积极参加专卖岗位技能竞赛。在第一届全省行业专卖管理岗位技能竞赛中，海口烟草专卖局选派的 4 人取得前三甲的好成绩，并获“省级烟草技术能手”称号。（3）扎实推进干部人事制度改革。以“扩大民主、完善考核、推进交流、加强监督”为主要内容，采取多种方式推进干部人事制度改革。上半年，积极配合省烟草专卖局人事处对市烟草专卖局（公司）和县级局（营销部）领导班子及领导干部就 2008 年至 2011 年工作情况进行综合考核，完成后备干部的集中调整，制定《2011 年度县级局领导工作业绩考核细则》，充分发挥考评机制在行业动态管理、量化管理和民主管理中的作用。下半年，开展市烟草专卖局（公司）“市场经理、品牌管理员”岗位竞聘，采取笔试与部门民主测评相结合的方式选拔优秀业务骨干，不断充实壮大营销队伍。年底，组织实施中层干部综合考核工作，以述职述廉、民主测评、综合评价的方式，从德、能、勤、绩、廉五个方面，重点考核中层管理人员 2008 年以来的工作能力和实绩，为“卷烟上水平”提供坚强的组织保障。

（陈少阳）

非公经济

【概况】 2011 年，受益于海南建设国际旅游岛政策实施和海口市出台的关于加快工业发展的若干规定以及鼓励加快航空、会展、金融和资本市场、总部经济、文化产业、航运发展等一系列优惠政策，全市非公经济呈现出了良好的发展势头。机电制造、化工化纤纺织、食品和农产品加工等传统产业巩固壮大；以设施农业、生态循环农业、特色休闲农业为重点的现代农业大力发展；以生物医药、新能源等高精尖领域为重点的战略性新兴产业加快步伐；以旅游业升级转型、现代物流、金融保险为重点的现代服务业积极迈进。全市在册企业 41378 家，其中非公企业 35647 家，占全市注册企业数量的 86.15%，占全省非公企业总数的 39.19%，其中私营企业 35096 家，比上年增加 6210 家，涉及一、二、三产业的各个领域。全市非公企业注册资金 460.3 亿元，比上年度增长 33.69%，其中私营企业注册资金 402.66 亿元，比上年增加 105.94 亿元，增幅达 35.7%。

【非公经济贡献显著提高】 （1）就税收来看。全市非公企业上交税额 138.13 亿元（地税 73.66 亿元，国税 64.47 亿元），占全市纳税总额的 81.68%，比上年增长 14.76%。其中非公企业交纳地税增加 14.62 亿元，增长 24.75%；国税增加 9.07 亿元，增长 16.36%。国税 20 名纳税大户中非公企业有 17 家，占 85%。纳税大户数量逐年增加，年纳税 500 万元以上的非公企业 178 家，比五年前多了一倍。非公经济已经成为财政增长的生力军，更成为支撑海口市经济发展的“顶梁柱”。（2）拓宽社会就业渠道。一方面，非公企业成为海口市扩大就业、安置下岗工人和失业再就业人员、免费培训和转移农村富余劳动力的主要渠道。2011 年海口市企业就业人数为 83.33 万人，其中非公企业从业人员 67.44 万人，占 81.92%，比上年增加 7.9 万人，增长 13.28%。新的就业岗位绝大部分来源于非公企业，2011 年城镇新增就业人员 40028 人，其中城镇私营企业全年就业人数近 13 万人，比上年度增加 35229 人，占全市城镇新增岗位的 88%。（3）投身光彩事业成绩显著。随着非公企业经营业绩的上升和竞争力的增强，培育造就了一批优秀企业家，他们积极投身新农村、小城镇和农业产业建设，同时积极承担社会责任，踊跃参与各项社会事业。这些企业还成立了“海南中学许振发奖教奖学基金”、“金鹿农机专项助学基金”、“海南曾氏奖学基金会”等多个助学奖学基金，长期开展捐资助学活动。

【工业园区成为非公经济发展重要载体】 2011 年，狮子岭高新区、药谷二期、综合保税区等工业园区建设快速推进，以海口综合保税区、海口国家高新区为主的“两区八园”新格局得以形成。工业园区正成为全市经济发展和投资增长的隆起区，成为高新技术产业最集中、新技术新理念应用最广泛、动力最强劲的引擎，为非公企业发展提供了广阔的空间和平台，一批具有国际国内市场竞争力的骨干企业和名牌产品纷至沓来。英利集团、灵狮创意、齐鲁制药等60多家国内外知名非公企业纷纷入驻高新区。2011年，全市园区工业完成投资64.81亿元，比上年增长2.1倍，成为历史上园区工业产值最大的一年。

【融资服务为非公经济发展助力】 （1）信用担保体系建设有新突破，呈现了融资活跃、企业发展的新气象。2011年，海口市加大力度发展和完善中小企业信用担保体系建设，随着海南金欣、海南国行、中汇财富等担保投资公司相继成立，中小企业融资担保工作有了较大突破，各担保机构全年累计为864家中小企业提供贷款担保23.16亿元，比上年增加31.22%。（2）银行创新发展模式，与企业采取多种形式合作共存。建设、工商、邮储等各大银行适时组织银企洽谈会、交流会、茶话会等融资交流活动，为企业发展助力，并根据海口企业发展的趋势适时创新推出融资产品，提供担保融资、专业市场联保、科技孵化合作、核心企业产业链融资等多种模式化服务，为中小企业解决瓶颈问题，2011年中小企业贷款增速超过其他一般贷款增速。（3）海口创业小额贷款担保中心运作良好。2010年1月挂牌成立的海口创业小额贷款担保中心，主要服务对象集中在服务、种植、养殖等行业的小微型企业和个体工商户。两年来该中心通过广泛宣传发动，提高服务效率，审批贷款项目522个，发放贷款将近3200万元，每年都超额完成年计划任务，为部分个体工商户和小微型企业解了燃眉之急。

【企业调整转型矛盾凸显】 2011年海口市地区生产总值和固定资产投资在全国35个大中城市中均处于最后一位，全市规模以上工业企业仅251家，不到非公企业总数的百分之一，入围全国500强的企业仅2家，中国民企500强仅3家，能够挑起经济发展“大梁”、支撑财政持续增长的大企业不多，缺乏知名企业和名牌产品。加上岛屿型经济特征使生产要素成本面临更大上升压力，在资源环境约束加剧的情况下，加快发展与调整转型的双重压力进一步凸显。2011年全市个体工商户注册资金18.63亿元，同比减少3.7亿元；在册外资企业仅551家，比上年减少252家，数量在大幅减少，外资企业注册资金6.63亿美元，同比减少2.36亿美元，外商投资额4.07亿元，比上年同期减少43.1%。

【海口市民营企业家与市长对话交流座谈会】 8月30日召开。这次座谈会共组织了50多位在海口具有代表性的民营企业家与海口市冀文林市长进行面对面的交流与座谈。会议围绕“我的企业为海口发展做了些什么和企业还需要政府为我们做些什么”两个方面讨论主线而展开。在这次座谈会上椰树集团、骏豪集团、天利集团、金盘电气、罗牛山股份有限公司、海南英利新能源有限公司、海南鄂尔多斯商会、海口企业家协会等商会组织和企业的负责人相继发言，发言中涉及合理利用土地、加大技改资金投入、加快基础设施建设、改善投资环境、增强银行融资、加强城市管理、设立绿色审批通道等问题。

（龚晓明）

旅游业

【概况】 2011年，海口市抓住国际旅游岛建设机遇，围绕产业抓项目、抓活动、抓传播、抓市场、抓管理、抓基础，有效刺激了旅游业快速发展，旅游业呈现出淡季不淡、旺季更旺的发展态势。海口旅游已经基本形成以滨海度假、会议展览、运动休闲、邮轮游艇旅游、乡村旅游、购物美食、历史文化、科普教育8大旅游产品为主的产品体系。全年接待国内外过夜游客845.84万人次，同比增长14.9%；旅游总收入达到83.02亿元，同比增长15.2%。海口市也是海南旅游的“大本营”，2011年底，全市旅行社205家，占全省旅行社总数的61.2%；旅游车辆2800多辆，占全省旅游车辆总数的92%；全市导游人员约9000名，占全省导游总人数的85%；星级饭店55家，占全省星级饭店总数的26.3%，其中五星级6家，四星级16家；国家A级旅游景区（点）5家，占全省A级景区总数13.5%，其中4A级3家。旅游现象和经济指标显示，海口旅游业发展呈现出四大亮点：一是接待国内外过夜游客人数近5年来首次实现两位数增长，增幅达14.9%；二是得益于淡季旅游传播作用显著，淡旺季差距缩小，2011年全市每月接待游客人数均在60万人次以上，环比增长幅度波动不大；三是人均逗留天数略有延长。全市旅游饭店人均逗留天数为1.36天/人，同比延长了0.02天。这个数字虽然非常微弱，但也表明了海口市丰富多彩的大型会议会展、赛事、节庆及重大旅游活动吸引游客延长了逗留时间；四是入境游客持续增长。2011年，全市共接待入境过夜游客14.7万人次，同比增长10.5%。其中，港、澳、台游客增长最为显著，分别增长了22.8%、24.8%和18%。此外，亚洲客源仍占海口境外市场的主导地位，所占比重高达83.9%。

2011年海口市旅游业主要经济指标

项目指标	全年完成数	同比数（%）
一、接待国内外过夜游客（人次）	8458415	14.9
（一）旅游饭店	5502114	11.6
1. 入境游客	146808	10.5
台湾同胞	40478	18.0
澳门同胞	1137	24.8
香港同胞	28485	22.8
外国人	76708	3.0
2. 国内游客	5355306	11.6
（二）其他住宿设施	2956301	21.6
二、旅游饭店客房平均出租率（%）	62.59	1.95
三、人均逗留天数（天/人）	1.36	0.02
四、旅游总收入（亿元）	83.02	15.2

【旅游资源整合开发】 为整合旅游资源，打造旅游吸引物，海口市旅游发展委员会充分利用海南国际旅游岛海口市工作领导小组办公室的督查、督办功能，完成东寨港红树林生态恢复工程（国家湿地公园、红树半岛、红树马会）、海南野生动植物园新区、低空飞行俱乐部、长影海南世纪影城等一批重大旅游项目的前期立项工作。并按照《海口骑楼建筑历史文化街区保护和整治规划》，启动骑楼示范街的保护改造工作。绿色休闲慢行系统已全面运行。全市共建有绿色慢行道100余公里，分布在4个区和西海岸，与红色文化旅游、生态旅游、乡村旅游捆绑成海口新的旅游线路和产品。

【境内旅游促销】 参加2011年第十八届中国（西安）国内旅游交易会、南宁国际时尚博览会及北京国际旅游展，并举行海口旅游促销活动。其中“2011年第十八届中国（西安）国内旅游交易会”期间，组织由政、企、媒三股力量组成精英促销团队，并由市分管领导担纲，合力出击，形成“政府搭台树形象，区域联动闯市场”活动特色。整个推介活动采取对话、展演与互动相结合等多种推广形式，营销海口“温泉海岸”、“婚庆蜜月”、“四季挥杆”、“休闲养生”等几大特色休闲旅游产品。利用名山效应和影响，强化“名山与大海”的合作，首开陕西商洛、海南海口两市缔结旅游友好城市之先河，山城商洛与海南省会海口联姻，进行大海与名山的对话，在广度和深度方面创新旅游营销。活动投放旅游促销资料达万册，全国知名网络媒体就有近百家宣传、转载报道该次活动，并刊有一个“海口旅游”彩色整版的《中国旅游报·2011旅交会专刊》出版发行全国，总发行达25万份。

【境外旅游促销】 参加第45届日本东京高尔夫国际博览会、韩国首尔国际高尔夫暨度假村博览会、马来西亚MATTA秋季旅游展、第14届台湾海峡两岸旅行业联谊会等主要国际市场客源地重要旅游展会，并以此为平台开展旅游推广活动。根据客源地市场特点，结合海口市旅游资源特色，分别推出高尔夫、滨海温泉、婚庆旅游、绿色乡村慢游等主题旅游产品对外宣传，受到当地旅游行业人士和市民的喜欢。

【旅游节庆会展】 2011中国（海口）游艇经济论坛暨国际游艇展览会在新埠岛国际游艇会成功举办。该届“游艇论坛暨游艇展”邀请参会、参展国内外嘉宾600余人，包括全国人大常委会原副委员长、著名经济学家成思危，美国、英国、澳大利亚、意大利、日本、新加坡6国游艇行业组织领袖，全国游艇发展专家指导委员会成员，国内沿海城市代表团，全国游艇俱乐部联盟成员，国内外游艇俱乐部、游艇制造企业、游艇经销企业的代表。到场国内外知名传媒100多家，国内外参展游艇66艘。通过论坛共同探讨“全球化的游艇产业与游艇管理政策”，促进中外航海文化和游艇经济的交流，是历届游艇论坛国际化水平最高的一次，是中国游艇业界的年度盛会。论坛取得五大丰硕成果：全国人大常委会原副委员长成思危发表主旨演讲，为游艇新兴产业鼓劲；揭牌成立全国首家游艇交易所——海口船舶游艇交易所；首次推出《中国游艇管理法规汇编》；发布《2011—2012中国游艇产业发展报告》；成立全国邮轮游艇媒体联盟。先后举办“2011海口高尔夫与旅游主题论坛”、第11届（2011）世界厕所峰会和展览会及“海口杯”旅游高尔夫业余赛、海口城际高尔夫旅游联谊赛、第56届欧米茄观澜湖高尔夫世界杯等系列赛事活动，提升了海口中国高尔夫旅游之都，世界高尔夫旅游胜地的整体形象。海口举办的第一场国际性高尔夫与旅游的重大活动——2011海口高尔夫与旅游主题论坛吸引了国内外政商显要、行业领袖、高球巨星、社会名流逾600人以及国内外媒体200多人、境外媒体18家，中央、省外、境外驻琼、省市及网络媒体89家与会，实现全程跟踪报道，做到报道集中、有规模。成功吸引IAGTO（国际高尔夫旅游经理人协会）在中国的第一家办事机构落户海口、持续半年时间的2011高尔夫马拉松大赛，并首次尝试将高尔夫上下游产业链资源引入，成功搭建起专业的高尔夫品牌展示营销平台，创立“论坛+赛事+展演”三位一体的新模式。

【旅游区域合作】 深化旅游区域合作，开发旅游产品。牵头组织琼北湛江区域旅游合作组织各成员市县共谋琼北湛江两地旅游发展，共同研究探讨2011年琼北湛江区域旅游合作组织交流与合作的新模式。通过举办西安大型旅游推介，户外露演活动，引起当地广大游客和市民的关注，提升了海口旅游品牌形象。联合文昌、澄迈开发新产品，策划“2011海口市国庆·重阳主题旅游系列活动”，突破地域实现了优势互补、合作共赢。一是牵头组织琼北湛江区域旅游合作组织各成员市县共谋琼北湛江两地旅游发展。如3月组织海口、文昌、琼海、儋州、湛江等10个县市代表聚首徐闻，共同研究探讨2011年琼北湛江区域旅游合作组织交流与合作的新模式；11月组织10市县代表参加世界厕所峰会和召开区域组织年会，努力实现各成员单位优势互补、合作共赢。二是联合琼北湛江区域旅游合作组织赴西安举办大型旅游推介活动，通过大型旅游推广活动、户外广场露演，充分展现“阳光海口·娱乐之都·品位之城”和琼北湛江旅游形象，引起当地广大游客和市民的关注，提升了海口旅游品牌形象。三是12月上旬牵头组织儋州、文昌、琼海、定安、澄迈、临高、屯昌等市县，开展“琼北市县专项旅游海口推广周”活动，进一步丰富琼北旅游产品。四是与商洛市签署《旅游友好城市合作协议》，并举办“名山与大海的对话”活动，两者首开陕西、海南两省缔结旅游友好城市之先河，有效开拓了省外客源地市场。五是联合美兰机场、中国机场协会等共同举办航班航线洽谈会，推介海口新航空奖励政策、海口旅游资源，努力增加海口航空运力。还联合机场、台湾中华、长荣航举办海口——台北首航活动。六是联合南国都市报、海南日报、海口晚报、南海网、海南在线等传统与新兴媒体，陆续设计包装推出“欢乐采摘”两日游、“文笔养生，百里画廊”两日游、“魅力澄迈，新春祈福”一日游、“松涛碧波，游访古镇”两日游、“走进海口十佳旅游乡村”体验游、“海边渔家，味蕾之旅”两日游、“屯昌乡土文化特色”一日游等7条特色旅游线路。

【旅游管理与服务】 海口市旅游发展委员会结合海口地区实际情况，坚持依法行政，不断加强旅游诚信建设，强化安全管理，营造让游客感到安全、舒适、优美的旅游环境。（1）加强旅游市场管理。加大市场执法检查力度，严厉查处无证无照经营、宰客、强买强卖等违法行为，坚决取缔黑社、黑导、黑车、黑购，净化旅游市场。（2）开展旅游环境综合治理。借助建设国际旅游岛环境综合整治办公室平台，利用节假日期间组织税务、工商、商务、公安、卫生、物价、市政市容、技术监督等部门开展旅游市场综合整治，坚持打击恶性削价竞争、购物欺诈、变相承包、“零负团费”和街头非法散发“旅游优惠卡”等违法经营行为。（3）开展旅行社专项检查工作。2月~6月，海口市旅游发展委员会联合、市工商局对海口市辖区内的旅行社、分社及服务网点（共289家，其中旅行社195家、分社5家、服务网点89家）进行现场检查。向省旅发委建议依法注销14家旅行社和分社经营许可证、注销19家管理混乱的服务网点登记证。（4）做好旅游质量监督及受理投诉工作。从规范旅游市场出发，认真开展旅游市场监督检查行动，尤其是加强“黄金周”前的集中检查。通过密切联合工商、物价、公安、交通等部门，群策群力，整顿旅游市场秩序，及时处理投诉案件，对投诉做到“有诉必接、有接必究、有究必果”，维护游客的合法权益。（5）及时将旅游市场整治情况向社会公告。注重舆论监督，充分发挥报纸、电视、网络的作用，及时披露典型案例及其查处情况、处理结果，公布违法违规旅游企业、从业人员信息，巩固市场检查成果，进一步规范旅游市场秩序。在旅游行业中树立诚信守法经营的氛围，有效净化了旅游环境。（6）加强旅游安全管理。将旅游安全工作摆在重要位置，狠抓各项工作落实。主要做法：一是与星级饭店、A级景区（点）、旅行社签订安全生产工作目标责任书；二是于节假日期间开展旅游安全生产大检查活动，督促旅游企业做好旅游安全和消防安全防范工作；三是联合旅游协会开好每季度的安全信息沟通会；四是组织安全生产月和宣传咨询日活动；五是组织举办旅游安全生产培训班；六是督促旅游饭店组织消防安全演练。（7）抓好基层站所队伍建设。围绕广大群众、旅游企业和游客满意，开展基层站所优质服务活动。将其作为推进旅游政风行风建设、优化旅游发展环境的有效途径和方法。以“内强素质，外塑形象，依法办事，廉洁高效，爱岗敬业，乐于奉献”的总体要求，以创新工作方法为手段，以推进行风建设为目的，不断提高综合服务水平。（8）加强旅游景区、点管理。通过参加宣传促销活动，推广、学习国内外有名景区、点科学的管理经验和模式，整治景区、点及周边环境，切实改变脏、乱、差等现象，美化旅游环境。完善景区、点服务设施建设，加快景区、点内交通、通讯等基础设施建设，不断改善景区、点内的游览条件。

【市旅游纠纷人民调解委员会成立】 为整合调解资源，创新旅游市场监管模式，7月20日，海口市旅发委与海口市司法局联合成立的海口市旅游纠纷人民调解委员会在海口市旅游质量监督管理所正式挂牌，海口市旅行社协会、酒店协会、景区协会及旅游商品协会为主要成员单位。海口市旅游纠纷人民调解委员会是专业性的人民调解组织，是全国首创的旅游市场监管模式，受理游客和旅游经营者、旅游辅助服务者之间因旅游合同、旅游服务引发的矛盾纠纷的组织。游客可通过海口市旅游网或者12301电话投诉，该委员会将根据游客所在辖区派辖区调解员前往调解。自挂牌成立以来，共解决旅游投诉纠纷36起，从而真正地做到将矛盾化解在发生地、化解在基层、化解在萌芽状态。

【旅游市场监管】 从规范旅游市场出发，认真开展旅游市场监督检查行动。共出动执法人员794人次，检查旅游企业423家次，检查导游人员671人次，驱赶非法散发旅游优惠卡人员220余人次，查获非法宣传资料105800余份；查处违规旅行社2家，查处违规导游11人次；24小时旅游投诉热线共接听各类旅游投诉、咨询338起，其中投诉112起，同比下降16%；咨询226起。出动执法人员现场调解15起。收到书面投诉14件，同比下降64%，已结案14件，在规定时限内结案率100%，结案满意率100%，为游客挽回经济损失133620元；无一例群体性上访事件和较大以上旅游投诉发生，所处结的案件均无行政复议发生。

【旅游饭店会议】 2011年，海口旅游饭店共接待国内外会议15634个，其中100人以上的会议3289个；50人至100人的会议6145个，50人以下会议6200个。接待参会人数84.66万人次，占全市过夜游客的10%，直接营业收入2.39亿元，占全市旅游饭店营业收入的12.3%。从星级饭店分类看，五星级饭店接待会议3943个，占全部会议的25%；四星级饭店接待会议2651个，占全部会议的17%；三星级饭店接待会议892个，占全部会议的5.7%；二星级旅游饭店基本没有承接会议，其他非星级旅游饭店接待8148个，占全部会议的52.1%。抽样调查显示，2011年海口会议团队客源地按接待量排在前5名的国内省份是海南、北京、广东、上海、浙江；前5名的国家及地区分别是新加坡、中国香港、中国台湾、日本和韩国。

【旅游教育培训】 2011年，共举办旅游从业人员培训19期、8大类、培训9200余人。培训内容主要包括：旅游饭店人力资源与客务管理；导游人员带团技能技巧；旅游行业文明礼仪；旅游行业政策法规；导游人员职业道德、服务意识、服务规范；常用应急措施及紧急救护知识；离岛免税知识；高级会展策划师认证等。其中与全国紧缺人才办公室联合举办的高级会展策划师培训，连续举办7期，每期约30人，共计200余人。80%的学员已经获得国家职业资格证书三级，这是海南会展行业第一批取得国家职业资格证书的专业人才。

【创先争优活动】 一是召开全市旅游行业创先争优动员大会。印发《海口市旅游行业开展创先争优工作方案》、《海口市创先争优活动任务分解表》及《海口市旅游行业开展创先争优活动倡议承诺书》。二是举办海口市旅游行业创先争优现场会。11月4日在海口举办全省首场活动现场会，推广海口市旅游行业创先争优经验。来自省及各市县旅游行业创先争优活动领导小组有关负责人及旅游企业代表100多人参加现场会，并举行座谈会交流总结。三是成功举办一批旅游项目。11月4日正式挂牌运作韩文网站、海口旅游商品研发中心、海口旅游商品交易中心。先后举办游艇论坛、欧米茄高尔夫世界杯、体博会与旅交会、世界厕所峰会、万人相亲等活动。四是旅游企业积极筹建和完善党团组织。已有10家旅行社、14家星级饭店、4家旅游景区建立和完善党团组织。五是涌现一批旅游行业创先争优先进典型。

2011年海口经营中国公民境外旅游业务的旅行社名单

序号	许可证号	旅行社名称	联系电话
1	L－HAN－CJ00001	海南旅总国际旅行社	31371696
2	L－HAN－CJ00002	海南省中国旅行社	66772652
3	L－HAN－CJ00003	海南省中国国际旅行社	65231533
4	L－HAN－CJ00004	海南珠江国际旅行社	66702642
5	L－HAN－CJ00005	海南新国旅国际旅行社	66738778
6	L－HAN－CJ00006	海南海王国际旅行社	66722728
7	L－HAN－CJ00007	海南辰达国际旅行社	66198831
8	L－HAN－CJ00008	海南豪阳国际旅行社	66566868
9	L－HAN－CJ00009	海南特区国际旅行社	66715356
10	L－HAN－CJ00010	海南康辉国际旅行社	68558801
11	L－HAN－CJ00011	海南康泰国际旅行社	66551600
12	L－HAN－CJ00013	海南春秋国际旅行社	66667878
13	L－HAN－CJ00014	中国国旅（海南）国际旅行社	31982737
14	L－HAN－CJ00015	海南上航假期国际旅行社	36687756
15	L－HAN－CJ00016	海南亲和力国际旅行社	36699971
16	L－HAN－CJ00017	海南海之缘国际旅行社	65399999
17	L－HAN－CJ00019	海南远通国际旅行社有限公司	65305205
18	L－HAN－CJ00021	海南东方国际旅行社有限公司	36366766
19	L－HAN－WZ00001	秀之旅（海南）国际旅行社	36683608

2011 年海口市四星级以上旅游饭店名录

序号	星牌编号	名　称	星级	电话
1	4650001	海南寰岛泰得大酒店	五星	66268888
2	4650006	海南文华大酒店	五星	68548888
3	4650012	海南新国宾馆	五星	68715666
4	4650014	海南皇冠滨海温泉酒店	五星	65966888
5	4650018	海口喜来登温泉度假酒店	五星	68708888
6	4650019	海口天佑大酒店	五星	31688855
7	4640001	海南宝华海景大酒店	四星	68536699
8	4640003	海南燕泰国际大酒店	四星	66250888
9	4640004	国商海航商务酒店	四星	66796999
10	4640005	海口黄金海景大酒店	四星	68537718
11	4640006	海南金银岛大酒店	四星	66763388
12	4640021	海南鑫源温泉大酒店	四星	66735111
13	4640020	海南新温泉国际大酒店	四星	66711111
14	4640026	海南太阳城大酒店	四星	66206666
15	4640031	海南椰海大酒店	四星	68598888
16	4640032	海南凯威大酒店	四星	68628288
17	4640043	海口湘天源温泉大酒店	四星	66799988
18	4640055	海南万利隆商务酒店	四星	68569666
19	4640056	海南新奥斯罗克酒店	四星	66530666
20	4640060	海南赛仑吉地大酒店	四星	66778888
21	4640061	海南鸿运大酒店	四星	36669988

2011 年海口市客源市场结构图

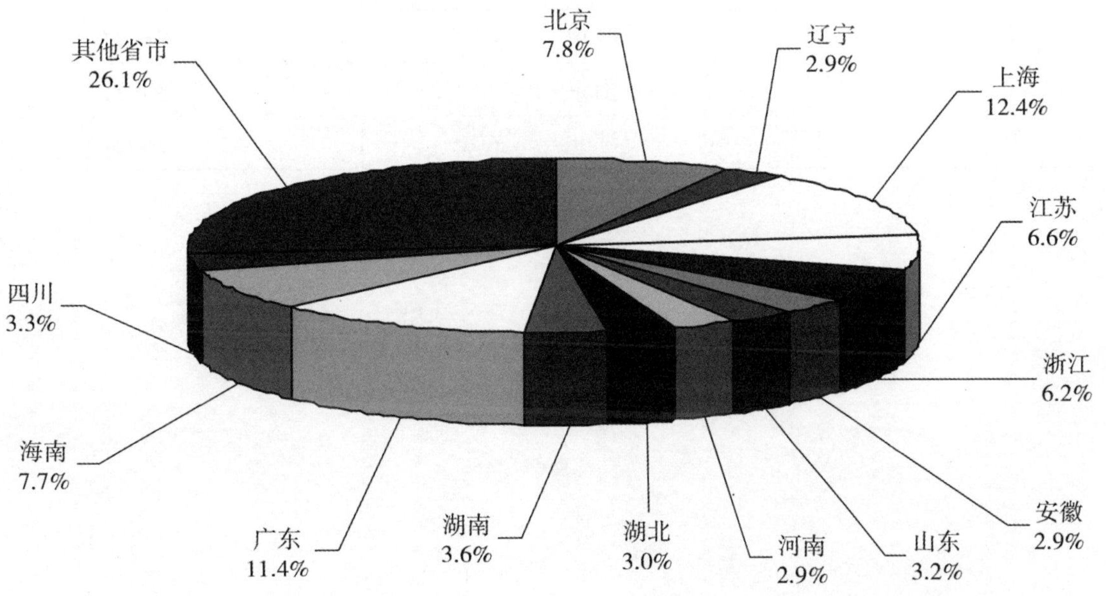

2011 年海口市入境客源市场分布图

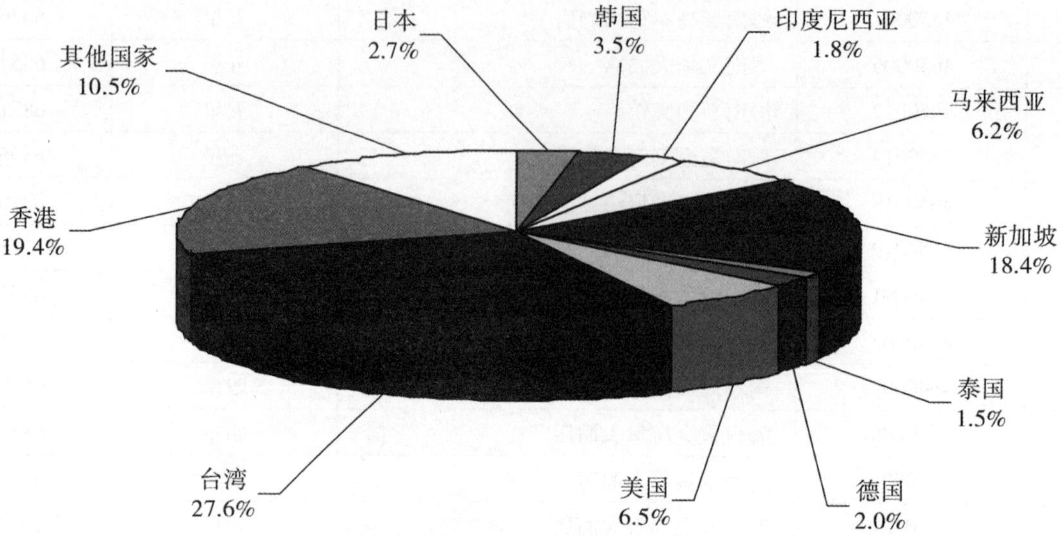

2011 年海口市游客客源地前十名地区统计表

名次	客源地	人次数
1	上海	316102
2	广东	289723
3	北京	197514
4	海南	194912
5	江苏	167347
6	浙江	156330
7	湖南	92481
8	四川	83303
9	山东	80821
10	湖北	76927

（朱子斐）

（编辑：黎小梅）

金融·证券·保险

金融综述

【概况】 2011年，海口市金融运行总体平稳。年末，按可比口径统计，全市金融机构本外币存款余额2354.12亿元，同比增长5.14%，增速比上年同期大幅回落22.79个百分点，低于全省平均水平1.87个百分点；比年初增加115.19亿元，同比少增373.5亿元。全市金融机构本外币各项贷款余额2461.19亿元，同比增长27.31%，增速比上年上升3.29个百分点，高于全省平均水平0.21个百分点；比年初增加523.57亿元，同比多增149.18亿元。全市银行业金融机构保持稳健经营，实现税后利润38.96亿元，同比减少2.71亿元。全市银行业不良贷款余额16.29亿元，比年初减少4.27亿元；不良贷款率0.68%，比年初下降0.39个百分点。截至2011年末，海口市有银行业金融监管机构2家，中资全国性大型银行7家，中资全国性中小型银行3家，外资金融机构1家，农村信用联社1家，农村商业银行1家，村镇银行8家，财务公司2家，小额贷款公司9家，金融资产管理公司办事处4家。全市共有银行机构网点365个，银行业金融机构从业人员共计9642人。

【金融形势良好】 2011年，海口市金融机构认真贯彻落实稳健货币政策，积极推进金融改革创新，不断提升金融管理和服务水平，有力促进全市经济金融平稳快速发展，高效助推国际旅游岛建设。全市经济发展呈现出速度、结构、效益同步提升的良好态势，投资、消费和出口需求增长平稳，三次产业全面协调发展。金融运行态势良好，信贷投放重点突出，充分体现国家宏观调控政策效果。

【贷款投放高速增长】 2011年末，海口市金融机构本外币各项贷款余额2461.19亿元，同比增长27.31%，增速比上年上升3.29个百分点，高于全省平均水平0.21个百分点；比年初增加523.57亿元，同比多增149.18亿元。（1）从贷款结构看，新增贷款以中长期贷款为主，短期贷款、票据融资均有所增加。2011年末，海口金融机构本外币中长期贷款余额1950.58亿元，比年初新增388.61亿元，同比多增10.32亿元；短期贷款余额345.54亿元，比年初新增54.58亿元，同比多增49.95亿元；票据融资余额56.54亿元，比年初新增20.99亿元，同比多增68.25亿元。（2）从信贷行业投向看，主要投向基础设施行业和房地产业，涉农贷款增速较快。2011年末，基础设施行业贷款余额1253.5亿元，比年初增加225.38亿元，同比多增58.74亿元，其中电力、燃气及城市供水业贷款余额205.2亿元，比年初增加63.48亿元，同比多增49.39亿元；交通运输、仓储和邮政业贷款余额465.75亿元，比年初增加111.09亿元，同比多增81.54亿元；水利、环境和公共设施业贷款余额582.55亿元，比年初增加50.81亿元，同比少增72.19亿元。房地产行业贷款余额239.37亿元，比年初增加108.36亿元，同比多增45.42亿元。农林牧渔业贷款余额48.84亿元，比年初增加12.2亿元，同比多增8.27亿元。（3）从信贷投放机构看，各家银行贷款均有所增加，国开行贷款增量最为突出，农信社贷款增速最快。2011年，海口金融机构新增贷款523.57亿元，其中，国开行新增贷款310.92亿元，占全市新增贷款的59.38%，高居各家银行之首。贷款增速较快的机构有：农信社新增贷款31.71亿元，增幅同比增长153.27%；中行新增贷款34.48亿元，增幅同比增长142.3%；邮储新增贷款9.76亿元，增幅同比增长94.81%。

【存款增速大幅回落】 2011年末，海口市金融机构本外币存款余额 2354.12 亿元，同比增长 5.14%，增速比上年同期大幅回落 22.79 个百分点，低于全省平均水平 1.87 个百分点；比年初增加 115.19 亿元，同比少增 373.5 亿元。（1）各类存款新增量均出现下降，单位存款增幅下降最多。12 月末，本外币单位存款余额 1398.91 亿元，比年初增加 6.72 亿元，同比少增 299.62 亿元；本外币个人存款余额 859.3 亿元，比年初增加 86.21 亿元，同比少增 65.84 亿元；财政性存款余额 9.59 亿元，比年初增加 21.12 亿元，同比少增 11.53 亿元。（2）从存款机构看，农信社存款增加最多，深发行存款减少最多。2011 年，农信社新增存款 45.3 亿元，占全市新增存款的 39.33%，有深发行、国开行、南洋商行和农发行 4 家银行存款出现下降，其中以深发行存款减少最多（减少 62.21 亿元）。截至 12 月末，工、农、中、建四家银行存款市场份额分别为 17.73%、13.97%、15.05%、15.34%，占比相对较大。（3）从存款地区看，海口市存款新增量占比出现下降，但金融自由优势依然突出。2011 年末，海口市各项存款余额 2354.12 亿元，占全省各项存款余额的 52.26%，比上年回落 0.83 个百分点；全年新增存款占全省新增存款的 40.08%，比上年回落 6.86 个百分点，金融资源优势依然相对突出。

【银行业整体盈利下降】 2011 年，全市银行业金融机构在金融危机冲击以及信贷规模收紧背景下，保持稳健经营，实现税后利润 38.96 亿元，同比减少 2.71 亿元。其中，政策性银行税后盈利 17.52 亿元，同比少盈 5.25 亿元；国有商业银行税后盈利 18.89 亿元，同比多盈 2.61 亿元；股份制商业银行税后盈利 3.35 亿元，同比多盈 1.72 亿元；海口市农村信用社亏损 1.8 亿元，同比少盈 2.52 亿元。全市银行业整体贷款质量不断优化，不良贷款、不良贷款率实现双降。不良贷款余额（次级 + 可疑 + 损失）16.29 亿元，比年初减少 4.27 亿元；不良贷款率 0.68%，比年初下降 0.39 个百分点。

【海口农商银行挂牌开业】 12 月 28 日，海南省第一家农村商业银行——海口农商银行正式挂牌开业。省委副书记、代省长蒋定之出席仪式并为海口农商银行揭牌。海口农村商业银行股份有限公司（简称海口农商银行）是在海口城郊农村信用合作联社股份有限公司（简称海口城郊联社）基础上改制组建的。海口城郊联社成立于 20 世纪 50 年代，是海口历史最悠久的金融机构之一。近 4 年来，各项业务均保持了快速平稳的发展。至 2011 年 9 月底，海口城郊联社存款为 73.4 亿元，存款份额占全省农信社近 1/5，是海南省农村信用社系统中资产质量最好、业务规模最大、盈利能力最强、公司治理结构最完善的联社，各项指标均达到现代商业银行标准。海南省启动农信社改革以来，海口城郊联社的科技水平也得到了长足的进步，打破了长期以来制约农信社业务发展的“瓶颈”。至 2011 年，海口城郊联社已发行大海卡 25 万张，布设 ATM、CRS 自助设备 57 台，自助银行 5 间，布设 POS 机、EPOS 机 1300 台，初步形成了渗透海口各行各业和遍布城乡的便利电子网络结算渠道，充分发挥了网点遍布城乡、贴近三农、服务地方的传统优势，电子化水平达到现代商业银行同等水平。

中国人民银行海口中心支行

人行海口中心支行行长：吴盼文

【概况】 2011 年，海口中心支行以科学发展观为指导，按照总行、广州分行的各项工作部署和海南国际旅游岛建设的要求，认真贯彻执行稳健货币政策，积极推进金融改革创新，提升金融管理和服务水平，在金融支持国际旅游岛建设，服务“三农”，推进和谐央行建设等方面下功夫，极力促进辖内金融平稳快速增长，有力地支持了经济社会发展。

【保持地区信贷总量合理增长】 科学制定《2011 年海南省信贷工作指导意见》，探索实施差别准备金动态调整，适时调控地方法人金融机构的信贷规模，引导金融机构将资金主要投向重大项目、在建工程、续建工程，确保货币信贷增长与实体经济平稳较快增长相适应。截至 2011 年 12 月末，银行各项贷款余额达 3194.6 亿元，同比增长 27.1%，比全国平均水平高出 11.4 个百分点，增速居全国第一，新增贷款680.5亿元，创历史新高。

【促进地方经济结构升级转型】 按照“区别对待、有扶有控”的要求，引导金融机构重点支持以旅游业为主的现代服务业、绿色经济、低碳经济、海洋经济及文化产业的发展，引导金融机构信贷支持战略新兴产业、新型工业和重大基础设施建设。引导金融机构加大对中小企业的信贷支持，认真甄选符合资质的8家优质特色企业申请发行首支中小企业集合票据。2011年，全省累计发放小额担保贷款6890.7万元，同比增长50.95%。

【当好地方经济发展参谋助手】 开展《深圳、浦东和滨海新区三地优惠政策效应及其借鉴》研究，研究报告得到省委书记罗保铭和代省长蒋定之的肯定。2011年一季度金融分析报告被省委省政府编为参阅件，省委书记罗保铭作出批示要求印发全省学习。促进经济发展的建议多次被地方政府吸纳到党政文件。

【开展金融支持“三农”服务年活动】 制定金融支持“三农”发展服务年活动的指导意见及活动方案，推动辖区16个市县开展金融支持“三农”服务年活动与项目对接工作。此次“三农”服务年活动参与主体之多，“惠农”政策之实，支持范围之广，持续时间之长，政府重视程度和支持力度之大均前所未有。

【大力支持农信社改革】 支持农村信用社兑付专项央行票据20.1亿元，发放支农再贷款6亿元，免除海口等7个市县农信社的再贷款罚息14.6亿元，组织4个检查小组对辖区18个市县联社的信贷情况进行现场检查，配合有关部门完成海南农信社改制方案。

【加大农村金融服务力度】 2011年推动成立小额贷款公司7家、村镇银行3家。截至2011年末，全省共有小额贷款公司13家、村镇银行8家、农村资金互助社3家。新涉农金融服务模式，制定《海南省银行卡助农取款服务推广实施方案》，率先在全国实现了以省为单位所有行政村EPOS机全覆盖。

【健全金融监管制度体系】 修订完善《再贴现操作细则》、《短期再贷款操作细则》，适时制定《关于海南省金融机构金融管理与服务的指引》、《海南省银行业金融机构重大事项报告制度（暂行）》、《中小金融机构接入金融城域网管理办法》等监管制度。对金融机构实施“两管理、两综合”。全年批准12家新开业机构加入人民银行金融管理与服务体系，对4家金融机构实施综合执法检查，发现整改了一系列问题，成效较为明显。

【严格金融执法检查】 对辖区工商银行和光大银行的55家网点进行支付结算执法检查，约谈两行省分行主要负责人，责令限期整改。开展经营、装帧流通人民币市场专项执法检查，查处三家违规企业。首次对全省77家金融机构进行反洗钱非现场量化评估。协助公安部门成功侦破具有全国性影响的“1.29”特大地下钱庄案，得到总行肯定，中央电视台进行了报道。加大外汇违法违规行为处罚力度，全辖区立案14起，结案11宗，处罚、收缴入库罚没款金额达1700万元。

【加强金融突发事件应急管理】 建立海南省金融业信息安全协调工作机制，组织开展《海南省处置金融突发公共事件应急预案》演练。指导辖区金融机构妥善应对台风灾情，完善辖区金融业灾害应急与处理机制。

【强化金融风险评估】 丰富金融风险监测评估手段。按季对监测指标值超标的农信社进行风险提示，全年共发出风险提示函77份。探索金融机构稳健状况现场评估方案和流程，开展对农业银行海南省分行现场评估试点。在三亚市和琼中县农村信用社试点推广压力测试技术。拓展金融风险监测广度和深度。整合统计、征信等各种信息系统，密切监测辖区担保公司、小额贷款公司等非银行机构以及地下钱庄和民间融资活动。对辖区商业银行的表外业务、理财现金池、委托贷款、资产证券化等业务开展情况及时进行风险提示。重点跟踪辖区前10家大型企业的跨境收支和银行结售汇情况，加强对外资流入海南房地产市场的监测分析。扎实做好金融风险处置工作。积极支持和推进海口市狮子岭信用社重组改制为农村商业银行。加大金融稳定再贷款管理力度。成功收回海口市农村信用联社紧急贷款本息46080万元。

【推进金融服务“四个便利化”】 继续将“贸易投资便利化、外币兑换便利化、刷卡消费便利化、资金汇划便利化”作为金融服务国际旅游岛建设的切入点，深层次提升金融服务的现代化水平和国际化水准。推动国际旅游岛卡成功实现境外（俄罗斯）发行。银行卡离境退税成功上线，海南成为全国唯一一个开展离境退税和货币兑换使用银行卡入账业务的省份。首次在国内开展在押服刑人员特色银行卡试点，发放2700余张“烛光卡”。在海口等地开展以城市为单位的“刷卡无障碍”工程，突破了其他省市以街区、景区为单位的创建模式。制定印发《海南省多用途商业预付卡管理实施细则（试行）》，是全国唯一一个规范制定多用途商业预付卡管理办法的省份。支持本地第三方支付机构向总行申请业务许可证，海南是国内首批7个拥有《支付业务许可证》的省市之一。将全省“社保五险”征缴纳入国库横向联网系统（TIPS），开创残疾人就业保障金直缴入库新模式，全省残疾人保障金收入同比增长293%，扣缴覆盖面同比增长470%。调整优化辖区残损人民币复点格局，将七个支库调整为两个支库实行专一复点。建立现场督导、跟班作业、实时监控等制度，强化库房安全管理。创新外汇年检方式，积极推行“代申报”制度。探索境外担保新模式，以个案方式开展资本项下跨境人民币创新业务实践。改进外债转贷款外汇管理，推行外债转贷款“三统一”管理模式，简化债务人申办流程。

【涉外结算服务改革成效显著】 2011年全省跨境人民币业务结算金额179亿元，在全国20个省级试点地区中排名第12，在第二批18个省区中排名第8，占同期全省进出口额的20.23%，比全国水平高出13.63个百分点。跨境人民币业务领域和产品不断丰富，已经从经常项下，发展到资本项下，包括直接投资、贸易融资、境外贷款。个人本外币兑换特许试点业务快速发展，兑换网点数增至6个，业务规模逐渐扩大，1～12月，全省个人本外币特许兑换业务共发生22220笔，兑换金额达3043万美元。

【扎实推进制度落实年活动】 制定印发《中国人民银行海口中心支行深入开展“制度落实年”活动实施方案》，将“制度落实年”活动分为动员部署、学习自查、整改提高和检查总结四个阶段有序推进。围绕“权、钱、人”等三大关键环节，以要害部门和要害岗位为切入点，对全行性的业务管理、内部管理、监督管理等系列制度进行梳理和完善。成立纪检、内审等5个部门组成的联合检查小组，对辖区各单位、各部门开展“制度落实年”情况进行监督检查，并将检查结果运用于党风廉政建设责任制检查考核。在“制度落实年”活动中，全辖区共组织学习465场，查找问题373个，采取整改措施246项；共修订制度311项，新制定制度215项，废止制度102项，初步在辖区形成按制度办事、靠制度管人、用制度规范行为的长效机制。

【全面推进和谐央行建设】 （1）坚持“学习型央行”建设不动摇。充分发挥党委班子表率作用，以中心组理论学习为平台，紧密结合新形势，研究讨论新课题，针对提出新措施，先后完成8个专题学习任务，学习时间13天。连续两年开展“夯实金融理论基础，高效履行央行职责”系列读书活动，组织干部职工深入学习《货币银行学》等专业知识，并组织网上考试。（2）坚持“从严治行”不动摇。深化领导干部离任审计和履行职责审计，全年开展11项离任审计和1项履职审计。扎实开展专项审计，加强对货币发行、保卫、钞票处理中心等业务部门及重要岗位的监督。制定《海口中心支行会计核算监督实施细则》，探索辖区国库和货币金银会计核算集中监督方式，会计核算非现场监督质量明显上升，全辖区网点会计核算零差错率达95%，同比提高14个百分点，国库、发行业务会计核算实现零差错。全年执行押运任务77次，实现了零事故的工作目标。（3）坚持“勤俭办行”不动摇。印发实施《关于进一步做好勤俭办行厉行节约工作的意见》，采取26项具体措施将勤俭办行工作落到实处。全年共节省各项资金约1000万元，其中“三公”经费同比减少20%。（4）积极构建和谐环境。扎实开展系列文体活动。全面落实离退休人员各项待遇。优先保证老干部经费。制定并实施《辖区职工住院医疗补助暂行规定》，建立干部职工医疗保障机制。制定实施《海口中心支行职工民主管理工作实施办法》，召开职工代表大会。辖区全年实现安全责任零案件、零事故，全年没有接到总行和广州分行的重大信访转办件或协办件。

【加强党风廉政建设】 围绕纪念建党90周年，部署开展系列主题教育活动，举办机关全体党员党课辅导报告，加深对党根本宗旨的认识。制定印发2011年党建工作要点，强化基层党组织日常建设和党员队伍动态管理。党委班子认真贯彻落实民主集中制，做到民主决策、依法决策、科学决策，涉及重大决策、重要干部任免、重大基建项目安排和大额资金使用等问题都由党委会或行长（局长）办公会讨论决定。把党风廉政建设纳入党委班子、领导干部目标管理，认真贯彻落实“一岗双责”。按季开展党风廉政建设和内部管理状况检查评估。制定印发《关于开展辖内县市支行同级监督工作的实施意见》，初步构建内审监督、事后监督、纪委监察“三合一”的同级监督机制。对重大基建工程、集中采购等重要工作，实行纪检、内审部门全过程参与和监督，大力推行透明和阳光工程，有效避免不廉洁行为的发生。2011年以来，辖内未发现违法违纪案件。

（吴义虎）

证　券

海南证监局局长：冯玉华

【概况】 至2011年底，全省有境内上市公司25家，挂牌交易的股票28只（A股25只，B股3只）；境内上市公司总股本206.49亿股，总市值1，228.01亿元，其中无限售股份156.34亿股，无限售股份市值825.31亿元。上市公司年报显示，2011年海南上市公司20家盈利，盈利总额51.22亿元，5家亏损，亏损总额2.13亿元。2011年，海南新增境内上市公司3家，分别为海南天然橡胶产业集团股份有限公司、海南神农大丰种业科技股份有限公司、海南瑞泽新型建材股份有限公司。海南上市公司首次公开发行融资和再融资68.89亿元，同比增长32.27%。

【证券经营机构】 至2011年底，全省有证券公司2家，即金元证券股份有限公司和万和证券有限责任公司；证券公司分公司1家，即国泰君安证券股份有限公司海南分公司；证券营业部38家，其中2家正在筹建未营业，全年新增证券营业部6家。

【证券服务机构】 至2011年底，全省具有证券投资咨询业务资格的机构有3家，其中专营证券投资咨询机构1家，即海南港澳资讯产业股份有限公司，兼营证券投资咨询机构2家，即金元证券股份有限公司和万和证券有限责任公司。

【证券市场业务】 2011年底，省内2家证券公司为投资者开立资金账户44.52万户、证券账户58.28万户，分别比年初增加1.72万户和3.03万户；沪深两市指定与托管证券市值376.65亿元，客户交易结算资金余额31.46亿元，分别比年初减少102.36亿元和24.50亿元。省内2家证券公司全年实现证券交易量3390.86亿元，比上年减少29.06%；实现盈利0.09亿元，比上年减少92.91%。年底，全省正常营业的36家证券营业部为投资者开立资金账户62.39万户、证券账户82.01万户、基金账户2.52万户，分别比年初增加4.24万户、6.44万户和减少0.22万户；沪深两市指定与托管证券市值337.83亿元，客户交易结算资金余额37.15亿元，分别比年初减少115.18亿元和24.00亿元。全省正常营业的36家证券营业部全年实现证券交易量3550.98亿元，比上年减少22.11%；实现盈利1.07亿元，比上年减少62.59%。

【上市公司监管】 2011年，上市公司监管的总体思路是：以信息披露监管为核心，提高上市公司透明度；以推动上市公司和中介机构归位尽责为手段，不断提升监管效率和效果，在依法监管的同时增强服务意识，推动海南上市公司不断提升规范水平和资产质量。（1）做好各项日常监管。将上市公司信息披露和“三会”（股东会、董事会、监事会）运作作为日常监管工作的重心，每日制作上市公司信息披露统计值班日志，审核上市公司信息披露内容；关注媒体对海南上市公司的报道，及时核实媒体质疑，对信息披露违规公司采取行政监管措施。关注海南上市公司股东会、董事会、监事会安排的合规性，重点监管关联交易的合理性和合规性。对上市公司募集资金使用进度和效益进行摸底和评估，及时、全面掌握上市公司募集资金使用情况，不定期检查保荐机构是否对上市公司募集资金使用开展持续督导。（2）开展现场检查。结合日常监管及年报审核中发现的问题，对部分上市公司进行现场检查，重点检查其业务模式、治理水平、内控状况以及信息披露情况等。同时延伸检查会计师事务所、并对证券公司的持续督导工作进行检查，督促相关上市公司、会计师事务所和证券公司及时整改检查发现的问题。（3）支持上市公司定向增发。支持上市公司在规范经营的前提下，谋求通过再融资增强实力，尽力为上市公司增发创造良好环境，2011 年全省共有 3 家公司通过了定向增发议案。（4）督促试点公司实施《企业内部控制基本规范》。根据证监会统一部署，对海南上市公司实施内部控制规范的情况进行摸底后，确定新大洲控股股份有限公司和海南海峡航运股份有限公司 2 家上市公司为试点公司。督促试点公司及时上报内控建设方案，跟踪了解进展情况，关注内控制度与公司现有其他制度之间的融合问题。（5）做好内幕交易综合防控。提请并协助省政府成立海南省打击和防控资本市场内幕交易联席会议，明确了各成员单位的职责分工。整理防控内幕交易系列宣传材料，并陆续在省内相关媒体刊播，对投资者进行教育和风险提示。要求各上市公司对建立和实施内幕信息知情人登记制度情况进行自查，重点抽查近年产生过资产重组、定向增发等重要信息和发生过股价异动的上市公司，对制度执行不力的公司以约见谈话方式进行了提醒，下发通知要求公司进一步完善内幕信息知情人登记管理制度。2011 年，全省未发生内幕交易案件。（6）培育上市公司后备资源。配合省政府出台《海南省支持资本市场发展若干政策》；联合各相关部门共同开展了旅游行业上市资源调查，筛选旅游后备上市资源，与深圳证券交易所一同走访了部分后备上市企业，做好上市联络、协调和指导工作。截至 2011 年底，全省拟上市公司资源库的企业数量为 91 家，其中 3 家公司已向中国证监会报送上市申报材料，10 家公司进入辅导备案期。

【证券经营及服务机构监管】 2011 年，证券经营及服务机构监管工作紧紧围绕资本市场改革和监管的中心任务，深入推进基础性制度建设，加强日常监管，做好风险防范。海南证券市场运行平稳。（1）维护海南证券市场良好秩序。督促证券经营机构规范证券经纪业务管理，以客户适当性为核心，提升客户服务水平和专业服务能力。制定证券经营机构信访投诉处理工作指引，指导证券经营机构完善信访投诉的处理机制，切实承担起客户服务主渠道和矛盾化解第一关的职责。加大非法证券活动的整治力度，保护投资者合法权益。多形式、多渠道地开展投资者教育工作，引导投资者理性参与市场。（2）防范证券市场系统性风险。加强对证券公司各项业务和财务风险的动态监测和分析，密切关注证券公司自营、资产管理业务参与股指期货交易的运行情况。督导证券公司健全压力测试机制，推动压力测试工作常态化。督促证券经营机构完善 IT 治理和信息系统管理机制，加强信息系统的建设和维护，妥善处理网络与信息安全事件，确保信息系统安全稳定运行。指导证券经营机构完善应急预案，认真开展应急演练活动，提高信息安全风险防范和处置能力。（3）加强合规管理。督促证券公司落实“参一控一”政策，解决同业竞争问题。指导证券公司根据业务发展情况不断完善信息隔离墙机制建设，防范不同业务之间的利益冲突。建立证券经营机构合规情况通报机制，鼓励证券公司探索合规评估机制，健全合规管理体系，提高合规管理的有效性。（4）支持证券经营机构规范发展。支持证券公司通过增资扩股、发行上市等形式增强资本实力，完善治理结构。支持证券公司拓宽业务发展渠道，提升核心竞争力，实现跨越式发展。引导证券经营机构做好证券经纪业务转型，由追求客户数量的粗放型增长转变为提升客户服务质量的内涵型增长。推动证券经营机构优化网点布局，引导其在空白区域设立营业网点。（5）加强证券投资咨询机构监管。做好证券投资咨询机构2010年度年检工作，加强对证券投资咨询机构的日常监管。督促证券投资咨询机构严格落实《发布研究报告暂行规定》和《证券投资顾问业务暂行规定》的要求；规范证券经营机构参与媒体节目行为，加强舆情监控和舆论引导，维护市场正常秩序。

期　货

【概况】　至2011年底，全省有4家期货公司，分别是金元期货经纪有限公司、中银国际期货有限责任公司、华融期货有限责任公司、海南金海岸期货经纪有限公司；11家期货营业部，全年新增1家期货营业部。期货经营机构管理客户资产17.78亿元，比年初增加1.31%；全年代理期货交易额3.33万亿元，比上年增长37.04%；手续费净收入9181万元，比上年增长3.52%。4家期货公司实现净利润-1165万元，比上年减少221.86%。

【期货市场监管】　（1）强化细化日常监管。按时审核期货公司每月报表，对变动超过20%的指标，审核公司专项说明，及时了解情况。加强对期货公司年报审计工作的督导，在审计前约见年审会计师谈话，提醒需要重点关注的事项，要求认真核实公司净资本的真实性、准确性。认真审核期货公司报送的年度相关报表和报告，针对审核发现的异常情况和存在问题，约见相关负责人谈话，了解实际情况，指出问题，督促整改。对4家期货公司开展现场检查，重点检查保证金管理、自有资金及净资本管理、公司治理和内部控制、信息公示、信息技术、开户和交易风险管理、营业部管理等事项，督促期货公司及时整改检查发现的问题。重点监管期货公司的信息技术管理，通过下发通知提出工作要求、现场走访了解情况、及时报告和处置信息系统故障等工作措施，督促各期货经营机构重视信息技术安全工作、加强对信息系统的建设和维护，确保海南期货经营机构信息系统安全运行。（2）开展专项监管。严格按照“期货公司自评－逐项审核－沟通确认－集体讨论－汇总上报”的工作程序，做好期货公司分类监管评价，保证分类评价的质量，促进期货公司持续规范发展和做优做强。指导期货公司做好账户规范工作，督促期货公司及时向有关部门报送账户规范工作材料，确保账户规范工作有序开展；指导期货公司开展以治理“小金库”为重点的财务规范自查自纠工作，对1家期货公司开展重点检查，督促期货公司及时整改发现的问题，推动期货公司进一步规范财务工作。（3）做好行政许可审核。坚持审慎原则，严格履行程序，按照“双人审核－处长一级复核－办公室二级复核－局领导核准”的四级审核工作程序，层层把关，做好行政许可审核工作，防止行政许可审核过程中出现遗漏或差错。（4）引导行业自律。组织海南期货经营机构成立专业委员会，负责行业的自律管理和监督。专业委员会分别制定了行业和居间业务自律公约，规范行业不正当竞争行为和居间人管理。通过行业自律，不断净化海南期货市场经营环境。

（海南证监局）

保险业

海南保监局局长：邓良鲜

【概况】　2011年，海南省共有保险公司省级分公司21家，其中财产险公司11家，人身险公司10家，较年初增加4家，另有1家新公司正在筹建；地市级分公司、中心支公司、支公司（营业部）、营销服务部共328家，较年初增加26家。全省共有专业保险中介机构（含分支机构）42家，其中，专业保险中介法人机构19家，代理、经纪和公估机构分别为13家、4家和2家；专业保险中介分支机构23家，代理、经纪和公估分别为10家、9家和4家。兼业代理机构1695家。全省保险公司及专业保险中介机构共有员工3965人，保险营销员12876人。全省保险业形成了多种主体并存、竞相发展的市场格局。全省各保险公司保费收入53.75亿元，按新口径同比增长21.41%，增速全国排名第3。其中财产险公司实现保费收入22.44亿元，同比增长21.69%；人身险公司实现保费收入31.31亿元，同比增长21.20%。各保险公司全年赔付支出15.88亿元，同比增长40.37%。其中财产险公司赔付支出10.60亿元，同比增长53.44%；人身险公司赔付支出5.78亿元，同比增长19.85%。保险密度613.81元，较上年增加61.81元；保险深度2.14%，较上年下降0.2个百分点。年末保险公司总资产84.47亿元，比上年末增加19.72亿元，同比增长30.45%。全省各保险公司累计资产总额108.58亿元，同比增长28.54%。

【市场体系不断健全】 2011年新增保险公司主体4家，其中人寿险公司2家（太平人寿和泰康人寿），财产险公司2家（国寿财产和永诚财产），另外还有1家财产保险公司正在筹建。保险服务网点进一步延伸，县域保险服务网点布局逐步完善，人保财险西沙群岛南沙群岛中沙群岛支公司正式揭牌开业，成为首家进驻中国最南端的保险公司。

【质量效益不断提高】 财产险公司经营效益提升，经营成本下降。2011年，尽管受台风“纳沙”、“海棠”以及强降雨等重大自然灾害影响，全省财产保险公司仍实现承保利润6886万元，承保利润率高出上年4.13个百分点，综合费用率同比下降3.92个百分点，手续费率同比下降1.69个百分点。人身险公司业务品质改善，内涵价值提升。新单期缴比重高于上年同期，2011年海南省寿险新单期缴业务同比增长10.51%。缴费期限比上年同期有所延长，寿险五年期及以上新单期缴保费占新单期缴业务的占比比上年同期上升1.35个百分点，十年期及以上新单期缴占比比上年同期上升3.7个百分点。新单标准保费折标率不断提高，比上年同期上升3.62个百分点。

【继续推进旅游风险保障体系试点】 与旅发委加强合作，全面开展“旅游保险宣传周”活动，通过在旅游景点提供旅游保险咨询服务、开辟宣传栏、建立网站宣传平台等形式，积极宣传旅游保险常识。积极开办旅行社责任保险、旅游景点责任保险以及旅游意外伤害保险等旅游保险业务。2011年以来海南省旅行社责任险统保示范项目共承保旅行社286家，已受理旅游安全事故421起，支付保险赔款147万元。2011年发生的三亚大东海、分界岛游客溺水死亡等影响较大的事件均得到了妥善处理，减轻了政府的善后压力。

【发展“三农”保险】 与省财政厅等单位研究制定2011年农业保险工作方案，积极创新农业保险服务方式，如人保财险和中科院遥感所合作，探索运用无人机遥感技术推动橡胶林风灾保险服务。2011年“纳沙”等台风使海南省橡胶林遭受重大损失，保险公司在灾情发生后迅速开展查勘定损和保险理赔工作，及时向投保人海胶集团预付保险赔款2000万元，并于10月28日完成9600万元的全部赔付，不仅创海南省保险市场单笔赔款金额第一记录，这也中我国农业保险单险种一次灾害事故赔款金额最大、赔付速度最快的案例。

【服务工业和基础建设】 积极承保基础设施和新型工业的财产险、工程险等业务，为大企业、大项目提供保险服务。如中国最大的滚装渡船——“粤海铁3号”投保了船舶险，保险金额达3.5亿元。2011年企财险、工程险赔款支出分别1.03亿元和2493万元，保障了企业的正常运营和项目建设的正常开展。新型险种助力中小企业发展，海南保险业签下中央财政补贴保费的国内贸易信用保险首单，帮助中小企业融资经营。

【发展责任保险】 积极参与社会风险管理，联合省卫生厅共同推进医疗责任保险，2011年医疗责任保险统保项目共有226家医疗机构投保，医责险已延伸至乡镇卫生院和乡村卫生室。全省有1万多名医务人员、门诊人员800多万人次和住院人员近40万人次被纳入医疗责任保险保障范围。统保项目目前已受理案件237件，赔款627万元；联合省安监局等厅局，积极推动安全生产责任保险发展，在省安监局于2011年5月下发《关于开展海南省安全生产责任保险投保工作的通知》后，认真做好各项保险服务工作，目前已承保各类企业近2000家，为投保企业提供了超过40亿元的安全生产风险保障。

【促进社会保障体系建设】 积极与省医改办、省人保厅等单位协调，研究社保和新农合的补充医疗保险合作项目，推进社会统筹医疗第三方管理工作。2011 年各保险公司意外险赔款支出 1633 万元，健康险赔款支出 4029 万元，人身险公司死伤医疗给付 4545 万元，年金给付 8147 万元，满期给付 3.62 亿元，促进了海南省社会保障体系的完善与发展。

【保险监管】 （1）规范保险市场秩序。完善制度建设，2011 年下发《关于进一步加强财产保险公司财务支付管理的意见》等文件，推行财产险公司全险种见费出单制度，规范保险公司的财务管理，联合银监局对邮政储蓄银行的银保业务进行现场检查。突出整顿治理重点，把规范保险中介业务作为市场整顿的重中之重，要求各保险机构根据保监会监管规定认真查找中介业务存在问题，逐项整改。健全市场退出机制，探索让保险公司对代理机构进行评价，按规定注销许可证到期未申请延续、没有业务的机构，共注销兼业代理机构 340 家，劝退 2 家专业中介机构行政许可申请。加大处罚力度，共作出 9 项行政处罚，在处罚时对保险公司和保险中介机构同查同处、同时处理机构和责任人，并及时在辖区内通报检查结果。（2）防范化解保险风险。推动建立政府监管、企业内控、行业自律、社会监督“四位一体”的风险防范体系，每月对风险进行评估。进一步完善行业突发事件应急预案，组织开展公司内控评估工作。完善防范集中退保风险的应急机制和预案，建立退保情况月报以及退保金额在 10 万元以上、退保人数在 5 人以上的案件 24 小时上报制度，及时监测退保风险。（3）引导行业科学发展。充分发挥监管员制度作用，对每家保险机构实施专人监管。强化监管约束，每月将财产险市场行为监测指标在行业内进行通报，每季度向总公司通报，并将分类监管的评估结果与行政许可等事项挂钩。引导保险公司积极转变发展理念和发展方式，在财产险领域更加注重发展农业保险、安责险、医责险、中等职业学校学生实习责任保险、旅游保险等非车险业务。在人身险领域更加注重发展风险保障型、长期储蓄型产品等内含价值较高的业务。鼓励发展电销、网销等新型业务渠道。（4）保护保险消费者权益。在规范保险销售行为方面，继续推行投保提示，完善承保信息客户自主查询制度。严格依法查处了私印不合规产品宣传单、代客户抄录风险提示语句等案件。推进理赔信息公开，健全海南车险信息平台，继续实施理赔服务公示、理赔信息自主查询等制度。在全省推行道路交通事故快速处理及保险快速理赔机制，提高理赔效率。推动行业协会成立车险理赔行业调解委员会，建立理赔纠纷调解制度。建立来电信访件快速处理机制，对所有来电信访件均在当天给被投诉公司致电，要求公司在第一时间予以解决。建立当场办公协调解决机制，召集投诉人、公司负责人员，与信访工作人员共同讨论信访案件处理方案。加强信访督办，制订《海南保险业信访回访和督查管理暂行办法》，通过电话回访、过程监督等方式对公司处理转办信访件的过程进行督查。

（林道炯）

（编辑：洒廷雄）

经济管理与监督

宏观调控管理

【概况】 2011年，海口市深入贯彻落实科学发展观，紧紧抓住海南国际旅游岛建设重大机遇，采取一系列保增长、调结构、控物价、惠民生措施，经济社会保持平稳较快发展，主要指标完成预期目标，计划执行情况较好，实现了“十二五”良好开局。

【年度计划执行】 2011年海口市实现地区生产总值712.75亿元，同比增长12.3%，低于预期目标0.7个百分点。其中，第一产业增加值48.16亿元，同比增长6.5%，低于预期目标3.5个百分点；第二产业增加值177.91亿元，同比增长13.5%（其中工业增加值123.56亿元，同比增长13%），实现预期目标；第三产业增加值486.68亿元，同比增长12.4%。全社会固定资产投资完成404.6亿元，同比增长26.2%，高于年度预期目标3.2个百分点。社会消费品零售总额完成387.18亿元，同比增长18.1%，完成预期目标。财政总收入完成188.82亿元，同比增长15.3%；地方一般预算收入完成60.93亿元，同比增长21%，高于预期目标6个百分点。旅游总收入完成83.02亿元，同比增长15.2%，高于预期目标6.2个百分点。出口总值15.21亿元，同比增长16.4%，高于预期目标6.4个百分点。城市居民人均可支配收入和农村人均纯收入分别达到19730元和7191元，分别同比增长18%和16.3%，完成年度预期目标。城镇登记失业率0.94%，低于年度控制指标2.06个百分点。人口自然增长率8.19‰，完成年度控制目标。

海口市近五年地区生产总值变化图

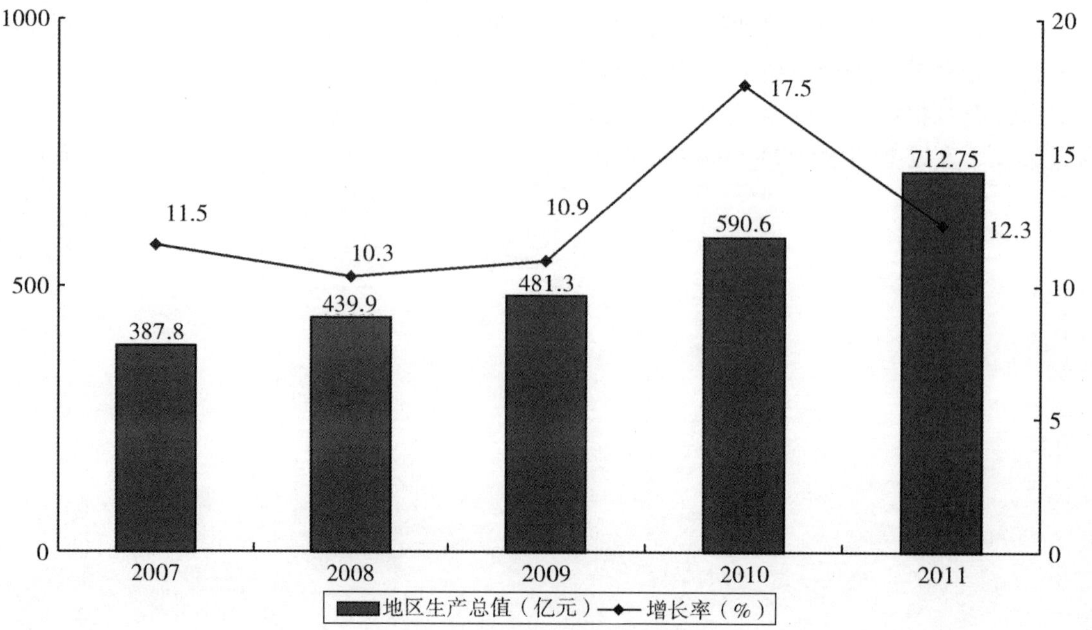

2011 年经济社会发展主要指标完成情况

指标名称	单位	2011 年预期目标		2011 年完成数	
		绝对值	增长率	绝对值	增长率
一、地区生产总值	亿元	667	13%左右	712.75	12.3%
第一产业	亿元	42	10%	48.16	6.5%
第二产业	亿元	160	14%	177.91	13.5%
工业	亿元	109	13%	123.56	13%
第三产业	亿元	465	13%	486.68	12.4%
二、工业总产值	亿元	501	13%	539.33	14.7%
三、固定资产投资	亿元	383	23%	404.6	26.2%
四、社会消费品零售总额	亿元	386.79	18%	387.18	18.1%
五、财政总收入	亿元	188	15%	188.82	15.3%
地方一般预算收入	亿元	57.9	15%	60.93	21%
六、出口总值	亿美元	14.2	10%	15.21	16.4%
七、实际外商投资	亿美元	7.9	10%	4.07	-43.1%
八、旅游总收入	亿元	78.6	9%	83.02	15.2%
九、城市居民人均可支配收入	元	18392	10%	19730	18%
农村居民人均纯收入	元	6770.5	10%	7191	16.5%
十、城镇登记失业率	%	3%	0.94%		
十一、人口自然增长率	‰	9.3‰以内	8.19‰		
十二、居民消费价格指数	%		105.4%		

（注：地区生产总值绝对值不考虑价格因素；因国家统计口径调整，固定资产投资预期目标由 434 亿元调整为 383 亿元，社会消费品零售总额预期目标由 389 亿元调整为 386.79 亿元。）

【“十二五”规划编制】 《海口市国民经济和社会发展第十二个五年规划纲要》，经 2011 年 2 月 16 日海口市第十四届人民代表大会第六次会议通过，于 4 月 1 日印发。

【专项规划编制】 16 个重点专项规划编制进展顺利。至 2011 年底，重点专项规划中 8 个已由市政府发布实施，6 个已向市政府报批，2 个正在抓紧重新编制。已由市政府发布实施的有：《海口市“十二五”期间工业发展规划》包括《新型工业发展规划》、《科技示范市建设发展规划》和《信息化发展规划》3 个子规划；《海口市“十二五”期间“三农”事业发展规划》包括《农业基地及养殖小区发展规划》、《农民就业和增收发展规划》、《休闲观光农业发展规划》、《农产品集散和深加工基地建设发展规划》和《无疫区建设规划》5 个子规划；《海口市“十二五”期间综合交通运输发展规划》；《海口市“十二五”期间水环境建设规划》包括《水务发展规划》和《水环境整治优化和水资源开发规划》2 个子规划；《海口市“十二五”卫生事业发展规划》；《海口市“十二五”期间教育事业发展规划》；《海口市“十二五”期间民政事业发展规划》。已报市政府审批的有：《海口市“十二五”期间旅游业发展规划》包括 5 个子规划，其中：《海口市“十二五”期间旅游业发展规划》、《海口市酒店业发展规划》、《海口市主题公园规划》、《海口市游艇邮轮产业发展规划》已报市政府审批，《海口市高尔夫旅游发展规划》因故暂缓编制；《海口市“十二五”期间服务业发展规划》；《海口市“十二五”期间文化产业发展规划》包括《文化产业发展规划》、《公共文化体育事业发展规划》和《文物保护和民俗文化发展规划》3个子规划；《海口市“十二五”期间环境保护规划》；《海口市“十二五”期间中心镇建设规划》；《海口市“十二五”期间棚户区改造和片区开发规划》。而《海口市“十二五”期间商业发展规划》包括3个子规划，其中：《再生资源回收体系建设规划》已报市政府审批，《对外贸易发展规划》已由市政府发布实施，《商业网点规划》由于2005年市政府颁布的《海口市城市商业网点总体规划（2005—2020）》与新批准的《海口市城市发展总体规划》不相适应，正在进行重新编制工作；《海口市“十二五”期间海洋与渔业发展规划》包括4个子规划，其中：《海洋经济发展规划》和《渔业发展规划》已由市政府发布实施，《海岸带保护与利用规划》已报市政府审批，修编《海洋功能区划》因省海洋功能区划计划预计年底报国务院审批，而市海洋功能区划需根据省区划来修编，正在进行重新编制工作；《海口市“十二五”期间城市建设规划》包括3个子规划，其中：《保障性住房规划》和《建筑节能规划》已由市政府发布实施，《城市建设发展规划》已报市政府审批。

【政府投资项目计划编制】 编制完成《2011年海口市政府投资计划》和《2012年海口市政府投资计划》。其中《2012年海口市政府投资计划》是历年来完成最早的一次。

【投资管理】 2011年6月，《海口市政府投资项目代建制管理暂行办法》、《海口市政府投资项目引资管理暂行办法》、《海口市政府投资项目后评价管理暂行办法》相继出台，为进一步深化投资体制改革、规范政府投资项目建设行为、提高政府投资项目建设管理水平和投资效益提供了制度保障。根据市政府印发的《关于我市2011年上半年政府投资项目进展情况的通报》和《关于印发我市2011年下半年项目推进安排的通知》要求，对政府投资项目进展进行了全市通报，对重点项目、政府投资项目推进做出了严格安排，确保“一批项目开工、一批项目竣工、一批项目前期工作有实质性进展”。2011年76项政府投资项目中，滨海西路二期、丘海大道延长线、廉租房建设（一期）等23项已完工或基本完工，海口骑楼建筑历史文化街区保护与综合整治项目、国家安全局技术办公楼、长流污水处理厂近期配套管网工程（一期）、南海大道道路整治等53项正在加紧推进。

【融资管理】 2011年，海口市根据抓投资、上项目，拉动经济增长和消费需求的要求，在保持的基础上适当扩大政府投资规模。在资金筹措上，继续坚持存量、增量并举，缓解建设任务重与资金压力大之间的矛盾。一方面加强与现有合作的多家金融机构沟通，继续依托存量的开行贷款等资金支持续建项目建设。同时，适时向金融机构争取新评贷款，保证新建项目资金供给。此外还进一步盘活资源、加大项目招商，吸引社会资金，尤其是积极探索基金等新型融资模式参与海口城市基础设施建设和土地储备，实现扩大资金供给同控制政府债务率之间的平衡。

【项目审批管理】 2011年海口市严格按照《海口市政府投资项目管理暂行规定》和国家、省相关法律法规，严把立项关、可研批复关、概算批复关、预算审核关和设计变更及概算调整关，制订了《海口市政府投资工程项目综合评估价法操作规程》和《海口市政府投资工程项目经评审的最低投标价法操作规程》，合理控制投资规模；根据资金到位和项目的实际情况按时拨付项目资金。为重点项目和中央新增投资项目开辟绿色审批通道，优先办理各项审批、审核和资金下达手续。推动项目的信息化管理，建立电子化的项目管理库，实现项目审批、推进各环节的全程跟踪服务。

【设计招投标管理】 2011年海口市参照《海南省工程建设招标事项核准办法》，对80个政府投资工程项目的招标事项进行核准，核准金额共41.6亿元；对12个政府投资工程项目的招标文件进行备案，备案金额共15.6亿元。完成《海口市政府投资工程项目施工招标经评审的最低投标价法评标工作规程》(试行)和《海口市政府投资工程项目施工招标综合评估法评标工作规程》(试行)的修改上报工作。

【节能减排】 2011年海口市节能工作开展成效明显，对固定资产投资项目严格实行节能评估和审核，积极开展节能宣传周、公共节能检查、淘汰实心黏土砖落后产能、推广新型墙体材料、推广使用节能灯以及节能公共交通设施等工作。减排方面完成了《海口市“十二五”主要污染物总量控制规划》及《排污许可证工作手册》的编制，规范排污行为。完成《海口市畜禽养殖污染防治管理办法》，规范各类畜禽养殖场管理。实施“安静工程”，建立完善施工噪声、社会生活噪声查处机制，减少噪声污染。

(符佳莲)

口岸管理

【海口港口岸】 海口港口岸包括秀英港区(1957年对外开放)和马村港区、新港港区(2005年扩大对外开放)。秀英港区：海口港的主体港区，主要经营大宗散杂货、集装箱、车客滚装运输等。2011年秀英港区有码头泊位20个(不含海军码头)，其中3万吨级集装箱泊位2个，万吨级散杂泊位3个，5000吨级以下杂货泊位5个，客货泊位1个，车客滚装泊位9个。吞吐能力为件杂货225万吨，集装箱70万TEU，旅客478万人次，滚装车辆65万辆。马村港区：主要经营马村港务有限公司3.5万吨级散杂泊位，年吞吐能力为件杂货65万吨。2011年马村港码头资产已随马村港一期扩建工程一起转让给中海油湛江分公司，生产尚未移交。马村港扩建二期工程正在建设中，规模为4个2万吨级通用泊位和3个5000吨级中小泊位，年设计吞吐量275万吨，2010年动工建设，预计2013年完成。新港港区：原有生产泊位16个，货物吞吐能力为杂货96万吨、滚装车辆35万辆；因处于市中心区，与城市交通、用地、环保等方面矛盾突出，港口功能已经退化，2011年港口业务已搬迁到秀英港区，港区土地正进行城市化改造开发。海口港口岸开辟了海口至香港国际集装箱固定航班，通过香港到达世界各地港口。2011年度海口港口岸出入境旅客502名，比上年同期下降90.9%；出入境船舶1276艘次，同比增长15.5%；外贸物资269.8万吨，同比增长40.5%。

【海口美兰国际机场口岸】 2003年对外开放。海口美兰国际机场于1999年5月25日正式通航，占地面积583公顷，飞行区等级4E级，可满足波音747-400等大型飞机全重起降要求，是国内重要的国内干线机场之一。2011年8月美兰机场通过SKYTRAX严格审核，成为全球第九家、全国第二家四星机场，迈入国际优秀机场行列。2011年旅客吞吐量首次突破1000万人次。海口美兰国际机场国际厅于1999年5月25日建成使用，面积1万平方米，包括商业区，旅客进港、出港区和候机区，旅客出、入境边防检查通道各为8条，能容纳300人左右同时候机；中转过境旅客检查通道4条；安装了安检X光机、行李X光机、人体藏毒检查仪、红外体表温度快速筛查仪、便携式热成像仪、门柱式核辐射监测仪、移动医学X光机等设备。设计出入境旅客吞吐量30万人次/年。已开通了香港、新加坡、吉隆坡、河内、曼谷(中途分程)、台北6条固定地区和国际航线，还有韩国、日本、美国及欧洲等非固定航班。2011年海口美兰国际机场口岸出入境旅客38.21万人次，同比增长6.3%；出入境飞机3141架次，同比增长5.2%。

【口岸运营】 2011年，全市口岸出入境旅客38.26万人次，同比增长6.4%。其中，入境旅客19.24万人次，同比增长7.2%，出境旅客19.02万人次，同比增长13.2%；出入境飞机3141架次，同比增长5.2%。其中：入境飞机1572架次，同比增长4.1%，出境飞机1569架次，同比增长6.2%；出入境船舶1276艘次，同比增长15.5%。其中，入境船舶579艘次，同比增长17.7%，出境船舶697艘次，同比增长13.7%；运输物资4941.3万吨，同比增长18.1%。其中，内贸物资4654万吨，同比增长16.6%，外贸物资269.8万吨，同比增长40.5%。

【口岸建设】 （1）海口境外游艇到访中心项目。项目建设内容为秀英港区1－3号泊位和军队码头之间水域布置27个游艇泊位的保税游艇停泊区，同时在游艇停泊区南面陆域配套布置口岸查验场所、交易、展示及休闲等设施。项目工程总投资估算为5208万元。2011年11月开工，但由于项目毗邻军事区域，项目已暂停施工，相关工作正在协调中。（2）海口美兰国际机场二期扩建项目。海口美兰国际机场二期扩建一条长3600米的跑道（飞行区等级为4E）和相应的滑行道系统；新建29万平方米的航站楼和相配套的停机位、停车楼、航空加油站及其他相关设施，总投资105.7亿元，建筑用地7986亩。设计年旅客吞吐量3000万人次、货邮吞吐量30万吨。该项目获国家发改委批准，预计2012年底动工建设，工期4年。（3）美兰国际机场临时国际航站楼项目。作为二期扩建项目完成前的过渡候机楼，总投资2.3亿元、建筑面积1.3万平方米，设计年旅客吞吐量100万人次。2011年6月动工，预计2012年10月投入使用。

【口岸监管服务】 （1）坚持完善口岸联席会议制度。2010年建立了以海口市口岸管理办公室、海口海事局、海口海关现场业务处、海口美兰机场海关、海南出入境检验检疫局海口港办事处、海南出入境检验检疫局海口美兰机场办事处、秀英出入境边防检查站、美兰出入境边防检查站为成员单位口岸联席会议制度，构建口岸合作机制。2011年召开二次海口口岸工作联席会议，与口岸查验单位共同研究探索口岸监管服务模式，并就海口口岸建设与管理、口岸监管服务模式、口岸通关、口岸信息平台、口岸文明共建及海口口岸工作联席会议制度完善等方面进行深层次的沟通交流。（2）建立海口发展游艇经济和邮轮旅游口岸协调机制。按照《海口市人民政府关于加快游艇经济与邮轮旅游发展工作的意见》及责任分工要求，在广泛听取各口岸查验单位和责任单位的意见基础上研究制定《海口发展游艇经济与邮轮旅游口岸工作协调机制》，争取各口岸查验单位对海口市游艇经济与邮轮旅游发展的支持。（3）编印《海口口岸境外自驾游艇通关指南》。通过广泛调研、反复征求各口岸查验单位意见，海口市口岸办编印《海口口岸境外自驾游艇通关指南》。《指南》共分为五个部分，分别是入境手续、出境手续、温馨提示、游艇报关服务代理机构、海口简介。较为详细地介绍自驾游艇通关的各项流程、申报材料、办理手续及相关注意事项，为境外游艇出入海口市口岸提供便利服务。

【口岸文明共建】 （1）组织“口岸文明共建海口行”活动。5月26日开展“口岸文明共建海口行”活动，组织口岸单位30余人参观琼山区世外桃源龙鳞村和鹭鸟天堂田心村。该次活动向各口岸单位展示海口市地方经济发展成果，加深了口岸各单位的沟通与交流，展示了口岸系统与时俱进、锐意进取的精神风貌，充分体现口岸大家庭整体联动、温馨和谐的口岸氛围。（2）参与海南省口岸系统“我为口岸发展献一策”征文比赛活动。组织海口口岸单位积极参加省海防与口岸办公室举办的全省口岸系统“我为口岸发展献一策”征文比赛活动，共收到征文25篇。通过专题会议研究，选出观点鲜明、条理清晰、内容充实、“献策”具有现实性的9篇征文报海南省海防与口岸办公室参加全省口岸系统评比。共获得一等奖2名，二等奖4名，三等奖1名。（3）参与海南省口岸系统共建文明口岸文艺汇演活动。海南省海防与口岸办公室于11月16日开展全省口岸系统共建文明口岸文艺汇演活动，海口口岸共有5个代表队参加，海口市口岸管理办公室参与并担任此次活动评委。海口口岸共获得一等奖1名，三等奖2名。

（沈国华）

海口海关

海口海关关长：李蓝雪

【概述】 2011年，海口海关全面落实总署“把好国门、做好服务、防好风险、带好队伍”的“四好”总体要求，按照“增强能力、优化机制、统筹发展”的工作思路和“素质提升年”的部署，以构建大监管体系和支持海南国际旅游岛建设为重点，统筹推进关区业务改革、队伍管理、反腐倡廉及服务保障工作，各项工作保持良好发展态势并呈现诸多亮点：一是境外旅客购物离境退税、海南离岛旅客免税购物政策试点全面实施；二是监管进出口货值和关区税收入库首次双双超过百亿大关；三是海口海关（机关）、海口美兰机场海关同时被中央文明委评为“全国文明单位”；四是海口综合保税区正式封关运作；五是海口海关被中宣部、司法部授予全国“五五普法先进单位”。全年共监管进出口货物量2145.2万吨，进出口值130.2亿美元，分别增长1.8%和20.4%；监管进出境人员99.3万人次，增长19.2%；关税入库106.6亿元，比历史最高年份2008年高出22.9亿元，比上年增长59.2%。

【海关税收】 2011年，海口海关积极落实海南国际旅游岛建设各项优惠政策，着力提升通关服务水平，强化税收征管，完善价格监控网络，防范价格管理风险。完善综合治税链条，构建反商业瞒骗联动机制。优化考核评估体系，推动征管质量提升。全年税收入库首次突破百亿元大关并创历史新高的成绩，海口海关税款入库累计106.6亿元，比上年增长59.2%。其中，石油原油、飞机、木片、钢材、化肥是主要税源商品，海南炼化、金海浆纸、海航集团、海宇锡板、中海油化学等大型企业成为主要纳税企业。

【打造良好通关环境】 2011年，海口海关积极通过提供个性化服务，助推海南重点项目及主要税源企业发展，对海南省重点企业和重点建设项目实行跟踪服务，在全国率先推行“关企协调员”制度；通过“12360”咨询热线对企业实行通关前指导，采取24小时预约通关、“预归类、预审价”、“提前申报，货到验放”等措施，确保企业进口生产设备和原材料快速通关。同时，海口海关积极支持海南做强边贸产业，将办理边贸大宗货物的征税、审单等海关手续下放至口岸海关办理，实行24小时预约通关承诺，对边贸企业需异地卸货的，由口岸海关与卸货地海关联合监管验放，实现“一次申报，一次查验，一次放行”。为确保海峡两岸经济合作框架协议在海南口岸的顺利实施，海口海关在报关现场设立“专用报关”窗口，优先接受申报，对于易腐的农渔产品实行“提前报关”和“24小时预约报关”，对相关进口商优先受理“网上支付”申请和审批。用足用好税收优惠政策支持海南企业发展。2011年海南口岸共进口各项优惠贸易协定和安排项下货物货值近3亿美元，实征税款3.13亿元人民币，税款优惠1.83亿元人民币，同比分别增长1.23倍、1.09倍和1.25倍；优化综合治税工作机制为海南企业营造良好公平的对外贸易环境，注重构建强有力的反商业瞒骗联动机制，打造风险监控资源共享平台，形成优势互补、成果共享的监管合力，创新审单作业机制等。

【查缉走私】 （1）强化打私效能。组织开展“国门利剑”、“海鹰行动”等专项行动，先后破获走私玉石毛料案、走私进口羊皮案等重大案件，全年立案侦办走私犯罪案件案值及涉嫌偷逃税较上年同期分别增长162.3%和125.7%；立案查办行政案件案值及涉税额同比分别增长38.97倍和13.44倍。全年破获毒品走私案件6宗，缴获毒品18.31千克，同时实现查获冰毒以及单宗案件缴获毒品9.96千克两项重大突破，获得国家禁毒委通报表扬和公安部通令嘉奖，海口海关所属美兰机场海关被授予“2010年度全国禁毒堵源截流工作先进集体”称号。（2）强化依法行政。巩固“五五”普法成果，研究制定“六五”普法规划，组织开展形式多样的普法活动。充分发挥政务公开、门户网站和“12360”服务热线在法制宣传教育中的重要平台作用，以“4.26”知识产权法制宣传周、“6.26”国际禁毒日等重要宣传节点为契机，突出宣传重点，丰富活动内容，集中有序地开展专项普法活动和形式多样的“送法进企业”活动。开展知识产权保护专项行动，共查获侵犯知识产权案件40起，查获侵权物品近500件，较去年同期分别增长40倍和100倍。政务审批中心年内继续保持办件提前办结率100%的较好水平。

【海关监管】 （1）强化“三查合一”，提升企业稽查、减免税核查、保税中后期核查整体工作效能。2011年多项稽查指标达到或超过总署年度标准，稽查补税入库978.34万元。（2）强化风险管理。构建关区风险管理立体防控格局，提高风险管理的实战应用能力，多项风险管理指标值居全国海关前列。（3）强化实际监管。夯实分类通关改革基础，突出企业分类管理，建立“由企及物”的管理格局，积极推动关区审单作业新模式运行，提高审单作业整体效能。全年审单补征税款超过1亿元，同比增长2.2倍；通关布控率、布控有效率、出口分类通关平均通关时间均高于或快于同期全国水平。加大监管场所的清理规范力度，强化对运输工具、监管场所的实际监管。全年进出口查验率和查获率分别为4.11%和20.93%，均达到或优于全国平均水平。

【海关统计】 充分发挥统计监督在执法评估中的作用，统计预警分析能力和水平进一步提高，在总署综合考核评比中继续保持一等奖水平。强化海关统计监测预警分析研究，及时反映进出口动态及国家宏观调控政策实施效果。全年统计预警分析文章被中办国办采用7篇次、总署采用23篇次、地方政府采编45篇次，尤其是3篇预警分析文章获得中央领导批示，创历史最好成绩。

【海关队伍建设】 （1）加强各级领导班子建设。将强化党组班子自身建设作为队伍建设的重要抓手，每季度召开党组中心组学习会和年度民主生活会。落实关党组成员“下基层”工作制度，畅通关长接待日、关领导信箱等党组班子与群众日常沟通渠道。（2）狠抓队伍素质能力建设。按照“素质提升年”的总体要求，组织专题培训，有效应对业务改革及新增业务带来的新问题和新挑战。探索试行岗位能力达标考核、缉私执法资格考试、竞争择岗选拔、专业人才分类培养使用等机制。（3）加强队伍内部管理。坚持警示教育、执法检查，严格执行队伍管理“十项要求”。深入开展“四好”主题实践活动，率先在全国海关开展“四好”绩效评估工作。落实“学军”要求，加强内务规范建设。（4）防控风险工作有新举措。组织开展预防渎职侵权违法犯罪主题教育活动，加大规范性文件清理力度，全面排查关区渎职侵权风险。加大对海关新增业务和非执法领域风险防控力度；扎实推进廉政文化建设，海口海关被评为海南省廉政文化“六进”示范点单位。（5）深化干部人事制度改革。落实“人才强关”战略，坚持民主推荐和竞争上岗选拔干部，群众对竞争上岗工作满意度达到99.15%。加大干部对外交流力度，通过挂职锻炼、参与选拔、推荐任职等方式向地方输送海关优秀人才。（6）推进和谐关区建设。以庆祝建党90周年为契机，组织开展“万人红歌颂党”等系列活动，深入开展以“远学杨善洲、近学身边典型”及“为国把关争先锋、为党献礼比贡献”等为主题的创先争优活动。组织召开海口海关直属机关第六次党代会，选举产生新一届直属机关党委成员。在基层服务窗口设立党员示范岗，开展“党员示范、岗位奉献”活动，大力挖掘和弘扬3位岗位建功先进典型。围绕“爱国、厚德、增信、创新、奉献”海关核心价值体系，研究制定关区文体场所设施建设5年规划，深入推进关区文化建设。

【支持海南国际旅游岛建设】 （1）积极配合海关总署与省政府于2011年2月签署《共同推进海南国际旅游岛建设合作备忘录》。截至2011年底，备忘录涉及海口海关的包括配合总署研究制定离岛免税、离境退税、进出境游艇等国际旅游岛核心政策海关监管办法、完善新增业务监管措施、开发离岛免税监管信息系统、支持引入海南免税品经营竞争机制、支持海口市内免税店建设等各项工作均已顺利完成。（2）全力推进海南国际旅游岛建设重点政策实施。探索建立与海南国际旅游岛建设相适应，与海关大监管体系相配套，与优化海关监管和服务相统一的科学、高效、便捷的海关监管新机制。组织研发监管信息管理系统，制定监管操作规程，配置监管机构和人员，加强业务培训和信息宣传，积极做好突发事件处置等工作，全力做好离岛免税、离境退税以及进出境游艇等重点政策及国际会展、赛事等监管服务工作。4月20日离岛免税政策实施以来，年内共监管免税商店对离岛旅客销售免税品155万余件，总销售额近10亿元，监管近48万人次旅客提货离岛。2011年共监管海南口岸免税品进口1.2亿美元，同比增长16倍。验核境外旅客购物离境退税业务439人次，购物总价149.42万元。监管海南口岸进口游艇63艘、增长50%。（3）全力推进海南重点区域发展和重点产业转型升级。推动海口综合保税区于2011年3月顺利封关运作。研究制定《洋浦保税港区、海口综合保税区适合入区企业类型和产业项目指引》，积极配合做好海关特殊监管区招商引资工作。推进洋浦区划调整。加强海上边民互市政策可行性研究，支持海南东方边贸城项目建设，大力促进海南边贸经济加快发展，2011年海南口岸边境小额贸易进口货值2.1亿美元，同比增长50.7%。大力推行“属地申报，口岸验放”和“海南省虚拟统一通关”模式，深化“关企协调员”制度，落实国家减免税优惠政策，积极支持海南重点企业和重点项目发展，共为海南企事业单位实际减免税款16.46亿元。研究制定《支持海南战略性新兴产业和高新技术产业发展八项措施》，全力支持海南产业振兴规划。2011年海南高新技术产品出口值3.5亿美元，同比增长94.7%。

2011年海口海关主要业务情况统计表

类别	指标名称	单位	本年度累计数	同比%
监管	货运量	万吨	2145.2	1.8
	进　口	万吨	1883.8	7.8
	出　口	万吨	261.4	-27.6
	货运值	亿美元	130.2	20.4
	进　口	亿美元	104.8	24.4
	出　口	亿美元	25.4	6.3
	监管免税品进口	万美元	12054	1614
	监管运输工具	辆（艘）	11655	5.5
	船　舶（含邮轮）	艘	5494	1.0
	飞　机	架	6161	9.8
	实有备案企业（时点数）	个	1546	-5.1
	进出口货物报关单（接单）	份	27450	14.8
	进　口	份	13454	22.2
	出　口	份	13996	8.5
	进出口货物记录条数	条	60347	28.9
	进　口	条	13454	22.2
	出　口	条	13996	46.7
加工贸易管理	实有加工贸易生产企业（纸质手册）	个	-	-
	实有加工贸易生产企业	个	60	-13.0
	备案加工合同	份	69	-5.5
	备案加工合同金额	亿美元	21.3	68.8
	加工贸易手册实际进出口值	亿美元	23.3	16.3
	进　口	亿美元	13.6	21.6
	出　口	亿美元	9.7	9.6
行邮	进出境人员情况	万人次	99.3	19.2
	进出境旅客	万人次	80.4	16.9

续上表

类别	指标名称	单位	本年度累计数	同比%
行邮	运输工具服务人员	万人次	18.9	30.0
	邮递物品	件	13292	-8.9
	进　口	件	9037	-6.7
	出　口	件	4255	-13.2
	进出境行邮税	万元	1144.3	4638.4
税收	税收合计	亿元	106.6	59.2
	关　税	亿元	6.1	72
	进口环节税	亿元	100.5	58.5
	罚没收入	万元	1363.4	111.7
保税区	境外运入区内货运量	万吨	360.8	-14.5
	境外运入区内货运值	亿美元	3.9	-14.9
缉私	立案走私犯罪案件	起	9	-18.2
	案　值	万元	9521.9	162.3
	涉嫌偷逃税额	万元	2095.8	125.7
	立案走私行为案件	起	10	0.0
	案　值	万元	1600	1328.9
	涉嫌偷逃税额	万元	262.9	626.5
	立案查办违法违规案件	起	52	4.0
	案　值	万元	35213.2	4081.5
	涉嫌偷逃税额	万元		
海南国际旅游岛海关新增业务	离岛免税政策监管			
	监管免税商店销售免税品	万件		
	监管旅客提货离岛	万人次	48.7	
	免税品销售额	亿元	9.7	
	监管征税购物数量	万件		
	监管征税购物金额	万元	6865.8	
	征收离岛行邮税	万元	1476.2	
	离境退税政策监管			
	验核离境退税业务	人次	292	
	购物总价	万元	149.3	
	退税额	万元	16.4	
	进出境游艇监管			
	一般贸易方式进口	艘	29	52.6
	租赁贸易方式进口	艘	8	33.33
	暂时进出境和展览品方式进口	艘	19	11.8

（高涛日、吴海光、王基辉）

出入境检验检疫

海南出入境检验检疫局局长：张利强

【概况】 2011年，海南出入境检验检疫局推动国家质检总局与海南省人民政府签署《关于共同推进海南国际旅游岛建设发展战略合作备忘录》，并以省政府名义将两个层面的工作任务分解表下发海南各市县与地方主管部门贯彻执行。争取到两次离岛免税商品相关检验检疫措施宽限期（6个月），确保海口等免税店的顺利运行。罗非鱼及其制品出口量跃居全国第一，输欧水产品跃居全国输欧养殖水产品首位。修订完善现有的口岸防控预案，有效应对日本核辐射及台湾食品“塑化剂”、进口“毒”燕窝等食品安全突发事件。全年检出不合格出入境货物290批、货值1.59亿美元，发现各类病例884例，截获各类植物有害生物784批次、167种、1336种次，其中检疫性有害生物26批次、9种、29种次，3种检疫性有害生物和14种一般性有害生物为海南口岸首次截获，其中可可豆象为全国口岸首次截获且国内尚无分布；首次检出一类动物疫病。利用原产地优惠政策，帮助企业获得关税优惠1112.26万美元。严格把好进口商品质量关，帮助企业索赔并挽回近800万美元的经济损失。

【《关于共同推进海南国际旅游岛建设发展战略合作备忘录》】 2011年6月2日，国家质检总局和海南省政府在海口签署了《关于共同推进海南国际旅游岛建设发展战略合作备忘录》，共同推进海南国际旅游岛建设。合作备忘录确定了国家质检总局支持海南国际旅游岛建设的13项重点工作和省政府支持海南质检事业发展的11项重点工作。按照备忘录要求，海南出入境检验检疫局成立战略合作领导小组办公室，制订了21个方面108项贯彻落实任务分解工作方案。同年12月，海南省政府正式印发《省政府和国家质检总局关于共同推进海南国际旅游岛建设发展战略合作备忘录及任务分解表的通知》，确定24个方面74项工作，要求全省市、县和有关直属单位贯彻执行。

【服务海南离岛免税政策】 2011年，海南出入境检验检疫局采取多项措施加强离岛免税商品检验检疫工作。争取到国家质检总局两次对离岛免税商品有关检验检疫措施给予共计6个月的宽限期。开辟绿色通道、创新优化流程，建立质量管理体系和信息化自动比对数据库软件，使化妆品进口批件核查效率提高8倍，化妆品中文标签核查效率提高2倍。对批件和标签现场核查中发现的问题及时处置，现场核查工作质量“零差错”。从宣传贯彻检验检疫政策和技术规范入手，帮扶中免集团、海免公司，确保三亚、海口免税店开张运营。全年共完成两家免税店离岛免税商品检验检疫414批、5830万美元。其中，香化产品296批次，服装46批次，首饰64批次，巧克力8批次，共检出不合格离岛免税商品12批次、30万美元，销毁过期化妆品71箱、2794件、92.7万元和不合格服装24件、2866美元。

【出入境货物检验检疫】 2011年，共接受各类申报63967批/次，完成出入境货物检验检疫16735批、103.57亿美元，同比分别增长15.00%和47.79%。其中出境10128批、13.67亿美元，同比分别增长4.23%和6.93%；入境6607批、89.90亿美元，同比分别增长36.65%和56.91%。完成重量鉴定393批次、1212.18万吨。完成出口货物包装鉴定668批次、13708万件，批次同比增长7.40%。全年经检验检疫不合格出入境货物290批、货值1.59亿美元，批次不合格率为1.73%，同比下降0.97个百分点。其中出境货物批次不合格率0.28%，上升0.01个百分点；入境货物批次不合格率3.97%，下降3.62个百分点。全年被退运出口货物37批次，货值358.63万美元。口岸截获各类植物有害生物784批次、167种、1336种次，比上年分别上升88.4%、54.6%和65.1%。其中检疫性有害生物26批次、9种、29种次，分别上升4.1%、33.3%和11.5%，可可豆象、翅蒺藜、飞机草3种检疫性有害生物和银合欢豆象等14种一般性有害生物为海南口岸首次截获，其中可可豆象为全国口岸首次截获且国内尚无分布。首次检出一类动物疫病。

【出入境卫生检疫查验】 2011年，查验出入境人员98.63万人次，比上年增长17.84%。其中，出境人员 49.63 万人次、入境人员 49 万人次，同比分别增长 18.38%、17.29%。健康检查/疾病监测 3730 人次，检出疾病 879 例，检出率为 23.57%，其中传染病 238 例。检出病例的人员构成为境内人员 442 例，其中交通员工 216 例；境外人员 437 例，其中来琼外籍劳务人员 286 例。口岸从业人员体检 1816 人次，检出疾病 5 例。出入境人员预防接种 3177 人次，同比降低 8.86%。其中，接种黄热病疫苗 474 人次、霍乱菌苗 1513 人次、乙肝疫苗 233 人次、麻风腮菌苗 429 人次、流感疫苗 71 人次、流脑菌苗 216 人次、百白破疫苗 134 人次、乙脑疫苗 10 人次、水痘疫苗 25 人次和其他疫苗 72 人次。

【出入境邮寄物、旅客携带物及交通工具检疫查验】 2011 年，海南出入境检验检疫局检疫查验出入境邮寄物 35.20 万件，其中包裹 1.75 万件、信件 33.45 万件，共截获违规入境物品 47 批，截获率同比下降 0.01 个百分点。查验旅客携带物 17976 件，截获 1410 件/1953 批。完成船舶检疫 5322 艘、飞机检疫 6016 架、集装箱检疫 104113 个，同比分别增长 2.05%、5.95% 和 29.53%。完成交通工具等卫生处理 10572 批次，同比增长 5.35%。在入境船舶中共检出动植物病虫害 78 艘/43 种、医学媒介生物 37 艘/4 种，与上年同期相比，艘次分别增长 387.50% 和 23.33%；在入境集装箱中检出疫情 8 个/5 种，截获疫情箱数同比降低 46.67%。有效应对 2011 年 4 月海南口岸 3 起日本入境船舶放射性检测超标事件，经周密分析超标的原因，研判风险，科学合理地处置，保护了海南生态安全。

【进出口食品农产品监管】 2011 年新增出口农产品备案基地 22 家/8086.6 亩、出口卫生注册/备案和检验检疫注册企业 12 家、国外注册企业 38 家次。取消 139 家/8.42 万亩种养基地的备案资格，注销取消了 22 家企业相关注册/备案和 HACCP 验证资格，暂停 4 家存在质量隐患的备案企业出口资格。全省出口农产品种养备案基地达 607 家/27.12 万亩，出口食品农产品企业获国内各类注册（卫生注册/备案和检验检疫注册）达 119 家，国外注册企业 194 家次。全年海南出境农产品检验检疫 6.55 亿美元，同比增长 19.1%，其中出境水产品检验检疫 14.8 万吨、5.75 亿美元，同比分别增长 14.88% 和 20.89%，罗非鱼及其制品出口量跃居全国第一，输欧水产品跃居全国输欧养殖水产品首位。推动出口食品生产企业开展与国际规范接轨的质量和食品安全的管理体系（ISO9000、ISO22000、ISO14000、有机产品、BRC、ACC、IFS 等）认证，推广备案基地实施良好农业规范（GAP），实现种养基地规范化生产和加工企业标准化管理。已有 12 家企业按照 ISO/IEC17025 标准建立实验室质量管理体系、2 家企业实验室通过 CNAS 认可、92 家次企业通过各类质量安全管理体系认证、8 家水产养殖基地通过 GAP 认证。以迎接国外官方检查为契机，促成省政府安排近 1 亿元专项资金支持水产品行业改造。全年共快速验放出口水产品 2456 批，占水产品出口总批次的 50.39%。扎实开展"三打"（打击侵犯知识产权、打击制售假冒伪劣商品、打击食品非法添加和滥用食品添加剂）专项行动，检查进出口生产经营企业和种养殖场 474 家。积极应对台湾食品"塑化剂"、进口"毒"燕窝等食品安全突发事件，对 5 批 11.51 万美元不符合要求的进口日本食品作出退运处理，对 18 批 87 万美元的进口食品化妆品进行邻苯二甲酸酯项目监测。

【支持海南工业发展】 2011 年，海南出入境检验检疫局着力服务海口英利光伏产业、昌江核电等海南战略性新兴产业建设。加大对海南经济发展起到重要支撑作用的大宗商品和重要资源性商品的服务力度，加快大型重点工业项目的进口设备及材料便捷通关，促进洋浦"一港三基地"和辖区内重点工业园区建设，帮扶椰海毛毯获得出口免验续延资格。全年海南进出境工业品 90.71 亿美元，同比增长 50.2%，其中海口市海马汽车出口创 2007 年批量出口以来历史新高，数量、货值与上年同比翻番。突出对汽车配件、服装、木家具等 6 类大宗出口商品和敏感进口商品的检验监管和执法打假，重点组织对新纳入法检目录内的服装、食品接触材料和目录外商品"镍精矿"监督抽查，发现 8 批进口服装不合格，尤其发现某单位进口的"镍精矿"逃避检验检疫监管的严重违法案件并构成涉嫌走私的行为。

【科技兴检】 2011年，海南出入境检验检疫局加强科技管理、科研制标、检测技术攻关和科研创新，着重强化对34个科技项目的管理。获省部级科研立项8项、经费219万元，获检验检疫行业标准制修订项目6项，年内有3项科研项目通过成果鉴定，1项科研课题列入国家质检总局“科技兴检奖”二等奖公示名单。完成海南出入境检验检疫局2009－2011年度“科技兴检奖”评奖表彰工作，其中一等奖1项、二等奖2项、三等奖6项以及“优秀科技著作奖”1篇、“优秀科技论文奖”33篇。技术中心实验室经CNAS复评审后最终确认在42类产品中认可检测项目535项、认可检测标准441个，并且又成功研发新项目91个。技术中心、隔检中心参加国内外官方实验室能力验证机构组织的共8个项目能力验证活动均取得满意结果。其中，技术中心参加英国FAPAS组织的虾肉硝基呋喃代谢物检测水平测试结果在来自世界104个实验室的结果中排名第九。对海南口岸检验检疫查验基础设施建设开展全面普查，共安排1600多万元用于口岸基层能力达标建设，其中各类仪器设备104台套、近1200万元，投入同比增长20%。完善通过中国检验检疫电子化系统建设，完成海南入境游艇管理系统检验检疫业务和交换平台需求，研发离境离岛免税商品电子监管系统，完成质检共建“12365”举报处置指挥系统平台工作。

（于璟琪）

船舶检验

中国船级社海南分社书记、总经理：韩东进

【概况】 2011年，中国船级社海南分社认真贯彻落实系统工作会部署的各项工作要求，做好客滚船、旅游船、乡镇渡船和游艇检验发证工作，确保总部安全质量、重点工作在分社的有效落实，推动重点工作和日常工作同步开展，各项工作取得明显成效，为“十二五”转型发展起好步、开好局。不断加大对新进验船师和现有人员知识更新培训的力度，派出5名验船师到南京分社工作。全年共完成检验收入突破1000万元，实现海南分社历史性的突破。

【保持海南分社辖区水上安全】 针对海南分社辖区内各船公司的安全质量管理及船舶特点的实际情况，特制订《海南分社继续深入开展2011年“安全生产年/月”活动的实施方案》，从日常业务、检验管理、质量体系改进等方面采取切实有效措施，经海南分社检验和审核的船舶，无因检验质量导致船舶事故发生，无PSC滞留记录或主管当局投诉，实现港口国检查class_ related滞留率为零的指标，努力保障辖区船舶PSC零滞留责任率。

【国内船舶检验】 （1）琼州海峡客滚船舶检验。重点抓好交通部和总部关注的“四区一线”“四客一危”重点船舶琼州海峡客滚船舶的检验。严格检验程序，加强检验前准备、检验评审和现场活动监控，确保检验到位，管理到位，监控有效。加大“春运”、“五一”黄金周和“安全生产月”期间的各个专项检查。积极走访辖区客滚船公司，宣传安全形势，同时积极组织验船师对船舶进行安全检查，对检查发现问题，积极督促船主整改，较好保障了琼州海峡客滚船的安全航运。（2）国内航行货船检验。一是努力把好新造船检验质量关。组织验船师对2006钢轨、2004法规2006、2008修改通报，2006焊接与材料规范，国内建造程序文件以及相关通函进行学习和讨论，努力提高验船师的质量意识和业务素质，保质保量做好威隆船厂13800DWT散货船和999客滚船的建造检验工作，在确保检验质量同时，还帮助船厂解决技术难题，得到船厂好评。5月在通过总部国内建造处的VCA审核后，于5月18日签发了13800DWT散货船的建造检验证书，标志性地完成了海南省也是海南分社真正意义上的第一艘万吨船舶的建造检验，翻开了海南航运造船业的新篇章。二是努力把好CCS船队的准入门槛。对地方转入船舶的初次检验，认真执行海事局“四项规定”和总部27号通函要求，从勘验、船图一致性、现场检验、审图意见落实等都严格要求按规范标准落实。从检验评审阶段开始，就注意对船舶类别、检验类别、船龄和经营管理公司的评判和提醒，并根据实际情况委派有经验验船师进行检验并尽可能加强现场活动监控，力促检验到位，努力把好准入船舶的检验质量关。全年检验的船舶无因检验质量而导致机海损事故或主管当局投诉。

【旅游船、乡镇渡船和游艇检验管理】 （1）在“元旦”、“春节”、“五一”和安全生产月期间，对旅游船、乡镇船开展安全生产宣传活动，对各船公司及船员进行安全意识宣传，并计划性的对船舶救生消防设备以及船体、主机及附属设备进行了安全大检查，指导和帮助船主排查治理隐患。发现隐患和缺陷，对船主提出严格要求，限期整改。（2）大力支持本地游艇制造厂的建立，开展船厂评估工作。目前海南仅有2家游艇建造厂，分别是海南詹尼游艇有限公司和海南金澳游艇有限公司。本着大力培植新兴产业的理念，及时为船厂宣传游艇建造方面最新的法规、规范和相关政策，力尽所能向船厂提供技术支持。自《海南游艇管理试行办法》颁布以来，积极履行相应的职能，在没有任何现行可效仿的游艇检验模式情况下，摸着石头过河，在不断地试探中总结出了检验发证的流程，开展了游艇检验发证工作。（3）严把旅游船、乡镇渡船及游艇检验发证关。继续完善《船舶检验信息动态表》管理与船舶自查制度，确保船舶处于良好的技术状况。加强旅游船和乡镇船的建造检验，帮助海南科达雅游艇制造有限公司和海南捷梁船舶公司健全质量管理制度和提高造船技能，对新造船实施动态管理，监控新造船的每个检验项目和每一施工阶段，保证船舶的质量安全符合标准，帮助船舶公司提高造船质量和管理水平，促进辖区内造船业的进一步发展。继续做好乡镇船舶检验发证，保障渡船安全。

【安全质量改进】 （1）认真落实《关于认真贯彻落实第32次质量体系管理评审会议的通知》（社质管字［2011］007号）和《关于发布中国船级社2011年质量目标及相应设定的KPI的通知》（社质管字［2011］008号）的要求，制定了分社年度质量改进计划，纳入年度目标管理责任书，并与各部门分解和签订《海南分社2011年度目标管理责任书》及《海南分社安全质量管理责任书》，年终一并进行考核。（2）每季度召开一次安全质量分析会。通报监控检查存在的问题，协调解决发现的问题，研究制定有效的整改措施，确保质量体系有效运行和持续改进。分月、季度和年度进行测量，做到逐一计划、逐一测量、逐一跟踪，使各项质量活动得到有效管理。分社质量体系运行良好，各项质量活动有序开展，未出现重大不合格项。（3）对总部2010年年度体系内审提出不合格项和观察项进行责任分解，各部门各负其责。认真执行总部质量经理视频会和系统生产经营经例会制度，落实沟通、反馈、报告、落实和监视的良性循环运行体系。按月参加总部质量经理和生产经营经例会视频会议并落实会议要求。

【安全生产工作】 落实全国交通运输安全生产紧急电视电话会议精神，开展“安全生产年”和“安全生产月”活动。以“安全发展、预防为主、综合治理”为主题展开工作。与各部门签订《安全责任书》，将安全工作层层分解，责任到人、落实到岗位。与总部国内营运管理处、广州分社和湛江分社在广东海安召开“2011琼州海峡客滚船安全工作会议”，取得了较好的效果，为维护安全稳定做出了贡献。结合中心工作切实把“五个落实”和“五个发现”的各项要求落到实处，把安全责任与目标考核紧密结合，实行安全质量一票否决，强化目标考核和责任追究。

（中国船级社海南分社）

海事监管

海口海事局局长：周宝

【概况】 2011年，海口海事局围绕水上交通安全监管中心工作，切实抓好重点时段、重点水域和重点船舶的安全监管，立足海事工作岗位，深入开展“四型海事”（“学习型、责任型、服务型、创新型”）建设，努力提高“三个服务”（服务国民经济和社会发展全局，服务社会主义新农村建设，服务人民群众安全便捷出行）水平，为海南国际旅游岛建设作出积极贡献。

【船舶安检】 2011年海口海事局完成PSC检查

（港口国监督检查）36艘次，完成国轮安检399艘次，单船滞留国轮31艘，开展船舶检验质量监督检查90艘次。

【琼州海峡航船安全监管】 海口海事局严格执行客滚船核定风力开航制度与琼州海峡“两制”规定，充分发挥VTS、AIS监控功能，加强对琼州海峡航行船舶的动态监管，完成了《琼州海峡火车轮渡旅客运输安全评估及应急对策》课题的研究工作，确保了琼州海峡的安全畅通，全年海峡客滚船、客船和火车轮渡均没有发生安全责任事故。据统计，2011年春节、“十一”黄金周期间琼州海峡客滚船以及火车轮渡共进出港1471艘次，安全运载过海旅客416086人次。海口海事局扎实做好各项安全工作，提供信息服务169艘次，发布安全信息1546次，确保了节日期间琼州海峡水上交通安全形势的稳定。

【船舶防风】 2011年，相继有“海马”、“洛坦”、“海棠”、“纳沙”和“尼格”等热带气旋（台风）影响琼州海峡水域，海口海事局提早准备。5月11日组织召开辖区船舶防台风安全协调会议对辖区防台工作进行部署；5月17日联合洋浦海事局和海南海事局巡查执法支队开展防台风锚地联合巡航执法，对后水湾锚地进行了巡视，为台风期间向船舶提供更好的海事服务奠定了基础。海口海事局加强组织协调、全面落实防抗措施，共出动执法人员420人次、车辆130辆次、海巡船艇40艘次，共播发5864条手机短信，VHF播发航行警告280次。全年辖区水域协调防台风船舶共计2048艘，防台风船舶秩序良好，未出现重大险情和责任事故，取得了防抗台风零伤亡的良好成绩。

【通航管理】 （1）巡航检查。全年海区巡航2107海里，合计巡航228小时；港区巡航10779海里，合计巡航时间1939小时，通过对定线制水域的巡航检查，有效地规范了船舶的航行、停泊和作业行为，改善了通航环境和通航秩序。（2）开展琼州海峡碍航渔网整治工作。累计派出巡逻船专门巡查15次，参加人员89人次，巡航里程883海里，巡航时间59个小时，对造成碍航的130具渔网进行准确定位和记录在案，并向有关部门通报。（3）船舶监控与信息服务。海口海事局指挥中心（VTS）共接收船舶报告198213艘次，跟踪船舶227410艘次，实施重点船舶监控83674艘次，重点船舶跟踪率为100%；提供交通安全信息服务14290艘次，提供助航信息服务25艘次；航道交通组织89132艘次，锚地交通组织13335艘次，发现违章49艘次，纠正44艘次；支持联合行动31次，提供VTS证据7件，实施航标协管58次。琼州海峡冬春两季出现浓雾天气时，VTS中心及时发布航行警告，并通过VTS、AIS设备加强对海峡船舶的实时监控，及时提供助航服务，有效保障了通过琼州海峡船舶的航行安全。在强风、台风天气下，VTS严格按照琼州海峡客滚船核定风力开航等级制度，在强风时及时下达船舶停航令。全年共实施客滚船停航50次，其中：抗风等级不足7级的客滚船停航32次，累计停航时间1516.5个小时；抗风等级不足8级的客滚船停航13次，停航时间累计373个小时；抗风等级达8级的客滚船停航5次，停航时间累计176个小时。

【船舶防污】 结合马村港是琼北地区成品油、电煤等重点物资上岛的主要通道的实际，海口海事局积极贯彻落实《船舶及其有关作业活动污染海洋环境防治管理规定》和《船舶污染海洋环境应急防备和应急处置管理规定》，强化对船运危险货物的现场监管，严格监督船岸双方落实各项安全及防污染措施，确保辖区危险品船舶运输、作业的安全。认真做好辖区危防作业单位应急预案的备案审查和码头溢油应急设备的专项验收工作，指导码头和危防作业单位编制防污染应急预案，督促和指导码头按要求和标准配备溢油应急设备。全年共对辖区3家危防作业单位、码头的应急预案进行备案审查，对一家码头的溢油应急设备和7家危险品作业码头的防污染应急设备进行专项验收。在做好危险品船舶监管的同时，还为电煤及油品运输船舶开辟绿色通道，采取派员到现场签证及为船舶提供全天候优先签证、文书核发等特色服务，有效保障了海口市及琼北其他地区的电煤、成品油等重点物资供应。

【安全专项活动】 （1）组织开展安全生产年、

深圳大运会安保、载客运输船舶专项检查、打击非法违法生产建设行为专项行动、内河水上交通安全管理专项整治、琼州海峡客滚船船员证件检查、隐患排查等专项检查整治工作。在深圳大运会安保工作中，开展“平安大运”专项检查4艘次，发现并督促船舶整改缺陷25项；开展深圳大运会船舶专项安全检查13艘次，发现并督促船舶整改缺陷84项，适检船舶的专项安全检查率达到了100%。（2）载客运输船舶专项检查。共现场监管渡口14道次，检查渡船23艘次，发现并督促渡船整改隐患和缺陷18项，对3艘存在重大缺陷的渡船下发了停止渡运通知书。检查旅游船和餐饮船12艘次，对2艘存在重大缺陷的餐饮船下发了停止渡运通知书。（3）开展琼州海峡客滚专项安全检查。共检查23艘次，发现并督促整改缺陷133项，对3名实操不合格的船员进行了违法记分并要求整改。（4）打击非法违法生产建设行为专项行动。共检查码头12家，发现并查处非法违法生产经营行为72起，对18艘船舶下达停业整顿通知书，下达各类海事执法文件93份，对35起水上违法行为进行了行政处罚，处理人员35名。（5）内河水上交通安全管理专项整治行动。共检查渡口22道次，渡船32艘次，发现并督促整改问题和缺陷28项，发放责令停航通知书3份。（6）琼州海峡客滚船船员证件检查活动。共检查琼州海峡客滚船31艘次，检查客滚船船员490名，发现未持证乘警及保洁人员35名（无证乘警11名、无证保洁员24名）。（7）隐患排查专项活动。共检查辖区码头39个次，督促码头整改隐患缺陷21项，实施船舶安全检查62艘次，安检总缺陷497项，滞留船舶4艘。

【海上救助】 2011年4月，海口海上搜救分中心成立，分中心办公室设在海口海事局。海口海事局负责分中心的日常值班工作。组织制订了海口市和澄迈县海上搜救应急预案及相关工作制度，为搜救工作的便捷高效打下了坚实基础。全年共协调、组织救助行动18次，遇险人员总数为138人，成功救助遇险人员132人，救助成功率为95.7%，无险情漏报、瞒报或超时限报告事件发生。典型事件如：9月9日上午，广东惠州市属“惠金桥38”轮在琼州海峡中水道海域沉没，船上11人落水，海口海事局通过VTS系统指示“南海208”轮前往搜寻，并发布航行警告，协调过往船舶及时救起所有遇险人员；10月11日，“富境顺”轮在琼州海峡中水道13#灯浮标附近水域沉没，船上9人落水，指挥中心及时协调附近船舶成功救起“富境顺”轮的所有落水船员，此搜救行动获得海口市政府领导的表扬。

【海上安全监管】 12月1～4日，2011中国（海口）游艇经济论坛暨国际游艇展览会在海口新埠岛召开。海口海事局作为负责水上安全监管单位，采取多项有效措施，提早介入，制定论坛期间水上安保方案，加强对游艇的登记和进出口岸的管理，认真做好新埠岛游艇码头的通航核查工作，为游艇码头管理人员举办游艇管理主题讲座，组织执法人员和执法船艇按安全监管对该水域警戒和现场监管，现场宣使游艇安全管理法律、法规，解答行政相对人疑难，为论坛的圆满召开和游艇安全保驾护航。同时积极为在辖区举办的“凤凰诚泰杯－帆板横渡琼州海峡邀请赛”、“2011年环海南岛国际大帆船赛”和“2011年H1中国热气球飞越琼州海峡挑战赛”等各项水上活动提供安全保障工作，被首届海口海上休闲娱乐周组委会授予“国际旅游岛首届海口海上休闲娱乐周特别支持单位”。

【海事宣传】 海口海事局根据年度重点工作宣传策划，积极做好重点时段重点区域重要活动的宣传报道，及时推出“粤珠海货1083”轮脱浅系列报道、国庆期间防抗台风、服务2011海口游艇经济主题论坛等宣传工作，受到媒体广泛关注，中央电视台、新华社、海南电视台等都进行了跟踪报道。2011年，海口海事局共有1948篇稿件在新闻媒体刊播，其中中央级媒体349篇，省级媒体1018篇，地市级581篇。

（林世伟、陈晓婉）

财　政

【概况】 2011年，市财政部门围绕市委市政府的战略部署，充分发挥财政职能，通过堵漏洞挖潜力、抓支出破难题、筹财力保重点、惠民生解民忧、重扶持保发展，超额完成收入预算任务，支出绩效明显提高，重大项目资金得到较好保障，民生状况得到改善，经济结构逐步优化。通过沉财权激活力，对区级转移支付力度明显加大。从严强化服务效能，机关作风明显好转。注重干部队伍的培训工作，组织50名同志赴复旦大学参加领导力提升培训班；加大干部竞岗提拔、交流工作力度，组织机关及下属采购中心科级干部竞岗，17名干部得到了提拔；轮岗交流108名干部，避免了因长期在同一岗位上滋生腐败等问题。依法行政、“五五”普法、政务信息、计划生育、财务决算、彩票市场检查、会计宣传月等工作分别获得了省、市政府的嘉奖，彩票管理中心被评为全市“巾帼文明岗”。

【财政收入】 2011年，全市一般预算收入完成175.22亿元，同比增长18.1%，完成年度预算102.9%。从预算次级看，地方一般预算收入完成60.93亿元，增长21.0%，完成年度预算的105.2%。从征收部门看，国税完成73.57亿元，增长18.5%，完成年度预算103.0%；地税完成96.26亿元，增长17.4%，完成年度预算102.1%；非税收入完成5.39亿元，增长27.1%，完成年度预算120.2%。总体上看，财政收入延续了“十一五”期间良好的增长态势，主要得益于征管机制的不断完善。一方面加大清欠力度，堵塞漏洞，努力做到应收尽收。同时加大非税收入征缴力度，重点抓好行政事业性收费、罚没等收入及时入库，弥补了部分税收缺口。另一方面，针对财政收入中存在的问题开展调研，挖掘新能源等行业新的经济增长点，从而推动财政收入保持了较好增长。

【财政支出】 2011年，市财政部门通过加强预算与部门协调、定期通报支出进度、调整回收资金等方式，加快支出进度。上半年全市地方公共财政预算支出进度为48.7%，较上年同期快20个百分点，比全省支出进度快4.2个百分点。前三季度支出进度达75.9%，比序时进度快0.9个百分点，比全省支出进度快9.5个百分点。11月，已经完成年度预算的85%。全年预算总支出99.74亿元，增支19.65亿元，增长24.9%，完成支出预算的113.2%。全年市本级地方一般预算总支出991567万元，较上年增支221796万元，增长28.8%，完成年度预算的111.8%。其中，市本级地方一般预算支出671090万元，增长26.1%，完成年度预算的111.1%；补助区级支出277409万元，上解省支出33925万元，调出资金9143万元。收支相抵结转下年支出36679万元，净结余190万元。

【筹措建设资金】 随着国际旅游岛建设的逐渐深入，海口市一大批重点项目相继上马。财政部门积极筹措资金，对重大项目的前期调研和启动进行全力保障。从省财政争取1.3亿元专项用于南渡江引调水工程、常年瓜菜基地建设和新能源汽车等项目。拨付海口申办2017年世界石油大会工作经费200万元；南渡江流域整治和南渡江引调水等重点项目前期经费3358万元。从市级财力安排的国际旅游岛建设项目经费中拨付4699万元，促进综合改革示范市硬件项目购置及节庆、旅游促销和招商引资等各项活动的顺利开展。尽可能加大政府投资力度，强化基础设施建设。拨付中央、省基建资金7.94亿元，市级配套13.96亿元，重点推进城市公交补贴、校安工程建设、农业基地水毁设施修复、病险水库除险加固、廉租住房建设、棚户区改造和农村医疗卫生服务体系建设等项目。大力推进旧城改造和新片开发。全年累计拨付9635万元用于旧城改造及新区开发项目，并拟定《海口市旧城区（城中村）改造工作奖励资金管理办法（试行）》，充分调动区级政府开展旧城改造的积极性，促进开发项目顺利实施，提升海口整体形象。同时，充分发挥财政资金的杠杆作用，服务产业发展。安排应用技术研究与开发经费2000万元，保障76个科技项目实施及创新平台建设，引导企业投入研究及开发经费2.92亿元，企业的自主创新能力得到了增强。拨付1.53亿元，扶持现代服务业、旅游业、工业、会展业、中小企业等的发展及中小企业信用担保体系建设。取消了包括卫生质量检验费、货物港务费、土地开发整理费等15个涉政事业性收费项目，为企业营造宽松的发展小环境。制定了《海口市鼓励航空客运市场开发暂行办法》，加大对旅游航空业的扶持力度。

【保障和改善民生】 2011年，财政支出结构持续向民生倾斜，使全市民生持续改善，彰显了“取之于民，用之于民”的公共财政特色。（1）保障教育均衡发展，推动“学有所教”目标的实现。全年教育支出17.62亿元，同比增加3.31亿元，增长23.1%。通过合理分配资金促进教育资源向薄弱学校、贫困地区倾斜，促进教育布局调整和基础设施建设。全年为全市23万名义务教育学生免除公用经费、杂费、课本费、作业本费，实现了“三免一补”；解决了1.3万名家庭经济困难寄宿生生活补助；支持新建和扩建一批标准化公办乡镇幼儿园，扩建海口市旅游职业学校和市一职中，保障海口经济学院创建高水平的高等院校，为各级各类教育发展提供有力支持。（2）提高社会保障水平，进一步完善了“老有所养”的社会保障体系，逐步改善城乡居民的保障水平。全年社会保障和就业支出12.46亿元，同比增加3.18亿元，增长34.2%。全市城镇居民基本医疗保险参保率达98%，新农合参保率达96%，新型农村养老保险参保率达95%，全市城镇和农村60岁以上居民均享受基础养老金。城镇居民标准从每人每月320元提高到352元；农村居民及五保户供养标准分别从每人每月200元和280元提高到240元和320元。社会救助体系进一步健全，退休人员及时拿到了事业单位退休人员绩效生活补贴及“事企差”财政补助。（3）支持医药卫生体制改革，推动“病有所医”条件改善。全年医疗卫生支出7.59亿元，同比增加2.12亿元，增长38.8%。为建立覆盖城乡居民的基本医疗卫生制度提供保障，新农合补助标准从每年每人130元提高到250元。并为收治城市流浪乞讨人员提供救助。（4）支持保障性住房建设和危房改造，积极推进“住有所居”工程。拨付2.72亿元，通过建设廉租房、公租房，实物配租等方式，努力解决城市低收入群体基本居住问题。2011年，全市开工建设保障性住房11702套，占省下达计划任务的147%。发放租赁补贴755万元，完成廉租住房实物配租共计1648户；拨付0.41亿元，积极推动棚户区改造；拨付0.27亿元，开展农村危房和库区危房改造。全年累计改造农村危房2000户，库区危房36户，竣工面积134319平方米。（5）加大公交投入，有效解决出行难问题。调拨6000万元，保障公交集团组建并一次性投放30辆电动公交车、170辆混合动力公交车和27辆纯电动出租车。拨付优先发展公交项目资金1100万元，落实残疾人、老年人、小学生等群体的减免费公交政策。设立偏远线路专项补助1500万元，使海口市公共交通的运力和班次大幅增加，有效缓解群众出行难的问题，也打破了国有公交投入不足、盈利能力差的瓶颈。及时拨付3290万元支持交通整治行动和“五路四桥”建设，出台并严格执行相应的资金管理办法和奖励办法，获得建设国际旅游岛安全畅通文明行联席会议办公室的充分肯定。（6）提高居民收入水平，使全民共享经济发展成果。为解决本市财政供养人员工资待遇长期低于省本级人员待遇的问题、实现“同城同酬”，经过与上级财政部门反复沟通，拉平了海口市与省本级公务人员的工资水平，共拨付调标工资共计2.48亿元。积极落实物价联动机制，从市级财力中拨付2080万元，累计补贴城乡五保户、重点优抚对象、低收入住房困难家庭和在校学生等低收入人员786985人次。从价调基金中拨付5558.19万元，用于蔬菜限价、猪肉涨价、灾后食品供应和平抑物价，对城乡低保户及其家庭中小学生、福利院“三无”老人及儿童、敬老院进行伙食补贴，有效缓解物价上涨对低收入群体的冲击。积极落实“家电”下乡和以旧换新补贴政策。拨付家电下乡补贴资金3090万元、家电以旧换新补贴1220万元，共带动消费2.45亿元。

【服务三农】 2011年，全市农林水事务支出80897万元，同比增加15355万元，增长23.4%。农业基础设施支出17358万元，其中：农田水利基本建设3500万元；农业综合开发4293万元；病险水库除险加固5050万元；南渡江流域整治和南渡江调水等重点项目前期工作经费3560万元；中央投资农村公路配套955万元。落实各项惠农补贴政策支出6885万元，其中：畜牧良种补贴338万元；农资综合直补和粮食直补3885万元，农业保险保费补贴996万元；能繁母猪补贴1666万元。促进农业科技成果转化和先进适用农业技术推广支出5307万元，其中：扶持设施农业建设支出2000万元，常年瓜菜基地建设支出2282万元；壮大羊山地区无公害瓜菜产业及扩大优质水果生产支出275万元；支持农民专业合作社支出750万元。支持农村劳动力转移培训支出726万元，其中：农村富余劳动力转移就业支出200万元，安排14305名农村劳动力转移就业；阳光工程农民工培训支出526万元，培训1.4万人次。

【城市治理资金保障】 2011年，海口市用于城市建设治理方面的支出达5.7亿元，是近几年来支持力度最大的一年。资金主要用于城市环境综合治理“五大工程”、城市道路交通整治、拆迁“打违”、旧城改造、城市棚户区改造、市政设施管养、农贸市场改造等方面。针对城市治理主要依靠各区的特点，在城市治理方面采取事权下放、财力相应下沉的措施。从旧城改造工作奖励、旧城改造土地出让金分成、征地专项补助等方面加大对区的补助力度。旧城改造工作按拆迁补偿额的2%安排区级奖励补助经费，并且改造项目产生的土地出让金净收益市区按照5：5分成。考虑到城市建设征地工作主要在各区，特安排给各区征地专项补助，在维持现有征地各项费用标准的基础上，按照征地统一年产值标准核定的征地补偿费的50%增加安排各区征地协调经费。同时市级每年拿出当年土地出让金收益的3%～5%部分，根据各区当年实际出让的征地面积进行收入分配。针对市内交通拥堵问题，为推进“五路四桥”工程，即在市区内打通5条断头路，修建4座人行天桥，财政安排经费对进度快、完成质量好的单位进行奖励。此外，城市环境综合治理、拆迁打违、旧城改造力度和财政支持的力度也是近几年来的最大。

【加强财政资金管理】 相继拟定《海口市财政公共财政预算资金支出管理办法（试行）》、《海口市政府投资项目竣工决算办法》、交通整治行动等重大项目的专项资金管理办法、奖励办法、专项经费报账流程等一系列管理制度，出台节能与新能源汽车示范推广财政补助、再生资源回收体系建设和农村危房改造资金等专项资金的管理办法，保障了资金的专款专用、快速高效。（1）认真清理整顿财政账户。结合“小金库”治理工作，组织各单位对市本级预算单位账户清理整顿，从源头上规范财务管理，共撤销银行账户48个。组织全市财政系统对财政专户进行清理整顿，共清理撤销财政账户43个，其中：市本级15个；区级财政账户17个；镇财政所11个。在此基础上制定了《市本级财政性资金银行预留印章管理暂行办法》和《海口市本级预算单位银行账户管理暂行办法》。（2）积极组织开展各项检查。一是开展全市范围的会计信息质量检查，共查出企业欠缴税款1.22亿元，追缴入库1.12亿元。二是组织各单位开展“小金库”专项治理工作，自查上报“小金库”3个，涉及金额69.17万元，受理并办结“小金库”举报6件。三是开展对抗洪救灾资金和物资管理使用情况进行自查自纠，以及对社保、三农等专项资金进行检查，及时查处违规资金，确保财政资金安全、规范使用。

【预算改革】 市财政部门通过推进预算改革，不断强化源头治理。一是继续压减、整合专项预留项目，提高部门年初预算到位率，强化部门支出责任。经调整，2012年专项预算仅保留7大项目。二是健全综合预算管理。严格执行收支脱钩，除教育收费外，将其他预算外资金全部纳入预算内管理。统筹考虑发改委安排的部门基建项目和财政安排的项目，避免重复安排项目。三是整合财政资金来源。2012年部门新增项目资金，优先从该部门2008年及以前年度基本账户结余资金中安排，并将部门项目资金安排和上年度项目支出进度挂钩。四是在保障法定支出增长，民生支出、新增产业扶持支出大幅增加的情况下，公共财政预算实现收支平衡，不从基金中调入资金。五是联合市人大、市审计等相关职能部门全程参与对纳入绩效评价试点部门考评范围的项目的编制、执行和绩效评价。

【国库管理】 2011年，市财政部门继续推行国库集中支付、公务卡等项目的改革。扩大财政惠民“一卡通”的适用范围。至年底，全市已有255家预算单位纳入国库集中支付范围。累计发放公务卡8320张，刷卡27931笔，较2010年增加15108笔；刷卡金额6034.75万元，增加3520.49万元。全市累计采集补贴对象个人信息25280人次，发卡

27625张，涉及城乡低保、重度残疾人补贴、农村客车、城市公交等补贴项目29个，累计发放补贴资金2.7亿元，惠及全市602378人次。

【国有资产管理】 市级行政单位完成搬迁后，财政部门迅速成立了行政事业搬迁单位资产处置领导小组，相继为18个单位调剂解决办公场所，同时积极组织处置资产的评估竞拍工作，严把资产处置审查关，确保国有资产处置价值最大化。制定海口市资产配置标准，发布《关于规范超标准配置资产审批程序的通知》，对超标准配置资产的程序和要求进行了明确规定。

【会计管理】 为深入宣传企业内部控制规范，市财政部门针对部分市属企业的行政和财务负责人，举办了一期免费的企业内部控制配套指引宣传讲座。对各区村级会计委托代理服务工作情况再次进行摸底，行文要求各区自行制定村级会计委托代理服务工作的实施方案。经市政府批准，举办全市首届农民专业合作社财务会计制度及建账实务培训班，对全市100多家村级乡级会计人员和农村合作社财务人员进行实务培训。省财政厅将每年6月定为全省“会计宣传月”。2011年首届“会计宣传月”开幕式及现场宣传活动由省财政厅和海口市财政局共同主办。经过精心组织，海口市财政局获得全省“会计宣传月”和演讲比赛两项活动的组织奖，派出的支会局第四核算站会计韩慧参加演讲比赛获得三等奖。会计服务窗口启用了新的会计换证系统，建账系统，政务服务系统和电子监察系统，共协助省财政厅换发新版会计从业资格证书4350人，办理2307家单位建账复核年检及换发新版建账登记合格证书。接受2011年会计从业资格考试报名1468人，受理8家代理记账机构审批。协助省财政厅完成2011年会计从业资格考试。2011年会计继续教育共举办22期培训班，培训人数3300人。

【区级财政扶持】 根据市委、市政府关于强区扩权的部署，市财政部门制定了强区扩权财政扶持实施方案，包括对区级进行一次性转移支付，对区级政府设立公益性市政基础设施项目工作奖励经费和旧城改造工作奖励补助，规范旧城改造土地出让金净收益分成，安排征地专项补助，提高对综合保税区和高新区补助，下放事权专项补助，逐年加大区级教育经费投入和体制调整加大对区补助等内容。2011年市对区转移支付268011万元，较上年增加56101万元，增长26.5%。其中，财力性转移支付197692万元，专项转移支付70319万元。2011年通过收回市本级部分难以支出的指标等措施，安排了5500万元对区一般性转移支付资金。这是海口市首次设立市对区一般性转移支付资金。对区教育、医疗卫生、社会保障等的转移支付力度持续加大，分别较上年增长40.2%、173.1%、48.8%。全市财力整体呈下沉态势，区级基本公共服务均等化成效显著。

（葛通）

国家税收

【概况】 2011年，海口市国家税务局负责海口市四个行政区和一个保税区的国家税收征管工作，管理纳税人67463户（正常开业户）。认真践行“为国聚财、为民收税”的工作宗旨，紧扣“服务科学发展、共建和谐税收”的工作主题，全力推进各项工作，在组织收入、依法治税、纳税服务和队伍建设等方面，均取得了较好成绩。全年共组织收入74.44亿元，创下历史新高，同比增长18.1%，完成年度任务的104.9%。实现省国税局下达的国内税收收入81.7亿元，市政府下达18%的增长幅度。加强廉政建设，市国税局被省纪委、省文明办评为“廉政文化进机关示范点”，被海口市纪委定为廉政文化建设现场观摩点。

【纳税服务不断优化】 加强与工商、地税、市政府服务中心等部门的沟通协调，并与多所院校及税务师事务所建立长期合作关系，定期为纳税人提供涉税咨询、辅导服务。对新办税务登记的纳税人进行专门辅导，宣传税收政策，普及办税知识，参与的纳税人累计已达3000人次；根据纳税人的不同行业、规模、经济类型，分门别类提供针对性宣传，特别强化对新办企业的税法宣传。协助省国税局做好网上发票发售工作，设立网上发票发售邮寄室，配备专人负责受理网上购票申请、解答纳税人咨询，已受理80多户申请，发售发票8576份，极大地方便了纳税人。制定《办税服务厅办税行为规范》、《办税服务厅应急工作预案》，完善了预约、延时、一次性告知等制度；继续深入开展创建“党员先锋模范岗”和“纳税服务之星”评选活动，狠抓税容风纪，提升服务质量。新设立凤翔办税服务厅，增加20个服务窗口，更好地服务海口各地区纳税人。全市已基本形成了纳税服务标准化体系的框架，初步实现了纳税服务的标准化、制度化、均等化。

【依法治税继续深化】 （1）做好税种管理工作。开展有铺面纳税人的风险管理工作，通过指标核定及费用保本等方法评定风险，并对风险较大的纳税人开展评估工作。顺利完成企业所得税汇算清缴工作，汇算清缴面达96.5%，其中通过网上申报参加汇算清缴的企业19038户，网上申报率86.38%。开展企业所得税风险预警核查工作，抽取351户税收风险较大的纳税人评定风险等级、查补税款，共申报补缴所得税661.80万元，滞纳金60.19万元。（2）开展发票专项检查。全年共对2647户纳税人开展检查，查处违法企业141户，移送司法机关49件；涉及非法发票522份，涉及金额1664.54万元，查补税款、罚款、滞纳金共计18.21万元，调整应纳税所得额424.49万元。（3）规范行政处罚裁量权。依托省国税局税收违法违章管理系统，进一步规范行政处罚细化标准，有效减少日常执法不严、处罚不力等行为的发生。全年共执行了8388户次处罚，合计处罚金额194.74万元；对2008—2010年执行的18575户次税务行政处罚及执行情况进行了全面自查，有针对性地强化执法动态监控。年内组织6期“全员、全过程、全业务环节”的行政处罚业务培训，确保每个执法人员熟练掌握违法违章处理类型、处罚岗位职责及流程、处罚实施办法及标准，在执法过程中做到“知其然，知其所以然”。（4）认真开展日常检查工作。对不同行业、不同财务核算制度的纳税人，不同企业规模、不同附加值水平等情况进行分析，归纳总结各行业风险点，为进一步开展风险管理打好基础；做好纳税评估日常检查和专项检查，制定工作规程，规范税务文书，统一案卷管理，夯实日常检查和专项检查工作基础。全年共受理各项检查案件1335户，入库税款1204.78万元。

【征管质量全面提升】 （1）持续推进征管机制建设。重新修订《海口市国家税务局税收征管工作规程》。按照新岗责体系要求，以“执法规范、征收率高、成本降低、社会满意”为目标，删减整合部分工作环节，进一步优化工作流程，协调部门之间、上下之间和税源管理主要环节之间的工作，提高征管质量和效率。（2）不断加强征管基础管理工作。建立户籍税收风险模型，分析户籍管理的前、中、后各环节存在的风险点，有针对性地进行防范和控制；实施税种认定清理工作，对未做税种登记的纳税人逐户核实，并对完成情况进行通报，确保税种认定工作的及时性和准确性；加强对纳税申报工作的督办，并对应申报未申报原因进行分析和清理；采取“早部署、有跟踪、抓入库、有回复”等措施，确保稽查查补税款的及时足额入库。全年转执行案件83户，入库税款（含罚款、滞纳金）6202.99万元。（3）开展征管质量检查。制定《2011年税收征管专项检查工作方案》，及时研究解决检查中出现的问题，狠抓税收管理的薄弱环节，促进各项业务工作的落实。对申报率低、漏管率高和定税指标差错率高的税收管理员按相关规定给予责任追究，并进行针对性培训教育。组织业务骨干成立检查小组，广泛收集问题并进行业务指导，切实清理漏征漏管户和解决个体税收征管中存在的问题。全年累计清理个体漏管户4316户，清理欠税4.48亿元，欠税增减率由年初的29.95%下降至年末的4.88%，申报率提高至98.86%，当期入库率平均为99.40%。（4）加大非居民企业所得税的征管力度，确保非居民企业所得税应收尽收。全年共组织征收非居民企业所得税收入10780.18万元，首次突破亿元大关，比上年同期增收5702.6万元，增幅达112.31%。（5）全面革新个体定税工作。以推行新个体双定户定税审批系统为契机，制定新的个体定税规程，实现个体定税的即时办理。纳税人可直接在办税服务厅办理定税手续，所用时间从过去的至少一周缩短到30分钟，在极大地方便纳税人的同时，也使区国税局税收管理员的工作重点逐步转向实地巡查巡管，以及对个体双定户定额情况实行动态监控上，进一步提高了征管质量和效率。（6）推进征管信息化建设。继续做好网上申报系统的推行工作。全市共有43915户次纳税人进行网上申报，网报率90.04%，有效降低了纳税成本，提高了工作效率。做好由税务端发起的17项涉税审批业务网上运行准备工作，对运行使用情况实施监控，定期通报，及时解决运行过程中出现的问题。

（夏昊）

地方税收

【概况】 2011年，海口市地税局以“三好两满意”（税收好、服务好、队伍好，上级和群众满意）为目标，继续深化税收管理与服务，改进和提高工作效能，税收收入跨上百亿台阶。全年组织税费收入1642186万元，其中，税收收入1016072万元，同比增长18.4%，增收157597万元。分级次：中央级收入169755万元，同比增长33.0%，增收42075万元；省级收入405657万元，同比增长12.4%，增收44733万元；市级收入440660万元，同比增长19.1%，增收70789万元。按市财政口径计算，共完成收入962762万元，同比增长17.4%，增收142607万元。

工商税收入949067万元，同比增长18.9%，增收151146万元。其中：中央级收入169755万元，同比增长33.0%，增收42075万元；省级收入380854万元，同比增长16.2%，增收53216万元；市级收入398458万元，同比增长16.3%，增收55856万元。

耕契税收入67005万元，同比增长10.7%，增收6451万元。其中：契税收入45096万元，同比下降25.5%，减收15424万元；耕地占用税收入21909万元，增收21875万元。

五项社会保险费收入569466万元，同比增长48.4%，增收185701万元。其中省级收入352918万元，同比增长44.8%，增收109199万元；市级收入216548万元，同比增长54.6%，增收76502万元。教育费附加收入26449万元，同比增长31.2%，增收6287万元；文化事业建设费收入2955万元，同比增长48.4%，增收964万元。工会经费收入8445万元，同比增长49.9%，增收2810万元。地方教育附加收入14809万元；残疾人就业保障金收入3990万元。

2011年各行业占工商税收收入比重图

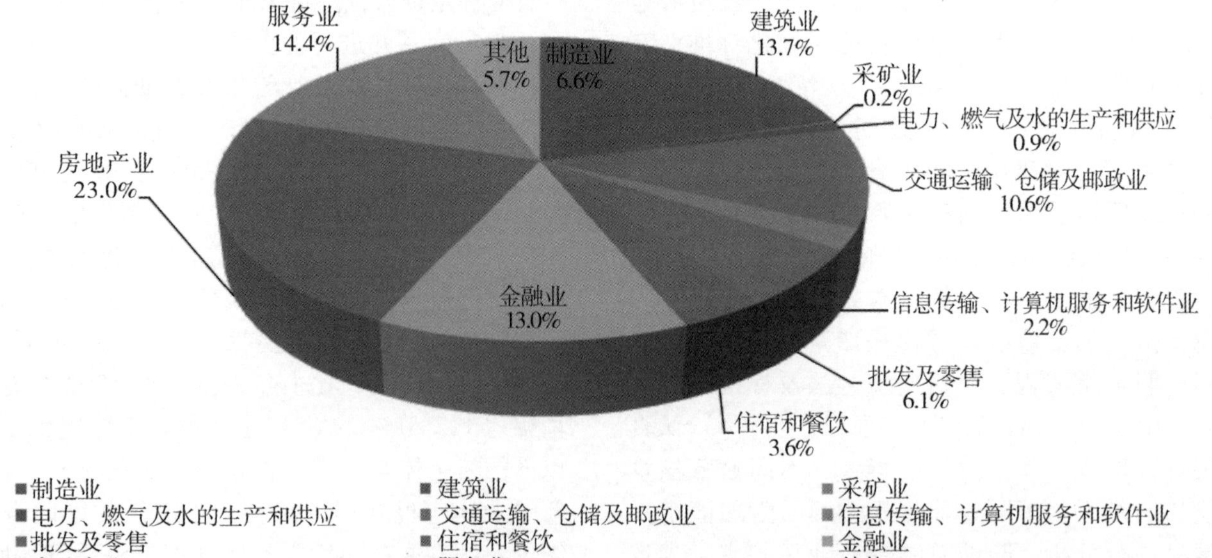

2011 年各税种收入占比图

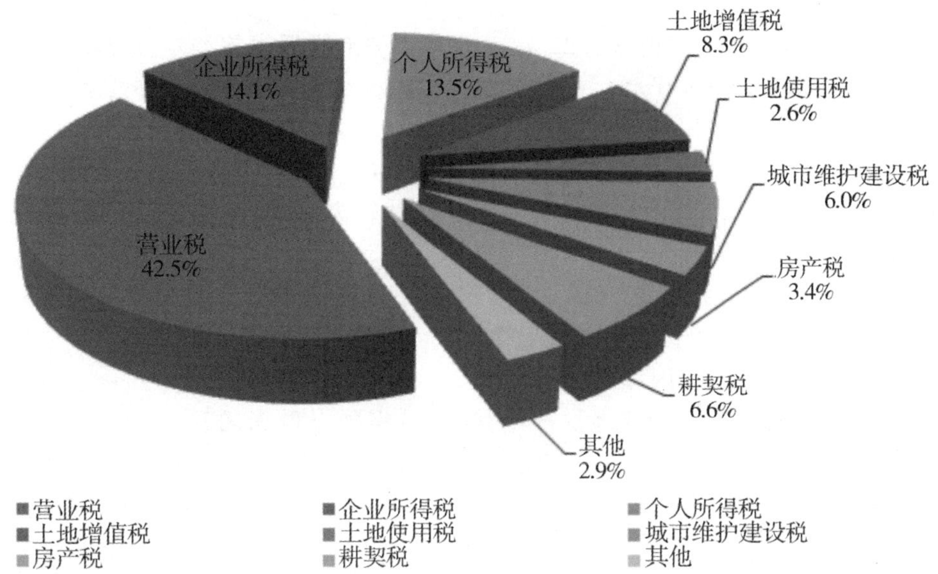

2011 年地方税收各税种收入情况示意图

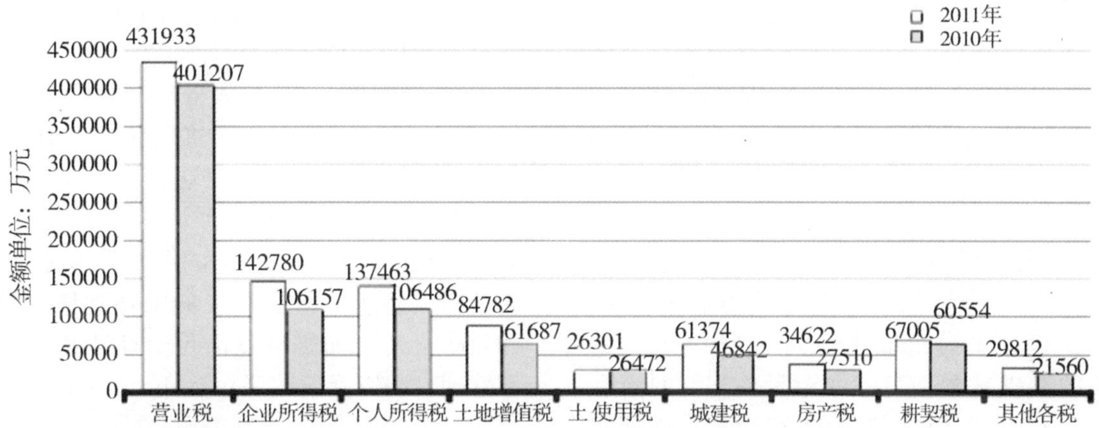

【“三清两打”挖潜保增长】 “三清两打”（清理欠税、清算土地增值税和企业所得税、清查补税，打击偷漏税和假发票）挖潜力，弥补现实税源的不足。全年挖潜收入入库 14 亿多元，其中：清理欠税 5900 家 4.64 亿元；清算土地增值税 74 家 5.76 亿元；清缴企业所得税 634 家 8072 万元；清查打击偷漏税 278 家、假发票 12409 份，补缴 2.82 亿元。

【规范征管业务】 在省地税局“13 个业务规范”的基础上，对税务登记管理、纳税申报管理、“双定户”管理、税务登记注销、二手房交易等管理进行了细化和规范，印发了 4 个业务规范及其他规范，进一步规范了征管业务。

【推行网络发票】 按照税务总局“简并票种、统一式样、建立平台、网络开具”16 字总体思路和省地税局“进行发票换版，推广网络开票”的基本工作思路，扎实稳妥地推进发票换版及网络开票各项相关工作。年内培训纳税人 9960 户，网络开票 8220 户。

【加强发票管理】 开展打击发票违法犯罪活动和发票协查工作，组织房地产业、建筑安装业专项税收核查工作。完成发票举报检查215例，发票协查639份。共检查违法发票企业116户、违法发票份数642份，对25家建筑安装企业102个项目进行核查。通过发票检查组织入库税款1822万元，征收滞纳金119万元，罚款2.76万元。

【扩大税收宣传】 拓展宣传平台，在原有《海口晚报》“阳光地税”专栏的基础上，4月初与海口广播电视台达成战略合作协议，推出一档关注地方税收的电视节目——“阳光地税”，每周播出3次，每次20分钟。该栏目致力于打造纳税服务、税企深度交流，专注传播税收知识和解读税收政策。根据央视索福瑞市场调查，《阳光地税》电视节目收视率位居海口市视听类节目第三名，在2012年海口广播电视台各栏目评比中名列第二（热带播报第一）。

【信息管税】 全年先后组织40多期33000多人参加纳税人和干部职工培训班，提高受训人员对电脑和新系统的使用能力。提出合理化建议200多条；狠抓数据补正，提高征管信息质量，完成纳税人管辖权属确认16万多户，完成企业所得税亏损弥补台账数据补录和减免税修复补录5万多条。

【存量住房交易核税系统启用】 7月1日，存量住房交易价格申报评估审核系统成功上线启用。该系统首次建立了海口市共11888幢住宅楼、33万套住房的基础数据信息库和存量住房交易计税审核系统，方便了办税，增加了税收，有效降低了廉政风险。

【纳税服务】 升级办税大厅服务功能，在自助服务区增设打印机、扫描仪等设备，增加导税工作人员，整合窗口职能，尽可能提高办税窗口的服务质量；针对发票发售业务量大及发票换版等实际，延长办理时间，“朝八晚九”、“5+2”不间断服务；对代开发票、网络发票开户等涉税事项进行梳理、简并；出台加快“三代”手续费支付办法；规范催报催缴文书发送，统一委托邮政部门寄送；组织50多人的辅导队伍对纳税人进行远程和大厅现场的释疑解难工作。在市政府组织的民主评议政府单位（部门）互评中，市地税向排名第三，在市政务中心窗口单位评比连获两年一等奖。

【咨询投诉举报】 12345政府服务热线办公室、12366纳税服务热线办公室和咨询投诉举报中心合署办公，归口监察内审部门管理，统一受理热线和群众诉求的有关事项。全年共受理政府服务热线转办咨询、建议、求助、举报、投诉及其他办件595件，全部按期办结。制定《海口市地方税务局咨询投诉举报中心工作规程》，撰写咨询投诉举报中心周报共50期。

【退税办理加速】 协调人民银行相关部门，加快退税进度。全年办理退税2865笔，退库4545万元，办理抵税业务80笔。对虚假欠税纳税户进行核销，共核销虚假欠税纳税户501户，共3318笔。

【干部制度改革】 下放干部管理权限。明确分局对科级干部有调整建议权，对本单位一般干部有调整权，对正科级以下干部有提名、动议、推荐权，有权自行组织培训、考察学习活动。合理下放财务管理权限。扩大分局领导财务审批权限，增加科（室）、所、大厅主要负责人的财务签批权；部分列名的水电、交通、维修等费用由分局按规定程序自主集体审批办理。下放公用物资购置、设施维护和公务用车的维修等事务管理权限。明确属地管理、分级负责的维稳责任。明确执法和廉政责任，加强重点岗位、环节和人员的执法和管理权限以及廉政风险责任。

【队伍建设】 认真做好中层干部任用工作，通过多种方式选拔干部，提拔任命了140多名科级领导干部。除使用竞争入围考察合格者外，对连续三年考核优秀、记三等功的人员给予提拔。组织开展多层次培训，先后组织参加清华大学公共管理高级研修班、大连税收业务技能培训班、科级新任职干部培训班以及中青年干部训练班等，共组织各类学习培训班18期，参加人员1179人次。

【严格行政问责】 市地税局制定《税务干部问责暂行办法》，严格责任追究。对1个科室、4个分局、33人进行了通报批评；2名干部看“小电影”（违纪人员录像），对1名干部给予行政记过处分，对2名派遣工给予辞退。对相关人员进行党风政纪教育谈话83次，对7名干部进行诫勉警示谈话。

【党建工作】 市地税局按新的机构设置了6个党总支和69个党支部。开展创先争优和党群结对帮扶活动；评选出4个先进基层党组织、47名优秀党员和共产党员先进模范岗；组织纳税人对纳税服务满意度进行测评，开展“两讲评”活动，营造学典型、比业务、赛干劲、争先进的工作氛围。组织239名中层领导到监狱开展廉政警示教育，进行勤政廉政宣誓。实行返还手续费直通管理，注销分类管理等；完善监督，增设了四名区局专职纪检监察副局长，设立兼职监察员88名，向社会公开聘请特邀监察员15名。围绕税收中心任务，抓好四个“紧盯”：一是紧盯土地增值税清算，二是紧盯待办事项，三是紧盯催报催缴，四是紧盯风险防控试点工作。党风廉政建设的做法在省地税局召开的系统党风廉政会和市纪委召开的会议作了经验介绍，得到上级的积极肯定。

（朱万宪）

统计工作

【概况】 2011年，市统计部门以统计“双基”（基层的基础）工作为核心，加强统计信息化建设，提高统计业务水平和依法行政水平，稳步推进统计改革和各项业务建设顺利开展。为顺利完成农垦统计向地方移交的过渡和衔接工作，市局多次派人到美兰区、琼山区，深入到三江、桂林洋、红明、东昌等农场进行协调和调研，为顺利完成农垦统计向地方移交的过渡和衔接奠定基础。第六次全国人口普查工作获全国先进集体称号，第二次全国R&D资源清查工作获先进集体称号，《海口统计年鉴》被国家评为三等奖。在全省2011年统计工作42个专业评比中，有21个专业获得一等奖，有10个专业获得二等奖，有3个专业获得三等奖，获奖比例高达81%，位居全省前列。

【实施统计四大工程】 根据国家统计局和省统计局的统一部署，2011年下半年为实施企业一套表制度、基本单位名录库、数据采集处理软件系统、联网直报系统四大工程试点年。为保证企业一套表制度工作的顺利开展，从10月22日开始，市统计局连续举办15期“三上企业”（工业及商贸业年销售收入2000万元以上、餐饮零售业年销售收入500万元以上的企业）基层统计人员“一套表”制度和统计法知识培训班。完成对“三上”企业和房地产企业一套表制度培训率达100%，完成1106家“三上”企业和房地产企业申报入库工作，试填上报率达100%，为下年实施一套表制度打下良好的基础。

【信息化建设】 举办海口市办公OA系统、海口市统计VPN网络系统、海口市乡镇统计VPN联网系统以及计算机基础知识等培训班。继续加强对市统计局、区统计局及各镇统计站全体人员的计算机知识和网络知识的培训工作，派人积极参加省局举办的各技术培训班，努力提高全市统计工作人员的计算机应用水平。

【调查工作】 一是圆满地完成了文化产业调查工作。二是开展2001—2010年妇女儿童发展规划工作：（1）将市级数据库体系扩展延伸至四个区，数据库系统已全部载入2000—2010年两纲监测数据，实现数据的集中管理、动态维护、统筹监测。（2）将收集来的十年部门数据进行梳理，认真做好逐一比对，关注指标变化情况，严格把握审核录入关，发现变动较大的指标数据及时与各部门进行沟通核实，详细了解数据变动的原因。（3）撰写监测报告。对于《海口市妇女儿童发展规划》各项指标数据实施完成情况，分别从人口经济、健康、教育、参与决策和管理、环境、法律等领域进行认真分析，为海口市妇儿工作的发展提供参考服务。三是做好海口市地名普查工作。四是做好基本单位名录库的维护与更新。五是做好2011年月度劳动力调查工作。六是做好2010年非公有制企业人才调查工作。

【统计服务】 2011年，市统计局编印《海口统计月报》、《三十五个大中城市横向对比资料》各11期。审校“两会”材料、《政府工作报告》及相关部门工作报告。为推进实施海口市保障性住房工作，完成中低收入标准的划分，编印并在海口晚报发布《海口市2010年国民经济和社会发展统计公报》。为“两会”服务，提供统计资料近

1000 册/人次。及时为市四套班子提供统计数据资料 1200 册份。按月按时组织部门之间统计资料交换 700 册份，向三十三届重点城市和二十九届直辖市、副省级城市、省会城市及沿海开放城市经济特区交换资料。完成 2010 年度海口市全面小康监测工作、城市区域年报工作。完成 2010 年、2011 年上半年海口市经济运行情况综合分析，完成《海口统计年鉴—2011》的组稿工作。协调和指导部门做好 2010 年度市县主要经济指标考核工作，并进行综合测算工作。完成《海口年鉴》相关的撰稿工作，为海口市经济社会发展《蓝皮书》、《白皮书》提供统计数据资料。

（唐甸德）

城市经济调查

【概况】 2011 年调查数据表明，海口市继续加快转变经济发展方式，采取一系列保增长、调结构、控物价、惠民生措施，全面推进各项建设，经济取得较快发展，城乡居民收入快速增长，百姓生活水平显著提高，市场物价调控得力，房价持续走低，居民消费价格指数（CPI）稳步回落，实现了“十二五”良好开局。

【市场物价上涨特点】 2011 年，海口市居民消费价格高位平稳运行，同比上涨 5.4%。从结构上看，构成 CPI 的八大类商品价格全面上涨，其中，涨幅最大的是食品类，同比上涨 12.6%，居住类上涨 2.8%，交通和通讯类上涨 2.6%，医疗保健和个人用品类上涨 1.2%，娱乐教育文化用品及服务类上涨 0.7%，烟酒及用品类上涨 0.5%，家庭设备及维修服务类上涨 0.4%，衣着类上涨 0.2%。从月度看，全年各月同比均上涨，但呈前高后低走势，1～8 月涨幅均在 5% 以上，7 月达到全年最高的 6.6%，9 月涨幅开始逐月回落，11 月涨幅回落至全年最低的 3.5%。居民消费价格变动的主要特点：（1）食品价格涨价面广、涨幅高，是 CPI 高位运行的主要因素。食品类价格同比上涨 12.6%，比 2010 年涨幅上升 5 个百分点，拉动居民消费价格总水平上涨 4.3 个百分点。被调查的 16 类食品价格全线上涨，其中涨幅较大的有粮食、肉禽及其制品、蛋、水产品、干鲜瓜果和油脂，同比分别上涨 18.2%、16.1%、14.4%、12.8%、12.4% 和 10.5%。（2）居住类价格上涨是影响 CPI 上扬的另一重要因素。居住类价格同比上涨 2.8%，拉动居民消费价格上涨 0.5 个百分点。（3）人工费用不断提高，带动了服务价格上升，服务项目收费价格同比上涨 2.3%。（4）受国际原油价格不断走高、国内政策性调价以及部分工业原材料价格上涨等影响，部分工业品价格上涨明显。汽油价格上涨 11.6%，柴油价格上涨 13.5%，首饰价格上涨 17.8%，衣着材料价格上涨 9.9%，中药材及中成药价格上涨 7.8%。

【房价回落】 经过一年多来持续不断的房地产宏观政策调控，2011 年海口房地产市场调整态势明显，房价涨幅显著回落，消费者购房预期发生改变，持币观望气氛浓重，市场交易陷入低迷，开发商资金回笼压力加大，房价逐步回归理性。1～12 月海口市房屋销售价格同比指数分别为：121.6、104.2、100.7、100.7、100.7、100.7、100.7、101.3、101.3、100.5、99.8、99.6，高位回落态势明显。其中，11 月出现了自 2009 年 6 月以来海口新建商品住宅同比价格指数的首度下降，12 月同比价格指数为 99.6，为全年最低值。

【工业生产者价格高位运行】 2011 年，海口市工业生产者出厂价格累计同比上涨 6.2%，工业生产者购进价格同比上涨 8.5%。从趋势来看，工业生产者出厂价格和购进价格各月的同比涨幅大部分时间都在高位运行，4 月二者同比涨幅分别达到最高的 8.0% 和 11.1%，从 10 月起同比涨幅才开始回落，到 12 月分别回落至全年的最低点 1.5% 和 4.5%。购销价格“剪刀差”呈逐月扩大态势，从一季度的 1.2% 扩大到全年的 2.3%。从行业类别划分看，工业生产者价格高位运行主要是受部分行业价格的大幅上涨的影响。在 28 个被调查行业中，出厂价格上涨的有 20 个，其中涨价幅度最大的前四位分别是有色金属矿采选业、化学原料及化学制品制造业、化学纤维制造业和非金属矿物制品业，分别累计上涨 57.5%、28.8%、12.9% 和 11.7%。九大原材料购进价格呈八升一降局面，其中有色金属材料及电线类累计上涨 67.5%，对原材料购进价格指数影响最大。其次是化工原料类，累计上涨 23.2%。成本价格的上涨幅度始终大于产成品出厂价格的上涨幅度，使目前企业一直处于“高进低出”的态势，将对企业的发展带来负面影响。

【企业景气度上升】 2011 年一季度，海口企业景气指数 125.9，企业家信心指数为 133；二季度海口企业景气指数 126，企业家信心指数为 135.9；三季度，海口企业景气指数 131.3，企业家信心指数为 129；四季度，海口企业景气指数 141.76，企业家信心指数为 135.9，分别比上季度提高 10.47 和 6.9 个百分点，企业景气指数比上年同期提高 15.87 个百分点，企业家信心指数比上年同期略降 1.9 个百分点。企业景气指数全年一直处于上升态势，说明企业经营状况转好，效益增加。企业家信心指数有些波动，说明企业家对欧债危机以及宏观调控所带来的一系列不确定性持谨慎态度。为提振企业家特别是中小和微型企业家的信心，政府有必要出台适当的政策措施。

（郭涛）

审计监督

【概况】 2011 年，全市各级审计机关依法认真履行审计监督职责，加强对权力运行的监督和制约，密切关注经济社会运行中的突出矛盾和风险，揭露和查处重大违法违规问题，坚持从体制机制制度层面分析问题、提出建议，注重方式方法的探索创新，有效发挥了审计在促进各项政策措施的贯彻落实、保障经济社会健康运行等方面的积极作用。全年完成审计、审计调查项目 87 个，查出违规金额 68192 万元，其中应上缴财政 67723 万元，应减少财政拨款或补贴 24 万元，应归还原渠道资金 146 万元，应调账处理金额 126339 万元；已上缴财政 67720 万元，已调账处理金额 126339 万元。提交审计工作报告、信息 76 篇，被采用 13 篇。

【财政审计】 2011 年，市各级审计机关结合财政制度改革，以促进预算规范管理、提高财政绩效为目标，组织财政审计项目 13 个，其中市、区级预算执行审计 5 个，预算执行单位审计 6 个，财政决算审计 1 个，地税部门审计 1 个。市本级财政预算执行审计，在摸清财政家底的基础上，重点审计本级预算批复和预算支出情况，对重点事项和重点资金进行延伸审计调查，关注财政性资金支出的方向、结构和绩效。范围涉及本级全部政府性资金。审计披露了实际支出与预算不相符、预算编制不够细化、部门预算批复率低、部分财政资金长期闲置等问题。依法处理行政性收费、土地出让金、罚没收入、国资收益等应上缴国库资金及时入库。重点从预算管理体制、制度等方面揭示影响预算执行和财政资金使用效率的原因，有针对性地提出了细化预算、加快预算执行进度、提高资金使用绩效等审计建议，并通过督促整改，促进解决当前财政管理中存在的突出问题。采取财政审计一体化组织方式，对市财政局及下属单位的财务收支情况进行审计，重点检查了当前社会高度关注的“三公经费”即招待费、公车购置及运行费、差旅费等 3 项费用支出的情况。对保税区 2010 年度财政决算和公检法机关财务收支进行审计。2011 年 8 月，受市政府委托，市审计机关向市十四届人大常委会第三十八次会议所作《关于 2010 年海口市本级预算执行和其他财政收支的审计工作报告》获得审议通过。审计机关根据审计结果公开的相关规定，通过海口市的主要新闻媒体从不同角度公开了审计工作报告的内容。

【地方政府性债务审计】 2011 年，在国家审计署、海南省审计厅的统一组织和安排下，对海口市市本级和所属 4 个区地方政府性债务进行全面审计。审计结果表明，至 2010 年末，市本级政府性债务余额 316.89 亿元，其中政府负有偿还责任的 313.04 亿元，占 98.79%；担保责任的 1.7 亿元，其他相关债务 2.15 亿元。已支出的 248.13 亿元债务主要投向市政基础设施、医疗卫生、教育、水利、保障性住房等公益性项目以及支持市产业园区建设。海口市债务属于中长期借款，各年度还款压力均衡，总体偿债风险可控。2005 年以来，市陆续出台政府性债务管理办法，初步建立起工作机制和配套制度，采取措施清理化解历史债务 16.32 亿元，政府性债务管理不断规范。对债务资金管理使用方面存在问题，政府及其相关部门的整改在审计期间已经取得初步成效：2011 年底前对闲置的债务资金予以调整安排使用，挪用的债务资金已归还至原渠道；美兰区、龙华区对不符合申请条件、提供虚假证明材料等手段骗取廉租住房保障的20户家庭，下发取消住房保障资格的通知，责令当事人限期腾退房屋、补交占用廉租房期间的房屋租金。

【固定资产投资审计】 2011年，海口市审计机关继续加强对政府重大投资项目的审计和跟踪审计。一是继续扩大审计覆盖面，促进提高政府投资效益。坚持以工程造价的真实性为核心，通过严格核算、现场勘测、市场询价、定额咨询等多种方式挤掉水分，有效控制工程结算造价，节约建设资金。全年审计政府投资工程竣工决算和结算项目115个，涉及金额26.87亿元，核减工程造价3.04亿元，核减率11.3%。二是对“5路4桥工程”、金鼎路工程等10个重点交通整治和重大基础设施项目实施全程跟踪审计，审计资金23.83亿元。审计中，坚持造价、资金、管理、绩效“四审”并举，揭露问题与整改问题相结合，发挥审计建设性作用。审计组针对项目建设中存在的建设程序、进度、质量、安全、设计变更、现场管理等方面的问题，提出整改建议78条，建设单位采纳65条，保障项目建设和资金“双安全”，促进重大项目的顺利实施。三是围绕民生工程项目开展审计调查。2011年，对农村公路建设、旧城改造项目、保障性住房、中小学校舍安全工程等重点民生工程项目进行专项审计和审计调查。坚持从制度层面揭示工程建设中的问题，促进政府和有关部门完善制度。审计揭示校安工程建设管理不规范、特殊加固项目建设成本偏高、26个项目停工进行设计变更等问题，政府及相关部门根据审计建议积极整改，研究出台《校安工程项目竣工验收办法》，同年7月底，校安工程开工率提高83.2%。四是继续坚持完善“三权分离”的投资审计管理模式和“审计项目安排5人小组”监督制度，有效巩固了政府投资审计领域廉政建设的成果，促进了投资审计效率的大幅提高。

【经济责任审计】 2011年，海口市审计机关继续探索审计内容和评价体系、改进审计方式，进一步深化经济责任审计。全年实施领导干部经济责任审计9个，审计对象涉及县处级部门领导1人，国有控股企业领导1人，县处以下党政领导2人，部门领导5人。共查处领导干部应负管理责任的违规资金4150万元。区分不同类别领导干部，探索各有侧重的审计内容和方法，关注重点投资项目、重大民生工程和民生政策的执行推动情况以及行使经济决策权和领导干部个人廉洁守纪情况；注重评价政策执行、内部控制、重大发展决策和经济发展指标分析与考核等内容；在审计方式上，推进经济责任审计与其他专项审计的统筹结合。2011年，继续加强与组织人事、纪检监察部门沟通协调，建立了审前信息沟通制度，审计结果报告制度，为提高审计工作成效，实现对权力运行的有效制约，促进党风廉政建设起到积极作用。

【专项资金审计（调查）】 2011年，海口市审计机关围绕国家富民惠民政策的实施和市委、市政府民生热点，组织实施养老保险基金、城镇从业人员医疗保险基金、城镇居民、农村合作医疗保险基金、保障性住房、农村人畜饮水专项资金、价格调节基金、商品房维修资金和住房基金、防汛抢险救灾资金物资等专项审计和审计调查52个，审计资金总额23.71亿元；查出改变项目资金用途、资金滞留闲置、未纳入财政专户管理等违规资金1.27亿元。审计坚持资金安全效益、政策落实有效的原则，追踪资金，跟踪政策，评估成效，注意查处各种侵害群众合法利益的行为，切实维护群众利益；揭示和反映了落实政策不到位，政策目标未实现以及资金管理、制度运营等方面的问题，提出建议，促进整改，推动各项惠民政策的落实和社会保障制度的完善。审计反映了职工、城镇居民、新农合三项医保基金相关部门在医疗服务收费监控、报销审核监督及基层定点医疗机构管理等方面存在的问题，有些定点医院存在超标准收费和扩大收费项目等现象，个别基层定点医院管理不规范，账册、报表和相关资料无法真实反映该院就诊、住院人数和实际诊疗项目、费用情况；部分农村饮用水工程未能发挥效益、农村饮用水质合格率不到四成，福利彩票公益金资金结余较大，使用效益不高，个别彩票销售厅内部机制不健全，管理不规范等问题。并认真分析存在问题的原因，提出多条审计建议。坚持边审计、边督促各部门整改，达到促进被审计单位健全制度、规范管理的目标。如市卫生主管部门对新农合定点医疗机构海口中山医院管理混乱问题进行了专项检查，并暂停该院的定点医疗机构资格，责令其限期整改。处理情况在全市定点医疗机构进行了通报，同时进一步完善监管制度，加强对定点医疗机构的管理；市民政部门已出台4项制度规范彩票销售厅的管理。物价主管部门还针对海口市二手房交易税费流失严重的问题，通过审计整改，完善二手房交易计税价格认定制度，堵塞漏洞，促进了行业税收的增加。

【救灾资金审计和审计结果公告】 2011年，继续对“汶川和玉树地震”救灾资金物资实施后续审计；对2010年海口市“洪水内涝”防汛救灾资金物资进行全过程、全方位跟踪审计。发现部分乡镇救灾物资的接收、移交、发放手续过于简便，救灾款物存在安全隐患以及部分报销凭证不够规范，审计指出上述问题后，相关部门完善了救灾款物的管理手续、制度，保障了灾后群众恢复正常生产和生活秩序。市审计局根据《海口市审计机关审计结果公告办法》，对上述审计结果进行了公告。

（李洋波）

工商行政管理

【概况】 2011年，市工商局按照年初提出的“提升素质大培训、转变作风强管理、优化环境严监管、提高能力办大案”的工作思路，以“六个更加”（更加自觉服务经济发展、更加高效加强市场监管、更加努力推进依法行政、更加有为强化消费维权、更加严格锻炼干部队伍、更加有效推进廉政建设）为主线，以“六型工商”（服务工商、责任工商、法治工商、现代工商、和谐工商、廉洁工商）建设为抓手，积极开展队伍教育管理活动，创新机制服务各类市场主体，切实加强市场监管和行政执法，各项工作取得良好的成绩。

【服务市场主体】 （1）创新服务机制，促进市场主体加快发展。以政务中心为平台，采取“三提前，五帮助”、上门确认、集中年检、设立登记“绿色通道”等举措，为各类企业快速办理注册登记、年检服务。以办理股权出质登记为手段，帮助中小企业解决融资难题，扶持企业做大做强。以和邮政银行联合推出“小额速贷”为平台，扶持大学生创业就业。积极探索国有企业改制和创业基金公司、微型公司等新型企业注册登记中出现的新问题，及时协调有关部门，为改制企业和新型企业快捷办理注册登记。全年共办理私营企业设立登记7169家，同比增长21.8%；办理内资企业设立登记456家，同比增长11.6%；办理外资企业设立登记30家，同比增长4.7%；办理农民专业合作社设立登记184家，同比增长26.5%；办理个体工商户开业登记14450家，同比增长9.8%。办理股权出质登记31件，支持企业融资11.1亿元。（2）加强市场主体监督。积极推进市场主体数据清理和查处企业违法违规行为。全年个体户数据补录完成99%，企业数据补录完成90%；年检企业12231家，占应年检企业的30.17%；查处虚假出资等违法企业23家，罚款177.3万元；办理企业注销登记697家。（3）全力推进商标注册引导。认真制定《海口市工商局实施商标战略工作意见》，将目标责任层层分解，积极落实加强业务指导、对工商所重点帮扶、每月通报等工作制度，全面推进“一所多标”、“一机构一标”及“一领导一标”等责任目标落实。全年引导申请商标注册603件。其中，32个工商所引导申请商标注册378件；商标监管机构引导商标225件。引导申请总量及工商所引导申请总量、商标监管机构引导申请总量均位居全省系统第一。同时进一步推进海南省著名商标的推荐认定工作，帮助企业争创著名商标品牌。市工商局向省工商局上报海南省著名商标申报企业49家，占全省系统申报总数的68%，经省工商局审查，第一次公示通过39家，位列全省第一。

【流通环节食品安全监管】 通过实施市场长效监管措施，签订食品安全责任书，强化进岛蔬菜批发环节农药残留检测，督促农贸市场开办者落实“一市一室”、“日检日示”自检制度和指导商场、超市完善购销台账、索证索票制度，在城乡市场开展食品检测车巡回抽检，开展违法添加非食用物质、滥用食品添加剂和“地沟油”专项整治，加强食品市场的综合性监管。共查处流通领域食品安全案件441宗，查扣澳洲红葡萄酒249箱、法国博西耶葡萄酒100箱；检测蔬菜“农残”19537批（次），合格率达99.94%；发放检测合格单20多万张。实现了“批发源头可控、零售末端可溯、监管责任可查”的工作目标。

【农资市场监管】 结合企业年检和个体工商户验照工作，认真审查农资经营单位的准入资格，做到“准入条件合法、主体资格合法、经营资格合法”。采取农资企业信用分类监管制度，对农资经营企业实行“远距离”、“近距离”、“零距离”动态监管。引导农资经营企业健全购销台账和索票索证制度，同时健全“两账两票、一卡一书制”、种子留样备案制、农技联络员监督制等，形成有效维护农民权益的长效监管机制。以取缔无照经营农资店为查处重点，全面清理农资市场主体，建立健全农资经营户的“经济户口”。以肥料、农药、种子等农资为重点品种，以农资销售相对集中的地区及批发市场、专业市场和集散地，特别是农村市场为重点场所，加大执法力度，严厉查处销售假冒伪劣农资坑农行为。共立案76宗，查扣违禁农药30箱、假冒化肥41.6吨、伪劣除草剂1000袋。

【校园周边环境监管】 以查处“黑网吧”为重点，加强校园周边环境监管。积极履行“政府统一领导、相关部门各司其职、全社会共同参与”的长效工作机制。继续实行“错时监管制”、“管段责任制”、“校所联动制”、“一次性死亡”等监管措施，取缔违法经营娱乐场所9家，查处校园周边黑寄宿点4家，取缔黑网吧24家、查扣电脑250台，取缔流动摊贩588家，查扣餐桌椅、手推车、炊具及食品一批。

【不合格塑料制品监管】 以环境保护为重点，加强对不合格塑料制品监管。采取悬挂宣传标语、印发宣传资料等形式，加强对经营者进行爱护环境教育。坚持堵源头和市场查处相结合，加大对新港码头、批发点、超市、集贸市场的检查力度。年内查处“黑窝点”3个，查获不合格塑料制品1177万个。

【旅游市场监管】 以“一排两点”为重点，强化旅游市场监管。实行“一人一店，两人一组”的坐堂式监管模式，加强对旅游购物点、旅游景点、海鲜大排档和螃蟹裸称的巡查监管。查处短斤缺两、强买强卖、欺客宰客行为23人次，取缔黑机（船）票点5个，检查旅游景点396个次，检查旅游购物点1546个次，检查海鲜大排档2632个次，查处旅游市场无照无证经营案件8宗，查处低报价高结算案件1宗，查处旅游商业贿赂案件3宗。受理旅游消费投诉129宗，为消费者挽回经济损失2.35万元。

【户外广告市场监管】 以规范广告发布为重点，加强户外广告市场监管。加强对户外广告内容的审查，加大广告监测和日常巡查力度，强化对食品、医疗、药品、美容保健等广告发布行为的监管。积极协调媒体，及时消除违法广告影响，提高广告业的社会公信力，营造文明向上健康有序的广告市场环境。办理户外广告新登记、变更登记等业务1868件，查处违法广告案件192宗，清理格调低俗广告85次。

【查处无照经营】 把取缔查处无照经营作为社会综合治理的一项重要工作来抓，树立“三个意识”（责任意识、服务意识、重点意识）和坚持“四项制度”（法律宣传制度、市场巡查制度、长效监管制度，综合治理制度），全面推进无照经营查处工作。年内共查办无照经营案件1080宗。

【合同监管】 加大对合同的监管力度。全年共检查各类合同1719份，检查合同金额1631.4万元，发现违法合同40份，违法合同金额20.21万元，办理拍卖前（后）期备案433份，办理委托合同登记486份，合同总金额455551.61万元。

【规范直销和打击传销】 以规范直销和打击传销为重点，努力构建和谐环境。按照省工商局和市政府的部署，积极落实规范直销企业行为和打击违法传销工作，通过召开多部门联席会议、成立专案组等明确责任和要求，通过大张旗鼓宣传、加强与居委会、村委会、住宅小区物业管理部门的情报沟通，初步形成了由政府牵头，社会各界共同参与的群防群治工作格局。2011年以来，市工商局共检查经营场所2889户，检查培训场所、出租屋1660个，办理举报投诉线索13件，规范直销经营企业10家。

【严格办案执法】 围绕“依法行政理念逐步确

立，行政执法责任基本完善，各项执法程序规定健全，执法免责机制逐步建立，依法行政水平显著提高”的目标，重点抓好四个方面建设。（1）创新执法办案模式。推行执法办案“三二四”措施。即加快立案、办结和案卷装订三个时限；实行罚没物资季度一清和罚没款入库警示两项制度；严把执法文书审批、案件流程跟踪、案件上网审批、案卷卷宗管理四个环节。同时，在公消局建成全省工商系统第一套全程电脑录像、录音监控案件询问（调查）笔录的AVA数字问讯系统，使案件办理更加公正、透明、规范。（2）推行说理式处罚决定书。在执法单位全面推行说理式处罚决定书，并发《通知》明确规定，处罚金额1万元以上的一般案件，处罚决定书必须详述案件的案由、主要情节、证据的采信及处罚结果等，力求做到把法理讲透、把事理讲清、把情理讲明，让当事人明白自己的行为过错，受处罚口服心服。说理式处罚决定书的推行，减少了行政复议案件的发生，提高了案件的执行率。这一做法，得到了省高院和省监察厅驻省工商局纪检组的充分肯定。（3）建立案件审理审批制度。成立案件审理委员会，出台《案件审理委员会工作规定》、完善《案件集体讨论暂行办法》等规章制度。对涉案金额100万元以上、个人被罚没财物5万元以上、法人被罚没物10万元以上以及大要疑难等案件，先报市工商局案件审理委员会审理，再提交局长办公会议讨论。严格实行案件上网审批制度和销案统管制度，对未实行上网审批或未报经市工商局分管法制工作副局长审批而擅自撤销案件的，追究审批局长和具体办案人员责任。实行行政执法通报制度，有效地避免了同一违法行为被重复处罚等现象的发生。（4）制定实施执法办案“十不准”。为坚决杜绝不正之风，制定了《海口市工商行政管理局执法办案“十不准”》，给执法办案人员上“紧箍咒”，装“防火墙”。全年市工商局没有发生执法办案人员违反“十不准”等纪律。全局共立案2418宗，结案2342宗，即时处罚2792宗，罚没款入库1392万元，同比增长7%。其中，10万元以上案件11宗；商业贿赂案件5宗；假冒商标案件102宗；侵犯消费者权益案件12宗；合同违法案件7宗；农资农药市场违法案件6宗。公消局查处的潲水油案件和海港工商所查处的橡胶制品假冒商标案件引起了社会很大的关注，树立了工商权威。专业市场局查处的海口龙华鑫汇通仓储部运输存储违禁农药案件被省工商局列为市场监管典型案例。

【消费维权】 （1）加大维权宣传力度。市工商局利用12315开放日，组织经营者、人大代表、政协委员、行风评议监督员、中小学生等，参观12315受理平台，通过零距离的面对面接触，使社会各界了解工商维权，支持工商维权。活动期间共接访2000多人次。按照“数字准、情况明、责任清”要求，定期发布信息，公开查案情况，形成消费维权找工商、信工商、靠工商的社会氛围。（2）不断延伸维权触角。扩大“一会两站五进”城乡覆盖面，加大农村消费维权工作的力度，使城乡消费者同等享受到工商部门的维权服务。2011年，在商场、超市、农贸市场、企业和景区设立维权服务站122个，建立学校维权教育基地16个，建立消费者协会分会39个，建立12315联络站75个、投诉受理服务站48个。（3）研究破解消费纠纷的新形式。逐步完善《12315申诉举报办理责任追究制度》和消费者申诉举报处理跟踪反馈平台建设，将个体维权与群体维权结合起来，将消费维权与行业规范结合起来，着力提升维权效能，促进社会和谐。成功处理了消费者购买价值11万元红木家具甲醛超标等大宗投诉案。至10月底，12315指挥中心共受理申诉举报7416件，办结7209件，办结率97.2%，为消费者挽回经济损失399.95万元。

【教育培训】 队伍素质教育通过开展演讲征文比赛、专家讲座、征集工作理念和座右铭、唱红歌等活动，陶冶情操，提升品位，增强执政为民的理念。市工商局共征集“五心”心得体会654篇、单位工作理念72条、个人工作理念654条，举办演讲比赛7场、专家讲座6场，组织600多人参加为期2个月的唱红歌活动。深入开展“党员先锋岗”、“群众满意的工商所”、“群众满意注册窗口”、“市场监管能手”、“执法办案能手”等创先争优活动，按照“亲情接待、真情办理、温情指导、激情创业”的“四情式”服务模式，当好企业的服务员。为提高全体干部的知识能力，举办各类培训班39期，参加者5089人次；组织全员法规知识培训4次，参加人数1776人次；组织各类研讨交流活动23次，参加者214人次；举办礼仪培训班4期，参加者520人次；组织蔬菜农药残留超标检测培训班3期，参加者185人次；组织副所长以上人员网上办案培训14期，参加者250人次；组织副科（所、队）长以上干部业务知识考试3次，参加者202人次；组织一般干部业务知识考试1次，参加人数456人；组织法律知识竞赛1次，658名干部参加；组织各类研讨会73场（次），撰写心得体会543篇，撰写调研报告10篇；组织季度小考、半年中考，参加者556人次。

【查处违规违纪行为】 按照有诉必查、有查必果的工作要求，做好信访举报工作。全年市工商局共受理信访举报9宗，已结案8宗，1宗正在办理中。发出督查督办通报10期、市场监管督查通报9期、预警通知书一份。文明东工商所、金盘工商所对辖区市场监管无力和龙华区工商局未按时报告消费投诉处理情况被通报批评，责令四位工作人员作出书面检查并进行诫勉谈话。

海口市私营企业登记情况表

（按企业行业分类）

单位：户

填报时间：2011年12月12日

户数 行业	期末累计 企业户数	占期末企业总户数%
合计	34261	100.00
农、林、牧、渔业	1075	3.14
采矿业	19	0.06
制造业	949	2.77
电力、燃气及水的生产和供应业	70	0.20
建筑业	4563	13.32
交通运输、仓储和邮政业	488	1.42
信息传输、计算机服务和软件业	1775	5.18
批发和零售业	14529	42.41
住宿和餐饮业	666	1.94
金融业	60	0.18
房地产业	1595	4.66
租赁和商务服务业	5251	15.33
科学研究、技术服务和地质勘查业	728	2.12
水利、环境和公共设施管理业	117	0.34
居民服务和其他服务业	1456	4.25
教育	62	0.18
卫生、社会保障和社会福利业	62	0.18
文化、体育和娱乐业	424	1.24
公共管理和社会组织		
国际组织		
其他	372	1.09

海口市个体工商户登记情况表

（按行业分类）

单位：户

填报时间：2011 年 12 月 12 日

行业 \ 户数	期末累计个体工商户户数	占期末个体工商户总户数%
合计	80179	100
农、林、牧、渔业	374	0.47
采矿业	45	0.06
制造业	2589	3.23
电力、燃气及水的生产和供应业	29	0.04
建筑业	119	0.15
交通运输、仓储和邮政业	11508	14.35
信息传输、计算机服务和软件业	397	0.50
批发和零售业	45974	57.34
住宿和餐饮业	7099	8.85
金融业		
房地产业	4	
租赁和商务服务业	762	0.95
科学研究、技术服务和地质勘查业	34	0.04
水利、环境和公共设施管理业	3	
居民服务和其他服务业	10692	13.34
教育	20	0.02
卫生、社会保障和社会福利业	341	0.43
文化、体育和娱乐业	188	0.23
公共管理和社会组织		
国际组织		
其他	1	

海口市内资企业登记情况表

（按企业行业分类）

单位：户

填报时间：2011 年 12 月 14 日

户数 行业	期末累计 企业户数	占期末内资 企业总户数%
合计	5731	100
农、林、牧、渔业	130	2.27
采矿业	5	0.09
制造业	295	5.15
电力、燃气及水的生产和供应业	75	1.31
建筑业	589	10.28
交通运输、仓储和邮政业	279	4.87
信息传输、计算机服务和软件业	108	1.88
批发和零售业	2396	41.81
住宿和餐饮业	160	2.79
金融业	528	9.21
房地产业	291	5.08
租赁和商务服务业	424	7.40
科学研究、技术服务和地质勘查业	118	2.06
水利、环境和公共设施管理业	37	0.65
居民服务和其他服务业	213	3.72
教育	25	0.44
卫生、社会保障和社会福利业	8	0.14
文化、体育和娱乐业	45	0.79
公共管理和社会组织		0.00
国际组织		0.00
其他	5	0.09

海口市外资企业登记概况表

（按企业行业分类）

单位：户

填报时间：2011 年 12 月 16 日

行业＼户数	期末累计企业户数	占期末外资企业总户数%
合计	551	100
农、林、牧、渔业	38	6.90
采矿业	0	0.00
制造业	113	20.51
电力、燃气及水的生产和供应业	5	0.91
建筑业	31	5.63
交通运输、仓储和邮政业	19	3.45
信息传输、计算机服务和软件业	14	2.54
批发和零售业	91	16.52
住宿和餐饮业	46	8.35
金融业	7	1.27
房地产业	36	6.53
租赁和商务服务业	106	19.24
科学研究、技术服务和地质勘查业	5	0.91
水利、环境和公共设施管理业	1	0.18
居民服务和其他服务业	26	4.72
教育	0	0.00
卫生、社会保障和社会福利业	1	0.18
文化、体育和娱乐业	12	2.18
公共管理和社会组织	0	0.00
国际组织	0	0.00
其他	0	0.00

2011年度海口市著名商标企业统计表

序号	企业名称或姓名	注册商标名称
1	海南美兰史克制药有限公司	帝道
2	海南中化联合制药工业股份有限公司	泰立强
3	海南中化联合制药工业股份有限公司	海西纳
4	海口椰园食品有限公司	椰园
5	海口市制药厂有限公司	特素
6	海南双成药业股份有限公司	超泰
7	海南新世通制药有限公司	
8	海口假日海滩开发管理有限公司	
9	海南灵康制药有限公司	灵嗪润
10	海南美亚电线电缆有限公司	
11	海南金芦荟生物工程有限公司	
12	海南金芦荟生物工程有限公司	双清 ShangQing
13	海马投资集团有限公司	
14	养生堂有限公司	成长快乐
15	海南京润珍珠生物技术有限公司	gN 京润
16	海南皇隆制药股份有限公司	皇隆
17	海南皇隆制药股份有限公司	易达乐
18	海南康斯宝生物技术有限公司	
19	海南佳宁娜食品有限公司	佳宁娜（30类）
20	海南佳宁娜食品有限公司	佳宁娜（42类）
21	海口和友海鲜馆	
22	海南正翰家具有限公司	
23	海口伟德牧业有限公司	良农
24	海南广安大药堂连锁经营有限公司	广安大
25	海口海风堂食品有限公司	海风堂
26	海口海风堂食品有限公司	至盛行
27	海南豪阳国际旅行社有限公司	
28	海南松之光酒业有限公司	松之光
29	海南天涯在线网络科技有限公司	天涯社区
30	海南椰岛（集团）股份有限公司	知客 Zhi Ke
31	海南椰岛（集团）股份有限公司	宝岛白
32	海南椰岛（集团）股份有限公司	三椰春风
33	海南林恒制药有限公司	奥林斯克
34	椰树集团有限公司	吓火
35	海南卓津蜂业有限公司	
36	海口才茂食品厂	才茂
37	先声药业有限公司	先声
38	海南万福隆百货有限公司	万福隆
39	海口龙华亨立肥牛火锅店（张伟）	亨立肥
40	海南拾味馆餐饮连锁管理有限公司	十味馆

（陈少青）

省委常委、海口市书记陈辞，省军区政委刘新，南航部队司令员王长江、政委刘明利，省武警总队总队长张明义、政委戴金益，市人大主任陈宏芬，市委副书记张磊观看庆祝建军85周年文艺演出后与演员合影。

海口市双拥办

2011年，海口市坚持把双拥工作纳入全市经济社会发展的总体规划，作为一项长期的战略任务来抓。春节和“八一”前夕召开全市党政军迎新春团拜茶话会，在海南国际展览中心举行庆“八一”军功颁奖暨文艺演出活动，并为驻市师以上军警部队及军队离退休干部休养所和军休中心发放慰问金320万元。还组织慰问团慰问了“海口舰”官兵。一年来累计拨款9500多万元，帮助部队解决战备训练、生产生活等实际问题，大力协助部队完成训练、演习、维稳等多样化军事任务。共拨各类优抚经费4357.5万元，做到按时足额发放。出台《海口市关于加强非公有制经济组织和社会组织拥军优属工作的意见》，大幅度提高现役军人军功奖励标准，双拥工作水平不断提高。认真做好全国双拥模范城“七连冠”的创建和迎检工作，受到全国双拥工作检查组的高度评价。年底，海口市再次被命名为全国双拥模范城，顺利实现了“七连冠”的目标。

省委常委、海口市委书记陈辞和南海舰队副政委兼南航部队政委刘明利为海口市第七次荣获双拥模范城揭牌。

省委常委、市委书记陈辞，市委副书记、市长冀文林，市委常委、宣传部长刘庆声，市委常委、海口警备区政委杨土金等军地领导出席市双拥工作领导小组第26次全体（扩大）会议。

副市长徐敏生率海口市代表团出席海军171编队赴亚丁湾索马里海域执行护航任务凯旋欢迎仪式。

4月19日，时任省委副书记、省长罗保铭（左四）和省委常委、副省长蒋定之（右二）在市委市政府和省农业厅主要领导的陪同下视察海口市道美蔬菜大棚基地建设

3月17日，省委常委、市委书记陈辞（左三）在副市长蒙国海（左二）的陪同下视察海口市北庄洋冬种情况

海口市农业局

9月26日，市委副书记、市长冀文林（左一）深入咸谅坡了解瓜菜产销情况

海口市农业局是主管全市农业和农村经济工作的市政府工作部门。内设市畜牧兽医局1个副处级机构和7个正科级职能机构：包括办公室、组织人事和政策法规处（机关党委办公室、纪检监察处）、乡镇企业管理处（农村经营管理处）、种植业管理处（农村能源管理办公室）、质量安全监管和市场信息处、畜牧业处（饲料工作办公室）和兽医处（市重大动物疫病防控指挥部办公室）等部门，下辖海口市扶贫工作办公室、海口市农业技术推广中心、海口市农民技术学校、海口市动物防疫检疫站、海口市农业科学研究所、海口市农业机械管理办公室、海口市农机监理所、海口市农业机械学校等单位。2011年是“十二五”的开局之年，在市委市政府的正确领导和省农业厅的大力支持下，市农业局领导班子带领全体干部职工紧紧围绕“十二五”规划农业发展目标，以“菜篮子”工程、低碳生

9月20日，副市长蒙国海（右四）在统历岭大棚基地指导农业生产工作

3月28日，市农业局党组书记、局长张志坚（左三）在新坡镇指导春耕工作

文昌鸡蛋鸡孵化厂

海口市东平鹅养殖小区

2011年冬交会分会场海南（海口）现代农业展示示范园内景

态循环农业、农产品加工、土地整治、休闲农业等项目为重点，加快现代都市农业发展，农业经济态势平稳，农民收入稳步增长。农业总产值达76.8亿元，同比增长6.6%。其中种植业产值30.8亿元，同比增长4.5%，增加值19.97亿元，同比增长4.4%。畜牧业产值29.8亿元，同比增长8.3%，增加值17.67亿元，同比增长8.8%。2011年农民人均纯收入7160元，同比增长16%。市农业局先后被授予海南省廉政文化进机关示范点、2009-2010年度全市党委系统督察工作先进单位、中共海口市机关工委基层党组织规范化建设先进单位、中共海口市机关工委最佳党日活动先进单位、海口市机关党组织与农村党组织结对帮扶工作先进单位、2011年度海口市机关绩效考评优秀单位、政协海口市十二届委员会提案办理工作先进单位、海南省农业厅2011年度农产品产销对接先进单位、海南省农业厅2011年度抗风救灾恢复生产先进单位、海南省农业厅2011年度农产品质量安全监管先进单位、海南省农业厅2011年度重大动物疫病防控先进单位、海南省农业厅2011年度农业重点项目实施先进单位。

中商冷库

2011年建成的演丰茂山大型沼气池

北庄洋冬季瓜菜喜获丰收

省委常委、市委书记陈辞在白沙县元门乡调研

省老区建设促进会副会长王学萍到革命老区大水村调研

海口市扶贫工作办公室

海口市扶贫工作办公室于2009年10月成立，为市农业局下属的副处级机构（挂市老区建设促进会办公室牌子），内设一个综合业务科，人员编制6人，现有干部职工11人。海口市扶贫工作办公室坚决贯彻执行党的路线、方针、政策和上级部门的工作部署，认真履行工作职责。以省委、省政府及市委、市政府关于扶贫开发工作的部署为指导，坚持开发式扶贫方针，认真贯彻落实《海口市农村扶贫规划（2011—2020年）》，巩固以政府专项扶贫为主导，以行业扶贫、社会扶贫为支撑的大扶贫工作格局，完善扶贫战略和工作机制，以增加贫困人口收入，改善贫困地区生产生活条件，加快贫困人口脱贫致富步伐为目标，促进贫困地区经济社会、人口与资源、环境全面协调发展。

2011年，市扶贫办在市委、市政府的领导下，认真落实省扶贫工作计划，紧密结合当前扶贫工作形势和任务，有针对性地开展扶贫开发、联手扶贫和革命老区建设工作。共投入扶贫、老区建设资金近2000万，用于海口市贫困地区、革命老区的建设与发展，全年共建设村道43条，计19.1公里，建设文化室、水塔、打井及配套基础设施等。

通过项目的实施，结合海口市实际，把革命老区、偏远特困地区作为扶贫开发的重点，把贫困人口作为扶持的重要对象，扎实开展整村推进、加强基础设施建设、产业扶贫、劳动力转移培训、联手扶贫、科技扶贫等工作，有效地促进贫困地区经济社会的发展，扶贫开发工作取得显著的成绩。

办领导到乐东县千家镇只娥村调研

办领导到美兰区大致坡镇咸来村委会流坑村与村民座谈修建道路问题

贫困家庭劳动力转移引导培训

6月8日“全国海洋宣传日”组织人员在万绿园向游客、市民宣传海洋法规，倡导保护海洋环境

2011年10月特大洪水灾害期间，市海洋和渔业局邀请水产专家到水产养殖基地一线指挥，灾后恢复生产

海口市海洋和渔业局

HAIKOUSHI HAIYANG HE YUYEJU

海口市海洋和渔业局是负责全市海洋经济、海洋事务和渔业行政工作的市政府组成部门。内设6个科级职能机构：办公室、组织人事和政策法规处（机关党委办、纪检监察处）、发展和质量监管处、海洋管理处（环境保护处）、渔业生产处、渔政渔监处。下属单位有：海口市海洋和渔业监察支队（副处级）、海口市海洋环境监测中心、海口市水产技术推广站、海口市灵山水产良种繁育场。2011年，在市委市政府的正确领导和省海洋与渔业厅的具体指导下，市海洋和渔业局坚持以科学发展观为指导，紧紧围绕服务国际旅游岛中心城市建设为中心，以实现渔业增效、渔民增收和海洋可持续发展为目标，强化海洋综合管理，服务海洋经济发展；积极防御台风和持续强降雨等自然灾害，狠抓渔业灾后恢复生产，促进渔业产业保持平稳发展。全市海洋产业总产值129.39亿元，分别占全省海洋生产总值和全市GDP的21.1%和18.2%。渔业经济总产值达12.05亿元，占全市农业总产值的19.78%。全市水产品总产量4.89万吨，水产品总产值6.24亿元，分别同比增长3%和10.4%。全市水产品出口总额2.269亿美元，同比增长10.9%，占全省水产品出口创汇总额的46.3%。渔民人均纯收入7016元，同比增长7.4%。征收海域使用金3388万元，同比增长63.1%。先后荣获“海口市2011年度机关绩效考评二等奖”、“海口市2011年度依法行政工作先进单位”、“海口市2011年度政务信息工作先进单位”、“龙华区2011年度人口与计划生育工作先进单位”等荣誉称号。

1. >>
局党组书记、局长文日坤（右二）到省级水产良种场检查指导工作

2. >>
2011年5月26日－27日，国家海洋局在海口组织召开《海口市如意岛区域区域建设用海论证报告》评审会

3. >>
2011年6月10日，市海洋和渔业局组织召开《海口市海岸保护与利用规划》专家评审会

4. >>
2011年11月23日，市海洋和渔业局组织召开2011年民主评议大会，邀请渔民、养殖户、渔业企业和用海参加评议

海口市水政监察支队

支队加强对执法人员的培训，支队长薛根雄（左一）与学员们在培训班上学习的情景

海口市水政监察支队隶属海口市水务局，为副处级财政全额预算管理事业单位，内设办公室、监察科、法制科三个正科级职能机构。

其主要职责是：宣传贯彻《中华人民共和国水法》、《中华人民共和国防洪法》等水法规；依法保护全市范围内的水资源、河道、堤防、水土保持、水利工程、防汛抗旱和城市供排水设施；对全市水事活动进行监督，维护正常的水事秩序，对公民、法人或其它组织违反水法规的行为实施行政处罚。

2011年，该支队共查处各类水事纠纷、案件413宗；下达《海口市水行政管理执法责令限期改正通知书》110份、《水行政处罚决定书》87份；出动执法人员983人次、执法车辆621台次；查处未办理排水许可洗车场90家，宾馆、酒家、排挡59家；查处溢洪道违章设障案19宗，侵占排水、水利工程设施64宗；取缔违建鱼塘3处，没收鱼网16张；取缔非法采砂场47家；查处自备水源井72口，封闭非法采取地下水机井25口；追缴拖欠污水处理费97万元，为维护全市正常的水事秩序，落实最严格的水资源管理制度作出了突出贡献。

① 市水务局局长冯本彦对支队开展“创先争优”工作进行点评

② 市水务局副局长刘维华（左二）和支队副调研员汪曙（左一）到龙华区美仁坡沙场调研

③ 市水政监察支队重视妇女工作，吴叶敏政委向女职工讲解妇女健康知识

南渡江海口市综合治理新坡至东山段防洪工程推进动员大会

开展作风建设整顿年活动，集中整治“庸懒散贪”问题动员大会

海口市堤防工程建设管理中心

海口市堤防工程建设管理中心办公大楼

副市长蒙国海深入新坡工地检查指导

省纪检领导到三队水库检查指导

一、单位职能

海口市堤防工程建设管理中心隶属海口市水务局，为副处级财政全额预算管理事业单位。主要职能是负责堤防工程的规划、建设、安全运行、日常管理和维护养护；承担南渡江左右岸、新埠岛、海甸岛防洪防潮堤岸及滨海防潮堤岸巡查排涝任务。

二、海口市堤防工程建设管理中心召开集中整治“庸懒散贪”问题专项工作动员大会

2012年6月11日，海口市堤防工程建设管理中心召开全体干部职工大会，对集中整治“庸懒散贪”专项工作进行了动员部署。会上，传达学习了《中共海口市委办公厅关于开展作风建设整顿年活动集中整治“庸懒散贪”问题的通知》，林声涛主任从“统一思想，提高认识；认清形势，把握关键；突出重点，强化措施；精心组织，统筹推进”四个方面进行动员。

三、南渡江海口市综合治理新坡段防洪工程开工建设

南渡江海口市综合治理新坡段防洪工程是海口市2012年重点建设项目，总投资13309万元，主要建设内容为防洪堤6.424千米，排涝泵站1座，配套排水涵2座，工程占地229.78亩，征地补偿费用2168.06万元。2012年4月15日开工建设，项目法人为海口市堤防工程建设管理中心。

四、三队、福湖等五宗小（Ⅰ）型病险水库除险加固工程顺利推进

三队、福湖等五宗小（Ⅰ）型病险水库除险加固工程的项目法人为海口市堤防工程建设管理中心，项目总投资3473.33万元，于2011年12月30日开工建设，计划于2012年9月底竣工。

五、南渡江海口市综合治理新坡至东山段防洪排涝工程开工建设

南渡江海口市综合治理新坡至东山段防洪排涝工程是海口市南渡江30万亩土地整治重大工程的水利专项工程，是省市“十二五”重点项目。项目设置防洪标准为20年一遇，主要建设内容包括：修建四段防洪堤，总长18.586千米；开挖南湖、北湖；新建南面沟泵站等7个子项目，概算总投资109177.78万元。四段防洪堤和南面沟泵站建设工期为15个月，南湖、北湖建设工期为27个月。项目法人为海口市堤防工程建设管理中心。

5月21日，召开节水型单位表彰大会，省水务厅、市政府领导、全市37家节水型企业、单位、小区代表以及新闻媒体参加

海口市水资源管理中心办公大楼

海口市水资源管理中心

一、机构沿革

1992年9月，成立海口市节约用水办公室。2004年4月，市节水办划归市水务局管理。2008年2月，水务系统机构改革，组建海口市水资源中心，加挂海口市节水办的牌子，2011年加挂海口市水土保持监测站的牌子。内设综合科、计量征管科、工程技术科、水文监测科，工作人员33人，下辖市节水技术综合服务公司、市水量平衡测试站。现任主任陈庆丰。

二、主要职责

（一）贯彻执行国家水资源管理、计划用水、节约用水的相关法律法规和政策；（二）组织实施全市水资源统一规划、开发利用、管理保护、优化配置工作；负责全市计划用水、节约用水管理工作；（三）组织实施取水许可证制度，依法征收水资源费、超计划用水加价水费、代征地下水资源税；（四）组织开展对地表水、地下水的水质水量检测和调查评价工作，负责水资源统计管理及水文水资源检测、勘测工作；（五）负责制定产品用水定额，根据城市供水能力和产品用水定额情况，下达各单位用水定额年度分月指标并考核执行情况；做好节水统计工作；（六）开展节约用水宣传教育活动，创建节水型企业（单位）；做好工业用水和非居民公共生活用水的重复利用工作，推广应用节水新工艺、新器具、新设备以及中水回用技术；（七）负责审查城市新、扩、改建工程开工前水资源论证及节水评价工作；负责落实“节水三同时”的报建及验收工作；负责节水科研的立项工作，有计划、有组织地进行节水科学研究。

地址：海口市海甸五西路48号；电话0898-66269796

5月15日“全国城市节水宣传周”在明珠广场开展的宣传活动

2010年8月，海口市被国家水利部正式确定为全国第四批节水型社会建设试点城市，节水型社会建设规划专家审查会

海口市国土资源局

6月28日海口拟挂牌土地推介会

6月25日第21个全国土地日宣传活动

11月1日盛林局长下基层国土所调研

9月3日创新思路谋发展座谈会

1月31日冷志雄书记到基层国土所调研

9月26日海口电视台椰城纠风热线"
（国土局专访）

2011年，市国土资源局完成征收土地7470.8629亩；完成新增建设用地报批5480.4885亩，其中农用地转用报批5017.8175亩；供应土地50宗、3097.79亩，其中招标拍卖挂牌等有偿方式供应土地38宗、2278.99亩，划拨供应土地12宗、818.8亩，全年土地出让收益总额52.06亿元；新增建设用地11773.10亩，完成年度工作目标117.73%，完成土地出库1276.78亩；完成日常宗地测量2728宗，专题图制作1023宗，宗地图制作9141幅，作业表入库3235宗，打印质量成果3573宗，农村宅基地资料打印5950宗；积极做好耕地后备资源调查和《耕地占补平衡五年规划》编制工作，摸清土地家底，保证"先补后占"制度的执行，确保实现全市耕地保有量104.3003万亩、基本农田保有量84.0890万亩的目标；完成23个镇土地规划初步方案编制工作，永兴、遵谭、龙泉、龙桥4个镇的土地利用总体规划于2011年1月获市政府批准实施；成立了土地权属争议调处领导小组，对全市土地纠纷问题进行调处，切实维护稳定和发展。全年上报省国土环境资源厅的土地权属纠纷30宗，面积12301.3亩，已完成调查处理25宗，面积2796.8亩；全年共办理采矿权延续手续18宗，办理采矿权变更手续5宗，注销采矿权7宗；加大土地、资源违法案件查处力度。全年共立案查处违法案件118宗，其中土地违法案件92宗（卫片立案85宗）、矿产违法案件26宗；全年立案查处矿产违法案件26宗，征收矿产资源补偿费99.541万元；制定汛期地质灾害防治方案，启动汛期地质灾害防治预案，全年共办理建设项目地质灾害危险性评估备案36宗；全年完成23个乡镇107.6平方公里共179311宗的农村宅基地地籍调查工作，完成制证121713宗，并公告符合发证条件的131725宗。

海口市规划局

在市委、市政府的正确领导下，2011年市规划局深入贯彻落实科学发展观，围绕全市中心工作和重要部署，认真履行规划职能，依法行政，强化管理，提升效能，全力服务城市建设和发展大局，科学编制各层次城市规划，规划管理工作取得了大跨越、新成效。

2011年5月17日，海口市城市总体规划（2011-2020）获国务院批复。总规明确海口城市发展总目标为：把海口市建设成为海南省经济实力最强，服务设施最优的中心城市，较高国际知名度的热带海岛旅游度假胜地，具有优良生态环境的健康宜居城市和浓郁地域文化特色的历史文化名城。加大控规编制力度，完成了府城片、金贸片、粤海片、大同片、城西片、金沙湾片、滨江新城南区、南渡江西岸控规编制和报批工作，主城区27个片区控规编制工作全面完成，实现了控规全覆盖的目标，为建设项目规划审批提供法定依据。围绕国际旅游岛建设，积极开展城市旅游化升级改造、绿色基础设施、海口海域开发利用、海口市绿色交通发展战略、海口城乡一体化发展战略等多个专题研究工作，努力打造最精最美省会城市。

按照行政审批制度改革的要求，进一步清理审批事项，优化办理流程，简化办事程序，压缩审批时间，提高审批效率，认真做好“一书两证”和修规审批工作，对政府重点项目按绿色通道方式办理。2011年，核发《建设项目选址意见书》65宗，用地面积440.02公顷；核发《建设用地规划许可证》42宗，用地面积296.52公顷。核发建筑类建设工程规划许可证202宗，建筑面积673.88万平方米；核发市政类建设工程规划许可证109宗，道路管线长度221.98公里;核发34宗用地规模超过4公顷的建设项目修建性详细规划批复。加强规划批后管理，确保建设项目按批准的规划实施。2011年共核发《建设工程规划核实意见书》108宗，验收面积地上217.91万平方米，地下34.05万平方米。

市规划局注重集中民智搞规划，图为局领导上椰城热线与市民沟通,征求规划意见

市规划局注重加强党的建设，图为庆祝建党90周年大会

我市积极推进城乡规划民主决策，图为市规委会审议城市规划

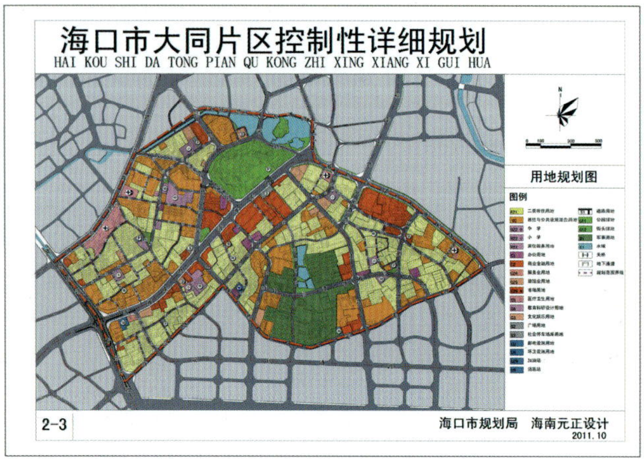

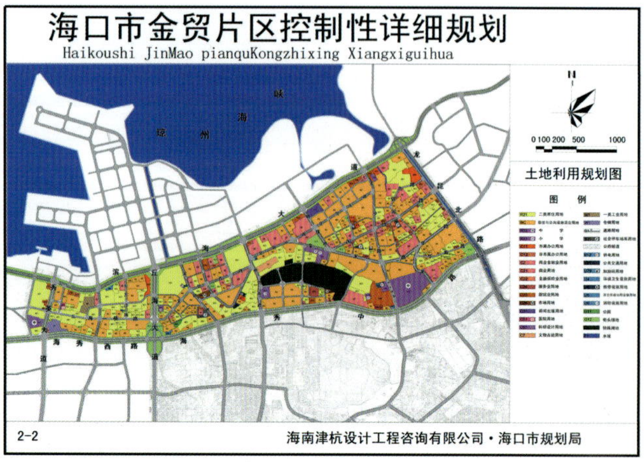

罗宗标站长在观摩会上发言

海口市建设工程质量安全监督站

抓质量、促安全、重服务，以实际行动向建党90周年献礼

2011年，是“十二五”规划开局之年，也是创先争优活动深化之年，市建设工程质量安全监督站深入贯彻落实科学发展观，紧紧围绕年初制定的工作中心，以“抓质量、促安全、重服务”为主线，调动广大职工创新思路，完善机制，强化措施，狠抓落实，努力提升质量安全监督工作水平，较好地完成各项任务，以实际行动向建党90周年献礼。

2011年，监督建筑工程项目548个，建筑面积1726.14万m²，工程造价279.4亿元；年内新报监项目375个，面积771.7万m²，工程造价144.1亿元。累计监督市政工程项目60个，工程造价25.48亿元；年内新报监项目35个，道路面积198万平方米，工程造价13.1亿元。监督建筑工程竣工验收145项，362万平方米；监督市政工程竣工验收41项，其中道路面积208.7万平方米，桥梁面积2240平方米，工程造价14.06亿元。竣工工程合格率为100%。确保海口市工程质量、施工安全始终处在受控状态。安全事故死亡人数控制在市安全生产管理部门规定的指标内。所监督的项目新海航大厦获2010～2011年度中国建设工程鲁班奖（国家优质工程），获得“绿岛杯”省优质样板工程17项，“椰城杯”市优质样板工程24项。2011年住建部组织的质量安全国检和建设领域节能减排国检，对监督站的质量安全和建筑节能监督工作给予肯定。

荣获2010~2011年度中国建设工程鲁班奖（国家优质工程）的新海航大厦

省市重点项目5路4桥全面竣工。图为侨中路效果图

建筑施工安全质量标准化工地观摩会现场，给参建各方提供了学习交流先进经验平台

加强对保障性住房质量的监管。图为建设中的保障性住房

7月27日，市市政市容管理委员会组织干部职工参加军事活动

市政府表彰2011年打违先进单位

2011年第二季度打违工作部署会

海口市市政市容管理委员会

2011年，市市政市容管理委员会在市委市政府的正确领导下，紧紧围绕建设国际旅游岛中心城市、创建国家卫生城市、全国文明城市和打造“四宜”品位城市的总体目标，不断加大对环卫建设投入，相继完成了颜春岭垃圾焚烧发电厂的建设和投产，59座固定公厕的建设和投入使用，安装72座环保公厕；全市全年新增绿地面积164公顷，改造市政绿地面积21.4公顷；市政管养工作完成道路养护维修421.8万平方米，人行道维修24.6万平方米，清理下水道1568千米，清运淤泥5.8万吨；加大打击违法建筑力度，重点拆除西海岸片区、亿城家园、晋江村等一大批违建，全年全市拆违面积69万多平方米，超额完成年初制定的30万平方米的工作目标；市数字化城管监督指挥中心共受理派发有效办件22万多件，结案21万多件，结案率97.2%。省委书记罗保铭，省长蒋定之，省委常委、市委书记陈辞，市长冀文林等领导先后亲临指挥监督中心视察。2011年，市市政市容管理委员会先后被评为海口市直属机关党组织与农村党组织结对帮扶工作先进单位、政协提案办理工作先进单位、市直机关计生工作先进单位，数字化城市管理信息系统平台被授予2011中国城市信息化管理创新奖，市政管理局排水管道养护所获得“全国五一劳动奖状”殊荣。

省委书记卫留成出席海口市与土耳其安塔利亚市签署结为友好交流城市协议仪式

市委书记陈辞、市长冀文林等市领导与第二届“海口市海外智囊团”成员合影

海口市外事侨务办公室

市外事侨务办公室是主管全市外事、侨务、港澳事务和引进国外智力工作的政府工作部门。

2011年，市外事侨务办积极服务中央总体外交，进一步扩大海口对外交往，促进对外交流与合作，外事侨务工作取得了新成绩。圆满完成金砖国家领导人第三次会晤南非总统代表团的接待工作；海口市先后与法国阿雅克肖市、德国罗斯托克市结为国际友好交流城市，国际友城增至22个；海口市正式加入“世界大都市协会”，此举是让世界了解海口、让海口走向世界又一次新举措；成功举办第四届“海口-东盟对话会”；海口市与韩国东海市正式实施公务交流项目；共印发《海口之窗》3600多册、《海口导读》12000多份、积极宣传推介海口。

2011年，市外事侨务办积极开展侨务公共外交，不断扩大海外联谊，构建“大侨务”工作格局。扎实开展“暖侨行动—百家万户行”活动，努力构建为侨服务长效机制，为侨资企业和广大侨胞排忧解难，进一步提升了为侨服务水平。加大引智工作力度，积极探索，研究构建海口市引进海外高层次人才长效机制。11月20日第二届“海口市海外智囊团”会议成功召开，来自17个国家和地区的46名海外智囊团成员（第二届海口市海外智囊团由17个国家和地区53名成员组成）出席会议。第二届智囊团规模扩大，成员的专业特点更加突出，国别分布更具代表性，此将为海口市经济社会发展提供更加坚实的智力支持。

市长冀文林、土耳其安塔利亚市市长为万绿园“友谊之门”揭牌

市委常委、统战部部长王云霞，市外侨务办主任韩斌会见澳门海南同乡会考察团一行

副市长韩美向英国柏斯市市长胡伯特赠送礼品

出席第三届城际外事侨务工作协作会议的全体代表合影

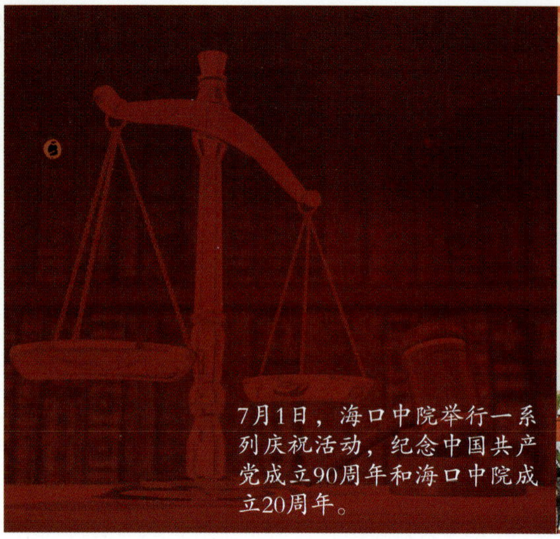

7月1日，海口中院举行一系列庆祝活动，纪念中国共产党成立90周年和海口中院成立20周年。

海口市中级人民法院

市中级人民法院以科学发展观统领全局，坚持“三个至上”指导思想和“为大局服务、为人民司法”工作主题，紧紧围绕“社会矛盾化解、社会管理创新、公正廉洁执法、治安环境整治”四项重点工作，振奋精神，扎实工作，忠实履行宪法和法律赋予的神圣职责，充分发挥审判机关的职能作用，为海口市的经济社会全面发展和和谐社会建设作出了应有的贡献。法院审判工作、队伍建设、司法改革等各方面都取得了长足发展。

充分发挥审判职能，着力化解社会矛盾。依法惩治刑事犯罪，全力维护社会稳定。妥善处理民商事纠纷，促进经济发展和社会和谐。坚持监督与支持并重，努力化解行政争议。强化执行工作，回应群众对实现胜诉权益的需求。强化审判监督，保障司法公正。坚持司法为民，积极回应人民群众司法需求。

创新司法工作机制，推动社会管理创新。继续推进量刑规范化工作。进一步深化多元化纠纷解决机制。继续加强城市中心法庭建设，指导美兰区法院成立海南省首家医疗纠纷法庭。海口中院成立环保审判庭，依法开展公益诉讼。全面推进法院信息化建设。

坚持从严治院，牢固树立公正廉洁司法形象。深入学习贯彻落实科学发展观，积极开展“人民法官为人民”、“司法作风转变年”、“群众观点大讨论”和开展文明大行动等专项活动。加强廉政建设，严格责任考核和责任追究。坚持以“忠诚为民、公正廉洁”政法核心价值观为指导，全面加强法院文化建设。开展“邀请人大代表、政协委员走进法院”、“法院开放日”等活动，积极主动接受监督，促进公正廉洁司法。

①最高法院司法巡查组在海口中院开展司法巡查工作
②11月1日，海南省首家医疗纠纷法庭成立。海南省卫生厅厅长白志勤和海口中院院长吴剑平共同为法庭揭牌
③主动接受监督，召开征求人大代表、政协委员意见建议座谈会
④海口中院司法警察支队顺利通过“全国法院司法警察岗位大练兵活动”考核验收，获得最高法院考核组的高度评价
⑤举办“法院开放日”活动，邀请群众参观法院

海口市妇女联合会

海口市妇女干部北京大学培训班

巾帼文明岗观摩会现场

2011年，市妇联围绕胡总书记建设“坚强阵地”和“温暖之家”的重要讲话精神，组织发动各级妇联和广大妇女投身海口经济和社会事业建设，取得了突出的成绩，被评为第三期中国妇女社会地位调查海南省优秀组织奖、“海南省实施妇女儿童发展规划”先进集体、海口市社会治安综合治理工作先进集体等，档案管理工作被海口市档案局评为优秀，帮扶工作获得海口市帮扶办通报表扬。海口市被评为全国实施妇女儿童发展纲要（2001—2010年）先进集体。

一 **加强学习，提高机关工作效率。**开展反腐倡廉警示教育活动，严肃换届纪律各项工作，提高领导干部廉洁从政意识。开展机关效能建设，制订绩效考评职能目标内容，加强监督办理。做好结对帮扶点、环境综合整治帮建点和计生、综治、禁毒挂钩点的帮扶帮建工作，进一步推进机关工作效率。

二 **搭建平台，全力推进妇女创业带动就业。**以促进妇女发展为重点，抓培训、强服务、搭平台，引领妇女参与经济建设取得新成绩。农村“双学双比”活动不断深化。全年共举办各类技术培训班11期，受训妇女近1000名；开展“黄皮大比拼”活动。推动农村妇女小额贷款宣传工作，2011年1~11月，共发放农村妇女小额贷款1117人，贷款金额3757.95万元。举办女大学生就业培训班、扶贫巾帼励志班、女性就业创业洽谈会、开展“春风行动”系列活动等，推动妇女创业带动就业。召开现场观摩推进会，促进“巾帼文明岗”创建活动进一步深入。表彰先进典型，37个集体、78个个人分别受到全国、省、市妇联表彰。

三 **发挥优势，倡导健康文明和谐生活方式。**结合海口大文明行动，加大宣传教育，开展“文明大行动从家庭做起”活动，“五好文明家庭”、“平安家庭”、“低碳家庭”等创建活动，组织举办“颂党唱和谐”歌咏比赛、“农家巾帼展英姿”健身舞大赛、家庭时装表演赛、“感恩母亲，从脚开始”、家庭礼仪培训班等，促进社会精神文明建设。20个单位和86户家庭分别受到全国、省、市妇联表彰。开展禁毒防艾帮教活动，组织开展了“妈妈训教”、“大家访”等活动。

四 **服务民生，切实维护妇女儿童合法权益。**建立“妇女维权服务站”、增加12338维权服务热线，畅通妇女儿童合法诉求的渠道，全年共接待信访376人次，处理率95%以上。开展“三八”维权周、“6•26”禁毒宣传日、“11.25”反家暴日、“12.1”防艾宣传日、“12.4”法制宣传日等活动，发放资料6万多份。做客椰城纠风热线，宣讲妇女维权和发展的法规和政策。开展农村妇女“两癌”筛查工作，共组织发动15442名农村妇女进行了乳腺癌和宫颈癌免费检查。开展农村留守儿童情况调查，对留守儿童进行动态管理。创建26个儿童活动室（农村留守儿童之家、书屋），组织开展关爱农村留守儿童、家庭教育讲座、“童心向党”文艺演出、“六一”慰问等活动，促进未成年人的健康成长。“两节”等节日期间，慰问796户（名）特困家庭、贫困母亲。

五 **强基固本，切实加强妇联组织自身建设。**进一步完善妇联基层组织网络建设，推动妇联组织的巩固、拓展、延伸、提高，新建14个基层妇女组织。开展基层组织“示范”创建活动，9个村（社区）被全国妇联基层组织建设示范村（社区）。进一步加强和促进基层“妇女之家”工作的开展，4个村（社区）妇女之家被评为省级创先争优社区妇女之家示范点。加强培训，组织600多名妇女干部参加各类培训班学习。

六 **履行职能，促进妇女儿童发展规划的实施。**加强检查督导，召开经验交流会，推动海口市实施“两纲”、“两规划”中重点、难点问题的解决。海口市实施妇女儿童发展规划（2001—2010年）定量指标达标率为90.09%，实施工作顺利通过海南省的检查评估，并被评为全国先进集体。编制海口市妇女儿童发展规划（2011—2020年）（讨论稿），并征求各相关单位意见。

①	②	③
④	⑤	⑥

①文明大行动 从家庭做起启动现场

②海口市村（社区）妇代会主任培训班

③农村贫困母亲增收培训班

④庆“六一”“童心向党”文艺演出

⑤心理咨询师为留守儿童开展心理辅导活动

⑥庆七一妇女之家“颂党唱和谐”歌咏比赛

市社科联党组书记董光海

市社科联党组书记董光海在基层调研

海口市社会科学界联合会

市社科联组织召开建党九十周年座谈会

文明礼仪乡村行——走进龙华

海口市社科联是在中共海口市委和市人民政府的领导下，由全市哲学社会科学学会、研究会、协会等社科类社团和广大社会科学工作者联合组成的群众性学术团体，是党和政府联系社会科学工作者的桥梁和纽带，是发展社会科学事业和文化事业的主要力量，是实现领导决策科学化的参谋和助手。

2011年，市社科联组织召开海口市社会各界学习贯彻胡锦涛总书记视察海南重要指示精神座谈会，为海口科学发展，建设“宜居宜业宜学宜游”品位之城建言献策；积极组织海府地区老党员、老领导以及社科专家召开海口市纪念建党90周年座谈会，畅谈党的丰功伟绩和海口未来的发展大计；组织海口市第三届社会科学优秀成果评奖工作、完成市委重点课题研究工作和规划课题研究；开展文明礼仪教育工作以及大力支持协（学）会加强规范化管理等工作，取得较好的成绩，得到广大社科工作者的高度评价。

海口市会展局

2012年6月6日，市长冀文林与省商务厅厅长叶章和为海口市会展局成立揭牌

吴家宏局长主持召开全局工作会议

吴家宏局长为2011第八届海南国际汽车工业展览会开幕致辞

2011中国（海南）国际高尔夫球博览会开幕现场

海口市会展局作为履行对全市会展业管理协调服务职能的政府主管部门，在市委、市政府的领导下，在社会各行各业的支持协助下，坚持以科学发展观为指导，认真履行职责，努力夯实会展软硬环境的建设，千方百计做好招会引展工作，积极策划组织会展活动，加强会展业的协调服务，引进和培育有实力的会展专业服务公司，有力地促进全市会展业持续快速发展。“十一五”期间，在海口先后举办的各种展览活动200多个，展出面积总计110多万平方米，年均各类会议6000多个，会展数量和规模年均以近30%的速度增长。2011年是“十二五”规划的开局之年，全年共举办展览83个，比2010年增长29.6%；展出面积50.3万平方米，增长65.5%。各类会议达9000多个。成功举办中国体育旅游博览会、中国森林旅游博览会、中国（海口）国际冬季热带农产品交易会、海口游艇经济主题论坛暨游艇展览会、中国（海南）国际高尔夫球博览会、海口高尔夫与旅游主题论坛等会展活动，在社会上产生了积极的影响。会展业作为现代服务业的重要产业之一，已成为促进海口市社会经济发展的新亮点。

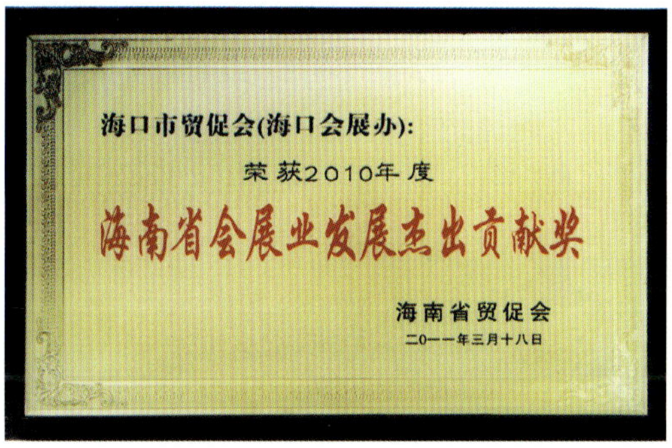

海口市贸促会荣获2010年度海南省会展业发展杰出贡献奖

海口市市政工程设计研究院

市市政工程设计研究院（简称海口市政院）成立于1990年5月，是一家具有独立法人资格的国有甲级设计企业。主要从事城市道路、桥梁、给排水、电气、建筑、园林等市政工程设计，以及测量、工程总承包等业务。现具有市政行业（道路工程）专业设计甲级资质、市政行业（桥梁）专业设计甲级资质、市政行业（给水、排水）专业设计乙级等资质；并通过了GB/T19001-2008/ISO9001：2008质量管理体系认证。下设有总工办、设计一所、设计二所、设计三所、设计五所、测绘所、三亚分院、杭州分院。

市政院全体员工本着“精心设计、优质服务、团结拼搏、开拓创新”的企业宗旨，先后承接了海口市国兴大道西延线与海秀西路高架桥工程、云龙产业园基础设施配套工程和向荣路二期、滨海大道、国兴大道、南海大道、滨江西路、海秀东路、海秀西路、白龙路、南沙路、迎宾大道、海府立交桥、迎宾立交桥、兴隆路网工程、万宁市路网工程、陵水清水湾配套工程、三亚凤凰岛三亚湾桥等重点市政工程设计项目。

工程主要分布在海口市、三亚、琼海、万宁、洋浦、昌江等市县；岛外市场也在不断开拓。先后获得海南省优秀工程勘察设计奖、“省、市优质样板工程奖”等多项建设奖项；同时荣获海南省企业信用评价中心颁发的“海南省企业信用等级AAA级”、“2011年度海南省诚实守信示范单位”。

市政院设计的重大工程项目

海榆西线道路透视图

洋浦经济开发区洋浦路

秀英交叉口

琼中环城东北段

签署仪式

2011年11月，国家质检总局副局长、党组副书记杨刚视察海南热带植物隔离检疫圃。

海南出入境检验检疫局

2011年，海南出入境检验检疫局推动国家质检总局与海南省人民政府签署《关于共同推进海南国际旅游岛建设发展战略合作备忘录》，并以省政府名义将两个层面24项74条工作任务分解表下发海南各市县与地方主管部门贯彻执行。争取到两次检验检疫宽限期（6个月），保障了海南两个离岛免税店的正常营业运行。2011年，取消139家/8.42万亩种养基地的备案资格，注销取消22家企业相关注册/备案和HACCP验证资格，暂停4家备案企业出口资格。批准文昌市出口罗非鱼的养殖基地为质量安全示范区，实现“零”突破，还被列入全国重点推进的55个典型示范区名单。全年出境水产品检验检疫14.8万吨、5.75亿美元，同比分别增长14.88%和20.89%，罗非鱼及其制品出口量跃居全国第一，输欧水产品跃居全国输欧养殖水产品首位。2011年，口岸截获各类植物有害生物784批次、167种、1336种次，分别上升88.4%、54.6%和65.1%，其中检疫性有害生物26批次、9种、29种次，同比分别上升4.1%、33.3%和11.5%，可可豆象、翅蒺藜、飞机草3种检疫性有害生物和银合欢豆象等14种一般性有害生物为海南口岸首次截获，其中可可豆象为全国口岸首次截获且国内尚无分布；首次检出一类动物疫病。帮助企业索赔并挽回近800万美元的经济损失。

修订完善现有的口岸防控预案，有效应对日本核辐射及台湾食品“塑化剂”、进口“毒”燕窝、三亚免税店“过期免税香化产品”等食品安全突发事件，对5批11.51万美元不符合要求的进口日本食品作出退运处理，对18批87万美元的进口食品化妆品进行邻苯二甲酸酯项目监测，合理处置4月份海南口岸发生的3起日本入境船舶放射性检测超标事件。2011年，共销毁过期免税化妆品71箱、2794件、92.7万元，不合格免税服装24件、2866美元。三条措施加强三亚口岸的基础设施建设，推动了新加坡丽星邮轮公司以三亚凤凰岛码头作为邮轮母港开展每周三次的航班运营。

2011年，对海南口岸检验检疫查验基础设施建设开展全面普查，共安排1600多万元用于口岸基层能力达标建设，其中各类仪器设备104台套、近1200万元，投入同比增长20%。通过中国检验检疫电子化系统建设，完成海南入境游艇管理系统检验检疫业务和交换平台，研发离境离岛免税商品电子监管系统，完成质检共建“12365”举报处置指挥系统平台工作。全年获省部级科研立项8项、科研立项经费219万元，获检验检疫行业标准制修订项目6项，有3项科研项目通过成果鉴定，1项科研课题列入国家质检总局“科技兴检奖”二等奖公示名单，成功研发91项新检测项目。

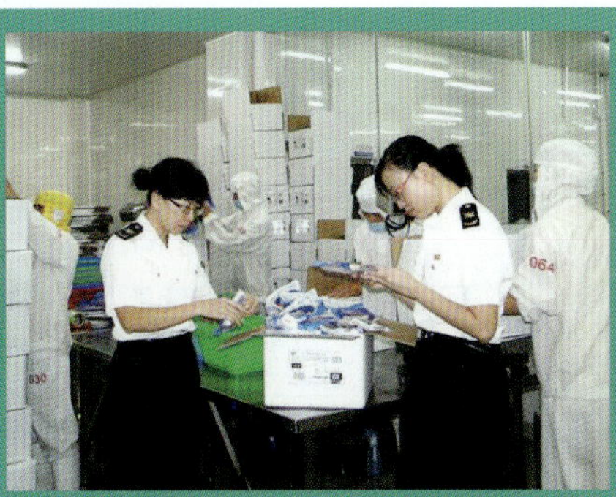

水产企业监管

进口木片

美兰办检验检疫人员对海口免税店实施巡检制度

海口市气象局

胡锦涛总书记指出，要努力探索和掌握气候规律，大力推进气象科技创新，不断提高气象预测预报能力、气象防灾减灾能力、应对气候变化能力、开发利用气候资源能力，进一步推动我国气象事业实现更大发展，为全面建设小康社会、加快推进社会主义现代化提供有力保障，为改善全球气候环境、促进人类社会可持续发展作出积极贡献。温家宝总理3次提出气象部门要实现“一流装备、一流技术、一流人才、一流台站”的目标，国务院先后下发《加快气象事业发展的若干意见》、《关于进一步加强气象灾害防御工作的意见》、《关于加强气象灾害监测预警及信息发布工作的意见》。

市委、市政府在2011年“两会”期间，陈辞书记在《关于在海口市“十二五”规划中加强海口现代气象体系建设的建议》的提案上作出批示：希望“十二五”期间我市气象工作同省会中心城市的功能和地位相匹配。陈辞书记在应急办调研时，指示要将气象信息接入政府应急管理平台。市气象局迅速传达学习市委主要领导指示精神，加快推进海口市气象信息共享服务系统建设。2011年7月，建成气象信息共享服务系统并投入使用。

海口市气象信息共享服务系统主要包括重要天气、天气预报、气象监测、灾害防御等9项功能。现已覆盖到各区政府、市区三防、23个镇和农业、林业、海洋与渔业、旅游、交通、公安等17个单位和部门，率先在全省建立气象与乡镇及各相关部门之间的气象信息共享通道。该系统投入使用后，减少了灾害性天气预警信息的传递环节和时间，为防灾减灾救灾赢得时间。

7月28日下午，海口市召开防御第8号热带风暴“洛坦”工作会议。

6月15日，市气象局工作人员在市应急指挥中心演示气象信息共享服务系统。

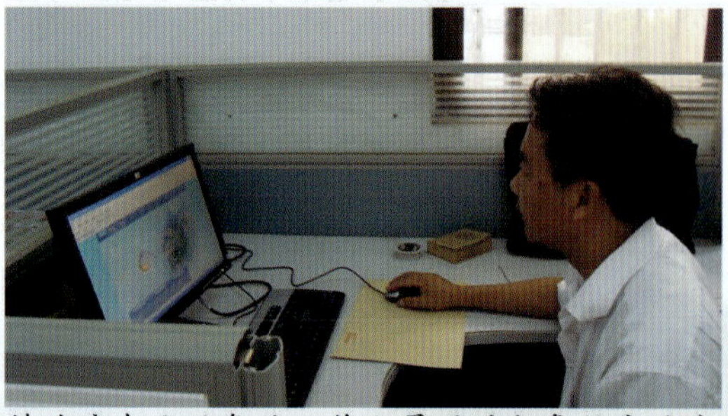
镇政府农业服务站工作人员通过气象信息共享服务系统接收气象信息。

7月29日，省委常委、市委书记陈辞（右一）在市三防办主持召开“三防”工作汇报会

省局（公司）局长、总经理张晓川视察海口新物流配送中心

315活动期间，市局副局长丁有平现场为群众讲解卷烟真假鉴别

海口市烟草专卖局（公司）

概况 2011年，在市委、市政府和省局（公司）的领导下，市局（公司）深入贯彻落实科学发展观，紧紧围绕海南烟草卷烟上水平“十二五”规划，精心谋划海口烟草“十二五”发展目标，明确重点任务，加快转变发展方式，努力提高经济运行质量和效益，较好地完成了各项工作任务，促进了海口烟草的持续、稳定、健康、协调发展。2011年，全片区共实现商业税利5.02亿元，同比增长31.20%。

海南省烟草行业企业文化宣贯会

卷烟经营 一是卷烟销量稳步增长。2011年，全片区销售卷烟16.81万箱，实现销售收入（不含税）35.22亿元。二是重点骨干品牌培育能力进一步提高。三是低焦油卷烟销售良好。坚持品牌主导，积极配合工业企业，加快低焦油卷烟引进速度，在培育品牌中开拓低焦油卷烟市场。

专卖管理 严格按照“端窝点、断源头、破网络、抓主犯”的打假工作要求，严厉打击制售假烟违法犯罪行为。一是持续深入开展卷烟打假破网。2011年，全片区共查处各类违法案件963宗，收缴专卖罚没款446.09万元。二是着力推进市场整顿规范。三是严格规范烟草零售许可证管理工作。四是广泛开展法制宣传活动。

队伍建设 全面加强职工队伍建设，大力开展教育培训。积极参加专卖岗位技能竞赛，扎实推进干部人事制度改革。

技术创新 加强管理体制机制创新、营销创新、文化创新、制度创新力度，切实推动一批有利于提高企业技术进步和管理水平提升的项目。

市烟草专卖局（公司）开展民主评议政府工作（优质服务巩固年）活动汇报会

市烟草专卖局（公司）领导班子和领导干部述职述廉大会

海南联通

——在新起点上奋力开创跨越发展新局面

海南联通是中国联通在海南设立的直属分支机构，下辖18个市县分公司，主要经营移动通信、固定通信、宽带互联网及应用等全业务通信业务，拥有十余年在海南本地通信行业发展建设的丰富经验，并形成了一支从事多年、技术精湛、品质优良的市场营销、通信服务和网络建设及维护队伍。

截至2011年底，海南联通总资产为39亿元，年主营营业收入为10.2亿元，员工1912人。公司先后荣获“全国用户满意企业”、“全国青年文明号”、“全国通信行业用户满意企业”、“海南省优秀企业”、“海南省农村信息化推进先进单位”等多项荣誉。

构建全新的运营架构，实现网格化管理模式。

海南联通推进全面改革，引入全新的现代通信企业经营理念，建立起了全新的管理运营架构，建立向市场倾斜、向一线倾斜、多通道发展的激励竞争机制，有效地激发了活力。

树立优质的客户品牌，创建服务满意窗口。

海南联通坚持把客户满意作为出发点和立足点，从提升客户感知的角度入手，打造优质服务窗口，创新服务模式，丰富便民举措，让客户尽享信息通信的便捷与精彩。

打造领先的3G网络，提升网络服务能力。

海南联通狠抓重点能力建设，从大规模的基站建设到重点领域的深度覆盖，从3G网络的强力打造到应急维护的快速反应，努力为客户构建优质通信网络。

创新通信技术，推动惠民服务应用。

海南联通创新信息通信技术在农业、医疗、教育等重点领域的智能应用，不断惠及民生服务，惠及各项事业对创新社会管理模式的探索，助力海南国际旅游岛信息化建设。

践行企业责任，助力和谐社会建设。

一直以来，海南联通积极履行社会责任、回报社会，在“村村通”工程、扶贫救灾、关爱社会等方面，为海南经济和社会发展作出贡献，受到社会高度评价。

新起点开启新征程，新目标赋予新使命，让我们以永争第一的进取精神、永不言败的亮剑精神、永不自满的创新精神，直面挑战，开拓进取，在新起点上奋力开创海南联通跨越发展新局面。

2011年4月29日，海南联通总经理焦刚表示，未来5年投入15亿元，助力“智能海口”建设

2010年7月，海南联通和共青团海南省委合作举办学生暑期“勤工俭学”活动

2011年1月28日，海南联通“农业科技110农务通”助力海南省农村信息化建设

2011年4月14日，海南联通全力做好“金砖国家”峰会及博鳌亚洲论坛现场通信保障

2011年4月14日，海南联通为博鳌亚洲论坛提供优质服务

天翼e家
分享无限亲情
中国电信
CHINA TELECOM
世界触手可及
真正光纤
只有天翼宽带
真正光纤到户 独享20M宽带 领航光纤上网新时代！
光小区平移和新装光纤宽带 免费平移和提速体验
高清iTV、大型游戏、高速下载……乐享至“尊”快感！
用户至上 用心服务 Customer First Service Foremost
中国电信海口分公司
http://hi.ct10000.com
客户服务热线
Customer Hotline
10000

gN Pearl 京润珍珠

中国驰名商标

海南京润珍珠生物技术股份有限公司

京润珍珠，始于1994年，诞生于中国海南省，集珍珠养殖、研发、生产、销售和文化展示于一体，横跨珍珠饰品、保健品、化妆品三大行业，国内最大的珍珠专营集团公司，业务涉及珍珠饰品、珍珠化妆品、珍珠保健品、珍珠养殖以及珍珠深加工等领域，销售网络遍及国内各个省区。现旗下有深圳京润珍珠控股有限公司、海南京润珍珠生物技术股份有限公司、海南京润珍珠有限公司、海南京润珍珠养殖有限公司、海南京润珍珠博物馆有限公司、三亚京润珍珠文化馆有限公司、三亚京润珍珠研究院有限公司以及深圳京润珍珠销售有限公司等。公司始终以“专业、负责、高效、创新”的工作作风和态度致力于珍珠的开发与利用，以“诚信、周到、树立良好口碑”的经营理念，致力于珍珠产业的科技化、规模化、品牌化发展，并注重与专业权威的科研机构合作，研制、开发并推广了一万余种珍珠饰品、十大系列百余种珍珠化妆品、保健品，先后攻克多个技术难关，在珍珠保健品及化妆品的研发上取得了“珍珠纳米技术”、“珍珠水溶技术”、“液体钙技术”、“生态活体技术”、“珍珠活性功能肽技术”等四十余项国家专利技术。2008年3月，国家工商总局认定“京润”为“中国驰名商标”，并连续多年荣获“海南省名牌”、“海南省著名商标”、“全国用户满意产品”等荣誉。2010年，京润珍珠被评为国家高新技术企业。

公司长期坚持以保证产品品质为基础，建立自己独特的营销体系和市场地位，通过多年的市场开拓与积累，公司现已拥有了27个市场部和六大分仓，以保证市场的供应和经销商的服务；5000多家遍布全国的形象终端和专卖店，整体网络布局已经基本完善。以强大的营销网络为支撑，珍珠概念下的诸多产业在京润品牌下得到了迅速发展，“京润珍珠”已经成为珍珠产品中最有价值的品牌。

为了对京润珍珠市场开拓的保驾护航提供强而有力的支持，为京润珍珠完整的产业链再加上一枚坚实的筹码，2012年，京润珍珠集团新十年规划中的明星项目——“京润珍珠科技园”全面落成投产。

“京润珍珠科技园”项目总用地面积为40亩，总建筑面积超过2万平方米，年设计生产能力超过10亿元，是国内规模最大、最专业的珍珠产业工业园区，并对京润珍珠市场开拓提供强而有力的支持。

该项目以珍珠生物制品、化妆品的研究和生产为核心，以花园式厂房为建设目标，体现京润珍珠和珍珠行业的现代化和科技化。园区采用先进的生产设施和成熟的生产工艺进行生产，分设生产区域、研究区域、仓储区域、办公区域和配货区域。科技园全面采用国内先进的全自动化妆品生产线、保健品生产线、中药饮片珍珠粉生产线，研究设备和检测设备来进行生产、研究和质量控制，在环境上部分进行GMP建设，以药品的标准来进行化妆品和保健品的生产。全新的标准化研发和生产理念必将影响整个珍珠产业的发展。

无论规模和功能设计上，京润珍珠科技园都力求与国际最高水平接轨，强化了京润珍珠产业链中研发和生产两个重要环节，对京润珍珠集团加大产能，提高劳动生产率，改变产品结构，改善生产环境，提高产品质量，加大研究力度，加强市场竞争力的提升有巨大的推进作用，为产品进入国际市场、提高产品国际竞争力打下了坚实的基础。

京润珍珠科技园的建设响应了海口市“十一五”工业发展规划的号召，其自身所具备的品牌优势、高新生物技术专利优势和规模优势必将在整个珍珠行业、甚至整个海口工业态势的发展中起到重要的带动作用。

PEARL YOUR BEAUTY

物价管理

【概况】 2011年，市物价局围绕市委、市政府中心工作和民生价格工作重点积极实施价格调控，加强价格监督和服务，在国际旅游岛旅游环境综合整治、平抑盐价异常波动、调控蔬菜和猪肉价格、灾后平抑物价和推进平价商店建设等方面取得了较好的成绩，实现了“十二五”良好的开局。冀文林市长在2011年经济工作会议上两次表扬了海口市物价局。因工作出色，海口市物价局被评为2010—2011年度全国农产品成本调查工作优秀集体、2011年度海南省农产品成本调查工作一等奖、2011年度海口市12345政府热线先进单位、2011年度全国价格鉴证信息直报工作先进单位二等奖。

【市场物价高位运行】 2011年，受食品价格上涨、成本推动、市场需求、气候异常及国际国内通胀压力等因素影响，物价高位平稳运行。海口市居民消费价格总水平（CPI）延续2010年上涨走势，累计上涨5.4%，涨幅比上年同期（上涨4.2%）提高1.2个百分点，与全国同期（上涨5.4%）持平，比全省同期（上涨6.1%）低0.7个百分点。在全国36个大中城市中，按CPI涨幅由高到低排列，海口与太原、沈阳、大连、南京、济南、深圳、成都和兰州并列第4位。其中，7月份CPI最高为同比上涨6.6%，11月份最低为同比上涨3.5%。

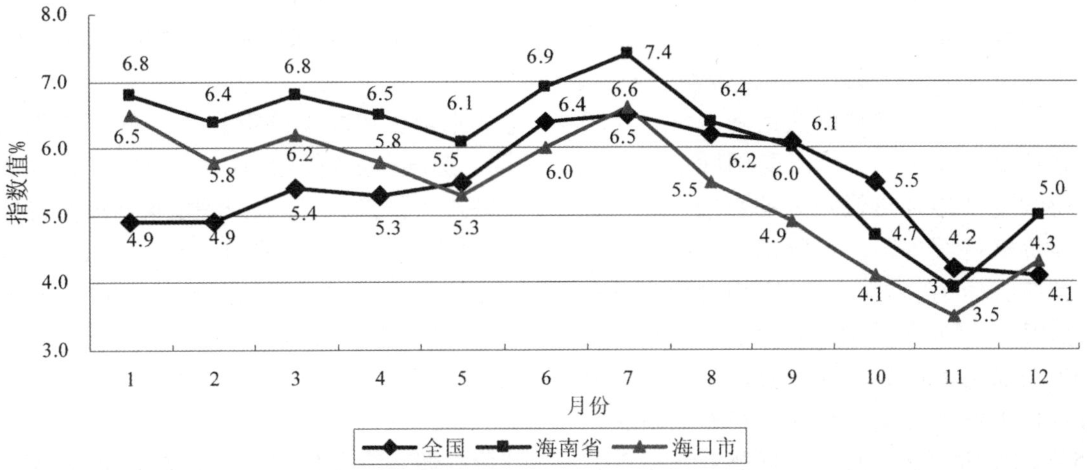

【各月CPI在上涨区间小幅震荡】 从同比指数看，受旅游旺季、节日需求及气候等因素影响，1~8月CPI涨幅均在5%以上高位运行，分别上涨6.5%、5.8%、6.2%、5.8%、5.3%、6.0%、6.6%、5.5%。自7月份指数达到年内月份最高点后，受国家和省、市稳定物价的各项调控政策措施共同影响，8月份CPI便开始扭头向下，进入9月份涨幅进一步趋缓，9~12月分别上涨4.9%、4.1%、3.5%、4.3%。

【八大类商品和服务价格全面上涨】 从构成CPI的八大类商品和服务价格看，呈现全面上涨格局（去年同期“六升一平一降”），除食品类价格累计涨幅较大外，其余七大类商品价格均温和上涨。其中，食品类、居住类、交通和通信类、医疗保健和个人用品类、娱乐教育文化用品及服务类、烟酒类、家庭设备用品及维修服务类、衣着类分别上涨12.6%、2.8%、2.6%、1.2%、0.7%、0.5%、0.4%和0.2%。从表面看是全面性上涨，其实内在还是结构性上涨，主要是由于食品类价格和居住类价格显著上涨所致，而结构性上涨归根到底还是结构性供求矛盾问题，是结构性供求关系失衡的表现。

【价格总水平上涨原因】 （1）食品类价格涨价面广、涨幅高，对CPI影响较大。2011年CPI累计上涨5.4%的涨幅中，由于受粮食、猪肉、蔬菜等价格大幅上扬的影响，食品类价格指数涨幅为

12.6%，高于上年同期5个百分点，拉动价格总水平上涨4.3个百分点，影响程度为79.6%。其中，受国家提高粮食最低收购价格、国际粮价持续走高和国内外粮食产区灾害频发等因素共同影响，粮食价格累计上涨18.2%，涨幅高于上年同期7.8个百分点；由于生猪饲料和人工成本上涨，肉禽及其制品价格累计上涨16.1%；蔬菜价格则先扬后稳，累计上涨7%。（2）居住类价格攀升助推CPI上涨。2011年，国家出台一系列调控房地产市场的政策措施，受建材、装修材料和燃料价格上涨的影响，居住类价格累计上涨2.8%，拉动价格总水平上升0.5个百分点。其中，建房及装修材料价格在需求和原材料涨价双重影响下，累计上涨2.2%。随着海口市旧城区改造步伐加快和保障性住房建设力度的加大，能源、原材料、用工以及物流等需求增加，价格出现明显上涨趋势。而这些都会传导至最终产品的价格上，从而诱发了水泥、砖等建材价格持续上涨，也带动了地板、厨卫设备、粘胶等装潢材料的热销和涨价。（3）输入性通胀拉高CPI涨幅。由于受国际市场大宗商品价格持续上涨以及热钱流入的影响，国内能源、原材料价格持续攀升，导致相关商品价格上涨。输入型通胀压力加大，也是影响物价上涨的一个重要因素。（4）劳动力、生产、运输成本的提高对CPI上涨推波助澜。受上游产品价格上涨和劳动力价格上涨的影响，推动了消费品价格的上扬。（5）翘尾因素影响较大。据测算，在2011年居民消费价格总水平同比涨幅中，2010年价格上涨带来的翘尾因素约为2.5个百分点，新涨价因素约为2.9个百分点。

【规范价格与收费管理】 开展2010年度《收费许可证》年审工作。共对全市147个单位进行收费许可证年审。收费项目61个，涉及行政事业性收费收入129314.77万元，其中行政性收费收入27629.41万元，事业性收费收入101685.36万元，比上年增加了68358.23万元；2个收费项目被取消。开展摊位租赁收费标准成本审核工作。为进一步科学规范农贸市场摊位租赁收费，对全市农贸市场摊位费全面实施成本审核制度，对10家农贸市场摊位租赁收费进行成本审核。

【价格审批服务】 各项收费项目审批做到不误时、不漏、不错。截至2011年底，共办理行政事业性收费审批27家，经营性服务性收费审批16家，办理民办幼儿园、短期培训备案21家，办理物业小区备案39家，核发新《收费许可证》70个，报省物价局审批件4件。积极做好价格审批相关工作。一是审批海口市辖区内发班的公路客运（省内）上限票价2宗，审批海口市区至大致坡、新民等农村道路客运班线车上限票价12宗，审批7条公交线路及夜班车票价和4条旅游公交专线巴士票价，开展农村道路客运调查。二是建立基本药物价格动态监测制度，进一步加强基本药物价格管理，规范医疗服务的价格。三是落实困难群体物价上涨联动补贴机制，2011年全市共动用价格调节基金4500多万元，用于各项民生补贴。四是审批了海南省人民医院自产制剂的零售价格，做好琼山区妇幼保健院高级病房价格的上报工作。

【成本调查和成本监审】 一是完成2010年度瓜菜、糖蔗、生猪、蛋鸡等生产成本收益常规调查。二是完成《2011年农户种植意向情况调查》，抓好农户购买农资情况调查、农户存粮、早晚稻成本预测调查等工作。三是开展生猪生产、粮油、农资价格调查等工作。四是完成6家单位的价格成本监审工作。

【价格调节基金】 积极开展价调基金扩征工作。经深入调研、广泛征求意见，将高尔夫、娱乐服务业、餐饮业、烟草、酒类等行业列入新增基金范围，报经第十四届市政府第88次常务会议审议通过。同时积极发挥价调基金稳价惠民作用。2011年全市共征收价调基金8110万元，共使用价调基金9686.85万元，对城乡低保户及低保户家庭中小学生、福利院“三无”老人及儿童、全市在校大中专院校及中小学生、政府蔬菜猪肉限价、物价上涨联动等补贴，取得了良好的社会效果，得到了市委、市政府的充分肯定和广大群众的好评。

【市场价格调控】 （1）积极贯彻落实“国十六条”保供稳价工作。市物价局加大市场监管力度，积极协调各牵头单位落实“国十六条”保供稳价

13项工作。动用价调基金3046.39万元，扶持蔬菜生产、促进流通、保供稳价；补贴低收入困难群体、低保家庭在校中小学生、大中专院校和中小学幼儿园学生等。同时，暂缓调整城市自来水和民用天然气价格等。（2）快速平抑盐价异常波动。2011年3月中旬，面对因日本大地震而引发的突如其来的盐价上涨和抢购潮，海口市物价局迅速组织开展全市盐价大检查，积极联系新闻媒体进行正面引导宣传，极力维护市场价格秩序，稳定社会心理预期，切实保持社会秩序的基本稳定。由于及时接报、布置周密、反应迅速、措施得力、依法惩查，仅一天时间，就使盐价恢复正常水平。（3）政府限价调控效果显著。一是实行蔬菜限价销售。为遏制蔬菜价格的过快上涨，经市政府、省物价局批准，从2011年4月12日~29日，选择53家限价蔬菜供应点，对上海青、小白菜、空心菜和黑叶白4种蔬菜，采取限价调控措施，计划安排价调基金500万元，但仅用了50万元就有效促使蔬菜价格短期内明显回落，受到群众的称赞。海南省委罗保铭书记表扬海口此项工作讲政治，中央、省、市多家媒体先后给予充分报道，为今后调控工作积累了宝贵经验。二是实施猪肉限价销售。市政府为遏制猪肉价格过快上涨及时出台了五项措施，2011年7月12日开始，指定49个限价猪肉销售点，对7种猪肉在全省率先实行政府临时挂牌限价销售，每天增加屠宰300头生猪投放市场，累计新增屠宰生猪33492头，销售限价猪肉856吨，销售价格低于市场价10%，共动用价调基金150万元，为实现蒋定之省长提出的确保8月份CPI掉头向下的目标做出了积极贡献。（4）加强市场监管，确保灾后价格基本稳定。面对国庆节前后全市连受三个热带气旋叠加的台风、强降雨影响，市物价局迅速制定了灾后重建和平抑市场物价工作方案，牵头与商务、工商、供销等部门共同召开了全市灾后蔬菜保供稳价座谈会。同时，为防止受灾期间市场出现抢购及哄抬物价的现象，全力加强市场价格动态监测，强化市场价格监管；并通过广播电视、报刊、政府网站等向社会发布相关价格信息，稳定群众心理预期，积极引导社会的生产、流通和消费。

【价格专项检查】 开展打击侵犯知识产权和制售假冒伪劣商品专项检查、商品房明码标价专项检查、涉农价格和收费专项检查、商品零售场所塑料购物袋有偿使用明码标价检查、化肥专项检查、医药卫生服务价格交叉大检查、教育收费专项检查、月饼价格检查等价格监管，全力维护消费者和经营者的合法权益，保持了市场价格秩序的基本稳定。

【价格举报投诉】 市物价局始终坚持以围绕解决群众热点难点问题作为工作的出发点和落脚点，本着“群众利益无小事”的理念，力求做到帮民办事、为民分忧、替民解难，切实维护消费者的合法权益。2011年共受理价格举报案件1510件，已全部按时办结，办结率为100%。2011年价格举报热点主要集中在停车、物业、商品价格、交通、餐饮、教育等方面，多数单位因情节较轻或尚未开始收费被责令整改，清退金额合计11947.8元，多起案件因制止及时，避免了事态的发展，受到群众的好评。

【价格认证服务】 一是积极拓展工作领域。2011年共受理市公安涉案财物价格鉴证3561宗，涉及金额7290万元；受理法院、检察院、海关及烟草执法机关涉案财物价格鉴证54宗，涉及金额1115万元；对130辆事故车辆损失进行价格评估鉴定，涉及金额255万元。同时完成了估算福秀小区、南江花园、南海花园、凤翔花园、水滨花园5个经济适用住房预售价格工作。二是涉税房产价格认定工作。全年共受理130宗地税部门委托的涉税房产价格认定项目，涉及应税金额6.8亿多元。

【办理人大建议和政协提案】 受理人大代表建议和政协委员提案9件（其中：主办4件，协办5件），分别涉及差别化收取停车管理费、物业管理费、保障民众生活、基本药物目录、民办幼儿园监管力度等方面，均在规定时限内按程序和要求办理完毕，回复了建议人和提案人，答复率100%，办结率100%，满意率100%。

【改善综合旅游环境】 开展国际旅游岛建设环境综合整治，严肃查处价格违规行为。2011年着重开展对宾馆酒店客房、旅游景点、旅行社、旅游餐饮、商场、超市、农贸市场、临街商铺、购物点、交通客运部门等行业专项价格监督检查工作，加强重要节假日值班和市场巡查工作，进一步改善了全市旅游价格环境。认真落实客房价格临时干预措施。为防止节假日旅游哄抬房价及炒房行为，确保春节、五一、十一等重要节假日期间客房价格稳定，市物价局对全市客房实行价格备案工作，要求客房服务经营者严格落实明码标价，认真贯彻执行《海南经济特区旅游价格管理规定》，对重要节假日期间宾馆酒店客房价格实行政府指导价管理。

【启动市县两地价格监管联动机制】 应对新形势的要求，积极探索研究市县间价格监管的联动机制，建立市县互动新模式。市物价局秀英监督检查分局与万宁市物价局于2011年2月12日启动了两地物价联合检查联动机制，组成了两个联合检查组，对万宁市区公交车、乡间客运车辆途经路段开展客运票价专项检查。通过此次联合执法检查，使擅自涨价现象得到有效控制，服务质量明显提高。

【实行“一人一店”监管模式】 按国家发改委提出的“最大限度用法、最大限度用力、最大限度借力”要求，市物价局积极探索监管新模式，由四个监督检查分局分别在辖区范围内选择70家超市及农贸市场，采用“一人一店”监管模式，指定专人直接监管，把监管责任落实到人，力求矛盾发现在一线，问题解决在一线。

【手机采报价系统建设】 2011年6月30日，市物价局筹建的“海口市价格库手机采报价系统”正式开通，标志着已筹划近三年的海口市价格库项目正式拉开了序幕，结束了海口市价格监测手工采报的历史，迎来了手机采报信息化管理的新时代。此项工作在全省属首创，走在全国价格工作的前列。

【举办全国大中城市价格成本年会】 由海口市政府主办、市物价局承办的2011年全国大中城市价格成本年会于9月21～23日隆重举行并取得了圆满成功。来自全国36个大中城市的83位价格成本工作者欢聚一堂，共同交流探讨新时期价格调控和农本调查、成本监审等工作经验。

【开展《价格法》宣传月活动】 市物价局将2011年5月定为价格宣传活动月，精心策划了一系列宣传活动，通过报纸、电视、网络等新闻媒体进行宣传，解决百姓关心的热点、难点问题，使《价格法》等法律法规深入人心，有效维护群众的合法权益。编印了《价格宣传手册》5000份宣传资料，制作了宣传《价格法》纪念扇8000把和环保购物袋10000个等，向现场群众发放。

【举办首期商业物价员培训】 2011年6月29日，市物价局组织举办了首期商业（零售）企业物价员培训班，来自全市各大型超市、商场、购物广场等25家零售企业的90名相关负责人和物价员参加了培训学习。此举受到了参训人员的欢迎。

【开展“12358价格服务下乡”】 “12358”是海南省特定的价格投诉电话号码。市物价局以价格惠农惠民为宗旨，围绕促进农业增效、农民增收、农村稳定的工作目标，先后三次组织人员分别深入全市各镇开展12358价格服务下乡活动，通过设立咨询台、散发宣传资料、张贴宣传画、现场受理咨询和投诉等形式，宣传价格方针、政策，告知消费者举报投诉渠道，帮助农民增强自我维权意识，切实解决农民群众最关心、最直接、最现实的问题，受到了当地农民的普遍欢迎。

【价格宣传】 在继续办好FM101.8《物价实时报》广播栏目的基础上，2011年市物价局与海口广播电视台加大合作力度，新增设了《物价天天报》电视栏目，每天在固定时段播报商品价格对比、物价政策法规解读、价格投诉举报及反馈等资讯。此举有利于强化价格宣传、增强消费者的价格维权意识。

【行风建设】 （1）开展“优质服务巩固年”活动。市物价局制定了《海口市物价局关于开展“优质服务巩固年”活动实施方案》。下属的秀英、龙华、琼山、美兰价格监督检查分局和市价格认证中心五个基层站所在巩固和延伸2010年“优质服务年”活动取得成效的基础上，结合实际积极宣传动员，号召全体职工积极参与开展“优质服务巩固年”的活动，认真按照“优质服务巩固年”活动内容逐项落实，进一步加强基层站所思想作风建设、效能建设、制度建设和基础设施建设。（2）全面推进党风廉政建设。市物价局党总支着力在责任追究上下功夫。深入开展学习教育活动，加强行政审批管理，扎实抓好反腐倡廉各项工作，全年全系统没有出现违法违规事件。（3）讲文明、树形象。为深化精神文明创建活动，推进文明城市创建，根据市委、市政府“海口文明大行动”的工作部署，成立了“海口物价局文明大行动领导小组”，负责组织、指导和检查全市物价系统“文明大行动”工作。文明行动从2011年11月到2014年底，为期三年，分全面启动阶段、整体推进阶段、提高水平阶段三阶段实施。

（吴燕）

质量技术监督

【概况】 2011年，海口质监局在省局以“抓质量、保安全、促发展、强质监”为目标，加强“队伍安全、特种设备安全、食品安全”工作，牢固树立“海口稳则全省稳，海口安则全省安”的大局意识，不断创新工作机制，锐意进取，确保年度各项工作目标得到又好又快的完成。2011年度，海口质监局被海南省质量技术监督局评为全省质监系统工作目标考核先进单位；荣获海口市安全生产目标考核一等奖。

【计量工作】 （1）配合市政府组织的旅游环境综合整治。牵头组织对旅游购物点、餐饮点的检查工作。利用每月至少一天的时间，会同工商、卫生、物价等部门对旅游购物点、餐饮点、超市等进行检查。全年共出动168人次对48家餐饮店及25个农贸市场的232台在用计量器具进行监督检查，其中40台未进行检定，已责成经营者送检。（2）推进强检计量器具检定。与省计量所密切配合，扎实推进全市强检计量器具的检定工作。年底，共对8842台强检计量器具进行了检定，为完成全年强检计量器具达到95%受检率的目标打下了基础。（3）开展加油站、加油机专项整治。5月，市局开展了为期一个月的加油站、加油机专项监督检查，共对71家加油站的310台加油机进行了检查，发现1家加油站的6台加油机超期未检，已责令整改。（4）加强出租车计量器检定监管。在省局的组织协调下，市局先后组织召开3次与海南汽车制造厂、海南省计量测试所、海口市交通运输及港航管理局以及2家计价器生产厂家的工作协调会议，完成了全市1210台出租车计价器升级改造工作。（5）开展能源计量工作监督。根据省局的部署，对第七批能效标识产品进行为期一个月的监督检查，共检查了6家大型家电场卖场、超市的平板电视及微波炉，其中平板电视66台，微波炉147台。未发现违规产品。（6）加强眼镜店检查。9月，市局对市各大医院的配镜中心，解放西路以及中小学校周边的眼镜店进行了专项检查，共新备案登记眼镜店16家，发现5台未经检定的计量器具，已责令整改。（7）配合全市顺利完成迎接国家一类语言文字的评估工作。共检查各类单位232家，其中23家单位使用非法定计量单位，3家企事业单位未正确使用公共图形符号，当即责令其限期整改。

【标准化工作】 （1）做好公共信息图形符号标准化设置的检查指导。组织人员对东环铁海口东站设置的公共信息图形符号开展检查，双方进行了认真的交流与沟通。指导海南迎宾馆、新国宾馆、海汽集团等十几家企业做好公共信息图形符号的设置、更新、完善工作。（2）开展建立游艇产业标准体系的调研。根据市政府工作部署，对游艇产业进行了调研摸底，实地考察游艇及游艇码头的设施，与项目负责人进行座谈，并通过电视、网络、报纸、报刊等媒介，对海口游艇数量、性质、规模、性能、质量、经营服务水平及省出台的产业政策等多方面进行调研，初步摸清了市游艇产业的基本状况，为下步建立游艇标准体系奠定基础。（3）积极开展农业标准化工作。9月23日，组织召开了海口市地方标准《无公害食品 云龙淮山生产技术规程》审定会，由来自科研、生产等领域的专家对该标准进行了认真评审，最后一致同意通过该标准的审定，并于11月10日发布了《无公害食品 云龙淮山生产技术规程》。四是牵头会同市农业局制定并代市政府草拟了《海口市人民政府关于贯彻落实<海南省人民政府关于实施标准化战略的意见>的工作方案》，提出了海口市2015～2020年标准化工作的具体目标和总目标。

【食品生产质量监督】　（1）开展打击食品非法添加和滥用食品添加剂专项行动。本着标本兼治、着力治本的原则，制定监督抽查计划，确定重点监管地区、重点监管产品、重点监管企业，开展对辖区内的食品企业进行专项整治。全年共出动896人次，检查获证生产企业304家，责令限期整改的企业59家，依法立案17家，与368家食品生产企业签署《食品生产安全承诺书》，落实了企业生产质量安全的主体责任，督促企业确保食品质量安全。（2）保障食品生产安全良好秩序。根据质检总局《食品生产加工企业落实质量安全主体责任监督检查规定》的要求，采取“进村、进户、进企业”的拉网式检查核实的方式，完成了对现有获证食品生产企业373家的巡查工作，做到重点企业每家2次以上，一般企业每家巡查1次以上。同时根据《国务院办公厅关于严厉打击食品非法添加行为，切实加强食品添加剂监管的通知》文件精神，要求辖区食品企业重视食品添加剂使用管理工作，对企业食品生产运营情况、食品添加剂使用情况开展自纠自查，排除一切食品安全隐患，提高食品安全管理水平。加大监督抽查力度。制定《海口质监局2011年监督抽查计划》，组织执法人员对椰子制品、调味料、月饼、食用油等开展监督抽查。全年共对190个批次产品进行监督抽查，其中179个批次产品质量检验合格，合格率为94.2%。（3）加大查处力度。将食品添加剂整治、塑化剂专项检查、瘦肉精专项检查、辣椒制品检查、全国风险监测、全省联动监督抽查、食用油专项抽检，“双打”等工作结合起来，统筹规划，集中有限人力物力，全方位对食品生产企业开展执法检查。全年共出动执法人员182人次，依法立案查处违法违规食品企业35家。（4）指导乳制品企业完成重新换证。海南艾森乳业有限公司为海口市唯一一家乳制品企业。按照《关于进一步加强乳品质量安全工作的通知》（国办［2010］42号）要求，执法人员对海南艾森乳业有限公司加强监管，严格要求企业建立健全原辅料进货检验记录、索证索票记录、出厂检验记录、出厂销售记录等；督促企业严格质量管理，完善质量安全追溯系统，要求企业务必做到原料进厂有专人检验，产品出厂有专人检验，生产环节关键控制点有专人监控，质量管理有专人负责，层层落实岗位责任，做到批批检验，每个出厂产品均能层层溯源。

【食品安全专项整治】　（1）开展“塑化剂”清查行动。迅速组织执法人员对28家食品生产企业进行全面巡查，并对12家运动饮料、果汁、茶饮料、果酱果胶、胶淀粉类等食品企业、15个批次的产品进行抽样，检验合格率100%。（2）开展“地沟油”整治行动。全年共出动执法人员48人次，对12家食用油生产企业的12批次产品进行抽样检查，其中4个样品不合格，依此对不合格产品生产厂家全部依法立案查处。（3）开展月饼质量专项监督检查。市局联合省质检所在中秋节前紧急开展月饼专项监督检查，共出动执法车辆62次、执法人员256人次，对61家月饼生产企业进行监督检查，并对正在生产的45家企业的45批次月饼进行抽查。经检验，质量安全合格率为96%。（4）开展“瘦肉精”清查行动。全年共出动执法车辆29次、执法人员86人次，共检查12家企业（其中肉制品企业10家，使用猪肉加工食品企业2家）。重点检查了企业原辅料进货检验记录、索证索票记录、生产监控记录、出厂检验记录、出厂销售记录等，生产企业均能按要求索取猪肉原料企业的营业执照、屠宰证和检疫证明的复印件，未发现使用问题肉制品和使用“瘦肉精”现象。

【电梯安全监管】　积极探索电梯安全监管新模式，开展电梯安全专项整治工作。省局和市局有关领导亲自带队，开展为期3个月的全市电梯安全专项整治，对全市重要公共场所扶梯和电梯隐患排查。共检查电梯使用单位201家、电梯886台，下发安全监察指令书140份，查封违规使用电梯71台，对3家违规使用特种设备的单位进行立案查处，涉及金额2.5万元。加强电梯使用安全管理，推动电梯黑匣子项目。派员与市安监局、海南永安泰科技有限公司相关人员一行赴广州进行电梯远程数字监控终端（俗称“黑匣子”）考察活动，并组织电梯协会、海南永安泰科技有限公司召开电梯黑匣子项目工作会议，对下一步开展全市电梯远程数字监控工作提出意见。全市已有4家单位6台设备安装电梯黑匣子。加强电梯维保市场管理。针对目前电梯投诉频发，维保质量整体不高的情况，组织海口市电梯协会、全市50多家电梯维保单位召开2011年电梯安全监管工作会议，与各维保单位现场签订《共同促进海口市电梯安全管理及维保质量备忘录》，明确监管责任和维保责任，规范电梯安装、改造、维修等施工行为。

【起重机械监管】 开展起重机械专项整治，共出动执法人员142人次，检查单位61家，检查起重机械179台，下发安全监察指令书7份，排查隐患16项，已完成整改12项，对2家非法安装使用起重机械的单位进行立案查处，涉及金额20万元。

【特种设备管理】 一是严格实施设备安装告知工作和使用登记制度。全年共受理各类新装设备告知1758台，办理使用登记证4885份。二是加强特种设备作业人员培训考核。加大对操作人员无证上岗和逾期不年检的查处力度，积极宣传贯彻《特种设备作业人员监督管理办法》，提高企业对安全教育和培训特种设备作业人员的认识。截至9月底，全市特种设备作业人员持证达13294人，其中2011年新考证1068人。三是开展特种设备安全事故应急演练。组织民生燃气管道公司、检验检测机构参与市政府组织开展的燃气和桥梁安全生产事故应急救援联合演练，组织中石化秀英气站开展模拟储气罐突然因故泄露，引发紧急安全事故演练，指导白沙门游乐场开展模拟游乐设备因故骤停，启动紧急机制演练等特种设备安全事故应急演练，取得良好效果。四是强化企业特种设备安全的主体责任。促使全市特种设备使用企业全面实现“三落实、两有证、一检验、一预案”，全市已落实安全管理机构、人员和规章制度的单位41家，落实操作规程的单位52家，制订应急预案的单位123家。

【节能减排管理】 一是开展锅炉安全节能审查。对2011年全市新安装的50台锅炉、改造和维修的7台锅炉进行生产、使用全过程审查，对新装和维修锅炉进行监控，监督安装、使用单位采取节能措施解决锅炉浪费资源的问题。并以此作为新锅炉、维修、改造锅炉通过验收的必要条件。二是开展工业锅炉水处理达标活动。督促水质检测机构做好水质抽样检测工作，对水质检测不达标的锅炉单位下达指令书限期整改；对不整改的单位责令停止使用，并一律不通过年审，从而提高了锅炉水处理的达标率。三是开展制砖行业安全隐患与节能大排查。结合制砖行业特种设备专项整治行动，督促企业对在用锅炉、压力容器的管道进行热力回收改造，节约能源。同时鼓励企业加大节能投入，探索采用新型锅炉、压力容器节能措施，降低成本。全市制砖行业设备已基本实现冷凝水回收节能改造。

【稽查打假】 积极开展稽查打假，维护企业和消费者合法权益。全年共出动执法人员926人次，以打击制售假冒伪劣和侵犯知识产权为重点，开展了农资、电线电缆、建材、卫生纸、酒类、珠宝、床垫、手机、空心砖等检查执法，检查生产销售场所276家，查办货值和罚没款5万元以上的大要案6宗，其中10万元以上3宗。开展监督抽查7类产品共207个批次，受理举报投诉31起，为企业和消费者挽回经济损失20余万元。查获假冒伪劣产（商）品标值80余万元，罚没96万元。

【行政许可】 严格落实行政许可事项进驻市政务中心窗口制度。2011年，共办理食品生产许可证年审181宗，特种设备注册登记业务1012宗，电动自行车销售目录审查60宗，完成电动自行车第一批目录的登记工作。办理组织机构代码业务43035件（其中新办证12996件、换证16760件、变更2428件、年检10332件、其他519件），完成行政事业性收费（罚款）收入505400元。质监窗口被海口市政务中心评为第三季度“红旗窗口”。

【质量宣传】 继续与《海南法制时报》联合开办《质量与安全》专版12期、与海口电视台联合开办《质量与健康》专栏24期、与海口广播电台开办《海口质量报道》专栏48期，在报纸发布新闻

180条，广播播放336次，全面宣传质量工作，形成了广播、电视、报纸全方位立体宣传网络，不断增强广大人民群众的质量意识。

【质量兴市会议】　9月19日下午，海口市2011年质量兴市工作会议在市政府综合楼会议厅举行。海口市质量兴市领导小组副组长、海口质监局局长高平总结了海口市“十一五”质量兴市工作成绩和经验，部署“十二五”质量兴市工作，海南省质量兴省领导小组副组长、省质监局局长吴亚荣和海口市委常委、常务副市长邓小刚分别在会上作了重要讲话。为了鼓励企业树立名牌意识，海口市政府分别对海南椰岛（集团）股份有限公司等18家实施名牌战略的先进单位给予资金奖励。

（冯明）

安全生产监督

【概况】　2011年，海口市安全生产监督部门以落实《国务院关于进一步加强企业安全生产工作的通知》精神为核心，认真总结隐患排查治理的有效经验和做法，不断强化安全生产监管工作，落实安全生产责任制，严厉打击非法违法生产、经营、建设行为，完善责任落实、隐患排查治理、重大危险源监控和事故应急救援四个机制，突出道路交通、建筑施工、非煤矿山和危险化学品四个重点，认真查找安全生产中存在的薄弱环节和事故苗头，做好防范工作，构建为国际旅游岛建设保驾护航的安全监管体系，促进安全生产形势持续稳定。2011年，全市共发生各类生产安全事故773起，死亡112人，受伤793人，直接经济损失1152.6万元。与2010年相比，事故起数上升16.1%，死亡人数减少4人，下降3.4%，受伤人数增加419人，上升112%，直接经济损失上升58%。四项指标呈“三升一降”态势。

【安全生产指标控制良好】　生产安全指标控制良好，各类事故、道路交通、火灾、工矿商贸企业死亡人数均控制在省下达的指标范围内；四个区、2个管委会和8个政府职能部门都较好地控制在市下达的控制指标范围内。2011年，省安委会给海口市下达的安全生产控制指标是：各类事故死亡人数控制在113人以内。其中，道路交通事故死亡人数控制在90人以内；工矿商贸企业事故死亡人数控制在22人以内；无火灾安全生产事故；铁路交通事故死亡人数控制在1人以内。较大安全生产事故控制在1起以内。执行结果为：全市各类安全生产事故死亡112人，比全年控制指标减少1人；道路交通事故死亡90人，与全年控制指标持平；无火灾安全生产死亡事故，与全年控制指标（0人）持平；工矿商贸企业事故死亡22人，与全年控制指标持平，发生2起较大交通安全事故，超控制指标数1起；无铁路交通事故，比全年控制指标减少1人。省安委会给海口市下达的安全生产相对考核指标是：亿元国内生产总值生产安全事故死亡率为0.248，工矿商贸就业人员10万人生产安全事故死亡率为3.49，道路交通万车死亡率为2.6，特种设备万台死亡率为1.07。执行结果为：全市亿元GDP生产安全事故死亡率为0.168，比上年下降16%，全市工矿商贸就业人员10万人生产安全事故死亡率为2.56，比上年下降10.8%；道路交通万车死亡率为2.16，比上年下降11.1%；特种设备万台死亡率为0，四项控制指标好于省下达的指标数。

【道路交通事故上升】　2011年，全市共发生道路交通事故558起，死亡90人，受伤791人，经济损失94.7万元。与2010年相比，事故起数上升83%，死亡人数下降2.2%，受伤人数上升111.5%，经济损失下降21.3%。在车辆、驾驶员大幅增加的情况下，道路交通仍然保持万车死亡率连续8年持续下降，2011年海口市万车死亡率为2.16人/万车，比2010年下降11.1%。虽然死亡人数比去年减少2人，但仍占全市安全生产死亡人数的80.4%，且全市发生2起较大交通安全事故，超控制指标1起。

【火灾事故下降】　2011年，全市共发生火灾事故195起，无人员伤亡，受灾41户，直接经济损失

92.9 万元。与 2010 年相比，火灾起数下降 42.8%，死亡人数持平，受伤人数下降 100%，直接经济损失下降 82.8%。与去年同期相比，事故起数下降 41.2%，死亡人数减少 1 人，下降 100%，直接经济损失下降 30.9%。

【工矿商贸事故下降】 2011 年，全市工矿商贸企业发生安全生产事故 20 起，死亡 22 人，受伤 2 人，直接经济损失 965 万元。与 2010 年相比，事故起数下降 9.1%，死亡人数下降 4.3%，受伤人数上升 2 人，直接经济损失上升 98.1%。其中全市发生建筑事故 15 起（含非法私建发生事故）死亡 17 人，分别比上年同期减少 5 起、4 人。其中，高空坠落事故 9 起，死亡 11 人；机械伤害事故 5 起，死亡 5 人，触电事故 1 起，死亡 1 人。工业企业发生安全生产事故略有抬头，发生 3 起均为机械伤害事故。按属地划分：秀英区工矿商贸企业发生生产安全事故 5 起，死亡 5 人，无人员受伤，直接经济损失 75 万元，与控制指标（5 人）持平（其中，建筑行业发生生产事故 2 起，死亡 2 人，非法、违法事故 1 起，死亡 1 人）。与上年同期相比，事故起数、死亡人数、受伤人数持平，直接经济损失下降 12.8%。龙华区工矿商贸企业发生生产安全事故 6 起，死亡 7 人，受伤 1 人，直接经济损失 295 万元，与控制指标（7 人）持平（其中，建筑行业发生生产事故 1 起，两死一伤）。与去年相比，事故起数下降 25%，死亡人数减少 1 人，下降 12.5%，受伤人数上升 100%，直接经济损失上升 52.1%。琼山区工矿商贸企业发生生产安全事故 3 起，死亡 3 人，无人员受伤，直接经济损失 193 万元，与控制指标（3 人）持平，（其中，建筑行业发生生产事故 1 起，死亡 1 人，非法、违法事故 2 起，死亡 2 人）。与去年相比，事故起数下降 25%，死亡人数减少 1 人，下降 25%，无人员受伤，直接经济损失上升 175.7%。美兰区工矿商贸企业发生生产安全事故 5 起，死亡 6 人，受伤 1 人，直接经济损失 372 万元，比控制指标（7 人）减少 1 人（其中，建筑行业发生生产事故 2 起，死亡 3 人）。与去年相比，事故起数、死亡人数持平，受伤人数上升 100%，直接经济损失上升 171.1%。

【其他行业安全有隐忧】 2011 年，水上交通、交通运输、压力容器、特种设备行业未发生生产安全事故。但一些非法自制电梯及无年检继续使用的电梯和电梯老化等现象，仍然是特种行业排查、打击和取缔的对象。琼州海峡海口海域碍航障碍物的清理整治工作和粤海铁路南港附近非法采砂现象及内河渡口渡船隐患等问题，必须引起有关职能部门高度重视。全市文化娱乐企业未发生生产安全事故。但娱乐场所的电气老化，一些地方存在消防措施不全，通道不符合要求等情况。

【较大生产安全事故】 全市发生两起较大交通安全事故。（1）3 月 14 日 4 时 43 分，钟某辉驾驶琼 B69966 小客车，搭载 3 人沿海口市滨海大道自西向东行驶，与林某兵驾驶的琼 C35061 拖挂车（沿丘海大道自北向南行驶），至交叉路口时发生碰撞，两车严重受损，琼 C35061 车上集装箱抛落于车外，琼 B69966 小客车上 4 人当场死亡。（2）6 月 3 日 4 时 10 分，王某桥驾驶琼 C64199 小客车，载 2 人沿海口市南海大道自东向西行驶，文某华驾驶粤 BK5281 牵引车，拖挂粤 BAR75 挂车，与其同向行驶，至保税区路段广昌酒家时，琼 C64199 小客车追尾碰撞粤 BK5281 车尾部，并右偏冲入机动车道与非机动车道的隔离绿化带，撞上绿化带内的大树，琼 C64199 小客车内的 3 人死亡。

2011 年海口市生产安全事故死亡人数统计表

单位：人

项目	海南省	海口市
合计	569	112
工矿商贸	73	22
消防火灾	6	0
道路交通	473	90
铁路交通、水上交通	5	0
渔业船舶	11	0
农机	1	0

【非安全生产事故堪忧】 2011年，全市发生非安全生产死亡事故85起，死亡92人。其中，道路交通路外事故67起，死亡71人；火灾见义勇为意外死亡事故1起，死亡1人；普通中小学、幼儿园在校学生非正常死亡事故15起，死亡15人（其中学生交通事故死亡4人，学生溺水事故死亡5人，自杀死亡2人，触电死亡2人，学生其他事故死亡2人）；渔民出海作业意外死亡事故2起，死亡5人。

【各类事故发生主要原因】 （1）道路交通事故发生的主要原因：驾驶性能不符合技术标准的车，违法驾车，无证驾驶，酒后驾驶车辆，行人违法横穿公路，电动自行车驾驶人随意变更车道、与机动车抢行、不在非机动车道内行驶、闯红灯、酒后驾驶等。（2）消防安全事故发生的主要原因：用火不慎，电器设备故障、电线老化等。（3）工矿商贸企业事故发生的主要原因：生产经营单位的责任主体意识不强，安全投入不足，建筑工程转包、分包、挂靠情况严重，违规、违法施工行为势头上升；联合执法打击力度不猛，建筑施工队伍安全管理责任不落实，不具备安全生产条件，设施设备有缺陷，生产场所环境不良；从业人员违反操作规程和劳动纪律，职工安全培训教育不到位，安全意识淡薄，“三违”现象严重。（4）学生死亡事故发生的主要原因：主要是溺水事故和交通事故居多，中、小学生游泳技能差，安全意识薄弱，学校安全教育工作不深入，家长对孩子的监护不够。

（赵龙涛）

2011年各区、各有关职能部门生产安全事故死亡人数与控制指标对比图

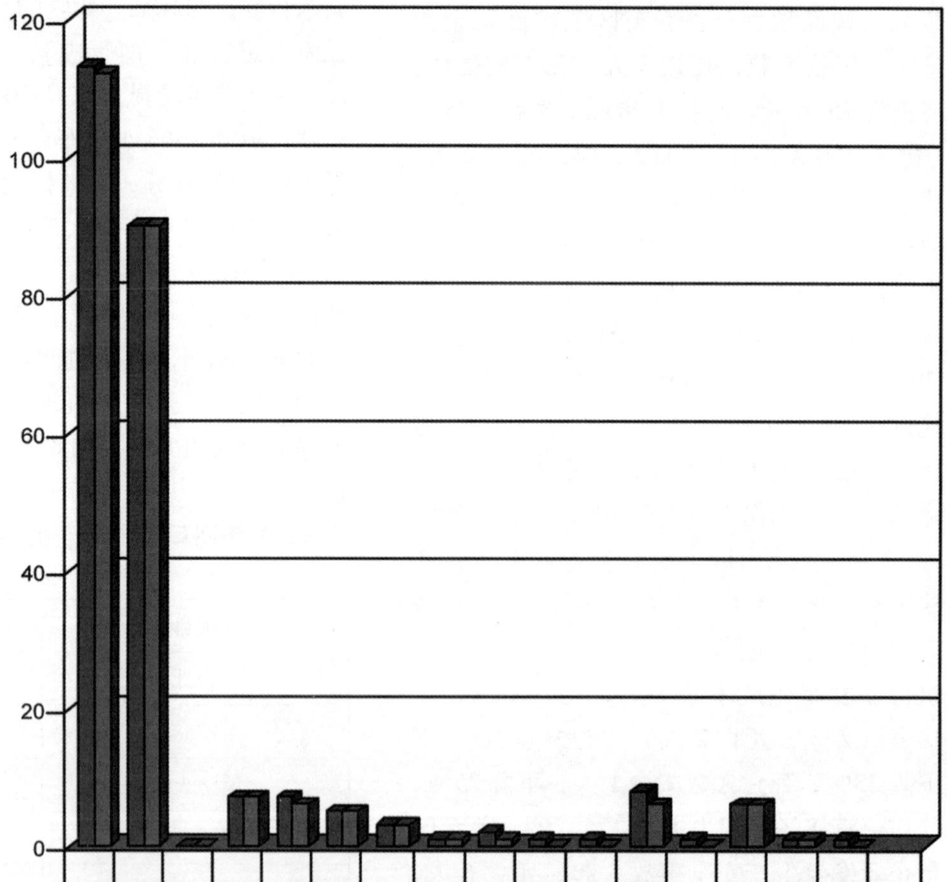

	全市	公安局	消防局	龙华区	美兰区	秀英区	琼山区	保税区	高新区	质监局	文体局	执法局	水务局	建设局	交通局	铁路交通	
■2011年指标数	113	90	0	7	7	5	3	1	2	1	1	8	1	6	1	1	
■2011年实际死亡人数	112	90	0	7	6	5	3	1	1	0	0	6	0	6	1	0	

食品药品监督管理

【概况】 2011年，市食品药品监督管理局积极履行餐饮服务食品安全监管新职能，抓好防控药械和药物质量监管，深入开展食品药品安全专项整治，强化队伍建设和监管能力建设，较好地完成了各项任务。共出动执法人员7000多人次，检查各类单位3000多家次，对110家单位给予行政处罚，罚没款项约10多万元，并将3宗涉嫌违法犯罪的案件移送公安机关处理。在全省药品安全专项整治检查评比中荣获优秀，先后被授予“海南省食品药品监督稽查工作先进单位”、“海口市政务服务先进单位”、“2011年度党组织活动‘最佳党日’”等荣誉称号。

【食品安全联席会议】 全年组织召开全市食安委成员单位工作联席会议11次，进一步建立健全食品安全监管保障机制，积极探索食品安全监管长效工作机制，先后制订《海口市餐厨废弃物监管职责分解表》、《海口市食品安全协调委员联席会议制度》、《海口市食品安全有奖举报制度》等制度。细化餐厨废弃物监管职责。组织各区和食安委成员单位做好食品安全整顿评估考核和食品安全执法整改工作。

【完善食品药品监管职能】 （1）积极调整职能。按照市政府关于切实做好市卫生局和食药监局有关职能交接工作的通知精神，主动与卫生部门沟通，积极做好有关职能交接工作，并于3月底将综合协调食品安全及组织处置食品安全重大事故的职能转交市卫生局，接转了市卫生局负责的餐饮服务许可及餐饮业、食堂等食品安全监管职能。（2）理顺监管职责。按照属地管理、权责统一、提高效能的原则，明确了市、区两级食品药品监督管理职责和管理权限。同时为做好职能划转后餐饮食品安全监管工作的平稳过渡，通过座谈会等形式与区政府和区食药监部门、市直属单位及区卫生监督所进行座谈、沟通交流，传达市政府食品药品监管机构体制及相关监管工作精神。（3）组建稽查支队。2011年4月，在原稽查队的基础上，按照市委市政府的要求，组建了市食品药品监督稽查支队。稽查支队在市食药监局的领导下，充实执法力量，完善组织机构，明确内部各大队职责，完善工作制度和监督制约机制，工作效率和依法行政的水平明显提高。

【餐饮服务食品安全监管】 重点开展严厉打击“食品非法添加行为和滥用食品添加剂”、“地沟油”、“瘦肉精”、“私屠滥宰”等违法犯罪专项整治活动。全市共出动监督车辆5746车次，监督执法人员15106人次，检查食品生产经营单位38263间次，查处食品违法案件552宗，食品安全工作取得明显成效。一是开展打击食品非法添加和滥用食品添加剂专项工作。以自制火锅底料、自制饮料、自制调味料餐饮服务单位为重点，开展餐饮服务环节专项监督检查和巡查，检查餐饮服务单位1461余家次，立案查处31家次。二是开展食用油专项整治。严厉查处违法采购和使用不符合食品安全标准的食用油加工食品的行为，共检查餐饮服务单位526家次，现场快速检测食用油48份，责令改正6家，警告6家，封存不合格的食用油102.5公斤。三是开展“瘦肉精”和酒类质量安全专项整治。监督检查餐饮服务单位1057户次，均未发现餐饮服务单位采购使用来路不明、无检疫合格证或检疫不合格鲜肉及肉制品的行为。四是加强节日期间餐饮服务环节食品安全监督检查。采取有力措施，集中力量，集中时间，突出重点，加强节日期间食品安全监督检查。共出动执法人员224人次，检查餐饮服务单位370间次，警告并责令限期改正11家。

【药品质量监管】 （1）强化药品生产全程监管。在确保对辖区内药品生产企业检查覆盖率达100%的基础上，突出监管重点，始终坚持把高风险的注射剂和基本药物生产企业作为重点，把完善质量管理体系作为关键环节，结合新版GMP要求，细化对基本药物和高风险药品生产企业生产现场的核查，强化生产现场监督力度，从源头上保障药品安全。全年对辖区内69家药企的监督检查覆盖面达100%，并保证日常监督每家不少于2次，其中对严重违反GMP规范的3家生产企业给予行政警告处罚并责令限期整改。（2）加强流通环节监管。以GSP认证为核心，以《药品经营许可证》

到期换证和药品零售企业分级管理为抓手，全面提升企业管理水平。严格按照标准规定审批到期换证药品经营企业，对不符合验收标准的企业，积极稳妥地依法核减经营范围和降低企业等级，并做好不符合要求企业的退市工作。年底，全面完成城区和乡镇药品零售企业现场检查，为343家单体药品零售企业和135家连锁药品零售企业换发新的《药品经营许可证》，核定一级药店2家、二级药店107家、三级药店234家，并依法注销海南第一百货商场药品经营部等11家药品零售企业的《药品经营许可证》。（3）深入开展药品专项整治，加大案件查处力度。以查办稽查案件为中心，深入开展药品安全专项整治工作，狠抓大案要案，保持打假高压态势。根据上级的统一部署，结合我市实际，有步骤地继续开展打击不凭处方销售处方药、非药品冒充药品、利用互联网等媒体发布虚假广告及通过寄递等渠道销售假药等专项整治行动。共出动执法人员2000多人次，执法车辆986车次，检查各类单位916家次，提出整改意见147条，罚没款总额约8万元。并根据分级管理的规定，对严重不凭处方销售处方药的3家药店降低了级别。

【特殊药品监管】 对使用特殊药品的22家药品生产企业每季度进行一次检查，出动检查人员近百人次，检查了各企业的特殊药品采购、五专管理、仓储管理和各项防盗设施和账物相符情况。同时，加强对麻醉药品和精神药品生产、流通的网上动态监控，实现对最小包装流向的全程跟踪，防止流入非法渠道。依法监督销毁麻黄碱等特殊药品原料307.40kg、特殊药品注射剂561支，确保没有出现特殊药品流弊问题。

【基本药物监管】 为进一步做好海口市基本药物流通监管工作，建立了海口市基本药物中标配送企业监管档案，并对基本药物中标配送企业加强日常监管。年内，已对104家企业建立监管档案，占总数112家的93%。同时对海口市所属25家镇卫生院开展基本药物质量监督专项检查。各镇卫生院均已实施基本药物制度，配备基本药物品种，制定相关质量管理制度，基本药物质量得到进一步保障。

【药品不良反应监测】 以新发布的《药品不良反应报告和监测管理办法》为契机，完善监测网络建设，并加强培训学习，提高监测人员业务素质，推动全市药品不良反应监测工作的深入开展。积极配合省药品不良反应监测中心建立健全不良反应监测网络，完成各单位上报的不良反应报告的再评价工作。2011年，市药品不良反应监测网络已延伸至镇一级卫生院，共完成药品不良反应监测病例报告797份，其中新病例88份，严重病例20份，药品不良反应报告数量和质量均位列全省第一。

【医疗器械监管】 以义齿类生产经营企业为重点，加大检查频次和检查力度，对存在突出问题企业的整改情况进行全面跟踪检查，排除生产隐患。以角膜接触镜及其护理液、医疗机构的高风险医疗器械为重点，对眼镜经营企业、大型超市、美瞳店等有可能经营角膜接触镜及护理液的场所及各大医疗机构进行检查。共立案查处了7家无经营许可证的企业及3家经营无中文标识、无生产厂家、无联系方式、无产品注册证产品的企业。

【保健食品化妆品监管】 一是建立辖区保健食品、化妆品档案和信息数据库，对已登记注册或备案在我市辖区内的保健食品、化妆品生产经营企业的基本信息资料进行全面梳理和现场探访调查。二是规范保健食品广告许可，全年共受理保健食品广告65宗，其中许可50宗，不予许可5宗，形式审理不合格10宗。受理群众举报4宗、市政务中心转来投诉2宗，查处移送工商部门1宗。三是开展保健食品、化妆品专项检查，对重点产品企业加大检查力度，对宣称改善睡眠、辅助降血糖、缓解体力疲劳、减肥等功能的保健食品，宣称美白、祛痘、祛皱、抗衰老的护肤品，以及祛斑、育发、染发等特殊用途化妆品进行严格监管，规范化妆品标识和宣传，为消费者提供一个放心的保健食品、化妆品消费市场。

【开展餐饮行业创先争优活动】 根据市委、市政府及省局关于创先争优活动的有关文件精神，市食药监局召开了全市旅游餐饮行业创先争优活动暨文明大行动动员会，动员餐饮企业报名参选评分及评议、建立健全党团组织建设等创先争优活动，树立标杆旅游餐饮企业，印发活动方案200份、宣传卡片8000张、海口市旅游餐饮行业创先争优活动游客评议表20000份。通过引导餐饮服务单位开展创先争优活动，以创先争优活动带动文明礼仪、文明经营等创建活动，逐步形成餐饮单位诚信经营、文明有序、营造用餐环境卫生整洁有序的城市文明新面貌，提高旅游餐饮企业餐饮食品安全水平。年底，海口市的旅游餐饮企业在行业创先争优网络评议中普遍获得好评，其中三家企业被评为优秀旅游团队接待餐饮服务企业。

【重大活动餐饮服务食品安全】 2011年，随着海南国际旅游岛建设的不断深入，一些极具影响力的重大国内外赛事、会议等活动纷纷在海口举办。市食药监局先后承担了博鳌亚洲论坛年会、“11108重要贵宾接待”、中国（海口）游艇经济论坛暨国际游艇展等30多项重大活动餐饮服务保障任务。为确保重大活动的餐饮服务食品安全，市食药监局派出经验丰富的食品安全监督员，采取提前介入，及早预防的方式，对餐饮服务提供者实行事前监督检查和驻点监督。严格按照《重大活动餐饮服务食品安全监督管理规范》的要求开展各项检查工作。共出动食品安全监督员365人次，车辆182辆次，审验菜单115份，现场快速检测果蔬农药残留240份、食用油30份。在各项重大活动举办期间，均未发生任何食品污染事件和食物中毒事件，餐饮服务食品安全保障工作圆满完成。

【应急医药储备管理】 为加强应急医药（包括药品、医疗器械、消毒用品）储备管理，确保发生灾情、疫情及突发事件的及时有效供应，符之冠局长、邱雁副局长等领导多次亲自带队现场检查应急医药承储企业。针对检查中发现的问题，执法人员现场进行了指导，并要求企业限期整改到位。通过专项检查，全面摸清了本市药品储备承储企业实施应急医药储备工作的情况，及时发现并纠正企业实施过程中存在的问题。同时，征集了企业的合理化建议，为建立健全海口市应急医药储备机制夯实了基础。

【食品药品安全宣传】 开展“食品安全宣传周”、“全国安全用药月”“3.15”等活动，通过发放宣传材料，开展药品安全咨询，进行假劣药品对比展示，在海口市街道、社区等地设立户外食品药品安全宣传广告等多种形式，普及食品药品安全知识，共发放各类宣传画、“公告”等材料10500余份，宣传知识小册子30000册，设立户外食品药品安全宣传广告牌和灯箱35个，悬挂直幅20余条，接受宣传教育人数达5860余人次。同时配合媒体充分发挥报纸、网络等作用，及大力宣传报道海口市药品监管工作情况，有关信息被省、市等媒体采用达160余篇次，切实增进了社会各界对食品药品监管工作的理解和支持，进一步提高了公众饮食用药的安全意识。

（周经旺）

国有资产监管

【概况】 2011年，海口市国资委坚持监督和服务两手抓，充分发挥国有经济保增长、扩内需、调结构、惠民生、保稳定的重要作用，国资国企继续保持稳定发展的良好态势。至年底，由市国资委履行出资人职责的10户重点监管企业资产总额630.84亿元，比上年增长14.2%。企业全年累计实现营业收入24.21亿元，同比增长19.1%；主营业务收入23.71亿元，同比增长12.5%；实现利润总额6.93亿元，同比增长214.2%；实现净利润4.83亿元，同比增长289.8%；上缴税金2.76亿元，同比增长34.5%。国有企业净资产由2010年底的108.52亿元增长到147.16亿元，增长35.6%；归属母公司的所有者权益总额由2010年的99.83亿元增长到138.22亿元，增长38.5%。

【完善考核机制】 参照国务院国资委及省国资委的考核办法，结合海口市国企实际，海口市国资委进一步完善对所属重点企业的业绩考核指标体系。设置“利润总额”、“净资产收益率”二项指标考核企业经营效益；设置“主营业务收入增长率”、“成本费用占营收比率”、“管理费用”三项指标考核企业发展能力和成本控制水平；设置个性化指标一项，考核企业完成市委、市政府交办的政策性任务，较科学地对企业的发展、责任和薪酬进行考核和管理。

【规范产权管理】 严格执行《海口市企业国有资产处置管理实施细则》，在产权处置过程中做到规范操作、阳光交易。2011 年，海口市国资委下属企业共处置资产 9 宗，账面价值 87682 万元，评估价 102640 万元，增值 17.06%。完成了将燃气集团持有的巴士公司、新月公司 55% 股权划转公交集团和市商务局商贸系统改制企业资产移交工作；完成核准企业国有资产评估报告 1 宗，涉及评估价值 2290.07 万元；完成资产评估报告备案 20 宗，涉及评估价值 52968.70 万元。

【优化国资布局结构】 2011 年，海口市国资委进一步优化资源配置，使优质资源进一步向旅游业和现代服务业集中。一是成功组建公交集团。按照市委、市政府“边制订方案、边搭建平台、边推进重组、边开展招商”的总体部署，整合全市公交资源，在较短时间内完成了公交集团的组建工作。公交集团于 9 月 4 日正式持牌运营。二是引入知名企业。通过 BT 方式引入中交集团 89 亿元投资，解决海南港航新港区建设的资金筹措难题；与中石油共同出资 5 亿元，成立海口市公交场站投资建设有限公司；与北京博泰、中盛华瑞等知名企业合作开发海口火山温泉休闲旅游区、红树林生态恢复工程、五源河森林公园等项目。三是引入省政府 4800 万元注资海口市担保公司，实现担保公司股权多元化目标。

【重点项目推进顺利】 2011 年，海口市政府任务分解项目共 132 项，涉及市国资系统共 14 项，占全市各系统任务分解项目的 10.6%。市重点项目 55 个，国资系统共 22 项，占全市重点项目 40%。至年底，海南港航全力推进海口港马村港区扩建二期工程项目，完成工程总投资 4 亿元，占工程总量的 25%；海旅集团海口骑楼建筑历史文化街区保护与综合整治项目一期工程完成了博爱北路水巷口至长堤路等市政道路改造；西海岸绿色慢行系统已投入使用；红树林项目的概念规划已经通过评审，并已获批项目前期业主；与中盛华瑞等企业签署战略合作意向书；火山口项目正在进行规划的编制工作，并已获批项目前期业主；与海南复兴房地产开发有限公司签署战略合作意向书；水务集团老城区供水管网改造工程一期、长流起步区给水管道工程、永庄水厂改扩建工程已竣工验收；城投公司完成工程项目投资额 18.7 亿元，提前完成全年投资目标；丘海大道提前通车，五路四桥、龙昆南延长线年底前实现功能性通车；保障性住房项目全年完成投资 11.5 亿元，超额完成投资任务；城建集团累计完成项目投资 12.08 亿元；海口医疗服务保障中心已完工，滨海西路二期、海南（海口）青少年活动中心年底完工，货运大道二期完成投资 24%，海甸溪北岸旧改安置房全部竣工交房。

【企业领导任期考核】 为全面考核评价市属国有企业领导班子及成员任职以来的履职情况，为企业领导班子换届和调整提供决策依据，市国资委运用多维度测评、定量考核与定性评价相结合的方法，对企业领导班子及成员的政治素质、业务能力、工作实绩和廉洁自律等情况进行综合考评。这项工作是市国资委首次推行的一项重要监管举措。经过考核将结合企业各年度综合考核结果和个人考核结果发放绩效薪酬。

【企业领导知识测试】 2011 年，市国资委首次对企业在职领导人员和后备领导人员共 135 名进行业务知识和有关能力的测试。测试安排了公文写作测试、知识结构测试、分组讨论测试等环节。通过测试，摸清了企业领导人员及后备领导人员能力素质的底子，为下一步选配企业领导人员和搞好业务培训提供第一手资料；促进企业中层以上领导人员的学习，为建设学习创新型企业打开了局面；使国资委和企业领导人员了解自身的不足和与兄弟企业之间的差距，增强了企业人力资源建设的紧迫感。

【公选部分企业领导】 以公交集团班子配备为契机，面向系统内外公开选拔 15 名企业领导人员（其中 2 名面对系统外选拔）。结合企业任期综合考核工作，在企业推荐的 212 名中层领导人员中，经过企业的民主推荐，按 1∶3 的比例确定了 75 名工程类、财务审计类、投资经营类和综合类等专业的企业副职领导人员的预选人，从中选拔出25名副职后备领导人员。

【安全生产】 2011年，海口市国资委统认真贯彻落实“安全第一、预防为主、综合治理”的安全生产工作方针，紧紧围绕安全生产年目标，全面落实安全生产责任制，深入开展隐患排查治理工作，加强对企业安全生产监管，确保了市属国有企业生产经营的安全、顺利，重点监管企业全年没有发生安全生产事故。全年共查出安全生产隐患2343处，治理整改率达100%；共开展培训1205期，受训人员31308人次；组织各种演练92场次，参演人员3122人次。

【国企薪酬管理及指导】 2011年，海口市国资委在市属重点企业全面实施《年薪管理办法》和《工资总额管理办法》。按照《年薪管理办法》，企业负责人年薪由基本年薪、绩效年薪、工作目标年薪和中长期激励四部分构成。通过实施该办法，企业负责人增加了实际收入，提高了工作积极性，促进了企业的健康发展和国有资产保值增值。按照《工资总额管理办法》，在公司盈利不断增长的情况下，在岗职工的年收入增长幅度一般应不突破海南省工资指导基准线；职工工资增长向一线职工和重要的、价值高的岗位职工倾斜，保证了职工收入水平的不断增长。

【监事会建设及监查】 2011年，市属重点企业各监事会认真履行监督职能，为规范企业的财务核算、经营管理、内部风险控制和企业负责人的履职行为发挥了积极的作用。在工作中，做到坚持一个核心（财务监督）、完善两种架构（监事会组织架构及制度架构）、落实三方面监督（日常检查、专项检查、年度集中检查）、促进四项规范（企业会计管理规范、决策行为规范、内控制度规范、企业负责人履职行为规范），为保障企业健康稳定发展起到了积极作用。结合对企业经营业绩综合考核工作，国资委以企业内部考核为主，对所属重点企业监事会进行了全面的考核和评价。通过考核，城投公司监事会、水务集团监事会、城建集团监事会综合评定等次为优秀，担保公司监事会、燃气集团监事会、港航控股监事会综合评定等次为良好；保税区建总监事会、海旅监事会、国资公司监事会综合评定等次为合格。

（陆勇荣）

国资监管企业

【海南港航控股有限公司】 简称海南港航，海口市重点国有企业，隶属海口市国资委。主要从事港口装卸、仓储、水上客货运输、集装箱运输、外轮理货、船舶修理、商业贸易、旅游、房地产开发、物业管理等业务。港口生产设施齐全，机械设备先进，配备生产辅助船舶4艘和旅游船1艘，各类主要生产机械设备共303台，仓库5.7万平方米，堆场51.66万平方米。资产总额58.49亿，是海南省最大的国有港航企业。公司对拥有的海口秀英港区、海口新港区、马村港区3个港区实行统一规划、统一建设、统一经营、统一管理。其中，海口秀英港区是海南省的交通枢纽和客货集散中心，在国内沿海港口发展战略中被交通部列为全国沿海主要港口和海南省国际集装箱干线港口，属国家一类开放口岸；海口新港和马村港已经国家验收，于2005年6月1日起正式对外开放。2011年11月底海口新港区基本停止了码头生产业务，将按政府规划实施城市化改造。公司控股的海南海峡航运股份有限公司（2009年12月16日在深交所上市，股票代码：002320）拥有客滚船14艘、普通客船2艘，开通了海口至海安、海口至广州、海口至北海汽车旅客班轮运输。2011年，港口生产继续保持强劲增长势头，全港共完成货物吞吐量4524万吨，同比增长20.6%。其中，集装箱吞吐量完成80.8万TEU，同比增长31.7%；旅客进出口人数完成864万人次，同比增长13.1%；轮渡进出口车辆完成122.3万辆次，同比增长11%。以上四项主要生产指标再创历史新高，连续七年保持两位数增长。

港口建设　海口港马村中心港区被列入省、市“十二五”计划，于5月28日在马村港举行开工典礼，拉开了海口港中心港区建设的序幕。该工程总投资15.9亿元，建设规模为4个2万吨级（水工结构5万吨级）通用散杂货泊位和3个5千吨级辅助泊位，以及防波堤、护岸、供电、给排水、消防、通信等辅助生产设施，设计年吞吐量390万吨。至年底累计完成投资2.3亿元，完成主体工程量的20%，完成总投资额的14.12%。10月15日，公司和海口市人民政府、中交第四航务工程局有限公司举行“海南港航控股项目合作框架协议”三方签约仪式。拟定了马村港二期等码头工程BT模式建设的框架性方案，通过BT模式解决港区建设的资金筹措难题。12月25日，公司在海口综合保税区举行保税区物流项目开工仪式，项目总投资约4亿元，占地面积180亩，建设商务中心、仓库、冷库、集装箱堆场等。此外，为满足生产快速增长的需求，全年投入专项资金9907万元对港口的基础设施进行改造和设备维护保养，完成马村港外堆场工程、客运广场改造工程等项目，大大改善了生产条件和环境。

安全生产与质量监管　加强员工的安全知识培训和演练，全年共举办各种培训751期，参加人数18775人次，举办各种演练86次，1892人次参加，有效提高了员工的安全生产意识和安全操作水平。组织开展“安康杯”、“安全生产月”和“百日消防活动”等活动，取得了明显的效果。采取日检、周检、月检和季度大检查等方式做好安全质量检查工作，及时发现和消除各种安全质量隐患。服务质量方面对公司的业务板块流程进行梳理，重新编制服务流程，制订服务标准并组织培训，员工的服务意识、服务态度有了明显的转变。充分发挥24小时服务热线作用，及时受理客户的咨询、投诉和建议，不断提高客户服务的满意率。

信息化建设　加强信息系统的维护和改造工作。完成了客渡售票网络拓扑结构改造，形成环路及双路备份网络结构，大大提高售票网络的稳定性及故障恢复速度。对OA系统进行升级，不断提高办事效率。并与杭州高博公司合资成立了海口港信通科技有限公司，为下一步建设数码港奠定基础。

（曾涛）

【海口旅游文化投资控股集团有限公司】　拥有海口国际会展中心、国家4A级旅游景区——海口假日海滩旅游区、白沙门公园等景区和设施资源；负责海口骑楼建筑历史文化街区保护和综合整治项目、海南（海口）旅游咨询服务中心的建设开发；成功组织策划和举办多届中国（海口）国际旅游商品交易会与中国（海南）旅游房地产博览会、全国速度轮滑场地公开赛、沙滩狂欢季、“二月二龙抬头”祭海大典等品牌展会和大型活动。2011年海旅集团依照“抓精细化管理、促经营效益”的工作要求，进一步夯实管理基础，全面提升各单位的执行力、工作效率和经营效益，注重升华原有旅游品牌，全力打造全新品牌，营销工作再上新台阶；重点项目稳步推进，亮点初显；制度不断完善，集团管控能力进一步增强。2011年海旅集团合计主营业务收入6754.3万元，完成上报国资委批准下达全年预算任务6471.99万元的104.36%，同比2010年的5631.36万元，增长16.6%。全年累计利润总额总额－987.1万元，比国资委下达的调整后的任务指标－1542.38万元减亏555.28万元。集团员工总人数672人。

假日海滩管理　2011年，第二届“二月二龙抬头”祭海大典民俗活动和“沙滩狂欢季”先后在假日海滩旅游区举办，吸引了近3万名市民和游客的参与、40多家媒体深度报道。此外，假日海滩旅游区还承办了“2011年亚洲沙滩排球锦标赛”。端午节期间，假日海滩为游客准备了丰富的旅游节庆活动。4日，CF穿越火线决赛精彩上演，将第一次感受到户外电子竞技赛的激情时刻；5日，爽动夏日125招主题路演，穿越冰凌阵、爽动夏日大激战、激爽投篮和趣味套圈众多精彩活动等你来参加；6日，“不怕上火粽情一夏”端午节专场路演活动。6月6日端午节当天，逾15万人汇聚海口假日海滩洗龙水。每年从10月开始，海口假日海滩旅游区就逐渐进入传统旅游淡季，为力争完成2011年度的经营任务，海旅集团下属海口假日海滩开发管理有限公司从10月1日开始，对景区经营项目开展冬季优惠大酬宾系列促销活动，整个活动将持续到2012年3月31日。本次活动采取网络团购促销、发放宣传折页、张贴海报等方式进行广泛宣传，其中网络团购促销效果显著，至10月底，第一期团购累计售出温泉鱼疗票886张、烧烤园炉位票268张。

骑楼历史文化街区保护与综合整治　2011年，市政府决定调整骑楼指挥部机构，并明确海旅集团为施工代建单位。以集团为主的市骑楼办工作人员遵照市政府领导并于“尽快出台征收及自行修缮政策方案”的指示，经过查阅相关法律法规文件，借鉴国内同行管理经验等参考资料，并在对街区经营企业、经营人员以及房屋产权人等作了大量的调查了解工作后，起草《海口骑楼建筑历史文化街区修缮及业态调整优惠政策（试行）》报市政府批准实施。4 月 30 日，新华北路（横跨长堤路）、博爱北路（横跨长堤路）路口改造动工。8 月 17 日，水巷口骑楼修缮工程正式开工。9 月 30 日，第一批 331 处历史建筑挂牌仪式在得胜沙路著名老建筑五层楼举行。10 月 25 日，中山路市政道路工程正式开工，首批 10 栋建筑的修缮保护工程施工。

2011 年 9 月 30 日，第一批 331 处历史建筑挂牌仪式

文化交流　2 月 7～16 日，海旅集团组织的合唱团应奥地利—中国关系促进会邀请前往奥地利和法国，参加“中奥建交 40 周年金色大厅庆典音乐会”演出，并进行了文化交流及学习考察。5 月 7 日，在市委、市政府领导的带领下，以集团干部员工为主力的世界石油大会申办工作组的卓越努力下，使海口成功获得了代表中国申办 2017 年第 22 届世界石油大会的资格。12 月 7 日，海旅集团员工组成演出团队，赴卡塔尔多哈为申办工作展示海口风情，获得赞许和好评。

（李孔莹）

2011 年 12 月，海旅集团艺术团赴多哈石油大会进行艺术交流演出

【海口市水务集团有限公司】　市国资委监管的国有独资企业，其前身为海口市自来水公司，成立于 1958 年。2006 年 9 月 28 日，经市国资委批准，市自来水公司与市白沙门污水处理厂合并重组为海口市水务集团有限公司。2007 年 4 月 6 日，水务集团注册成立“海口第一水务有限公司”，并于 2007 年 8 月 23 日以出让“第一水务”49% 股权的方式，与世界水务龙头企业——法国威立雅合作。是一家集制水、供水、管网建设维护、营业抄收、水质监测、工程设计、施工和污水处理为一体的具有一定规模、管理规范、技术成熟的集团公司。旗下有 3 家供水企业：海口威立雅水务有限公司（中法合资）、海口市水务集团永庄供水公司、海口开源水务资产管理有限公司；1 家托管企业，即海口市琼山自来水总公司；一家托管污水处理厂，即龙塘污水处理厂；3 家服务企业：海口市水务集团海口永顺工程有限公司、海口市水务集团海口振兴工程有限公司、海口市自来水公司设计研究所；1 家资产管理及投融资机构，即海口长丰水务投资有限公司；一个水源厂，即龙塘水源厂。2011 年，集团总资产达 13.8 亿元，净资产达 9.6 亿元，供水能力约为 75 万立方米/日，污水处理量达 32.2 万立方米/日，服务主城区人口约达 80 多万人。

（黎其伟）

【海口市燃气集团公司】　为市国资委监管的重点企业之一。2011 年 7 月起，根据海口市委、市政府统一部署，将公交和出租车主营业务划转入市公交集团。集团公司及时调整、设立了集团经营管理部，上半年紧围绕公交业务抓好经营管理工作，下半年集中精力盘活现有资产，加强日常经营管控。公司全资、控股、参股企业共有 13 家，比上年减少 2 家。其中全资子公司 6 家，控股子公司 1 家，参股公司 6 家，经营城市出租车、天然气销售、闲置房产出租、股票投资、房地产开发、管网资产托管、城际班线车和市内包车、驾驶员培训业务等。2011 年集团资产总额为 4.90 亿元，净资产为 3.69 亿元，公司在册职工 200 人。

拓展业务　多方面挖潜力、拓市场，增强造血能力和扩大市场份额：在班线车、包车业务方面，完成所有到期班线车更新审批；开通海口至临高新盈乡镇公交运营，9月，更新海口至洋浦班线车运营，增加营收，摘掉下属市运公司连年亏损的帽子；积极申请海口至省内其他市县的新线路经营权。加大力度拓展包车业务。

解决历史遗留问题 积极解决历史遗留问题，着力推进投资项目建设。“骏景苑”是1996年公司投入642万元与长流新区商务顾问工程公司、海南鹏兴房地产发展有限公司三方投资项目，因渊源复杂，债权债务纠纷历史长，该项目一直无法正式启动。经过不懈的努力，2011年5月终于圆满完成了长达15年历史债务的确权及回款工作，实际收回678万元，确保了国有资产的保值和安全。“海岸金城”是公司2008年初参与玉沙村的旧城改造项目之一，2009年11月动工，2011年封顶，部分房产预售手续及部分回迁职工安置工作正在进行中。儋州土地整理项目是公司2006年与儋州市城市建设投资公司协议开发项目，已投入982.04万元用于97.52亩土地开发，2011年该项目已立项，环评工作已经结束。

创建星级服务品牌 在2011年剥离公交、出租业务前，公司就提出以创先争优的星级管理来提升行业服务质量，打造行业品牌。为将“创星”活动长期有效开展好，指导下属公司成立了以主要领导为组长的“创星”活动领导小组，制定出了《服务规范》和《星级评定管理标准》及详细计划，提出“国际旅游岛，公交先做好”等一系列口号，广泛宣传，使活动做到人人皆知。根据创星工作要求，突出抓好优质服务、文明礼貌、安全生产、车容车貌、规范操作、“6S”等工作检查，且聘请义务监督员来监督，使服务水平不断提高。2011年6月底，下属巴士公司有1人被授予四星级司乘人员，26人被授予三星级司乘人员，46人被授予二星级司乘人员，258人被授予一星级司乘人员；乘客满意度达到63.45%，比上年提升0.77%。

（钟生兵）

【海口市国有资产经营有限公司】 市国资委重点监管的国有独资公司，注册资本金11亿元。下属管理企业6家，其中市创新产业投资有限公司和市房产开发经营公司为全资企业；控股企业1家，即海南椰岛（集团）股份有限公司；参股企业3家，分别是海南海宇镀锡薄板有限公司、海南国信技术公司、海南世锦文化体育产业股份有限公司。公司业务由四个板块组成：一是政府政策融资业务；二是产业投资业务；三是授权资产处置业务；四是授权资产管理业务。2011年公司在积极探索国有产权经营的新途径、规范国有资产监管、推进企业改制重组、做实政府融资平台、打造海口市产业投融资平台等方面做了大量的工作，取得了良好的成效。至年底，公司资产总额67亿元，负债55.6亿元（其中代政府融资50.3亿元），国有权益11.34亿元，实现利润超过1000万。

提高资产运营效率 做好行政事业资产处置工作。按照市政府要求，下属的房产公司已完成市国资委原办公楼等7宗资产的处置工作。盘活行政事业单位资产。分别采取自主开发或合作开发的方式，将解放路原市建设局办公楼等项目拆除改建为“汇业商厦”、“海天一舍”等房产开发项目。解决改制企业遗留问题，加快推进保障性住房建设。房产公司全面完成市国资委授权管理的39家市属改制国有工业企业的接管工作、商务系统和粮油系统共66家改制企业的移交工作，并积极解决改制企业遗留问题，努力完善职工房改手续，推进改制企业水电改造工作。

构建现代物流业发展平台 发起设立海口市新海物流园开发有限公司，注册资本3亿元，用地规模4000亩，是海口乃至海南省近年来最大的综合物流项目，具有良好的投资效益。

（国资公司）

【海口保税区开发建设总公司】 海口市唯一从事园区开发建设与管理的重点国有企业。1993年12月成立，注册资本2800万元。主要职能是对海口保税区进行基础设施建设、成片开发、招商引资、物业管理及综合服务。因原保税区的土地开发任务已基本完成，公司充分利用近20年来开发建设工业园区的成熟经验和具有的专业技术人才优势，走出园区，积极开辟新的利润增长点，经营模式正逐步由“服务型为主”向“以经营性和服务型并举”，努力实现“二次创业”。主营业务主要有五大板块：（1）物业管理。做好保税区内基础设施的完善和维护，为园区提供优良的物业管理服务。（2）房产租赁。做好保税区内约6万平方米的标准厂房、建筑物和98亩存量土地的租赁业务。（3）工程代建。主要代建海口高新区（包括云龙产业园、狮子岭飞地工业园、海口药谷等园区）的基础设施，2011年代建项目投资额达7000多万元。（4）项目投资。通过资本运作，投资持有“奇力药业公司”602万股，是该公司的第三大股东。（5）房地产开发。一是以100亩土地入股海南新建桥公司的房地产项目，占40%（2010年已转让15%股权）；二是以“联合报建、合作建房”模式与“海南合甲房地产公司”共同开发12.79亩公司自有存量土地，分房比例为30%：70%。2011年，实现经营和服务双丰收，完成利润934.29万元，园区实现工业总产值155.62亿元，工商税收9.69亿元。公司总资产2.29亿元，净资产1.07亿元。

（詹琼琳）

【海口市担保投资有限公司】 成立于2003年1月，注册资本1.2亿元，是海口市政府为解决中小企业融资难、担保难而出资设立的海口市唯一一家政策性专业信用担保机构，为海口市国资委下属10家重点企业之一，海南省担保行业领军企业，重要的省级担保平台。公司遵循政策导向，坚持以低收费的融资性担保业务为主业，切实服务中小微型企业，帮企业增信，替银行分险，为政府分忧。2011年，公司业务总量首次突破10亿元大关，累计为省内600多家中小企业提供贷款担保及其他融资超过35亿元。公司业务已覆盖海南省18个市县16个行业，受惠企业总体增加了超过100亿元的销售收入，稳定和增加了4万多个就业岗位，为国家和地方财政创造了2.6亿元的税收。

（李苗）

【海口城市建设投资有限公司】 国有独资公司，注册资本金77.24亿元，主要职能为融资、政府投资项目建设管理、房地产开发等。2011年，公司全年实现主营业务收入1.31亿元，同比增长15.57%；实现利润总额5340万元，同比增长6.93%；工程项目完成投资额约23.78亿，完成全年预算指标的127.12%；房地产开发项目实现销售收入1.23亿元，完成土地转让9宗，转让收入5432万元。荣获2010年度全国城投信息工作先进单位、2009—2011年海口市文明单位、2010年市总工会“工人先锋号”、2011年度市国资委人口与计划生育工作先进单位、2010年度市国资委综合考核先进企业，公司第三党支部被评为2010－2011年度市国资委先进基层党组织。

融资工作 2011年融资76.68亿元，超额完成公司全年融资任务。提出技术性降低资产负债率的增资方案，有效将公司资产负债率降低至80%以下，满足国家开发银行的贷款条件。筹划搭建起全资子公司投源公司保障性住房融资平台，以解决保障性住房面临的资金瓶颈问题。以最优惠的条件与海口农信社签订了6亿元的五源河公寓项目贷款合同，2011年提款4亿元，圆满解决了五源河公寓的建设资金问题。

市政道路建设 全年完成金秀路、丘海大道延长线、龙昆南延长线、海甸岛环岛路二三标段、中山南路延长线、学院南路、海南省会展中心周边路网、“5路4桥”等项目的竣工及通车任务，竣工及通车里程约26公里。（1）“5路4桥”（高登东路、和平南路、文明东路、世贸东路、侨中路，海南师范大学人行天桥、面前坡人行天桥、道客村人行天桥、侨中隧道桥）项目是海口市交通整治的重头戏，高登东路、和平南路、文明东延长线、世贸东延长线比计划提前实现功能性通车，侨中路及龙昆南路海南师范大学、面前坡、道客村及侨中隧道出口处人行4座人行天桥均在年底按计划实现功能性通车。（2）丘海大道延长线（立交）：项目全长5099米，宽60米，建成后是市区上下绕城公路的捷径。2011年3月底建成通车，比原计划提前2个月。（3）龙昆南延长线：由互通式龙昆南立交桥、130米长的美舍河大桥及4276米长的道路组成。龙昆南立交是全线的重点工程，设计造型为苜蓿叶互通式立交，是目前全省规模最大的立交桥，经过近一年的建设，工程已接近尾声，计划2012年3月全部完工。（4）环岛路二、三标段：公司用时不到4个月，完成了道路绿化工程及慢行系统的建设，项目按原定计划于6月30日完成施工。

东环铁路海口东站临时交通设施 按照3月

20日陈辞书记、冀文林市长等市领导现场办公会议要求，公司精心组织，短短20天完成了东环铁路海口东站公交车、出租车、社会车辆等临时交通组织系统的建设，解决了东环铁路开通运营后，海口东站周边公交车、社会车和出租车无处、无序停放造成交通拥堵的混乱状况。

民生项目代建　2011年，公司承担了大量保障性住房、文化、教育等民生项目代建任务。全年完成高级技工学校实训楼、琼山中学高中部、西海岸九小、旅游职业学校（白水塘校区）等4个学校的建设任务，完成红旗镇、三门坡镇、东山镇和新坡镇等4家海口村镇敬老院主体封顶；交付使用金海广场安置房496套；新开工保障性住房10432套，完成南江花园、福秀小区（包括廉租房项目）、南海花园、水滨花园、永秀花园、凤翔花园等6个保障性住房项目主体封顶；稳步推进海口市特警营房、海口拘留所等项目建设。在民生项目中，西海岸九小是海口市2011年重点项目，占地面积2.2万平方米，公司于2011年2月28日接到建设任务，历时6个月，最终按市政府要求于8月31日完工，确保了西海岸九小9月1日顺利开学。

援建工作　2011年，公司圆满完成海口市旧州镇仙客村的对口援建工作。投入大量的人力、物力和92.5万元资金，为仙客村尽快恢复正常生活、生产起到了积极的促进作用。其中购买生活必需品以及复耕急需的物资20万元；清理水渠、安装和调试抽水泵5.5万元；送慰问金及组织慰问演出等2.5万元；砌筑道路挡墙、加宽道路33万元；修建防洪楼引桥28万元；新建电房及加固井台、更换水管3.5万元。

（李岁敏、黄云霞）

【海口市城建集团】　2011年，市城建集团切实贯彻执行“一把手工程、领导责任制、问责制、冲刺专项奖惩制”等六项措施，全力推进项目建设，完成了公用工程事业部平台整合、股份化改造试点、多家企业资质升级、资源获取启动等工作，在平台建设、资质提升、人力资源管控、项目建设方面取得了进步。全年完成投资10亿元，实现收入3.5亿元，实现利润总额3478万元，超额完成了国资委下达的年度利润指标。年末国有资产总额8.6亿元，年度资产增值率122%，所有者权益1.4亿元。

政府代建项目　2011年，市城建集团全力推进政府委托代理的项目前期工作，全年共推进项目46个，其中重点项目18个。实施建设的项目21个，其中续建项目13个；新动工项目7个；拆迁项目1个。6个项目完工，4个新项目动工。完成海甸溪路网、绿色长廊二期、汽车园周边规划路、青少年活动中心设备采购等9个项目计13项招标工作。下属企业城发公司三期旧改安置房4个小区共计4387套，全部按期竣工交房；谐安花园取得12.58亩土地证并竣工交付使用；滨海西路（二期）于7月28日实现功能性通车；海口市旅游医疗服务保障中心项目已于9月15日完成竣工验收。

自营项目　2011年，集团自主经营项目按计划有序推进：教师村项目一级土地开发取得了突破性进展，与桂林洋农场签约461亩青苗及土地补偿协议，完成演丰镇征地村庄搬迁安置方案；谐安花园办理交楼；海塘小区完成项目建议书和设计委托招标协议的签订；盛泰驰天钰园验收；其他正在运作的项目有海甸北西区开发、盐务信息中心、海织小区、谐安花园A和盛泰花园、盛仕公馆等项目。

（姜黎立）

（编辑：洒廷雄）

科技·教育

科学技术

【概况】 2011年，海口市科技工作以国家创新型试点城市建设为抓手，以优化创新环境为主线，以科技计划项目为引导，以发展高新技术产业，增强自主知识产权保护为动力，组织科技创新研究和探索，加大科技投入力度，增强自主创新能力。全年，市财政安排2000万元应用技术研究与开发经费，用于76个科技计划项目实施及创新平台建设，能引导企业投入研究与开发经费2.92亿元。对11家高新技术企业的30个高新技术项目，符合《海口市扶持高新技术产业发展若干规定》及其《实施细则》，给予税收市级留成部分的支持，共2766万元（含工作经费）。

【高新技术产业】 （1）以高新技术为导向，不断调整和优化工业结构。通过成功引进英利、汉能光伏产业等新型工业大项目建设，推动汽车制造业向自主知识产权品牌转型，对传统食品加工业的科技创新，引导工业朝着集约化、规模化方向发展，拉长工业产业链，带动了生产性服务业的发展。2011年高新技术企业总数达到62家，占全省高新技术企业总数的83%；全市34家工业高新技术企业实现工业总产值230亿元，同比增长64.6%，占全市规模以上工业总产值的45.6%，占全省高新技术企业产值的95%。（2）推进高新技术企业培育工作，增强企业综合竞争力，推动和引导高新技术产业发展。组织企业申报创新资金项目，对"一类新药艾拉莫德片技术创新项目"等20个项目，给予海口市2011年度科技型中小企业技术创新资金支持，总额500万元。2011年为企业落实海口市高新技术产业发展专项资金2766万元，较2010年增加2000多万元。组织企业申报研发费用加计扣除技术鉴定项目，对50个项目符合加计扣除条件的给予支持，涉及研发经费6000多万元；通过开展多项措施促进企业认定高新技术企业，2011年有17家企业通过高企认定，全市高新技术企业总数达62家；新增省、市两级高新技术项目、产品50多项，其中，26个产品认定为省高新技术产品，32个项目认定为省高新技术项目。（3）产业结构逐步优化。2011年，全市62家高新技术企业按领域划分，生物与新医药领域的有36家、电子信息11家、高新技术改造传统产业6家、高技术服务业5家、新材料1家、资源与环境3家，全市高新技术企业主要分布于生物与新医药、电子信息领域，分别占总数的58%、18%，其他领域的高新技术企业数量相对较少。从产业上看，有34家高新技术企业属于工业企业，占高新技术企业总数的3/4，实现利润19.8亿元，上缴税收4.5亿元。

【科技计划与实施】 科信局以科技计划项目实施为引导，推进企业自主创新能力建设，组织全市各企事业申报各类科技计划项目137项，其中重大科技创新项目10项，重点科技计划项目127项（包括87个重点科技计划项目、26个医疗卫生项目和14个服务平台建设项目）。经市政府批准，共安排2000万元对7个重大科技创新项目、76个重点科技项目、5个科技创新平台项目进行立项支持；并安排770万元对25家企业的37个获得2010年度国家科技部支持的项目按项目到账经费的30%给予配套支持。认真做好科技项目的跟踪管理和验收工作，对在研项目的进展情况加强跟踪管理和服务，对其所产生的社会经济效益进行动态评价，引导企业投入研究与开发经费2.92亿元，申请专利20项，获得专利3项，其中获得发明专利2项，实用新型专利1项，申请软件著作权3项，开发新产品13个，能够促使企业实现销售收入60.22亿元，获得净利润1.66亿元，上缴税金1.02亿元，并可为地方创造592个就业岗位。市区域内企事业单位获得省级以上科技项目171

项，经费34726.40万元，项目与经费数量分别比2010年提高66.0%和372.5%，再创历史新高。其中，国家重点新产品计划项目3项，国际科技合作项目5项，中央补助地方科技基础条件专项资金项目6项，农业科技成果转化资金项目8项，国家科技支撑计划项目6项，十城千辆项目1项，科技型中小企业技术创新基金项目10项，国家“金太阳”示范工程项目2项，国家火炬计划项目10项，国家星火计划项目4项，863计划项目1项，国家自然科学基金项目117项。获批项目数量和质量较往年都有较大提高，这些科技项目的实施，取得良好的经济和社会效益。

【企业创新能力建设】 支持筹建市级重点实验室1家，工程技术研发中心4家，新认定市级创新型企业5家。至2011年底，全市拥有国家级企业技术中心4家，省级重点实验室22家，市级重点实验室14家，省级工程技术研发中心37家，市级技术研发中心13家，国家创新型企业4家，国家级创新型试点企业4家，市级创新型企业总数25家，区域科技创新体系不断完善，企业创新能力稳步提升，为推动海口市企业的创新发展发挥推动作用。

【科技富民行动】 秀英区实施的科技富民强县专项行动计划“无核荔枝、黄皮王”标准化高产种植技术示范推广项目，项目实施将农业科技110服务站的建设与“荔枝、黄皮”标准化种植技术推广相结合，建立农业科技110服务点11个，健全了农业科技服务体系，提升了农业科技服务能力。项目在羊山地带的永兴、石山等镇建立了15个荔枝、黄皮新品种新技术示范基地，面积1050亩，辐射推广面积61309亩，覆盖全市所有种植荔枝、黄皮的7个镇。项目实施取得明显成效，培育新品种无核荔枝种苗12万株，黄皮种苗13万株。辐射带动80000多名农民致富。示范基地平均亩产达805公斤，比示范前每亩年增产335公斤，增产率63%，产值4.3亿元，果农年收入达2万元，人均增收1600元以上。琼山区实施的科技富民强县专项行动计划“淮山标准化无公害高产栽培技术示范推广”项目，通过示范基地的带动与辐射，淮山新品种及高产栽培技术示范与推广辐射面积累计达2万亩，覆盖了云龙镇、红旗镇、旧州镇等地区，农民种植淮山人均收入超过7000元。

【“十二五”专项规划编制工作】 组织专业人才和专家编制具有一定科学性、前瞻性和可行性的《海口“十二五”科技发展规划》，为推动国家创新型试点城市建设，编制《海南省海口市国家创新型试点城市工作实施方案》、《海口市国家创新型试点城市建设规划》，明确试点工作的总体要求、战略目标和战略定位、试点内容和主要任务，全面部署创新型城市建设工作。将海口市国家创新型试点城市建设各项目标任务分解成21项任务，落实到各相关职能部门。试点工作的规划、实施方案已经与海口市“十二五”科技规划相衔接，成为全市下一个五年科技重点工作的组成部分。

2011年度海口市科学技术奖授奖项目和人员名单

序号	项目名称	完成单位	主要完成人
科技进步奖一等奖（4项）			
1	普力马纯电动汽车的自主研发	一汽海马汽车有限公司	景柱、秦全权、蔡锋、闵聃、周道辉、崔相雨、付鑫、王俊侨、王敏
2	3个优质高产抗病水稻新品种的选育及应用	海南省农业科学院粮食作物研究所	严小微、孟卫东、邢福能、唐清杰、徐靖、王效宁、云勇、林朝上
3	超薄硅片切割及切割液回收利用技术研究	海南英利新能源有限公司	殷贵宝、王海龙、于洋、李江豪、赵玉、符理强
4	芋螺资源及其新颖毒素的合成与活性研究	海南大学	罗素兰、长孙东亭、吴勇、胡远艳、朱晓鹏、陈琴、张本、J. Michael McIntosh、Paul Alewood

续上表

序号	项目名称	完成单位	主要完成人
科技进步奖二等奖（6 项）			
5	海南省首例遗传性 MHA 家系调查及异常基因突变类型的研究	海口市人民医院	张淑芳、张应爱、王顺兰、伍燕、黄邓高、肖敬川
6	超高热封强度 BOPP 薄膜	海南赛诺实业有限公司	黎坛、黎海鸥、冯任明、周健生、谢华、赵洪
7	即刻负重牙种植体上部结构对牙槽骨保存的影响	海口市人民医院	徐普、谈顺、邢璐、毛小泉、杨玄、洪瑞娥、李晓敏
8	多晶硅太阳能电池生产专用整流变压器	海南金盘电气有限公司	陈伟、李辉、雷涌、冉启辉、李磊、王跃冲
9	海南巢蕨规模化繁育及配套栽培技术研究	海南省农业科学院园林花卉研究所	姜殿强、张浪、张治礼、李海文、洪世军、杨珺、符瑞侃
10	海南省大肠埃希菌质粒介导 AmPC 酶基因分型和耐药性研究	海口市人民医院	吴多荣、张淑芳、韩小胜、黄会
科技进步奖三等奖（7 项）			
11	脑膜瘤血供的影像学对比研究及其在微创治疗中的应用	海口市人民医院	韩向君、陈建强、陈晶、战跃福、秦志光
12	额定电压 0.6/1kV 铜芯塑料绝缘预制分支电力电缆	海南威特电气集团有限公司	黎驹、符敏、詹家福、王泰雄、陈定坚
13	枫蓼肠胃康滴丸（原申报转化奖）	海南中化联合制药工业股份有限公司	魏雪纹、李强、周培育、门秀茹、陈华奇
14	木麻黄海防林改造更新技术研究	海口市林业科学研究所海南省林业科学研究所	何松、冯杏、李广翘、薛杨、吴至平
15	20kV 级 S11 型油浸式配电变压器	海南威特电气集团有限公司	朱燕春、吴育荣、关义优、关义教、许秘
16	高效新型污水循环回用处理专利技术的开发	海南美邦科技有限公司	苏思、段鹏羽、吴永钦、朱桂兰、彭建斌
17	沼渣沼液抽排多功能拖拉机	海南金鹿农机发展股份有限公司	叶茂、王能、高志生、文慧、龚燕
科技成果转化奖一等奖（2 项）			
1	功能型涂布薄膜	海南赛诺实业有限公司	黄宏存、黎海欧、王恩飞、王绍亮、洪腾、范玉艳
2	一种注射用 N（2）－L－丙氨酰－L－谷氨酰胺及其制备方法	海南灵康制药有限公司	陶灵刚 、陈胜龙
科技成果转化奖二等奖（3 项）			
3	风力发电机组专用干式变压器	海南金盘电气有限公司	邓永艳、刘书华、冉启辉、张绪俊、刘玲、王跃冲、李磊
4	注射用果糖及其制备方法	海南灵康制药有限公司	陶灵刚 、陈胜龙
5	盐酸帕洛诺司琼注射液研制及产业化	齐鲁制药（海南）有限公司	杨清敏、刘文民、解李丽、李斌、单衍强、庞文、侯勤茹

（陈宇）

知识产权保护

【概况】 2011年，海口市知识产权保护工作取得显著进步，知识产权事业发展较快，对提高自主创新能力、推动全市经济社会的快速发展发挥了积极作用。一是加强知识产权的宣传力度，提高知识产权意识。组织开展知识产权进乡村、进企业、进学校、进机关、进社区等活动，鼓励企业积极开展专利成果转化，增强企业自主创新能力。与企业签订《知识产权实施引导资金合同》，合同金额共计45万元，建立9个青少年知识产权维权基地。通过各类型有特色的活动，不断加深知识产权宣传广度，延伸知识产权的触角。二是加大知识产权执法力度，净化知识产权环境。进一步加强和完善专利执法队伍建设，规范专利执法行动和处罚程序，把专利行政执法工作常态化、日常化。结合全国关于打击侵犯知识产权和制售假冒伪劣产品专项行动，制定《海口市打击侵犯知识产权专项行动方案》，并严格按照方案逐项实施。2011年共投入工作经费15万元，知识产权系统出动执法人员82人次，检查商场、超市、企业共102家，共查处涉及假冒专利产品案件68件，给予全部下架整改处罚，结案率100%。三是夯实知识产权工作基础，加大知识产权的扶持力度。给予2010年度获得科技奖的项目和科技先进单位、先进个人的奖励金额达97.4万元。组织企业申报2011年度的科技奖、科技先进单位和先进个人，并于2011年7月和10月进行初评和终评，评选出海南灵康制药有限公司等14个科技先进单位和钟春燕等14名科技先进个人。对获得授权的174件专利兑现资助金额55万元。

【专利申请与专利授权】 全市专利申请和授权数量和质量都呈递增趋势，专利申请量：2011年全市专利申请1254件，同比增长54.8%。其中发明专利申请量653件，同比增长40.7%；实用新型专利申请量413件，同比增长70%；外观设计专利申请量188件，同比增长82.5%。专利授权量637件，同比增长11.6%。其中发明专利授权量235件，同比增长59.9%；实用新型专利授权量273件，同比增长19.2%；外观设计专利授权量129件，同比下降33.8%。2011年，共计对获得授权的174件专利兑现资助金额55万元。

【技术合同登记】 全年技术合同登记数合计357份，涉及企业获得技术合同金额支持共计27092.63万元，其中技术交易额为17678.68万元。

2011年海口市专利申请量统计表

单位：件

月份	专利类型			合计	在三种专利申请中					合计
	发明	实用新型	外观设计		个人	大专院校	科研单位	工矿企业	机关团体	
1	57	40	14	111	57	7	8	38	1	111
2	20	15	–	35	12	–	1	22	–	35
3	59	32	10	101	37	9	14	41	–	101
4	25	27	27	79	51	2	2	24	–	79
5	33	35	20	88	39	6	4	39	–	88
6	38	27	20	85	66	3	2	14	–	85
7	111	39	11	161	42	8	24	86	1	161
8	54	58	12	124	62	17	16	28	1	124
9	75	3	7	114	37	7	14	56	–	114
10	82	19	6	127	16	14	19	78	–	127
11	41	59	16	116	63	10	9	34	–	116
12	58.	30	5	113	37	14	9	53	–	113
合计	653	413	188	1254	519	97	122	513	3	1254

2011 年海口市专利授权量统计表

单位：件

月份	专利类型			合计	在三种专利申请中					合计
	发明	实用新型	外观设计		个人	大专院校	科研单位	工矿企业	机关团体	
1	12	19	5	36	26	3	1	6	–	36
2	5	21	2	28	23	1	–	4	–	28
3	18	14	11	43	30	2	–	11	–	43
4	12	15	8	35	15	4	0	15	1	35
5	16	9	10	35	16	1	1	17	–	35
6	17	25	7	49	33	6	4	6	–	49
7	24	29	7	60	33	4	6	17	–	60
8	29	40	16	85	55	5	5	20	–	85
9	17	22	9	48	30	1	3	14	–	48
10	12	21	11	44	28		3	13	–	44
11	44	24	20	88	42	2	2	42	–	88
12	29	34	23	86	45	5	5	30	1	86
合计	235	273	129	637	376	34	30	195	2	637

（孙武）

教　育

综　述

【概况】 2011 年，海口市坚持“办人民满意教育”的原则，扎实推进海口市教育事业发展。全市办学条件明显改善，双高“普九”巩固提高，高中教育加快普及，职业教育充满生机，各类教育协调发展，教学质量稳步提高，高考成绩稳步上升，课程改革有序推进，教研成果丰硕喜人。推进教育均衡发展。全面实施义务教育阶段的“三免一补”政策，义务教育阶段毛入学率 100%，解决了 4 万多名进城务工农民工子女就学问题。加快发展幼儿教育，新建和扩建 8 所标准化公办乡镇幼儿园。继续推进“校安工程”，开工建设 288 个“校安工程”项目，累计完成投资 4 亿元。印发海口市《关于贯彻落实国家中长期教育改革和发展规划纲要（2010－2020 年）的实施意见》、《海口教育事业“十二五”规划》、《学前教育三年行动计划》等重要文件。2011 年，海口市共有幼儿园 410 所，小学 358 所，初级中学 92 所，高级中学 1 所，完全中学 11 所，九年制学校 37 所，12 年制学校 6 所，特殊教育学校 1 所。2011 年新学年，海口市中小学招生，一年级新生 31255 人，初中一年级新生 28279 人，高中一年级新生 11827 人。义务教育阶段毛入学率为 100%，高中阶段毛入学率为 81%。

【“三免一补”资金】 全年共安排 1.45 亿元落实“三免一补”政策。从秋季起，免除城区公办义务教育阶段学校学生作业本费；全市城区小学生实现免费乘坐公交车；投入 40 多万元补助高中阶段特困家庭子女、残疾学生、孤儿免学费、课本费、作业本费等，受助学生 963 人；投入 1200 万元资助就读中职学校的农村和城市特困家庭学生。开展大学新生助学工作和生源地信用助学贷款工作，共投入资金 160 万元，资助大学生近 400 名；有 1140 名大学生获得生源地信用助学贷款，发放金额约 680 万元。

【教学质量】 2011年，高考一本上线人数4410人，一本上线率为29.48%；一、二本上线率为53.34%，比上年提高2.02%。各学科单科800分以上人数133人，比上年增加11人。中考成绩继续在全省保持优势，各学科平均分与全省各学科平均分相比均提高6分左右，在全省各市（县）中（除洋浦外）名列第一。中考满分以上考生有945人，占全省满分人数的41%。海南侨中、九中的满分率和优秀率分别位列全市第一、二名。小学毕业测试三科总合格率较上年提高5.6个百分点。秀英区和琼山区的各项指标均有增长，秀英区的增长幅度居各区之首，特别是总合格率比上年增长12.4个百分点。

【加强教学管理】 完成春秋季开学工作检查，撰写开学工作报告，撰写全市中小学控辍保学总结，完成全市中小学校学生返校情况统计，农民工子女、留守儿童及外省市户口学生人数统计；全面清理海口市中小学生学籍管理信息系统，建立健全转学、入学、休学、复学等手续管理制度，办理转学手续1800多人次；完成2011年普通高中毕业证验印工作，共发放11307多份高中毕业证；解决好招生工作遗留问题，有效避免社会矛盾的激化，将社会隐患消除在萌芽阶段；做好市教育局妇女儿童“两纲两规”检查的准备工作。配合市妇联，完善“两纲两规”的各项数据和指标，迎接省督导组的检查，并获得省里的充分肯定。根据市综治办、团市委的有关文件精神，出台了《关于重点青少年群体教育帮助和预防犯罪工作实施方案》，对全市的重点青少年群体教育帮助和预防犯罪工作做了细化和分解。

【全面推进素质教育】 组织学生参加全国和全省初中数学、物理、化学、语文阅读鉴赏能力、电脑小制作、英语能力竞赛等学科竞赛活动，有197人获全国一等奖，352人获二等奖；321人获省一等奖，323人获二等奖。组织评选省市优秀学生班干部、“三好”学生工作。评选省优秀学生干部42人、三好学生123人；市优秀学生班干部176名，“三好”学生724人。完成海口市2011年中招体育考试工作，共有107所初中学校27000多名考生参加考试。组织海南白驹学校12名学生赴重庆参加由教育部主办、重庆市人民政府承办的全国阳光体育展示活动，共获5个二等奖。组织琼山中学女子沙滩排球队代表国家赴波多黎各参加世界中学生沙滩排球锦标赛，获第三名。组织琼山中学男子排球队参加2011年全国中学生排球锦标赛，获第三名和软式排球赛第一名。做好学生体质健康标准数据报送督导督查工作，对学校体卫艺资源（含教师状况、设备场地状况等）做调查摸底工作。举办全市中、小学生田径运动会，倡导“每天锻炼一小时”理念。组队参加海南省教育系统“颂歌献给党”大合唱歌咏活动比赛，获第一名（一等奖），参加中共海口市委组织的海口市庆祝建党九十周年“颂歌献给党，激情唱和谐”2011椰城红歌合唱季决赛暨颁奖晚会的比赛，获第一名（唯一的一等奖）。组织海口九小学生合唱队参加中央文明办组织的“童心向党”歌咏展示活动。海口市中小学文艺汇演，共有声乐节目31个、器乐节目21个、表演节目11个、舞蹈节目45个，共有21个节目获得一等奖。举办2011年第十二届“欢乐杯”中小学生“关爱生命、文明交通”美术书法作品大赛展览，共展出美术书法作品250幅。参加筹备创建全国卫生城市活动启动工作。协调做好医保、计划免疫、学生体检等工作，举办六期食品安全、卫生防疫、计划免疫等培训班，近1000人次参加培训。做好手口足病等传染病的预防宣传、防治工作。联合市食安办分三次对52所次学校食堂进行食品安全宣传教育、检查督查。协助指导海南侨中高中部第二食堂迎接国家食安委的检查，得到检查组的肯定。做好“6·26”禁毒宣传日的相关活动。组织召开全市体卫艺工作会议。

【开展结对帮扶工作】 坚持“资金扶持，物质支援；蹲点指导，加强管理；对口帮扶，双向交流”“三管”齐下的教育扶贫举措，完成“省教育人才智力扶持”第二期项目及其他扶贫项目，完成海南省教育人才智力扶持中西部市县项目，共派出7名教师到市县挂职，接收7名中西部市县教师跟班学习。落实与琼山区府城镇那央村结对帮扶的七项实事，如针对性地开展就业技能培训，提高村民科学创业能力，提高村委会带领村民科学致富、发展农村经济的能力；加大帮扶投入，解决村委会办公与活动用地，兴建村民文体活动中心；帮助那央小学提高办学水平，争创市级规范化学校等。

【农村教育综合改革】 在全市农村初中学校因地制宜开展学生分流教育，采取2.5+0.5的模式，对学生进行职业培训；继续实行“三教”（基础教育、职业教育、成人教育）统筹，协调发展。基本达到学生初中毕业后“升学有路、就业有门、创业有术”。给大华中学、三江中学、大坡中学、红旗中学、遵谭中学、新坡中学、永兴中学、新海中学等8所农村中学下拨共20万元资金支持学校购买教材、聘请教师、建设基地等。

【迎接建党90周年活动】 各区、各学校以“学党史、颂党恩、跟党走”为主题，通过组织专题报告会、党史知识竞赛、传诵革命故事会、主题班、团（队）活动等形式加强党史国情教育；在全市中小学开展纪念建党90周年学生征文比赛活动，共征集稿件426篇，共评出高中组一等奖17篇，二等奖14篇，三等奖25篇；初中组一等奖15篇，二等奖30篇，三等奖50篇；小学组一等奖27篇，二等奖56篇。局机关、各区教育局和直属学校开展“颂歌献给党”红歌大合唱活动，做到校校有活动，班班有歌声，人人开口唱，师生共参与，兴起高唱红歌的热潮，营造浓厚的喜庆氛围。6月15日，全市教育系统“颂歌献给党”红歌大合唱总决赛在市人大会堂举行，来自全市20支学生代表队和23支教师代表队参加比赛，海口市第一中学、海南华侨中学等单位分别荣获一、二、三等和优秀奖。

【教师队伍建设】 2011年，圆满完成中小学教师招聘工作，赴重点师大招聘应届毕业生110名，面向全国招聘师范毕业生及在职教师320名。选拔1026名小学优秀班主任参加“知行中国——小学班主任教师培训”项目。组织中学、小学各学科近万名教师参加海南省中、小学教师远程培训项目；组织365名中小学校长参加全国校长专题培训。在知行中国小学班主任培训项目中，海口市整体合格率达100%，各项指标名列全国第三。进一步提高海口市校（园）长队伍素质能力，有426位校（园）长参加的“2011年校（园）长研修班”，共收到论文156篇，共评出一等奖14篇、二等奖31篇、三等奖51篇。全市有2名校长获省十佳校长称号，1名教师获省十佳班主任称号；全市共表彰市“十佳校长”，中学、小学“十佳班主任”和十佳农村教师共40人。

【校园安全工作】 海口市教育局与四个区教育局、市直属学校签订安全生产及校园安全等目标责任书，并多次与市公安交巡警支队联合开展校车专项整治工作，切实从源头上预防重特大交通事故的发生。配合市交警支队共查处校车交通违法行为17起；与海口交警各辖区大队联合对中小学、幼儿园接送学生、幼儿的车辆及驾驶人进行一次全面核查，对所有接送学生车辆做到“四不放过”；联合交警部门开展形式多样的宣传教育，每个学期不少于2课时的道路交通安全法规和常识教育，学生受教育率达到100%，发放40万份“家长的文明交通箴言”等。加大对幼儿园的安全管理力度，印发400多份《致幼儿园园长的一封信》，对做好幼儿园的安全管理工作，提高安全防范意识，保障入园儿童安全，提出9点注意事项，如接送幼儿上下车要清点人数，随时检查园内安全隐患并及时整改；配备必要的安全防范装备等。联合四个区教育局对全市411所注册幼儿园和民办学校进行年检，并在海口晚报及局机关网站上公布年检结果。其中：年检优秀85所，年检合格277所，新批办幼儿园23所，暂缓通过年检17所，年检不合格8所，吊销办园许可证1所。同时，海口市校园报警监控系统建设取得实效，有260所学校、幼儿园安装了报警监控系统。

【校安工程】 至年底，海口市中小学校舍安全工程2009—2011年计划项目共288个已全部开工，开工率100%；已竣工项目72个，竣工率26.3%。其中2009～2010年计划项目169个，已全部开工，开工率100%；已竣工项目63个，竣工率37%。2011年计划项目104个，已全部开工，开工率100%；已竣工项目9个，竣工率9%。已到位资金51228万元（其中央专项资金13058万元，省配套资金19855万元，开行贷款资金18315万元），累计拨出资金40739万元，占总投资37%。海口市校安工程项目网络数据的录入工作也已基本完成。

【基础设施建设】 2011年秋季，琼山中学高中部、西海岸九小等优质学校竣工投入使用，提供了近5000个教育学位。结合校安工程，加强农村寄宿制学校建设和厕所改造工程，进一步改善农村学校的办学条件。海口旅职校二期工程建设已完成可行性报告和立项手续，正在由城投公司负责代建。人民大道园丁大厦项目、侨中里教师住宅项目、琼山琼州大道尚导村教师住宅项目已列入海口市2011年教师保障性住房计划，计划建设1700套教师保障性住房。

基础教育

【幼儿教育】 海口市注册幼儿园410所，教学班2408个，在园幼儿65650人，教职工5835人。其中民办幼儿园390所，占全市注册幼儿数量的95.2%，在园幼儿数约占全市在园幼儿数89%。全市现有农村幼儿园101所，占幼儿园总数的24.6%。开展学前教育专题研究，启动乡镇公办幼儿园建设计划，2011年计划新建、改扩建8所公办幼儿园，已完成选址、立项等工作。探索学前教育助学机制改革，在全国省会城市率先探索学前教育助学券，从2012年起开始施行。《关于发放学前教育助学券的意见》、《海口市学前教育助学券发放暂行办法》正在起草中。第10次人大代表论坛专题讨论了学前教育，高锦全主任和韩美副市长对学前教育发展提出了明确的工作要求，营造了学前教育发展的良好氛围。

【中小学教育】 2011年，海口市小学358所，初级中学92所，高级中学1所，完全中学11所，九年制学校37所，12年制学校6所，特殊教育学校1所；小学在校学生170402人，小学适龄儿童入学率100%，年辍学率为0。中学在校生110597人，城镇初中入学率为100%，农村为90%，年辍学率为0.004%；高中阶段年辍学率为0.002%。

【社会办学】 2011年，全市民办中小学校58所，在校中小学生52804人，教师3175人。年检优秀的学校19所，年检合格的学校38所，暂缓通过1所。

【特殊教育】 特殊教育学校筹建于1990年3月，1991年10月正式招收听障学生，1998年9月开始招收视障学生。它的前身为海南聋哑学校，当时隶属省教育厅，先后更名为海南盲聋学校、海南特殊教育学校。2009年2月移交海口市管理。市政府将原海口市培智学校和原海南特殊教育学校进行整合，定名为海南（海口）特殊教育学校，是海口市唯一的一所以培养听障、视障、智障学生为主，集盲聋儿童学前康复教育、九年义务教育、聋职业高中教育为一体国有公办特殊教育学校。学校位于海口市龙华区城西镇城南薛村，与省国兴中学毗邻，校园占地约4万平方米，另外租赁近4300平方米的土地用于学生活动场地建设。学校建筑面积27805平方米；校园内有即将交付使用的200米塑胶跑道运动场，有标准的塑胶排球和篮球运动场。建有一栋五层的启聪教学楼，一栋六层的听障学生宿舍楼，一栋五层的职业教育综合楼；一栋四层的启明教学办公宿舍楼，一栋二层的聋儿康复楼、两栋六层的教职工宿舍楼和目前即将交付使用的一栋五层10579平方米、功能设施齐全的启智楼。2011年有在编教职工125人（其中大专以上学历113人）。有中学高级教师6人，中级教师48人。聋教部有44个教学班，盲教部有7个教学班，培智部有8个教学班，在校学生609人。学生在校除了学习文化课外，还进行聋儿语言康复、职业技能培训。学校根据学生特点开设了烹饪、糕点制作、美容美发、缝纫、计算机、盲人按摩、家政服务等职业课程。

【规范化学校创建】 2011年，认定30所学校为市级规范学校，23所学校为市级合格学校，并颁发了匾牌。市十一小、琼山一小被认定为省级规范学校。至2011年，全市共有8所省级规范学校，183所市级规范化学校。开展幼儿园等级评估，全市有9所幼儿园通过省示范园的复查，有4所幼儿园晋升到省一级一类园行列，1所被评定为市示范园，1所被评定为市一级园。

高等、职业教育

【高等教育】 2011年，海口市属的高等教育学院仅有海口经济学院1所。海口经济学院是一所以经济（公共）管理专业和特色专业为主的全日制普通本科院校。创办于1974年。其前身先后是海口市业余大学、海口职业大学、海口经济职业技术学院。学院2008年3月升格，同时实施本科教育与专科教育。2011年，有全日制在校生18680名（其中本科生9000多名）；校园占地面积140.09万平方米，建筑面积60多万平方米（有国兴与桂林洋两个校区）；教学仪器设备总值7902万元；图书馆大楼建筑面积达4万平方米、阅览座位4000余个、馆藏图书114.5万册；拥有可容纳2800多人的大剧场和现代化的音乐厅与演播厅；体育设施齐全：有两个大型田径运动场，一个综合体育训练馆，一个室内游泳馆及多个灯光篮球场、排球场与网球场。学院下设经济贸易、工商管理、公共管理、旅游、艺术、信息工程、工程技术、继续教育、外国语学院等9个二级学院，基础课、体育课、思想政治理论课、公共外语课等4个教学部（系）。开设国际经济与贸易、计算机科学与技术、旅游管理、新闻学、财务管理、交通运输、音乐表演、艺术设计、电子信息工程、英语、工程管理、经济学、日语、通信工程、人力资源管理、土木工程、市场营销、社会体育等25个本科专业和金融管理实务、会计、空中乘务、旅游管理、酒店管理、环境艺术设计、商务日语、汽车检测与维修技术等23个专科专业，面向全国30个省、市、自治区招生。有专任教师890名（含外教），其中具有高级职称者272名、硕士以上学历者267名；享受国务院政府特殊津贴专家5名，海南省有突出贡献优秀专家1名，海南省高校教学名师5名，省级先进教育工作者5名，“省高校青年教师教学十佳”3名；聘请20多名博士后为兼职教授、30多名国内知名专家学者为客座教授。

2011年海口市高等教育学校情况表

序号	单位	教职工数	在校生数	毕业生数
1	海南大学	2,436	35,226	10,060
2	海南师范大学	1,167	23,971	6,952
3	海南医学院	870	14,527	3,382
4	海南职业技术学院	572	8,832	3,565
5	海口经济学院	1,429	18,680	4,390
6	海南政法职业学院	262	4,152	1,338
7	琼台师范高等专科学校	642	7,672	3,506
8	海南经贸职业技术学院	535	7,210	2,663
9	海南工商职业学院	466	2,462	576
10	海南科技职业学院	588	5,069	554
11	海南省广播电视大学	136	788	152
	合计	9,103	128,589	37,138

【中等职业教育】 2011年，全市有中等职业学校28所，其中公办职业学校5所，民办职业学校23所，公办职业学校中有国家级重点学校3所。公办学校在校生人数10860人，教职工597人，其中专任教师515人，兼职教师82人，专业教师283人，“双师型”教师有160人；民办学校在校生人数11287人，教职工661人，专任教师495人，兼职教师166人，专业教师322人，“双师型”教师有103人。

【成人高等学历教育】 2011年，自学考试总科数为120535科，其中上半年报考科数为40503科，下半年报考科数为80032科。成人高考总人数11162人，其中专升本4456人，高升本1516人，高升专5145人。与上年报名人数相比，总人数增加了2683人。

【参加技能大赛成绩】 在海南省教育厅、海南省人力资源和社会保障厅共同举办的2011年全省职业院校技能大赛上，海口市有8所中职校的173名中职生参加了其中29个项目的角逐，取得参赛历史以来最好成绩，共获得23个一等奖，41个二等奖和47三等奖，占据全部奖项的一半以上。海口市4所中职学校的学生代表海南赴天津参加第六届全国中职院校技能大赛，参赛成绩获得历史性突破，共收获1个一等奖、1个二等奖、4个三等奖，实现了海口市参加全国性技能大赛一等奖“零”的突破。

【中职毕业生就业】 中等职业学校以国际旅游岛中心城市建设为契机，紧贴市场需求，积极转换办学模式，加强校企合作，注重学生综合素质的培养，着力提高学生专业技能，毕业生就业竞争力大大增强，就业质量明显提高。2011年中等职业学校毕业生共5780名，其中一次性就业5642名，毕业生一次性就业率达97.6%，同比提高1.6个半分点。

教育改革、科研

【有效教学实验】 各学科围绕“有效教学”主题，通过开展“教学能手”或“学科带头人”课堂教学展示、“同课异构”教学观摩研讨、有效教学经验交流、“有效教学”问题网上在线研讨等活动，引导广大教师研究教材、教法、学法，开展“有效教学”问题大讨论，探索有效课堂教学新模式，营造浓厚的学术研究氛围，促进教师教学观念的转变，调动了教师开展“有效教学”研究的自觉性和积极性。组织学科有效教学展示及网上研讨活动52次，参加教师达19600多人次，收到很好效果。组织有效教学实验基地校领导、骨干教师30多人赴山东潍坊学习考察，以及有效教学实验基地校校长、教导主任、教研室主任等60多人赴江苏洋思中学学习考察，开阔了校长和教师的视野。落实有效教学实验基地校“领导包片指导负责制”，将全市有效教学实验基地校按属地划分成四个片区，研训院四位院级领导每人负责一个片区的有效教学实验管理与指导工作，进一步加强对有效教学实验基地校的管理和指导。组织“有效教学实验基地校实验工作专项视导”，分四个组深入16所实验基地校了解实验进展情况，诊断存在问题，指导学校开展实验、总结经验、规范管理。年初召开“有效教学课题实验阶段总结表彰暨经验交流会”，总结海口市前一阶段开展有效教学实验的情况，表彰海口一中等6所省级“有效教学课题实验”先进单位，海南华侨中学等7所市级“有效教学课题实验”先进单位，海口一中陈文彩等13名省级“有效教学课题实验”教学能手，海口实验中学乐永志等28名市级“有效教学课题实验”教学能手，海口九中数学组等14个市级“有效教学课题实验”先进科组。会上，海口二中、九中、九小等学校还做了经验交流。同时，整理出版《有效教学的实践与探索——策略研究》、《有效教学的实践与探索——论文荟卒》、《有效教学的实践与探索——案例汇编》，促进海口市有效教学课题实验的深入开展。

【教育科研】 2011年，完成11个“十一五”市级课题的结题验收工作。中学数学组开展的“手持技术与中学数学学科教学整合”课题研究取得较好成绩，蔡芙蓉老师和海南侨中的三位实验教师由于成绩突出，被邀请到土耳其参加“第十一次亚洲数学技术大会”，并在大会上做论文交流。充分发挥市研训院主编的《新课程实验通讯》和研训院网站的宣传推广作用，开辟“课题管理”栏目，反映课题管理和研究动态，及时推介课题研究成果。

【常规教研】 （1）开展备考研讨活动。以“三考”备考为主要内容，以学科为单位，开展“复习课观摩研讨”、“高考、中考试卷分析”、“备考在线研讨”等不同内容、形式多样的备考研讨活动。（2）建立教研员“蹲点”制度。启动“蹲点教研”活动，将海口二中、白驹学校确定为教研员长期蹲点开展教学指导、研究、科研的基地，帮助和指导薄弱学校开展教学研究，实施有效教学和有效管理。要求教研员每人每校每学期听课、评课不少于5节，参与科组集体备课等教研活动不少于2次；每学年组织专题讲座1次或上示范课

1节；协助学校开展一项课题研究；指导学校完善教学管理制度、规范教学常规管理、落实教学常规要求；帮助学校培养青年骨干教师和学科带头人。自11月启动“蹲点教研”以来，已组织教学指导活动3次，听课69节。（3）完成24所普通高中2011年两个学期的“学生综合实践活动网上建构式评价”工作，并形成评价报告，促进海口市综合实践活动课程实施的常态化和规范化。（4）加强教学质量监控，建立考试评价制度。完成义务教育阶段12个学科各学期期中、期末教学质量检测；完成2011年海口市小学毕业测试工作，以及三年级、八年级的学业质量抽测工作。

【教研成果】 组织学生参加全国和全省初中数学、物理、化学、语文阅读鉴赏能力、电脑小制作、英语能力竞赛等竞赛活动，取得丰硕成果。有119人获全国一等奖，288人获二等奖，435人获三等奖；有267人获省一等奖，263人获二等奖，1043人获三等奖。组织教师参加国家级、省级课堂教学评比、论文评比、课题实验评比等活动，并取得较好成绩，有19位老师获全国一等奖，25位老师获二等奖，81位老师获三等奖；有2位老师获省一等奖，3位老师获二等奖，87位老师获三等奖。

（柯俊）

（编辑：黎小梅）

文化·体育

综　述

【概况】　2011年，海口市紧密围绕建设国际旅游岛文化高地的目标定位，以建立融合发展为标志的大文化格局为统领，以“强服务促文化惠民”和“抓项目谋产业突破”为抓手，着力于服务基层抓创新，坚持融合求发展，立足特色创品牌，重点打好“六张牌”，推动文化发展繁荣。一是打好“赛会”牌，大型活动促提升。成功举办、承办2011年海口热气球婚礼节、2011亚洲沙滩排球锦标赛、第56届欧米茄观澜湖高尔夫世界杯、2011中国体育旅游博览会等多个大型文体赛事和展览活动，参与人数达400多万人次，城市影响力和美誉度显著提升。二是打好“惠民”牌，公共服务创佳绩。文化惠民工程全面开展，全年共举办公共文化活动5000多场次，电影放映4200多场，送书下乡1万册，较好地满足城乡居民的文体生活需求，提升了百姓的生活质量。三是打好“管理”牌，市场管理出成效。全年取缔关闭店档摊点100多家，收缴非法出版物近15万件、非法音像出版制品8万多张，全市文化市场进一步规范，实现管理与繁荣并举的良好发展格局。四是打好“精品”牌，文艺创作显实力。全年共有22幅美术作品入选全国性展览和发表，186件在省级展出和发表，出版各类文学小说15部，海口市作者荣获“儿童文学十大青年作家”称号和第24届陈伯吹儿童文学奖。五是打好“特色”牌，体育事业传佳绩。2011年，海口市体育代表队参加亚洲级比赛获得12金，国家级获得14金、9银、2铜。海口市体育代表团应邀参加澳大利亚阿拉夫拉运动会夺得5金3银的佳绩，参加第七届中国城市运动会夺得2金2铜。以举重、帆船帆板为龙头和以高尔夫、拳击、桌球等为亮点的特色体育运动快速发展。海口市培养的举重运动员陈雄入选中国奥运会举重项目的主要备战队员，竞技体育取得新突破。六是打好“名城”牌，立足特色创品牌。市文化遗产保护水平不断提升，新公布历史文化建筑331处，推出“公仔戏周周演”等系列非物质文化遗产展演活动，全力打造以骑楼建筑历史文化街区为代表的南洋风格特色文化，以五公祠、海瑞墓为代表的贬官和移民文化，以琼剧为代表的非物质文化遗产，以海南国际创意港为代表的创意文化，以冼夫人文化节为代表的民俗文化，取得了良好的社会效益和经济效益。2011年，海口市共开展各项文体活动近4692场，文化下乡30场，电影下乡3119场，图书下乡1万册，有二级社会体育指导员1356名。

【第六届“万春会”】　2011年1月1日，第六届海口万春会开幕，历时48天。本届万春会策划推出“与心相约、与民同乐、与春共舞、与灯争辉、与花畅享”共5大版块、27大主题、100多场文体娱乐活动，贯穿元旦、春节、元宵三节。“与心相约”版块主要以海口国家历史文化名城元素的展示为主，组织开展海口历史文化名城系列展览，包括《琼州代有贤人出——海南历史名人百人展》、《寻根问祖——海南人的由来》、《海南沉香》、《海南花梨作品展》等系列展览，并开展凌博精品雕塑展、海口市农民摄影展、城市风情图片展等系列本土特色活动，彰显海口的城市文化内涵。“与民同乐”版块主要以社区、乡镇为主开展系列文体娱乐活动，策划举办海口市农民迎新春晚会、“欢乐海口·扬歌有约”全民通俗歌曲大奖赛2010年度总决赛、2011海口新春音乐会、首届“海南新春文化艺术节”、第四届中国少年儿童合唱节等活动，同时推出组织开展“电影进社区”、“慰问农民工电影专场”、“文艺演出下乡”等文化慰问活动，突出参与性和亲民性，让城乡百姓过个欢乐年。“与春共舞”版块主要由民俗大拜年、飘色大游行、龙狮贺春献吉祥主题组成，举办海南公仔戏、海南八音、琼剧、椰雕等非物质文化遗产的展演、展示活动，并邀请省外传统庙会的精彩节目演出。“与灯争辉”版块主要由“华灯璀璨耀椰城”大型灯展、元宵佳节闹花灯等主题活动组成，以四大公园为四个展区举办主题分别为“流光溢彩——万春园”、“童年的乐园——金牛岭”、“欢乐的海洋——白沙门”、“琼台福地——红城湖”的9大集群彩灯大展示。“与花畅享”版块主要由正月十五闹元宵系列活动、府城换花节等主题活动组成，开展换花、游园、猜谜、快乐歌舞等文体活动。2月17日举行的焰火晚会，市民在世纪公园欣赏焰火表演的同时通过LED视频观看到中央电视台的元宵晚会，扩大了活动覆盖面。第六届万春会自开幕以来，万绿园、金牛岭公园、人民公园、白沙门公园等市区主要公园接待游人共160多万人次，特别是元宵夜观看灯展、焰火、换花的市民游客达76万余人。

【第十届冼夫人文化节】 第十届中国（海口）冼夫人文化节3月13日在新坡镇冼夫人纪念馆前举行开幕式。主题纪念活动是本届冼夫人文化节的重头戏。当天的纪念活动主要由祭祀仪式和民俗表演组成，共演出了《旗鼓雄风》、《虎舞生威》、《和谐中国》等民俗节目，艺术再现了冼夫人装军出游的场景。祭祀仪式后，还举行装军武术表演赛、盅盘舞表演、秧歌表演、舞狮和排球赛等群众文体活动。本届冼夫人文化节重点在全市四个镇（西秀镇、新坡镇、三江镇、云龙镇）开展纪念活动，纪念活动以“还原民俗”、“激活民间”为主体，突出“以民为本、欢乐共享”，举办“纪念主题活动”和“区镇主题活动”两大板块数十项活动。此外与往年不同的是，2011年的冼夫人文化节注重民俗和文化旅游的结合，各区借助“冼夫人文化节”东风，推出了多条乡村生态游路线，引导群众参与农村观光旅游向文化体验转变，组织了一系列旅游体验活动，吸引了很多市民游客参与。

【庆祝中国共产党九十周年大型系列活动】 从4月开始到10月结束，历时近半年，形式包括怀旧经典和时尚精品两大风格，策划推出歌唱、电影、展览、征文、影视片拍摄等多个主题、20多项文化活动，活动突出“红色主题”，主打“文化惠民”。其中，“欢乐海口·扬歌有约”2011年度全民红歌大奖赛活动从4月30日~10月30日在全市进行。通过举办“全民红歌大赛”、“节庆红歌专场汇演”、“群众红歌卡拉OK比赛”、“红歌下乡慰问系列演出”等四大主题赛事和公益活动，重新演绎红色经典，唱响时代主旋律。播放红色主题电影农村1800余场，市区1200余场，（其中市中小学校500余场）。同时，4~7月在海口广播电视台举办“盛世颂华章”第五届海口大中小学生朗诵电视大赛。5~6月在全市举办“红色抒怀”和“历史的选择”两个读书征文活动；5月中旬在市人大会堂举办2011年海口市《颂党·倡廉》文艺晚会；5月22日在海口世纪公园至万绿园举办“九十红旗飘，万人健康跑”活动；“红色记忆”系列展览展示活动；6月26日~7月10日在省博物馆举办“辉煌九十”文学、美术优秀作品展览；6月底举办“歌颂我们伟大的党”老年人歌唱活动；6月30日~7月30日在市博物馆二楼展厅举办琼崖纵队老战士书法作品展；7月上旬在市会展中心举办“辉煌90年”全国城市大型美术书法摄影作品邀请展；此外，7月开展“红色旅程”探访慰问活动，在全市征集了90余名优秀党员在一大旧址进行宣誓仪式，按照“琼崖一大地址——李硕勋烈士纪念亭——市博物馆——云龙改编旧址”的路线进行海口红色景点的体验活动等等。在此期间，“椰城职工心向党”演讲比赛、“党的光辉照我心”有奖征文、“一大”至“七大”暨辉煌“十一五”大型图片展、“光辉的旗帜”主题宣传教育活动和排球、篮球、乒乓球比赛等多个文体活动相继推出。

【精品文艺演出】 全年重点围绕重大节庆和建党九十周年庆典活动，组织召开7次精品文艺演出评审小组会议，安排26场次的精品文艺演出，主要有：俄罗斯叶卡捷琳堡国家芭蕾舞团经典芭蕾舞剧《天鹅湖》、丁建中幻像魔术秀、俄罗斯莫斯科凤凰文化戏剧娱乐中心滑稽表演晚会、感动中国的母子组合励志音乐会青年钢琴家吴纯博士2011中国巡演海口站、德国音乐歌舞剧《纽约！纽约》、上海芭蕾舞团大型芭蕾舞剧《白毛女》、朝鲜国立民族艺术团歌舞晚会《盛开的金达莱》等，极大地丰富了市民的文化生活。大型黎族歌舞诗《达达瑟》先后获得第二届全国少数民族文艺会演创作、演出、舞台美术三项金奖，第十届文华新剧目奖、文华编导奖。

【专业文体队伍交流】 （1）海口市文化艺术代表团首次应邀访问欧洲开展琼剧演出和民俗歌舞展示。（2）应美国斯科茨代尔市市长与该市友城协会主席的邀请，丁孟芳、陈学博等2人于3月5～18日访问该市，并举办“丁孟芳、陈学博油画雕塑艺术展览”，共展出丁孟芳油画、陈学博雕塑作品共50幅，其中油画30幅、雕塑20幅，展期3月7日～5月7日。（3）加大对外交流促发展。邀请国内著名摄影家叶用才来海口进行摄影创作交流。出访俄罗斯、法属波利尼西亚等国家与当地的文化部门对接，举办一系列的摄影艺术交流活动。（4）海口市组队赴澳大利亚参加阿拉夫拉运动会的出访工作，比赛获得5金3银的优异成绩。（5）组队参加第七届城市运动会田径、举重、柔道、跆拳道和拳击5个项目的预赛工作，夺得2金2铜的好成绩。此外，海口市代表队参加亚洲级比赛获得12金；参加国家级比赛获得14金、9银、2铜；参加省级比赛获得80金、45银、28铜。

【“非遗”宣传系列活动】 为加强非物质文化遗产的保护传承，海口市从4月底至10月底，以“弘扬民族文化 传承民间艺术”为主题，策划推出2011乡镇公仔戏周周演活动。组织近30个海南公仔戏团，从4月30日起的每周六上午9时30分至11时30分在全市主要乡镇和公园进行免费展演。6月11日，以“全国第六个文化遗产日”为平台，在海口人民公园组织海口市系列宣传活动。活动分文艺演出、非遗项目展演区、非遗保护成果流动展览等。8月17～19日，在市群众艺术馆南雅音乐厅举行海口市第二届业余琼剧演唱比赛，130多名不同年龄段的琼剧爱好者参加比赛，上千名观众观赛。8月，编辑、制作琼剧国家级传承人陈育明唱腔卡拉OK伴奏带1000盘，并免费发送给琼剧爱好者，普及和推广传统琼剧艺术。8月，在三江镇文化活动中心举办虎舞培训班，全镇8个虎队共84人参加培训。9月，在遵谭镇举办斋戏二期基本功培训班，特邀海口市琼剧团青年男演员陈兰馥传授步伐、手势等表演基本功。10月初，组织申报《天妃祀奉》、《琼式月饼制作技艺》、《鹿龟酒酿泡技艺》3个项目参加省级非遗项目评选。其中《天妃祀奉》、《鹿龟酒酿泡技艺》经评审，通过省级保护项目。编辑出版《海口群文》、《海口琼剧》、《冼夫人在海南的传说》等非物质文化遗产刊物。录制《传统土法制糖工艺》视频资料。

【乡镇社区文化建设】 完成对全市23个乡镇文化站和249个行政村文化信息资源共享工程基层服务点建设。建成农家书屋249间、社区文化室17个，23个乡镇文化站建设全部完成并通过验收，实现全市三年共完成249家农家书屋的目标。市群艺馆对城区各活动点文化队伍的基本情况进行造册登记，建立台账，并安排专业骨干现场辅导、组织演出、提供信息，经常联系的文化队伍有20余家。

【电影进社区】 2011年恰逢中国共产党成立90周年，市电影公司于4月21日，在海口市万绿园半圆广场举行“2011年海口市庆祝中国共产党成立90周年‘歌颂党、歌颂祖国、歌颂社会主义’红色经典电影公益放映活动启动仪式”。启动仪式后“三歌颂”放映队小组按照公司的“五进”工作进程，“进社区、进公园、进学校、进广场、进农村”，逐一开展全市3000场红色电影放映任务，为海口市广大人民群众免费放映丰富的红色经典电影。

【图书进乡村】 为隆重纪念中国共产党成立90周年，结合创先争优活动，6月中旬，海口市图书馆开展送书下乡活动，受到农民朋友的热烈欢迎。活动中，海口市图书馆为全市249个行政村的农家书屋及23个乡镇文化站配送《中国共产党简史》、海南省哲学社会科学普及读物《美丽的海南 可爱的家乡》组合读物1套。给每个乡镇文化站配送《光辉的历程 伟大的成就——庆祝中国共产党成立90周年》宣传挂图1套及篮球和排球等文体用品。送书下乡，不仅增加了农家书屋的书籍品种，同时也丰富了广大农民群众的党史知识。

文化市场管理

【概况】 2011年，海口市文化市场综合执法支队开展“优质服务巩固年”活动，首次举办全市性文化市场执法业务知识培训班，有效提升执法能力和业务水平。推出错案责任追究制，落实办案人员的责任。建立举报查实、首问负责、限时办结等制度，支队安排专人负责12318举报电话，实行24小时接听电话，制定严格的登记、查实、反馈等工作制度，全年共接到各类举报和省总队移交的案件51起，举报办结率100%，对已结案件，均做到无错案、无听证、无行政复议。加大对群众、企业经营业主宣传法律法规力度。全年向各企业发放宣传资料3000多份；执法队员深入企业进行法制宣传350人次。重视文化市场信息上报，总结市场管理好经验。支队加强与《海南日报》、《海口晚报》、《海南特区报》、海口电视台、南海网等省市各媒体沟通、合作，虚心接收媒体对执法工作的监督，每一次执法大行动都主动邀请各大媒体进行跟踪报道、深度报道，有效促进市场监管健康有序发展。高度重视执法动态宣传报道工作，信息员负责支队各类信息的报送，支队在国际旅游岛文化市场网、《海口晚报》等媒体平台刊登各类执法信息报道30多篇，在全省文化执法单位中位列第一。

【“扫黄打非”工作】 2011年，“扫黄打非”办公室围绕《2011年全国“扫黄打非”行动方案》的总体要求和部署，深入开展“扫黄打非”专项整治活动。在封堵政治性非法出版物、扫除淫秽色情等文化垃圾、打击侵权盗版行为、取缔非法报刊、清除互联网有害信息等方面取得显著成效，在开展专项治理、查处大案要案、营造舆论氛围、完善部门联动机制方面，取得新的进展。自2010年11月开展系列专项行动以来，共出动执法检查人员2365人，出动车辆586辆次，检查出版物市场及店档摊点1461家，取缔关闭店档摊点96家，处罚违规店档摊点19个，收缴非法出版物143210件，其中淫秽色情出版物10024件，盗版出版物133186件。收缴图书15921册，宣传5次202人，清理游商地摊72家，罚款4600元，警告23家，责令停业2家，整改3家，立案调查11家，侦破案件1起。举办2011年全国侵权盗版及非法出版物集中销毁活动（海南分会场）及绿书签签名活动。活动共销毁33万多件侵权盗版及非法出版物，其中海口市销毁11万件（盗版、走私音像制品10.2万件，盗版软件0.1万件，盗版电子出版物0.3万件，非法书报刊0.4万件）。现场还开展“使用正版、做守法公民”的现场签名和发放绿书签活动。

【规范网络文化经营管理】 组建由65名“五老”组成的网吧义务监督员队伍，与教育部门及学校进行沟通，在中小学建立一支以教师为主体的网吧义务监督队伍，建立学校、家长互动机制，参与监督管理，努力构建立体式监督体系，较好地发挥社会监管作用。2011年，共检查网吧2039家次，警告251家次、停业整顿39家次、立案81家。检查地面卫星接收设施64家次，责令整改13家、立案1家、收缴载体36件；检查文物市场4家。

【音像出版物市场管理】 清缴整治低俗音像制品。严格按照国务院《音像制品管理条例》等有关规定，共检查音像店245家次，查处音像店22家，收缴盗版音像制品90591张、淫秽音像制品1358张。集中整治印刷复制业。检查印刷企业163家次，收缴违规印刷品1019张。整治非法报刊、教材教辅读物、畅销书等各类侵权盗版制品。全年共检查学校周边销售出版物的店铺48多家（次），取缔无证经营出版物的游商、地摊7个，查缴各类盗版及非法出版图书和以青少年为主要读者对象的卡通、漫画等“口袋本”图书。检查图书店55家，被查处出租店12家，收缴盗版图书4285本（册），查处并取缔路边地摊98个，收缴彩经资料1773张、小广告105张，移交公安机关查处1人。

【演出娱乐市场监管】 从1月30日起，开展为期5个月以打击赌博为重点的电子游艺场所专项整治行动，共检查电子娱乐场所488家次，警告6家次、责令整改133家次、取缔36家、移交1家、立案5家、销毁违规机型109台、报“110”3家；

检查歌舞娱乐场所195家次，警告8家、责令整改38家次、停业整顿2家、立案4家。检查演出场所11家次，责令整改2家、警告3家、移交1家。

（陈前响）

文学艺术

【概况】 2011年，市文联实施分工协作制，增强合力意识。通过实施协会联络制，增强服务意识。加强和八大协会、琼山区文联的联系和沟通，大力开展文艺服务活动。会同八大协会成功举办全市、全省以及全国性的大型文艺活动，如海口市迎春大型文艺晚会、建党90周年等重大宣传教育系列活动、“辉煌90年”全国10城市大型美术书法摄影作品邀请展等活动。市文联坚持上下联动，会同各协会会员深入开展一系列面向基层、服务群众的文化惠民活动，满足人民群众多方面、多层次、多样性的精神文化需求，开展“送春联下乡”活动，为农民义务书写春联近万幅；举行“见证秀英20年”老相片征集暨摄影大赛，用胶片为秀英区人民记录秀英区经济、社会发展的新面貌、新成就。以书画、摄影、琼剧等形式送文化进文明生态村，开展60项活动，其中大型纪念活动19项，下乡惠民活动35项，“走出去”国内外交流活动15项，观众28000多人次。

【文艺下乡】 海口市文联组织文艺家深入农村、深入生活，1月9日，组织市戏剧家协会40多人送戏下乡活动，为龙泉镇椰子头村群众送去丰富多彩的琼剧。1月11～14日，组织部分书法家10人分别赴琼山区龙塘镇、美兰区演丰镇、秀英区东山镇、龙华区龙泉镇以及龙泉镇椰子头村为农民义务书写春联近万幅。2月，与秀英区共同举办“见证秀英20年”老相片征集暨摄影大赛，以秀英建区20年来经济、社会发展为主题，从不同的视角，反映秀英区的历史变迁、风土人情、特色文化等，用胶片为秀英区人民记录秀英区经济、社会发展的新面貌、新成就。把创建“书画之村”活动作为建设社会主义新农村的新载体，10月11日在秀英区的美社村举行活动启动仪式。

【文学创作】 2011年，海口市作协发展新会员8人，共有会员138人。共创作作品70多本，其中出版的有31本，约70万字。有罗陈彪的长篇小说《天涯红云》，被誉为第二本红色娘子军；残疾人黄守培创作出版的长篇小说《荒山野岭之恋》，被誉为海南残疾人的第一本大书。张品成创作出版长篇小说《红药》、《有风吹过》、《觉醒》，王丽莹创作出版的《三三作品精选》并荣获陈伯吹儿童文学奖。全年出版的文学小说作品共15部：《有风掠过》、《指间的太阳》由明天出版社出版；《红药》由百花洲文艺出版社出版；《觉醒》、《七个人的军团》由安徽少年儿童出版社出版；《绿眼》由同心出版社出版；《绑架来的朋友》、《特别任务》由山东文艺出版社出版；《鬼是一棵矮杉树》、《出征在即》、《偷枪的人》、《与“蛇”同行》、《小兵的桃树》、《永远的哨兵》等6本由新世纪出版社出版。此外，还有《静谧的红树林》等186件作品在省级展出或发表。

【美术】 5月，市委宣传部、市文联主办“辉煌90年全国十城市美术书法摄影作品邀请展”，会员蔡於良、齐英石、蒙发祥、陈海、符史雄、柯兰亭、杨彬和卢丹等的精品参加展出。11月23日，39位优秀油画家创作的55件作品在海南省博物馆展厅展出，获奖作品20件，其中：杨超的《伙伴》和富粒粒的《赠我空欢喜》获金奖；许群的《无人岛》、周国富的《乡村小路》、林国华的《画室外的风景》和黄海洋的《雪佳》获银奖；戴成熙的《故土系列》、周彬的《白马井海岸》、周明的《土尾港的斜阳》、邱世海的《夏恋No.6－2009》、陈祥严的《丝瓜图》、林鸿平的《春到我家》获铜奖。2011年有22幅美术作品入选全国性美术作品展览含获奖的作品，其中：丁孟芳油画《古有花木兰·今有娘子军》、油画《绿色的孕育》获优秀奖，丁孟芳水彩画《渔歌·归》入选由中国美协主办的“第二届全国小幅水彩画展”，赵日雷的版画《阳光地带》入选“第十九届全国版画作品展”。周彬的《邦溪早晨》、李东东的《峦》、杨超的《石山民居》、邱世海的《夏恋》、周国富的《海口骑楼老街—三亚街》等13幅油画作品入选由海南省美术家协会油画艺委会主办的“绿岛神韵—海南省油画艺术展”，其中周彬的作品获金奖、李东东的作品获银奖、杨超和邱世海的作品获铜奖、陈雄的作品获优秀奖。丁孟芳的油画《海甸浮动的记忆》、符史雄的中国画《椰城古韵》、周铁利的油画《静谧的红树林》入选省美协主办的“魅力海南百景作品展览”。作品发表和论文专著出版情况：中国《美术》发表丁孟芳油画《向左转·向右转》等9幅作品，原中国油画学会副主席、中央美院教授闻立鹏撰写《画家丁孟芳油画新进展》评论文章；周铁利的论文《热带植物系列油画创作随感》发表在《美术观察》2011年第一期总185期；《浅谈热带植物系列油画的时代精神》、油画《幽情》在《美术报》上发表；丁孟芳油画《向左转·向右转》在文汇报发表；李东东的油画《谧 NO. 2 – 2010》和《谧 NO. 3 – 2010》入编《中国当代艺术2010》（2011年4月出版）；《海南日报》海南周刊艺术版整版发表介绍李东东绘画艺术的文章并刊登作品3幅。

【摄影】 一是组织8次艺术摄影创作，多次走街串巷记录历史名街百姓纪实摄影创作。二是组织参加建党九十周年摄影、书法、绘画展览，征集摄影作品50余幅。参与市旅游委征集图片印制精美画册，踊跃投稿市委宣传部与海口晚报举办的建党九十周年大型图片展。三是参加全国性的各类摄影展览、大奖赛，荣获1个铜奖，5个优秀奖；省级摄影大奖赛，荣获1个一等奖，2个二等奖，1个铜奖，10个优秀奖；市级摄影大奖赛，荣获1个特等奖，2个金奖，2个银奖，5个铜奖，60余个优秀奖。

【音乐】 1月，举办“劳动者之歌”海口市迎春大型文艺晚会。3月，策划“以废换绿·香满家园”大型公益环保活动，国内十四家主要媒体及网络皆有报道或转载。6月19日，参加由海南省直机关工委和海南省文体厅主办的“万人红歌颂党”海南省庆祝建党90周年大型电视直播演唱会，期间海口音协会员310多人次在不同的社会层面辅导和参与唱红歌活动。打造4个音乐基地（古筝、钢琴，少儿、声乐培训），培训各类音乐学员1600多名。裴英杰创作《海南城管队员之歌》、《故乡情》、《亲吻我深爱的故乡》、《五指山我美好的家园》、《让爱碎梦去遥远》、《椰岛恋歌》、《好百年》、《飞往美丽的海口湾》、《爱的阳光》、《我们是共和国的士兵》等歌曲。6月，组织华侨中学学生参加“中国金钟奖合唱比赛”，获得优异的成绩；培训南航部队、儋州一中、海职院、政法学院乐队。举行各种类型音乐讲座、音乐会20多场，发展新会员23人。创建音乐艺术中心，开办音乐沙龙，为艺术爱好者们搭建了艺术平台。创建改版海口音协网站、打造音乐交流平台、创办音协艺术中心，改善海口音协活动场所。进行音乐考级的辅导，人数达600多人次，考试发证20多人。

【书法】 1月，组织市书协会员参加海口市委宣传部举办的科技、卫生“三下乡”活动，共50多人次赴琼山区龙塘镇、美兰区演丰镇、秀英区东山镇、龙华区龙泉镇及市文联党支部结对帮扶点椰子头村为农民义务书写春联近万幅。3月16日，海口市、石家庄市、三门峡市书法作品联展在海口市举行，联展展出作品200件，参展代表团15人。2011年共有10余人（次）件作品入选参加全国、省、市的各项展事活动。冯伟的作品入展中国书法家协会举办的全国第十届书法篆刻作品展览、纪念中国书法家协会成立30周年中国书法家协会会员优秀作品展、邓石如奖全国书法展，获《书法》杂志举办的第三届全国中青年书法百强榜一百强，书法作品入展由中国书协主办的林散之奖书法双年展。林尤葵的书颂等作品入展海南国际旅游岛——中国当代书法名家作品展、建设海南国际旅游岛——首届（海南）国际书画双年展、全国产业（行业）系统书法美术摄影精品展（中国文联、中国书协等主办），获全国水利系统楹联书法大赛一等奖，还参加首届中韩优秀书画家（韩国国会）邀请展（中国书画杂志社等）。陈光池的作品获全军第五届书法展三等奖，书法作品入选第二届中日议员公务员书法展，获第二届建文杯全国书法篆刻大赛优秀奖；云维英书法作品《隶书》荣获第二届“羲之杯”全国诗书画家邀请赛一等奖，入展“喜迎建党90周年暨第二届乡土情国际华人书画精品展”并被授予建党90年．人民艺术家荣誉称号。王晓冰10月荣获于杭州举办的首届中国毛笔与硬笔书法大赛暨中国毛笔与硬笔书法“双十杰双百优”评选中评为“全国百名双优书法家”。范中书法作品参展（翰墨跨越时空——海南2011年中国书法展），获中韩优秀书画一等奖、中日国际书画一等奖、羲之杯书画二等奖，以及红色经典书画金奖、光明在前书画金奖、中国艺术家大典金奖，被聘为中国书画学会理事。

【戏剧】 全年，海口市剧协深入到海口、文昌、万宁、琼海、东方、三亚、定安、澄迈、屯昌、临高、陵水、保亭等市县的城镇、乡村和农场，共演出140场，观众20多万人次之多。响应省文联送戏下乡活动，由市剧协主席、中国梅花奖获得者、国家一级演员陈素珍领衔主演，在琼海市文化宫为琼海人民奉献一台精彩的琼剧节目《双珠凤》。力邀岛内知名导演排演大型古装戏《狸猫换太子》、邀请国内知名四川老艺术家吴泽生来传授川剧的绝技《变脸》、《昭君出塞》、《贵妃醉酒》等折子戏。培养年轻演员，排练折子戏《盗仙草》、《变脸》、《绸袖情》、《闹轿》、《贵妃醉酒》、《昭君出塞》，获得观众的认可和好评。5月剧协会员参加省政协、省琼剧协会举办的琼剧汇演，张椰云、符芳珍、吴海燕、黄耀、汤成伟等获得个人的表演奖。积极做好文艺庆典演出活动，10月31日~11月2日，市琼剧团在明星影剧院共演出3场惠民琼剧演出。琼剧团全年共演出110场，取得了良好的社会效益和经济效益。

【舞蹈】 8月，市文联副主席蒙麓光为团长带领海口市艺术团代表海南参加第九届“全国少数民族传统体育运动会”表演项目的比赛，节目《斗笠下的笑容》、《椰壳声声》、《槟榔树下的小伙子》以出色的创意编排共获得了三项“一等奖”。11月3日，在第八届全国舞蹈“荷花奖”民族民间舞大赛中，会员白金峰、杨艺等编导的《苗染》荣获编导银奖；8月《苗染》还在由文化部主办的第九届全国舞蹈比赛中获创作铜奖。组织少儿舞蹈参加第十五届香港世界青少年“金紫荆花奖”艺术大赛，获得该届艺术大赛的最高奖项“金紫荆花奖”。8月，理事辜杰红等编排、红蜻蜓舞团表演的群舞《落雨大》、群舞《校园军训》、模特舞蹈《春夏秋冬》、独舞《赛马》、独舞《刘胡兰》参加第十五届香港世界青少年音乐、舞蹈、器乐大赛均获一等奖（最高奖）；陈璐、梁文惠带领文化艺术学校的学生，参加香港紫金花少儿舞蹈比赛，获得最高表演金奖、组织金奖及辅导老师奖。全年组织文化下乡歌舞演出活动16多场。培养基层舞蹈骨干，培训社区舞蹈骨干300多人。组织舞协骨干创编四个民族舞蹈节目，为四个区每区一周，组织为期一个月辅导培训；深入各乡镇举办排舞、民族舞、交谊舞培训班800多人次。举办“欢乐海口、舞动椰城”海口市第三届社区舞蹈大赛，9个节目获得一、二、三等奖。8月，在长流镇举行首届海口市全民健身交谊舞比赛活动，32对选手获得名次奖。开展群众性公益性免费活动，举办了长期少儿拉丁舞培训班、健身交谊舞培训班、中青年形体舞培训班、中老年民族舞培训班。

【电影电视】 为庆祝中国共产党建党90周年，海口广播电视台推出大型专栏《品红色 看发展》，策划《我的生日是七一》、金花进社区、红色琼剧、红歌专场等系列活动。播出《恰同学少年》、《黎明前的暗战》一系列优秀电影、电视剧和电视交流栏目，直播“九十红旗飘 万人健康跑”大型活动。海口台、额尔多斯台合作的“草原风 椰海情”春节晚会获得中国广播电视协会“2011年全国电视台春节晚会评比”二等奖，《魅力高尔夫》节目获得舞蹈节目单项奖；《五层楼旧梦》获得中国广播电视协会“全国社交节目评选”纪录片二等奖；《海南影像志》获得中国广播电视协会“全国社交节目评选”系列节目三等奖；《品位海口》获得中国广播电视协会“全国社教节目评选”栏目三等奖；《海岛贝贝》、《品位海口》——麒麟舞，获得中国广播电视协会“第十一届全国电视文艺‘百家奖’”栏目类三等奖；《阿德故事》之《奇恋》获得中国广播电视协会“第五届全国栏目剧评优”三等奖。

（李亚飞）

电　影

【概况】 2011年，海口市电影公司共放映电影8035场次，观众约246.01万人次，公司总收入733.68万元，比上年同期增长62%，取得较好的社会效益和经济效益。农村公益电影放映超额完成任务达到3119场，观影人数约达68.22万人次，总收入为104.96万元；二级市场播映电影总场数为3022场，总人次为98.49万人次，年总收入为74.89万元；基地共有490所学校组织学生观影，观影1894场次，观影79.31万人次，观影学生占学生总数80%，经营总收入166.25万元，比上年增长20.4%。

【体制改革】 根据《海口市文化广电出版体育局关于市电影公司进行股份制改造的批复》、《海口市文化广电出版体育局关于海口市电影公司进行股份制合作等有关问题的批复》、《海口市文化广电出版体育局关于成立海口市电影公司股份制改造工作领导小组的通知》等文件精神，电影公司成立海口市电影公司股份制改造工作小组，就股份制改造的相关事项进行沟通和解决。基于股份制改造合法、公平、公正，电影公司聘请了有资质的第三方机构海南正理资产评估事务所与海南大兴天泰（三亚）律师事务所分别对国有资产评估、国企改制所涉及相关法律咨询把关。2011年底，股份制改造工作已进入财政部门审核阶段，并依照相关法律程序进入招拍挂阶段。

【电影公益放映】 电影公司坚持以“服务农村、服务农民、服务农业”为目标，配合“科技兴农”计划，按照“政府安排、农民点单、按需放映”的服务方式，进一步完善海口市农村电影公共文化服务体系，通过将科学种植、科学养殖、防灾教育、安全教育、国规国策、计生优育、禁毒宣传等科教电影以及陶冶情操的故事影片送进农村，实现全市农村电影放映“一村一月一场电影”的目标。为了纪念中国共产党成立九十周年，还特别录制《八月一日》、《辽沈战役》、《平津战役》、《淮海战役》、《大渡河》、《渡江侦察记》、《中国将帅》、《五星红旗》、《铁血骑兵》、《惊涛骇浪》、《永远的春天》、《东江特遣队》等多部优秀红色影片。电影公司实行农村公益电影下乡，深入海口周边2106个自然村，超额放映3119场，观影人数达68.22万人次，极大地丰富了广大群众的文化生活。

【中小学生电影放映教育基地】 海口市中小学生电影放映教育基地放映电影1894场次，同比增长15%，观影79.31万人次，同比增长12%，共有490所学校组织学生观影，观影学生占学生总数80%，比上年同期20.4%。为了纪念中国共产党成立九十周年，海口市中小学生电影放映教育基地，向全市特别推荐《八月一日》、《辽沈战役》、《平津战役》等23部优秀影片。结合“七一”期间不同层面组织的红歌比赛，大唱红色电影的主题歌，组织观看红色电影，“三歌颂、三热爱”成为中小学生思想道德教育的主旋律。

【电影惠民】 2011年，电影公司开辟二级业务市场播映电影总场数为3022场，总人次为98.49万人次，年总收入为748878元。同时，捕抓信息资源拓展相应的业务空间，利用契机，开展有益的公益活动。市电影公司在省工会、市工会的直接支持帮助下，于4月7日，在和平影城成功举办工会“文化惠职工电影专场”启动仪式。省总工会党组书记、主席符兴等领导参与启动仪式。“文化惠职工电影专场”是一种全新的电影放映形式，免费对公众开放影院观影空间，也是电影公司一种与众不同的尝试。此专场持续多半年时间，每晚8点10分都按时放映免费电影供广大群众观看，全年播映总场数达183场，观影总人次达8万余人。

【“村村通”工程建设】 海口市委、市政府高度重视广播电视“村村通”工作，十一五期间把它列为为民办实事项目，市财政给予大力支持，市文体局监督指导，海口广播电视台把实施农村广播电视“村村通”工程作为一项重要工作来抓。十一五期间，海口市共投入1829万元，安装农村有线电视和农村广播，分别惠及204个村40168户和210个村，有10多万农民受益。海口市政府计划十二五期间投入4900万元，解决9万户农村用户看电视，建设1500个村广播站。作为实施单位，海口文体局成立广播电视“村村通”工程领导小组，制定《海口市广播电视“村村通”工程实施方案》，实行责任到人，措施到位，把工程完成情况纳入干部年度考核内容，实行量化管理，确保工程的顺利实施。2011年广播电视“村村通”项目，计划投入800万元，安装16500户电视农户，300个村广播站。已拨款640万元安装13000户有线电视，160 个村广播站。

（梁碧华）

广播电视

【概况】 2011 年，海口广播电视台以全面深入推进海南国际旅游岛建设为契机，围绕中心，服务大局，确保舆论导向正确和氛围热烈。抓住新机遇、理清新思路、开发新资源、打造新平台、试行新体制、实现大变化，努力打造多彩广电、幸福广电、平安广电。在重点宣传，队伍建设，经济创收和精品节目打造等方面成绩突出，较好完成市委、市政府交给的各项任务。海口广播电视台六套节目实现台内零停播率，没有漏播、错播、滥播事故，确保全年安全播出零事故，获得全省优秀。尤其是 2011 年几大直播活动和所有直播节目均安全顺利零事故。

【重点新闻宣传】 （1）全方位营造建党 90 周年宣传氛围，推出大型电视专栏《品红色·看发展》，拍摄制作红色专题，广播推出“双百”人物专栏等节目。（2）安全畅通文明行报道有力度有深度，分别播出 200 多篇和 300 多篇电视与广播新闻稿，《椰城纠风热线》也进行专题直播。（3）“文明进行时”宣传形式活，效果好。（4）“直通两会”影响大，每天推出 30 分钟特别版《海口新闻》，同时专门开辟“直通两会”演播室，出动直播车，在会前和会中采编播发《人大代表视点》10 期。（5）市委理论研讨会报道，编排新时效快。在市委理论中心组研讨会开设现场演播室访谈、现场新闻传送。（6）抗击台风直播快发稿多。在防御强台风“纳沙”、“尼格”等自然灾害期间，开通 24 小时新闻热线，24 小时值守工作岗位，24 小时滚动接力。广播电视新闻栏目共播发抗风救灾报道稿件 324 篇，为全市夺取防风防汛工作的全面胜利营造了良好的舆论氛围。FM101.8 开设三个小时的特别直播节目，在风雨灾害当晚派出多路记者深入到全市各主要受淹地区发回连线报道，加强与市三防办的联络，反映灾情、交通状况，为出行和回家的听众提供指南。

【两道新闻大餐】 （1）新闻“午餐”——广播电视同步直播《椰城纠风热线》。从 3 月 21 日起，在原广播直播的基础上，《椰城纠风热线》实现中午 11：30～12：30 与电视同步直播。至 12 月 30 日，《椰城纠风热线》广播电视直播 140 期，上线单位 119 个，上线人次 864 人，其中市领导 7 人；共接到咨询、投诉件 1419 件，其中咨询 874 件，投诉 545 件，办结 1203 件，办结率 96%，满意率 90% 以上，成为领导满意、市民喜欢、专家肯定的新闻“午餐”。（2）新闻“晚餐”——扩版《热带播报》。4 月 18 日，《热带播报》由原来的每天 40 分钟扩版为每天 60 分钟，并采用直播形式在晚间 17：55～18：55 晚餐时间播出。改扩版后的《热带播报》增加了舆论监督力度和服务性，开设“话题空间”、“金花跑腿”、“有的放矢”、“价格情报站”等版块，先后推出《医院里的特诊室》、《“红灯”小店》、《外“紧”内“松”的南海大道施工》等一批有影响、有力度、有效果的舆论监督报道，全方位提升了栏目的话语权和影响力。

【广播电视直播】 2011 年进行了三场大型电视直播。（1）5 月 13 日，《椰城纠风热线》成功推出“听民生、解民忧——市长与市民面对面”90 分钟广播电视直播特别节目，邀请市委副书记、市长冀文林上线，直播过程中共有 80 多名热心市民通过热线反映问题和提出建议，多家报纸、网络媒体予以关注和报道，取得良好的政治效果和社会效益。（2）6 月 5 日，主办并广播电视同步直播“九十红旗飘·万人健康跑”大型活动。该活动创下海口广播电视台直播史上的四个第一次：第一次三台转播车和一个演播室联动直播；第一次微波车移动直播；第一次多种传输方式（微波、光纤）直播；第一次多地点、多种联络方式协调直播。（3）农历七月初七，与保亭县合作，直播当地人民的盛大欢乐节日——“2011 年中国海南七仙温泉嬉水节”。该活动由保亭县委、县政府主办，面向全国，这是海口广播电视台首次走进兄弟市县直播当地重大活动。此外还建成两个直播间，打造海口广播电视优势新平台。“椰城纠风热线直播间”为三讯道综合直播间，面积为 80 平方米，投资 300 万元。这是海南省第一个广播电视同步直播的政风行风节目，也走在全国同行前列；

FM95.4“交通直播间”，6 月 28 日正式开播，又为海口电台广播增添了第三个户外大型直播间。

【广播电视剧收视率上升】 重点打造电视一套《热带剧场》，增设《联通剧场》。《热带剧场》收视多次上升到全省首位，最高收视达到 11.42，《联通剧场》最高收视达到 4.0。电视剧收视的稳定和上升，确保了电台一套整体收视稳居海南地面频道前三名、新经视前四名的好成绩。广播 FM101.8 和 FM95.4 逐步推进全面改版。尤其是 FM95.4，6 月 28 日全面改版、全新亮相，路况播报有特点、有影响，节目的质量和社会影响力不断提高；FM91.6 音乐广播改版后的《音乐养乐多》、午间《全城都能点》和晚间《中国歌曲排行榜 21：00》、《音乐米弟弟》和《恋恋时光机》等节目成为全岛收听率较高的广播节目，收听率份额持续提升，在全天细分的 18 个竞争时段中，海口音乐广播在 7 个时段占据全省第一位。

【大型系列活动】 进一步打造“市民广场乐”、“金花进社区”、“社区欢乐行”、“欢欢喜喜乐依家”四大广电社会文化品牌，全年共举办 40 多场走进基层文化演艺活动，现场观众超过 4 万人次。（1）6 月 5 日，“90 红旗飘·万人健康跑”现场活动呈现四大亮点：万人长跑庆节日、万人合唱歌颂党、万面红旗表心意和万人签名送祝福。电视一套、广播 101.8 频率、95.4 频率对活动进行现场直播。中央电视台、新华网、人民网、《海南日报》等十多家国家级和省级媒体均在第一时间进行报道。（2）“颂歌献给党·激情唱和谐——2011 椰城红歌合唱季”活动由市委、市政府主办，市委宣传部、市文体局和海口广播电视台共同承办。全市 11 个赛区同唱红歌，连续 10 天在海口广播电视台电视频道集中展播。在决赛晚会上，省委常委、市委书记陈辞，市长冀文林等四套班子领导与现场观众齐唱红歌。椰城红歌合唱季以万人参与、全市关注、全省影响成为海口市纪念建党九十周年规模最大、影响最强、效果最好的活动之一。（3）“椰城海韵神州行”海口滨海生活展走进塞北。在市委宣传部的指导和市住建局的支持下，于 10 月携手海口数十家高端地产项目共同在陕西榆林、内蒙古鄂尔多斯两地开展整合营销。这是海口电台第一次与政府、企业合作走出岛外、面向全国的大型营销推广、对外宣传活动。（4）百名影视、新闻工作者“走进大企业、大项目、大工程”系列活动。结合“走基层、转作风、改文风”活动，从 9 月起电视台与市影视家协会组织走进基层企业（乡村）的活动。已经走进椰树、亚太等企业和琼山区三门坡镇龙鳞文明生态村。（5）音乐广播开播六周年老狼演唱会。FM91.6 音乐电台为庆祝开播六周年，于 9 月 16 日晚在海南省歌舞剧院成功举办 2011 老狼演唱会，社会反响良好。（6）海口市第五届大中小学生朗诵电视大奖赛 。海口市大中小学生朗诵大赛已成为全市青少年中一项重要的文化活动，受到广大师生、家长以及社会的广泛认可。第五届大赛围绕建党九十周年的主题，纪念活动创新性地转化为影响力和动力，1000 多名海口青少年积极参赛。(7)两地文化交流互动的电视春节晚会。春晚继续走“两地合办、异地直播、两市交流”的模式，2011 年春晚由海口电视台和内蒙古鄂尔多斯电视台共同承办。力图营造团结和谐的人文气氛，着力点放在宜居、宜业、宜学、宜游城市推广和文明大行动，文化大发展、大繁荣几个主题上。(8)首届海南年度流行音乐盛典。12 月 24 日圣诞平安夜，主办 2011 海南年度音乐盛典，是 2011 年海南流行音乐界最注目的年度性演出和海南音乐界的年度音乐盛会。(9)热带播报开展历时三个月的“看热带播报，送 MG3 小轿车”有奖收视活动，平均每天有 500 多人次发送短信进行互动，有 4 万多观众参与活动。

【电视非新闻节目】 着力办好《品位海口》、《海南故事》、《阿德故事》、《海岛贝贝》、《彩民天下》、《高球岛》、《爱尚生活》等非新闻类电视节目，结合栏目自身的特点，积极探索，推陈出新。完成拍摄并播出电视纪录片《海南影像志》7 集和《海口非物质文化遗产》13 集。通过前期策划、形式多样、内容创新等各种手段，提高非新闻类电视节目的合力。

【对外宣传】 加大向央视、省台、兄弟城市台传送稿件力度，借助外地媒体平台延伸拓展海口广播电视台的公共形象和社会影响，对推介海南、宣传海口发挥应有的作用，力求外宣影响的最大化。坚持每天向央视传送《海口新闻》、《热带播报》串联单和新闻稿件。2011年央视播出海口电视台传送的新闻50多篇。海口连遭强台风“纳沙”和“尼格”袭击期间，《海口新闻》和《热带播报》向央视传送全市抗击台风暴雨新闻60多篇，在中央台新闻频道播出30多篇。多名记者在央视亮相，成为全国同级台在央视发稿量较多的台之一，5月初在广东佛山全国新闻协作论坛上，被评为“全国新闻协作优秀集体”。全力配合央视联播组记者到海口采访，提供选题及素材，主推海口文化建设成果，12月10日在《新闻联播》播出新闻《建设国际旅游岛 海口主打文化牌》，为海口外宣工作添了新彩。广播向中国国际广播电台传送播出12期节目，其中《海口塔市村村民共走富裕路》入选《中国之窗》建党90周年系列报道《征程九十载》一书。此外还固定人手，面向全国80多家城市电视台，每天挑选合适新闻上传全国城市台新闻交换平台，向全国各地宣传海口的力度比前两年增强。坚持向省台提供全市当天发生的重要新闻，共提供445篇稿件，在省台《海南新闻》中播出109篇。

【经营创收】 大力推进大客户、大项目、大活动战略，通过不同层面、不同层次的战略合作，盘活有利资源，拓宽合作领域，提高传播质量，改革内部监管，加大监管力度，经营完成全年创收任务。其中电视广告部资源创收比上年增长40%，4A广告增长100%、新经视增长50%、综合广播增长9%、旅游广播增长36%、音乐广播增长20%、电视剧引进生产创收增长300%、绿色创收第一年就超千万元。成功开发众多战略合作客户，老客户也保持较大的投放，专题合作单位稳定顺利运营，保证了广告的现金进账。同时加大4A广告公司公关力度，提高品牌、提高效果，优化了广告结构。继续维护与长沙广电等单位的合作，经营取得了增长。全年广告进入健康有序快速发展，保证了各项各类工资（含绩效）发放到位，并确保职工收入总量比上年有增加。

【广播电视创优评佳】 注重广播电视节目精品创作，2011年获得各类奖项达到70多个。获得“2010年度全国电视新闻协作优秀集体”和“2011中国体育旅游博览会最佳组织奖”荣誉称号；《椰城纠风热线》荣获2010年度中广协城市广播新闻“十佳”优秀栏目奖；《草原风 椰海情——2011海口、鄂尔多斯春节文艺晚会》获得中国广播电视协会“2011年全国电视台春节晚会评比”二等奖，《魅力高尔夫》节目获得舞蹈节目单项奖；现场直播《携手·共赢》荣获2010年度中广协城市广播新闻二等奖；长消息《惊心9小时：海口三江农场南洋水库两次爆破泄洪大转移》荣获2010年度中广协城市广播新闻二等奖；系列报道《海口小社区破解就业大难题》荣获2010年度中广协城市广播新闻二等奖；《五层楼旧梦》获得中国广播电视协会“全国社交节目评选”纪录片二等奖；《养猪场被淹 特殊救援进行时》获得全国城市台新闻评比二等奖；罗大明获中央人民广播电台第二届“夏青杯”全国朗诵大赛二等奖；新闻专题《海南援外青年志愿者在贝宁开展志愿服务的故事》荣获2010年度中广协城市广播新闻三等奖；《海南影像志》获得中国广播电视协会“全国社交节目评选”系列节目三等奖；《品位海口》获得中国广播电视协会“全国社交节目评选”栏目三等奖；《品位海口》——麒麟舞，获得中国广播电视协会“第十一届全国电视文艺‘百家奖’”栏目类三等奖；《海岛贝贝》获得中国广播电视协会“第十一届全国电视文艺‘百家奖’”栏目类三等奖；《阿德故事》之《奇恋》获得中国广播电视协会“第五届全国栏目剧评优”三等奖；吴世佳获2010年度全国广播电视技术维护先进个人三等奖；海口广播电视台在2010年度全省广播电视安全播出检查考核中被评为优秀单位；台党委获得《海口市直属机关党组织与农村党组织结对帮扶》优秀奖；电视新闻中心被评为海口市“十一五”普法先进集体；消息《分享国际旅游岛“大蛋糕”小山村也要实现大梦想》、现场直播《2010海口游艇婚礼》、长篇连播《解放海南》、专题《百年幽香 海南粉》等一批优秀作品荣获海南新闻奖、海南省广播优秀节目奖。

【电视技术改造升级】 （1）利用电视转播车，完成大型活动和节目的录制、直播共30多场次，约3000多分钟 。（2）利用2011年中央财政连续第三年支持的285万元，改造新闻演播室，添进前期摄像暗访等设备。（3）数字硬盘播出系统已建成启用，完成发射机房的配电改造，三套电视节目全部实现数字硬盘播出。面对电视播出新旧机房并存，新旧模式同时播出的现状，采取针对性相对较强的维护方法，确保播出过渡平稳。（4）两台地面数字发射机正式对外发射播出，开始实现地面电视数字化播出。（5）认真做好设备数字化二期改造5700万的筹备申报工作，市发改委已将该项目列入三年滚动投资计划中。（6）为在有效地区完整传输本台节目信号，抽调专人成立专门机构，对没有接收海口广播电视台信号和信号较差的场所进行扫盲覆盖协调工作。

【广播电视走基层】 海口电台除了开展百名影视、新闻工作者“走进大企业、大项目、大工程”系列活动和“走进乡村，爱心支教”活动外，《热带播报》记者走进基层，与不同行业、有故事的人交朋友，展现普通老百姓所思所想以及他们的生活状态，把海口人可亲、可敬、可爱之处呈现在荧屏上，推出专栏《海口1000人》。广电总局的《动态》对海口电台“走转改”活动中热带播报走进灾区进行专门介绍。

【主题培训】 加强培训工作，坚持开展海口广电发展主题专家讲座。邀请海南省委党校哲学部主任、教授王建国来台做“漫谈海口的文化特色”专题演讲，邀请中央电视台高级编辑、总导演吴济榕进行“如何做好大型节目直播”专题培训，邀请原兰州台台长何涛进行“城市广播电视‘本土化’战略的选择与探索”专题演讲，邀请全国媒体营销讲师尤亦春做媒介营销及活动策划的专题学术报告。

（徐艳容）

《海口晚报》

【概况】 2011年，海口晚报社围绕市委市政府中心工作，服务大局，大力弘扬科学发展主旋律，不断深化体制机制改革，做大做强海口网，继续抓好广告经营和报纸发行，提高报社综合竞争力，充分发挥市委机关报的宣传平台和阵地作用，不断提高舆论引导能力。

【塑造晚报品牌】 始终坚持团结稳定鼓劲、正面宣传为主的方针，提升宣传报道的影响力。（1）做好重大主题宣传。重点做好党的十七届五中全会、六中全会、省委五届九次全会、市委十一届八次全会精神的宣传；做好海口市“十一五”成就和“十二五”发展蓝图的宣传；做好各级“两会”和各区、镇换届选举工作的宣传；做好重点项目、民生工程、环境整治、道路交通整治、创建全国文明城市等主题宣传。（2）组织策划好重大活动的宣传。结合海南国际旅游岛建设大局，开设专栏、专版推出系列报道进行深度解读，加强海南国际旅游岛建设重大时政新闻的报道力度。精心组织，精心策划，做好第二届海口高尔夫与旅游主题论坛、海口游艇经济主题论坛、海口热气球旅游婚庆节、海口游艇经济主题论坛暨国际游艇展、博鳌亚洲论坛年会、环岛自行车赛、观澜湖高尔夫世界杯邀请赛、海南岛欢乐节、第九届中国海口国际旅游岛商品交易会、中国共产党成立90周年纪念日等活动的宣传报道，为各类“主题论坛”和赛事、活动的举行营造了浓厚的舆论氛围。2011年，结合庆祝建党90周年，从2月开始推出大型人物专栏《“双百”人物中的共产党员》；从5月开始推出专栏《伟大历程》、《红旗飘飘》；从5月24日起推出系列专版“海口红色记忆”共9期；6月3日~7月15日，推出系列专版“建党九十年巨变新海口”，共刊出60个版；由报社承办的“海口市纪念建党90周年图片展”6月27日顺利开展，并圆满成功。（3）积极组织开展“走基层、转作风、改文风”活动。组织广大编辑记者从文山会海中走出来，接地气、访民情、问民生，采写大量百姓喜闻乐见、清新明快、短小精悍、生动鲜活的新闻作品。自活动开展以来，先后开设“基层视点”、“一线人物”、“换位体验”、“经济观察”、“市井百态”等栏目。刊发《海口两低洼村将搬迁》、《高温下的坚持》、《市政工程修路》、《又到汛期村民盼望筑牢水库》等反映群众诉求的新闻。本报记者、编辑参加省记协新闻采访团赴延安采访活动，采写多篇反映延安变化的稿件。《光明日报》载文介绍本报记者深入基层一线采访的事迹，并介绍本报“走、转、改”活动的情况，有2名记者获得该活动全省先进个人称号。（4）积极参与海南文明大行动。在头版开设“争做文明人，争创文明城”的专版专栏。做到每天都有多篇报道，对市民中不文明现象进行曝光。热读版配合文明大行动开设摄影专版，以图片形式曝光各类不文明行为，刊出照片近百幅。由本报组织发起“晚报义工大行动”，征集“晚报义工队”，得到市民的积极响应。“晚报义工队”根据不同的文明主题，利用周末的时间走上街头，走进社区，身体力行地开展文明关爱互助活动，用实际行动展现国际旅游岛省会城市的文明风采。（5）发挥舆论监督作用，加强舆论监督。依法监督，改进工作服务。把广大市民关注的热点、难点问题作为舆论监督的焦点，利用海口晚报的“海口监督在线”栏目和《民生新闻》、《社会新闻》、《每日热读》等版面，推出一系列舆论监督报道，内容涉及交通管理、城市管理、环境保护、机关效能建设以及民生问题等多领域。2011年刊发20期监督在线栏目，共刊登71篇稿件。极大地促进党风廉政建设、改善投资环境、改善人居环境、提升城市品位等工作。使舆论监督成为传递群众呼声，解决百姓难题的平台，也成为党委、政府了解民情的窗口。

【推进工作创新】 （1）确定重点工作目标。2011年，报社党委不断推进工作创新，完善各项管理。专题研究并制定海口晚报社“十二五”重点工作实施方案，为报社“十二五”重点工作的开展提出明确的目标和任务。（2）加强报社内部管理。购置并启用人力资源电子管理系统，提高人事管理的工作效率。同时抓好报社党务政务公开工作，制作党务政务公开栏，对各项制度和政策、法规及时予以公布、公开。实施采编人员季度考核制度，每季度考核一次，使采编人员绩效工资与工作量直接挂钩。按市委组织部和市编委办的要求，完成在编不在岗人员的清理工作。（3）抓好结对帮扶工作。报社筹集8万元资金，为帮扶点林昌村建成标准篮球场和文化活动场所，协调有关部门出资3万元为6个“五保户”维修住房，并帮助林昌村委会申请18万元拨款，打7口水井，解决农民饮水和生产用水问题。为和村上村修建360米长排洪渠工程，投资9.6万元，筹资6万元为灾区修建250米长村间道路，灾后村民生活安定，生产恢复性发展，圆满完成对口援建工作。

【提高经营能力】 2011年，报社广告、发行、网站等经营工作全面实行目标责任制管理，广告部、发行部、海口网与报社签订年度经营目标责任书。通过积极探索经营新策略、新路子，努力提高经营能力，走多元化发展之路，提高报社的创收水平。（1）抓好广告经营。报社坚持以行业工作室为龙头，以“整合营销，细分市场”的基本思路，努力开拓市场，为报社培养新的广告增长点。2011年，广告收入比2010年增长超过20%。广告版面市场占有率大幅上升，达到25%以上。其中房产、汽车、通讯等主力行业稳定增长，商业、教育两个行业广告增幅超过100%。报社3月份承办的2011年海南省首届城市汽车展览会，4天接待超过23万人次的观众，销售各类汽车2902辆，成交金额4.1亿元，创造车展参观人数、汽车销售数量和销售金额三项纪录。（2）抓好报纸发行。报社党委把做好2012年度的晚报发行作为报社工作的一大战役，层层落实工作责任。2012年度的发行征订数比上年度增长17%，个人订户、单位订户、商业大订户均稳中有升，报款回笼数超过预期目标。在各大企业的协助下，《海口晚报》在海、陆、空交通工具上发行，发行有效覆盖面进一步扩大。征订率、区域覆盖率连续保持海口第一。海口城区达到每6人拥有一份晚报，家庭订户比上年度增加5.3%，直接入户率是总订量的65%以上，其中，海口行政事业单位副科以上干部、教育系统85%以上的老师基本做到人手一份。（3）抓好网站经营和建设。海口网有机地嫁接《海口晚报》作为党报的资源，实行目标管理责任制。海口网全球综合排名从26万位上升到2万多位，日均独立IP数、页面浏览量PV等分别比改版前增长500%、900%。超额39.8%完成年度的经营计划任务，实现“收支平衡、略有盈利”的跨越式目标。（4）优化印刷厂管理。印刷厂在保证“设备运转正常、印刷生产正常、职工生活正常”的工作思路指导下，不断地投入资金，购置新设备，并对印刷厂工作流程、人员管理进一步优化。印刷厂的管理逐步走上正轨，生产经营业务范围逐步扩大。

【海口网建设】 根据市领导关于做大做强海口网，将海口网打造成海口第一媒体的指示精神，投入资金对海口晚报网办公地点重新装修、购置设备并面向全国招聘了网站采编人员。聘请专业的网络咨询公司，高起点规划海口晚报网的发展架构、组建运作新模式，完成了海口晚报网的更名工作，以全新的面貌出现在网民面前。全新改版后的海口网坚持依法办网、新闻立网、服务强网的原则，突出新闻、服务、本土三大特色，以“打造海口第一媒体，建设海口新闻门户网站”为目标，更好地发挥舆论引导作用，成为海口走向世界，世界了解海口的一个主要窗口，市委、市政府对外宣传的一个主要阵地，市民诉求社情民意、政府体察社会舆情的一个社区，关注民生、服务公众的一个平台。

【获奖新闻作品】 《海口晚报》消息《市长批示不办，违建两年不拆》（记者黎光）、通讯《谁动了我的菜钱》（记者徐慧、编辑赵彦双）、通讯《校园高利贷流程图》（记者李云川、编辑许世立）等3篇新闻作品获海南省新闻奖二等奖。海口网《时尚频道》网页设计（李建、王伟）荣获海南省新闻奖二等奖。摄影组照《老人乘公交车之难》（记者陈元才、编辑许世立）荣获海南省新闻二等奖。通讯《居家养老护理员的现实与尴尬》（记者彭桐，编辑许世立）、通讯《“我们已经很知足了”》（记者王绍兵，编辑赵彦双）、通讯《“乐学智力”的真实面目》（记者郑文强、编辑余加亮），系列报道《二天一晚“被”旅游》（记者彭桐、编辑许世立）等4篇新闻作品荣获海南省新闻奖三等奖。海口网新闻专题《观澜湖世界职业明星高尔夫邀请赛》（作者：王伟、王肖梅、郑克珊、李昕昕）荣获海南省新闻奖三等奖。还有三个报纸版面分别荣获海南省新闻奖一、二、三等奖。

（李勇）

图书馆

【概况】 海口图书馆始建于1956年10月，位于市新华南路16号，图书馆大楼于1986年11月落成开放，建筑面积4000平方米。馆藏各类文献36万册，其中线装古籍5800多册。海南地方文献6000多册；视听资料3000种（件）；电子图书3.5万种。机构设置有“5部1室”：报刊阅览部、图书流通部、文献编目部、业务辅导部、网络资讯部及馆办公室。服务窗口有：综合报刊阅览、科技期刊阅览、少儿图书阅览、特藏文献阅览、图书外借、免费网上参考咨询和远程文献传递服务、多媒体电子阅览室、政府信息公开查询区、互联网网络信息服务、“全国文化信息资源共享工程”文化信息资源服务、文献资料查询、复印、下载和传递等。图书馆每年文献购置费28万元，定购报纸期刊460多种（份），图书等文献8000多册。海口图书馆在使用计算机技术和现代信息网络技术方面实现了“五个第一”，即：实现馆藏文献信息资源开发利用自动化；开设多媒体电子阅览室，提供网络信息服务；建成“全国文化信息资源共享工程”海口市基层站点；建立海口图书馆网站；开展免费网上参考咨询和远程文献传递服务。

【读者服务工作】 海口图书馆2011年共接待各类读者29万多人次。其中报刊阅览24万人次，查阅过（旧）报刊资料1120人次。流通部服务窗口接待读者32850人次，为个人和集体外借图书65700册，电话预约外借和网上续借图书7304册，为读者办理借书证239张，为读者查找文献资料16425册。特藏书库服务窗口帮助读者查文献资料1623册。网络资讯部复印资料2580多张次。电子阅览室接待读者9850多人次，帮助读者下载编辑信息资源6000多人次。图书馆服务宣传周期间，“共享工程”多功能影视厅免费播放电影40场次，接待读者400多人次。网站被访问约35800人次，网上参考咨询共回复读者提交的信息资料2015条，为读者查询网上资料4500人次。下载更新馆藏影像资4000MB，50多个音乐专辑12000MB。电子阅览室读者点播本馆服务器VOD电影几千次。全年采购新书5276册，共计10万余元，订购期刊380多种、报纸82多份。全年共收到各类社会赠书2751册，其中中国红十字会巴蜀力量基金转赠

2151册、价值10万元的港澳台繁体版图书。文献编目部对馆藏的5800余册（651种）古籍进行标引整理、著录、普查工作。

【开展活动和宣传工作】 在万绿园开展“欢乐共享闹元宵”的群众猜谜游园活动；到海南（海口）特殊教育学校，看望智障儿童并送爱心活动，赠书100余册；在图书馆5楼多功能厅，开展“红色记忆”、“关注乞讨儿童 促进社会进步”、“战胜癌症 创造生命奇迹”等为主题的近50场公益沙龙活动。“七一”前夕，邀请省党史办原主任、全国中共党史研究会理事、研究员邢诒孔先生，到海口经济学院给学校100余名师生们讲述了琼崖革命史；邀请原海南省公安厅处长、原琼崖地下学联主席、《红色序曲》主嘉宾冯万本在图书馆5楼多功能厅主讲“纪念建党90周年革命故事报告会”。4月23日“世界读书日”，组织召开读者联谊座谈会，评选出20名优秀读者，给予表彰奖励。4月28日举办全国文化信息资源共享工程“海口市级支中心”迎接建党90周年群众歌咏活动。联合海口市文化广电出版体育局、海口晚报社开展“红色抒怀”——纪念建党90周年红色经典读书征文活动，征集到全市及其他省市地区的作品近百篇，组成专家评审组，对所有征文进行评审并在《海口晚报》上揭晓获奖者的名单。开展送书下乡活动。“六一”节前夕，给龙华区新坡镇的文山村小学赠送儿童读物168套、给全校一百余位同学每人赠送了一本新华字典，还送去篮球、排球等文体用品和“六·一”儿童节的小礼品；给龙华区滨濂村的文化室赠送“六·一”儿童读物和党史读物、篮球和排球等文体用品。给龙华区文山村当年考上大学的20位学生都赠送《牛津高级英汉双解字典》、《现代汉语词典》。给海口市发改委所有在职人员赠送31套书籍，每套书包含3种书：《把信送给加西亚》、《公司的力量》、《五百年来谁著史》。在海南省军区车船大队设立流动图书室，并捐助图书1000余册。启动“党史教育进村镇”活动，给全市249个行政村的农家书屋及23个镇文化站配送《中国共产党简史》、科普读物《美丽的海南 可爱的家乡》组合读物1套。给每个镇文化站配送《光辉的历程，伟大的成就——庆祝中国共产党成立90周年》宣传挂图1套、篮球和排球等文体用品；为武警琼山消防大队、府城镇五岳村委会尚道村军警民共建点赠送价值13163元的图书共560册。在秀英区永兴镇永兴文化活动中心举办海口图书馆第一届“书香农家”女子排球邀请赛，赛事的主题是：“运动与读书”，来自永兴镇各村（居）委会的8支代表队，共100多名运动员进行角逐，吸引2000多名村民到场上观看比赛。海口图书馆赞助赛事的全部活动经费，并向全体运动员、教练员、裁判员赠送价值1.5万元的书籍。为推进公共图书馆免费开放的宣传，馆领导与海口广播电视台广播频道“城市新动力”栏目组联合制作为期一小时的专题节目，给热心听众们赠送100份的新华字典作为礼物；并派出工作人员到附近的商铺、小区内派发《海口图书馆免费开放服务项目》宣传单500份、《中华人民共和国食品安全法实施条例》和《中华人民共和国食品安全法》等食品安全知识方面的小册子500册。

【对外交流与培训】 图书馆组织人员参加由市文体局举办的文明礼仪培训班。“三·八”妇女节组织全馆女职工去文昌参观学习。6月，馆领导带领辅导部前往龙桥村对当地黎歌（民歌）调研，对黄玉梅等三位老人进行采访。组织人员参观“九·一八”80周年纪念暨第十一个“全民国防教育日”大型公益图文展览。组织业务骨干和年轻的工作人员到琼海、三亚、昌江等图书馆进行业务交流。为了进一步提高网络技术人员的水平，馆里组织相关人员到海南新华职业技能培训学校分别进行华三认证网络工程师、微软认证IT专家、Adobe中国认证网页设计师等方面的培训。为了加强党的基层组织建设，党支部的一名委员参加国家人事人才培训网组织举办的党建培训。为了加强图书馆业务建设，馆里派业务骨干和年轻的工作人员共12人参加国家图书馆和海南省图书馆协会联合举办的中文图书机读目录格式及《中国法》第五版培训班；1名从事古籍保护工作人员到省图书馆，学习古籍保护的相关业务。

（罗昌华）

群众艺术馆

【主要成果】 在省文体厅、省文联联合主办的首届海南小品大赛中，由群众艺术馆选送，邓寄平创作，李明玉执导，樊萍、吴青等表演的小品《患难见真情》荣获二等奖；邓寄平创作的《一张化验单》获创作类三等奖，《山韵》获创作类优秀奖。发表短篇小说《意志》、《山泉水涟涟、山妹赛泉水》及《海上军歌嘹亮》等3篇散文，邱天伟的一幅行草书法作品入选2011海南省群文美术书法摄影作品展。

【群众性文化活动】 （1）组织海口市文化下乡广场文艺演出12场次，到大林墟、咸来墟、荣禄村、三角园村、苍英村、玉符村、苏民村、石山镇、甲子镇等慰问演出，受到当地民众的热烈欢迎。（2）1月，策划、创编“我们的节日——海口市农民迎春晚会”，480多名农民及街道社区文艺队伍参加演出，得到了社会各界的好评。（3）举办庆祝建党90周年海口市第二届老中青红歌演唱比赛，共有100多名选手参加比赛。（4）组织庆祝建党90周年海口市老年书画作品展。共有100多幅作品参加展出。（5）举办“欢乐海口、快乐暑假——童心向党”专场文艺演出。组织全市100多名少年儿童参与15个少儿节目的演出。（6）7月，举办第十届“海口市蒲公英少儿音乐比赛”。比赛分声乐和器乐类进行，300多名不同年龄段的少儿选手参加比赛。（7）举办海口乡镇特色培训班。分别在龙泉、三江、红旗镇共办3期，为期一个月，有480多名学员参加培训。（8）组织江苏、泰兴—海南、海口两市书法作品联展，共有7位书法家80幅作品参加展出；举办旅美画家徐坚作品展，共有80多幅作品展出。（9）组织海口市第四届群众文化理论培训班。特邀请全国知名群文专家戴珩上理论辅导课，全市100多名群文骨干参加培训。（10）组织海口市第二届社区小戏小品创作培训班。邀请全国知名剧作家俞志清传授小戏、小品创作经验，全市有30多名业余作者参加本期培训。（11）举办“热土、乡风”——海口市十人油画作品展。集中展示海口十位知名业余画家近60幅优秀油画作品。（12）组织原创节目5个参加东西南北中（北部地区）全省广场文艺汇演。（13）开设少儿拉丁舞培训班、中老年民族舞蹈培训班、全民健身交谊舞培训班、中青年形体舞蹈培训班、男子声乐培训班、女子声乐培训班、少儿美术素描班等多个免费培训班，全年培训了上千人次的老、中、青及少儿文艺爱好者。11~12月底，推出“周末群艺舞台”文化惠民演出活动，利用群众艺术馆音乐厅在每个周五晚上向市民展演一台优秀的群众文化作品，共有歌舞、琼剧、少儿舞蹈、声乐、合唱等8专场，受到市民的广泛欢迎。

【非物质文化遗产保护】 2006年海口市开始启动非物质文化遗产普查工作，全市“非遗”保护工作者深入23个镇200多个村庄，对全市非物质文化遗产的种类、数量、分布状况、生存环境、保护现状及存在问题进行了细致的调查。至2011年共收集到民间音乐、舞蹈、文学、美术、戏曲、民俗、手工技艺等七类项目的各种表格500多份，文字资料15万字以上，拍摄照片2000多张，刻录光盘200多盘。全市共有国家级非遗项目5个、省级非遗项目14个，公布市级非遗项目16个。国家级、省级、市级代表性传承人39名，其中，琼剧传承人陈育明已列入国家级代表性项目传承人。

（邢伯壮）

文博工作

【概况】 2011年，市文物局秉承科学优化管理理念，以点带面，进行文物保护管理。全面启动海口市重点文物保护项目五公祠、海瑞墓、丘濬墓的综合整治与提升改造项目，积极开展各级文物保护单位的修缮保护工作，修缮保护覆盖率较上年提高3.2%。完成海口市第三次全国文物普查数据整理工作，积极申报文保单位，指导辖区内博物馆的布展、研究工作。国家、省、市各级财政对海口市文物保护工作给予大力支持，共投入经费1500万元。至2011年底，海口市经第三次全国文物普查登记的不可移动文物达1560处，占全省总量的三分之一。其中，全国重点文物保护单位5处6点；全国重点烈士纪念建筑物保护单位1处，海南省文物保护单位18处；海口市重点文物保护单位100处。

【三大重点文物保护项目】 （1）三大重点文物保护项目进展情况。2011年海口市文物局委托天津大学编制完成五公祠、海瑞墓景区扩建、改造总体保护规划，正在征求专家和有关部门意见；委托广西文保中心进行五公祠古建筑群修缮方案编制工作，已通过省级专家评审，将呈报国家文物局审批。还与规划局办理五公祠、海瑞墓规划用地确址手续，对五公祠进行局部修缮和小环境改造。与海口市国土局共同进行丘濬墓一期保护规划用地权属确权、面积界定和征地工作。11月25日，市人民政府关于征收水头村53.17亩集体用地（丘濬墓一期用地）的通告下发。（2）完成中共琼崖第一次代表大会旧址重新布展工作。市文物局组织中共琼崖一大旧址管理处完成《中国共产党琼崖第一次代表大会历史陈列大纲》和《中共琼崖第一次代表大会史料展室内展示陈列设计方案》。（3）根据《海口市第二次全国地名普查工作实施方案》的责任分工，顺利完成普查任务，经过对列为文物的纪念地、遗址和亭、台、碑、塔等数据的收集、整理，共上报普查数据67份。（4）5月28日~30日，由海口市人民政府和中央电视台联合举办的“阳光海口，娱乐之都，品位之城”大型电视活动《寻宝——走进海口》，在海口会展中心和海南广播电视总台顺利录制完成。海口市文物局指导海口市博物馆开展展品海选活动，并根据相关法律法规，对专家鉴定的藏品进行了监督认定，确保了活动合法、有序完成。

【文物保护单位修缮与保护】 （1）对海南省级文物保单位鼓楼开展临时抢险加固工作，邀请山西、广西的文保专家提出保护方案。（2）为做好省级文物保护单位天后宫的文物安全工作，市文物局指派专人对天后宫进行外围日常巡查，制定《天后宫安全预案》，成立专门领导小组，全面监控天后宫文物安全。（3）根据海口吴文化促进会《关于请求将吴贤秀墓地由琼山市文物保护单位升格为省级文物保护单位及建设成为人文旅游景观的报告》，经海口市文物局审核，推荐吴贤秀墓列为海南省文物保护单位，依法保护海口市珍贵历史文化遗产。（4）海口市文物局经实地勘察，指导开展儒符石塔的修缮保护工程建设工作，在修缮现场清理出较有研究价值的一批文物，并积极做好清理出土的文物的保护宣传工作。（5）府城文庙修缮资金已经落实，施工单位开始备料，准备施工。（6）完成市级文物保护单位标志碑的刻、立工作。（7）根据市领导对紧急抢救挺秀坊保护修缮项目的指示，经请示，将位于海口市长流起步区的明代挺秀坊迁移至起步区文化公园保护。（8）顺利完成李硕勋烈士纪念亭的重新布展工作，并根据海口市委、市政府的指示，配合相关部门于9月4日举办李硕勋烈士英勇就义80周年纪念活动。（9）完成海口钟楼修缮工作，并将钟楼一楼作为展览场地，用音像展示方式，展示海口、骑楼、钟楼方面的历史。

【第三次全国文物普查】 至2011年7月，海口市文物局圆满完成海口市第三次全国文物普查的普查数据室内整理工作，普查数据经国家文物局校验合格，完成三普工作报告。8月22日，经报请，海口市政府公布《海口市第三次全国文物普查不可移动文物名录》1560处，极大丰富了海口市历史文化遗产资源。

【历史文化街区保护】 （1）市文物局严格按照《海口市历史文化名城保护条例》以及《海口市骑楼建筑历史文化街区保护管理办法（试行)》，加强对骑楼街区的巡查保护工作。同时，严格把关骑楼街区建筑的维修加固修缮活动，发现问题立即上报，积极与有关部门沟通。根据海口市骑楼指挥部的指示，成立骑楼指挥部办公室文物保护与管理组，市文物局局长担任该组组长，并从市城管局、美兰区、龙华区抽调工作人员，负责对骑楼街区的巡查、监督，杜绝乱拆、乱建现象。同时对骑楼街区历史建筑进行分类、认定，开展历史文物的收集、整理工作。（2）通过市文物局的调查、登记、分类，确定海口市第一批历史建筑331处，并上报市政府于8月12日正式公布。9月，市文物局组织制作第一批历史建筑标志牌331块，并完成挂牌工作。

【市级文物保护单位申报】 为贯彻《文物法》

“保护为主、抢救第一、合理利用、加强管理”的文物工作方针，市文物局从第三次全国文物普查登记的不可移动文物中甄选出71处拟向市政府推荐为市级文物保护单位。按照文保单位申报流程，市文物局于12月中旬召开专家评审会，邀请省市文博、古建筑专家5人，对拟推荐的71处市保单位进行评审，最终确定将56处不可移动文物推荐为第三批市级文物保护单位。

【博物馆工作】 市文物局加强对市博物馆、文物景区展览接待工作的指导，逐步提高展览水平，提升服务人员素质，树立文物景区窗口形象，贯彻巩固优质服务年工作方针，为全市的公共文化活动提供良好环境。2011年全市博物馆、全国重点文物保护单位景区共接待参观游客约71.9万人。（1）市博物馆自2010年10月重新开馆以来，先后推出《“六十年看海口”图片展》、《寻根问祖——海南人的由来》、《海南黄花梨、沉香藏品展》等5个精品展览，丰富海口市文化活动，为公众开辟展示海口历史文化遗产的宣传窗口。据统计，2010年10月至2011年4月期间各项展览的接待总人数约36.3万，其中《海南黄花梨、沉香藏品展》开展当天的参观人数突破2万，2011年1～4月该展览接待总人数约15万。2011年5月，市博物馆经过精心设计，将馆藏及征集到的宋代至民国时期的珍贵瓷器进行展出。为配合海口市宣传纪念辛亥革100周年，市博物馆通过在全省范围内收集资料，于10月推出了《辛亥名人——海南石刻遗墨展》，取得了很好的效果。（2）海瑞墓充分发挥廉政基地教育功能，4月接待省内外30多家单位举行的廉政教育活动，接待参观人数达2000多人次。（3）为隆重庆祝中国共产党成立90周年、琼崖党组织成立85周年，为建党90周年献礼，海口市文物局指导下属各单位开展相关纪念活动，精心策划推出市博物馆《琼崖纵队老战士书法作品展》、中共琼崖一大旧址《红色记忆——中共琼崖一大图片展》等。（4）促进、鼓励民办博物馆发展。10月，海口市文物局收到姚李明《关于设立雷公陨石文化博物馆的申请》，根据国家相关部门关于促进民办博物馆的意见，为鼓励发展海口市民办博物馆建设，经市文物局初审同意后立即将材料转呈省文物部门审核，并指导申报人组织相关材料，为申报人主动提供业务咨询。

海口市第一批历史建筑名录

总号	分类号	地 址	建筑名称	级别
001	Ⅰ-1	中山路25、27号	历史骑楼	第一类
002	Ⅰ-2	中山路35号	历史骑楼	第一类
003	Ⅰ-3	中山路36号	历史骑楼	第一类
004	Ⅰ-4	中山路63号	传统民居	第一类
005	Ⅰ-5	中山路72号	历史骑楼	第一类
006	Ⅰ-6	中山路74号	历史骑楼	第一类
007	Ⅰ-7	中山路80号	历史骑楼	第一类
008	Ⅰ-8	中山路90号	历史骑楼	第一类
009	Ⅰ-9	中山路102号	历史骑楼	第一类
010	Ⅰ-10	振东街51号	历史骑楼	第一类
011	Ⅰ-11	长堤路13号	历史骑楼	第一类
012	Ⅰ-12	长堤路20号	历史骑楼	第一类
013	Ⅰ-13	得胜沙路28号	历史骑楼	第一类
014	Ⅰ-14	得胜沙路30号	历史骑楼	第一类

续上表

总号	分类号	地 址	建筑名称	级别
015	Ⅰ－15	得胜沙路38号	历史骑楼	第一类
016	Ⅰ－16	得胜沙路57、59号	历史骑楼	第一类
017	Ⅰ－17	得胜沙路71号	历史骑楼	第一类
018	Ⅰ－18	博爱北路37号	历史骑楼	第一类
019	Ⅰ－19	博爱北路39号	历史骑楼	第一类
020	Ⅰ－20	新华北路62号	历史骑楼	第一类
021	Ⅰ－21	新华北路90、92号	历史骑楼	第一类
022	Ⅰ－22	水巷口街44号	历史骑楼	第一类
023	Ⅰ－23	水巷口街50号	历史骑楼	第一类
024	Ⅰ－24	水巷口街56号	历史骑楼	第一类
025	Ⅱ－1	中山路5号	历史骑楼	第二类
026	Ⅱ－2	中山路12号	历史骑楼	第二类
027	Ⅱ－3	中山路13、15、17号	历史骑楼	第二类
028	Ⅱ－4	中山路14号	历史骑楼	第二类
029	Ⅱ－5	中山路20号	历史骑楼	第二类
030	Ⅱ－6	中山路21号	历史骑楼	第二类
031	Ⅱ－7	中山路23号	历史骑楼	第二类
032	Ⅱ－8	中山路24号	历史骑楼	第二类
033	Ⅱ－9	中山路26号	历史骑楼	第二类
034	Ⅱ－10	中山路28号	历史骑楼	第二类
035	Ⅱ－11	中山路33号	历史骑楼	第二类
036	Ⅱ－12	中山路38号	历史骑楼	第二类
037	Ⅱ－13	中山路42号	历史骑楼	第二类
038	Ⅱ－14	中山路43、45号	历史骑楼	第二类
039	Ⅱ－15	中山路47号	历史骑楼	第二类
040	Ⅱ－16	中山路49号	历史骑楼	第二类
041	Ⅱ－17	中山路51、53号	历史骑楼	第二类
042	Ⅱ－18	中山路52号	历史骑楼	第二类
043	Ⅱ－19	中山路54号	历史骑楼	第二类
044	Ⅱ－20	中山路55号	历史骑楼	第二类
045	Ⅱ－21	中山路57号	历史骑楼	第二类
046	Ⅱ－22	中山路59号	历史骑楼	第二类
047	Ⅱ－23	中山路61号	历史骑楼	第二类
048	Ⅱ－24	中山路64号	历史骑楼	第二类

续上表

总号	分类号	地 址	建筑名称	级别
049	Ⅱ-25	中山路66号	历史骑楼	第二类
050	Ⅱ-26	中山路68号	历史骑楼	第二类
051	Ⅱ-27	中山路70、70-2号	历史骑楼	第二类
052	Ⅱ-28	中山路75号	历史骑楼	第二类
053	Ⅱ-29	中山路77号	历史骑楼	第二类
054	Ⅱ-30	中山路82、84号	历史骑楼	第二类
055	Ⅱ-31	中山路86号	历史骑楼	第二类
056	Ⅱ-32	中山路87号	历史骑楼	第二类
057	Ⅱ-33	中山路88号	历史骑楼	第二类
058	Ⅱ-34	中山路96号	历史骑楼	第二类
059	Ⅱ-35	中山路98号	历史骑楼	第二类
060	Ⅱ-36	中山路99号	历史骑楼	第二类
061	Ⅱ-37	中山路100号	历史骑楼	第二类
062	Ⅱ-38	中山路101号	历史骑楼	第二类
063	Ⅱ-39	中山路104、106号	历史骑楼	第二类
064	Ⅱ-40	中山路108号	历史骑楼	第二类
065	Ⅱ-41	中山路110号	历史骑楼	第二类
066	Ⅱ-42	中山路112号	历史骑楼	第二类
067	Ⅱ-43	振东街30号	历史骑楼	第二类
068	Ⅱ-44	振东街43号	传统民居	第二类
069	Ⅱ-45	振东街53号	历史骑楼	第二类
070	Ⅱ-46	振东街55号	传统民居	第二类
071	Ⅱ-47	振东街72、74、76号	历史骑楼	第二类
072	Ⅱ-48	新民东路52号	历史骑楼	第二类
073	Ⅱ-49	新民东路78号	传统民居	第二类
074	Ⅱ-50	新民东路90号	传统民居	第二类
075	Ⅱ-51	新民东路112号	历史骑楼	第二类
076	Ⅱ-52	新民东路124、126、128、130号	历史骑楼	第二类
077	Ⅱ-53	长堤路5-1号	历史骑楼	第二类
078	Ⅱ-54	长堤路14号	历史骑楼	第二类
079	Ⅱ-55	得胜沙路8号	历史骑楼	第二类
080	Ⅱ-56	得胜沙路10号	历史骑楼	第二类
081	Ⅱ-57	得胜沙路11、13号	历史骑楼	第二类
082	Ⅱ-58	得胜沙路16号	历史骑楼	第二类

续上表

总号	分类号	地 址	建筑名称	级别
083	Ⅱ－59	得胜沙路 20、22 号	历史骑楼	第二类
084	Ⅱ－60	得胜沙路 26 号	历史骑楼	第二类
085	Ⅱ－61	得胜沙路 34 号	历史骑楼	第二类
086	Ⅱ－62	得胜沙路 46 号	历史骑楼	第二类
087	Ⅱ－63	得胜沙路 48 号	历史骑楼	第二类
088	Ⅱ－64	得胜沙路 50、52 号	历史骑楼	第二类
089	Ⅱ－65	得胜沙路 54 号	历史骑楼	第二类
090	Ⅱ－66	得胜沙路 56 号	历史骑楼	第二类
091	Ⅱ－67	得胜沙路 101 号	历史骑楼	第二类
092	Ⅱ－68	得胜沙路 105 号	历史骑楼	第二类
093	Ⅱ－69	博爱北路 13 号	历史骑楼	第二类
094	Ⅱ－70	博爱北路 27 号	历史骑楼	第二类
095	Ⅱ－71	博爱北路 41 号	历史骑楼	第二类
096	Ⅱ－72	博爱北路 43－1、43－2 号	历史骑楼	第二类
097	Ⅱ－73	博爱北路 53 号	历史骑楼	第二类
098	Ⅱ－74	博爱北路 55 号	历史骑楼	第二类
099	Ⅱ－75	博爱北路 57 号	历史骑楼	第二类
100	Ⅱ－76	博爱北路 81 号	历史骑楼	第二类
101	Ⅱ－77	博爱北路 135 号	传统民居	第二类
102	Ⅱ－78	新华北路 26 号	历史骑楼	第二类
103	Ⅱ－79	新华北路 44、46 号	历史骑楼	第二类
104	Ⅱ－80	新华北路 50 号	历史骑楼	第二类
105	Ⅱ－81	新华北路 54 号	历史骑楼	第二类
106	Ⅱ－82	新华北路 72 号	历史骑楼	第二类
107	Ⅱ－83	解放东路 22 号	历史骑楼	第二类
108	Ⅱ－84	解放东路 24、24－1 号	历史骑楼	第二类
109	Ⅱ－85	解放东路 25 号	历史骑楼	第二类
110	Ⅱ－86	解放东路 28、26 号	历史骑楼	第二类
111	Ⅱ－87	解放东路 30 号	历史骑楼	第二类
112	Ⅱ－88	解放东路 32 号	历史骑楼	第二类
113	Ⅱ－89	解放东路 38 号	历史骑楼	第二类
114	Ⅱ－90	解放东路 38－2 号	历史骑楼	第二类
115	Ⅱ－91	解放东路 40 号	历史骑楼	第二类
116	Ⅱ－92	水巷口街 36 号	历史骑楼	第二类

续上表

总号	分类号	地 址	建筑名称	级别
117	Ⅱ－93	水巷口街 48 号	历史骑楼	第二类
118	Ⅱ－94	水巷口街 67、69 号	历史骑楼	第二类
119	Ⅱ－95	水巷口街 71、73、75 号	历史骑楼	第二类
120	Ⅱ－96	新民西路 2 号	历史骑楼	第二类
121	Ⅱ－97	新民西路 6 号	历史骑楼	第二类
122	Ⅱ－98	新民西路 27 号	历史骑楼	第二类
123	Ⅱ－99	新民西路 29、31、33 号	历史骑楼	第二类
124	Ⅱ－100	新民西路 42 号	历史骑楼	第二类
125	Ⅱ－101	新民西路 56、58、60 号	历史骑楼	第二类
126	Ⅱ－102	新民西路 59、61 号	历史骑楼	第二类
127	Ⅱ－103	新民西路 68 号	传统民居	第二类
128	Ⅱ－104	新民西路 81、83 号	传统民居	第二类
129	Ⅲ－1	中山路 7 号	历史骑楼	第三类
130	Ⅲ－2	中山路 9、11 号	历史骑楼	第三类
131	Ⅲ－3	中山路 10－1 号	历史骑楼	第三类
132	Ⅲ－4	中山路 10－2 号	历史骑楼	第三类
133	Ⅲ－5	中山路 16 号	历史骑楼	第三类
134	Ⅲ－6	中山路 18 号	历史骑楼	第三类
135	Ⅲ－7	中山路 22 号	历史骑楼	第三类
136	Ⅲ－8	中山路 29 号	历史骑楼	第三类
137	Ⅲ－9	中山路 30 号	历史骑楼	第三类
138	Ⅲ－10	中山路 31 号	历史骑楼	第三类
139	Ⅲ－11	中山路 32、34 号	历史骑楼	第三类
140	Ⅲ－12	中山路 40 号	历史骑楼	第三类
141	Ⅲ－13	中山路 46 号	历史骑楼	第三类
142	Ⅲ－14	中山路 50－2、50 号	历史骑楼	第三类
143	Ⅲ－15	中山路 56 号	历史骑楼	第三类
144	Ⅲ－16	中山路 58 号	历史骑楼	第三类
145	Ⅲ－17	中山路 60 号	历史骑楼	第三类
146	Ⅲ－18	中山路 65 号	历史骑楼	第三类
147	Ⅲ－19	中山路 67、69 号	历史骑楼	第三类
148	Ⅲ－20	中山路 81 号	历史骑楼	第三类
149	Ⅲ－21	中山路 83 号	历史骑楼	第三类
150	Ⅲ－22	中山路 91 号	历史骑楼	第三类

续上表

总号	分类号	地 址	建筑名称	级别
151	Ⅲ-23	中山路92号	历史骑楼	第三类
152	Ⅲ-24	中山路93号	历史骑楼	第三类
153	Ⅲ-25	中山路94号	历史骑楼	第三类
154	Ⅲ-26	中山路95号	历史骑楼	第三类
155	Ⅲ-27	中山路97号	历史骑楼	第三类
156	Ⅲ-28	中山路109号	历史骑楼	第三类
157	Ⅲ-29	振东街42号	历史骑楼	第三类
158	Ⅲ-30	振东街44、46号	历史骑楼	第三类
159	Ⅲ-31	振东街54号	历史骑楼	第三类
160	Ⅲ-32	振东街62号	历史骑楼	第三类
161	Ⅲ-33	振东街68号	历史骑楼	第三类
162	Ⅲ-34	振东街78号	历史骑楼	第三类
163	Ⅲ-35	振东街82号	历史骑楼	第三类
164	Ⅲ-36	振东街84号	历史骑楼	第三类
165	Ⅲ-37	振东街87号	历史骑楼	第三类
166	Ⅲ-38	振东街92号	历史骑楼	第三类
167	Ⅲ-39	振东街96号	历史骑楼	第三类
168	Ⅲ-40	振东街99号	历史骑楼	第三类
169	Ⅲ-41	振东街101号	历史骑楼	第三类
170	Ⅲ-42	振东街103号	历史骑楼	第三类
171	Ⅲ-43	振东街109号	历史骑楼	第三类
172	Ⅲ-44	振东街111号	历史骑楼	第三类
173	Ⅲ-45	振东街123号	历史骑楼	第三类
174	Ⅲ-46	振东街129号	历史骑楼	第三类
175	Ⅲ-47	新民东路44号	历史骑楼	第三类
176	Ⅲ-48	新民东路45号	历史骑楼	第三类
177	Ⅲ-49	新民东路96、98号	传统民居	第三类
178	Ⅲ-50	新民东路104号	历史骑楼	第三类
179	Ⅲ-51	新民东路114号	历史骑楼	第三类
180	Ⅲ-52	新民东路118号	历史骑楼	第三类
181	Ⅲ-53	新民东路120号	历史骑楼	第三类
182	Ⅲ-54	新民东路122号	历史骑楼	第三类
183	Ⅲ-55	新民东路132号	历史骑楼	第三类
184	Ⅲ-56	长堤路5-2号	历史骑楼	第三类

续上表

总号	分类号	地 址	建筑名称	级别
185	Ⅲ－57	长堤路 10 号	历史骑楼	第三类
186	Ⅲ－58	长堤路 12 号	历史骑楼	第三类
187	Ⅲ－59	长堤路 18 号	历史骑楼	第三类
188	Ⅲ－60	得胜沙路 12 号	历史骑楼	第三类
189	Ⅲ－61	得胜沙路 24 号	历史骑楼	第三类
190	Ⅲ－62	得胜沙路 31 号	历史骑楼	第三类
191	Ⅲ－63	得胜沙路 36 号	历史骑楼	第三类
192	Ⅲ－64	得胜沙路 37 号	历史骑楼	第三类
193	Ⅲ－65	得胜沙路 39 号	历史骑楼	第三类
194	Ⅲ－66	得胜沙路 43 号、45 号	历史骑楼	第三类
195	Ⅲ－67	得胜沙路 44 号	历史骑楼	第三类
196	Ⅲ－68	得胜沙路 58 号	历史骑楼	第三类
197	Ⅲ－69	得胜沙路 73 号	历史骑楼	第三类
198	Ⅲ－70	得胜沙路 79 号	历史骑楼	第三类
199	Ⅲ－71	得胜沙路 81 号	历史骑楼	第三类
200	Ⅲ－72	得胜沙路 83 号	历史骑楼	第三类
201	Ⅲ－73	得胜沙路 91 号	历史骑楼	第三类
202	Ⅲ－74	得胜沙路 103 号	历史骑楼	第三类
203	Ⅲ－75	得胜沙路 107 号	历史骑楼	第三类
204	Ⅲ－76	得胜沙路 113、115、117、119 号	历史骑楼	第三类
205	Ⅲ－77	博爱北路 12 号	历史骑楼	第三类
206	Ⅲ－78	博爱北路 15 号	历史骑楼	第三类
207	Ⅲ－79	博爱北路 20 号	历史骑楼	第三类
208	Ⅲ－80	博爱北路 22 号	历史骑楼	第三类
209	Ⅲ－81	博爱北路 26 号	历史骑楼	第三类
210	Ⅲ－82	博爱北路 29 号	历史骑楼	第三类
211	Ⅲ－83	博爱北路 36 号	历史骑楼	第三类
212	Ⅲ－84	博爱北路 49 号	历史骑楼	第三类
213	Ⅲ－85	博爱北路 51 号	历史骑楼	第三类
214	Ⅲ－86	博爱北路 56 号	历史骑楼	第三类
215	Ⅲ－87	博爱北路 58 号	历史骑楼	第三类
216	Ⅲ－88	博爱北路 59 号	历史骑楼	第三类
217	Ⅲ－89	博爱北路 60 号	历史骑楼	第三类
218	Ⅲ－90	博爱北路 62 号	历史骑楼	第三类

续上表

总号	分类号	地 址	建筑名称	级别
219	Ⅲ-91	博爱北路63号	历史骑楼	第三类
220	Ⅲ-92	博爱北路65号	历史骑楼	第三类
221	Ⅲ-93	博爱北路67号	历史骑楼	第三类
222	Ⅲ-94	博爱北路68号	历史骑楼	第三类
223	Ⅲ-95	博爱北路69、71号	历史骑楼	第三类
224	Ⅲ-96	博爱北路79号	历史骑楼	第三类
225	Ⅲ-97	博爱北路80号	历史骑楼	第三类
226	Ⅲ-98	博爱北路80-2号	历史骑楼	第三类
227	Ⅲ-99	博爱北路82号	历史骑楼	第三类
228	Ⅲ-100	博爱北路89号	历史骑楼	第三类
229	Ⅲ-101	博爱北路91号	历史骑楼	第三类
230	Ⅲ-102	博爱北路92号	历史骑楼	第三类
231	Ⅲ-103	博爱北路93号	历史骑楼	第三类
232	Ⅲ-104	博爱北路94号	历史骑楼	第三类
233	Ⅲ-105	博爱北路97号	历史骑楼	第三类
234	Ⅲ-106	博爱北路98号	历史骑楼	第三类
235	Ⅲ-107	博爱北路105号	历史骑楼	第三类
236	Ⅲ-108	博爱北路107号	历史骑楼	第三类
237	Ⅲ-109	博爱北路113号	历史骑楼	第三类
238	Ⅲ-110	博爱北路115号	历史骑楼	第三类
239	Ⅲ-111	博爱北路117号	历史骑楼	第三类
240	Ⅲ-112	博爱北路121号	历史骑楼	第三类
241	Ⅲ-113	博爱北路125号	历史骑楼	第三类
242	Ⅲ-114	博爱北路131号	历史骑楼	第三类
243	Ⅲ-115	博爱北路133号	历史骑楼	第三类
244	Ⅲ-116	新华北路9号	历史骑楼	第三类
245	Ⅲ-117	新华北路14号	历史骑楼	第三类
246	Ⅲ-118	新华北路15号	历史骑楼	第三类
247	Ⅲ-119	新华北路16号	历史骑楼	第三类
248	Ⅲ-120	新华北路18-1、18号	历史骑楼	第三类
249	Ⅲ-121	新华北路25号	历史骑楼	第三类
250	Ⅲ-122	新华北路28号	历史骑楼	第三类
251	Ⅲ-123	新华北路32号	历史骑楼	第三类
252	Ⅲ-124	新华北路36-1号	历史骑楼	第三类

续上表

总号	分类号	地 址	建筑名称	级别
253	Ⅲ－125	新华北路 38、40 号	历史骑楼	第三类
254	Ⅲ－126	新华北路 63 号	历史骑楼	第三类
255	Ⅲ－127	新华北路 65 号	历史骑楼	第三类
256	Ⅲ－128	新华北路 69 号	历史骑楼	第三类
257	Ⅲ－129	新华北路 71 号	历史骑楼	第三类
258	Ⅲ－130	新华北路 76 号	历史骑楼	第三类
259	Ⅲ－131	新华北路 78 号	历史骑楼	第三类
260	Ⅲ－132	新华北路 80 号	历史骑楼	第三类
261	Ⅲ－133	新华南路 4 号	历史骑楼	第三类
262	Ⅲ－134	新华南路 6 号	历史骑楼	第三类
263	Ⅲ－135	新华南路 8、10 号	历史骑楼	第三类
264	Ⅲ－136	新华南路 15 号	历史骑楼	第三类
265	Ⅲ－137	新华南路 17 号	历史骑楼	第三类
266	Ⅲ－138	新华南路 19 号	历史骑楼	第三类
267	Ⅲ－139	新华南路 43 号	历史骑楼	第三类
268	Ⅲ－140	新华南路 52－1 号	历史骑楼	第三类
269	Ⅲ－141	新华南路 54－1 号	历史骑楼	第三类
270	Ⅲ－142	新华南路 59 号	历史骑楼	第三类
271	Ⅲ－143	新华南路 60 号	历史骑楼	第三类
272	Ⅲ－144	新华南路 61 号	历史骑楼	第三类
273	Ⅲ－145	新华南路 64 号	历史骑楼	第三类
274	Ⅲ－146	新华南路 66 号	历史骑楼	第三类
275	Ⅲ－147	博爱南路 1、3 号	历史骑楼	第三类
276	Ⅲ－148	博爱南路 4 号	历史骑楼	第三类
277	Ⅲ－149	博爱南路 5、7 号	历史骑楼	第三类
278	Ⅲ－150	博爱南路 8 号	历史骑楼	第三类
279	Ⅲ－151	博爱南路 9 号	历史骑楼	第三类
280	Ⅲ－152	博爱南路 10 号	历史骑楼	第三类
281	Ⅲ－153	博爱南路 12 号	历史骑楼	第三类
282	Ⅲ－154	博爱南路 13 号	历史骑楼	第三类
283	Ⅲ－155	博爱南路 21 号	历史骑楼	第三类
284	Ⅲ－156	博爱南路 22 号	历史骑楼	第三类
285	Ⅲ－157	博爱南路 23 号	历史骑楼	第三类
286	Ⅲ－158	博爱南路 24 号	历史骑楼	第三类
287	Ⅲ－159	博爱南路 25 号	历史骑楼	第三类
288	Ⅲ－160	博爱南路 26 号	历史骑楼	第三类

续上表

总号	分类号	地 址	建筑名称	级别
289	Ⅲ－161	博爱南路28、30、32号	历史骑楼	第三类
290	Ⅲ－162	博爱南路36、38、40号	历史骑楼	第三类
291	Ⅲ－163	博爱南路39、41号	历史骑楼	第三类
292	Ⅲ－164	博爱南路50、52、54号	历史骑楼	第三类
293	Ⅲ－165	博爱南路51、53号	历史骑楼	第三类
294	Ⅲ－166	博爱南路93号	历史骑楼	第三类
295	Ⅲ－167	博爱南路95号	历史骑楼	第三类
296	Ⅲ－168	解放东路17号	历史骑楼	第三类
297	Ⅲ－169	解放东路19号	历史骑楼	第三类
298	Ⅲ－170	解放东路20号	历史骑楼	第三类
299	Ⅲ－171	解放东路21号	历史骑楼	第三类
300	Ⅲ－172	解放东路21－1号	历史骑楼	第三类
301	Ⅲ－173	解放东路27号	历史骑楼	第三类
302	Ⅲ－174	解放东路29号	历史骑楼	第三类
303	Ⅲ－175	解放东路35号	历史骑楼	第三类
304	Ⅲ－176	解放东路36号	历史骑楼	第三类
305	Ⅲ－177	解放东路37号	历史骑楼	第三类
306	Ⅲ－178	解放东路39号	历史骑楼	第三类
307	Ⅲ－179	解放东路45号	历史骑楼	第三类
308	Ⅲ－180	解放东路46号	历史骑楼	第三类
309	Ⅲ－181	解放东路47号	历史骑楼	第三类
310	Ⅲ－182	解放东路49号	历史骑楼	第三类
311	Ⅲ－183	水巷口街2、4、6号	历史骑楼	第三类
312	Ⅲ－184	水巷口街8号	历史骑楼	第三类
313	Ⅲ－185	水巷口街9号	历史骑楼	第三类
314	Ⅲ－186	水巷口街11号	历史骑楼	第三类
315	Ⅲ－187	水巷口街13号	历史骑楼	第三类
316	Ⅲ－188	水巷口街40号	历史骑楼	第三类
317	Ⅲ－189	水巷口街43号	历史骑楼	第三类
318	Ⅲ－190	水巷口街51号	历史骑楼	第三类
319	Ⅲ－191	水巷口街55号	历史骑楼	第三类
320	Ⅲ－192	水巷口街57号	历史骑楼	第三类
321	Ⅲ－193	水巷口街63、65号	历史骑楼	第三类
322	Ⅲ－194	新民西路10号	历史骑楼	第三类
323	Ⅲ－195	新民西路9、11、13号	历史骑楼	第三类
324	Ⅲ－196	新民西路15号	历史骑楼	第三类

续上表

总号	分类号	地 址	建筑名称	级别
325	Ⅲ－197	新民西路21号	历史骑楼	第三类
326	Ⅲ－198	新民西路23、25号	历史骑楼	第三类
327	Ⅲ－199	新民西路47、47－1号	历史骑楼	第三类
328	Ⅲ－200	新民西路48号	历史骑楼	第三类
329	Ⅲ－201	新民西路49号	历史骑楼	第三类
330	Ⅲ－202	新民西路76号	历史骑楼	第三类
331	Ⅲ－203	新民西路85号	历史骑楼	第三类

（段咚咚）

体育工作

【体育设施】 2011年，海口市有体育场馆1450个（馆150个、场1300个），国家高水平体育后备人才基地1个（海口市体育工作队暨全国举重高水平后备人才基地），省优秀运动队后备人才训练基地1个（海口帆板帆船训练基地），体育社团21个，以及1个综合体育社团——海口市体育总会。共配置全民健身器材132套、篮球柱34个、排球架57个和乒乓球桌42台给市部分城市社区和村委会。每年举办全市性大型群众体育活动12次1000场次以上，区一级每年开展群体活动10项次200场次以上；街道（镇）一级每年开展5～7个比赛；社团一级每年组织全民健身活动20余次。

【品牌体育活动】 （1）2011第56届欧米茄观澜湖高尔夫世界杯于11月24～27日在海口观澜湖球会举行，有28个国家的代表参加。（2）2011年环海南岛国际大帆船赛3月20日在海口举行起航仪式，共有17支来自12个国家及地区的船队约200名水手参赛。（3）6月11～15日，“中弘·西岸首府”2011海口热气球节（旅游婚庆节）暨H1中国热气球挑战赛在海口举行，该项运动连续第5年进入海口。（4）2011年环海南岛国际公路自行车赛于10月23日、24日经过海口。（5）（海口）亚洲沙滩排球锦标赛于12月6日～13日在海口假日海滩举行，共有15个国家和地区的48支代表队参加。海口连续举办了五届该项赛事。（6）亚洲杯女子拳击赛5月7～8日在海口市举行，共有来自12个国家和地区的38名选手参加10个级别的比赛。（7）11月11日，2011中国体育旅游博览会暨第九届中国（海口）国际旅游商品交易会开幕。博览会为期4天，展览总面积约6万平方米，吸引了国内外参展商720多个，成交和意向成交金额超过1.5亿元，创下中国体育旅游博览会之最，整个展期累计观展人次达18万人次。

【群众性体育活动】 2011年，海口市以“全民健身为节日添彩”为主题，举办了2011年海口市“贺岁迎春杯”足球赛、2011年海口市乡镇农民篮球赛、2010—2011年度海口校园足球联赛、2011年第二届海口市农民趣味运动会、2011年海口市篮球联赛（常规赛）、2011海口市直属机关庆祝建党90周年篮球赛等系列活动共计16场群众体育活动。首届“书香农家”女子排球邀请赛在永兴镇举行，共有8支参赛队100多名运动员参加，2000余名村民到场观赛。

（陈前响）

（编辑：黎小梅）

医疗卫生

综　述

【概况】　2011年，全市卫生系统围绕海南国际旅游岛建设的总体目标，实施“十二五”卫生事业发展规划及其他工作规划，深化医药卫生体制改革，全面推进医疗卫生事业发展。三年医改，做到“七个全省率先”，实现“四个根本转变”。“七个率先”，即：率先实现基本医疗保障全民覆盖，率先在村卫生室实施国家基本药物制度实现全市覆盖，率先在非政府办的社区卫生服务机构试行基本药物制度，率先完成政府举办的农村基层医疗卫生机构综合改革，率先出台《海口市卫生事业发展“十二五”规划》、《海口市2011—2015区域卫生规划》等政策措施，率先提高新农合报销比例和封顶线，以及率先实行省外异地就医结算。“四个根本转变”，即：从侧重医疗到综合提供基本医疗、预防保健、康复等六位一体的卫生服务的转变；从与大医院无序竞争到分级诊疗、分工协作的就医格局的转变；从依赖专科服务到注重全科诊疗，适应基层居民健康需求的转变；从坐堂行医到上门服务，真正做到“以病人为中心”的转变。全市传染病报告发病率与上年同期相比下降12.54%。免疫规划适龄儿童入册率99.34%、建证率100%；“八苗”全程接种率98.20%。巩固消灭脊灰成果，保持全市连续18年无脊灰状态。2011年，海口市被评为全省免疫规划工作先进市县、艾滋病综合防治工作先进市县、预防和控制梅毒母婴传播项目先进市县和麻风病防治工作先进市县。

【医疗卫生机构与人员】　2011年末，全市共有医疗卫生机构751家，其中医院37家（含6家三甲医院），疗养院2家，专科疾病防治所（中心）7家，疾病预防控制中心7家，妇幼保健院（所、站）6家，社区卫生服务中心（站）91家，镇卫生院28家，村卫生室228家，门诊部33家，诊所、卫生所、医务室303家，急救中心2家，采供血机构1家，卫生监督所（中心）6家。全市卫生技术人员中正高级职称523人，副高级职1236人，中级职称3333人。全市各类机构共有床位10155张。执业（助理）医生5732人，执业护士7489人。

【医疗卫生费】　2011年，医疗卫生费79013万元，其中，医疗卫生管理事业费4635万元；食品药品875万元；公立医院9418万元；其他732万元，基层医疗卫生机构7352万元；公共卫生14479万元；医疗保障41637万元。

【卫生行政审批】　2011年，全市卫生行政审批共办理243件，其中，补发《出生医学证明》83件；母婴保健技术服务执业许可9件；社区卫生服务中心21件；托幼机构卫生保健合格证19件；建设项目职业病危害预评价审核（备案）5件；建设项目职业病防护设施竣工验收（备案）9件；医疗机构执业登记许可14件；中外合资、麻醉药品、第一类精神药品购用印鉴卡审批4件；医疗机构执业许可79件。

【卫生规划】　7月，经市政府批准印发《海口市“十二五”卫生事业发展规划》、《海口市2011—2015年区域卫生规划》和《海口市2011—2015年医疗机构设置规划》，为海口市卫生事业发展蓝图指明了方向，进一步优化公立医院布局结构，促进卫生资源合理配置。

【未成年人身心健康咨询】　6月15日，市未成年人身心健康咨询室揭牌，是为全市未成年人免费提供身心健康咨询服务的公益性机构，咨询室由多名身心健康咨询医师、心理咨询师组成。服务内容：未成年人身心健康知识咨询、未成年人因患某些疾病产生的心理障碍咨询、青少年情感咨询，人际交往，亲子辅导，学习压力与情绪管理等心理咨询。至年底，共接受来访咨询170人次，较好地解决或缓解了部分未成年人的心理障碍问题，并引起社会的广泛关注。

【土源性线虫病监测】 11月，成立土源性线虫病的监测工作小组，制订《海口市土源性线虫病监测方案》。随机抽取3周岁以上的常住居民463人，采用改良加藤厚涂片法对所采样品进行监测，检测结果如下：土源性线虫感染率为13.82%（钩虫感染率11.66%，鞭虫感染率2.38%，蛲虫感染率0.25%，蛔虫感染率0.2%），处于感染率在5%~20%的范围市，低于目前全国土源性线虫感染率19.56%。

2011年海口市卫生机构床位和人员情况表

机构分类	机构个数	床位数	编制人数	在岗人员	其中卫技人员
总　计	751	10155	11945	20945	16438
一、医院	37	8405	7806	14419	11475
综合医院	19	6119	6256	11781	9403
中医医院	4	929	853	1373	1139
中西医结合医院	2	55	25	99	73
民族医院					
专科医院	12	1302	672	1166	860
二、基层医疗卫生机构	683	1000	1961	3837	3008
社区卫生服务中心（站）	91	160	215	909	786
卫生院	28	764	1121	1388	1040
村卫生室	228	0	407	407	122
门诊部	33	76	84	349	300
诊所．卫生所．医务室	303	0	134	784	760
三、专业公共卫生机构	29	550	1768	2410	1761
疾病预防控制中心	7	0	530	536	388
专科疾病防治院（所、站）	7	76	290	374	263
健康教育所（站、中心）					
妇幼保健院（所、站）	6	474	661	1011	793
急救中心（站）	2	0	93	130	73
采供血机构	1	0	75	244	178
卫生监督所（中心）	6	0	119	115	66
计划生育技术服务机构					
四、其他卫生机构	2	200	410	279	194
疗养院	2	200	410	279	194
卫生监督检验（监测、检测）所（站）					
医学科学研究机构					
医学在职培训机构					
临床检验中心（所、站）					
其他					

注：本表人员合计中包括乡村医生271人和卫生员14人；不含乡镇卫生院在村卫生室工作的执业（助理）医师、注册护士数。

2011 年海口市各级医疗门诊住院费一览表

医院级别	平均每诊疗人次医疗费（元）	其中				平均每出院者住院医疗费（元）	其中					出院者平均每日住院医疗费（元）
		挂号费	药费	检查费	治疗费		床位费	药费	检查费	治疗费	手术费	
综合医院	225.6	3.17	118.31	43.26	27.45	11830.35	490.59	5137.89	806.54	2655.63	937.85	1096.74
医院	217	3.01	113.13	39.85	28.15	11089.24	487.9	4721.54	787.41	2383.74	792.73	875.09
卫生院	41.02	0	19.66	0	0	1059.25	0	280.58	0	0	0	204.99

医药卫生体制改革

【实施国家基本药物制度】 11 月 16 日和 12 月 1 日分别启动村卫生室和 6 家社区卫生服务机构实施国家基本药物制度后，全市基层医疗卫生机构实施国家基本药物制度实现了全覆盖，城乡居民可在家门口享受基本药物零差率销售。药品价格平均下降 38.77% 左右，人民群众普遍得到实惠，群众“看病难、看病贵”问题得到一定程度的缓解。

【基层医疗卫生机构综合改革】 制定并出台《海口市基层医疗卫生机构综合改革实施方案》及其配套文件。4 月 21 日，正式启动龙华区基层医药卫生体制综合改革。7 月 1 日，启动秀英、琼山、美兰区基层医药卫生体制综合改革工作。10 月，全市基层医药卫生体制综合改革工作全部完成并取得初步成效。重新核定人员编制 1179 个，比改革前增加 478 个，同时实行全员竞聘上岗制度。在人员、业务、行政、药品、财务等五方面实行“五统一”管理，实行优势互补、利益协调、风险共担的管理机制，基本建成适应农村居民需求的镇村卫生服务体系框架，农民能就近享受到免费的公共卫生服务和药品零加价的基本医疗服务。

【基层医疗卫生服务体系建设】 全年投入 500 万元，改扩建标准化村卫生室 50 家，使全市标准化村卫生室达到 70%。使用中央项目投资 1000 万元，扩建 1 家卫生院和 4 家社区卫生服务中心。投资 1190 万元建设琼山区人民医院、大致坡卫生院和龙塘卫生院。对 8 名基层医疗卫生机构在岗人员进行全科医生转岗培训。全年完成在岗培训镇卫生院人员 192 人次、村卫生室 359 人次、社区卫生服务机构 408 人次，基层卫生服务能力和水平明显提高。

【基本公共卫生服务均等化项目】 按照“广覆盖、保基本、可持续”的原则，人均基本公共卫生服务经费标准提高到 25 元，全面实施 12 项基本公共卫生和 5 项重大公共卫生服务项目。分别为城镇居民 995721 人和农村居民 407000 人建立健康档案，建档率分别为 90.43% 和 64.93%；为高血压病建档管理 19623 人，糖尿病建档管理 5383 人；完成 15 岁以下人群补种乙肝疫苗 10158 人，农村孕产妇住院分娩补助 10200 人；乳腺癌和宫颈癌检查人数分别为 6403 人、9039 人。这些公共卫生服务项目向群众的免费提供，极大地有效提高居民的健康保障水平。

【公立医院改革】 起草《海口市公立医院改革工作方案》及有关配套文件，探索开展公立医院管办分开、政事分开、医药分开、建立法人治理结构和完善补偿机制。开展公立医院和基层医疗卫生机构分工协作机制，通过对口支援、分级诊疗等多种方式，使公立医院有更多的精力攻难关、上水平，使基层有更强能力保基本、治小病。四是开展现场、电话预约诊疗及单病种管理、按病种付费试点。

疾病防控

【法定传染病概况】 2011 年，全市通过疫情网络直报系统报告法定传染病 24 种 18896 例，与上年同期相比下降 12.54%，其中乙类 17 种 4962 例；丙类 7 种 13934 例，全年无甲类传染病报告。传染病报告及时率为 86.40%，及时审核率为 99.88%。

【传染病监测】 制订《海口市 2011 年急性传染病监测与控制工作计划》等 39 个传染病预防与控制工作计划（方案）。重点开展以艾滋病、霍乱、甲型 H1N1 流感、手足口病、流感、登革热、结核病为重点的传染病防治。霍乱监测标本 4335 份，均为阴性。手足口病累计报告发病 5715 例，监测完成率为 270.56%。登革热媒介监测在完成省级哨点监测任务基础上，对石山镇、永兴镇等 7 个重点乡镇 254 个自然村、9510 户开展媒介指数调查，布雷图指数 31.72。流感监测国家哨点 334 例，完成率 185.56%，阳性病例 42 人。O157：H7 大肠杆菌监测任务为 250 份，已完成 293 份。动物及食品标本监测任务为 200 份，均已完成，结果均为阴性。

【伤害和死因监测】 全市所辖医疗单位 1～12 月共报告死亡病例 2929 例，其中龙华区报告 273 例；美兰区报告 2128 例；秀英区报告 351 例；琼山区报告 177 例。

【免疫规划】 全市免疫规划适龄儿童入册率 99.34%、建证率 100%。接种率卡介苗 99.39%，乙肝疫苗 99.73%，脊灰疫苗 99.81%，百白破疫苗 99.73%，麻疹类疫苗 99.77%，乙脑疫苗 99.69%，流脑疫苗 99.62%，甲肝疫苗 99.67%，“八苗”全程 98.20%。开展脊灰疫苗查漏补种工作，巩固消灭脊灰成果，保持全市连续 18 年无脊灰状态。顺利通过全国扩大免疫规划和疫苗管理工作检查，共抽查 15 个接种点，接种率均达到 100%，得到考评组的认可与好评。

【病媒生物监测】 开展病媒生物（蚊、蝇、蟑螂、鼠）种群密度及消长监测工作，并对捕获的各种病媒生物进行鉴别分类和统计。其中鼠平均密度为 2.18%，优势鼠种为褐家鼠；蝇平均密度为 14.7 只/笼，常见蝇种有家蝇、大头金蝇等；蚊平均密度为 1.18 只/小时，优势蚊种为致倦库蚊；蟑螂平均密度为 2.21 只/张，优势蟑螂种为德国小蠊。

【结核病防治】 共接诊疑似病人 3855 例，新发现、登记并免费治疗活动性肺结核 810 例，其中新涂阳病人 362 例；复治涂阳病人 51 例；新涂阴病人 397 例。流动人口结核病项目新发现并登记治疗新涂阳病人 87 例，复治涂阳病人 16 例，新涂阴病人 82 例，病人治疗覆盖率 100%。筛查肺结核密切接触者 1182 人，完成全年指标的 104.50%。全市医疗单位共转诊疑似肺结核病人 1523 例，总体到位率 92.85%。市结防所被评为全省结核病防治工作先进单位。

【职业病防治】 完成 75 家用人单位的 17255 名接触职业病危害因素作业劳动者进行职业病体检。为 5.6 万名机动车驾驶员职业体检。完成市辖区内 30 家射线使用单位防护检测工作。日本福岛核电站发生放射性物质泄漏事故后，对海口市东面海岸线区地表环境 γ 辐射水平进行应急性监测，检测 400 点次，对蔬菜样、海洋类食品、水源及出厂水进行采样监测，共采水样 23 回次，水样数 23 个。

【麻风病、性病、精神病防治】 共有症麻风病人 13 例（不含琼山区），有 9 例出现麻风反应及神经炎，均给予妥善治疗，无新发病人。排查疑似病例 56 例。开展麻风病疫源点普查工作，共检查 1514 人次，检查率为 85.07%。上报性病 1524 例，患病率 43.15 /10 万。梅毒母婴阻断共完成孕产妇筛查 1498 例，梅毒孕产妇接受规范治疗 10 例，治疗率 100%。重性精神疾病管理治疗“686”项目，登记建档 2153 人，诊断评估和随访病人均为 2153 人次，紧急入院治疗 85 例，关锁病人解锁 4 例。

【疫情控制】 全市共发生美兰区桂林洋中心小学水痘局部暴发、秀英区 27 小学水痘疫情等 332 起疫情，市、区疾控部门均在接到报告后第一时间赶赴现场进行核实处理，没有出现蔓延，无死亡病例，处理及时率达到 100%。

【卫生应急】 全市 5 起突发公共卫生事件，3 起中毒事件及17宗生活饮用水质事件。市发病148人，无死亡病例，及时处置率为100%。所有事件均得到有效的控制，没有出现蔓延，处理率达到100%。举办“海口市2011年食物中毒应急处置演练”1次，进一步提高全市卫生应急处置能力。

【重大活动医疗卫生保障】 全力做好“2011年第四届中国少年儿童合唱节”、“省、市人大政协会议”、“海口2011年高尔夫与旅游主题论坛”、“2011年博鳌亚洲论坛年会”、国际大帆船赛、“万春会”等重大活动的公共卫生和医疗保障工作48次，现场检测果蔬农药残留480份、快速检测食用油20份、公共场所监测40间320项次，发现不合格及存在安全隐患的食品（蔬菜）7种，均及时进行控制和处理，消除了隐患，做到安全无事故。2011年，市卫生局在全省卫生应急量化考核中获得总分第一名，并与市人民医院被评为全省卫生应急工作先进单位。

卫生监督

【卫生行政许可】 全市卫生行政许可受理办件12541件，办结12541件，承诺期办结率100%。其中，新农合定点医疗机构资质评审3件；放射诊疗许可（首次发放、变更、校验、延续、补办）12件；生活饮用水卫生合格证许可154件；公共场所卫生许可216件；预防接种单位资质（年审）评审2件；护士执业许可5110件；医师执业许可7042件，外籍医师在华短期执业许可2件。

【公共卫生监督】 2011年，市、区卫生监督部门对全市公共场所1807家经营单位进行监督检查，监督覆盖率达100%，监督频率1.65次/户，监督合格率97.2%，公共场所从业人员持健康证上岗率达98.75%。开展游泳池水质监测、公共场所公共用品卫生专项整治和重点公共场所禁烟专项监督监测，全市游泳场所水质监测覆盖率100%。公共场所监督1043间次，提出整改意见4280条，落实整改4126条。监督公共场所吸烟826间次，提出整改意见2457条，落实整改意见2246条。住房、游泳场所量化复核率均达100%，其中，对70家正常营业的游泳场所实行卫生信誉度等级年度复评，卫生信誉度A级18家，B级42家，C级9家，3家不予评定等级。同时启动美容美发场所量化分级管理，推行率达68.2%。

【传染病卫生监督】 对全市二级以上医疗机构、镇卫生院、社区卫生服务中心、社会综合性医院等发热门诊进行专项监督检查，共出动卫生监督人员860人次，监督检查各类医疗机构发热门诊113家次，提出整改意见210条，落实整改200条，限期整改11家，警告5家。对市医院收治登革热患者的传染病房区域进行监督检查，2例输入性登革热患者的病房基本相对独立，达到隔离治疗要求。开展口腔诊疗机构诊疗器械消毒专项监督检查，监督检查86家次，提出整改意见190条，全部得到落实，有效规范诊疗器械消毒和服务行为。

【职业病卫生监督】 检查监督管理相对人146家次。其中，工厂企业78家，下达卫生监督意见书40份。严格执行《放射诊疗管理规定》，共监督检查放射诊疗机构73家，下达卫生监督意见书55份，提出整改意见162条。同时，对职业技术服务机构、职业健康检查机构、职业病诊断机构共8家进行全面监督检查，对发现的问题及时提出整改意见，规范了管理相对人的服务行为。职业卫生监督检查覆盖率为82%，放射卫生监督为100%。

【生活饮用水监督】 对管辖的城市集中式供水单位、二次供水单位和学校自备供水单位的制水、净水工艺、消毒措施、卫生防护、从业人员体检情况及消毒剂使用情况进行现场监督检查，督促和指导供水单位严格落实《生活饮用水消毒剂和消毒设备卫生安全评价规范（试行）》的要求，保障供水卫生安全。共出动卫生监督员356人次，车辆179辆次，监督检查城市集中式供水单位3家，二次供水单位203家次，提出整改意见1562条，大部分供水单位都落实整改。

【食品卫生监督】 对直管餐饮服单位新发、换发卫生许可证20家（1~3月），餐饮服务单位监督覆盖率达 100%，监督频次 1.1 次/间以上，餐饮服务单位从业人员佩戴健康证胸卡上岗率达 95% 以上。

【食品监管职能转换】 2006 年 6 月 1 日，《中华人民共和国食品安全法》施行后，由质监、工商和食药监分别对食品生产、食品流通、餐饮服务活动实施监督管理，卫生行政部门承担食品安全综合协调职责。2011 年 3 月，市卫生局与市食药监局完成餐饮服务环节食品安全监管职能与食品安全综合协调职能的移交转换工作。

【母婴保健监督】 全市各级卫生监督机构共监督检查各类医疗保健机构 138 家次，出动卫生监督人员 653 人次，车辆 110 辆次，与计生、公安等相关部门开展联合执法 9 次，下达监督意见书 60 份，警告 8 家次，有效地改善全市各类医疗保健机构的母婴保健技术服务行为。

【打击非法行医】 全市各级卫生监督部门共出动卫生监督人员 2890 人次，车辆 1401 辆次，监督检查各类医疗机构 790 家。取缔无证行医“黑诊所”46 家，没收违法药品器械 206 件，警告 78 家，拆除广告牌 56 块，监测媒体发现违法医疗广告 28 条次，立案 33 宗，罚款 84600 元。

【医疗市场监督】 全市医疗服务市场日常监督共监督检查 260 家次，出动 1100 人次，出动车辆 250 辆次，监督覆盖率为 100%，监督频次为 2.4 间次。立案 6 宗，警告 4 家，罚款 6 家，共罚款 18000 元，下达医疗机构不良执业记分通知书 26 份，最高记分积分值的机构为 8 分。

妇幼保健

【概况】 2011 年，各级保健机构坚持“以保健为中心，以保障生殖健康为目的，面向基层，面向群体”的妇幼卫生工作方针，狠抓住院分娩率和提高群众自我保健意识，努力降低孕产妇、5 岁以下儿童死亡率，消除新生儿破伤风发生，提高婚检率，实行保健和临床相结合。完成“两纲、两规”各项群体保健指标。孕产妇死亡率为 0/10 万，婴儿死亡率为 3.60‰，5 岁以下儿童死亡率为 5.58‰，新生儿破伤风发病率为 0.00/万。孕产妇保健管理率为 93.62%，孕产妇住院分娩率 99.93%，高危孕产妇管理率 100.00%。免费婚前医学检查 18086 人，婚检率 76.61%。免费产前检查 10990 人，超额完成全年工作任务。市妇幼保健院被省政府妇儿工委评为“海南省实施妇女儿童发展规划（2001—2010 年）”先进集体。

【农村妇女“两癌”免费筛查】 按照“广覆盖、保基本、可持续”的原则，人均基本公共卫生服务经费标准提高到 25 元，全面实施 11 项基本公共卫生和 5 项重大公共卫生服务项目。其中，农村妇女乳腺癌和农村妇女宫颈癌检查人数分别为 6403 人、9039 人，完成率分别为 160%、113%。

【农村孕产妇缺铁性贫血筛查】 6 月，成立项目领导小组及专家技术小组，通过大力宣传发动、对镇卫生院医护人员进行技术培训。7～12 月，在 21 个镇卫生院对产前检查的 5508 例孕产妇进行缺铁性贫血项目筛查，完成率为 100.5%。

【打击“两非”行为】 5 月，成立打击“两非”（禁止非医学需要的胎儿性别鉴定、禁止选择性别的人工终止妊娠）专职执法队，全职负责打击“两非”行为。共出动监督执法人员 1126 人次，车辆 260 辆次，检查各类医疗卫生机构 330 家次，下达医疗机构不良行为记分通知书 23 份，现场调查处理群众举报投诉案件 8 宗，与计生、公安、食药监和各区卫生局等部门联合执法检查 19 次，对 2 家诊所实行停业整顿，警告 12 家，立案 7 宗，移交公安机关案件 1 宗，罚缴款 14.6 万元。与全市医疗机构签订《严厉打击“两非”目标管理责任书》。定点引产机构由原来的 13 家 16 点缩减至目前的 3 家 4 点。

医疗工作

【医政管理】 深入开展“三好一满意”、“医疗质量万里行”活动。重点启动二、三级医院等级评审、一级医院医疗质量管理整体评估检查、优质护理服务、中医医院管理年、抗生素临床应用联合检查、临床用血安全检查、“志愿者服务在医院”、毒麻药品使用管理检查等活动。在二级以上医院开展单病种临床路径管理试点，从严控制医疗费用，病种增加到69个，完成临床路径病例2683例，进入临床路径的病种平均住院日从原来的11.79天缩短到8.35天，单病种次均费用从原来的12641.32元减少到9026.52元，降低28.59%。

【医疗业务】 2011年，全市医疗机构（门诊部以上）完成诊疗839.08万人次，住院手术67187台次，出院病人29万人次。其中，市级三大医疗机构门诊1059568人次，住院59644人次，业务量及医疗水平较上年同期均有明显提高。市人民医院门诊人数640139人，同比增长14.29%；住院病人35550人，同比增长10.79%；病床使用率113.95%，同比下降29.07%。市中医院门诊人数102180人次，同比增长30%，住院病人5364人次，同比增长67%；病床使用率96%，同比降低17%。市保健院门诊人数317249人次，同比增长18.68%；住院病人数18730人次，同比增长20.83%；病床使用率97.17%，同比增长17.91%。

【医疗急救】 2011年，市120急救中心院前出诊14223次，同比增长3.8%，接诊病人13858人。院前急救危重病抢救成功率97.36%，医疗差错率0%，各项护理质量指标合格率达100%，一次性用物用后按要求处置率100%，急救物品完好率100%。全市建成120急救站点达到8个，有效地保证海口市民院前急救需求。第三届海南省急救中心（站）急救技能大赛中，荣获“团体二等奖”、“脊椎损伤患者固定与搬运第一名”、“氧气吸入第一名”。

【医疗服务】 完善医患定期沟通、分级预警和投诉处理、医疗服务信息公开、医患沟通评价制度，以及医疗安全事件报告和应急处置机制，采取多种措施做好患者从入院到出院全过程的医患沟通服务。及时公布医疗服务信息、医疗服务价格、医疗服务费用，严格执行住院费用一日清单制度和费用查询制度。建立医患沟通评价制度，将医患沟通作为病程记录中常规项目，纳入医院质量考核和医护人员执业考核内容，对医患沟通效果定期进行评价。患者举报和投诉，处理率达到100%。对不合理的医患沟通形式及时干预。积极探索医疗纠纷人民调解的新思路、新办法，引导医患双方通过人民调解、仲裁调解等多途径解决医疗纠纷。

【继续医学教育】 开展医师定期考核理论培训和业务考核，完成继续医学教育学分审验工作，举办国家级继教项目4项、省级继教项目6项，参加人数1807人。举办急救医学、基层临床检验、基础护理、学术报告、专题讲座、专家学术活动、脊髓灰质炎和手足口病防治等培训班106场次，12826人次参加。选派6人次到国外进修培训，12名学科带头人和学科骨干参加中南大学博士研究生入学考试，25名基层医疗卫生机构医师进行全科医师和住院医师规范化培训。

【卫生科教工作】 2011年，申报13项国家自然科学基金项目、36项省级科技项目、35项海口市科技计划项目。市人民医院通过卫生部专家评审，成为海南省唯一一家卫生部脑卒中防治与筛查基地医院（全国45家之一），市人民医院荣获卫生部“2011年医院改革创新奖”。与德国萨克森州EPOS集团正式签署设立海南－萨克森远程医疗中心和安全检查及JCI认证项目合作协议，开创海南省远程医疗会诊与国际接轨的平台。市人民医院麻醉科获得国家临床重点专科，泌尿外科获省临床重点专科。市中医院组织申报按摩推拿专科为国家中医药管理局“十二五”重点专科，继续优化肺病专科治疗方案。市中医药学校完成年度招生计划103%，毕业生就业率达98%。荣获省教育厅2010—2011年度中职教材发行工作先进单位。

【卫生下乡】 组织医护人员下乡开展义诊宣传活动，义诊人数达2800人，健康咨询指导3700人次，免费送药价值15800元，发放宣传资料14000份。制订《医院对口支援镇卫生院工作方案》，组织市二级及以上医院包点帮扶镇卫生院，结成对口支援和协作关系，首批安排29名医师帮扶11家镇卫生院，加强农村卫生服务能力建设，促进城乡基本医疗和公共卫生服务均等化。

【行风建设】　全行业严格执行“八条行业纪律”和“六不准”工作纪律，抵制收受回扣、“红包”、开单提成、乱收费等违法违纪行为，落实《纠正医药购销和医疗服务中不正之风专项治理工作实施意见》，把行风建设和党风廉政建设结合起来，抓行风促党风。扎实开展党风廉政建设专题教育月活动，增强广大党员干部的党性修养，提高党员领导干部的廉洁从政意识，拒收红包92人次，金额68550元。

中医事业

【中医院建设】　投资14213万元，占地面积30亩，建筑面积35181平方米，设有500张病床的市中医院金盘新院，2011年1月7日正式开业。开设有中风科（神经内科）、老年病科、肺病科（呼吸内科）、普外科、妇产科等住院科室和内、外、妇、产、儿、针灸、肛肠、皮肤、口腔、眼、耳鼻喉等近20个专科门诊及急诊科，以及检验、影像功能、放射等医技科室和药剂、供应、设备、维修等辅助科室。配备螺旋CT、DR、彩超、C臂、电子胃肠镜、全自动生化仪等一批高端医疗设备。启动二期工程建设的前期准备工作，主要是中药制剂室、“治未病”中心等项目和行政办公楼的建设。

【中医药培训和科研】　2011年，开展中医药业务讲座36次，共81学时，3200人次参加。举办中医药急救技能、医德医风、抗菌药物临床应用与管理培训班11期，参加人员1200人。举办省级中医继续医学教育项目1项，主题为“医学检验质量控制与临床应用”。共派出近150人次参加院外各类学习培训班，选派20余人次到省内外综合医院进修学习。2011年，申报国家“十二五”重点中医专科4个，分别为外科的按摩推拿专科和护理部分的慢阻肺、膝关节骨性关节炎和高血压专科。

【中医药交流与合作】　海口市中医院积极申报广州中医药大学非直属附院，主要是完善科室设置、人员配备和申报材料报送、院校初步考察等工作，并与广州中医药大学形成合作意向。针对院校考察存在不足进行整改，争取明年各项指标达到设立非直属附院的要求。

【中医药文化建设】　以国家中管局下发的《中医医院中医药文化建设指南》为指导，继续实施中医药文化三个体系建设，完成中医药文化建设阶段任务。进一步完善院区内中医药特色宣传，在门诊大厅、候诊区、走廊，通过张挂宣传图、雕刻、设置传媒电视等，设计具有中医特色门诊病历、中药袋等，从各个方面体现具有医院特色中医药文化。

基层卫生

【农村卫生】　完成农村卫生院及村卫生室在岗人员培训1074人次，每所卫生院选派1名医务人员到二级以上医院或医科大中专院校学习。实施城市卫生支持农村卫生工程，辖区上级医院对口支援一家镇卫生院，达到“派出一支队伍、带好一所卫生院、培训一批人才、服务一方群众”的目的。积极推进镇、村一体化管理，实行“五统一”管理，鼓励支持区级医疗卫生机构与镇卫生院联办，形成区、镇、村三级卫生服务网络。为407969位农村居民建立健康档案，建档率为65.09%，超额完成全年工作任务。完成基层医疗卫生机构综合改革工作。积极稳妥推进实施国家基本药物制度，全市基本药物平均使用率达到75.75%。

【社区卫生服务】　通过“巩固一批、调整一批、新建一批、淘汰一批”的方式，调整、设置和建设辖区社区卫生服务中心，积极打造社区“15分钟服务圈”，全市社区卫生服务机构达到91家，城市社区卫生服务实现全覆盖。组织开展第三次重点联系城市常规监测，并形成分析报告。开展老年人保健与慢性病管理，为19623人高血压患者建档管理，为5383名糖尿病患者建档管理，为40622名65岁以上老年人建档管理，建档管理率33.70%。为1001801名居民建立健康档案，建档率90.98%，超额完成全年工作任务。成立海口市社区卫生管理中心，为社区卫生管理工作的顺利开展奠定了良好基础。

【新型农村合作医疗】 新型农村合作医疗筹资标准提高到280元/人，全市共有592723人自愿参合，参合率为99.39%。全年有713175人次享受到新农合补偿，补偿金额8922.5万元。同时，继续推行总额预付制的支付方式改革，率先在全省范围内开展按病种限价结算的支付方式改革，有效遏制了不合理医药费用上涨势头，有效保障了广大参合农民的看病就医权利。

【基层卫生队伍】 全市基层医疗机构共683家、在岗人员3837人，其中，社区卫生服务中心（站）91家、在岗人员909人；镇卫生院28家、在岗人员1388人；村卫生室228家、在岗人员407人；门诊部33家、在岗人员349人；诊所、卫生所、医务室303家、在岗人员784人。

（周伟春）

爱国卫生

【概况】 2011年，紧紧围绕建设最精最美省会城市，打造“四宜”之城，加快国际旅游岛建设的中心任务，以创建国家卫生城市、农村改水改厕、城乡病媒生物防制、健康教育为主要内容，广泛深入开展爱国卫生运动，各项工作取得了明显成绩，按计划完成市政府工作报告提出工作任务。

【城乡卫生创建】 经三次征求各区、各单位意见和两次市政府秘书长办公会议、分管市领导办公会议讨论研究，重新修改完善《海口市创建国家卫生城市实施方案》、《海口市创建国家卫生城市目标管理责任书》、《海口市创建国家卫生城市目标管理责任分工分解表》。于6月9日呈报第十四届市政府78次常务会议讨论通过。会同市委办公厅、市政府办公厅完成全市创建国家卫生城市动员大会的组织安排。7月19日，全市创建国家卫生城市动员大会在市人民大会堂召开。各区、各部门分别与市政府签订《海口市创建国家卫生城市目标管理责任书》。组织人员分三批，分别学习考察杭州、成都等城市的创卫工作经验。于6月18～19日，在桂林洋山海度假村和文昌市白金海岸度假酒店各举办一期市、区爱卫部门人员参加的创卫学习班。由市爱卫办牵头组织，市政府副秘书长吴成贵带队，四个区有关职能部门和市工商、环卫、城管、商务等部门人员组成创卫学习考察团，赴南宁市学习创卫先进经验，撰写《关于赴南宁市学习考察创建国家卫生城市的报告》呈报市政府。针对市农贸市场的主要存在问题，借鉴南宁、广州市的做法，安排经费100万给四个区，每个区创建一个农贸市场生禽存栏、屠宰、销售一条龙服务试点。起草《海口市国家卫生城市市容环境卫生抽检工作方案》，组织创卫专家对四个区创卫工作进行为期4天的抽查，抽查情况分社区和单位卫生，城市道路和农贸市场，病媒生物防制三个方面，检查情况形成书面反馈各区。制定《海口市创建国家卫生城市2011年完成情况督查方案》，对全市各区、各部门创卫工作进行督查评估。24个村庄被评为“海南省卫生村”，10个单位被评为“卫生先进单位”，6个卫生镇通过省爱卫会组织的复查。

【农村改水改厕】 组织23个镇政府领导和市、区疾控、卫生监督部门人员赴杭州参加全国农村改水改厕培训班。分别在市120指挥中心和文昌高隆湾金融度假村各举办一期各镇分管领导和专管人员参加的农村改厕培训班。5月份组织市水务、疾控和各区爱卫办人员历时15天，对85个农村生活饮用水集中式供水点水质进行采样监测，完成枯水期农村生活饮用水水质卫生监测任务，并形成书面报告呈报市政府，由市政府批转有关部门对存在问题进行整改。8月份又一次组织水务、疾控和各区爱卫办人员，对85个农村生活饮用水集中式供水点水质进行采样监测，完成丰水期农村生活饮用水水质卫生监测任务。起草《海口市2011年农村改厕方案》，呈报市政府印发。各区均与市政府签订《农村改厕目标管理责任书》。由市爱卫办组织协调以区为单位分别召开农村改厕动员部署会议，至9月30日，全市新建卫生户厕8675户，完成全年农村改厕任务（8000户）的108.4%，合格率98%以上。

【病媒生物防制】 为进一步了解病媒生物防治规律，掌握病媒生物防制技术，先后在文昌清澜和龙泉渔村各举办一期各区爱卫办人员和爱国卫生监督员、协管员参加的病媒生物防治培训班。以迎接2011年博鳌论坛年会为契机，开展秋季卫生防病为主要内容的爱国卫生运动，组织四个区爱卫办以区为单位，对辖区居民区“四害”进行消杀；组织专业队伍对全市公共场地（公共绿地、闲置空地、市政下水道、河流、湖泊、潭沟等）轮番进行全方位消杀。同时为有效控制鼠密度，采用磷化铝，在城区野外进行洞穴强制灭鼠。与市直属机关事务管理局签订协议，对四大机关办公区和住宿区，定期进行消杀“四害”。组织协调秀英区、龙华区、琼山区爱卫办对辖区登革热防控重点村庄内外环境进行化学消杀，共消杀40多个村庄内外环境，控制了“布雷图”指数上升。遭遇“纳沙”、“尼格”强台风袭击后，印发《关于开展灾后防病爱国卫生运动的紧急通知》，全文在《海口晚报》刊登，及时组织开展灾后病媒生物防治工作。

【爱国卫生立法】 起草《海口市病媒生物预防控制管理办法》，经会同市人大、市法制局有关人员开展省内外大量调研、论证工作，五次征求各区、各单位意见进行补充修改，省人大常务会第二十六次会议批准施行，填补海口市病媒生物预防控制实行法治管理的空白。全国对病媒生物防治工作实施行政许可的仅有天津和海口两市，其他城市仅为备案。

【健康教育】 以世界卫生日和世界无烟日为契机，制作写真喷绘宣传画300幅，分发各区开展宣传和全面更换一期社区爱国卫生宣传栏。制作“争创国家卫生城市，打造宜居、宜业、宜学、宜游环境”为主要内容的写真喷绘600幅，分发各区并全面更换一期社区爱国卫生宣传栏内容版面。世界艾滋病日，根据市卫生局的安排，印制预防艾滋病喷绘写真宣传画500幅分发各区。

（何荣真）

（编辑：黎小梅）

社会生活

人口与计划生育

【概况】 2011年是海口市创建“全国人口和计划生育综合改革示范市”的第一年。人口计生工作以“椰城人口网”为支撑，以“搭建社会公共管理平台，创新人口家庭服务模式”为主线，全面推进诚信计生，完善利益导向机制，对人口计生工作体制、机制以及工作方法进行改革和创新。2011年末，辖区常住人口209.73万人，其中城镇人口157.36万人，城镇化率75.03%。常住人口中，男性108.64万人，占51.8%；女性101.09万人，占48.2%；14岁以下35.34万人，占16.85%；15~64岁159.60万人，占76.10%；65岁以上14.79万人，占7.05%。2011年人口出生率12.52‰，人口死亡率4.33‰，人口自然增长率8.19‰。出生人口性别比117.12，三项必备指标全部控制在省下达的指标范围内。海口市有民族48个，其中以汉族为主，人口达204.46万人，占97.49%。少数民族中，人口超过5000人的有黎族、壮族2个民族，其中黎族28122人，占少数民族人口的53.36%；壮族9290人，占17.63%。

【新型生育文化建设】 市计划生育宣传教育工作以创新工作思路、创新访谈形式、创新宣传载体为重点，抓好新型家庭人口文化建设。以城市为中心，打造人口文化园、人口文化环境和社区人口文化室品牌；以农村为中心，打造人口文化大院品牌。（1）创新工作思路。宣传教育围绕全国人口计生综合改革示范市、综合治理出生人口性别比偏高问题和全面实施优生健康促进工程等全局性工作来开展。在开展综合治理出生人口性别比偏高宣传教育月活动中，全市利用多种媒体，大力宣传禁止“两非”行为的法律、法规和规章，发放、张贴打击“两非”彩色宣传资料；在全市1500辆出租车的LED电子屏上，滚动播放“禁止非医学需要的胎儿性别鉴定、禁止选择性别的人工终止妊娠”、“凡举报两非经查实的，奖励举报人5万元”的宣传标语、举报奖励承诺和举报投诉电话。（2）创新访谈形式。推进第四阶段婚育新风进万家活动，加大宣传访谈培训工作力度，有针对性地开展对重点户、重点对象的宣传访谈工作，提高计生员及群众对人口计生基础知识的知晓率。（3）创新宣传载体。与教育、卫生等部门合作，推进关爱女孩行动进社区、进校园活动。积极协调教育部门在中学开设青春期健康教育讲座，加大对青少年生殖健康知识的普及。海口电视台特制作的《女孩也是儿》电视片、市文体局与美兰区大致坡镇创作人口计生题材的小琼剧受到群众的热烈欢迎。

【计划生育利益导向机制建设】 让计划生育家庭优先享受到改革发展的成果，是市委、市政府落实人口计生基本国策的共识。围绕计划生育家庭优生优育，子女成才、抵御风险、生殖健康、家庭致富、养老保障以及生产、生活等方面需求，构建与经济社会发展和群众切身利益相适应的计划生育导向政策体系，推动人口计生奖励扶助政策与相关公共政策的相衔接。市委、市政府重新修订出台了《海口市对计划生育家庭实行奖励扶助的若干规定》。（1）大幅度提高对计划生育家庭的奖励标准。将农村领取《独生子女父母光荣证》对象的奖励金由原来的每人每月15元提高到每人每月100元；农村二女结扎户自结扎之月起，夫妻每人每月发给30元的奖励金，直至女方满50周岁止；农村独生子女户和二女结扎户的父母，从年满55周岁起，由政府按每人每月75元标准给予奖励扶助，直到其亡故为止；农村独生子女死亡或独生子女伤、残（达三级以上）的家庭，政府一次性分别为该家庭父母存储20000元和10000元，由政府发给每人每月 150 元的扶助金，直至其亡故或子女康复为止；农村已婚育龄夫妇主动放弃二孩生育指标，并且已落实长效避孕措施的，政府一次性为该夫妇存储 10000 元存款；农村“两户”的子女报考海口市所属普通高中学校，在总等级分的基础上加 1 分；农村“两户”的子女，在高中教育期间每年发给生活补助费 500 元；城镇特困户独生子女、农村特困户独生子女和特困二女结扎户子女参加应届普通高考被大学录取的，一次性奖励 5000 元。（2）进一步扩大了奖励覆盖面。将农村独生子女和二女结扎户的奖励纳入政府发放范围，并将企业职工独生子女奖励费纳入企事业单位法定代表人计划生育责任制，由政府有关部门督办。同时将无固定职业的城市居民的独生子女奖励纳入市、区级财政预算，实现了独生子女奖励金的全覆盖。把计划生育融入生育保险，符合法定生育的妇女生育孩子费用全由政府买单。将享受国家农村部分计划生育家庭奖励扶助对象的年龄由 60 岁提前到 55 周岁，所需经费全部由市财政负担。此外，进一步完善相关的社会政策，对计划生育家庭给予更多的优先优惠。如在农村合作医疗中，对独生子女户和双女户个人所承担的分摊费由市区财政负担；在全市推广新农保中，农村计划生育家庭均由政府为其缴纳最低保险金；扶贫、农业、水务、民政、卫生、住建、公安等部门对农村“两户”和城镇独生子女家庭实行扶贫等各方面进行倾斜，落实重点扶持项目。每年都组织开展“生育关怀·金秋助学”行动，市、区每年最少帮助 60 名计生困难户大学生圆大学梦。

【计生工作督查问责制】 市委、市政府坚持把人口计生工作纳入重大事项督查范围，每月召开 1 次相关部门会议，每季度召开 1 次联席会议，破解工作中的重点、难点。继续抓好每周统计汇报，每月督查通报，每季度区、镇（街）、场（矿）、村（居）排名工作，实行对工作滞后的单位季度通报、年度表态发言制度，年终对连续 3 次排名靠后的单位启动问责制。年底，对海南省农垦医院等单位和责任人实行问责；美兰区对海南省无线电厂等 22 个未能按照人口和计划生育目标管理责任书的要求履行人口和计划生育目标管理职责、管理工作差的驻区单位，也给予“一票否决”。

【人口和家庭公共服务中心】 2011 年底，成立市人口和家庭公共服务中心，分别组建了 4 个区人口和家庭服务中心，发挥市、区、镇（街）、村（居）四级人口计生服务网络的功能，拓展服务功能，围绕人的生命周期开展服务，为群众实施免费的优生健康检查、生殖保健服务等。整合镇（街）人口计生、综治、公安、便民中心等资源，实行联合办公，搭建人口和家庭便民服务中心和流动人口信息管理平台。全市以市人口和家庭公共服务中心为龙头、4 个区人口和家庭公共服务中心为主体、41 个镇（街道）计生服务所为骨干、406 个村计生服务室（社区卫生服务中心）为基础的人口和家庭公共服务网络平台体系已经形成，全市“目标统一、上下联动、信息共享、高效运行、群众满意”的四级一体化服务机制已经建立。通过组建椰城人口网和专家智库将人口计生公共服务的触角延伸到乡村、社区和家庭。群众需要服务，只要搜索椰城人口网，进入人口计生公共服务网络，或者通过电话等，就可以找到不同等级的服务窗口以及自己所寻找的专家，和他们进行对话交流。秀英区开展创建区 、镇（街道）、村（社区）三级技术服务一体化建设，把羊山地区连成一片开展人口和家庭公共服务工作，形成了“和谐计生·幸福家庭”计生走廊，成为海口计生优质服务的一个成功典范。琼山区在三门坡、红旗、云龙 3 个镇实施生殖保健服务工程试点工作，每周两次组织医务人员深入基层送服务上门，为 3894 名已婚育龄妇女建立了家庭档案，为 3116 人进行了 6 项检查指标的生殖健康体检，为患有各种疾病的 539 人提出医疗建议，并对 188 名患者进行免费的首次治疗。美兰区协助市人口和家庭公共服务中心做好国家免费孕前优生健康检查项目的试点工作，至 9 月底，已为 1317 对符合法定准备怀孕的农村夫妇（含流动人口）进行了孕前优生健康检查，优生检查人群覆盖率达 90.2% ，提前超额完成了国家下达 80% 的任务。

【诚信计生】 全面推进诚信计生是真正实现计划生育村（居）自治的重要载体，切实保障群众在人口计生中的知情权、参与权、决策权和监督权，是当家做主的具体体现。市委、市政府把诚信计生工作作为全面深化人口计生综合改革的切入点，充分发挥村（社区）两委的战斗堡垒作用，全市“政府诚信、群众守信、村（居）民互信”的诚信计生机制和“两委负总责、专干抓落实、协会做骨干、家庭为中心、群众当主人”的民主管理模式已经形成。至9月底，全市农村263个村（居）委会均开展了诚信计生，共组建5883个诚信计生小组，49岁以下依法生育的农村已婚育龄妇女参与人数62958人，参与率达96.9%。城区72个社区居委会组建了858个诚信计生小组，49岁以下依法生育的城区已婚育龄妇女参与人数9543人。打造了秀英区火山岩地区和谐计生幸福家庭、美兰区演丰红树林生育文化、琼山区百里百村诚信计生3个各具特色的民主管理示范走廊，将诚信计生工作内容融入当地的生态文化、经济发展之中。

【打击“两非”】 制定和完善《海口市孕妇产前免费检查实名登记暂行办法》、《海口市出生人口实名登记管理细则》和“六项制度”等规定和制度，实现打击“两非”工作关口前移，综合治理出生人口性别偏高问题，从严打击“两非”行为。4月，市卫生部门印发了《海口市母婴技术服务专项整治方案》、《海口市打击“两非”专项工作整治方案》，与医疗卫生保健机构签订《严打“两非”目标管理责任书》，同时制作了各种宣传资料，将警示牌悬挂在医疗卫生保健机构醒目的位置。5月，成立专职的打击“两非”专业执法队。6月，计生、卫生联合召开全市打击“两非”再动员大会，各级各类医疗卫生机构的负责人259人参加了会议。市计生部门严格把好“孕情”关，切实加强对法定内怀孕对象进行跟踪服务管理。对孕情突然消失的对象，一查到底，依法处理违反规定进行非法人工终止妊娠的行为。食药监部门严格对终止妊娠药品和器械进行管理。公安等部门履行依法查处“两非”案例职责。在加强对海口市各级医疗保健机构巡回执法检查的同时，建立有奖举报制度，对举报情况经查证属实的，给予举报人最高奖励5万元，对涉嫌“两非”案件的，及时立案，严肃查处。全年共检查各类医疗保健机构140家次，下达监督意见380份，提出整改意见2140多条，警告55家，共取缔黑诊所18家，罚款25万多元，没收了一批从事“两非”活动的医疗器械和药品，对个别从事“两非”行为的医疗单位和人员进行依法处理。

【流动人口均等化服务】 （1）网络平台均等化。出台措施，8月建立起流动人口综合服务管理信息3G无线VPDN专网，打造全市流动人口服务管理综合信息平台。平台主点设在市信息中心，将市、区、镇（街道）、村（社区）、企业的人口计生工作站点联网，实现流动人口计生信息化综合管理全覆盖。（2）宣传服务均等化。全市18个街道全部将流动人口纳入到户籍人口同宣传、同服务。同时针对流动人口的特点，开展了“爱，就在你身边”等关爱流动人口主题宣传服务活动，扩大了流动人口知晓自身权利和义务的覆盖面。（3）技术服务均等化。为保证流动人口同户籍人口享受同等免费技术服务，市、区人口和家庭公共服务中心加大了对流动人口服务宣传，印制了流动人口享受免费技术服务的宣传折页，公布了流动人口享受计生权益的热线电话。市药具站在流动人口较多的工地、车站、商业城等增设了安全套免费发放机，使流动人口获得免费避孕药具率和在现居住地免费接收生殖健康检查率均达90%以上。（4）优生服务均等化。为流动人口免费提供孕前优生健康检查服务，免费增补叶酸营养素。流动人口免费孕前优生咨询服务率达到95%以上。（5）落实长效节育措施奖励均等化。对自愿在本市落实长效节育措施的流入已婚育龄妇女给予不低于350元的一次性奖励，自觉采取补救措施的给予不低于150元的一次性营养补助。（6）贫困救助均等化。将困难流动人口计生家庭纳入全市生育关怀行动、少生快富工程项目、特殊家庭帮扶救助计划。全市共为35219人次流动人口解决就学难问题，为4200多名流动人口解决就业难问题。建立“流动人口之家”，为3000多名流动人口解决居住难问题。为80多名流动人口解决就医难问题，同时为流动人口提供维权等各项服务，帮助流动人口解决一切实际困难和问题。

【流动人口管理】 先后出台《2011年海口市流动人口计划生育工作要点》、《海口市开展流动人口联合清查信息采集工作方案》等规范性文件，初步构建起流动人口服务管理综合信息平台，形成“以市为中心，区、镇（街道）、村（社区、企业）联网，并与相关责任部门信息联通，加快网速传递，实行信息互通”的流动人口计划生育服务管理网络，有效推动了流动人口计划生育服务管理工作的开展。新增全员流动人口建档或信息提交达96%以上；FIS本年度出生和怀孕的流动人口个案信息在FIS或PAIDS平台上提交率在97%以上；重要信息采集准确率达98%以上；暂住登记率达到60%以上；FIS、PADIS信息提交率97.3%以上、反馈率98.4%以上；网络化协作接收率100%以上；查无此人率控制在7%以下，全力实现全国流动人口计划生育服务管理“一盘棋”工作目标。年初与驻市的33个省市职能部门签订目标管理责任书，探索多部门综合治理工作机制。区、镇（街）、村（居）各级政府均落实了目标层级管理，形成了一级抓一级、层层抓落实的工作网络。在出租屋管理上，借鉴龙华区作法在全市推行“二牌、二协议、一卡”式管理，充分调动协管员、计生员、出租屋三方力量，加强对出租屋流动人口信息管理与应用，真正做到房前挂牌管理，房内信息滚动，均达到以房管人，以静制动管人的目的。海口市与省内18个市县签订了流动人口计划生育协作管理服务责任书，与杭州、台州，广州、花县、合肥等22个市县（区）签订了流动人口计划生育协作管理服务协议书，建立了区域协作机制，实行信息通报，及时向流出地通报流动人口已婚育龄妇女的生育和节育情况，共同做好流动人口计划生育服务管理工作，基本形成流动人口计生“一盘棋”工作格局。

【孕情管理】 按照“掌握孕情、全程服务、责任到人”的工作思路，对重点管理和服务对象落实“签协议、月见面、季访查”孕情全程服务管理。（1）制定“海口市开展计划生育技术服务月活动方案”，并组织实施。（2）加大综合治理出生人口性别比偏高工作力度，提高早孕发现率和检出率，各区、镇（街）都制定了切实可行的孕情管理和孕期服务相关规定。做到早期发现孕情，实行孕情全程跟踪管理服务，有效提高孕情掌握率，孕情掌握率为70.33%，比省下达目标70%高0.33个百分点，完成了省考核目标。（3）加强引产证明的管理，在各区实行镇（街）、村（居）委会审查申报制度，区人口计生委核实批准，医疗机构严格执行制度规定，在引产关口设卡，确保凭证引产制度的落实。（4）做好药具的发放工作，市服务站按照计划生育药具年度发放分配计划要求，保质保量做好药具发放工作，流动人口计划生育药具免费发放获得率85%以上，可及率90%以上，达到省年度评估指标的要求。

【计划生育依法行政】 （1）全市共审批二孩785例，均按省规定的程序要求做到手续完备，材料齐全，审批及时、程序合法。（2）对超生对象，加大清理、核实力度，并按法定程序依法征收社会抚养费，对少数拒不交纳的，依法起诉，从严征收，对全年超生人员全部下达处罚决定书，征收人数占当年超生人数的94.5%以上。（3）加大对干部职工违法超生案件的查处力度，及时妥善处理群众来信来访，全年共受理信访件26件，举报超生案件18件，查处率达100%。（4）全面落实人口计生利益导向和对计划生育家庭优扶政策。各级人口计生部门和有关职能部门严格按程序，确认对象，全面落实奖励和优先优惠政策，国家“三项制度”奖励扶助政策等落实率达100%。

【队伍建设】 全年市区两级财政对人口计生工作的经费共投入8085.9万余元，达到年人均投入44元，比上年增长31.5%。7月1日起，调整提高村（居）计生员报酬，由原来的560元提高到930元，计生专职人员工资报酬也由原来的826元提高到1296元。区级服务站建设列入党委政府议事日程，秀英、龙华、美兰设立服务站机构，落实编制，配备人员。全市在各镇（街）服务所（室）配备2名全额拨款事业单位技术服务人员，各区按工作需要和人口比例配齐配强镇（街）、村（居）的计生工作人员，招录、招聘高素质、高学历的人员充实到基层队伍。加大对基层的培训工作力度，市、区、镇（街）分别举办多种类型的培训班47期，参加人数4600人次。

【计划生育协会工作】 通过开展生育关怀、“扶贫帮困”、“生殖健康免费检查”及“关怀基层计生工作者”、“生育关怀青春健康进校园”等活动，使群众的自我服务、自我管理意识明显增强。全市各级协会积极参与人口计生群众自治，已有407个村（社区）不同程度地推行了计生村（居）民自治工作，其中按30%的比例，有123个村（社区）按照国家计生协村（居）的标准进行重点创建。

（马晓红）

城乡居民收入与消费

【城市居民收入】 据抽样调查资料显示：2011年海口城市居民人均可支配收入19730元，比上年增长18.0%，增幅比上年提高8.3个百分点，扣除物价因素实际增长12%。构成家庭总收入的四项收入中，涨幅最大的是经营性收入，达到2545.01元，同比增长29.4%；对家庭总收入增长贡献率最大的为工资性收入，达到13037.84元，增长18.5%，对家庭总收入增长的贡献率为64.2%。

【城市居民消费】 收入增加拉动消费同步增长。2011年，海口城市居民人均消费性支出14344.40元，同比增长15.7%，增幅较上年增加9.5个百分点，居民消费支出结构日益优化。八大类消费支出增长呈现“七升一降”格局。方便、快捷、休闲等服务消费项目正在成为消费热点。八大类消费支出中涨幅较大的是医疗保健类，人均支出990.61元，同比增长56.2%；其次是杂项商品和服务支出381.23元，增长26.4%；衣着支出818.85元，增长22.1%；食品消费支出6239.83元，增长19.6%；教育文化娱乐服务支出1328.42元，增长16.9%；居住支出1555.38元，增长11.6%；家庭设备用品及服务支出767元，增长5.7%；支出下降的只有交通和通讯类2263.08元，下降2.5%。

【城市居民居住环境】 经济收入的大幅提高，带来了居民的居住环境极大改善。2011年海口城市居民人均居住总建筑面积已达29.94平方米，住房配套设施越来越完善。住上单元配套住宅的居民家庭占84.8%，配有厕所、浴室的比例达97.2%，有31.06%的居民家庭使用管道天然气。

【农村居民收入】 2011年，海口农村居民人均纯收入达到7191元，同比增长16.5%。四大项收入呈现“两升两降”格局。其中，工资性收入2518元，同比增长84.3%，涨幅最高，占纯收入的比重为35%，工资性收入的增长主要是因为农民务工收入涨幅大，达到了127.6%。转移性收入794元，同比增长47.9%，占纯收入的比重为11%。家庭经营性收入3506元，下降5.7%，占纯收入的比重为48.8%。财产性收入373元，下降32.4%，占纯收入的比重为5.2%。

【农村居民消费】 农民生活消费支出也在稳步增长。2011年，海口农民人均生活消费支出5175元，增长17.7%。其中，食品支出2580元，增长15.4%；衣着支出197元，增长35.9%；居住支出1043元，增长35.5%；交通和通讯类支出390元，增长40.8%。

【农村居民家庭耐用消费品拥有量】 收入的增长使农村居民家庭耐用消费品拥有量继续增加。据调查资料显示，2011年海口每百户农户拥有电动自行车66辆，是2010年拥有量的5.5倍；电冰箱37台，增长1.8倍；移动电话拥有量由133部增加到245部，户均拥有量超过两部，增长84.2%，其中接入互联网的为63部；家用计算机由2台增加到11台，全部接入互联网；彩色电视机由103台增加到110台，其中接入有线电视网的有69台；洗衣机由11台增加到20台，增长81.8%；空调由4台增加到14台，增长2.5倍。

（郭涛）

民政工作

【概况】 2011年，市民政局坚持“以民为本，为民解困，为民服务”的核心理念，圆满完成了各项民政工作任务。最低生活保障水平不断提高，全市发放城乡低保、农村五保金11844万元，发放低保资金创历年最高水平，切实做到应保尽保。

救灾减灾工作有效开展，有效抗击第17号强台风“纳沙”、第19号强热带风暴“尼格”和强降雨给海口市带来的严重灾情，实现了市委、市政府提出的“无人员死亡、城市不瘫痪、转移好受灾群众、不发生大的事故”的4项工作目标，被市委、市政府评为“海口市防风防汛救灾先进集体”。2011年海口市地名数据库全面完成，全市共录入各类地名15630条，海口市地名查询系统在全省率先投入使用，荣获民政部2011年全国“公共服务示范城市”荣誉称号。被省民政厅评为“全省民政系统年度工作先进集体”。双拥工作受到全国双拥工作领导小组的充分肯定，海口市再次被评为“全国双拥模范城”，实现全国双拥模范城“七连冠”。海口市福彩中心被省民政厅上报民政部为全国民政先进集体，福利彩票蓝天销售厅获“全省民政系统单项工作业绩突出奖”。市老龄办被全国老龄委授予“全国老龄工作先进单位”。海口市社会福利院获得2011年全国民政系统行风建设示范单位，同时被中国儿童福利和收养中心评为2011年度涉外工作先进福利机构。市救助管理站被民政部评为“广州亚运会残运会期间救助管理工作先进单位”。

【城乡低保】　（1）低保资金及各类补贴发放项目多，发放金额历年最高，切实做到应保尽保。全市共发放城乡低保、农村五保金及各类补贴12937万元。其中发放城市低保金4778万元，累计救助城市低保对象8万户次，18万人次；发放农村低保金5987万元，累计救助农村低保对象17万户次，40万人次；发放农村五保金2172万元，累计救助农村五保对象5.6万户次，5.6万人次。（2）提高城乡低保标准。经2011年11月10日市政府常务会议通过，从2012年1月1日起，城市低保标准从352元提高到390元，农村低保标准从240元提高到300元，农村五保标准从320元提高到350元，继续领先于全省平均水平（全省城乡低保月人均保障标准分别为303元和220元，农村五保集中供养月平均标准为294元）。（3）加大城乡医疗救助力度。2011年1月出台《海口市城乡居民医疗救助实施细则（试行）》，提高医疗救助年度封顶线，明确救助对象、救助方式、救助比例，积极为城乡困难群众就医排忧解难，通过审核材料，入户调查，全年发放城乡医疗救助金达1370万元，救助人数达13364人次。（4）扩大村镇敬老院建设规模。全年投入近2775万元，建设4家农村敬老院，新增床位550张。12月底，4家敬老院主体工程全部竣工，投入使用后将大幅提高全市农村五保集中供养率和服务水平。

【灾害救援】　（1）“冬春”期间灾民救助工作。2010年10月，海口市连续遭受两轮强降雨袭击，给社会经济建设造成重大损失。为确保灾区困难群众基本生活，通过核实灾情，结合各区受灾情况，下拨各区自然灾害生活救助资金590万元，下拨春荒救济资金79万元，共救济13300人。（2）强台风灾害救助保障有力。2011年针对第17号强台风“纳沙”、第19号强热带风暴“尼格”和强降雨给海口市带来的严重灾情，市民政局深入灾区、靠前指挥，及时组织灾民紧急转移，保障灾民有饭吃、有干净水喝、有衣穿、有安全地方住和有病能得到及时治疗，实现市委、市政府提出的“无人员死亡、城市不瘫痪、转移好受灾群众、不发生大的事故”的4项工作目标。救灾期间市民政局紧急采购并下发棉被8375床，毛毯1000床，下拨救灾资金1420万元，紧急转移灾民4.3万人次。（3）筹集救灾物资补充储备资金、协调建设临时救灾物资储备仓库。2011年市民政局积极与市财政沟通协调并经市政府同意，追加救灾物资补充储备资金400万元，在9月强台风袭击时，市民政局利用其中120万元紧急采购救灾物资，为救灾工作提供了强有力的保障。争取到民防指挥中心200平方米库房作为本局临时救灾物资储备仓库，并投入16万元将市福利院仓库改造为临时救灾物资储备仓库。（4）积极开展防灾减灾宣传活动。共印发防灾减灾宣传挂图209张、《海口市防灾减灾常识宣传手册》4600册、《应对突发事件法律法规预案》200册，分别下发至各镇（街）、村（居）委会。指导各区民政局在村（居）委会张贴防灾减灾宣传标语近1000条。通过印发宣传资料、举办防灾减灾知识图片展、防灾减灾常识讲座等形式普及防灾减灾常识，极大地增强了社区居民防灾减灾意识。

【开展城市和谐社区建设】（1）和谐社区创建工作。海口市在2010年15家创建社区达到“和谐社区建设示范单位”的基础上，2011年16家创建社区又达到了“和谐社区建设单位”标准。(2)提升社区服务水平。指导社区在丰富服务内容，转变服务方式，提升服务水平上推进公共服务，努力营造“人人为我，我为人人”的互助氛围，打造了一批特色社区。如龙华区金山社区为解决小学生提前放学没人接的问题，免费开办社区“4点半”学校；琼山区文庄社区结合社区人口多的特点，创办便民利民服务中心，为社区居民提供便利服务等。(3）提高社区居委会专职成员生活补贴标准。经市政府审议同意，从2011年1月起，调整提高海口市社区居委会在职专职成员生活补贴和办公运行经费。社区居委会专职成员的生活补贴以原核定的社区居委会专职成员生活补贴为基础，增加岗位补贴和交通通讯补贴。

【村务公开和民主管理】（1）2011年先后2次组织检查组对4个区23个镇50个村委会的村务公开和民主管理工作进行抽检，按照《海口市村务公开和民主管理检查考核内容及量化评分标准》进行量化评分。总体上，各区、镇党委高度重视村务公开和民主管理工作，采取有力措施扎实推进村务公开和民主管理，确保村务公开工作科学化、规范化、制度化。(2）8月，将秀英区西秀镇10个村委会作为村务公开信息化建设试点单位，在市民政局网络平台上公布财务收支情况，做到以点带面，整体推进村务公开信息化建设，使该项工作走在全省前列。

【双拥工作】（1）把双拥工作纳入全市经济社会发展的总体规划之中，作为一项长期的战略任务来抓。2011年春节前夕，召开全市党政军迎新春团拜茶话会。在海南国际展览中心举行了庆“八一”军功颁奖暨《长征组歌》大型演出活动。全年累计拨款9500多万元帮助部队解决战备训练、生产生活等实际问题。安排20个财政拨款事业单位岗位，开发安置45个公益性岗位，培训140名随军家属，发放生活补助费130万余元。为企业军转干部发放生活困难补助费370多万元。在“纳沙”、“尼格”强台风袭击中组织部队出动兵力3500余人次，车辆280台次，冲锋舟120多艘次，转移受困群众24000余人，把灾害损失降到了最低限度。(2）创建全国双拥模范城。2011年，市民政局认真做好全国双拥模范城创建工作，力争实现“七连冠”，多次召开各区双拥办主任和驻市部队秘群处长会议以及迎接全国双拥工作检查动员大会，分析创建形势，制定《海口市创建全国双拥模范城七连冠任务分解表》，对进一步做好创建工作提出要求，对基层双拥工作加大检查指导力度，确保双拥工作整体推进。出台《海口市关于加强非公有制经济组织拥军优属工作的意见》，大幅度提高现役军人军功奖励标准，拓展双拥工作领域，激发参与双拥工作的热情。12月，海口市再次被评为“全国双拥模范城”，实现全国双拥模范城“七连冠”。

【优抚安置工作】（1）及时下拨优抚安置资金。全年累计拨付优抚资金4357.47万元，比上年增长2.25%，其中用于优抚对象抚恤和“三难”补助经费1097.47万元；优抚对象定期抚恤金561万元；伤残抚恤金479.22万元；义务兵家属优待金413.25万元；参战核试退役人员生活补助192.72万元；建国前农村老党员生活补助金54.14万元；复员干部生活救助金46.67万元；城镇退役士兵自谋职业一次性补助和待安置期间生活补助723万元；贫困农村退伍兵危房建设救助经费332万元；优抚对象医疗补助金458万元。(2）提高重点优抚对象待遇标准。按国家政策及时调整本市重点优抚对象的定期抚恤标准，并及时按省厅要求实行“一卡通”发放到优抚对象手中。实行重点优抚对象物价补贴联动机制，1～6级伤残人员定额医疗补助达到3000元/年。(3）有序推进退伍安置工作。2011年全市接收2010年冬季退役士兵630人，其中城镇退役士兵422人；农村退役士兵208人，对330名退役士兵进行退伍安置政策辅导、培训和就业推荐招聘动员，安排298名退役士兵参加专业技能培训（汽车驾驶215人、其他项目83人）。下拨经费306万元，为210名农村困难退伍兵新建和维修住房（新建134名，维修76名）。(4）军休人员安置及服务保障工作。加强对军队离退休干部和无军籍职工的规范化服务管理工作，确保军休干部“两个待遇”的全面落实。

【区划地名管理】 （1）地名数据库查询系统投入使用。2011年海口市地名数据库全面完成，全市共录入各类地名15630条。市民政局在汽车东站、明珠广场、康年皇冠花园酒店、市人民医院、市第二办公区等公共场所安装了18台地名信息查询触摸屏。海口市地名查询系统在全省率先投入使用，荣获民政部2011年全国“公共服务示范城市”荣誉称号。（2）第二次全国地名普查工作全面启动。认真落实国务院办公厅《关于开展第二次全国地名普查试点工作通知》和《海口市第二次全国地名普查工作实施方案》等文件精神，从2011年6月开始全面铺开第二次地名普查工作，已收集到海域类、水系类、行政区域及其他区域类、居民点类、交通运输类、水利设施类、纪念地及旅游景点类、建筑物类、单位类等9类地名成果资料9500条。

【民间组织管理】 全年完成社会团体筹备登记7个，社团成立登记7个，社团分支机构成立登记1个，民办非企业单位成立登记19个，社会组织变更登记21个，至年底全市社会组织总数562个。社会团体按类别分：行业性42个，专业性59个，学术性36个，联合性29个。民办非企业单位按类别分：教育类245个，卫生类62个，社会服务类51个，文体类24个，科技研究类7个，其他7个。对连续两年及两年以上未按规定年检、拒不接受监督检查且无法联系的54个社会团体依法给予撤销登记处罚。在2010年对社会团体“小金库”清查治理的基础上，又对社团“小金库”进行全面复查，督促整改，彻底杜绝“小金库”现象发生。成立市社会组织党建工作调研小组，通过学习借鉴先进城市社会组织党建管理的好办法和好经验，完成《海口市社会组织党建情况调研报告》。

【福利彩票】 2011年，全市完成福利彩票销售9.1亿元，突破9亿元大关，远超2010年全年5.86亿元的销售量，再次取得历史性突破。筹集福彩公益金2.1亿元，其中为海口市产生本级公益金4500多万元，为社会福利事业发展提供了有利的资金保障。

【婚姻登记和收养登记】 2011年结合“优质服务巩固年”活动的开展，进一步完善登记办公环境，树立自身良好形象，严格婚姻登记档案管理，全年婚姻登记1094件，比上年增长0.94%，其中国内结婚登记16710件；国内离婚登记2420件；涉外结婚登记669件；涉外离婚登记83件。办理收养登记34件，被收养人34人，比上年增长3%，登记合格率为100%，没有接到任何有效投诉。

【殡葬管理】 2011年，海口市正式出台《海口市基本殡葬服务费用减免补助试行办法》，对最低生活保障家庭人员、城镇“三无”人员和农村五保对象、自行选择火化的非火化区人员减免殡葬服务费用。其中自行选择火化的非火化区人员在减免基本殡葬服务费用的基础上给予2000元补助。为配合海南国际旅游岛建设环境综合整治活动，制定《海口市治理“乱埋乱葬”工作方案》，成立海口市治理乱埋乱葬工作领导小组。全年累计搬迁坟墓16158个，平整坟墓35510个，合计清理整治坟墓51668个，未发生一起群众纠纷事件。全市火化遗体1779具，火化率25%。全市3个经营性公墓（墓园）新建墓穴8200穴，累计墓穴38190穴。2011年市殡葬所再次被民政部评为“全国殡葬系统行风建设示范单位”，被市政府评为“海口市优质服务年活动先进单位”。

【福利院管理】 （1）儿童收养康复工作。全年共收养弃婴29名，涉外送养3名，国内送养12名，家庭寄养11名。实施“明天计划”，为患有先天性疾病的3名儿童进行手术，全年为孤残儿童治疗康复训练2400人次，使残疾患病孩子得到了较好的治疗和康复。与美国半边天基金会合作，成立特殊需求教育班，为智力低下儿童提供特殊教育和脑瘫康复治疗。启动“新和家园”模拟家庭教育项目，组建6户模拟家庭，每个家庭抚养4名孤残儿童，为孤残儿童提供稳定而温馨的家庭生活。（2）落实孤儿保障制度。印发《海口市民政局关于发放孤儿基本生活费的通知》，明确发放对象的认定、发放程序、资金申请渠道、信息录入、档案管理等。全年共录入孤儿管理信息337条，为206名分散供养孤儿发放基本生活费155万元。在全省率先启动孤儿基本生活费发放工作，得到省厅的好评，并在《海南日报》、《海口晚报》、《南国都市报》等媒体上进行报道，获得较好的社会效应。

【社会慈善】 2011年制定出台《海口市慈善超市建设方案》，明确慈善超市的性质、建设标准、运作模式、时间节点等，指导各区慈善超市（社会捐助接收点）试点建设。8月，秀英、龙华、琼山3个区的慈善超市按计划开业，美兰区慈善超市也已完成选点和登记工作。慈善超市建设在海南省尚属首创，运行以来，共计为辖区300多户困难群众提供近20万元的款物资助，接收社会捐助近10万元，取得了良好的社会效益。

【老龄工作】 按时足额发放234名百岁老人长寿补助金84万元，办理老年优待证7699张，累计办证102403张。居家养老服务覆盖面不断扩大，已有4个区8个街道（镇）、61个社区开展居家养老服务工作，共为220多名困难老人提供政府资助的无偿上门送时服务41516小时，为332名有经济来源并有居家养老服务需求的老人提供日间生活照料、托养等多种有偿服务。呈报市政府“关于建立80岁以上高龄老人长寿补贴制度”和“关于在城区社区开展居家养老全覆盖”的两项重要民生工作得到批准，进一步推动本市养老服务体系建设。

【救助流浪乞讨人员】 2011年，结合“海南文明大行动”，加大对流浪乞讨人员的救助力度，并对不愿意接受救助的流浪乞讨人员开展定期、不定期的宣传、教育、劝导和引导工作。共接待上门求助人员435人，其中救助返乡346人，给予生活救助65人，转送省救助管理站实施救助24人；协调市公安部门送入省定点医院救治流浪精神病人52名；协助市人民医院、琼山区人民医院、府城医院对收治的流浪病人进行身份甄别538人。海口市流浪未成年人救助保护中心已建成竣工。

2011年10月，陈益君局长在龙华区指导抗洪抢险救灾工作。

2011年12月，局领导班子向市委检查组汇报全年民政工作。

（肖兆菁）

民族宗教事务

【概况】 2011年，市民宗局贯彻落实党的民族宗教政策，依法管理民族宗教事务，做好宗教场所建设，发挥宗教界人士爱国爱教的作用，引导宗教活动与社会主义市场相适应。全市居住的48个民族同胞中，有基督教、天主教、伊斯兰教、佛教四大宗教，信教群众共有4.6万人。民宗局认真落实国家“五五”、“六五”普法规划，向社会各界宣传党和国家的民族宗教政策和法律法规，使民族宗教政策和法律法规在海口市得到充分的落实。2011 年 5 月，市民宗局荣获全国民委系统“五五”普法工作先进单位，蔡信强局长被评为全国民委系统“五五”普法工作先进个人。

【宗教团体和宗教场所】　海口市有基督教、天主教、伊斯兰教、佛教四大宗教。信教群众共有 4.6 万人，其中基督教 5500 多人；天主教 500 多人，伊斯兰教 3000 多人；佛教 3.65 万人。宗教活动场所的教职人员和管理人员 150 人，其中包括基督教牧师有 4 人，长老 7 人；天主教神甫 1 人，执事 1 人；伊斯兰教阿訇 2 人，哈吉 1 人；佛教比丘比丘尼 40 人。海口市经批准成立并已登记注册的宗教团体有 4 个：海口市天主教爱国会、海口市天主教教务委员会、海口市基督教三自爱国运动委员会、海口市基督教协会。经批准登记的宗教活动场所有 21 处，其中，基督教活动场所 15 处，即海口堂、府城堂、长流堂、白石溪堂、龙塘堂、新市堂、英豪堂、道客聚会点、国贸聚会点、山高聚会点、三门坡红明聚会点、云龙聚会点、东山聚会点、麻风医院聚会点、义龙路聚会点；天主教活动场所 1 处即天主教圣心堂；佛教活动场所 4 处，即湖中寺、仁心寺、灵山寺、泰华庵；伊斯兰教活动场所 1 处。已落实宗教房产政策尚未开放的有 3 处，即广济庵、聚善堂、东成堂。

【庆典活动】　（1）海口灵山寺举行奠基法会。海口灵山寺始建于宋朝，原名“天宁寺”，历经几度修缮，占地 300 多亩，曾为海南地区最大寺院“海南第一禅林”，后于“文化大革命”中被破坏。2001 年经省民宗厅批准在海口灵山镇易地重建，并正式改名为“灵山寺”。易地重建的灵山寺位于灵山镇琼文公路东北侧（灵山镇海榆东线 223 国道 20 公里处），市政府划拨土地 43 亩。2011 年 1 月 1 日上午，在海口市灵山镇举行了隆重的迁址重建海口灵山寺奠基法会。前中国佛教协会副会长，山西省佛教协会名誉会长根通长老，山东省佛教协会会长明哲长老，中国佛教协会副会长，海南省佛教协会会长印顺法师，海南省佛教协会副会长宽恕法师、成道法师，三亚南山寺当家昌厚法师等大德，与来自海南本地以及山西、浙江、四川、河南等地的众多佛教僧众、居士欢聚一堂，共同参加隆重的奠基法会仪式。（2）泰华庵举行落成开光典礼。海口泰华庵坐落于琼山区府城镇草芽巷，始建于乾隆年间，距今约 300 多年的历史。在“文革”期间遭破坏，现全庵面积仅余 400 平方米。该庵是海南省唯一的女众道场，由于信众多而庵小，为满足广大信众的需求，市政府在美兰区灵山镇灵桂公路左侧尚贤村附近划拨 11 亩地易地重建泰华庵，建筑面积 8800 平方米，于 2012 年 1 月 1 日举行落成开光典礼。

【文化活动】　4 月 1 日，市民宗局在海口经济学院大礼堂组织黎族苗族“三月三”少数民族文艺晚会。海南大学、海南医学院、海南省文化艺术学校、海口经济学院、海口市艺术团 5 个单位参加了演出，他们共同演绎了民族团结、进步、繁荣的喜庆场面。各校的少数民族师生共 1000 多人观看了演出。晚会民族特色浓郁，营造了民族大团结的良好氛围，观众在欣赏精彩文艺表演的同时也接受了一次民族和谐教育。

【城市民族团结进步创建活动】　市民宗局制定了《海口市城市民团结进步创建实施方案》，确定城市民族创建窗口联络处。并做好民族团结宣传品发放工作，深入到各区、重点院校、部分社区和居委会张贴民族团结主题宣传画，把此次宣传活动与传达党的民族政策结合起来，并按计划分阶段开展实施，取得了良好的效果。

【培训教育】　（1）举办宗教教职人员社保工作培训。9 月 16 日，市民宗局在凤翔西路天福苑大酒楼举办推进宗教教职人员社保工作学习培训会。市、区统战部门，各宗教团体和活动场所负责人，共 30 余人参加培训。（2）举办宗教活动场所消防培训班。海口市有宗教活动场所 21 所，大部分信教群众消防意识淡薄，消防知识缺乏。12 月 23 日，市民宗局组织全市宗教活动场所负责消防的有关人员培训班。特别邀请海口市消防支队干警授课，现场操作，理论与实际相结合。通过培训，使参加培训的 45 名宗教场所管理人员学习掌握了消防技能知识。

【推荐宗教界代表参政议政】　市民宗局经过各方面综合考察，推荐遵守教仪教规、品行端正、具有较高修养的伊斯兰教活动场所负责人丁国建阿訇出席中国伊斯兰教第九次全国代表大会。在市政协换届期间，市民宗局推荐6名宗教界代表和2名少数民族代表当政协委员，充分发挥宗教界人士参政议政的作用，为海口的发展献计献策。

【处置非法宗教活动】 全年市民宗局共成功处置4起非法宗教活动，分别为：4月21日从广东梅州的千佛塔寺来的某法师计划在海口金海岸罗顿大酒店举行千人参加的大型非法传教活动；5月13日，韩某军等人组织信众进行非法宗教活动；7月20日，一名从新加坡来的传教士计划在龙昆北路21号颐典园养生馆举行基督教非法传教活动；8月4日，市民宗局与海口市公安局国保支队、琼山公安分局国保大队、龙昆南派出所、琼山区民宗局、海南师范大学保卫处联合行动，查处柯某辉组织的基督教非法传教活动。

【抵御境外宗教渗透】 8月16日，有13名外籍宗教人员（12名韩国男传道会成员，1名吉林省朝鲜语翻译）在琼山区白石溪基督教堂进行非法传教，违反《中华人民共和国境内外国人宗教活动管理规定实施细则》中有关规定，市民宗局联合公安局国保支队前往制止，勒令外籍传道人员停止讲道，制止一起境外非法传教活动。

【伊斯兰教开斋节和古尔邦节维稳工作】 8月31日开斋节与11月7日古尔邦节是信仰伊斯兰教穆斯林同胞的传统节日。节日期间，市民宗局与省、市公安部门、统战部门参加了节日庆典活动，确保了穆斯林传统节日的顺利举行。

（何春凤）

（编辑：吕书萍）

市 区 概 况

秀英区

【中共秀英区委领导】

书　记　陆云飞（11月免）
　　　　刘庆声（11月任）
副书记　鲍　剑（10月免）
　　　　张　霁（10月任）
　　　　王业天（3月免）
　　　　何子平（3月任，9月免）
　　　　黄鸿儒（9月任）
常　委　潘善武（9月免）　梁同坤（9月任）
　　　　麦笃平（9月免）　蔡志森
　　　　符　曜（9月免）　杨定明
　　　　刘小琴　赖永生　焦任翔（9月任）
　　　　王心能（9月任）

【区人大常委会领导】

主　任　邱英雄（12月免）
　　　　何子平（12月任）
副主任　王录民（9月免）
　　　　吴　奎（9月免）
　　　　王　波　符仍辉（12月任）
　　　　易　梅（12月任）
　　　　冯清贵（12月任）

【区人民政府领导】

区　长　鲍　剑（12月免）
　　　　张　霁（12月任）
副区长　何子平（3月免）　赖永生
　　　　陈建军（9月免）
　　　　黄鸿儒（9月免）
　　　　陈　雄　冯　勇（9月免）
　　　　符仍辉（9月免）
　　　　凌　云（9月免）
　　　　王　敏（9月任）
　　　　吉　军（9月任）
　　　　崔海萍（9月任）
　　　　焦任翔（9月任）
　　　　黄奕军（9月任）

【概况】　秀英区位于海口市的西北部，东起丘海大道，西邻澄迈县，南与定安县接壤，北临琼州海峡，总面积511.5平方公里，是海口市辖的4个县级区之一。下辖海秀、长流、西秀、石山、永兴、东山6个镇和秀英、海秀2个街道，村（居）委会89个，常住人口349544人，其中男性186206人；女性163338人。2011年全区实现地区生产总值113.42亿元，完成年度目标的105.1%，比上年增长14.0%。增幅虽然比去年同期相比有所回落，但总体呈现平稳较快的发展态势，全区经济总量首次突破百亿元大关。其中，第一产业增加值12.96亿元，增长6.5%；第二产业增加值45.26亿元，增长23.2%；第三产业增加值55.19亿元，增长9.0%。三次产业增加值占GDP的比重分别为11.4%、39.9%、48.7%，对经济增长的贡献率分别为5.1%、61.4%、33.5%。

【工业】　2011年，全区工业总产值累计完成168.53亿元，同比增长26.1%，扣除价格因素，实际增长19.1%；实现工业增加值32.5亿元，比上年增长22.4%，扣除价格因素，实际增长15.1%，全年经济运行状况良好。全区规模以上工业企业56家，累计完成工业总产值155.2亿元。争取省、市扶持工业发展资金1660万元，提升工业企业的自主创新能力。配合做好海口综合保税区西移工作，与海口高新区建立联席会议制度，及时协调解决狮子岭二期项目征地、周边失地农民就业等问题，推动英利光伏产业一期顺利投产，二期顺利开工建设，光伏产业成为本区新的支柱产业，全区初步形成医药、化纤、光伏、服装等七大产业集群。

【农业】　2011年，全区农业总产值完成21.04亿元，农业增加值完成12.96亿元，比上年分别增长5.9%和6.5%，增幅比上年分别提升0.5和0.9个百分点，其中种植业完成产值7.8亿元，同比增长3.9%；林业完成产值1.0亿元，同比增长6.5%；牧业产值9.4亿元，同比增长9.2%；渔业产值1.8亿元，同比减少1.6%。（1）种植业。尽管年初出现长时间低温阴雨天气造成部分农产品出现减收绝收现象，但在实施一系列大宗农产品单产提升计划以来，加大了农业生产投入和农民直补力度的作用下，种植业发展得到加快，成为稳定农业经济增长的重要基础。谷物、番薯等单产量分别比上年同期增长了16%和6%。由于瓜菜价格持续上涨刺激了农民种植瓜菜的积极性，加之进入二季度后气温回暖、降雨量明显增加，为瓜菜生产提供了良好的物候条件，保障了瓜菜生产的稳产发展，瓜菜类收获产量164109吨，同比增长3.2%。荔枝、香蕉产量大幅增长，拉动了水果产量快速增长。水果总产量30242吨，比上年增长11.7%。其中，荔枝产量3032.3吨，同比增长134.6%；香蕉产量15469.5吨，同比增长25.4%。热带花卉种植继续闪出亮点，推动农业增长。全区花卉种植面积4005亩，同比增长4.3%。全年种植业增加值完成4.9亿元，同比增长4.9%。（2）畜牧业。在市场价格上涨刺激下，秀英区畜牧业发展加快，有力地支持农业经济稳步增长。畜牧业完成增加值5.8亿元，比上年增长9.8%。生猪出栏量达19.8万头，比上年增长5.0%；禽类出栏30.7万只，比上年同期增长4.2%；肉类产量2.3万吨，同比增长4.1%，其中猪肉1.7万吨，同比增长6.6%。（3）林业及农林牧渔服务业。尽管受到天气的影响橡胶开割推迟，但秀英区推进林权改革和林业产业化取得了显著成效，促进了林业生产的发展，林业增加值0.6亿元，比上年同期增长6.7%。农林牧渔服务业完成增加值0.4亿元，比上年增加6.8%。投入使用2个田头冷库，冷藏规模为2000吨，年周转冷藏瓜果蔬菜20万吨。（4）瓜菜质量安全检测。建成1个农产品品质量安全室和8个瓜菜检测站（点），加强瓜菜上市、出岛的检测，确保了瓜菜的品质安全，使市民吃上“安全菜”。全年没有出现农药残留超标案例。

【第三产业】　依托秀英港等港口资源，大力发展临港加工、仓储、装卸、配送等相关产业和会展经济，新海物流园区、新海汽车客货滚装码头等项目正在加快前期工作，海南国际会展中心正式投入运营。加快农村商贸流通体系建设，全力实施农贸市场升级改造工程，海盛农贸市场完成升级改造任务。固定资产投资保持高速增长势头，投资规模迅速扩大，第三产业累计完成投资43.07亿元。

【招商引资】　引进完成固定资产投资项目立项、备案61个，总投资额约221.3亿元，其中引进上亿元项目有23个，较大项目有投资48亿元的西海岸人工岛、投资30.4亿元的永秀花园、投资11.3亿元的港航大酒店等。引进工业项目13个，总投资3.26亿元，第三产业项目26个，总投资160.2亿元，旅游项目4个，总投资57.25亿元。引进金沙湾一期开发、会展中心、国宾馆等建设项目，到位资金约56亿元。同时，通过4月28～29日在观澜湖酒店召开的海口市2011年百大项目招商推介会，相继有富帝国际有限公司、香港金冠城国际投资集团有限公司、澳门名嘉集团有限公司、中国建设基础设施有限公司、天朗地产集团、特易购地产集团等知名企业对秀英区的旧城旧村改造和西海岸地产等建设项目非常感兴趣。重点包装了35个项目，充分利用香港招商会、广博会、珠洽会等平台对外招商，拟引进资金174.95亿元，其中中心镇建设项目4个；旧城改造项目25个；其他项目6个。全心全意为企业提供优质服务，帮助海南宏伦置业、海南鑫海房地产开发有限公司、海南元太建设管理有限公司、海口市公共交通有限公司等10多家企业办理注册相关手续。接待投资考察团体30多批次220余人，带领熊猫烟花集团股份有限公司、香港金冠城国际投资集团有限公司等10多家企业负责人现场考察地块等，达成意向投资65.6亿元。

【重点项目建设】 秀英区始终把项目引进和建设作为推动经济工作的重要抓手，积极参与省、市组团等各类专业招商活动。完善重点项目研究决策、沟通协调、信息通报、督查考核、激励保障等机制，建立健全“五个一”推动机制（即一个项目、一个领导、一套人马、一个方案、一抓到底）和当好“三员”（即指导员、服务员、调解员）的项目落实机制，抽调31名后备干部及聘用专业技术人员充实到项目建设中，高质量服务和保障了一批省、市重点项目顺利建设。2011年共备案、立项61个项目，总投资额达209亿元。落户本区的68个省、市重点项目有序推进，金沙湾、西海岸新区南片区、海屯高速等19个重点项目“冲刺”工作圆满完成预期目标，海屯高速、海榆中线立交匝道等9个项目全面完成征地拆迁工作、提供工作面，西海岸新区南片区、金沙湾等3个项目完成征地签订协议工作，带动了全区固定资产投资的快速增长。

【就业和社保】 2011年，全区城镇新增就业岗位8545个，下岗失业人员实现再就业2805人，转移农村富余劳动力4218人，城镇登记失业率控制在4%以内。完成创业培训590人、创业项目30个，建立创业孵化基地1个、实训见习基地2个，有效地带动了就业。充分发挥三级就业服务平台作用，拓宽就业渠道，全面落实就业工作目标。新农保实现参保率96%，缴费率95%，提前超额完成市里下达的任务指标，获全市第一名。城镇医保实现参保率100%，新农合参合率达98%，均超额完成任务。完善城乡低保人员补贴与物价上涨挂钩联动机制，城乡低保资金全部实现“一卡通”发放，实现了低保救助资金封闭运行，发放城乡低保金2081.73万元，实现应保尽保。积极推进“一站式”医疗救助结算服务，救助城乡医疗困难对象1138人，救助金额309.119万元。

【科技】 （1）创新服务机制。成立农业科技110（电子农务）指挥中心并在全区6个镇建有7个服务站，其中新建中心镇服务站2个，养蜂专业服务站1个，改建4个，永兴服务站为省级龙头服务站，永兴卓津蜂业服务站为省级龙头专业服务站。在美目、美社、冯塘等村庄新建17个服务点。统一规范指挥中心和各服务站点的标准化建设，配置电脑、多功能可视设备、检测仪器和服务车辆等。统一使用农业科技110徽标、服务处方笺、服务登记表，开设智能化咨询服务台和视频咨询台，实现各站点与指挥中心连接。形成规范统一、协调管理、快捷周到的为农民服务模式。（2）建立科技特派员领携的农业企业及农业专业合作社138个，建立无公害蔬菜生产、海水养殖、荔枝、黄皮、壅羊、蜜蜂生态养殖等科技示范基地26个。秀英区顺利通过中国科协检查验收，再次被中国科协授予“全国科普示范区”称号。（3）健全农技协。帮助东山镇紫罗村成立蛋鸡养殖协会，指导永兴镇佛手瓜协会、菠萝蜜协会和西秀镇拔南村水产养殖协会完善各项工作制度，全区农技协发展到25个，会员增加到5000多人，专业包括荔枝、黄皮、香蕉、水稻、畜牧、瓜菜、水产、运输等十几个专业。已有125名农民获得农民技术员职称。永兴镇佛手瓜协会、东山镇蛋鸡养殖科普示范基地和西秀镇水产养殖科普基地获海口市科普惠农优秀项目，永兴镇菠萝蜜协会会长林桂兰被评为科普带头人，获得奖项的数量超过往年。（4）加强农村“一站、一栏、一员”建设。在海秀镇的新村、海秀街道办的金鼎社区、海秀镇儒益村以及石山镇的美社村各建起了1个科普宣传栏，其中石山镇美社村的科普长廊长达74米，颇具火山文化特色，成了科协工作的重要品牌。帮助石山镇道堂村、海秀镇儒益村、秀英街道办秀海居委会等建成科普活动站。（5）组织科普志愿者开展科普活动。在书场村市场、万家隆超市广场通过科普宣传、科普挂图、科普咨询、赠送科普资料等活动，向社区居民宣传节约能源、保护环境、医疗健康、法律法规等知识。为永兴镇和西秀镇的农民举办农业实用技术培训班，并组织技术员到现场提供技术服务。在荣山中学、永兴中学举办青少年科技创新大赛成果展，共有

1000 多名青少年积极响应参加参观学习活动。

【校安工程】 （1）实施“走进学校、走进师生、走进课堂”三走进工程，进一步营造了全区重教育、抓教学、兴教研的良好风气。全面落实“两免一补”政策，免除学杂费 1503.5 万元，惠及学生 31350 人，“双高普九”成果进一步巩固提高。加大教育布局调整，撤并先平小学等 22 个农村完小的中高年级。在全市率先创建第一个教育示范镇，石山中学、石山中心小学第一批创新示范校建设项目基本完工；改扩建东山中心幼儿园和永兴中心幼儿园正在开展前期工作；永庄小学、建群小学等 8 所学校被评为市规范化学校。2011 年，教育质量大幅度提升，小学毕业测试总优秀率、总合格率、总高分率增幅均列全市第一，丰南中学、新海学校等 4 所中学进入全市农村学校前 10 名。（2）校安工程进展顺利。2011 年中小学校安工程项目共 30 个，13 个项目已竣工，17 个项目正在建设中，项目总开工率 100%，竣工率 43.3%，均超额完成年度任务，工程进度稳居全市前列，多次在市校安工程推进上作经验介绍。计划建设面积（重建、加固）31349.29 平方米，计划投资 4233.22 万元，已完成投资 1980.5 万元。

【卫生计生】 推进农村基层医疗机构综合改革，实现了机构更加精简，人员平稳过渡。全面启动 7 家卫生院基本药物制度，实行零差率销售，基本药物使用比例已连续 3 个月达到 70% 以上，门诊量、门诊次均费用等均得到明显的下降。完成公共卫生综合楼前期准备工作，正式启动建设。加强传染病的监测和防控，有效防止了各类传染病的爆发和蔓延。加大计生投入，全年计生投入 1412 万元，同比增长 48%。创新计生工作机制，推进诚信计生，新海村、美社村被评为“省级诚信计生工作示范点”。奖励农村部分计划生育家庭 305 人，发放奖励金 182.3 万元。投入 500 万多元强化计生服务机构设施标准化、形象规范化建设，基本建成集技术服务、宣传咨询、人员培训、药具发放等为一体的区、镇、村三级计生服务网络。2011 年人口出生率 13.98‰，出生人口性别比 117.68，符合法定生育率 91.65%，人口自然增长率持续控制在 9‰以内，被市政府评为“人口计划生育先进区”。

【民政】 及时有效开展救灾工作，确保灾区困难群众基本生活。共发放救济大米 1589 吨、衣物 1500 套，使 33550 户 107400 人的基本生活得到保证，受灾群众思想得到稳定。五保供养标准不断提高，农村五保供养标准由原来的 280 元提高 320 元。加大敬老院建设力度，筹资 900 万元，建设东山敬老院。投入 70 万元，做好新建石山敬老院软件、硬件建设。按照“政府主办、社会经营”的原则，将辖区新建石山敬老院委托非营利组织管理，实现管理有序，院容整洁、服务到位、老人满意的目标。在金鼎社区成立海南省首家慈善超市，对辖区内的五保户、低保户、优抚对象、孤寡、重残家庭、大病家庭、特困户及政府认定的其他困难群体提供经常性救助。支援驻区部队建设，解决部队建设用地 158 亩。组成慰问团深入到驻区部队以及优抚对象家中进行走访慰问，共赠送慰问金 55 万元。区民政局、计生委、园林局等单位相继开展了军事日活动，分别走访慰问了海口民兵训练基地、南航第八师、南航第十七团等部队，进一步密切了部队与地方的关系，增进了军政军民之间的团结。驻区部队积极参与地方建设，预备役师多次与区有关部门到东山镇统历岭村考察调研，制定了详细的共建方案，协调经费 30 多万元硬化村路、修建水塔。海军十一支队投入 10 多万元，为石山镇美贯村购买了电视机、排球架、羽毛球拍等一系列文体器材，制作了军民共建宣传栏。驻区军警部队累计投入资金 60 多万元，兵力 400 多人次参与区文明生态村的创建活动。共出动兵力 1500 多人次，车辆 60 多台次参与秀英区抢险救灾、义务植树、环境卫生整治等活动。

【文化体育事业】 圆满完成万春会、环海南岛国际大帆船赛海口赛段、环岛自行车赛、国际铁人赛、冼夫人文化节秀英分会场活动、庆祝建党 90 周年和建区 20 周年系列文体活动等工作，进一步丰富群众文体生活。完成麒麟舞等申遗工作，一村一品文化品牌独具特色，乡土文化得到保护和挖掘。实施农村有线电视工程2500户，在25个村委会安装广播，解决了边远农村群众收看电视、收听广播难的问题，基本实现农村电视“村村通”；推进文化信息资源共享，在68个村委会完成乡镇文化信息共享基层服务站建设，建成76家农家书屋，开办市民学校，提升市民素质。

【城乡基础设施建设】 做好市政设施、园林绿化、环境保护、环境卫生、城市管理等服务工作。白水塘路、滨海西路二期等2个重点项目已完成征地拆迁工作，货运大道二期、长滨路、海屯高速、海榆中线立交匝道、金鼎路等5个重点市政道路征地拆迁工作取得了重大进展。中心镇建设加快，永兴宜居低碳国际旅游小镇概念规划正在抓紧编制，东山中心镇总规通过评审。秀英大道改造进展顺利，安置楼已全部竣工并正在进行安置。603户农村危房改造按期顺利完成。推进农田综合整治、节水灌溉、水库除险加固、防洪楼工程等建设，完成西秀博养村边排水沟、东山赤历洋排沟、石山美岭村委会道路、西秀那甲灌渠龙头下村修复、长流美涯水库溢洪道改建等5个项目建设，防灾抗灾能力得到提高。改造旧的农村供水点4处，受益村庄4个、人口0.96万人。全国第二次水利普查工作有序实施。

【城市环境综合整治】 开展创建国家卫生城市、全国文明城市活动，启动“建设国际旅游岛畅通安全文明行”和“文明大行动”活动，全面推进环境综合整治“五大工程”，城乡面貌明显改善。修建公厕5座，落实“门前卫生三包”制度，向社会公开发包91条新建市政道路的清扫保洁，城区清扫保洁和管理能力大大提高。重点打击违法违章建筑，全年共拆除违法建筑200宗，面积18.64万平方米，基本实现“零增量、减存量”的目标，“五大工程”整治名列全市前茅。清洁、整洁工程综合评比全年获第一名6次，第二名3次，第三名3次，全市4个区排名第一，得到市、区领导的肯定。在海口市“打违工程”检查评比（6月和10月份不评比）中，获得第一名4次，第二名4次，第三名2次，全市4个区排名第一。在海口市“安静工程”检查评比（4月份开始评比）中，获得第一名6次，第二名1次，第三名1次。

【文明生态建设】 开展生态区、生态镇、生态村创建活动，全面启动24个文明生态村创建点建设。美社村被评为全省“十大文化名村”，并作为省军区成立60周年庆祝活动的2个参观点之一。石山火山口片区、永兴片区、东山马坡洋片区的创建初步形成规模。秀新、高新、通华、东方洋、金鼎等文明和谐社区创建成果进一步巩固提高。完成农村改厕2000个，进一步改善农村卫生环境。开展永庄水库、五源河等水环境综合整治，乱挖火山石、乱挖南渡江沙等违法行为得到有效遏制。大力推进节能减排，取缔拆除黏土砖窑18家，可持续发展能力不断增强。

【农村危房改造】 秀英区6镇共有危房3900多间（2009年普查），总面积约26万平方米，占农村房屋存量的9%。根据市政府自2011—2014年分4年完成农村危房改造工作的计划，2011年市政府下达给本区危房改造任务600户，占危房总数15.4%，政府共补助资金1074万元（中央、省资金474万元，市财政资金600万元）。2011年的农村危房改造工作9月30日前全部开工，11月20日前全部竣工，竣工率100%，已严格按照“一户一档”制全部建档，完成网上电子录入，并通过省、市检查验收。

【镇海村改造项目】 镇海村位于海口市西海岸重点建设发展片区，有476户1432人，村庄原有建筑面积约11万平方米，改造面积410.9亩（村民宅基地占地面积184.2亩，集体公共设施用地207亩，国有土地19.7亩）。2009年5月秀英区政府成立秀英区镇海村改造指挥部，编制《镇海村改造拆迁补偿安置方案》。根据该方案，镇海村人均宅基地补偿款97935元，每人可得到50平方米安置房，安置房以2092元/平方米的低价购买，村集体可自建自营4.5万平方米的商业铺面，作为村经济转型和村民就业的平台。由海口市秀英区城市建设投资有限公司代建，2009年4月开始征收调查，2010年3月22日启动拆迁工作。项目总投资6.8亿元，包括3大项：即拆迁补偿、安置区建设、市政配套建设。安置区占地138亩，其中安置住宅区90亩，商业区48亩。安置住宅区有楼房21栋，976套，总建筑面积91457.06平方米（含地下883平方米）。安置区周边3条配套市政道路总长约1535米，道路面积4.1万平方米，其中：镇海北路长802米、宽25米；镇海西路长375米、宽32米；镇海东路长358米、宽25米。2011年底，整个项目完成80%以上。

【西海岸新区南片区一期项目】 西海岸新区南片区一期项目是市重点项目，位于市长流一号路西侧，项目用地面积6030.72亩，其中国有土地面积447.97亩；集体土地面积5582.75亩。集体土地征地涉及长流镇的长流墟社区、博抚、博生、道盖、式金、堂善、田罗、新民、文丽和西秀镇的博养、长德、新海共12个村（居）。项目预计投资35亿元，建设期6年，涉及到新民、田罗村庄的旧改搬迁，业主单位为海口首创公司。

【社会治安综合治理】 成立社区矫正工作人员、村（居）委会残疾人专职委员、劳动监察协管员、监外执行专职社会工作者等队伍。开展"防灾减灾"工作，海秀镇水头村成为市级"防灾减灾示范点"。发挥区、镇（街）、村（居）三级矛盾纠纷调处网络作用，2011年全区挂牌督办的荣山寮村清航补偿等15宗案件全部得到稳控，基本妥善解决秀旅公司欠债、东山热作场征地等一批历史遗留问题，调解各类矛盾纠纷527宗，成功调处501起，调解成功率95%。开展区委书记大接访活动，发挥信访突出问题及群体性事件联席会议作用，解决21宗群众反映的各种问题，群众到省、市机关群体上访分别同比下降20%和40%。严厉打击各种犯罪活动和开展禁毒专项整治，破获各类刑事案件898起，同比上升5.2%，破获毒品案件176起，和谐稳定局面进一步加强。切实抓好安全生产、消防安全、食品安全治理与整治，安全生产各项指标控制在市下达的范围内，未发生重、特大火灾事故。

【保障性住房建设】 秀英区保障性住房项目——福秀小区位于秀英区向荣路北侧原海口市化工二厂内，总用地面积约38.5亩，容积率3.5，完成总投资2.55亿元，分三期建设。廉租房第一期已验收分房，第二期正进行验收，第三期于2010年6月动工，2011年11月底完成，由于加装太阳能热水器项目，计划于2012年1月底竣工。2011年共受理、备案经济适用住房申购申请254户。累计受理符合住房保障资格条件轮候配租的有420户，发放廉租房配租前轮候期间住房保障货币补贴累计364户，发放金额203万元。

2011年海口市秀英区廉租房建设情况表

廉租房	占地面积	建筑面积	投资	套数	已分房	备 注
第一期	12亩	33400 M2	12180万元	656	420	
第二期	10亩	23100 M2	7026万元	526		由市政府分配
第三期	10亩	18636 M2	6282万元	360		
总 计	32亩	75136 M2	25488万元	1542	420	

【区镇领导班子换届】 11月23日，秀英区选举产生了新一届区党委、纪委班子成员和出席市十二次党代会代表，圆满实现了区委换届各项既定目标。共选出了区委委员30名，区委候补委员6名，平均年龄44.9岁，女干部5名，少数民族干部1名。委员和候补委员中，研究生学历4名，占11.1%；大学学历23名，占63.9%；大专学历9名，占25%。区纪委委员21名，平均年龄42.7岁，女干部4名，少数民族干部1名。纪委委员中，研究生学历1名，占4.8%；大学学历14名，占66.7%；大专学历6名，占28.6%。满票当选的9名区委常委中，平均年龄46.8岁，45岁以下3名，占33.3%；研究生学历2名，占22.2%；

大学学历4名，占44.4%；大专学历3名，占33.3%；女干部1名，占11.1%。大会选举产生了区出席市第十二次党代会代表32名。至8月25日，全区6个镇均顺利选出新一届党委、纪委班子和参加区党代会代表。6个镇新当选的党委班子成员共43名，平均年龄37.9岁，妇女8名，本科学历的有26名。新当选的纪委委员30名，纪委书记全部由党委副书记兼任。党委班子60%成员以全票当选，其余的也以高票当选。99%的党代表参加了党员代表大会。

【依法行政】 制定《海口市秀英区2011年依法行政工作要点》，对全年依法行政工作进行总体部署。制定并印发了《海口市秀英区人民政府重大行政决策规则》、《海口市秀英区人民政府重大行政决策听证制度》、《海口市秀英区人民政府重大行政决策合法性审查制度》等，把公众参与、专家论证、风险评估、合法性审查和集体讨论决定作为重大决策的必经程序，推进政府决策的科学化、民主化和法治化。强化政府法制机构和法律顾问的参谋助手作用，要求区法制办列席区政府常务会议，未经区法制办和区政府法律顾问审核把关的规范性文件草案，政府常务会议不予研究讨论，未经区法制办和区政府法律顾问审查并提出意见的涉法事务，政府不作决定。加快重点领域的规范性文件制定工作，制定了《海口市秀英区城乡居民医疗救助实施细则》、《海口市秀英区农业救灾资金使用实施细则》、《海口市秀英区遏制和打击抢建抢种行为的工作意见》等规范性文件。执行规范性文件备案登记管理制度，制定出台《海口市秀英区规范性文件制定与备案制度》，在全市4个区率先对区政府各部门及镇（街）制定的规范性文件进行登记备案。建立规范性文件定期清理制度，每半年对全区各单位的发文目录进行清查，通报规范性文件制定与备案情况，确保报备案率实现100%。2011年重点围绕贯彻实施《国有土地上房屋征收和补偿条例》，对1991—2010年期间区政府有关征地拆迁的规范性文件进行清理审核，共清理规范性文件10件。严格行政执法各项工作，制定了《秀英区行政执法考核评议制度》，每年定期对各执法单位的执法情况进行考核。制定了《秀英区行政执法案卷评查制度》、《秀英区行政许可案卷评查标准》和《秀英区行政处罚案卷评查标准》，指导和规范各执法单位的执法案卷。

【党风廉政建设】 落实“一岗双责”廉政责任制。严格执行财经纪律，严格控制公务购车、会议、接待、机关工作人员出国出境经费等支出。推进政府信息公开，开展民主评议政府工作部门和基层站、所“优质服务年”活动，充分利用“12345”政府服务热线、“椰城纠风热线”等平台，提高政府工作透明度。重点治理中小学招生、医疗购销、工程建设等领域损害群众利益的不正之风，对财政专项资金、支农惠农资金、重点项目建设资金、抗洪救灾资金、低保医保资金等开展专项检查和审计。全区没有发现重大非法使用、侵吞专项资金的违规违纪案件。

【农村党组织与村委会建设】 秀英区共有6个镇，70个行政村，村党总支部15个，党支部85个，农村党员4610名。探索建立农村基层党建工作新机制，以提高农村基层党组织的执政能力。（1）确立“三个一”理念。一是建立领导包点工作制度。区三套班子党员领导干部每人联系一个村、平均每月到联系点工作一次以上，区领导深入联系点调查研究、督促检查，全程指导。二是建立基层党建工作专题会议和镇党委书记抓党建专项述职制度。三是建立“3+2”党建工作新模式。即建立区委组织部、区纪委、区委宣传部三个抓农村党建工作的主要部门联同镇党委、区机关联系点单位共同抓农村党建工作的协调机制。（2）坚持三个着眼，一是着眼于创新工作方式。制定镇干部驻村工作制度、《秀英区在农村地区推行“两委”干部坐班制实施方案》，成立工作领导小组，建立完善一把手负总责、首问责任、坐班工作日记等制度。二是着眼于优化工作环境，探索和推行农村干部规范化管理。保证基层党组织书记、村委会主任每年培训时间不少于7天，其他村干部不少于3天。对全区6个镇近300名村民小组长进行培训，这在全省尚属首次。三是着眼于推动城乡党建一体化，扎实开展联动结对帮扶活动。由区三套班子领导分别带队，组织16个区机关党组织和党员干部深入16个重点、难点村，配合市直机关党组织开展帮扶工作。（3）立足三个抓实，一是坚持把发展农村经济作为党建工作的中心任务来抓实。全区党员干部带头成立农村经济专业合作社有76家。二是把加强农村组织阵地建设作为党建工作的重要内容来抓实。共修建村委会办公室27套，完善村办公场所35个。建立70个农村党员现代远程教育站点，组织开展各类教学活动780多次，受教育党员干部和群众8600人次。三是把推进农村基层党内民主建设作为党建工作的主要关键来抓实。全区70多个村全部推行村务公开、党务阳光公开，覆盖率达100%。在全省成立第一个农村党员干部警示教育基地，每年每个镇组织村干部到基地接受教育不少于1次，已有426人次农村党员干部接受教育。

【防汛救灾】 2011年10月初，第17号强台风“纳沙”登陆海南，10月5日出现强降雨，秀英区农林牧渔业、水利、民房和道路等损失严重。全区累计直接经济损失7.078亿元，农作物受灾面积16.98万亩，其中粮食受灾面积4.98万亩；农作物成灾面积8.4万亩，其中粮食成灾面积3.96万亩；农作物绝收面积5.85万亩，其中粮食绝收面积2.415万亩；因灾减产粮食约1.23万吨。水产养殖减产约5.61万吨。区委、区政府在接到市委、市政府发布的应急响应指示后，对防汛工作进行紧急部署。区三套班子领导分工负责，充分发挥和调动镇街、村居干部，布置到位，措施到位，落实到位，责任到位。各级防汛责任人均深入一线，靠前指挥。区“三防”办、区“三防”指挥部各成员单位认真落实24小时值班制，区“三防”值班室安排1名常委和1名区政府领导带班，坐镇指导值班工作，确保抗洪救灾工作政令畅通。全区各水库和防洪设施都安排专人把守，严密监视水库安全。全区水库均以最大排量放水，及时补充防汛物资。提早组织全区625艘渔船全部回港避风，33排渔排上的人员全部上岸。由长流、西秀2镇管理好回港渔船和上岸人员，严防渔民私自出海。及时转移安置群众，及时组织救助品，确保村转移群众基本生活需求。按领导责任、按部门分工，认真分析灾情，编制计划，制定方案，迅速展开灾后重建工作。

2011年秀英区行政区划表

指标	单位	全区合计	区辖镇（街）							
			长流镇	西秀镇	海秀镇	石山镇	永兴镇	东山镇	秀英街道办事处	海秀街道办事处
土地面积	平方公里	511.5	48	68	19.75	120.74	108	124.51	16	6.5
人口	人	349544	39533	36737	37087	33451	28383	68336	55158	50859
人口密度	人/平方公里	683.37	823.6	540.25	1877.82	277.05	262.81	548.84	3447.38	7824.46
社区	个	19	2	0	1	1	1	2	5	7
建制村	个	70	12	10	6	11	8	21	2	0

2011 年秀英区所辖镇、街道办事处、建制村（社区）

单位：个

区辖镇（街）	社区	建制村
长流镇	长流墟、镇海	长东、康安、会南、长丰、美德、博新、长南、堂善、长流、棠昌、长北、美李
西秀镇		博养、长德、龙头、祥堂、荣山、新和、丰盈、拨南、新海、荣山寮
海秀镇	海 榆	新村、水头、业里、儒益、周仁、永庄
石山镇	石 山	和平、扬佳、道堂、北铺、岭西、施茶、安仁、福安、建新、美岭、道育
永兴镇	永兴墟	永秀、永德、美东、建中、雷虎、建群、罗经、博强
东山镇	镇南、镇北	东星、儒万、永华、东山、东溪、光明、溪头、马坡、东苍、玉下、雅德、建丰、文塘、紫罗、前进、环湖、东升、溪南、射钗、东城、城西
秀英街道办事处	秀华、秀海、秀中、秀新、高新	书场、向荣
海秀街道办事处	海口港、东方洋、长秀、金鼎、十一支队家属、爱华、天海	

2011 年秀英区主要经济指标

单位：万元

指 标 名 称	累 计	比上年同期（±%）
地区生产总值	1134186	14
农业总产值	210419	5.9
工业总产值	1685264	19.1
社会消费品零售总额	1302172	18.1
固定资产投资总额	1517408	72.5
城镇居民人均可支配收入（元）	18866	17.9
农民人均纯收入（元）	7164	16.2

（张珲）

龙华区

【中共龙华区委领导】

书　记　宁虹雯
副书记　符　革　陈国强（3月免）
　　　　苏长文（3月任，9月免）
　　　　徐　伟（9月任）
常　委　凌　云（9月任）
　　　　冯勇（9月任）　陈　雁
　　　　廖检保（10月任）　冯永健
　　　　黄克民（9月任）
　　　　董孟清（挂职）
　　　　林养（9月免）
　　　　吴　优（9月免）
　　　　郭　刚（9月免）
　　　　八钊平（9月任，10月免）
　　　　冯　琳（挂职，9月免）

【龙华区人大常委会领导】

主　任　梁锦武（12月免）
　　　　苏长文（12月任）
副主任　王达兴　黄世诚　郭登良（12月任）
　　　　王惟雄　田俊基（12月免）

【龙华区人民政府领导】

区　长　符　革
副区长　冯　勇（9月任）
　　　　董孟清（挂职）　李会文
　　　　刘芳芳（9月任）　陈正参
　　　　李美健（9月任）
　　　　符锡安（9月任）
　　　　郭　刚（9月免）
　　　　辜绳福（9月免）
　　　　李世高（5月免）
　　　　王建斌（9月免）

【概况】　龙华区地处海口市中心繁华地带，东接美兰区、琼山区，西邻秀英区，南连定安县，北临琼州海峡，面积300.06平方公里，下辖城西、龙桥、龙泉、新坡、遵谭5个镇和中山、大同、滨海、海垦、金宇、金贸6个街道，常住人口59.3万人。2011年，龙华区委、区政府以科学发展观总揽全局工作，推动经济社会发展步入全面、协调、可持续的轨道，着力保障和改善民生，加快构建幸福和谐新龙华，各项事业发展成绩斐然。（1）综合经济实力显著提升。全区实现地区生产总值326.44亿元，比上年增长22.02%；财政收入67.5亿元，增长15.58%；一般预算收入12.3亿元，增长15.3%；社会消费品零售总额119.38亿元，增长19.09%；城镇居民人均可支配收入24750元，增长20%；农村居民人均纯收入7649元，增长20.99%。（2）结构调整取得新突破。现代高效特色农业发展基础进一步夯实。以汽车制造业、食品饮料业、制药业等为主导的现代工业不断做大做强，光纤、电子等新兴产业快速成长。房地产、金融保险、会议会展等现代服务业加快发展，特别是批发零售、住宿餐饮、交通运输、物流等第三产业快速发展，高尔夫、游艇等新兴产业初具规模。三次产业比例调整为1.7∶29.2∶69.1，比例关系和结构渐趋合理。（3）城乡面貌发生深刻变化。绕城高速、丘海大道延长线等城市道路相继建成通车。龙昆南延长线、羊山主干道等道路建设顺利推进。丘海大道、南海大道、龙昆南、龙昆北等路段街景立面改造顺利完成。旧城区以及“城中村”改造取得阶段性成果。农村墟镇建设及基础设施配套进一步改善。2011年，先后获“全国法制县（市、区）创建活动先进单位”、“全国科技进步先进区”等荣誉。

【工业】　有海口保税区、金盘工业区等工业园区，有汽车制造、食品饮料、生物制药、机电制造等支柱产业，有海马、椰树、椰岛、先声药业、亚太啤酒、三星通信、海宇锡板、金盘电气等一批知名企业，年产值500万以上的企业64家。2011年完成工业总产值280亿元，比上年增长111%。全区的工业发展特点：（1）产业结构以重工业占据主导地位，轻重工业发展并重。由于汽车制造业迅速发展，重工业已占据主导地位，重工业产值占工业总产值68.6%，轻工业占27.1%。（2）工业支柱产业发展逐渐向优势产业集中。汽车制造业、食品饮料加工业、医药制造业、电器设备及金属制品业等几大行业占全区比重85%以上，产值超亿元的企业达26家。（3）工业类型结构变化明显。以优化资本结构为主线的国有企业改革，促进了非公经济蓬勃发展，股份制企业产值占总产值 65.4%，外资企业产值占 18.9%，国有企业产值占 8.2%。

【农业】 积极探索农业发展新模式，引导农民发展现代特色农业、设施农业、观光农业、休闲农业，基本形成具有龙华特色产业带：反季节瓜菜产业带、常年瓜菜产业带、畜禽养殖产业带、珍稀林木产业带、热带水果产业带等。在遵谭镇建起咸谅坡、文谢坡、龙合坡 3 个共 1500 亩常年瓜菜基地。实施新坡鹅养殖项目。2011 年全区粮食作物种植面积 7.12 万亩，比上年减少 8.8%，产量 2 万吨，增长 5.9%；冬季瓜菜种植面积 4.5 万亩，增长 18.4%，产量 8 万吨，增长 12.7%；常年瓜菜种植面积 2 万亩，产量 5. 5 万吨，增长 11.2%；家畜存栏量 8.58 万头，出栏量 17.16 万头，增长 10%；家禽存栏量 33.5 万只，出栏量 68.1 万只，增长 1.6%；渔业总产量 0.42 万吨（其中淡水养殖产量 0.23 万吨，海水捕捞产量 0.19 万吨），增长 2.4%，产值 3360 万元，增长 12.3%。注重农产品质量安全监管，以健全质量安全监管网络体系、深入做好宣传教育、加强源头监控、建立可追溯机制四个方面为重点，全面开展农产品质量安全工作，2011 年全区瓜菜出岛检测合格率达 100%。全区完成农业总产值 8.41 亿元，比上年增长 7%。

【第三产业】 受海南获批国际旅游岛等利好政策拉动市场消费，批发零售、住宿餐饮、交通运输、物流等商贸服务业保持快速增长。以商贸服务业为主导的第三产业加速增长，住宿餐饮业、批发零售业等持续兴旺，分别实现 10.53 亿元和 108.85 亿元，分别增长 21.2% 和 18.9%。成功举办高尔夫、游艇两大论坛和观澜湖高尔夫世界杯等一系列重大国际活动。海南国际创意港成功落户，带动文化创意产业发展。中国联通等大型企业相继入驻，总部经济不断增强。

【重点项目】 2011 年列入区级重点管理项目有 50 个，其中政府投资项目 22 个；旧城改造项目 8 个；社会投资项目 20 个。项目计划投资总额 302 亿元，其中社会投资项目年度计划投资 232 亿元；政府投资项目年度计划投资 70 亿元。至年底完成投资额 159 亿元，占计划投资总额 52%。

侨中路 位于海口市国贸片区，是该片区南北向最重要的一条规划次干道。道路红线宽 40 米，北起金龙路与玉沙路交叉口，南至金垦路，道路全长 987 米。侨中路项目征收工作涉及 15 户，需征收土地面积 12535 平方米，建筑面积 9249 平方米，项目共涉及资金量为 1232 万元（未含土地补偿费用）。于 2011 年 1 月中旬完成调查，2 月中旬上报征收补偿方案，3 月中旬开始签订协议，4 月初开始拆除工作，12 月底通车。

世贸东路延长线 全长 1300 米，其中本次征收的南段长 615 米，规划红线宽 40 米，北起海秀中路海南欣隆商业储运有限公司，南至海南农垦总局北边，征收工作涉及 133 户，需征收土地面积 15308 平方米，建筑面积 18336 平方米，项目共涉及资金量约为 9889 万元。于 2011 年 1 月下旬完成调查，3 月初上报征收补偿方案，5 月 10 日开始签订协议，6 月初开始拆除工作，12 月底通车。

观澜湖旅游小镇 项目一期用地 1032 亩，已全部完成征地任务。6 月 28 日开始施工，计划投资总额 200 亿元，至年底完成投资额 25 亿元。

羊山路网主干道（北段） 市政重点建设项目，其中位于龙华辖区内的龙桥镇挺丰、三角园、永东 3 个村委会，总长 5.2 公里，项目用地面积 290 亩。2011 年 5 月完成调查并上报征收补偿方案，7 月完成征地协议的签订工作，项目正在顺利施工中。

学院南路 项目投资总额 2000 万元。道路全长 713 米，征用城西镇土地共 27.63 亩，征收工作涉及 16 户，拆除建筑面积为 6447.57 平方米。2010 年底已将所有的补偿款发放到位并完成征地拆迁工作。2011 年 3 月开工建设，12 月底建成通车。

龙桥变电站 龙桥 110 千伏输变电工程项目是海南电网公司 2011 年重点工程项目之一，项目用地 7 亩，是观澜湖度假区的配套项目，总投资 752.25 万元。2011 年 6 月完成调查，7 月上报征收补偿方案、开始签订协议，11 月开工建设。

绿色休闲慢道 全区慢行绿道起点于城西镇椰海大道，终点于新坡镇文山村，贯穿城西、龙桥、龙泉、遵谭、新坡等 5 个乡镇，规划建设 20 个驿站，全程 120 公里。将为广大游客展现 1.3 万年前火山喷发后形成的火山熔岩地貌、自然生态景观、特色的热带水果及植被、人文历史、民俗风情，提供自行车运动休闲、度假美食、观光农业、民俗风情等特色休闲服务，打造羊山绿色休闲旅游基地，并以此带动“一村一品”旅游产业的发展，增加农民收入。项目计划分为三期建设：第一期路线已开通（路线为：东线高速公路龙桥入口处进入羊山自行车俱乐部——变色井、羊山地区古石器展览点——月茗庄农家乐——骏豪高尔夫球场旁边——永东片区文明生态村——精卫娘娘庙、群英亭——自行车俱乐部）。第二期路线已开通年丰渔庄驿站——龙桥永东村——羊山自行车俱乐部；龙桥永东村——龙泉翰香书院——遵谭六神庙——遵谭听雨轩驿站。一、二期项目共开通路程达62公里。龙桥雅致阳光驿站、龙泉占符驿站和龙泉龙浩驿站正在紧张施工。第三期主要是筹建遵谭——龙泉——新坡路线以及沿途驿站。

【招商引资】 2011年招商引资共签约15个项目，其中商业项目2个；房地产4个；旅游项目7个；总部经济2个，协议投资250亿元。年初，引进苏南村镇银行、中国联通总部经济落户。4月，参加市政府“筑梦海口·赢未来”大型招商活动，组织项目推介，精心包装策划现代美居物流园区等重点招商项目，最大限度地吸引外商投资。

【城乡建设】 投入250万元硬化主城区内12条土路，安装坡博西村20盏路灯，解决了主城区内群众出行难问题。2011年投入补助资金422万元，农户自筹资金346.58万元，改造农村危房200户（其中维修C级60户、重建D级140户）。投入711万元新创建10个文明生态村，巩固提高10个文明生态村，带动16个村庄加入创建行列，文明生态村总数达241个，占自然村总数的78%。

【“五大工程”环境综合整治】 2011年，“整洁工程”共教育取缔肩挑叫卖、出店占道经营、乱摆卖行为16400宗次，清理气球、条幅等临时户外设置物1600宗次，清洗乱张贴小广告43000张，处罚大排档、烧烤等摊点177个，扣留违法经营物品1700件，收缴违法小广告3800张，拆除不规范招牌588块。“打违工程”共立案查处违法建筑138宗，违建面积20.47万平方米，共组织8次大规模的拆违行动，全年拆除违建面积共计7.2万平方米，有效遏制了违章建筑蔓延的趋势。“安静工程”共查处噪音污染459宗、油烟污染163宗，使城区环境更加安静宜居。“规泊工程”共设置9个摩托车（自行车）收费停放点，对7个重点路段、1个农贸市场进行规泊划线，共规泊划线9466米，规范停泊摩托车（自行车）停放点215个。成立数字城管工作小组，共计处理各类数字城管办件24675宗，及时办结23511件，占95.28%。

【教育科技】 全年教育共投入3100万元，通过实施校安工程、调整学校布局、狠抓城乡教育帮扶、加强教师队伍建设和校园文化建设等途径，改善学校办学条件，规范学校办学行为，保障适龄儿童少年入学，提高学校办学水平。全年创建1所省级规范化学校和5所市级规范化学校。启动新一轮学校布局调整工作，优化整合教育资源，撤并农村不足100人学校4所。开展第三轮城乡教育对口帮扶工作，实现被帮扶学校“办学条件进一步改善，规章制度进一步健全，办学行为进一步规范，教学质量进一步提高”，达到“帮扶一所，建好一所，完善一所，规范一所”，逐步缩小城乡差距，实现县域义务教育基本均衡目标。2011年中小学校安全工程建设计划项目22个，竣工项目2个，主体完工项目4个。龙泉中心幼儿园规划报建完成，已拆除原教学楼。秀峰幼儿园正处于报市规划局项目选址、项目规划方案设计及土地征用划拨阶段。开展“科技活动月”活动，举办防震减灾图片展。扎实抓好农业科技110服务，龙华畜牧专业服务站被评为省级专业服务站。实行科技特派员制度，探索农信通工作新模式。

【医疗卫生计生】 全年医疗卫生投入7189万元。基本医疗保障制度实现全覆盖，2011年城镇职工医保、城镇居民医保、新农合三项医保的参保率均达到98%以上。国家基本药物制度初步建立，4个镇卫生院、47家村卫生室、3个社区卫生服务机构实施国家基本药物制度，并实行零差率销售。率先完成乡镇卫生院综合改革任务，全面完成人员竞聘上岗和分流安置工作，竞聘上岗人员共有127名，分流安置64人。基本公共卫生服务均等化程度逐步提升，全面完成五项重大公共卫生服务项目，11项基本公共卫生服务项目有效实施，居民健康档案建档率为71.9%，“八苗”基础免疫接种率均达100%。基层医疗卫生服务体系逐步健全，4个镇卫生院，47家村卫生室，32个社区卫生服务机构，基层医疗机构卫生技术人员688人。全面开展以食品卫生、医疗行为、公共场所卫生等为重点的卫生监督执法工作，日常监督检查餐饮服务单位1120户次，食堂95户次；检查公共场所335户次，责令整改68户，没收和销毁各类食品添加剂约36公斤。扎实开展打击违法添加非食用物质和滥用食品添加剂专项整治工作，共监督检查无证行医21户次，查处7户，行政处罚7户，罚款7000元，没收药品器械7箱，有力地打击了非法行医行为。切实加强人口计生工作，加大财政投入，人口计生工作经费投入1750万元，人均达到30元。完善服务网络，提供优质服务。2011年人口出生率12.58‰，符合法定生育率90.71%，出生人口性别比116.74。为农村年满60岁老人提供补助，共168人，扶助资金15.12万元；为502名农村独生子女户发放奖励金60.24万元，为2432名城镇居民独生子女户发放奖励金43.78万元。加强流动人口服务工作，推进流动人口计划生育均等化服务，推进人口计生整体管理水平。

【民生改善】 把新增财力的70%以上用以改善民生，解决关系群众利益的突出问题。推进新型农村社会养老保险和被征地农民基本养老保险工作，完成投保45493人，占任务的91.1%；基础养老金发放15397人，发放金额1294万元，占任务的100%；城镇居民养老保险参保10762人，参保率96%。完成海南省惠民“一卡通”项目，通过“一卡通”对全区低保户发放最低生活保障金。推进创建创业型城市工作，组织2891人参加SYB创业培训，推介申请贷款746万元，带动就业490人。办理《零就业家庭证书》54册，审核《零就业家庭证书》36册。为灵活就业人员办理社会保险补贴申报3批295人次。安置公益性岗位上岗人员309人。安置“4050”人员57人。城镇失业登记人数127人。农村劳动力转移就业3649人，其中省外转移就业958人。举办“农村劳动力转移就业引导性培训”15期，培训1606人。城乡低保3856户7796人，发放低保金1268.16万元，比上年增长17.23%。五保对象660人，在发放低保金基础上每人每月另发放生活补助金30元。孤儿41人，每人每月发放生活补助金600元。城市医疗救助153人次，共53.09万元。农村医疗救助821人，共196.3万元。安排131万元到各镇对受灾倒损民房进行修复重建127间。优抚对象552人，其中重点优抚对象206人；残疾军人159人；参战（核试）人员187人，全年累计发放优抚资金660万元。为辖区79位百岁老人发放长寿补助金21万元，办理老年人优待证4000张。

【保障性住房】 廉租住房项目：（1）完成滨涯小区廉租房项目建设。滨涯小区廉租房位于南海大道北侧，建设A、B两栋共600套，建筑面积2.7万平方米。该项目建设已完工。（2）加快保障性住房资格审核进度。共受理廉租住房保障申请855户，审核合格并公示686户。（3）超额完成低收入家庭廉租住房租赁补贴工作。2011年计划发放低收入家庭租赁住房补贴100万元，实际发放住房货币补贴313.16万，全年新增271户831人，惠及748户2347人。

经济适用房项目：（1）配合做好南海花园经济适用房项目建设。南海花园经济适用房项目选址于南海大道北侧，建设经济适用房728套、公租房100套，总建筑面积约5.51万平方米，总投资约1.4亿元。由海口投源实业开发有限公司建设。该项目于2010年9月开工建设，已全部封顶，按时间节点完成工程量的80%，计划2012年9月30日竣工。（2）经济适用房审核工作。2011年受理经济适用房申购共1406户，经街道（镇）初审，中心复审后，共1190户符合经济适用房申购条件，并在《海口晚报》上公示。配合海口市住房保障管理中心完成选房配售任务。

【区镇领导班子换届】 3月开始着手实施区镇党委换届工作，9月15日全部完成5个镇党委换届选举工作。新当选的35名镇党委委员均以高票（90%以上）结果选出。全区5个镇共选出人大、政府领导班子成员26名。其中人大主席、副主席、镇长各5名，副镇长11名，年龄结构、政治素质、构成比例、文化程度等方面较为合理，符合法定要求，班子结构得到明显的改善和优化。11月24日顺利选举产生新一届区党委领导班子。32名区委委员、6名区委候补委员的平均年龄为43.4岁。12月14日龙华区六届人大一次会议闭幕，大会选出了新一届区人大常委会主任、副主任，区政府区长、副区长、区法院院长、区检察院检察长等，并通过相关决议。同时，大会还选举产生18名区人大常委会委员和80名出席海口市第十五届人民代表大会的代表。

【民主法治建设】 开展专项法律宣传服务活动，引导群众采用正常合法渠道表达利益诉求和解决问题。加强各镇（街）法律援助工作站建设，把法律援助服务触角延伸到基层，全年共办理各类法律援助案件547件。开展“六五”普法、“法律六进”等法制宣传教育活动，促进社会法治化管理水平的提高。

【农村党组织与村委会建设】 辖区5个镇54个行政村，农村党支部54个，党员2396名。2011年，区委在农村基层组织中全面推进“强核心工程”、“农村两委干部坐班制”、“农村干部绩效奖惩机制”和“四议两公开”（“四议”：支部会提议、“两委”会商议、党员大会审议、村民或村民代表会议决议；“两公开”：决议内容公开、实施结果公开）工作法，从根本上提高了基层干部的管理水平和服务水平，有效协调解决群众生产生活上的困难。全区“双强”（政治素质强、致富能力强）型村支书评选和“两委”轮流坐班制度分别荣获“海口市组织工作创新一、二等奖”。

【防汛救灾】 6月前，龙华区制定了防风防洪应急预案，定好防汛救灾责任人和抢险救灾应急队伍。对辖区水库进行检查，确保水库安全度汛。对防洪楼进行检查，确保人民群众生命财产安全。要求各镇和街道做好居住危房、低洼地带群众基本情况的调查，并登记造册，为防汛救灾做好群众转移提供有力保证。9月24日~10月8日，连续受到17、18、19号3个台风影响，加上持续强降雨，南渡江水位大幅度上涨，全区受灾人口329481人，受灾农作物73130亩，其中晚稻40325亩；瓜菜10205亩；水果2065亩；其他20535亩。渔业受灾面积4183.5亩，畜牧栏舍损坏22541平方米，畜禽死亡37346头（只）。树木受损12万株，绿地草皮损坏80万平方米。城区道路（含人行道）受损面积24538.161平方米，水毁乡村道路41处77.6公里；5个村庄路灯毁坏230盏；水毁桥梁、涵洞、电灌站、库塘护堤、灌溉渠道、排涝沟、挡土墙、机电井等成千上万，倒塌房屋83间，受损247间。直接经济损失6.255亿元。防汛救灾采取主要措施：（1）早部署，早安排。9月23日召开紧急会议，启动龙华区防风防洪应急预案。（2）领导重视，一线指挥。区三套班子领导、正副调研员下到联系点指挥、监督落实防汛救灾工作。（3）人员到位，应急队伍迅速投入。共组织机关、镇街、村居干部和部队、武警、公安、消防等力量组成转移、安置、抢险、救援、应急等各类小分队53支。（4）突出重点，确保防御工作有序开展。以南渡江低洼村庄防汛、羊山内涝村庄防涝、城市低洼地区防涝等为重点，根据风情、水情、灾情的发展，组织强有力的队伍及时转移群众，为被围困群众运送生活用品。共投入人力各级干部及部队官兵、公安干警8261人次；投入车辆461辆；投入救灾资金1600万元；紧急转移居住危房群众、低洼地区群众和靠港渔船上岸渔民共47937人次，无人员伤亡，把灾害造成损失降到最低，实现了“零死亡、少损失、快恢复”的工作目标。

2011年龙华区行政区划表

指标	单位	全区合计	区辖镇（街）										
			城西镇	龙桥镇	新坡镇	龙泉镇	遵谭镇	海垦街道	金宇街道	金贸街道	大同街道	滨海街道	中山街道
土地面积	平方公里	300.6	42	49.5	54.1	73.4	55.7	6.5	4.1	5.4	2.5	4.3	3.1
总人口	万人	59.3	7.79	1.59	3.03	3.35	2.19	9.18	9.15	6.35	6.99	6.90	2.78
社区	个	64	6	0	0	1	0	13	8	8	8	9	11
建制村	个	54	9	8	13	17	7	无	无	无	无	无	无

2011年龙华区所辖镇、街道、建制村（社区）

单位：个

区辖镇（街）	社区	建制村
城西镇	仁里北社区、仁里南社区、府西社区、四季华庭社区、金盘社区、金沙社区	苍东村委会、苍西村委会、丁村村委会、山高村委会、高坡村委会、头铺村委会、薛村村委会、沙坡村委会、大样村委会
龙桥镇	无	龙桥村委会、龙洪村委会、挺丰村委会、三角园村委会、永东村委会、玉符村委会、玉荣村委会、道贡村委会
新坡镇	无	文山村委会、文丰村委会、新村村委会、雄丰村委会、农丰村委会、群益村委会、新彩村委会、群丰村委会、民丰村委会、光荣村委会、新坡村委会、仁南村委会、仁里村委会
龙泉镇	东占居委会	元平村委会、永昌村委会、市井村委会、富伟村委会、新联村委会、扬亭村委会、占符村委会、国扬村委会、美定村委会、大叠村委会、雅咏村委会、仁新村委会、美仁坡村委会、椰子头村委会、五一村委会、新江村委会、翰香村委会
遵谭镇	无	新谭村委会、东谭村委会、遵谭村委会、龙合村委会、群力村委会、咸东村委会、咸谅村委会
海垦街道	秀英村社区、滨濂南社区、滨濂北社区、滨涯社区、滨秀社区、金垦社区、金山社区、金牛岭社区、垦中社区、华垦社区、海秀社区、疏港社区、顺发社区	无
金宇街道	银湖社区、昌茂社区、面前坡社区、坡博西社区、坡巷社区、坡博东社区、南沙社区、金坡社区	无
金贸街道	金海社区、万绿园社区、世贸社区、国贸社区、珠江社区、龙华南社区、玉沙北社区、玉沙南社区	无
大同街道	大同里社区、友谊社区、彩虹社区、龙昆上社区、龙昆下社区、华海社区、侨中社区、正义社区	无
滨海街道	滨海社区、盐灶一社区、盐灶二社区、盐灶三社区、八灶社区、滨海新村社区、龙华中社区、滨港社区、泰华社区	无
中山街道	竹林社区、永兴社区、长堤社区、富兴社区、西湖社区、义兴社区、得胜沙社区、西门外社区、人和坊社区、居仁坊社区、园内里社区	无

2011年龙华区社会事业主要指标

指　　标	单位	2011年绝对值	比上年增长
一、教育事业财政投入	万元	26289	13.2%
学校个数（不含民办）	所	76	-3.8%
其中：完全中学	所		
普通中学	所	10	0
小学	所	66	-4.3%
高中就读学生	人		
初中就读学生	人	9110	-9.4%
小学就读学生	人	33141	-0.6%
二、户籍总人口	万人	44.44	
其中：非农业人口	万人	31.12	
农业人口	万人	13.32	
三、文化事业财政投入	万元	773	
四、医疗卫生事业财政投入	万元	7189	40.47%
五、卫生机构数（不含诊所）	个	36	
六、卫生机构病床数	张	180	80%
七、卫生技术人员	人	688	
八、创建文明生态村	个	241	4.3%
九、社会就业新增岗位	人	9082	5.9%
其中：再就业	人	3348	4.2%
转移农村富余劳力	人	3649	20.9%

（吴淑平）

琼山区

【中共琼山区委领导】

书　记　吴川祝（3月免）
　　　　韩云秋（3月任，9月免）
　　　　王　飞（9月任）
副书记　李学文（3月任，9月免）
　　　　王城汉（3月免）
　　　　陈国强（9月免）
　　　　田丽霞（9月任）
　　　　符明全（9月任）
常　委　符　勇　韩东光　王康福　黄文业
　　　　孙道静　吴光亮　黄茂兴（9月免）
　　　　李振明（9月免）
　　　　蔡能浩（挂职，9月离职）

【区人大常委会】

主　任　吴淑兴（12月免）
　　　　陈国强（12月任）
副主任　陈少华　李振明　王文信　方惠玲
　　　　李育湘（12月免）
　　　　冯所民（12月免）
　　　　黄良江（12月免）

【区人民政府】

区　长　韩云秋（3月免）
　　　　李学文（3月任、9月免）
　　　　田丽霞（9月任）
副区长　韩东光　吴其军　徐应新　陆宾林
　　　　李　坚　史艳娟　邓爱军（1月免）

王　海（5 月免）
何启明（9 月免）
孙道静（9 月免）
徐　玲（挂职，7 月离职）

【概况】 琼山位于海口市南部，东部、北部与美兰区毗邻，南连文昌市和定安县，西与龙华区接壤，总面积 953.9 平方公里，常住人口 48.56 万人，其中户籍总人口 38.99 万人。非农业人口 19.96 万人。辖国兴街道办事处和府城、龙塘、云龙、旧州、红旗、三门坡、甲子、大坡等 8 个镇，有 94 个村（居）民委员会。辖区内有国营红明、东昌农场和区属新民林场、中税热作场等。

【经济社会发展】 2011 年，琼山区全面实施"四区一园"（新兴工业实验区、生态循环农业示范区、生态休闲旅游先行区、历史文化名城核心区、中心城市后花园）的发展战略，着力建设实力琼山、文化琼山、魅力琼山、活力琼山，促进经济社会持续健康发展。全年完成地区生产总值 65.62 亿元，同比增长 12.1%。随着农业结构调整加快，优势产业集群兴起，全区完成农业总产值 25.01 亿元，同比增长 5.9%。随着工业效益继续改善，转型升级提速增效，全区完成工业总产值 37.25 亿元，同比增长 14.3%。通过不断优化商贸环境，着力打造府城商贸圈和物流中心，建设一批专业市场和高档酒店，促进现代服务业发展，社会消费品零售总额完成 32.78 亿元，同比增长 17.6%。通过省、市重点项目政府投资拉动和吸纳社会资金投入，全社会固定资产投资完成 27.73 亿元，同比增长 16.8%。财政收入创了新高，完成 18 亿元，同比增长 29.05%。居民人均可支配收入 19542 元，同比增长 18.1%；农民人均纯收入 7050 元，同比增长 22.9%。

【工业】 工业经济效益继续改善，转型升级提速增效，在卷烟制造业、采选矿业、椰果加工业、包装制造业等支柱产业的拉动下，实现了产销及利润同步较快增长，完成工业总产值 37.25 亿元，同比增长 14.3%。其中规模以上工业完成总产值 30.94 亿元，同比增长 16.8%。从行业发展来看，卷烟制造业完成产值 16.7 亿元，同比增长 22.8%；选矿业（文盛矿业有限公司，主营筛选金属矿材料）完成产值 7.3 亿元，同比增长 184.6%，增幅居榜首；包装制造业完成产值 0.6 亿元，同比增长 11.7%；椰果制造业完成产值 1 亿元，同比增长 32.3%。云龙工业园区已产生产业集聚效应，红塔卷烟年产 30 万箱，海南共享钢结构有限公司的钢结构项目正在抓紧建设中。

【农业】 琼山是农业大区，在海口市 4 个区中居首位。近几年来，琼山区在稳定粮食生产的同时，围绕"基地型、庄园型、设施型、加工型、专业合作型、循环型、都市型"等"七型农业"，不断优化农业产业结构，形成了热带高效经济作物生产基地、生态循环农业生产基地、城郊型蔬菜生产基地、休闲观光农业基地，促进了农业增产，农民增收，农村发展。2011 年，全区完成农业总产值 25.01 亿元，同比增长 5.9%。全区粮食作物以水稻为主，水稻种植面积 25.4 万亩，生产粮食 8.8 万吨，产值 1.76 亿元，人均 267 千克。主要热带高效经济作物有香蕉、荔枝、龙眼、橡胶、胡椒、槟榔、瓜菜、淮山、花卉等。2011 年，香蕉种植面积 3.2 万亩，产量 6.32 万吨，产值 0.26 亿元；荔枝种植面积 2.8 万亩，产量 0.42 万吨，产值 0.21 亿元；橡胶种植面积 13.8 万亩，产量 0.72 万吨，产值 1.7 亿元；胡椒种植面积 3 万亩，产量 0.2 万吨，产值 1.04 亿元；槟榔种植面积 1.5 万亩，产量 1.14 万吨，产值 0.91 亿元；淮山种植面积 1.01 万亩，产量 2.5 万吨，产值 1.5 亿元；花卉种植面积 2.36 万亩，产值 2.83 亿元；冬季瓜菜种植面积 5.9 万亩，产量 11.4 吨，产值 4.56 亿元，主要品种有辣椒、南瓜、西瓜、豆角、丝瓜、苦瓜等；常年瓜菜生产基地 11 个，面积 3020 亩，产量 1.2 万吨，产值 0.12 亿元。畜牧业以猪、羊、牛、家禽为主，2011 年生猪饲养量 47.5 万头，年末存栏 16.4 万头；羊饲养量 4.6 万只，年末存栏 2.5 万只；牛饲养量 3.3 万头，年末存栏量 2.4 万头；家禽饲养量 622.7 万羽，上市家禽 456.4 万羽。2011 年生产肉类 37260 吨，其中猪肉 26911 吨，牛肉 1059 吨，羊肉 484 吨；禽蛋 2232 吨，畜牧业总产值 9.01 亿元，占农业总产值的 40.3%。渔业以精养罗非鱼为主。2011 年，全区淡水养殖面积 1667 公顷，精养罗非鱼产量 1.88

万吨，渔业总产值 1.32 亿元，占农业总产值的 5.91%。

全区生态循环农业以“猪—沼—作物”生态循环模式为主。2011 年，标准化畜禽养殖小区 47 个，规模养殖场 293 个，年出栏猪 1 万头以上的有师霖、芬保、石鼓岭、龙健、道美等 15 个养猪场。户用型沼气 7093 个、大中型沼气 59 个、村级沼气服务站 27 个，沼气用户 1.55 万户。“猪—沼—作物”生态循环农业生产基地 15 个，沼液用户 2.1 万户，沼肥（液）施用于农作物面积 4.5 万多亩。

2011 年，全区农机总动力达 10.48 万千瓦，其中 2011 年推广各类新式农机具 2735 台（件）。田头冷库 10 个，容积 20000 立方米。设施农业 5959 亩。全区农民专业合作社 223 个，入社农户近 2750 户，带动农民近 2.5 万户。名优特农产品有牧榕文昌鸡、曾氏乳鸽、甲子凤琴野鸭、海南优质牛（和牛）、云龙淮山药等。

休闲观光农业以“农家乐”为主，2011 年，全区有休闲观光农业基地 7 个：大坡田心村、多谷屯村；三门坡龙鳞村、加乐湖；甲子东坡农庄；红旗南畴湖村、本立村等。其中，三门坡龙鳞村、红旗南畴湖村在 2011 年被评为全国文明生态村。

2011 年，成功在琼山区绿色农产品配送中心和绿佳果菜产销基地等建成田头监管系统应用示范点，率先在全市启动瓜菜质量安全监管 3G 系统，为琼山区农业发展的标准化、集约化、规模化、精准化、品牌化、无疫化、产业化、现代化经营奠定坚实的信息化物质装备基础。建成镇级农产品安全检测室 8 个、村级检测点 3 个、田头检测站 3 个。冬季瓜菜出岛 100% 检测，检测合格率 98% 以上。加强瘦肉精的检测和监管工作，全年没有出现瘦肉精事件。

【第三产业】 大力发展现代服务业，着力打造海府路灯饰、陶瓷专业市场、中山路南北水果市场、南北蔬菜批发市场为龙头的商贸物流中心；着力打造凤翔路、龙昆路酒店饮食一条街，形成了府城商贸黄金圈。在国际大型连锁零售企业家乐福的带动下，消费市场异常活跃。随着中山南路延长线一批高档酒店相继开业，接待游客能力不断增强。积极开展“红色游”、“古城文化游”和“乡村游”，特别是通过红旗镇风情小镇建设和大坡镇绿野仙踪慢行项目建设，大力推动文明生态村“农家游”活动，涌现出以龙磷、加乐湖、田心村、多屯村、南畴湖村、本立村为代表的农民旅游专业合作社，形成品牌效应。在江畔人家、南国威尼斯、裕泰龙庄等 10 多个楼盘拉动下，第三产业持续健康发展，全年完成社会消费品零售总额 32.78 亿元，增长 17.6%。

【重点项目建设】 2011 年列入本区重点项目管理的有 28 个项目，其中政府投资项目 9 个；社会投资项目 19 个。计划投资总额 341 亿元，其中社会投资年度计划投资 314 亿元；政府投资项目年度计划投资 27 亿元。至年底完成年底投资额 38.5 万元，占计划投资总额 11.3%。

滨江新城　位于海口市主城区东南部，南渡江西岸，是海口城市总体规划中城市中心组团的有机组成部分，规划用地面积 814.69 公顷，距海口市中心城区约 8 公里。根据功能定位，这里将按照“一带、一心、一核、两轴、五区”结构进行布局。“一带”是指依托南渡江的自然资源优势，打造集观光游览、度假休闲、文化娱乐为一体的滨江休闲产业带。“一心”是形成城市公共服务中心。“一核”是指现代服务产业核心，利用该区向江向林，水系环绕特征，着重发展休闲商务、文化创意、SOHO 公寓等具有现代服务特征的建设项目。“五区”指规划范围内 4 个居住片区以及发展职业教育和医疗卫生等公共事业为主的教育医疗综合片区。滨江新城控制性详细规划已于 2010 年通过市规委会评审，并列入市政府重点建设项目。至 2011 年 11 月底，已全部完成起步区签订房屋拆迁协议，安置小区项目建设，5 条市政道路项目建设，琼山第 2 行政办公区建设已经全部启动，滨江帝景、江畔人家等地产项目已开发运营。

朱云片区改造　朱云片区旧改项目位于府城镇朱云路南侧，南临红塔卷烟厂后门路、北达新城路，西侧纵深 60 米，占地面积 49.03 公顷。项目投资 3.4 亿元，其中拆迁补偿款为 2.6 亿元。涉及府城镇的府城、甘蔗园和云露三个社区居委会 1112 户，需拆迁的建筑物 457 宗，拆除房屋建筑面积 74788 平方米，附属物面积 12793 平方米，土地征收面积73082平方米。自2009年10月启动以来，至2011年11月底止，已全部完成房屋征收和拆迁任务，并在府城中山南路兴建安置房已基本竣工，总建筑面积5.5万平方米，共586套；在府城朱云路与高登西路交汇处兴建安置房，总建筑面积7294平方米，共304套，拆迁户全部得到安置。该项目已交出净地挂牌拍卖，将朱云片区打造沿路1公里休闲、商业、文化、历史一条街。

墨客村旧城改造　位于红城湖西侧，占地142.03亩，计划投资28.5亿元。项目实施的内容有：拆迁工程、安置楼工程、五星级酒店工程、滨湖高层住宅及基础设施配套工程。墨客村旧成改造项目建设业主单位为琼山红城湖公园管理有限公司。2009年动工，至2011年12月止，已完成拆迁各类建筑面积69549.56平方米，土地征收面积94691.17平方米，安置失地农民就业133人，办理社保86份，支付拆迁安置费1.35亿元；投入资金700万元，完成旧改项目绿地面积5000多平方米，种植各类大型珍贵树木120棵，修建临时道路800米；安置楼前期征地、钻探及“三通一平”已完成，建设资金已到位，正准备动工建设。该项目五星级酒店和滨湖高层住宅及基础配套工程正在办理审批手续。

夏瑶旧城改造　夏瑶村旧城改造项目业主为琼山区国兴街道办事处，投资建设单位为海口丰鹏实业有限公司、夏瑶经济合作社。该项目位于海府路和国兴大道的交叉口东侧，东临美舍河，西至海府路，北达国兴大道，南到海南机械厂围墙，总占地面积86580平方米，需搬迁地面建筑物面积103282.29平方米，其中商铺18450.44平方米。目前已完成房屋征收签订协议，做好项目立项、土地及建、构筑物评估、“国丰城”规划设计和规划报建等前期准备工作，总建筑面积2万平方米精装修安置楼已竣工验收，创造了“先安置、后拆迁”旧改新模式。

【“五大工程”建设】　一是清洁工程。城区清扫保洁实行“两清扫全天候保洁工作制”，把工作目标、工作任务、任务和时间表进行责任分工，分解到清扫队和每个职工，细化到大街小巷和城乡结合部；积极开展卫生盲区排查，发现卫生死角1处及时组织清理1处。全力开展环境卫生综合整治，做到了城区环境卫生状况白天夜间一个样，大街和小街小巷一个样，不断提高清扫保洁质量，在2011年海口市开展“椰岛杯”评选活动中荣获第2名；在“五大工程”月度评比中，清洁工程获得5次全市第一名。二是“打违工程”。不断加大违法建筑打击力度、打击范围，通过采取“制止施工（含拆除脚手架、模板及柱子）、破坏地基、拆除墙体、切割钢筋、回填土方以及断水断电、扣搅拌车”等处理措施，对多起巡查发现、群众举报、来信来访、12345政府热线及市“五大工程”办打违组督办的顶风抢建准备下基础建房、续建、扩建等违法建筑进行查处，坚决制止抢建、续建势头，全力压缩违法建筑的生存空间。组织拆除椰海大道、滨江路、朱云路、中山南延伸段、凤翔路、河口路、博雅路、下赵村、石塔村、高登路、桂林上村、米铺村、道客村等街、村各类违法建筑460宗，总面积198566.1平方米。其中制止施工（含拆除脚手架、模板及柱子）52宗面积39864.7平方米；破坏地基35宗面积8964.4平方米；切割钢筋203宗面积45956平方米；拆除墙体133宗面积76828.5平方米；拆除简易结构房屋37宗面积26952.5平方米，基本实现“零新建、减存量”目标。三是“整洁工程”。在开展“占道经营”专项整治工作中，全年共出动车辆1.1万多台次，执法队员6.6万多人次，共查处“泥土车”290辆；拆除户外广告牌8480平方米；清洗“小广告”16万多张；暂扣餐车64辆、桌椅906张。电动车15辆，烧烤架31个，斗车36辆，小四轮农用车15辆等一大批物品。在重点管好城区一、二、三类道路的同时，加强对小街巷占道经营的治理，及时、彻底地治理违章占道经营，还路于民。并实行人性化管理，实施疏导方案，合理将占道经营人员引摊入市，从根本上解决占道经营问题。四是“规泊工程”。加大“三车”整治力度，共集中统一行动294次，共出动车辆2186台次、执法队员32600人次，共查处“泥土车”160辆、查扣人力“三车”和餐车等985辆、配合交警查扣机动“三车”350余辆。通过整治，极大地缓解府城城区道路交通状况。同时，加强疏导点建设，方便于民，从源头既解决占道经营问题，又缓解占道堵塞交通问题，在勋亭路、红城湖路、国兴大道等街道，设置、完善疏导点38个，设置摊位1299个，安排就业人员3411人。五是“安静工程”。对城区社会生活噪音污染，建筑工地噪音污染、向大气排放粉尘、饮食服务业油烟污染等违章行为进行查处。对在人口集中地区和其他依法需要特殊保护的区域内（如省委、省政府行政办公区、五星级宾馆、机关、学校、住宅小区等）焚烧沥青、橡胶、塑料、皮革、垃圾以及其他产生有毒有害烟尘和恶毒气体的物质的违法行为进行专项整治。对未采取防燃、防尘措施在城市人口集中地区存放煤炭、煤灰、砂石、灰土等物料的违法经营行为进行行政处罚，多次联合市环境部门开展夜间建筑工地噪声以及娱乐场所噪声污染专项整治工作，努力创建“无扰民、无污染”的城市环境。

【小城镇建设】 龙塘、云龙、红旗、三门坡、旧州等5个中心镇的《控规》已在2011年前审批，大坡镇的《控规》在2011年审批，甲子镇的《控规》正在调整中。全区7个镇（不含府城镇）的小城镇建成区面积有1473公顷，其中龙塘镇295公顷；云龙镇178公顷；红旗镇200公顷；三门坡镇390公顷；大坡镇104公顷；甲子镇106公顷；旧州镇200公顷。经过连年的建设和发展，小城镇的基础设施不断完善，基本上实现了亮化。全区小城镇现有路灯1051盏。其中2011年新增路灯70盏（云龙镇新增10盏、三门坡镇新增10盏、大坡镇新增50盏）。供水工程满足了群众需求。全区小城镇公共供水设施共有14个，其中龙塘镇1个；云龙镇1个；红旗镇1个；三门坡镇7个；大坡镇1个；甲子镇2个；旧州镇1个，供水管道总长达386.24公里。排水、排污系统不断改善，全区小城镇现有排水管道总长34.2公里，其中龙塘镇已建成污水收集和雨水收集系统，通过污水处理厂处理实现零排放。绿化水平得到提升，全区小城镇现有绿地面积186公顷，其中2011年新增绿地面积14.000公顷 。环卫基础设施得到加强，全区小城镇有垃圾中转站6座，其中龙塘镇1座；云龙镇1座；红旗镇1座；三门坡镇1座；大坡镇1座；旧州镇1座。公厕19座，其中龙塘镇3座；云龙镇3座；红旗镇1座；三门坡镇4座；大坡镇5座；甲子镇1座；旧州镇2座。

【保障性住房及配套建设】 博雅小区180套廉租房2009年7月28日动工建设，于2010年10月20日完成主体工程建设，并组织有关部门进行初步验收。郑村小区820套廉租房2009年10月20日动工建设，因征地、部队国防电缆迁移、地质勘测出现偏差、工程基础施工设计变更等原因影响了工期，于2011年11月28日完成主体工程建设，并组织有关部门进行初步验收。“翠竹园小区”项目占地41.56亩，筹建两种模式住房。一是划出27.42亩土地开发限价商品房，初步开发规模为6万平方米，修建限价商品房600多套；二是留下14.14亩土地开发经济适用房，初步开发规模为3万平方米，修建经济适用房300多套。该项目已完成勘察设计、项目施工场地的拆迁等工作，项目报建文本已送市规划局报审中。琼山区保障住房配套建设主要是周边路网建设，涉及在建和拟建的博雅小区、凤翔花园、南江花园等小区的路网建设，共需建设8条道路。2011年前已完成8条道路土地和房屋权属调查摸底、地界确权、土地和房屋征收评估，正在制定征收实施方案上报审批。

【新农村建设】 坚持早规划、早启动、早动工的原则，稳步推进“百村联创百里文明生态村长廊”建设。全年投入资金787万元，创建文明生态村50个，其中精品村20个。全区文明生态村已达547个。以文明生态村建设为载体，打造“乡村游”品牌，其中龙磷村2011年接待游客营业额达360万元，纯收入72万元；田心村营业额达120万元，纯收入24.4万元，取得良好的社会效益和经济效应。农村基础设施建设不断完善，共投入1300万元，抓好了一批水库除险加固、田洋整治、硬化渠道及防洪楼等项目建设，特别是加快了龙塘镇7条排涝沟，共7400米长的防崩硬化排涝工程建设，使其在国庆期间防汛救灾中发挥了很大作用。投入180万元，解决了15个村庄、3160人口饮用安全卫生水问题；完成改厕2500户，新建户用沼气池94个，联户型沼气池7个。

【农村党组织建设】 通过深入开展创先争优活动，推动了基层党组织和广大党员更好地服务发展、服务群众。通过有效实施“强核心工程”，加强镇、村领导班子建设，切实提高农村党员“双带”能力，基层党组织的凝聚力和战斗力明显增强。通过“公推互选”，全区94个村（居）委会全部实现书记、主任“一肩桃”。

【教育科技事业】 投入690多万元，落实了学生两免一补任务。投入6570多万元建设一批教师工作间，改善办学条件。总投资近亿元的校安工程项目，已完成投资1500多万元，积极按市政府要求的时间节点推进，着力改善学校的教学环境。坚持科技富农，以科技手段服务“三农”，2011年末拥有服务“三农”科技团体28个，拥有164名科技特派员，其中15人具有法人资格。8个镇均设立农业科技110服务站，负责处理涉农事务、推广科技富农信息、配合科技等部门组织农民培训等业务，云龙镇农业科技110服务站被评为“省级龙头服务站”。全年共举办各类培训班202期，受训人数达3.6万人次。

【医疗卫生工作】 推进医疗卫生体制改革，制定和实施《琼山区基础医药卫生体制改革工作实施方案》、《卫生院人员分流安置方案》、《竞争上岗考试方案》，加快基层医药卫生体制改革进程。完成32间标准化卫生室建设。全区计划免疫和疾病控制工作成效显著，全年没有重大的疫情发生。切实加强食品、药品监督，群众消费安全得到进一步保障。

【文体事业】 推进文化惠民，为基层文化建设服务。2011年继续实施广播电视“村村通”工程，完成80个村4265户安装任务。完成全区72个行政村“文化共享工程”的验收工作。组织举办“元宵换花节”等文艺演出13场，送戏（琼剧）下乡20场，送电影下乡14场，送图书下乡3000多册。琼山区文化馆、图书馆、镇文化站全面实行免费开放。组织加强文化市场管理，加强文化市场的监管工作。2011年查处音像、网吧、歌舞等违规经营场所36家。“扫黄打非”工作成效显著，收缴非法盗版音像制品3600余盒，收缴各类非法出版物9208件（册）。2011年全国侵权盗版制品及各类非法出版物集中销毁活动海南分会场在琼山区顺利举办。继续抓好群众体育工作，协助举办海口市第二届农民趣味体育运动会和琼山区传统排球系列赛事6场。组队参加海南省首届农民健身趣味体育运动会、海口市第二届农民篮球赛、第三届农民排球赛、中老年人健身秧歌和太极功夫扇比赛、农民健美操比赛等均获得佳绩。全年举办各类群众体育比赛16场次，参加比赛的运动员1500多人次，观众达4.3万人次。

【关注民生】 （1）为民解困。认真做好低保的提标和发放工作，及时提高低保补助标准和启动物价上涨联动补贴机制，全年共发放低保金2490.9万元，发放物价、肉价、一次性生活补贴1248.5万元，惠及20.6万人次，做到动态管理，应保尽保。审批发放医疗救助金376.8万元，救助困难群众治病1514人；资助10211名农村低保户、五保户和重点优抚对象参加新农保。发放救灾和春荒粮291.8万斤，解决灾民和春荒困难群众吃饭问题。改造农村危房800间，审核廉租房336户。（2）为民分忧。切实解决老有所养问题，投入资金620多万元，扩建三门坡镇和红旗镇敬老院。切实解决劳动就业和社会保障问题，全年完成新增就业人数8532人，占全年任务的100.4%。完成推介创业人员申请小额贷款161笔，贷款金额597万元，完成任务的149%。新型农村养老保险工作完成任务达103.8%。城镇居民基本医疗保险工作完成任务达113.5%，城镇居民社会养老保险完成任务达122.6%。（3）为民排难。加强劳动监察工作，全年共检查全区用人单位232家，涉及劳动者8826人，补签劳动合同5521份。接受举报投诉案件68宗，办结68宗，为552名农民工追回拖欠工资85.92万元，限期内结案率100%。受理劳动争议纠纷案件67宗，结案29宗，涉及金额10万元，限期内结案率达100%。

【社会治安综合治理】 始终把维稳工作放在第一位，开展区委书记大接访和区领导轮流定期接访活动，加大矛盾纠纷"大排查、大调处"力度，全年共开展矛盾纠纷排查321次，排查民间纠纷隐患1945宗，成功调处1945宗，调处成功率达100%，从源头上消除了社会治安隐患。积极开展"百村联创百里平安文明长廊"创建活动，以点带面促进平安建设，2011年底已有90个村庄按标准完成创建任务，占任务的90%，有效解决了农村治安问题，推进"无毒镇、无毒村、无毒家庭"创建工作，巩固"禁毒工作先进县（区）"成果。通过构建公安、联防、民众三位一体的社会治安格局，加强治安巡逻和防控，严厉打击"两抢一夺"等各类犯罪活动，全年全区共破刑事案件927起，破命案10起，连续4年保持命案侦破率100%，抓获犯罪嫌疑人627人；共破获毒品刑事案件180起，抓获毒品嫌疑人206名，提前超额完成全年任务；受理治安案件3733起，查处2755起；抓获在逃人员214人。战果排名全省第二。全区各类案件发案率明显下降，群众安全感明显增强，全区政治经济和谐稳定，没有发生重大群体上访事件、重大刑事案件或重大安全生产事故。

【防汛救灾】 从9月底至10月上旬，海南遭受"纳沙"、"尼格"两次强台风及强降雨影响，损失惨重。全区21.77万人受灾，倒塌房屋34间，损坏房屋440间，农作物受灾面积12.9万亩（粮食作物6.7万亩），绝收面积33万亩（粮食作物2.2万亩），直接经济损失4.04亿元。面对风雨灾害，按照市委、市政府防汛救灾工作要求，周密部署，迅速行动，全力以赴落实各项防汛工作。区三套班子领导以身作则、靠前指挥、分头深入镇及重点部分，及时指导、参与转移群众，及时巡查、排除险情，扎实做好防汛防风工作。经过上下努力，及时转移了2554户、8289名被困群众，在最短时间内开挖了龙塘镇等9条7公里长的排洪沟，确保了全区67宗水库、低洼住户、危房住户等安全，实现了零伤亡的目标，取得了防汛救灾的决定性胜利。灾后，及时研究制定了《灾后重建恢复生产工作实施方案》，举全区之力，迅速开展恢复重建、恢复生产工作，确保受灾群众正常的生产生活，把受灾损失降到了最低。

2011年琼山区行政区划表

镇（街道）	土地面积（平方公里）	社区居委会（个）	村委会（个）
全区总计	939.9	23	71
府城镇	45	15	5
龙塘镇	38.93	1	10
云龙镇	81.26	1	7
红旗镇	112.41	1	10
三门坡镇	138.08	1	10
大坡镇	58.6		5
甲子镇	151.78		14
旧州镇	126.2		10
国兴街道	5	4	

备注：琼山区年末常住人口48.56万人，年末户籍人口38.99万人，非农业人口19.96万人。（辖区土地面积、常住人口、户籍人口不含农垦）

2011 年琼山区所辖镇、街道办事处及社区（建制村）情况表

单位：个

指标	社区	建制村	自然村	村民小组个数	居民小组个数
琼山区	23	71	764	939	139
府城镇	府城、城东、忠介、云露、文庄、下坎、桂林、高登、大园、北官、铁桥、三峰、甘蔗园、东门、凤翔	五岳、那央、儒逢、红星、石塔	41	31	99
龙塘镇	龙塘	三桥、龙富、仁三、谭口、龙光、新民、龙新、文道、仁庄、三联	67	70	3
云龙镇	南区	云龙、云阁、云裕、云岭、云蛟、儒林、长泰	81	99	2
红旗镇	土桥	昌文、大山、龙榜、合群、道崇、龙源、龙发、墨桥、红旗、苏寻三	133	157	7
三门坡镇	庆丰	新德、文岭、美城、龙马、谭文、谷桥、乐来、清泉、友爱、文蛟	113	165	9
大坡镇		树德、福昌、中税、大坡、新瑞	77	93	
甲子镇		甲子、群星、新昌、民兴、红岭、昌西、青云、民昌、琼新、琼星、益新、益民、大同、仙民	154	217	
旧州镇		旧州、联丰、红卫、联星、池连、光明、岭南、道美、雅秀、文新	98	107	
国兴街道办事处	巴伦、攀丹、米铺、道客				19

2011 年琼山区主要经济社会发展指标完成情况

指标名称	单位	2011 年	比上年增减%
一、地区生产总值	万元	656200	12. 1
二、农业总产值	万元	250100	5. 9
三、全部工业总产值	万元	372500	14. 3
井规模以上工业增加值	万元	144491	16
规模以上工业总产值	万元	309402	16. 8
四、固定资产投资额（新统计口径）	万元	277344	16. 8
五、社会消费品零售总额	万元	327806	17. 6
六、财政总收入（区级口径）	万元	180062	29. 05
财政总支出	万元	95169	21. 35
七、城镇居民人均可支配收入	元	19542	18. 1
八、农民人均现金收入	元	7050	22. 9

（陈正敏）

美兰区

【中共美兰区委领导】

书　记　李　杰
副书记　林海宁（3月免）
　　　　孟　励（3月任）
　　　　冯玉英（3月免）
　　　　郑作东（3月任）
　　　　符朝辉（挂职）（7月免）
常　委　八钊平（9月免）
　　　　欧阳颂东（3月免）　徐清武
　　　　朱宗英　刘名玉（11月免）
　　　　吴树强　王　海（5月任）
　　　　麦笃平（9月任）
　　　　李小云（9月任）
　　　　张新泰（11月任）
　　　　徐应新（挂职，5月免）

【美兰区人大常委会领导】

主　任　吴英梅（12月免）
　　　　郑作东（12月任）
副主任　吴兰凤（12月免）　林　雄
　　　　王　贵　张　莹（12月免）
　　　　林明雄（12月任）
　　　　符朝阳（12月任）
　　　　张秀颜（12月任）

【美兰区人民政府领导】

区　长　林海宁（3月免）
　　　　孟　励（3月任）
副区长　徐清武　何国英（12月免）
　　　　李小云（9月任常委）
　　　　裴克波　林明雄（12月免）
　　　　谢辉文　林小杨（9月任）
　　　　林志刚（9月任）
　　　　杨柳芳（9月任）
　　　　翟延平（挂职）（8月免）
　　　　郭　建（挂职）

【概况】　美兰区位于海口市东北部，东接文昌市，南靠琼山区，西与龙华区接壤，北临琼州海峡。面积581平方公里。下辖白龙、白沙、博爱、海甸、蓝天、海府路、人民路、新埠、和平南9个街道办事处和灵山、演丰、三江、大致坡4个镇，共53个社区居民委员会、53个村民委员会。区内有桂林洋、罗牛山、三江3个农场和冲坡岭热带作物场（区管）。常住人口502287人。2011年，实现地区生产总值174亿元，比上年增长13%；财政收入28.7亿元，比上年增长24.1%。固定资产投资完成147.6亿元，比上年增长23%。社会消费品零售总额96.3亿元，比上年增长18.9%。城镇居民人均可支配收入16397元，比上年增长11%；农民人均纯收入6800元，增长10.5%。

【工业】　传统工业逐步向高新技术、精细化业态发展转型。2011年全区有经济技术开发区1个：桂林洋经济开发区；工业园区2个：狮子岭工业园和江东新市区工业园。有规模以上工业企业21家，工业总产值22.3亿元，比上年增加7.7%。销售收入达到亿元以上的企业7家。工业总产值29.3亿元，占GDP的比重16.8%。

【农业】　全区建设100亩以上常年瓜菜生产基地11个，花卉基地247个、3.87万亩。新建规模畜禽养殖场307个，标准化养殖小区19个。规范化水产养殖面积3.13万亩，建设冬季对虾温棚养殖基地1116亩。成立农民专业合作社147家。初步形成了以灵山群绿、三江道美为重点的大棚瓜菜区，以美兰机场周边和海文高速公路、琼文公路沿线为重点的花卉产业区，以大致坡乌良、美偶为重点的文昌鸡养殖区，以罗牛山农场为重点的生猪养殖区，以大致坡、三江为重点的热带作物种植区，以演丰、三江为重点的水产养殖区，以桂林洋为重点的农产品加工区等“七大农产区”。完成新创建15个、巩固提高15个文明生态村，建成星辉、洽教、禄尾、桃园等一批乡村旅游化改造村庄及文明生态示范村。2011年全区粮食作物种植面积9.69万亩，比上年减少8.36%，产量10790吨，比上年增长16.47%。冬季瓜菜种植面积3.26万亩，比上年增长10%，产量5.70万吨，比上年增长3.16%；常年瓜菜种植面积0.13万亩，产量0.67万吨，比上年增长3.13%。牲畜存栏量 24 万头，出栏量 63 万头，比上年增长 17.6%。家禽存栏量 203 万羽，出栏量 603 万羽，比上年增长 21.4%。渔业总产量 3.15 万吨，其中淡水养殖 1.84 万吨；海水捕捞 1.21 万吨。2011 年农业产值 14.36 亿元，其中畜牧业总产值 6605.6 万元，占农业总产值的 46%；畜牧业总产值 6605.6 万元，占农业总产值的 46%；渔业总产值 3.3 亿元，占农业总产值的 23.0%。

【重点项目建设】 2011 年，全区共有 32 个重点项目（省 10 个、市 9 个、区 13 个）、16 个预备重点项目 。计划投资总额 136.77 亿元，其中社会投资项目 22 个，年度计划投资 118.71 亿元；政府投资项目 10 个，年度计划投资 7.95 亿元。重点项目推进成效显著，司马坡岛、倚能美林湾项目、文明东路贯通工程、和平南路贯通工程、海口罗牛山农产品加工产业园等 17 个项目新开工，开工率达 95%。至 12 月底，完成年度投资 71.6 亿元，占计划投资总额的 52.35%。旅游医疗服务保障中心已竣工交付使用。文明东路贯通工程、和平南路贯通工程、海口经济学院桂林洋新校区、新埠岛开发（起步区）、海南国际汽车园、海口美兰机场国际楼扩建、滨江海岸等 7 个项目推进较顺利且完成了投资计划 60% 以上。海蓝椰风、海口 · 鸿洲江山、海南科技职业学院三期、美兰新苑项目、经济适用房、绿色慢行系统与桃园片区生态文明村 I 期、司马坡岛、大致坡镇道路及公共设施建设项目等 8 个项目完成年度投资达 50% 以上。美兰九号运动休闲园、大英山商务区、海口电网、海口美丽沙、嘉翔运动休闲园、美兰湖运动休闲园、海南（国家级）水产物流交易中心、海南维德江东组团低碳型生态居住区、桂林洋教师村项目及 6#7#13#路、中小学校安全工程、骑楼建筑历史文化街区保护与综合整治、倚能美林湾项目等 12 个项目年度投资接近 30%。倚能美林湾项目、嘉翔运动休闲园、大致坡镇道路及公共设施建设项目等 3 个重难点项目克服了重重困难，项目推动突出明显。上贤村旧城改造、海口罗牛山农产品加工产业园、省公务员新村二期征地、海口市滨江西岸带状公园等 4 个前期准备工作项目有望开工动建获得突破。

【现代服务业】 新埠岛起步区、大英山中央商务区、鸿洲江山、海蓝椰风、滨江海岸和龙窝湖运动休闲生态园区、大致坡南洋河休闲运动项目等一大批旅游服务业及运动休闲项目稳步推进，旅游服务业体系初步形成。以海秀东路、海府路为核心的商业区辐射服务功能明显提升，以蓝天路、白龙路、国兴大道等为重点的特色商业街和各种大型超市、连锁店、专卖店建设不断完善，三级商业网络已基本形成，商贸业发展规模不断壮大。以机场周边物流企业构成的临空物流圈不断扩展，物流企业已逾 20 家，新的物流产业构架初步形成。

【招商引资】 2011 年招商引资共签约 18 个项目，协议投资 182 亿元。其中，城建集团拟投资 45 亿元打造演丰风情小镇；国际汽车产业园项目拟投资 42 亿元开发建设 39 家 4S 店、大型综合汽车交易市场等设施；北京博泰集团拟在江东投资 30 亿元发展 2017 年海口市申办世界石油大会配套项目；罗牛山食品加工园区在桂林洋工业区落户，占地 760 亩，投资 16 亿元 ，拟建力神咖啡厂（搬迁）、胡椒加工厂、8 万吨出口冷链物流中心、240 万头生猪屠宰及深加工、综合配套项目等 5 个项目；江西三清山旅游集团拟投资 50 亿元打造演东新农村建设和旅游化改造，发展高端生态养生和旅游产业。

【就业和社会保障】 2011 年，新增城镇就业人员 7219 人、下岗失业人员再就业 2640 人、就业困难人员再就业 735 人、农村劳动力转移 2619 人。新农保征缴 38880 人，发放养老金 16363 人，支出 1105.11 万元，发放率 100%。居民医保征缴 126624 人，完成市下达工作任务的 98.3%，提前完成市政府下达的居民养老保险征缴工作任务。城镇居民养老保险完成参保缴费 9223 人，发放养老金 4610 人，支出 624.72 万元，发放率 100%。2011 年城镇最低生活保障户数 3.1 万户次，人数 6.81 万人次，支出 1328.87 万元，比上年增长 28.2%，月人均 195 元，比上年增长 21.1%。城市医疗救助 325 人次。农村最低生活保障户数 1.97 万户次，人数 4.88 万人次，支出 626.43 万元，比上年增长 31.1%，月人均 128.7 元，比上年增长 41.9%；农村五保集中供养 94 人，支出 36.1 万元，比上年增长 14.3%；农村五保分散供养 503 人，支出 193.15 万元，比上年增长 14.3%；农村医疗救助 468 人次。

【保障性住房建设】 稳步推进中贤村 772 套廉租住房建设，总建筑面积 43403.35 平方米。征用土地 10.3 亩，由市城投公司作为建设单位进行 542 套经济适用房建设，该项目还在建设中。

【教育】 安排创建资金 640 万元，结合中小学布局调整、教育设施改造、标准化建设、薄弱学校改造等工程对桂林洋小学、演丰塔市小学等 7 所学校进行规范学校创建。投入 1306 万元对桂林洋中心小学、美兰小学等学校进行校园操场、教学楼等改造。投入 10 万元建设美兰区教育信息网。安排 209 万元作为教师培训和教研经费。2011 年，美兰区教育经费达 3.29 亿元，国家财政性教育经费 3 亿元，财政预算内教育经费 2.74 亿元，预算内教育事业费 2.33 亿元，分别比上年增长 24.5%、18.4%、14.8%。预算内教育经费（包括城市教育费附加）占财政一般性支出的比例为 25.4%，比上年提高 2 个百分点。

【卫生计生】 投入 40 万元，完成 4 家村卫生室的标准化建设。至年底，全区共建设了 32 家标准化村卫生室，村卫生室标准化率为 74.42%。投入 25 万元，为灵山镇卫生院购置安装了医用电梯。从医改资金中投入 92 万为各卫生院购置了电脑、打印机等设备，全面实施电子处方制度。投入 25 万元，完成大致坡中心卫生院计划免疫门诊的规范化、数字化建设，并被市卫生局作为规范化、数字化计免门诊示范在全市进行推广。抓好霍乱、手足口病等传染病的防控，全年没有重大疫情发生。计生工作进一步加强，继续保持低生育水平。

【文化体育事业】 修建和改建 3 个社区文体活动广场。圆满完成环海南岛国际公路自行车赛美兰赛段、省全民健身趣味体育运动会等重大体育赛事的各项工作。

【平安创建】 全区共排查受理各类矛盾纠纷 293 宗，调处 293 宗，调处率 100%，成功调处 279 宗，调处成功率 95.2%，有力地维护了全区社会稳定。确保“078 工程”国防重点项目、琼山监狱迁建工程、贯通工程等省市重点项目顺利推进。海口家具厂遗留问题、海甸鸭尾溪问题、人民路颐海园问题、工商分流人员等 5 宗市委挂牌督办的突出问题得到了妥善化解，化解率达 56%。在金砖国家领导人峰会和博鳌亚洲论坛年会召开期间，全区共抽调了 565 名警力圆满完成了东环铁路的安保及维稳工作。严厉打击刑事犯罪，破获毒品刑事案件 242 起，完成市下达任务的 96%。美兰区荣获 2011 年全省全民禁毒宣传月活动优秀组织奖和全省全民禁毒宣传月活动优秀品牌奖。

2011 年美兰区行政区划表

指标	单位	全区合计	区辖镇（街）												
			灵山镇	演丰镇	三江镇	大致坡镇	新埠街道办事处	白龙街道办事处	蓝天街道办事处	和平南街道办事处	海府路街道办事处	博爱街道办事处	白沙街道办事处	海甸街道办事处	人民路街道办事处
土地面积	平方公里（航拍数据）	522	128.8	169.9	70.9	115.4	8.3	4.6	3	1.1	1.1	1.1	3.2	6.6	8
社区	个	53	1	1	1	3	4	5	4	5	6	7	4	6	6
建制村	个	53	22	13	8	10	0	0	0	0	0	0	0	0	0

2011 年美兰区所辖镇、街道办事处、建制村（社区）表

单位：个

区辖镇（街）	社区	建制村
灵山镇	灵山	晋文、群山、灵山、桥东、福玉、锦丰、红丰、大林、林昌、大昌、美庄、新岛、新琼、新市、新管、爱群、东头、东平、东营、仲恺、东湖、东和
演丰镇	演丰	北港、边海、演海、演东、演南、演西、演中、昌城、群庄、山尾、美兰、苏民、塔市
三江镇	三江	三江、眼镜塘、江源、上云、茄南、苏寻三、道学、茄芮
大致坡镇	民乐、椰林、咸来	大东、金堆、栽群、咸来、永群、美桐、美良、崇德、大榕、昌福
新埠街道办事处	新埠、三联、新东、土尾	
白龙街道办事处	美舍、五贤、千家、流水坡、振兴	
蓝天街道办事处	龙岐、万华、下洋、塔光	
和平南街道办事处	君尧、上坡、文明、光阳、琼苑	
海府路街道办事处	东湖里、白坡里、龙舌坡、龙峰、南宝、大英	
博爱街道办事处	三亚、振龙、龙文、新风里、南联、联桂坊、红坎坡	
白沙街道办事处	岭下、锦山里、白沙坊、白龙	
海甸街道办事处	海达、新安、金甸、白沙门、福安、沿江	
人民路街道办事处	银甸、捕捞、邦墩、拦海、新利、万福	

2011 年美兰区主要经济社会发展完成情况指标

指　　标	2011 年完成情况绝对值	比上年增长情况 ±%
地区生产总值（GDP）	174 亿	13.0
财政收入	28.8 亿	24.4
固定资产投资	116.2 亿	18.1
社会商品销售总额	95.4 亿	17.9
农民人均纯收入	7100 元	16.4
城镇居民人均可支配收入	19567 元	18.3

（梁鸿鹏）

（编辑：吕书萍）

人　物

政治人物

陈宏芬　海南乐东人，1954年6月出生，大学学历，1975年2月加入中国共产党，1972年8月参加工作。1972年8月～1975年9月在海南乐东县黄流公社黄二大队任团支部书记；1975年9月～1978年8月在海南师范学院中文系学习；1978年8月～1980年5月在广东民族学院中文系任教师；1980年5月～1984年8月任海南乐东县委宣传部干事；1984年8月～1985年2月任海南乐东县政协办公室副主任；1985年2月～1988年8月任海南行政区党委组织部干部处干事；1988年8月～2003年2月先后在海南省委组织部任主任科员、副处长、调研员、处长、党支部书；2003年2月～2011年9月任海口市委常委、组织部长，2011年9月任海口市人大常委会党组书记，主持市人大常委会日常工作。

冀文林　内蒙古凉城人，1966年7月出生，中共党员，研究生学历。1985年9月～1989年7月在中国地质大学（武汉）物探系勘察地球物理专业学习，获理学学士学位；1989年7月～1992年10月在地质矿产部政策法规研究中心当科员；1992年10月～1996年12月任地质矿产部办公厅副主任科员；1996年12月～1998年8月任地质矿产部部长办公室副主任；1998年8月～1999年12月任国土资源部办公厅值班室助理调研员；1999年12月～2000年4月任国土资源部办公厅值班室调研员；2000年4月～2003年4月任四川省委常委办公室副主任（副厅级）；2003年4月～2008年7月任 公安部办公厅副主任（正厅级）；2008年7月～2008年12月任中央维护稳定工作领导小组办公室副主任；2008年12月～2010年10月任国土资源部办公厅主任、党组成员；2010年10月～2011年1月任海口市委副书记、市政府副市长，主持市政府党组工作。2011年1月～2011年2月任海口市委副书记、市政府代市长；2011年2月任海口市委副书记、市政府市长。

张　磊　河北昌黎人，1961年4月出生，研究生学历，工学硕士、在职工商管理硕士学位，高级工程师，1987年10月加入中国共产党，1984年7月参加工作。1979年8月～1984年7月在清华大学机械工程系金属材料专业学习；1984年7月～1986年9月在第一汽车制造厂任技术员；1986年9月～1989年6月在中国科学院金属研究所金属材料专业攻读硕士；1989年6月～1994年5月在第一汽车制造厂任工程师；1994年5月～2000年9月在中国第一汽车集团公司先后任技术中心工艺部金相研究室副主任（主持工作）、党支部书记、科研计划管理科科长、热处理厂副厂长（其间：1996年8月～1997年9月到荷兰马斯特理赫特国际管理学院工商管理专业学习，获工商管理硕士学位）、厂长、轻型车管理部部长；2000年9月～2004年12月任一汽轿车股份有限公司总经理、党委书记；2004年12月～2005年2月任一汽轿车股份有限公司总经理、党委书记、海南省发展控股有限公司总经理、省港航控股有限公司董事长；2005年2月～2005年6月任中国一汽集团公司总经理助理（比照正厅级）、海南省发展控股有限公司总经理、省港航控股有限公司董事长；2005年6月～2006年5月任海南省发展控股有限公司总经理、党委副书记，省港航控股有限公司董事长、党委书记；2006年5月～2007年6月任海南省发展控股有限公司总经理、党委副书记、党委书记；2007年6月～2007年12月任中共海口市委常委、市政府副市长、党组成员；2007年12月～2011年6月任中共海口市委常委、市政府副市长、党组成员、市政府服务中心主任、海南陆军预备役步兵师副师长；2011年6月任中共海口市委副书记、海口市委政法委书记、海口市委党校校长。

杜立文　湖南益阳人，1957年11月出生，大学学历，工学学士学位，1985年7月加入中国共产党，1975年3月参加工作。1975年3月～1978年8月在湖南省益阳地区南县麻河口镇下乡当知青；1978年9月～1982年7月在湖南省农学院农机系学习；1982年7月～1984年4月在湖南省南县拖拉机配件厂工作；1984年4月～1986年1月在湖南省益阳地区齿轮厂宣传部工作、办公室工作；1986年1月～1986年5月任益阳地区齿轮厂办公室副主任；1986年5月～1988年4月在益阳地委组织部干部科工作；1988年4月～1993年12月任益阳地委组织部办公室副主任、企业党建科长、青干科长；1993年12月～1998年2月任益阳市人民政府驻海口办事处主任（副处级）；1998年2月～2001年4月在海南省建材总公司党委办工作（其间：1998年4月～2001年4月借调在省委组织部研究室工作）；2001年4月～2003年4月任中共海南省委组织部《海南党建》编辑部副主任；2003年4月～2005年2月任中共海南省委组织部研究室副主任、《海南党建》编辑部主任；2005年2月～2007年8月任海南省委组织部研究室主任；2007年8月～2009年6月任海南省委组织部干部三处处长；2009年6月～2010年1月任海南省委组织部部务委员兼干部三处处长；2010年1月～2011年9月任中共海南省委组织部部务委员；2011年9月任中共海口市委常委、组织部长。

吴川祝　海南海口人，1962年1月出生，华南师范大学物理专业毕业，在职研究生学历，在职工商管理博士学位，1983年11月加入中国共产党，1985年7月参加工作。1985年7月～1985年9月任海口市罐头厂设备科技术员；1985年9月～1986年4月任中共海口市委整党办公室联络员；1986年4月～1986年8月在广东经济管理干部学院研修班学习；1986年8月～1987年6月任海口市罐头厂党委委员、党委办（厂办）副主任、厂团委副书记兼厂法律事务室主任；1987年6月～1997年10月任中共海口市委组织部干部科科员、副科长、科长、工会主席；1997年10月～2001年2月任海口市振东区委常委、组织部长（其间：1996年9月～1998年7月在中国社会科学院国际贸易专业在职硕士研究生课程班学习）；2001年2月～2006年8月任海口市秀英区委副书记、区政府区长；2006年8月～2007年2月任秀英区委书记；2007年2月～2008年2月任海口市政府秘书长、党组成员、市政府办公厅主任、党组书记；2008年2月～2010年7月任海口市市长助理、市政府党组成员、美兰区委书记（其间：2007年7月～2008年7月在美国北弗吉尼亚大学工商管理硕士专业学习；2007年9月～2009年9月在瑞士维多利亚大学工商管理专业学习，获博士学位）；2010年7月～2011年2月任海口市市长助理、市政府党组成员、琼山区委书记；2011年2月～2011年9月任海口市人大常委会副主任、党组成员；2011年9月任中共海口市委常委、秘书长、市委办公厅主任、市直机关工委书记。

李　湖　黑龙江克山人，1969年4月出生，中国人民大学劳动人事学院人事管理专业毕业，在职研究生学历，管理学硕士学位，1993年12月加入中国共产党，1991年7月参加工作。1991年7月～1992年8月任海南省人劳厅公务员管理二处办事员（其间：1991年9月～1992年2月在海口市新华区人劳局挂职锻炼，1992年2月～1992年6月在海南省驻陵水县光坡镇社教工作队工作）；1992年8月～2002年9月任海南省人劳厅科员、副主任科员、主任科员、兼《中国人事报》、《中国劳动保障报》海南记者站副站长；2002年9月～2008年11月任海南省高级技工学校校长（正处级，其间：2006年9月～2008年7月在东北师范大学教育经济与管理专业学习，获管理学硕士学位）；2008年11月～2010年8月任海南省纪委办公厅副主任兼秘书处处长；2010年8月～2011年9月任海南省纪委办公厅副主任、主任；2011年9月任中共海口市委常委、纪委书记。

杨土金　广东遂溪人，1958年7月出生，在职研究生学历，1979年8月加入中国共产党，1976年3月参加工作。1976年3月～1981年8月为海南省榆林要塞区第二守备区一营一连战士；1981年8月～1983年5月任广州军区守备第十二师汽车连一排排长；1983年5月～1984年9月任守备第十二师政治部组织科副连职干事；1984年9

月～1985年2月任广州军区守备第十二师警卫连指导员；1985年2月～1998年5月任海南军区政治部干部处副营职干事、正营职干事、干部处副处长、处长；1998年5月～2007年4月任海南军区转业干部工作办公室副师职主任；2007年4月～2011年6月任海口警备区政委；2011年6月任中共海口市委常委、海口警备区政委。

邓小刚 湖南武冈人，1966年1月出生，中共党员，研究生学历，经济学硕士、公共管理硕士，1990年7月参加工作。1983年9月～1987年7月，在北京商学院计划统计专业学士习；1987年9月～1990年7月，在中国人民大学国民经济计划与管理专业学习；1990年7月～1994年5月，任国家计划委员会国民经济综合司主任科员；1994年5月～2005年6月，任海南省计划厅（发改厅）综合处主任科员、副处长、工交处长、综合处长。2005年6月～2009年5月，任海南省发展和改革委员会副主任、纪检组组长、机关党委书记（其间，2008年1月～2009年5月，在美国犹他大学学习）；2009年5月～2011年5月，任海南省旅游发展委员会党组副书记、副主任、纪检组长、机关党委书记（其间，2011年4月～2011年5月，到海口市挂职锻炼，任市委常委、副市长）；2011年5月任海口市委常委、副市长。

鞠　磊 山东荣成人，1963年10月出生，中共党员，本科学历，工学学士学位，1986年8月参加工作，高级工程师。1980年9月～1986年7月在清华大学土木与环境工程系环境工程专业学习；1986年8月～1988年6月任冶金工业部重庆钢铁设计研究院助理工程师；1988年6月～1997年7月任海口市秀英土地房地产开发公司工程师。1997年7月～1998年2月任海口市长流新区开发建设总公司工程师；1998年2月～2000年7月任海口市长流新区管委会城管科副科长（高级工程师）；2000年7月～2001年7月任海口市长流新区管委会城管科科长、海口市长流新区开发建设总公司总工程师；2001年7月～2006年11月任海口国家高新技术产业开发区管委会副主任；2006年11月～2007年11月任海口国家高新技术产业开发区工委副书记、管委会副主任（正处级）；2007年11月～2010年5月任海口市政府副秘书长、办公厅党组成员；2010年5月～2011年4月任海口国家高新技术产业开发区工委书记、管委会副主任、主任；2011年4月～2011年12月任海口国家高新技术产业开发区工委书记（副厅级）；2011年12月任海口市人民政府副市长。

陈一华 海南海口人，1956年9月出生，本科学历，会计师、土地估价师，1975年1月加入中国共产党，1974年7月参加工作。1974年7月～1975年9月任海口市党的农村基本路线教育工作队队员；1975年9月～1976年2月任海口市海秀公社党委委员、团委副书记；1976年2月～1985年12月任53619部队战士、班长、教员；1985年12月～1992年5月任海口市商业系统主办会计；1992年5月～1993年2月任海口市经贸局审计科副科长；1993年2月～1999年3月任海口市土地交易所副所长、所长；1999年3月～2002年12月任海口市财政局（国资局）副局长；2002年12月～2009年7月任龙华区委副书记、区政府区长、区委书记；2009年7月～2011年1月任海口市人民政府秘书长、党组成员、市政府办公厅主任、党组书记；2011年2月任海口市人大常委会副主任、党组成员。

（林道文、林继川、郑艳茹、张林杰、于虹）

先进模范人物

潘正英 海南海口市人，1956年4月出生，现任美兰区灵山镇大林村党支部书记、村委会主任。他积极带动40多户村民种植了200余亩兰花。在2006年海南冬交会上，参展的兰花获得金奖并远赴马来西亚参加兰博会。2007年，发起创立的“兰花产销专业合作社”被评为全国优秀农民经济合作社，道点下兰花基地被省科协评为“海南省科普示范基地”。他利用荒坡发展养鸡业。变废为宝，选定文昌鸡养殖作为特色产业进行发展。2008年全村文昌鸡养殖业纯收入突破100万元大关，养鸡户年均纯收入2.5万元。村中现有40多家养殖户，年出笼50多万只文昌鸡。创建了“大林农机作业服务队”，成立农机专业合作社，全村的农业机械化水平达到90%以上。村中现有农业机械378台（辆），机械总动力2242.32千瓦，其中联合收割机10台，大、中、小型打田机10台，脱粒机39台，抽水机115台，农用运输车5辆，三轮农用车68辆。农机服务年收入84.5万元。大林农机作业服务队的创建，提高了该村的农业机械化水平，成为海口市农业机械化示范村。带领村党支部班子积极招商引资，2003年引进香港轩苑农业有限公司，创建65亩热带兰花示范基地，以“公司+农户”的方式带动农民的发展。至2007年底，共招14家花卉企业、专业户，建成示范基地600亩，种植花卉有切叶、苗木、盆景等不同类型。2011年被评为海南省优秀共产党员。

王冠琼 1969年10出生，海南临高人，现任海口市供销合作社联合社办公室主任。下基层挂职期间协助新村党支部一年内新发展了党员5人；带领社区支部在抗击2005年18号台风“达维”中冒雨转移五保户、危房户6人。积极做好新村生态文明村创建工作。积极设计规划，多方筹措资金加强基础设施建设，共投入资金35万元，修建道路11条，拉水管300米，改建厕所48间，改造危房、修建文化室5间；2010年上半年协助解决了供销大厦续建工程的遗留问题。解决好改制企业留守人员的安置问题，10多名留守人员获得再就业，有效地解决了职工后顾之忧，维护了本系统的稳定。2011年被评为海南省优秀共产党员。

王　燕 女，海南定安人，1970年8月出生，现任海口综合保税区党政办副主任科员。工作勤勤恳恳，不计个人得失，热衷于本职工作。一是做好支部内的教育和培训，抓好党员培训学习，加强党组织组建工作，不断扩大党建工作覆盖面。做好宣传活动，宣传市委推进创先争优活动的举措和做法，做好创先争优上传下达，材料的上报，数字统计工作等。二是做好党务工作。协助工委建立健全党建工作制度，完成党内统计工作，做好基层党组织基本信息系统工作，做好党费收缴、管理和使用工作，积极协助园区非公有制企业组建党组织，积极协助调研，协调解决企业支部存在的问题和矛盾。三是组织人事工作。做好人事档案管理工作，做好综保区人员的工资晋升、调资、统计、管理工作，计生工作。从2006年负责计生工作以来，认真负责，学习相关的政策法规，逐步积累计生工作经验。2011年被评为海南省优秀共产党员。

黄　舸 海南万宁人，1973年11月出生，研究生毕业，现任海口市城市建设投资有限公司董事长、党总支书记。勤奋好学、学以致用、清正廉洁。撰写《城投公司定位与可持续发展》、《论海南“自由贸易区”建设》等论文。参加了“十二五”战略规划与转变经济发展方式高级研修班、劳动和社会保障部中国就业培训技术指导中心举办的资产管理师（高级）岗位培训考核等专业培训。快速推进一批重点难点项目，提前完成全年融资任务，为海口市市政项目的顺利开展提供了有力的资金保障，大比例超额完成业务指标，提前完成投资经营业务。2011年被评为海南省优秀共产党员。

张　晖 广东兴宁人，1974年6月出生，大学本科，法学硕士，现任海口市人民检察院检察委员会委员、办公室主任。工作踏实努力，严格遵守党的纪律和国家法规，清正廉洁，讲正气，树新风，做事公道，参加检察工作14年来，先后8次被评为市检察机关先进个人，4次被评为院优秀共产党员，立个人三等功2次。2006年以来获得省、市级表彰奖励5次。在每年年终考核民意侧评中，优秀票数均名列前茅。2011年被评为海南省优秀共产党员。

梁　悬 海南文昌人，1969年2月出生，大学本科，现任龙华区金贸街道工委书记、人大工委主任。2009年底，带领街道干部用时16天完成了原海口市啤酒厂及蓝岛娱乐城等50多栋、总面积38043.07平方米、涉及500多人的拆违工作。带领街道、社区的党员、干部，用43天完成玉沙村32万平方米房屋的拆迁，实现1500多户村民和谐回迁工作。创新流动人口管理模式，构建了街道—派出所—物业小区管理网络，建立了综治、派出所、计生等部门联动的流动人口综合治理机制。对于可能发生的影响稳定的事件，早介入、早预防、早化解。如关于环海国际85%工程款纠纷，亲自召集双方代表召开了3次协调会，时间最长的一次协调会整整开了5个小时，问题得以妥善解决。大力实施就业再就业工程，2010年开发新增就业岗位1560个，推荐就业1423人。龙华区2008、2009年累计出资159164元为玉沙村民购买了医保。2010年共为101户227人办理低保，28户无房户住进廉租房，核查经济适用房188户。2011年被评为海南省优秀共产党员。

王　禹　海南海口人，1971年9出生，大专学历，现任美兰区环境卫生管理大队大队长。工作不怕苦不怕累，事事率先垂范，善于思考，敢于创新，提出了以“四个建设”为抓手，推进环卫二站的管理方针。2005年海南遭受32年来罕见的特大台风“达维”袭击，他舍小家顾大家，冒风雨走5公里的路赶到责任路段，带领全站156名干部职工清理辖区道路上的各种垃圾杂物，保障道路清洁、畅通。在2010年10月持续强降雨中，他又第一时间赶到辖区路段，积极采取措施，带领全站干部职工以最短时间把街道清理干净。在全市开展环境综合“五大工程”整治中，创新了“十个一”环境整治管理工作法，得到上级部门的肯定并在全市进行经验推广，为提升城区环境卫生保洁水平做出了重要的贡献。2011年被评为海南省优秀共产党员。

郑良豪　海南海口市人，1978年5月出生，高中文化，现任美兰区流水坡社区党支部书记、居委会主任。常为群众办实事、解难题，廉洁务实。一是扎实抓好“五大工程”工作。在环境综合整治“五大工程”中，带领社区“两委”干部进驻小区，走家串户做好卫生保洁宣传，协调环卫站清运小区垃圾，经过两个多月的整治，流水坡社区生活环境极大改善。二是带领党员干部抗洪救灾。在2010年抗洪抢险中，带领社区“两委”干部坚守一线，深入辖区居民住地，检查危房、简易棚及居住于低洼地带人员，对积水严重、房屋受损严重的住户转移安置，确保受灾群众有地方睡，有水喝，有饭吃，灾后又迅速组织干部群众投入灾后重建。三是稳步推进重点项目建设。在“078”工程和文明东路贯通工程工作中，深入群众了解情况，统筹协调各方利益关系，有效地做好思想工作，妥善解决好各项拆迁难题，避免了矛盾激化和群众上访，维护了社区的和谐稳定。2011年被评为海南省优秀共产党员。

龙竞潮　海南万宁人，1969年10月出生，大学本科学历，现任琼山区发展和改革委员会主任、党支部书记。自觉坚持服务群众，廉洁行政。通过沟通和协调，顺利完成全区106条386公里农村道路的整改和验收任务，彻底解决5年来乡村道路建设的遗留问题。牵头组织编制琼山区“十二五”规划、琼山区国际旅游岛建设发展规划，科学提出琼山“十二五”发展的定位、战略目标和重点。在区委办工作时，推行新的办文流程，及时制定和规范了办文格式、办文程序、文种使用等方面的规定。2011年被评为海南省优秀共产党员。

吴钟启　海南海口人，1983年6月出生，大专学历，现任琼山区龙塘镇文道村党支部副书记、村委会副主任。心系群众，为群众办实事、为百姓谋福利。多方争取资金，发动起群众义务投工投劳，修建水泥小道连通各个村庄。上任后不久，提出了“巩固服装加工传统产业，大力发展养殖业，推动第三产业向前发展”的经济发展思路，专门请了镇里的专业技术人员向村民宣传科学养猪知识，许多村户通过养殖业走上了致富的道路。2010年全村经济有了很大的发展，农民人均收入达到了4000元，在全镇排名前列。2010年10月，龙塘镇文道村委会遭受了五十年未遇的洪涝灾害，5个自然村298户民房被淹，学校校园浸水，1524名百姓安全危在旦夕。他迅速成立党员青年突击队，连续5天不分昼夜地坚守在抗洪一线。迅速将村里的五保户转移到安全地区，并挨家挨户帮助村民搬运物资。自制简易救生筏成功转移了群众200多人和130多户村民的彩电、冰箱等物资。保证受灾群众有饭吃、有床睡、有衣穿、有水喝，全村实现了零上访、零伤亡、零疫情。文道村的抗洪救灾工作受到了省、市领导的好评，被评为省、市抗洪救灾先进集体。2011年被评为海南省优秀共产党员。

韩　强　海南文昌人，1965年11月出生，在职研究生学历，现任海口市排水管道养护所所长、党支部书记。他事事率先垂范，竭力为群众排忧解难。每天都详细了解110联动、12345政府服务热线、数字城管中心的投诉情况，竭力为群众排忧解难，只要有举报，就第一时间赶到现场处理。近3年来，该所共接110联动、12345政府服务热线、数字城管中心反映的抢修指令13957件，清理下水道2949公里，清理进水井、检查井264477座次，清运淤泥11223立方米，维修井盖13659个，封油加固松动井盖48144个。近3年来，在他主持下，养护所投入564万元，完成勋亭路等25条积水路段清淤和改造，有效缓解了路面积水，为群众雨天出行提供方便。2010年10月，50年一遇的强降雨造成市区多条道路严重积水。他每天凌晨4点多钟就上路巡查积水，掌握积水情况、调度人员设备，采取有效的措施排除积水。在接到龙塘镇文礼村受淹，积水深达5米，785位村民“无家可归”的消息后，他迅速组织40多位排水工人连夜筹备排水器材，投入15车（次）179人次，安装3部大功率抽水泵和1200米长的大口径排水管，与工人“三班倒”值守进行排涝工作，成功排除积水127360立方米，使在外避险的村民得以短时间内返家开展灾后重建。2011年被评为海南省优秀共产党员。

李　坚　海南海口人，1967年2月出生，大学本科学历，现任秀英区财政局党支部书记、局长。加强党员政治理论和业务知识学习，抓好其他干部的业务培训工作。积极主动与相关部门配合做好税收征收工作，想方设法增收节支，为区财力实现明显增强的目标作出了积极贡献。据统计，2010年秀英区财政总收入106823万元，完成预算的130.6％，增收35697万元，同比增长50.2%，增幅全市第一。优化各种民生工作资金发放的工作流程，确保了各种强农惠农资金的按时足额发放。至2011年底已拨付农资综合直补资金691.24万元，粮食直补资金43.58万元。兑付“家电下乡”财政补贴资金553.32万元。2011年被评为海南省优秀共产党员。

李楚英　女，海南海口人，1966年8月出生，大学本科学历，现任海口市第二十七小学校长、党支部书记。注意加强党性修养，业务精，能力强，处处严格要求自己，做师生表率。坚持民主集中制原则，定期利用板报的形式公开学校的主要工作安排和财会收支、评优评先等情况，接受群众的监督。在廉洁自律上，坚持做到大事讲原则，小事讲风格，不计较个人得失，不利用职务之便谋取私利。树立具有本校特色的核心办学理念：对学生负责，为学生终身着想。勤下课堂，每学年校内听课、评课130节以上。2011年被评为海南省优秀共产党员。

陈　彪　海南文昌人，1963年7月出生，大专学历，现任中共海口市龙华区委组织部副部长、党支部书记。注重自身品行的养成，始终坚持做到政治上把握住方向，年度考核连续5年被龙华区委评为“优秀”。主持制定了涵盖党员学习培训及教育管理、村“两委”班子议事决策等内容的一整套规章制度并在全区农村党组织统一推行。向区委、区政府提出建议和通过各种渠道争取社会各界的大力支持，先后争取到区级财政拨款30万元和辖区企业家捐款40多万元，用于村级活动场所的改造翻新，率先在全市彻底解决了农村“两委”无办公场所的问题。联合区民政局等相关单位对龙华区社区党建工作中涌现出的党员责任片区、联系户制度和目标责任制等新鲜经验进行总结并在全区进行推广，其中以“六爱”作为活动载体的社区党建工作新模式具有在全市社区进行推广的价值。采取了“单独建、联合建、挂靠、派驻”等创建方式，不断加大非公经济组织建立党组织的工作力度，指导非公有制经济组织党组织开展“我为党旗添光彩”为主题，“创建党员责任岗和党员示范岗”为载体的创建活动。龙华区有16家规模以上的非公企业全都建立了党组织，基本实现了有党员的地方就有健全的党组织，有党组织的地方就能开展正常的组织活动。2011年被评为海南省优秀党务工作者。

韩　敏　女，海南文昌人，1964年出生，中共党员，现任海口市公安局政治部副主任、局党委秘书。近两年来，不断完善政治部规范机制，抓好宣传教育和工会妇儿工作，积极协调从优待警政策落到实处，创立了《椰城警花》栏目。2011年组织民警参加上级工委组织的培训班35次，培训人员达500余人次；组织女民警参加全局性的业务技能和队伍建设等方面的培训班20余期，培训400余人次，女民警培训率达到98%以上。另外，还组织市公安局妇女骨干17人次参加市妇联组织的基层妇女骨干培训班及心理咨询培训；组织市公安局工会女职工委员会5人次参加市总工会培训。组织对患病及生育的女民警及民警家属进行慰问，解决她们的实际困难。近几年共慰问女民警及民警家属108人次，发放慰问金1万多元。2011年被评为海南省优秀党务工作者

李乐平 海南海口人，1960年8月出生，大专学历，现任美兰区委政法委常务副书记、维稳办主任、党支部书记。定期开展政治理论学习和讨论，组织开展“情系灾区捐款献爱心”、“党员义务献血”、“我为禁毒捐一元钱”等一系列活动，增强了党员干部的党性观念和奉献意识。创造性地推行领导干部包片、党员干部包点的联系点工作机制，推进基层政法、维稳、综治工作平衡发展。定期组织治安形势分析研判，掌握案件高发的特点和规律，先后组织开展了“居民社区防范网格化”、“打防控一体化”、“联防联勤互助”、“十户联防”、“商场柜台联防”、“单位和住宅小区联防”等一系列活动，组建了治安信息员、义务袖章队等群防群治队伍，强化了社会面的巡逻防控能力，有效地遏制了“两抢一盗”案件高发势头，连续5年该区此类案件的发案率均保持逐年下降态势。连续10多年放弃公休，投身维护社会稳定工作中，做好群众上访的处置工作，妥善解决了一批省、市委挂牌督办的突出问题。为“078工程”、海甸旧城改造、新埠岛建设、东环铁路建设等50多个重点项目的顺利推进作出积极贡献。经常利用节假日和双休日，主动深入到各镇、街道、社区、农村、企业了解民情，倾听民意，及时掌握全区各时期维稳特点和规律，及时地为区委、区政府决策提供科学的依据。几年来，他在大量调研的基础上，先后撰写了调研报告12篇，其中《探索新形势下的维稳工作新举措》经验材料，在全国中小城市研讨会中获优秀奖。2011年被评为海南省优秀党务工作者。

李茂顺 海南海口人，1974年12月出生，大学本科毕业，现任中共海口市琼山区三门坡镇党委书记、人大主席。主持制定并贯彻执行《镇领导班子成员学习制度》、《领导班子议事原则》、《公车管理制度》等一系列规章制度。加强在回乡大学生、退伍军人中发展党员和培养入党积极分子的指导工作力度，为持续优化村（居）“两委”班子整体结构储备充足的人才。利用好村级组织换届的契机，制定针对性和操作性较强的工作方案并督促落实，实现书记、主任全部“一肩挑”的目标，还将一大批“双强”型农村党员干部选拔进村党支部班子中来，优化基层党组织领导班子的结构。多方筹措建设资金用于改善基层党组织办公条件和文娱活动的条件。目前所有村党支部都设置了图书阅览室、标准化办公室以及配备党员远程教育系统的标准电教室，配备了办公电脑。60%村（居）还修建了球场、戏台等文娱设施。做好经济社会发展工作，不断提高农民群众的收入水平和生活质量。探索“规模型、特色型、加工型、合作型、市场型”农业经济发展思路，已基本形成了东部以热带经济作物种植为主、中部以发展水果产业为主、西部以瓜菜产业种植为主的农业产业格局。投入大量资金用于改善群众的生产生活条件，实施农贸市场升级改造、垃圾压缩转运站建设等项目，墟容镇貌大为改观。联系配合海南农信社向群众发放小额创业贷款130笔280万元。投资80万元做好昌白水库1.5公里灌渠和荔枝琅水库6公里灌渠的防渗加固工作。2011年被评为海南省优秀党务工作者。

林海涛 海南海口人，1961年5月出生，在职研究生，现任中共海口市琼山区龙塘镇委书记、人大主席。讲党性、重品行、作表率，是党员干部和农民群众前行的“领路人”。建立了镇党委理论中心学习小组制度，月学习计划，定期组织理论培训。通过狠抓村级组织办公活动场所建设，全镇11个村（居）全部按照“三室八有”的要求建成了高标准的村级活动场所。以实施“强核心工程”为契机，在全镇11个村（居）全面推行农村基层组织“四议两公开”工作法、镇村干部“驻村坐班”以及农村干部绩效考核办法等制度。采用“一村一策”的方法，圆满完成村级组织换届选举工作既定目标。大力筹措资金加强农业基础设施建设，巩固提高了三桥、大力、道本和富道四个瓜菜种植示范基地和18家规模较大的养猪大户的示范作用，加大培训力度提高了农民的种养技术，转变管理观念，为农业发展打好基础。2010年连遇两轮强降雨期间，以身作则，连续一个月昼夜鏖战在一线，使全镇的防汛救灾工作实现了“零死亡、零疫情、零上访”的目标。2011年被评为海南省优秀党务工作者。

全思东 1967年2月出生，广东廉江人，现任龙华区大同路街道工委书记。切实履行好“党建第一责任人”的职责，带头学习政治理论和方针政策以及法律、经济、管理等方面的知识。能正确处理抓经济工作和党建工作的关系，经常与班子成员就如何做好党建工作进行交流沟通，善于通过阅读理论刊物、网上浏览等方式学习借鉴其他地方的新鲜经验和成功做法，在教育活动中表现突出。2009年3月在街道开展科学发展观学习实践活动中设计了“深入学习实践科学发展观，加强基层执行力，创建和谐大同”的主题，认真组织开展内容涵盖安全生产、计划生育服务、禁毒、环境卫生、服务企业、助困、维稳、学习培训的“八个工作日”活动并取得积极成效。2011年被评为海南省优秀党务工作者。

王之汉 海南定安人，1962年3月出生，大学本科毕业，现任海南港航控股有限公司海口港务分公司党委书记、纪委书记。2008年，他撰写的《关于公司成本控制的问题与对策》一文被控股公司评为二等奖；2009年，撰写的党建论文被控股公司评为三等奖；2010年，撰写廉政心得体会被控股公司评为一等奖。2008年，在控股公司制定的党建及党风廉政工作目标责任制考评办法的基础上，结合公司实际，制定和实行了海口港务分公司基层党建和党风廉政工作目标责任制考评办法并认真组织实施。这一考核奖励机制的建立，进一步明确了基层党建及党风廉政工作的内容和目标，强化基层党建工作的日常化管理。注重抓好理论中心组学习、“三会一课”、民主生活会、民主评议党员等制度的落实。党员队伍不断壮大，2008~2010年共发展新党员28名。2010年公司党委被海口市国资委评为“先进基层党组织”。严格落实党风廉政责任制，与各基层党组织层层签订党风廉政建设责任书，注重抓好党员干部的廉政教育，认真开展党务、港务公开、违规违纪收送款项问题专项整治和行业不正之风整治等工作，2009年和2010年共查处走漏客票的违规违纪案件19起。2011年被评为海南省优秀党务工作者。

叶丽敏 女，海南文昌人，1972年6月出生，现任琼山第五小学校长、党支部书记。岗位上勤勤恳恳、任劳任怨，抓支部班子建设，增强党支部的凝聚力；抓党员队伍建设，充分发挥党员的先锋模范作用；抓青年教师教育培养。在她的带领下，学校获得“全国推进素质教育先进单位”、“全国优秀家长学校”等国家、省、市、区等荣誉共计127项。把自己绩效工资奖励8988元设立为“校长奖学金”，同时，5年来每月又从自己微薄的工资中拿出300元资助残疾孤儿李小玉，近几年已资助寒门学子近4万元。参与了《纵横信息数字化学习与研究优化小学生识字过程及提高效率的研究》等多个国家级、省市级课题研究，著书立说达105篇之多。2011年被评为海南省优秀党务工作者。

周　力 海南文昌人，1974年12月出生，大学本科毕业，现任市人民检察院机关党委委员、公诉一处副处长。注重对党务工作中出现的新情况进行研判，积极探索党建工作与业务工作相适应的新途径、新载体，根据公诉工作的特点，将省院、本院推行的半年、年度部门、个人业务量化考核的成绩纳入党建工作的评价指标，将审查起诉、诉讼监督、队伍建设等各项公诉量化考核工作指标融入党建工作评价体系，将党员学习工作情况纳入个人月度业务绩效考核指标体系，从而使党建工作与公诉工作考核有机结合，两项工作协调推进、相互促进，互动发展5年来先后承办了梁定法等21人涉黑案、温志能等42人特大系列盗车案、市规划局原副局长姚继韵受贿案、省国资委原副主任王俊武受贿案等200余宗重大案件的审查起诉、出庭公诉和诉讼监督工作，办案数量长期列全处第一。例如：在配合国安部门侦办朱××、刘××两宗间谍案时，针对如何有效收集固定电子证据，认真研究相关电脑知识，查阅了10余本专业书籍，多次向电脑专业人员求教，并上网进行模拟操作。在熟悉了解犯罪嫌疑人的作案手法后，提出了“远程勘验、全程录像、证据转化”的关于收集固定电子证据的方法。安全机关采纳后收集的全部证据均被法院认可。发挥“传帮带”作用，将办案经验无私传授给新同志，其所带领的办案组中的高金秀、宁丽等同志都成长为公诉办案骨干。在2008年11月全省第四届“十佳公诉人”比赛中，既当“教练员、运动员”

又当“陪练”，无保留地将本人的参赛经验倾囊传授，最终全市检察机关共有5人获“省十佳公诉人”称号，取得历史最佳成绩。2011年被评为海南省优秀党务工作者。

张华雄 海南东方人，1964年出生，中共党员，现任海口市公安局交警支队车辆管理所所长，省青联委员，省政法学院兼职讲师。近几年来，共完成业务量472434件，其中，办理新车入户88506辆，车辆年检81880辆，旧车业务138288辆，其他业务163760件，没有一件是违规办理的。2011年，将“创新工作，打造海口车管服务品牌”作为积极回应人民群众新期待、新要求的重要抓手，创新多项车管工作措施服务群众、方便群众。在车管所实行双休日上班制度，开展预约上门服务，2011年实现预约上门服务32家，1202辆次。联合邮政部门开通车管牌证185速递服务，2011寄出330件。推出旧车交易一站式服务，2011年办理25131件。在业务大厅设置办事等候区，配备桌椅、饮水机、手机充电器、雨伞、老花镜等便民设施。为企业解决实际困难，在一汽海马有限公司设立服务站，给实验车、新车直接办领临时牌。创新三门坡车管服务站流动作业方式，深入永兴、灵山、大致坡等镇办理摩托车注册登记业务，为农民办理摩托车注册2062辆次。2011年获得海南青年五四奖章。

莫桑莉 女，海南定安人，1973年3月出生，中共党员，现任海口市公安局经济犯罪侦查支队政工纪检科科长。2007年12月~2010年7月在担任海口市公安局特警支队政治处主任期间，从严律己，踏实工作，主动为特警支队党委分忧解难，为特警支队顺利圆满完成各项工作任务提供组织保障；2008年、2009年，特警支队取得了历史上的最好成绩，先后被评为“全国人民满意的公务员集体”、“灾区群众满意的公安特警队”、“支援四川抗震救灾先进集体”，荣立集体一等功1次、集体三等功1次。在任特警支队政治处主任的2年多时间里，先后经历了5次跨区域执行维稳处突任务，其中赴川抗震救灾坚守了53天，赴疆维稳驻防了近半年。2011年被评为全国巾帼建功标兵。

冯伟清 海南海口人，1967年11月出生，中共党员，现任海口市第二看守所所长。2003年调任海口市第一看守所后，不断向北京等地监所学习先进管理模式，设计制定海口市第一看守所量化和绩效考核规则，不断改革看守所的勤务管理模式，提高看守所管理的效能和人性化管理水平。2004年6月，主持海口市第一看守所全面工作，在一年多时间里，使海口市第一看守所从三级看守所升级为二级看守所，随后又升级为一级看守所。2006年海口市第一看守所被省公安厅确定为监所系统“三基”工作试点单位，授予“集体二等功”。2008年，主持编写海口市公安局《看守所工作流程》、《看守所主要岗位工作职责》和《强制戒毒所工作流程》、《强制戒毒所主要岗位工作职责》。2009年9月18日海口市第三看守所按时开办，公安部授予二级看守所。2010年省公安厅确定为全省首批对外开放看守所。自从事监所管理工作以来，冯伟清所在监所已顺利完成12000多名在押人员（其中包括50多名被判死刑犯人）的看管任务。设立即报告即填表即联系的“绿色通道”，打击牢头狱霸行为，制止违规、打架行为，防止在押人员非正常死亡事故。看守所从开办至今，从未发生过安全责任事故和民警违法违纪问题。2011年被评为全国政法系统优秀共产党员

许定成 海南临高人，1972年11月出生，中共党员，现任海口市公安局治安警察支队副支队长，分管公共特种行业管理和大型安全保卫工作。2010年6月调任治安支队副支队长后，立足全市特种行业管理的实际，带领民警深入企业、走近百姓，认真调研。组织出台《海口市公安局办理印章许可证暂行规定》，为群众申请刻制印章提供依据。组织、督办分局治安部门核查“赌色”线索600余起，有效遏制“赌色”违法犯罪活动反弹。1月31日~3月28日，公安部和省公安厅先后刊发简报，对市公安局“零容忍”禁赌的做法给予表扬和充分肯定。在开展治爆缉枪专项行动中，组织检查危爆物品从业单位120家，收缴各类枪支16把，收缴清理军用子弹、火药、管制刀具等非法物品一批，消除安全隐患。2011年6~9月许定成同志组织警力日夜奋战，长途跋涉，跨越6个省市，行程3万多公里，成功抓获涉枪涉爆

在逃人员10名，得到公安部、省公安厅的表扬和嘉奖。2011年被评为全省社会治安综合治理先进工作者。

（梁毓婧、郑揆）

秦瑞静　女，宁夏吴忠人，1968年12月出生，大学学历，中共党员，原任海口市人民检察院反贪污贿赂局副局长，现任美兰区检察院检察长。18年的检察生涯和15年的反贪实践，凭着出色的办案技能和高超的指挥能力，同她的同事一起成功侦破了70余件大案要案，涉及10余名身居要职领导干部被查处。如先后成功侦破海口市城管监察支队第四大队单位受贿案、海口市国土局陈晓勇等人共同贪污案、海口市工业和招商局原局长陈小鹰受贿案等案件，为国家和企业挽回了巨大的经济损失，为打击腐败、维护社会和经济稳定做出积极贡献。先后5次荣立个人三等功，多次被评为海口市检察机关优秀共产党员及年度先进个人；2008年在最高人民检察院第二届职务犯罪侦查部门“百优双十佳”评选表彰活动中，被授予“优秀侦查员”称号。2011年被评为全国三八红旗手。

陈海平　女，海南文昌人，1958年5月出生，大专学历，中共党员，现任海口市中心幼儿园园长，市第十二届政协委员。任幼儿园园长18年，始终坚守和奋斗在一线岗位，把一个名不见经传的幼儿园办成了在全省有较大影响的管理规范、设备先进、教学优质、工作和谐、环境优美的省级示范性幼儿园。撰写的多篇管理和教育论文在全国、省、市各级获奖，政协提案获优秀提案奖。曾被评为海南省贯彻国家《幼儿教育指导纲要》先进个人和省、市优秀家庭教育工作者等，2007年获全国“宋庆龄幼儿教育奖”提名奖，2008年被评为海口市十佳校长，2011年被评为海南省三八红旗手。

贾雁平　女，山西朔州人，1962年7月出生，大学本科学历，现任海口市妇幼保健院新生儿科主任，主任医师，海南医学会儿科分会委员，海南省遗传学会委员，海南省围产学会委员。是海口市应急小组成员和医院应急小组组长。哪里有需要就立即待命。在儿科危重症疑难病方面，她抢救了许多肺炎合并心衰，呼吸衰竭，川畸病合并心衰等危重症患者。作为科室主任，她严以律己，认真学习国内外先进技术，注重科室整体素质的提高，定期讲课，定期考核，几年来，科室每年均有国家级和省内论文发表和省级科研课题立项。科室2006年~2007年连续两年荣获海口市青年文明号称号，2009年获全国青年文明号称号。2011年被评为海南省三八红旗手。

赵冬梅　女，海南文昌人，1973年9月出生，大学本科学历，现任海南省海口市财政国库支付局第一支付核算站科员。作为一名会计，恪守财务管理工作人员的职业道德，热心耐心对待每一位办事人员，处理好每一笔业务。严格按财务制度的有关规定处理账务，在日常记账处理账务中仔细审查单据和票据。分析每一笔业务，监督每一笔款项是否按实际需要准确运用，保证集体资金使用到位，做到专款专用。2011年被评为海南省三八红旗手。

郑秋英　女，海南海口人，1969年9月出生，大学专科学历，现任秀英区妇联主席。作为秀英区妇联主席，她坚持为妇女儿童服务，为妇女儿童排忧解难，组织开展了科技培训、农产品大比拼，引导农村妇女科技致富；开展“巾帼建功”活动，拓宽妇女就业渠道，激励城镇妇女建功立业；组织开展各类和谐家庭创建活动，引领妇女做文明和谐先行者。切实维护妇女儿童合法权益。坚持“党建带妇建”，加强基层妇女组织建设。在她的领导下，秀英区妇联系统先后获得国家级先进单位4个、先进个人1人；省级先进个人1人；市级先进集体5个、先进个人11人。她本人也被评为海口市“电子农务”先进个人、秀英区防汛救灾工作先进个人。2011年被评为海南省三八红旗手。

唐文琦　女，广东惠来人，1960年11月出生，大学本科学历，中共党员，现任海口市劳动教养所副调研员。她与市中级人民法院协调沟通，建立民事纠纷案件诉前诉中引入人民调解工作机制。积极探索建立行业性、专业性人民调解组织，在海口市旅游委设立海南省首家旅游纠纷人民调解委员会；深入推进轻伤害刑事案件和情节较轻治安案件委托人民调解工作机制有效化解了社会矛盾，开展“社会治安重点地区矛盾纠纷排查调处”、“人民调解化解矛盾纠纷攻坚”等专项活动，维护社会海口稳定。加强司法所规范化建设，规范基层法律服务工作，抓好市未成年人法制教育中心的工作。2010年，共调处轻伤害和情节较轻治安案件51宗，组织指导全市各级调解组织开展矛盾纠纷排查1952次，排查出各类矛盾纠纷隐患1690宗；调处各类矛盾纠纷4669宗；防止群体性事件63起，涉及4535人次，防止民转刑和因民事纠纷引起自杀案件2宗，涉及人数7人。连续7年在年终考核中被评为优秀和局先进个人，2003年被省司法厅记三等功，2010年被市委政法委评为海口市十佳政法干警。2011年被评为海南省三八红旗手。

王丹丹 女，海南海口人，1979年7月出生，大学专科学历，现任中国邮政储蓄银行海南省海口市分行信贷员。她严格遵守职业道德规范，在信贷调查过程中，没有收过客户送的任何东西，树立了邮储信贷员健康的形象。善于把握信贷商机，遏制一切可能出现的给企业带来的损失。努力做好本职工作，积极为企业创收，信贷成效显著。至2011年1月底，个人累计发放贷款290笔，金额10768.1万元，贷款结余7390.87万元，贷款逾期率为零。2009年度被授予省级十佳信贷员荣誉称号，被中国邮政储蓄银行海南省分行授予个人贷款收入创收总量奖。2011年被评为海南省三八红旗手。

陈文奋 女，海南海口人，1972年11月出生，高中学历，现任海口市公共交通汽车公司驾驶员。为公共汽车驾驶服务20年来，兢兢业业，认真遵守公司的规章制度，风雨无阻地坚守在自己的岗位上。时刻用“乘客的满意便是我的满意，乘客的安全便是我的安全”这句话来提醒自己，学习有关的道路交通法规、管理条例和客运服务行为规范等相关的知识。每天上班出车前，严格按照规定的操作规程对车辆进行检查，性能完好才能出车。坚持中速行驶，从未发生过任何交通责任事故，切实做到保质、保优、安全行车。多次被公司评为优秀驾驶员和优秀职工，是公交总公司驾驶员的学习楷模，青年文明标兵，是市交通局巾帼文明标兵，2008年曾获得市交通局颁发的交通系统先进个人奖。2011年被评为海南省三八红旗手。

（潘志文）

林孝鉴 广东人，1952年3月出生，中共党员，现任海口市水务集团有限公司董事长、党委书记。以科学发展观为指导，勇担重任，在海口市水务集团进行运营体制改革、实施中外合营的关键时期，有效化解和消除了企业重大改革期间员工的思想矛盾和顾虑，确保了企业改制和职工身份置换的圆满成功。为以9.3亿元溢价成功引进世界水务龙头企业法国威立雅水务集团、为统一海口水务市场，实现企业跨越式发展打下坚实基础。2008年受托管理严重资不抵债2.6亿元，年亏损1000多万元的市属供水企业琼山自来水公司以来，通过法律手段，成功以5248万元的投资化解了2.7亿元的债务，使一个濒临破产的企业得以重生，确保了企业运营稳定和社会稳定。2010年完成收购桂林洋污水处理厂工作，为海口水务集团赢得了一项优质资产，海口市水务集团资产总额由2006年6.93亿元增加到了2010年的11.70亿元。确保了国有资产的保值增值。2011年荣获五一劳动奖章。

李润合 海南定安人，1960年3月出生，中共党员，现任海南省海口市人民检察院党组成员、政治部主任。工作中大胆管理，开拓创新，倾心履职。积极倡导先进的执法理念和管理理念，创新工作机制，坚持文化育检，加强检察文化建设。积极探索现代信息技术在检察实务中的创新应用，科技强检。引导干警牢固树立“立检为公，执法为民”理念，以强素质、树形象为主线，以抓团结、促干劲为切入点，以抓管理、促办案为落脚点，做到“以诚待人，以理教人，以情感人，以实帮人”，努力营造和谐的工作氛围，打造学习团队，引导干警积极开展创先争优活动，为实现院党组提出的以“创一流业绩，树一流作风、建一流队伍”的目标，作出贡献。2011年获五一劳动奖章。

（胡搏）

曾纪宁 1955年12月出生，海南文昌人，中共党员，特级教师，现任海南华侨中学校长。2007年~2011年，学校高考一二本入围率、中考优秀、合格率均居全省前茅。学校田径队近三年获全国中学生田径赛冠军，2009年、2011年分获世界中学生田径锦标赛第五、第四名；校学生合唱团两次获“小百灵奖”。积极参加课题研究，主持或承担了4个国家级课题并获优异成绩。2011年被评为海南省十佳校长。

陈亚耀　海南万宁人，1961年4月出生，中共党员，中学高级教师，现任海口市第九小学校长、党支部书记，是海南省有突出贡献的优秀专家、海口市专业技术拔尖人才、海口市委、市政府直接联系重点专家、海口市十佳校长、海南省政府督学、海南省咨询专家。他把办学目标定位在“省内示范，全国一流，国际视野”的高起点上，在学校管理上不断探索，把九小这所名校不断推向新的高度。任职期间的海口九小被评为海南省首批中小学规范化学校，被教育部评为全国艺术教育先进单位，全国综合实践活动课程资源开发与实验工作先进实验学校，海南省课改实验先进单位，海口市家长示范校等。2011年被评为海南省十佳校长。

朱满香　女，广东省人，1965年1月出生，小学高级教师。1992年从普校调入特殊教育学校工作近20年，为了能让失聪的聋童开口说话，为了聋童能以健全的人格步入社会幸福生活，为了一个个残疾孩子健康茁壮地成长，她以崇高的敬业精神，在特殊教育工作岗位上，执著耕耘，默默奉献，无怨无悔。其精湛的教学业务和良好的师德受到大家的好评。她所教的班级多次被评为文明班级，个人多次被评为优秀班主任。2011年被评为海南省十佳班主任。

（柯俊）

法规与规章

2011 年海口市规范性文件目录

序号	标题	文号
1	海口市人民政府办公厅关于指定区域严禁燃放孔明灯的通告	海府办［2011］15 号
2	海口市人民政府关于禁止在本市生产使用销售实心黏土砖的通告	海府［2011］8 号
3	海口市人民政府办公厅关于禁止在全市范围内路灯设施上设置广告的通知	海府办［2011］31 号
4	海口市人民政府办公厅关于印发违法建筑拆除清运费补贴标准和工作经费补助标准的通知	海府办［2011］99 号
5	海口市人民政府办公厅关于印发海口市化肥商业储备管理试行办法的通知	海府办［2011］105 号
6	海口市人民政府关于印发我市增加容积率用地管理规定的通知	海府［2011］67 号
7	海口市人民政府关于印发我市公共租赁住房管理暂行办法的通知	海府［2011］73 号
8	海口市人民政府办公厅关于印发我市城镇居民社会养老保险工作实施方案的通知	海府办［2011］180 号
9	海口市人民政府关于修改《海口市城市基础设施配套费征收管理办法》的决定	海府［2011］92 号
10	海口市人民政府关于印发我市基本殡葬服务费用减免补助试行办法的通知	海府［2011］102 号
11	海口市人民政府办公厅关于指定区域严禁燃放孔明灯的通告	海府办［2011］225 号
12	海口市人民政府关于印发我市展览业管理试行办法和会展业发展专项资金使用管理暂行办法的通知	海府［2011］97 号
13	海口市人民政府关于印发加快工业发展若干规定的通知	海府［2011］105 号
14	海口市人民政府办公厅关于解决我市当前政府投资工程建设中普遍性问题的实施意见	海府办［2011］240 号
15	海口市人民政府关于印发《海口市新型农村合作医疗实施办法》的通知	海府［2011］125 号
16	海口市人民政府关于印发我市灾害应急专项资金管理暂行办法的通知	海府［2011］122 号
17	海口市人民政府办公厅关于印发《海口市海上搜救应急预案》的通知	海府办［2011］304 号
18	海口市人民政府办公厅关于调整我市城镇居民基本医疗保险财政补助标准的通知	海府办［2011］333 号
19	海口市人民政府关于印发鼓励金融业支持资本市场发展和鼓励总部经济发展规定的通知	海府［2011］145 号
20	海口市人民政府关于废止《海口市人民政府关于加快国民经济和社会发展第十一个五年规划期间旧城区和城中村改造的决定》等 3 件市政府规范性文件的决定	海府［2011］153 号
21	海口市人民政府关于修改《海口市旧城区（城中村）改造拆迁补偿安置若干意见》的决定	海府［2011］154 号
22	海口市人民政府关于修改《海口市安置房建设使用管理暂行规定》的决定	海府［2011］158 号
23	海口市人民政府关于修改《海口市旧城区（城中村）改造拆迁补偿安置若干意见的补充规定》的决定	海府［2011］155 号

续上表

序号	标题	文号
24	海口市人民政府关于修改《海口市人民政府办公厅关于印发海口市政府投资项目征地拆迁工作流程图的通知》的决定	海府［2011］157号
25	海口市人民政府关于修改《海口市旧城区（城中村）改造资金使用管理暂行办法》的决定	海府［2011］156号
26	海口市人民政府关于加快游艇经济与邮轮旅游发展工作的意见	海府［2011］1号
27	海口市人民政府关于印发海口市城乡居民医疗救助实施细则（试行）的通知	海府［2011］3号
28	海口市人民政府关于进一步加快中医药事业发展的实施意见	海府［2011］41号
29	海口市人民政府关于“十二五”时期推进我市棚户区（城中村）改造工作的实施意见	海府［2011］42号
30	海口市人民政府关于调整现役军人军功奖的通知	海府［2011］64号
31	海口市人民政府关于加强非公有制经济组织和社会组织拥军优属工作的意见	海府［2011］65号
32	海口市人民政府关于从重处罚乱扔垃圾 乱吐脏物 乱散发广告宣传单 乱穿马路等不文明行为的通告	海府［2011］68号
33	海口市人民政府关于建立健全行政调解机制的意见	海府［2011］81号
34	海口市人民政府关于印发我市鼓励航空客运市场开发暂行办法的通知	海府［2011］86号
35	海口市人民政府关于切实推进我市重点项目建设的实施意见	海府［2011］96号
36	海口市人民政府通告（关于美兰机场二期扩建项目）	海府［2011］98号
37	海口市人民政府关于调整海口市城镇土地使用税级距税额的通告	海府［2011］123号
38	海口市人民政府关于印发海口市气象灾害应急预案的通知	海府［2011］143号
39	海口市人民政府关于印发我市行政诉讼案件败诉过错责任追究办法的通知	海府［2011］144号
40	海口市人民政府办公厅转发市安监局等部门关于进一步加强烟花爆竹安全监督管理工作实施意见的通知	海府办［2011］9号
41	海口市人民政府办公厅关于修订印发《海口市秀英港区过海车（客）滞港应急预案》的通知	海府办［2011］13号
42	海口市人民政府办公厅关于加强孔明灯燃放安全管理工作的通知	海府办［2011］17号
43	海口市人民政府办公厅关于进一步做好我市房地产市场调控工作的实施意见	海府办［2011］24号
44	海口市人民政府办公厅转发市教育局关于进一步加快特殊教育事业发展实施意见的通知	海府办［2011］43号
45	海口市人民政府办公厅关于印发我市政府投资项目有关管理暂行办法的通知	海府办［2011］150号
46	海口市人民政府办公厅关于进一步做好普通高等学校毕业生就业工作的实施意见	海府办［2011］250号
47	海口市人民政府办公厅关于印发海口市中小学校舍安全工程专项资金拨付管理办法及拨付流程的通知	海府办［2011］253号
48	海口市人民政府办公厅关于印发我市行政调解程序暂行规定的通知	海府办［2011］276号
49	海口市人民政府办公厅关于加强气象探测环境和设施保护工作的通知	海府办［2011］290号
50	海口市人民政府办公厅关于进一步做好居民健康档案规范化建档工作的通知	海府办［2011］294号
51	海口市人民政府办公厅关于印发我市农村公路养护管理暂行办法的通知	海府办［2011］301号
52	海口市人民政府办公厅关于印发我市进一步加快中医药事业发展实施细则的通知	海府办［2011］313号
53	海口市人民政府办公厅关于开展人防工程标识牌设置与管理工作的通知	海府办［2011］321号

海口市展览业管理试行办法

（2011年9月2日印发）

第一条 为规范展览经营行为，完善展览业发展环境，维护展览业市场的正常秩序，促进展览业健康持续发展，根据有关法律、法规，结合本市实际，制定本办法。

第二条 本市行政区域内举办的各类展览活动及其管理适用本办法。但由国务院直属机构及省市政府直接举办的展览活动不适用本办法。

第三条 本办法所称展览，是指举办单位（包括主办单位和承办单位）以招展方式在固定的场馆及预定时期内举办，通过物品、技术或者服务的展示，进行信息交流，促进科技和经贸发展的商业性活动以及与之相关的活动。

本办法所称主办单位，是指负责制定展览的实施方案和计划，对招展办展活动进行统筹、组织和安排，并对招展办展活动承担主要责任的单位。

本办法所称承办单位，是指根据与主办单位的协议，负责布展、展品运输、安全保卫以及其他具体展览事项的单位。

第四条 市商务行政主管部门是本市会展业行政主管部门，依照国家法律和行政管理职能，从宏观上积极促进展览业的发展。市会展业行政主管部门委托海口市会展业协调管理办公室（以下简称市会展办）负责本市会展业的日常管理工作。

商务、工商、旅游、市政市容、贸促、卫生、食药监、文体、公安、园林、环卫、交通、质监、知识产权等有关行政主管部门按照各自职责，密切配合，做好相关协调、监督和服务工作。

第五条 建立展览报备制度。主办单位（或承办单位）应当在举办展览活动60日前到市会展办办理备案手续，并提供下列材料：

（一）证明主（承）办单位法人资格的有效证件；

（二）展览组织实施方案；

（三）依照国家有关规定需要经政府或者有关部门批准方可举办的展览会，应当提交相关批准文件；

（四）其他需要提交的文件。

第六条 在本市举办展览依法需办理审批的，举办单位应当按规定到市市政市容、公安、消防等有关部门办理相关审批手续。

境外到本市举办有关经济贸易技术类展览的，按有关规定办理。

第七条 举办大型展览会有可能影响周边区域交通、公共安全、市容环境和园林绿化的，举办单位应当事先将举办时间、地点、规模等相关信息向公安、交通、市容环卫和园林绿化等部门报告，并接受其指导。

第八条 对于在本市举办的国际性、全国性大型外来展会，市会展办为举办单位提供申报市政市容、公安、消防等有关部门的“一站式”服务，并帮助协调海关、卫生、食药监、税务、质监等部门。

第九条 未经国务院有关行政主管部门批准，展览名称不得使用“中国”、“全国”等字词。

未经市政府及有关部门同意，任何单位和个人不得以市政府及有关部门名义举办展览。

第十条 展览举办单位的招展广告、宣传材料应当真实可信，与所举办的展览内容、性质相符，不得虚构、夸大展览规模和性质。

第十一条 招展信息发布后，举办单位不得擅自变更展览名称、展览主题、展览范围和展览时间等展览事项。有正当理由确需变更的，应当立即向有关部门办理变更手续并报市会展办备案，同时告知参展商。

第十二条 展览举办场馆应具备相应的场地、设施和消防安全等条件。专业性场馆应当根据需要，配置电视监控、防盗报警、紧急报警和出入口安全检查系统。

举办金银珠宝饰品、钻石、钟表、字画、文物等珍贵物品展览的展区，除应当符合前款规定的安全要求外，还应当设置单人出入通道和符合防护要求的展台展柜等。

第十三条 展览的主办单位、承办单位、场馆经营单位等在各自职责范围内对展览安全承担责任。

主办单位、场馆单位应当制定安全防范工作制度和应急措施，场馆单位应组建安全保卫机构，配备专职安保人员。

承办单位对其承办活动的安全负责，承办单位的主要负责人为承办活动的安全责任人。

承办单位应与场馆单位签订明确的安全责任书，制定安全工作方案和应急预案，明确安全工作负责人。

市会展办应当与公安等部门及时衔接，协调做好治安、消防、道路交通等方面的安全工作方案和应急预案。

第十四条 发生刑事、治安案件或者自然灾害事故等突发事件时，场馆单位、举办单位和参展商等应当采取应急措施，配合公安等有关部门进行处理。

第十五条 举办单位应根据展会的实际情况制定展会现场知识产权管理制度和工作方案，并提交给市知识产权保护部门。知识产权保护部门应在展会现场指定或派驻知识产权工作联络员，设立知识产权侵权投诉接待机构，接受举报投诉，做好权利纠纷调解和案件处理工作。

第十六条 各行政管理部门不得违背企业意愿，采取或者变相采取行政干预手段要求企业参展；不得通过行政及其他手段强行要求企业、个人提供赞助。

第十七条 举办单位、场馆单位及参展经营者均应当在统计行政管理部门依法进行统计调查时，真实、准确及时填报展览统计调查表。

第十八条 举办单位应当与参展商签订书面合同，明确双方的权利和义务。参展经营者必须具有合法的经营资格，其经营活动应当符合国家法律、法规、规章的规定。

第十九条 举办单位负责对参展商的参展资格和经营活动合法性进行审查，并在办展结束后15天内将展览活动的总结和有关数据统计表报送市会展办。

第二十条 政府和政府有关部门作为举办单位的展览，举办单位应于每年10月底前向市会展办报送下一年度办展计划，由市会展办汇总编制政府年度办展计划，并根据政府年度办展计划协调落实相关场馆安排。

第二十一条 市会展办应根据政府年度办展计划和展览备案情况，定期向社会发布本市的办展信息，引导有序办展。对拟举办的展览，发现举办时间相冲突的，市会展办应加强协调，合理引导分期办展或整合办展，避免重复办展引发无序竞争和恶性竞争。

场馆单位应支持和配合市会展办引导展览市场良性健康发展，合理安排场馆办展活动。举办单位应增强经营风险防范意识，避免无序竞争和恶性竞争。

第二十二条 在本市举办展览遵循政策引导、市场化运作的规则，倡导有序竞争，鼓励行业自律。对同类展览，原则上相隔举办时间最低不应少于3个月；对内容相近的展览，市会展办优先安排已连续成功举办三届以上展览的展期；对申报时间相近的同类内容展览，市会展办应予以协调，争取联合举办或差时举办。

第二十三条 展览活动的检查采取多部门联合执法的方式进行，依法对展览进行检查和收费的，应依据有关规定出示相关证件和开具统一票据。

第二十四条 对展览期间发生的各类投诉事项，举办单位、有关部门应当积极做好受理、处理工作，投诉事项涉及多个部门职责的，市会展办应当协调有关部门做好处理工作，形成有效的联动、监管机制。

第二十五条 涉及展览活动的当事人违反本办法有关规定，依据法律、法规、规章相关规定予以处罚；构成犯罪的，依法追究刑事责任。

第二十六条 展览活动当事人对有关行政管理部门作出的具体行政行为不服的，可以依法申请行政复议或者提起行政诉讼。

第二十七条 本办法具体应用问题由市商务行政主管部门会同市会展办负责解释。

第二十八条 本办法自2011年 月 日起施行，有限期5年，有效期届满自行失效。

海口市会展业发展专项资金使用管理暂行办法

（2011 年 9 月 2 日印发）

第一章　总　　则

第一条　为进一步规范本市会展业发展专项资金的使用和管理，提高资金使用效益，更好地发挥财政资金在促进会展业发展中的导向和激励作用，根据《海口市人民政府关于加快海口会展业发展的若干意见》（海府［2009］73 号）的有关规定，制定本办法。

第二条　设立海口市会展业发展专项资金（以下简称专项资金）。市财政局是会展专项资金管理的主管部门，负责本市会展专项资金预决算的审核、批复，会同市会展业行政主管部门、海口市会展业协调管理办公室（以下简称市会展办）对项目资金的使用情况进行管理监督。

市会展办负责本市会展活动的奖励或资助申请的审核以及会展基础性工作经费的使用；负责本市年度专项资金使用计划和专项资金预决算的编报，每年 11 月底前，将下一年度计划及资金测算报市财政局；负责会同市财政局、会展业行政主管部门对奖励、资助项目进行核查。

第二章　专项资金使用条件与标准

第三条　专项资金主要用于奖励或资助本市辖区内的下列活动或事项：

（一）对规模大、社会效益好、有发展潜力的本土品牌会展或重点支持的会展活动的培育、补贴或奖励。

（二）对符合本市产业特色、社会经济效益明显、影响力强的国内外大型会展的引进、申办费用，以及对引进者的奖励。

（三）对全市会展业的宣传推广、招商推介、统计备案以及行业合作交流的费用。

（四）对会展业专业人才的培育或引进费用，推进会展业发展的其他基础性工作支出。

市政府另行确定支持的会议和展览项目的筹备经费不属于专项资金中列支项目。

同期举办的同一个项目，包含会议和展览两项内容的，应当按照主要的活动申请补贴或者奖励，不得同时申请会议和展览的双重补贴或奖励。

已获得本市其他财政资金支持的项目不得申请该专项资金。

第四条　用于培育本地展览项目的补贴。

（一）补贴对象

在本市举办的国际性、全国性或区域性的展览项目。

（二）补贴用途

办展补贴主要用于展览会的宣传推介、广告和专业客商邀请、接待的开支。

（三）补贴标准

1. 对新创办的展会，按照展会实际销售的标准展位数量进行补贴，最高不超过 6 届。每届展会申请补贴的展位规模应不低于 150、250、350、450、550、650 个标准展位，未达到规模的展会不予补贴。

前 3 届，按实际销售的标准展位数量，每个展位补贴 400 元，4、5、6 届分别按每个展位补贴 300、200、100 元。每届补贴总额最高不超过 30 万元。

2. 现有展会 6 届以上的，为鼓励其继续做大做强，以上一年（届）展览实际销售的标准展位数为基数，对超出的增加展位进行补贴，对超出基数 100、200、300 个以上标准展位的，分别按每个展位 200、250、300 元的标准予以补贴，最高不超过 20 万元。

3. 为引导专业相近的中小专业展会走联合办展、共创品牌的路子，对整合资源后的展览规模达到 500 个标准展位以上的，视作新办展会予以补贴。整合后的前 3 届，对超出 500 个标准展位后实际销售的展位数量（特装折合成标展），每个展位补贴 400 元，4、5、6 届分别按每个展位补贴 300、200、100 元。每届补贴总额最高不超过 20 万元。

（四）补贴条件和原则

1. 有本市辖区内相关机构作为展览会主办或承办单位，该机构必须为合法的独立法人单位。

2. 展览会采取市场化运作，具有潜在发展前景。

3．展览主题和内容符合本市及周边产业发展需求，能推动本市相关产业发展。

4．对主、承办单位基本相同，主题和内容相似的展览会视为同一展览会，不得重复申请补贴。

5．主题和内容相似的展览会，原则上应进行协商整合，如不能整合，按照“做大做强，扶优扶强”的原则对其中规模大的展览会予以补贴。

6．以本地小商品参展为主且以个体消费者为主要对象的专项商品展以及各类展销会、展示会、成就展、文化科普展、人才交流会等不列为补贴范围。

7．多个主题的单一展览会，只对符合条件的主题进行补贴，并按照符合条件的主题集中展示的展位数量进行核算。

8．本办法实施前，已举办但未达到6届以上的展览活动，可在本办法实施后的第2年开始对应实际举办届数予以补贴。本办法实施前的不予补贴。

9．特装展位按面积进行折合成标准展位，即每9平方米折合一个标准展位。

10．展览规模的核定标准均含下限不含上限，申请奖励或补贴的展览会举办天数应达3天以上（含3天）。

第五条 用于国内外流动性大型展览项目申办经费或补贴。

（一）支付对象：在本市举办国内外流动性展览的举办方，或承接上述展会的专业展馆。

（二）申办费或补贴的标准

申办费标准：依主办方要求，根据展会惯例并参考其他城市申办标准，市会展办向市政府提出申请，由市政府确定申办费标准。

补贴标准：根据展会形式及主办方要求，市会展办向市政府提出意见，由市政府确定补贴标准。

第六条 用于鼓励大型流动性展会在本市连续举办的奖励。

（一）奖励对象：规模达到1万平方米以上，市政府未支付申办费和申办补贴的流动性展会主办方。

（二）奖励标准：第一年（届）按每万平方米5万元的标准予以奖励，自第二年（届）开始，以第一年（届）的标准为基数，在其连续举办年份（届数）内，奖励标准每年递增10%（最高奖励标准不超过每万平方米10万元）。举办年份（届数）期间有中断的，不连续计算年数（届数），中断后再次在本市举办的，重新按第一年（届）每万平方米5万元的标准计算。

第七条 用于展览项目引进的奖励。

（一）奖励对象

引进国际性、全国性或区域性专业展览会在本市成功举办的单位或个人。

（二）奖励标准

引进的展览会规模达1万平方米（含）以上，举办时间达3天以上（含3天），按每万平方米1万元的标准对引进者给予奖励。

第八条 用于会议的补贴或奖励。

（一）补贴或奖励对象

在本市成功举办国内外大型会议的组织机构、会议引进者。

（二）补贴标准

1．政府直接申办或举办的大型会议组织机构：

由政府直接申办或举办的大型会议，根据活动特点及主办方要求，由市会展办提出意见，报市政府审批，按市政府确定的标准执行。

2．其他商业性会议组织机构：

（1）国内大型商业性会议，是指由各类部门、行业组织、企业主办的，实际会期达2天以上（含2天）的论坛、研讨会、洽谈会、订货会、年会等，其补贴金额最高不超过15万元，具体标准为：

会议安排住宿以五星级宾馆为主，且住宿人数在200人（含）以上，每个会期以150元/人的标准给予补贴。其他住宿四星、三星级宾馆的人数可分别按0.6和0.3的系数折算成五星级住宿人数计算。

会议安排住宿以四星级宾馆为主，且住宿人数在350人（含）以上，每个会期以100元/人的标准给予补贴。其他住宿五星、三星级宾馆的人数可分别按1.7和0.5的系数折算成四星级住宿人数计算。

会议安排住宿以三星级宾馆为主，且住宿人数在750人（含）以上，每个会期以50元/人的标准给予补贴。其他住宿五星、四星级宾馆的人数可分别按3.3和2的系数折算成三星级住宿人数计算。

（2）国际性会议，是指由各类部门、行业组织、企业主办的，有来自境外2个以上国家（地区）参会人员，境外参会人数达到50人（含50人）以上，实际会期达2天以上（含2天）的论坛、研讨会、洽谈会、年会等会议活动。其补贴金额最高不超过20万元。具体标准为：

会议安排住宿以五星级宾馆为主，且住宿人数在200人（含）以上，每个会期以300元/人的标准给予补贴。其他住宿四星、三星级宾馆的人数可分别按0.6和0.3的系数折算成五星级住宿人数计算。

会议安排住宿以四星级宾馆为主，且住宿人数在350人（含）以上，每个会期以200元/人的标准给予补贴。其他住宿五星、三星级宾馆的人数可分别按1.7和0.5的系数折算成四星级住宿人数计算。

会议安排住宿以三星级宾馆为主，且住宿人数在750人（含）以上，每个会期以100元/人的标准给予补贴。其他住宿五星、四星级宾馆的人数可分别按3.3和2的系数折算成三星级住宿人数计算。

（三）对大型会议引进者的奖励标准

对国内外大型会议引进者的奖励，根据其引进活动的规模和影响，由市会展办提出意见，报市政府审批，按市政府确定的标准奖励。

第九条 用于会展业宣传推广、项目推介及行业交流的经费。

（一）宣传推介经费

用于本市会展业的宣传推介及光盘、刊物和其他会展宣传用品的设计制作及其他宣传费用。

（二）行业交流活动经费

用于对本市会展业进行对外宣传推广、外出考察学习经费，开展会展业的招商引资，引进或移植境外品牌展会来本市举办的前期必要费用等。

第十条 用于会展业人才培育以及其他基础性工作的经费。

（一）规划经费

用于本市会展业发展规划的制定。

（二）调研经费

用于本市会展业的课题研究及专项调研。

（三）统计经费

用于本市会展业专项统计工作。

（四）培训经费

用于本市会展业相关培训活动。

（五）评估经费

用于本市重点会展项目的评估。

（六）评比表彰经费

用于年度评选先进会展或会展举办单位的表彰。

（七）法律咨询经费

用于会展纠纷处理，各项合同文本、法律规范性文件审定的法律咨询活动。

（八）国际认证经费

支持本市相关机构或会展项目申请加入国际展览业协会（UFI）、国际会议协会（ICCA）等国际性组织，取得国际认证。对取得UFI、ICCA认证的机构或项目，给予认证后3年会员费50%的奖励。

（九）其他工作经费

用于其他能够促进我市会展业发展的基础性、保障性工作。

第三章　申请程序与材料

第十一条 专项资金申请、审批程序和所需材料。

（一）计划申报

各项目申请单位应于每年10月底前向市会展办提交下年度会展计划和会展专项资金申请项目，填写申报项目备案表，并提供展会主承办单位合法登记注册证照。每年6月底前可以补报下半年申请项目。市会展办根据各单位申报情况制订年度会展专项资金奖励或补贴项目计划，没有列入计划的项目原则上不予奖励或补贴。

项目申请单位包括：

1. 展览补贴项目：展览项目主、承办机构；

2. 展览申办项目：需支付申办补贴的展览项目主办方；

3. 展览奖励项目：展览项目引进单位或个人；

4. 会议补贴项目：会议组织机构；

5. 会议奖励项目：会议引进单位或个人；

6. 其他项目：项目组织部门或行业主管部门。

每个项目只能由一个单位提出申请。同一项目由多个单位共同组织的，需协商推选一个单位提出申请。

（二）项目申请

各项目申请单位应在项目举办前 1 个月向市会展办提出项目申请，提交相关材料。

1. 展览项目需提交的材料：

（1）申报项目备案表；

（2）会展业发展专项资金申请表；

（3）展览项目批准文件；

（4）主承办单位协议（或有关部门的批办件）；

（5）展览馆场地租赁合同、项目基本情况、工作方案、宣传广告材料等；

（6）项目由多个单位共同组织或引进的，需提供各方协商一致共同推选申请单位的文件。

2. 会议项目需提交的材料：

（1）申报项目备案表；

（2）会展业发展专项资金申请表；

（3）会议活动批准文件；

（4）主承办单位协议（或有关部门的批办件）；

（5）会议基本情况、工作方案、拟参会境内外来宾名单、宣传广告材料等；

（6）会议场所租赁合同、酒店住宿及餐饮合同；

（7）会议由多个单位共同组织或引进的，需提供各方协商一致共同推选申请单位的文件。

逾期未提出项目申请的，视同自动放弃，不予奖励或补贴。

（三）评估申请

各项目申请单位应在项目举办前半个月提出项目评估申请，递交评估申请材料。

1. 评估申请报告。

2. 展览项目提供展馆确认的实际展位平面图、参展商目录（电子版）等资料；会议项目提供实际参会来宾名单，客人住宿安排表或住宿结构平面图。

3. 申请展会引进奖励项目，还需提供主办方出具的引进证明材料，市会展办出具的引进认可意见。

4. 其他相关证明材料。

第十二条 专项资金审核拨付程序。

（一）项目核查和评估

市会展办联合市财政局等部门对会展项目进行现场评估、核查，并做出初审意见。

（二）项目总结

项目结束后 1 个月内，各项目申请单位须向市会展办上报项目总结报告。展览补贴项目还需提供补贴资金决算报告及展览会宣传广告、客商邀请接待费用开支的合同（复印件）、发票（复印件）、刊物、照片等相关证明材料；会议补贴项目还需提供会场场租发票（复印件）、参会人员名片（复印件）、住宿安排表、酒店出具的住宿证明材料等。

市会展办出具项目评估报告，评估结果未达到合格要求的项目不予奖励或补贴。

（三）审核拨付

符合奖励或补贴条件的项目，经市会展办和市财政局审核，报市政府批准后给予拨付。法律、法规、规章另有规定的，从其规定。

第四章 监督管理

第十三条 市财政局、市会展办应严格执行专项资金使用计划，加强对专项资金使用的审核、检查和监督，同时应定期对有关单位专项资金的使用情况及使用效益进行检查评估。市会展办应对年度资金使用情况、效果进行总结、评估，为制订下一年度资金预算提供依据。

第十四条 各用款单位应严格执行专项资金管理的有关规定，严格开支范围，不得挪用、截留，同时做好专项资金使用材料的建档和保存，接受相关部门的检查和审计。

第十五条 根据检查和审计结果，有下列情形之一的，由市会展办会同市财政局按情节严重程度分别采取停止奖励或补贴等措施；由市财政局会同市会展办追回已拨的专项资金。构成违法或犯罪的，由相关部门依法处理或追究刑事责任。

（一）未按本办法规定将专项资金用于专项使用项目的；

（二）展会组织秩序混乱，发生罢展、闹展、上访或重大事故的；

（三）截留、挪用会展专项资金的；

（四）提交虚假申请资料骗取专项资金的；

（五）其他违反财政法律、法规和规章的。

第十六条 市会展办和市财政局进行展会评估的人员应严格坚持公开、公平、公正的原则，对在评估过程中发生弄虚作假、营私舞弊等违规行为的，向其所在单位进行通报，并依法给予行政处分。同时，按照有关法律、法规和规章对相关责任人进行处罚；构成犯罪的，依法追究法律责任。

第五章 附 则

第十七条 本办法具体应用问题由市财政局会同市会展办负责解释。

第十八条 本办法自2011年9月2日起施行，有限期5年，有效期届满自行失效。

海口市人民政府关于修改《海口市旧城区（城中村）改造拆迁补偿安置若干意见》的决定

（2011年12月29日印发）

各区人民政府，市政府直属各单位：

经十四届市政府第86次常务会议审议通过，现决定对《海口市旧城区（城中村）改造拆迁补偿安置若干意见》（海府［2007］92号，以下简称《意见》）作如下修改：

一、将文件标题修改为《海口市棚户区（城中村）改造征收补偿安置若干意见》。

二、统一将《意见》中关于“旧城区（城中村）改造”的表述修改为“棚户区（城中村）改造”。

三、统一将《意见》中关于“被拆迁人”的表述修改为“被征收人”。

四、统一将《意见》中关于“拆迁补偿”的表述修改为“征收补偿”。

本决定自发布之日起施行。

《海口市旧城区（城中村）改造拆迁补偿安置若干意见》根据本决定作相应修正，重新公布。

海口市棚户区（城中村）改造征收补偿安置若干意见

2007年11月21日以海府［2007］92号文件发布 根据2011年 月 日《海口市人民政府关于修改<海口市旧城区（城中村）改造拆迁补偿安置若干意见>的决定》（海府［2011］154号）修正

为推动本市棚户区（城中村）改造工作，保障棚户区（城中村）被征收人的合法权益，切实让利于民，根据《中华人民共和国土地管理法》、《中华人民共和国城乡规划法》、《国有土地上房屋征收与补偿条例》等有关法律、法规的规定，结合本市实际，制定本意见。

一、征收补偿安置政策

（一）征收补偿的方式可以实行货币补偿，也可以实行实物补偿。

（二）货币补偿的金额，根据被征收房屋的区位、用途、建筑面积等因素，以房地产市场评估价格确定。

被征收人选择货币补偿方式的，房屋征收部门可在房地产市场评估价（不含补助和奖励）的基础上增加30%的奖励。

（三）实行实物补偿方式，被征收房屋属于有合法用地手续和房屋权属证明的合法建筑，房屋性质为非住宅的，按房地产市场评估价结算差价。房屋性质为住宅的，提供的安置房面积在人均40平方米以内部分，安置房享受经济适用房指导价结算。享受经济适用房指导价结算的面积，每户最小不低于60平方米，最大不超过160平方米。安置房面积超过享受经济适用住房指导价结算面积部分，按房地产市场评估价结算。

被征收房屋有合法用地手续但无房屋权属证明的，提供的安置房面积在人均30平方米以内部分，安置房价格享受经济适用房指导价结算。享受经济适用房指导价结算的面积，每户最小不低于60平方米，最大不超过120平方米。安置房面积超过按经济适用住房指导价结算面积部分，按房地产市场评估价结算。

原集体经济组织成员合法用地上的房屋，属

于2005年5月26日前建设的，按照本意见第一条第（六）项有关规定处理，参照合法建筑进行实物补偿。

被征收人属于特困户、低保户及《海口市廉租住房保障实施办法（试行）》（海府［2008］96号）规定的廉租住房保障对象，其房屋的征收补偿总额（含房地产市场评估价及补助、奖励）低于60平方米经济适用住房价值的，房屋征收部门根据安置房实际户型面积提供60平方米以内的安置房，不结算差价。

经济适用住房指导价指签订征收补偿协议的当年度经济适用住房指导价。当年度经济适用住房指导价格由市物价主管部门会同市房产主管部门根据房地产市场情况，每年定期公布。安置房自交付之日起不满5年不得转让。

有合法用地手续和房屋权属证明的合法建筑由市规划主管部门、市国土主管部门、市房产主管部门、市纪检监察部门、征收范围所属管辖的街道办（镇）、居（村）委会组成认定小组共同认定。

本条款所称面积均指建筑面积。被征收户的计户以规定期限征收范围内户口为准，人口数以户口登记人口数为准，挂户人口不予计算。

（四）改造区域内，被征收人使用的土地使用权属于国有出让地的，按评估价给予补偿。

被征收人使用的国有土地使用权属于以无偿或者划拨方式取得的，按以下方式给予优惠补偿：

1．居民住宅用地，以土地使用证记载或市土地行政主管部门确认的面积为准，按出让方式取得的城镇单一住宅用地使用权评估价给予补偿。

2．单位居住用房占地部分，按出让方式取得的城镇单一住宅用地使用权评估价给予补偿，单位人员居住用房占地以外部分的土地补偿，按划拨土地使用权评估价给予补偿。

3．其他方式取得的土地使用权，依法按划拨土地使用权评估价给予补偿。

（五）被征收人使用的土地使用权属于集体土地的，按以下方式给予优惠补偿：

1．已办理土地证的本集体经济组织内部成员宅基地，每户用地面积不超过175平方米的，参照以出让方式取得的城镇单一住宅用地使用权评估价给予补偿；每户用地面积超过175平方米的部分，参照划拨土地使用权评估价给予补偿。

2．因历史原因，没有办理土地证但持有村和镇（办事处）有效证明的本集体经济组织内部成员宅基地，对每户用地面积不超过175平方米的，参照以出让方式取得的城镇单一住宅用地使用权评估价给予补偿；每户用地面积超过175平方米的部分，参照划拨土地使用权评估价给予补偿。

3．集体留用地参照划拨土地使用权评估价给予补偿；其他集体公用项目建设用地参照划拨土地使用权评估价给予补偿。

4．因历史原因，城镇居民使用或购买农村集体土地建设住宅，持有集体土地使用证的，参照划拨土地使用权评估价给予补偿。

5．其他集体土地，按照土地主管部门公布的该区位现行最高征地价给予优惠补偿。

（六）征收范围内，因历史原因有土地使用证但无房屋权属证明的房屋及其附属物，属于2005年5月26日海口市人民代表大会常务委员会《关于整治违法建筑的决定》实施后建设的，对房屋及其附属物不予补偿。属于2005年5月26日前建设的，经市规划行政主管部门认定，无法采取改正措施消除影响的，对房屋及其附属物不予补偿；尚可采取改正措施消除对规划实施的影响的，按以下方式给予补偿：

1．属于1990年4月1日前建设的，按照评估价给予补偿。

2．属于1990年4月1日后至2005年5月26日前建设的，依据有关规定予以处罚，并由被征收人向市规划行政主管部门按每平方米50元标准缴纳市政设施配套费，补办相关手续后，按照评估价给予补偿。被征收人在规定期限内签订补偿协议的，可以免予处罚。

（七）被征收人在房屋被征收前，未按规定办理土地及房屋用途变更手续而自行将居住用房改变为经营性用房，符合相关条件的，按以下方式给予补偿：

1．1990年4月1日《中华人民共和国城市规划法》施行前已改变为经营性用房，持有合法建筑的有效证件、有合法有效的工商执照并正在营业中以及被征收前连续5年以上依法纳税的，房屋征收部门对其营业用房面积按照居住用房的评估价增加100%给予补偿。改变房屋用途的时间以相关年度营业执照为准。

2. 1990年4月1日《中华人民共和国城市规划法》施行后改变为经营性用房，持有合法建筑有效证件、有合法有效的工商执照并正在营业中以及被征收前连续5年（含5年）以上依法纳税的，房屋征收部门对其营业用房面积按照居住用房的评估价增加50%给予补偿。

3. 1990年4月1日《中华人民共和国城市规划法》施行后改变为经营性用房，持有合法建筑的有效证件、有合法有效的工商执照并正在营业中以及被征收前连续2年以上5年以下依法纳税的，房屋征收部门对其营业用房面积按照居住用房的评估价增加30%给予补偿。

4. 符合本意见第一条第（六）项第1目的房屋，房屋征收部门对其营业用房面积参照本项第1、2、3目的规定进行补偿。符合本意见第一条第（六）项第2目的房屋，房屋征收部门对其营业用房面积按居住用房的评估价给予补偿。

（八）征收非住宅房屋（以房屋权属证明记载的性质为准），造成停产停业的，一次性给予6个月的补偿。补偿的标准为：营业铺面按该铺面评估价的1%/月给予补偿；生产用房按该用房评估价的0.8%/月给予补偿；其他非住宅用房按该用房评估价的0.6%/月给予补偿。

（九）征收补助费按下列标准支付：

1. 搬迁补助费：实行货币补偿的，按被征收房屋建筑面积每平方米55元一次性计算支付。选择实物补偿的，按被征收房屋建筑面积每平方米10元计算支付，不足500元补足至500元。

2. 临时安置补助费：实行实物补偿方式，被征收人自行安排过渡的，在征收补偿协议约定的过渡期限内，按被征收房屋建筑面积每平方米15元/月支付，每户不足500元/月补足至500元/月。

3. 电话、水表、电表、有线电视的迁移补助标准：电话100元/部；水表500元/户；电表600元/户；有线电视200元/户。

（十）被征收人在规定时间内签订征收补偿协议并按时搬迁的，房屋征收部门可按被征收房屋建筑面积每平方米150元给予奖励，奖励金额最低为1万元，最高不超过5万元。

属于集体留用地的，对其土地使用权按市场评估价的40%给予奖励。

（十一）被征收人取得的征收补偿协议确定的补偿款，免征个人所得税。被征收人重新购置住房的，对购房成交价格中相当于征收补偿款的部分免征契税，成交价格超过征收补偿款的，对超过部分征收契税。

二、特困户、低保户政策

（十二）被征收人的家庭人均收入低于最低生活保障的，依据《海口市农村居民最低生活保障制度实施办法》和《海口市城市居民最低生活保障实施细则》的有关规定，将其纳入最低生活保障。

（十三）户籍在改造区内、无自主产权房屋且居住在改造区的特困户、低保户，可直接向房产行政主管部门申请租赁住房补贴或廉租住房实物配租。

（十四）区房产行政主管部门应当在安置房屋交付之日起5年内，对属于特困户、低保户被征收人的物业管理费给予全额补贴。物业管理费补贴由区房产行政主管部门核定，并从区级廉租住房专项资金中列支。

三、教育、就业、社会保障及其他政策

（十五）被征收人中的零就业家庭成员、抚养未成年子女的单亲家庭成员和享受最低生活保障待遇的人员，在法定劳动年龄内、有劳动能力和就业愿望的，人事劳动主管部门应当给予核发《再就业优惠证》，纳入再就业政策扶持范围。

（十六）被征收人在法定劳动年龄内持《再就业优惠证》或属于城镇登记失业人员的，人事劳动主管部门应当给予其一次性职业培训补贴和职业技能鉴定补贴，补贴标准参照省人事劳动保障厅、省财政厅《关于就业再就业工作有关问题的通知》（琼人劳保［2007］98号）执行。

（十七）人事劳动主管部门应当免费为被征收人提供就业政策咨询、就业信息、职业指导和职业介绍等公共就业服务。各类职业介绍机构成功介绍被征收人中持《再就业优惠证》人员及城镇登记失业人员就业的，应当按照省人事劳动保障厅、省财政厅《关于就业再就业工作有关问题的通知》（琼人劳保［2007］98 号）有关规定享受职业介绍补贴。

（十八）被征收人中持《再就业优惠证》人员从事个体经营的，依照《财政部、国家税务总局关于下岗失业人员再就业有关税收政策问题的通知》（财税［2005］186 号）和《海南省人民政府关于进一步加强就业再就业工作的意见》（琼府［2006］9 号）有关规定享受税费减免政策；资金不足的可申请小额担保贷款，从事微利项目的，可享受全额贴息（展期不贴息）；对以灵活就业形式实现就业，并办理就业登记及参加社会保险的，按有关政策规定落实社会保险补贴。

（十九）实行财政补贴或扶持的各类社会公益性岗位，有关部门应当优先安排被征收人中持《再就业优惠证》的零就业家庭成员及就业困难人员就业。

（二十）被征收人的子女可以选择继续就读原学校，也可以选择转学就读。需要转学就读的，教育主管部门应当依据其新迁住址划定的招生范围免费办理。

（二十一）被征收人办理农业户口转为非农业户、户口迁移及居民身份证等手续的，公安部门免收工本费。涉及集体迁移户口的，公安部门应当给予集中办理。

（二十二）被征收人因征收而重新购买住房或置换安置房的，免交房屋档案保管费、房屋他项权利登记费、房屋所有权登记费、房屋档案查阅费、房屋所有权证工本费。

（二十三）被征收人安置房管道燃气安装费和开户费，按价格主管部门批复价格给予 20% 的优惠照顾。

（二十四）被征收人中的个体工商户原已办理营业执照的，在征收安置过渡期间申请暂停营业，工商管理部门免收工商管理费。

（二十五）市交通主管部门应当提供便利的公共交通服务保障，及时调整公交线路，满足棚户区（城中村）改造安置小区居民的出行需求。

（二十六）各有关职能部门应当简化办事程序、提高办事效率，为棚户区（城中村）改造项目提供有效便捷服务，必要时实行上门服务。

海口市公共租赁住房管理暂行办法

第一章　总　　则

第一条　为建立和完善本市住房保障制度，规范公共租赁住房的管理工作，根据《国务院办公厅关于促进房地产市场平稳健康发展的通知》（国办发［2010］4 号）、《国务院办公厅关于进一步做好房地产市场调控工作有关问题的通知》（国办发［2011］1 号）、住房和城乡建设部等 7 部委《关于加快发展公共租赁住房的指导意见》（建保［2010］87 号）、《海南省人民政府关于加快发展保障性住房的意见》（琼府［2010］64 号）及《海南省公共租赁住房管理办法（试行）》（琼府办［2010］111 号）等有关规定，结合本市实际，制定本办法。

第二条　本办法所称公共租赁住房，是指政府给予土地、财税、信贷等政策支持，由政府组织建设、企事业单位自建及开发企业等社会机构建设等方式建设（筹集）的各类政策性租赁住房，包括集体宿舍、公寓、周转住房等。

第三条　本市行政区域内公共租赁住房的建设、供应、运营及管理适用本办法。

第四条　公共租赁住房建设、供应、运营和管理工作应当遵循政府主导、市场运作、多方建设、动态管理、公平公开、严格监管的原则。

第五条　政府投资建设的公共租赁住房，纳入住房公积金贷款支持保障性住房建设试点范围。

鼓励金融机构发放公共租赁住房建设中长期贷款；探索运用保险资金、信托资金拓展公共租赁住房融资渠道。

第六条　公共租赁住房保障对象为中等偏下收入以下的住房困难群体，以及住房困难的新就业职工和外来务工人员。

领取廉租住房租赁货币补贴、符合经济适用住房保障条件但无能力购买的住房困难群体，以及符合本办法规定条件的驻市部队军官或士官，或符合本办法第三十九条规定条件的保障对象，可以租赁公共租赁住房。

第七条　市住房和城乡建设部门是本市公共

租赁住房的行政主管部门，负责对本市公共租赁住房保障工作进行指导和监督。市住房保障实施机构、区住房保障管理部门、街道办事处或镇政府，具体负责本办法及公共租赁住房保障组织实施的相关工作。

各区人民政府、市发展和改革、规划、国土资源、财政、监察、国有资产监督管理、人力资源和社会保障、民政、统计、公安、价格、税务等管理部门，按照各自职责，协同做好公共租赁住房保障的相关工作。

第二章　建设管理

第八条　市住房和城乡建设部门应当会同市发展和改革、财政、国土资源、规划等部门，结合本市经济社会发展状况、产业政策及公共租赁住房的需求情况，组织编制本市公共租赁住房发展规划及年度计划，报市政府批准后组织实施。

对于政府投资建设的公共租赁住房项目，应当统一纳入政府投资计划组织实施。

第九条　公共租赁住房建设用地应当纳入年度土地供应计划，由市国土资源部门采用计划单列方式足额保证用地需求，优先安排使用存量闲置建设用地，优先保障供应。

政府投资的公共租赁住房，建设用地采取划拨方式供应；其他方式投资的公共租赁住房，建设用地可以采取出让、租赁或作价入股等方式有偿使用。

第十条　公共租赁住房可以通过新建、改建、收购、配建，或者在市场上租赁住房等方式多渠道筹集房源。

第十一条　政府投资建设的公共租赁住房单套建筑面积严格控制在60平方米以下，并以单套建筑面积50平方米以下的小户型为主；非使用政府性资金的企事业单位及开发企业等社会机构，通过新建、改建等方式筹集的公共租赁住房，单套建筑面积可根据本单位用工人员及住房困难等情况适当调整，但单套建筑面积应控制在80平方米以内。

第十二条　政府投资建设的公共租赁住房项目，项目立项、可行性研究报告、初步设计与概算的审批，按本市政府投资项目管理有关规定执行。企事业单位、开发企业等社会机构利用非政府性资金投资建设的公共租赁住房项目，应经项目属地发展和改革部门备案。

第十三条　公共租赁住房建设应当严格执行国家和海南省有关保障性住房技术规定及基本建设程序。

在公共租赁住房规划设计中，积极推广应用先进、节能、成熟、适用、安全的新技术、新工艺、新材料、新设备。

第十四条　公共租赁住房项目建设涉及的各类行政事业性收费和政府性基金，按照经济适用住房的相关政策执行；涉及住房建设的经营服务性收费按省物价局《关于对涉及保障性住房建设的经营服务性收费实行适当优惠的通知》（琼价费管［2010］286号）执行。

第十五条　建设单位对公共租赁住房工程质量负总责，并依法承担相应责任。参建各方主体依法承担相应责任。

第十六条　公共租赁住房项目小区外的市政基础设施和公共服务设施建设费用，由政府承担；项目范围内的基础设施建设费用由建设单位承担。

第三章　运营管理

第十七条　政府投资筹集的公共租赁住房，其资金按下列渠道筹集：

（一）年度财政预算安排的专项资金。

（二）中央和省级财政预算安排的专项补助资金。

（三）土地出让净收益。

（四）提取贷款风险准备金和管理费后的住房公积金增值收益余额。

（五）公共租赁住房建设融资、银行及其他金融机构贷款。

（六）其他方式筹集的资金。

第十八条　公共租赁住房按投资主体确定房屋权属，实行“谁投资、谁所有、谁收益”。市房屋产权登记机构应当在房屋登记簿中注明公共租赁住房的房屋性质。

第十九条　政府投资建设（筹集）的公共租赁住房只租不售；企事业单位、开发企业等社会机构建设的公共租赁住房，10年内不得上市交易。

国家及省、市政府对公共租赁住房销售管理另有政策调整的，从其规定。

第二十条 企事业单位、开发企业等社会投资机构建设的公共租赁住房上市交易时，应补交原核准减免的有关行政事业性收费及政府性资金，并按以下规定补交相关土地价款及相关税费：

（一）利用以出让方式取得的非住宅用地，但经按规划控制要求变更为城镇住宅用地并建设公共租赁住房的，按相关法律法规等的规定补交改变土地用途的土地出让金，并办理相关完税手续。

（二）利用以划拨方式取得的住宅用地建设公共租赁住房的，按相关法律法规的规定补办出让手续，补交土地出让金，并办理相关完税手续。

（三）利用以划拨方式取得的非住宅用地，但经按规划控制要求变更为城镇住宅用地并建设公共租赁住房的，按相关法律法规的规定补交土地出让和改变土地用途的土地出让金，并办理相关完税手续。

建设项目涉及增加容积率的，应当补交相应的增加容积率地价款。

第二十一条 公共租赁住房租金实行政府指导价管理。公共租赁住房租金的政府指导价格由市价格主管部门会同有关部门，统筹考虑住房市场租金水平和保障对象的支付能力等因素合理确定，报市政府审定后公布，并按年度实行动态调整。

第二十二条 政府投资筹集的公共租赁住房租金收入，应当按照政府非税收入管理的规定缴入同级国库，实行收支两条线管理，专项用于偿还公共租赁住房贷款，以及公共租赁住房的维护、管理和投资补助。政府投资筹集的公共租赁住房的维护和管理经费出现不足的，由市财政部门统筹从本市住房保障专项资金中予以补充。

企事业单位、开发企业等社会机构投资筹集的公共租赁住房租金收入由建设单位自行管理及使用。

第二十三条 政府投资筹集的公共租赁住房，其物业管理按属地管理原则，由区住房保障管理部门依照物业管理的有关规定组织实施，并可以委托专业服务机构具体实施管理。新建公共租赁住房项目应当通过市场运作实施物业管理。

企事业单位、开发企业等社会机构利用自有资金投资筹集的公共租赁住房，其物业服务和房屋维护及管理工作自行确定。

第二十四条 公共租赁住房物业管理服务费用由承租人承担。物业管理收费，参照本市普通住宅物业服务费的政府指导价标准确定，由物业服务单位依法向市价格主管部门申办备案手续。

第四章 配租管理

第二十五条 申请公共租赁住房以家庭为单位，全体家庭成员为共同申请人，并由符合本办法第二十六条规定条件的 1 名具有完全民事行为能力的成员作为申请人。单身居民申请公共租赁住房的，本人可作为申请人。

第二十六条 申请租住政府投资筹集的公共租赁住房应当同时具备如下条件：

（一）申请人及其家庭成员在本市无自有住房或现居住房屋属危房，或者申请人家庭人均自有住房建筑面积符合本市公布的住房困难标准。

（二）具有本市城市主城区规划范围内常住城镇户口；或者在本市依法缴交各项基本社会保险满 3 年；或者具有大专以上学历或中级以上职称，并已与本市辖区内依法注册登记的单位（含法人及其他组织）签订劳动用工合同满 3 年。

新就业及外来务工人员不符合上述规定条件的，应当在本市实际居住满 8 年。

（三）申请人家庭人均年可支配收入符合本市公布的城镇居民中等偏下收入线标准。

（四）申请人及家庭成员在本市未享受廉租住房配租、租住公有住房、房改购买公有住房、参与集资建房、购买经济适用住房或者限价商品住房等政策性优惠住房的；或者申请人及家庭成员在申请之日前 3 年内未有偿转让过住房的。

申请人属经省、市政府引进的人才，或属在本市工作的省、部级以上劳模及荣立二等功以上复转军人的，其申请公共租赁住房可不受本条第一款第（二）、（三）项规定限制。

本条第一款第（一）项规定的本市住房困难标准线，实行动态管理，定期公布。具体由市住房和城乡建设部门会同市有关部门研究制定，并报市政府同意后公布实施。

本条第一款第（二）项规定的具有本市城市主城区规划范围内常住城镇户口，若申请人为家庭申请的，家庭成员中至少应有 1 名具有本市城市主城区规划范围内常住城镇户口。

本条第一款第（三）项规定的本市城镇居民中等偏下收入线标准，实行动态管理，定期公布。具体由市统计部门会同市有关部门研究制定，并报市政府同意后公布实施。

第二十七条 申请人应当持有关材料向其户籍所在地的街道办事处或镇政府提出申请；不具有本市常住城镇户口的，申请人应当持有关材料向其工作单位所在地或实际居住地的街道办事处或镇政府提出申请。

第二十八条 申请人申请政府投资筹集的公共租赁住房应当提供以下材料：

（一）租赁公共租赁住房申请书。

（二）申请人身份证件、户口簿。

（三）申请人及其家庭成员的基本情况证明，包括家庭人数、工作单位、婚姻状况证明、收入及住房情况证明。

（四）申请人工作单位证明、劳动用工合同。

（五）申请人缴交各项基本社会保险的证明材料。

（六）其他需要提供的证明材料。

属经省、市政府引进的人才及在本市工作的省、部级以上劳模、荣立二等功以上复转军人的，或者现居住房屋属危房的，应当提供相关证明材料。

本条第一、二款规定材料涉及的各类证件、合同及证明材料，应当提交复印件，并提供原件核对。

第二十九条 街道办事处或镇政府对申请人提交的申请材料进行核对签收，符合本办法第二十六条规定条件的，应予受理，并向申请人出具受理通知单；对不符合规定条件的，不予受理并说明理由，并将申请材料退还申请人。

第三十条 申请租赁政府投资筹集的公共租赁住房的初审按以下程序办理：

（一）审查。街道办事处或镇政府应当自受理申请之日起22个工作日内，通过审核材料、入户调查、邻里访问、信函索证、查阅相关部门资料等方式，对申请人及其家庭成员的人口、居住地点、收入、住房及工作单位等情况进行核实。

（二）公示。经审核符合申请条件的，街道办事处或镇政府应在申请人户籍所在地、居住地或工作单位对申请人及其家庭成员的住房、收入等基本情况进行公示，公示期限为10天；对公示内容有异议的，应当在公示期限内书面向街道办事处或镇政府提出，街道办事处或镇政府应当进行调查核实。

（三）出具初审意见。经公示无异议或异议不成立的，由街道办事处或镇政府提出初审意见，将申请、审核等材料转交区住房保障管理部门。

申请人户籍所在地与实际居住地不一致的，户籍所在地街道办事处或镇政府应当在受理申请之日起3个工作日内，将申请人的基本情况告知实际居住地街道办事处或镇政府，并由其同时做好相应的调查、核实及公示工作。实际居住地街道办事处或镇政府应当在公示期满后3个工作日内将调查核实及公示情况反馈申请人户籍所在地街道办事处或镇政府。

第三十一条 申请租赁政府投资筹集的公共租赁住房的复核及核准按以下程序办理：

（一）审查。区住房保障管理部门应当在收到申请、审核等材料之日起20个工作日内，完成对申请人的申请情况、初审意见等进行复核。

（二）公示。区住房保障管理部门将有关申请情况进行公示，公示期限为10天。对公示内容有异议的，区住房保障管理部门应当作相应的调查核实。

（三）核准。对公示无异议或异议不成立的，区住房保障管理部门应当作出复核及核准意见，并报经市住房保障实施机构审查备案后，向申请人核发《海口市核准租赁公共租赁住房通知书》，按规定予以登记。

第三十二条 申请租赁政府投资筹集的公共租赁住房的备案登记。市住房保障实施机构应当在收到区住房保障管理部门提交《海口市公共租赁住房保障对象资格核准备案表》之日起15个工作日内，将申请人的基本情况在市政府网站、市住房和城乡建设部门网站或者海口晚报上公示10天，经公示无异议的，向区住房保障管理部门出具准予备案证明。

第三十三条 在复核及核准、备案登记等程序中，发现不符合规定条件的，由区住房保障管理部门出具不予批准的审核意见书，并将申请材料退还申请人。

第三十四条 申请人的户籍、家庭成员、劳动关系及社会保险的核定按如下规定办理：

（一）本市城市主城区规划范围的城镇，具体包括各街道办事处及长流镇、西秀镇、海秀镇、城西镇、府城镇及灵山镇。

（二）家庭成员以户口簿记载的成员为准，申请人与家庭成员间应具有法定赡养、抚养或者扶养关系；户口簿上无记载，但与申请人有法定赡养、抚养或者扶养关系且在本市实际共同居住满1年的可列入家庭成员计；实际居住以暂住证记载的情况为准。

（三）劳动关系证明以申请人与供职单位签订的《劳动合同》，或者由其供职单位出具的相关证明为准；

（四）社会保险证明以市社保管理机构出具的证明，或者申请人依法缴纳社会保险的相关凭证为准。

第三十五条　申请人及其家庭成员的收入情况核定按如下规定办理：

（一）收入情况按上年度家庭成员人均可支配收入核定，包括扣除缴纳的个人所得税及基本社会保险费用支出后的工薪收入、经营性收入、财产性收入等。

（二）有工作单位的，其工薪收入以用人单位出具相关证明为准；没有工作单位的，其收入情况由户口所在地或者实际居住地的社区居委会出具相关证明，并经所属街道办事处或镇政府核实确认。

第三十六条　申请人及其家庭成员的住房面积的核定按如下规定办理：

（一）自有住房面积以房屋所有权证记载的建筑面积为准；自有住房未登记产权的，住房面积按实测面积核定。

（二）申请人及其家庭成员有2处或者2处以上自有住房的，住房建筑面积应当合并计算。

第三十七条　区住房保障管理部门应当对申请人提交的材料、公示信息资料、审核意见等资料进行整理及分类，以及进行相关数据信息录入，建立辖区公共租赁住房保障对象信息资料档案和电子档案。

第三十八条　公共租赁住房配租实行轮候制度。申请租赁政府投资筹集的公共租赁住房，按申请人获取区住房保障管理部门核发的《海口市核准租赁公共租赁住房通知书》记载的编号先后确定轮候顺序。

第三十九条　已通过廉租住房、经济适用住房保障资格审核正在轮候的申请人，如需申请租住政府投资筹集的公共租赁住房的，可直接向原实施轮候登记的区住房保障管理部门申请公共租赁住房配租轮候登记。

第四十条　符合以下条件的，可优先轮候配租：

（一）符合廉租住房条件的申请人。

（二）省、市政府引进的人才。

（三）在本市工作的省、部级以上劳模；荣立二等功以上的复转军人。

（四）申请人家庭成员中有重残人员或者属于优抚对象的。

（五）现居住房屋经鉴定属危房的。

第四十一条　政府投资筹集公共租赁住房配租房号的选定工作，通过抽签、摇号等方式确定，由区住房保障管理部门具体组织实施，接受市住房和城乡建设部门及市监察部门的指导监督。

第四十二条　区住房保障管理部门应当根据轮候顺序和可优先轮候配租对象的名单，以及根据当期可供配租公共租赁住房的房源数量，相应安排可供抽签、摇号确定配租房号对象名单，制定公共租赁住房配租选房实施方案，向轮候配租对象公布及报市住房保障实施机构备案。

配租选房实施方案至少应当包括公共租赁住房房源情况、房源套型结构及面积明细、配租对象的范围、房号选定的方法及程序、配租合同签订的时间及地点等内容。

第四十三条　申请人按规定的办法及程序选定配租房号后，应当在规定的地点和期限内与区住房保障管理部门签订《配租房号确认书》及《海口市公共租赁住房租赁合同》。

申请人未按规定的时间及地点参加住房配租抽签或摇号，或者申请人按规定的办法及程序选定配租房号后，未在规定的期限内与区住房保障管理部门签订《配租房号确认书》及《海口市公共租赁住房租赁合同》的，视为该申请人放弃当期公共租赁住房的配租资格，可参加下一期公共租赁住房配租选房。申请人2次放弃配租资格的，5年内不得申请租赁公共租赁住房。

当期经按规定的办法及程序配租后，若出现有余房的，区住房保障管理部门可直接按《海口市核准租赁公共租赁住房通知书》记载的编号顺序，安排其他轮候对象配租。

第四十四条 在租住政府投资筹集的公共租赁住房期间，承租人需要跨辖区调整租住公共租赁住房的，应当向区住房保障管理部门提出书面申请，经区住房保障管理部门核实，报经市住房保障实施机构同意后，在存有房源的情况下，可由调整后的辖区住房保障管理部门与该承租人直接重新签订《海口市公共租赁住房租赁合同》，并办理相关登记手续。承租人经重新配租公共租赁住房后，原租赁关系应当终止并退出原配租的公共租赁住房。

第四十五条 企事业单位、开发企业等社会机构利用自有资金投资筹集的公共租赁住房，其配租对象的认定、配租办法等，应参照本办法的相关规定自行确定。社会机构应当参照本办法的相关规定制定住房配租工作方案，报市住房保障实施机构备案。

涉及配租对象调整时，社会机构应当将调整后配租对象的基本信息告知市住房保障实施机构。

市住房保障实施机构应当建立社会机构投资公共租赁住房项目及保障对象基本信息的资料档案和电子档案，纳入本市住房保障信息管理范围。

第四十六条 申请人租住公共租赁住房，应当按照租赁合同约定履行相应的权利和义务。租赁合同期限一般为3至5年。租赁期限届满，承租人需续租政府投资筹集的公共租赁住房的，应当在租赁合同约定期限届满前3个月内向区住房保障管理部门提出申请，经区住房保障管理部门审核，承租人仍符合规定条件的，可准予续租并与承租人签订租赁合同。

社会机构投资筹集的公共租赁住房，租赁期限及承租人在租赁期限届满后的续租问题，由其自行确定。

第四十七条 政府投资筹集的公共租赁住房，承租人不按合同约定缴纳公共租赁住房租金并经催交无效的，区住房保障管理部门可以通报承租人所在单位从承租人工资收入中直接划扣。

第五章 退出管理

第四十八条 申请人应当自取得《海口市核准租赁公共租赁住房通知书》后的次年起，在每年的3月份前以书面或通过电子网络向区住房保障管理部门如实申报家庭成员人均收入和自有住房等变动情况。区住房保障管理部门应当会同街道办事处或镇政府对其申报的情况进行核实。申报及核实的信息应当纳入保障对象登记信息管理。

第四十九条 申请人在取得《海口市核准租赁公共租赁住房通知书》后，未按本办法的规定申报家庭成员人均收入和自有住房等变动情况的，区住房保障管理部门应当催报。

区住房保障管理部门应当会同街道办事处或镇政府通过定期入户调查等方式，及时了解保障对象家庭成员人均收入、自有住房、住房使用等变动情况，并按本办法的有关规定实行动态管理。

第五十条 保障对象家庭人均收入、自有住房等情况未发生变化，或发生变化但仍符合保障条件，属待住房配租轮候的，可继续实施轮候登记；属已实施住房配租的，可保留原住房配租。

第五十一条 申请人在取得《海口市核准租赁公共租赁住房通知书》后出现下列情形之一的，应当主动申请退出公共租赁住房保障，已经配租的应当退出租住的住房：

（一）家庭人均年可支配收入已超过本市规定的收入标准线，或者家庭成员通过购买、受赠、继承等方式获得其他住房，且家庭人均自有住房建筑面积已超过本市规定住房困难标准的。

（二）申请人及家庭成员在轮候或住房配租期间，在本市享受廉租住房配租、租住公有住房、房改购买公有住房、参与集资建房、购买经济适用住房或者限价商品住房等政策性优惠住房的。

（三）其他不符合公共租赁住房保障条件情形的。

第五十二条 申请人主动申请退出公共租赁住房保障的，按照下列规定办理：

（一）向区住房保障管理部门提出书面申请。

（二）未取得住房配租的，由区住房保障管理部门向申请人出具终止公共租赁住房保障意见书；已实施住房配租的，由区住房保障管理部门与申请人签订退出公共租赁住房配租协议。

第五十三条 政府投资筹集的公共租赁住房承租人有下列情形之一的，由区住房保障管理部门作出取消承租人公共租赁住房配租资格的决定，撤销《海口市核准租赁公共租赁住房通知书》，已经配租的，同时解除《海口市公共租赁住房租赁合同》，收回所配租的住房。

（一）符合本办法第五十一条规定情形，未主动申请退出配租住房的。

（二）采取隐瞒虚报收入及住房情况、弄虚作假、贿赂等方式取得公共租赁住房的。

（三）将承租的公共租赁住房转让、调换、转租、出借的。

（四）擅自改变房屋用途且拒不整改的。

（五）无正当理由连续6个月以上未在公共租赁住房居住的。

（六）无正当理由连续6个月以上未缴纳公共租赁住房租金的。

（七）在公共租赁住房中从事违法活动的。

（八）其他违反规定及租赁合同约定行为的。

第五十四条 区住房保障管理部门作出取消公共租赁住房保障资格的决定后，应当在7日内送达承租人。承租人应当在规定的期限内退出住房。对拒不执行处理决定的，区住房保障管理部门可依法向人民法院申请强制执行。

第五十五条 承租人依照本办法规定腾退公共租赁住房的，应当结清水、电、煤气、电话、电视、物业及其他应当由其承担的相关费用。

第五十六条 保障对象有下列情形之一的，由区住房保障管理部门将其记载入保障对象信用档案。

（一）不按规定期限如实申报家庭成员人均收入和自有住房等变动情况，经区住房保障管理部门催报仍未报送的。

（二）符合本办法第五十一条规定情形，不主动申请退出公共租赁住房保障的。

（三）符合本办法第五十三条规定情形之一的。

第六章 监督管理

第五十七条 租赁期间，承租人违反租赁合同约定或者有关规定使用住房的，由区住房保障管理部门责令限期整改；涉及擅自提高公共租赁住房租金缴纳标准的，由市价格主管部门依法查处。

第五十八条 市住房保障实施机构应当加强对公共租赁住房配租管理及租赁合同履行等情况进行检查，有关单位和个人应当予以配合，如发现存有违法违规行为的，应当依照职责予以查处，或者告知有关部门进行查处。

第五十九条 住房保障管理部门、实施机构应当设立并公开举报电话、信箱、电子邮箱等，畅通信访举报渠道，采取多种方式接受社会监督。

第六十条 申请人以欺骗、弄虚作假、贿赂等不正当手段取得公共租赁住房，情节严重，构成犯罪的，依法追究刑事责任。

第六十一条 对为申请人出具虚假证明的单位，由有关部门依法查处；构成犯罪的，依法追究刑事责任。

第六十二条 住房保障管理部门、实施机构和其他相关管理部门的工作人员，在公共租赁住房管理工作中玩忽职守、滥用职权、徇私舞弊的，由其所在部门或者市监察部门依法给予行政处分；构成犯罪的，依法追究刑事责任。

第七章 附　则

第六十三条 本市成套直管公有住房的管理，可参照本办法执行，直管公有住房应在2年内纳入公共租赁住房管理。

第六十四条 本办法具体应用中的问题由市住房和城乡建设部门负责解释。

第六十五条 本办法自2011年8月15日起施行。

统计资料

海口市国民经济主要指标

指　　标	单位	2007 年	2008 年	2009 年	2010 年	2011 年
一、人口						
年末常住人口	万人	179.45	183.5	187.85	204.62	209.73
年末户籍人口	万人	152.94	155.82	158.27	160.44	162.39
二、年底社会从业人员	万人	90.59	96.2	102.95	107.84	123.38
#职工人数	万人	27.14	28.88	30.94	33.07	43.85
三、地区生产总值（不含农垦）	亿元	387.82	439.94	481.28	595.14	713.3
四、工业总产值（当年价）	亿元	345.41	333.55	333.56	443.74	523.63
五、农业总产值（当年价）	亿元	43.22	52.14	54.37	61.10	76.99
六、运输邮电						
社会货物周转量	亿吨公里	530.97	550.64	465.16	564.86	594.91
社会旅客周转量	亿人公里	215.64	243.35	299.22	306.60	365.59
港口货物吞吐量	万吨	3617.99	3813.23	4014.57	4795.52	5520.6
邮电计费业务总量	亿元	58.03	76.80	88.64	38.71	42.88
七、固定资产投资总额	亿元	181.83	221.43	277.03	349.65	404.59
基本建设	亿元	118.87	143.5	191.19	237.69	249.9
房地产开发	亿元	59.97	74.95	78.00	103.79	145.14
其他	亿元	2.99	2.98	7.84	8.17	9.55
八、国内商业						
社会消费品零售总额	亿元	189.38	239.75	277.20	326.94	387.18
九、外经外贸						
1. 新签协议合同	宗	107	54	45	36	39
#外商协议合同	宗	107	54	45	36	28

注：邮电计费业务总量从 2010 年起按 2010 年不变价计算。

续上表

海口市国民经济主要指标

指　　标	单位	2007 年	2008 年	2009 年	2010 年	2011 年
协议合同总投资	亿美元	20.81	5.86	4.83	1.28	0.97
#外商合同投资	亿美元	6.94	2.41	1.79	0.57	0.60
实际利用外资	亿美元	5.04	5.60	6.48	7.16	4.07
#外商直接投资	亿美元	5.04	5.60	6.48	7.16	4.07
2. 外贸进出口总值	亿美元	35.20	45.40	38.10	39.48	39.36
进口总值	亿美元	21.50	29.50	28.10	26.41	24.15
出口总值	亿美元	13.70	15.90	10.00	13.07	15.21
十、旅游						
接待国内外过夜旅游人数	万人次	585.65	637.90	672.30	736.13	845.84
#入境旅游者	万人次	14.95	15.87	10.32	13.29	14.68
旅游总收入	亿元	55.39	60.02	65.01	72.09	83.02
旅游外汇收入	万美元	4125.86	4316.63	3088.52	3755.69	3844.83
十一、财政						
财政收入	亿元	82.49	100.02	123.12	163.71	188.82
其中：上划中央、省收入	亿元	51.20	59.01	71.51	97.99	114.28
地方财政收入	亿元	26.05	31.03	38.44	50.37	60.93
地方财政支出	亿元	42.32	46.79	66.67	79.84	99.43
十二、金融（含外币）						
金融机构年末存款余额	亿元	1088.12	1359.24	1750.07	2238.95	2354.12
#城乡居民年末储蓄存款余额	亿元	430.95	528.46	620.99	772.03	852.10
金融机构年末贷款余额	亿元	925.25	1092.25	1558.87	1933.26	2461.19
十三、职工工资						
在岗职工工资总额	亿元	68.40	78.95	94.34	111.46	164.53

注：地方财政收入和地方财政支出从 2007 年起不含基金口径。

续上表

海口市国民经济主要指标

指　　标	单位	2007 年	2008 年	2009 年	2010 年	2011 年
#国有单位	亿元	40．72	42．94	49．57	58．34	92．7
在岗职工平均工资	元	25722	27361	30643	34192	38060
#国有单位	元	27920	28992	32283	36904	38543
十四、人民生活						
城镇居民人均可支配收入	元	12289	14150	15237	16720	19730
城镇居民人均消费支出	元	10203	11138	11674	12401	14344
农民人均纯收入	元	4582	5215	5643	6173	7191
农民人均生活消费支出	元	3467	3874	4013	4398	5175
十五、物价指数（以上年为100）						
商品零售价格指数	%	103．45	105．6	99．2	103．7	105．0
居民消费价格指数	%	104．44	105．8	99．9	104．2	105．4
十六、教育卫生文化						
普通高等学校在校学生数	人	82850	91973	94153	103855	128589
中等职业学校在校学生数	人	52404	58207	74281	82414	96402
普通中学学校在校学生数	万人	12．93	12．00	11．71	11．44	12．9
小学在校学生数	万人	19．2	18．2	17．66	17．04	17．02
图书出版量	亿册	0．56	0．44	0．66	0．72	0．73
杂志出版量	亿册	0．11	0．11	0．10	0．11	
报纸出版量	亿印份	2．45	2．67	2．20	2．0	
卫生机构病床数	张	7103	7732	8128	8990	10155
卫生技术人员数	人	11672	12178	14059	14622	16438
#执业医师（助理医师）	人	4322	4538	4994	5145	5732

2011年海口市国民经济占全省比重

指　　标	单 位	全 省	海口市	海口市占全省比重（%）
一、年末常住人口	万人	877.38	209.73	23.9
年末户籍人口	万人	907.82	162.39	17.9
#非农业人口	万人	346.13	97.57	28.2
二、从业人员	万人	459.22	123.38	26.9
三、国内生产总值（当年价）	亿元	2522.66	713.30	28.3
第一产业	亿元	659.23	47.71	7.2
第二产业	亿元	714.50	177.91	24.9
第三产业	亿元	1148.93	487.68	42.4
四、工农业总产值（当年价）				
工业总产值	亿元	1724.16	523.63	30.4
农业总产值	亿元	1002.35	76.99	7.7
五、运输邮电				
社会旅客周转量	亿人公里	472.97	365.59	77.3
港口货物吞吐量	万吨	10905.00	5520.6	50.6
邮电计费业务总量	亿元	91.86	42.88	46.7
固定电话数	万户	174.98	71.75	41.0
六、固定资产投资总额	亿元	1673.46	404.59	24.2
#房地产开发	亿元	663.05	145.14	21.9
七、社会消费品零售总额	亿元	741.13	387.18	52.2
八、外贸口岸进出口总值	亿美元	127.56	39.36	30.9
进口总值	亿美元	102.14	24.15	23.6
出口总值	亿美元	25.42	15.21	59.8
九、实际利用外资	亿美元	15.81	4.07	25.7

续上表

2011 年海口市国民经济占全省比重

指　标	单位	全省	海口市	海口市占全省比重（%）
十、接待国内外过夜旅游人数	万人次	3001.34	845.84	28.2
#入境旅游者	万人次	81.46	14.68	18.0
十一、地方财政收支				
地方一般预算收入	亿元	340.12	60.93	17.9
地方一般预算支出	亿元	778.80	99.43	12.8
十二、人民生活				
职工工资总额	亿元	301.78	164.53	54.5
职工平均工资	元	36716	38360	
城镇居民人均可支配收入	元	18369	19730	
农民人均纯收入	元	6446	7191	
城乡居民储蓄存款余额	亿元	1874.27	852.10	45.5
十三、物价				
零售物价指数	%	105.4	105.0	
居民消费价格指数	%	106.1	105.4	
十四、教育卫生				
在校生				
普通高等学校	万人	15.67	12.86	82.1
中等职业学校（含中师\技工学校）	万人	12.13	9.64	79.5
普通中学	万人	56.09	12.90	23.0
小学在校学生	万人	76.56	17.02	22.2
卫生机构数	个	2292	751	32.8
#医院	个	494	37	7.5
卫生技术人员数	人	42609	16438	38.6
#执业医师	人	12060	5249	43.5
病床位	张	28575	10155	35.5

2011 年 35 个大中城市主要经济指标

城市名称	土地面积（平方公里）	生产总值（亿元）	规模以上工业增加值（亿元）	社会消费品零售总额（亿元）	进出口总额（亿美元）
北京	16410.54	16000.40		6900.32	3894.95
上海	6340.50	19195.69	6798.28	6777.11	4374.36
天津	11916.90	11190.99		3395.06	1033.91
重庆	82269.00	10011.13	3524.42	3415.90	292.18
大连	12574.00	6150.10		1924.80	600.09
青岛	11282.00	6615.60		2232.88	721.52
宁波	9816.00	6010.48	2381.29	2018.90	981.90
福州	11968.00	3734.78	1387.43	1896.77	347.25
广州	7434.00	12303.12		5243.02	1161.72
深圳	1991.64	11502.06	5228.78	3520.87	4141.00
厦门	1573.16	2535.80	1116.40	810.69	701.67
海口	2304.84	712.75	113.86	387.18	39.36
哈尔滨	53068.00	4243.40	743.80	2070.40	51.20
沈阳	12860.00	5914.90	2960.90	2426.90	106.20
西安	10108.00	3864.21	1012.58	1935.18	125.78
武汉	8494.41	6536.81	2458.75	2959.04	227.90
南京	6587.02	6145.52		2670.30	573.44
成都	12121.00	6854.58	2185.30	2861.28	379.06
长春	20571.00	4003.10	1749.40	1512.20	173.40
杭州	16596.00	7011.80	2337.78	2548.36	639.70
济南	8177.00	4406.29	1355.20	2023.10	104.02
南昌	7402.36	2688.87	761.23	928.34	78.84
长沙	11815.96	5619.33	2014.16	2125.91	74.89
合肥	11430.00	3636.60	1489.65	1111.12	123.09
南宁	22112.00	2211.51	532.88	1073.15	25.10
太原	6988.00	2080.12	687.23	973.29	85.34
郑州	7446.20	4912.66	2340.20	1987.11	159.96
乌鲁木齐	13787.90	1700.00		695.03	90.30
西宁	7649.00	770.70	318.46	271.29	8.16
银川	9025.38	974.79	357.80	274.47	12.10
贵阳	8043.37	1383.07	365.23	584.33	37.69
兰州	13085.60	1360.03	465.00	639.72	18.80
昆明	21011.00	2509.58	698.22	1271.73	120.22
呼和浩特	17224.00	2177.26		890.05	20.25
石家庄	15848.00	4082.60	1746.30	1663.00	141.70

注：各大中城市主要经济指标为快报数。

续上表

2011年35个大中城市主要经济指标

城市名称	外商直接投资（亿美元）	固定资产投资额（亿元）	#房地产开发投资（亿元）	城市居民人均可支配收入（元）	农民人均纯收入（元）
北京	70.54	5910.60	3036.30	32903.00	14736.00
上海	126.01	5067.09	2170.31	36230.00	15644.00
天津	130.56	7510.67	1080.04	26920.86	13200.00
重庆	105.29	7631.80	2015.09	21954.97	6480.41
大连	110.10	4553.60	1107.50	24276.00	14213.00
青岛	36.34	3502.50	782.70	28567.00	12370.00
宁波	28.09	2392.90	756.87	34058.00	16518.00
福州	12.77	2720.28	956.45	26633.00	10107.00
广州	42.70	3413.58	1306.74	34438.00	14818.00
深圳	45.99	2136.39	590.21	36505.04	
厦门	17.26	1126.28	436.31	33565.00	11928.00
海口	4.07	404.60	145.14	19730.00	7191.00
哈尔滨	7.90	3012.00	562.00	20030.60	9608.30
沈阳	55.00	4560.60	1684.70	23326.20	11574.66
西安	20.05	3352.12	1002.67	25981.00	9788.00
武汉	37.60	4255.16	1274.17	23738.09	9813.59
南京	35.66	3757.25	896.73	32200.03	13108.00
成都	65.50	5006.02	1595.64	23932.00	9895.00
长春	7.70	2433.40	666.40	20487.00	7965.10
杭州	47.22	3105.16	1302.27	34065.00	15245.00
济南	11.00	1934.30	527.20	28891.97	10411.80
南昌	22.87	2002.66	279.66	20741.00	8484.00
长沙	26.01	3510.24	886.92	27163.00	13400.00
合肥	14.56	3360.03	880.29	22459.00	7862.00
南宁	3.73	1950.86	377.16	20622.00	5848.00
太原	6.79	1024.14	312.08	20149.00	8888.00
郑州	31.00	2900.04	923.64	22477.00	11050.00
乌鲁木齐		636.17	195.57	16141.00	8436.00
西宁		528.01	117.29	15842.00	6633.96
银川	1.87	733.85	207.67	19481.00	7070.00
贵阳	2,79	1600.59	467.36	19420.00	7381.00
兰州		950.57	159.67	15953.00	5252.00
昆明	12.74	2701.11	625.97	21965.69	6985.00
呼和浩特	0.82	1031.68	344.49	28877.00	10038.00
石家庄	3.70	3027.00	789.10	20534.00	7822.00

续上表

2011 年 35 个大中城市主要经济指标

城市名称	地方财政一般预算收入（亿元）	金融机构存款余额（亿元）本外币	金融机构贷款余额（亿元）本外币	城乡居民储蓄存款余额（亿元）本外币	居民消费价格总指数（%）
北京	3006.28	75001.91	39660.51		105.6
上海	3429.83	58186.48	37196.79		105.2
天津	1454.87	17586.91	15924.71		104.9
重庆	1488.25	16128.87	13195.16		105.3
大连	651.00	9395.10	7918.90		105.4
青岛	566.00	8901.27	7495.25		105.0
宁波	657.55	10659.27	10676.84		105.3
福州	320.04	6910.03	6190.73	2625.06	104.8
广州	979.47	26460.80	17732.88		105.5
深圳	1339.59	25095.78	19244.68		105.4
厦门	370.68	4957.46	4340.70		105.2
海口	60.93	2354.12	2461.19	852.10	105.4
哈尔滨	300.30	6612.50	5070.10		105.6
沈阳	620.10	9040.70	7040.00	3778.30	105.4
西安	318.55	10526.32	7700.19	680.06	105.6
武汉	673.26	11519.58	10157.53	4036.23	105.2
南京	635.00	14241.99	11723.52	3968.03	105.4
成都	680.71	17287.00	14163.00	5983.00	105.4
长春	288.60	5619.10	5251.00	2319.30	105.5
杭州	785.15	18396.57	16573.74	5547.48	104.8
济南	325.40	8364.10	8009.80	2446.70	105.4
南昌	187.03	5120.13	4126.46	1617.82	105.0
长沙	407.56	7364.27	7483.83	2526.93	105.5
合肥	338.51	5822.06	5512.63	1701.80	105.7
南宁	186.29	4728.14	4845.07	1581.03	105.7
太原	174.72	7641.03	5731.17	2667.11	105.4
郑州	502.31	9026.80	6157.14	3275.80	104.9
乌鲁木齐	206.20	4098.81	2579.40	1481.19	104.5
西宁	45.25	1873.41	1853.30	680.06	105.7
银川	96.62	1820.25	1990.32	729.33	105.5
贵阳	187.14	3625.10	3030.07	1257.90	105.5
兰州	86.44	3833.55	2917.88	1287.46	105.4
昆明	317.69	7604.64	7501.63	2636.61	104.9
呼和浩特	151.43	3224.03	3269.63	1061.27	105.5
石家庄	221.20	6755.80	3698.10	3257.80	105.7

人民物质文化生活状况

指　　标	单位	2007年	2008年	2009年	2010年	2011年
就　　业						
每一城市就业者负担人口	人	2.23	2.31	2.32	2.34	2.22
每一农村劳动力负担人口	人	1.51	1.48	1.48	1.51	1.52
收　　入						
城市居民人均可支配收入	元	12289	14150	15237	16720	19730
*基尼系数		0.35	0.36	0.34	0.32	0.35
农民人均纯收入	元	4582	5215	5643	6173	7191
职工平均工资	元	25722	27361	30643	34192	38060
消　　费						
城市居民人均消费支出	元	10203	11138	11674	12401	14344
#食品支出	元	3982	4623	4894	5219	6240 *
恩格尔系数	%	39.0	41.5	41.9	42.1	43.5
农民人均生活费支出	元	3467	3874	4013	4398	5175
储　　蓄						
城乡居民储蓄存款年末余额	亿元	430.95	528.46	620.99	772.03	852.10
人均储蓄余额	元	24014	28800	33059	37730	40628
住　　房						
城市人均住房面积	平方米	21.85	21.96	22.09	22.13	29.94
农村人均住房面积	平方米	28.32	29.85	30.5	31.6	31.6
邮　　电						
每百人拥有固定电话机	部	64.3	61.1	42.97	37.45	34.21
城建设施水平						
家庭用燃气普及率	%	97.05	97.15	98.64	99.02	99.78
人均日生活用水量	升	347.7	350.36	353.4	299.01	280
人均拥有道路面积	平方米	12.63	12.63	12.05	14.22	19.46
人均公共绿地面积	平方米	8.7	9.52	10.50	11.78	12.0
文化教育卫生						
城市每百户拥有彩色电视机	台	127	120	119	119	114.29
农村每百户拥有彩色电视机	台	102	101	103	103	111
学龄儿童入学率	%	100	100	99	99.9	100
每万人拥有在校大学生	人	461.7	501.2	501.2	507.6	613.12
每万人拥有在校中专生	人	292.0	317.2	395.4	402.8	459.65
每万人拥有在校中学生	人	720.6	654.1	623.4	559.3	615.31
每万人拥有在校小学生	人	1070.2	991.9	939.9	832.9	811.45
每万人拥有中（西）医师	人	24.1	24.7	26.6	25.1	27.33
每万人拥有医院床位	张	39.6	42.1	43.3	43.9	48.42

全市社会从业人员和劳动报酬

单位：人

指　　标	2007年	2008年	2009年	2010年	2011年
一、社会从业人员	905910	961960	1029516	1078373	1233838
1. 职工	271372	288770	309399	330707	438498
国有经济单位职工	148345	147970	139263	158169	242400
城镇集体经济单位职工	14031	10166	12302	16581	12089
其他各种经济类型单位职工	108996	130634	71078	155957	184009
2. 其他从业人员	11147	2358	1621	1384	3043
3. 城镇私营企业从业人员	229831	243246	271982	316068	362333
4. 城镇个体从业人员	69152	90738	111231	123366	128093
5. 乡村从业人员	324408	336848	335283	306848	301871
二、按三次产业分					
第一产业	229312	234647	228805	228174	274394
第二产业	174907	186703	202781	218541	220947
第三产业	501691	540610	597930	631658	738497

注：城镇私营、个体从业人员为工商口径（下同）

分行业社会从业人员和劳动报酬

单位：人

指　　标	2010年	2011年
总　　计	1078373	1233838
1. 农、林、牧、渔业	228174	274394
2. 采矿业	2263	2212
3. 制造业	93313	97813
4. 电力、燃气及水的生产和供应业	5495	5759
5. 建筑业	117470	115163
6. 交通运输、仓储和邮政业	59811	59069
7. 信息传输、计算机服务和软件业	23450	27819
8. 批发和零售业	192306	223119
9. 住宿和餐饮业	56185	60475
10. 金融业	13495	15916
11. 房地产业	55850	60791
12. 租赁和商务服务业	55936	72726
13. 科学研究、技术服务和地质勘查业	17221	18794
14. 水利、环境和公共设施管理业	10449	9001
15. 居民服务和其他服务业	39288	67089
16. 教育	40398	45557
17. 卫生、社会保障和社会福利业	16637	20657
18. 文化、体育和娱乐业	15271	16446
19. 公共管理和社会组织	35361	41038

2011 年各区分行业在岗职工工资总额和平均工资

指　标	全　市	秀英区	龙华区	琼山区	美兰区
一、工资总额（万元）	1645326	240371	778625	177710	448620
1．农、林、牧、渔业	193622	510	188788	1938	2386
2．采矿业	396	0	130	266	0
3．制造业	139537	52170	63409	13631	10327
4．电力、燃气及水的生产和供应业	24891	521	11323	1415	11632
5．建筑业	138374	1261	53288	13568	70257
6．交通运输、仓储和邮政业	172397	63036	19878	20238	69245
7．信息传输、计算机服务和软件业	55182	54	54549	2	577
8．批发和零售业	87325	11565	48422	10003	17335
9．住宿和餐饮业	45643	4154	19642	2224	19623
10．金融业	108500	1749	82626	3744	20381
11．房地产业	64759	7923	35644	2455	18737
12．租赁和商务服务业	36875	2787	22104	971	11013
13．科学研究、技术服务和地质勘查业	40546	2337	19239	3858	15112
14．水利、环境和公共设施管理业	16957	539	8805	423	7190
15．居民服务和其他服务业	6368	880	1999	223	3266
16．教育	195599	20262	41220	55834	78283
17．卫生、社会保障和社会福利业	92769	31964	19413	17968	23424
18．文化、体育和娱乐业	30391	551	21312	3931	4597
19．公共管理和社会组织	195195	38108	66834	25018	65235
二、平均工资（元）	38060	43704	34879	44575	39286
1．农、林、牧、渔业	25252	29322	25643	12466	17982
2．采矿业	18064	0	26449	15647	0
3．制造业	30298	30085	29989	36809	26706
4．电力、燃气及水的生产和供应业	55374	38866	66841	18214	61544
5．建筑业	34606	27591	35326	50872	32262
6．交通运输、仓储和邮政业	59583	58082	45384	86119	61003
7．信息传输、计算机服务和软件业	71973	32000	73318	8000	27850
8．批发和零售业	31937	33493	31535	58060	25447
9．住宿和餐饮业	20751	22431	20486	22535	20507
10．金融业	83072	116607	79098	89557	99570
11．房地产业	29740	46548	29076	18517	28879
12．租赁和商务服务业	25080	51224	23658	22793	25087
13．科学研究、技术服务和地质勘查业	43305	36924	40099	36985	52309
14．水利、环境和公共设施管理业	25688	18701	25274	34983	26549
15．居民服务和其他服务业	22510	24099	30383	18773	19360
16．教育	44704	44768	43637	49068	42538
17．卫生、社会保障和社会福利业	50594	69975	38184	47346	47912
18．文化、体育和娱乐业	38729	23733	43179	29378	34277
19．公共管理和社会组织	48010	49420	46329	41920	51972